国家重点档案专项资金资助项目

抗日战争档案汇编

邻水县档案馆藏抗战档案选编

3

邻水县档案馆 编

中華書局

图书在版编目（CIP）数据

邻水县档案馆藏抗战档案选编．3 / 邻水县档案馆编．－北京：中华书局，2024.8

（抗日战争档案汇编）

ISBN 978-7-101-16643-9

Ⅰ．①邻…　Ⅱ．①邻…　Ⅲ．①抗日战争－军人－优抚安置－历史档案－汇编－邻水县Ⅳ．①K265.063
②D693.66

中国国家版本馆CIP数据核字(2024)第112070号

书　　名	邻水县档案馆藏抗战档案选编 3
编　　者	邻水县档案馆
丛 书 名	抗日战争档案汇编
策划编辑	许旭虹
责任编辑	李晓燕　高　原
装帧设计	许丽娟
责任印制	管　斌
出版发行	中华书局 （北京市丰台区太平桥西里38号　100073） http://www.zhbc.com.cn E-mail:zhbc@zhbc.com.cn
图文制版	北京禾风雅艺文化发展有限公司
印　　刷	天津艺嘉印刷科技有限公司
版　　次	2024年8月第1版 2024年8月第1次印刷
规　　格	开本889×1194毫米　1/16 印张39¾
国际书号	ISBN 978-7-101-16643-9
定　　价	780.00元

抗日战争档案汇编编纂出版工作组织机构

编纂出版工作领导小组

组　长　陆国强

副组长　王绍忠　付　华　魏洪涛　刘鲤生

编纂委员会

主　任　陆国强

副主任　王绍忠

顾　问　杨冬权　李明华

成　员（按姓氏笔画为序排列）

于学蕴　于晓南　于晶霞　马忠魁　马俊凡　马振犊
王　放　王文铸　王建军　卢琼华　田洪文　田富祥
史晨鸣　代年云　白明标　白晓军　吉洪武　刘　钊
刘玉峰　刘灿河　刘忠平　刘新华　汤俊峰　孙　敏
苏东亮　杜　梅　李宁波　李宗春　吴卫东　何素君
张　军　张明决　陈念芜　陈艳霞　卓兆水　岳文莉
郑惠姿　赵有宁　查全洁　施亚雄　祝　云　徐春阳
郭树峰　唐仁勇　唐润明　黄凤平　黄远良　黄菊艳
梅　佳　龚建海　常建宏　韩　林　程潜龙　焦东华
童　鹿　蔡纪万　谭荣鹏　黎富文

编纂出版工作领导小组办公室

主　任　常建宏

副主任　孙秋浦　石　勇

成　员（按姓氏笔画为序排列）

李　宁　沈　岚　贾　坤

四川省抗日战争档案汇编编纂工作组织机构

编纂出版工作领导小组

组　长　陈念芜

副组长　张辉华

编纂委员会

主　任　陈念芜

副主任　张辉华

成　员（按姓氏笔画为序排列）

万　军　王秀娟　付　劲　米晓燕　张晓芳　官　明

蒋筱茜

编纂出版工作领导小组办公室

主　任　王秀娟

副主任　付　劲

成　员　万　军　林　莉　王晓春　蒋筱茜　官　明　刘　勇

《邻水县档案馆藏抗战档案选编3》编辑组

总序

为深入贯彻落实习近平总书记「让历史说话，用史实发言，深入开展中国人民抗日战争研究」的重要指示精神，国家档案局根据《全国档案事业发展「十三五」规划纲要》和《「十三五」时期国家重点档案保护与开发工作总体规划》的有关安排，决定全面系统地整理全国各级综合档案馆馆藏抗战档案，编纂出版《抗日战争档案汇编》（以下简称《汇编》）。

中国人民抗日战争是近代以来中国反抗外敌入侵第一次取得完全胜利的民族解放战争，开辟了中华民族伟大复兴的光明前景。这一伟大胜利，也是中国人民为世界反法西斯战争胜利、维护世界和平作出的重大贡献。加强中国人民抗日战争研究，具有重要的历史意义和现实意义。

全国各级档案馆保存的抗战档案，数量众多，内容丰富，全面记录了中国人民抗日战争的艰辛历程，是研究抗战历史的珍贵史料。一直以来，全国各级档案馆十分重视抗战档案的开发利用，陆续出版公布了一大批抗战档案，对揭露日本帝国主义侵华罪行，讴歌中华儿女勠力同心、不屈不挠抗击侵略的伟大壮举，弘扬伟大的抗战精神，引导正确的历史认知，发挥了积极作用。特别是国家档案局组织有关方面共同努力和积极推动，「南京大屠杀档案」被联合国教科文组织评选为「世界记忆遗产」，列入《世界记忆名录》，捍卫了历史真相，在国际上产生了广泛而深远的影响。

全国各级档案馆馆藏抗战档案开发利用工作虽然取得了一定的成果，但是，在档案信息资源开发的系统性和深入性方面仍显不足。正如习近平总书记所指出的：「同中国人民抗日战争的历史地位和历史意义相比，同这场战争对中华民族和世界的影响相比，我们的抗战研究还远远不够，要继续进行深入系统的研究。」「抗战研究要深入，就要更多通过档案、资料、事实、当事人证词等各种人证、物证来说话。要加强资料收集和整理这一基础性工作，全面整理我国各地抗战档案、照片、资料、实物等……」

国家档案局组织编纂《汇编》，对全国各级档案馆馆藏抗战档案进行深入系统地开发，是档案部门贯彻落实习近平总书记重要指示精神，推动深入开展中国人民抗日战争研究的一项重要举措。本书的编纂力图准确把握中国人民抗日战争的历史进程、主流和本质，用详实的档案全面反映一九三一年九一八事变后十四年抗战的全过程，反映中国共产党在抗日战争中的中流砥柱作用以及中国人民抗日战争在世界反法西斯战争中的重要地位，反映国共两党「兄弟阋于墙，外御其侮」进行合作抗战、共同捍卫民族尊严的历史，反映各民族、各阶层及海外华侨共同参与抗战的壮举，展现中国人民抗日战争的伟大意义，以历史档案揭露日本侵华暴行，揭示日本军国主义反人类、反和平的实质。

编纂《汇编》是一项浩繁而艰巨的系统工程。为保证这项工作的有序推进，国家档案局制订了总体规划和详细的实施方案，明确了指导思想、工作步骤和编纂要求。为保证编纂成果的科学性、准确性和严肃性，国家档案局组织专家对选题进行全面论证，对编纂成果进行严格审核。

各级档案馆高度重视并积极参与到《汇编》工作之中，通过全面清理馆藏抗战档案，将政治、军事、外交、经济、文化、宣传、教育等多个领域涉及抗战的内容列入选材范围。入选档案包括公文、电报、传单、文告、日记、照片、图表等多种类型。在编纂过程中，坚持实事求是的原则和科学严谨的态度，对所收录的每一件档案都仔细鉴定、甄别与考证，维护档案文献的真实性，彰显档案文献的权威性。同时，以《汇编》编纂工作为契机，以项目谋发展，用实干育人才，带动国家重点档案保护与开发，夯实档案馆基础业务，提高档案人员的业务水平，促进档案馆各项事业的发展。

守护历史，传承文明，是档案部门的重要责任。我们相信，编纂出版《汇编》，对于记录抗战历史，弘扬抗战精神，发挥档案留史存鉴、资政育人的作用，更好地服务于新时代中国特色社会主义文化建设，都具有极其重要的意义。

抗日战争档案汇编编纂委员会

编辑说明

抗日战争时期，邻水儿女满怀保家卫国使命，前仆后继，走向抗日正面战场、敌后战场和印缅战场，为争取世界反法西斯战争的全面胜利浴血奋战，付出了巨大的代价与牺牲。为了较为完整地反映这段历史和当时邻水的政治、经济等社会面貌，邻水县档案馆整理、甄选馆藏抗战时期相关档案，编纂出版《邻水县档案馆藏抗战档案选编》。本书为第三册，主要收录了抗战时期邻水县优待出征抗战军人及家属的相关档案，内容涉及邻水县政府、战时工作委员会、出征抗敌军人家属优待委员会等部门机构制订的相关政策、制度及开展优待抚恤工作情况等。

本书选用邻水县档案馆馆藏档案原件，按照时间顺序排序，全文影印出版。如有缺页，为档案自身不全。全书使用规范的简化字，档案中原标题完整或符合要求的使用原标题，对有明显缺陷的都进行了修改和重拟，无标题的加拟了标题。标题中人物名称使用通用名，机构名称使用全称或规范简称，历史地名沿用当时地名，繁体字、错别字等，予以径改。档案形成时间一般以发文时间为准，起自一九三八年八月，迄至一九四九年十一月。时间不完整或不准确的，作了补充或订正。只有年份的，排在该年末；只有年份、月份而无具体日期的，排在该月末。限于篇幅，本书不作注释。

由于时间紧，档案公布量大，编者水平有限，在编辑过程中难免存在疏漏之处，欢迎斧正。

邻水县档案馆

二〇一九年十月

目录

邻水县政府关于遵电转饬切实优待过境的第八路军受伤官兵致第二区区署的训令（一九三八年八月十三日）

二七、八、一五、

事由：為奉 省府電飭切實優待戰士轉令遵照由

二十七年民字第2547號

鄰水縣政府訓令

令第二區區署

八月九日案奉：

四川省政府代理主席王冬省民字第二二六三零號代電開：

「鄰水縣政府覽：案奉 委員長行營二三八〇侃電開：府密。查前以第八路軍受傷官兵陸續來川者日多，為免其流離失所，影響抗戰，曾規定應由各縣護送重慶醫院治療，並頒發處置辦法在案。惟各縣辦理該項未臻周到，此項傷病官兵流離載道者仍在所多有。據報現有該路傷員周朝輕及名周造之岳池人，周叔謨合江人，輕傷散在蓬安周口一帶，無人照管，苟情殊失國家優待戰士之宿意，着速飭該縣照章妥為收送，並通令各地官一体查照前令，認真辦理具報」等因。奉此。查處置第八路軍受傷官兵暫

118

1000—117—

行辦法業經本府以寒省民代電飭發在案。奉電前因，除電覆暨電飭達安縣政府恪遵前頒辦法辦理並分電外，合行電仰該府務須恪遵處置辦法之規定認真辦理，勿稍疏忽，致失政府優待戰士之宿意為要。

等因。奉此。查前奉川康綏靖主任公署及四川省政府第一六八零[illegible]號寒省民代電頒發處置第八路軍受傷官兵暫行辦法，當經本府以二十七年民字第一七九七號訓令轉飭遵照在案。茲奉前因，除分令外，合行令仰該[illegible]即便遵照前項辦法規定認真辦理，如遇有第八路軍受傷官兵過境時，務即妥為收送，轉送重慶醫院醫療，並切實保護優待，勿稍疏忽為要。

此令。

中華民國二十七年八月十三日

縣長 張[illegible]

邻水县政府关于奉转凡出征军官佐均应一律享受优待出征抗敌军人家属办法之权利致县自卫总队部的训令（一九三八年九月二十八日）

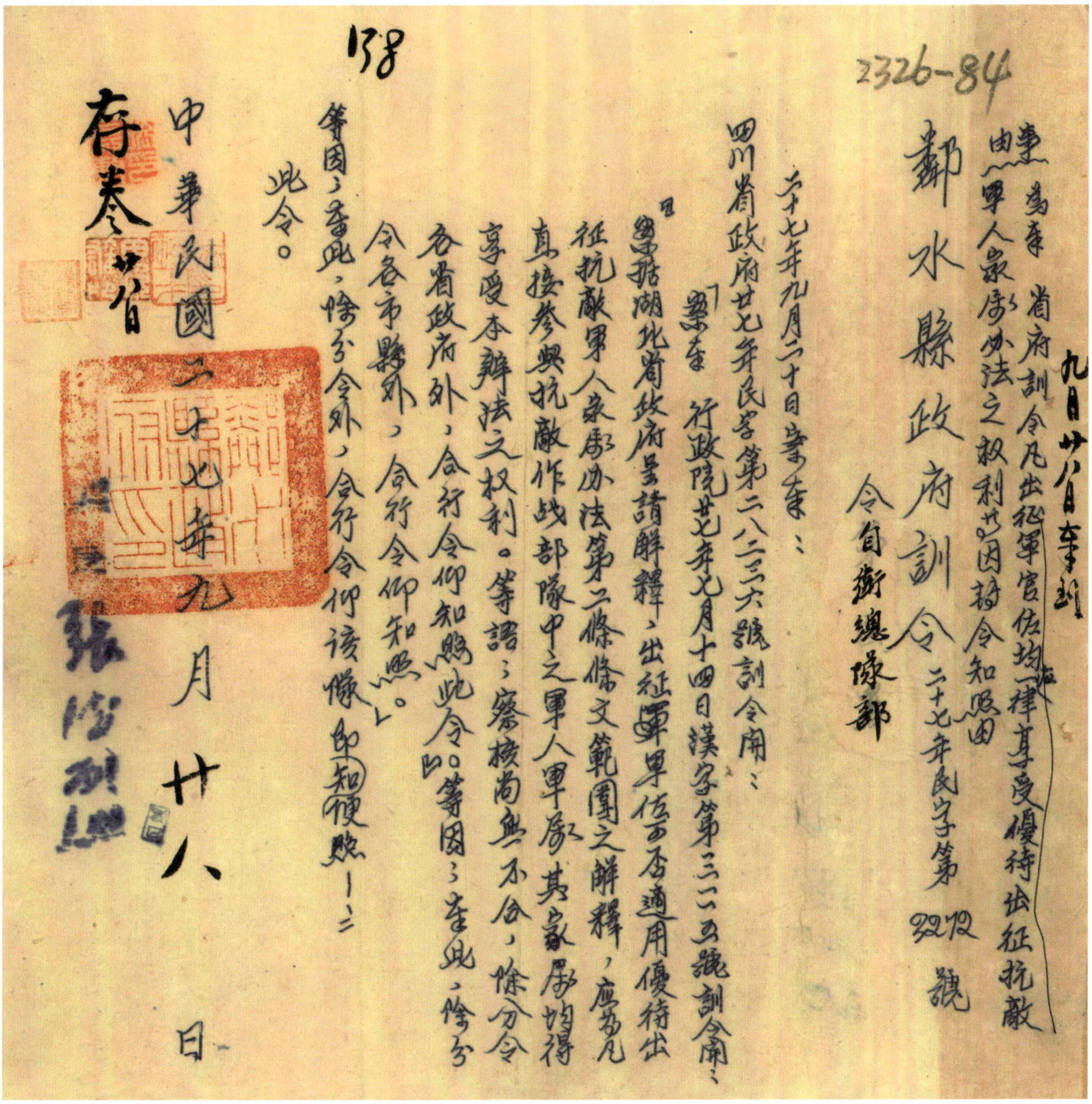
2326-84
138
九月廿八日奉到
鄰水縣政府訓令 二十七年民字第2272號
令自衛總隊部
事由：為奉 省府訓令凡出征軍官佐均一律享受優待出征抗敵軍人家屬辦法之權利等因令知照由
二十七年九月二十日案奉：
四川省政府廿七年民字第二八二三六號訓令開：
「案奉 行政院廿七年七月十四日漢字第三一一五號訓令開：
『據湖北省政府呈請解釋，出征軍軍佐可否適用優待出征抗敵軍人家屬辦法第二條條文範圍之解釋，應為凡直接參與抗敵作戰部隊中之軍人軍屬，其家屬均得享受本辦法之權利。等語。察核尚無不合，除分令各省政府外，合行令仰知照。此令。』等因。奉此，除分令各市縣外，合行令仰知照。此令。」
等因。奉此，除分令外，合行令仰該隊即知照。
此令。
中華民國二十七年九月廿八日
存卷 廿八

邻水县政府关于奉抄家资富裕人口繁荣之军官家属不得减免对地方应尽义务致自卫总队部的训令（一九三九年一月八日）

附：原代电

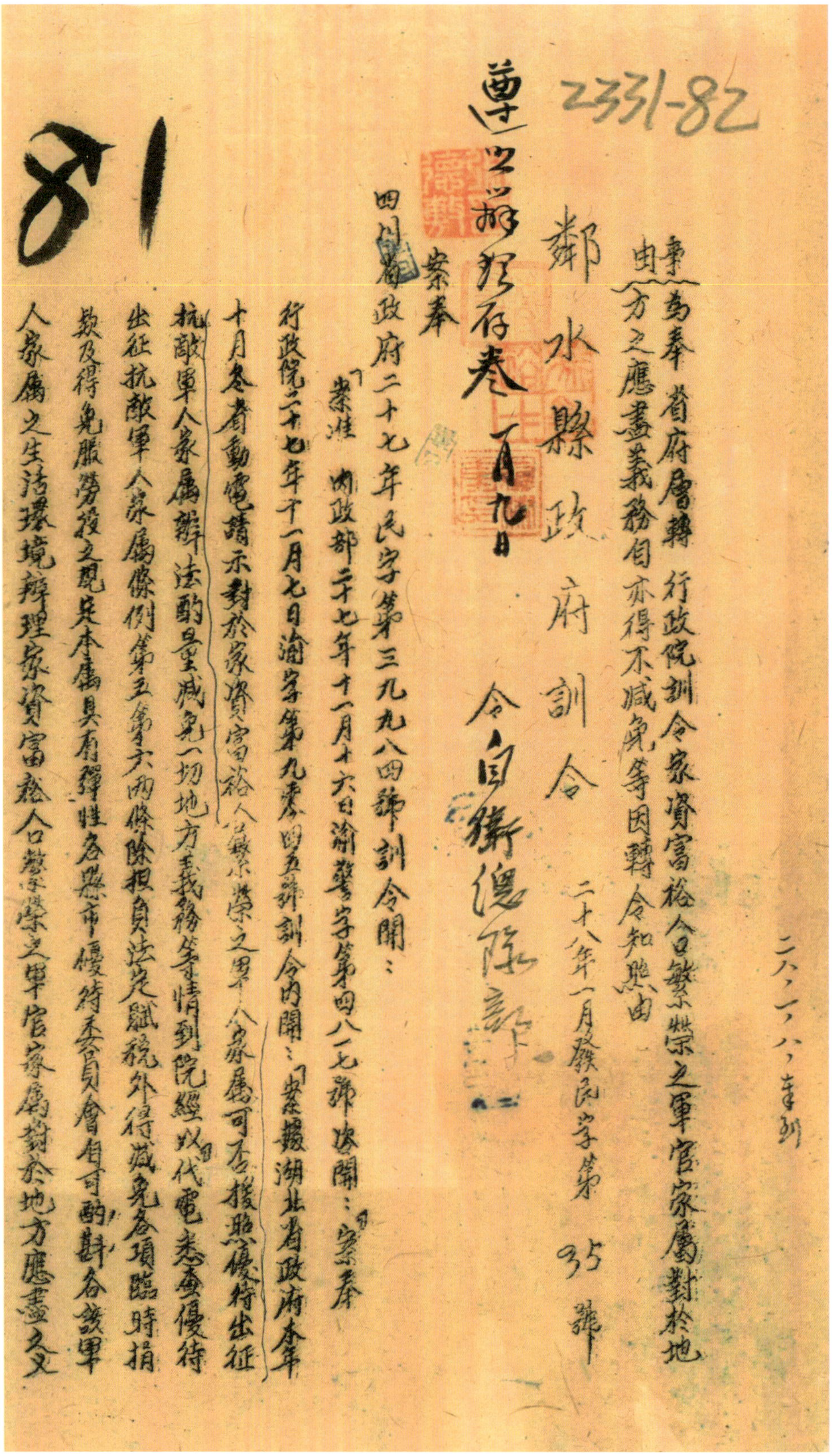
81

2331-82

二八、一、八、奉到

鄰水縣政府訓令

二十八年一月發民字第35號

令自衛總隊部

事由：為奉　省府層轉　行政院訓令家資富裕人口繁榮之軍官家屬對於地方之應盡義務自亦得不減免等因轉令知照由

遵照存卷　一月九日

案奉

四川省政府二十七年民字第三九九八四號訓令開：「案准　內政部二十七年十一月十六日渝警字第四八一七號咨開：『案奉　行政院二十七年十一月七日渝字第九零四五號訓令內開：「案據湖北省政府本年十月冬省動電請示對於家資富裕人口繁榮之軍人家屬可否援照優待出征抗敵軍人家屬辦法酌量減免一切地方義務等情到院經以代電恭查優待出征抗敵軍人家屬條例第五第六兩條除担負法定賦稅外得減免各項臨時捐款及得免服勞役之規定本屬具有彈性各縣市優待委員會自可酌對各該軍人家屬之生活環境辦理家資富裕人口繁榮之軍官家屬對於地方應盡之義

務自亦得不減免，除諭知除政軍政兩部外，仰即遵照。此令。等語，指令即發。除令知軍政部外，合行抄發原代電，令仰知照。此令。等因；附抄發湖南省政府原代電一件。奉此。除函達軍政部查照暨分行外，相應抄同原件，咨請查照，並轉飭知照爲荷。等由；附抄送湖南省政府原代電一件。准此。除分令外，合行抄發原代電，令仰該府知照。等因；附抄發原代電一件。奉此。除分令外，合行抄發原代電，令仰該縣即便遵照。

此令。

附抄發原代電一件。

中華民國二十八年一月　日

抄原電

重慶行政院院長孔鈞鑒：據本省新化縣長黄文呈稱：據本縣在城鎮鎮長李可楨呈稱：竊查優待出征軍人家屬，政府雖定有條文公佈，但對於有財產之被征入伍軍人家屬及有財產向動向軍隊中服務之軍人家屬更有文緣，軍餉甚高，值享厚祿之軍人家屬，在優待令未頒佈以前，對於地方應盡義務，尚能共同負擔，自待遇令頒佈後，即無論是否為戰鬥員以及隸軍籍有財產之家屬，均請援例免除地方義務。值此長期抗戰時期，對於人力、財力、物力，時常有征集之可能，若不呈請規定，不特有違有錢出錢、有力出力之口號，且於地方公益事業發生影響，更於優待前途易滋滯亂。因是具文呈報鈞府，伏乞鑒核，特請明白核示，俾資遵循，實為公便。謹呈。等情。據此，查一家資富、務人口繁多之軍人家屬，是否可以援照優待出征軍人家屬條例免除一切地方義務之處，全屬法令問題，本府未敢擅擬，理合備文呈報鈞府鑒核核示遵行。等情。查前奉鈞院頒佈之優待出征抗敵軍人家屬辦法，對於資富、務人口繁多之軍人家屬是否可以援照該項優待辦法，豁免一切地方義務，未據明文規定，究應如何辦理之處，理合電請鈞院迅予明令解釋，俾便飭遵為禱。湖南省政府中卯冬省勳印。

邻水县出征抗敌军人家属优待委员会关于遵令办理优待出征军人段显荣家属段冯琼英情形致县政府的呈（一九三九年三月九日）

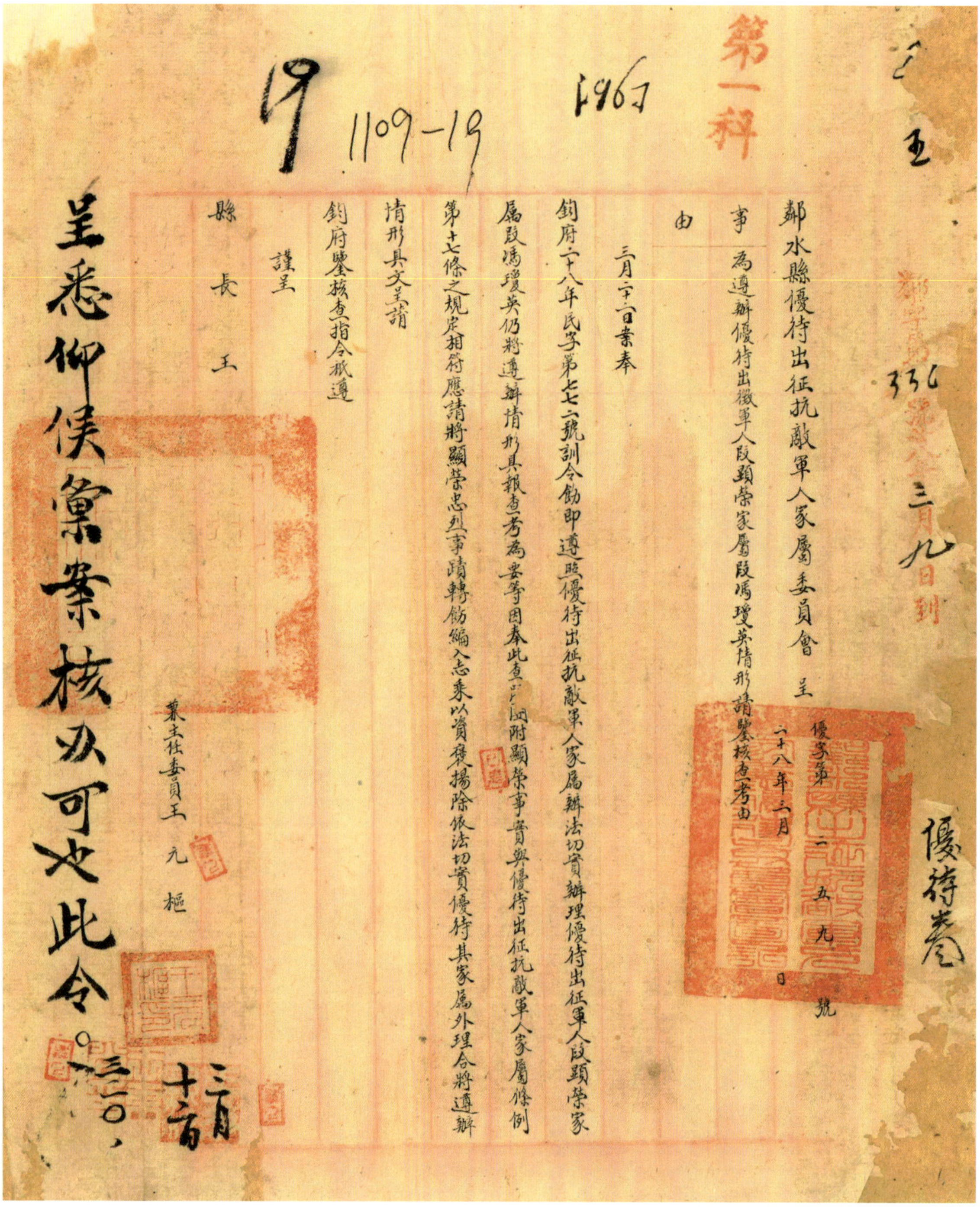

鄰水縣優待出征抗敵軍人家屬委員會 呈 優字第二五九號 二十八年三月 日

事由 為遵辦優待出徵軍人段顯榮家屬段馮瓊英情形請鑒核查考由

二月二十二日案奉

鈞府二十八年民字第七七二號訓令飭即遵照優待出征抗敵軍人家屬辦法切實辦理優待出征軍人段顯榮家屬段馮瓊英仍將遵辦情形具報查考為要等因奉此查段顯榮事實與優待出征抗敵軍人家屬條例第十七條之規定相符應請將顯榮忠烈事蹟轉飭編入志乘以資褒揚除依法切實優待其家屬外理合將遵辦情形具文呈請

鈞府鑒核查指令祇遵

謹呈

縣長王

兼主任委員王九樞

呈悉，仰候彙案核办可也。此令。

邻水县三教乡联保关于造报捐募食谷清册致县政府的呈（一九三九年十一月十日）

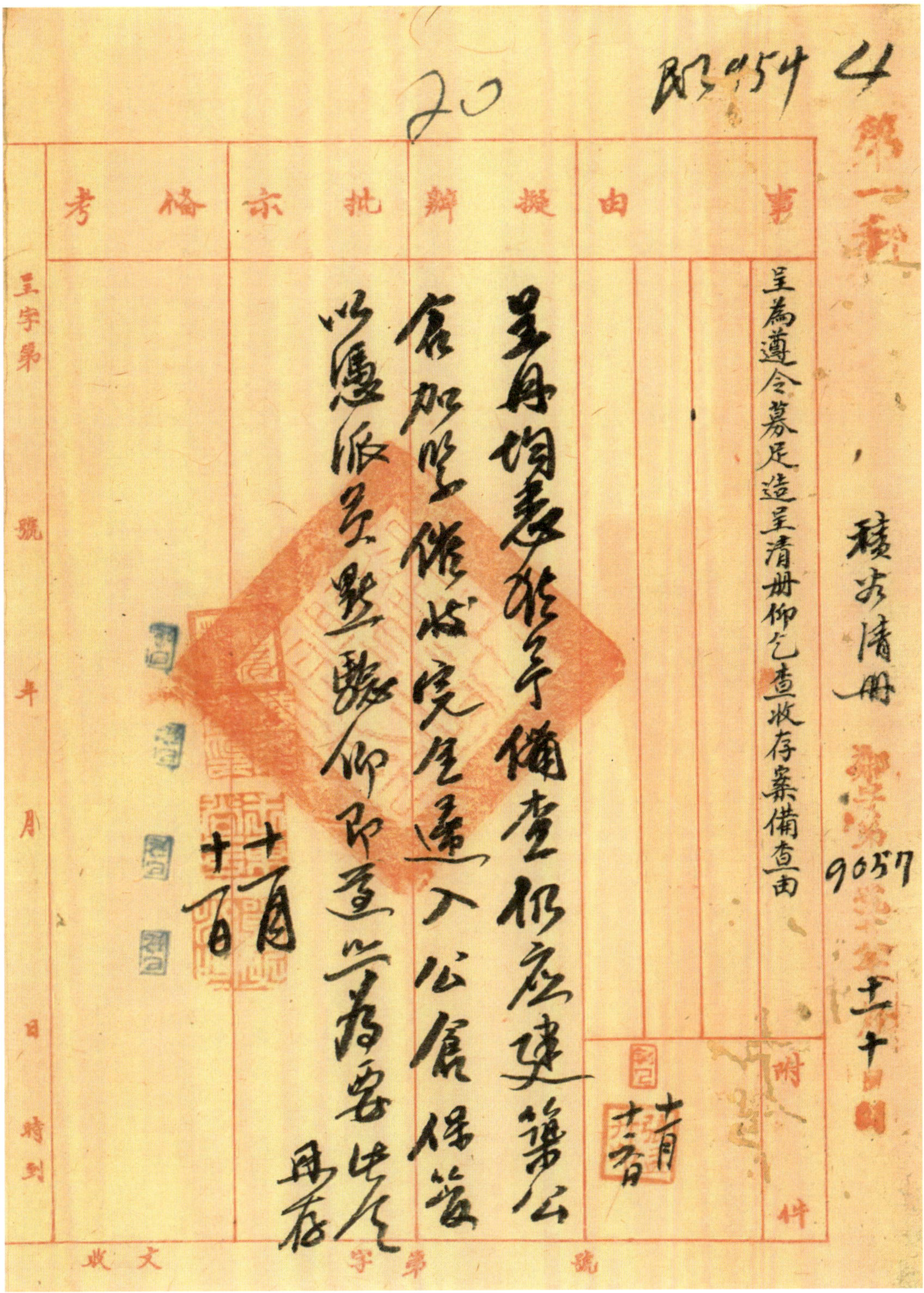
事由：呈為遵令募足造呈清册仰乞查收存案備查由

附件：積穀清册

擬辦 批示 備考

呈冊捐募穀子備查仍應速籌公倉加緊催收完全運入公倉保管以憑派員點驗仰即遵照為要此令

1604-20

呈字第　　號　　年　　月　　日　　時到

竊職於二十八年十一月五日奉區署轉　鈞府催繳倉谷清册代電開為限二日內漏夜將倉谷清册赶造送呈以憑彙轉勿再玩延等因奉此職已遵於十月廿九日召集保甲富紳將本年度倉谷盡量捐募得數壹百零肆石捌斗正分令各保負擔集中要處保存以便優待將來抗敵義丁家屬就地領收事關軍政除列榜週知外應即造呈清册備文呈請
鈞府查收註案存查仰乞
鑒核示遵謹呈
鄰水縣縣長王

三教鄉聯保主任游大義　呈

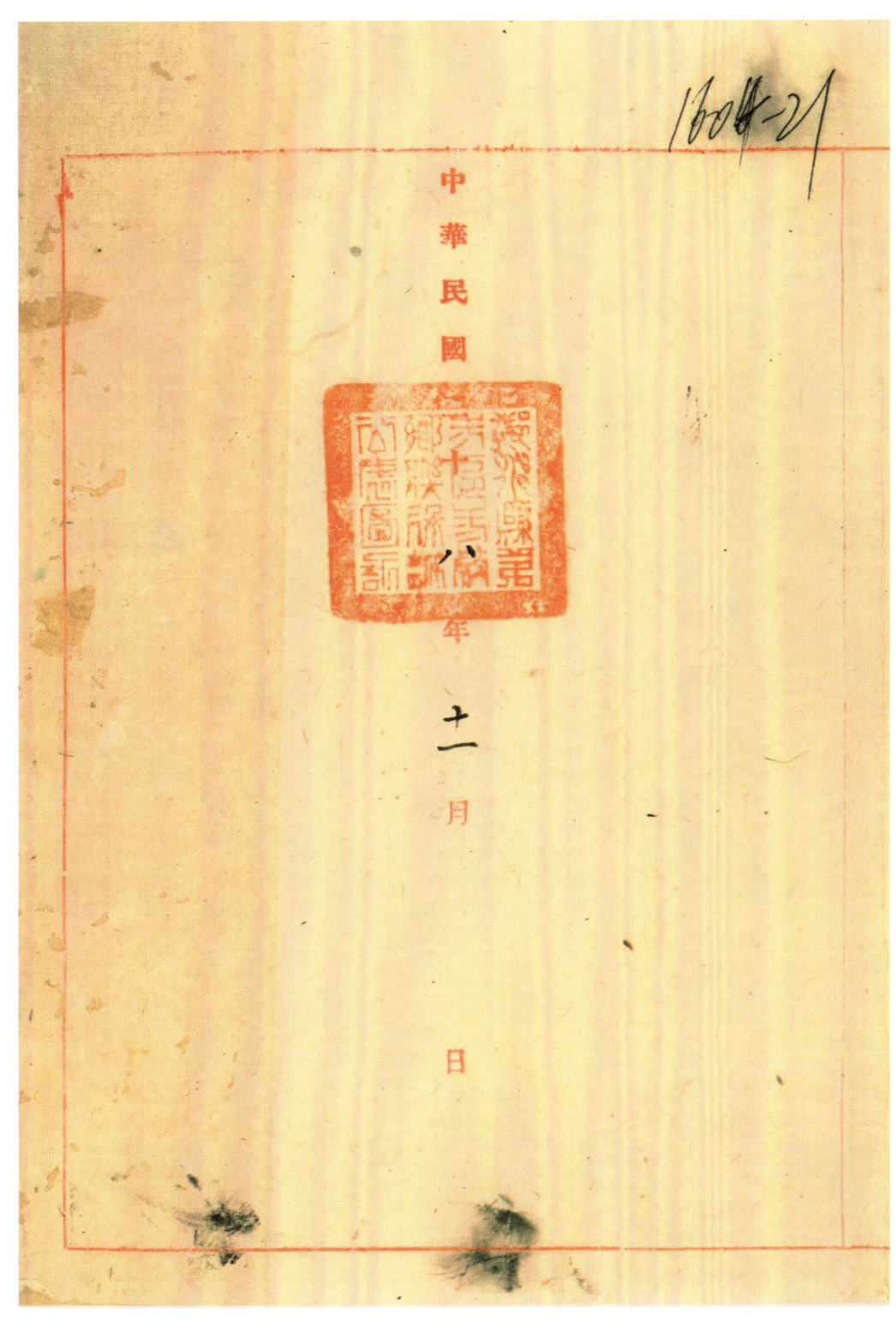

1604-21

中華民國　八　年　十一　月　日

附：邻水县第二区三教乡造呈一九三九年新募仓谷清册

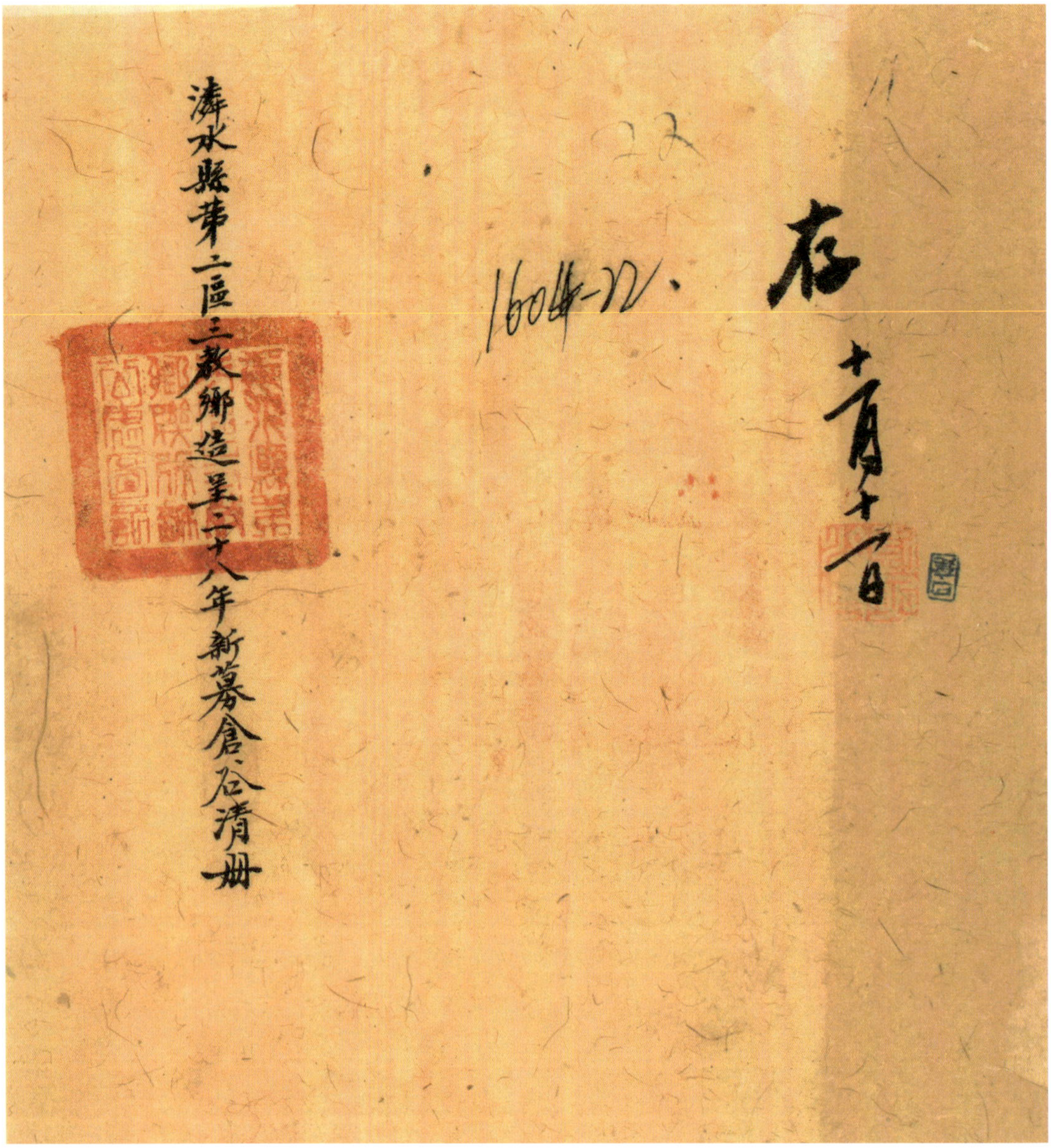
鄰水縣第二區三教鄉造呈二十八年新募倉谷清册

1604-22

存

十月十日

1604-13　23

潾水縣第二區三教鄉造呈二十八度新募積谷清册

保別	捐户姓名	二十八年新募數	備攷
第一保	張懷德	捐谷肆石正	
	包月恩	貳石正	
	張作賓	貳石正	
	包中賢	壹石正	
	張有堂	貳石伍斗	
	張見益	壹石陸斗	
	張長發	捌斗正	
	張陳氏	肆斗正	
	張緒見	捌斗正	
	石在祥	壹石貳斗正	

	文方洪	貳石伍斗正
	王九齡	壹石貳斗正
	張相周	壹石正
	王甲申	肆斗正
	王代松	肆斗正
	趙長喜	捌斗正
	梁丙午	壹石正
	文錫恒	肆斗正
	汸淮山	捌斗正
第二保	游大義	壹石伍斗正
	張安廷	貳石正
	張古廷	貳石肆斗正

游翊清　壹石弍斗正
成志膯　壹石弍斗正
游宗和　弍石正
游瑞玉　陸斗正
游長路　肆斗正
游宗培　捌斗正
游宗義　捌斗正
張海山　壹石弍斗正
張來壽　弍斗正
張世銀　壹石正
張錫齋　陸斗正
唐榮廷　捌斗正

1604

	成壽長	壹石弍斗正
	陳洪廷	捌斗正
	張孔仲	捌斗正
第三保	張孔由	捌斗正
	游士達	肆石正
	袁甫欽	弍石正
	袁俊祥	弍石正
	袁清瑞	壹石正
	袁清夷	壹石正
	游宗然	弍石正
	游敬宗	弍石正
	趙守祿	壹石正

25

	游宗德	壹石正
	趙中海	捌斗正
	游大開	伍斗正
	游秋林	捌斗正
	游宗武	伍斗正
	游宗廷	貳斗正
	游大定	壹石貳斗正
	游宗祥	壹石貳斗正
	游燕山	捌斗正
	游金蓮	肆斗正
第四保	袁國隆	壹石正
	游春山	捌斗正

1604-75

	游開禮	捌斗正
	袁炳欽	壹石伍斗正
	袁文氏	陸斗正
	袁文氏	伍斗正
	袁太山	肆斗正
	袁碧清	陸斗正
	古成國	捌斗正
	袁滿堂	肆斗正
第五保	曾文榜	弍石正
	李順喜	弍石捌斗正
	曾懷德	壹石正
	曾紹南	壹石弍斗

26

1604-26

李雲淦　捌斗正
曾慶朋　壹石貳斗正
曾慶煊　捌斗正
曾慶盛　壹石陸斗正
曾月星　壹石正
曾李氏　捌斗正
湯爲吉　陸斗正
曾全英　捌石正
曾祥周　肆石正
曾定清　捌斗正
古木生　捌斗正
曾慶林　捌斗正

成尚仁　贰石正

坿記

通計本年度新募積谷照新量計算共募捐谷壹百零肆石陸斗正

三教鄉聯保主任游大義　呈

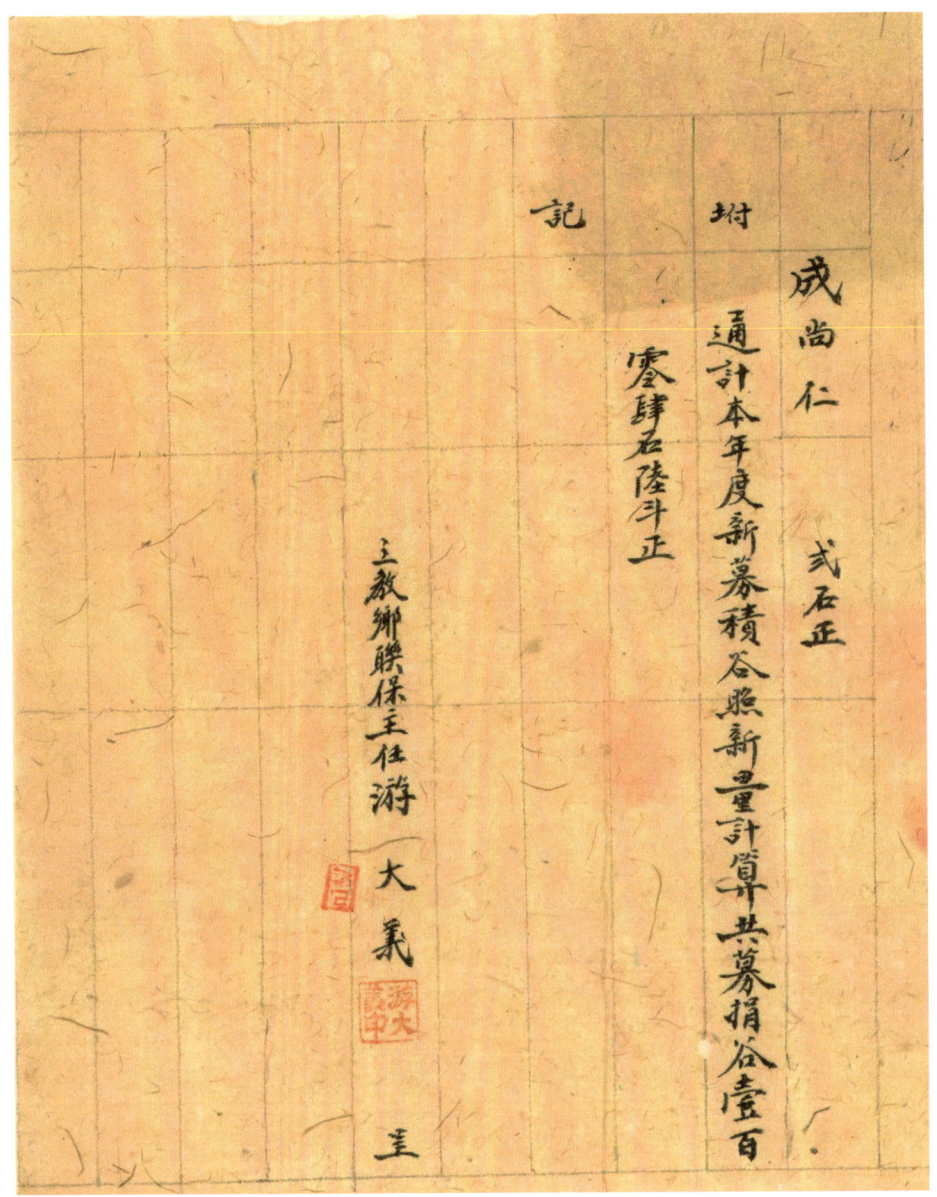

国民兵团常备队士兵冯太平关于请求免除月派杂款以示优待致邻水县政府的报告（一九三九年十二月六日）

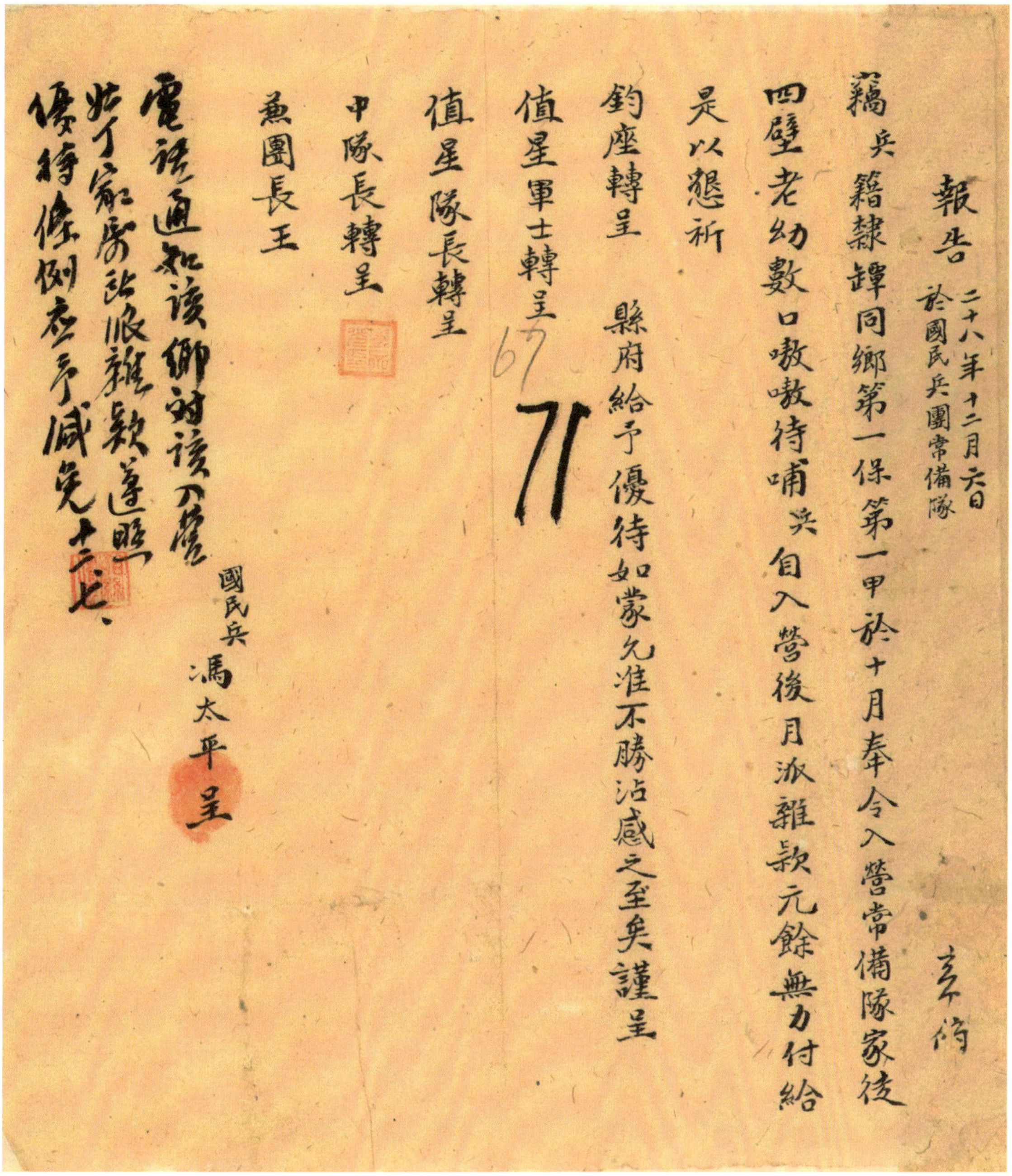

報告

二十八年十二月六日 於國民兵團常備隊

竊兵籍隸鐔同鄉第一保第一甲於十月奉令入營常備隊家徒四壁老幼數口嗷嗷待哺兵自入營後月派雜款元餘無力付給是以懇祈

鈞座轉呈 縣府給予優待如蒙允准不勝沾感之至矣謹呈

值星軍士轉呈

值星隊長轉呈

中隊長轉呈

兼團長王

國民兵 馮太平 呈

電話通知該鄉對該丁家庭派雜款並遵照優待條例應予減免 十二、七、

邻水县双河乡联保关于造报修建谷仓开支清册致县政府的呈（一九四〇年一月五日）

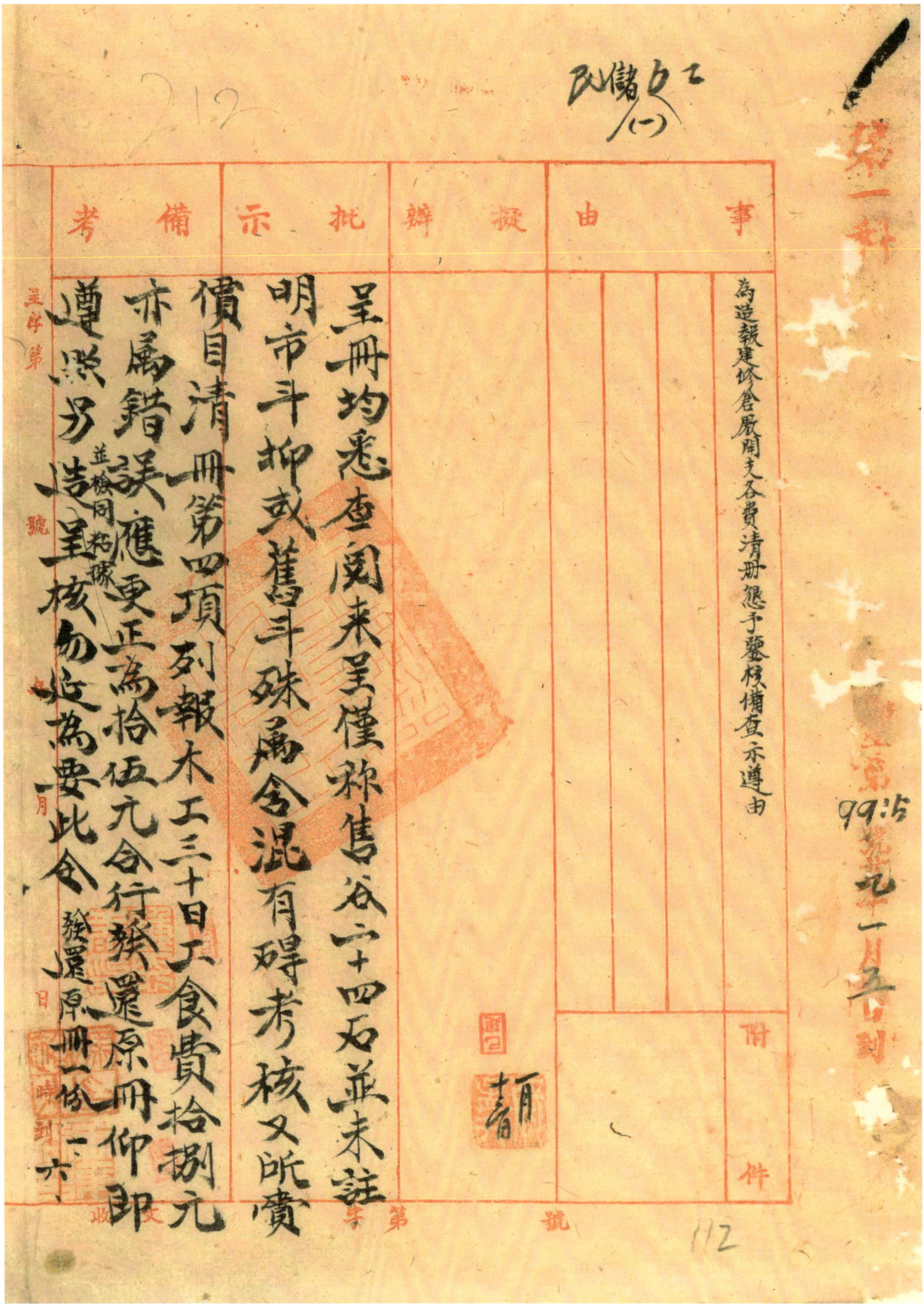
民儲 2
（一）
212

事由：為造報建修倉廒開支各費清冊懇予鑒核備查示遵由

擬辦

批示

備考

呈冊均悉。查閱來呈，僅稱售谷六十四石，並未註明市斗抑或舊斗，殊屬含混，有碍考核。又所賣價目清冊第四項列報木工三十日工食費拾捌元，亦屬錯誤，應更正為拾伍元。合行發還原冊，仰即遵照另造呈核，勿延為要。此令。並檢同粘據
發還原冊一份

附件

收文第　號

第一科
收文第 99?? 號
二九年一月五日到

112

案奉

鈞府廿八年民字第三零四零號訓令開

案奉　四川省政府真省民三第二三零四零號代電開查各縣市積谷業經指定作為優待出征軍人家屬之用戰時軍民必要供需飭即遵照辦法并參酌此次議決案之規定認真辦理依限具報勿稍玩忽致干未便為要此令

等因計抄發議決案一份奉此查建修倉廒遵照規定須先造具預算圖說呈准後始得開工建修惟當秋收已過通倉在急無倉存儲故于十一月乃將本年派募積谷變賣購料僱工建修倉廒一所綜計售谷廿四石每石價洋三元共得價款洋七十二元茲已建修完竣共費工料洋七十一元六角正入付兩抵實存洋四角其倉設立於聯保處內容量可容新斗三百担至通倉谷數容俟賡即呈報以上緣由理合備文連同開支清冊呈請

鈞府俯予鑒核備查并懇核銷變賣積谷數目是否之處候令示遵

謹呈

鄰水縣縣長王

計附清册一份

雙河鄉聯保主任汪惠武

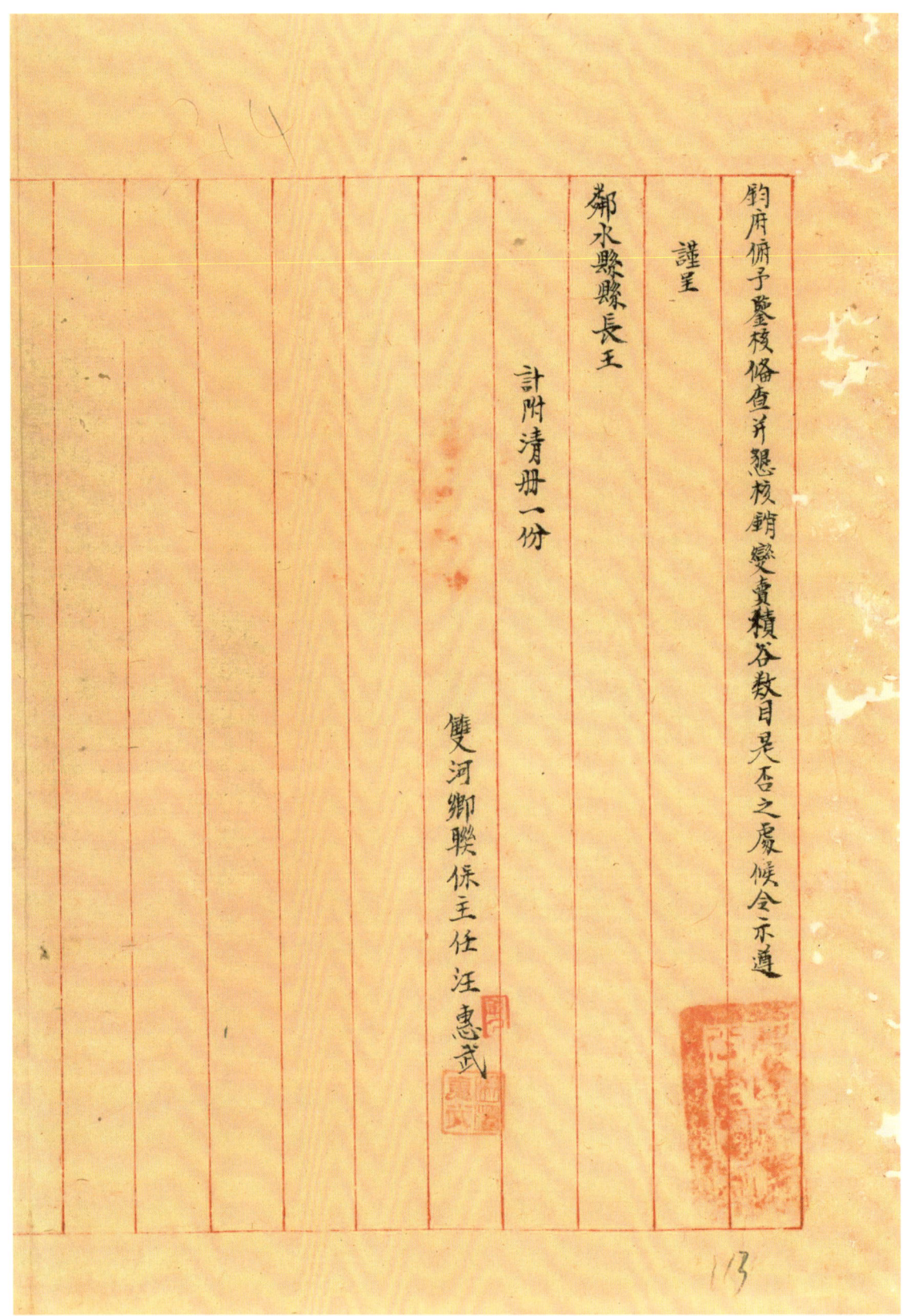

中華民國二十九年一月日

陆军四十七军一〇四师三一〇旅一等书记吴冠群关于免除其家庭被勒派的杂款给予优待致邻水县政府的信（一九四〇年三月二十日）

2312-42

42

陸軍第四十七軍一零四師三一零旅旅司令部用箋

元公縣長鈞鑒：夙欽
鳳采，未接
龍光，景企之私，匪言可喻。慨自七七以還，
倏閱廿月，倭寇侵畧，有加無已，賴我忠
勇將士浴血苦戰，保衛國土，現敵已成彊
弩之末，且又深入腹地，聚殲之時當在不
遠，最後勝利決可預卜。冠群一介樗庸，覩
國勢之阽危，念匹夫之有責，出川抗日

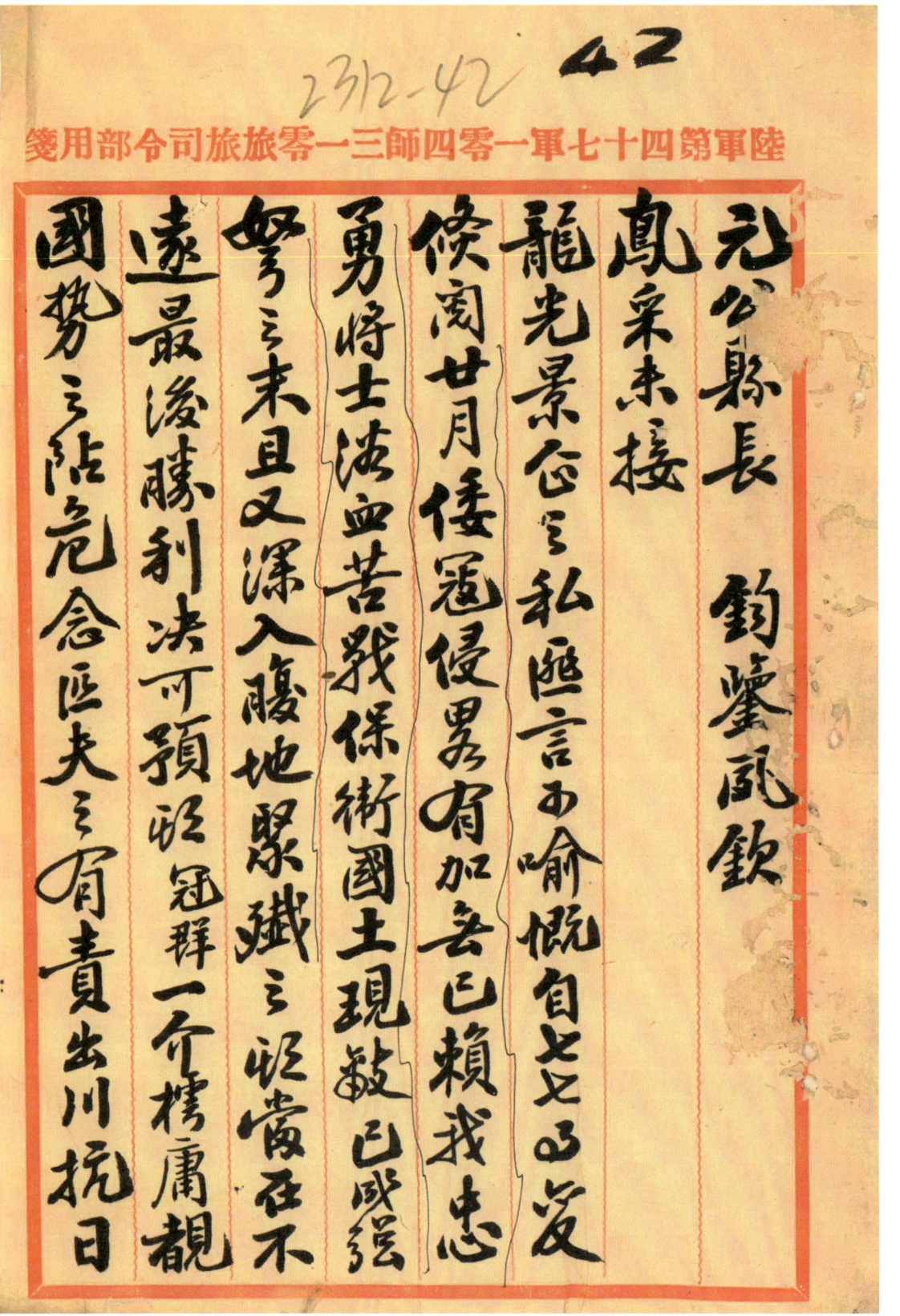

2312-44　44

陸軍第四十七軍一零四師三一零旅旅司令部用箋

鄧里長征轉戰山西經時年餘現率軍與敵相持於晉南平陸夏縣雖據家嚴漢廷由籍來函示及西鄉聯保对於舍間仍照勤派一切雜款還要派家購於不勝其擾家書倚來焦灼萬狀竊念 中樞對於出征抗戰軍人家屬迭有明文優待其意原爲前方將士使無內顧之憂堅決抗戰之志該保甲苟故違功令則 中央優

43　2312-43

陸軍第四十七軍一零四師三一零旅旅司令部用箋

結出征抗戰軍人家屬之謂何恭華家
公崇膺縣篆德被閭閻用特函懇敬乞
俯賜鑒察予以制止并飭查照條例加以
優待俾冠群得免家庭之念竭盡報國之
忱則感荷　鴻慈於无暨矣六鄉有役尚希
如蒙
訓誨時頒藉資循率無任欣盼專此敬頌
政祺
陸軍四十七軍一零四師三一零旅旅部一等書記吳冠群謹上
仕傑法官統此致好恕未另
三月廿日

科長查办理　擬覆　十六
胡德彬

邻水县政府关于知照解释优待出征抗敌军人家属条例第九条规定致县司法处的公函（一九四〇年五月八日）

鄰水縣縣政府公函

役字第二六三號
民國二十九年五月 日

案奉
大竹團管區司令部甲字第六一五四號翅代電開：
「案奉　夔綏師管區司令部齊役征役字第0225號代電開案奉　四川省軍管區司令部二十九年三月徵優字第1051號埜感代電以奉
軍政部二十九年三月四日渝募役宣字第二〇七五號訓令開案查前據該部二十八年十月十九日役優字第二八三三號呈以警字第一〇一三
據武勝縣政府呈請解釋優待出征抗敵軍人家屬條例第九條出征抗敵軍人在應征召前所負債務無力清償者得展至服役期滿後第二年內清償之在服役期其家屬賴以維持生活之財產債權人不得強制執行惟查出征者或因抗戰陣亡或受重傷竟成殘廢或因傷病請假回籍所負債務是否仍應照上項規定清償轉請鑒核示遵等情本部等以此案似有明白規定及解釋之必要經規定（凡出征抗敵軍人如因抗戰陣亡或因公積

存

勞成疾或受重傷竟成殘廢或因傷病請假回籍在短期內死亡其在應征召前所負債
務確因家貧無力清償者應視其情節輕重准展緩至陣亡或停役或請假之月起滿
第三年後於兩年內清償之」呈奉行政院二十九年八月二十五日陽字第1607號指令暨以該部
等所擬意見係屬優待出征抗敵軍人家屬條例第九條之補充規定在此抗戰期間自
屬可行經呈奉 國民政府二十九年八月十二日渝文字第608號訓令節開兹經國防最高
委員會第二十三次常務會議決議准予備案並交立法院應即照辦等因除咨請司法
院飭屬知照並分令外飭轉行各省市政府及各省區司令部一体知照等因奉此自應
遵照除分行并呈覆外合亟令仰該區知照并轉飭所屬一体知照此令等因轉行到部奉
此除分電外合行電仰飭屬一体知照等因轉行到部奉此除分電外合行電仰轉飭所
屬一体知照」
等因奉此除分令各聯保知照外相應函請
貴處查照為荷！
此致。
鄰水縣司法處

縣長王元樞

鄰水縣司法處 收 字第〇一三號 年 月八日 時

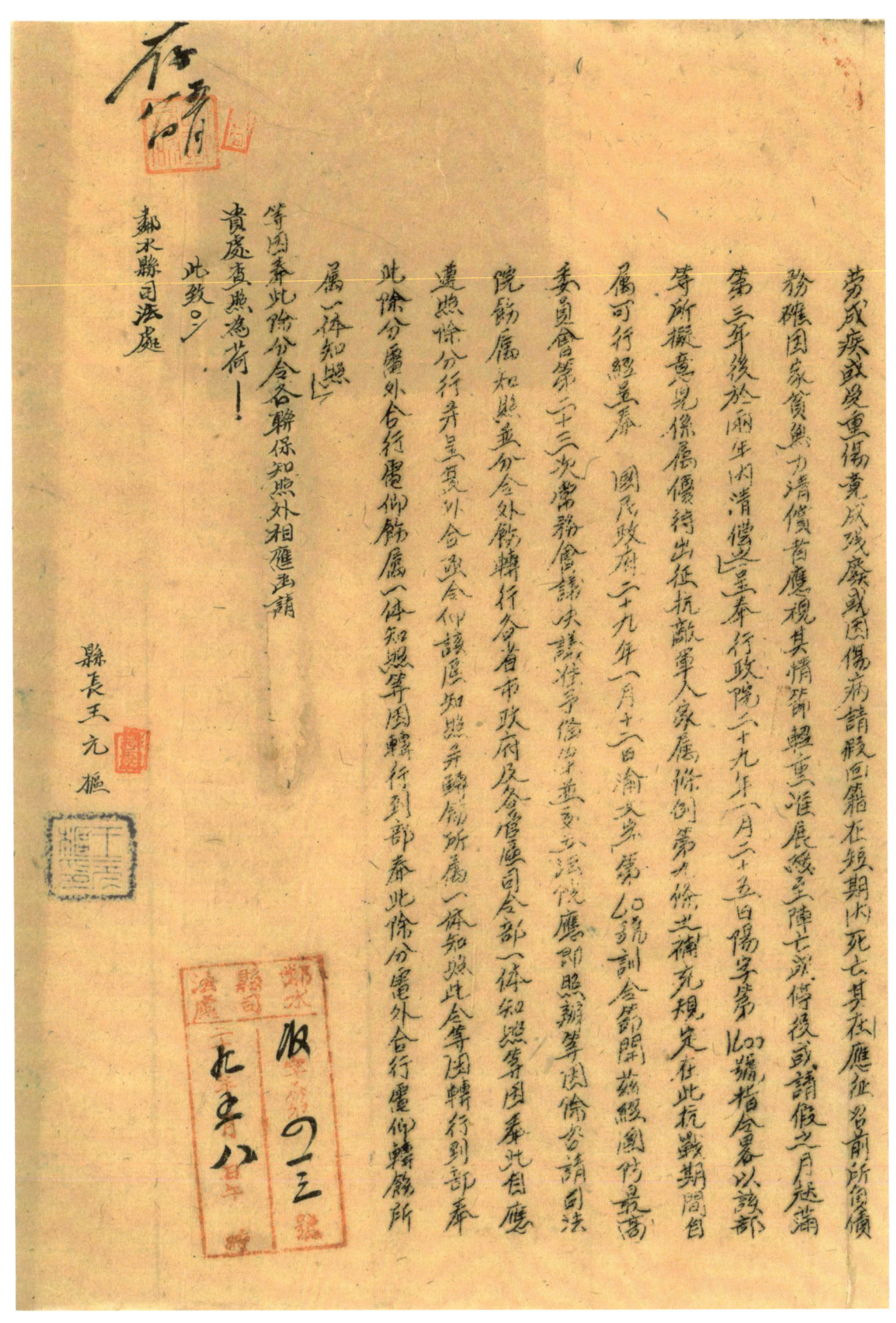

邻水县政府、县战时工作委员会关于规定募收积谷、散发出征抗敌军人家属优待谷办法致各镇乡长的训令（一九四〇年九月二十七日）

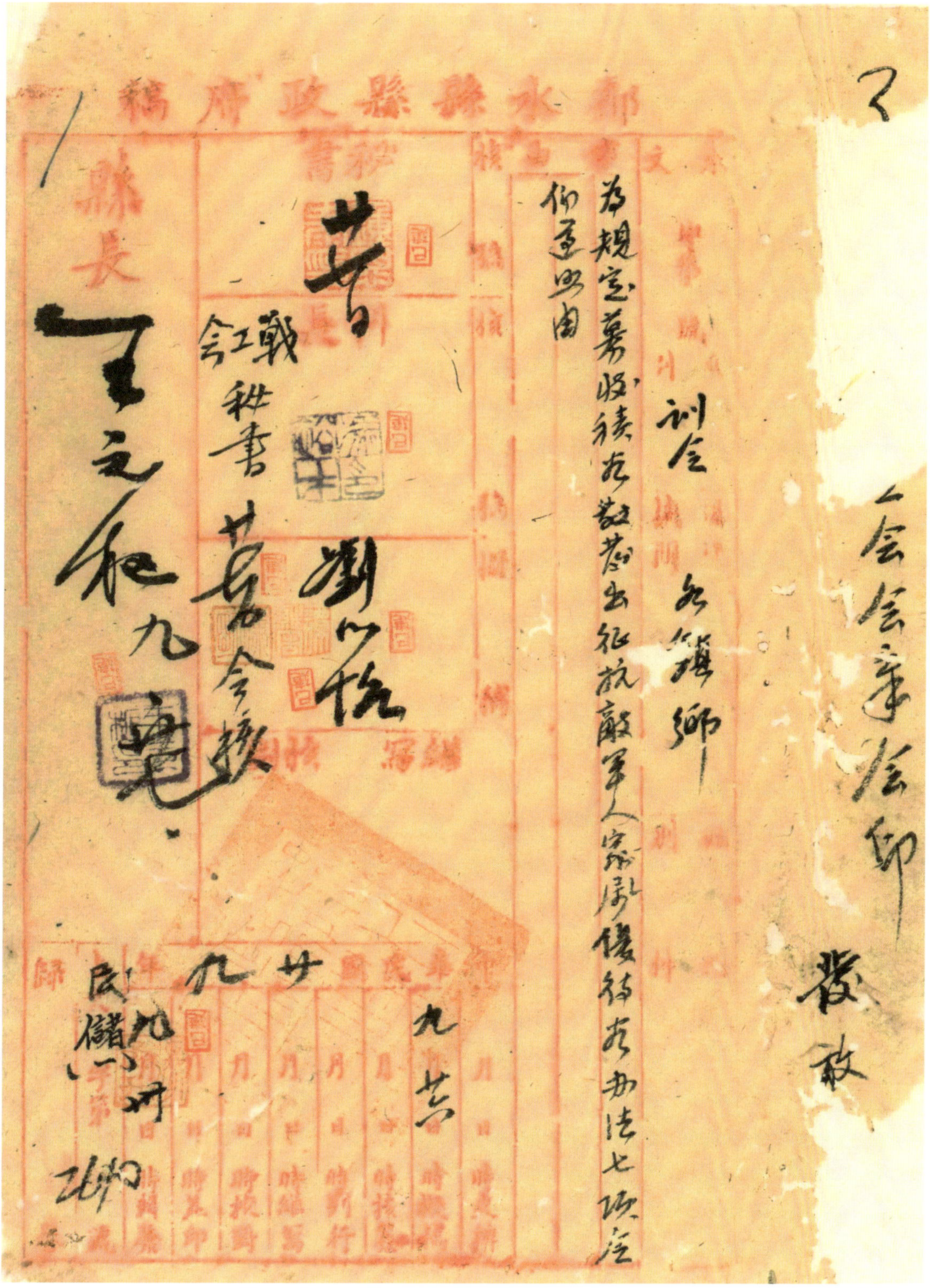
邻水縣政府稿

訓令 各鎮鄉

為規定募收積谷散發出征抗敵軍人家屬優待谷辦法七項令仰遵照由

各项应提行低二格写

2

邻水县政府
邻水县战时工作委员会 训令 年民储(一)字第　号

令各镇乡长

查办理积谷，为优待出征抗敌军人家属专款，关係至为重要。本府业经拟订各镇乡建仓积谷实施办法，呈报省府核准，并于本年六月十八日以民储(一)字第一三二七号训令抄发，通饬遵办在案。惟因上年[redacted]军谷，因旱灾歉薄，又兼催办[redacted]，乃实上[redacted]征收困难，以致募收积谷，救济优待，均酌予缓办。现值秋收已过，新谷登场，亟应重申前令，加紧趋办，并规定补充办法数点于后：(一)派募积谷，应遵照本府规定与去岁标准，及前颁办法第二章积谷各条之规定，切实办理。

但本年內有遭受旱災地方，所派積穀，應視其所收租石之
實數攤募，以昭平允。（二）各鎮鄉積穀，須募足平均永保
一户一石之數，優待者須每年發給四次，如办理有困
難，不能募足規定數量，亦須办到足數發給優待者四次
之用，不得草率減少（如藉口天旱），致礙役政之推行。（三）發給優待者
糧間，自十月起，至年底止，暫為發給一次，俟積穀歸
倉後，再為定期發給二次，發給後須將三聯單繳驗聯填
註明，由各造具清冊呈報本會查核。（四）積穀務須一律歸
入公倉，由鄉鎮公所負責保管，嚴禁挪移他借，以杜侵蝕，而
免糾紛。（五）出征壯丁如有逃回者，其家屬應不得享受優

4

各鄉鎮在未正式召開優待會以前，應聘請公正士紳，組織委員會，切實審核，并應將榮譽狀三聯單追繳，以杜流弊。（如被征出丁果係在前方抗敵，並未領有榮譽狀三聯單，得由保甲（各該鄉鎮公所列表呈請戰時工作委員會）具結報明，核發補發。七、領取優待者，務須出征壯丁直（表內分保別甲別出征軍人姓名、出征年月、家屬姓名、備考六欄）係親屬，不得冒名代領，各鎮鄉保甲委員，務須親身監放，亦不得委人持為，以免朦混。以上七項，除分令并佈告外，合行令仰該公所便遵照切實辦理（並將辦理情形具報查核），為要！此令。

廿九年九月　日

縣長王[illegible]

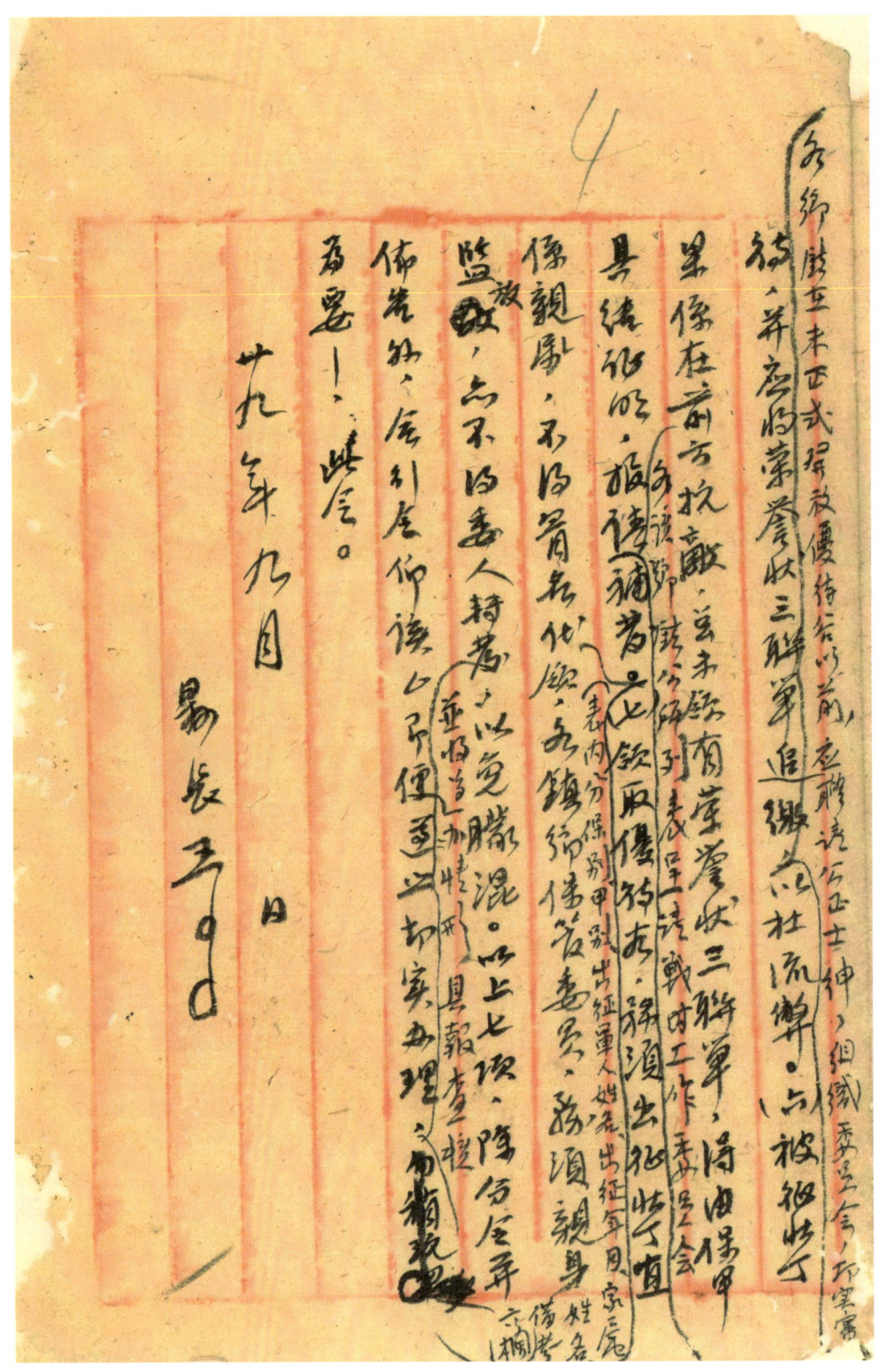

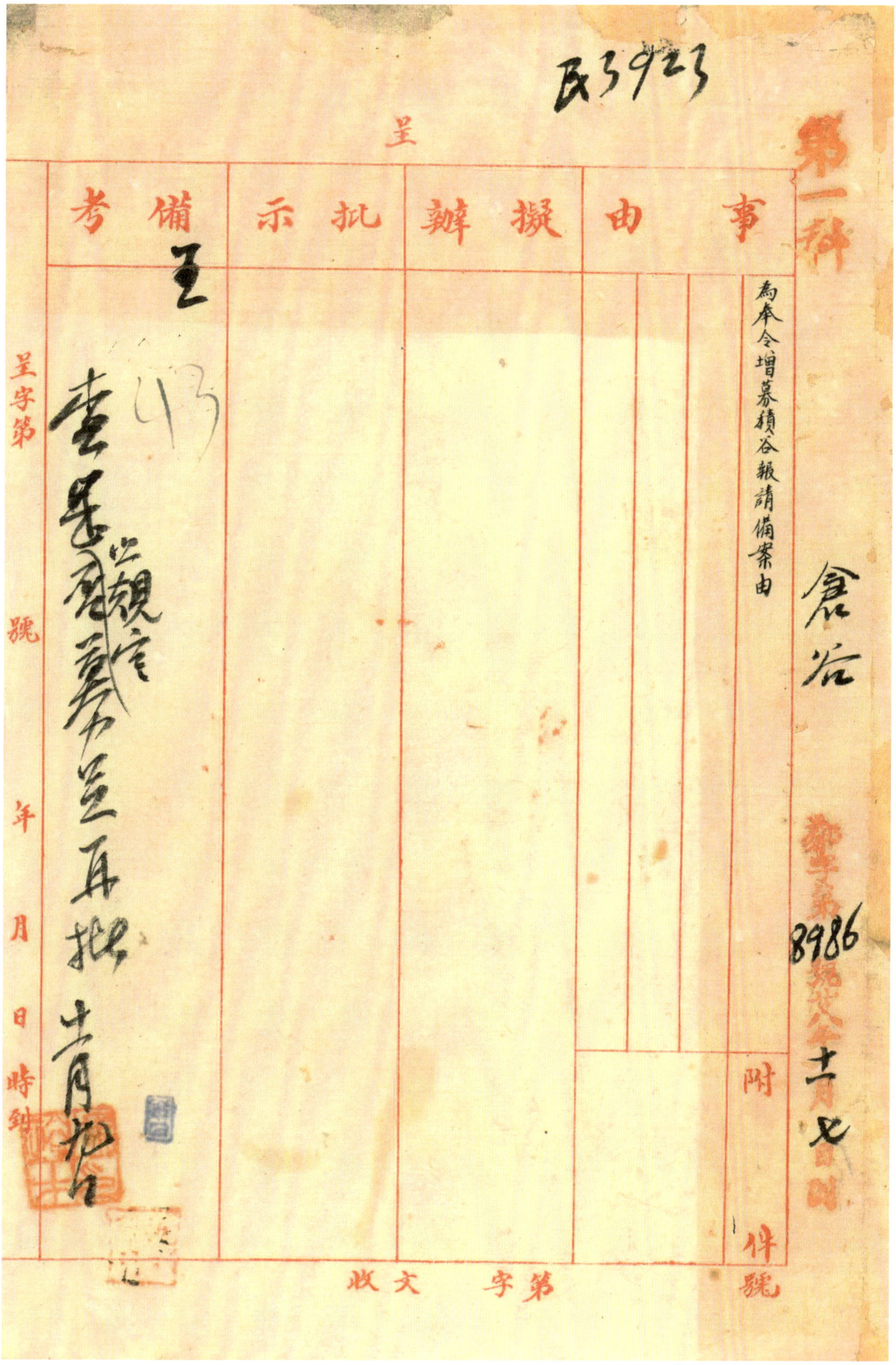

邻水县第二区袁市镇联保关于造报增募积谷清册仓厫图表致县政府的呈（一九四〇年十一月七日）

1604—41

十月二十八日奉

鈞府民字第三七四六號代電開：

「東市联保主任覽查節序刻屆深秋新谷早已登場本年度各區鎮鄉應行補建倉廒及應增募積谷曾經本府迭令遵辦限期完成具報以憑派員覆查在案迄今逾限已久僅據少數鄉份依限具報且僅報派募情形而不造具積谷清册或僅報派募積谷清册而漏報倉廒圖表參差遺漏已得查攷乃該鄉派募積谷清册及倉廒圖表至今均未據報足見該主任平日辦理不力過事疲玩實屬不合茲奉上峯嚴令催辦用作優待出征抗敵軍人家屬之需不容再事延緩除分電外合再電催仰該主任即便遵照加緊趕辦再予展緩本月底一律完成分別具報以憑派員覆查事關要政毋再延誤干究為要縣長王元榅哿民印」

等因奉此職即召集闔鎮保甲紳首開會增募積谷根據租石之多少以為募數之衡定當經按數募定

計四百六十餘石製同樣四柱倉四個分爲四處積儲由保管員章作休倪慎清李春和魏高照四人負

責積收存令分發茲奉前因造具積穀清册及倉廒圖表各一份理合具文呈報

鈞座俯予鑒核備案存查呈報是否仍祈示遵

謹呈

縣長 王

附呈積穀清册倉廒圖表各一份

第六區泰市鎮聯保主任蔣光前

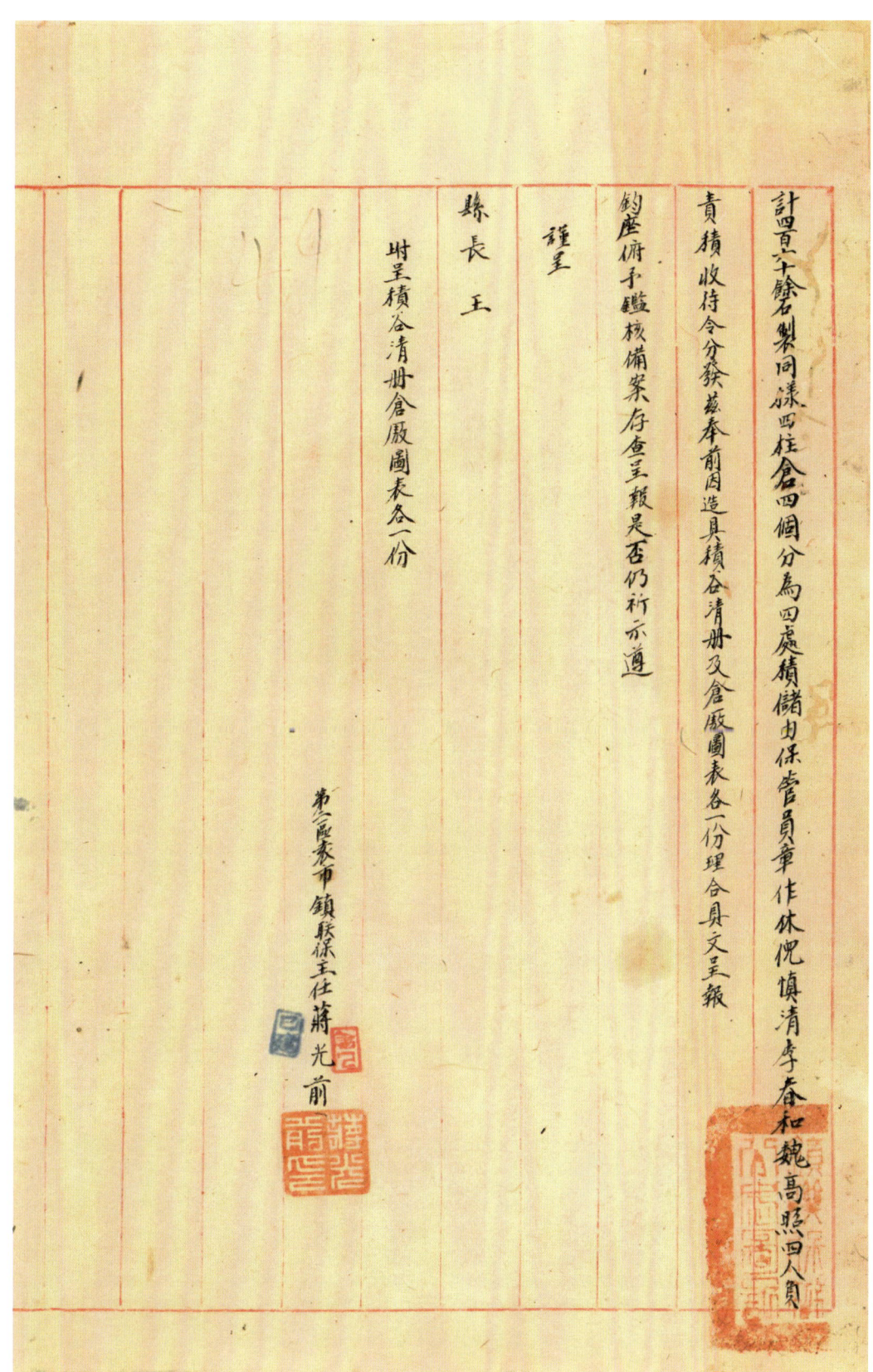

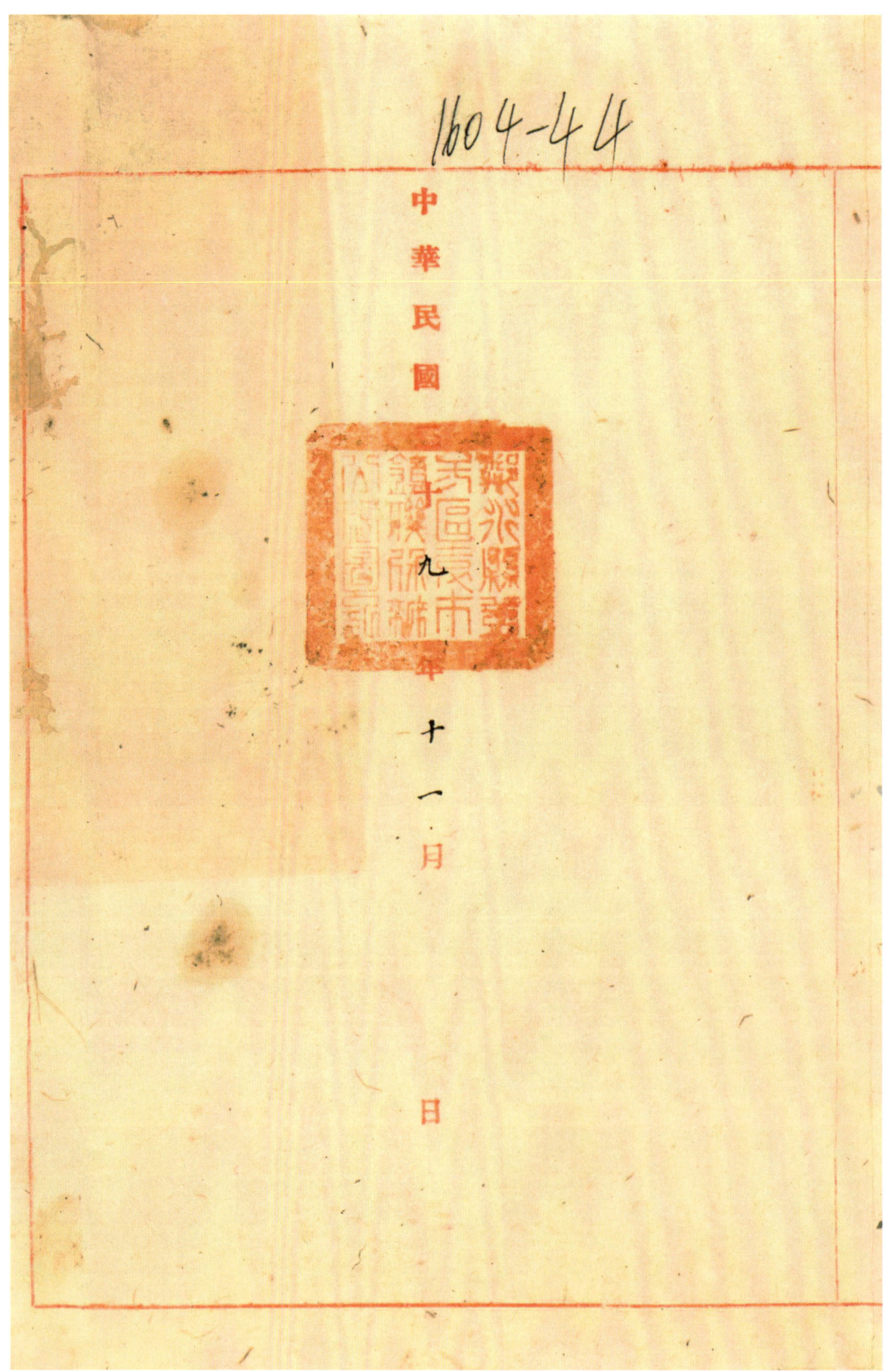

1604-44

中華民國十九年十一月 日

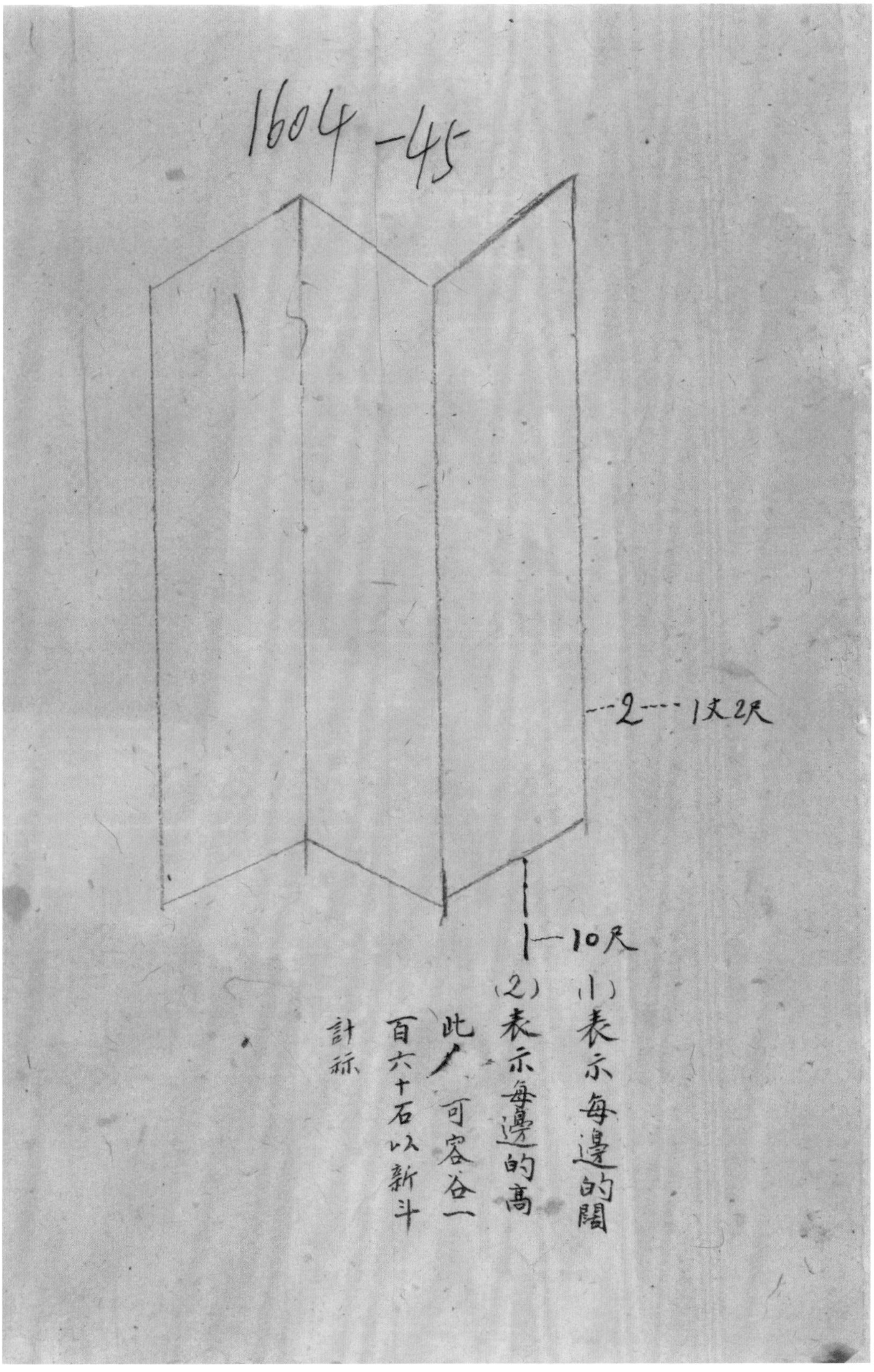
1604-45
15
2 1丈2尺
10尺
(1)表示每邊的闊
(2)表示每邊的高
此ㄨ可容谷一
百六十石以新斗
計祘

附二：第二区袁市镇联保办公处造报一九三九年度增募积谷清册

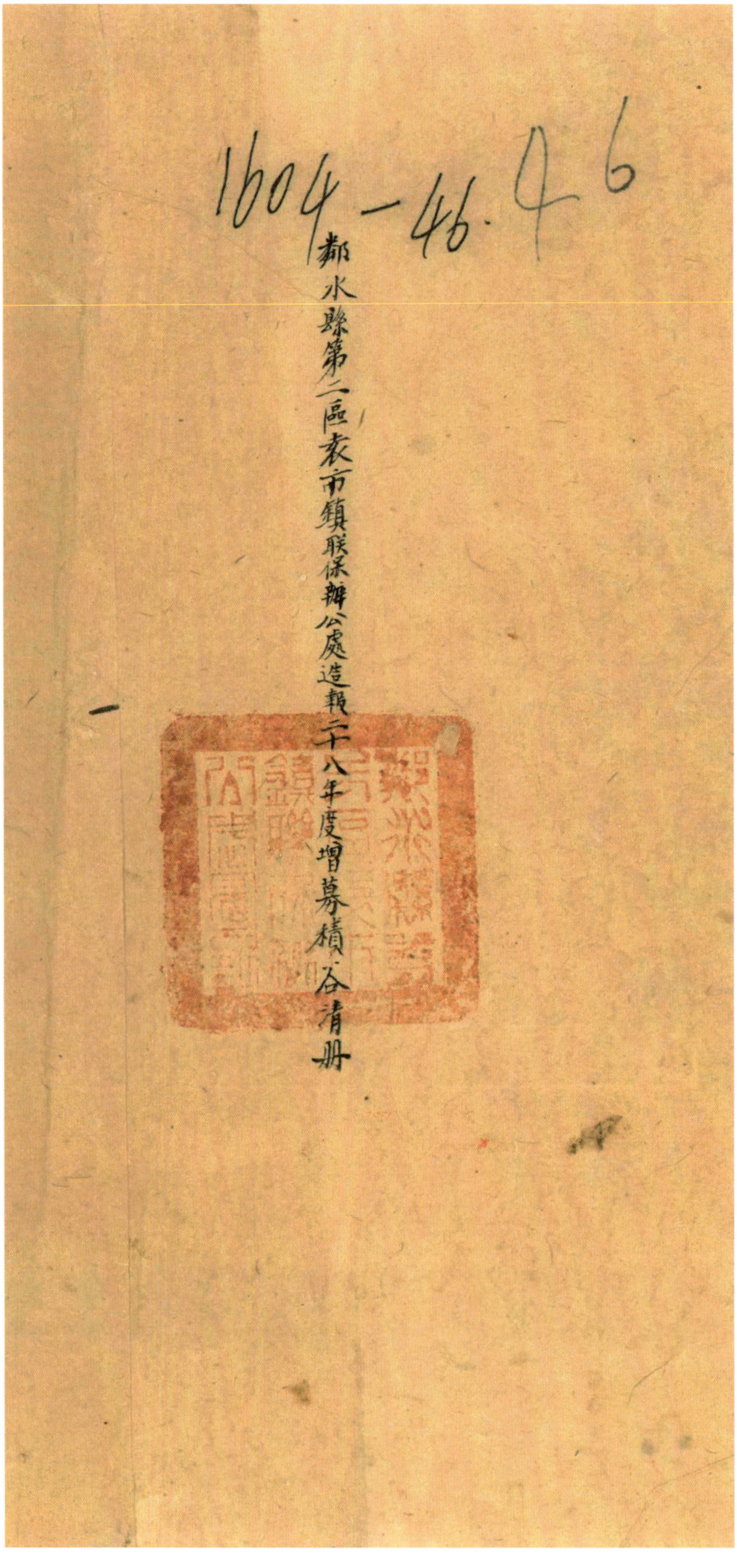
1604-46.46

鄰水縣第二區袁市鎮聯保辦公處造報二十八年度增募積谷清冊

47

鄰水縣第二區袁市鎮造報民國二十八年捐募倉儲谷姓名數目清册

姓名	捐谷數目 石	捐谷數目 斗
王世吉		八〇〇
李睦元		四〇〇
謝存章		四〇〇
馮宗祥	一	六〇〇
魯恥宗	一	六〇〇
劉明中	一	二〇〇

秦位鳳		四〇〇
嚴和雙	一	二〇〇
卓本志		八〇〇
熊光國		四〇〇
熊茂林		八〇〇
熊云章	二	〇〇〇
熊宜文		四〇〇
熊長江	二	四〇〇
李立祥		八〇〇
熊心平		八〇〇
熊心品		四〇〇
熊存月		八〇〇

魯遠堂	二	〇〇〇
陳義平	一	六〇〇
陳維義	一	六〇〇
陳建廷		四〇〇
魯福昭	一	六〇〇
談紹臣		八〇〇
陳孝池		八〇〇
馮子宜	五	六〇〇
馮子堅	四	〇〇〇
馮達伝	五	六〇〇

1604-63

馮治廷	四〇〇
馮汝林	一六〇〇
謝立和	一二〇〇
馮喬壯	一二〇〇
馮喬林	一二〇〇

合計　以上共募積谷肆百陸拾叁石貳斗係以新斗計称

聯保主任蔣光前

中華民國二十九年十一月　日

1604

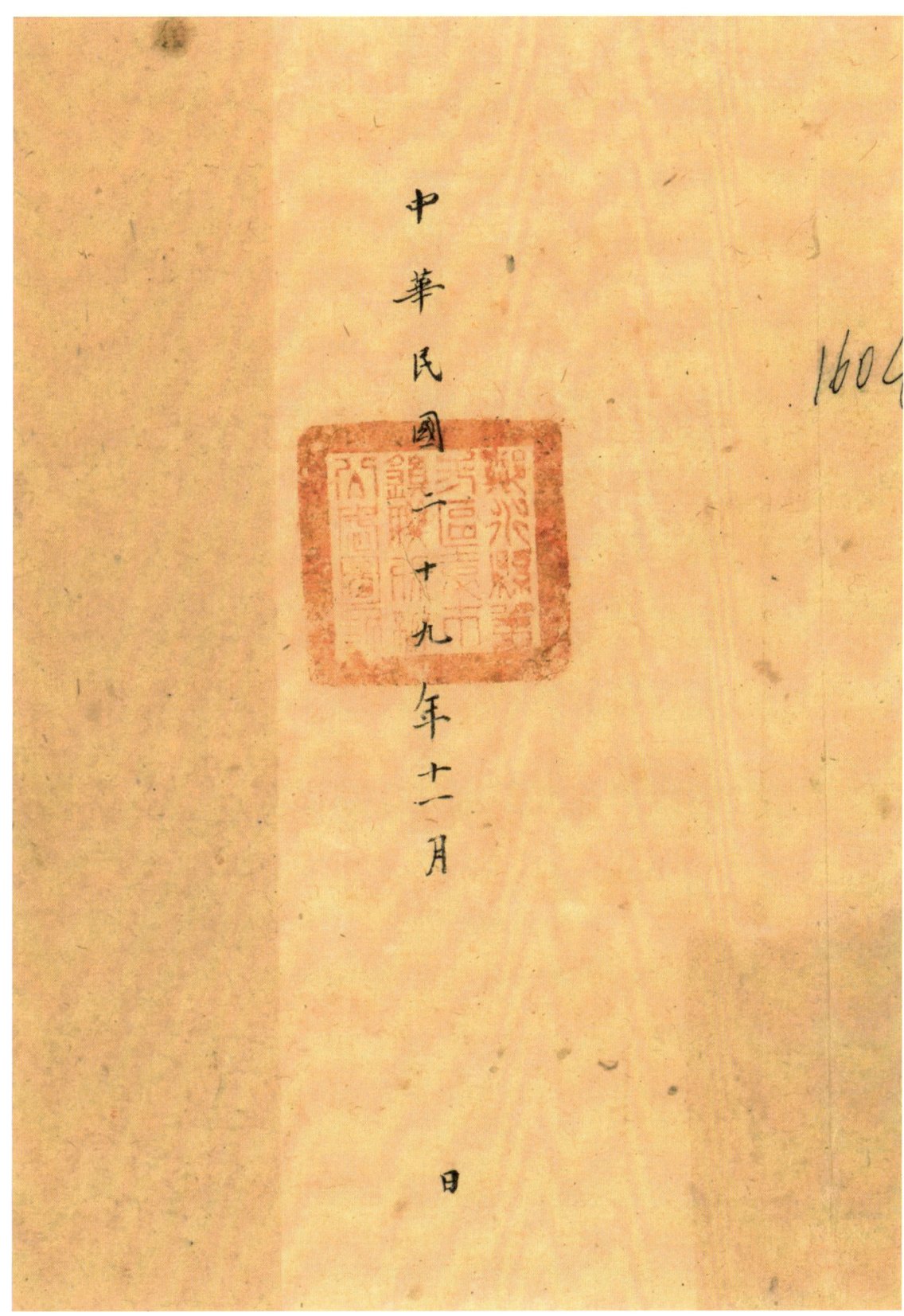

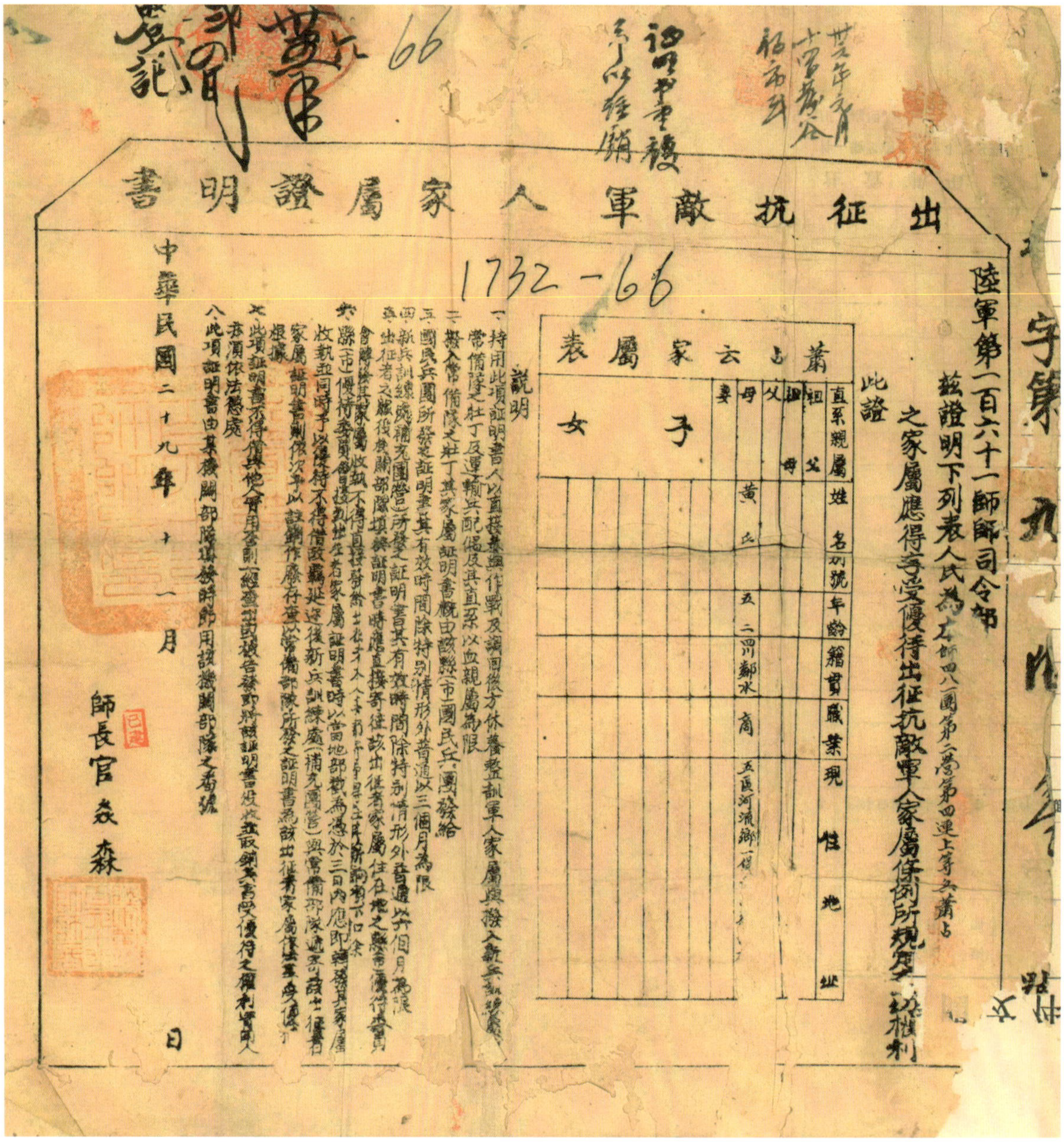

出征抗敵軍人家屬證明書

陸軍第一百六十一師師司令部

茲證明下列表人氏為本師四八一團第二營第四連上等兵蕭占云之家屬應得享受優待出征抗敵軍人家屬條例所規定之一切權利

此證

蕭占云家屬表

直系親屬	姓名	別號	年齡	籍貫	職業	現住地址
祖父						
祖母						
父						
母	黄氏		五二	四川鄰水	商	五區河流鄉一保[illegible]
妻						
子						
女						

說明

一、持用此項證明書人以直接參與作戰及調回後方休養整訓軍人家屬與撥入新兵訓練處、常備隊之壯丁及運輸兵配偶及其直系以血親屬為限

二、撥入常備隊之壯丁其家屬證明書概由該縣（市）國民兵團發給

三、國民兵團所發之證明書其有效時間除特別情形外普通以三個月為限

四、新兵訓練處（補充團營）所發之證明書其有效時間除特別情形外普通以六個月為限

五、出征者之服役機關部隊填發證明書時應直接寄往該出征者家屬住在地之縣市優待委員會轉發其家屬收執，不得直接發給出征者本人[illegible]

六、縣（市）優待委員會接到出征者家屬證明書時，以當地部隊為憑，於三日內應即轉發其家屬收執，並同時予以優待，不得借故羈延；迨後新兵訓練處（補充團營）與常備部隊所發之證明書為該出征者家屬僅[illegible]根據

七、此項證明書不得借與他人冒用，否則一經查出或被告發，即將該證明書撤收，並取銷其享受優待之權利，冒用人亦須依法懲處

八、此項證明書由某機關部隊填發時即用該機關部隊之番號

中華民國二十九年十一月　日

師長官　焱森

陆军第一百六十一师出征抗敌军人家属证明书（萧占云）（一九四〇年十一月）

陆军二十一军一四六师辎重兵营关于送达杨代义优待出征军人家属证明表致邻水县政府的公函（一九四〇年十二月十一日）

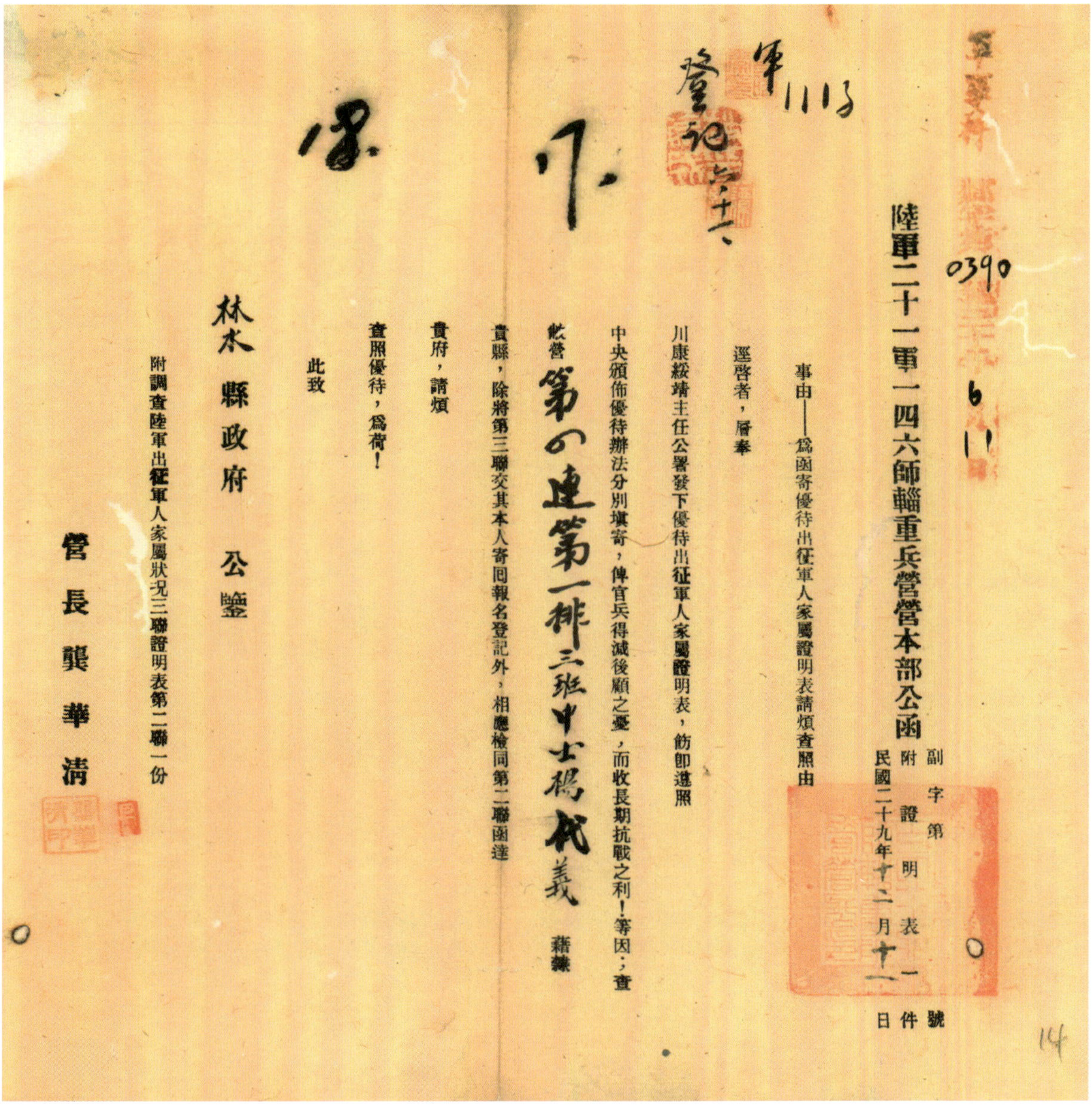
副字第　號
附證明表一件
民國二十九年十二月十一日

陸軍二十一軍一四六師輜重兵營營本部公函

事由——爲函寄優待出征軍人家屬證明表請煩查照由

逕啓者，層奉

川康綏靖主任公署發下優待出征軍人家屬證明表，飭即遵照

中央頒佈優待辦法分別填寄，俾官兵得減後顧之憂，而收長期抗戰之利！等因；查

敝營第四連第一排三班中士楊代義　籍隸

貴縣，除將第三聯交其本人寄回報名登記外，相應檢同第二聯函達

貴府，請煩

查照優待，爲荷！

此致

林水縣政府　公鑒

附調查陸軍出征軍人家屬狀況三聯證明表第二聯一份

營長　龔華清

邻水县御临镇公所关于抗战阵亡军官段显荣家属段冯琼英报请免征房捐致县政府的呈（一九四一年一月九日）

1605-23

鄰水縣御臨鎮鎮公所呈

呈　字第一六九號

民國三十年一月　日發

事由：為據段馮瓊英報請免征房捐請予鑒核示遵由

案據本鎮抗戰陣亡軍官段顯榮之家屬段馮瓊英報稱：「竊氏夫段顯榮前任四十四軍一百五十師八百九拾九團中校團附，當鄂中蔡甸之役，氏夫以中校團附代理團長率部抗戰，身先士卒，不幸陣亡，曾經軍事委員會明令撫卹在案。氏夫生平別無餘積，僅遺幺灘朝陽太平兩街舖房三間，年中租息作氏全家生活之資，現值辦理房捐之際，擬請援照優待陣亡抗屬條例免征房捐，以示於恤，實沾德便，謹呈」等情。據此，查所請免征房捐之處，不無相當理由，理合據情轉請

鈞府鑒核示遵。

謹呈

縣長王

茲查征收房捐本府業奉令交由私人包商辦理，該鎮滿瓊英所有鋪屋應否免征，着自向征收處繳，仰即轉飭知照為要。

一一．十．

鎮長　何騏中

材(十)22
雜

1605—24

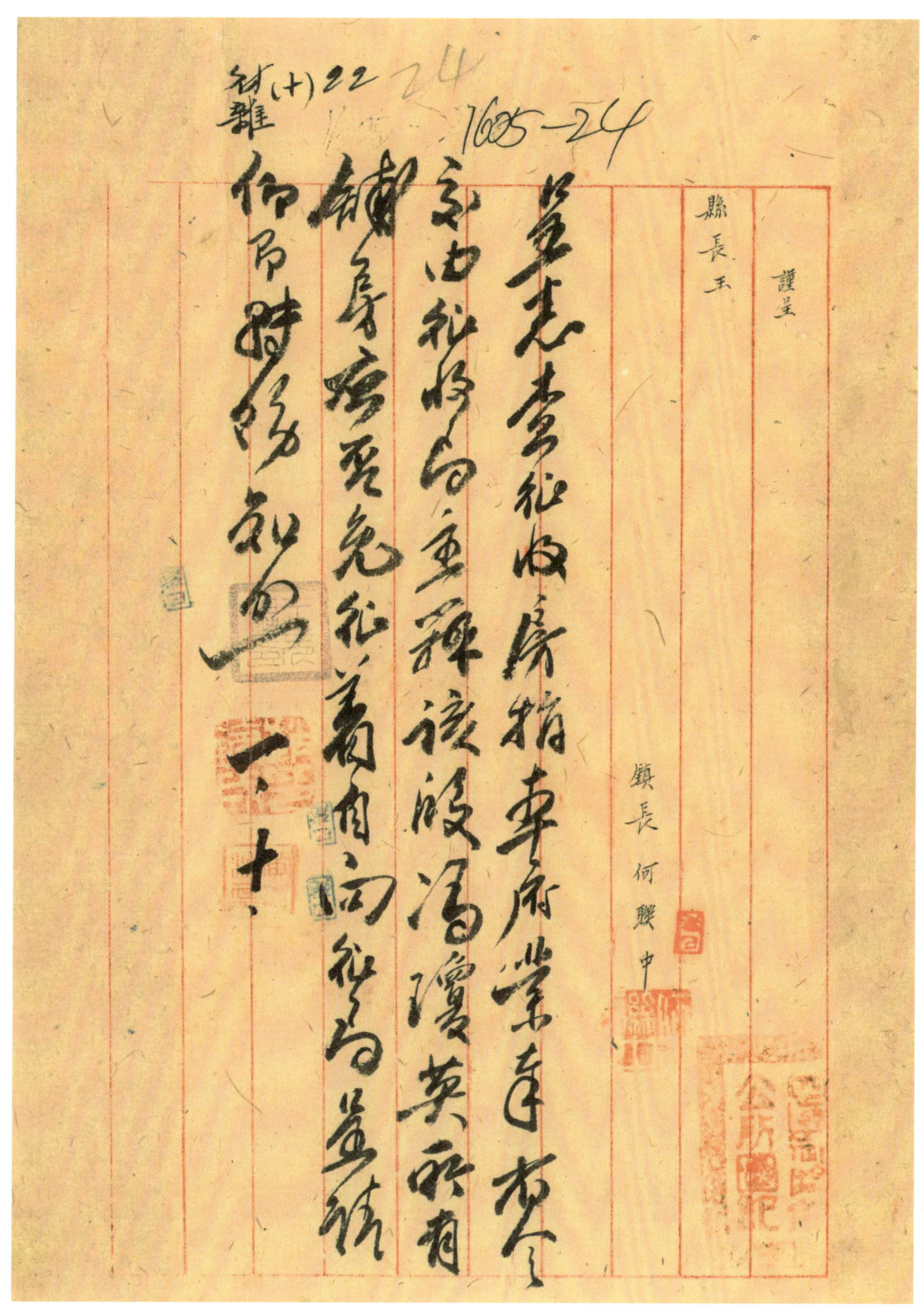

邻水县政府关于遵照办理从宽解释出征抗战军人家属条例第五条条文情形致四川省政府的呈（一九四一年三月二日）

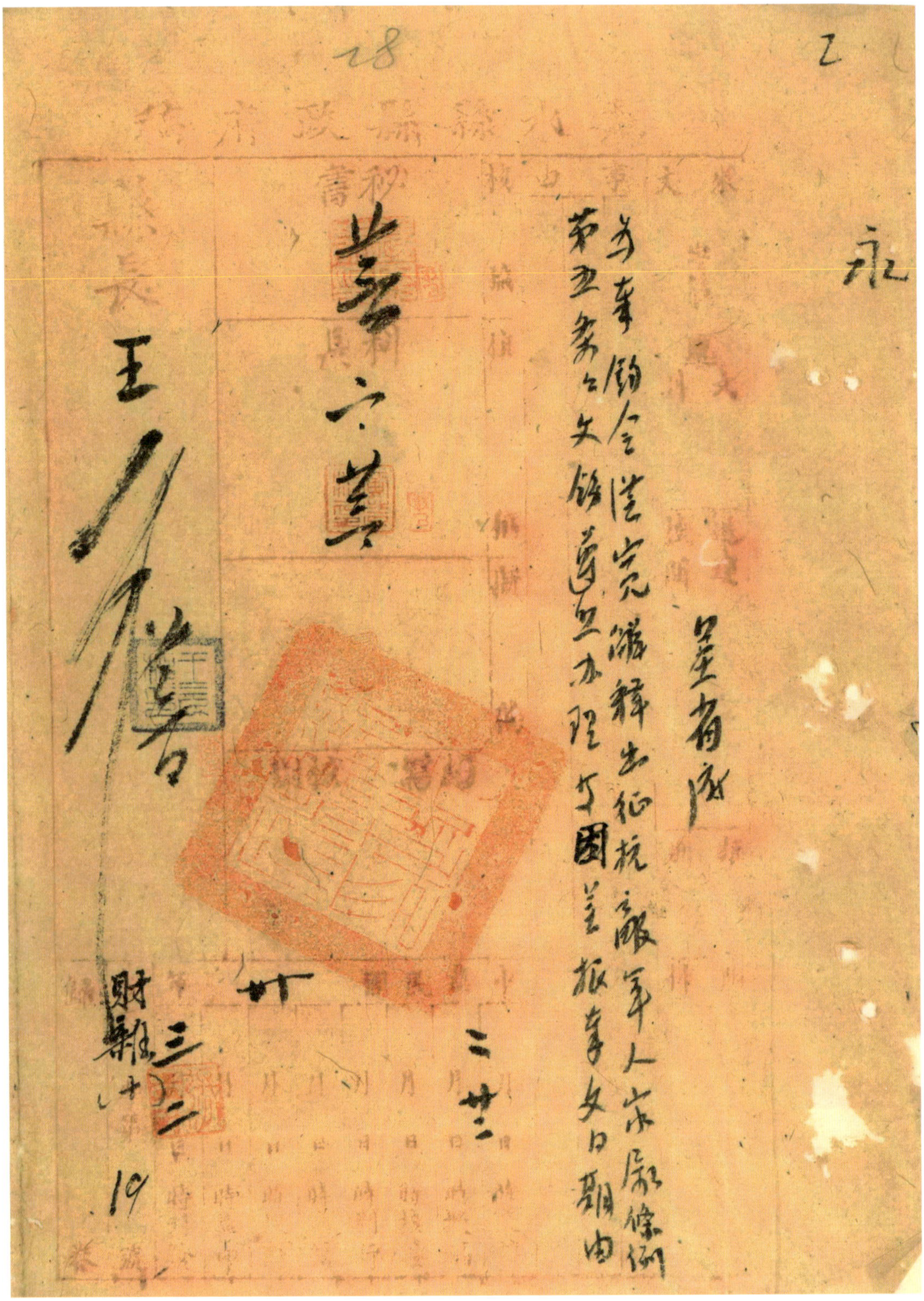
呈省府
为奉饬令从宽解释出征抗战军人家属条例
第五条条文饬遵办理等因呈报奉文日期由

1605-28

三十年二月廿四日奉

鈞座廿年府民字第二七三〇號訓令為從寬解

釋出征抗敵軍人家屬条例第五条之文義並轉飭各鄉鎮公所一併遵

下遵照辦理等因奉此除遵照辦理外

令將奉文日期具文呈報

鈞府鑒核備查

謹呈

四川省政府主席張

鄰水縣長王

军政部第十五补充兵训练处出征抗敌军人家属证明书（胡占荣）（一九四一年三月）

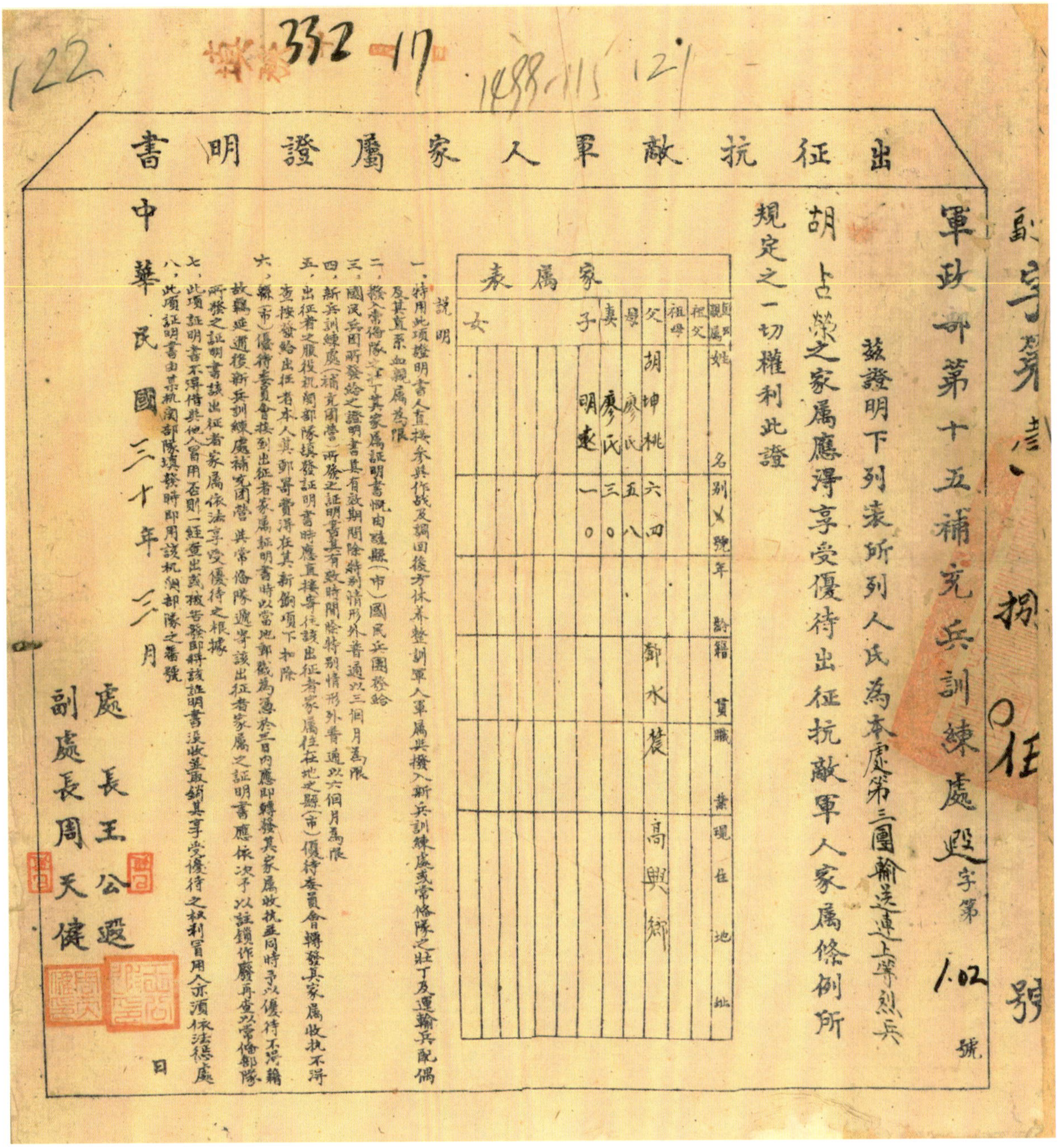

出征抗敵軍人家屬證明書

軍政部第十五補充兵訓練處 字第 1.02 號

茲證明下列表所列人氏為本處第三團輸送連上等列兵胡占榮之家屬應得享受優待出征抗敵軍人家屬條例所規定之一切權利此證

家屬表

親屬別	姓名	年齡	籍貫	職業	現在住址
祖父					
祖母					
父	胡坤桃	六四	鄰水	農	高興鄉
母	廖氏	五八			
妻	廖氏	三〇			
子	明遠	一〇			
女					

說明

一、特用此項證明書人直接參與作戰及調回後方休養整訓軍人軍屬與撥入新兵訓練處或常備隊之壯丁及運輸兵配偶及其直系血親屬為限

二、撥入常備隊之壯丁其家屬證明書概由該縣（市）國民兵團發給

三、國民兵團所發給之證明書其有效期間除特別情形外普通以三個月為限

四、新兵訓練處（補充團營）所發之證明書其有效時間除特別情形外普通以六個月為限

五、出征者之服役机關部隊填發証明書時應直接寄往該出征者家屬住在地之縣（市）優待委員會轉發其家屬收執不得查按發給出征者本人其郵寄費得在其新餉項下扣除

六、縣（市）優待委員會接到出征者家屬証明書時以當地郵戳為憑於三日內應即轉發其家屬收執並同時予以優待不得藉故躭延遷徙新兵訓練處補充團營與常備隊遞寄該出征者家屬之証明書應依次予以註銷作廢再查以常備部隊所發之証明書該出征者家屬依法享受優待之根據

七、此項証明書不得借與他人冒用否則一經查出或被告發即將該証明書沒收並取銷其享受優待之权利冒用人亦須依法懲處

八、此項証明書由某机関部隊填發時即用該机関部隊之番號

處長 王公遐

副處長 周天健

中華民國三十年三月 日

邻水县政府关于奉抄妨害兵役案件没收之款移充优待出征军人家属费用案审查记录致县司法处的公函（一九四一年四月十日）

省政府民三字第七七五一號訓令開：

案准　軍政部三十年二月渝仁役宣字第五七一號代電開：案奉　行政院本年一月十日渝貳字第五三一號訓令開：查妨害兵役案件沒收之款移充優待出征軍人家屬費用案，前經本院召集有關機關審查後，提出本院第四九一次會議決議：審查意見通過，自下年度實行，并經會同司法院陳奉國防最高委員會第四十七次常務會議決議准予備案。茲奉國民政府二十九年十二月二十七日渝文字一〇九七號訓令，飭即轉飭遵照等因，自應遵辦。除分行外，合行抄發原審查紀錄，令仰遵照。此令。等因；附抄發原審查紀錄一份。奉此，除分電各省政府、軍管區（寧夏師管區籌備處）、補訓處（總）處、本部各廳署司局處外，特抄同原審查紀錄一份，希即

查照轉飭所屬遵照為荷等由附抄原審查紀錄一份准此除分令外
合行抄發原附件令仰遵照〻
令〻附抄發原審查紀錄一份〻奉此。相應抄同原審查紀錄一份函送
貴縣查照為荷！
此致
縣司法處
附抄送原審查紀錄一份。

縣長曾貽常

邻水縣司法處 收 字第274號 廿の十 月 日 午 時

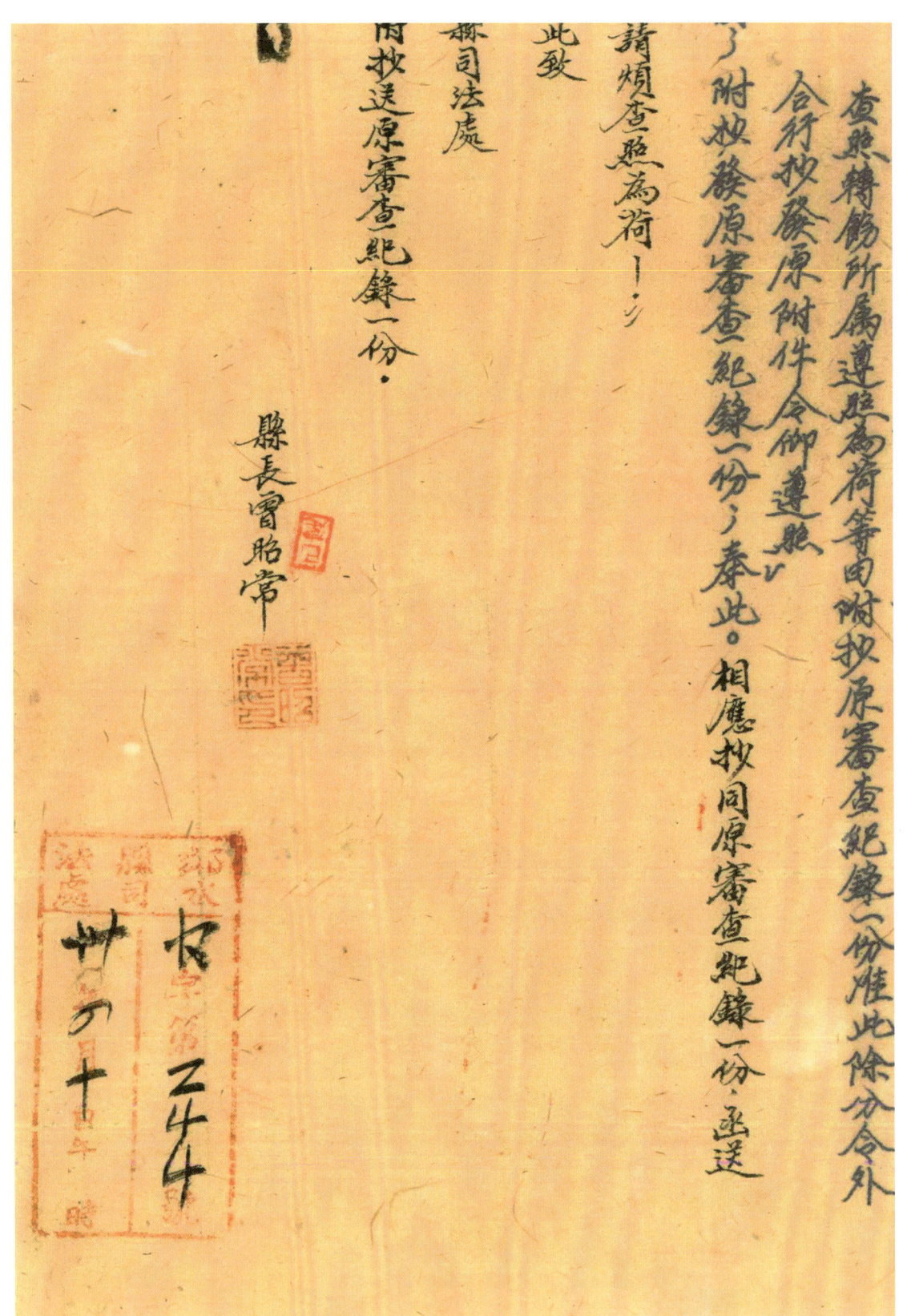

190

司法機關審理妨害兵役案件應行没收或追征之款移交行政機關充作優待出征抗敵軍人家屬費用案審查紀錄

地點 行政院

時間 二十九年十一月八日上午九時

出席 軍政部 李群英

財政部 譚 杰

程大成

樓祖模

主計處 陳祖同

司法部 何崇善

行政院 端木愷

主席 端木愷

紀錄 沈 城

一、審查意見

查司法機關審理妨害兵役案件依法没收之款依法應繳解國庫如將此款移交各地方行政機關不但於法不合且與國家財政上統收統支原則亦有未符惟值茲抗戰時期軍事第一而軍事又以役政為一政府制定違反兵役法治

雜條例原為推行役政而設，優待出征抗敵軍人家屬，其有助於役政之推行固不待言。上項優待費用政府既尚未籌有的款，即以妨害兵役案件沒收或追徵之款移作鼓勵人民服兵役之費用，亦屬適應非常時期之措施起見，似可將本條變通原辦法，擬請由行政司法兩院會陳國防最高委員會備案，俾分飭遵行。

本案如經核定，擬請司法院令行全國司法機關將是項收入全部解送各地縣政府查收，掣取收據，按月造具清單報告各省高等法院轉報司法行政部查核備案；一面請行政院通行各省政府轉飭各縣政府於收到此種款項時，應即轉送當地優待出征抗敵軍人家屬委員會查收配發（如未成立此項委員會即由縣政府支配），並按月造具清單報告各省軍管區司令部轉報軍政部查核備案。司法行政部及軍政部於年度終了時，應將全年度收支數目彙案咨送財政部補具法案。

二、附帶意見

修正優待出征抗敵軍人家屬條例現正由軍政部擬訂中，關於優待徵屬所收之款，應飭於條文中載明規定，不准移作別用或中飽，惟事關優待，積極監督亦應特加注意，庶幾款不虛糜，民沾實惠。

军政部特务第四团关于寄送文吉安优待出征抗敌军人家属证明书并请查照优待致邻水县政府的公函
（一九四一年四月十三日）

軍政部特務第四團公函　特字第一三三號

事由：為函送本團本年上季本團第一營第一連下士班長文吉安優待出征抗敵軍人家屬證明書請查照辦理由

查本團本年上季應發各出兵之優待出征抗敵軍人家屬證明書，已屆製發期間。茲援照部頒優待出征抗敵軍人家屬證明書說明第一項之規定，將本團第一營第一連下士班長文志忠一名優待出征抗敵軍人家屬證明書一份、列表函送貴縣府，即請查照轉發為荷。

此致

四川省鄰水縣政府

附表一份　證明書一份

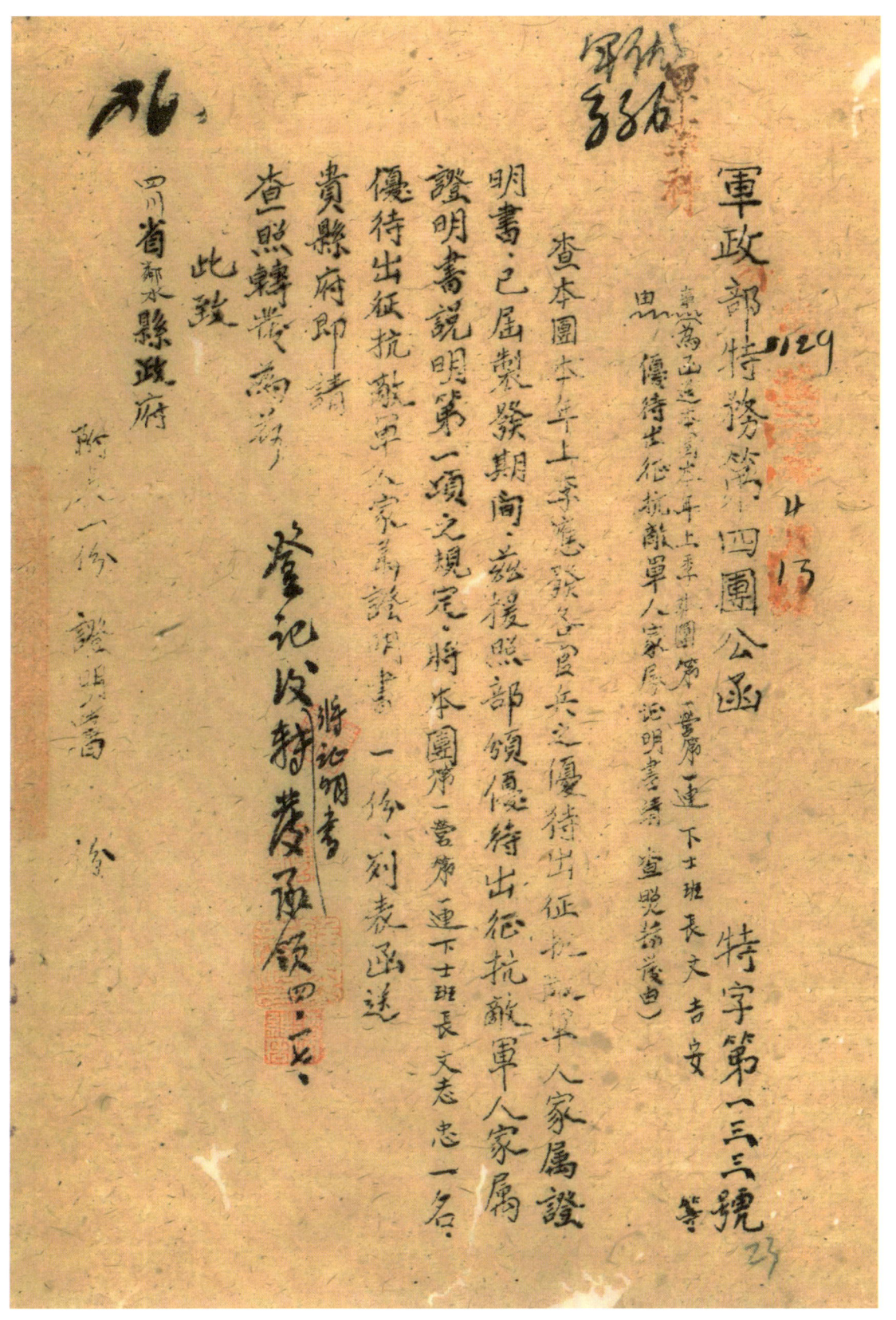

附：官兵优待抗属证明书统计表

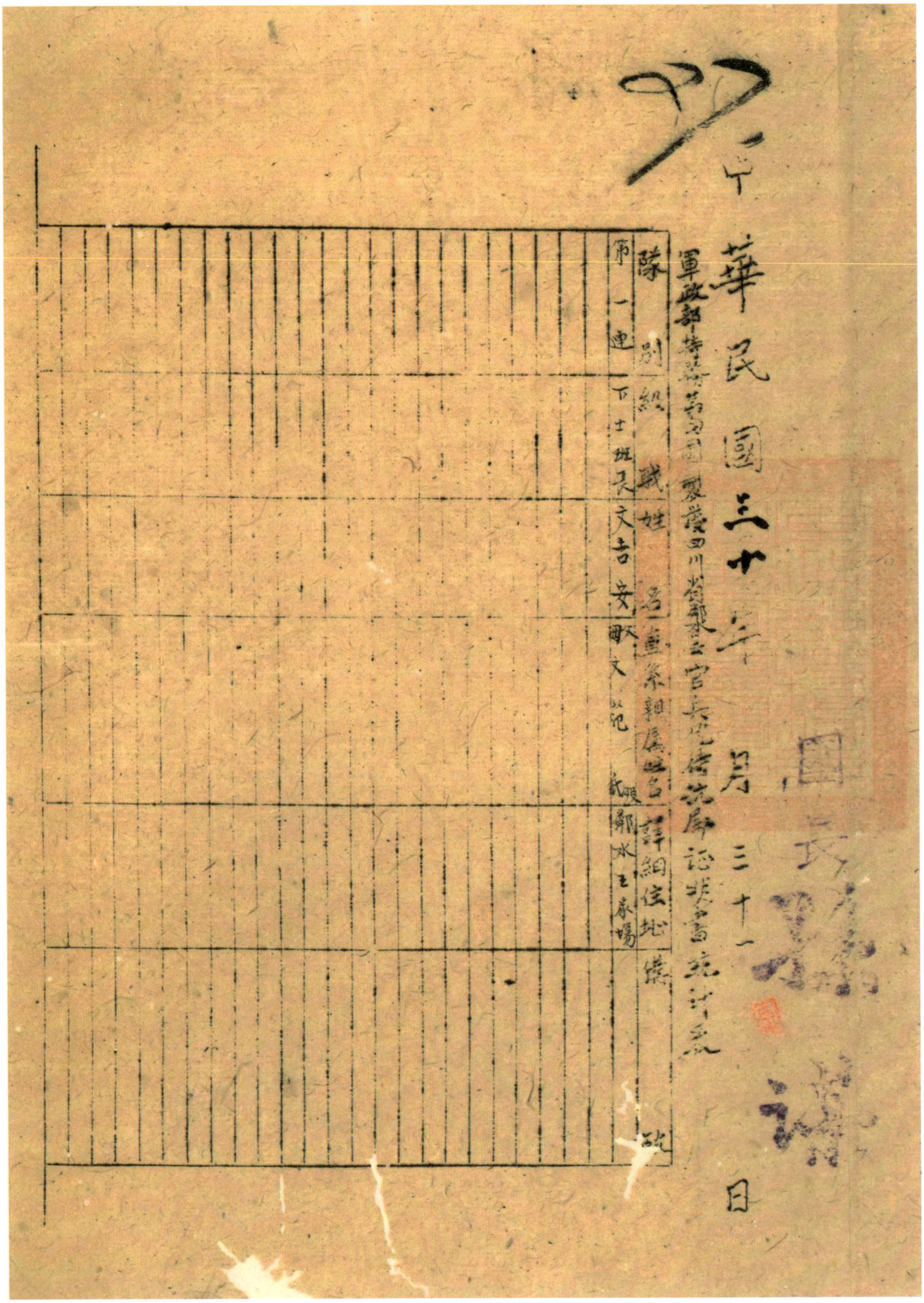

中華民國三十年　月三十一日

軍政部特務第四團駐廣安四川省鄰水縣官兵優待抗屬證明書統計表

隊別	級職	姓名	直系親屬姓名	詳細住址	備攷
第一連	下士班長	文吉安	父文以祀	鄰水王家場	

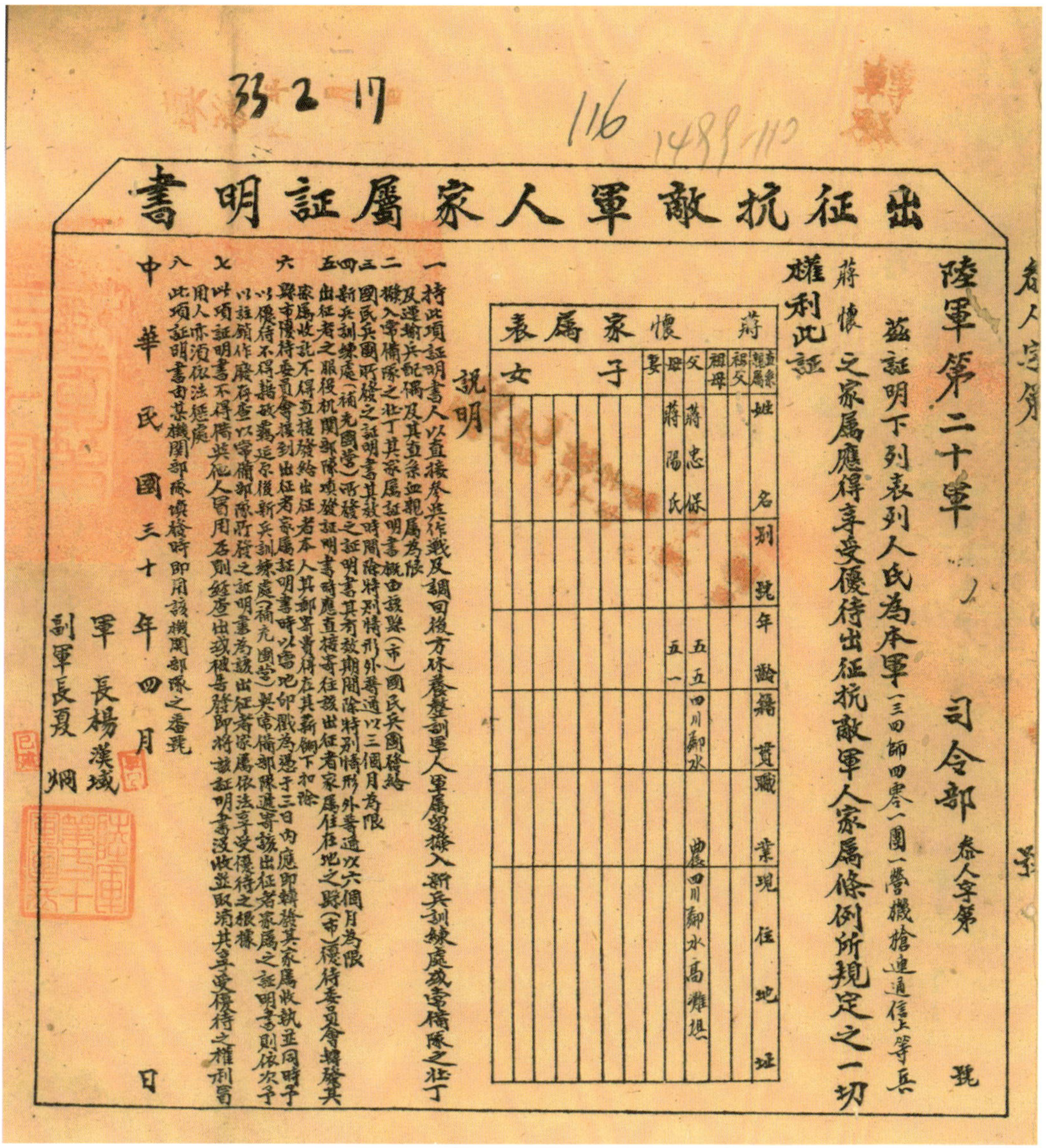

33 2 17

116 1488-110

出征抗敵軍人家屬証明書

陸軍第二十軍 司令部 叁人字第 號

茲証明下列表列人民為本軍(一三四師四零一團一營機槍連通信上等兵)蔣懷之家屬應得享受優待出征抗敵軍人家屬條例所規定之一切權利此証

蔣懷家屬表

直系親屬	姓名	別號	年齡	籍貫	職業	現住地址
祖父						
祖母						
父	蔣忠保		五五	四川鄰水	農	四川鄰水高灘埧
母	蔣陽氏		五一			
妻						
子						
女						

說明

一 持此項証明書人以直接參與作戰及調回後方休養整訓軍人軍屬或撥入新兵訓練處或常備隊之壯丁及運輸兵配偶及其直系血親屬為限

二 撥入常備隊之壯丁其家屬証明書概由該縣(市)國民兵團發給

三 國民兵團所發之証明書其有效時間除特別情形外普通以三個月為限

四 新兵訓練處(補充團營)所發之証明書其有效期間除特別情形外普通以六個月為限

五 出征者之服役机關部隊填發証明書時應直接寄往該出征者家屬住在地之縣(市)優待委員會轉發其家屬收訖不得直接發給出征者本人其郵寄費併在其薪餉下扣除

六 縣市優待委員會接到出征者家屬証明書時以當地印戳為憑于三日內應即轉發其家屬收執並同時予以優待不得藉故羈延至後新兵訓練處(補充團營)與常備部隊遞寄該出征者家屬之証明書則依次予以註銷作廢存查以常備部隊所發之証明書為該出征者家屬依法享受優待之根據

七 此項証明書不得借與他人冒用否則經查出或被告發即將該証明書沒收並取消其享受優待之權利冒用人亦須依法懲處

八 此項証明書由某機關部隊填發時即用該機關部隊之番號

中華民國三十年四月 日

軍長楊漢域

副軍長夏炯

陆军第二十军司令部出征抗敌军人家属证明书（蒋怀）（一九四一年四月）

陆军第九九军第一九七师辎重兵营关于出具出征抗敌军人刘大选、谭友前家属证明书致邻水县政府的公函

（一九四一年五月一日）

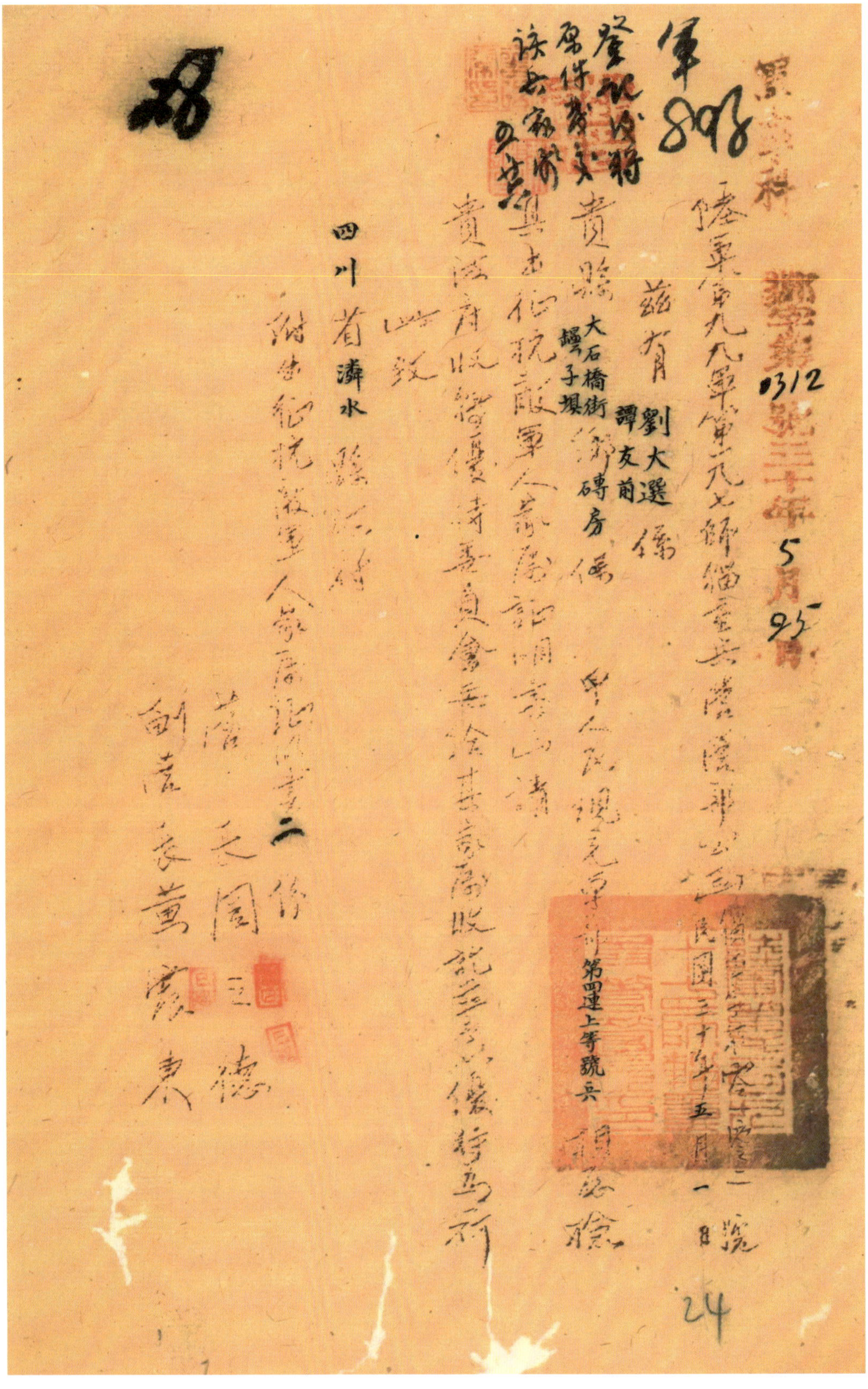

陸軍第九九軍第一九七師輜重兵營營部公函　　輜營字第一二一號　民國三十年五月一日

茲有劉大選、譚友前係貴縣大石橋街蝦子壩磚房人，本人現充第四連上等號兵，相應檢具出征抗敵軍人家屬證明書函請貴縣府既經優待，請予免除其家屬服役，以資優待為荷。

此致

四川省鄰水縣政府

附出征抗敵軍人家屬證明書二份

營長　王國德

副營長　董露東

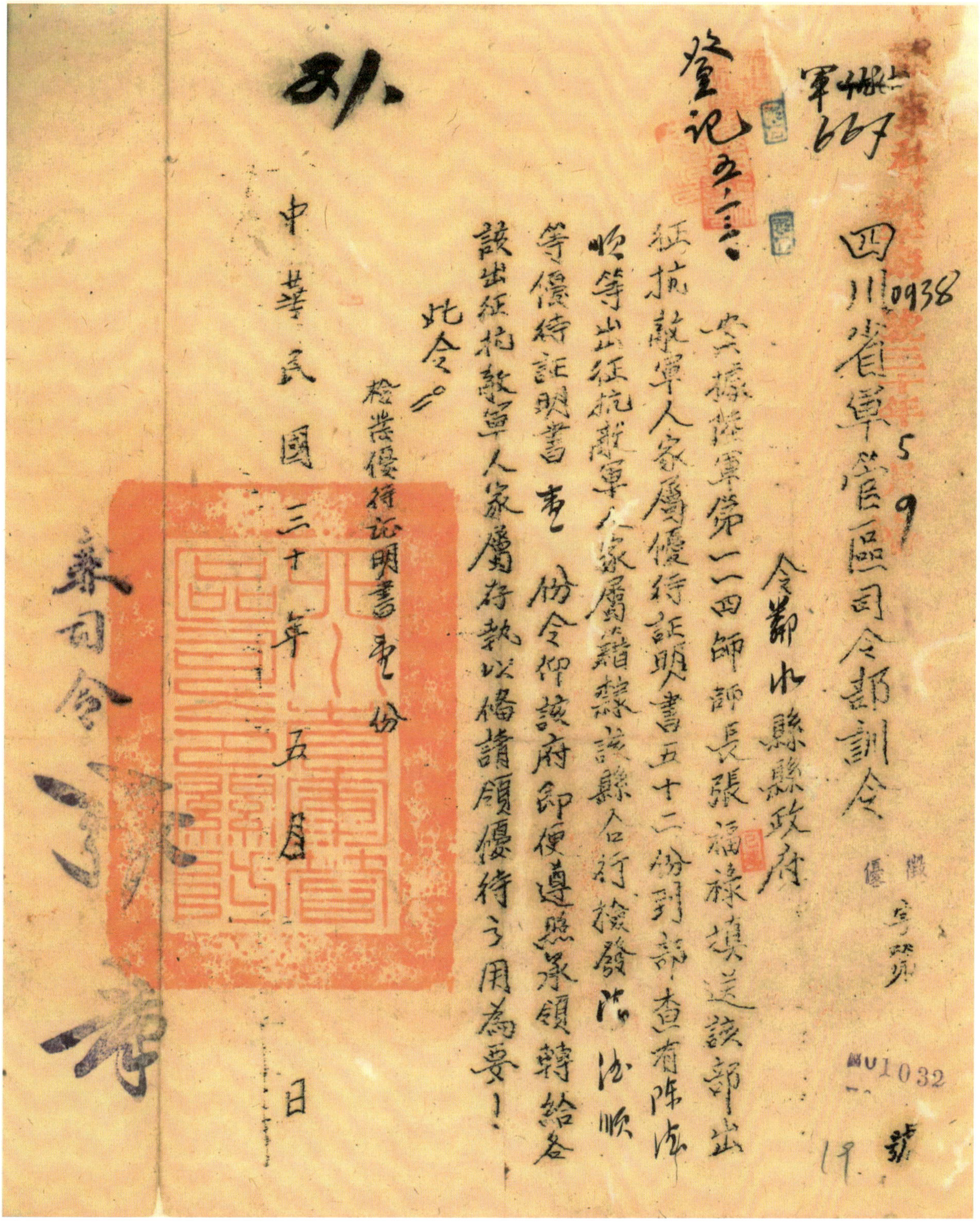

登記五、一三

四川省軍管區司令部訓令

令鄰水縣縣政府

案據陸軍第一一四師師長張禎祿填送該部出征抗敵軍人家屬優待證明書五十二份到部，查有陳法順等出征抗敵軍人家屬籍隸該縣，合行檢發陳法順等優待證明書壹份，令仰該府即便遵照承領轉給各該出征抗敵軍人家屬存執，以憑請領優待之用為要！

此令。

檢發優待證明書壹份

中華民國三十年五月　日

兼司令

四川省军管区司令部关于检发陆军第一一四师陈法顺等优待证明书致邻水县政府的训令（一九四一年五月九日）

陆军第四十四师出征抗敌军人家属证明书（钟春廷）（一九四一年五月）

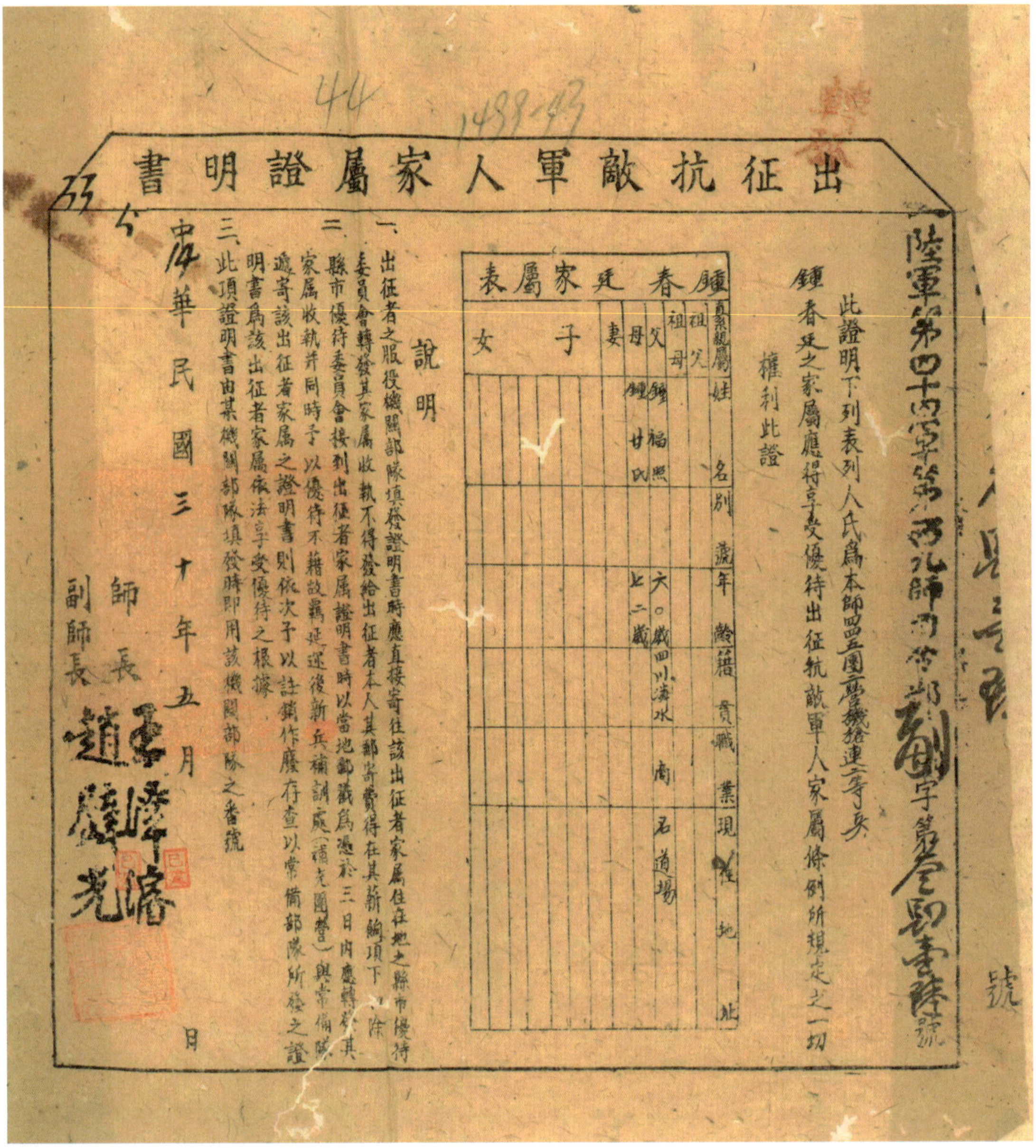

出征抗敵軍人家屬證明書

陸軍第四十四軍第一四九師司令部副字第[illegible]號

此證明下列表列人氏為本師四四五團重機槍連一等兵鍾春廷之家屬應得享受優待出征抗敵軍人家屬條例所規定之一切權利此證

鍾春廷家屬表

直系親屬	姓名別	年齡歲	籍貫	職業	現住地址
祖父					
祖母					
父	鍾福照	六〇歲	四川鄰水	商	石道場
母	鍾廿氏	七二歲			
妻					
子					
女					

說明

一、出征者之服役機關部隊填發證明書時應直接寄往該出征者家屬住在地之縣市優待委員會轉發其家屬收執不得發給出征者本人其郵寄費得在其薪餉項下開除

二、縣市優待委員會接到出征者家屬證明書時以當地鄉鎮為遞於三日內應轉發其家屬收執并同時予以優待不藉故羈延遲後新兵補訓處（補充團營）與常備隊遞寄該出征者家屬之證明書則依次予以註銷作廢存查以常備部隊所發之證明書為該出征者家屬依法享受優待之根據

三、此項證明書由某機關部隊填發時即用該機關部隊之番號

中華民國三十年五月 日

師長 王澤濬

副師長 趙璧光

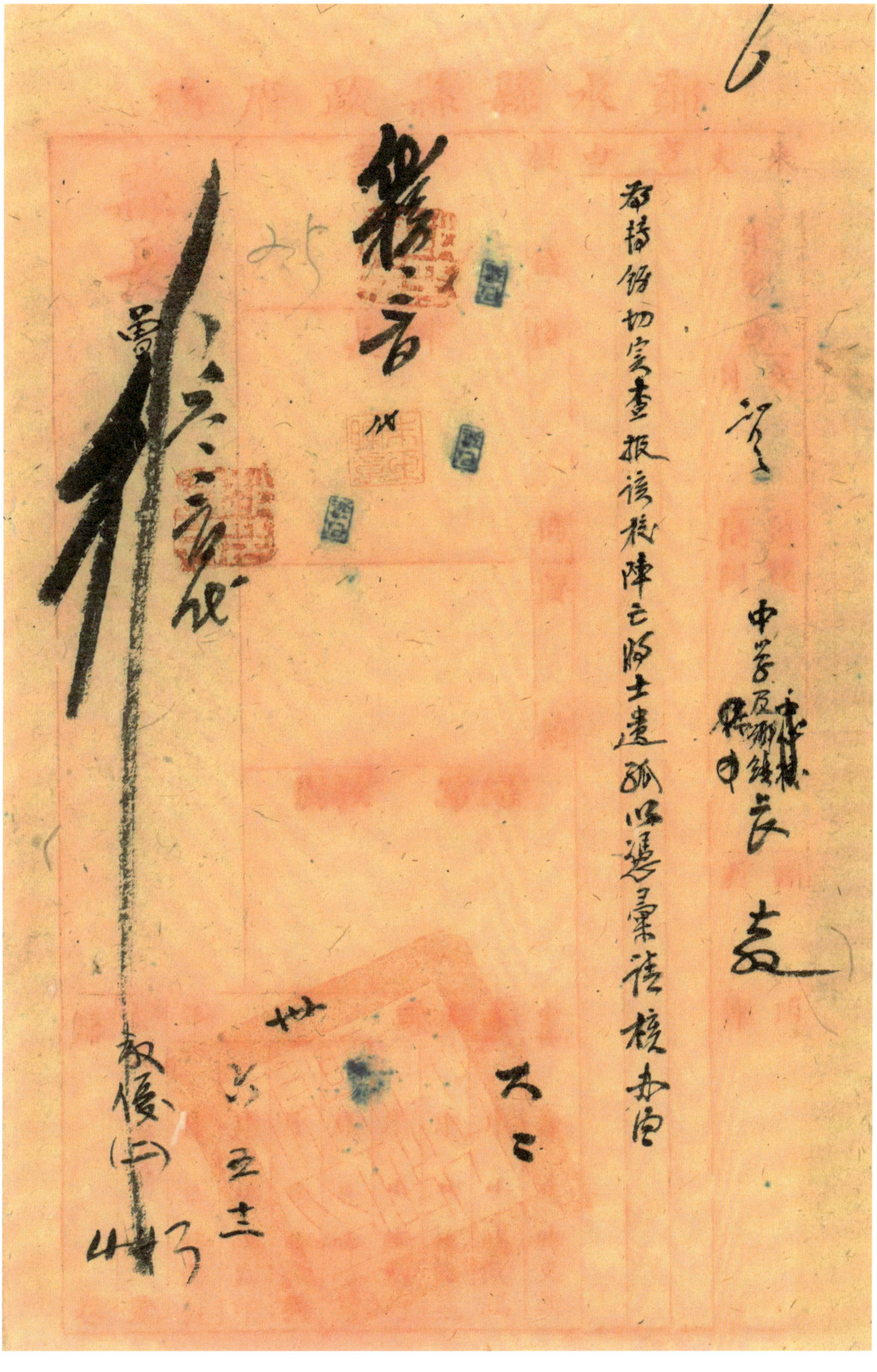
為令仰切實查報該校陣亡將士遺孤以憑彙案轉核辦由
卅年六月五日

邻水县政府关于查报各校阵亡将士遗孤致县立初中校长、各乡镇长兼中心学校校长的训令（一九四一年六月五日）

2025-24

令

銜訓卅年　字第　號

令駐立初中校長
各中心學校鄉鎮長並中心校長

案奉

四川省政府卅年教一字第七九六九號訓令開：

「爲教育部案呈……云云……爲要。」

等因；奉此，除分令外，合行令仰該校長（鄉鎮長）即便遵照，限文

到五日內，妥將該校陣亡將士遺孤詳細表報來府，以憑核轉，勿延爲要。（該鄉鎮中心學校及保國民學校陣亡將士遺孤表報來府，以憑核轉，勿延爲要。）

倘該校（該鄉鎮各校）確無是項遺孤，亦須備文聲敘。合併飭知。

此令。

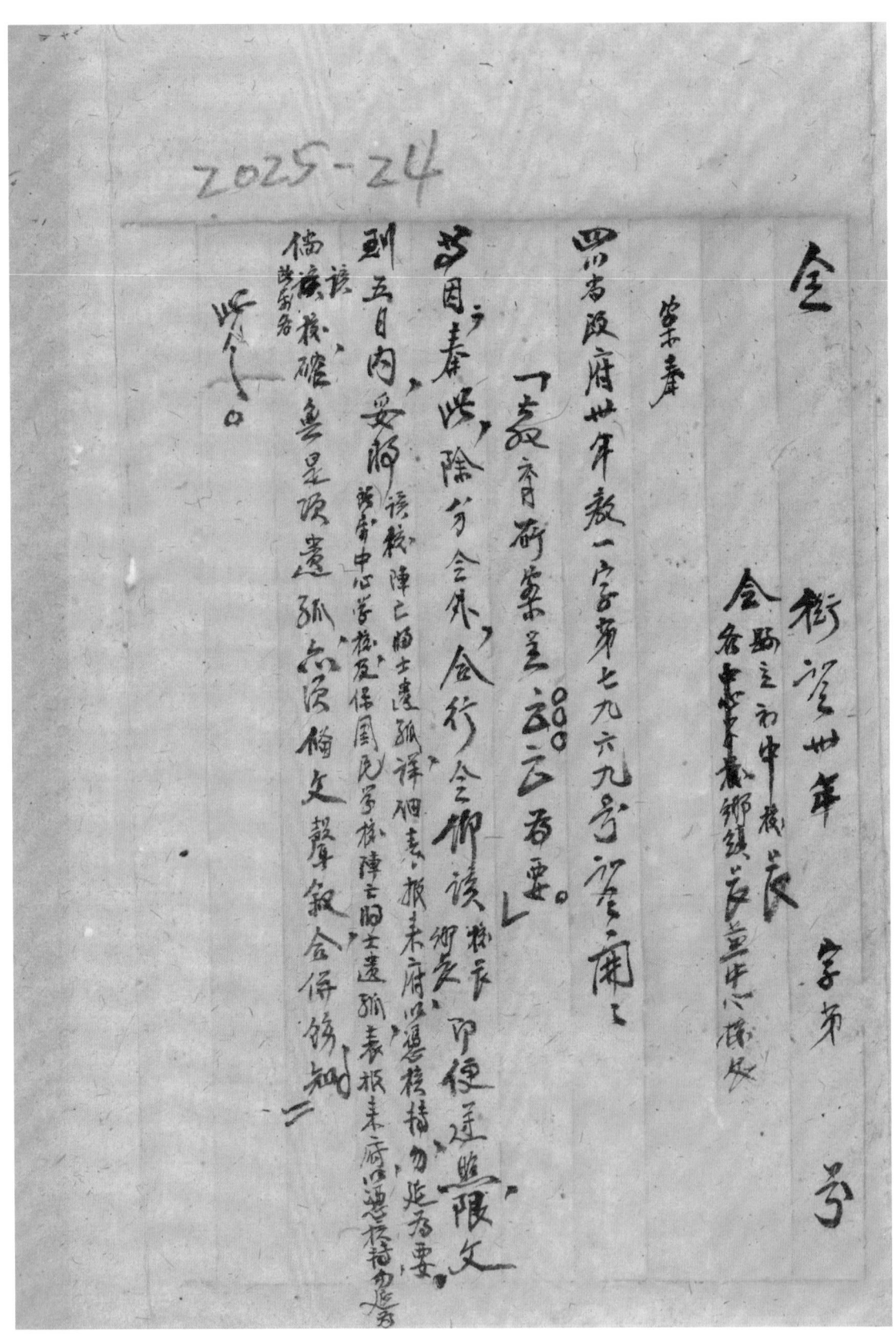

陆军新编第三军第十二师司令部关于寄送李文家等七名出征抗战军人家属证明书并请照章优待致邻水县政府的公函（一九四一年六月七日收）

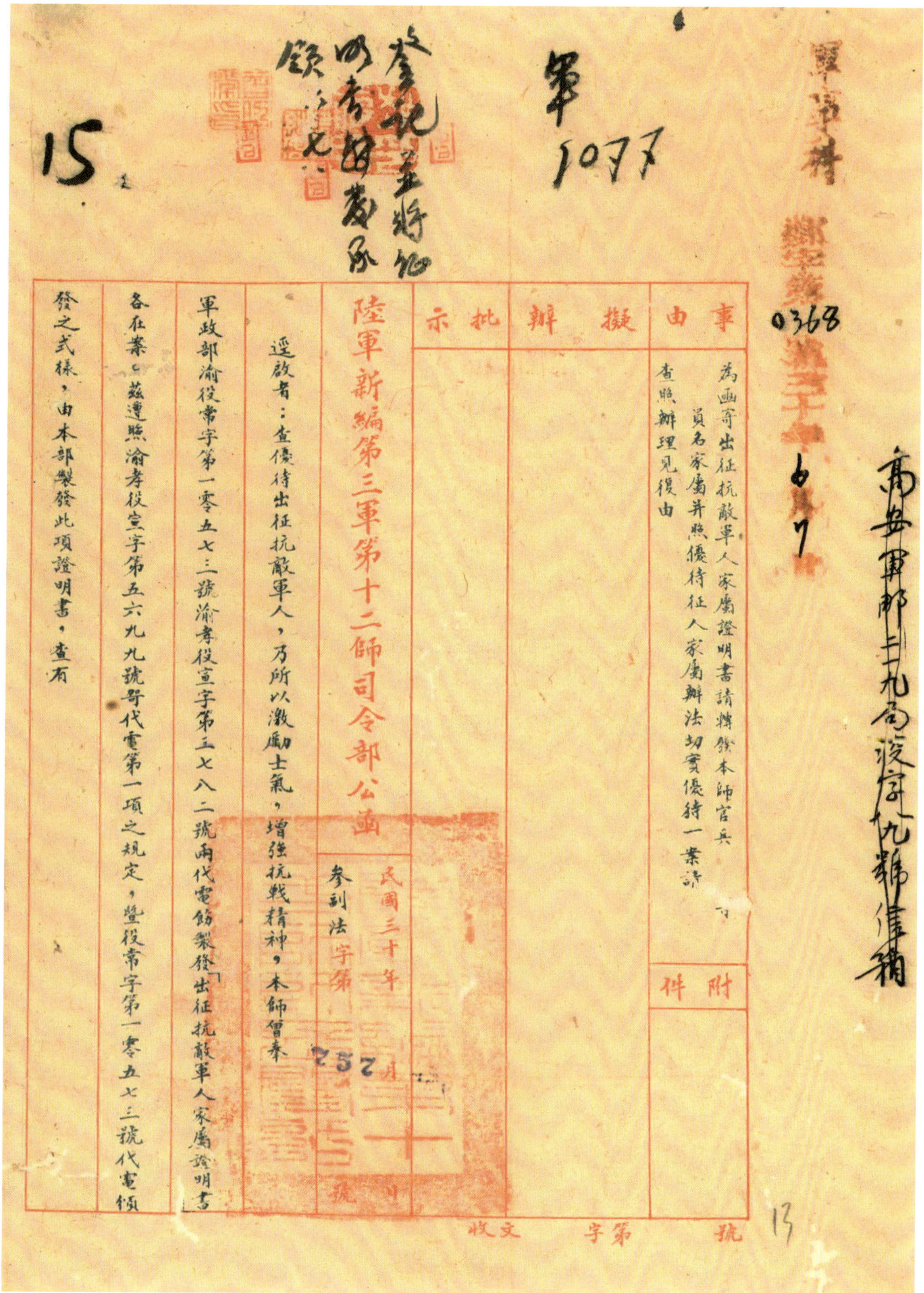

15.

第1077

事由：為函寄出征抗敵軍人家屬證明書請轉發本師官兵員名家屬并照優待征人家屬辦法切實優待一案請查照辦理見復由

擬辦

批示

附件

陸軍新編第三軍第十二師司令部公函

民國三十年　月　日

參利法字第257號

逕啟者：查優待出征抗敵軍人，乃所以激勵士氣，增強抗戰精神，本師曾奉

軍政部渝役常字第一零五七三號渝孝役宣字第三七八二號兩代電飭製發「出征抗敵軍人家屬證明書

各在案。茲遵照渝孝役宣字第五六九九號哿代電第一項之規定，暨役常字第一零五七三號代電頒

發之式樣，由本部製發此項證明書，查有

收文　字第　號

16.

貴治李文家等上員名，現隨本部殺敵，茲將該官兵證明書上份檢寄，煩

貴府特飭縣優待委員會依法定手續，將此項證明書轉發各該官兵家屬，並查照政府頒佈之優待出

征抗敵軍人家屬辦法切實優待及保障，俾各該將士，銜感蒙惠，以利抗戰，相應函達，請煩

查照布將辦理情形見復，如蒙

惠函，請寄湖南平江南江橋軍郵二一九局渼字第八十九號信箱為荷！

此致

鄰水縣縣政府

附函送出征抗敵軍人家屬證明書上份

[illegible]師長張[illegible]

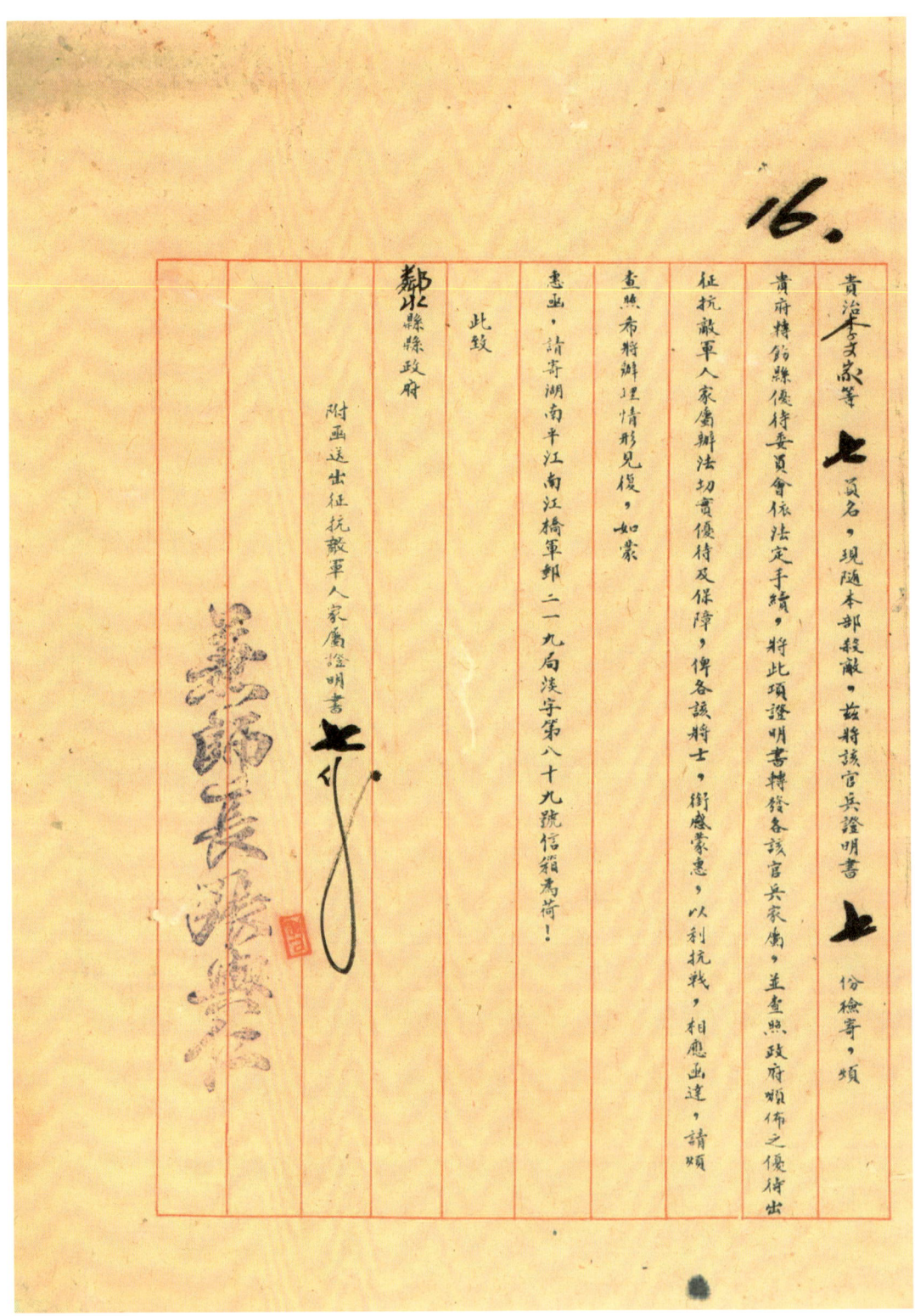

陆军新编第十五师司令部出征抗敌军人家属证明书（周现彬）（一九四一年七月一日）

字第〇二三一號

出征抗敵軍人家屬證明書

陸軍新編第十五師司令部

字第〇二三一號

茲證明下表所列人民為本師　四　四團　一　營　機槍　連

一等兵周現彬之家屬應得享受優待出征抗敵軍人家屬條例所規之一切權利此證

周現彬家屬表

直系親屬	姓名	別號	年齡	籍貫	職業	現住地址
祖父				四川鄰水	農	鄰水高灘場碼兒白鶴
祖母						周英德
父						
母	周鄧氏		四三			
妻						
子						
女						

說明

（一）出征者之服役機關部隊填發證明書時應直接寄往該出征者家屬住在地之縣（市）優待委員會轉發其家屬收執不得直接發給出征者本人其郵寄費得在其薪餉內扣除

（二）縣（市）優待委員會接到出征者家屬證明書時以當地郵戳為憑於三日內應即轉發其家屬收執並同時予以優待不得藉故羈延爾後新兵訓練處（補充團營）與常備部隊遞寄該出征者家屬之證明書則依次予以註銷作廢存查以常備部隊所發之證明書為該出征者家屬依法享受優待之根據

（三）此項證明書由某機關部隊填發時即用該部隊機關之番號

中將師長傅翼

中華民國三十年七月一日

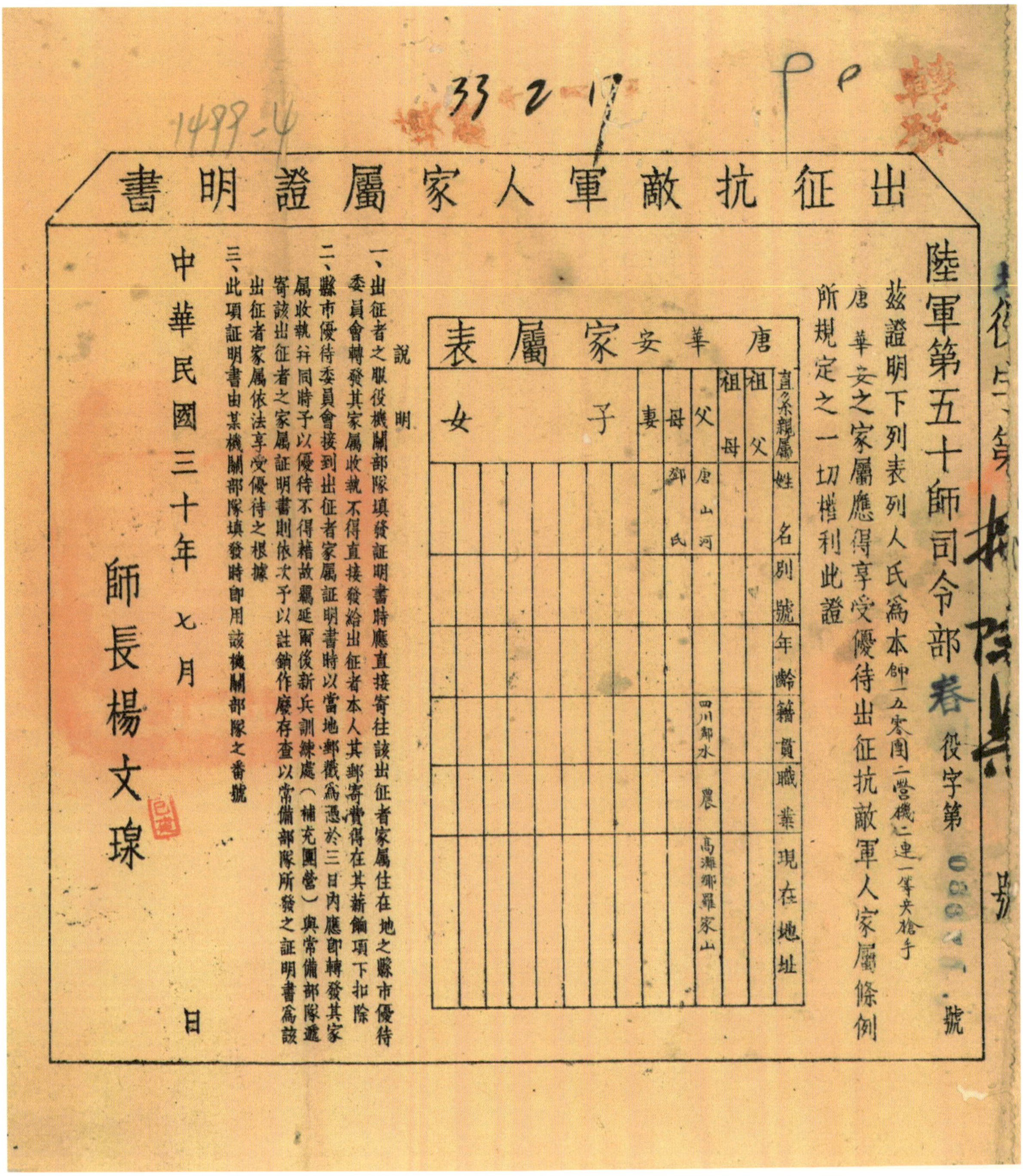

出征抗敵軍人家屬證明書

陸軍第五十師司令部春役字第　　號

茲證明下列表列人氏爲本師一五零團二營機二連一等兵槍手唐華安之家屬應得享受優待出征抗敵軍人家屬條例所規定之一切權利此證

唐華安家屬表

直系親屬	姓名別號	年齡	籍貫	職業	現在地址
祖父					
祖母					
父	唐山河		四川鄰水	農	高灘鄉羅家山
母	鄧氏				
妻					
子					
女					

說明

一、出征者之服役機關部隊填發証明書時應直接寄往該出征者家屬住在地之縣市優待委員會轉發其家屬收執不得直接發給出征者本人其郵寄費得在其薪餉項下扣除

二、縣市優待委員會接到出征者家屬証明書時以當地郵戳爲憑於三日內應即轉發其家屬收執并同時予以優待不得藉故羈延爾後新兵訓練處（補充團營）與常備部隊遞寄該出征者之家屬証明書則依次予以註銷作廢存查以常備部隊所發之証明書爲該出征者家屬依法享受優待之根據

三、此項証明書由某機關部隊填發時即用該機關部隊之番號

師長楊文瑔

中華民國三十年七月　日

陆军五十师司令部出征抗敌军人家属证明书（唐华安、昌树和）（一九四一年七月）

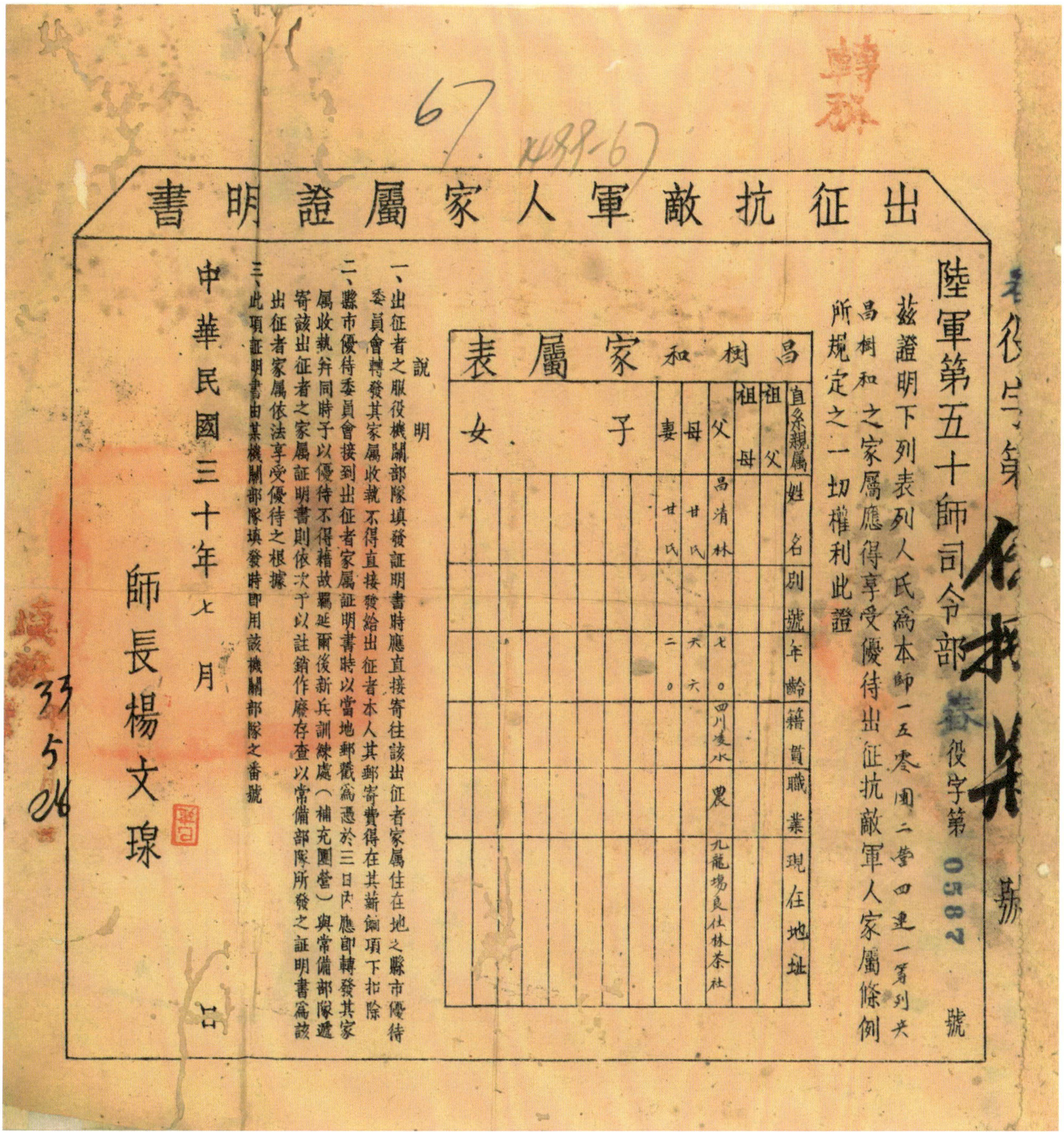
轉

出征抗敵軍人家屬證明書

陸軍第五十師司令部　役字第 0587 號

茲證明下列表列人氏爲本師一五零團二營四連一等列兵昌樹和之家屬應得享受優待出征抗敵軍人家屬條例所規定之一切權利此證

昌樹和家屬表

直系親屬	姓名別號	年齡	籍貫	職業	現在地址
祖父					
祖母					
父	昌清林	七〇	四川夌水	農	九龍場良仕林茶社
母	甘氏	六六			
妻	甘氏	二〇			
子					
女					

說明

一、出征者之服役機關部隊填發証明書時應直接寄往該出征者家屬住在地之縣市優待委員會轉發其家屬收執不得直接發給出征者本人其郵寄費得在其薪餉項下扣除

二、縣市優待委員會接到出征者家屬証明書時以當地郵戳爲憑於三日內應即轉發其家屬收執并同時予以優待不得藉故羈延爾後新兵訓練處（補充團營）與常備部隊遞寄該出征者之家屬証明書則依次予以註銷作廢存查以常備部隊所發之証明書爲該出征者家屬依法享受優待之根據

三、此項証明書由某機關部隊填發時即用該機關部隊之番號

中華民國三十年七月　日

師長楊文璟

33.5.26

陆军第一百六十二师出征抗敌军人家属证明书（伍运海、曾学礼）（一九四一年七月）

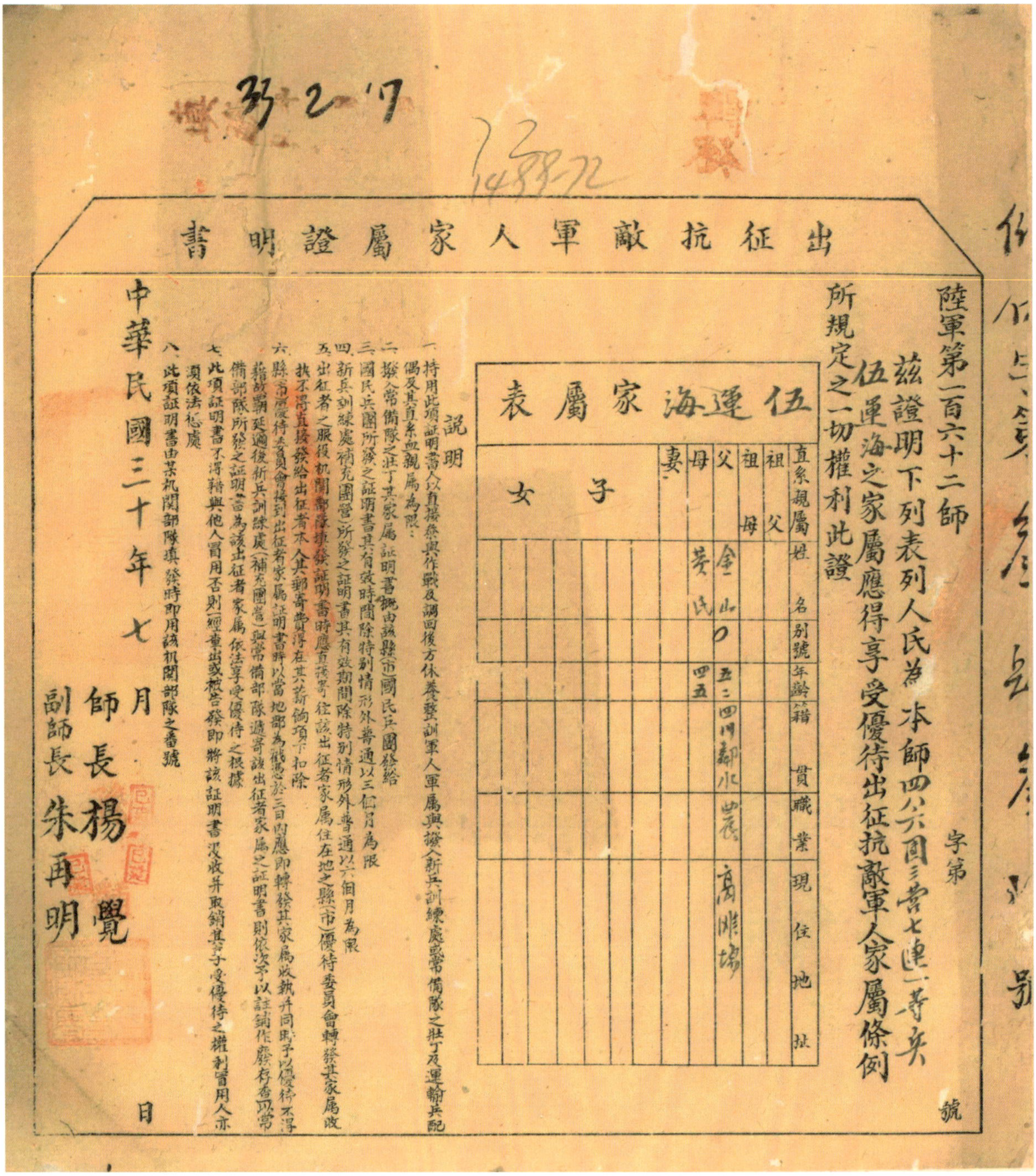

出征抗敵軍人家屬證明書

陸軍第一百六十二師　字第　號

茲證明下列表列人民為本師四八六團三營七連一等兵伍運海之家屬應得享受優待出征抗敵軍人家屬條例所規定之一切權利此證

伍運海家屬表

直系親屬	姓名	別號	年齡	籍貫	職業	現住地址
祖父						
祖母						
父	金山		五二	四川鄰水	農	高灘場
母	黃氏		四五			
妻						
子女						

說明

一、持用此項證明書人以直接參與作戰及調回後方休養暨訓軍人軍屬與撥入新兵訓練處或常備隊之壯丁及運輸兵配偶及其直系血親屬為限；

二、撥入常備隊之壯丁其家屬證明書概由該縣（市）國民兵團發給

三、國民兵團所發之證明書其有效時間除特別情形外普通以三個月為限

四、新兵訓練處（補充團營）所發之證明書其有效期間除特別情形外普通以六個月為限

五、出征者之服役機關部隊填發證明書時應直接寄往該出征者家屬住在地之縣（市）優待委員會轉發其家屬收執不得直接發給出征者本人其郵寄費得在其薪餉項下扣除

六、縣（市）優待委員會接到出征者家屬證明書時以當地部為識認於三日內應即轉發其家屬收執并同時予以優待不得藉故留難延遲倘新兵訓練處（補充團營）與常備部隊遞寄該出征者家屬之證明書則依次予以註銷作廢存查以常備部隊所發之證明書為該出征者家屬依法享受優待之根據

七、此項證明書不得轉與他人冒用否則（經查出或被告發）即將該證明書沒收并取銷其享受優待之權利冒用人亦須依法懲處

八、此項證明書由某機關部隊填發時即用該機關部隊之番號

中華民國三十年七月　日

師長　楊覺

副師長　朱再明

出征抗敵軍人家屬證明書

陸軍第一百六十二師司令部　師優字第 7369 號

茲證明下列表列人氏爲本師四八五團一營機槍連三班二等夫
曾學禮之家屬應得享受優待出征抗敵軍人家屬條例
所規定之一切權利此証

曾學禮家屬表

直系親屬	姓名	別號 年齡	籍貫	職業	現住地址
祖父					
祖母					
父	曾忠達	六一	四川鄰水	農	鄰水高灘場鵝項頸
母	譚氏	四六			
妻					
子					
女					

說明

一、持用此項証明書之人以直接參兵與作戰或調回後方仍在整訓之軍人軍屬與新兵訓練處(補充團營)(常備隊)之壯丁及其騎兵之配偶及其直系血親屬爲限
二、撥入常備隊之壯丁其家屬証明書由該縣(市)國民兵團發給
三、國民兵團所發之証明書其有效時間除特別情形外普通以三個月爲限
四、新兵訓練處(補充團營)所發之証明書其有效期間除特別情形外普通以六個月爲限
五、出征者之服役機關部隊填發証明書時應直接寄往該出征者家屬住在地之縣(市)優待委員會並通知其家屬但執不得直接發給出征者本人其郵寄費得在其薪餉項下扣除
六、縣(市)優待委員會接到出征者家屬証明書時以當地鄉鎮爲憑於三日內應即轉發其家屬收執並同時予以優待不得藉故留延過遲後新兵訓練處(補充團營)與常備部隊遇有逃亡出征者家屬之証明書則依次予以註銷作廢存查以常備部隊所發之証明書爲該出征者家屬依法享受優待之根據
七、六項証明書不得轉與他人冒用否則一經查出或被告發即將該証明書沒收並取銷其享受優待之權利冒用人余須依法懲處
八、此項証明書由某機關部隊填發時即用該機關部隊之番號

中華民國三十年七月　日

師長　孫　黼
副師長　朱再明

陆军第一百八十五师司令部出征抗敌军人家属证明书（黄云）（一九四一年七月）

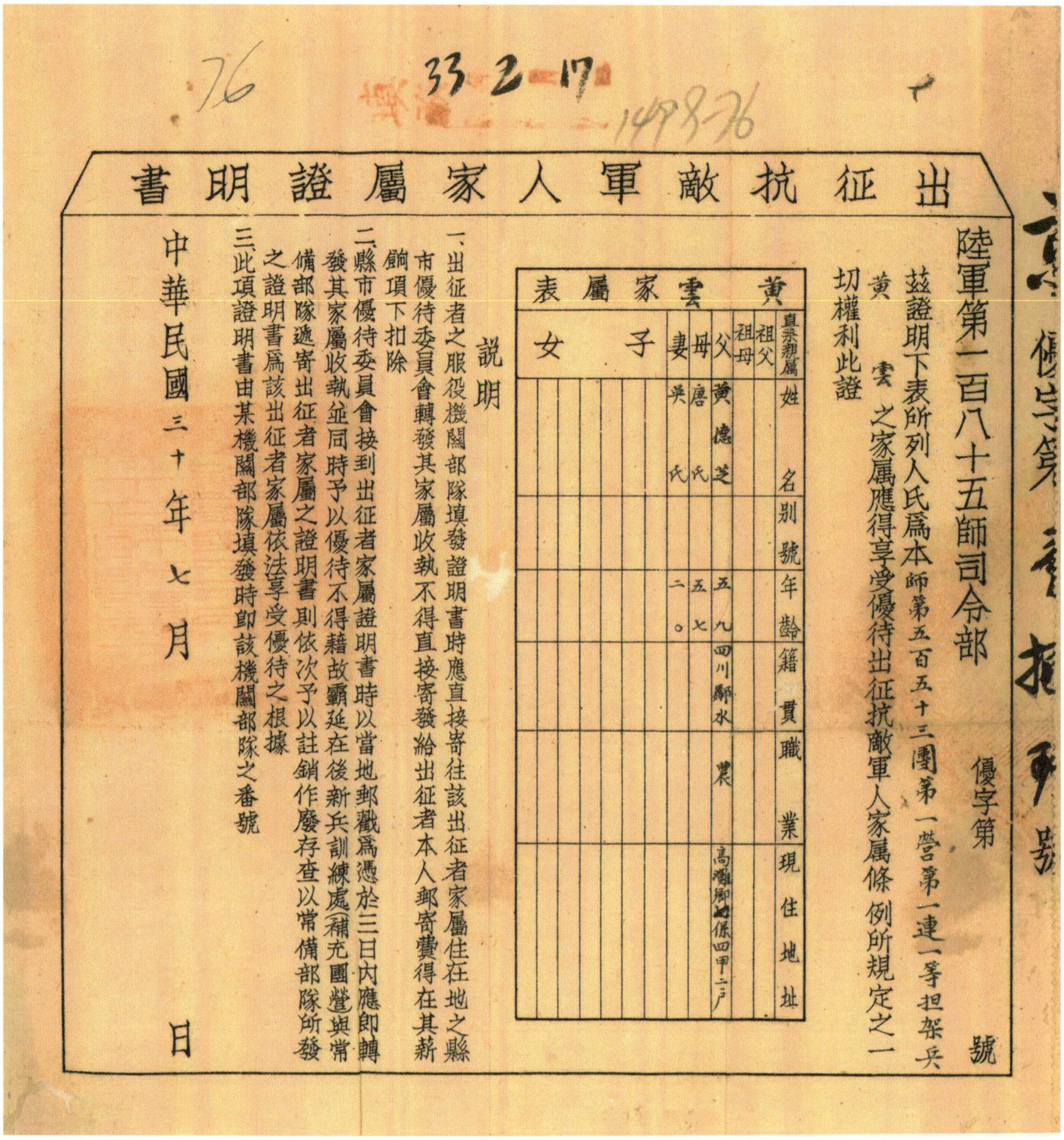

出征抗敵軍人家屬證明書

陸軍第一百八十五師司令部　優字第　號

茲證明下表所列人氏爲本師第五百五十三團第一營第一連一等担架兵黃雲之家屬應得享受優待出征抗敵軍人家屬條例所規定之一切權利此證

黃雲家屬表

直系親屬	姓名別號	年齡	籍貫	職業	現住地址
祖父					
祖母					
父	黃德芝	五九	四川鄰水	農	高灘鄉七保四甲二戶
母	唐氏	五七			
妻	吳氏	二〇			
子					
女					

說明

一、出征者之服役機關部隊填發證明書時應直接寄往該出征者家屬住在地之縣市優待委員會轉發其家屬收執不得直接寄發給出征者本人郵寄費得在其薪餉項下扣除

二、縣市優待委員會接到出征者家屬證明書時以當地郵戳爲憑於三日內應即轉發其家屬收執並同時予以優待不得藉故羈延在後新兵訓練處（補充團營）與常備部隊遞寄出征者家屬之證明書則依次予以註銷作廢存查以常備部隊所發之證明書爲該出征者家屬依法享受優待之根據

三、此項證明書由某機關部隊填發時即該機關部隊之番號

中華民國三十年七月　日

陆军第四十四师出征抗敌军人家属证明书（鲍长禄）（一九四一年七月）

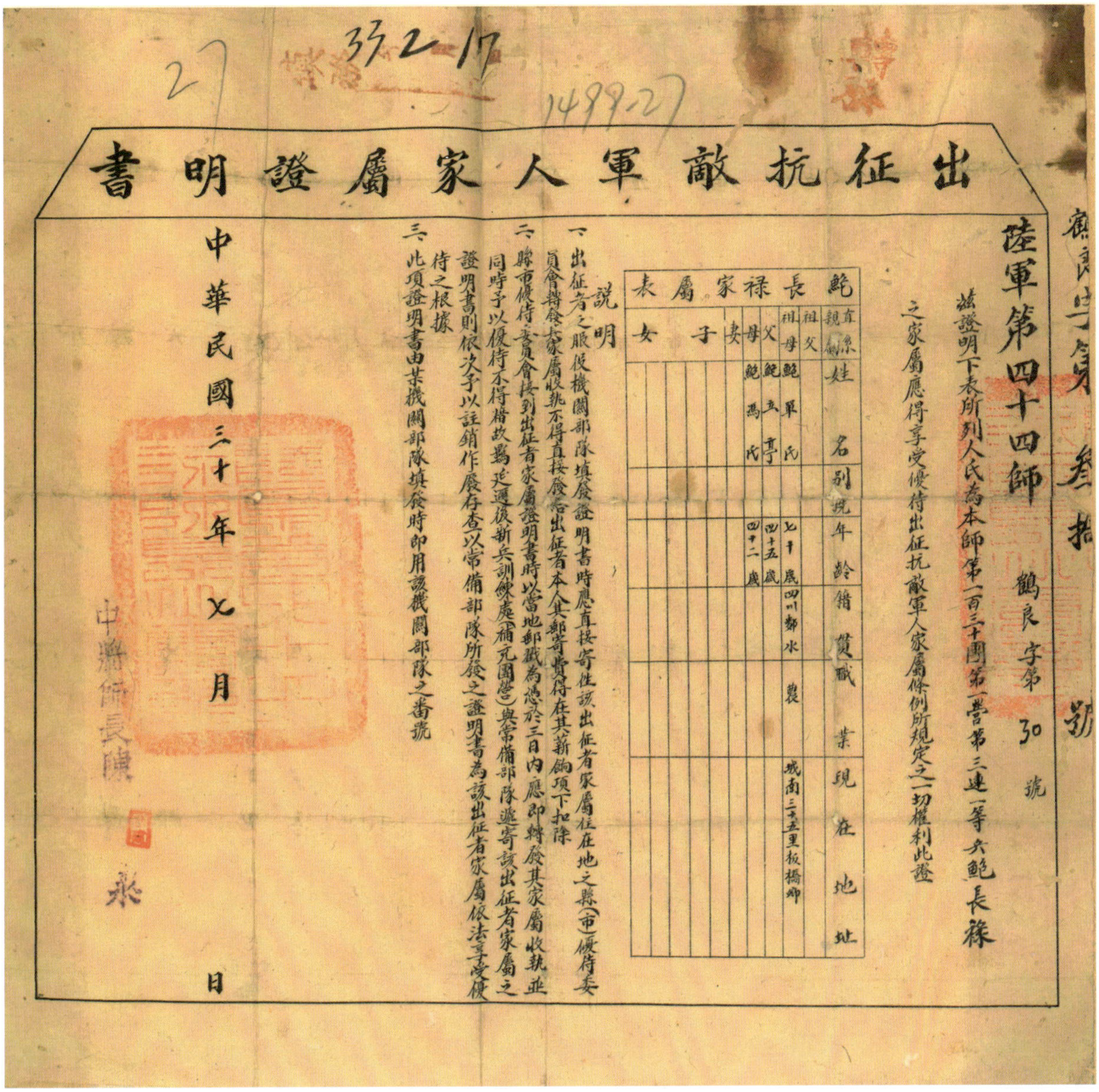

27　33 2/17　1499.27

出征抗敵軍人家屬證明書

陸軍第四十四師　鶴良字第30號

茲證明下表所列人民爲本師第一百三十團第一營第三連一等兵鮑長祿之家屬應得享受優待出征抗敵軍人家屬條例所規定之一切權利此證

鮑長禄家屬表

直系親屬	姓名	别	現年齡	籍貫	職業	現在地址
祖父						
祖母	鮑單氏		七十歲	四川鄰水	農	城南三十五里板橋鄉
父	鮑五亭		四十五歲			
母	鮑馮氏		四十二歲			
妻						
子						
子						
女						
女						

說明

一、出征者之服役機關部隊填發證明書時應直接寄往該出征者家屬住在地之縣（市）優待委員會轉發其家屬收執不得直接發給出征者本人其郵寄費得在其薪餉項下扣除

二、縣市優待委員會接到出征者家屬證明書時以當地郵戳爲憑於三日内應即轉發其家屬收執並同時予以優待不得藉故羈延遲緩新兵訓練處（補充團營）與常備部隊遞寄該出征者家屬之證明書則依次予以註銷作廢存查以常備部隊所發之證明書爲該出征者家屬依法享受優待之根據

三、此項證明書由某機關部隊填發時即用該機關部隊之番號

中華民國三十年七月　日

中將師長陳

陆军新编第十三师司令部出征抗敌军人家属证明书（林万发）（一九四一年七月）

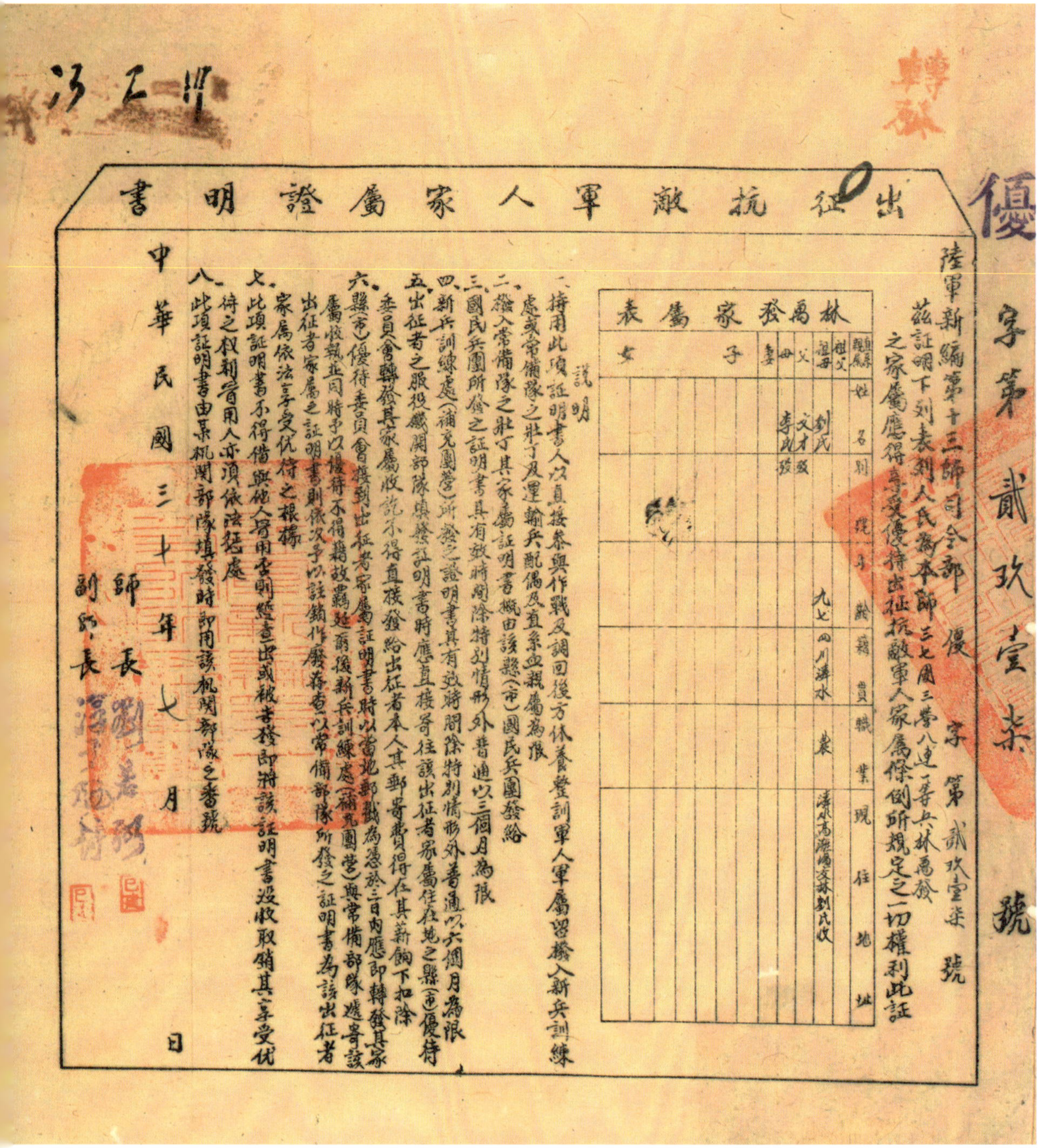

優字第貳玖壹柒號

出征抗敵軍人家屬證明書

陸軍新編第十三師司令部 優字第貳玖柒號

茲証明下列表列人民為本師三七團三營八連一等兵林萬發之家屬應得享受優待出征抗敵軍人家屬條例所規定之一切權利此証

林萬發家屬表

關係	姓名別號	年齡	籍貫	職業	現住地址
祖父					
祖母	劉氏	九七	四川鄰水	農	鄰水高灘鄉文林劉氏收
父	文才殁				
母	李氏殁				
妻					
子					
女					

說明

一、持用此項証明書人以直接參與作戰及調回後方休養暨訓軍人軍屬留營入新兵訓練處或常備隊之壯丁及運輸兵配偶及直系血親屬為限

二、撥入常備隊之壯丁其家屬証明書概由該縣（市）國民兵團發給

三、國民兵團所發之証明書具有效時間除特別情形外普通以三個月為限

四、新兵訓練處（補充團營）所發之證明書具有效時間除特別情形外普通以六個月為限

五、出征者之服役機關部隊填發証明書時應直接寄往該出征者家屬住在地之縣（市）優待委員（會）轉發其家屬收執不得直接發給出征者本人其郵寄費得在其薪餉下扣除

六、縣（市）優待委員（會）接到出征者家屬証明書時以當地郵戳為憑於三日內應即轉發其家屬收執並同時予以優待不得藉故羈延前後新兵訓練處（補充團營）與常備部隊遞寄該出征者家屬之証明書則依次予以註銷作廢存查以常備部隊所發之証明書為該出征者家屬依法享受優待之根據

七、此項証明書不得借與他人冒用查明發覺出或被者檢舉即將該証明書沒收取銷其享受優待之權利冒用人亦須依法懲處

八、此項証明書由某機關部隊填發時即用該機關部隊之番號

師長

副師長

中華民國三十年七月　日

第二十九集团军总司令部出征抗敌军人家属证明书（艾子祥）（一九四一年十月二十五日）

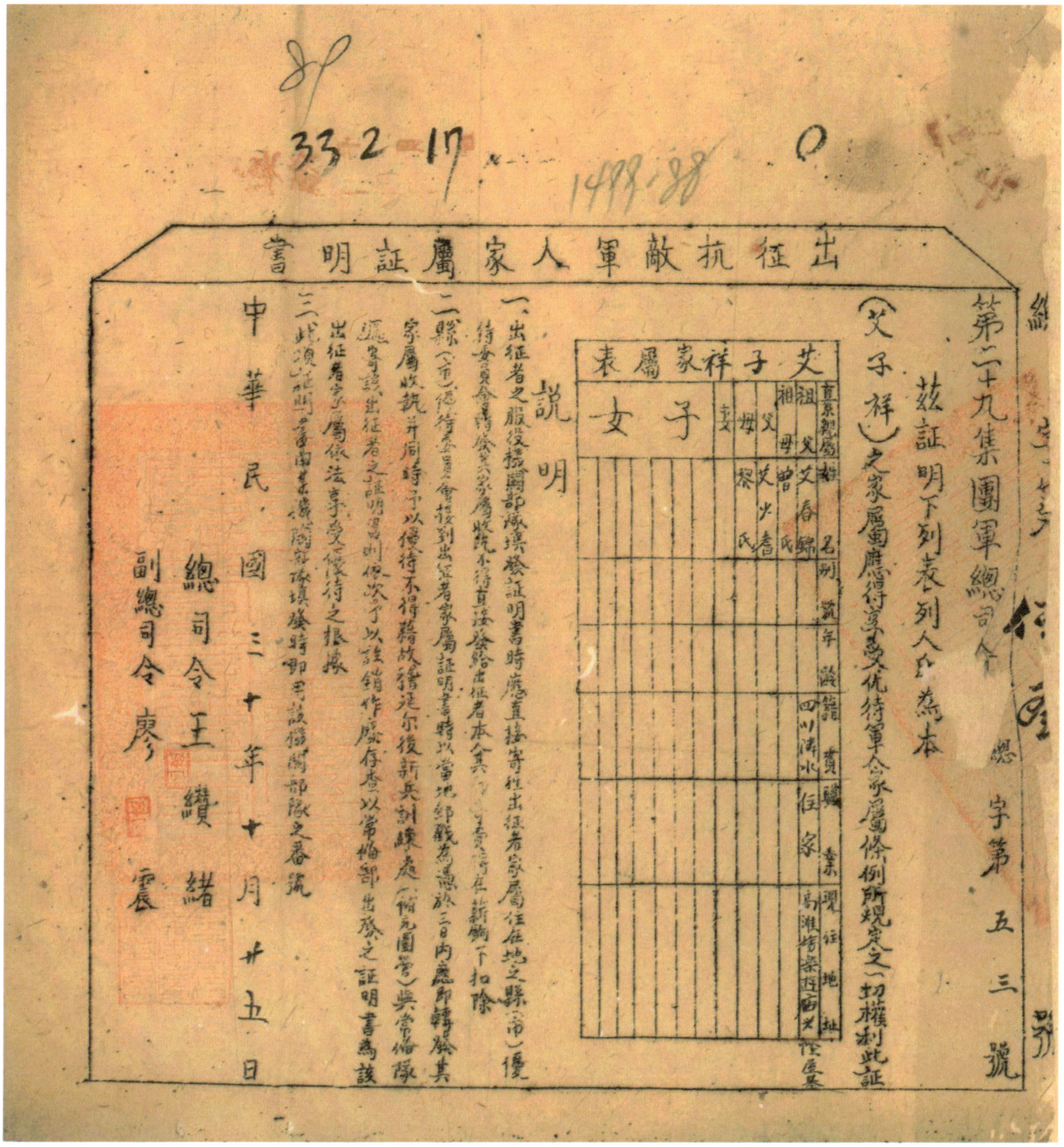

出征抗敵軍人家屬証明書

第二十九集團軍總司令部　總字第五三號

茲証明下列表列人員為本（艾子祥）之家屬應得享受優待軍人家屬條例所規定之一切權利此証

艾子祥家屬表

直系親屬	姓名	別號	年齡	籍貫	職業	現住地址
祖父	艾春錦			四川沛水	住家	高淮鄉桑梓廟光住屋基
祖母	曾氏					
父	艾少書					
母	黎氏					
妻						
子						
女						

說明

一、出征者之服役機關部隊填發証明書時應直接寄往出征者家屬住在地之縣（市）優待委員會同時發交家屬收執不得直接發給出征者本人其[illegible]在薪餉下扣除

二、縣（市）優待委員會接到出征者家屬証明書時以當地鄉鎮為憑於三日內應即轉發其家屬收執并同時予以優待不得藉故稽延尔後新兵訓練處（補充團營）與常備部隊應寄該出征者之証明書則僅次予以註銷作廢存查以常備部出發之証明書為該出征者家屬依法享受優待之根據

三、此項証明書由某機關部隊填發時即用該機關部隊之番號

中華民國三十年十月廿五日

總司令　王纘緒

副總司令　廖震

陆军第八十八军司令部出征抗敌军人家属证明书（范安民、杨琴高、李双龙、荣东林、曾子云）（一九四一年）

78

33.2.11

1438-78

出征抗敵軍人家屬證明書

陸軍第八十八軍司令部 形字第 24324 號

茲證明下表所列人民爲本軍新二十二師六六團六連一等兵范安民之家屬應得享受優待出征抗敵軍人家屬條例所規定之一切權利此證

家屬表

值係親屬	姓名別號	年齡	籍貫	職業	現住地址
祖父					
祖母					
父	中富	四五	四川鄰水	農	興隆場三板橋
母	譚氏	四六			
妻					
子					
女					

說明

一、持用此項證明書人以直接參與作戰及調回後方休養整訓軍人軍屬與撥入新兵訓練處或常備隊之壯丁及運輸兵配偶及其直系與親屬爲限

二、撥入常備隊之壯丁其家屬證明書概由該縣（市）國民兵團發給

三、國民兵團所發之證明書其有效時間除特別情形外普通以三個月爲限

四、新兵訓練處（補充團營）所發之證明書其有效時間除特別情形外普通以六個月爲限

五、出征者有服役義勇部隊[illegible]該出征者家屬住在地之縣（市）優待委員會轉發其家屬收執不得直接發給出征者本人其[illegible]下亦同

六、縣市優待委員會接到出征者家屬證明書應當於收到之日起三日內應即轉發其家屬收執並同時予以優待不得故延延後方新兵訓練處（補充團營）與常備部隊遞寄該出征者之家屬證明書則前項予以註銷作廢存查以常備部隊所發之證明書爲該出征者已去祇優待之根據

七、此項證明書不得借與他人頂用否則一經查明或被告發即將該證明書沒收並取消其享受優待之權利冒用人並依法懲處

八、此項證明書由某機關部隊填發時即用該機關部隊之番號

軍長 范紹增

副軍長 [illegible]君彬

中華民國三十年八月 日

1488 85

332 17 860

出征抗敵軍人家屬證明書

陸軍第八十八軍司令部　形字第 2138 號

茲證明下表所列人氏爲本軍新二師六團一營機槍連上等兵楊琴高之家屬應得享受優待出征抗敵軍人家屬條例所規定之一切權利此證

家屬表

值係親屬	姓名別號	年齡	籍貫	職業	現住地址
祖父					
祖母					
父	炳星	五〇	四川潼水	農	高灘場
母	龔氏	四五			
妻					
子					
女					

說明

一、持用此項證明書人以直接參與作戰及調回後方休養整訓軍人軍屬與撥入新兵訓練處或常備隊之壯丁及運輸兵配偶及其直系與親屬爲限

二、撥入常備隊之壯丁其家屬證明書概由該縣（市）國民兵團發給

三、國民兵團所發之證明書其有效時間除特別情形外普通以三個月爲限

四、新兵訓練處（補充團營）所發之證明書其有效時間除特別情形外普通以六個月爲限

五、出征者有服役機關部隊填發證件時應直接寄往該出征者家屬住在地之縣（市）優待委員會轉發其家屬收執不得直接發給出征者本人其郵寄費得在其新餉員下扣除

六、縣市優待委員會接到出征者家屬證明書時以當地郵戳爲憑于三日內應即轉發其家屬收執並同時予以優待不得藉故延延後方新兵訓練處（補充團營）與常備部隊遞寄該出征者之家屬證明書則前項予以註銷作廢存查以常備隊所發之證明書爲該出征者家屬享受優待之根據

七、此項證明書不得借與他人頂用否則一經查明或被告發即將該證明書沒收並取消其享受優待之權利冒用人並依法懲處

八、此項證明書由某機關部隊填發時即用該機關部隊之番號

軍長　范紹增

副軍長　羅君彤

中華民國三十一年八月　日

14982 33 2 17

出征抗敵軍人家屬證明書

陸軍第八十八軍司令部 彤字第四〇〇二號

茲證明下表所列人氏爲本軍新三師炮團三營[illegible]連上等火夫李雙龍之家屬應得享受優待出征抗敵軍人家屬條例所規定之一切權利此證（[illegible]八六六二五）入伍

家屬表

値係親屬	姓名別號	年齡	籍貫	職業	現住地址
祖父					
祖母					
父	蔣倉	四七	四川鄰水	農	四川鄰水高灘鄉
母	周氏	四八			
妻	唐氏	二二			
子					
女	全田	二			

說明

一、持用此項證明書人以直接參與作戰及調回後方休養整訓軍人軍屬與撥入新兵訓練處或常備隊之壯丁及運輸兵配偶及其直系與親屬爲限

二、撥入常備隊之壯丁其家屬證明書統由該縣（市）國民兵團發給

三、國民兵團所發之證明書其有效時間除特別情形外普通以三個月爲限

四、新兵訓練處（補充團營）所發之證明書其有效時間除特殊情形外普通以六個月爲限

五、出征者有服役機關部隊負責發給證明書者應寄往該出征者家屬住在地之縣（市）優待委員會轉發其家屬收執不得直接發給出征者本人其郵寄費由[illegible]負責不扣

六、縣市優待委員會接到出征者家屬證明書時以當地郵戳爲憑于三日內應即轉發其家屬收執並同時予以優待不得借故遲延後方新兵訓練處（補充團營）與常備部隊遞寄該出征者之家屬證明書則前項予以註銷作廢存查以常備部隊所發之證明書爲該出征者長久享受優待之根據

七、此項證明書不得借與他人冒用否則一經查明或被告發即將該證明書沒收並取消其享受優待之權利冒用人並依法懲處

八、此項證明書由某機關部隊填發時即用該機關部隊之番號

軍長 范紹增

副軍長 羅君彤

中華民國三十三年九月 日

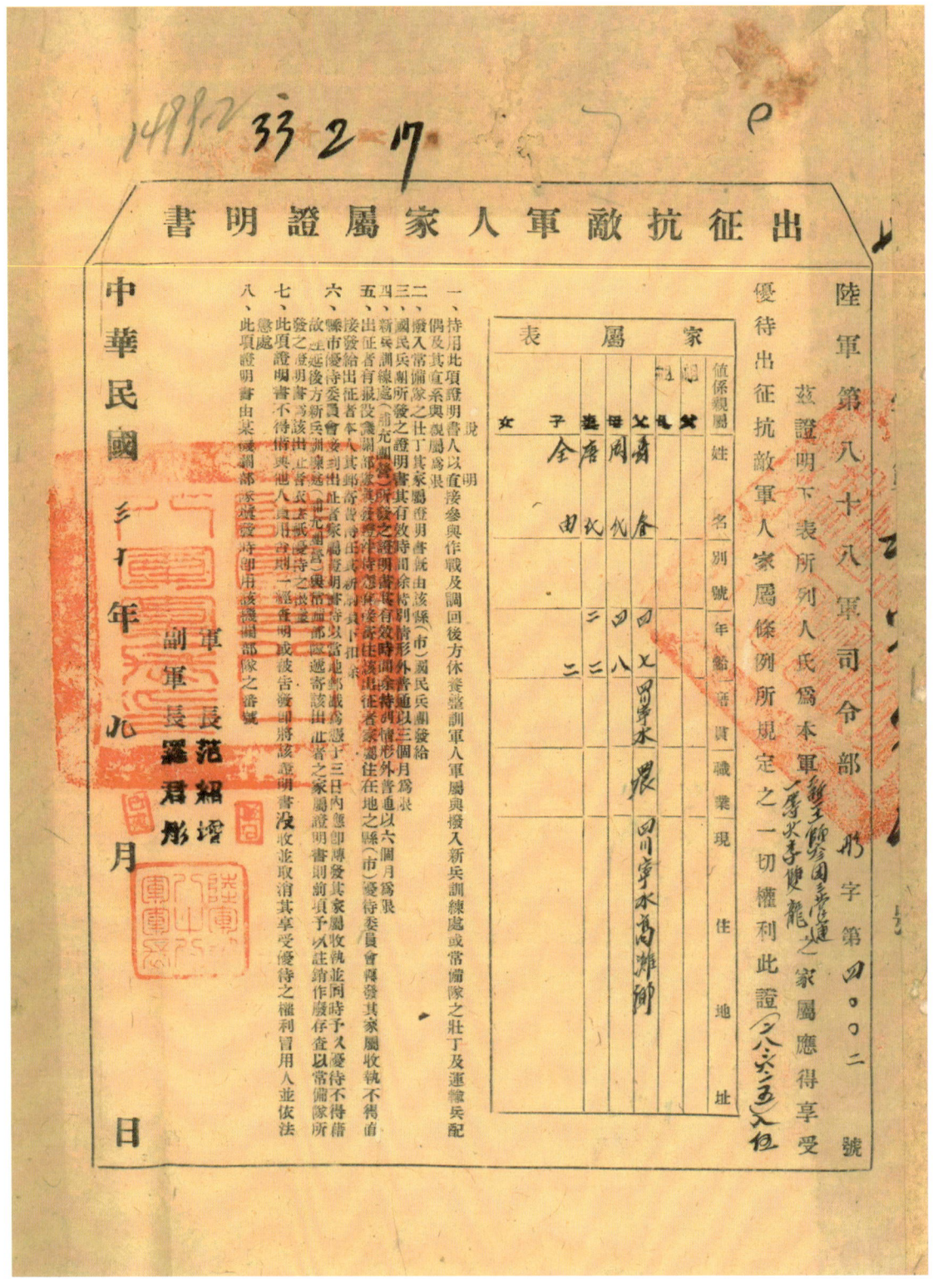

71 248871 33.2.17

甲字第叁仟三佰 號

出征抗敵軍人家屬證明書

陸軍第八十八軍司令部 彤字第三六二五號

茲證明下表所列人氏為本軍新卅師六三團二營四連二等兵李東林之家屬應得享受優待出征抗敵軍人家屬條例所規定之一切權利此證（二九、三、二〇）

家屬表

值係親屬	姓名	別號	年齡	籍貫	職業	現住地址
祖父	宇章[illegible]					
祖母	杜氏					
父	祖榮		五三	四川鄰水	農	鄰水高灘場
母	丁氏		五三			
妻						
子						
女				卜		

說明

一、持用此項證明書人以直接參與作戰及調回後方休養整訓軍人軍屬與撥入新兵訓練處或常備隊之壯丁及運輸兵配偶及其直系與親屬為限

二、撥入常備隊之壯丁其家屬證明書統由該縣（市）國民兵團發給

三、國民兵團所發之證明書其有效時間除特別情形外普通以三個月為限

四、新兵訓練處（補充團營）所發之證明書其有效時間除特別情形外普通以六個月為限

五、出征者有服役機關部隊填發證件時應直接寄往該出征者家屬住在地之縣（市）優待委員會轉發其家屬收執不得直接發給出征者本人其郵寄費得在其薪餉項下扣除

六、縣市優待委員會接到出征者家屬證明書時以當地郵戳為憑十三日內應即轉發其家屬收執並同時予以優待不得藉故延後方新兵訓練處（補充團營）與常備部隊遞寄該出征者之家屬證明書則前項予以註銷作廢存查以常備隊所發之證明書為該出征者家屬享受優待之根據

七、此項證明書不得借與他人冒用否則一經查明或被告發即將該證明書沒收並取消其享受優待之權利冒用人並依法懲處

八、此項證明書由某機關部隊填發時即用該機關部隊之番號

軍長 范紹增

副軍長 羅君彤

中華民國三十年九月 日

33 2 17 114 1488-108

出征抗敵軍人家屬證明書

陸軍第八十八軍司令部[illegible]字第○○三三號

茲將下表所列人氏為本軍[illegible]一等兵曾子云之家屬應得享受優待出征抗敵軍人家屬條例所規定之一切權利此證（一八六五）[illegible]

家屬表	姓名	別號	年齡	籍貫	職業	現住地址
祖父						
祖母						
父	曾華發					
母	唐氏		四[illegible]	四川鄰水	農	四川鄰水高灘場
妻						
子						
女						

說明

一、持用此項證明書人以直接參與作戰及調回後方休養整訓軍人軍屬與撥入新兵訓練處或常備隊之壯丁及運輸兵配偶及其直系與親屬為限

二、撥入常備隊之壯丁其家屬證明書統由該縣（市）國民兵團發給

三、國民兵團所發之證明書其有效時間除特別情形外普通以三個月為限

四、新兵訓練處（補充團營）所發之證明書其有效時間除特別情形外普通以六個月為限

五、出征者有服役機關部隊其發證件時應直接寄往該出征者家屬住在地之縣（市）優待委員會轉發其家屬收執不得直接發給出征者本人其郵寄費得在其新餉項下扣除

六、縣市優待委員會接到出征者家屬證明書時以當地郵戳為憑于三日內應即轉發其家屬收執並同時予以優待不得藉故遲延後方新兵訓練處（補充團營）與常備部隊遞寄該出征者之家屬證明書則前項予以註銷作廢存查以常備隊所發之證明書為該出征者長兵祇優待之根據

七、此項證明書不得借與他人頂用否則一經查明或被告發即將該證明書沒收並取消其享受優待之權利冒用人並依法懲處

八、此項證明書由某機關部隊填發時即用該機關部隊之番號

軍長 范紹增

副軍長 羅君彤

中華民國卅一年九月日

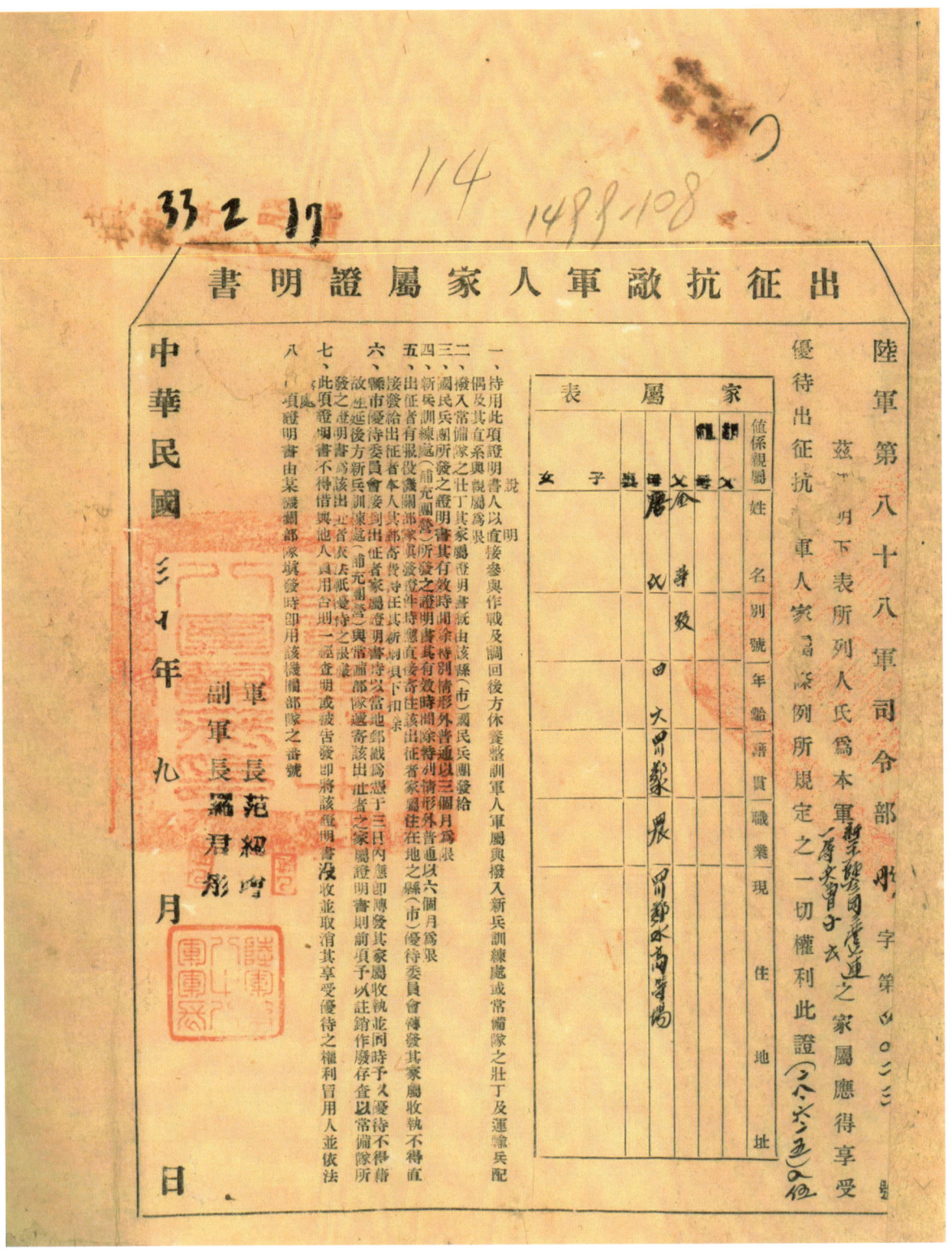

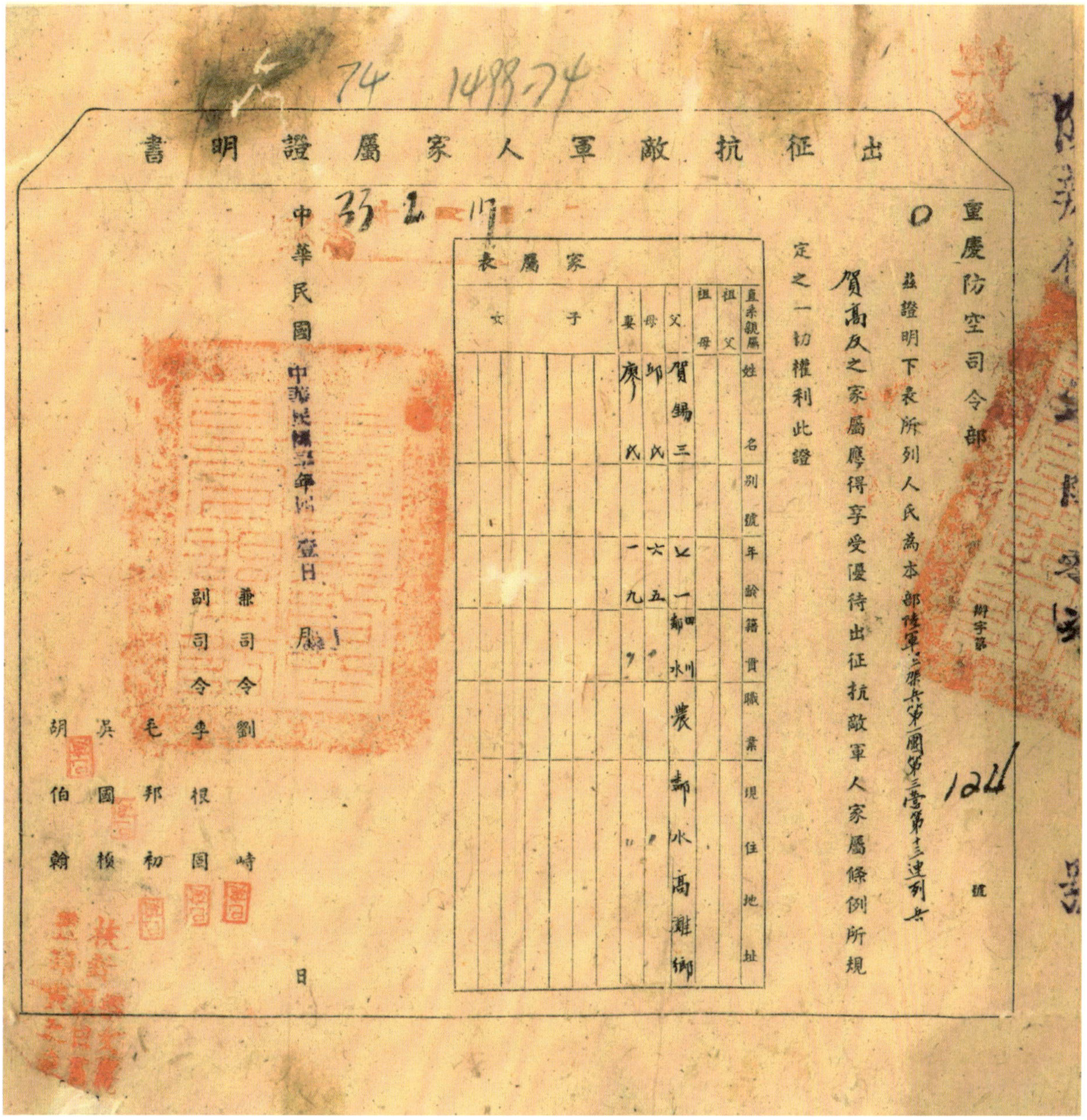

出征抗敵軍人家屬證明書

重慶防空司令部　鄉字第124號

茲證明下表所列人民為本部陸軍工兵第一團第三營第十三連列兵賀高友之家屬應得享受優待出征抗敵軍人家屬條例所規定之一切權利此證

家屬表

直系親屬	姓名別號	年齡	籍貫	職業	現住地址
祖父					
祖母					
父	賀錫三	七一	四川鄰水	農	鄰水高灘鄉
母	鄧氏	六五	〃		
妻	廖氏	一九	〃		〃
子					
女					

兼司令　劉峙
副司令　李根固
毛邦初
吳國楨
胡伯翰

中華民國三十年　月　日

重庆防空司令部出征抗敌军人家属证明书（贺高友、廖灿明）（一九四一年）

33 2-117

6P 148869

出征抗敵軍人家屬證明書

重慶防空司令部 字第124號

茲證明下表所列人民為本部陸軍担架兵第一團第三營第三連列兵廖燦明之家屬應得享受優待出征抗敵軍人家屬條例所規定之一切權利此證

家屬表

直系親屬	祖父	祖母	父	母	妻	子	女
姓名				熊氏			
別號							
年齡				五四			
籍貫				四川鄰水			
職業				農			
現住地址				鄰水高灘鄉			

兼司令 劉峙

副司令 李根固

毛邦初

吳國楨

胡伯翰

中華民國[illegible]年 月 日

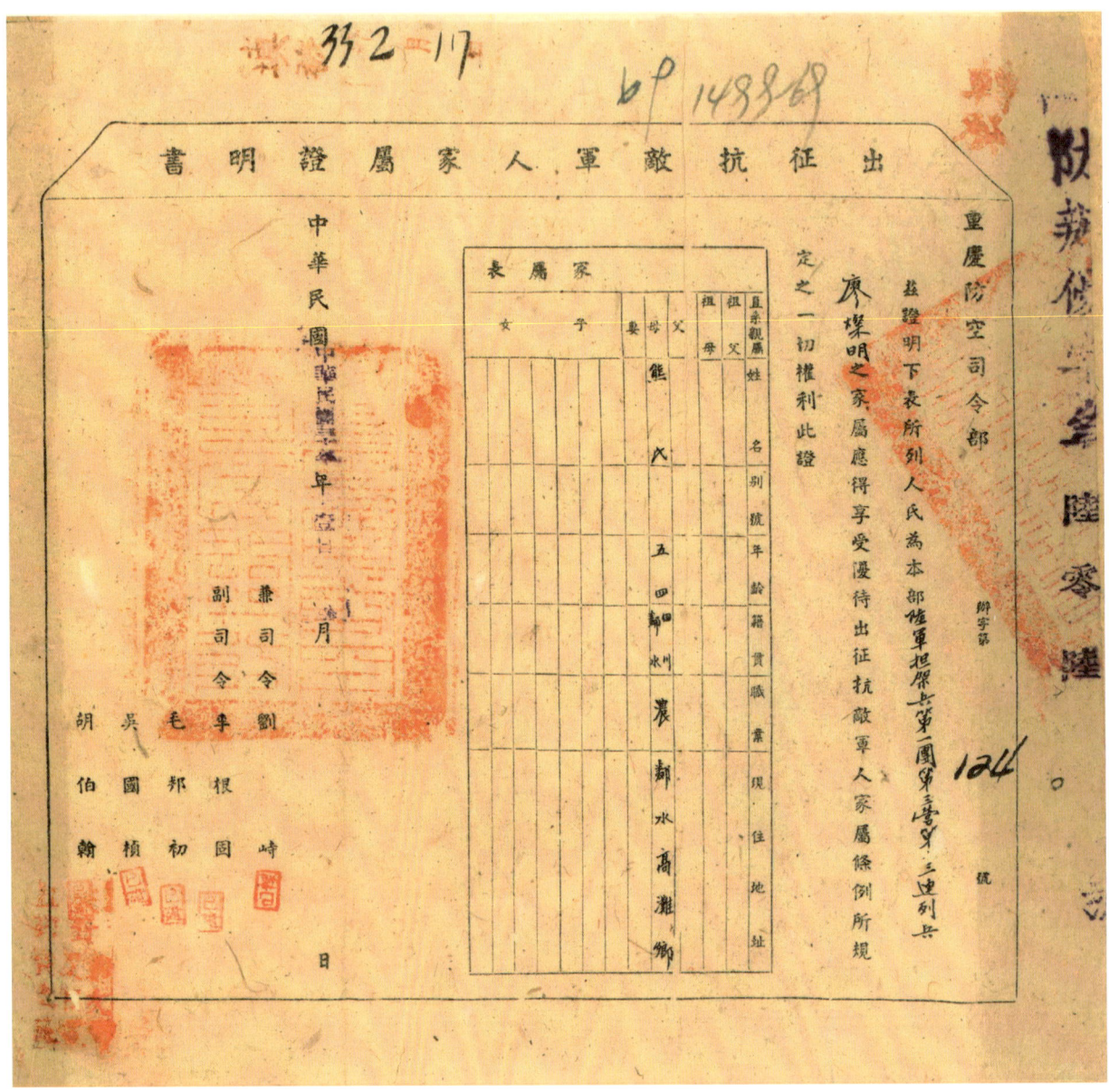

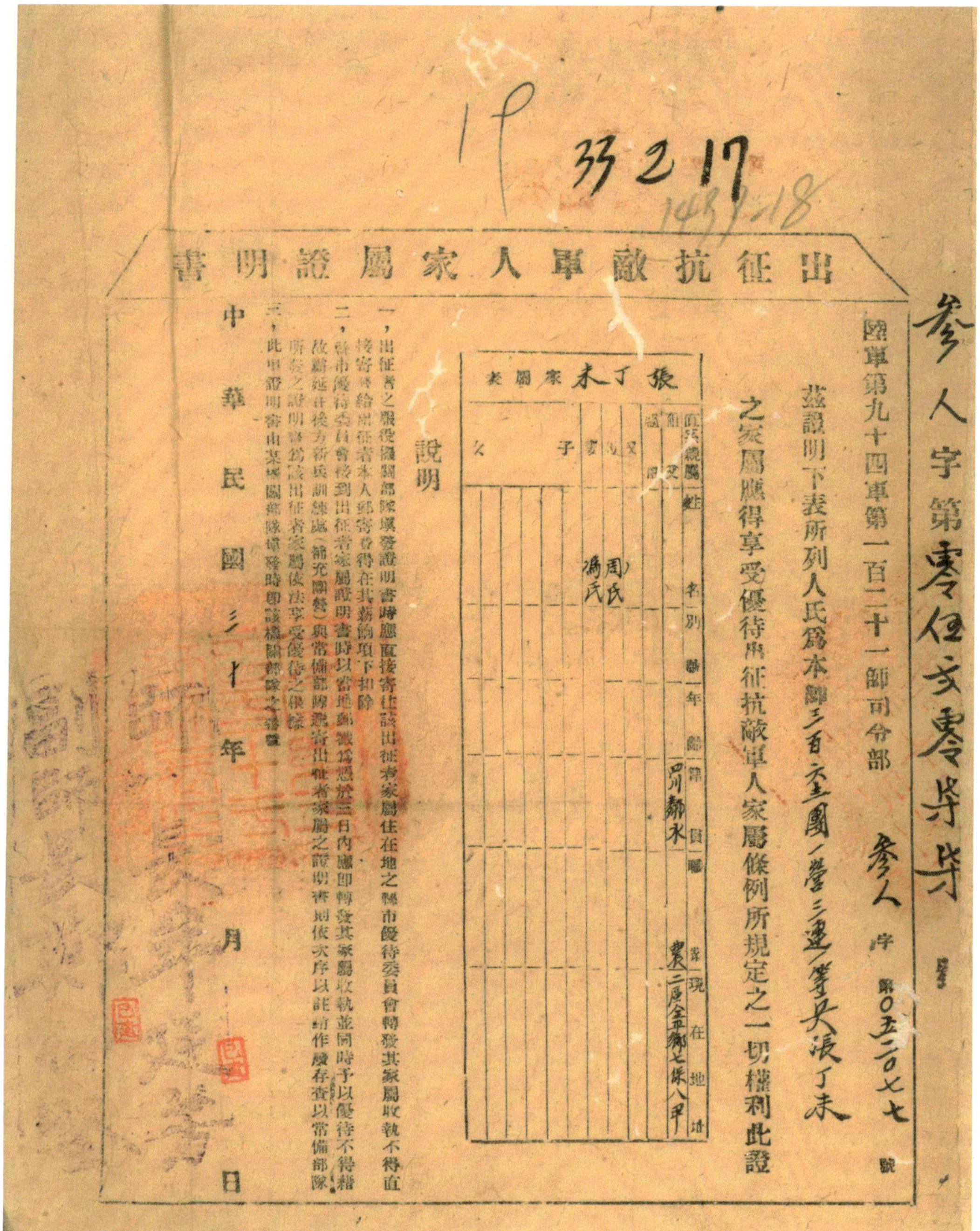

參人字第零伍玖零號

陸軍第九十四軍第一百二十一師司令部　參人　字第〇五二〇七七號

出征抗敵軍人家屬證明書

茲證明下表所列人氏爲本師三百六十三團一營三連一等兵張丁未之家屬應得享受優待出征抗敵軍人家屬條例所規定之一切權利此證

張丁未家屬表

征兵親屬	姓名	別號	年齡	籍貫	職業	現在地址
祖父				四川鄰水	農	二區金平鄉七保八甲
祖母						
父						
母	周氏					
妻	馮氏					
子						
女						

說明

一，出征者之服役機關部隊填發證明書時應直接寄往該出征者家屬住在地之縣市優待委員會轉發其家屬收執不得直接寄給出征者本人郵寄俾得在其薪餉項下扣除

二，縣市優待委員會接到出征者家屬證明書時以當地鄉鎮保爲憑於三日內應即轉發其家屬收執並同時予以優待不得藉故籍延在後方新兵訓練處（補充團營）與常備部隊調寄出征者家屬之證明書則依次序以註銷作廢存查以常備部隊所發之證明書爲該出征者家屬依法享受優待之根據

三，此單證明書由某機關部隊填發時即該機關部隊之根據

中華民國三十年　月　日

陆军第九十四军第一百二十一师司令部出征抗敌军人家属证明书（张丁未）（一九四一年）

陆军第七十五军司令部出征抗敌军人家属证明书（谭少合、刘万山、汪全）（一九四一年）

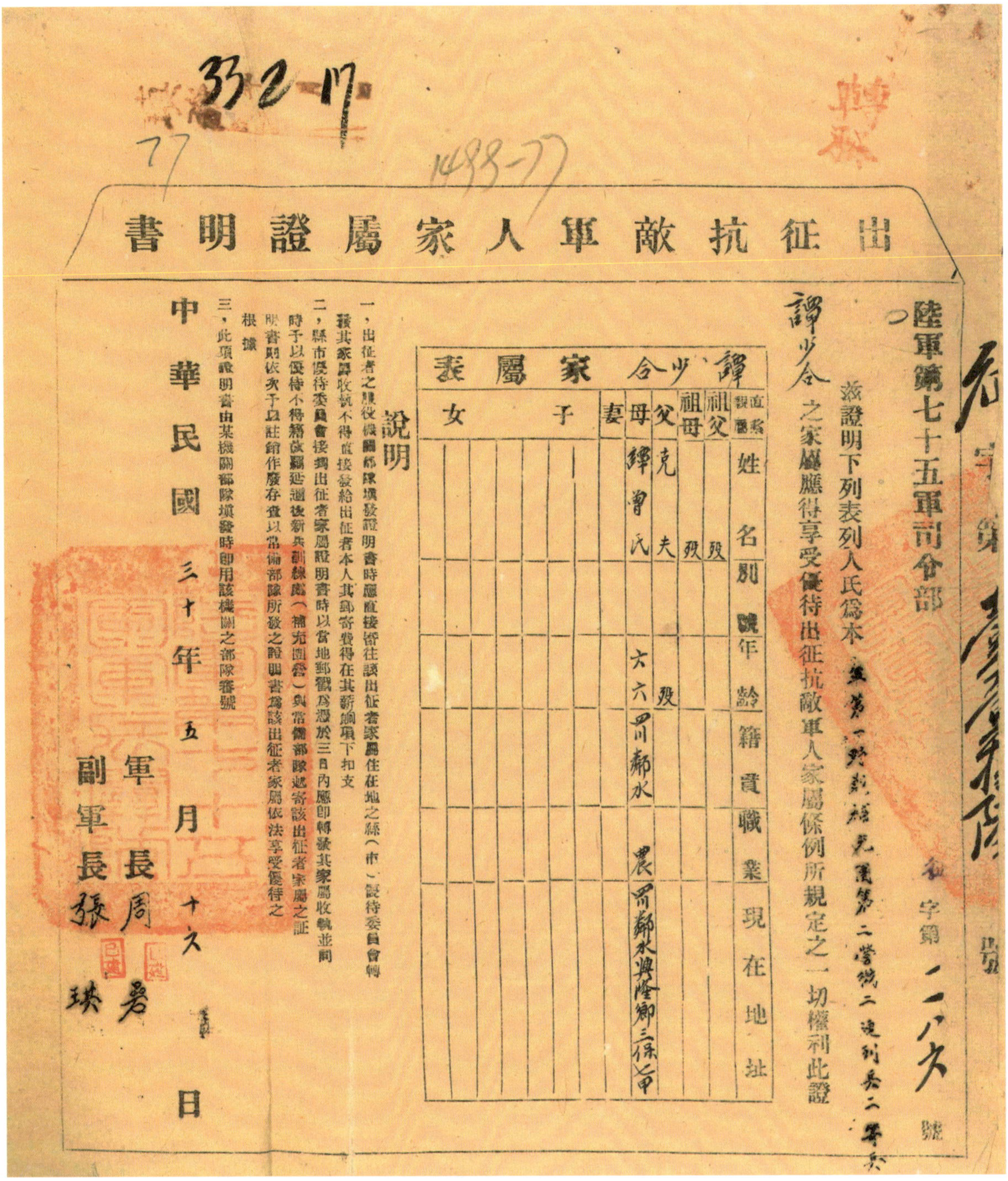

332-17

77

1488-77

轉發

出征抗敵軍人家屬證明書

陸軍第七十五軍司令部 后字第一一八六號

茲證明下列表列人氏為本軍第一野戰補充團第二營第二連列兵二等兵譚少合之家屬應得享受優待出征抗敵軍人家屬條例所規定之一切權利此證

譚少合家屬表

直系親屬	姓名	別號	年齡	籍貫	職業	現在地址
祖父	歿					
祖母	歿					
父	克夫		歿			
母	譚曾氏		六六	四川鄰水	農	四川鄰水興隆鄉三保甲
妻						
子						
女						

說明

一、出征者之服役機關部隊填發證明書時應直接寄往該出征者家屬住在地之縣（市）優待委員會轉發其家屬收執不得直接發給出征者本人其郵寄費得在其薪餉項下扣支

二、縣市優待委員會接到出征者家屬證明書時以當地郵戳為憑於三日內應即轉發其家屬收執並同時予以優待不得藉故竊延遲後新兵訓練處（補充團營）與常備部隊遞寄該出征者家屬之證明書則依次予以註銷作廢存查以常備部隊所發之證明書為該出征者家屬依法享受優待之根據

三、此項證明書由某機關部隊填發時即用該機關之部隊番號

軍長 周碞

副軍長 張瑛

中華民國三十年五月十六日

出征抗敵軍人家屬證明書

陸軍第七十五軍第十三師司令部

茲證明下表所列人民為本師第三十九團第一營三連二等兵

劉萬山之家屬應得享受優待出征抗敵軍人家屬條例所規定

之一切權利此證

劉萬山家屬表

直系親屬	姓名別號	年齡	籍貫	職業	現在地址
祖父			四川鄰水	農	高灘場張家灣
祖母					
父	劉登第	六三			
母	李氏殁	六三			
妻	楊氏	二四			
子					
子	劉麦生	二岁			
子					
女					
女					
女					

說明

一、出征者之入服役機關部隊填發證明書時應直接寄往該出征者家屬所在地之縣（市）優待委員會轉發其家屬收執不得直接發給出征者本人其郵寄費得在其薪餉項下扣支

二、縣市優待委員會得到出征者家屬證明書時以當地鄉鎮為憑於三日內應即轉發其家屬收執並同時予以優待不得藉故稽延過後新兵訓練處（補充團營）與常備部隊遇寄到出征者家屬之證明書則依次予以註銷作廢存查以常備部隊所發之證明書為該出征者家屬依法享受優待之根據

中華民國三十年六月十五日

師長 朱鼎卿

副師長 林廷賓

字第　號

出征抗敵軍人家屬證明書

陸軍第七十五軍第十三師司令部

茲證明下表所列人民爲本師第三十七團一營一連二等兵汪全之家屬，應得享受優待出征抗敵軍人家屬條例所規定之一切權利，此證

汪全家屬表

親屬稱謂	姓名	别號	年齡	籍貫	職業	現在地址
祖父						
祖母						
父	閆義		五四	四川鄰水		全好鄉
母	周氏		五〇			
妻						
子						
女						

說明

一、出征者之服役機關部隊填發證明書時，應直接寄往該出征者家屬住在地之縣（市）優待委員會轉發其家屬收執，不得直接發給出征者本人，其郵寄費得在其新餉項下扣支。

二、縣市優待委員會得到出征者家屬證明書時，以當地鄉鎮爲憑，於三日內應即轉發其家屬收執，並同時予以優待，不得藉故羈延。通復新兵訓練處（補充團營）與常備部隊遞寄該出征者家屬之證明書，則依次予以註銷，仍應存查以備部隊所發之證明書爲該出征者家屬依法享受優待之根據。

師長 朱鼎卿

副師長 林廼賡

中華民國三十　年　月　日

四川省政府关于抄发现职军官佐属无力求学子女救济办法致邻水县立初级中学的训令（一九四二年二月）

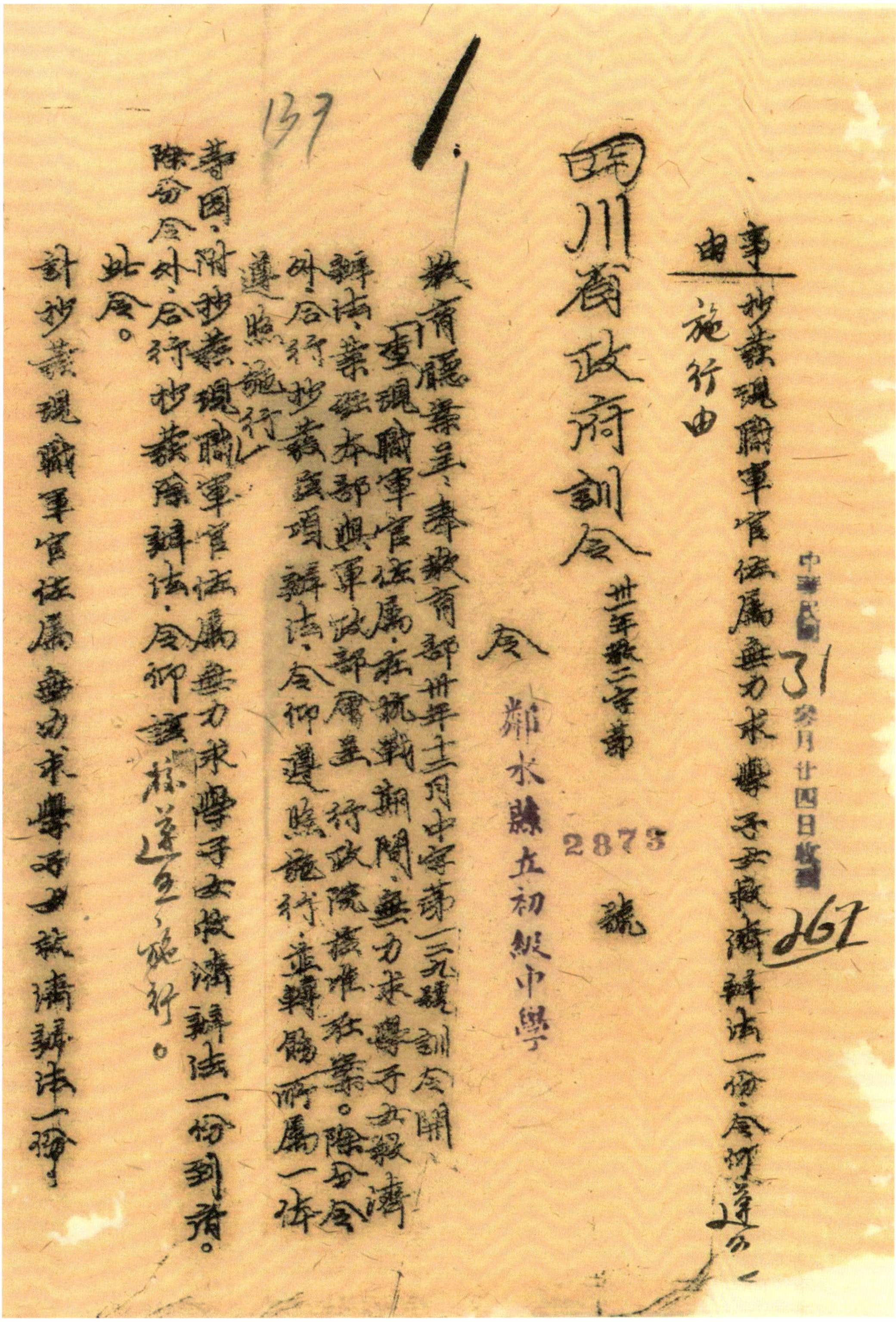

事由：抄發現職軍官佐屬無力求學子女救濟辦法一份，令仰遵照施行由

中華民國31年貳月廿四日收到

四川省政府訓令 卅一年教二字第2873號

令鄰水縣立初級中學

教育廳案呈：奉教育部卅年十二月中字第一三九號訓令開：

「查現職軍官佐屬在抗戰期間無力求學子女救濟辦法，業經本部與軍政部會呈行政院核准在案。除分令外，合行抄發是項辦法，令仰遵照施行，並轉飭所屬一體遵照施行。」

等因，附抄發現職軍官佐屬無力求學子女救濟辦法一份到府。除分令外，合行抄發原辦法，令仰該校遵照施行。

此令。

計抄發現職軍官佐屬無力求學子女救濟辦法一份

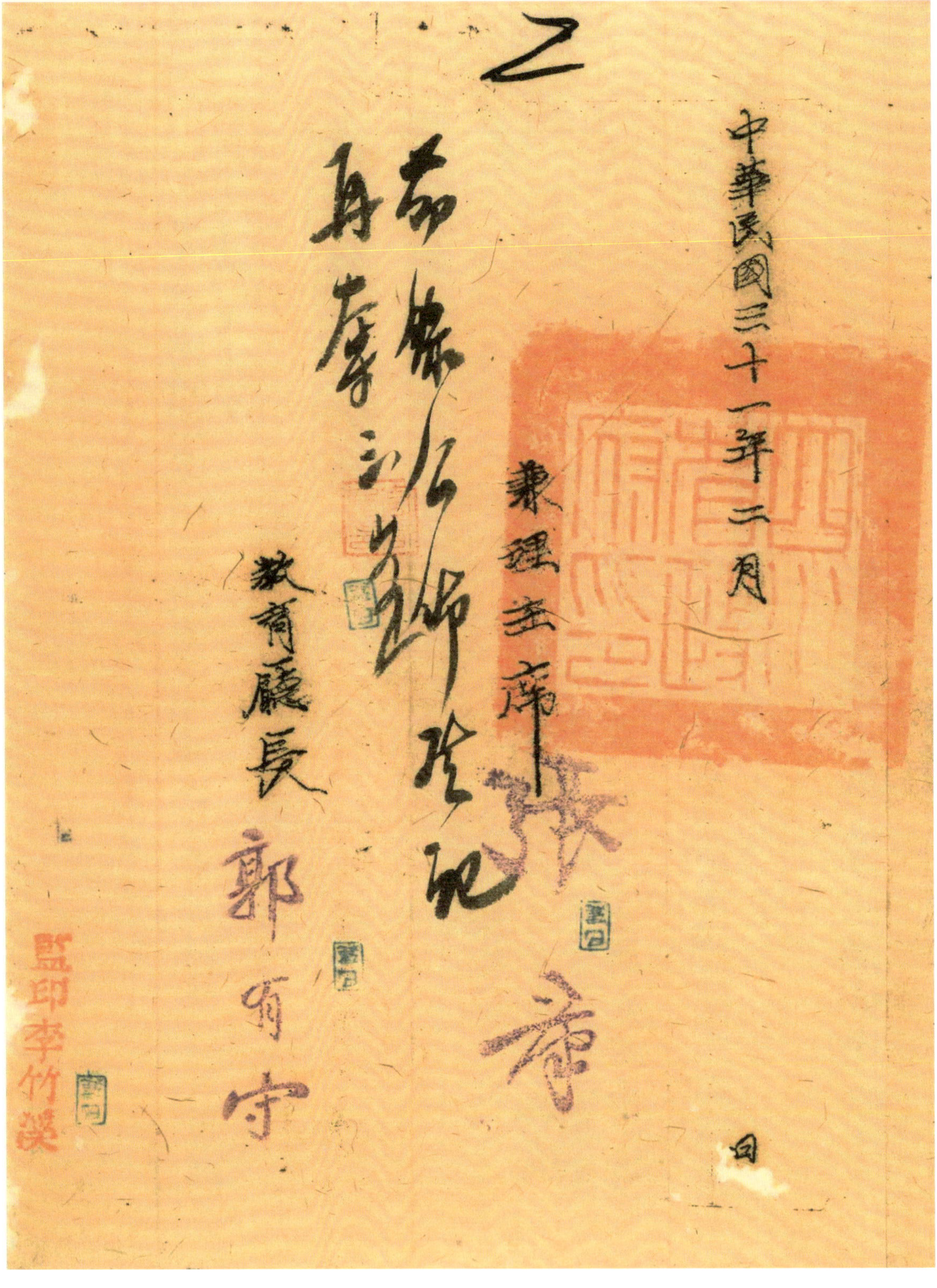

乙

中華民國三十一年二月　日

兼理主席　張群

教育廳長　郭有守

前案須經登記

再審訓練

監印李竹溪

附：现职军官佐属在抗战期间无力求学子女救济办法

5

現職軍官佐屬在抗战期間無力求學子女救濟办法

一、凡現職軍官佐屬子女在公立中等以上學校肄業，無力担負學宿費者，由軍政部按其軍職階級，并調查其家庭經濟狀況，准審核屬實後，准免除其學宿費，但須由家長逕向軍政部申請之。

二、軍政部對於前項申請經核定後，發給三聯證明書（書式另附），第一聯發交申請人繳存其子女所肄業之學校，為免繳學宿費之證件；第二聯送主管教育行政機關（國立學校彙教育部，省立學校為省市教育廳及社會局）備查。

三、前項證明書每張祇限一人，升學或轉學時，不得援轉。

四、凡經軍政部發給前項證明書之學生，學校應免收規定之學費及宿費兩項。

五、學校應於每學期將現職軍官佐屬無力求學子女免收學宿費姓名及免收學宿費數目，依證明書等類造具名冊二份，呈送主管教育行政機關，分別存查及彙轉軍政部備查。

六、本辦法以抗戰期間為限。

七、本办法由教育部軍政部會同公布施行。

陆军第二十军司令部出征抗敌军人家属证明书（甘德轩）（一九四二年五月）

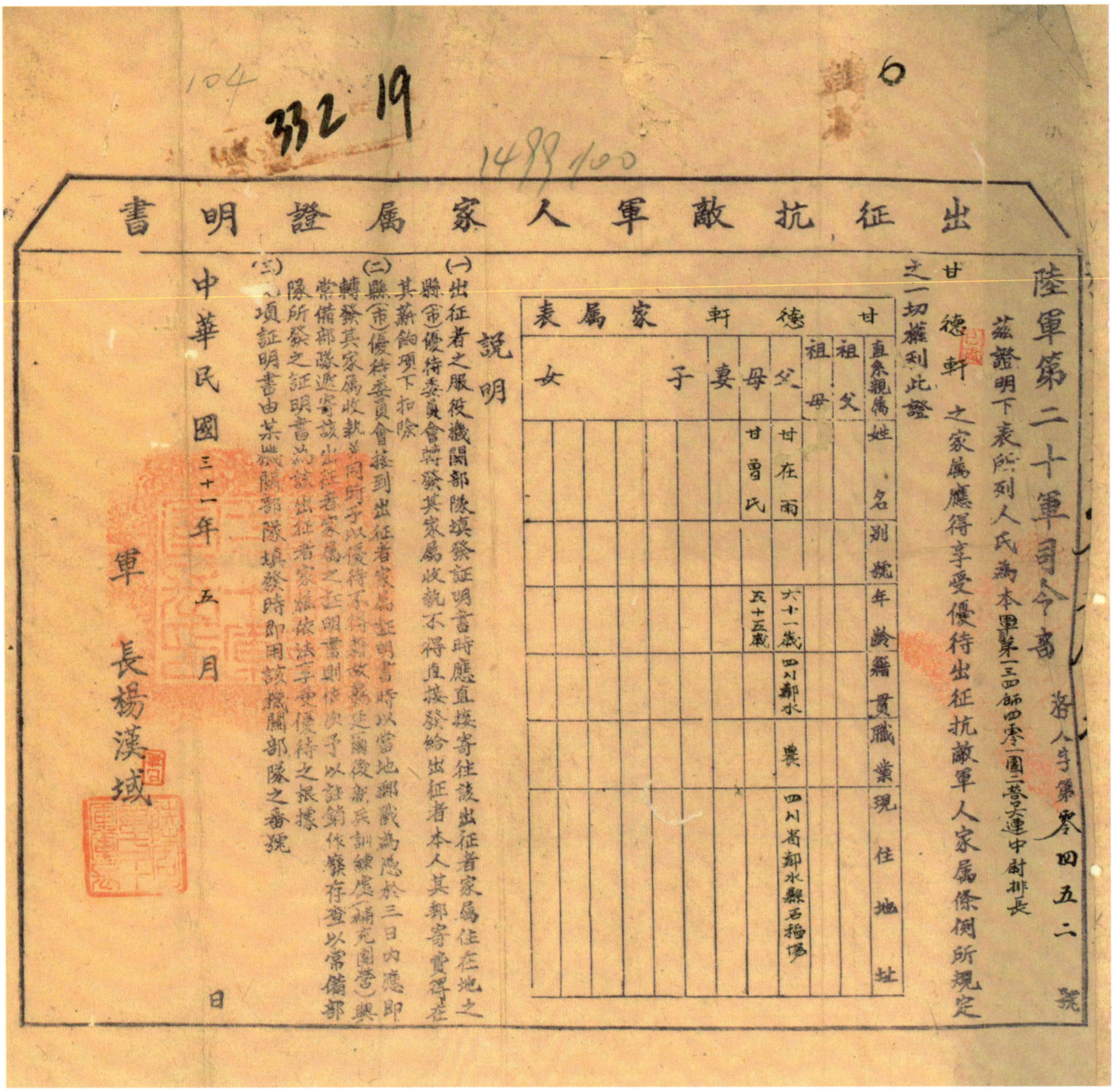

出征抗敵軍人家屬證明書

陸軍第二十軍司令部 務人字第零四五二號

茲證明下表所列人氏為本軍第一三四師四零一團二營六連中尉排長甘德軒之家屬應得享受優待出征抗敵軍人家屬條例所規定之一切權利此證

甘德軒家屬表

直系親屬	姓名別號	年齡	籍貫	職業	現住地址
祖父					
祖母					
父	甘在雨	六十一歲	四川鄰水	農	四川省鄰水縣石滑場
母	甘曾氏	五十五歲			
妻					
子					
女					

說明

（一）出征者之服役機關部隊填發証明書時應直接寄往該出征者家屬住在地之縣（市）優待委員會轉發其家屬收執不得直接發給出征者本人其郵寄費得在其薪餉項下扣除

（二）縣（市）優待委員會接到出征者家屬証明書時以當地鄉（鎮）為憑於三日內應即轉發其家屬收執並同時予以優待不得藉故延擱嗣後新兵訓練處（補充團營）與常備部隊遞寄該出征者家屬之証明書則依次予以註銷作廢存查以常備部隊所發之証明書為該出征者家屬依法享受優待之根據

（三）本項証明書由某機關部隊填發時即用該機關部隊之番號

軍長楊漢域

中華民國三十一年五月　日

邻水县九峰乡公所关于恳予注销军属白子南荣誉状致县政府的呈（一九四二年十月二日）

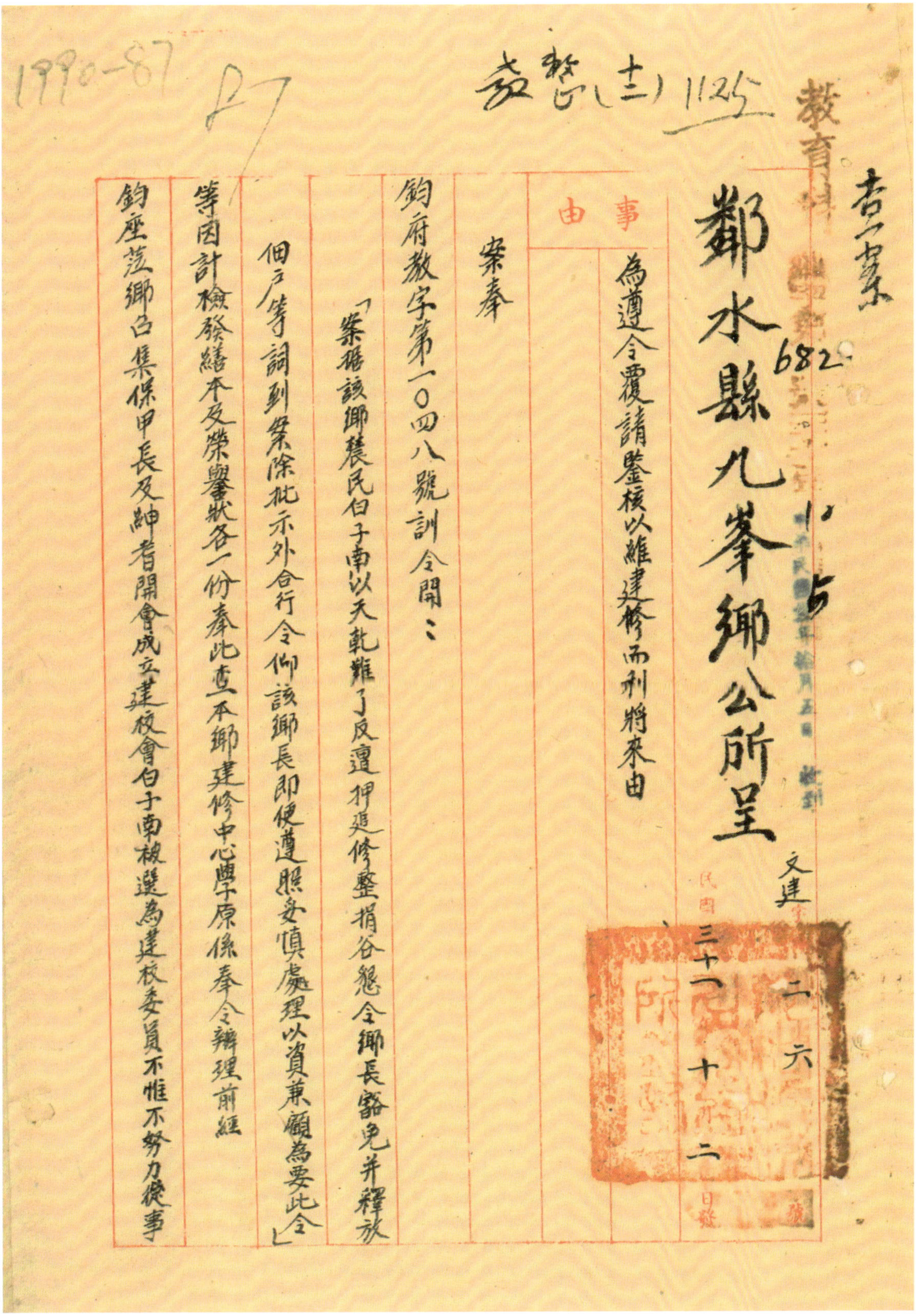

鄰水縣九峯鄉公所呈

文建

民國三十一年十月二日發

事由：為遵令覆請鑒核以維建修而利將來由

案奉

鈞府教字第一〇四八號訓令開：

「案據該鄉農民白子南以夫乾難丁反遭押追修墊捐谷懇令鄉長豁免并釋放佃户等詞到案，除批示外，合行令仰該鄉長即便遵照妥慎處理，以資兼顧為要。此令」

等因，計檢發繕本及榮譽狀各一份，奉此。查本鄉建修中心學校原係奉令辦理，前經

鈞座蒞鄉召集保甲長及紳耆開會成立建校會，白子南被選為建校委員，不惟不努力從事

建修反敢例外破壞旋查子南為本鄉富紳之一正粮九錢之多田土租穀九十大石左右伊子
國仲雖僅独子從軍且非本鄉保甲征送係（民二八年七月）同陳懷清陳安平等劫殺御臨鄉杜日清之女人及杜
萬相杜萬仕三人曾經呈報第三區署轉報在案可核迭令緝捕未獲足無立止迫乃從軍子南不知
悛改自以為独子從軍抗敵朦領得榮譽狀图免捐款况
鈞座臨鄉諭示有錢出錢有力出力子南恰適是項原則復查伊詞稱天乾難了反違押追佃捐
谷鄉長得覩天旱派員履勘呈報在案但子南土租全收田佃張宗廷所栽三十石本年實抵十
六大石其他收益實多與（全）鄉收獲独丰對于捐谷當慈來所繳納清楚反為朦請豁免本鄉
建費雖屬隨粮實係募捐確遭天旱不能捐納者鄉長自當視其情形蠲免無在請求致
于中心校舍將尽竣功苟能聽其破壞豈非功虧一簣奉令前因理合具文呈請
鈞府鑒核查案註銷所領榮譽狀以儆將來而維建修上呈各由是否有當示令祗遵

謹呈

鄰水縣縣長曾

附榮譽狀一份

九峯鄉長劉永川

呈附均悉。據稱該白子甫應出捐穀業已繳納清楚，應勿庸議。至其子白國仲，獨子從軍，無論是否該鄉抽選役，及從軍原因如何，總之以軍原家參加抗敵，効忠國家，尚有足取，其所頒榮譽狀，仰仍遵前令發交本人承領為要。此令。

隨發榮譽狀一張，承領歸發

十月十四日

军政部第五陆军医院关于优待出征军人张志国事宜致邻水县政府的公函（一九四二年十月四日）

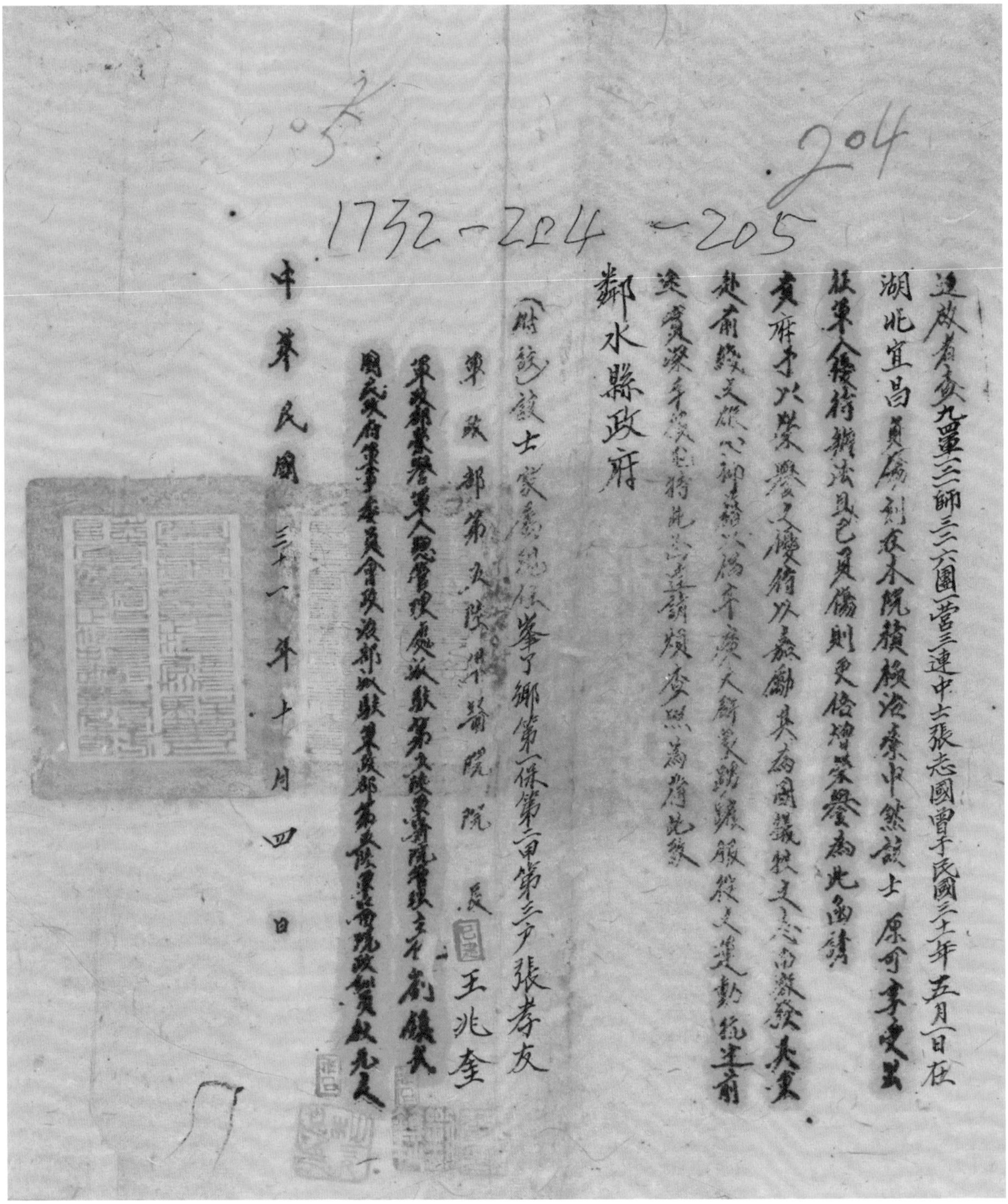

逕啟者：查九四軍（三）師三六團（一）營三連中士張志國曾于民國三十一年五月一日在湖北宜昌負傷，刻在本院積極治療中。然該士原可享受出征軍人優待辦法，且已負傷，則更倍增榮譽。為此函請貴府予以榮譽之優待，以資激勵其爲國犧牲之忠心，而激發其重赴前線之熱心，抑藉以爲本縣人群衆踴躍服役之運動，抗建前途實深利賴。特此函達，請煩查照爲荷。此致

鄰水縣政府

（附註）該士家屬現住峯[illegible]鄉第一保第二甲第三戶張孝友

軍政部第五陸軍醫院院長 王兆奎

軍政部榮譽軍人總管理處派駐第五陸軍醫院管理主任 劉鎮[illegible]

國民政府軍事委員會政治部派駐軍政部第五陸軍醫院政訓員 [illegible]

中華民國三十一年十月四日

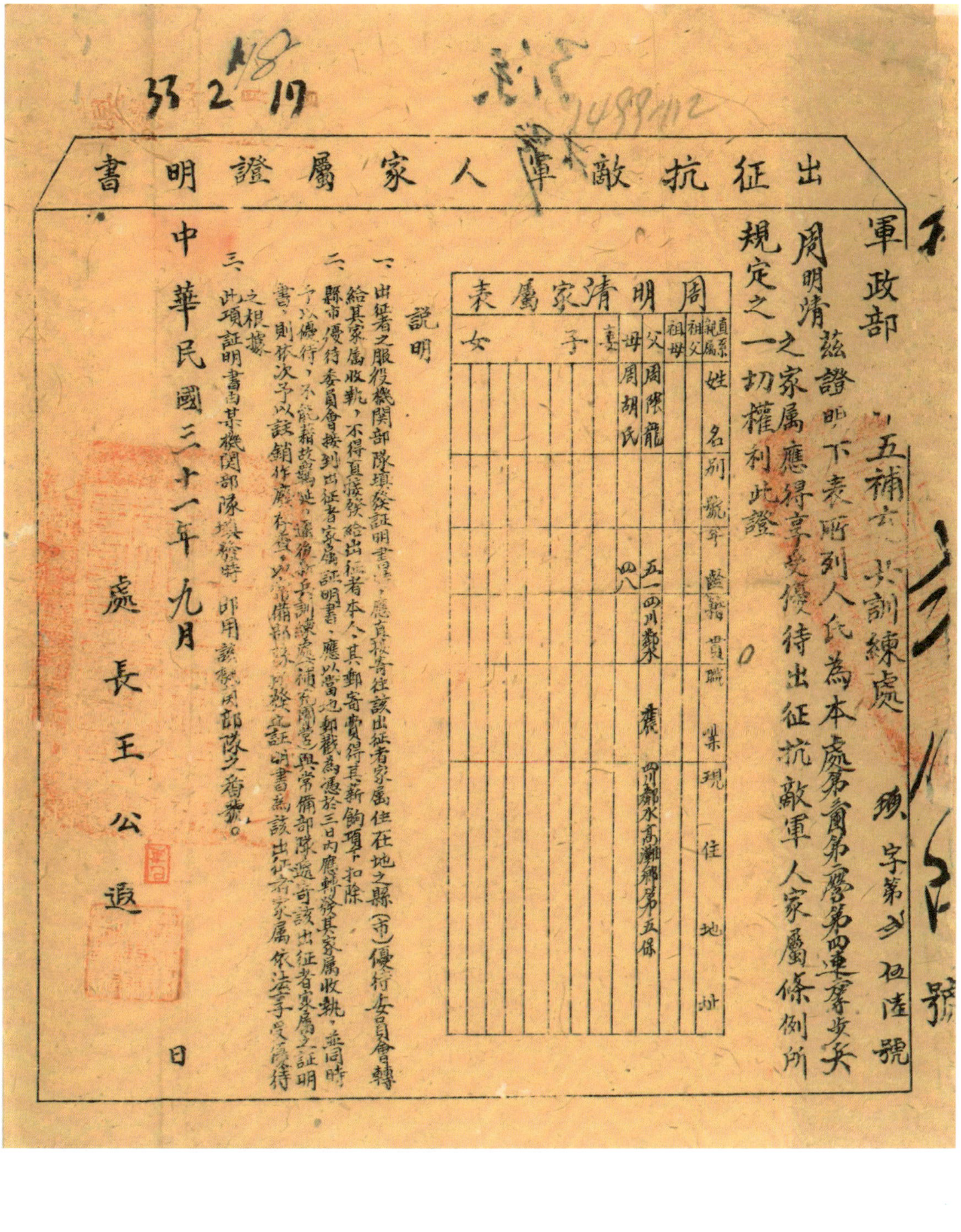

出征抗敵軍人家屬證明書

軍政部第十五補充兵訓練處　字第伍陸號

茲證明下表所列人民為本處第一團第一營第四連等兵周明清之家屬應得享受優待出征抗敵軍人家屬條例所規定之一切權利此證。

周明清家屬表

直系親屬	姓名	別號	年齡	籍貫	職業	現住地址
祖父						
祖母						
父	周隆龍		五一	四川鄰水	農	四川鄰水高灘鄉第五保
母	周胡氏		四八			
妻						
子						
女						

說明

一、出征者之服役機關部隊填發証明書時，應直接寄往該出征者家屬住在地之縣（市）優待委員會轉給其家屬收執，不得直接發給出征者本人，其郵寄費得其薪餉項下扣除。

二、縣市優待委員會接到出征者家屬証明書，應以當地郵戳為憑於三日內應轉發其家屬收執，並同時予以優待，不能藉故留延，[illegible]兵訓練處（補充團營）與常備部隊遞寄該出征者家屬之証明書，則於次予以註銷作廢存查，以常備部隊另發之証明書為該出征者家屬依法享受優待之根據。

三、此項証明書由某機關部隊填發時，即用該機關部隊之番號。

處長王公遐

中華民國三十一年九月　日

军政部第十五补充兵训练处出征抗敌军人家属证明书（周明清、丁甫臣、艾芳现）（一九四二年）

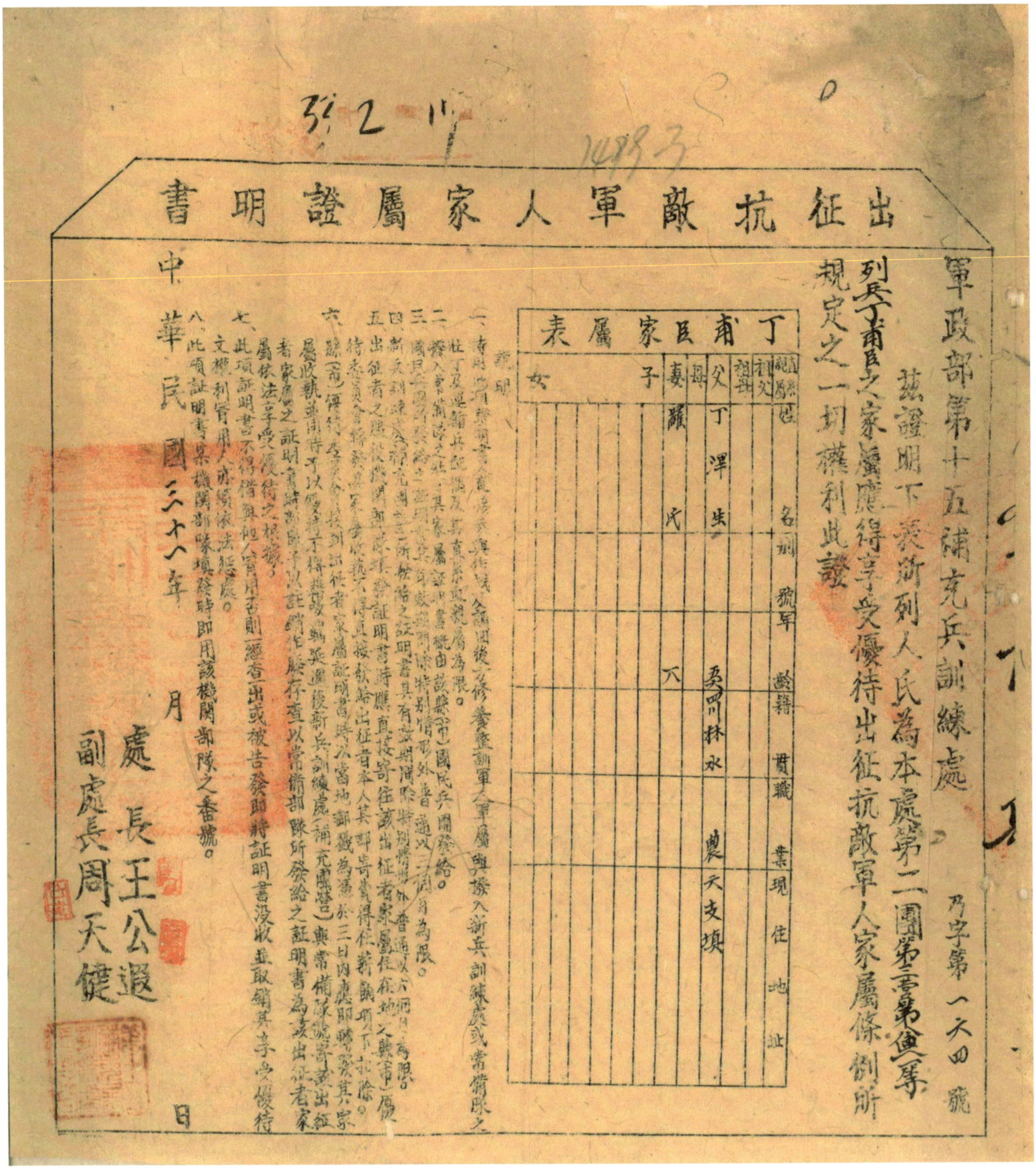

出征抗敵軍人家屬證明書

乃字第一六四號

軍政部第十五補充兵訓練處

茲證明下表所列人民為本處第二團第三營第四連上等列兵丁甫臣之家屬應得享受優待出征抗敵軍人家屬條例所規定之一切權利此證

丁甫臣家屬表

親屬稱謂	姓名	年齡	籍貫	職業	現住地址
祖父					
祖母					
父	丁渾生	五四	川林水	農	天支塡
母					
妻	羅氏	六			
子					
女					

說明

一、本證明書專為[illegible]調用後之修養、整訓軍人、軍屬與撥入新兵訓練處或常備隊之壯丁及運輸兵既編及其直系血親親屬為限。

二、撥入常備隊之壯丁，其家屬證明書概由該縣（市）國民兵團發給。

三、國民兵團所發給之證明書，其有效期間除特別情形外，普通以三個月為限。

四、新兵訓練處（補充團）所發給之證明書，其有效期間除特別情形外，普通以六個月為限。

五、出征者之服役機關部隊於發證明書時，應直接寄往該出征者家屬住在地之縣（市）優待委員會轉發，不得直接發給出征者本人，其部隊番號得任意删除。

六、縣（市）優待委員會接到出征者家屬證明書時，以當地鄉鎮為憑，於三日內應即轉發其家屬收執，並同時不得擅自延遲。俟新兵訓練處（補充團營）與常備部隊所發給之證明書為該出征者家屬之證明書時，將前予以註銷存查，以常備部隊所發給之證明書為該出征者家屬依法享受優待之根據。

七、此項證明書不得借與他人冒用，否則一經查出或被告發，即將證明書沒收並取銷其享受優待權利，冒用人亦須依法懲處。

八、此項證明書某機關部隊填發時即用該機關部隊之番號。

中華民國二十八年　月　日

處長　王公遐

副處長　周天健

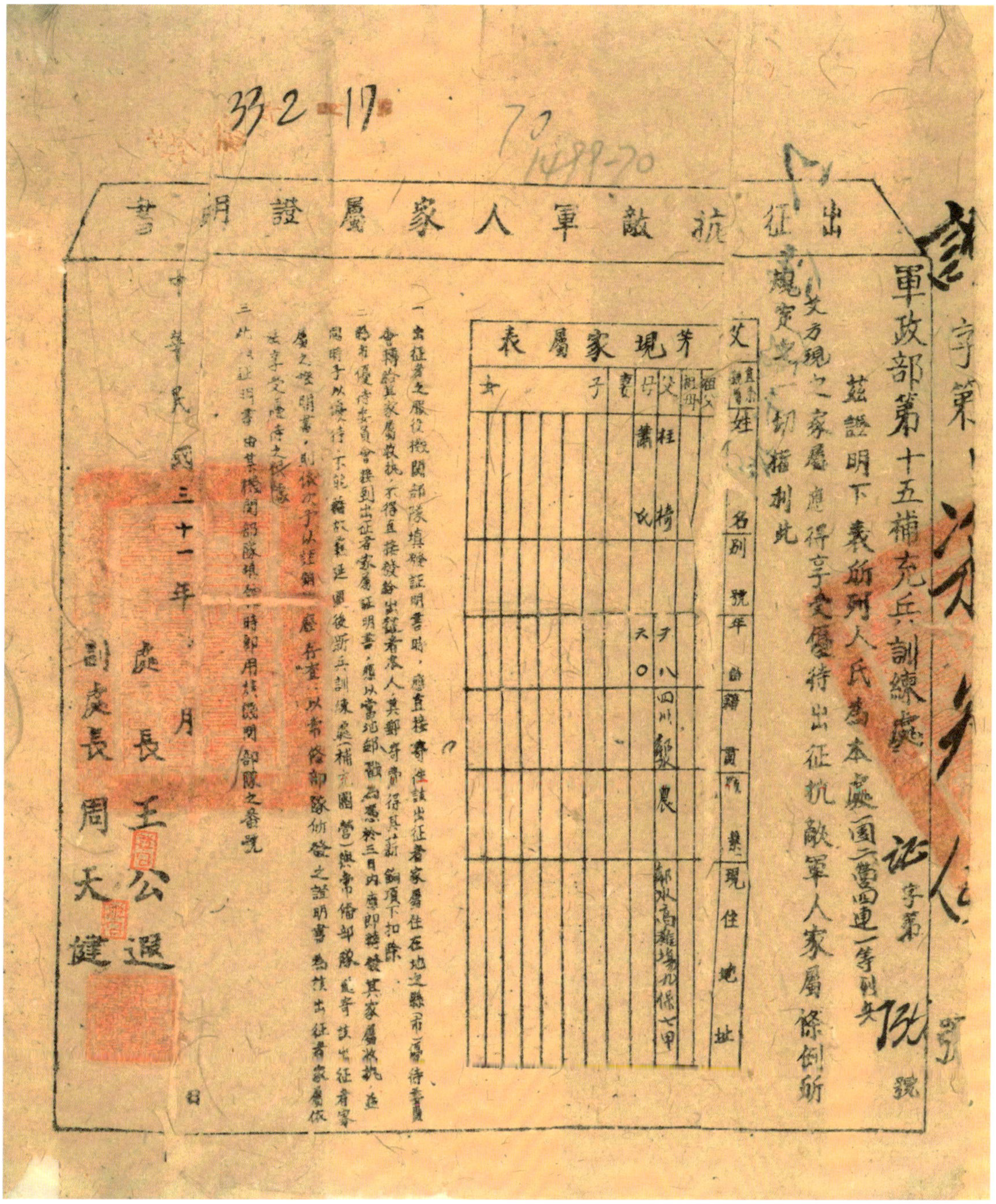

332-17　70　1489-70

出征抗敵軍人家屬證明書

字第　號

軍政部第十五補充兵訓練處　訓字第　號

茲證明下表所列人民為本處（團）二營四連一等列兵
父方現之家屬應得享受優待出征抗敵軍人家屬條例所
規定之一切權利此證

現存家屬表

與出征者關係	姓名	別號	年齡	籍貫	職業	現住地址
祖父						
祖母						
父	桂楷		[illegible]八	四川鄰水	農	鄰水高灘場九保七甲
母	蕭氏		六〇			
妻						
子						
女						

一、出征者之服役機關部隊填發證明書時，應直接寄往該出征者家屬住在地之縣（市）優待委員會轉給其家屬收執，不得直接發給出征者本人，其郵寄費得其薪餉項下扣除。

二、縣市優待委員會接到出征者家屬證明書，應以當地郵戳為憑於三日內立即轉發其家屬收執，並閱明予以優待，不能藉故延遲。倘後新兵訓練處（補充團營）與常備部隊先後寄該出征者家屬之證明書，則依次予以註銷一份存查，以常備部隊所發之證明書為該出征者家屬依法享受優待之根據。

三、此項證明書由某機關部隊填發時，即用其機關部隊之番號。

中華民國三十一年　月　日

處長　王公遜

副處長　周大健

陆军第九十四军第一百二十一师司令部出征抗敌军人家属证明书（谢占清）（一九四二年）

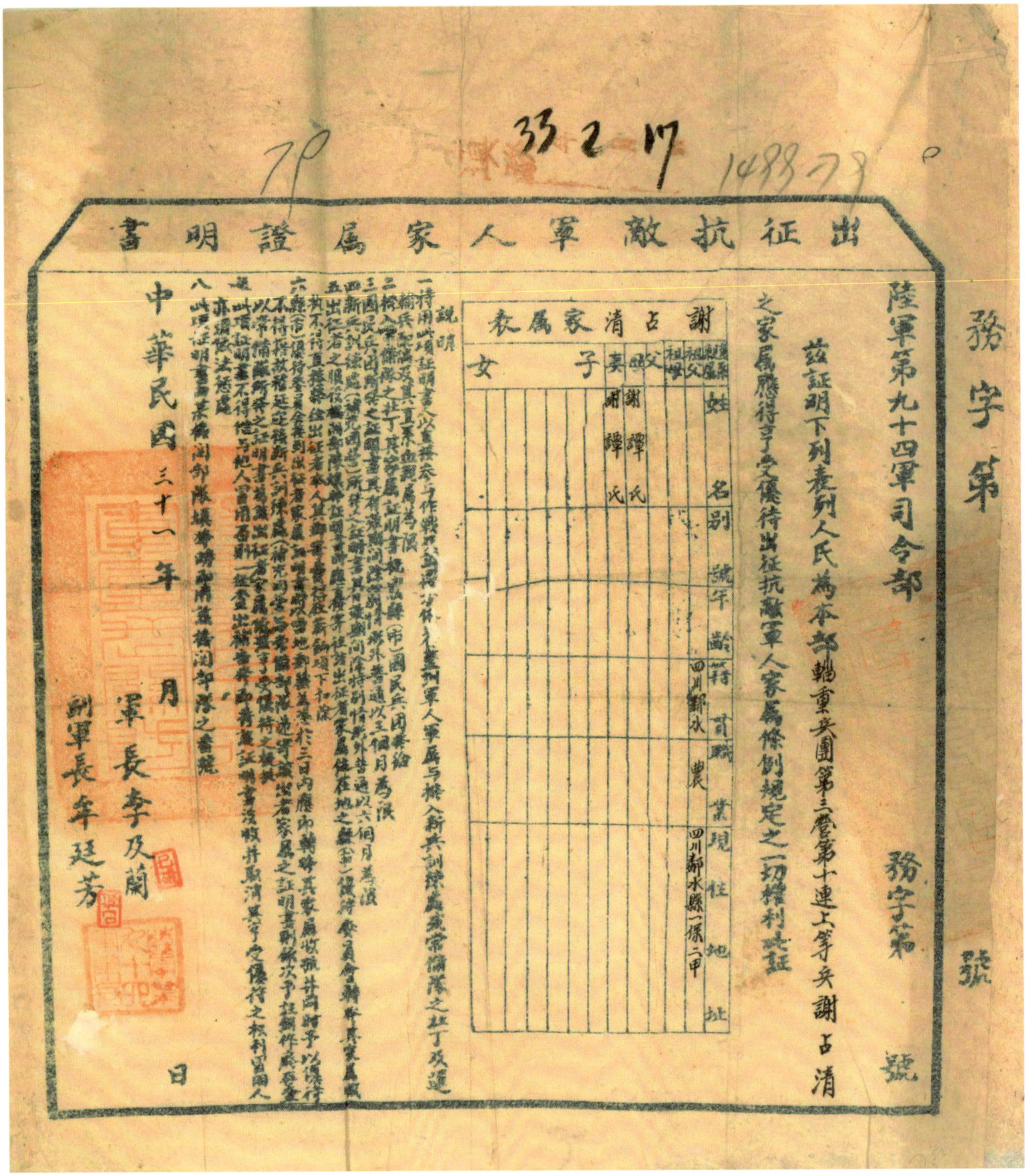
務字第　　號

出征抗敵軍人家屬證明書

陸軍第九十四軍司令部　　務字第　　號

茲証明下列表列人民為本部輜重兵團第三營第十連上等兵謝占清之家屬應得享受優待出征抗敵軍人家屬條例規定之一切權利此証

謝占清家屬表

親屬關係	姓名	別號	年齡	籍貫	職業	現住地址
祖父				四川鄰水	農	四川鄰水縣一保二甲
祖母						
父						
母	謝譚氏					
妻	謝譚氏					
子						
女						

說明

一、持用此項證明書以直接參加作戰及[illegible]軍人事屬與撥入新兵訓練處或常備隊之壯丁及逕[illegible]

二、[illegible]

三、[illegible]

四、[illegible]

五、[illegible]

六、[illegible]

七、[illegible]

八、此項證明書[illegible]

中華民國三十一年　月　日

軍長李及蘭

副軍長牟廷芳

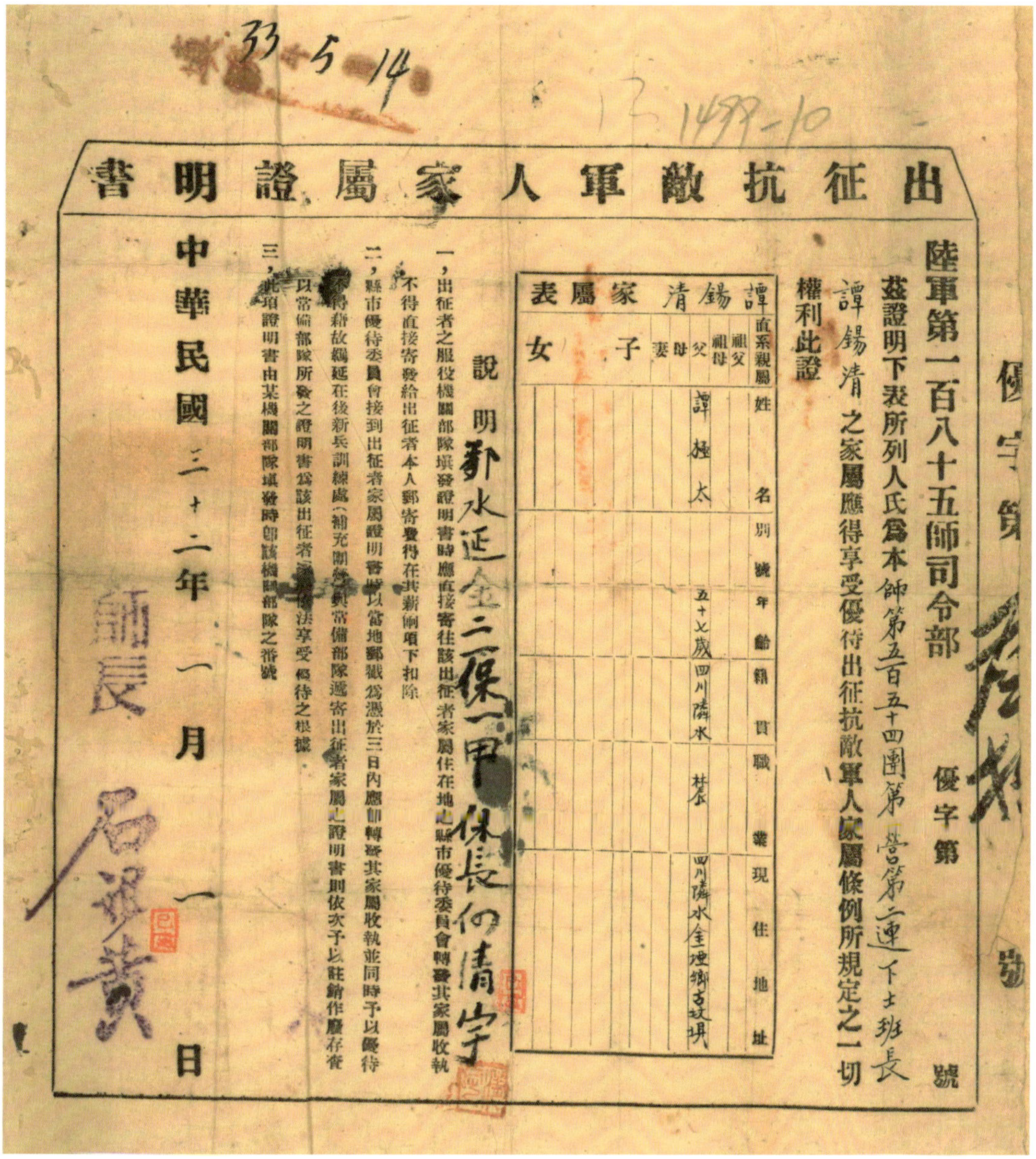

33 5 14　　12 1499-10

出征抗敵軍人家屬證明書

優字第　號

陸軍第一百八十五師司令部

茲證明下表所列人氏爲本師第五百五十四團第營第二連下士班長

譚錫清 之家屬應得享受優待出征抗敵軍人家屬條例所規定之一切

權利此證

譚錫清家屬表

直系親屬	姓名	別號	年齡	籍貫	職業	現住地址
祖父						
祖母						
父	譚極太		五十七歲	四川隣水	农	四川隣水金埡鄉古坟垻
母						
妻						
子						
女						

說明

一，出征者之服役機關部隊填發證明書時應直接寄往該出征者家屬住在地之縣市優待委員會轉發其家屬收執不得直接寄發給出征者本人郵寄費得在其薪餉項下扣除

二，縣市優待委員會接到出征者家屬證明書時以當地郵戳爲憑於三日內應即轉發其家屬收執並同時予以優待不得藉故稽延在後新兵訓練處（補充團）與常備部隊遞寄出征者家屬之證明書則依次予以註銷作廢存查以常備部隊所發之證明書爲該出征者[illegible]法享受優待之根據

三，此項證明書由某機關部隊填發時即該機關部隊之番號

鄰水延全二保一甲保長何清宇

中華民國三十二年一月一日

師長 石祖黃

陆军第一百八十五师司令部出征抗敌军人家属证明书（谭锡清）（一九四三年一月一日）

邻水县荆坪乡公所关于可否将客籍粮谷用于发放抗属积谷致县政府的呈（一九四三年一月）

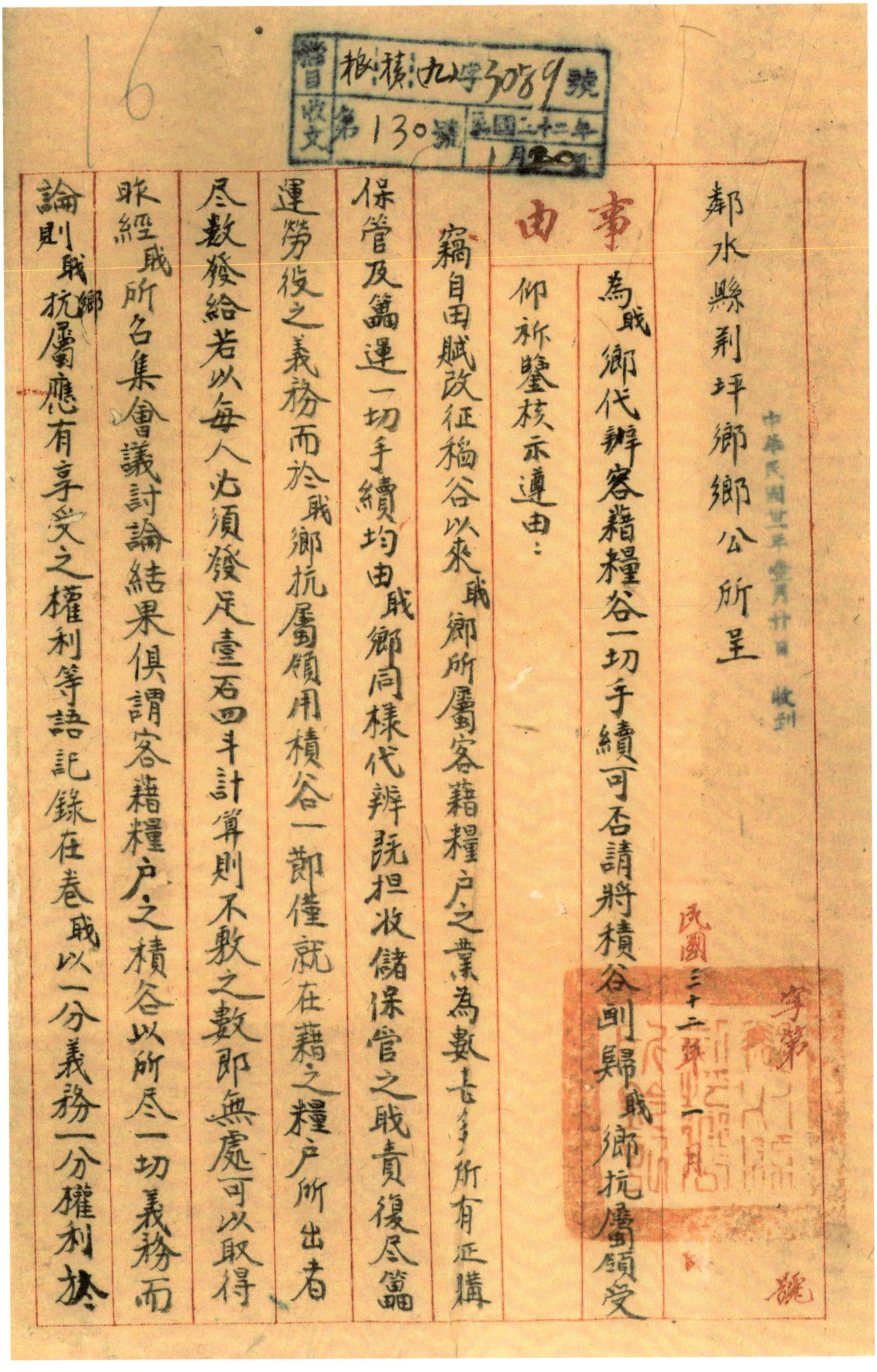

鄰水縣荆坪鄉公所呈

事由：為我鄉代辦客籍糧谷一切手續可否請將積谷劃歸我鄉抗屬領受仰祈鑒核示遵由：

民國三十二年一月　字第　號

竊自田賦改征稻谷以來，我鄉所屬客籍糧户之業為數甚多，所有征購保管及篇運一切手續均由我鄉同樣代辦，既担收儲保管之我責，復尽篇運勞役之義務，而於我鄉抗屬領用積谷一節，僅就在籍之糧户所出者尽數發給，若以每人必須發足壹石四斗計算，則不敷之數即無處可以取得。昨經我所召集會議討論結果，俱謂客籍糧户之積谷以所尽一切義務而論，則我鄉抗屬應有享受之權利等語，記錄在卷。我以一分義務一分權利，於

1761—11

法情上尚無不合惟是未奉明令規定未敢擅專理合具情轉請

鈞府俯予鑒核究應如何辦理伏乞　明令示遵！

謹呈

縣長曾

鄉長　甘常業

呈悉。查本縣本年旱災，籌募積谷

一項，前經李前任呈省府請緩辦

在案。所請徵收谷積積若已來

轉代緩議

無法理相[illegible]准[illegible]此令

元廿[illegible]

军事委员会政治部派驻第二十二陆军医院政治指导员办公室、邻水县政府等关于优待伤残军人侯绍清的一组文件（一九四三年六月二十三日至一九四九年五月十日）

军事委员会政治部派驻第二十二陆军医院政治指导员办公室致邻水县政府的公函（一九四三年六月二十三日）

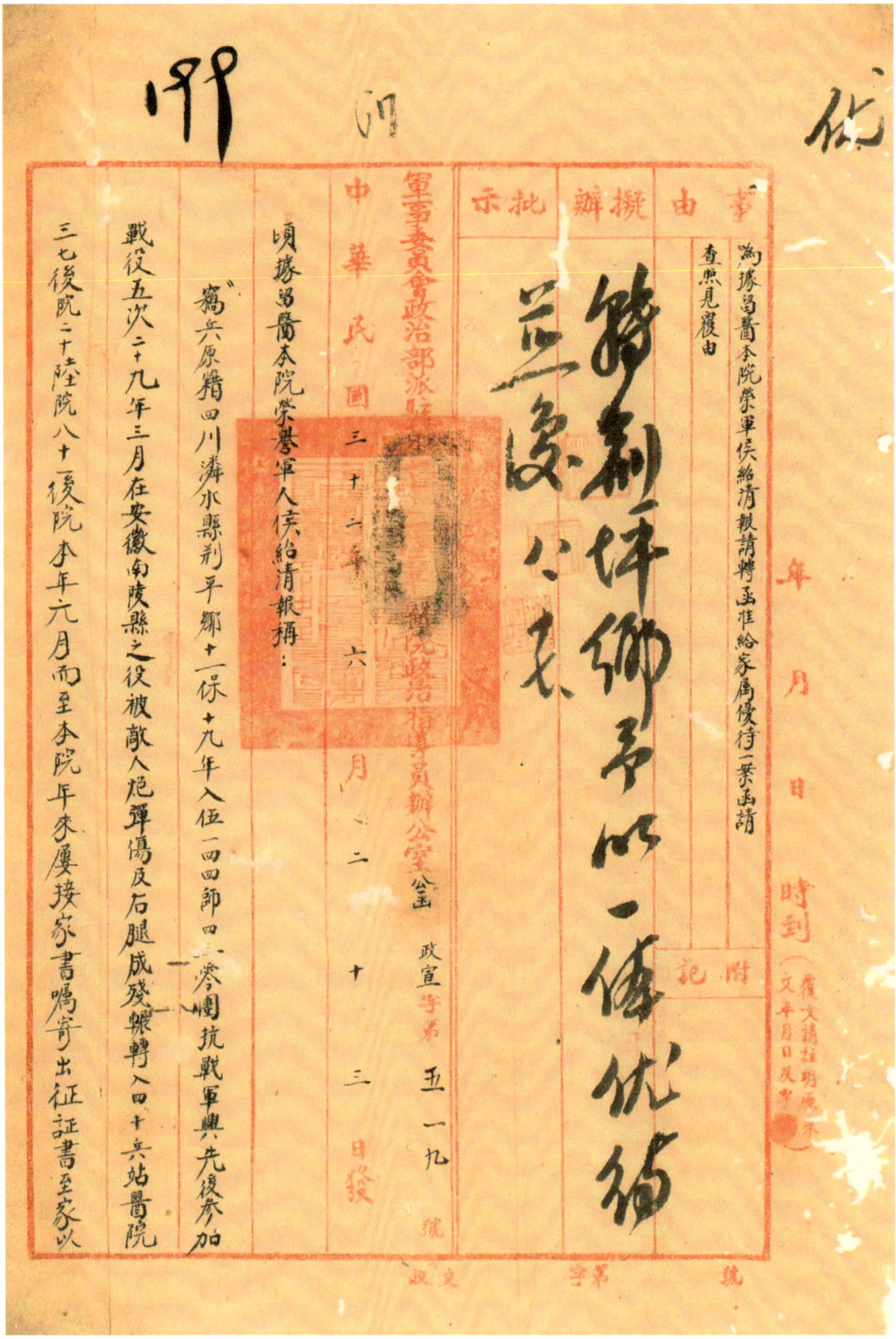

事由 為據留醫本院榮譽軍人侯紹清報請轉函准給家屬優待一案函請查照見覆由

附記

軍事委員會政治部派駐第二十二陸軍醫院政治指導員辦公室公函 政宣字第五一九號

中華民國三十二年六月二十三日發

頃據留醫本院榮譽軍人侯紹清報稱：

竊兵原籍四川鄰水縣荊平鄉十一保，十九年入伍一四四師四三二團抗戰軍興，先後參加戰役五次，二十九年三月在安徽南陵縣之役被敵人炮彈傷及右腿成殘廢，轉入四十兵站醫院、三七後院、二十陸院、八十一後院，本年六月而至本院。年來屢接家書囑寄出征証書至家以

200

憑免納各項物款而輕家中担負本年二月乃呈奉院長發給証明書寄家詎料家中覆信以鄉長張治安云係住醫院非在部隊服役此項証書無效伏請准予逕函鄉長証明轉請准予兵家以出征家屬之優待以輕担負」

等情據此查該兵右腿炸傷傷口頑固難愈留醫本院數月品行良好再查所報屬實相應

函請

查照并請轉飭荆平鄉長准予該兵家屬優待可否尚祈見覆為荷！

此致

四川潾水縣政府

第二十二陸軍醫院政治指導員張鑫

邻水县政府致荆坪乡公所的训令（一九四三年八月三十日）

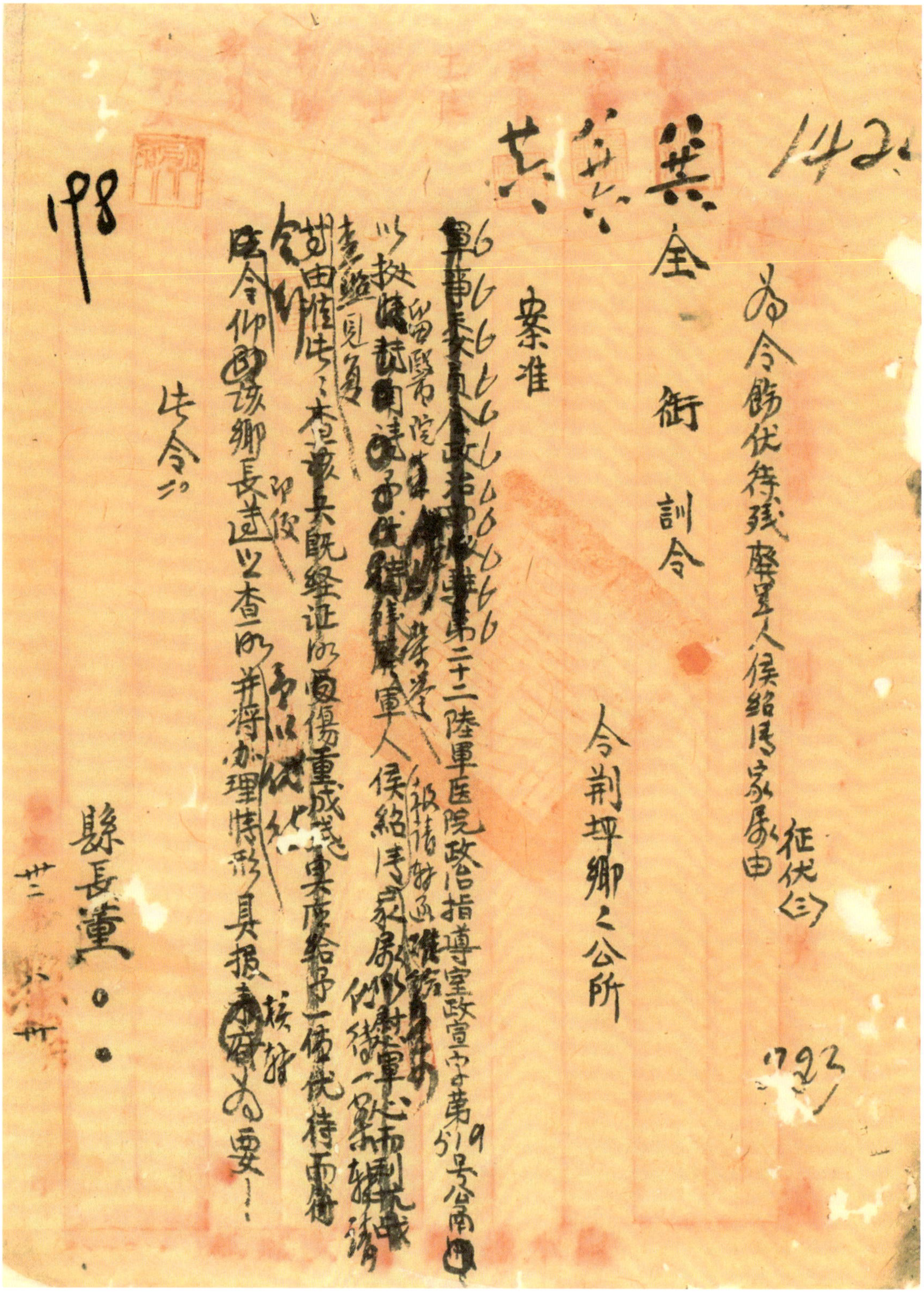

為令飭優待殘廢軍人侯紹周家屬由 征優(三)

令荊坪鄉公所

全銜 訓令

案准

第二十二陸軍醫院政治指導室政宣字第519号公函

侯紹周家屬

查該兵既經證明負傷重成殘廢，應予以優待，仰該鄉長遵照查明并將辦理情形具報為要。

此令。

縣長 董

卅二 八 卅

郧水县荆坪乡侯绍清关于申请补发优待谷致县出征抗敌军人家属优待委员会的呈（一九四九年五月十日）

為聲請登記補發優待事竊民籍隸荆坪鄉十一保于民十九年入伍抗敵于三十一年在安徽省南陵縣抗戰負傷轉入四十五醫院調治現有證明書可憑故特申請

鈞會鑒核准予指令荆坪鄉公所遵照除發給外按照年度補發以恤抗敵殘廢近鄉軍人生活如准沾感此呈

優待委員會主任呂　公鑒

具申請人侯紹清

中華民國三十八年五　日

報告悉　查此案業奉參議會議決准予補發仰候令飭該鄉公所查案[illegible]據此年發票[illegible]計算已領者[illegible]除未領者照補此批　[illegible]

報告悉　准予[illegible]轉奉參議會議復後再飭該鄉公所照辦可也此批　五、十。

邻水县政府关于转发出征军人家属证明书致各乡镇公所的训令（一九四三年六月二十八日）

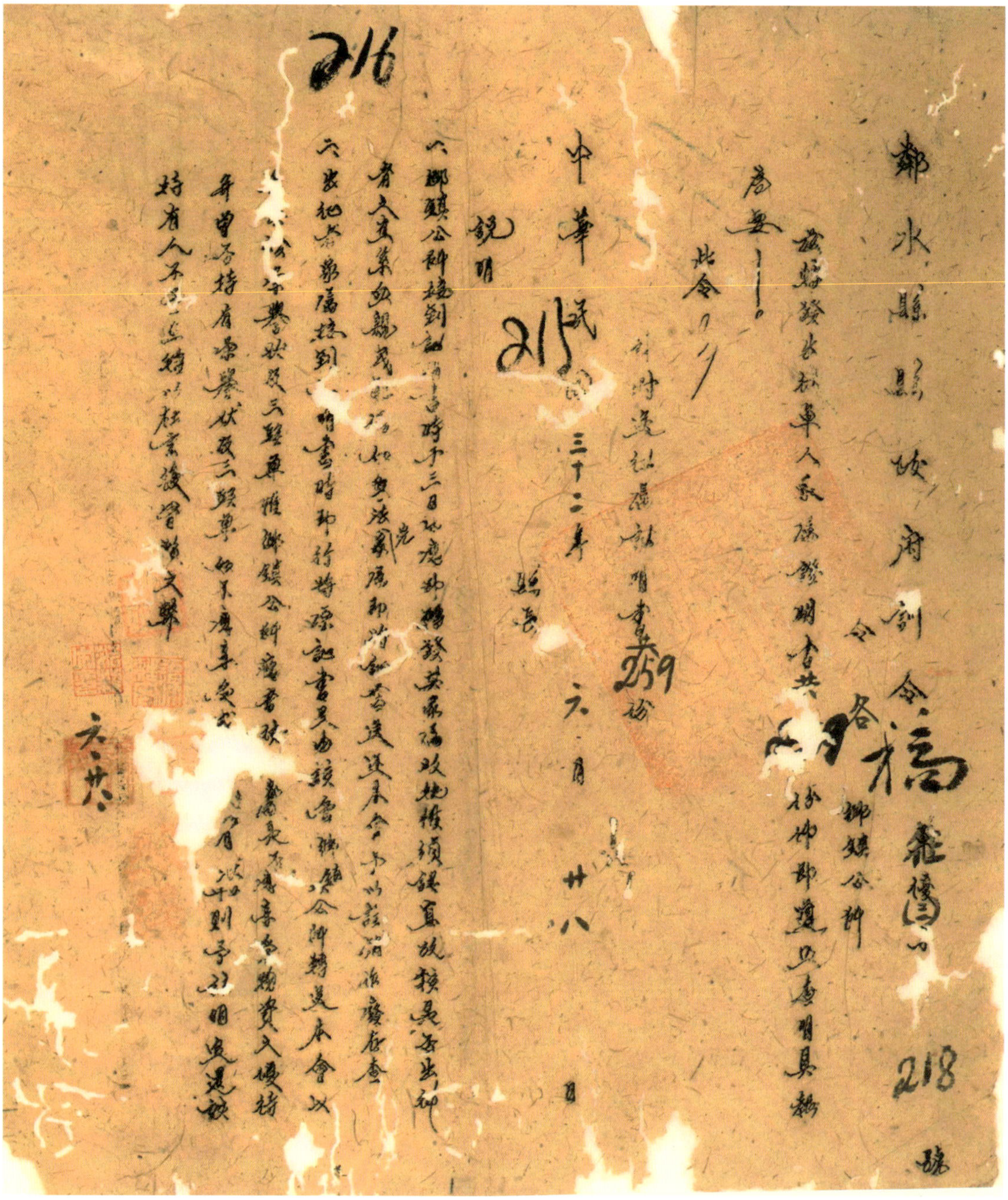
鄰水縣縣政府訓令 218 號

令各鄉鎮公所

為轉發出征軍人家屬證明書共 份仰即遵照具報

此令

計附發出征軍人家屬證明書 259 份

中華民國三十二年六月廿八日

縣長

說明

附裁发各鄉镇征属证明書表

鄉鎮別	証明書件數	備攷
龍安鄉	1	
柑子鄉	3	
柳塘鄉	10	
九峯鄉	8	
双龍鄉	4	
合丰鄉	3	
九龍鄉	14	
石永鄉	10	

217-220

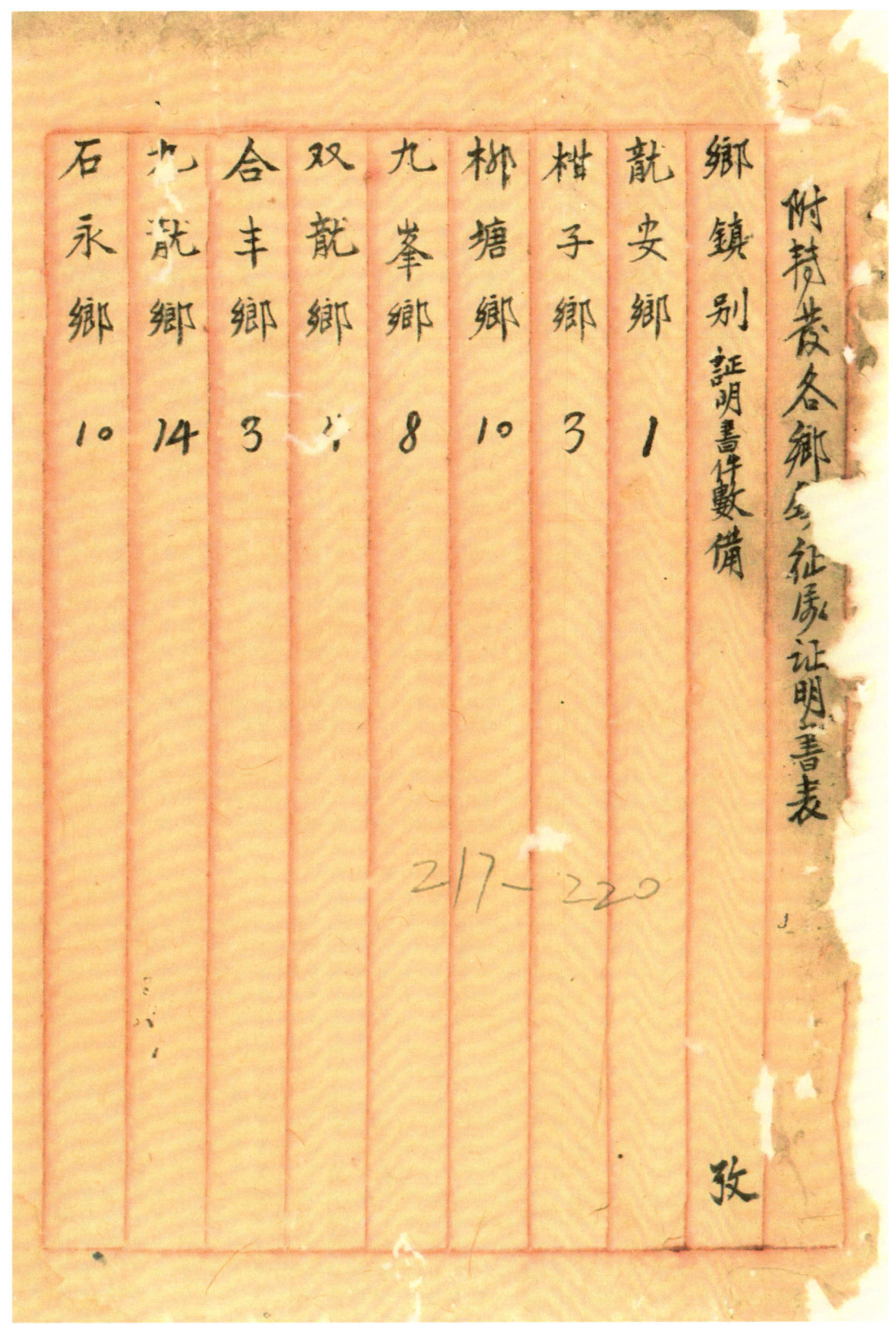

丰禾鄉 7

石滓鄉 2

鄉 6

鄉 9

0

兴仁鄉 3

人大鄉 5

御臨鄉 11

高兴鄉 13

牟家鄉 17

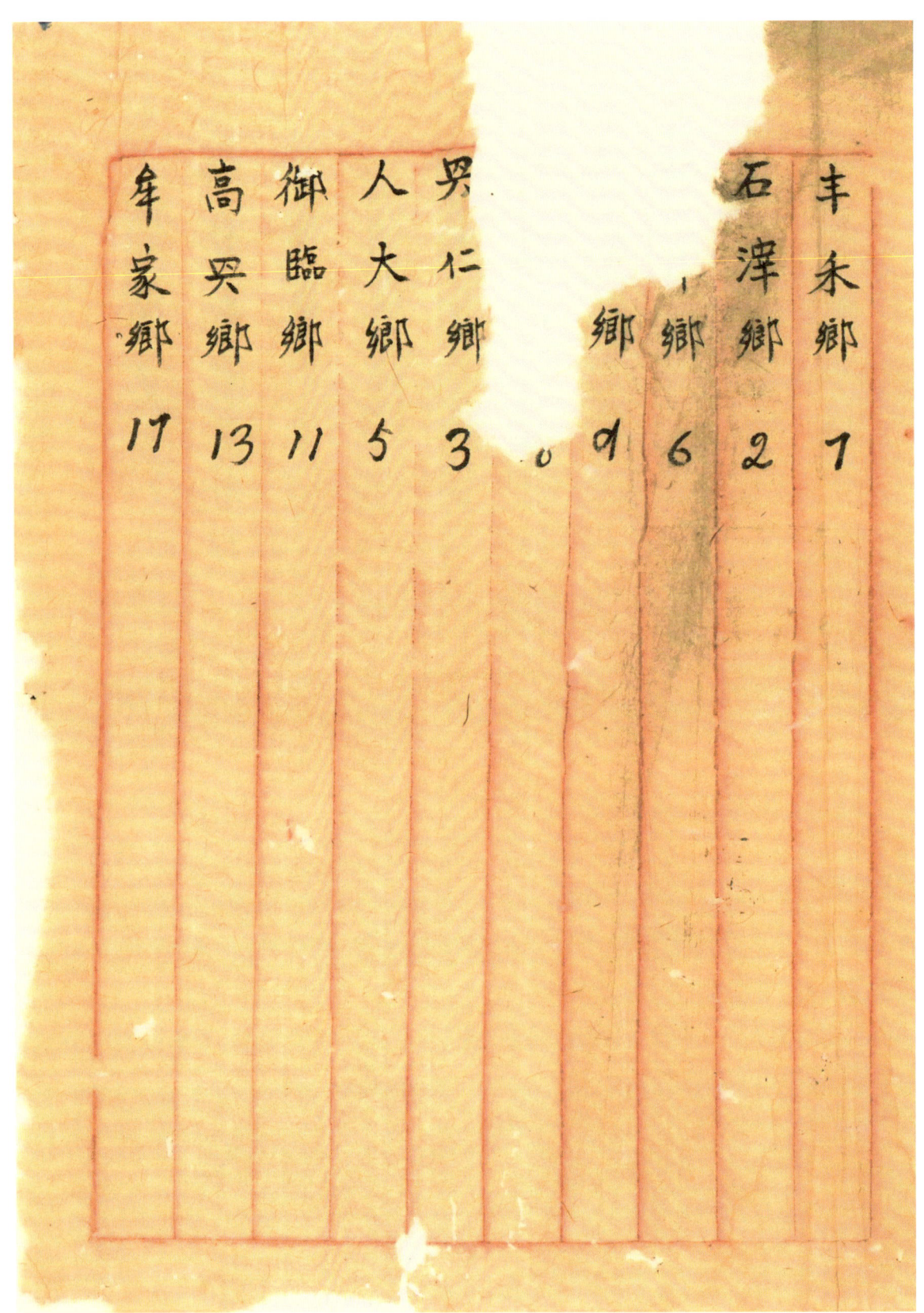

815

王家鄉	2
復盛鄉	2
福星鄉	4
復興鄉	4
鐔同鄉	17
双河鄉	5
同石鄉	[illegible]
观音鄉	4
匹金鄉	4
挹爽鄉	7

116

菁拱鄉	8
解塭鄉	14
[illegible]市鄉	10
鼎屏鎮	13
梁板鄉	10
三古鄉	1
護鄰鄉	9
合計	259

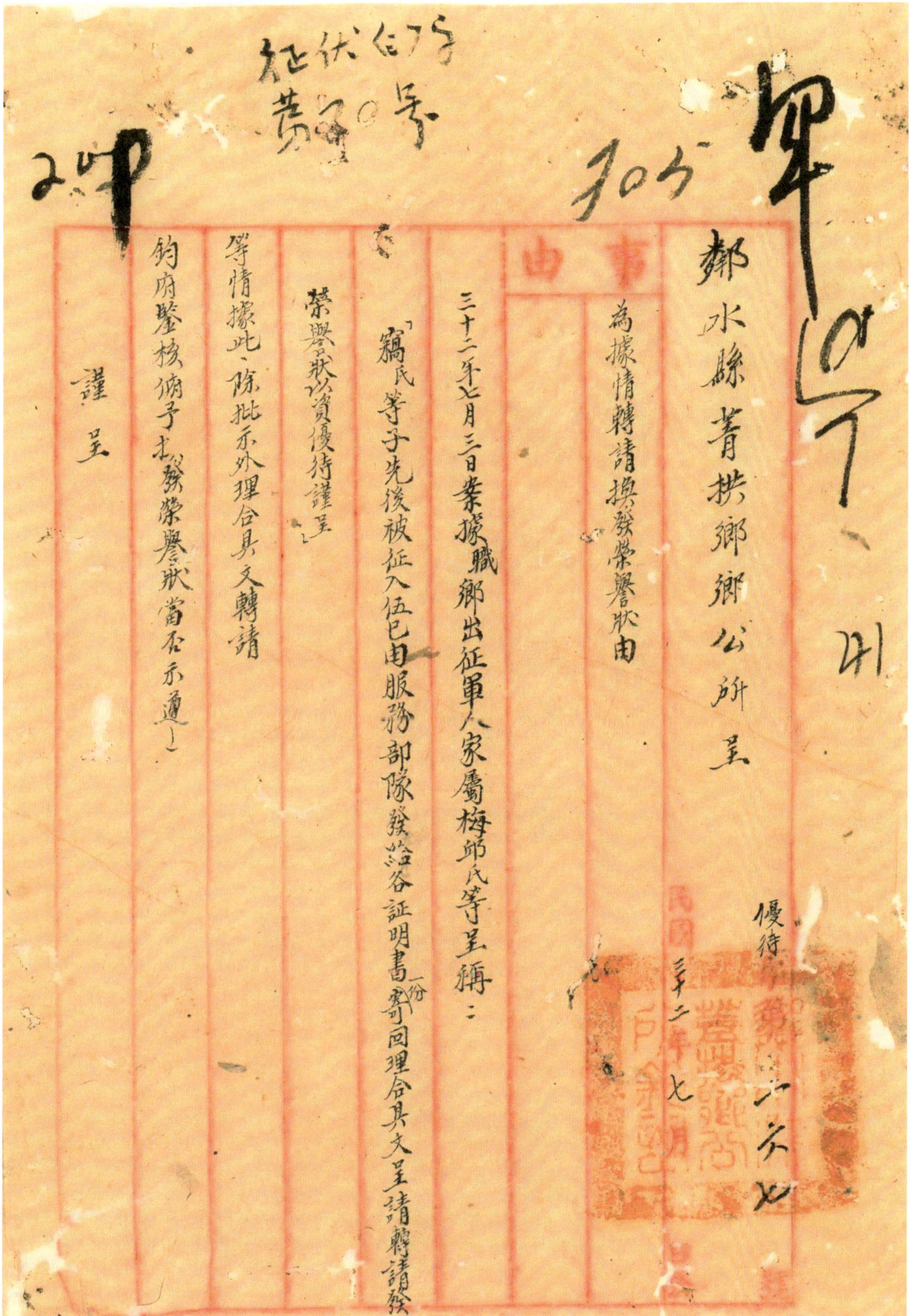

鄰水縣菁拱鄉鄉公所呈

事由：為據情轉請換發榮譽狀由

三十二年七月三日案據職鄉出征軍人家屬梅邱氏等呈稱：「竊氏等子先後被征入伍，已由服務部隊發給證明書一份，寄回，理合具文呈請轉請發榮譽狀，以資優待。謹呈」等情。據此，除批示外，理合具文轉請

鈞府鑒核，俯予發給榮譽狀，當否示遵！

謹呈

優待

民國三十二年七月 日

邻水县菁拱乡公所关于据情转请换发出征军人家属梅邱氏荣誉状致县政府的呈（一九四三年七月）

号　210

县长董

附証明書弍件

鄉長袁克昌

呈附均悉。准予填發一等獎狀，仰轉給收執為要。

此令。附存。七、廿六

附獎狀二件

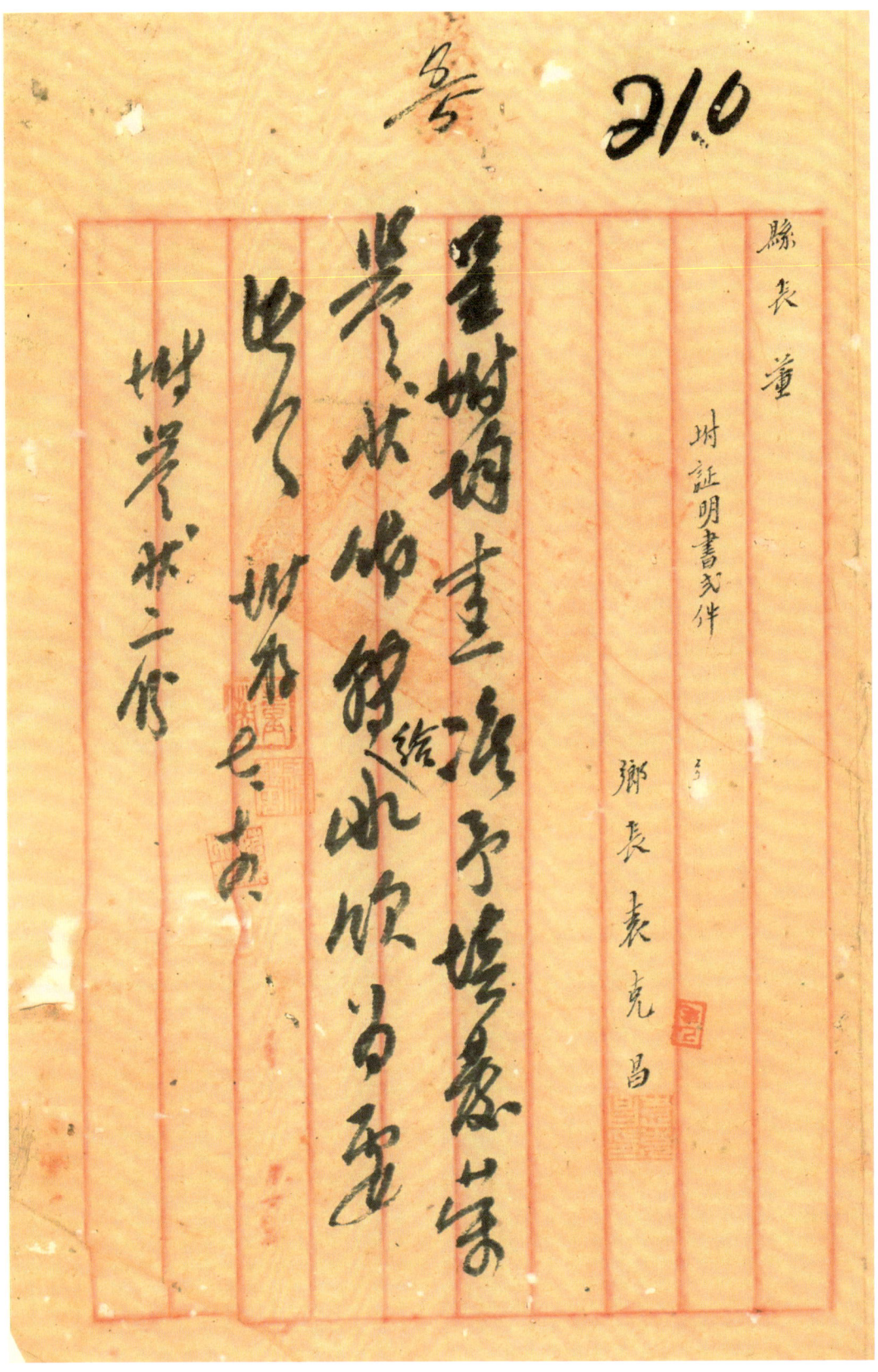

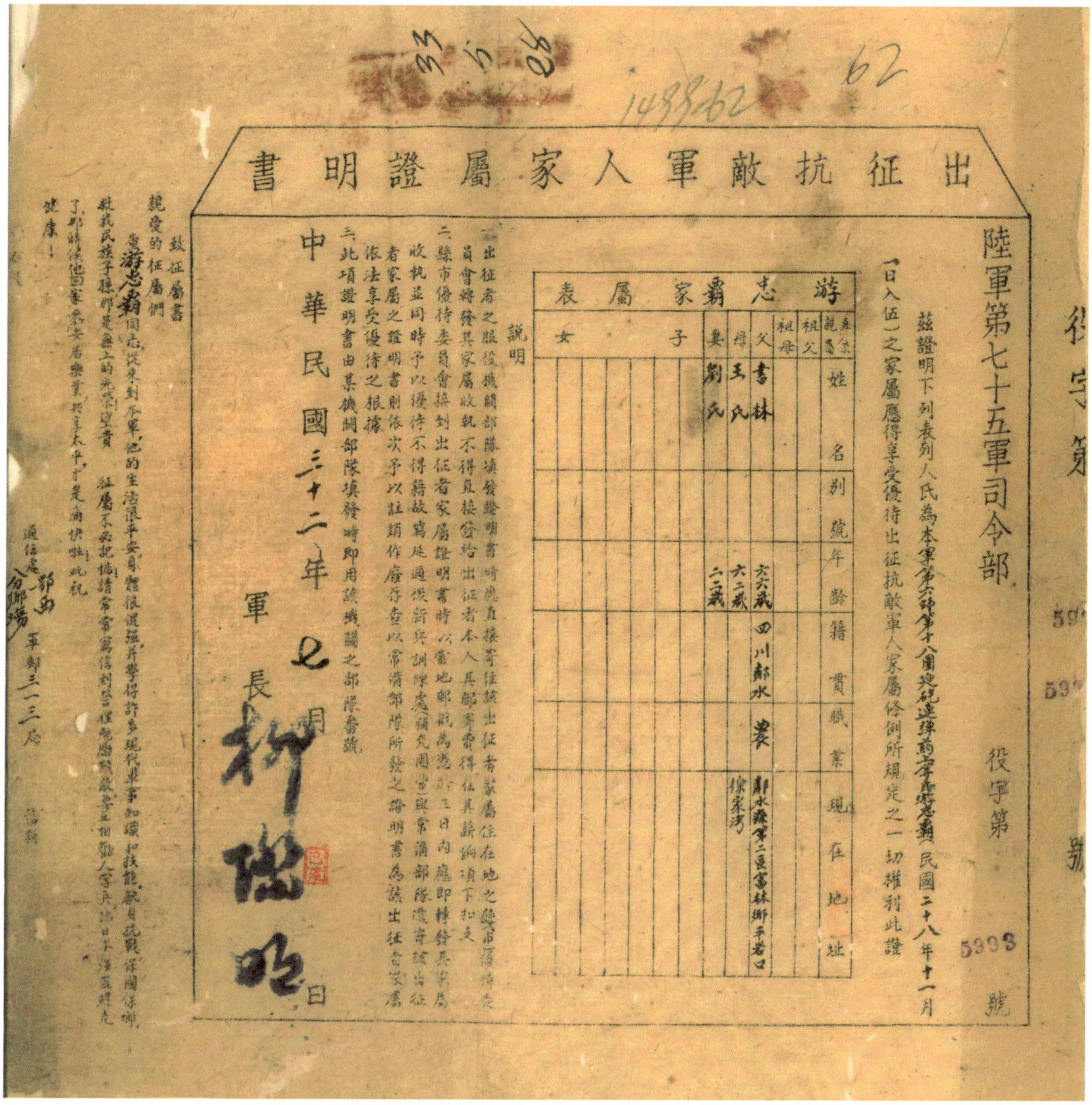

出征抗敵軍人家屬證明書

陸軍第七十五軍司令部

役字第5993號

茲證明下列表列人民為本軍第六師第十八團迫砲連彈藥手游忠霸（民國二十八年十一月一日入伍）之家屬，應得享受優待出征抗敵軍人家屬條例所規定之一切權利。此證

游忠霸家屬表

直系親屬	祖父	祖母	父	母	妻	子				女	
姓名別號			書林	王氏	劉氏						
年齡			六六歲	六二歲	二二歲						
籍貫			四川鄰水								
職業			農								
現在地址			鄰水縣第二區富林鄉平岩口	徐家湾							

說明

一、出征者之服役機關部隊填發證明書時，應直接寄往該出征者家屬住在地之縣市優待委員會轉發其家屬收執，不得直接發給出征者本人，其郵寄費得在其薪餉項下扣支。

二、縣市優待委員會接到出征者家屬證明書時，以當地郵戳為憑，於三日內應即轉發其家屬收執，並同時予以優待，不得藉故遲延。通後新兵訓練處（補充團營）與常備部隊發寄該出征者家屬之證明書，則依次予以註銷作廢存查，以常備部隊所發之證明書為該出征者家屬依法享受優待之根據。

三、此項證明書由某機關部隊填發時，即用該機關之部隊番號。

中華民國三十二年七月　日

軍長　柳際明

致征屬書

親愛的征屬們：

貴游忠霸同志從來到本軍，他的生活很平安，身體很強健，並學得許多現代軍事知識和技能，獻身抗戰，保國衛鄉，救我民族子孫，那是無上的光榮！望貴征屬不必記掛，請常常寫信到營裏勉勵殺敵，要立個勳人當兵，把日本強盜趕走了，那時候他回家來安居樂業，共享太平，才是痛快啦！此祝

健康！

通信處：鄰水 分鄉場 軍郵三一三局

陆军第七十五军司令部出征抗敌军人家属证明书（游忠霸）（一九四三年七月）

陆军新编第十五师司令部出征抗敌军人家属证明书（左发祥）（一九四三年七月）

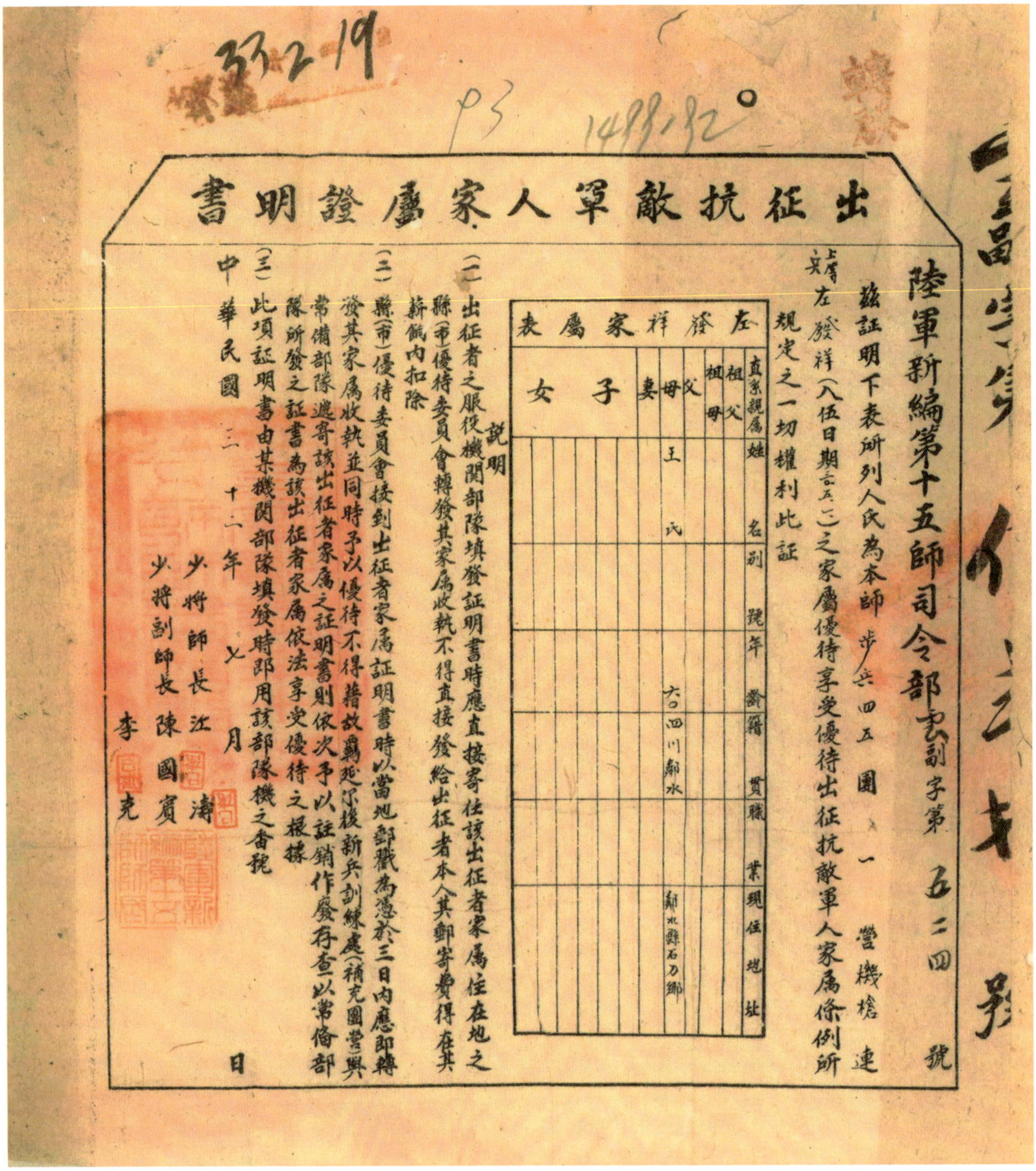

出征抗敵軍人家屬證明書

陸軍新編第十五師司令部云副字第五二四號

茲証明下表所列人民為本師步兵四五團一營機槍連上等兵左發祥（入伍日期三一.五.二）之家屬優待享受優待出征抗敵軍人家屬條例所規定之一切權利此証

左發祥家屬表

直系親屬	姓名	別號	年齡	籍貫	職業	現住地址
祖父						
祖母						
父						
母	王氏		六〇	四川鄰水		鄰水縣石刀鄉
妻						
子						
女						

說明

（一）出征者之服役機關部隊填發証明書時應直接寄往該出征者家屬住在地之縣（市）優待委員會轉發其家屬收執不得直接發給出征者本人其郵寄費得在其薪餉內扣除

（二）縣（市）優待委員會接到出征者家屬証明書時以當地郵戳為憑於三日內應即轉發其家屬收執並同時予以優待不得藉故羈延（尔後新兵訓練處（補充團營）與常備部隊遞寄該出征者家屬之証明書則依次予以註銷作廢存查以常備部隊所發之証書為該出征者家屬依法享受優待之根據

（三）此項証明書由某機關部隊填發時即用該部隊機之番號

師長　少將　江濤

副師長　少將　陳國賓

李克

中華民國三十二年七月　日

邻水县政府关于奉电查核陈百发控告乡长余万吉不发优待实物一案致第四区指导员邓作瑸的训令
（一九四三年九月二十二日）

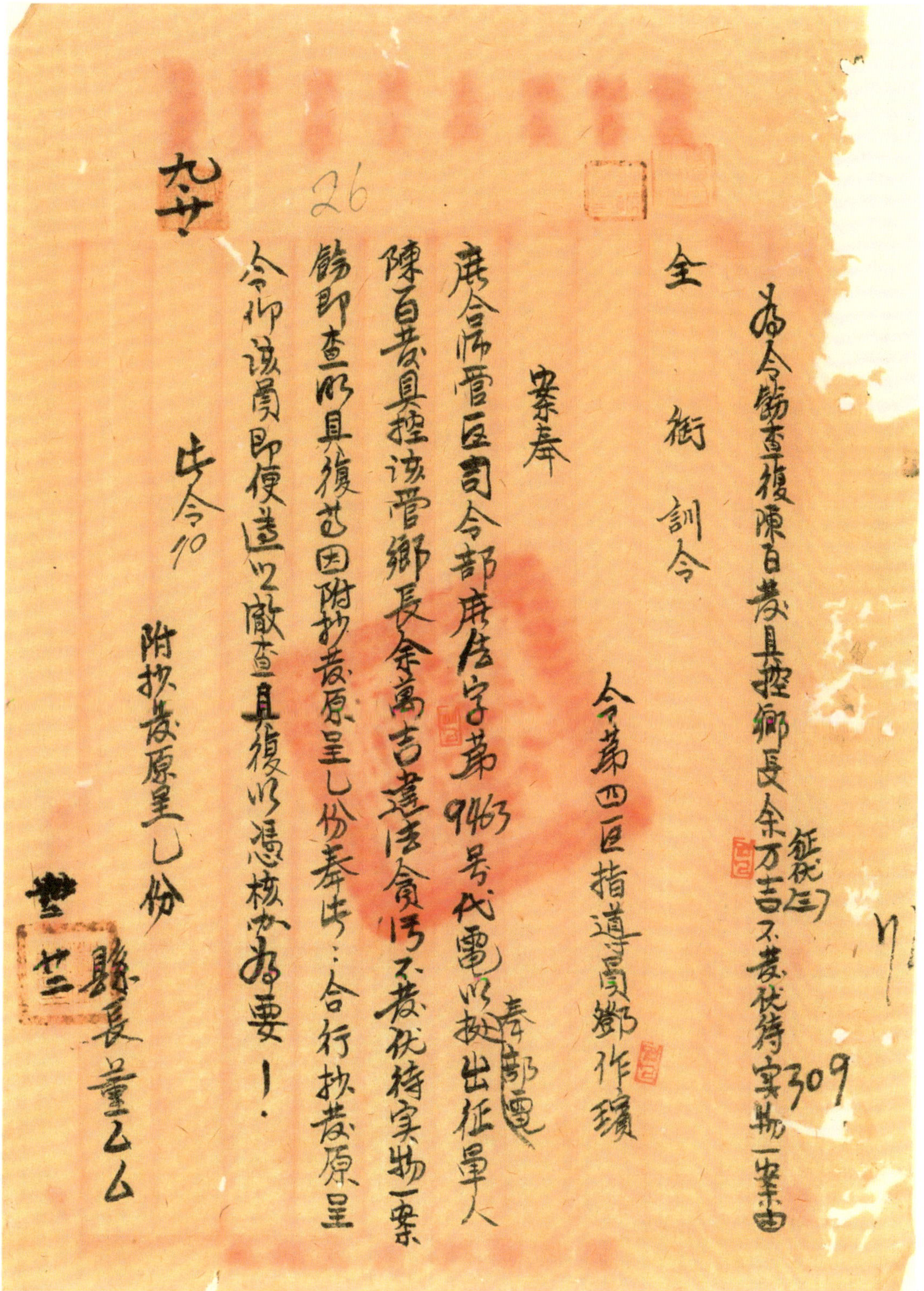
为令饬查复陈百发具控乡长余万吉不发优待实物一案由

全衔训令

令第四区指导员邓作瑸

案奉

广安师管区司令部广征字第9463号代电以据出征军人陈百发具控该管乡长余万吉违法贪污不发优待实物一案饬即查明具复并检附抄发原呈乙份奉此。合行抄发原呈令仰该员即便遵照彻查具复以凭核办为要！

此令

附抄发原呈乙份

县长 董ㄙㄙ

邻水县双河乡公所关于报送出征军人许俊德等人证明书并请换发荣誉状及退还无法转发、重复的证明书致县政府的呈（一九四三年十月十六日）

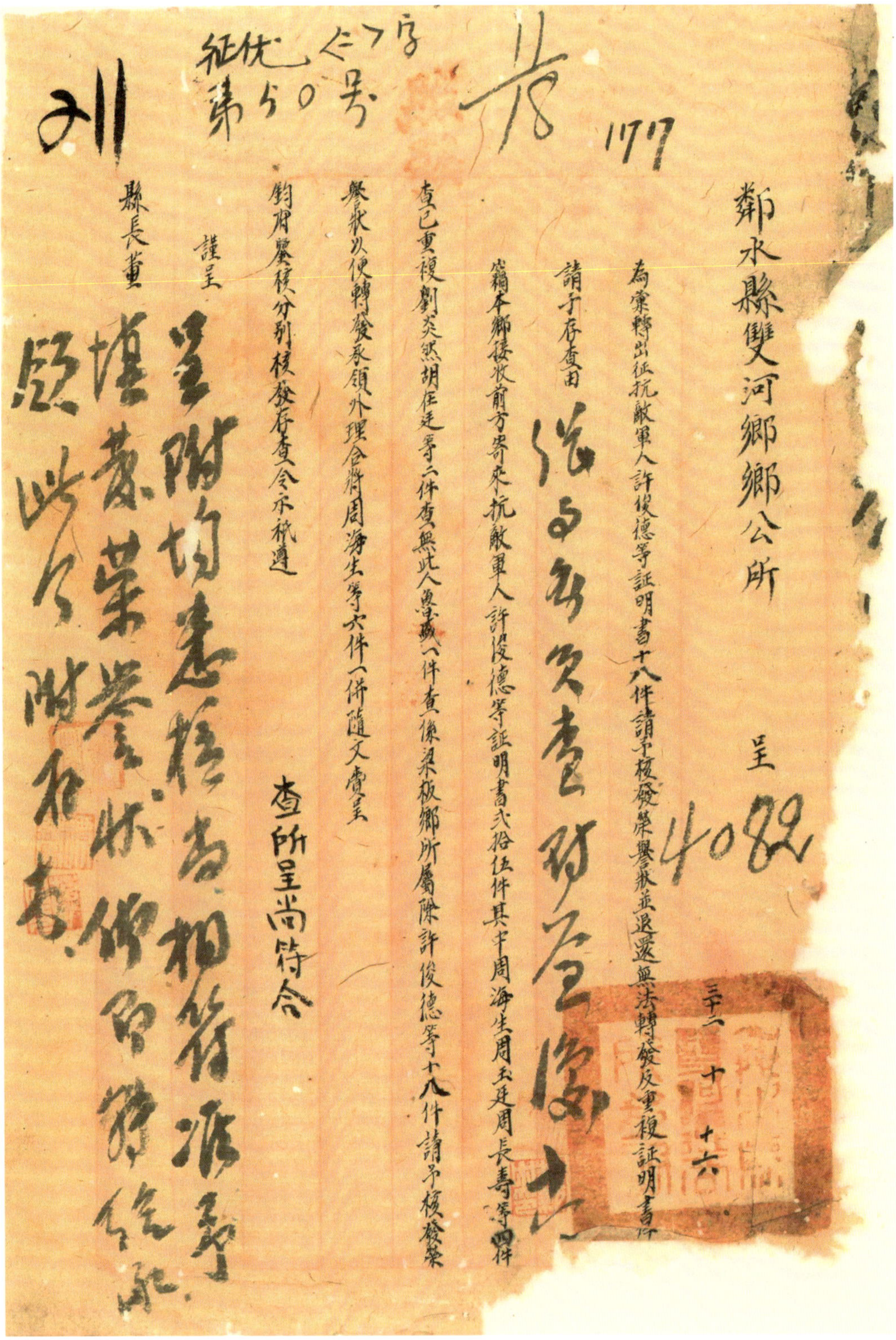
鄰水縣雙河鄉鄉公所 呈

為案轉出征抗敵軍人許俊德等証明書十八件請予核發榮譽狀並退還無法轉發及重複証明書件請予存查由

竊本鄉接收前方寄來抗敵軍人許俊德等証明書弍拾伍件，其中周海生、周玉廷、周長壽等四件查已重複，劉炎然、胡征廷等二件查無此人，惠藏一件查係梁板鄉所屬，除許俊德等十八件請予核發榮譽狀以便轉發承領外，理合將周海生等六件一併隨文賫呈

鈞府鑒核，分別核發存查，令示祗遵。

謹呈

縣長董

查所呈尚符合

三十二 十 十六

邻水县挹爽乡公所关于报送袁照培等三名军人出征证明书并请予换发荣誉状致县政府的呈
（一九四三年十月十七日）

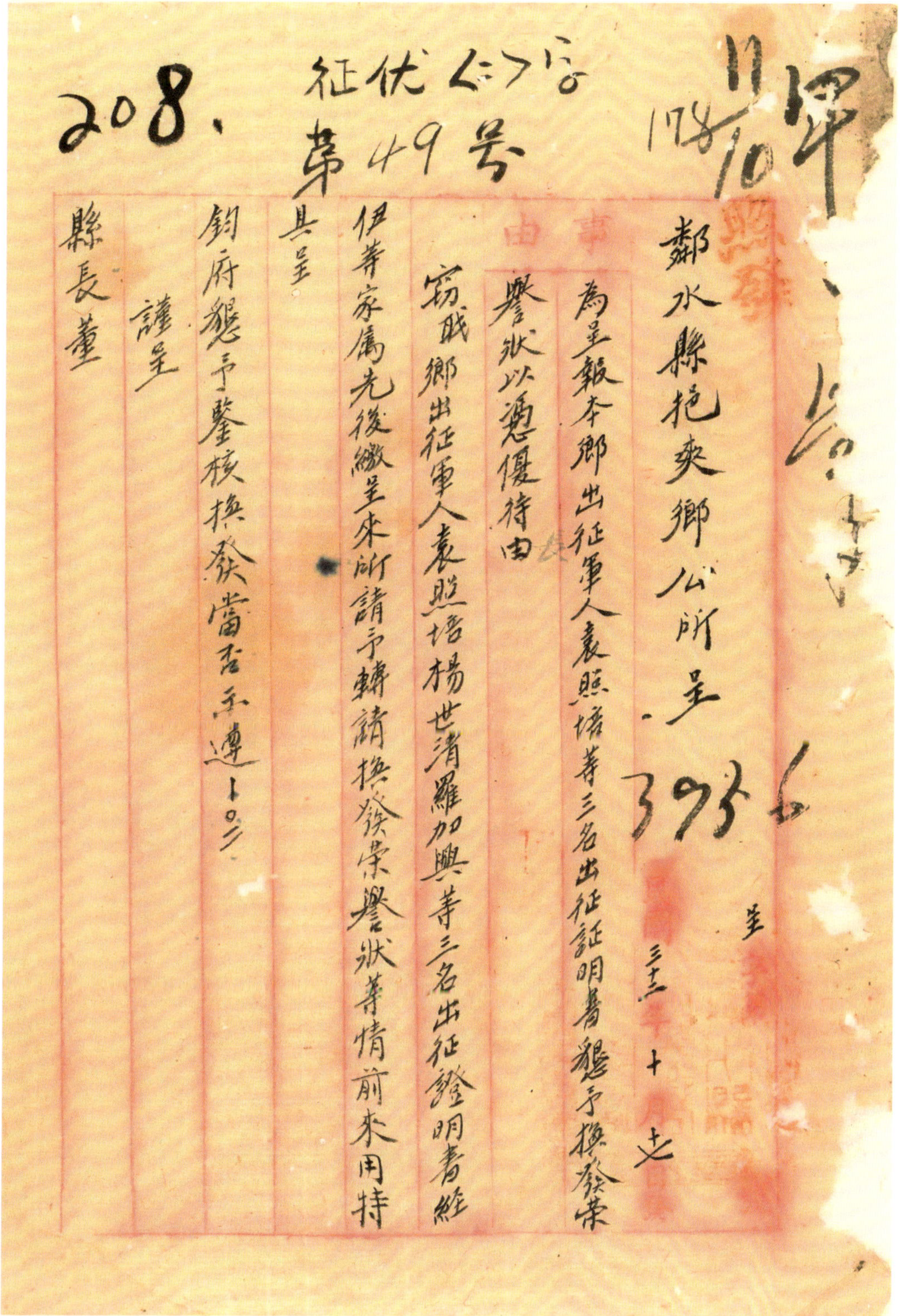
208.
征优仁7号
第49号

鄰水縣挹爽鄉公所呈

事由
為呈報本鄉出征軍人袁照培等三名出征証明書懇予換發榮譽狀以憑優待由

竊職鄉出征軍人袁照培楊世清羅加興等三名出征證明書經伊等家屬先後繳呈來所請予轉請換發榮譽狀等情前來用特具呈
鈞府懇予鑒核換發當否乞遵
謹呈
縣長董

三十二年十月十七日

陆军第二十军司令部出征抗敌军人家属证明书（唐清廷、甘立寿、胡兴安、蓝四友、游开田、刘胆成、苏光三、谢引臣、刘担然、甘陆乔）（一九四三年）

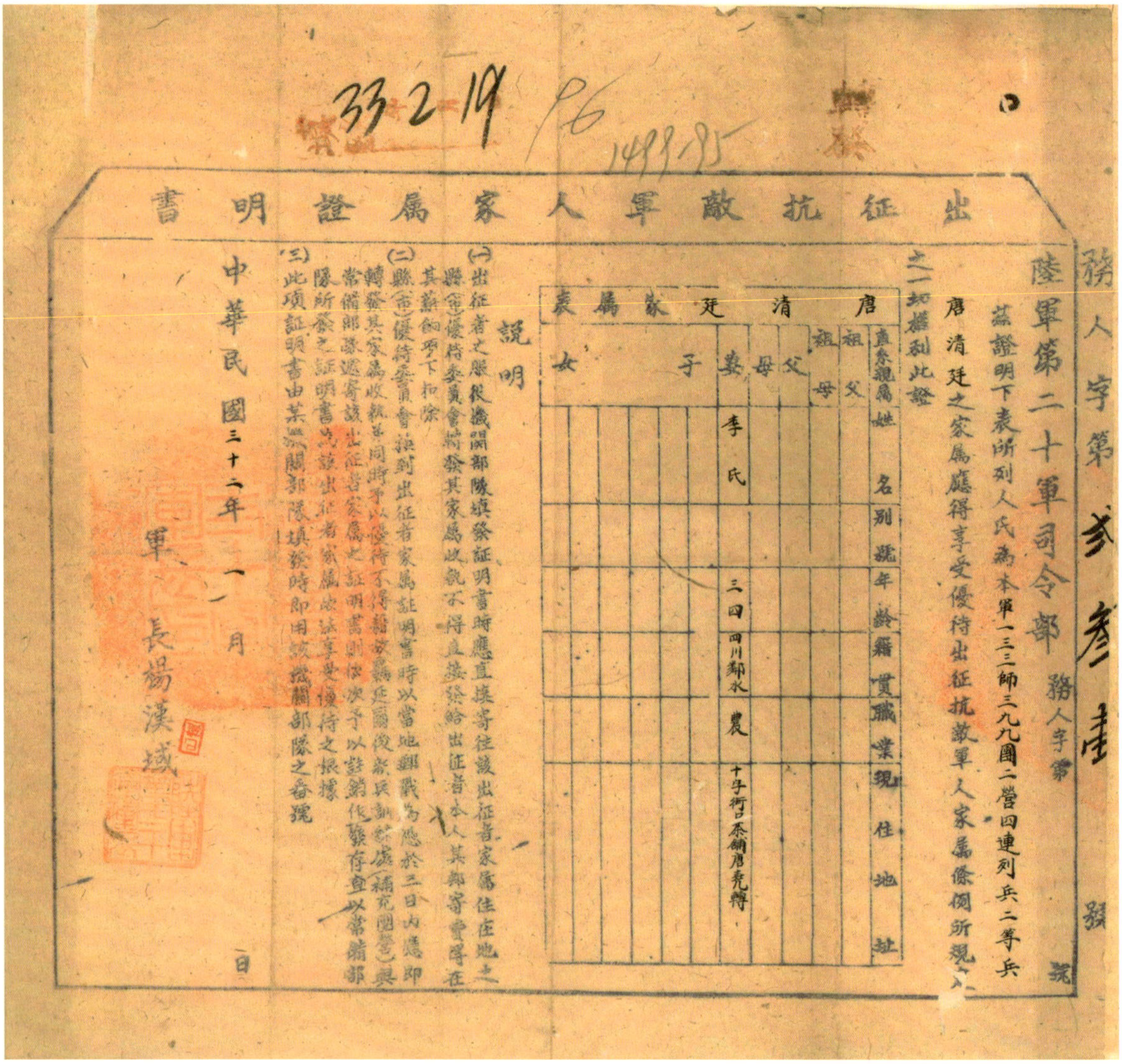

33 2 19

出征抗敵軍人家屬證明書

陸軍第二十軍司令部 務人字第 叁 號

茲證明下表所列人氏為本軍一三三師三九九團二營四連列兵二等兵唐清廷之家屬應得享受優待出征抗敵軍人家屬條例所規定之一切權利此證

唐清廷家屬表

直系親屬	姓名	別號	年齡	籍貫	職業	現住地址
祖父						
祖母						
父						
母						
妻	李氏		三四	四川鄰水	農	十字街口茶舖唐堯轉
子						
女						

說明

(一)出征者之服役機關部隊填發證明書時應直接寄往該出征者家屬住在地之縣(市)優待委員會轉發其家屬收執不得直接發給出征者本人其郵寄費得在其薪餉項下扣除

(二)縣(市)優待委員會接到出征者家屬證明書時以當地鄉鎮為總於三日內應即轉發其家屬收執並同時予以優待不得藉故留延兵役機關(補充團管)與常備部隊遞寄該出征者家屬之證明書則依次予以登錄作廢存查以常備部隊所發之證明書為該出征者家屬依法享受優待之根據

(三)此項證明書由某某機關部隊填發時即用該機關部隊之番號

中華民國三十二年一月 日

軍長楊漢域

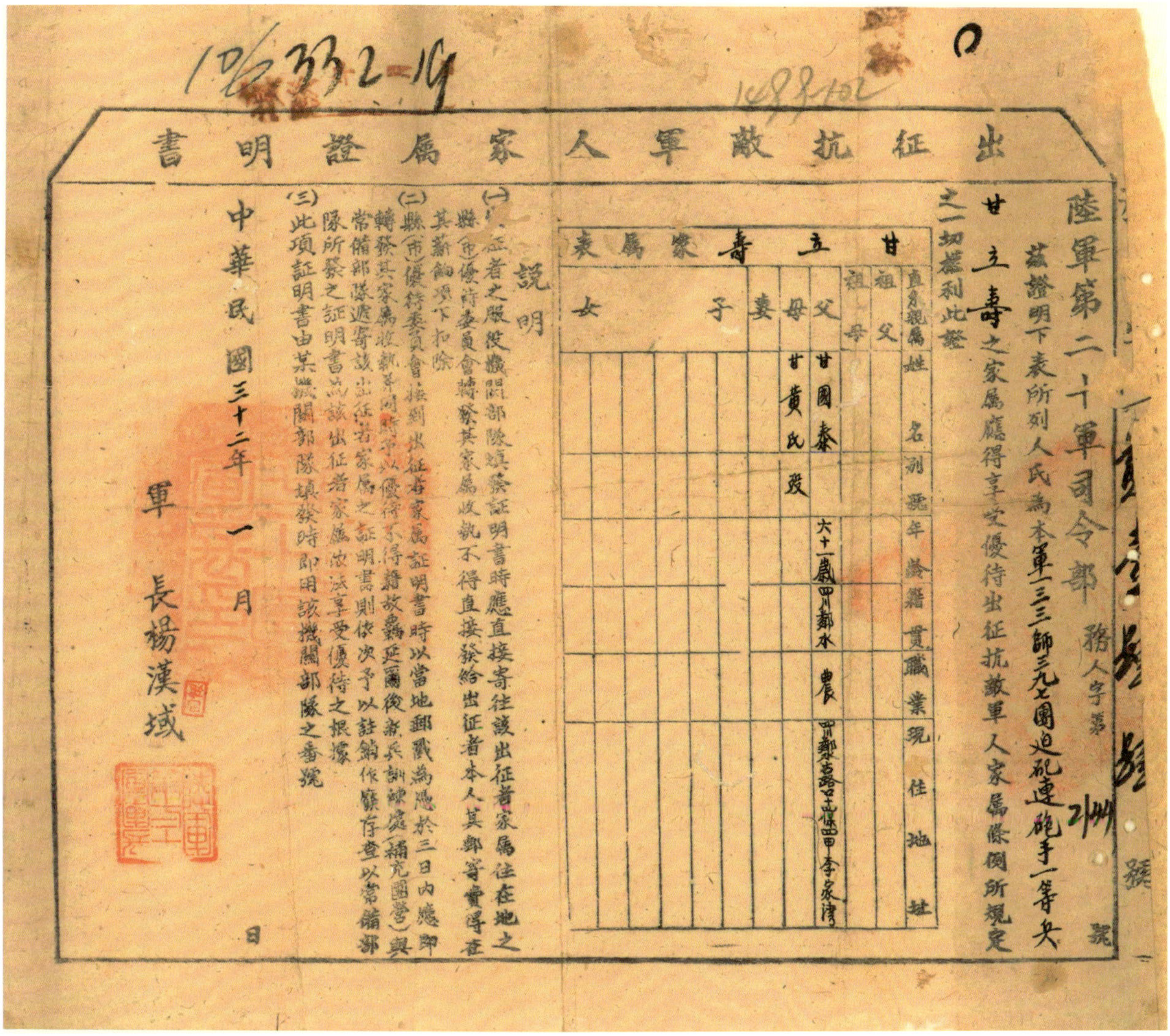

出征抗敵軍人家屬證明書

陸軍第二十軍司令部　務人字第2144號

茲證明下表所列人民爲本軍一三三師三九七團迫砲連砲手一等兵甘立壽之家屬應得享受優待出征抗敵軍人家屬條例所規定之一切權利此證

甘立壽家屬表

直系親屬	姓名	別號	年齡	籍貫	職業	現住地址
祖父						
祖母						
父	甘國泰		六十一歲	四川鄰水	農	四川鄰水古路口十七保四甲李家灣
母	甘黃氏	燮				
妻						
子						
女						

說明

(一)出征者之服役機關部隊填發証明書時應直接寄往該出征者家屬住在地之縣(市)優待委員會轉發其家屬收執不得直接發給出征者本人其郵寄費得在其薪餉項下扣除

(二)縣(市)優待委員會接到出征者家屬証明書時以當地郵戳爲憑於三日內應即轉發其家屬收執並同時予以優待不得藉故羈延團管區新兵訓練處(補充團營)與常備部隊遞寄該出征者家屬之証明書則依次予以註銷作廢存查以常備部隊所發之証明書爲該出征者家屬依法享受優待之根據

(三)此項証明書由某機關部隊填發時即用該機關部隊之番號

中華民國三十二年一月　日

軍長楊漢域

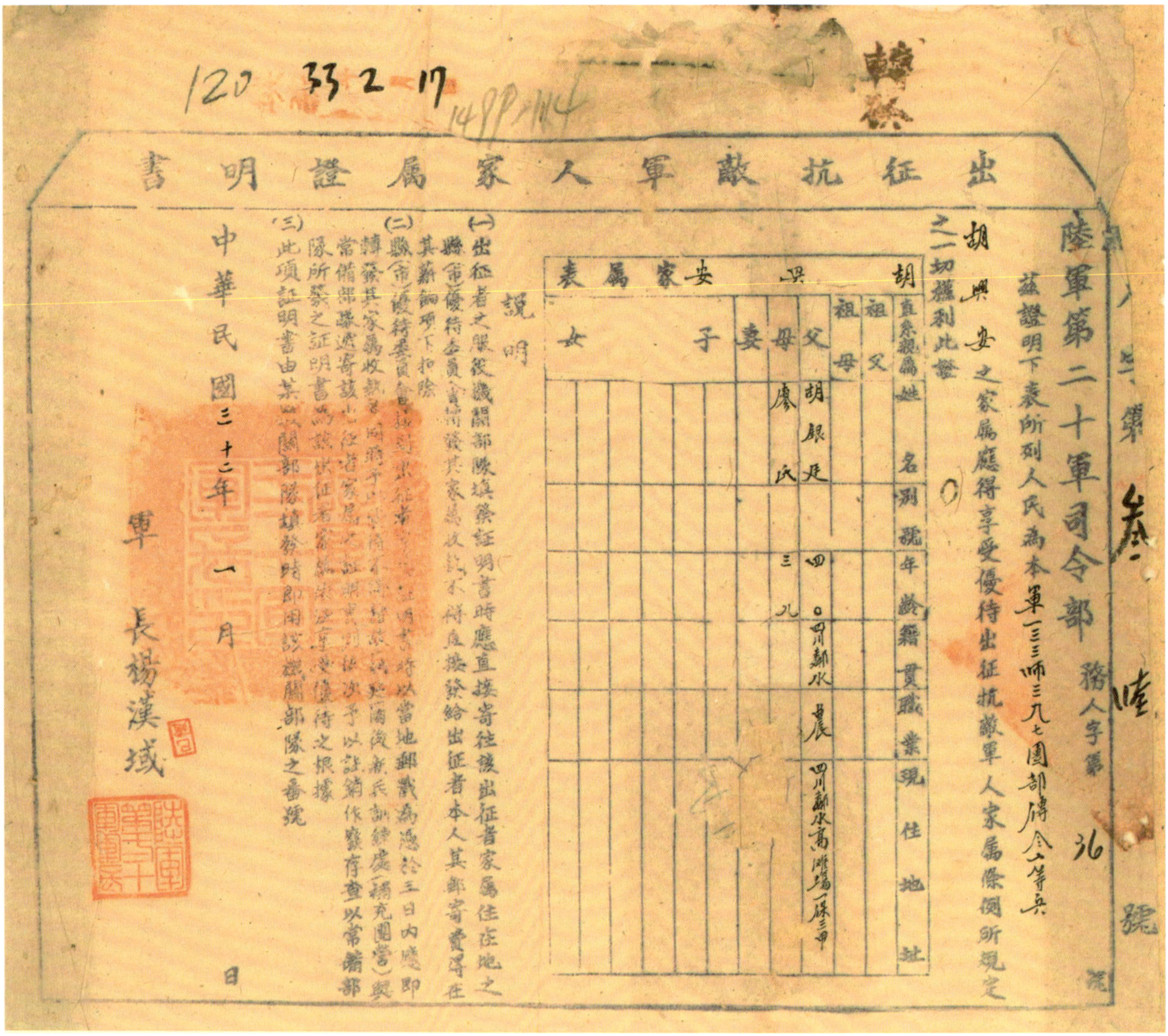

120 33 2 17　1488/114

出征抗敵軍人家屬證明書

陸軍第二十軍司令部　務人字第36號

茲證明下表所列人民爲本軍一三三師三九七團部傳令上等兵胡興安之家屬應得享受優待出征抗敵軍人家屬條例所規定之一切權利此證

胡興安家屬表						
直系親屬	姓名	別號	年齡	籍貫	職業	現住地址
祖父						
祖母						
父	胡艮廷		四〇	四川鄰水	農	四川鄰水高灘場一保三甲
母	廖氏		三九			
妻						
子						
女						

說明

(一)出征者之服役機關部隊填發証明書時應直接寄往該出征者家屬住在地之縣(市)優待委員會(會)將發其家屬收執不得直接發給出征者本人其郵寄費得在其薪餉項下扣除

(二)縣(市)優待委員會接到出征者[illegible]之証明書時以當地鄉鎮爲憑於三日內應即轉發其家屬收執[illegible]補充團營)與常備部隊遞寄該出征者家屬之証明書[illegible]予以註銷作廢存查以常備部隊所發之証明書爲該出征者家屬享受優待之根據

(三)此項証明書由其出征機關部隊填發時即用該機關部隊之番號

中華民國三十二年一月　日

軍長楊漢域

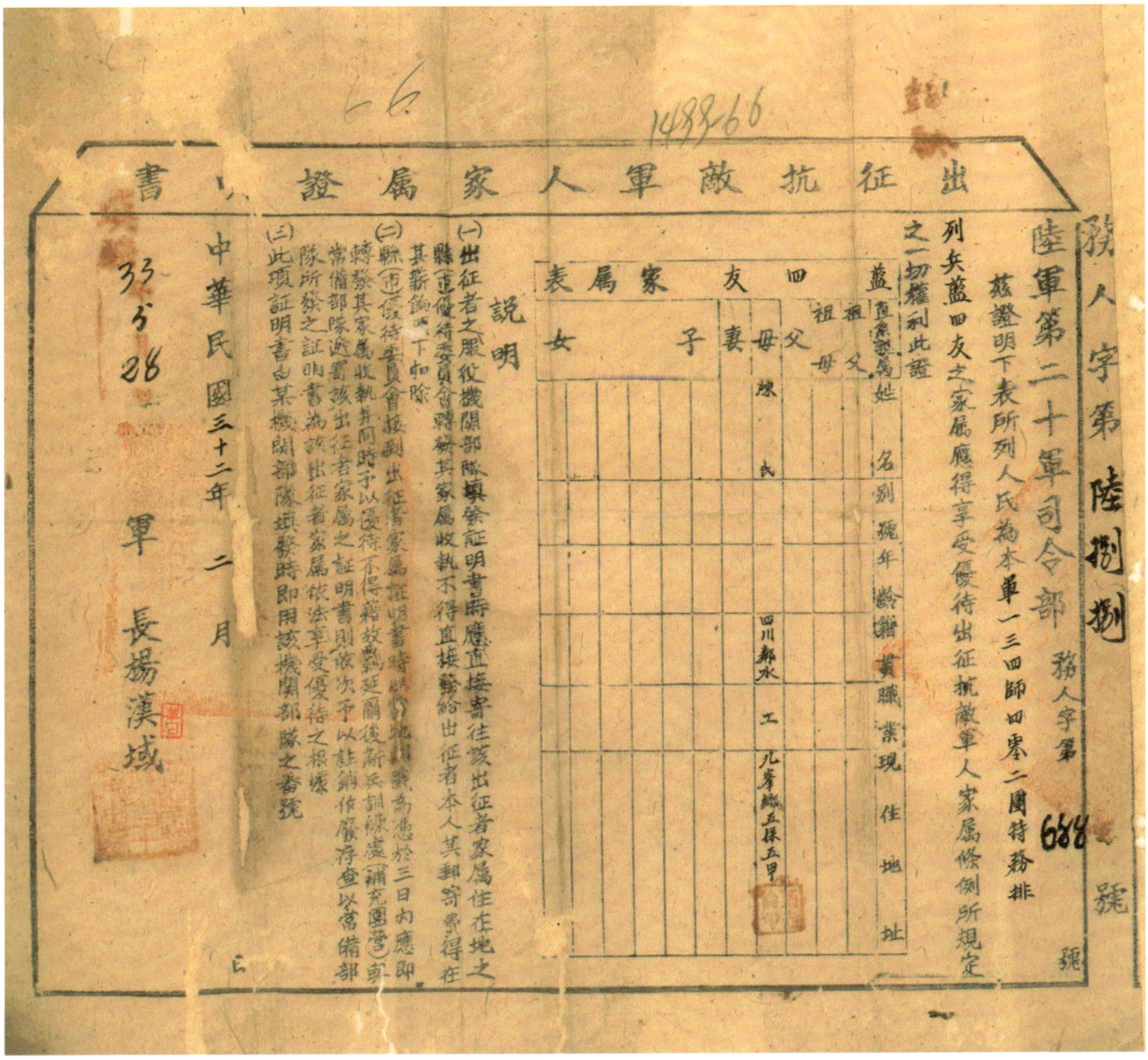

務人字第陸捌捌號

出征抗敵軍人家屬證明書

陸軍第二十軍司令部　務人字第688號

茲證明下表所列人氏為本軍一三四師四零二團特務排列兵藍四友之家屬應得享受優待出征抗敵軍人家屬條例所規定之一切權利此證

藍四友家屬表

直系家屬	姓名	別號	年齡	籍貫	職業	現住地址
祖父						
祖母						
父						
母	陳氏			四川鄰水	工	九峰鄉五保五甲
妻						
子						
女						

說明

(一)出征者之服役機關部隊填發証明書時應直接寄往該出征者家屬住在地之縣(市)優待委員會轉發其家屬收執不得直接發給出征者本人其郵寄費得在其薪餉內下扣除

(二)縣(市)優待委員會接到出征者家屬証明書時[illegible]為應於三日內應即轉發其家屬收執并同時予以優待不得藉故遲延爾後新兵訓練處(補充團營)或常備部隊遇有該出征者家屬之証明書則依次予以註銷作廢存查以常備部隊所發之証明書為該出征者家屬依法享受優待之根據

(三)此項証明書由某機關部隊填發時即用該機關部隊之番號

中華民國三十二年　二　月

軍　長楊漢域

33.5.28

64　33　5　26

1488.64

重

出征抗敵軍人家屬證明書

務人字第〇捌貳陸號

陸軍第二十軍司令部　務人字第　號

茲證明下表所列人氏為本軍一三四師四零二團特務排列兵游開田之家屬應得享受優待出征抗敵軍人家屬條例所規定之一切權利此證

游開田家屬表

直系親屬	姓名	別號	年齡	籍貫	職業	現住地址
祖父						
祖母						
父						
母						
妻	劉氏		二一	四川鄰水	農	富林鄉三保二甲
子						
女						

說明

(一)出征者之服役機關部隊填發証明書時應直接寄往該出征者家屬住在地之縣(市)優待委員會轉發其家屬收執不得直接發給出征者本人其郵寄費得在其薪餉項下扣除

(二)縣(市)優待委員會接到出征者家屬証明書時以當地郵戳為憑於三日内應即轉發其家屬收執并同時予以優待不得藉故留難延擱後新兵訓練處(補充團營)與常備部隊遞寄該出征者家屬之証明書則依次予以註銷作廢存查以常備部隊所發之証明書為該出征者家屬依法享受優待之根據

(三)此項証明書由某機關部隊填發時即用該機關部隊之番號

軍長楊漢域

中華民國三十二年六月二〇日

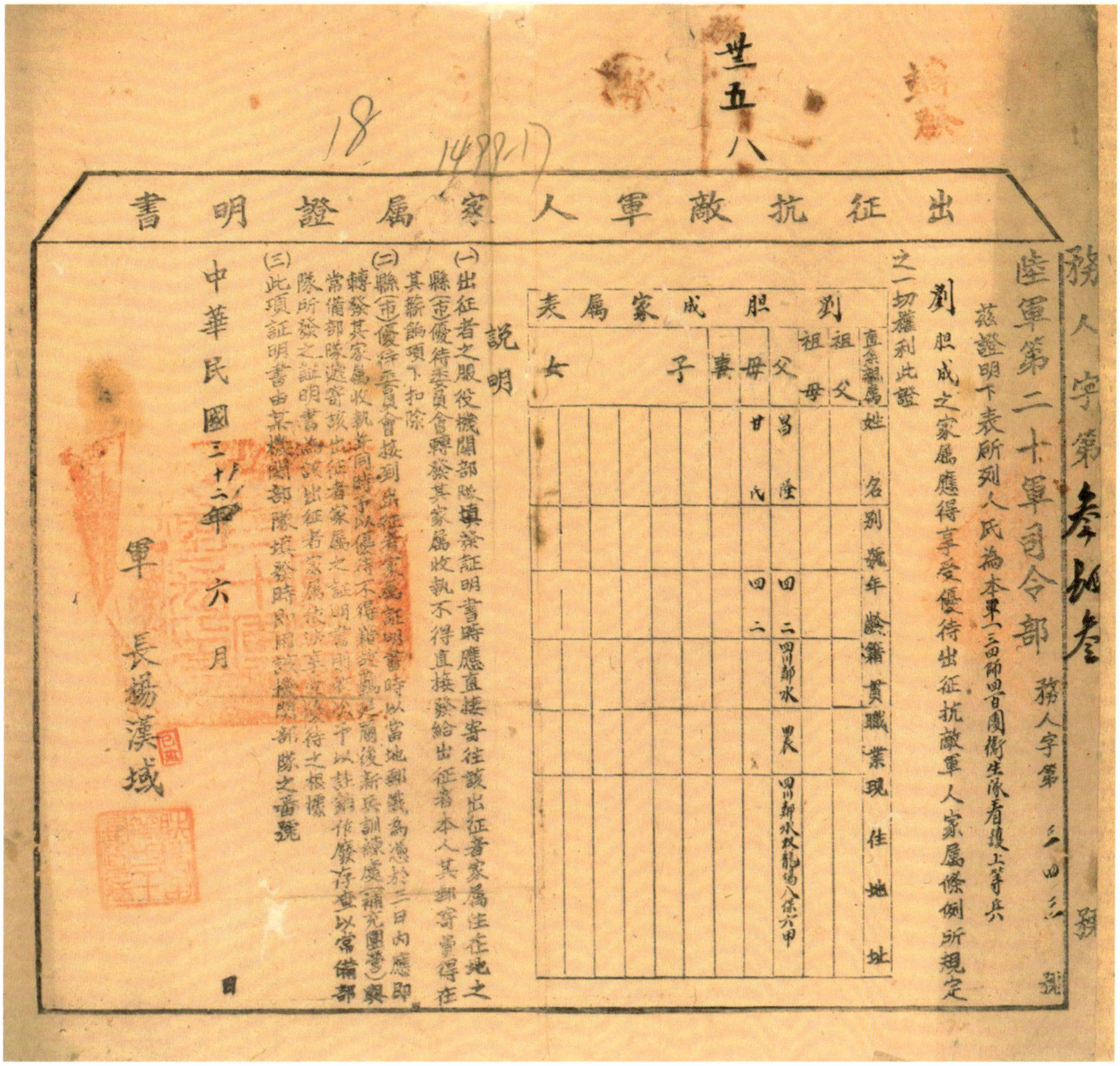

廿五 八

18 1488-17

出征抗敵軍人家屬證明書

務人字第叁拾叁號

陸軍第二十軍司令部 務人字第二四三號

茲證明下表所列人民為本軍一三四師四〇團衛生隊看護上等兵劉胆成之家屬應得享受優待出征抗敵軍人家屬條例所規定之一切權利此證

劉胆成家屬表

直系親屬	姓名	別號	年齡	籍貫	職業	現住地址
祖父						
祖母						
父	昌隆		四二	四川鄰水	農	四川鄰水双龍場八保六甲
母	甘氏		四二			
妻						
子						
女						

說明

(一)出征者之服役機關部隊填發証明書時應直接寄往該出征者家屬住在地之縣(市)優待委員會轉發其家屬收執不得直接發給出征者本人其郵寄費得在其薪餉項下扣除

(二)縣(市)優待委員會接到出征者家屬証明書時以當地鄉鎮為憑於三日內應即轉發其家屬收執并同時予以優待不得藉故留難之爾後新兵訓練處(補充團營)與常備部隊遞寄該出征者家屬之証明書當即予以註銷作廢存查以常備部隊所發之証明書為該出征者家屬依法享受優待之根據

(三)此項証明書由某機關部隊填發時即用該機關部隊之番號

中華民國三十二年六月 日

軍長楊漢域

出征抗敵軍人家屬證明書

務人字第叁[illegible]陸[illegible]叁號

陸軍第二十軍司令部 務人字第 號

茲證明下表所列人民為本軍鄰重兵團第三營九連一等兵蘇光三（三·十·一入伍）之家屬，應得享受優待出征抗敵軍人家屬條例所規定之一切權利，此證

直系親屬	祖父	祖母	父	母	妻	子	女
姓名			周福	劉氏			
別號							
年齡			五〇	四八			
籍貫			四川鄰水				
職業			農				
現住地址			九石鄉十四保三甲				

蘇光三家屬表

說明

（一）出征者之服役機關部隊填發證明書時，應直接寄往該出征者家屬住在地之縣（市）優待委員會轉發其家屬收執，不得直接發給出征者本人，其郵寄費得在其薪餉項下扣除。

（二）縣（市）優待委員會接到出征者家屬證明書時，以當地鄉鎮為憑，於三日內應即轉發其家屬收執，并同時予以優待，不得藉故留難。之國後新兵訓練處（補充團營）與常備部隊遞寄該出征者家屬之證明書，則依次予以註銷作廢，存查以常備部隊所發之證明書為出征者家屬依法享受優待之根據。

（三）此項證明書由某機關部隊填發時，即用該機關部隊之番號。

中華民國三十二年七月 日

軍長 楊漢域

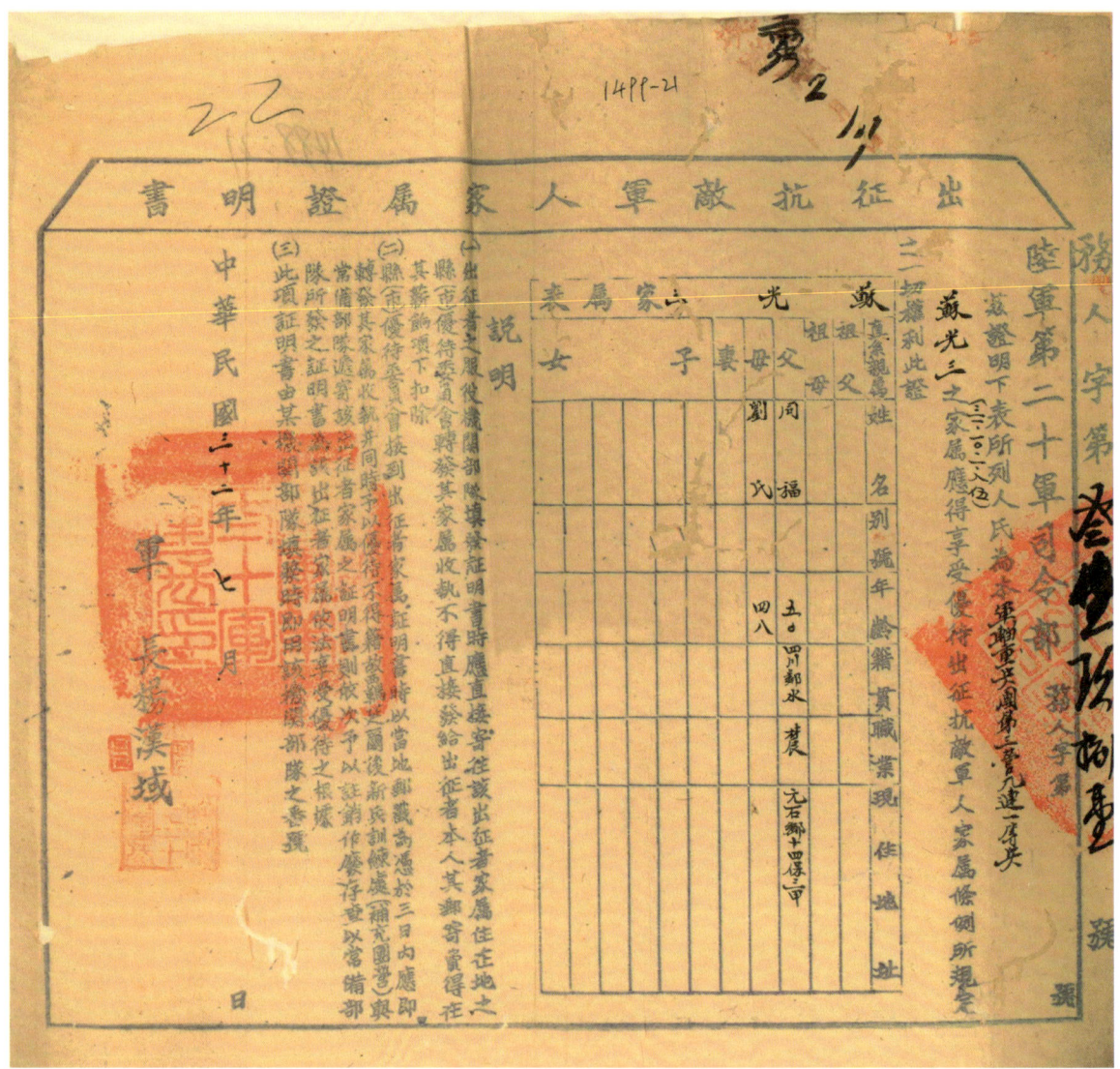

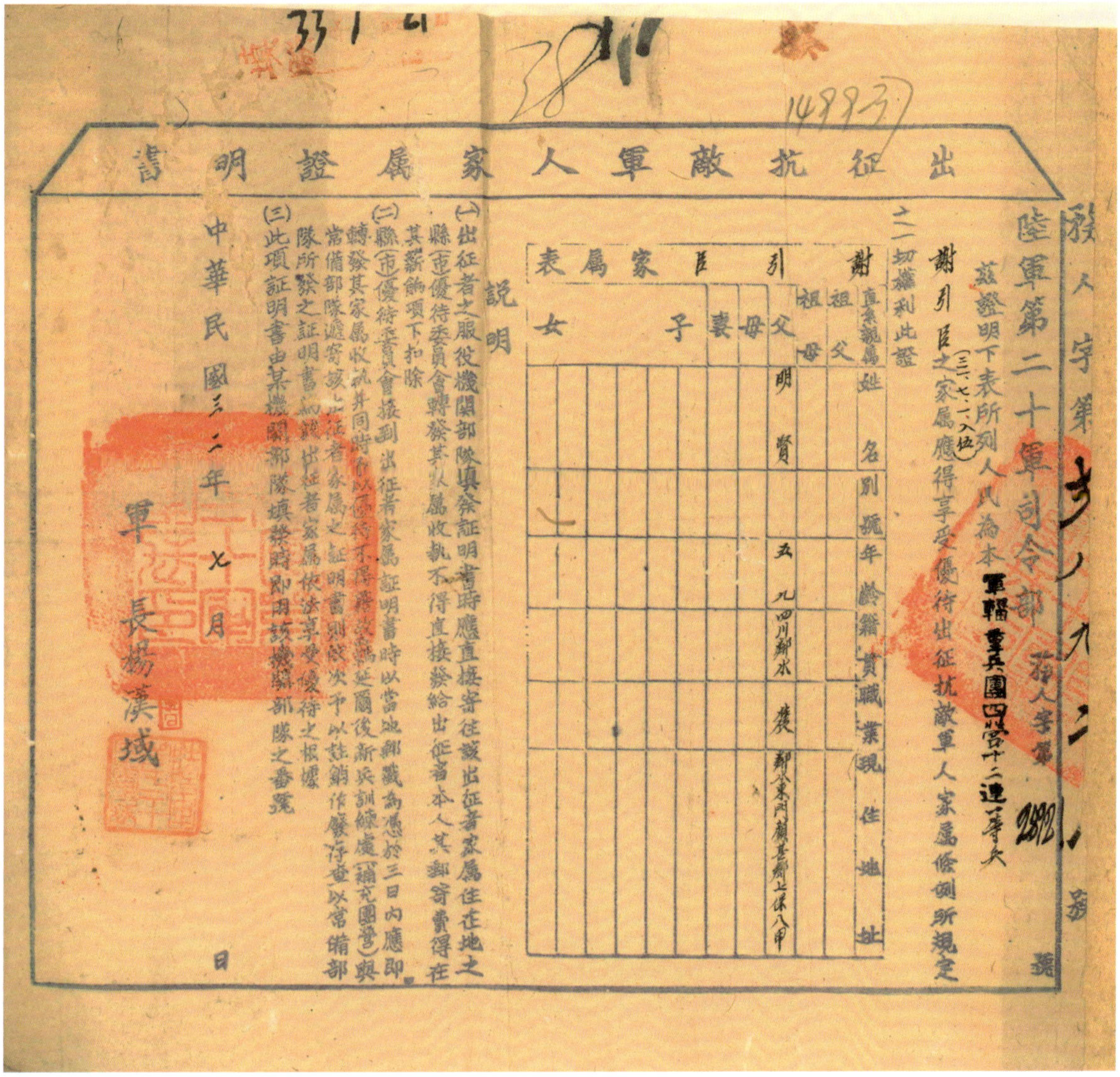

出征抗敵軍人家屬證明書

發人字第2892號

陸軍第二十軍司令部

茲證明下表所列人員為本軍輜重兵團四營十二連一等兵謝引良（三一、七、一入伍）之家屬應得享受優待出征抗敵軍人家屬條例所規定之一切權利此證

謝引良家屬表

直系親屬	祖父	祖母	父	母	妻	子			女		
姓名			明賢								
別號											
年齡			五九								
籍貫			四川鄰水								
職業			農								
現住地址			鄰水東門顏甚鄉上保八甲								

說明

（一）出征者之服役機關部隊填發証明書時應直接寄往該出征者家屬住在地之縣（市）優待委員會轉發其家屬收執不得直接發給出征者本人其郵寄費得在其薪餉項下扣除

（二）縣（市）優待委員會接到出征者家屬証明書時以當地郵戳為憑於三日內應即轉發其家屬收執并同時予以優待不得藉故稽延關後新兵訓練處（補充團營）與常備部隊遞寄該出征者家屬之証明書則依次予以註銷作廢存查以常備部隊所發之証明書為憑該出征者家屬依法享受優待之根據

（三）此項証明書由某機關部隊填發時即用該機關部隊之番號

中華民國三二年七月　日

軍長楊漢域

出征抗敵軍人家屬證明書

陸軍第二十軍司令部 務人字第 號

茲證明下表所列人民為本軍一三四師四〇一團通迅連上等兵

之家屬應得享受優待出征抗敵軍人家屬條例所規定

之一切權利此證

劉松然家屬表

直系親屬	祖父	祖母	父	母	妻	子	女
姓名			高用				
別號							
年齡			三九				
籍貫			四川鄰水				
職業			農				
現住地址			四川省鄰水縣福聯鄉一八保四甲				

說明

(一)出征者之服役機關部隊填發證明書時應直接寄往該出征者家屬住在地之縣(市)優待委員會轉發其家屬收執不得直接發給出征者本人其郵寄費得在其薪餉項下扣除

(二)縣(市)優待委員會接到出征者家屬證明書時以當地郵戳為憑於三日內應即轉發其家屬收執并同時予以優待不得藉故藉延關後新兵訓練處(補充團營)與常備部隊遞寄該出征者家屬之證明書則依次予以註銷作廢存查以常備部隊所發之證明書為該出征者家屬依法享受優待之根據

(三)此項證明書由某機關部隊填發時即用該機關部隊之番號

軍長 楊漢域

中華民國三十二年八月 日

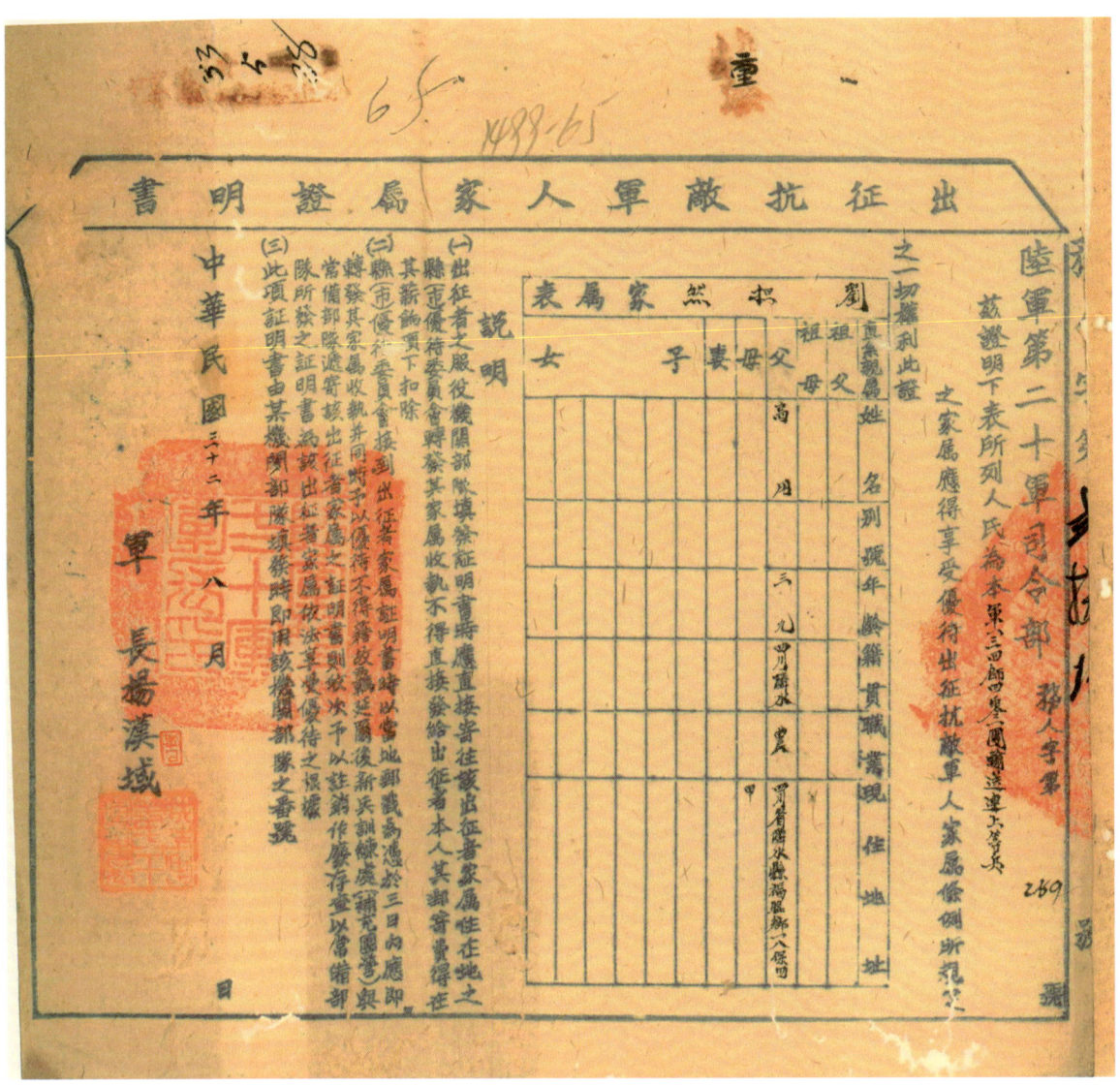

33.2.19

轉發

1433-31

出征抗敵軍人家屬證明書

陸軍第二十軍司令部 務人字第 號

茲證明下表所列人民為本軍一三三師三九九團通信排四班上等兵甘陸裔之家屬應得享受優待出征抗敵軍人家屬條例所規定之一切權利此證

甘陸裔家屬表

直系親屬	姓名	別號	年齡	籍貫	職業	現住地址
祖父						
祖母						
父						
母						
妻	李氏		二八	用鄉水	農	石道鄉八保六甲
子	甘主後		一一	仝		仝
子						
子						
女						
女	甘福香		六			
女						

說明

(一)出征者之服役機關部隊填發証明書時應直接寄往該出征者家屬住在地之縣(市)優待委員會轉發其家屬收執不得直接發給出征者本人其郵寄費得在其薪餉項下扣除

(二)縣(市)優待委員會接到出征者家屬証明書時以當地郵戳為憑於三日內應即轉發其家屬收執并同時予以優待不得藉故延擱後新兵訓練處(補充團營)與常備部隊遇有該出征者家屬之証明書則依次予以註銷作廢存查以常備部隊所發之証明書為該出征者家屬依法享受優待之根據

(三)此項証明書由某機關部隊填發時附用該機關部隊之番號

中華民國三十二年 月

軍長楊漢域

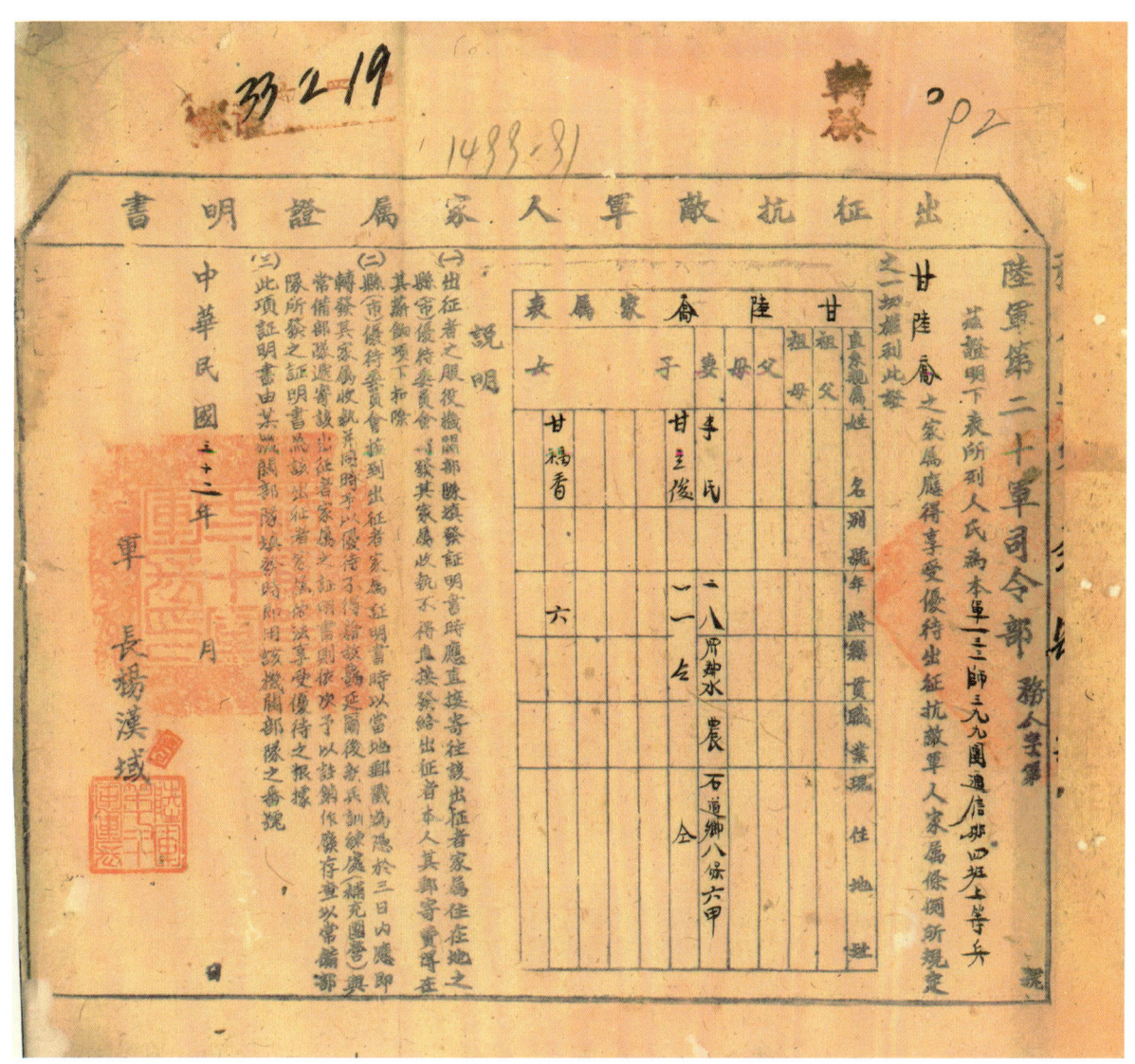

陆军暂编第五十四师司令部出征抗敌军人家属优待证明书（未在清、邓宋和、张明忠）（一九四三年）

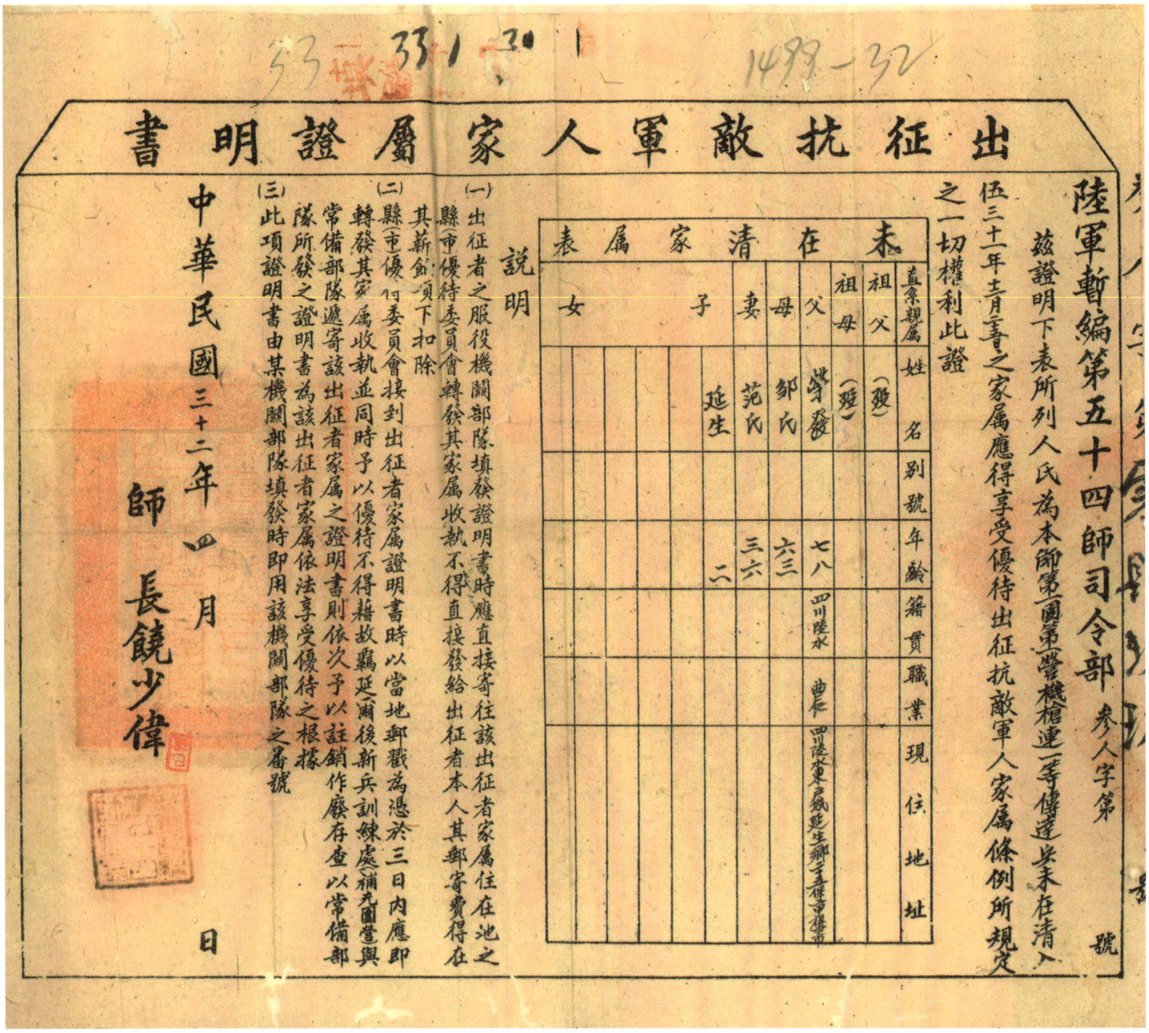

出征抗敵軍人家屬證明書

陸軍暫編第五十四師司令部　參人字第　號

茲證明下表所列人氏為本師第一團第一營機槍連一等傳達兵未在清入伍三十一年十二月十二日之家屬應得享受優待出征抗敵軍人家屬條例所規定之一切權利此證

未在清家屬表

直系親屬	姓名	別號	年齡	籍貫	職業	現住地址
祖父	（殁）					
祖母	（殁）					
父	鄧□發		七八	四川鄰水	務農	四川鄰水東[illegible]延生鄉[illegible]
母	鄧氏		六三			
妻	范氏		三六			
子	延生		二			
女						

說明

（一）出征者之服役機關部隊填發證明書時應直接寄往該出征者家屬住在地之縣（市）優待委員會轉發其家屬收執不得直接發給出征者本人其郵寄費得在其薪餉項下扣除

（二）縣（市）優待委員會接到出征者家屬證明書時以當地郵戳為憑於三日內應即轉發其家屬收執並同時予以優待不得藉故羈延（爾後新兵訓練處（補充團營）與常備部隊遞寄該出征者家屬之證明書則依次予以註銷作廢存查以常備部隊所發之證明書為該出征者家屬依法享受優待之根據

（三）此項證明書由某機關部隊填發時即用該機關部隊之番號

師長饒少偉

中華民國三十二年四月　日

33 5 14　42　1488-41

出征抗敵軍人家屬證明書

參人字第　號

陸軍暫編第五十四師司令部　參人字第474號

茲證明下表所列人氏為本部第三團第一營第三連上等列兵鄧宋和之家屬應得享受優待出征抗敵軍人家屬條例所規定之一切權利此證

鄧宋和家屬表

直系親屬	姓名別號	年齡	籍貫	職業	現住地址
祖父					
祖母					
父	寬提	五十七歲	四川鄰水		石滔塢第三保第三甲
母	龔氏	五十六歲			
妻					
子					
女					

說明

(一)出征者之服役機關部隊填發證明書時應直接寄往該出征者家屬住在地之縣(市)優待委員會轉發其家屬收執不得直接發給出征者本人其郵寄費得在其薪餉項下扣除

(二)縣(市)優待委員會接到出征者家屬證明書時以當地郵戳為憑於三日內應即轉發其家屬收執並同時予以優待不得藉故羈延爾後新兵訓練處(補充團營)與常備部隊遞寄該出征者家屬之證明書則依次予以註銷作廢存查以常備部隊所發之證明書為該出征者家屬依法享受優待之根據

(三)此項證明書由某機關部隊填發時即用該機關部隊之番號

中華民國三十二年四月　日

師長饒少偉

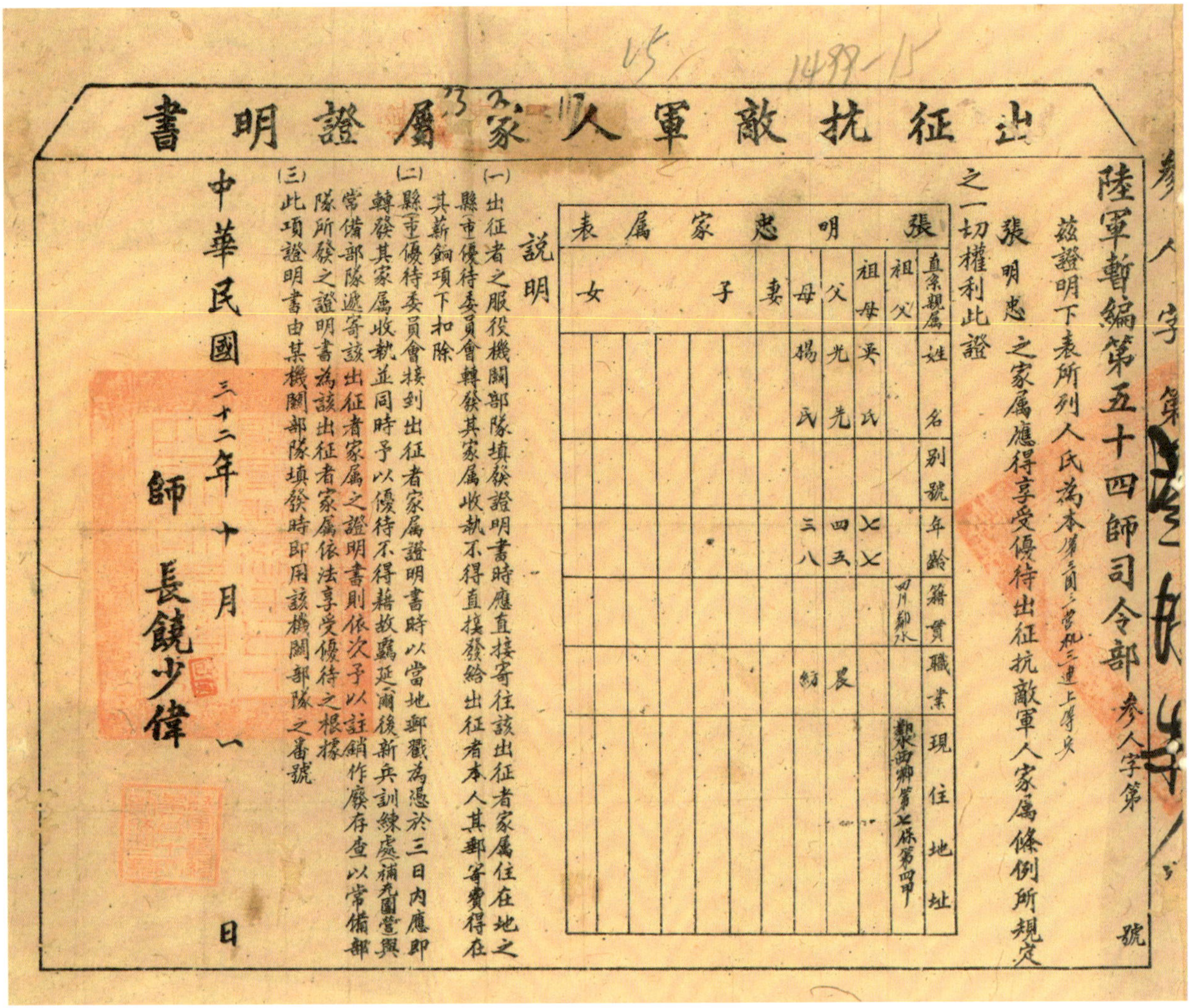

出征抗敵軍人家屬證明書

陸軍暫編第五十四師司令部 參人字第　　號

茲證明下表所列人氏為本師三團一營機三連上等兵張明忠之家屬應得享受優待出征抗敵軍人家屬條例所規定之一切權利此證

張明忠家屬表

直系親屬	姓名	別號	年齡	籍貫	職業	現住地址
祖父				四川鄰水		鄰水西鄉第七保第四甲
祖母	奚氏		七七			
父	光先		四五		農	
母	楊氏		三八		紡	
妻						
子						
女						

說明

（一）出征者之服役機關部隊填發證明書時應直接寄往該出征者家屬住在地之縣（市）優待委員會轉發其家屬收執不得直接發給出征者本人其郵寄費得在其薪餉項下扣除

（二）縣（市）優待委員會接到出征者家屬證明書時以當地鄉鎮為憑於三日內應即轉發其家屬收執並同時予以優待不得藉故羈延爾後新兵訓練處（補充團營）與常備部隊遞寄該出征者家屬之證明書則依次予以註銷作廢存查以常備部隊所發之證明書為該出征者家屬依法享受優待之根據

（三）此項證明書由某機關部隊填發時即用該機關部隊之番號

師長饒少偉

中華民國三十二年十月一日

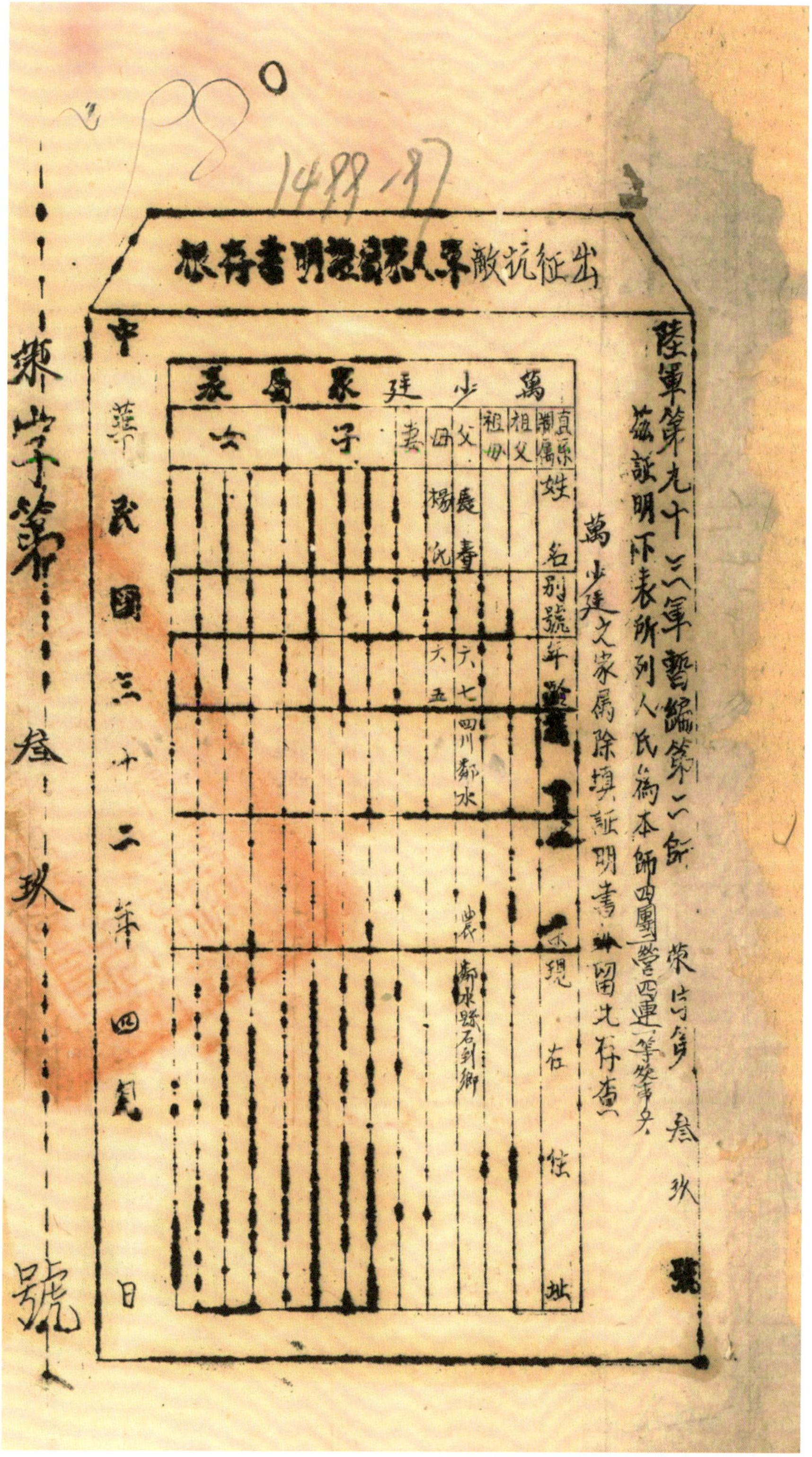

出征抗敵軍人家屬證明書存根

樂字第叁玖號

陸軍第九十三軍暫編第二師 字第 叁玖 號

茲証明下表所列人民為本師四團一營四連一等兵士萬少廷之家屬除填証明書外留此存查

萬少廷家屬表

直系親屬	姓名	別號	年齡	籍貫	現在住址
祖父					
祖母					
父	萬長春		六七	四川鄰水	農 鄰水縣石剅鄉
母	楊氏		六五		
妻					
子					
女					

中華民國三十二年四月 日

陆军第九十三军暂编第二师出征抗敌军人家属证明书（万少廷、廖建富）（一九四三年）

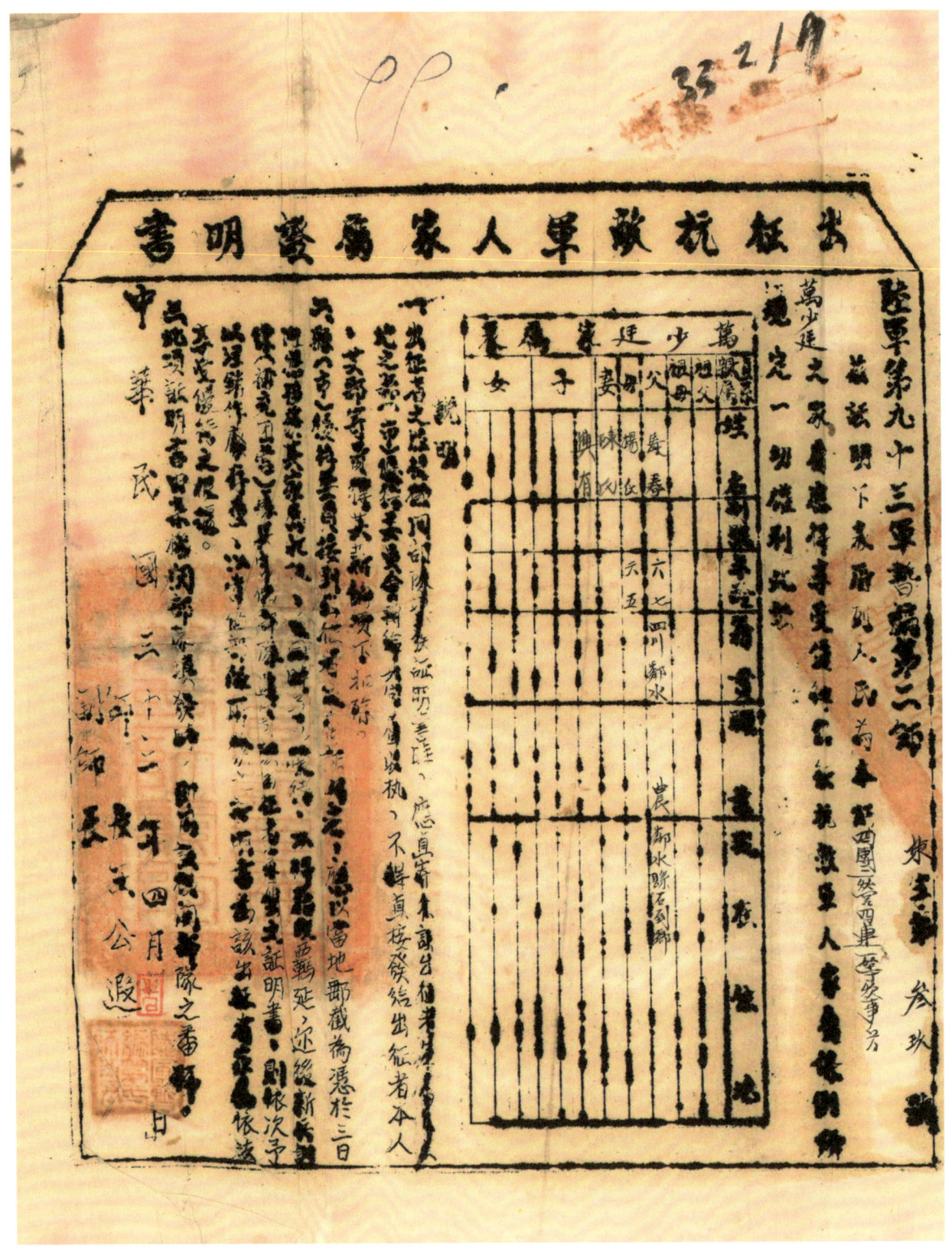

33219

出征抗敌军人家属证明书

陆军第九十三军暂编第二师 东字第叁玖号

兹证明下表所列人民为本部四团三营四连一等兵事兵万少廷之家属，应享受出征抗敌军人家属优待办法规定之一切权利，此证。

万少廷家属表

家属称谓	姓名	年龄	籍贯	职业	住址
祖父					
祖母					
父	万寿春	六七	四川邻水	农	邻水县石副乡
母	杨氏	六五			
妻	陈氏				
子	兴有				
子					
女					
女					

说明

一、出征者之[illegible]同部队[illegible]证明书注，应[illegible]真实[illegible]出征者[illegible]之[illegible]填发[illegible]收执，不得直接发给出征者本人。

二、本部[illegible]新[illegible]下列[illegible]。

三、[illegible]到[illegible]者[illegible]，应以当地乡镇为凭，于三日内[illegible]其家[illegible]时[illegible]一[illegible]部队[illegible]西乡延，迳经新兵[illegible]证明书，则依次予[illegible]。

四、[illegible]书者[illegible]该出征者[illegible]依法[illegible]之权益。

五、此项证明书由本部[illegible]填发时，即为[illegible]部队之番号。

中华民国三十二年四月 日

师长 [illegible]公遐

副师长 [illegible]

5

1499-6-1

出征抗敵軍人家屬證明書

逕字第任捌號

陸軍第九十三軍暫編第二師司令部衛生隊忠字第47號

茲證明下表所列人民為本師司令部衛生隊文書上士廖建富之家屬應得享受優待出征抗敵軍人家屬條例所規定之一切權利此證

廖建富家屬表

直系親屬	姓名別號	年齡	籍貫	職業	現住地址
祖父					
祖母					
伯父	廖現章	五六	四川壽水	貿易	四川省郫縣彭家祠堂縣府願十保甲
母					
妻	李氏	二七			
子					
子					
子					
女					
女					
女					

說明

一、出征者之服役機關部隊填發証明書時，應直接寄往該出征者家屬住在地之縣(市)優待委員會轉給真家屬收執，不得直接發給出征者本人，其郵寄費得其薪餉項下扣除

二、縣市優待委員會接到出征者家屬征明書，應以當地郵戳為憑於三日內應轉發其屬收執，並同時予以優待，不能藉故羈延

三、此項証明書由某機關部隊填發時，即用該機關部隊之番號。

中華民國三十二年六月一日

師長 王公遐

副師長

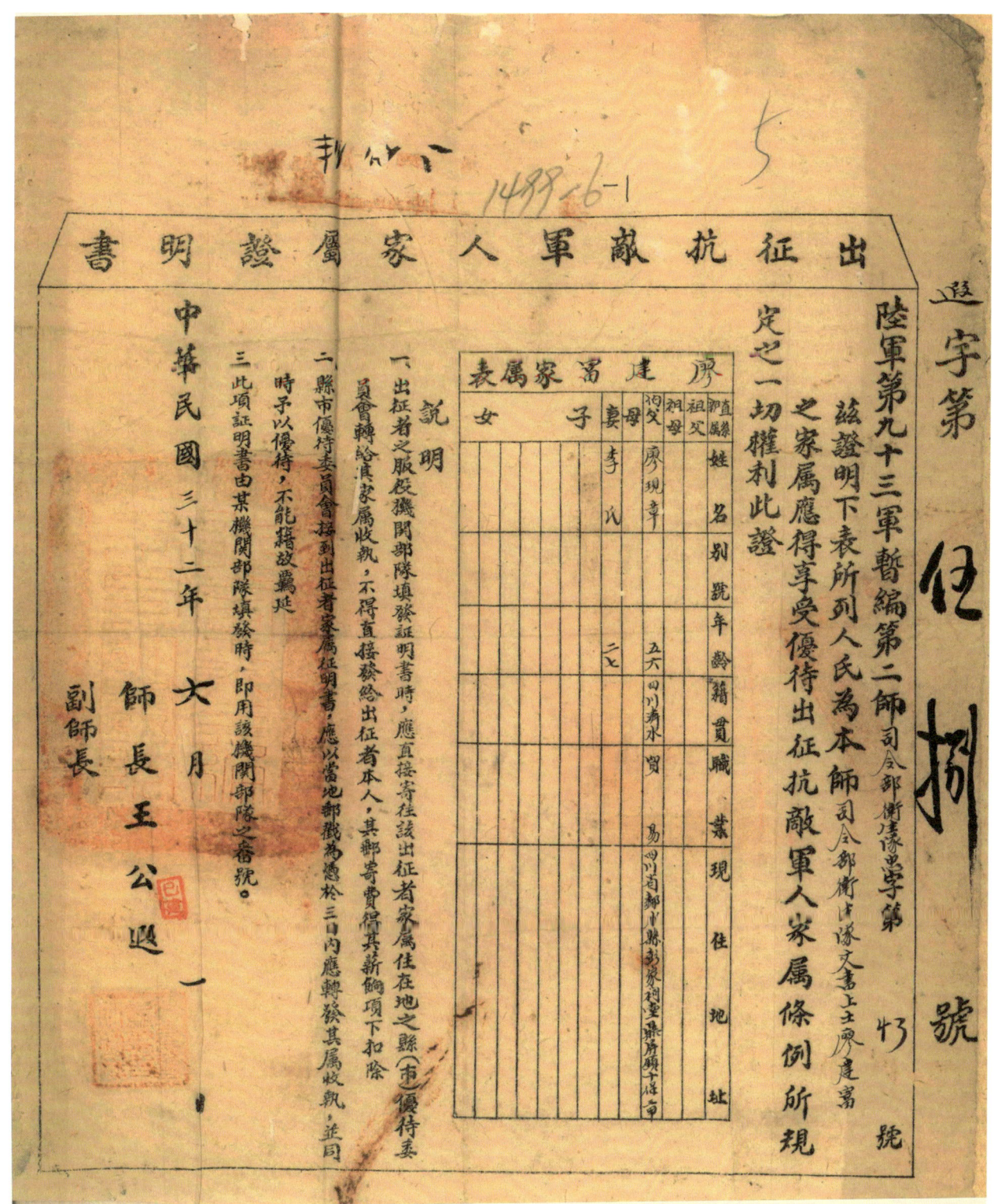

陆军第二十一军司令部出征抗敌军人家属证明书（萧云成、徐海廷）（一九四三年）

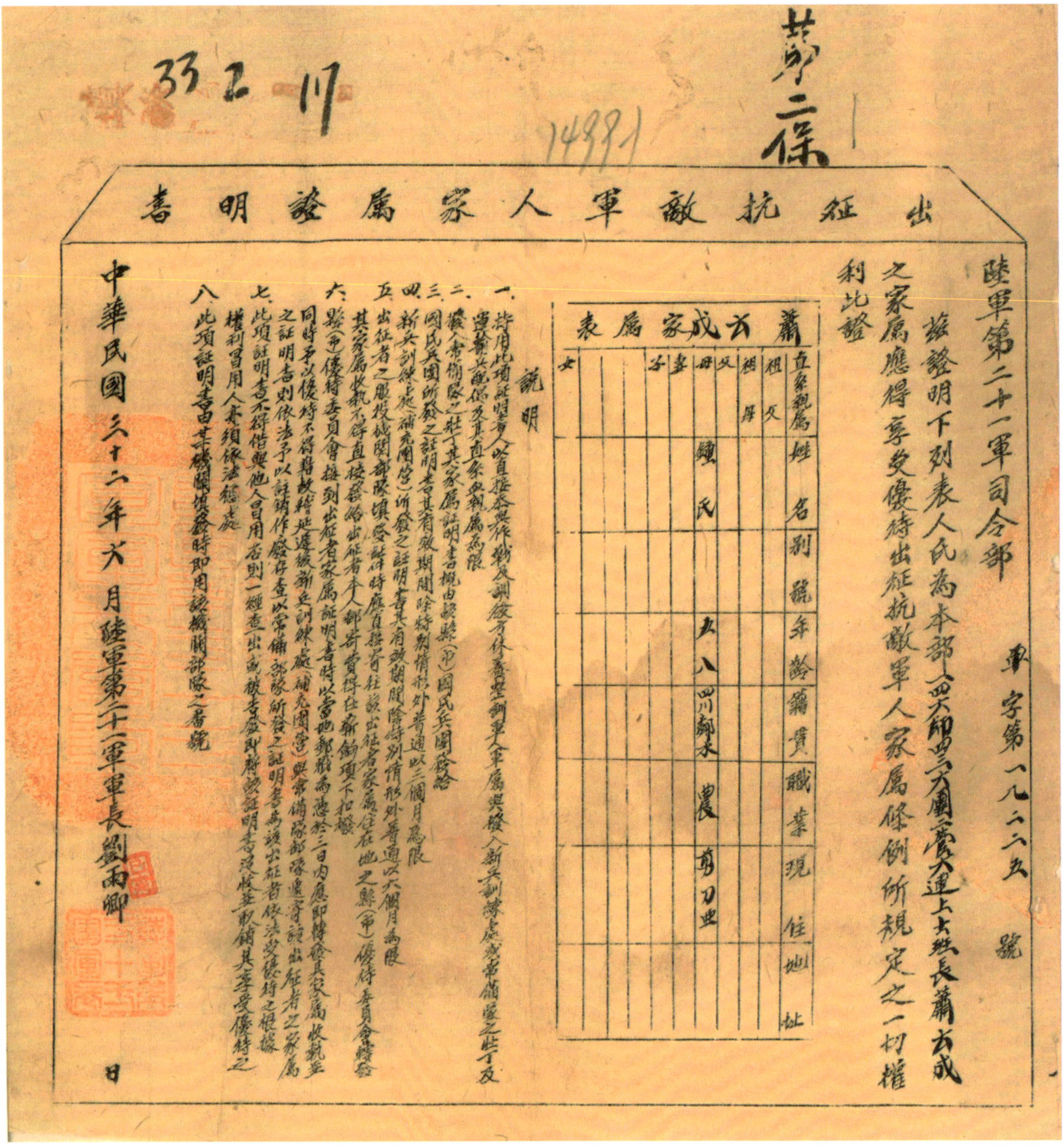

33 工 11

14391

出征抗敵軍人家屬證明書

陸軍第二十一軍司令部　　軍字第一九二二五號

茲證明下列表人氏為本部一四六師四三六團二營六連上士班長蕭云成之家屬應得享受優待出征抗敵軍人家屬條例所規定之一切權利此證

蕭云成家屬表

直系親屬	姓名別號	年齡	籍貫	職業	現住地址
祖父					
祖母					
父					
母	鍾氏	五八	四川鄰水	農	剪刀丗
妻					
子					
女					

說明

一、許用此項證明書人以直接參與作戰及訓練後方休養之陸軍人員軍屬與撥入新兵訓練處或常備軍之壯丁及運輸兵站及其直系親屬為限

二、撥入常備隊之壯丁其家屬證明書概由該縣（市）國民兵團發給

三、國民兵團所發之證明書其有效期間除特別情形外普通以三個月為限

四、新兵訓練處（補充團營）所發之證明書其有效期間除特別情形外普通以六個月為限

五、出征者之服役機關部隊填發證件時應直接寄往該出征者家屬住在地之縣（市）優待委員會轉發其家屬收執不得直接發給出征者本人郵寄費得在辦公費項下扣撥

六、縣（市）優待委員會接到出征者家屬證明書時以當地郵戳為憑於三日內應即轉發其家屬收執並同時予以優待不得藉故稽延遲緩新兵訓練處（補充團營）與常備部隊遣資該出征者之家屬之證明書則依法予以註銷作廢存查以常備部隊所發之證明書為該出征者依法受優待之根據

七、此項證明書不得借與他人冒用否則一經查出或被告發即將該證明書追收並取銷其享受優待之權利冒用人並須依法懲處

八、此項證明書由發給機關填發時即用該機關部隊之番號

中華民國三十二年六月　日　陸軍第二十一軍軍長劉雨卿

14335357

出征抗敵軍人家屬證明書

軍字第弍零弍捌壹號

陸軍第二十一軍司令部

茲證明下列表人民為本部一四六師四三七團一營三連中士徐海廷之家屬應得享受優待出征抗敵軍人家屬條例所規定之一切權利此證

徐海廷家屬表

直系親屬	姓名別號	年齡	籍貫	職業	現住地址
祖父					
祖母					
父					
母					
妻	賴氏	三二	四川鄰水	農	本縣[illegible]河鄉本鄉[illegible]轉
子	徐世清	一〇			
女					

說明

一、持用此項證明書以直接參與作戰及調服後方勤務之軍人暨屬其撥入新兵訓練處或常備隊之壯丁及運輸兵配偶及其直系血親屬為限

二、撥入常備隊之壯丁其家屬證明書統由該縣（市）國民兵團發給

三、國民兵團所發之證明書其有效期間除特別情形外普通以三個月為限

四、新兵訓練處（補充團營）所發之證明書其有效期間除特別情形外普通以六個月為限

五、出征者之服役機關部隊填發證件時應直接寄往該出征者家屬所在地之縣（市）優待委員會轉發其家屬收執不得自行發給出征者本人親寄如有[illegible]不加審

六、縣（市）優待委員會接到出征者家屬證明書時以當地[illegible]為據應於三日內應即轉發其家屬收執並同時予以優待不得藉故稽延遲發新兵訓練處（補充團營）與常備隊部隊遇有該出征者之家屬之證明書則應立即註銷作廢當再以常備部隊所發之證明書為據出征者依法受優待之根據

七、此項證明書不得借與他人冒用否則一經查出或被告發即將該證明書註銷並取銷其享受優待之權利冒用人亦須依法懲處

八、此項證明書由各該機關填發時即用該機關部隊之番號

中華民國三十二年七月　日　陸軍第二十一軍軍長劉雨卿

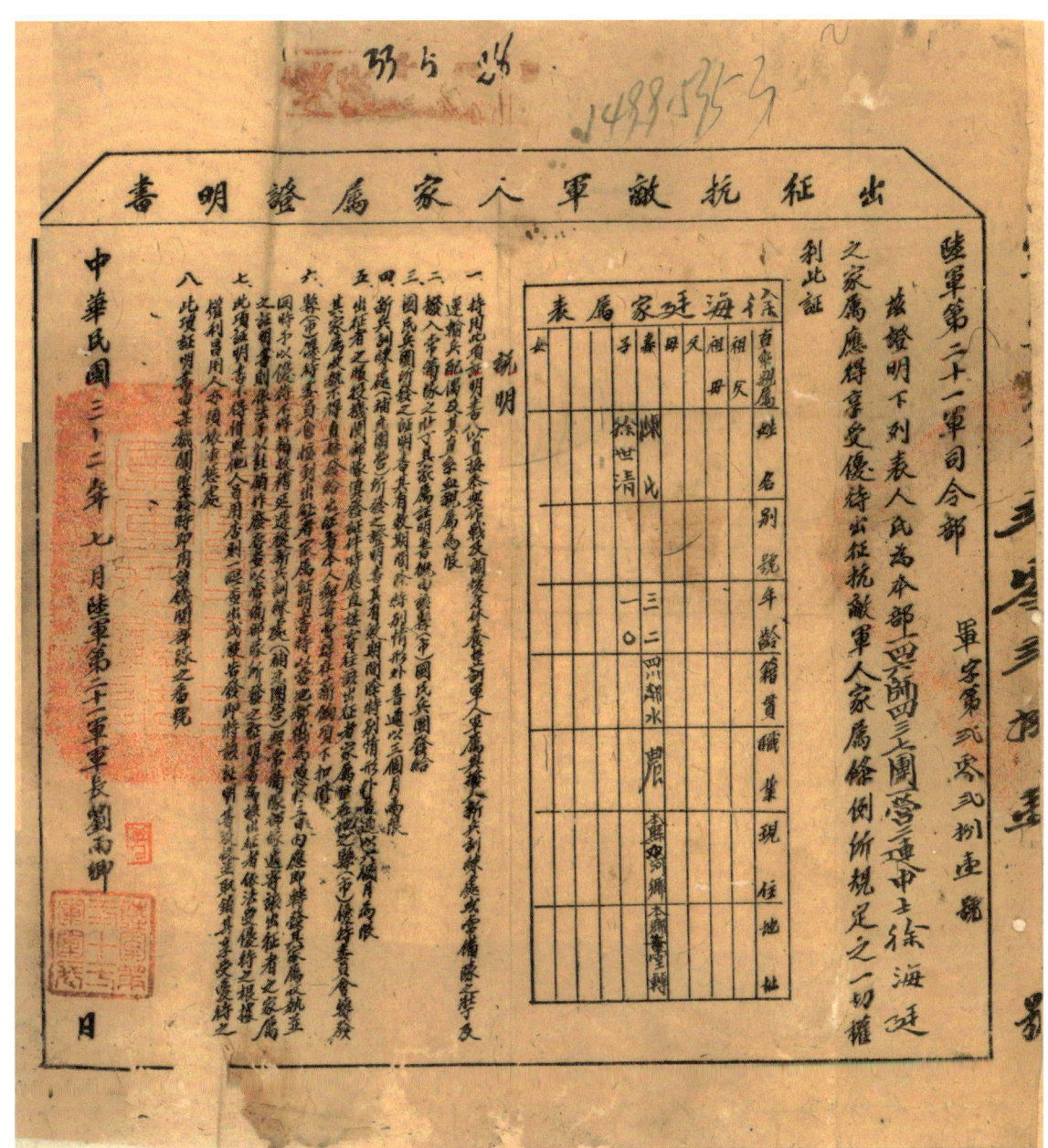

陆军担架兵第九团出征抗敌军人家属证明书（熊来寿、钱可安、孔三谋）（一九四三年）

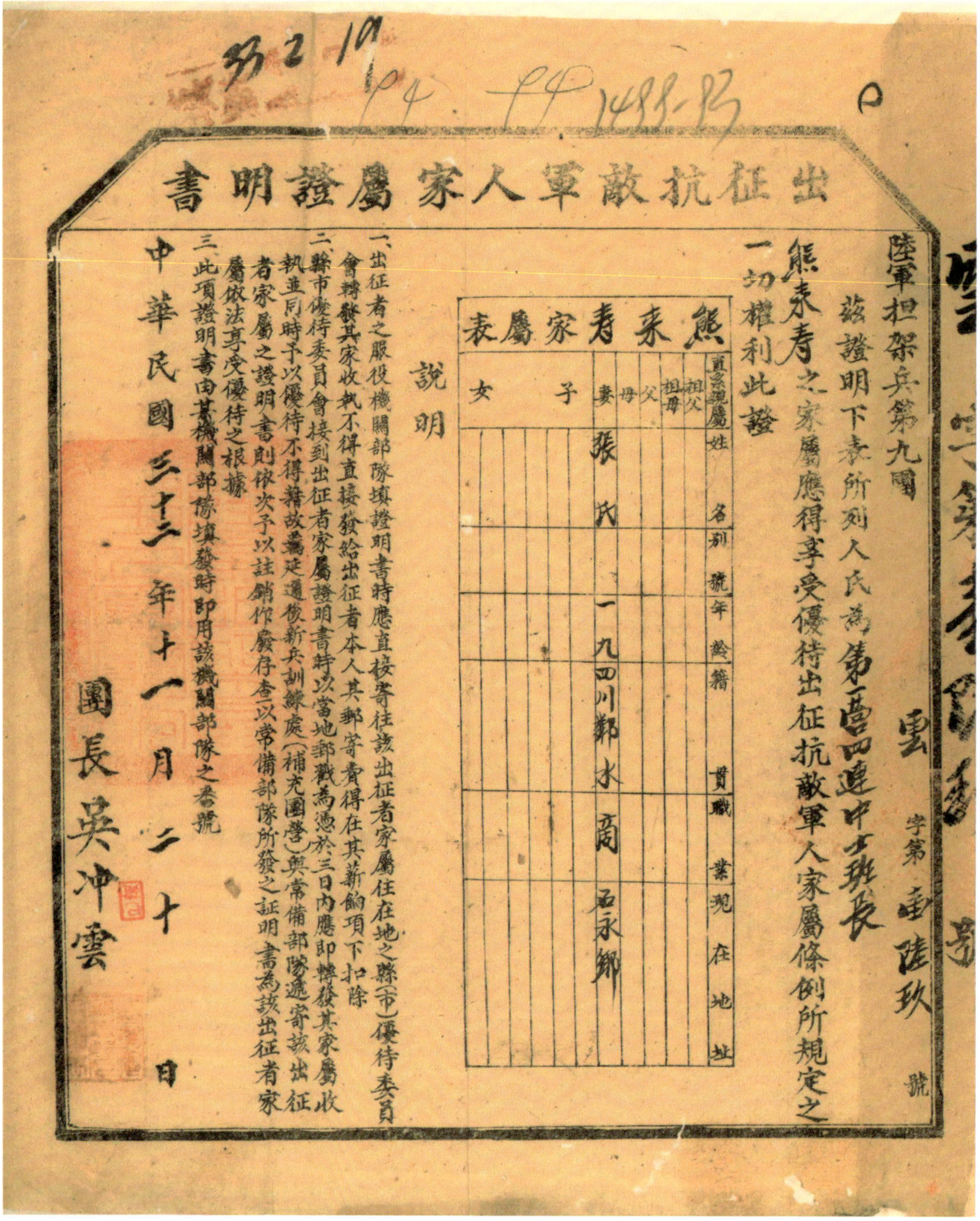

出征抗敵軍人家屬證明書

陸軍担架兵第九團　雲字第壹陸玖號

茲證明下表所列人氏為第一營四連中士班長

熊來壽之家屬應得享受優待出征抗敵軍人家屬條例所規定之

一切權利此證

熊來壽家屬表

直系現屬	姓名	別號	年齡	籍貫	職業	現在地址
祖父						
祖母						
父						
母						
妻	張氏		一九	四川鄰水	商	石永鄉
子						
女						

說明

一、出征者之服役機關部隊填證明書時應直接寄往該出征者家屬住在地之縣（市）優待委員會轉發其家收執不得直接發給出征者本人其郵寄費得在其薪餉項下扣除

二、縣市優待委員會接到出征者家屬證明書時以當地郵戳為憑於三日內應即轉發其家屬收執並同時予以優待不得藉故稽延遇後新兵訓練處（補充團營）與常備部隊遞寄該出征者家屬之證明書則依次予以註銷作廢存查以常備部隊所發之証明書為該出征者家屬依法享受優待之根據

三、此項證明書由某機關部隊填發時即用該機關部隊之番號

中華民國三十二年十一月二十日

團長　吳沖雲

33219　108.

出征抗敵軍人家屬證明書

陸軍𥜤部兵第九團　　字第一七二號

茲證明下表所列人民為第一營四連上等兵錢可安之家屬應得享受優待出征抗敵軍人家屬條例所規定之一切權利此證

1488-104

錢可安家屬表

直系親屬	姓名	別號	年齡	籍貫	職業	現在地址
祖父						
祖母						
父	志伍		四四	四川鄰水	農	石永鄉
母						
妻						
子	樹柏		三			
女						

說明

一、出征者之服役機關部隊填證明書時應直接寄往該出征者家屬住在地之縣（市）優待委員會轉發其家收執不得直接發給出征者本人其郵寄費得在其薪餉項下扣除

二、縣市優待委員會接到出征者家屬證明書時以當地郵戳為憑於三日內應即轉發其家屬收執並同時予以優待不得藉故羈延通後新兵訓練處（補充團營）與常備部隊遞寄該出征者家口之證明書則依次予以註銷作廢存查以常備部隊所發之証明書為該出征者家屬依法享受優待之根據

三、此項證明書由原機關部隊填發時即用該機關部隊之番號

中華民國三十二年十一月二十日

團長吳冲雲

30

出征抗敵軍人家屬證明書

團字第壹伍肆叁號

陸軍担架兵第九團

茲證明下表所列人氏（本團第三營第十四連二等担架兵）孔三謀之家屬應得享受優待出征抗敵軍人家屬條例所規定之一切權利此證

148935

孔三謀家屬表

直系親屬	祖父	祖母	父	母	妻	子			女		
姓名				孔余氏							
別號											
年齡				六六							
籍貫				四川鄰水							
職業				農							
現在地址				禮巷山							

說明

一、出征者之服役機關部隊填發證明書時應直接寄往該出征者家屬住在地之縣（市）優待委員會轉發其家收執不得直接發給出征者本人其郵寄費得在其薪餉項下扣除

二、縣市優待委員會接到出征者家屬證明書時以當地郵戳為憑於三日內應即轉發其家屬收執並同時予以優待不得藉故羈延遞發新兵訓練處（補充團營）與常備部隊遞寄該出征者家屬之證明書則依次予以註銷作廢存查以常備部隊所發之証明書為該出征者家屬依法享受優待之根據

三、此項證明書由某機關部隊填發時即用該機關部隊之番號

中華民國三十三年 月 日

33
5
26

團長 吳冲雲

陆军新编第十三师司令部出征抗敌军人家属证明书（周本立）（一九四三年）

出征抗敵軍人家屬證明書

陸軍新編第十三師司令部　字第10號

茲證明下表所列人氏為本師三八團輸送連上等兵周本立之家屬應得享受優待出征抗敵軍人家屬條例所規定之一切權利此證

家屬表

直系親屬	姓名	別號	年齡	籍貫	職業	現住地址
祖父	亡			四川	農	四川省鄰水縣復盛鄉冷板
祖母	亡			鄰水		橋三保
父	亡					
母	周賈氏					
妻	王氏					
子						
女						

說明

一　持用此項證明書人以直接參與作戰及調回後方休養並訓軍人軍屬留撥入新兵訓練處或常備隊之壯丁及運輸兵配偶及直系血親屬為限

二　撥入常備隊之壯丁其家屬証明書概由該縣(市)國民兵團發給

三　國民兵團所發之證明書其有效時間除特別情形外普通以三個月為限

四　新兵訓練處(補充團營)所發之証明書其有效時間除特別情形外普通以六個月為限

五　出征者之服役機關部隊填發証明書時應直接寄往該出征者家屬住在地之縣(市)優待委員會轉發其家屬收訖不得直接發給出征者本人其郵寄費得在其薪餉下扣除

六　縣(市)優待委員會接到出征者家屬證明書時以當地郵戳為憑於三日內應即轉發其家屬收執並同時予以優待不得藉故羈延爾後新兵訓練處(補充團營)與常備部隊遞寄該出征者家屬之證明書則依次予以註銷作廢存查以常備部隊所發之證明書為該出征者家屬依法享受優待之根據

七　此項證明書不得借與他人冒用否則經查出或被告發即將該證明書沒收取銷其享受優待之權利冒用人亦須依法懲處

八　此項證明書由某機關部隊填發時即用該機關部隊之番號

師長　唐郁伯

中華民國三十二年　月　日

陆军第九十四军第一百二十一师司令部出征抗敌军人家属证明书（周福堂）（一九四四年一月）

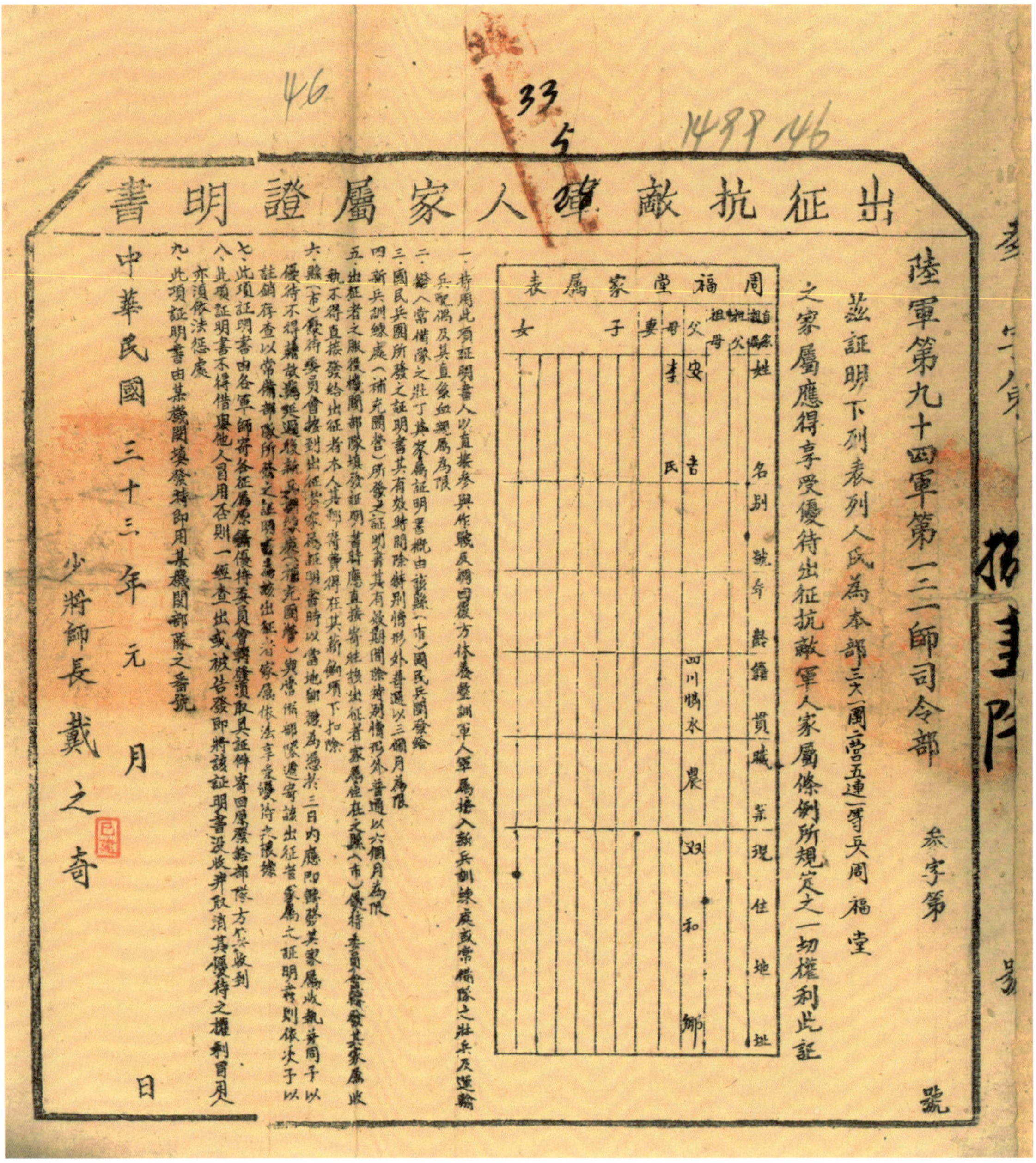

出征抗敵軍人家屬證明書

陸軍第九十四軍第一二一師司令部　叁字第　號

茲証明下列表列人民為本部三六一團二營五連一等兵周福堂之家屬應得享受優待出征抗敵軍人家屬條例所規定之一切權利此証

周福堂家屬表

直系親屬	姓	名別號	年齡	籍貫	職業	現住地址
祖父						
祖母						
父	安	吉		四川鄰水	農	双和鄉
母	李	氏				
妻						
子						
女						

一、持用此項証明書人以直接參與作戰及因傷回後方休養暨訓軍人軍屬撥入新兵訓練處或常備隊之壯兵及運輸兵配偶及其直系血親屬為限

二、撥入常備隊之壯丁其家屬証明書概由該縣（市）國民兵團發給

三、國民兵團所發之証明書其有效時間除特別情形外普通以三個月為限

四、新兵訓練處（補充團營）所發之証明書其有效期間除特別情形外普通以六個月為限

五、出征者之服役機關部隊填發証明書時應直接寄往該出征者家屬住在之縣（市）優待委員會轉發其家屬收執不得直接發給出征者本人其郵寄費得在其薪餉項下扣除

六、縣（市）優待委員會接到出征者家屬証明書時以當地鄉鎮為憑於三日內應即轉發其家屬收執並同予以優待不得藉故延遲致新兵訓練處（補充團營）與常備部隊遺寄該出征者家屬之証明書則依次予以註銷存查以常備部隊所發之証明書為該出征者家屬依法享受優待之根據

七、此項証明書由各軍師寄各征屬原籍優待委員會轉發須取具証件寄回原發給部隊方為收到

八、此項証明書不得借與他人冒用否則一經查出或被告發即將該証明書沒收並取消其優待之權利冒用人亦須依法懲處

九、此項証明書由某機關填發時即用某機關部隊之番號

中華民國三十三年元月　日

少將師長　戴之奇

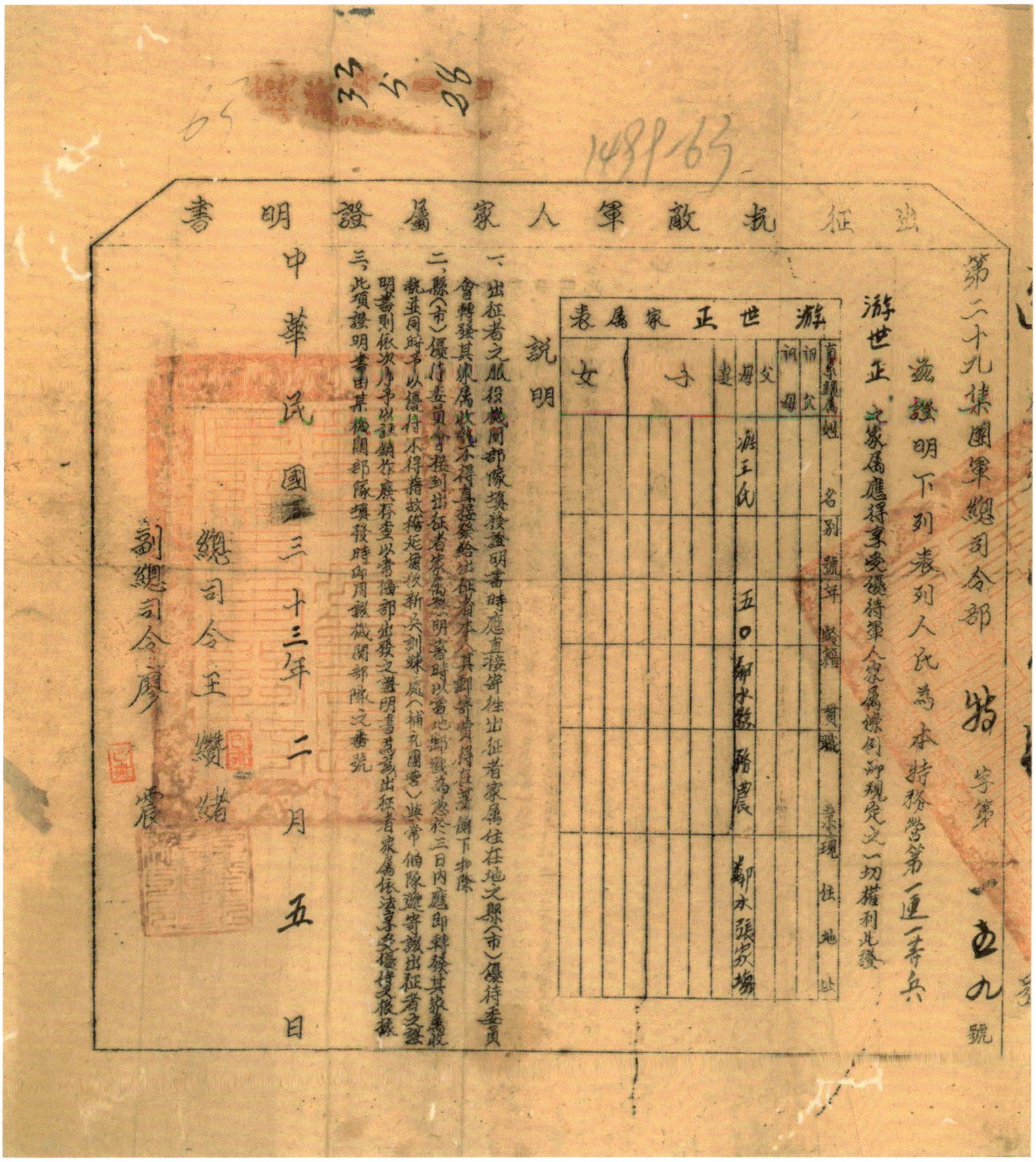

出征抗敵軍人家屬證明書

第二十九集團軍總司令部 特字第一五九號

茲證明下列表列人民為本特務營第一連一等兵

游世正之家屬應得享受優待軍人家屬條例所規定之一切權利此證

游世正家屬表

首系親屬	姓名	別號	年齡	籍貫	職業	現住地址
祖父						
祖母						
父						
母	游王氏		五〇	鄰水縣	務農	鄰水張家場
妻						
子						
女						

說明

一、出征者之服役機關部隊填發證明書時應直接寄往出征者家屬住在地之縣（市）優待委員會轉發其家屬收執不得直接發給出征者本人其郵寄費得在公費項下扣除

二、縣（市）優待委員會接到出征者家屬證明書時以當地郵戳為憑於三日內應即轉發其家屬收執並同時予以優待不得藉故稽延留後新兵訓練處（補充團營）與常備隊遞寄該出征者之證明書則依次序予以註銷作廢存查以常備部出發之證明書為該出征者家屬依法享受優待之根據

三、此項證明書由某機關部隊填發時印用該機關部隊之番號

中華民國三十三年二月五日

總司令 王纘緒

副總司令 廖震

第二十九集团军总司令部出征抗敌军人家属证明书（游世正）（一九四四年二月五日）

陆军第十八师五十三团关于检发张中才出征抗敌军人家属证明书致邻水县出征抗敌军人家属优待委员会的公函
（一九四四年五月一日）

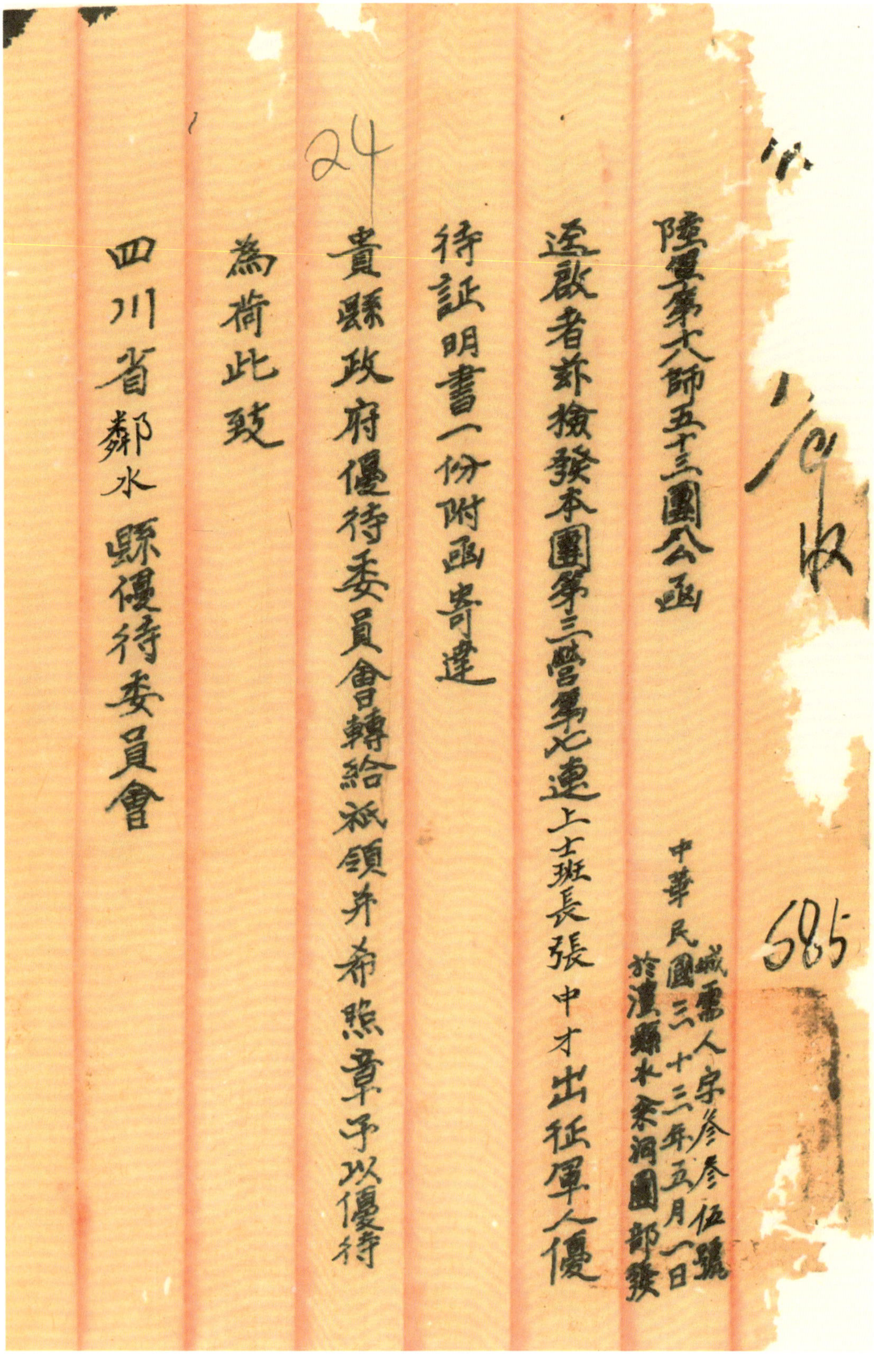

陸軍第十八師五十三團公函

城需人字叁叁伍號

逕啟者茲檢發本團第三營第七連上士班長張中才出征軍人優待証明書一份附函寄達

貴縣政府優待委員會轉給祇領并希照章予以優待

為荷此致

四川省鄰水縣優待委員會

中華民國三十三年五月一日

於瀘縣水桼洞團部發

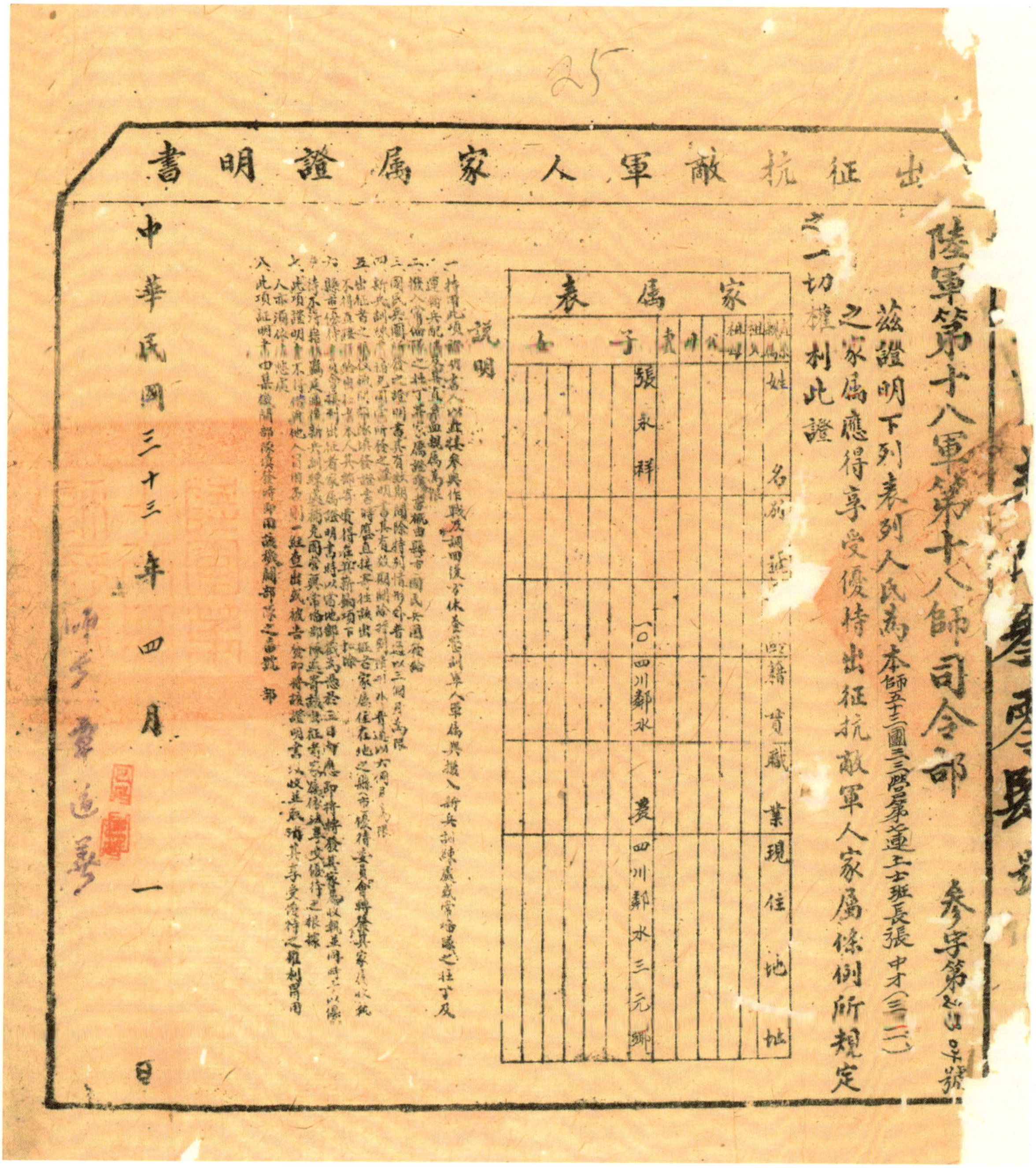
出征抗敵軍人家屬證明書

陸軍第十八軍第十八師司令部　參字第[illegible]號

茲證明下列表列人民為本師五十三團三營第七連上士班長張中才(三十二)之家屬應得享受優待出征抗敵軍人家屬條例所規定之一切權利此證

家屬表

與本軍人之關係	姓名	年齡	籍貫	職業	現住地址
[illegible]	張永祥	六〇	四川鄰水	農	四川鄰水三元鄉

說明

一、持有此項證明書人以直接參與作戰及調回後方休養當副軍人軍屬與撥入新兵訓練處或常備隊之壯丁及運輸兵配偶[illegible]直系血親屬爲限
二、撥入常備隊之壯丁[illegible]屬證[illegible]當概由縣市國民兵團發給
三、國民兵團所發之證明書其有效期間除特別情形外者以三個月爲限
四、新兵訓練處[illegible]所發之證明書其有效期間除特別情形外者以六個月爲限
五、出征者之[illegible]填發證書時應直接寄往該出征者家屬住在地之縣(市)優待委員會將其家屬收執不得直接[illegible]出征者本人[illegible]
六、縣市優待委員會接到出征者家屬證明書時[illegible]於五日內應即將其家屬收執並同時[illegible]以保持[illegible]
七、此項證明書不得[illegible]他人[illegible]一經查出或被告發即將該證明書收並取消其享受優待之權利[illegible]人亦須依法懲處
八、此項証明書由[illegible]部[illegible]

中華民國三十三年四月一日

師長　覃道善

附：出征抗敌军人家属证明书（张中才）

中华民国驻印军新三十师司令部、邻水县出征抗敌军人家属优待委员会等关于核查远征军人朱荣光出征抗敌军人家属证明书并予以优待的一组文件（一九四四年五月五日至六月十七日）

中华民国驻印军新三十师司令部致邻水县出征抗敌军人家属优待委员会的公函（一九四四年五月五日）

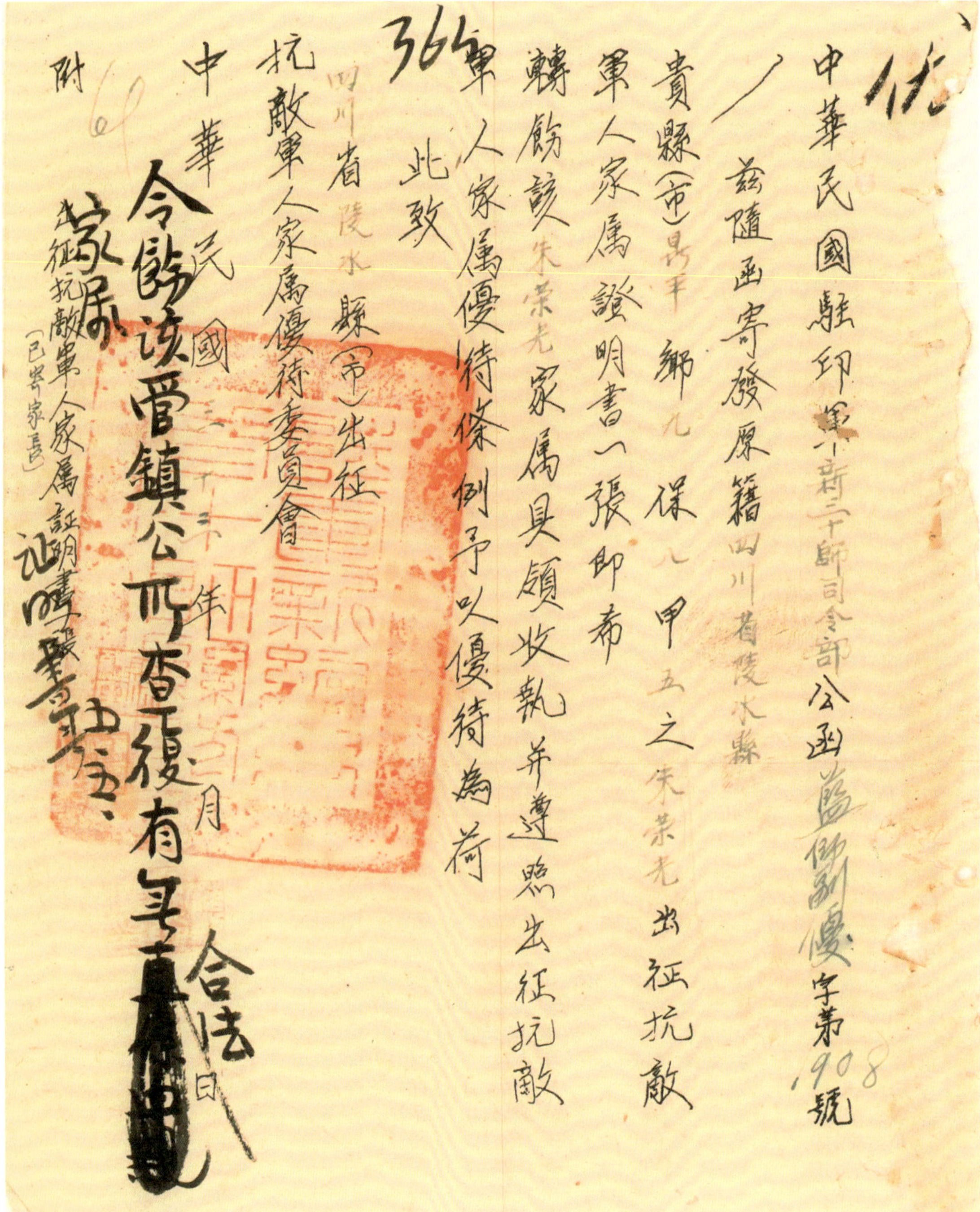

优

中華民國駐印軍新三十師司令部公函 駐印副優字第1908號

茲隨函寄發原籍四川省鄰水縣

貴縣（市）長平鄉九保九甲五之朱荣光出征抗敵

軍人家屬證明書一張即希

轉飭該家屬具領收執并遵照出征抗敵

軍人家屬優待條例予以優待為荷

此致

四川省鄰水縣（市）出征

抗敵軍人家屬優待委員會

中華民國 年 月 日

附出征抗敵軍人家屬證明書一張（已寄家長）

366

令飭該管鎮公所查復有無……合法

邻水县政府致鼎屏镇公所的训令（一九四四年六月十七日）

為飭查朱榮光有無合法家屬由　征伏（三）

275

全銜　訓令

令鼎屏鎮公所

案准

駐鄰軍新編三十師司令部監師副優字第1908號公函：「該部優待在鄰遠征軍人朱榮光家屬」等由，准此，合行令仰該鎮鎮長即便遵照查明該兵有無合法家屬具報來府以憑核辦為要！

此令。

縣長董〇〇

六·十七

陆军暂编第五十七军司令部、邻水县出征抗敌军人家属优待委员会等关于提供林少成出征抗敌军人家属证明书的一组文件（一九四四年五月二十九日至十月五日）

陆军暂编第五十七军司令部致邻水县出征抗敌军人家属优待委员会的公函（一九四四年五月二十九日）

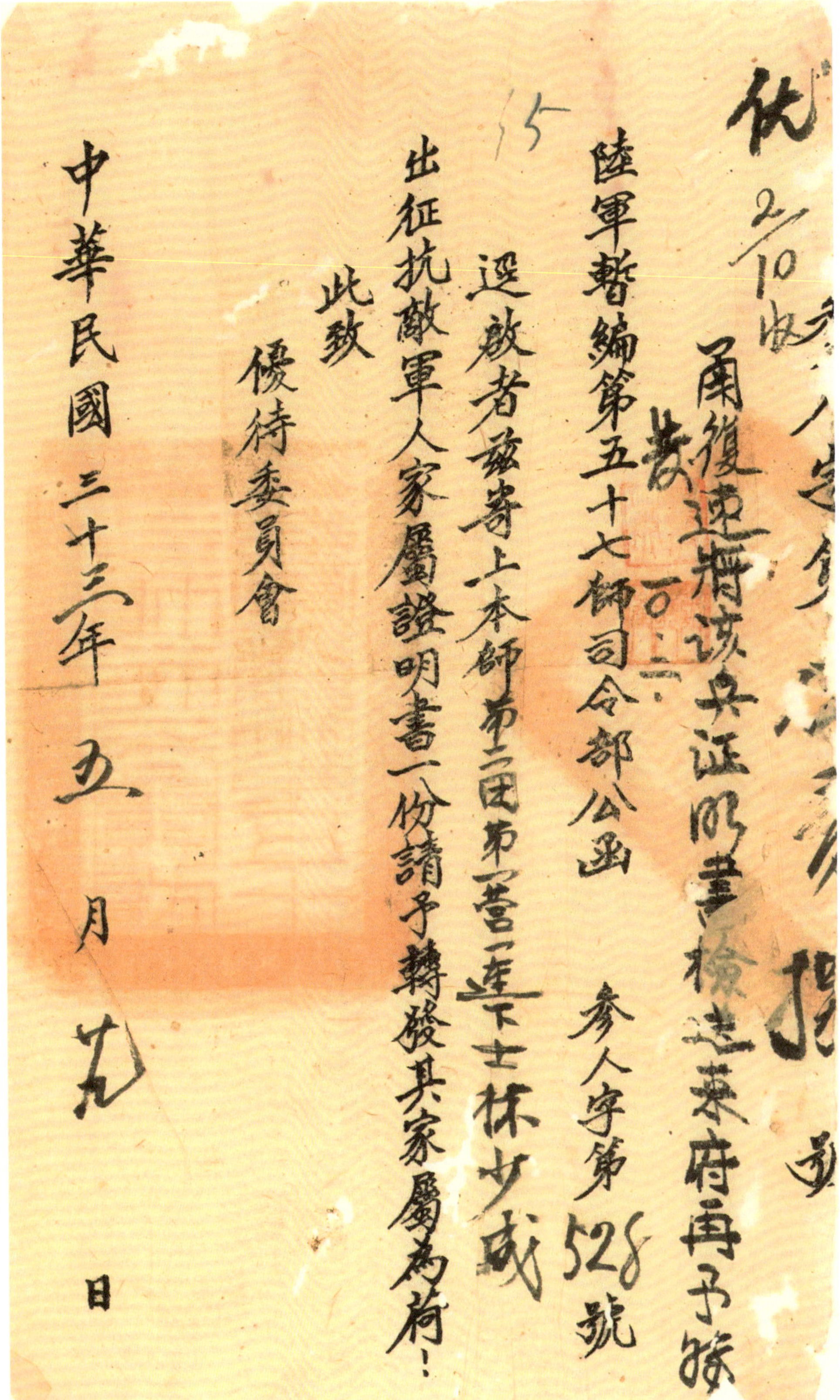

2/10收

函復速將該兵証明書檢送來府再予核發

一〇二

陸軍暫編第五十七師司令部公函　參人字第528號

逕啟者茲寄上本師第二團第一營一連下士林少成出征抗敵軍人家屬證明書一份請予轉發其家屬為荷！

此致

優待委員會

中華民國三十三年五月廿九日

邻水县政府致陆军暂编第五十七军司令部的公函（一九四四年十月五日）

公函　　征优（四）　15

案准

贵部参人字第五二八号公函嘱即发给出征军人林火成家属证明书以资享受实物优待等由准此。查来函内尚无该兵证明书，显系漏检，相应函复，希即查照，另行补填乙份检送过府，再予发给为荷。

此致

陆军暂编第五十七师司令部

县长　董△

10　5

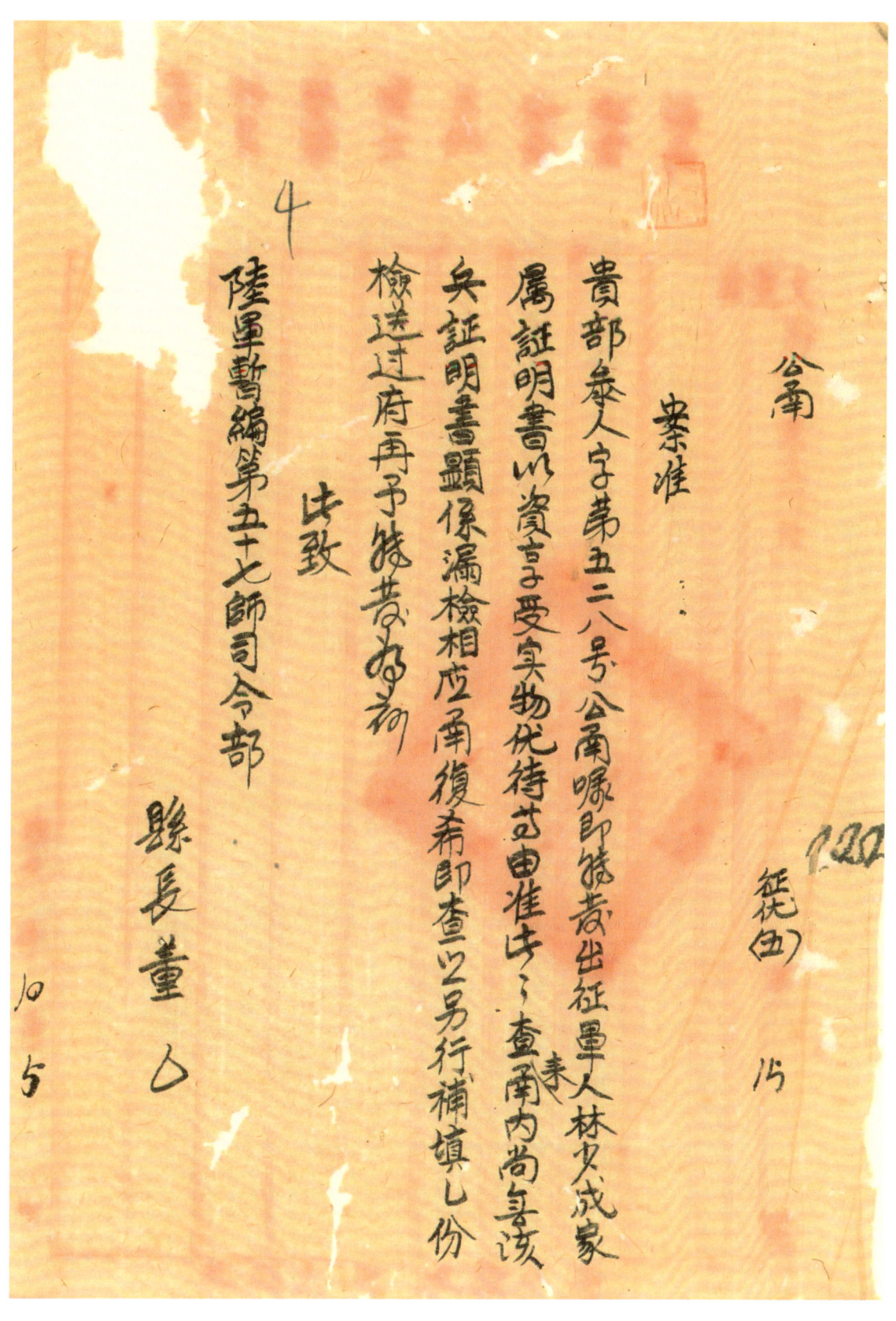

邻水县政府关于查核在印远征军人梅青荣是否有合法家属致牟家乡公所的训令（一九四四年七月十四日）

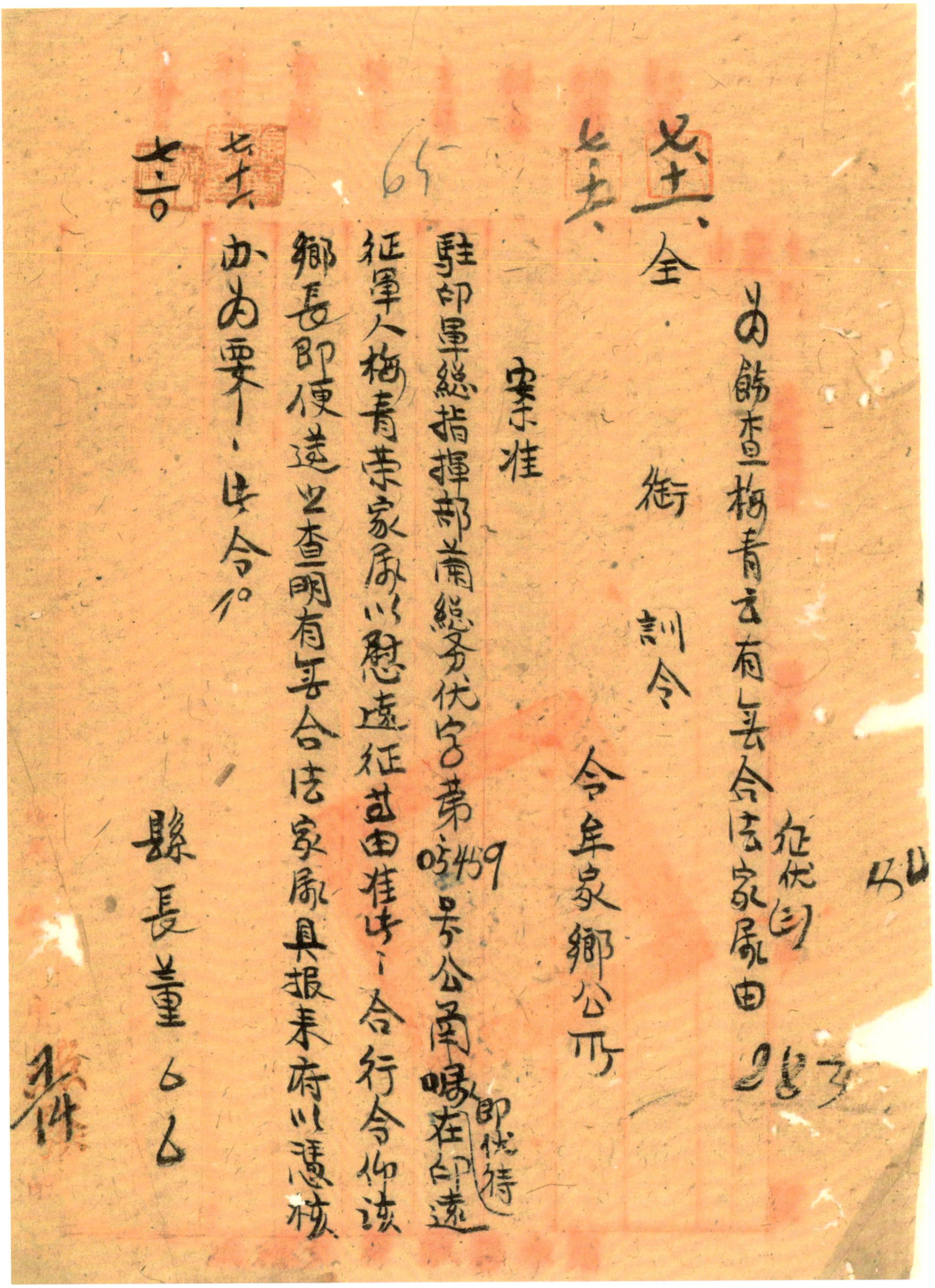
為飭查梅青榮有無合法家屬由
征優

全銜 訓令
令牟家鄉公所

案准

駐印軍總指揮部蘭總務優字第05459號公函，囑即優待在印遠征軍人梅青榮家屬以慰遠征，等由；准此，合行令仰該鄉長即便遵照查明有無合法家屬，具報來府，以憑核辦為要。此令。

縣長董〇〇

邻水县政府关于转发出征军人家属证明书致九峰、丰禾、梁板乡镇公所的训令（一九四四年八月二十六日）

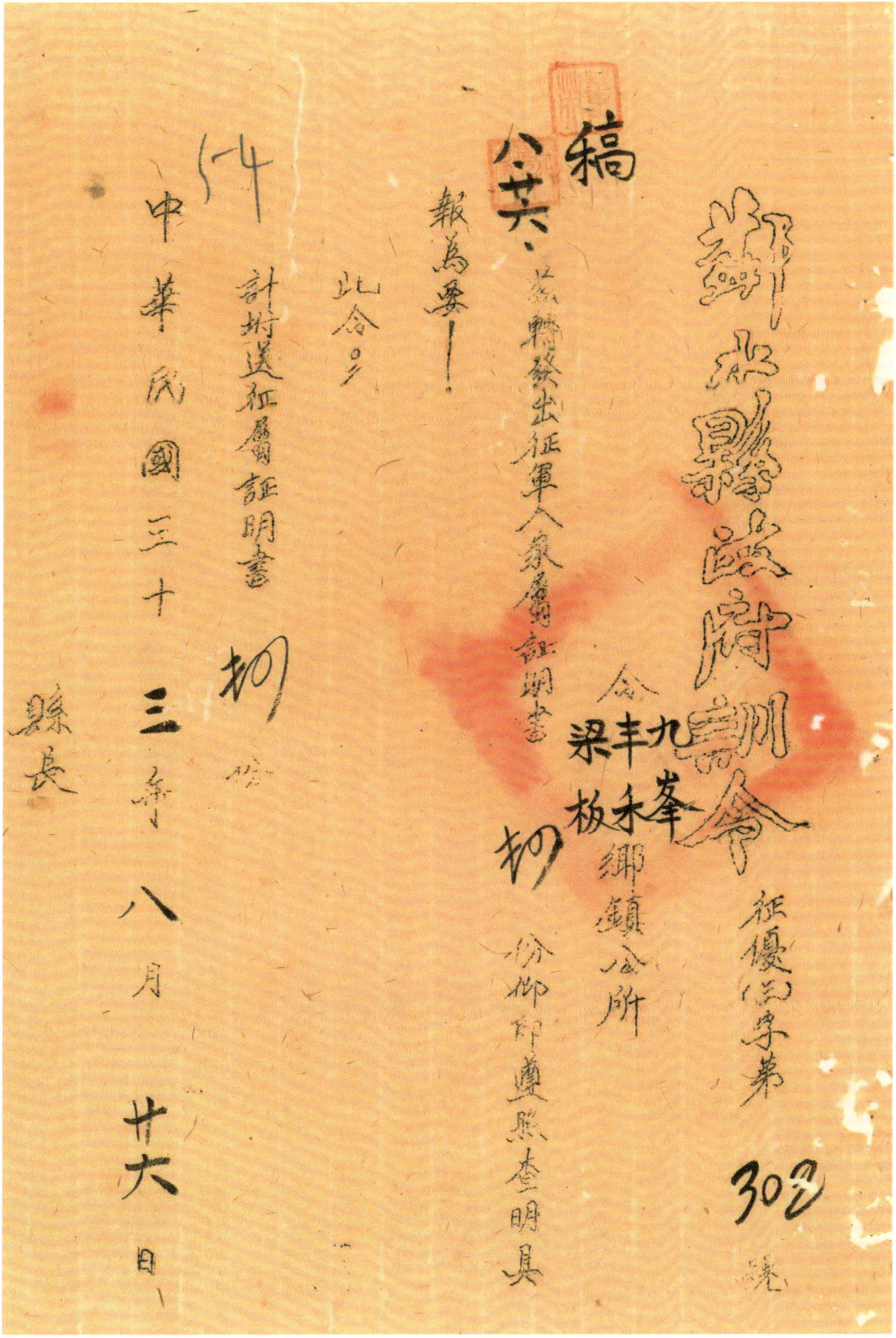
稿

鄰水縣政府訓令　征優(三)字第302號

令九峰、丰禾、梁板鄉鎮公所

茲轉發出征軍人家屬證明書　份，仰即遵照查明具報為要！

此令。

計檢送征屬證明書　份

中華民國三十三年八月廿六日

縣長

附：转发各乡镇征属证明书汇总表

155

說明

一、鄉鎮公所接到證明書時于三日內應即轉發其家屬收執，惟須認真攷核是否出征者之直系血親或配偶，如無法交家屬，即將證明書送還本會予以註銷作廢存查。

二、出征者家屬接到證明書時即行將原證明書呈由該管鄉鎮公所轉送本會以憑發給榮譽狀及三聯單，惟鄉鎮公所應攷核家屬是否應享受物資之優待并曾否持有榮譽狀及三聯單，如不應享受、或已持有狀、單則予註明退還，藉持有人不予照轉以杜重複冒濫之弊。

56.

計轉發各鄉鎮征屬證明書表

鄉鎮別	證明書件數	備攷
九峯鄉	一	
梁板鄉	二	
豐禾鄉	一	
合計	四	

邻水县政府关于查核征属刘曾氏控告保长谢明廷、谢汉玉侵吞优待实物一案致菁拱乡公所的训令（一九四四年九月二十二日）

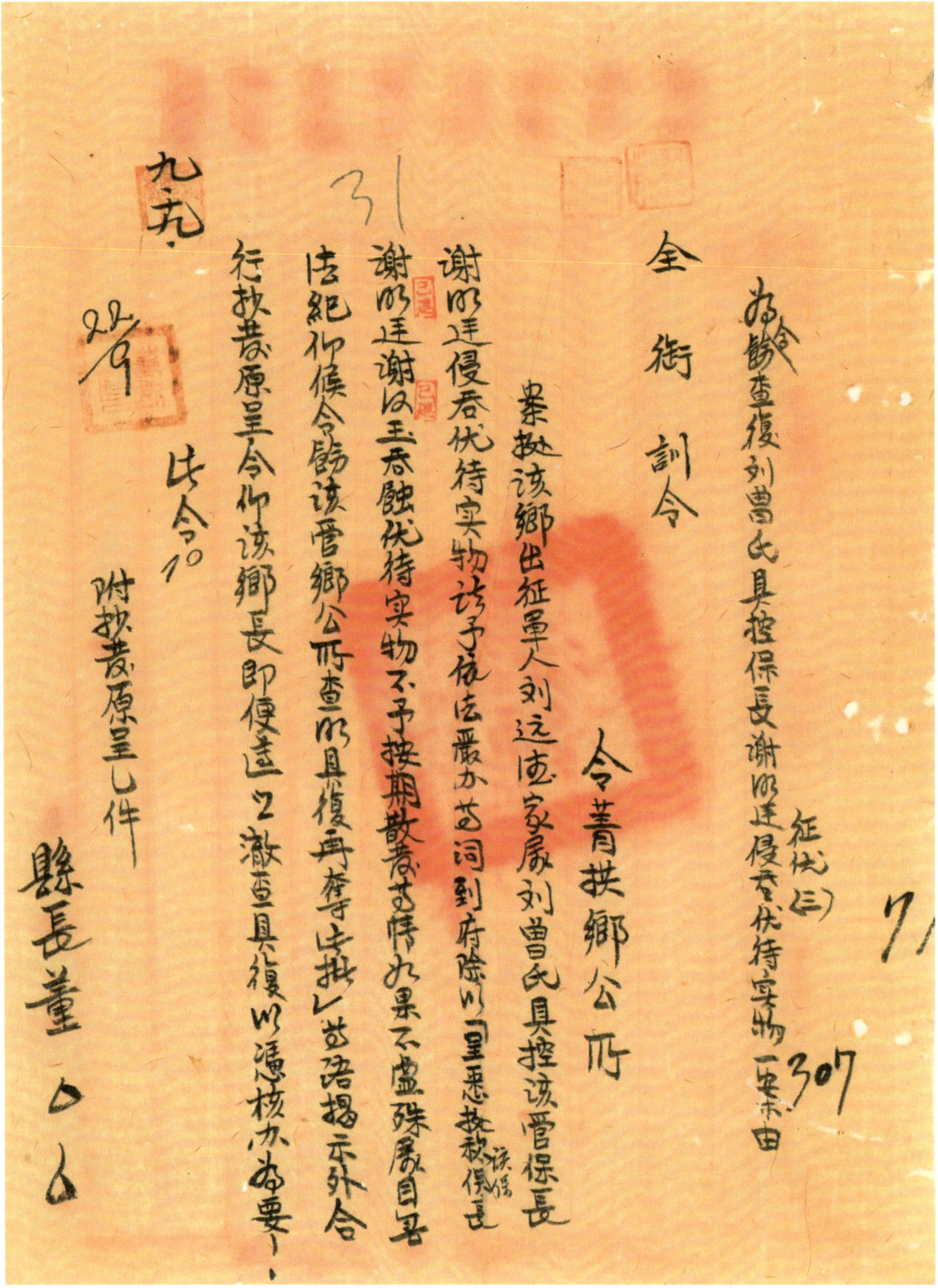

征优（三） 307 71

為令飭查復劉曾氏具控保長謝明廷侵吞优待实物一案由

全銜訓令

令菁拱鄉公所

案據該鄉出征軍人劉遠德家屬劉曾氏具控該管保長謝明廷侵吞优待实物請予依法嚴辦等詞到府，除以「呈悉。據教該保長謝明廷、謝漢玉吞蝕优待实物，不予按期散發等情，如果不虛，殊屬目無法紀，仰候令飭該管鄉公所查明具復再奪」等語批示外，合行抄發原呈，令仰該鄉長即便遵照澈查具復，以憑核辦為要。

此令。

附抄發原呈一件

縣長董○○

九九、

22/9

附：刘曾氏致县政府的呈

呈為壯丁家屬邊田廣邑報請体恤保存榮譽狀懇祈函達鄉所准頒優待以度家屬生活事情。客民鄧平川原籍廣安，寄民廿六年遷移貴縣菁扶鄉田居馬桑壩與濟户作工，以縫紉為業。爰有內弟劉遠德年廿七歲，縫衣技藝，介紹謝漢朝家縫衣，旋被保甲將伊拉充義壯往前方抗戰去訖。該遠德慈母妻室子女等民，去歲已向本邑所屬協興鄉具報，沐函咨

鈞府是年卅年蒙王前縣長任內發給榮譽狀一份，係照字第十三號，証據可查。具領之後，連年優待谷洋全被保長謝明廷、謝漢玉二人中飽，殊遠德內妻撫育二子三女，來民家坐過生活不周。介紹焉見彼淘，似此奇禍難了。迄今民本邊田廣邑協興鄉惟榮譽狀亦係

鈞府發給該抗敵家屬劉曾氏，无恐本鄉優待無效，央民具表不揭憐恤遠德上有慈母下有妻室子女，家無立錐之土佃地耕種，衣食欠缺，如不念係戚誼接濟，伊家老小顯成乞丐。只得具報聲懇

鈞府俯賜鑒核，請予轉飭菁扶鄉保長謝明廷、謝漢玉二人賠出連年優待谷洋，并按律懲辦貪污保長，以維抗戰家屬生活。再懇函達廣安協興鄉鄉公所，遇發優待該伊妻劉曾氏，批呈榮譽狀，准予承領，以度全家老小生計，則民等不勝沾感之致。ㄙ 謹呈

縣長董 鈞鑒

代報人 鄧平川 十

壯丁家屬 劉曾氏 十

被報人 謝明廷 謝漢玉

呈悉。據称保長謝明廷、謝漢玉吞蝕抗屬實物，不予按期發放等情，如果不虛，殊屬目無法紀。仰候令飭該管鄉公所查明具復核奪。此批

九、八、八

邻水县政府关于核查填报出征抗敌军人家属证明书致各乡镇公所的训令（一九四四年九月二十二日）

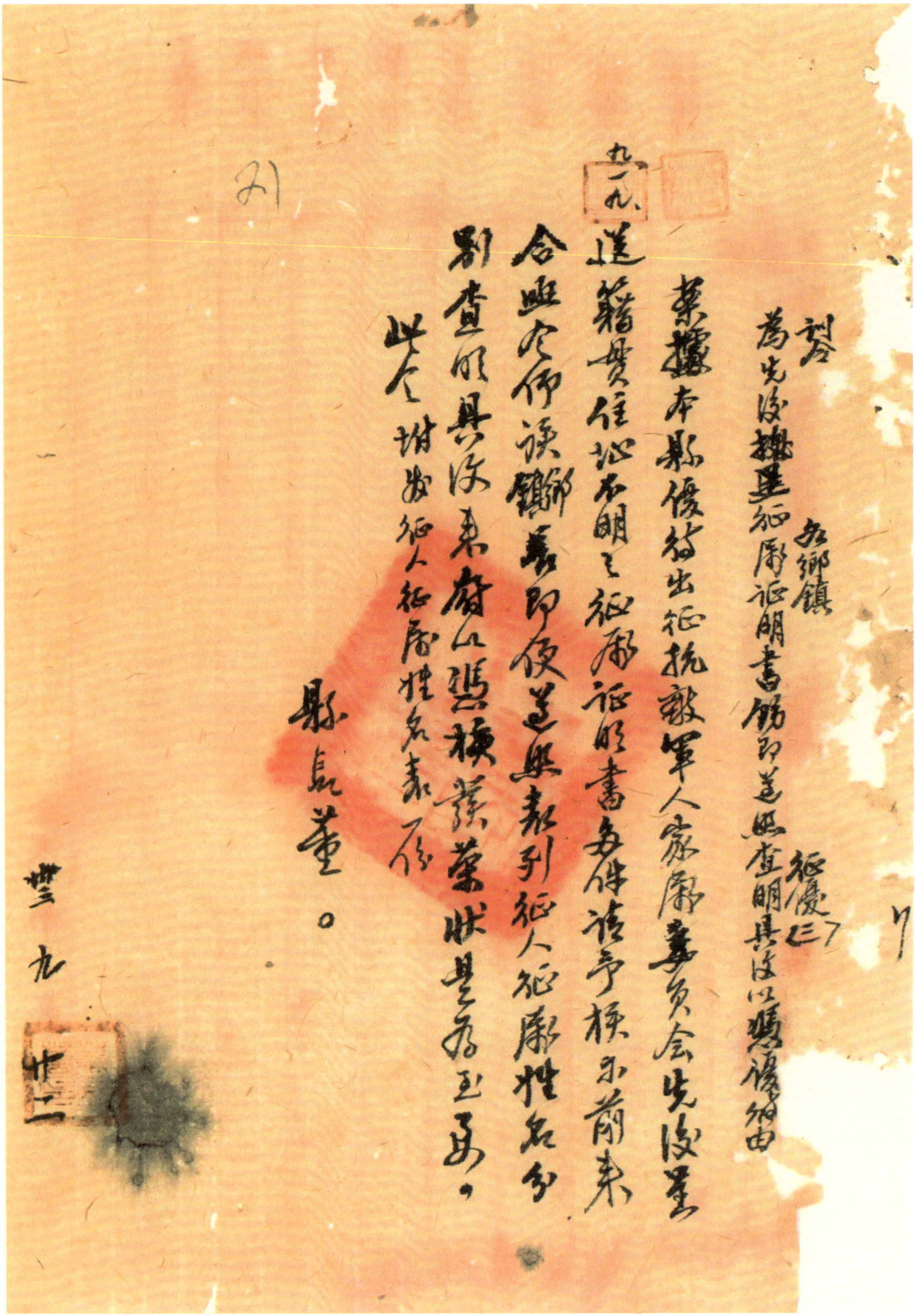
训令 征优（三）

为先后填呈征属证明书饬即遵照查明具注以凭优待由

各乡镇

案据本县优待出征抗敌军人家属委员会先后呈送籍贯住址不明之征属证明书多件请予核示前来。合亟令仰该乡镇长即便遵照表列征人征属姓名分别查明具注来府以凭核发是为至要。此令。

计发征人征属姓名表一份

县长 董○

卅三 九 廿二

附：邻水县优待委员会准各部队函送征属证明书汇列征人征属姓名表

222

鄰水縣優待委員會准各部隊函送征屬證明書彙列征人征屬姓名表

服務部隊番號	出征軍人姓名	征屬姓名及其關係	征屬住址及其小地名	備攷
六軍十八師五十二團三營第七連	張永祥		三元鄉	
遠征軍五十四軍十四師一營二連	沈金山	母沈艾氏	大南灘	
第四軍九十師司令部工兵連	楊子云	父楊緒弟 母李氏	三區七甲獻	
四軍九十師二六九團三營輸送連	譚少五	父譚文九	二八公所	
二七集團軍總司令部	謝建章	妻謝陳氏	清林溝謝家寨	
四軍九十師二七〇團一營三連	刘堂和	母刘馮氏	三區二五保六甲	
新編十二師十四團二營四連	莫玉屏	母莫黃氏	青麻鄉三保四甲馬家析	
七五軍司令部通信排	何昌二	父何云全	三區城北鄉二保	

23

七五軍輜重兵團一營一連	李義堂	父李和生 母施氏	二區八保二甲
七五軍輜重兵團二營七連	甘長路	父甘業正 母包氏	刘家庄
七五軍輜重兵團四營十二連	李友廷	父李伍根 母洪氏	二區二〇九保五甲
二九集團軍總司令部特務營[illegible]	唐紹成	父唐海州 母陳氏	唐家祠堂
二九集團總司令部特務營一連	游世正	母游王氏	張家場高塆
三十軍三四師司令部搜索連	李華成	母氏 妻王氏	大坡村二保

邻水县政府关于转发出征军人家属证明书致坛同、石永、丰禾乡镇公所的训令（一九四四年九月二十六日）

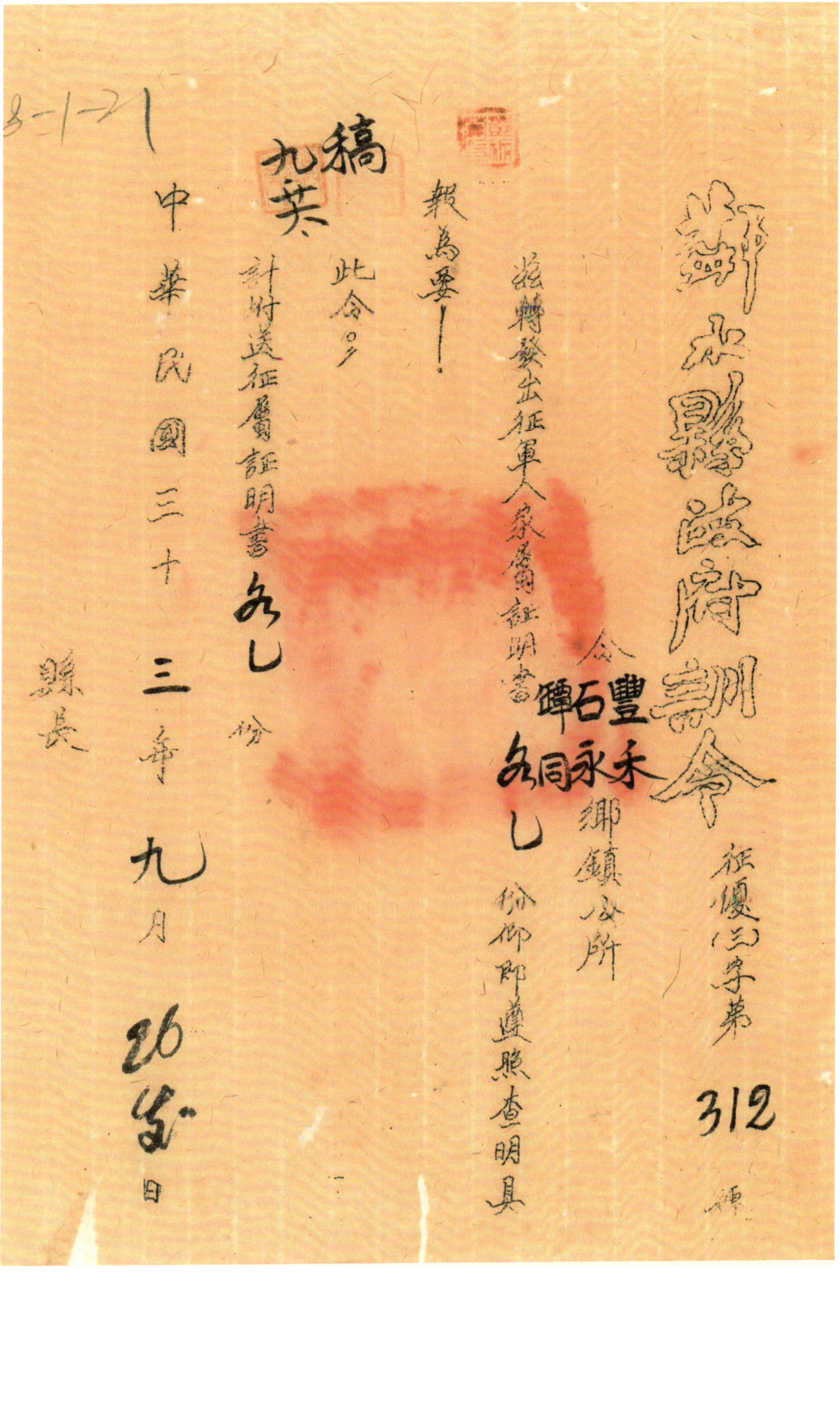

鄰水縣政府訓令

征優（三）字第312號

令豐禾、石永、壇同鄉鎮公所

茲轉發出征軍人家屬證明書各乙份，仰即遵照查明具報為要！

此令。

計附送征屬證明書各乙份

稿 九英

中華民國三十三年九月26發日

縣長

附：转发各乡镇征属证明书表

說明

一、鄉鎮公所接到證明書時，于三日內應即轉發其家屬收執，惟須認真考核是否出征者之直系血親或配偶，如無法交家屬，即將證明書送還本會予以註銷作廢存查。

二、出征者家屬接到證明書時，即行將原証件交呈由該管鄉鎮公所轉送本會，以憑發給榮譽狀及三聯單。惟鄉鎮公所應考核家屬是否應享受物資及優待，并曾否持有榮譽狀及三聯單，如不應享受、或已持有狀單，則予註明退還，嚴禁持有人私予聽轉，以杜重複冒濫之弊。

2183

計轉發各鄉鎮征屬證明書表

鄉鎮別	證明書件數	備攷
石永鄉	一	
丰禾鄉	一	
鐔同鄉	一	
合計	三	

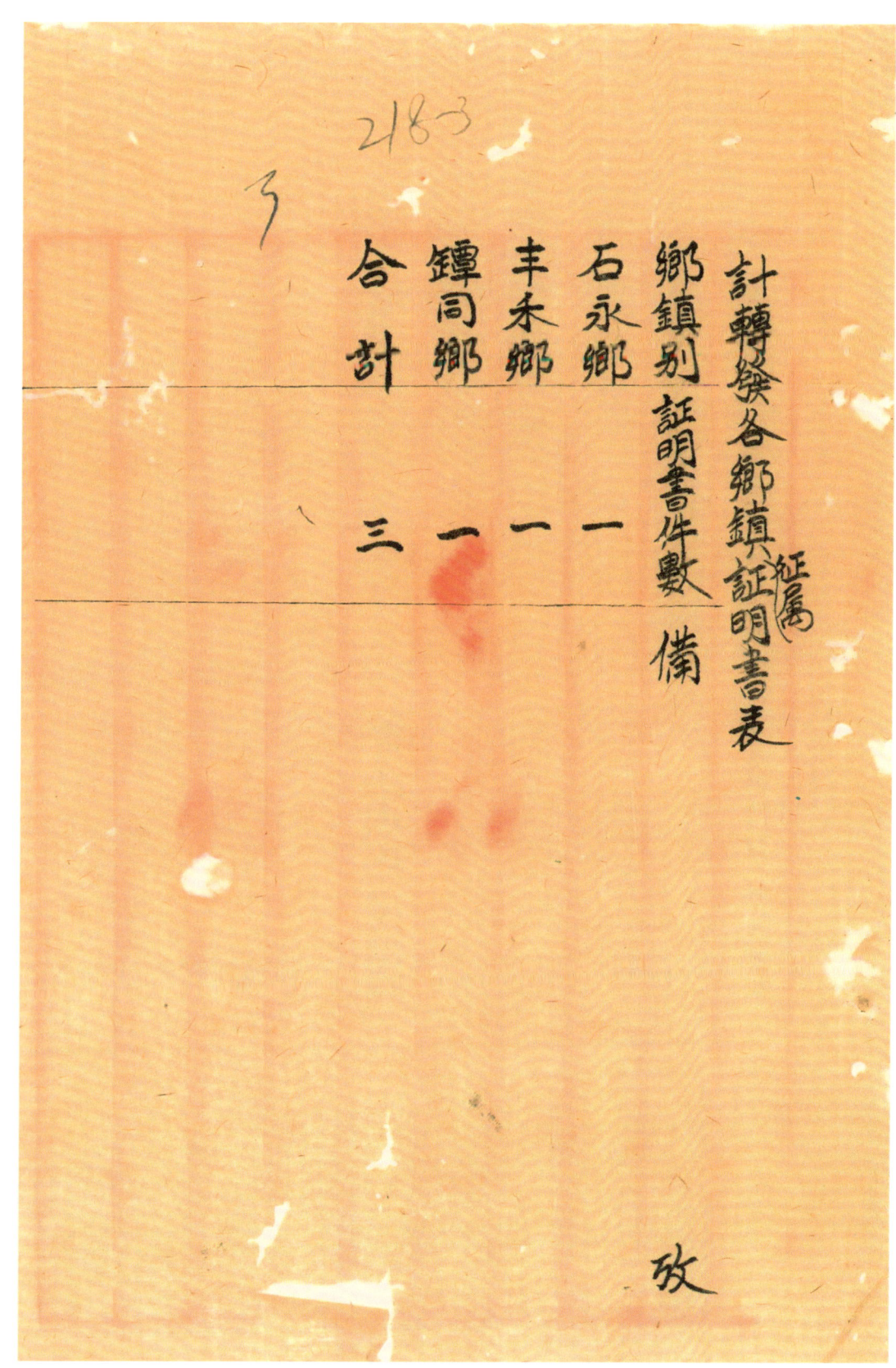

邻水县政府关于奉部颁转从军学生学业优待办法致私立自成中学的训令（一九四四年十二月三十一日）

附：从军学生学业优待办法

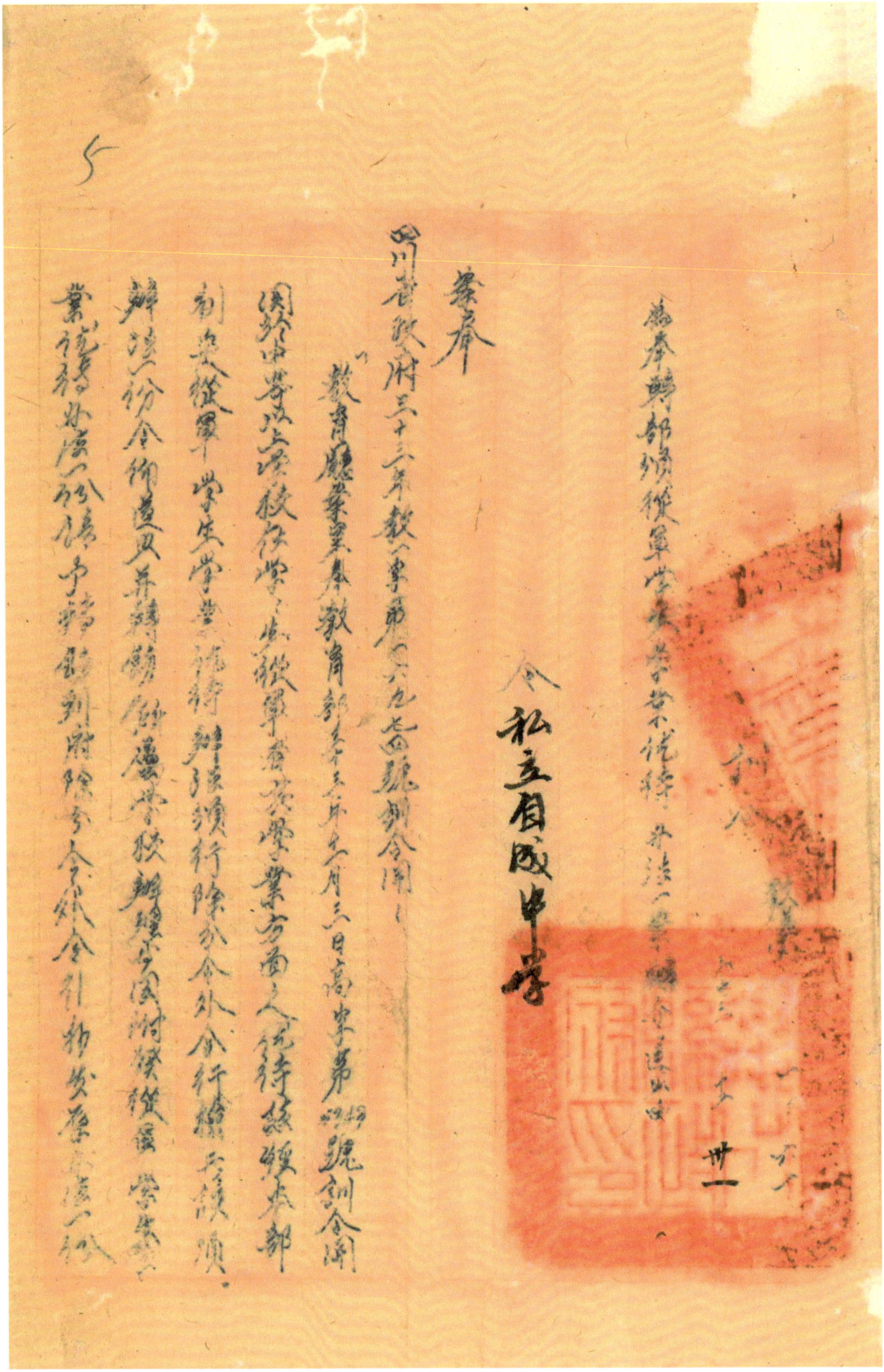
5
為奉轉部頒從軍學生學業優待辦法一案令仰遵照由
卅一
令私立自成中學
案奉
四川省政府三十三年教（一）字第一六九六號訓令開：
「教育廳案呈奉教育部本年九月二日高字第4249號訓令開：
『關於中等以上學校在學學生從軍者於學業方面之優待，經本部
制定從軍學生學業優待辦法，頒行除分令外，合行檢發該項
辦法，仰即遵照並轉飭所屬學校辦理。』等因，附發從軍學生學
業優待辦法一份。奉此，除分令外，合行抄發原辦法一份

6

令仰遵照並轉飭所屬遵照[illegible]此令。等因。

並附徵發從軍學生學業[illegible]辦法[illegible]在案，除分令外，合行抄發辦法令

該令仰遵照為要。

此令。

計抄發徵發從軍學生學業優待辦法一份

縣長 董英

徵發從軍學生學業優待辦法

一、專科以上學校在學學生志願從軍者，其學業方面得依據本辦法之

規定辦理。

二、中等以上學校學生從軍期間一律保留原有學籍，前項學生如欲轉學相

關類者，從軍期滿復員回原校者，應引致規則隨時恢復其學籍。

三、從軍學生退伍後，得依本人志願及原校學級並特許參加升級考試。

中等學校學生於畢業時並准免試升學。

四、中等學校畢業學生已修滿高級、初級三學期課程後投考學校者
類期之學生准免除會考，發給畢業證書，並准免試升學。
五、大學及專科學校學生修畢學年課程後，經考試及格者，得免試升學。
六、專科以上學校學生從軍者，俟退伍後復學時，其肄業時間得減少一學
期，其入伍前已修滿最後一學年第一學期課程，退伍時准由
原校發給畢業證書。
七、從軍學生入伍後如成績優異，或立有戰功及負傷者，其復學時得繼續予
以公費、免費及給予獎學金之待遇。
八、從軍學生參加高等考試，得予以優先錄取之機會。
九、從軍學生之志願參加國內外軍事學校以及出國研究國防科學者，
得由政府擇優依法優先保送。

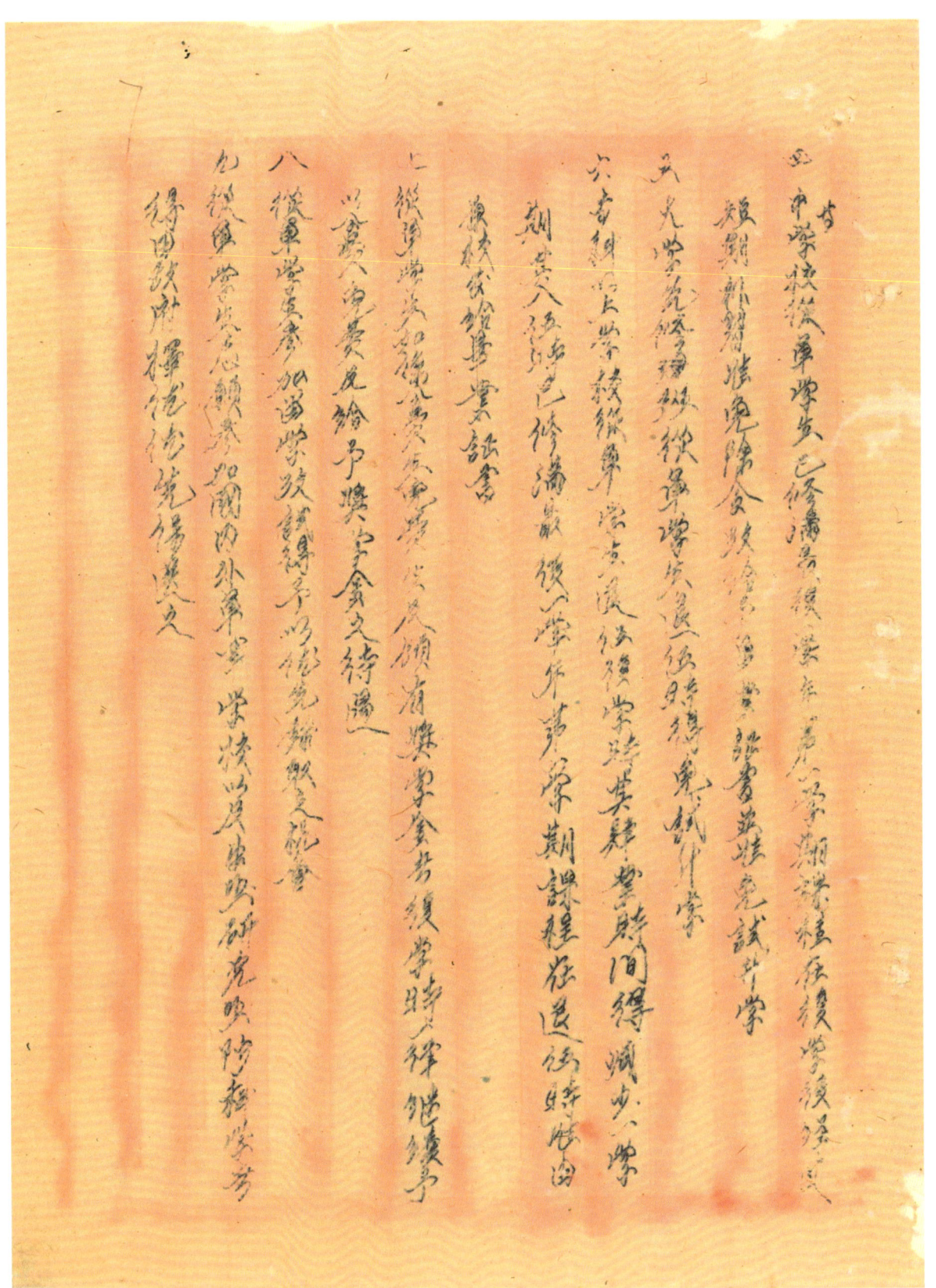

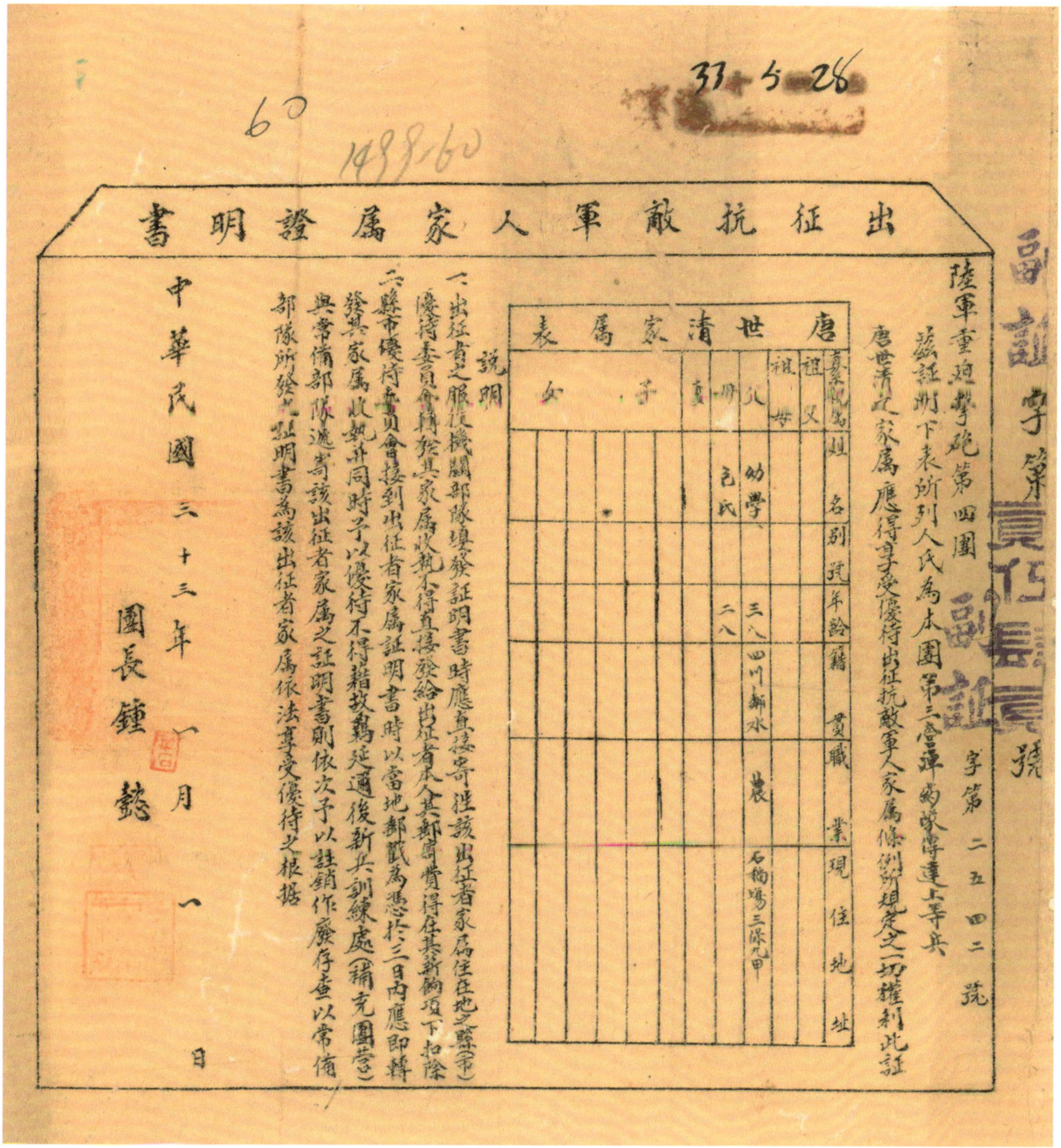

出征抗敵軍人家屬證明書

副證字第　　號

陸軍重廹擊砲第四團　　字第二五四二號

茲證明下表所列人氏為本團第三營連部傳達上等兵唐世清之家屬，應得享受優待出征抗敵軍人家屬條例所規定之一切權利。此証

唐世清家屬表

稱謂	祖父	祖母	父	母	妻	子	女
姓名			幼學、	包氏			
年齡			三八	二八			
籍貫			四川鄰水				
職業			農				
現住地址			石楠場三保九甲				

說明

一、出征者之服役機關部隊填發証明書時，應直接寄往該出征者家屬住在地之縣（市）優待委員會轉發其家屬收執，不得直接發給出征者本人，其郵寄費得在其薪餉項下扣除。

二、縣市優待委員會接到出征者家屬証明書時，以當地郵戳為憑，於三日內應即轉發其家屬收執，并同時予以優待，不得藉故雞延。迨後新兵訓練處（補充團營）與常備部隊遞寄該出征者家屬之証明書，則依次予以註銷作廢存查，以常備部隊所發之証明書為該出征者家屬依法享受優待之根據。

團長鍾懿

中華民國三十三年一月一日

陆军重迫击炮第四团出征抗敌军人家属证明书（唐世清、孟国瑞、曾常柱、周禄田、唐德用、包季平）（一九四四年）

出征抗敵軍人家屬證明書

陸軍重迫擊砲第四團　字第〇〇三號

茲証明下表所列人民為本團第一營軍士孟國瑞之家屬應得享受優待出征抗敵軍人家屬條例所規定之一切權利此証

孟國瑞家屬表

直系親屬	姓名別號	年齡	籍貫	職業	現住地址
祖父	歿				
祖母					
父	歿				
母					
妻	黄氏	三八	四川鄰水	商	鄰水城北街
子	錫麟	一五	仝		仝
子					
子					
女					
女					

說明

一、出征者之服役機關部隊填發証明書時應直接寄往該出征者家屬住在地之縣（市）優待委員會轉發其家屬收執不得直接發給出征者本人（其郵寄費得在其薪餉項下扣除）

二、縣市優待委員會接到出征者家屬証明書時以當地郵戳為憑於三日內應即轉發其家屬收執并同時予以優待不得藉故羈延逾後新兵訓練處（補充團營）與常備部隊通寄該出征者家屬之証明書則依次予以註銷作廢存查以常備部隊所發之証明書為該出征者家屬依法享受優待之根據

中華民國三十三年壹月伍日

團長鍾懿

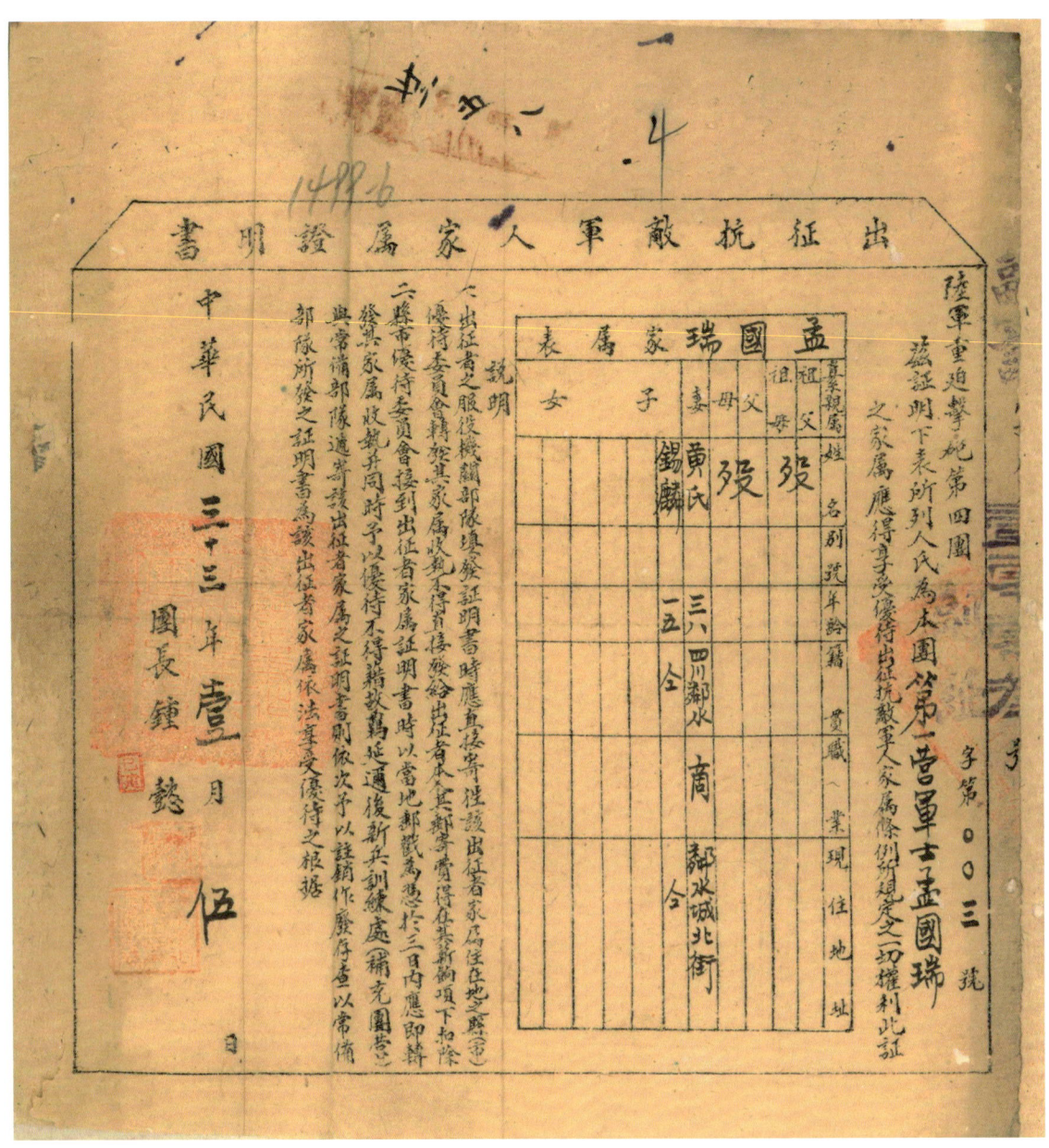

33.5.14

11 149341

出征抗敵軍人家屬證明書

陸軍重迫擊砲第四團　字第二五五二號

茲証明下表所列人氏為本團第三營彈葯隊彈葯二等兵曾常柱之家屬應得享受優待出征抗敵軍人家屬條例所規定之一切權利此証

曾常柱家屬表

家屬	姓名	別號	年齡	籍貫	職業	現住地址
祖父						
祖母						
父	立云		四五	四川鄰水		延金鄉十三保三甲
母	謝氏		四八			
妻						
子						
女						

說明

一、出征者之服役機關部隊填發証明書時應直接寄往該出征者家屬住在地之縣(市)優待委員會轉給其家屬收執不得直接發給出征者本人其郵寄費得在其薪餉項下扣除

二、縣市優待委員會接到出征者家屬証明書時以當地郵戳為憑於三日內應即轉發其家屬收執并同時予以優待不得藉故羈延遇後新兵訓練處(補充團營)與常備部隊遞寄該出征者家屬之証明書則依次予以註銷作廢存查以常備部隊所發之証明書為該出征者家屬依法享受優待之根據

中華民國三十三年一月　日

團長鍾　彝

出征抗敵軍人家屬證明書

陸軍重迫擊砲第四團　字第二五四六號

茲証明下表所列人氏為本團第三營彈藥隊彈藥二等兵周祿田之家屬，應得享受優待出征抗敵軍人家屬條例所規定之一切權利。此証

周祿田家屬表

與本人親屬	姓名	別號	年齡	籍貫	職業	現住地址
祖父						
祖母						
父	文海		五六	四川鄰水	農	青狀鄉十一保二甲
母	何氏		五四			
妻	張氏		二三			
子						
女						

說明

一、出征者之服役機關部隊填發証明書時，應直接寄往該出征者家屬住在地之縣（市）優待委員會轉發其家屬收執，不得直接發給出征者本人，其郵寄費得在其薪餉項下扣除。

二、縣市優待委員會接到出征者家屬証明書時，以當地郵戳為憑，於三日內應即轉發其家屬收執，并同時予以優待，不得藉故羈延。通後新兵訓練處（補充團營）與常備部隊遞寄該出征者家屬之証明書，則依次予以註銷作廢存查，以常備部隊所發之証明書為該出征者家屬依法享受優待之根據。

中華民國三十三年一月　日

團長鍾毅

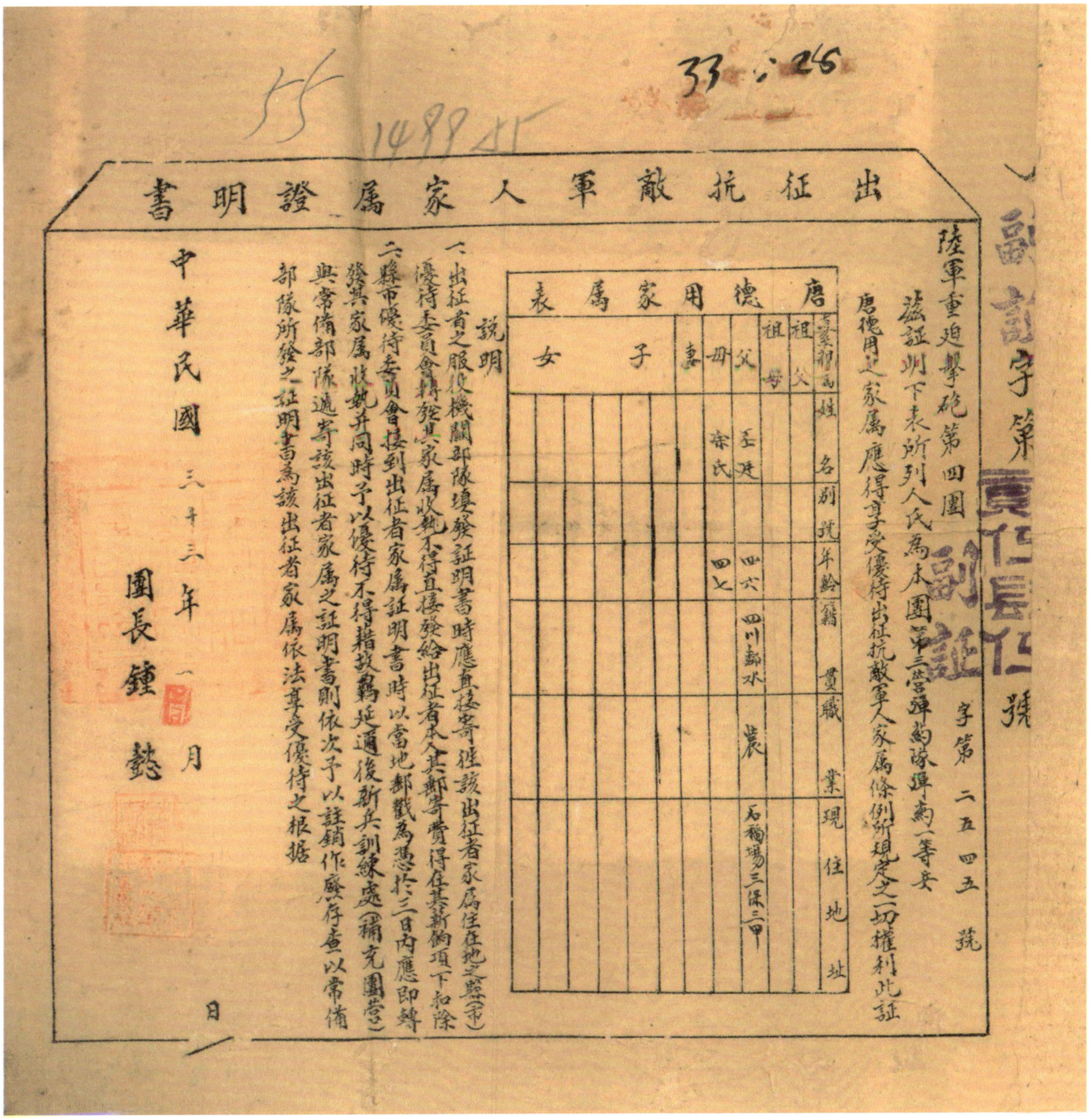

出征抗敵軍人家屬證明書

副字第　　號

陸軍重迫擊砲第四團　字第二五四五號

茲証明下表所列人民為本團第三營彈藥隊彈藥一等兵

唐德用之家屬應得享受優待出征抗敵軍人家屬條例所規定之一切權利此証

唐德用家屬表

	姓名	別號	年齡	籍貫	職業	現住地址
曾祖父母						
祖父						
祖母						
父	王廷		四六	四川鄰水	農	石稱場三保二甲
母	徐氏		四七			
妻						
子						
女						

說明

一、出征者之服役機關部隊填發証明書時應直接寄往該出征者家屬住在地之縣（市）優待委員會轉發其家屬收執，不得直接發給出征者本人，其郵寄費得在其薪餉項下扣除

二、縣市優待委員會接到出征者家屬証明書時，以當地郵戳為憑，於三日內應即轉發其家屬收執，并同時予以優待，不得藉故稽延，逾後新兵訓練處（補充團營）與常備部隊遞寄該出征者家屬之証明書，則依次予以註銷作廢，存查以常備部隊所發之証明書為該出征者家屬依法享受優待之根據

中華民國三十三年一月　日

團長鍾懿

33 5 28

58

1439-58

出征抗敵軍人家屬證明書

副字第　號

陸軍重迫擊砲第四團　字第二五五六號

茲証明下表所列人氏為本團第三營彈藥隊彈藥二等兵色季平之家屬，應得享受優待出征抗敵軍人家屬條例所規定之一切權利，此証

色季平屬表

直系親屬	姓名	別號	年齡	籍貫	職業	現住地址
祖父						
祖母						
父	王華太		五六			
母						
妻	來荀		一九	四川鄰水	農	石鍋場六保
子						
子						
子						
女						
女						
女						

說明

一、出征者之服役機關部隊填發証明書時，應直接寄往該出征者家屬住在地之縣(市)優待委員會轉發其家屬收執，不得直接發給出征者本人，其郵寄費得在其薪餉項下扣除。

二、縣市優待委員會接到出征者家屬証明書時，以當地郵戳為憑，於三日內應即轉發其家屬收執，并同時予以優待，不得藉故羈延。迨後新兵訓練處(補充團營)與常備部隊遞寄該出征者家屬之証明書，則依次予以註銷作廢存查，以常備部隊所發之証明書為該出征者家屬依法享受優待之根據。

中華民國三十三年一月　日

團長鍾鋐

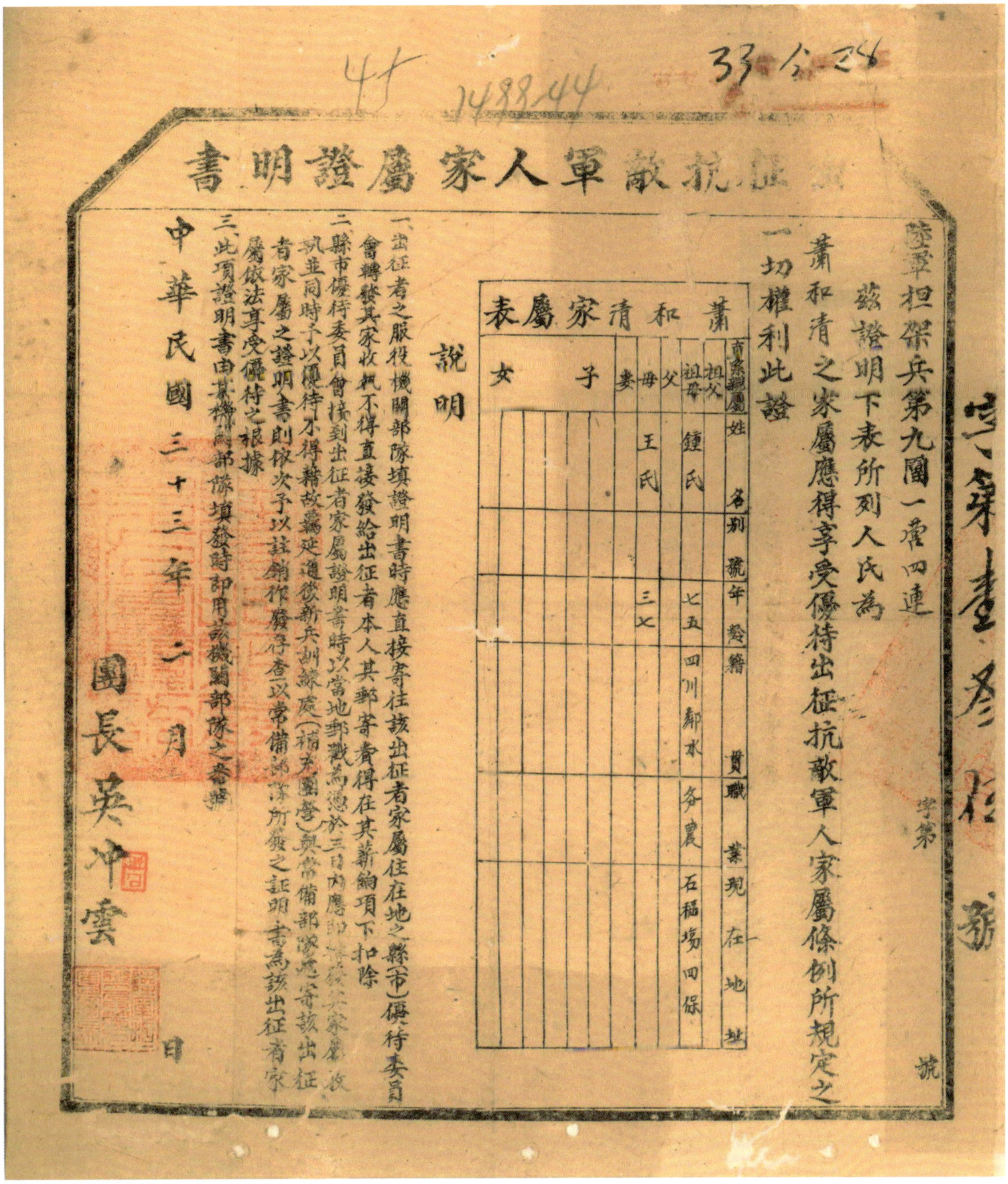

出征抗敵軍人家屬證明書

字第　號

陸軍担架兵第九團一營四連

茲證明下表所列人氏為

蕭和清之家屬應得享受優待出征抗敵軍人家屬條例所規定之

一切權利此證

蕭和清家屬表

稱謂	姓名	年齡	籍貫	職業	現在地址
祖父					
祖母	鍾氏	七五	四川鄰水	务農	石稲場四保
父					
母	王氏	三七			
妻					
子					
女					

說明

一、出征者之服役機關部隊填證明書時應直接寄往該出征者家屬住在地之縣(市)優待委員會轉發其家收執不得直接發給出征者本人其郵寄費得在其薪餉項下扣除

二、縣市優待委員會接到出征者家屬證明書時以當地郵戳為憑於三日內應即轉發其家屬汲丸並同時予以優待不得藉故羈延遺徵新兵訓練處(補充團營)與常備部隊應寄該出征者家屬之證明書則依次予以註銷作廢存查以常備部隊所發之証明書為該出征者家屬依法享受優待之根據

三、此項證明書由出征機關部隊填發時即用該機關部隊之番號

中華民國三十三年二月　日

團長 吳冲雲

陆军担架兵第九团出征抗敌军人家属证明书（萧和清、王国安、丁永清、夏国章）（一九四四年）

1499利 58

33 5 26

出征抗敵軍人家屬證明書

守棨書叁長 字第 號

陸軍担架兵第九團第一營四連

茲證明下表所列人氏為

王國安之家屬應得享受優待出征抗敵軍人家屬條例所規定之

一切權利此證

王國安家屬表

直系親屬	姓名	別號	年齡	籍貫	職業	現在地址
祖父						
祖母						
父						
母						
妻	彭氏		四四	四川鄰水	务農	石永鄉
子	王華田		一〇			
子	王樹生		五			
女	借第		一四			
女	玉香		一二			

說明

一、出征者之服役機關部隊填證明書時應直接寄往該出征者家屬住在地之縣(市)優待委員會轉發其家收執不得直接發給出征者本人其郵寄費得在其薪餉項下扣除

二、縣市優待委員會接到出征者家屬證明書時以當地郵戳為憑於三日內應即轉發其家屬收執並同時予以優待不得藉故為延遲發新兵訓練處(補充團營)與常備部隊遞寄該出征者家屬之證明書則依次予以註銷作廢存查以常備部隊所發之証明書為該出征者家屬依法享受優待之根據

三、此項證明書由某機關部隊填發時即用某機關部隊之番號

團長 吳冲雲

中華民國三十三年二月 日

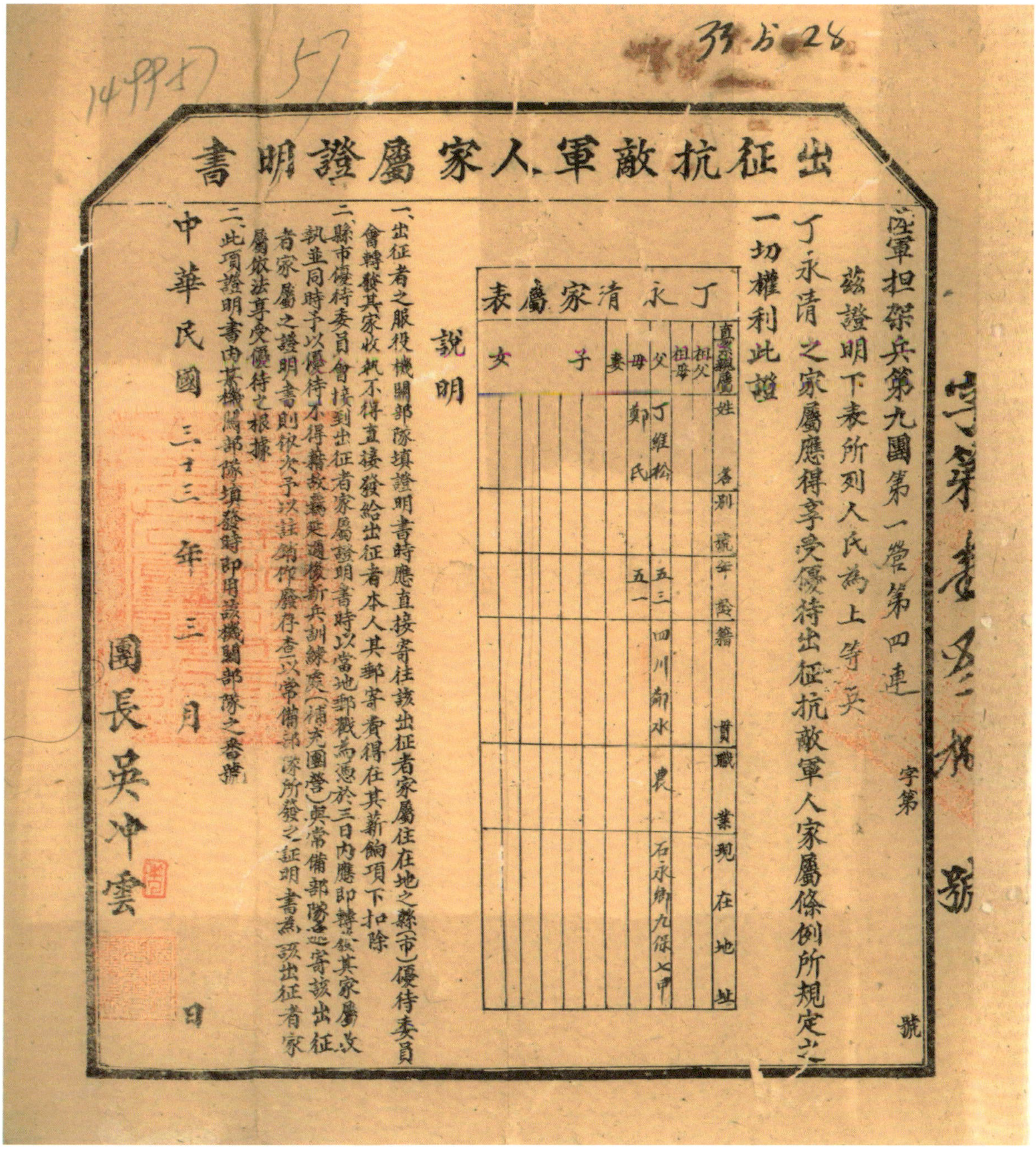

出征抗敵軍人家屬證明書

字第　號

陸軍担架兵第九團第一營第四連

茲證明下表所列人民為上等兵丁永清之家屬應得享受優待出征抗敵軍人家屬條例所規定之一切權利此證

丁永清家屬表

與本人親屬關係	姓名	别號	年齡	籍貫	職業	現在地址
祖父						
祖母						
父	丁維松		五三	四川鄰水	農	石永鄉九保七甲
母	鄭氏		五一			
妻						
子						
子						
女						
女						

說明

一、出征者之服役機關部隊填證明書時應直接寄往該出征者家屬住在地之縣（市）優待委員會轉發其家收執不得直接發給出征者本人其郵寄費得在其薪餉項下扣除

二、縣市優待委員會接到出征者家屬證明書時以當地鄉鎮為憑於三日内應即轉發其家屬收執並同時予以優待不得藉故需延遇後新兵訓練處（補充團營）與常備部隊寄該出征者家屬之證明書則依次予以註銷作廢存查以常備部隊所發之証明書為該出征者家屬依法享受優待之根據

三、此項證明書由某機關部隊填發時即用該機關部隊之番號

中華民國三十三年三月　日

團長吳冲雲

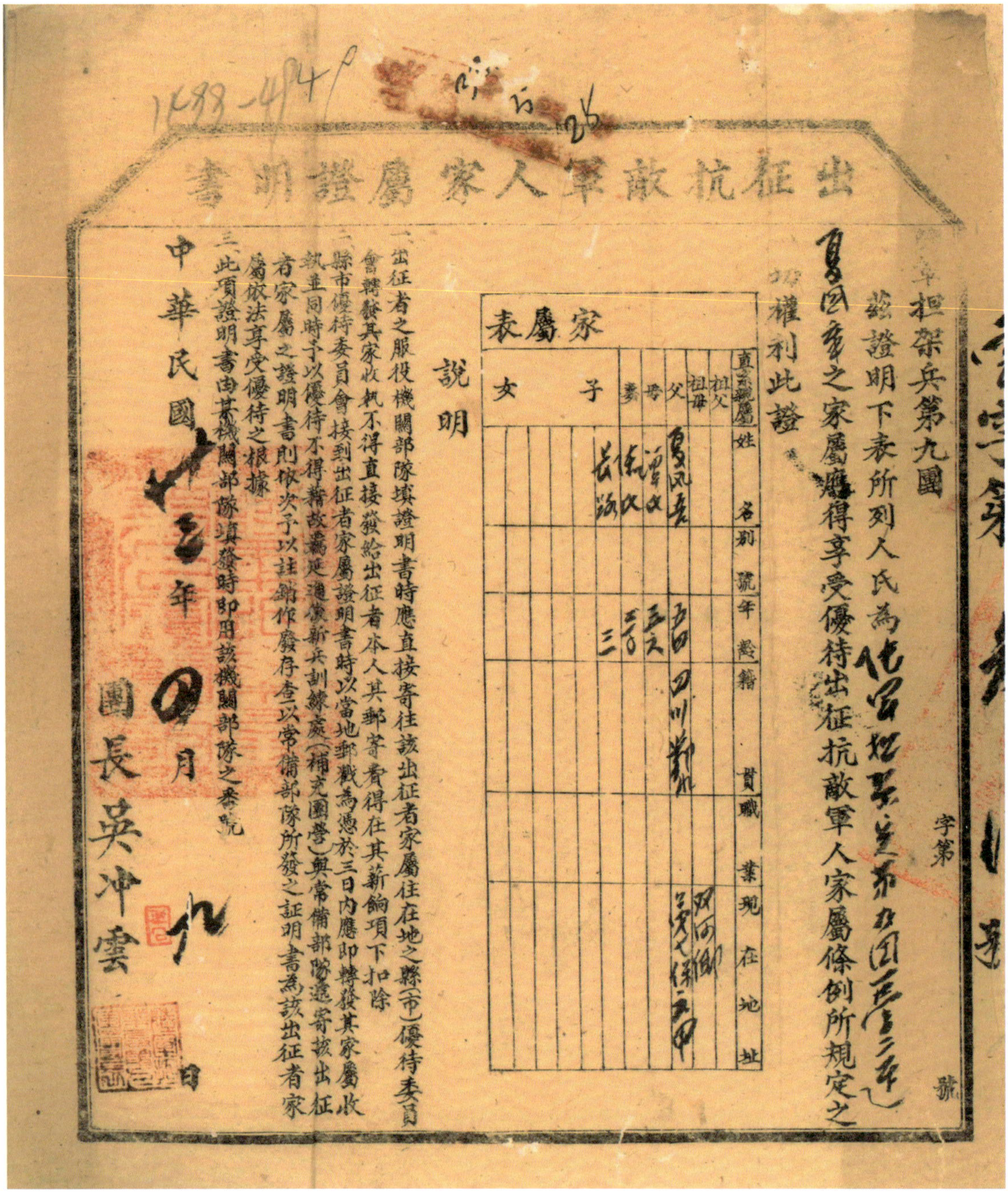

出征抗敵軍人家屬證明書

字第　　號

担架兵第九團

茲證明下表所列人氏為伍召松呈兵第九团三年[illegible]之家屬應得享受優待出征抗敵軍人家屬條例所規定之權利此證

家屬表

直系親屬	姓名	別號	年齡	籍貫	職業	現在地址
祖父						双河鄉
祖母						
父	[illegible]		五四	四川鄰水		[illegible]保七[illegible]甲
母	谭氏		五六			
妻	陈氏		二十			
子	[illegible]		三			
女						

說明

一、出征者之服役機關部隊填證明書時應直接寄往該出征者家屬住在地之縣（市）優待委員會轉發其家收執不得直接發給出征者本人其郵寄費得在其薪餉項下扣除

二、縣市優待委員會接到出征者家屬證明書時以當地郵戳為憑於三日內應即轉發其家屬收執並同時予以優待不得藉故羈延倘係新兵訓練處（補充團營）與常備部隊逕寄該出征者家屬之證明書則依次予以註銷作廢存查以常備部隊所發之証明書為該出征者家屬依法享受優待之根據

三、此項證明書由其機關部隊填發時即用該機關部隊之番號

中華民國[illegible]年四月九日

團長 吳沖雲

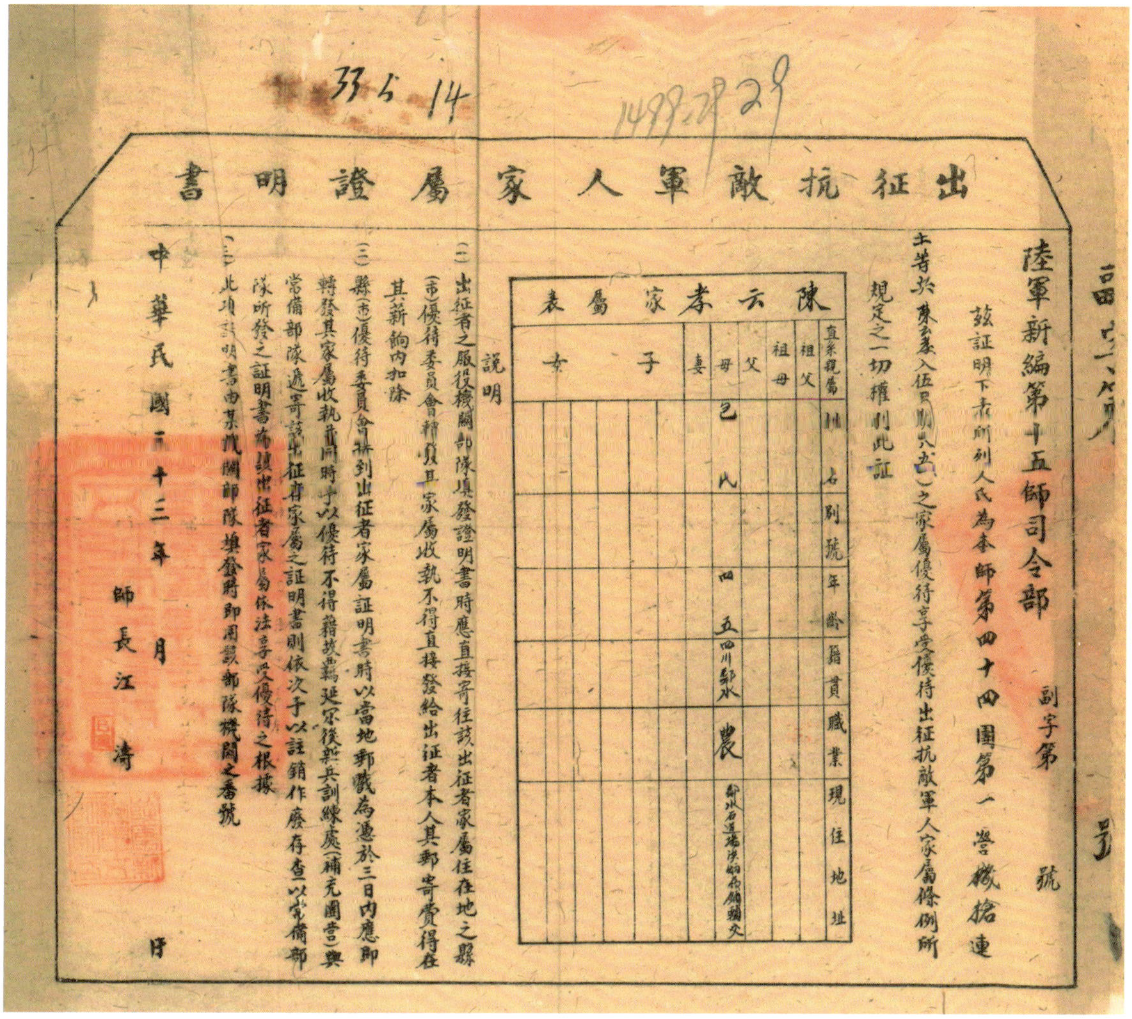

出征抗敵軍人家屬證明書

陸軍新編第十五師司令部　副字第　號

茲証明下表所列人民為本師第四十四團第一營機槍連上等兵陳云孝入伍[illegible]之家屬優待享受優待出征抗敵軍人家屬條例所規定之一切權利此証

陳云孝家屬表

直系親屬	姓名	別號	年齡	籍貫	職業	現住地址
祖父						
祖母						
父						
母	包氏		四五	四川鄰水	農	鄰水石道場[illegible]
妻						
子						
女						

說明

（一）出征者之服役機關部隊填發證明書時應直接寄往該出征者家屬住在地之縣（市）優待委員會轉與其家屬收執不得直接發給出征者本人其郵寄費得在其薪餉內扣除

（二）縣（市）優待委員會接到出征者家屬証明書時以當地郵戳為憑於三日內應即轉發其家屬收執並同時予以優待不得藉故躭延如係新兵訓練處（補充團營）與常備部隊遞寄該出征者家屬之証明書則依次予以註銷作廢存查以常備部隊所發之証明書為該出征者家屬依法享受優待之根據

（三）此項証明書由某機關部隊填發時即用該部隊機關之番號

中華民國三十三年　月　日

師長江濤

陆军新编第十五师司令部出征抗敌军人家属证明书（陈云孝）（一九四四年）

邻水县政府关于抄发知识青年自愿从军优待办法致县立男子初级中学校的训令（一九四五年三月二十七日）

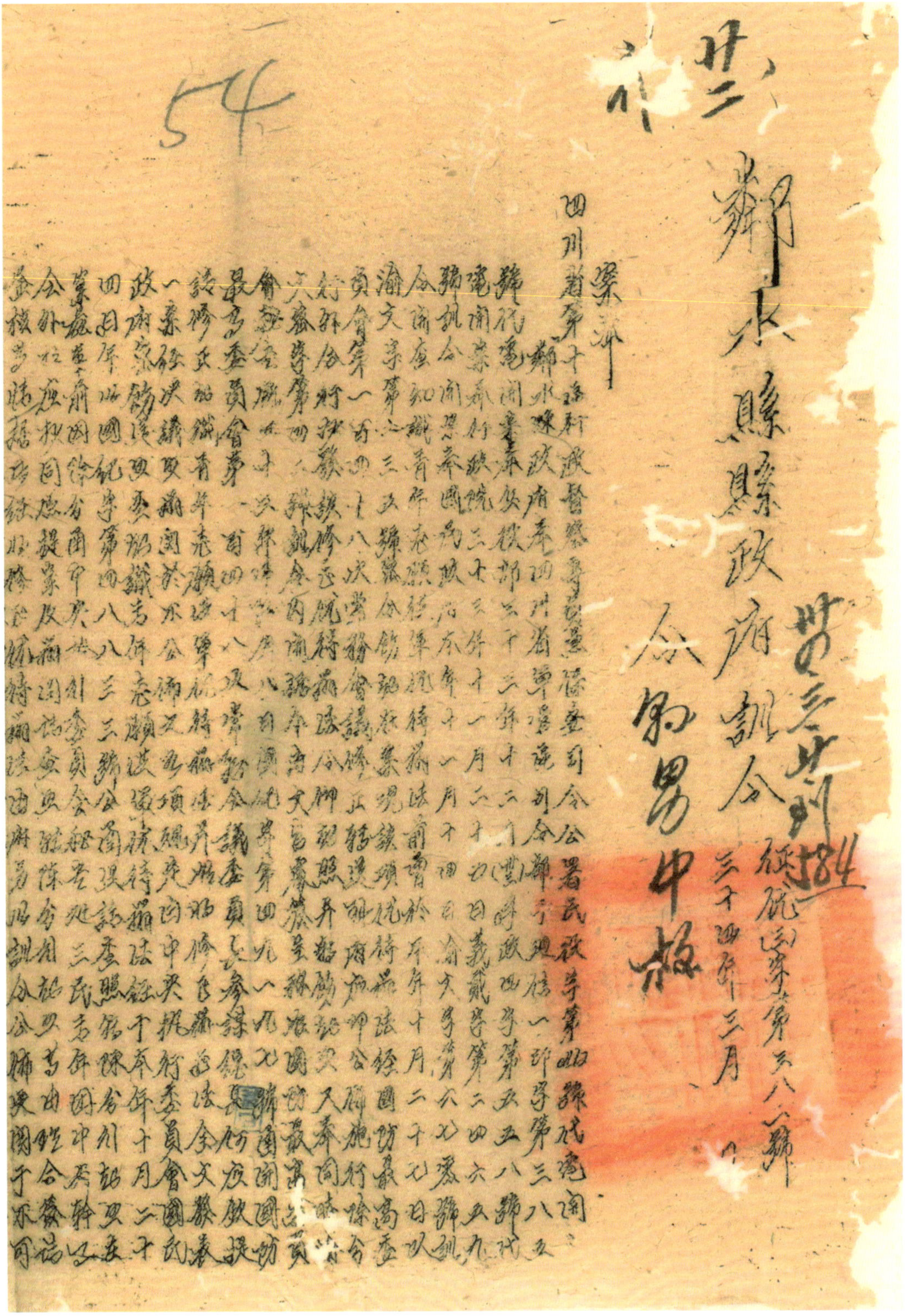
鄰水縣政府訓令
令縣立男子中校
案准

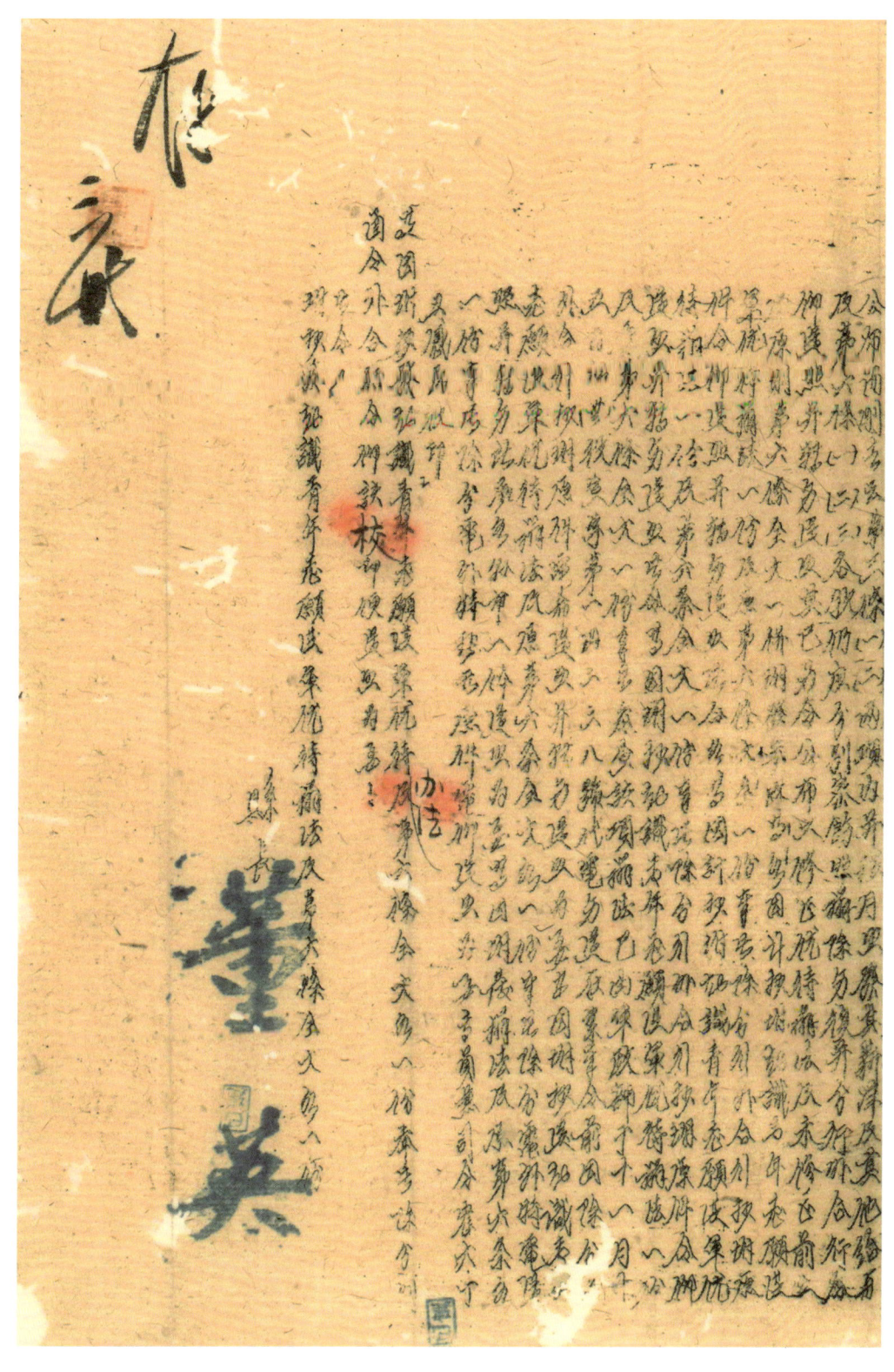

存

公佈通則各級選舉第六條之[illegible]兩項內并[illegible]新津及其他縣有
政第六條之七十二各級政府分別[illegible]飭照辦除另[illegible]并分飭外合行令
仰遵照并轉飭遵照其已[illegible]分飭各[illegible]前[illegible]
[illegible]第六條全文一條[illegible]第六條文[illegible]
[illegible]

爰因[illegible]組織青年志願從軍[illegible]
通令外合[illegible]令仰該[illegible]

[illegible]組織青年志願從軍[illegible]第六條[illegible]

董英

校

办法

邻水县政府关于奉转从军知识青年退伍后参加考试优待办法致县立女中学、私立启文中学的训令

（一九四五年四月三十日）

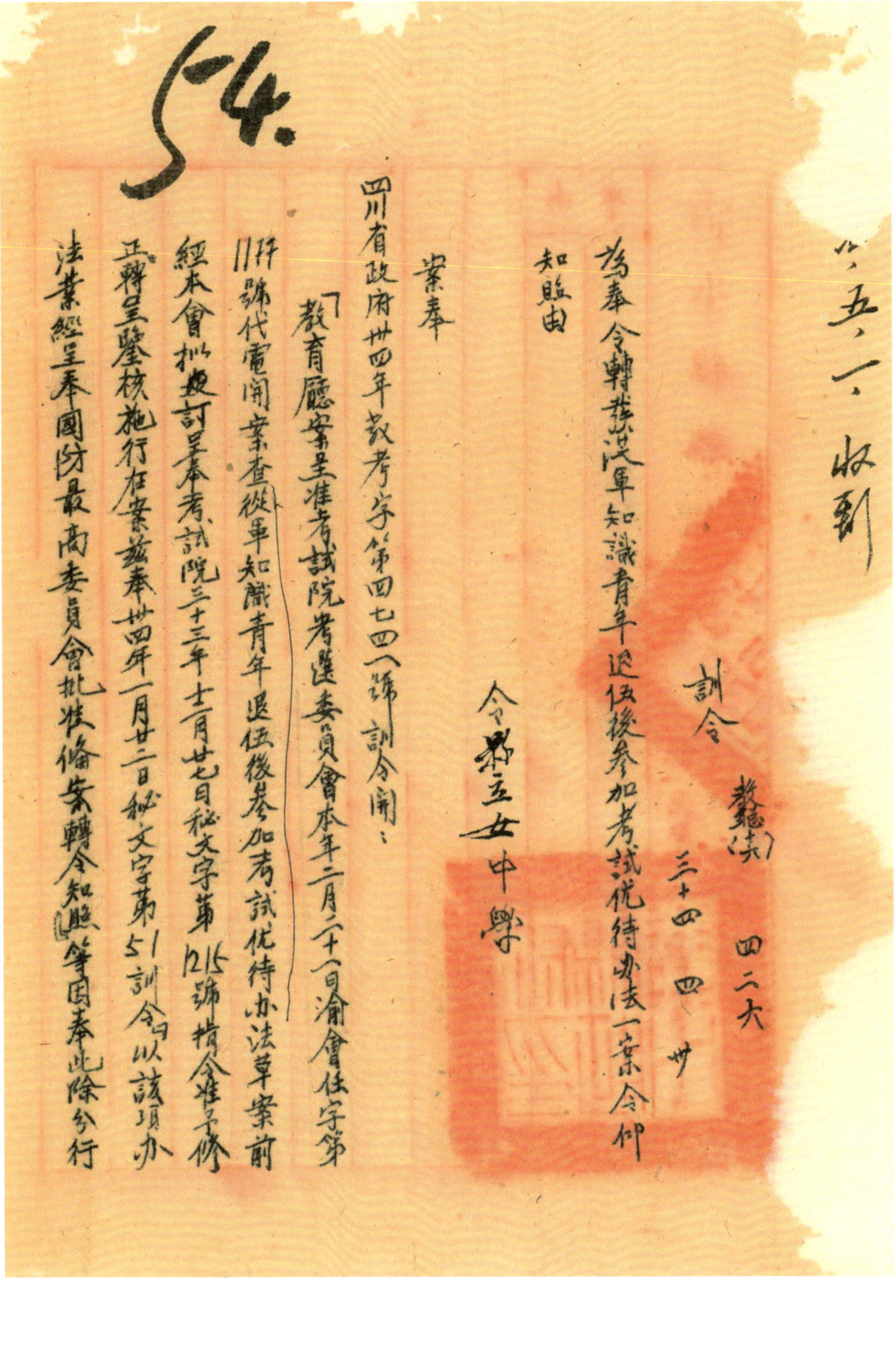
八、五、一、收到

訓令 教總（天） 四二六
三十四 四 廿

為奉令轉發從軍知識青年退伍後參加考試優待辦法一案令仰
知照由

令縣立女中學

案奉
四川省政府卅四年教考字第四七四八號訓令開：
「教育廳案呈准考試院考選委員會本年二月二十一日渝會任字第
1165號代電開：案查從軍知識青年退伍後參加考試優待辦法草案前
經本會擬定呈奉考試院三十三年十二月廿七日秘文字第1215號指令准予修
正轉呈鑒核施行在案，茲奉卅四年一月廿二日秘文字第51號訓令以該項辦
法業經呈奉國防最高委員會批准備案轉令知照等因奉此，除分行

三〇

外相應檢同該項辦法一份隨電送達即希查照轉飭各中等以上學校知照為荷等由附送知識青年退伍後參加考試優待辦法一份請予轉飭到府除分令外合行抄發原辦法令仰知照并轉飭所屬中等學校知照

此令。

等因附發從軍知識青年退伍後參加考試優待辦法一份奉此除分令外合行抄發原附件令仰知照

此令。

附抄發從軍知識青年退伍後參加考試優待辦法一份

縣長　董英

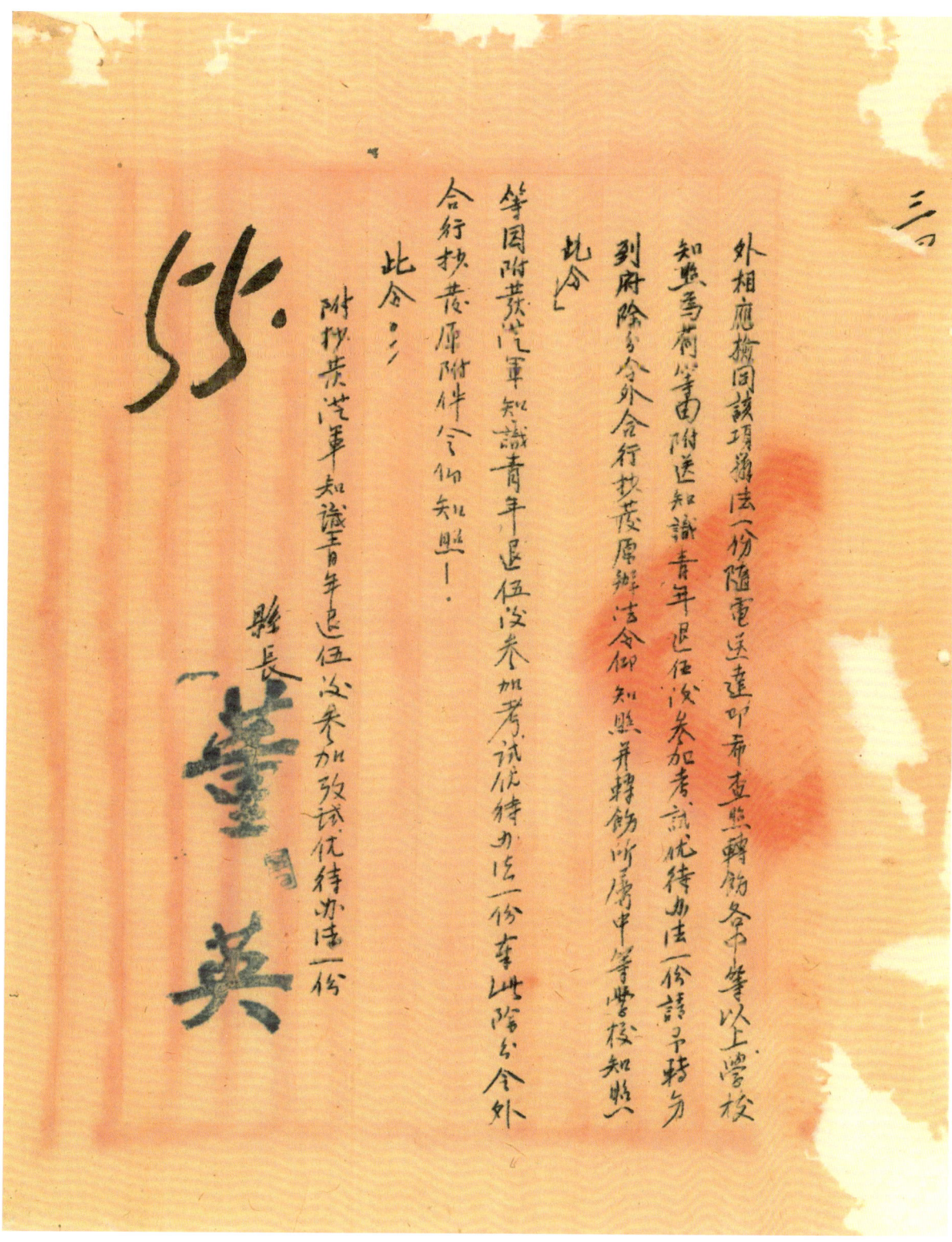

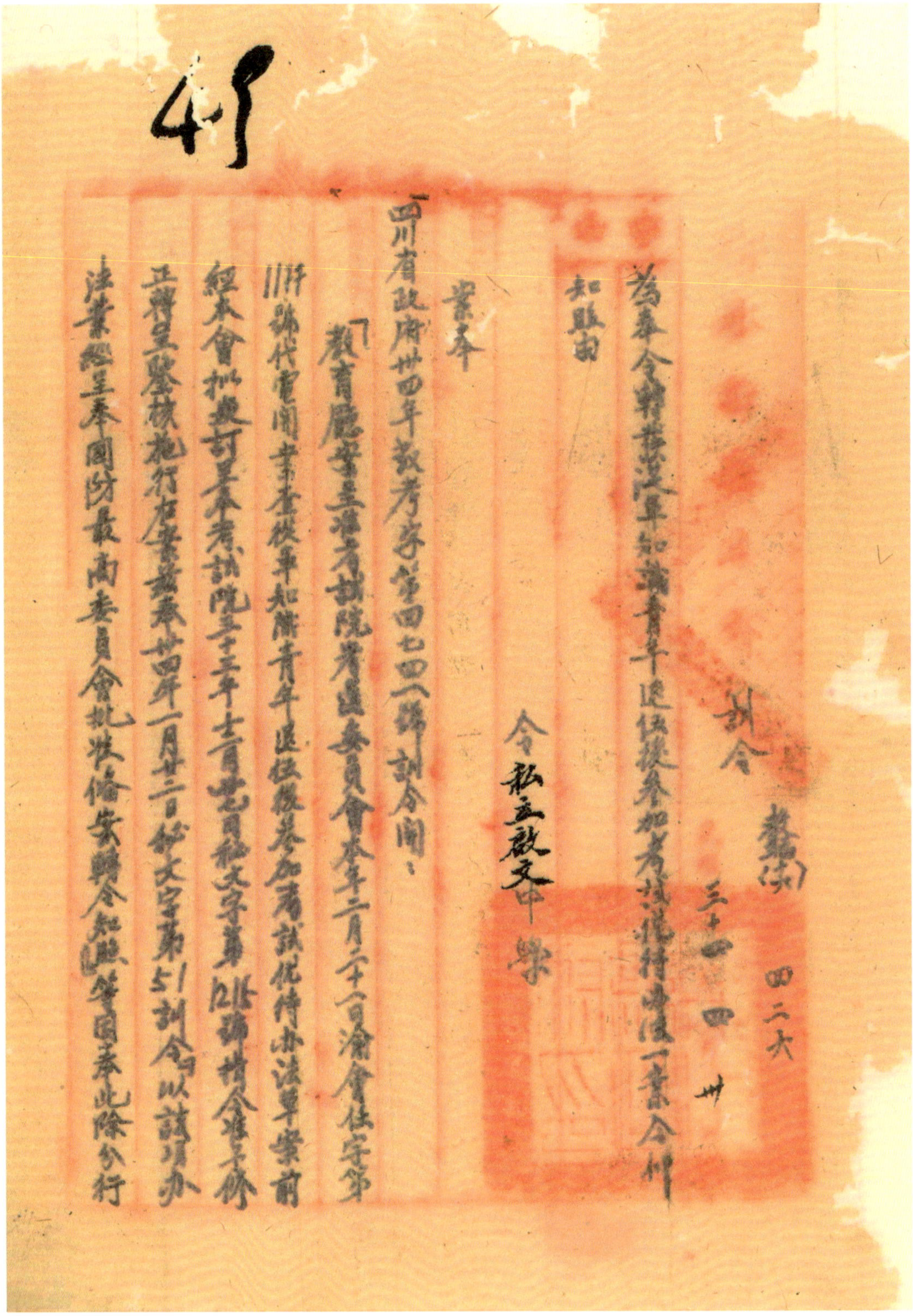

41

訓令 教（六） 四二六

三十四年四月卅

為奉令轉發從軍知識青年退伍後參加考試優待辦法一案令仰

知照由

令 私立啟文中學

案奉

四川省政府卅四年教考字第四七四〇號訓令開：

「教育廳案呈准考試院考選委員會本年三月二十一日渝會任字第

1117號代電開：查從軍知識青年退伍後參加考試優待辦法草案前

經本會擬具，呈奉考試院三十三年十二月廿七日秘文字第1215號指令准予修

正轉呈鑒核施行在案，茲奉卅四年一月廿二日秘文字第51號訓令，以該項辦

法業經呈奉國防最高委員會批准備案，轉令知照等因，奉此，除分行

250

外相應檢同該項辦法一份，隨電送達，即希查照轉飭各中等以上學校知照為荷」等由，附送知識青年退伍後參加考試優待辦法一份，請予轉飭到府。除分令外，合行抄發原附辦法，令仰知照，並轉飭所屬中等學校知照」

此令。」

等因，附發從軍知識青年退伍後參加考試優待辦法一份，奉此。除分令外，合行抄發原附件，令仰知照！

此令。

附抄發從軍知識青年退伍後參加考試優待辦法一份

縣長　李英

邻水县政府关于七七纪念节发放征属优待谷致县临时参议会的公函（一九四五年七月）

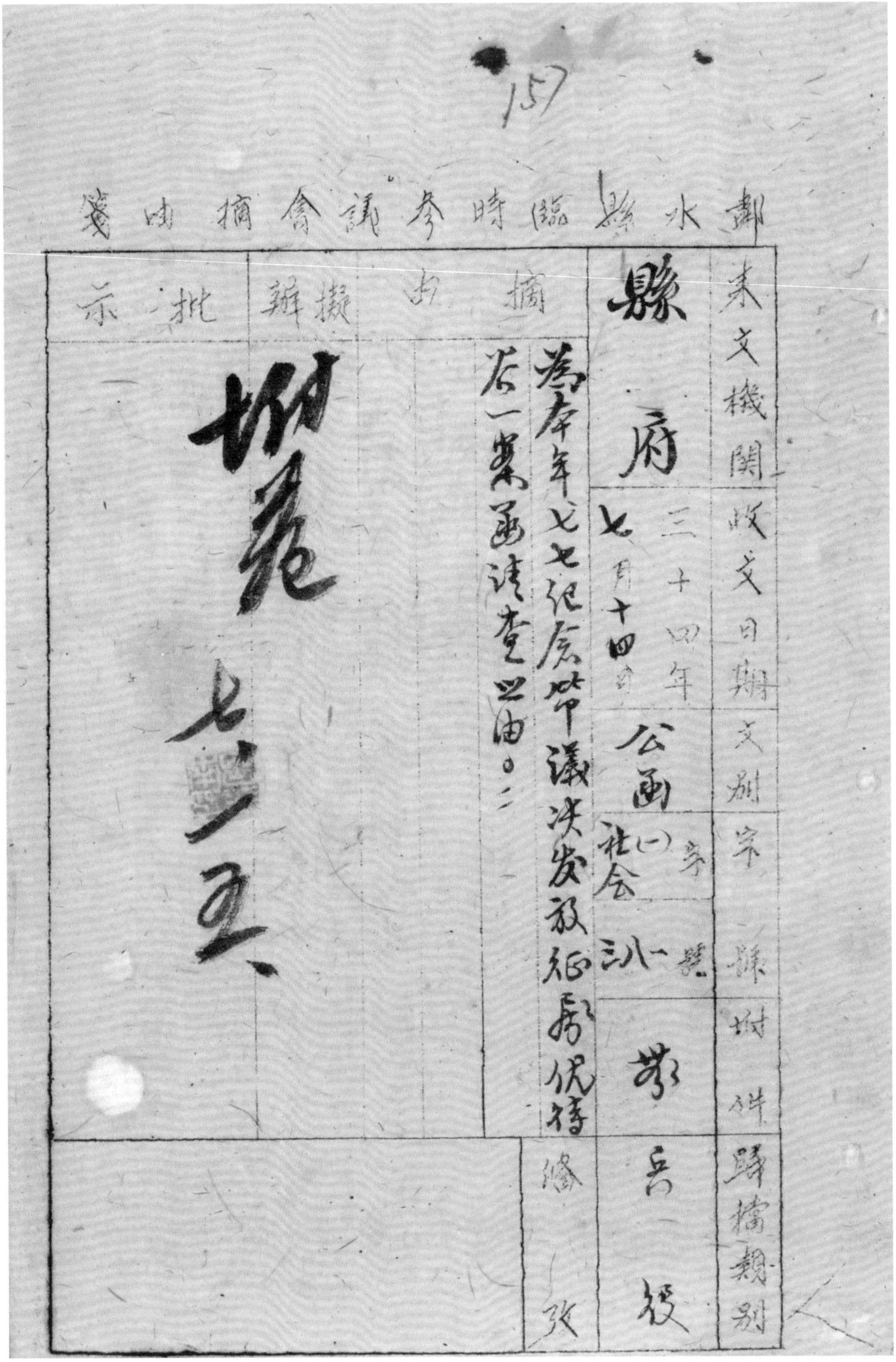
157
鄰水縣臨時參議會摘由箋
來文機關：縣府
收文日期：三十四年七月十四日
文別字號：公函（一）社会三八一號
歸檔類別：兵役
附件：條 張
摘由：為本年七七紀念節議決發放征屬優待谷一案函請查照由。
擬辦
批示：[illegible]卷 七、一五

158

鄰水縣縣政府公函

社會(一)字第二八八一號
民國三十四年七月　日

查本年七月七日為抗戰第八週年，對於抗戰陣亡將士自應舉行紀念，以表熱忱，而對各征屬亦應優待，以資激勸。茲經召集各機關法團學校首長會議，議決之第一條，條文為「優待谷之來源及發放，暫備平糴倉谷若干石（由附城五鄉鎮聯衛共借），先由各鄉鎮長依照規定辦法審核各征屬證明文件，彙造冊報會，於本月十五日以後每戶發谷五市斗」等語，紀錄在卷，亟應迅速辦理，除分別函令外，相應函達

查照為荷。此致

參議會

縣長　張洵

青年远征军第二〇二师六〇四团、邻水县政府等关于依法优待远征军甘介勋家属的一组文件（一九四五年九月十二日至二十八日）

青年远征军第二〇二师六〇四团致邻水县政府的公函（一九四五年九月十二日）

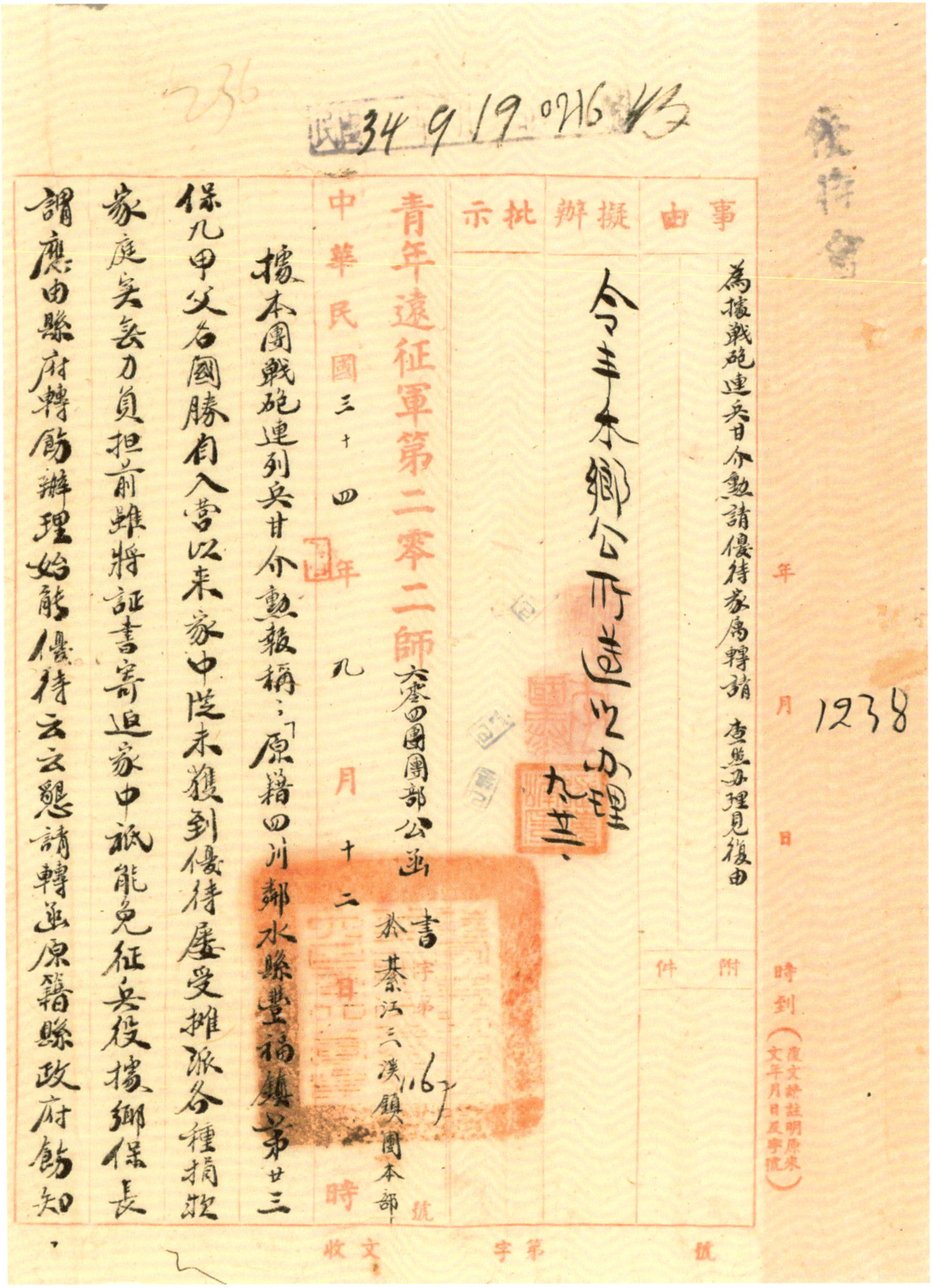

事由：為據戰砲連兵甘介勲請優待家屬轉請 查照辦理見復由

擬辦

批示：令丰木鄉公所遵照办理 九.十五

青年遠征軍第二零二師六零四團團部公函 書字第1167號

中華民國三十四年九月十二日時

綦江三溪鎮團本部

據本團戰砲連列兵甘介勲報稱：「原籍四川鄰水縣豐福鎮第廿三保九甲，父名國勝，自入營以來，家中從未獲到優待，屢受攤派各種捐款，家庭實無力負担，前雖將証書寄回家中，祇能免征兵役，據鄉保長謂應由縣府轉飭辦理始能優待」云云，懇請轉函原籍縣政府飭知

1645-235

優待。等情，據此，相應函達

查照，希即飭依法辦理，以慰征屬，仍希見復為荷。

此致

鄰水縣政府

團　長曹永湘

副團長符志豪

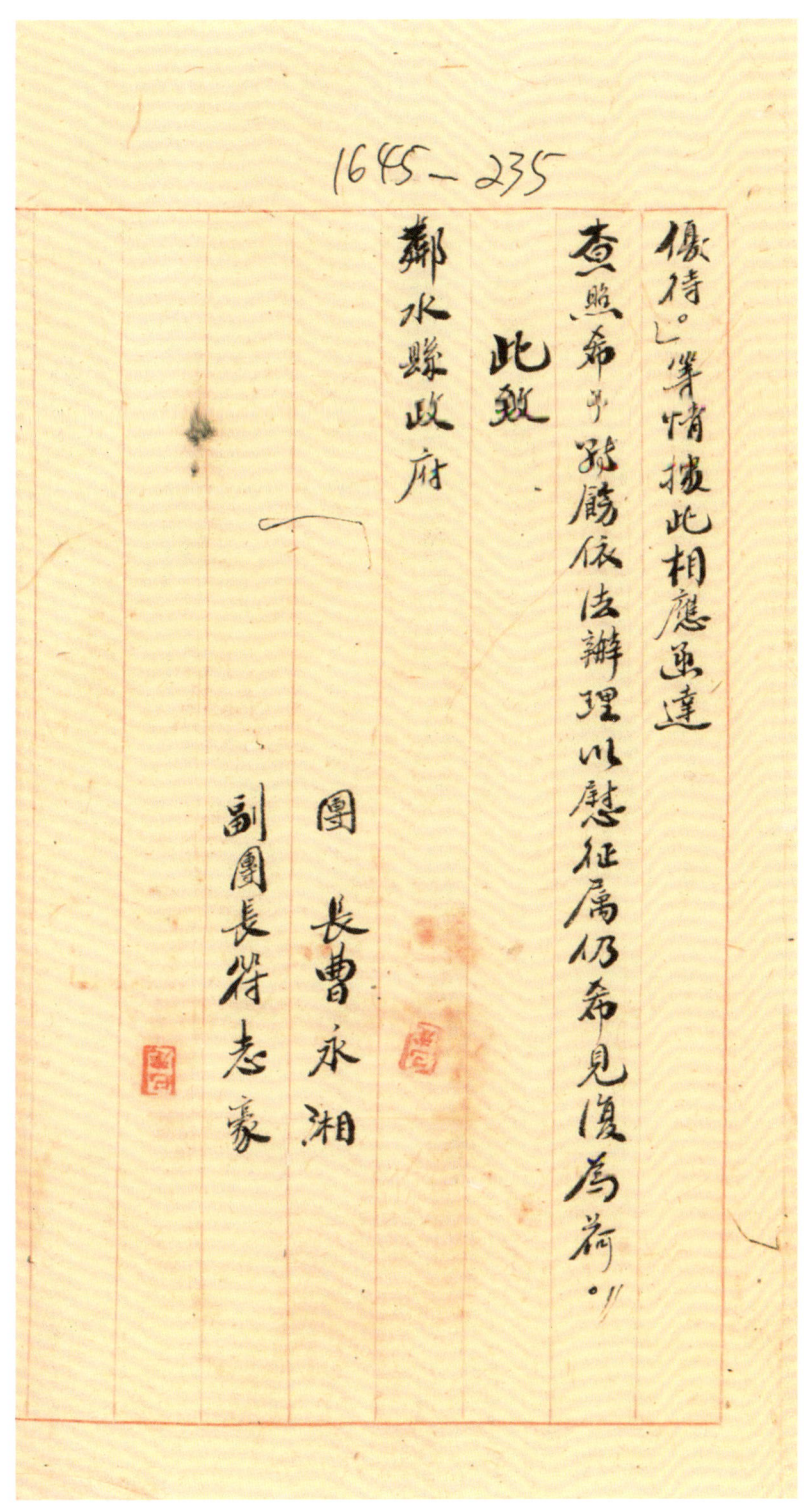

邻水县政府致丰禾乡公所的训令（一九四五年九月二十八日）

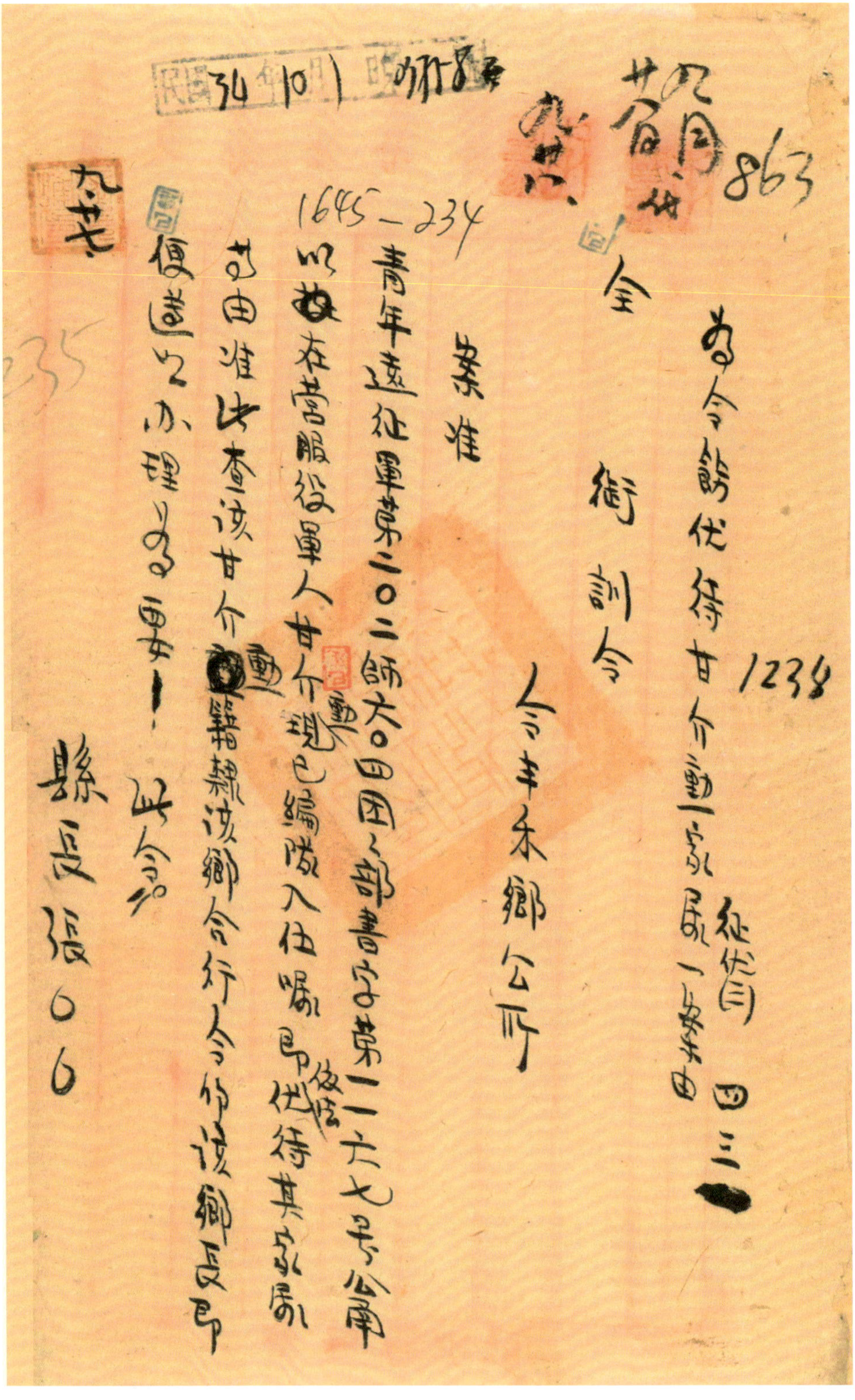

為令飭優待甘介勳家屬一案由 征優 四三

衔 訓令

令丰禾鄉公所

案准

青年遠征軍第二〇二師六〇四團三部書字第一一六七号公函

以據在營服役軍人甘介勳現已編隊入伍囑即依法優待其家屬

等由准此查該甘介勳籍隸該鄉合行令仰該鄉長即

便遵照办理為要！

此令。

縣長張〇〇

邻水县政府关于查明补发抗战军人白国仲家属白子南历年优待谷致九峰乡公所的训令（一九四五年十一月七日）

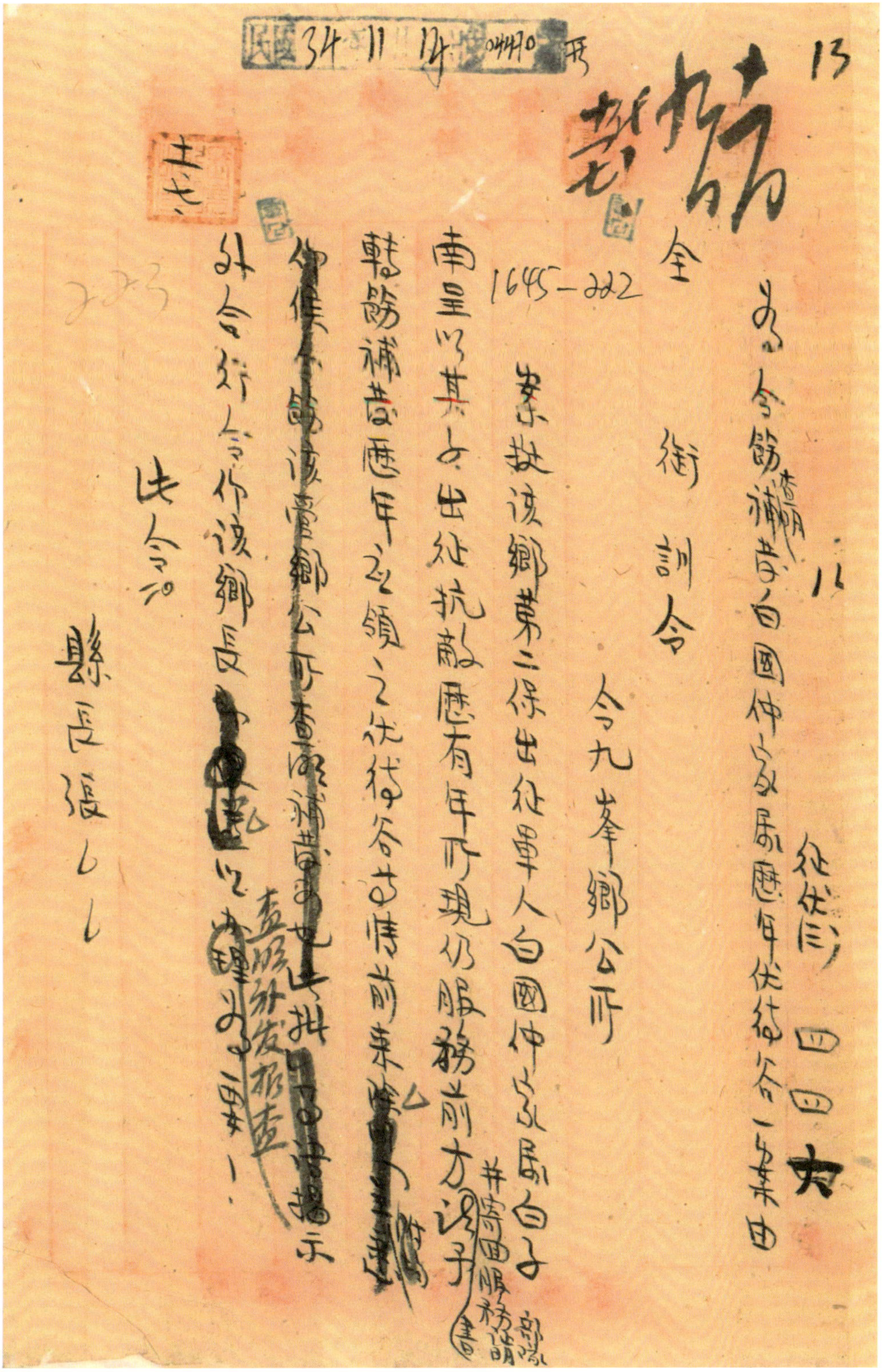

為令飭查明補發白國仲家屬歷年優待谷一案由

征優(三)四四六

全銜訓令

令九峯鄉公所

案據該鄉第二保出征軍人白國仲家屬白子南呈以其子出征抗敵歷有年所現仍服務前方（並寄回服務證明書）請轉飭補發歷年應領之優待谷等情前來

此令

縣長張○○

第八战区司令长官司令部、邻水县政府等关于依法优待出征抗敌军人文圣举家属的一组文件（一九四五年十一月二十日至一九四六年一月十四日）

第八战区司令长官司令部致邻水县政府的代电（一九四五年十一月二十日）

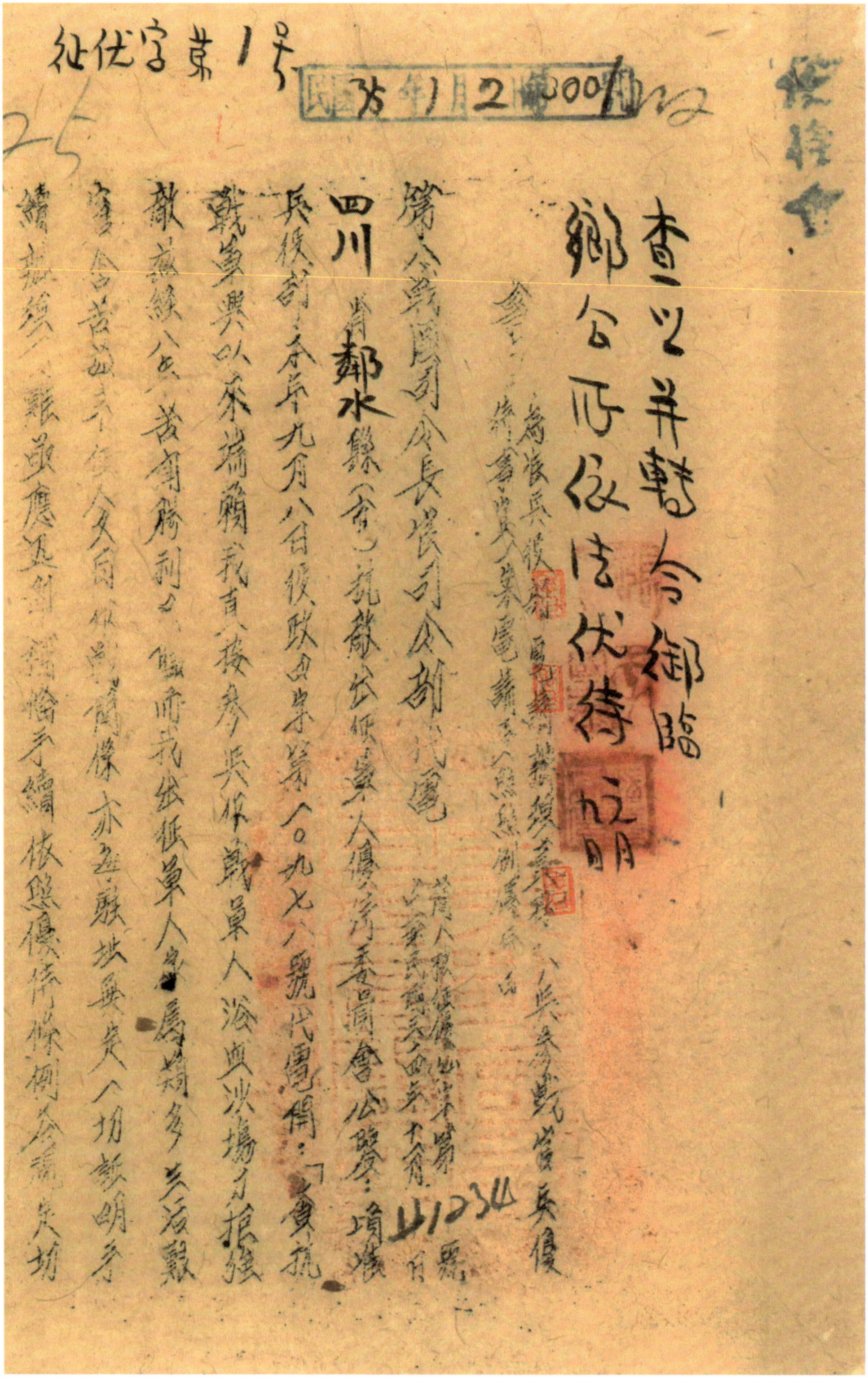
征优字第1号
查以并转令乡临乡公所依法优待 旋明
第八战区司令长官司令部代电
四川省邻水县（府）抗敌家属优待委员会公鉴：
兵役部本年九月八日役政由字第八〇九七八号代电开：「查抗

6

1732-25-26

實予以優待務期切實普惠用示體恤征屬請並前轉為荷
部轉飭抗戰官兵服役證明書於填就鈐印後交由本人
寄其家屬以作縣市優待委員會發與優待之憑證除分函所
屬鄉鎮公所遵照請查照並轉飭所屬切實辦理為荷等由
附發參與抗戰官兵證明書式樣一份准此查會閱發與
優待各項手續切實辦理茲查貴會（府）
鄉（鎮）文聖舉
人員經本部設法部隊發給參與作戰官兵證明
書填寫本人姓名籍貫寄家收執外相應函請查照希以憑証
照例優待為荷此致 各縣良元 卯人核征優師

邻水县政府致御临乡公所的训令（一九四六年一月十四日）

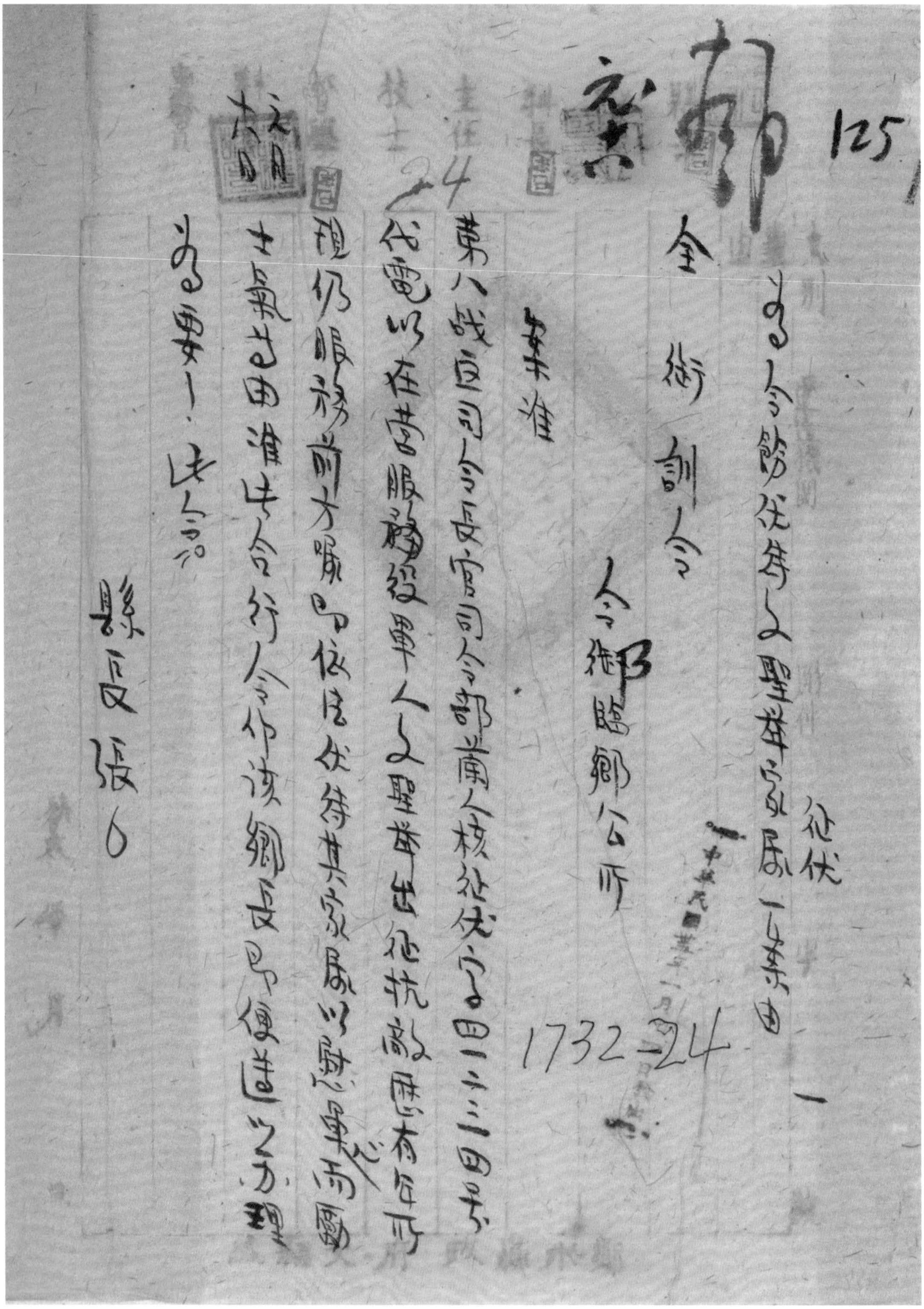

鄰 125

為令飭優待之聖舉家屬一案由

全銜訓令

令御臨鄉公所

案准

第八戰區司令長官司令部蕭人核征伏字第四二三四號

代電以在營服務役軍人之聖舉出征抗敵歷有年所

現仍服務前方應即依法優待其家屬以慰軍心而勵

士氣等由准此合行令仰該鄉長即便遵照辦理

為要！此令。

縣長 張○

中華民國卅五年一月十四日發出

1732-24

邻水县政府关于查明补发远征军冯顺乔家属历年优待谷致丰禾乡公所的训令（一九四五年十一月二十三日）

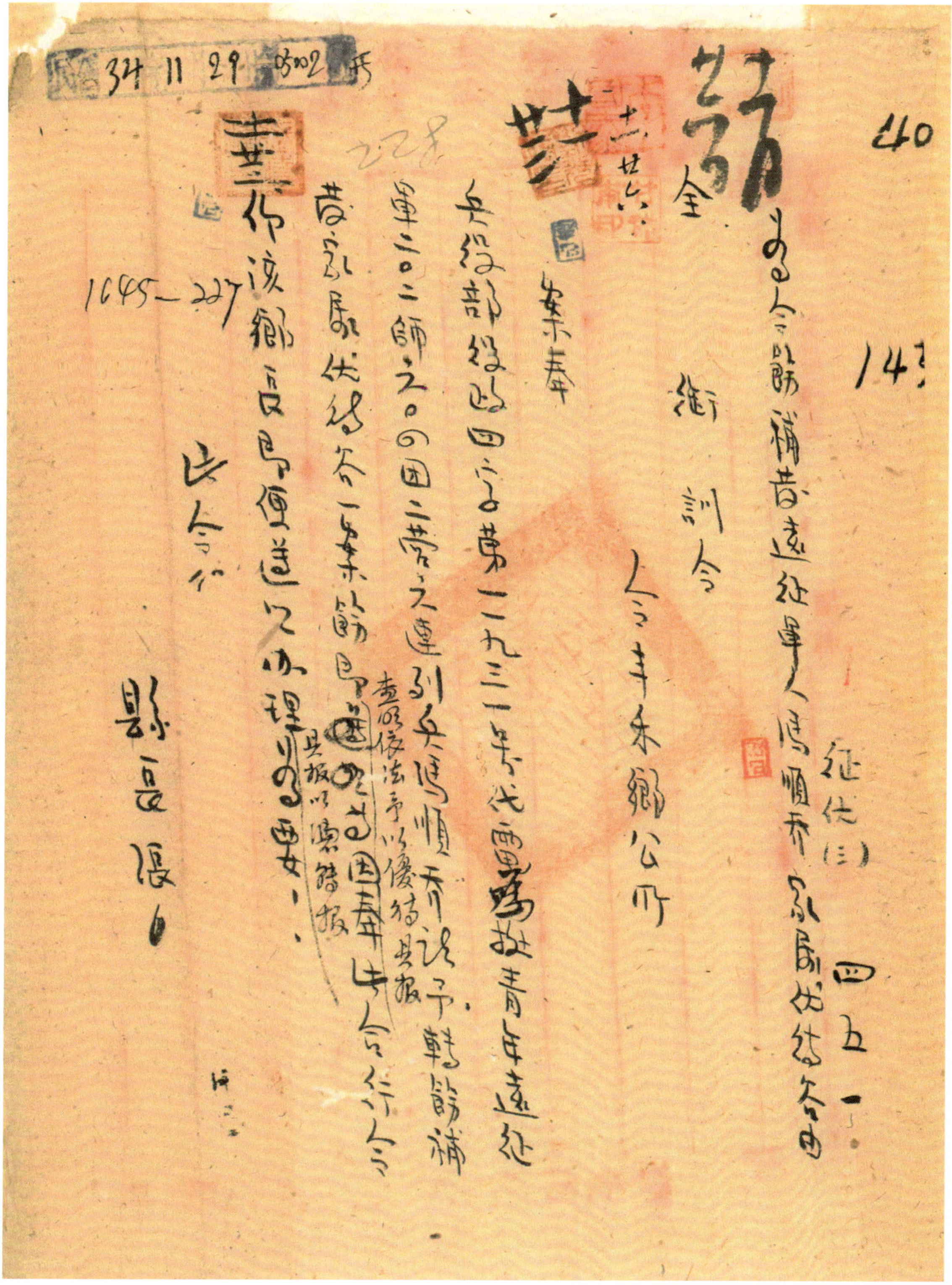
縣令飭補發遠征軍人馮順喬家屬優待谷由 征优（三） 四五一

全銜訓令

令豐禾鄉公所

案奉

兵役部役政四字第一九三一號代電爲據青年遠征軍二〇二師之〇四團二營之遠征兵馮順喬請予轉飭補發家屬優待谷一案飭即查明依法予以優待具報以憑轉報等因奉此合行令仰該鄉長即便遵照辦理爲要。

此令

縣長 張○

青年远征陆军第二零二师政治部关于请依法优待士兵张铭钦家属致邻水县政府的公函（一九四五年十一月三十日）

事由：為函請依法優待本師士兵張銘欽家屬按照從原核賦額征收賦稅以符政令由

附件

批示：查四聯寨田糧處查明辦理

擬辦

收文日期　年　月　日　字第　號

青年遠征陸軍第二零二師政治部公函

發文 青組㈣字第一三四三號

中華民國卅四年十一月卅日

案據本師六〇六團六連士兵張銘欽報稱：竊兵原籍鄰水同石鄉於兵仁鄉第五保薄有田產，原有糧額四分，歷年照納。民國三十年政府調整稅額，據土地多寡計納國稅，孰料保長花炳章、甲長兆氾中廷協意圖索賄，重賦額為一元三角一分，經兵呈請田管處派員勘查後，核減為五角一分，有土地陳報結果通知單可憑。詎該保長索賄未遂，懷恨在心，藉今調整更正期間，竟以六石谷之地，倍加賦額為一元八角一分，計應納谷拾石餘，強迫繳納。查每年收益僅六石左右，以全部完納，不

3

1732-2-

敷尚巨，況又老母衰，無法可施，保甲長竟敢損人利己，違反優待抗屬法令，殊深痛恨，謹呈鈞座轉函鄰水縣府依法保障，嚴予究辦為禱等情。據此，查該保甲長不知奉公守法，竟忘本職，竟敢假公違私，殊屬未合。茲據前情，除[illegible]指復慰勉外，相應函請查照飭遵，並希遵照侍參三三八九號電令及兵役部役政四字第五九二號佈告切實辦理見復為荷。

此致

鄰水縣政府

主任 楊柏森

邻水县抗战远征军征属余代有关于恳予补发优待谷并豁免杂粮致县政府的行政诉讼状（一九四六年三月）

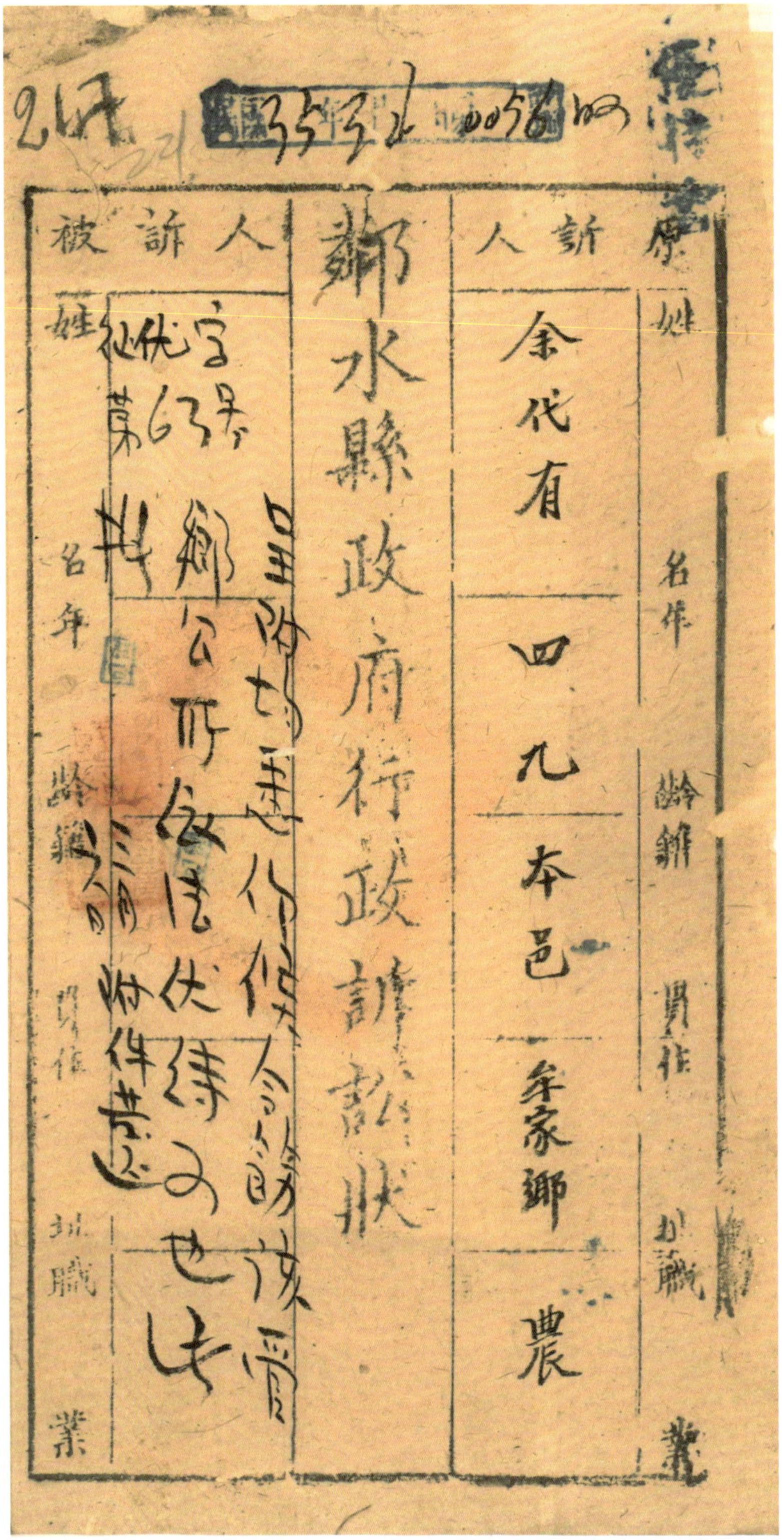

鄰水縣政府行政訴訟狀

原訴人	
姓名	余代有
年齡	四九
籍貫	本邑
住址	李家鄉
職業	農

被訴人 姓名 年齡 籍貫 住址 職業

1685—219

為申請發給優待並請豁免各雜粮谷懇予令飭鄉保長依法發足事情：民 子余洋海自三十三年三月直接參加遠征教導團出征印度，現駐廣東。民 去三十四年十二月已申請 鈞府批示「令飭該管鄉長轉飭保長依法優待可也」。民 持批遞伺鄉長問及數次，未能奉令。民 次請豁免縣市公粮興積谷。民 愚盲本僕，不識文字，聞聽人言出征家屬產業不滿五十市担者不納積谷，而縣市公粮全作本縣開支，出征之家屬本縣地方雜款悉數俱免，縣公粮亦宜免除。又三十三、四兩年之優待谷完全未發給。依出征所領榮譽狀規定，每年共計四市担，春季領發一市石，夏季發一市石，冬季發弍市石。民 兩年一粒未領，為上各節，祇得狀請

懇令飭發給，並懇豁免雜粮，如蒙賞准，則 民 感恩

征伏　五八　三

以令飭伏待出征軍人家屬[illegible]

無涯矣謹狀

縣長張　公鑒

計附前方寄家信一件　在營服証書二件

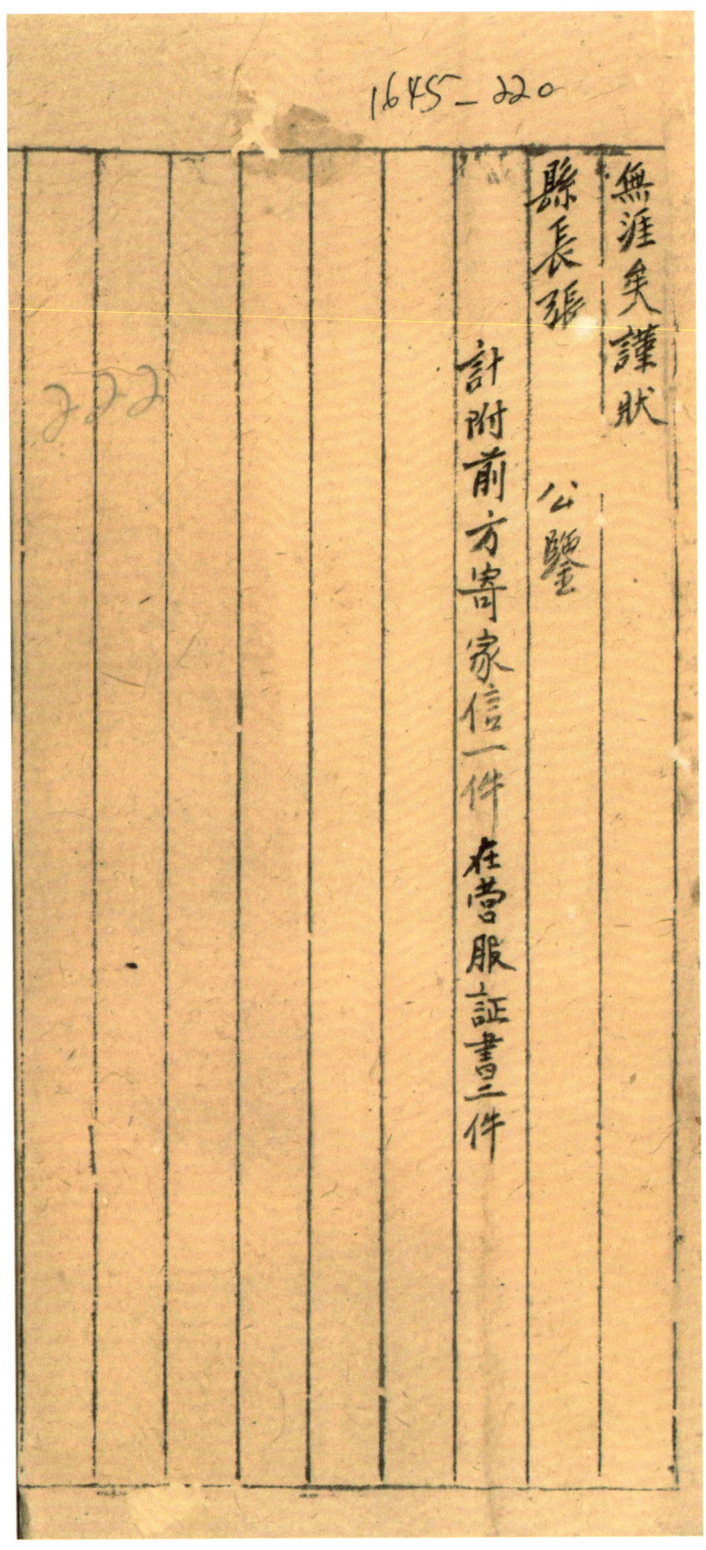

1645-221

中華民國三十五年三月　日

具領人余代有十

保人黄萬林

邻水县政府关于抄发抗战功勋子女就学免费条例致私立慎修中学校的训令（一九四六年五月）

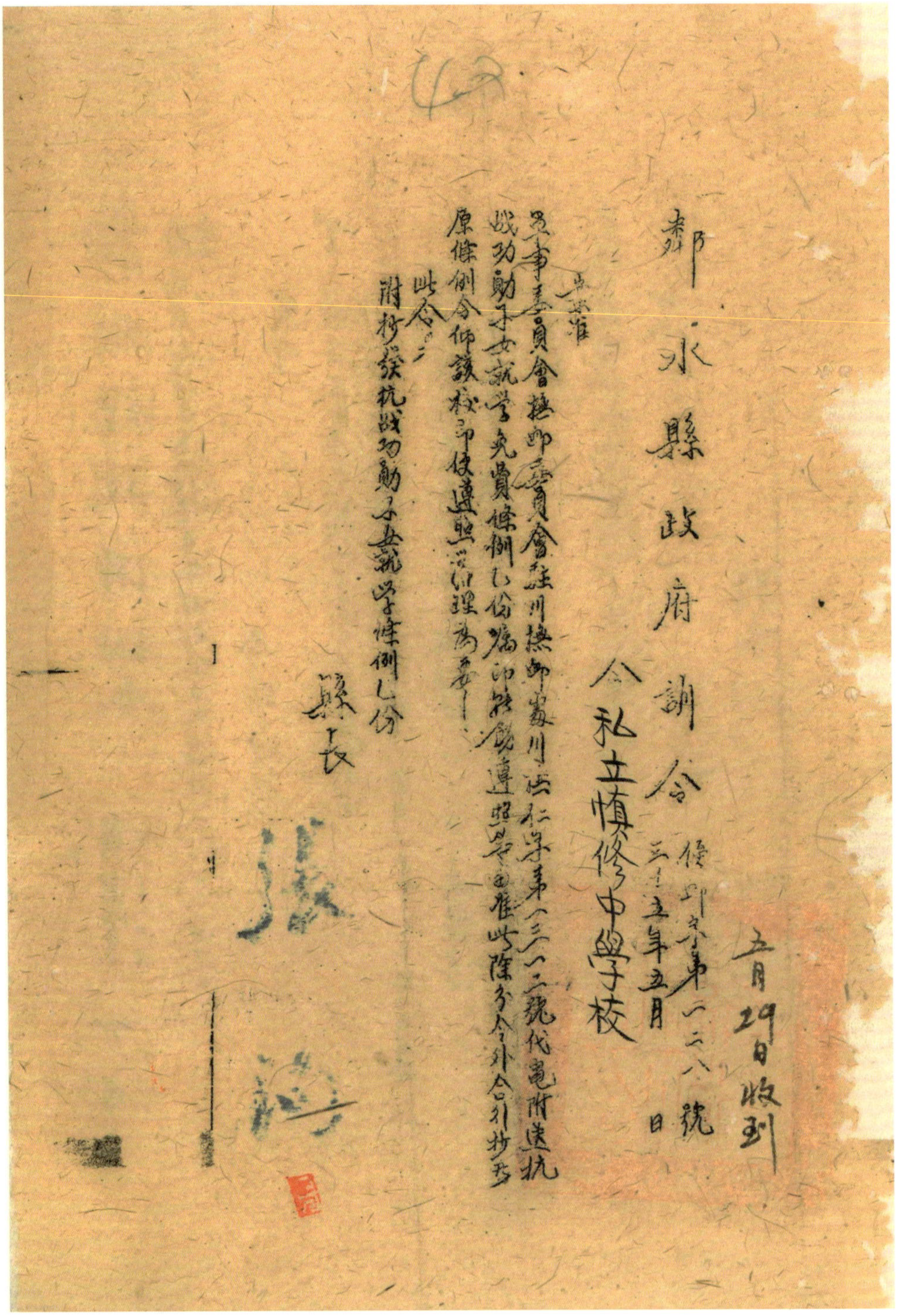

五月29日收到

鄰水縣政府訓令 優卹字第一二八號

三十五年五月 日

令私立慎修中學校

案准

軍事委員會撫卹委員會駐川撫卹處川卹仁字第（三八二）號代電附送抗戰功勳子女就學免費條例乙份，囑即轉飭遵照等由，准此，除分令外，合行抄發原條例，令仰該校即便遵照辦理為要。

此令。

附抄發抗戰功勳子女就學條例乙份

縣長 張

抗戰功勳子女就學免費條例 二十七年十月二十八日修正公布

第一條 抗戰功勳之文武官佐士兵及人民之子女考入各地各級公立學校時，其家境貧苦不能擔負費用者，得依本條例請求免費待遇。

前項請求以得有國民政府令給之命令或經依戰地守土獎勵條例准免除子女學費者為限。

第二條 免費辦法分左列四種：

一、免學費、雜費、講義費並補助在校時膳宿制服書籍等費全部

二、免學費、雜費、講義費並補助在校時膳宿費全部

三、免學費、雜費、講義費並補助在校時膳宿費半數

四、免學費、雜費及講義費

第三條 前條規定之膳宿制服書籍等費由學校分別照校定補助金額於每學期開始及學期中間分兩次發給，其由校代辦者，於應收費用扣除其補助數額。

前項書籍費之補助以指定必用之教本為限。

第四條 應免之學費、雜費及講義費由各校於應收入數內照數扣除，應補助之膳宿制服書籍等費由各該學校主管教育行政機關在教育經費內專項列入，其詳細辦法由教育部定之。

第五條 受免費待遇者，有左列情形之一時，得停止其待遇：

品行不良或學業不堪造就經學校開除學籍之處分者及被奪公權者

第六條 請求免費待遇時，應填具申請書四份，粘附第一條第二項所定證件及本人一寸半身照片四張，報由學校呈請主管教育行政機關核定。

申請書格式如附表

第七條 免費待遇之核定，國立學校由教育部組織抗戰功勳子女就學免費審查委員會辦理之；省或直隸於行政院之市所立之學校由省、市政府組織審查委員會核定，轉報教育部備案；縣市所立之學校由縣市政府組織審查委員會核定呈報省教育廳備案

第八條 本條例自公布日施行

联合勤务部总司令部荣誉军第十一休养院、邻水县政府、县出征抗敌军人家属优待委员会关于抗战荣军陈未全家属优待事宜的一组公函（一九四六年十一月至一九四七年一月十四日）

联合勤务部总司令部荣誉军第十一休养院致邻水县政府的公函（一九四六年十一月）

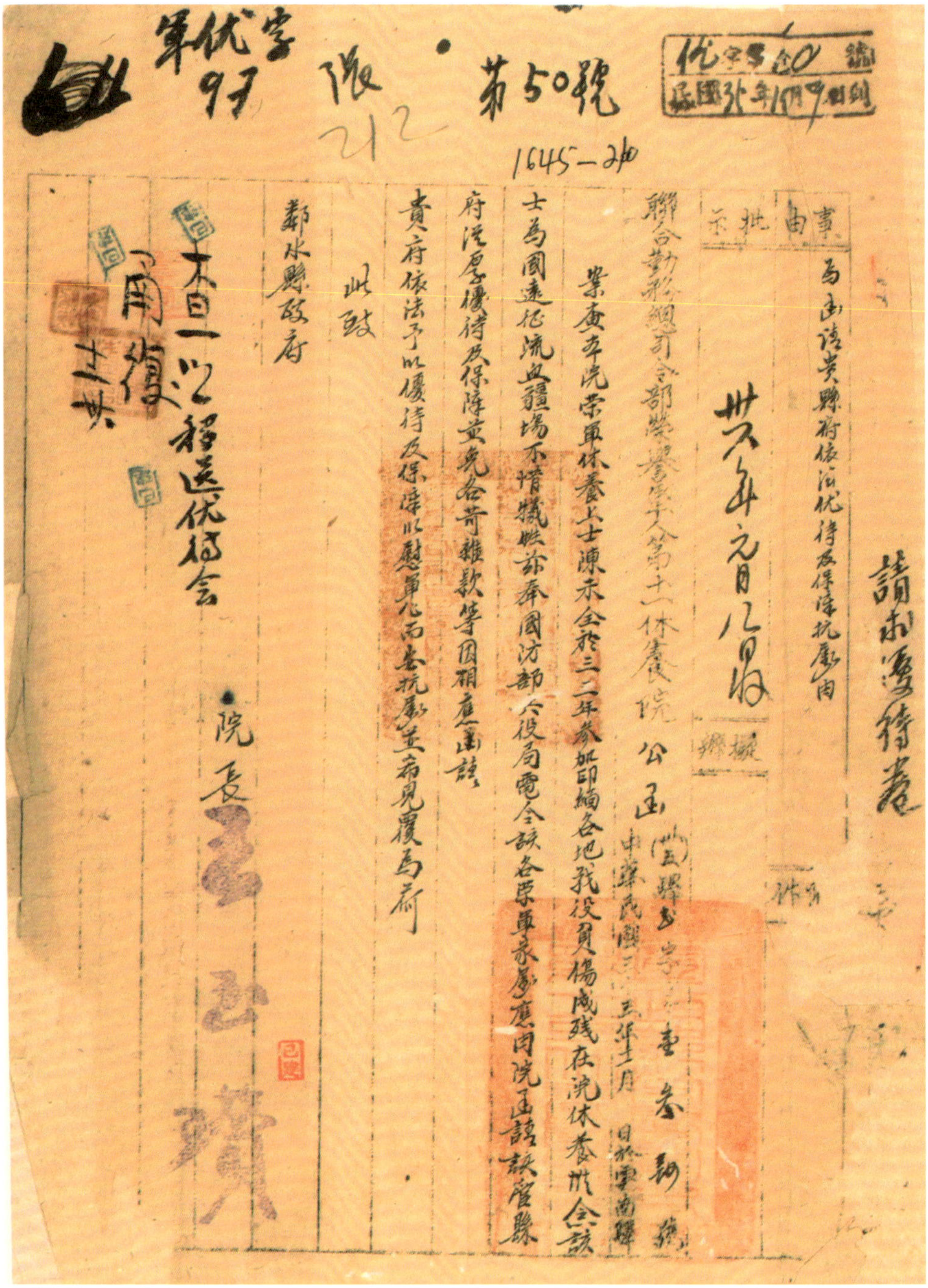
事由 為函請貴縣府依法優待及保障抗屬由

聯合勤務總司令部榮譽軍第十一休養院公函

中華民國卅五年十一月 日

案查本院榮軍休養上士陳禾全於三十二年參加印緬各地戰役負傷成殘在院休養，於今該士為國遠征流血疆場，不惜犧牲，茲奉國防部役局電令，該各榮軍家屬應由院函請該管縣府從優優待及保障並免各苛雜款等因，相應函請貴府依法予以優待及保障，以慰軍心而安抗屬，並希見覆為荷。

此致

鄰水縣政府

院長 王

邻水县政府致县出征抗敌军人家属优待委员会的公函（一九四七年一月十四日）

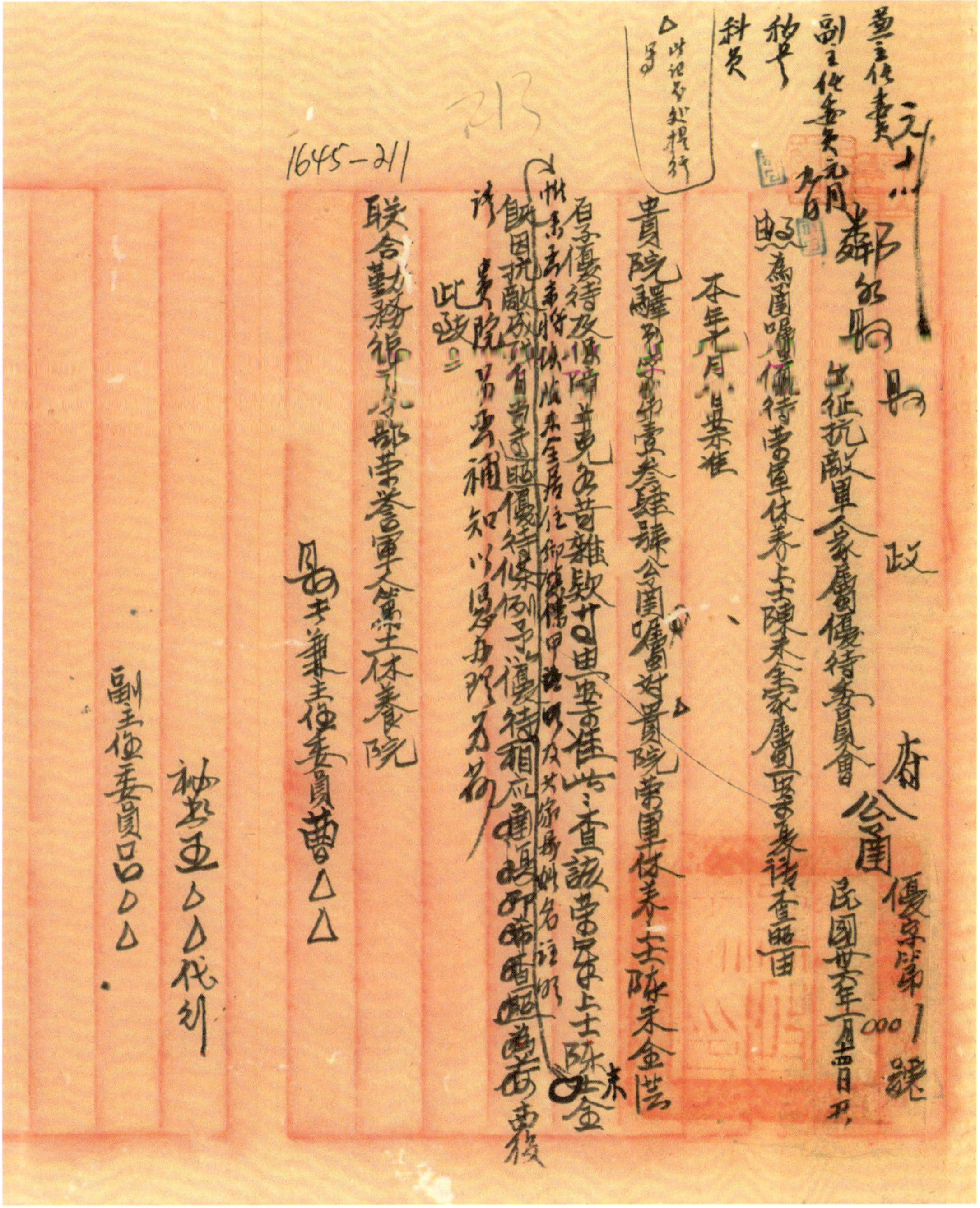
邻水县政府公函　优字第〇〇一號
民国卅六年一月十四日发

事由：为函嘱优待荣军休养上士陈宋金家属希查照由

出征抗敌军人家属优待委员会

本年十二月[illegible]案准

贵院驿字第壹叁肆號公函嘱对贵院荣军休养士陈宋金[illegible]自予优待及保障并免除普雜欵等由。准此，查该荣军上士陈宋金[illegible]

贵院[illegible]补知[illegible]

此致

联合勤务总司令部荣誉军人第[illegible]休养院

县长兼主任委员曹△△

秘书王△△代行

副主任委员吕△△

邻水县鼎屏镇镇民代表会关于请转令解愠乡公所补发复员返乡军士曹清云优待谷致县政府的呈（一九四六年十二月三日）

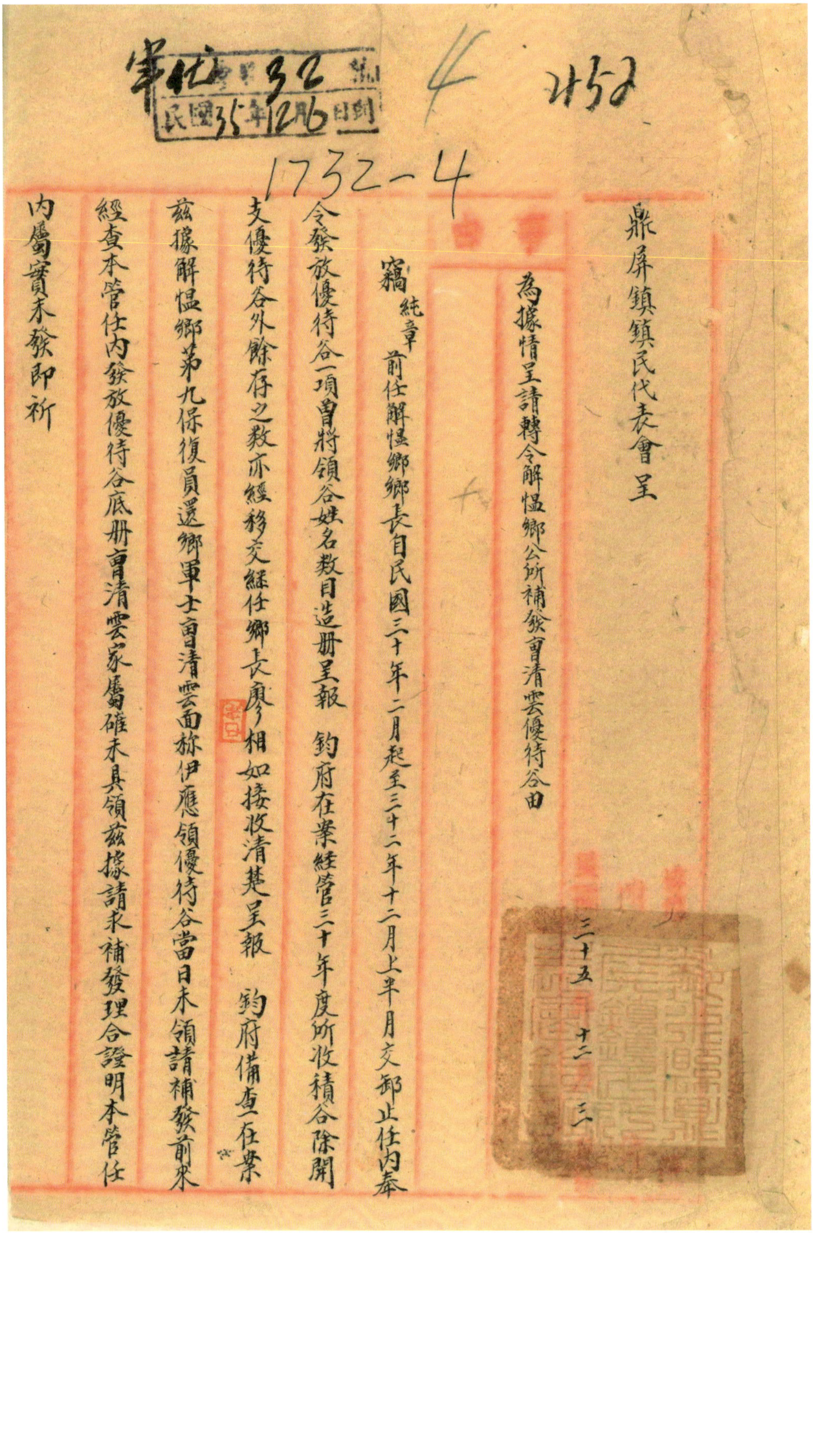
鼎屏镇镇民代表會呈

為據情呈請轉令解愠鄉公所補發曹清雲優待谷由

三十五　十二　三

竊純章前任解愠鄉鄉長自民國三十年二月起至三十二年十二月上半月交卸止任內奉令發放優待谷一項曾將領谷姓名數目造册呈報　鈞府在案經管三十年度所收積谷除開支優待谷外餘存之數亦經移交繼任鄉長廖相如接收清楚呈報　鈞府備查在案茲據解愠鄉第九保復員還鄉軍士曹清雲面稱伊應領優待谷當日未領請補發前來經查本管任內發放優待谷底册曹清雲家屬確未具領茲據請求補發理合證明本管任内屬實未發即祈

1732-5

鈞府鑒核轉令解愠鄉現任鄉長廖相如補發曾清雲承領以維優待！

謹呈。

鄰水縣政府縣長曾

主席楊純章

呈請補發優待谷復員軍士曾清雲

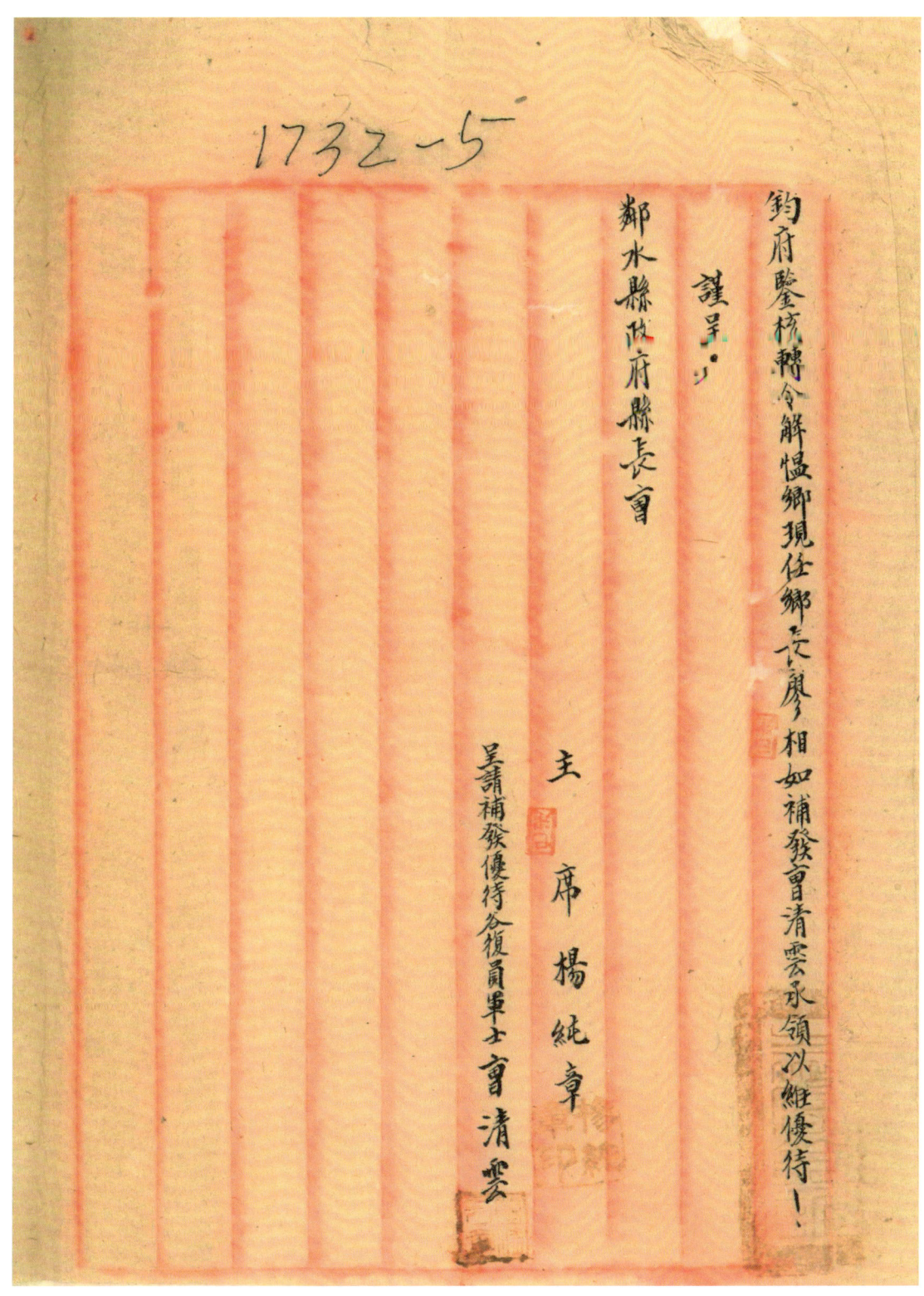

邻水县解愠乡曾熙源、曾熙权关于请求核查办理抗战阵亡军人曾坤弟抚恤和优待事宜致县政府的报告

（一九四六年十二月五日）

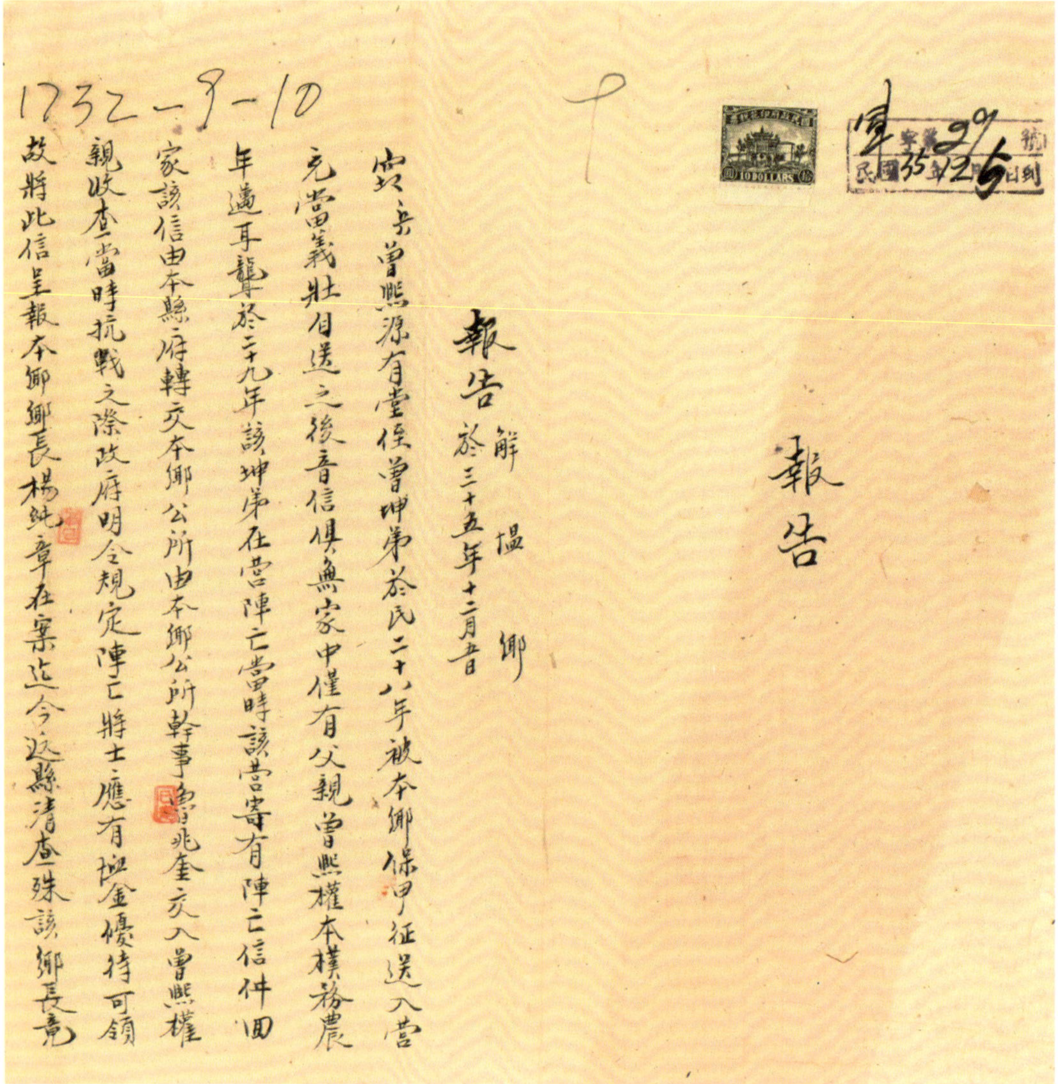
報告

1732-9-10

報告　三十五年十二月五日於解愠鄉

竊具曾熙源有堂侄曾坤弟於民二十八年被本鄉保甲征送入營充當義壯自送之後音信俱無家中僅有父親曾熙權本樸務農年邁耳聾於二十九年該坤弟在營陣亡當時該營寄有陣亡信件回家該信由本縣府轉交本鄉公所由本鄉公所幹事曾兆奎交入曾熙權親收查當時抗戰之際政府明令規定陣亡將士應有撫金優待可領故將此信呈報本鄉鄉長楊純章在案近今返縣清查殊該鄉長竟

答不知等語爲特具由呈請

鈞府鑒核俯予查案辦理以慰陣亡而安生者則存没均感矣

謹呈

鄞水縣代理縣長王

具呈人 曾熙源

曾熙權

中華民國廿五年十二月　日

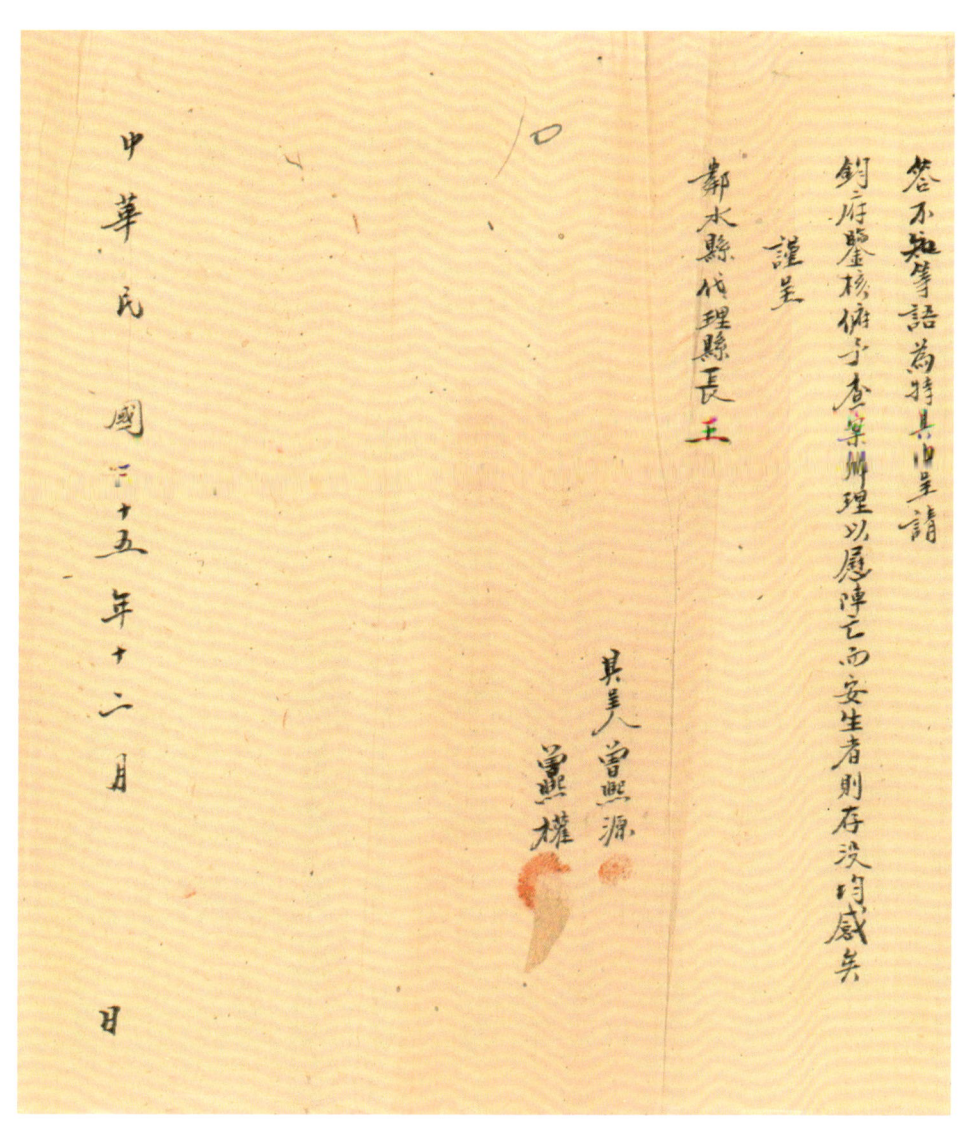

邻水县石永乡公所关于前乡长办理发放一九四四年度优待谷情形恳予核销致县出征抗敌军人家属优待委员会的呈（一九四六年十二月二十八日）

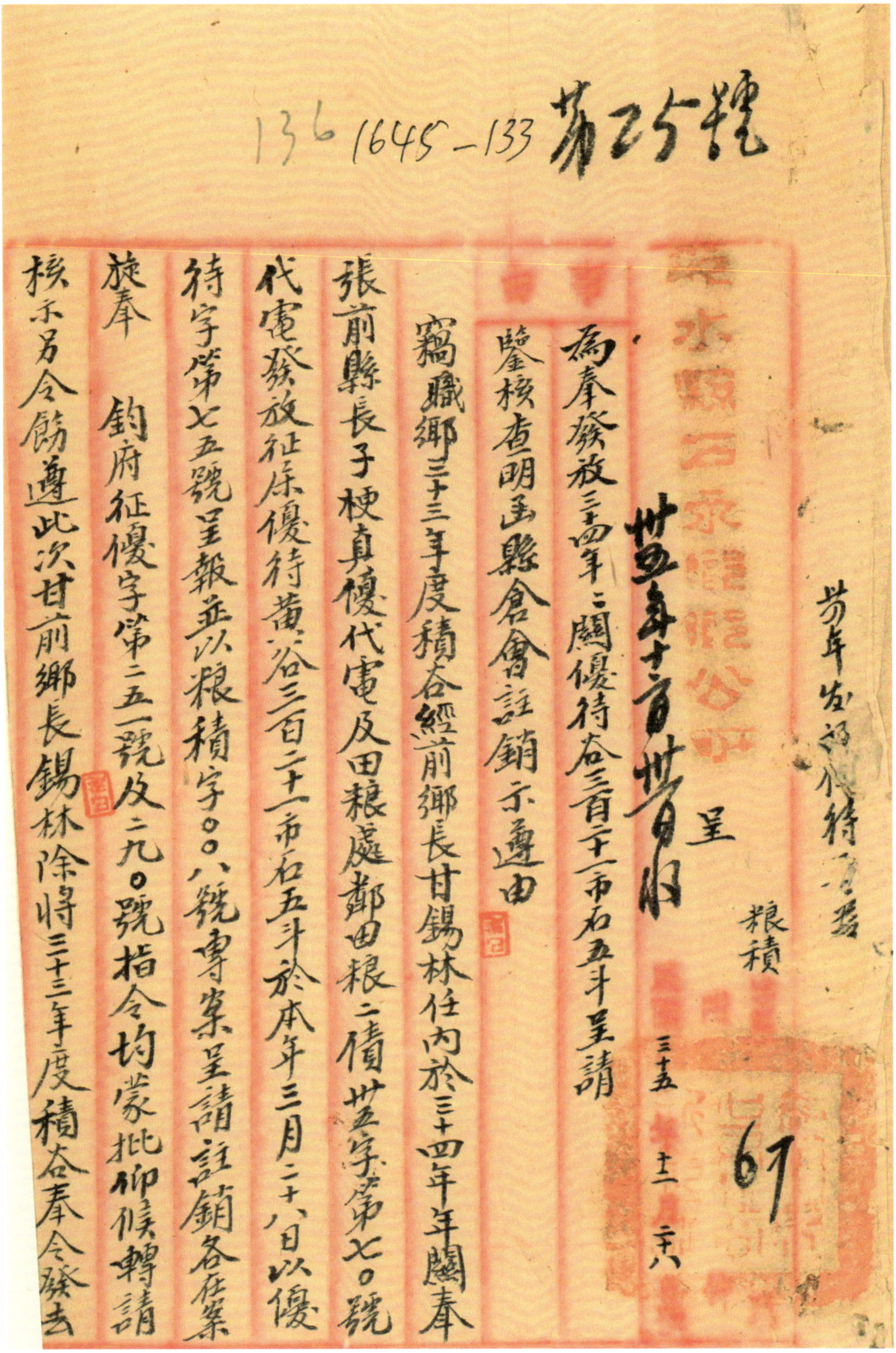
1645-133 第25號

為奉發放三十三年二二闕優待谷三百二十一市石五斗呈請
鑒核查明函縣倉會註銷示遵由

卅五年十二月卅日 呈 糧積 三五 十二 廿八 67

竊職鄉三十三年度積谷經前鄉長甘錫林任內於三十四年年闕奉
張前縣長子梗真優代電及田粮處鄰田粮二債卅五字第七〇號
代電發放征属優待黃谷三百二十一市石五斗於本年三月二十八日以優
待字第七五號呈報並以粮積字〇〇八號專案呈請註銷各在案
旋奉　鈞府征優字第二五一號及二九〇號指令均蒙批仰候轉請
核示另令飭遵此次甘前鄉長錫林除將三十三年度積谷奉令發去

137

1645-134

征係優待外實交來現谷貳百陸拾九市石乙斗七升六合業經會銜呈請備查在案對甘前鄉長錫林奉准發去之積谷既經遵照規定呈報應請查案予以註銷以免流爲懸案累及私人理合具文呈請鈞會俯予查明甘前鄉長錫林任內發放三十三年度積谷三百二十一市石五斗函請縣倉保管委員會註銷仍祈示遵！

謹呈

優委會主任委員曹

鄉長陳雲章

注意——查此案將該鄉鎮卅四年優待谷數量列表送會備查，俟列表一面轉報核示　右附

呈悉，仰候[illegible]查案[illegible]而理，此令。

元月廿日

邻水县坛同乡周荣昌、谭德田等九名抗属关于控诉熊睿等五名原现任乡长鲸吞优待谷要求严惩并补发优待谷的诉状抄件（一九四六年十二月）

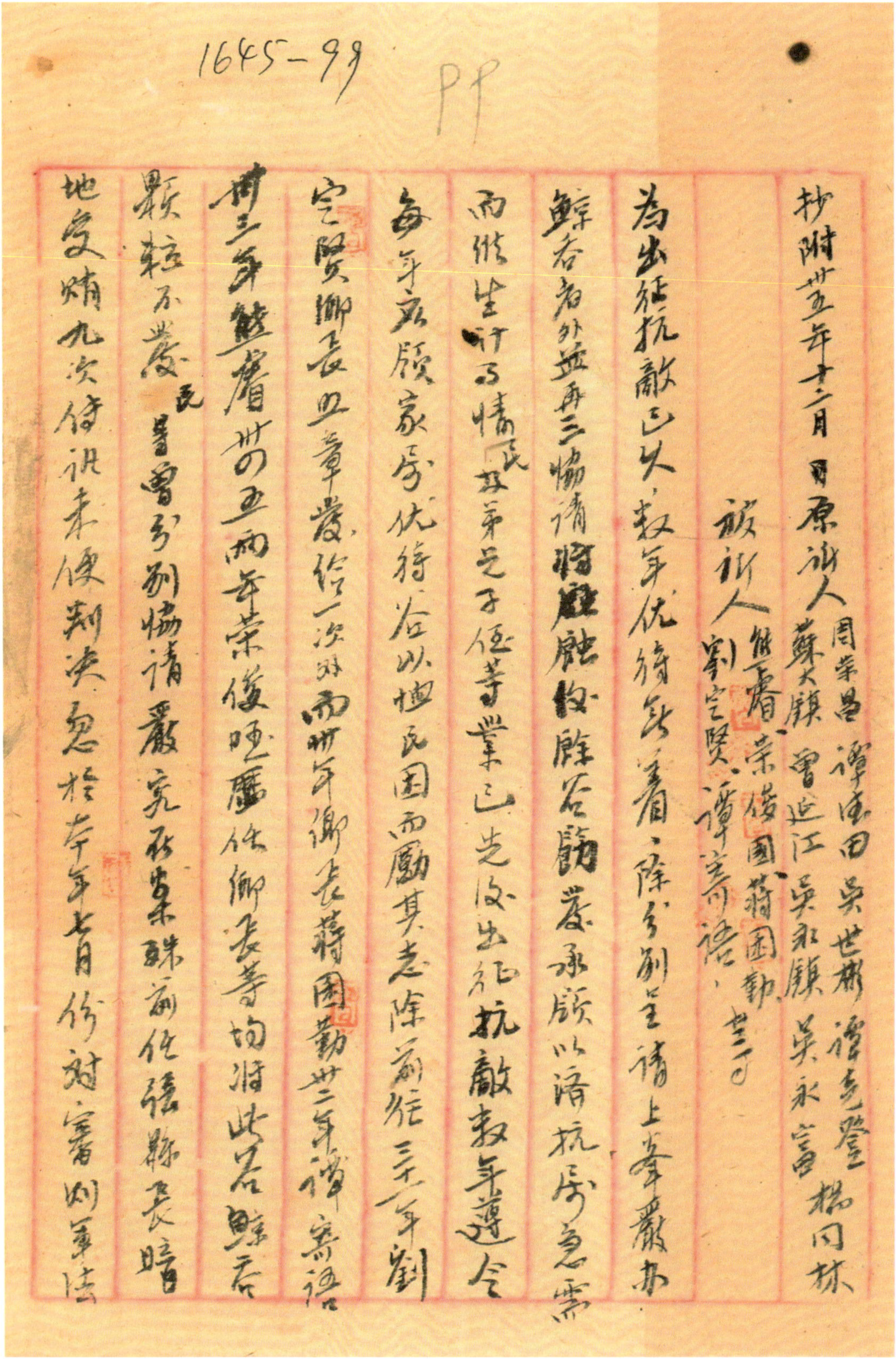

1645—99

抄附卅五年十二月　日原诉人周荣昌、谭德田、吴世彬、谭益登、杨同林、苏大祺、曾延江、吴永祺、吴永富

被诉人熊睿、荣俊国、蒋国勤、刘宗贤、谭寿诰，等

为出征抗敌已久，数年优待谷着，除乡刘呈请上峰严办鲸吞者外，并再三协请将熊睿等所吞谷饬发承领，以济抗属急需而维生计。下情：民等弟兄子侄等业已先后出征抗敌数年，遵令每年应领家属优待谷以恤民困而励其志。除前经三十一年刘宗贤乡长照章发给一次外，而卅年乡长蒋国勤、卅二年谭寿诰、卅三年熊睿、卅四五两年荣俊国历任乡长等均将此谷鲸吞，颗粒不发。民等曾向刘协请严究，致本案殊前任县长暗地受贿，九次传讯未便判决，忽于本年七月份对审则[illegible]

官未能收到，使将此案移送司法处，迄今杳无音信。
蔑等切查归因征收处收储服长吕滔图手中尚存膳役余
谷陆百余斤，前者并由赋管理处前接有卅三年积谷三百九十五斤，又七十
斤合并接收，列交各项，总余谷壹仟贰拾余斤，悉被卅三年乡长杜
詹余谷私买，注姓业毫不留余，执此当全乡皆知，致使卅
四年乡长吴俊臣前抗分不理，上峰未曾指令，指名不齐，
使将此事置之度外。蔑等实思近来以年不但不顾此谷，应要出
款巡更，运送军谷，实属压迫，甚难已来，闻匪盗物
价高昂，蔑家安生日促，是特再三具文呈请钧府
赐令杜长、吴俊臣勤偕各乡长到当面对审，并着追照章
蔑合再补，特请严办，余谷有如数赔偿，以使民等乘顺而济。

邻水县出征抗敌军人家属优待委员会、县仓保管委员会等关于查明各乡动支一九四四年度积谷拨作发放抗属优待数量的一组文件（一九四七年一月十日至三月五日）

邻水县县仓保管委员会致县出征抗敌军人家属优待委员会的公函（一九四七年一月十日）

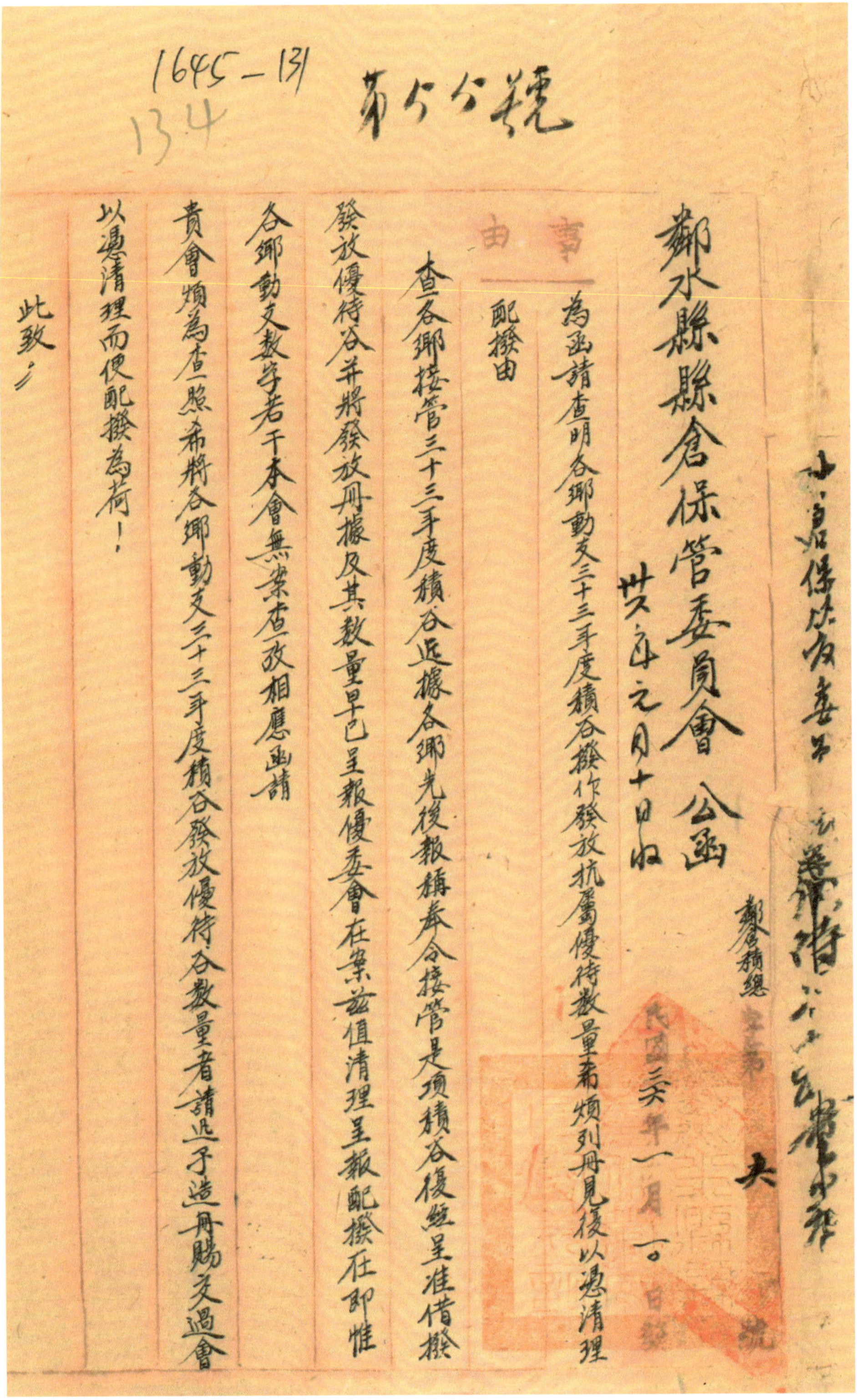

1645—131
134

鄰水縣縣倉保管委員會 公函

卅六年元月十日

鄰倉積總字第 號

事由

為函請查明各鄉動支三十三年度積谷撥作發放抗屬優待數量希煩列冊見復以憑清理配撥由

查各鄉接管三十三年度積谷迭據各鄉先後報稱奉令接管是項積谷後經呈准借撥發放優待谷并將發放冊據及其數量早已呈報優委會在案茲值清理呈報配撥在即惟各鄉動支數字若干本會無案查考相應函請

貴會煩為查照希將各鄉動支三十三年度積谷發放優待谷數量者請迅予造冊賜交過會以憑清理而便配撥為荷！

此致

民國卅六年一月十日發

135

1645-132

鄰水縣出征抗敵軍人家屬優待委員會

查案將所屬鎮卅三年積谷收放優待谷數暨向本會檢報冊據有案特造具清冊抄函

回覆

元

縣長兼主任委員曹葆章

秘書王真宜代行

副主任委員艾作勷

[illegible]

[illegible]

[illegible]

鄰[illegible]書

文二十

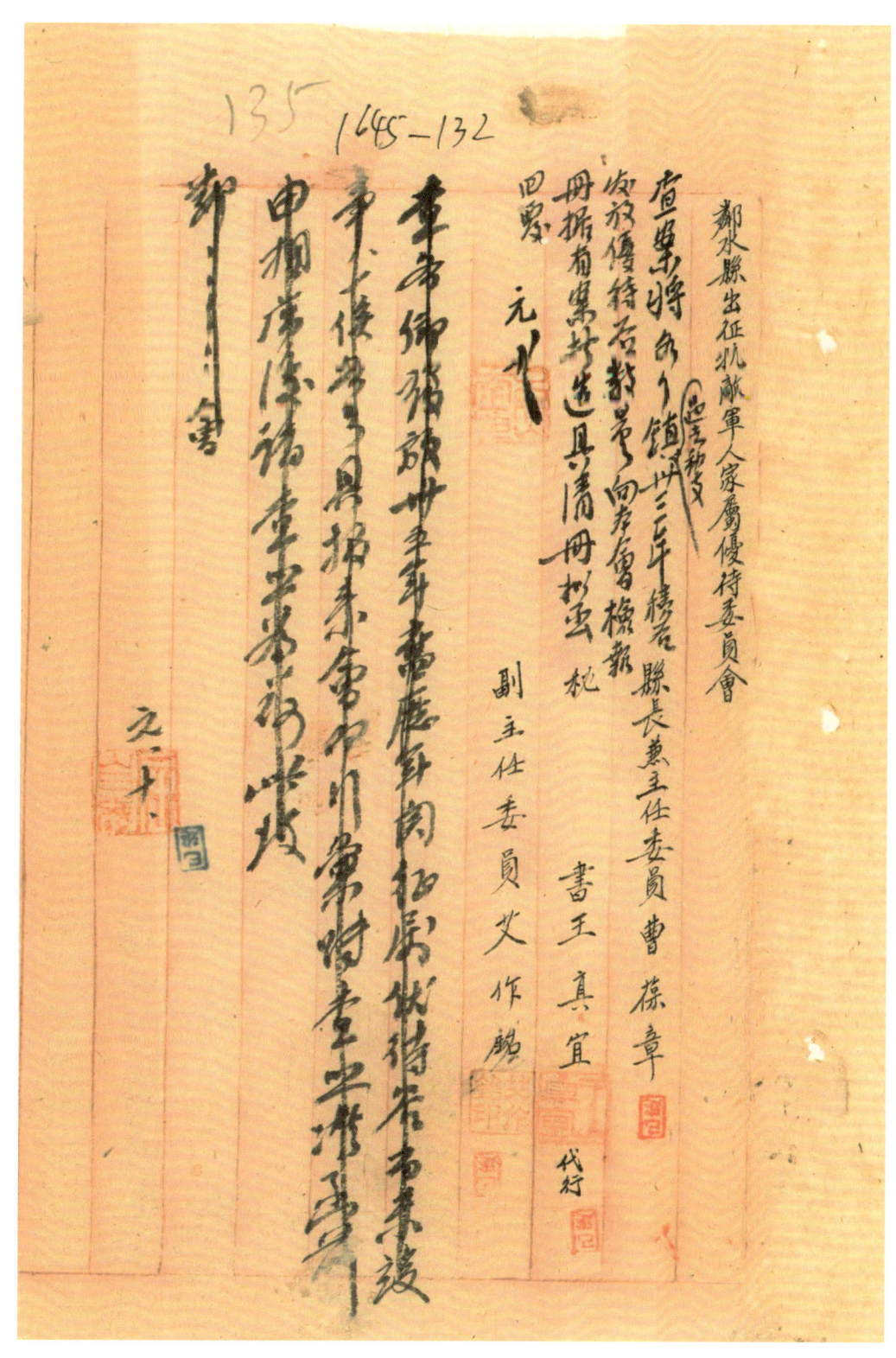

邻水县出征抗敌军人家属优待委员会致县仓保管委员会的公函（一九四七年三月五日）

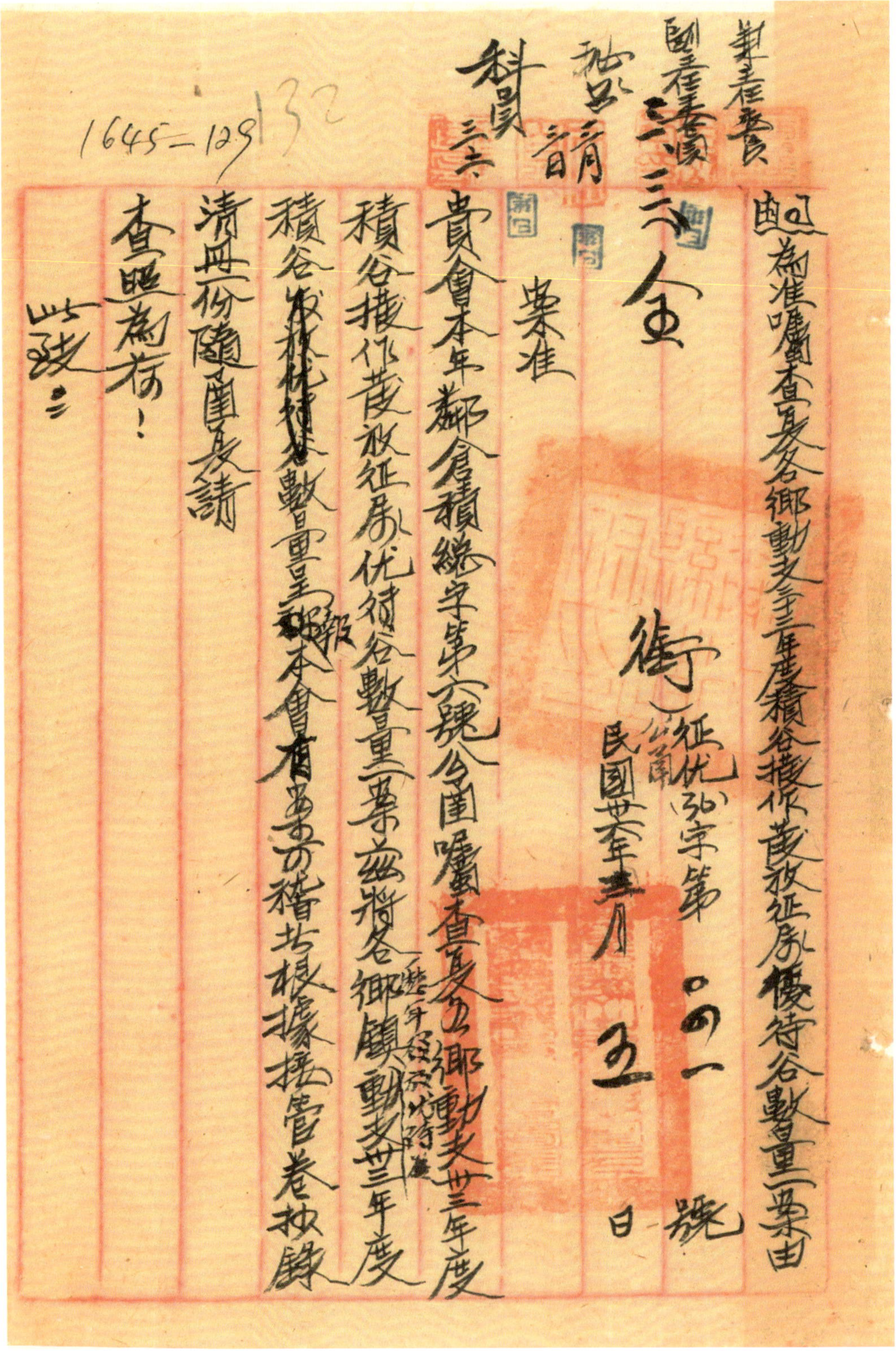

1645-129 132

兼主任委員 副主任委員 秘書 科員
三六 三 三 三六 三 日

函

為准嘱查复各鄉勤支卅二年度積谷撥作蔭被征属優待谷數量一案由

全銜）征优（36）字第 〇〇一 號
公函
民國卅六年三月 五 日

案准

貴會本年鄰倉積總字第六號公函嘱查复各乡鎮動支卅三年度積谷撥作蔭被征属優待谷數量一案，茲將各鄉鎮動支卅三年度（撥作征属优待谷）積谷（撥作优待谷）數量呈報本會有案可稽者根據總管卷抄錄清冊一份隨函送請

查照為荷！

此致

鄉鎮財產保管委員會

附抄各鄉鎮三十三年度積穀清冊一份

兼主任委員曹□□

副主任委員□□□

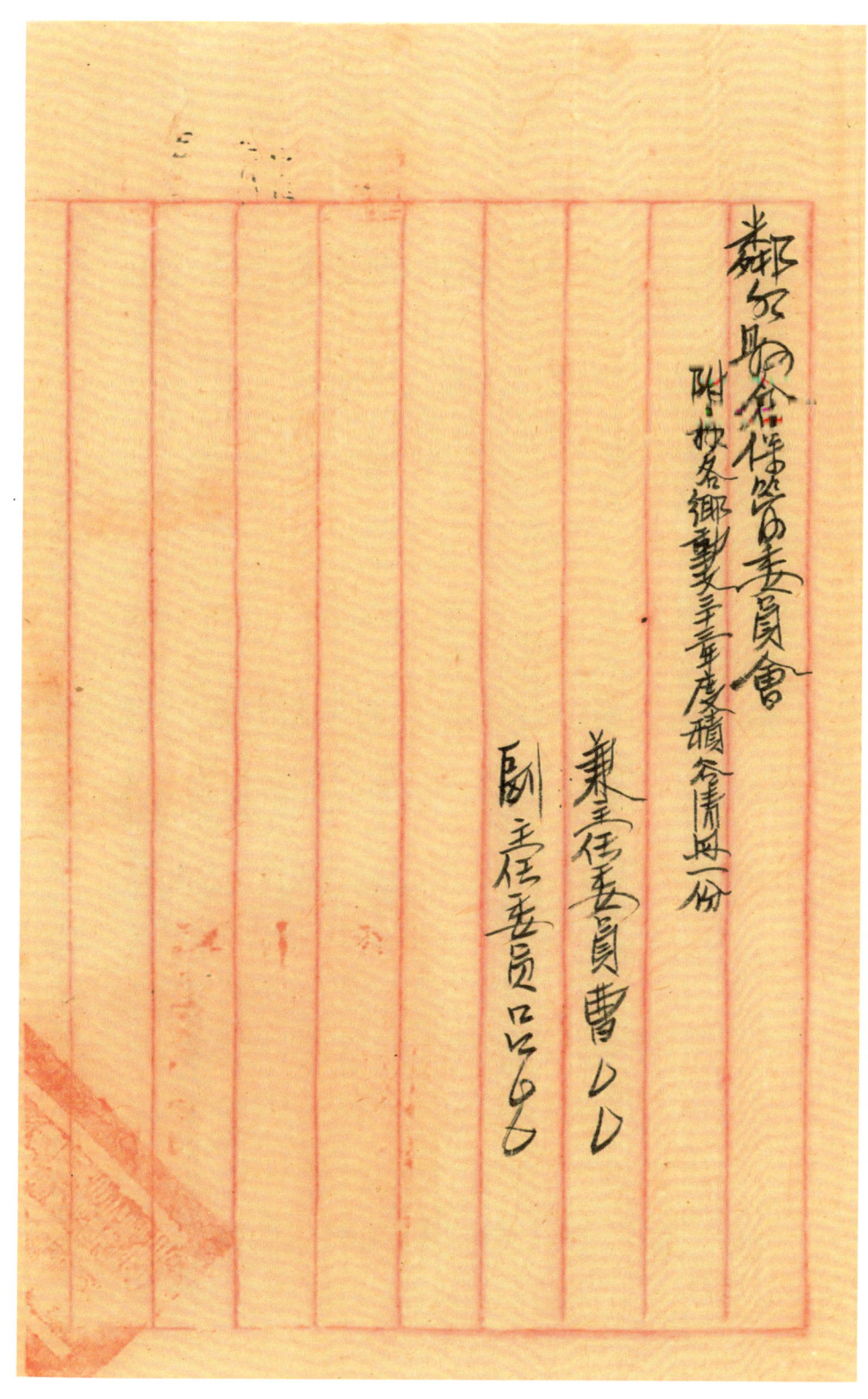

附：邻水县出征抗敌军人家属优待委员会照接管卷查造各乡镇动支一九四四年度积谷清册

鄰水縣出征抗敵軍人家屬優待委員會照接管卷查造各鄉鎮動支卅三年度積谷清冊

鄉鎮別	存谷數	征屬人數	稱動支積谷年度	備攷
石永	三二石五斗	六四三名	稱在三十三年度積谷項下撥	卅三年舊歷年関發放征屬優待時動支以上收
鼎屏	九六石	一九二名	稱在延金鄉三十三年積谷項下撥	仝前
菁扶	一五五石五斗	三一一名	稱在卅三年積谷項下撥	仝前
柳塘	一六六石	三三二名	〃	仝前
解慍	一二二石五斗	二四五名	稱在卅三年積谷項下撥二六石還欠八升另撥借粮谷九六石四斗二升	仝前
高兴	三九石	七八名	稱在卅三年積谷項下撥	仝前
御臨	一七一石	三四二名	〃	仝故
福星	四六石五斗	九三名	〃	仝故
延金	一五六石	二一二名	稱在卅三年積谷項下撥	卅三年舊歷年関发放征屬优待时動支以上收

主任委員

副主任委員

秘書

科員

16855-130

133

邻水县政府、县出征抗敌军人家属优待委员会关于所挪借发放优待谷俟亏挪人员赔偿后再予拨还致解愠乡的训令（一九四七年二月十二日）

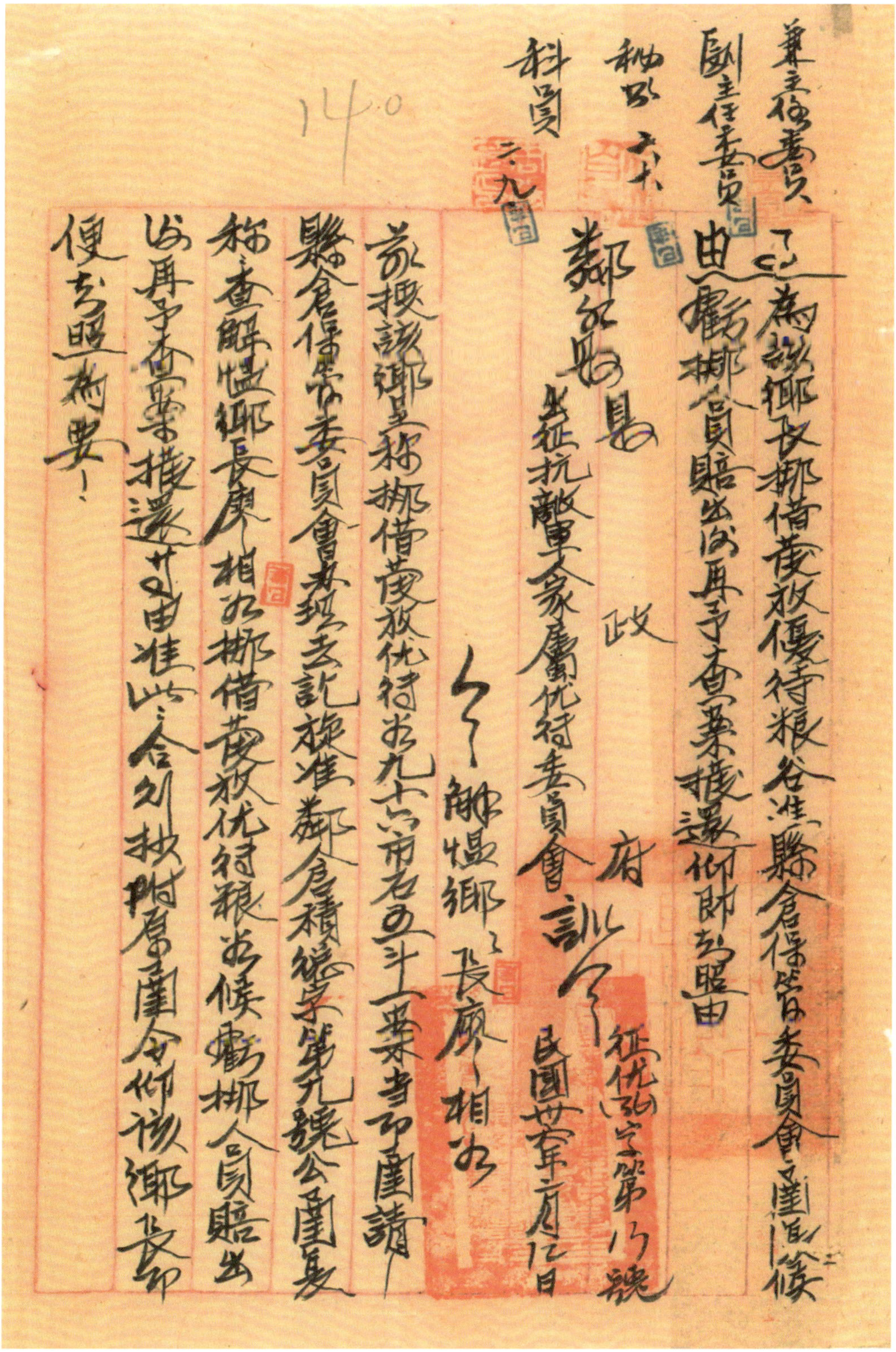
兼主任委員
副主任委員
秘書 六、十
科員 六、九
140

由：為該鄉長挪借發放優待糧谷准縣倉保管委員會函以俟
虧挪人員賠出後再予查案撥還仰即知照由

鄰水縣政府
出征抗敵軍人家屬優待委員會 訓令 征優字第 號
民國卅六年二月12日

令解愠鄉鄉長庹相如
案據該鄉呈稱挪借發放優待糧谷九十六市石五斗一案當即函請
縣倉保管委員會核議去訖。旋准鄰倉積發字第九號公函復
稱：查解愠鄉長庹相如挪借發放優待糧谷，應俟虧挪人員賠出
後再予查案撥還等由。准此，合行抄附原函，令仰該鄉長即
便知照為要！

1645—137

為荷為荷

附抄發展圖一份

縣長兼主任委員曹○○

秘書王○○代行

副主任委員呂○○

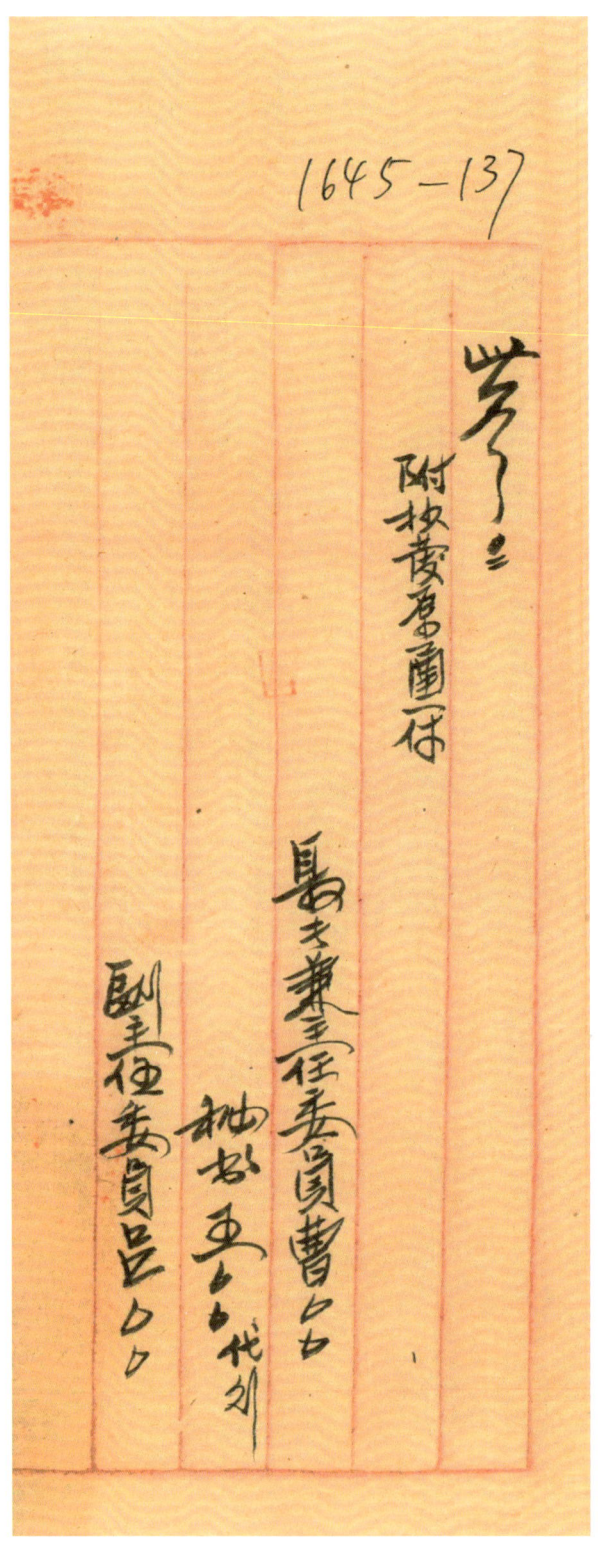

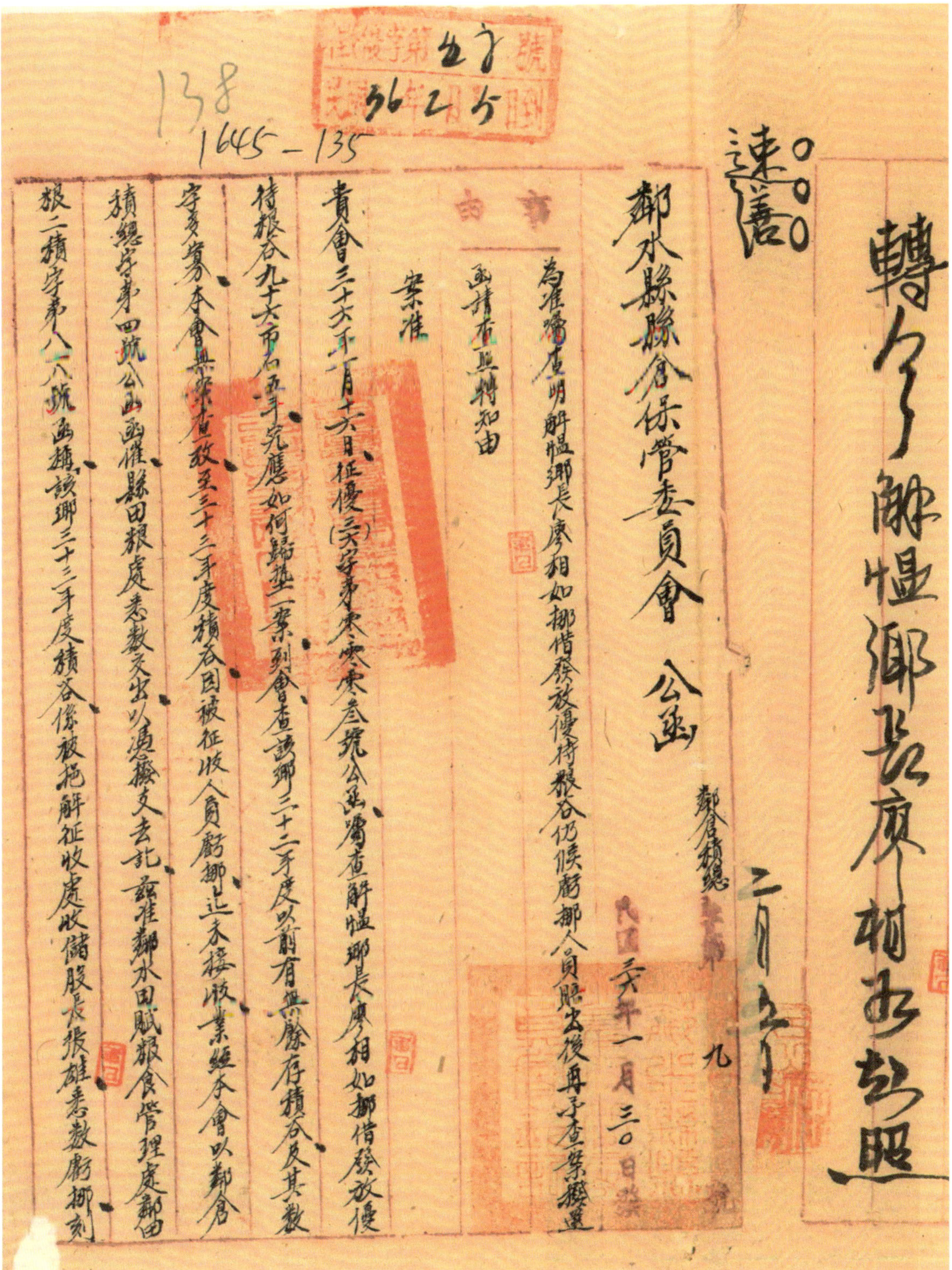
138
1645－135
速辦
轉令解慍鄉長廖相如照
二月五日

鄰水縣縣倉保管委員會　公函　鄰倉積總字第　九　號

事由：為准囑查明解慍鄉長廖相如挪借發放優待糧谷仍候解鄉人員照出後再予查案擬覆函請查照轉知由

民國三六年一月三〇日發

案准

貴會三十六年一月十六日征優（三六）字第東字號公函，囑查解慍鄉長廖相如挪借發放優待糧谷九十六市石五斗究應如何歸墊一案到會。查該鄉三十二年度以前有無縣存積谷及其數字多寡，本會無案查考；至三十三年度積谷因被征收人員虧挪，迄未接收，業經本會以鄰倉積總字第四號公函函催縣田糧處悉數交出，以憑撥交去訖。並准鄰水田賦糧食管理處鄰田糧二積字第八一八號函轉該鄉三十三年度積谷係被挪解征收處收儲股長張雄悉數虧挪，刻

附：邻水县仓保管委员会关于查明挪借解愠乡优待谷情形致县出征抗敌军人家属优待委员会的公函（一九四七年一月三十日）

137

1645—136

正令催該股長之保証人許昌衡、周學釵賠償，一俟賠償後再予撥交」等由，准此，相應復請查照

至該鄉長所請歸墊糧谷一節，俟應俟該項積谷接收後再行查案撥還，并希轉飭知照為荷！

此致

鄰水縣出征抗敵軍人家屬優待委員會

縣長兼主任委員 曹葆章

秘書 王真宜 代行

副主任委員 艾作勳

轉令[illegible]鄉長唐樹森知照

速繕

鄰水縣縣倉保管委員會 公函

鄰倉積總字第 九

二月 日

休假返乡军人黄明华关于请予登记并转咨袁市乡公所补发优待致邻水县出征抗敌军人家属优待委员会的报告（一九四七年二月十三日）

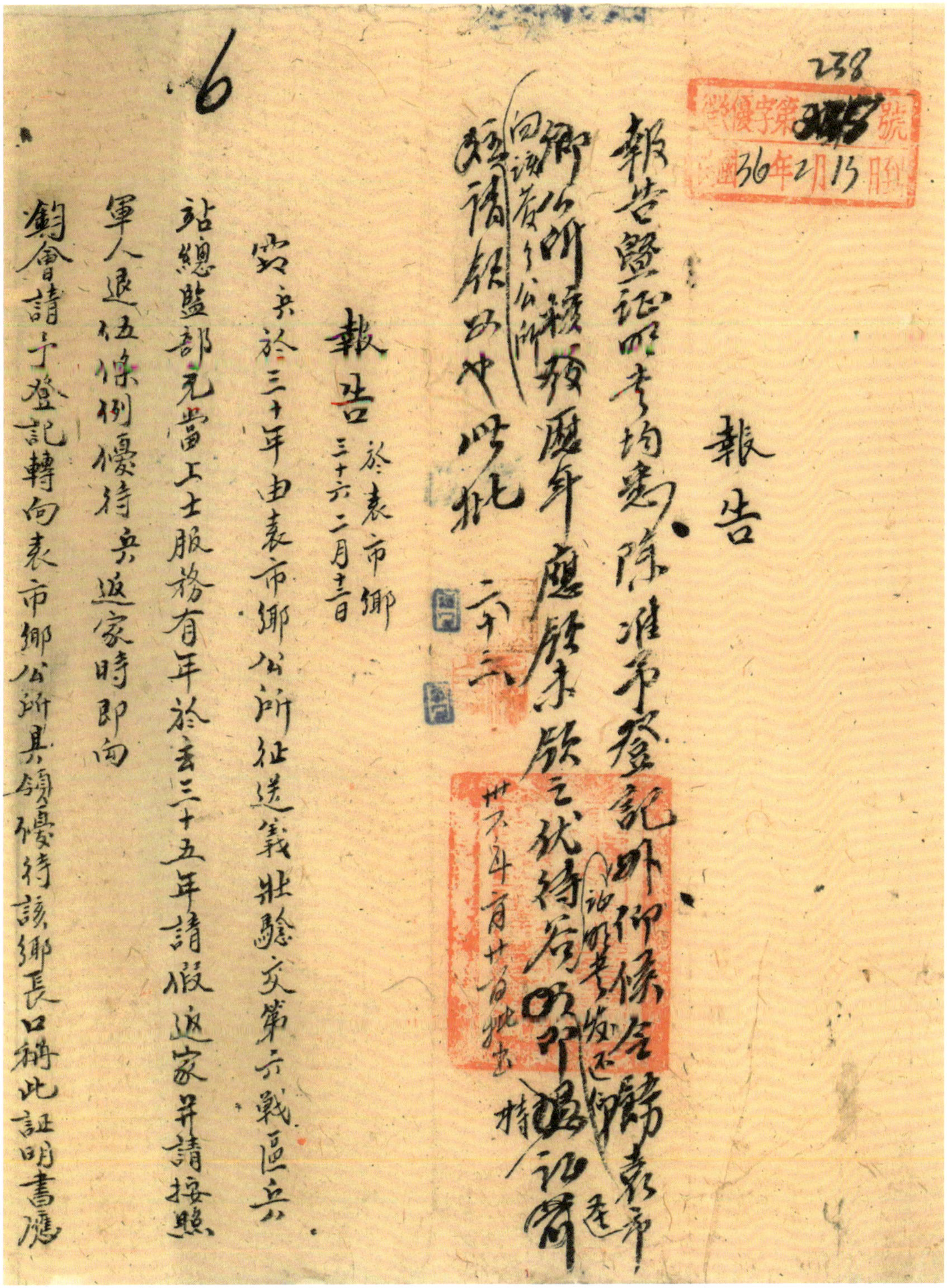

238

優字第　號

36年2月15

報告

報告暨證明書均悉。除准予登記外，仰候令飭袁市鄉公所核發歷年應發未發之优待谷。證明書發還，仰持證向該管鄉公所請領，以昭此批。

二十三

卅六年二月廿日批

報告　於袁市鄉　三十六二月十三日

竊兵於三十年由袁市鄉公所征送義壯驗交第六戰區兵站總監部充當上士服務有年，於去三十五年請假返家，并請援照軍人退伍條例優待。兵返家時即向

鈞會請予登記轉向袁市鄉公所具領優待。該鄉長口稱此証明書應

予縣府發放故特報請

鈞會鑒核俯予函咨袁市鄉公所早日發給以 領不勝沾感

謹呈

鄰水縣優待委員會 鈞鑒

具報告人黄明華

中華民國三十六年二月 日

邻水县合丰乡出征军人杨祖权家属关于申请登记转请发给优待致县出征抗敌军人家属优待委员会的呈（一九四七年二月二十一日）

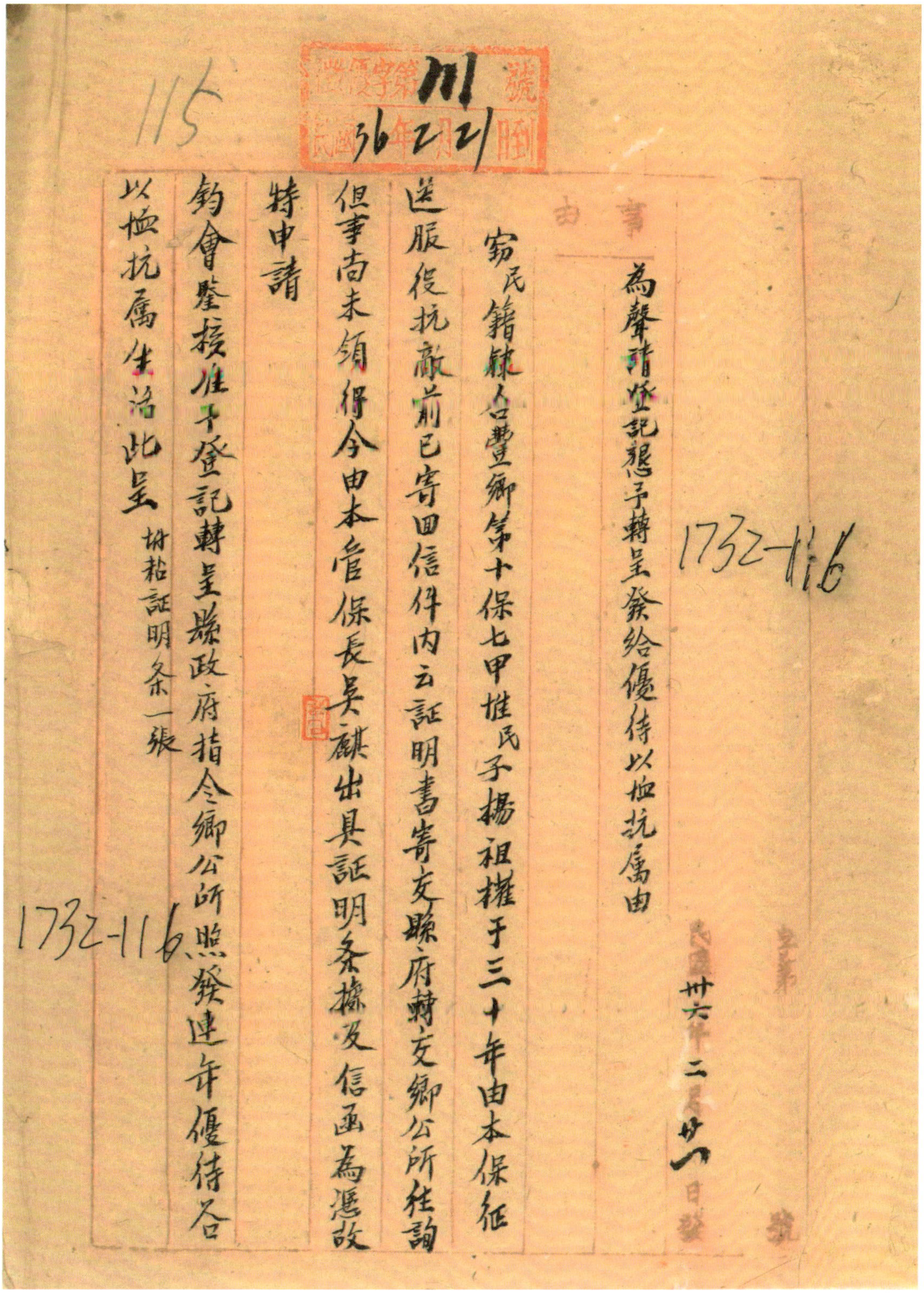

事由：為聲請登記懇予轉呈發給優待以恤抗屬由

民國卅六年二月廿一日發

竊民籍隸合豐鄉第十保七甲，雄民子楊祖權于三十年由本保征送服役抗敵，前已寄回信件內云証明書寄交縣府轉交鄉公所，往詢但事尚未領得，今由本管保長吳麒出具証明条據及信函為憑，故特申請

鈞會鑒核准予登記轉呈縣政府指令鄉公所照發連年優待，俾以恤抗屬生活。此呈

附粘証明条一張

邻水县柑子乡复员士兵喻学臣、萧朝凯、陈尧信关于恳请追究该乡乡长吴贤富侵吞抗敌军人优待谷致县出征抗敌军人家属优待委员会的报告（一九四七年二月）

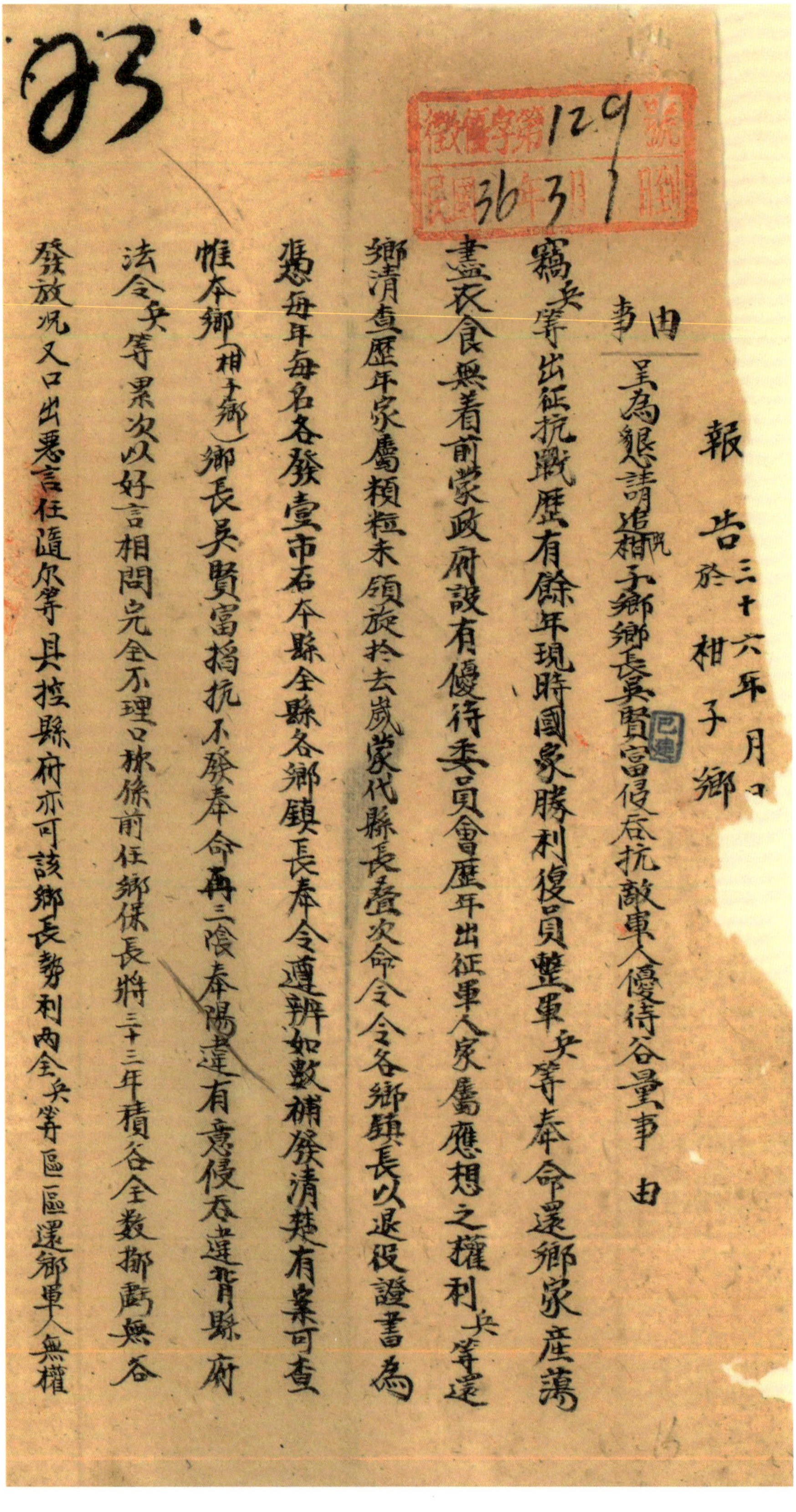

93

徵優字第129號 民國36年3月1日到

報告 於三十六年月日 柑子鄉

事由 呈為懇請追究柑子鄉鄉長吳賢富侵吞抗敵軍人優待谷量事由

竊兵等出征抗戰歷有餘年，現時國家勝利，復員整軍，兵等奉命還鄉，家產蕩盡，衣食無着。前蒙政府設有優待委員會，歷年出征軍人家屬應想之權利，兵等還鄉清查，歷年家屬顆粒未領。旋於去歲蒙代縣長叠次命令，令各鄉鎮長以退役證書為憑，每年每名各發壹市石，本縣全縣各鄉鎮長奉令遵辦，如數補發清楚，有案可查。惟本鄉（柑子鄉）鄉長吳賢富搪抗不發，奉命再三，陰奉陽違，有意侵吞，違背縣府法令。兵等累次以好言相問，完全不理，口稱係前任鄉保長將三十三年積谷全数挪虧，無谷發放。况又口出惡言，任隨爾等具控縣府亦可。該鄉長勢利內全，兵等區區還鄉軍人無權

924

無勢蔭取無敵無處伸冤只得懇祈
鈞座伸訴含冤重申命令或拘究當堂對質如　蒙恩准實沾德便以恤抗戰士艱是
矣理合檢同名冊一份報請
鈞會俯予鑒核敬候示遵
謹呈
鄰水縣優待委員會兼會長曹
副主任呂
鄰水縣柑子鄉復員士兵　喻學臣　蕭朝凱等　陳堯信　呈

用優委會衛特函(?)
知鄉嚴予勸導(?)
並另補發(?)
二六　蔡

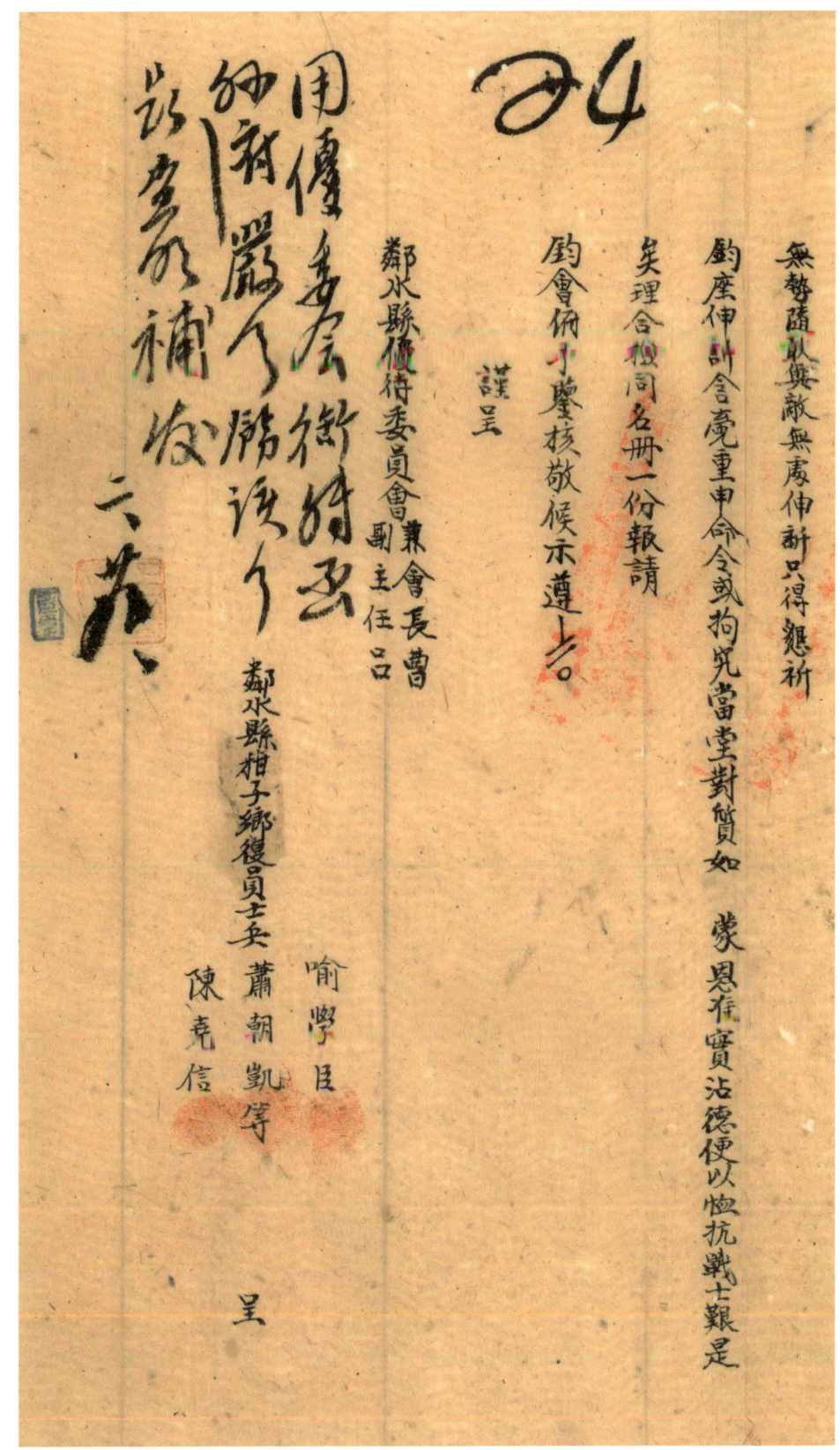

附：邻水县柑子乡复员士兵应领优待谷量暨士兵花名册

25

鄰水縣柑子鄉復員士兵應領優待谷量暨士兵花名册

鄉保甲區分	姓名	出征年月日	退役年月日	履歷應領數	年家已領數	屬三十五年年闕已領數	實補數	手摸	備攷
柑子鄉七保七甲	喻學臣	二、六六一	三、五七一	九石五市斗		五市斗	九市石正		該兵入伍年月係二十一年六月一日已國戰發生爲準標故填二十六年
柑子鄉四保五甲	蕭朝凱	二、六三一	三、五七一	九石五市斗		五市斗	九市石正		
柑子鄉六保二甲	陳堯信	二、六七一	三、五七一	九石五市斗		五市斗	九市石正		該兵入伍年月係二十二年五月四日已國戰發生爲標準故填二十六年
合計三名				二十八石五市斗		壹石五市斗	二十七市石		

鄰水縣柑子鄉復員士兵 蕭朝凱

喻學臣

陳堯信

合丰乡公所、邻水县政府等关于查明并补发廖帝安等优待谷的往来文件（一九四七年三月三日至八日）

邻水县合丰乡公所致县政府、县出征抗敌军人家属优待委员会的呈（一九四七年三月三日）

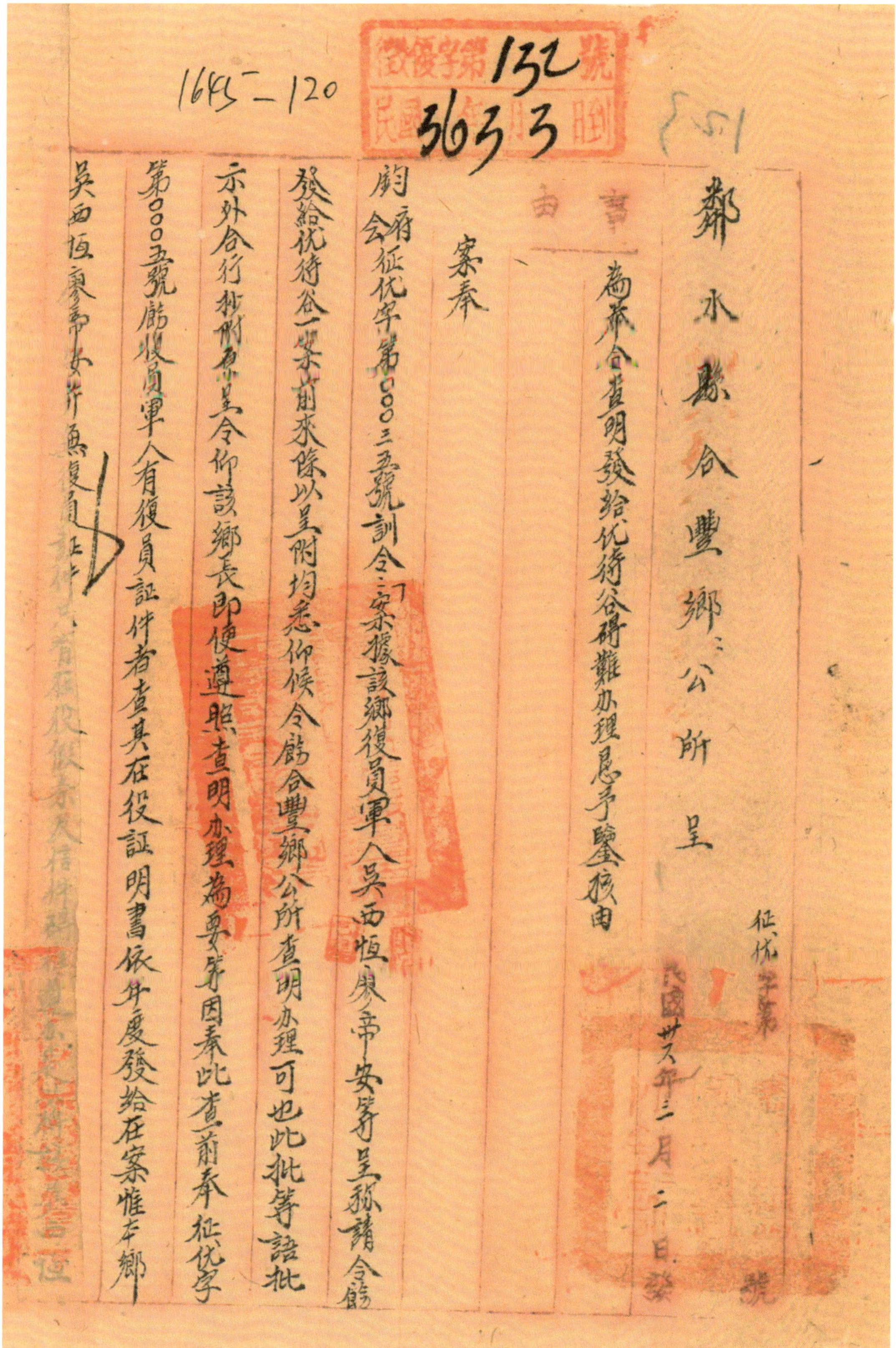

1685—120

132

3633

鄰水縣合豐鄉鄉公所　呈

事由：為奉令查明發給优待谷碍難办理恳予鑒核由

征优字第　號

民國卅六年三月二日發

案奉

鈞府会征优字第〇〇〇三五號訓令：“案據該鄉復員軍人吴西恒、廖帝安等呈称，請令飭發給优待谷一案，前來。除以呈附均悉，仰候令飭合豐鄉公所查明办理可也，此批等語批示外，合行抄附原呈，令仰該鄉長即便遵照，查明办理，為要”等因。奉此，查前奉征优字第〇〇〇五號飭復員軍人有復員証件者，查其在役証明書，依年度發給在案。惟本鄉吴西恒、廖帝安所繳復員証

55

1645—119

吴雍

刘彦德

廖帝安等所请优待一节覆呈

征指酉字第〇〇三四号
卅六年三月三日发

呈悉。查该乡出征军人吴西恒，并非殁殒，只
军人眷属回乡，请领出征以后各年并领未
领之优待谷（经本会派员赴该乡详细调查），查该出征军人持有该乡第九
保保长雷兴明具函证明，该吴西恒于廿六年
自出征后家属无依，应优待。兹据吴西恒长
人萧素西称，卅年在湖南南岳因病退役，
往醴陵县旅待业，湖南保安处第九大队（现任乡长刘文飞）书证明，于该
县并自营业。查该军人自待业三个月以后应即停
止优待，该乡卅年(?)年度于该吴西恒离队请领，该班结
业证书上批拨优待谷四市斗，核与优待法令不合。兹
饬核发卅六七八九卅各年每年一市石在殁优待谷
仰该乡查明，将该吴西恒各年之优待谷（缴）未缴者
即补发，将已发之四斗扣至卅五年年度增发，（未）发之市斗

府鉴核示遵

谨呈

县长曹

鄰水优待委员会

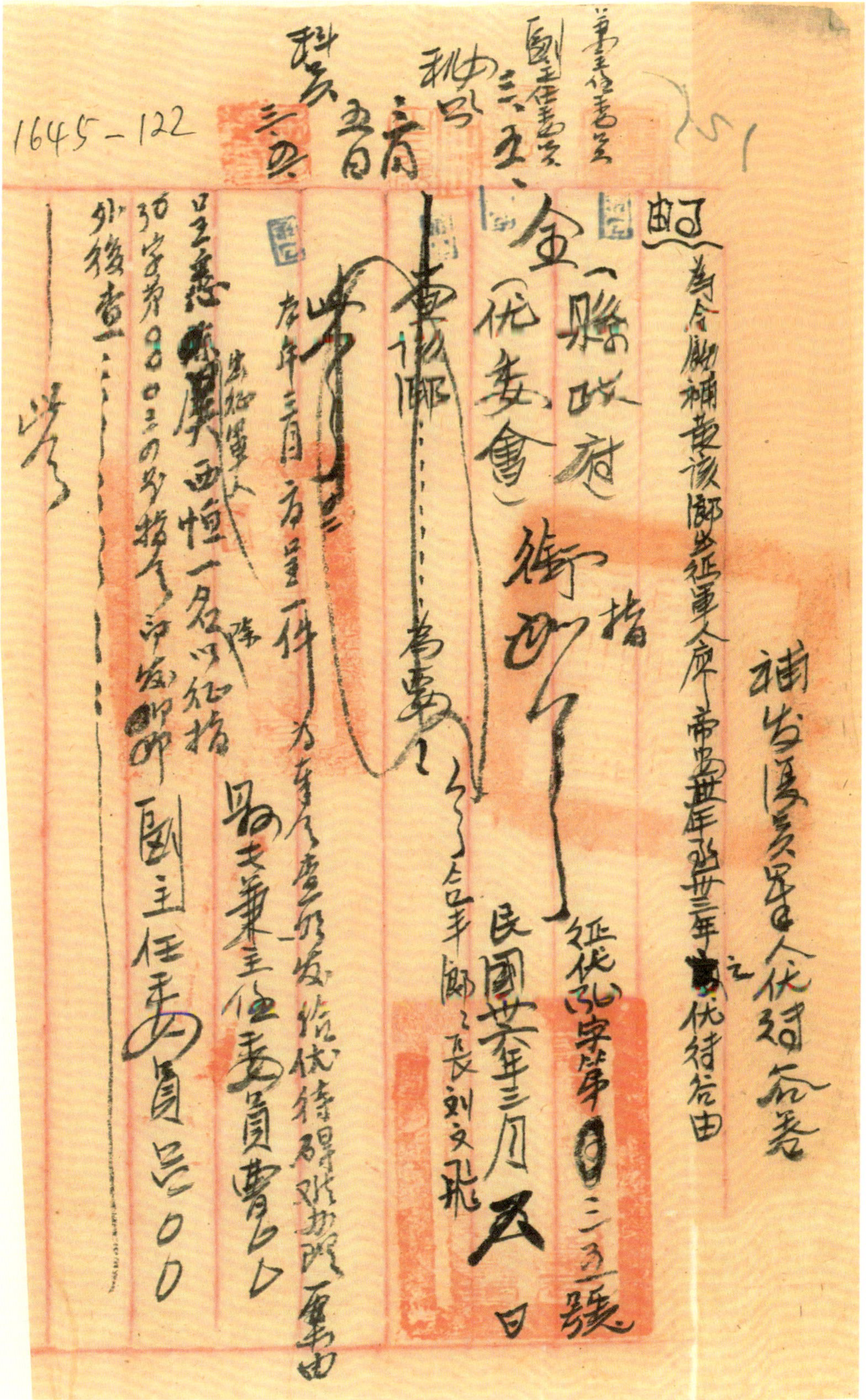
1645-122

征優字第〇三五一號

民國卅六年三月八日

合豐鄉鄉長劉文飛

邻水县政府、县出征抗敌军人家属优待委员会致合丰乡公所的指令（一九四七年三月八日）

1645—121

查該鄉出征軍人八戶帝安，並非復員軍人，此次回縣
係請領出征以後各年應領未領之優待穀，無復員
證件。復查該出征軍人持有該管第十保保長吳棋書面
證明，該兵於卅一年六月出征，該戶家自應依法優待，據該戶帝
出征本人在前面稱：卅三年十一月在貴州獨山作戰因病
脫離部隊，旋轉業貴州保安團工作，前往投保安
團隊，並非潛逃軍人，依法應予優待。只請核發其
卅一年至卅三年各年每年一市石在役優待穀。仰該
鄉長查明該戶應領各年之優待穀，如未領者即補發，
如已領者照數扣除，事後檢收報冊為要。此令。
三月

邻水县政府、县出征抗敌军人家属优待委员会关于补发出征军人林老六历年未领优待谷致九龙乡公所的训令（一九四七年三月十一日）

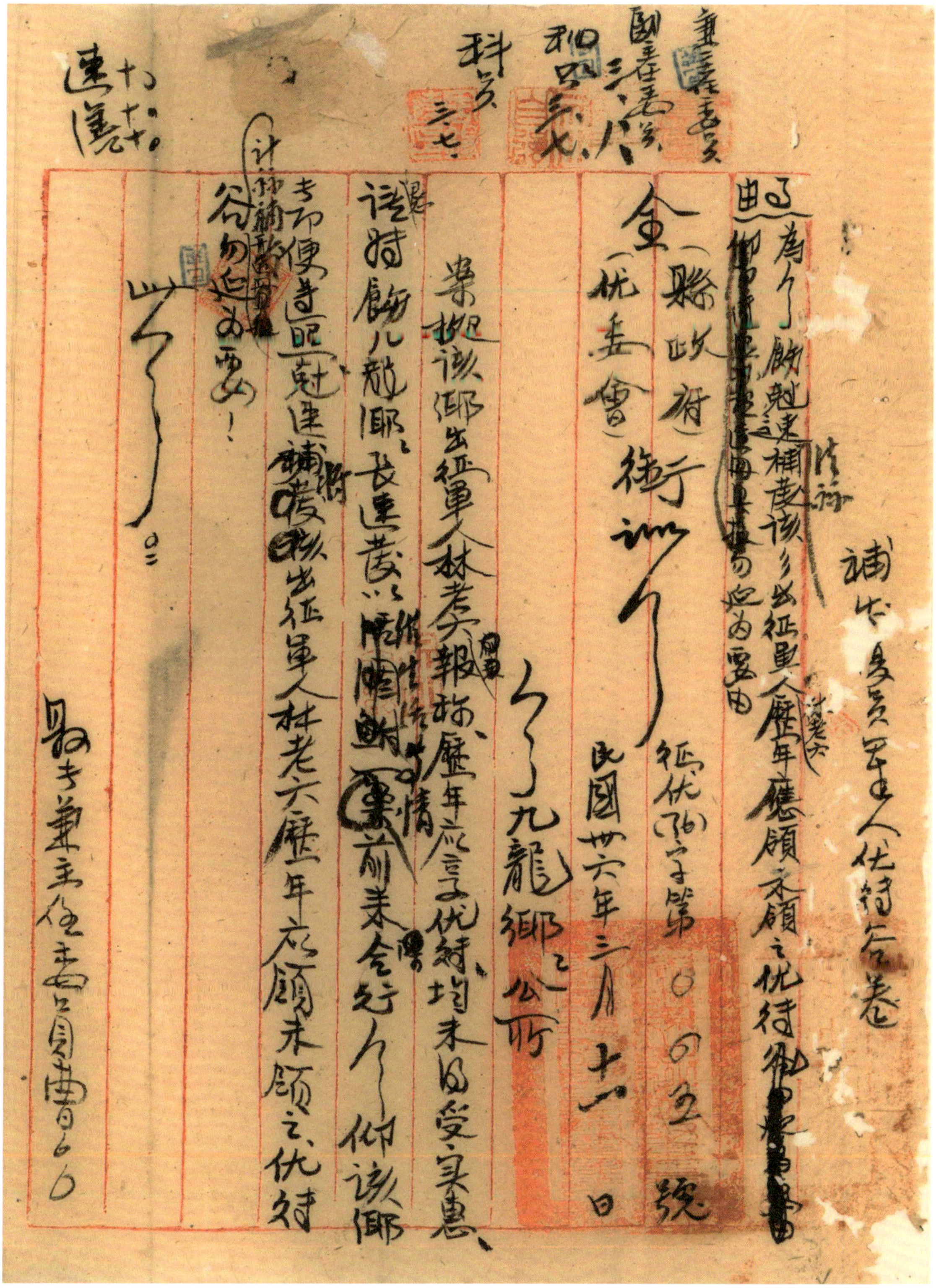

副主任委員[illegible]

今收到

優待委員會證明書乙件此據

28年四月廿三日林老六條 右母子 +

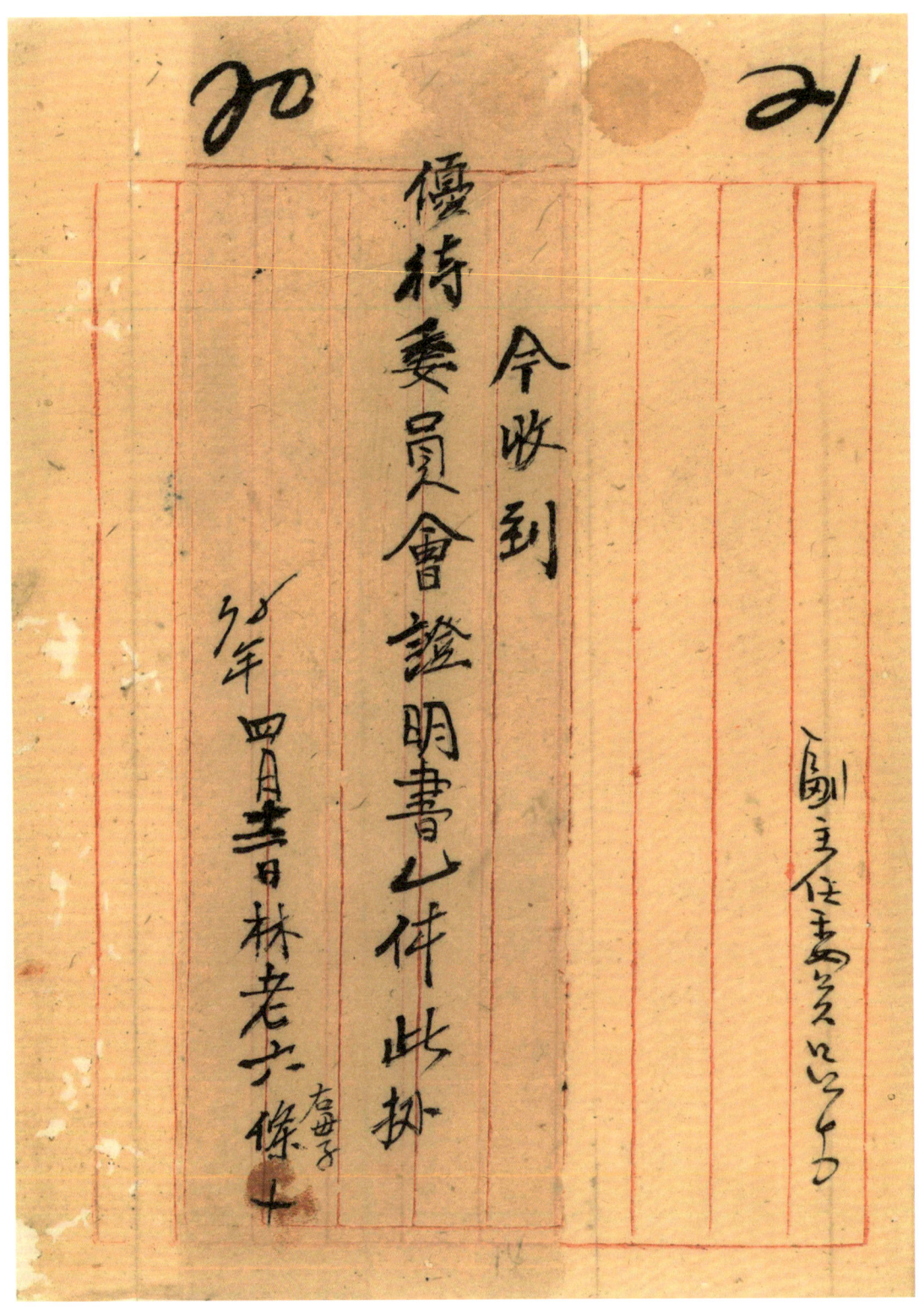

邻水县政府、县出征抗敌军人家属优待委员会关于查明并补发征属廖刘氏、廖道禄等二人优待谷致梁板乡公所的训令（一九四七年三月二十七日）

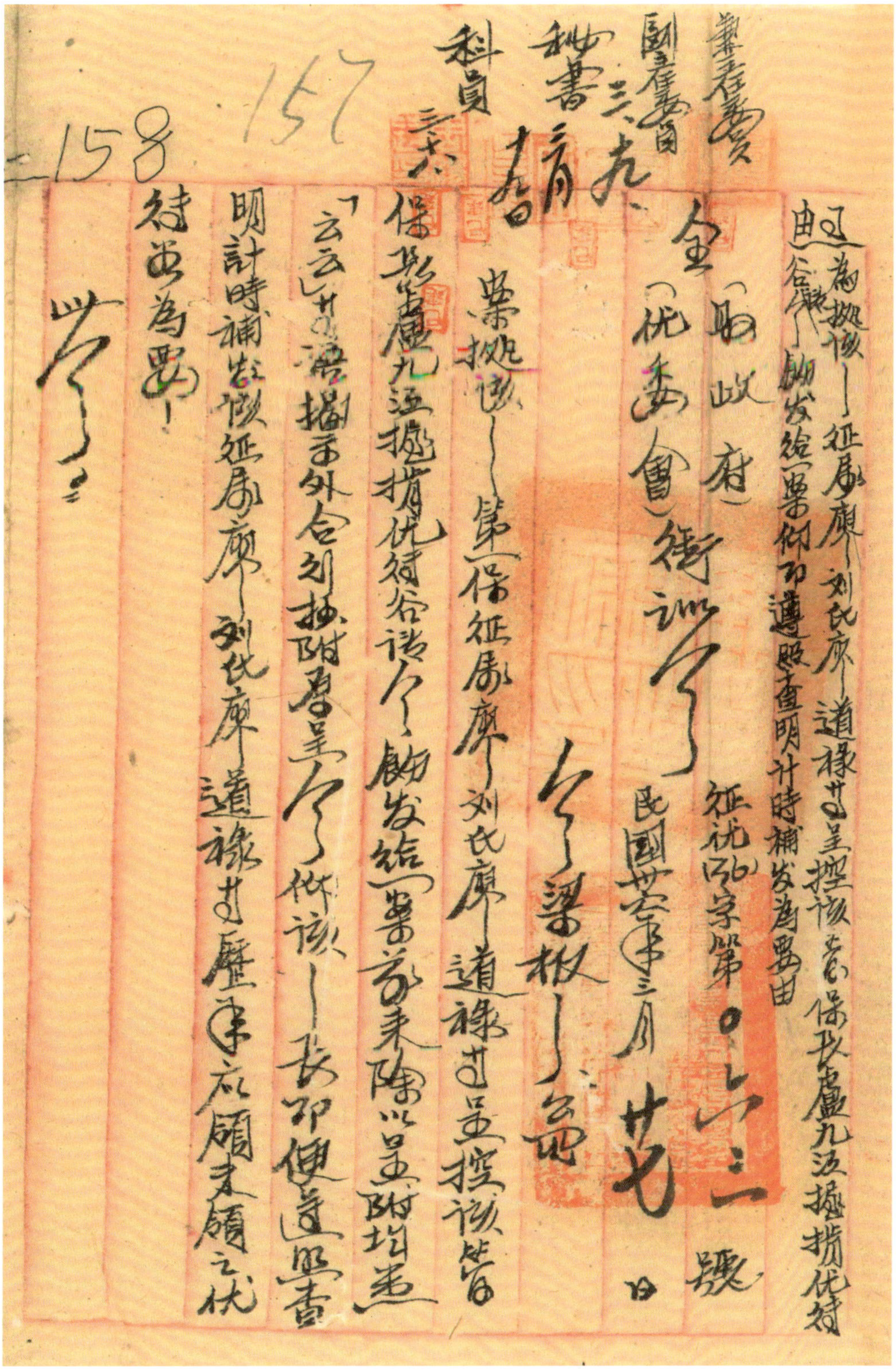

由：為據該征屬廖劉氏、廖道祿等呈控該保保長盧九江擅揹優待谷請令飭發給一案仰即遵照查明計時補發為要由

征撫（36）字第0623號

民國卅六年三月廿七日

縣政府、優委會銜訓令

令梁板鄉公所

案據該第三保征屬廖劉氏、廖道祿等呈控該管保長盧九江擅揹優待谷請令飭發給一案前來，除以呈附指遣「云云」外，合行抄附原呈，令仰該鄉長即便遵照查明，計時補發該征屬廖劉氏、廖道祿等歷年應領未領之優待谷為要！

此令

附抄发康刘氏康道禄等原呈一件

局长兼

副主任委员 曹△△

吕△△

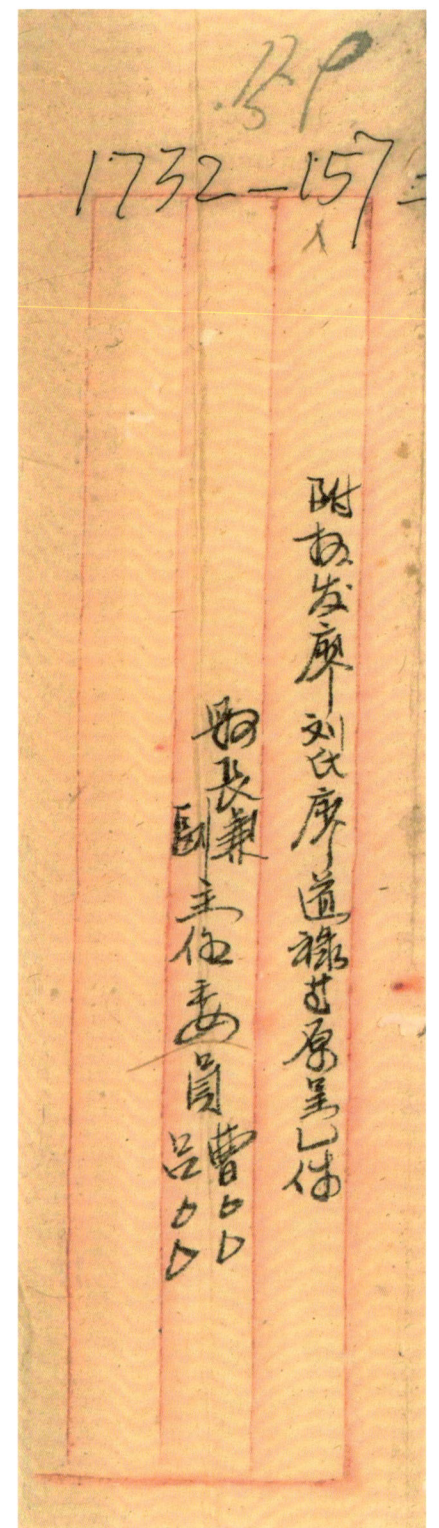

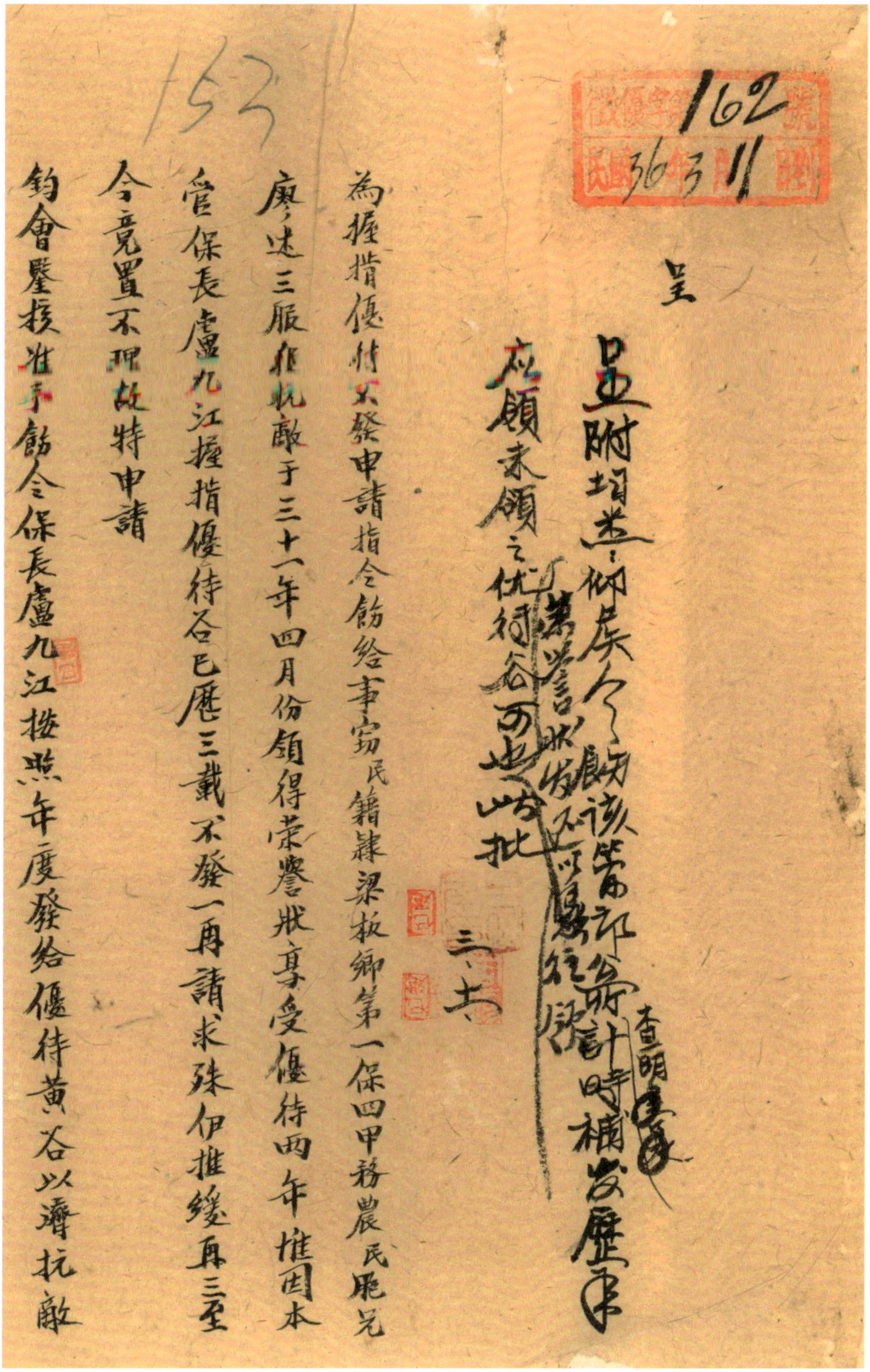
優字第162號
民國36年3月11日

呈

為握指優待久不發申請指令飭給事竊民籍隸梁板鄉第一保四甲務農民胞兄
廖述三服役抗敵于三十一年四月份領得榮譽狀享受優待兩年推因本
管保長盧九江握指優待谷已歷三載不發一再請求殊伊推諉再三至
今竟置不理故特申請
鈞會鑒核准予飭令保長盧九江按照年度發給優待黃谷以濟抗敵

呈附均悉，仰候令飭該管鄉公所查明計時補發歷年應領未領之優待谷可也。此批
三、十一

154

軍人家屬子女生活如准沾感此呈 附粘保證狀一件

鄰水縣優待委員會 公鑒

1732-153-154

具申請人廖道祿十

被報人盧九江

民國三十六年三月 日

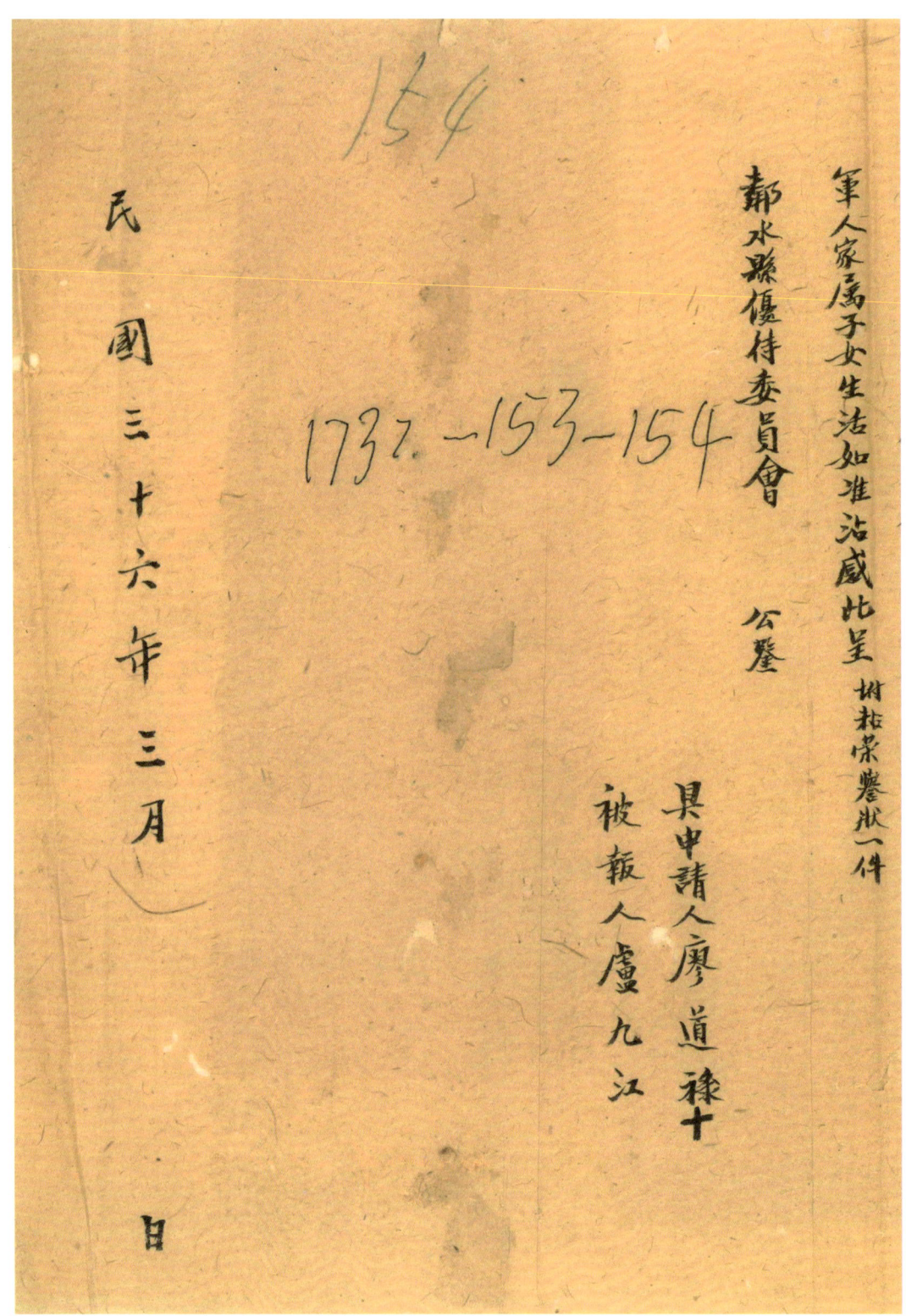

附二：廖刘氏关于申请补发优待谷致县出征抗敌军人家属优待委员会的呈（一九四七年三月十一日）

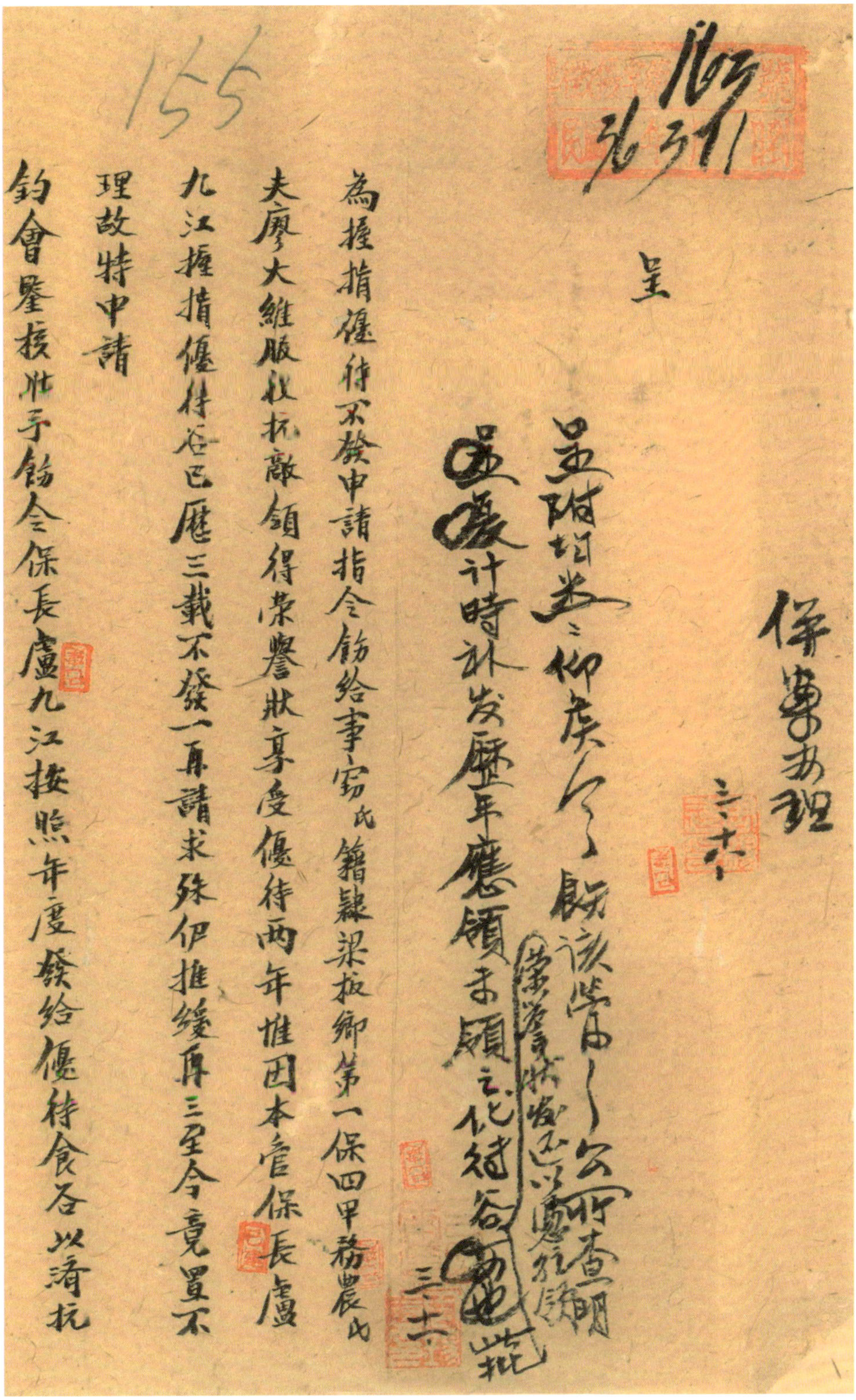

屬生活如准沾感此呈 計粘榮譽狀一件

鄰水縣優待委員會 公鑒

具申請人廖劉氏十

被報人盧九江

民國三十六年三月 日

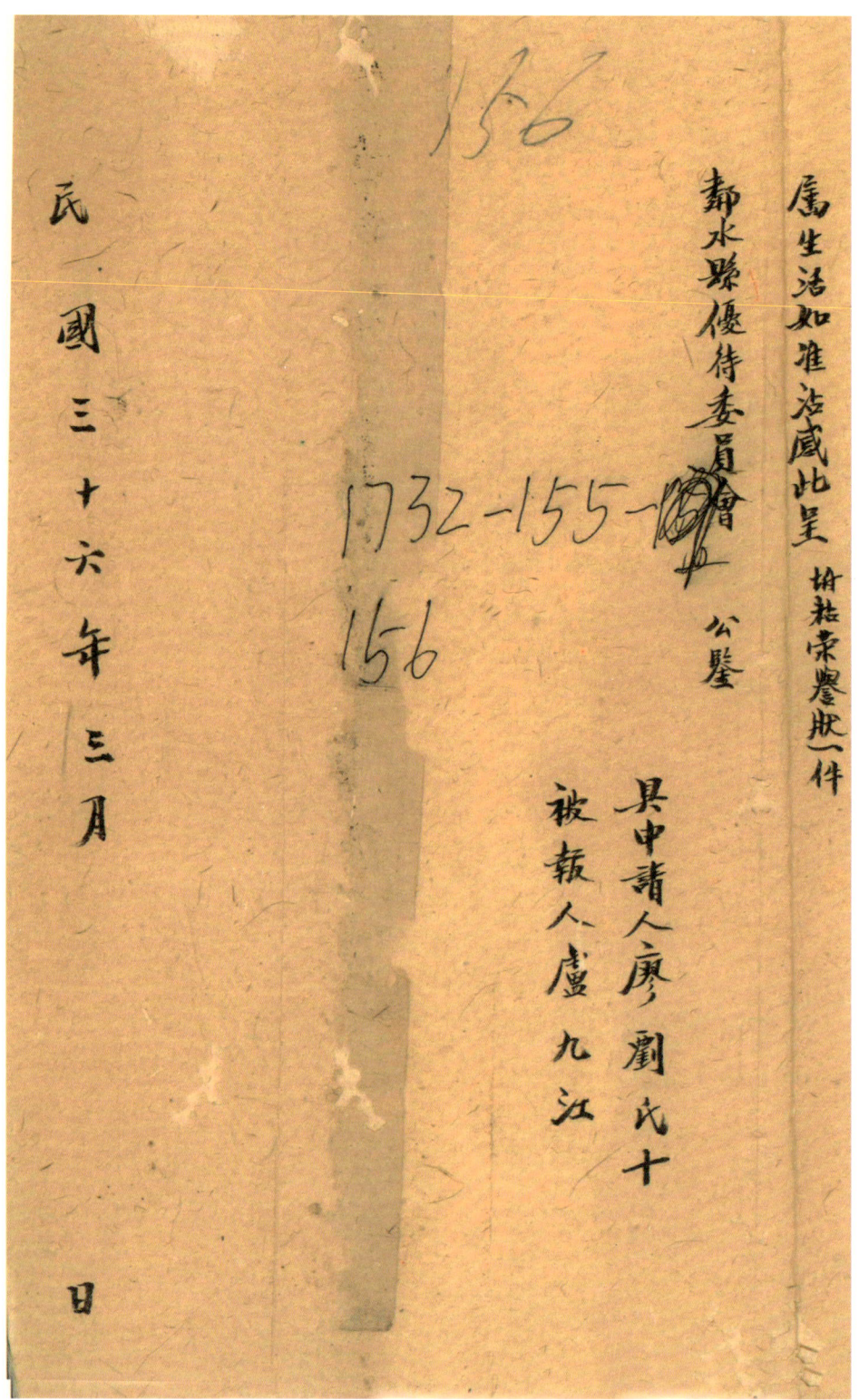

邻水县政府、县出征抗敌军人家属优待委员会关于补发出征军人黄德成应领未领优待谷致菁拱乡公所的训令（一九四七年四月五日）

44

兼主任委员

副主任委员

三、卅

秘书

科员 三廿七

此底何宇出

由（为据该乡出征军人黄德成呈称请补发历年应领未领之优待谷一案仰即遵照计时补发为要由）

令（县政府）（优委会）衔训令　征优卯字第〇六五号

民国卅六年四月五日

令菁拱乡乡长戴旭

案据该乡出征军人黄德成呈称请补发历年应领未领之优待谷（五市石）前来。除以「呈悉」云云等语指示外，合行抄附原呈，令仰该乡长即便遵照计时补发该出征军人历年应领未领之优待谷，以慰征属而报国为要！

此令。

附抄出征军人黄德成原呈一件

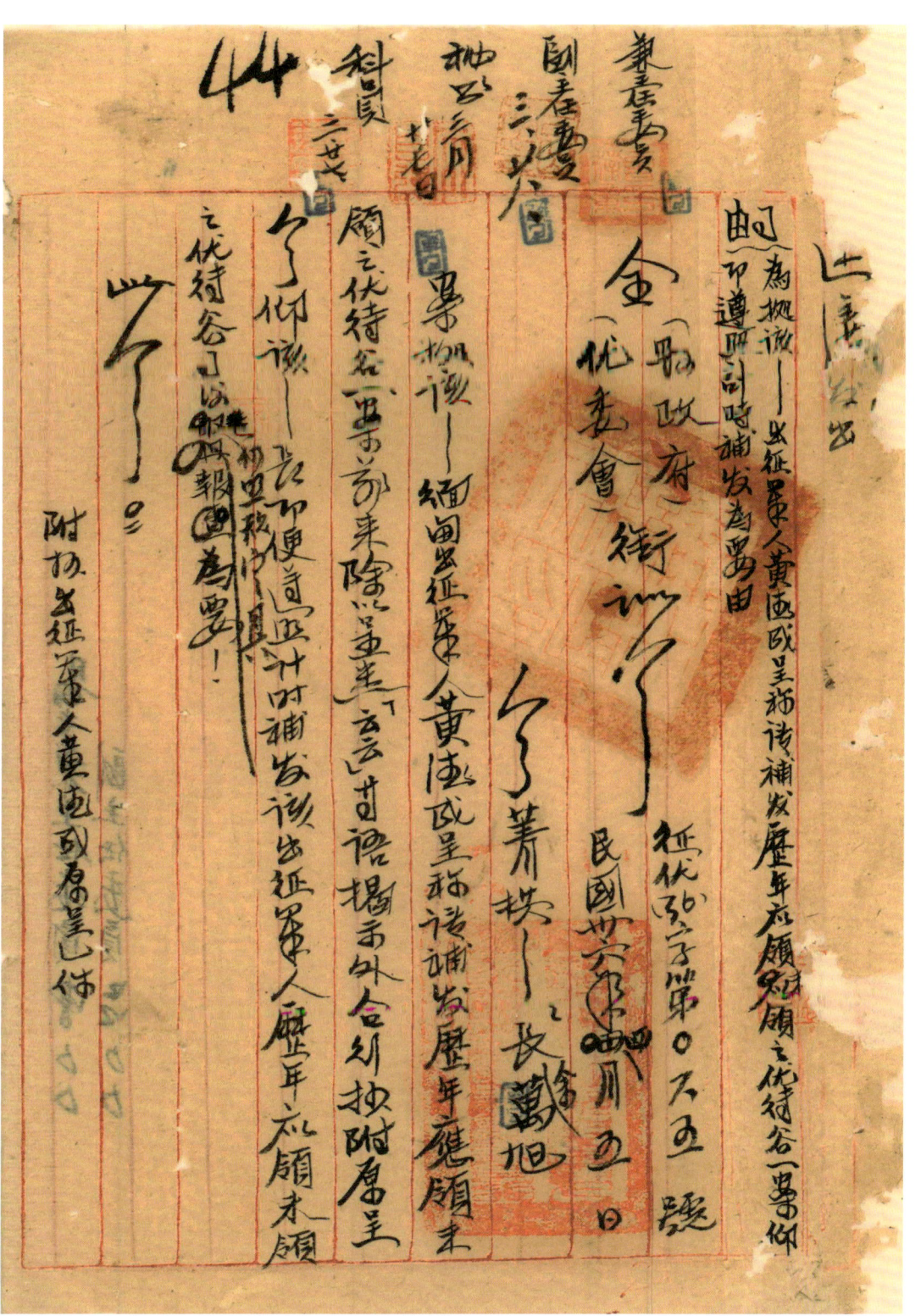

县长兼主任委员 曹△△

副主任委员 吕△△

附：邻水县出征军人黄德成关于补发抗战军人连年优待谷致县出征抗敌军人家属优待委员会的呈（一九四七年三月十九日）

45

180

36 3 19

呈悉。准予令飭菁拱乡公所查明，計時補發該出征軍人歷年應領未領之优待谷可也。此批

申請書

係在已未登記於所的呈批付

為申請補發抗战軍人連年優待黄谷，以資救濟，而符法定事。

竊民土著菁拱鄉第十三保，於民國廿八年四月份被征入營，開赴緬甸。現在敵國投降，各部遣散回籍，另謀生機。但民自入營以後，而每年應領優待谷，除卅五年下季實領外，上有廿九年卅

46

年卅二、三、四、卅五年上季等年未領，茲民回籍生活無着，援照

政府法令規定，具由申請

鈞會鑒核，請予補發廿九等年之優待谷（計六年半）以資救濟抗

戰軍人，實為公德兩便。謹呈

鄰水縣出征軍人優待委員會

出征軍人緬甸返籍申請人　黃德成

中華民國卅六年三月　日

邻水县牟家乡第二保抗属余代有关于再次申请补发优待谷致县出征抗敌军人家属优待委员会的呈

（一九四七年四月十四日）

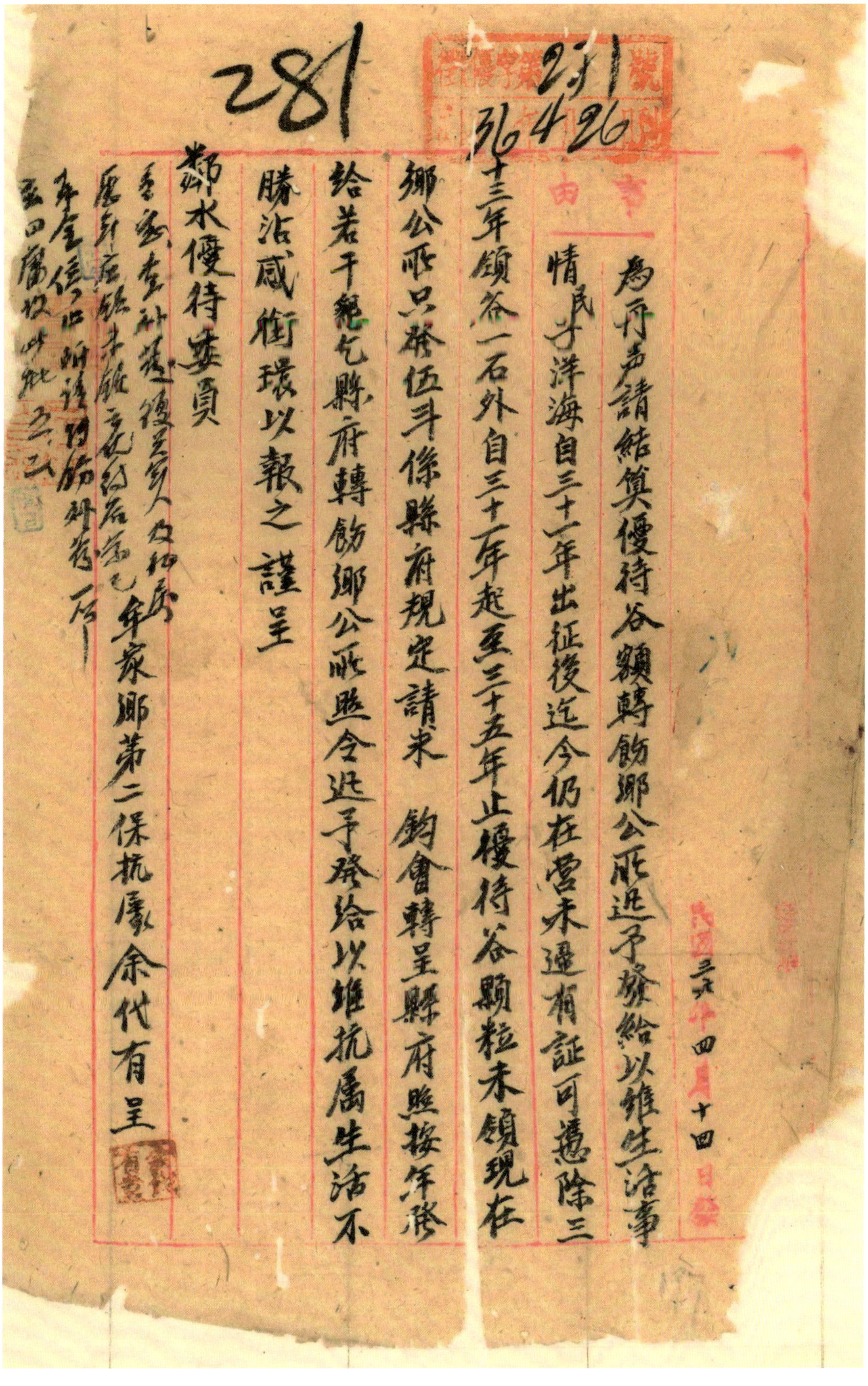

事由

為祈声請結算優待谷額轉飭鄉公所迅予發給以維生活事

情民子洋海自三十一年出征後迄今仍在營未還有証可憑除三十三年領谷一石外自三十一年起至三十五年止優待谷顆粒未領現在鄉公所只發伍斗係縣府規定請求　鈞會轉呈縣府照按年發給若干執乞縣府轉飭鄉公所照令迅予發給以維抗屬生活不勝沾感銜環以報之　謹呈

鄰水優待委員

牟家鄉第二保抗屬余代有呈

民國三六年四月十四日

[illegible]

邻水县政府、县出征抗敌军人家属优待委员会关于拨支一九四五年度积谷事宜致石永乡公所的训令（一九四七年四月二十六日）

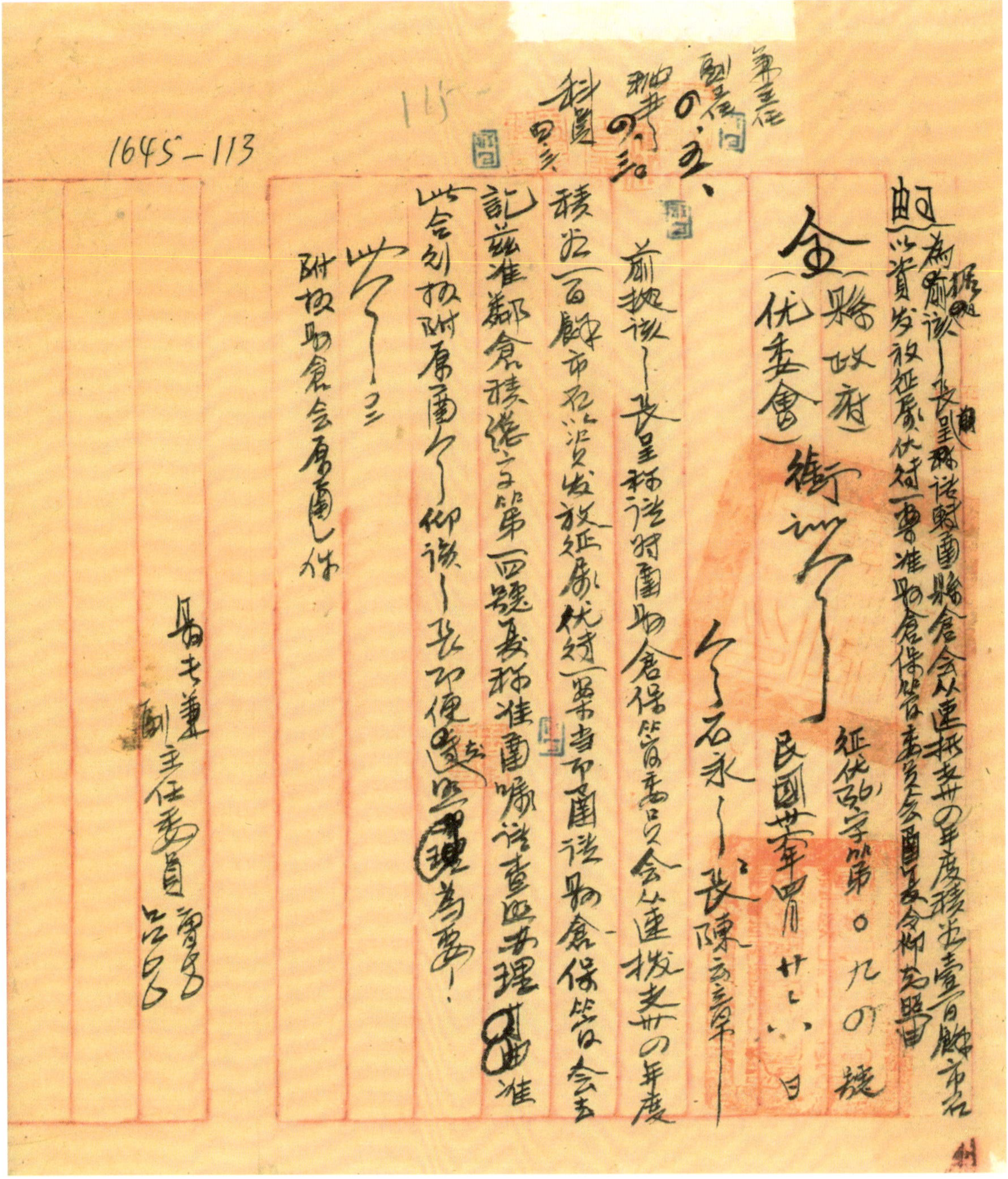

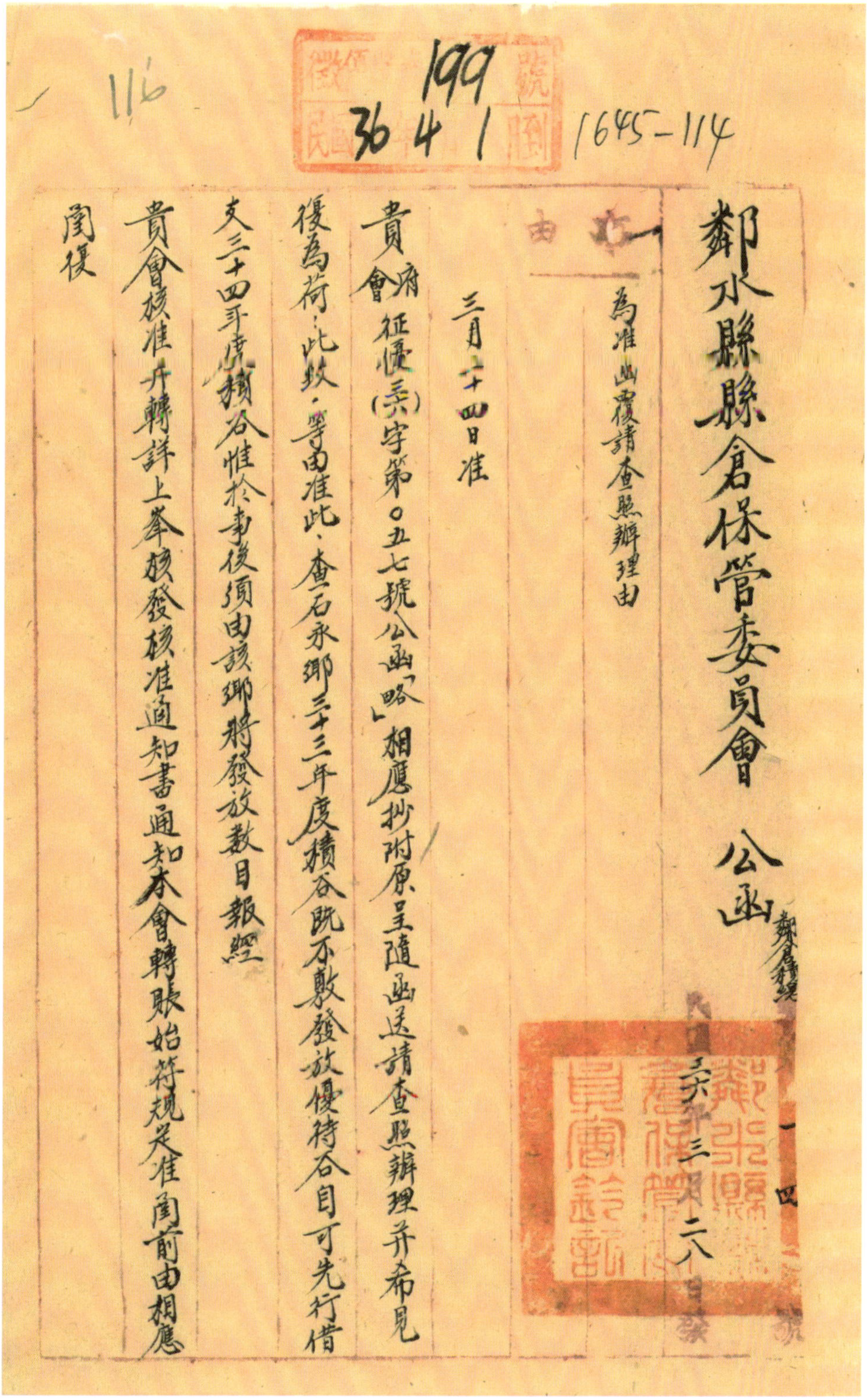
鄰水縣縣倉保管委員會 公函
鄰倉積字第 號
卅六年三月二十八日
事由：為准函復請查照辦理由
三月二十四日准
貴府
貴會 征優(兵)字第〇五七號公函「略」相應抄附原呈隨函送請查照辦理并希見
復為荷。此致。等由准此。查石永鄉三十三年度積谷既不敷發放優待谷自可先行借
支三十四年度積谷惟於事後須由該鄉將發放數目報經
貴會核准并轉詳上峯核發核准通知書通知本會轉賬始符規定准函前由相應
函復

附：邻水县县仓保管委员会致县政府、县出征抗敌军人家属优待委员会的公函（一九四七年三月二十八日）

貴會併查照轉飭遵照為荷！

此致

鄰水縣縣政府
鄰水縣優委會

縣長兼主任委員 曾蓀章

副主任委員 艾作銘

付飭各鄉鎮遵照

四月 日

加以文不能用舊曆

謹記切勿改成笑話

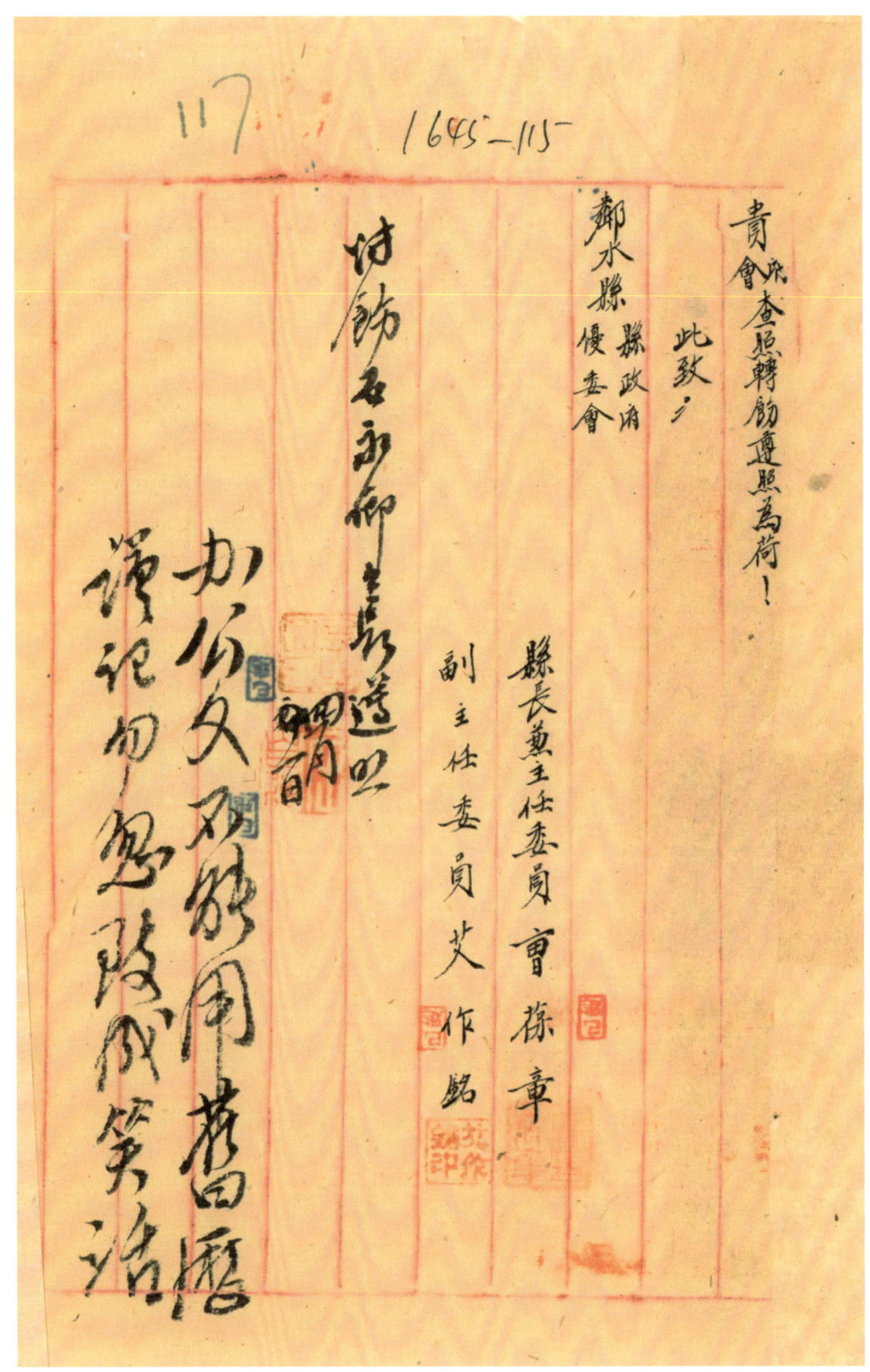

邻水县退役少尉排长张可林关于恳予转知挹爽乡公所照章发放优待谷致县出征抗敌军人家属优待委员会的报告（一九四七年四月二十八日）

呈悉。查補發複員軍人歷年應領未領之優待
穀，業已專案備文咨請令飭補發一節，着即向
屬領可也。此批。四、廿九。

報告

具報告人張可林係本縣挹爽鄉第五保三甲人氏現年三十七歲今於
鈞會台前為領優待濟急事竊民于廿六年中日戰起首次應征入伍
抗戰八年日本終一投降復員令下退役返鄉從事地方生產業于
三月份抵家隨在縣府登記報到惟家境清貧生活困難俯懇
鈞會轉知鄉公所照章發給退役軍官應領優待穀以資救濟實

沾感無涯矣此請

鄰水縣優待委員會 公鑒

退役少尉排長 張可林 呈

許可證交查案後時乃核已否登記後再核 四月廿日

405

中華民國卅六年四月 日

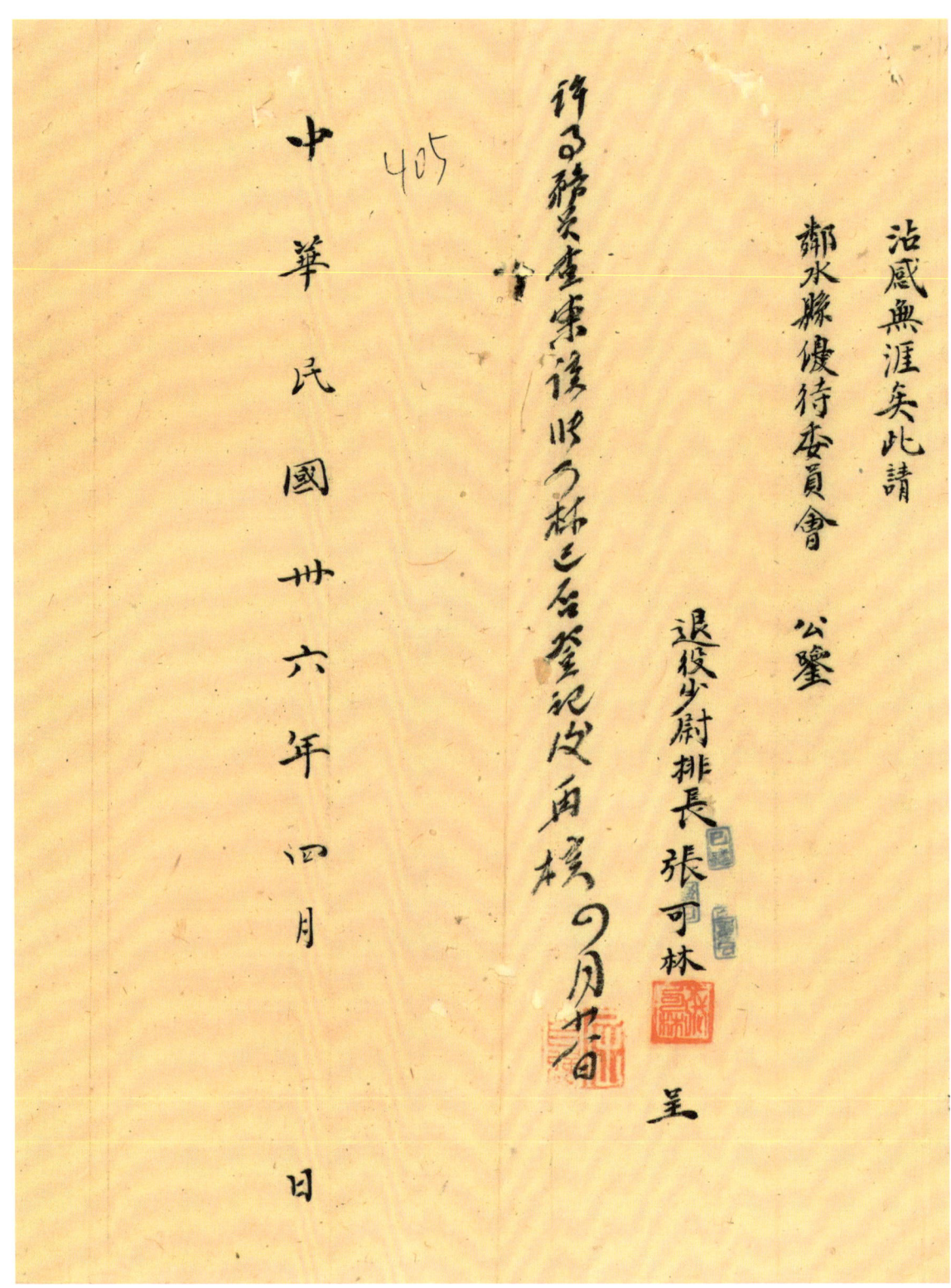

邻水县政府、县出征抗敌军人家属优待委员会关于补发退伍军人余安国等四人历年应领未领优待谷致高兴乡公所的训令（一九四七年五月七日）

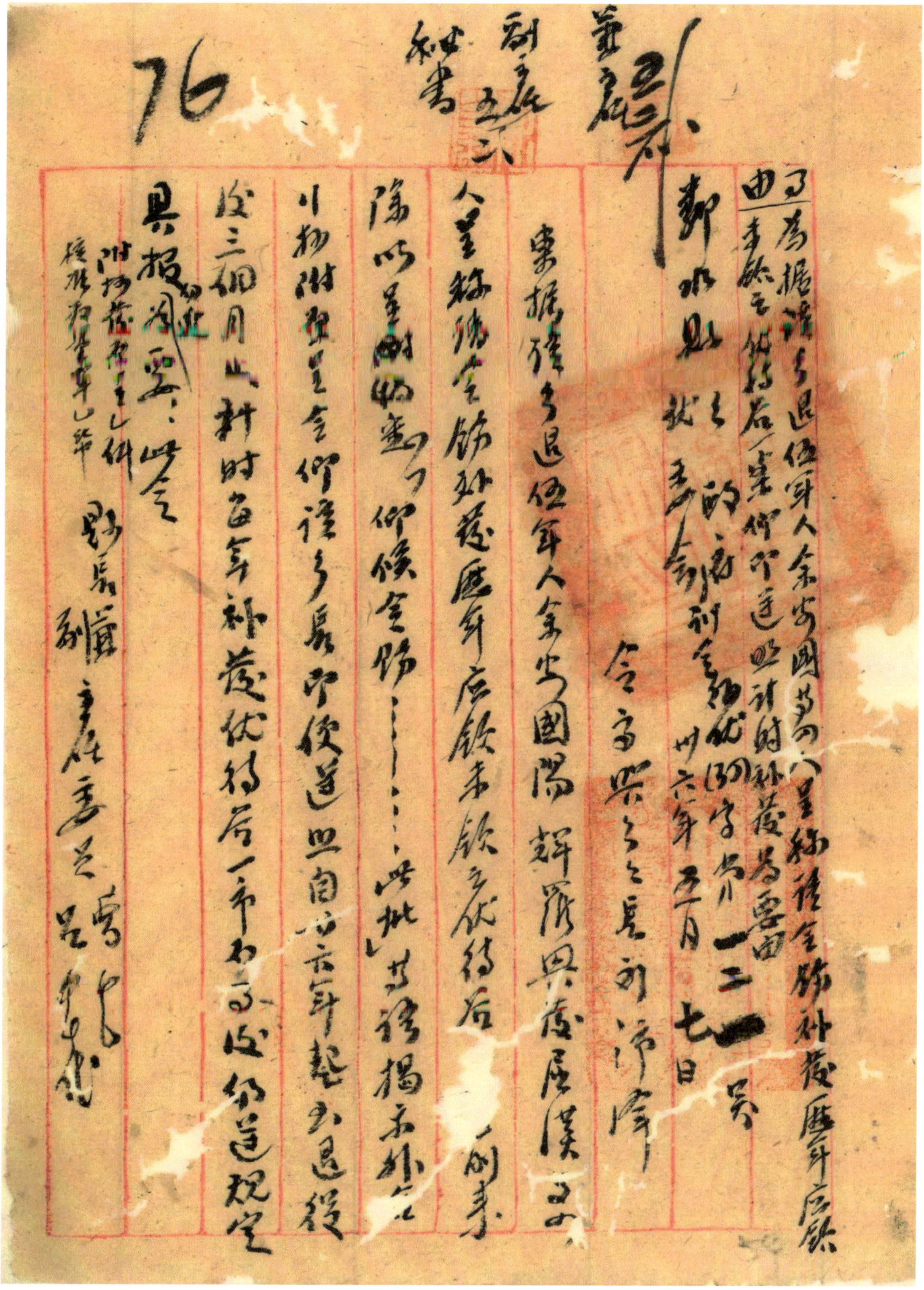

76

事由：为据请予退伍军人余安国等四人补发历年应领未领之优待谷一案仰即遵照如时补发为要由

邻水县政府 训令 府社字第一二一号 卅六年五月七日

令高兴乡公所

案据退伍军人余安国、解辉、罗兴发、唐汉云等四人呈称请予饬补发历年应领未领之优待谷一案前来。除以呈悉准予饬补发……此批外，兹将揭示补发之人物附发呈全，仰该乡长即便遵照自卅六年起退役之三个月内补发优待谷一节，不得有违规定，具报为要。此令

附抄发原呈四件

县长

副主任委员

附一：邻水县高兴乡退伍军人余安国、汤辉、罗新发、屈汉关于申请补发优待谷致县政府的呈（一九四七年二月二十九日）

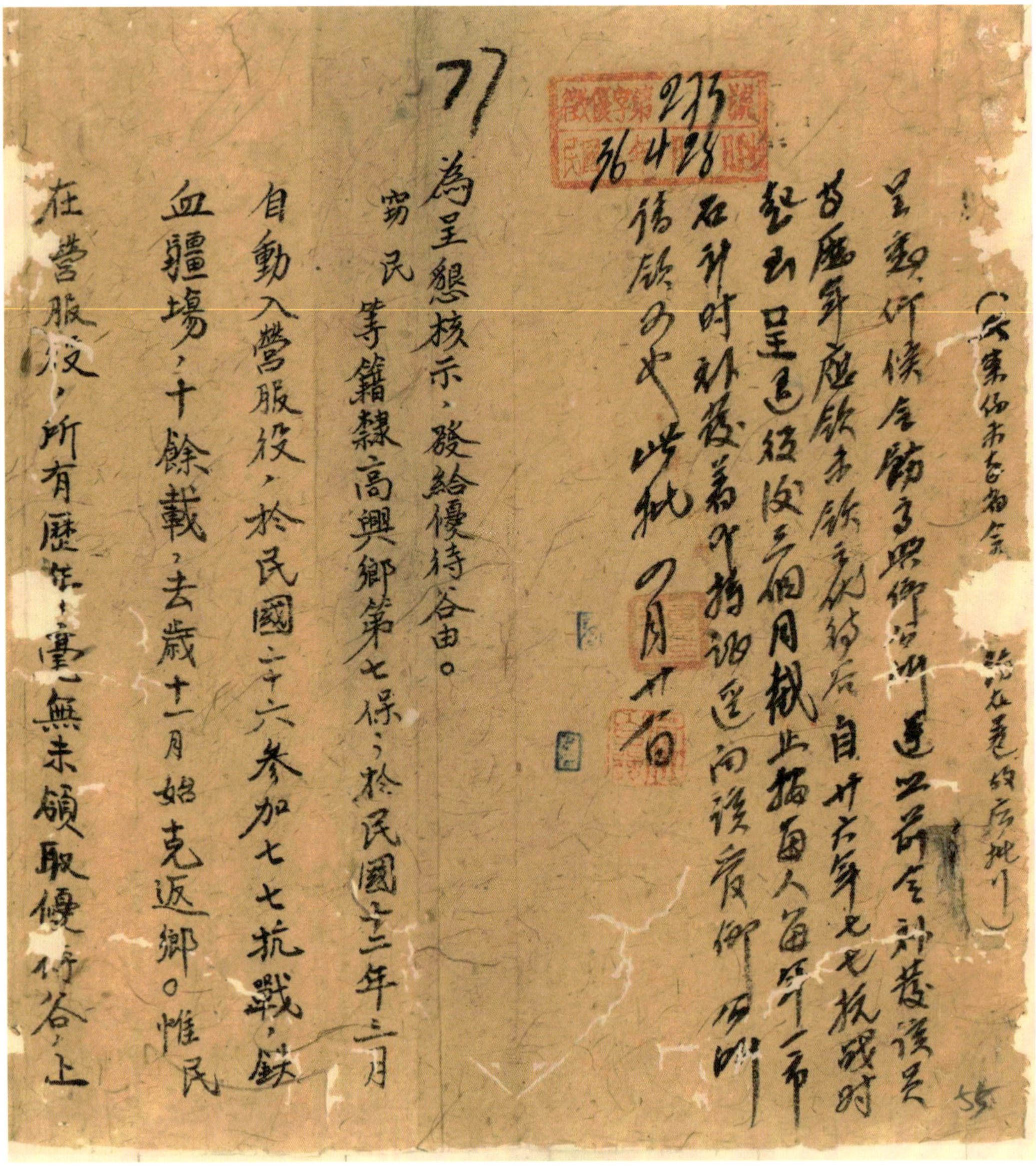

呈悉。仰候令饬高兴乡公所遵照前令补发该员等历年应领未领优待谷。自廿六年七七抗战时起至呈送之役止三个月截止，摘每人每年一市石计时补发，着即持该呈送向该乡公所请领可也。此批。四月廿八日

為呈懇核示、發給優待谷由。

竊民　等籍隸高興鄉第七保，於民國二十二年二月自動入營服役，於民國二十六參加七七抗戰，缺血疆場，十餘載，去歲十一月始克返鄉。惟民在營服役，所有歷年依法，毫無未領取優待谷，上

78

政早有明令頒佈，關於抗戰軍人直系家屬應
照章領取優待谷，理合具文呈請　鈞府俯賜
察核，准由七七抗戰之日起，至今年止，共十載應撥
發十四市石，以符定章，而資鼓勵。

謹呈

鄰水縣縣長　曹

呈請人　余安國
退伍上尉　陽輝
羅新發
屈漢

中華民國三十六年二月二十九日

附二：高兴乡退伍军人余安国、汤辉、罗新发、屈汉历年优待谷核准应发数量单

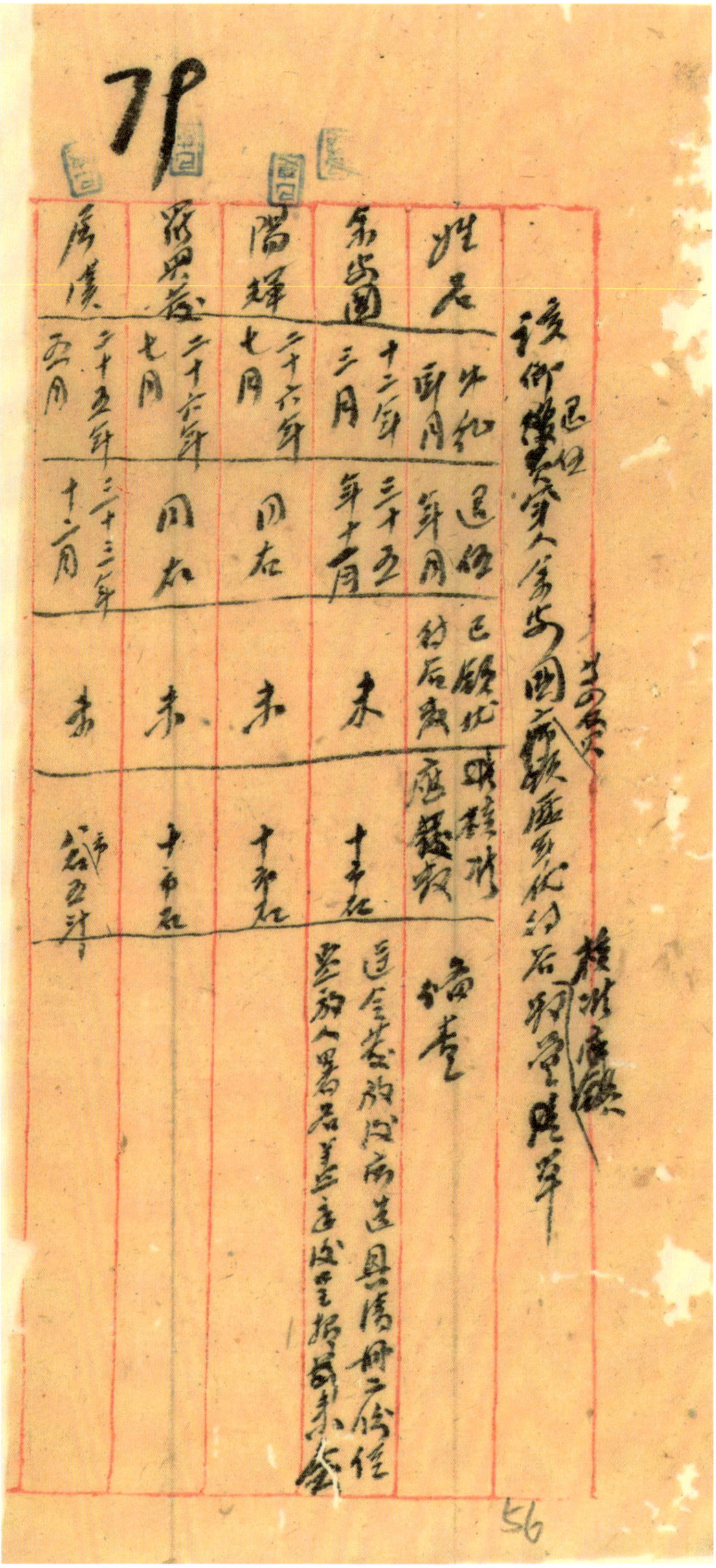

核准应发

该乡退伍军人余安国等历年应领优待谷石数量单

姓名	出征年月	退伍年月	已领优待谷石数	应领优待谷石数
余安国	十二年三月	三十五年十月	未	十市石
汤辉	二十六年七月	同右	未	十市石
罗新发	二十六年七月	同右	未	十市石
屈汉	二十五年五月	三十三年十二月	未	八市石五斗

备考

送全部发放后送县清册存查 [illegible]

江北团管区在乡军官会邻水分会、邻水县出征抗敌军人家属优待委员会等关于补发复员军人历年应领未领优待谷的一组文件（一九四七年五月二十日至六月七日）

江北团管区在乡军官会邻水分会致县出征抗敌军人家属优待委员会的公函（一九四七年五月二十日）

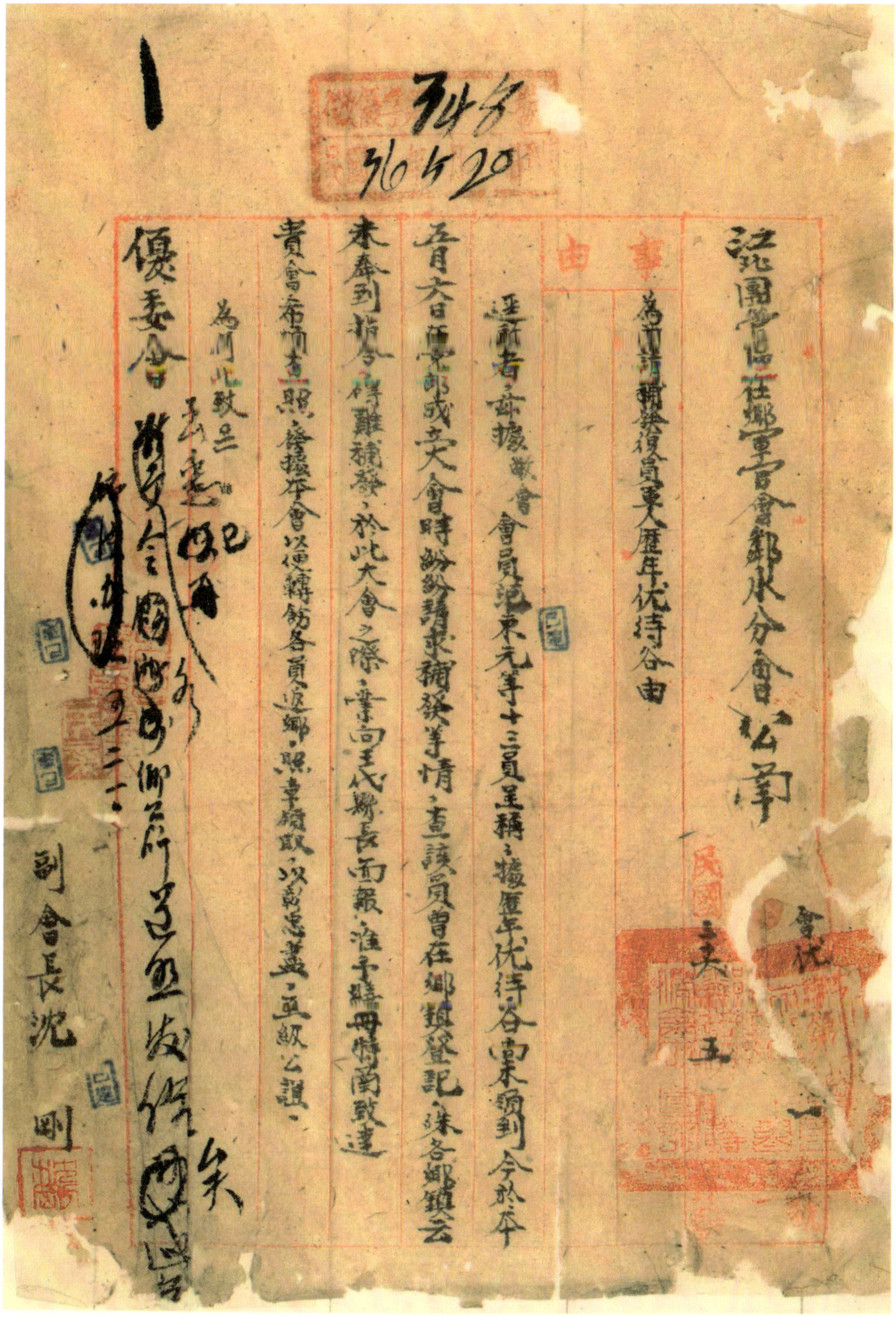

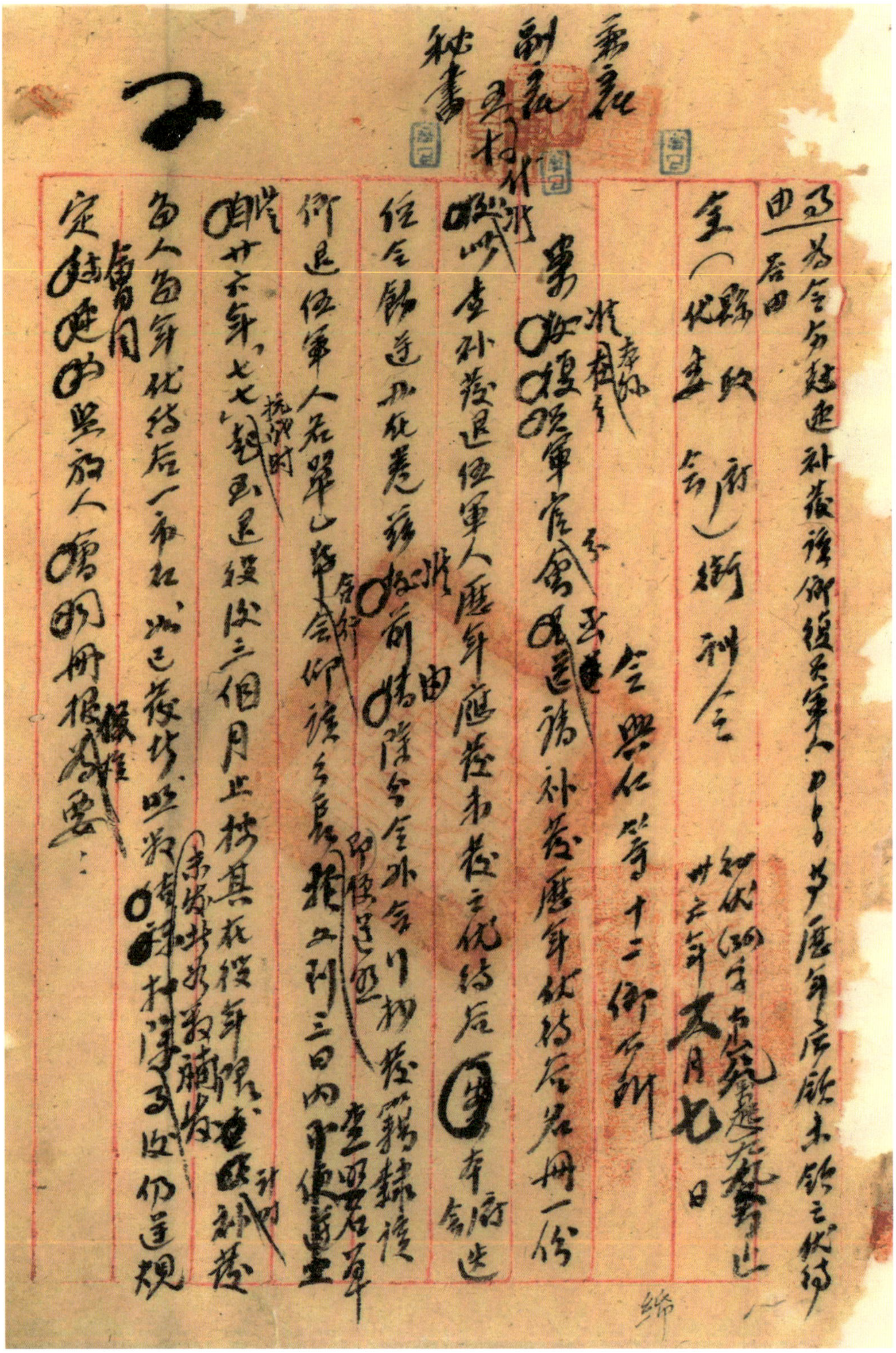

邻水县政府、县出征抗敌军人家属优待委员会致兴仁等十二个乡公所的训令（一九四七年六月七日）

3

此令
附抄發名單一紙

縣長蘇[illegible]雲中
副〃[illegible]代

附：江北团管区在乡军官会邻水分会请补发历年优待谷会员名册（一九四七年五月七日）

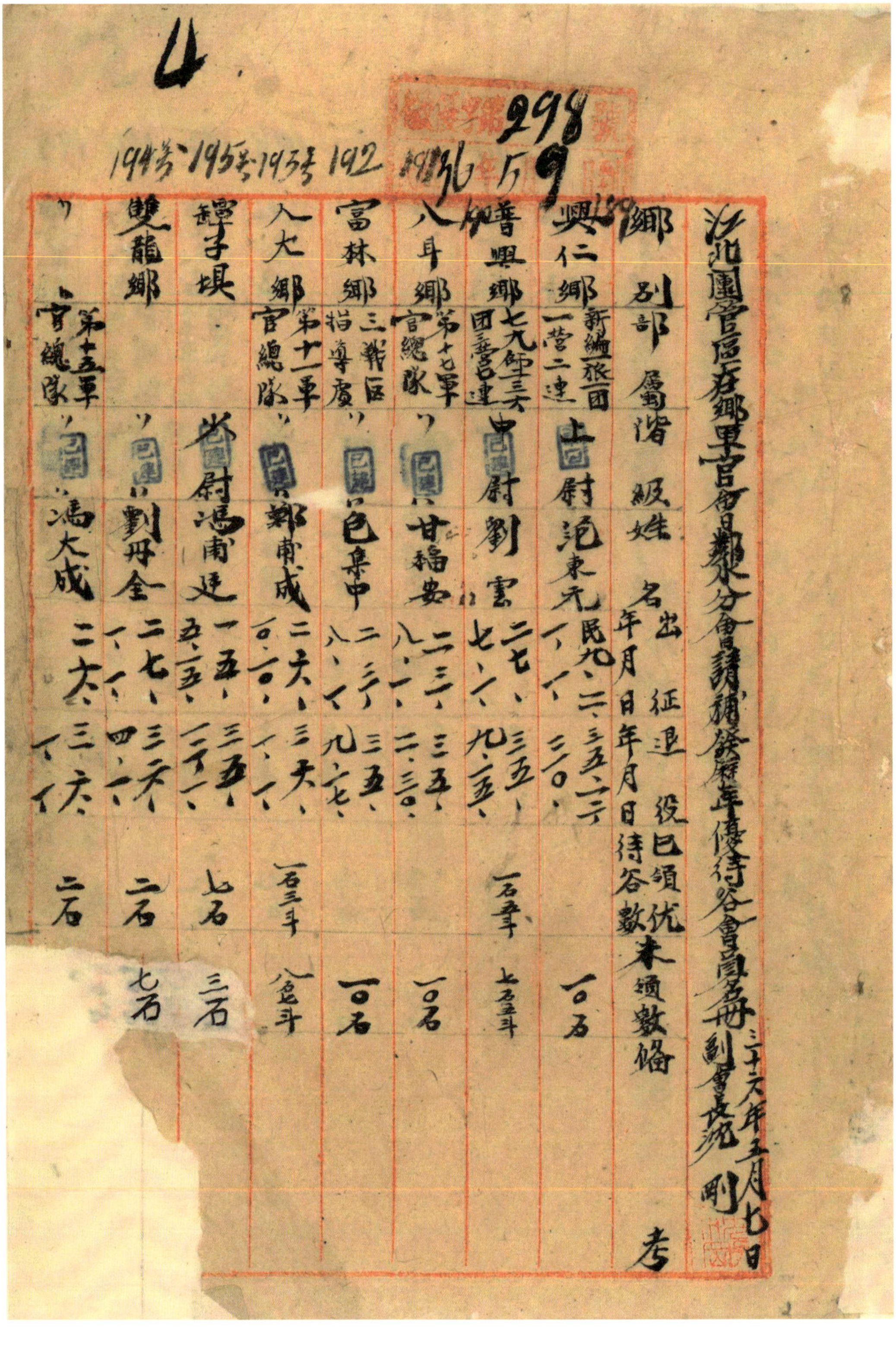

江北團管區在鄉軍官會鄰水分會請補發歷年優待谷會員名冊

鄉別	部屬	階級	姓名	出生年月日	征役年月日 退役年月日	已領優待谷數	未領數	備考
興仁鄉	新編旅一團一營二連	上尉	范東元	民九、二、一、一	三五、一二、一六 三〇、		一百石	
普興鄉	七九師三六團三營二連	中尉	劉雲	二七、七、一一	三五、一 九、五、	一石五斗	七石五斗	
八耳鄉	第十七軍官總隊	〃	甘福安	二三、一 八、一、	三五、 二、三〇、		一百石	
富林鄉	三戰區指導處	〃	色集中	二三、一 八、八、一	三五、 九、七、		一百石	
入大鄉	第十一軍官總隊	〃	鄭甫成	二六、 一〇、一〇、	三六、 一、一、	一石三斗	八石五斗	
鐔子埧		尉	馮甫廷	一五、 五、五、	三五、 一一、一、	七石	三石	
雙龍鄉		〃	劉毋金	二七、 一、一、	三六、一 四、一、	二石	七石	
〃	第十五軍官總隊	〃	馮大成	二六、	三、六 一、一	二石		

三十六年五月七日 副會長范剛 孝

5

199　198　197　196　195

雙龍鄉第□軍官總隊	准尉	劉海雲	二六、	三五、		一〇石
〃	上尉	蒲□□	二二、	二一、	準配	
高興鄉第九軍官總隊	中尉	何慶祥	二〇、	三一、大、		一百石
豐禾場第二十七師	中尉	譚壽山	二八、五、	三三、三〇、		廿五石
〃師部	〃	曾首三	二一、	九、	八石	[illegible]
王家鄉	少尉	文治單	一八、	三五、	九石	一石
〃	〃	文中清	二七、一八、	三五、八、	三石	六石
〃	〃	陳國華	一四、一八、	三五、三、	九石	一石
延全鄉第□軍官總隊師部	中士	張泉	二八、二、	三五、五二、	二石	五石
合計		□員名				

全體兵役費鄉縣所送以來新附前在團復員軍

人在役期間者及軍人手續（吊銷）將在營餘陳多人每年補發一市石

以在廿六年七七以前服役者（陣亡傷殘者除外）自廿六年七七抗戰後起至退役

三個月止，計共補發了役穀照送照規定擬按核辦為要咎

五月　日

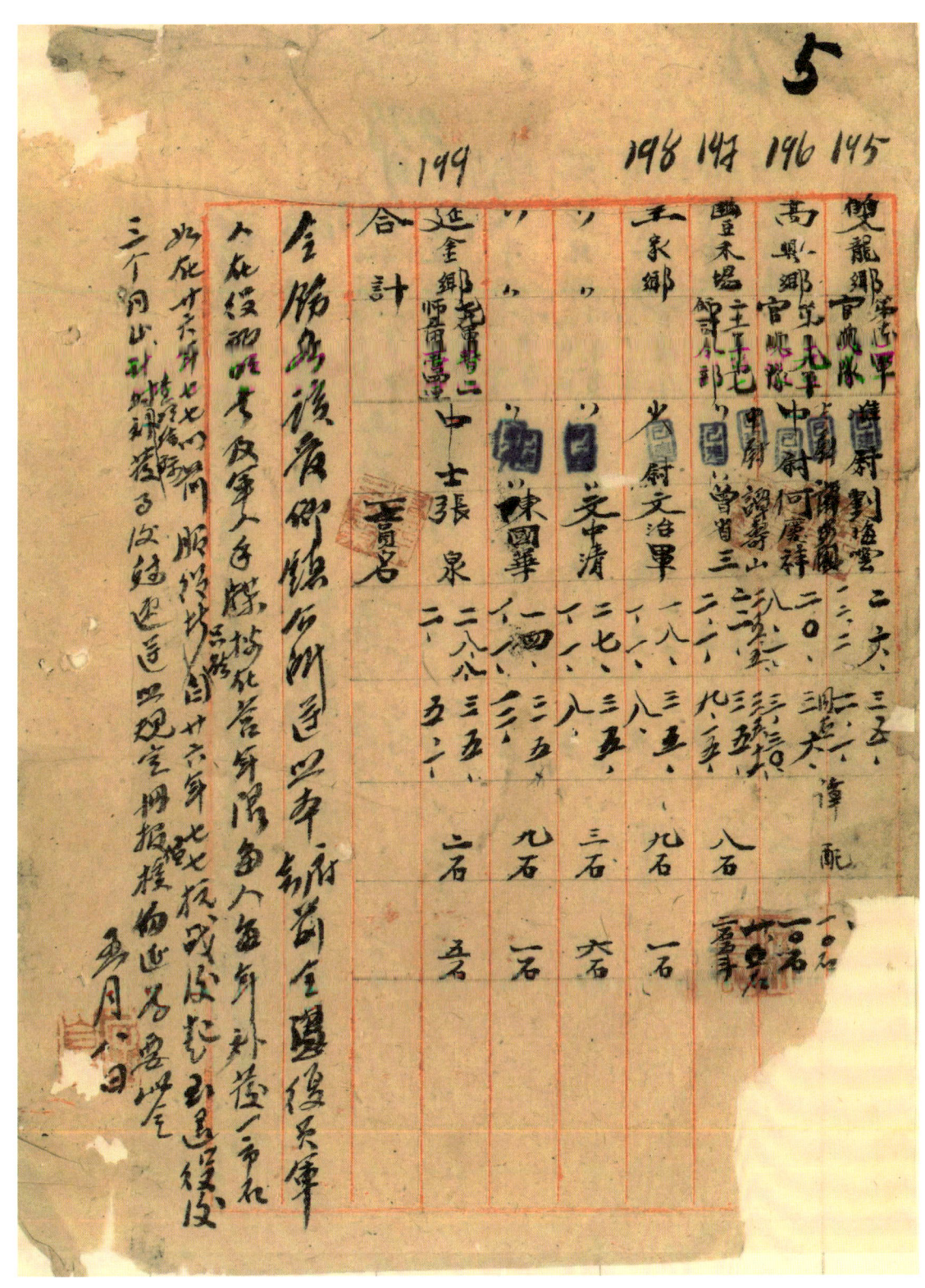

邻水县政府、县出征抗敌军人家属优待委员会关于依法优待出征军人王全安家属致石永乡公所的训令（一九四七年六月八日）

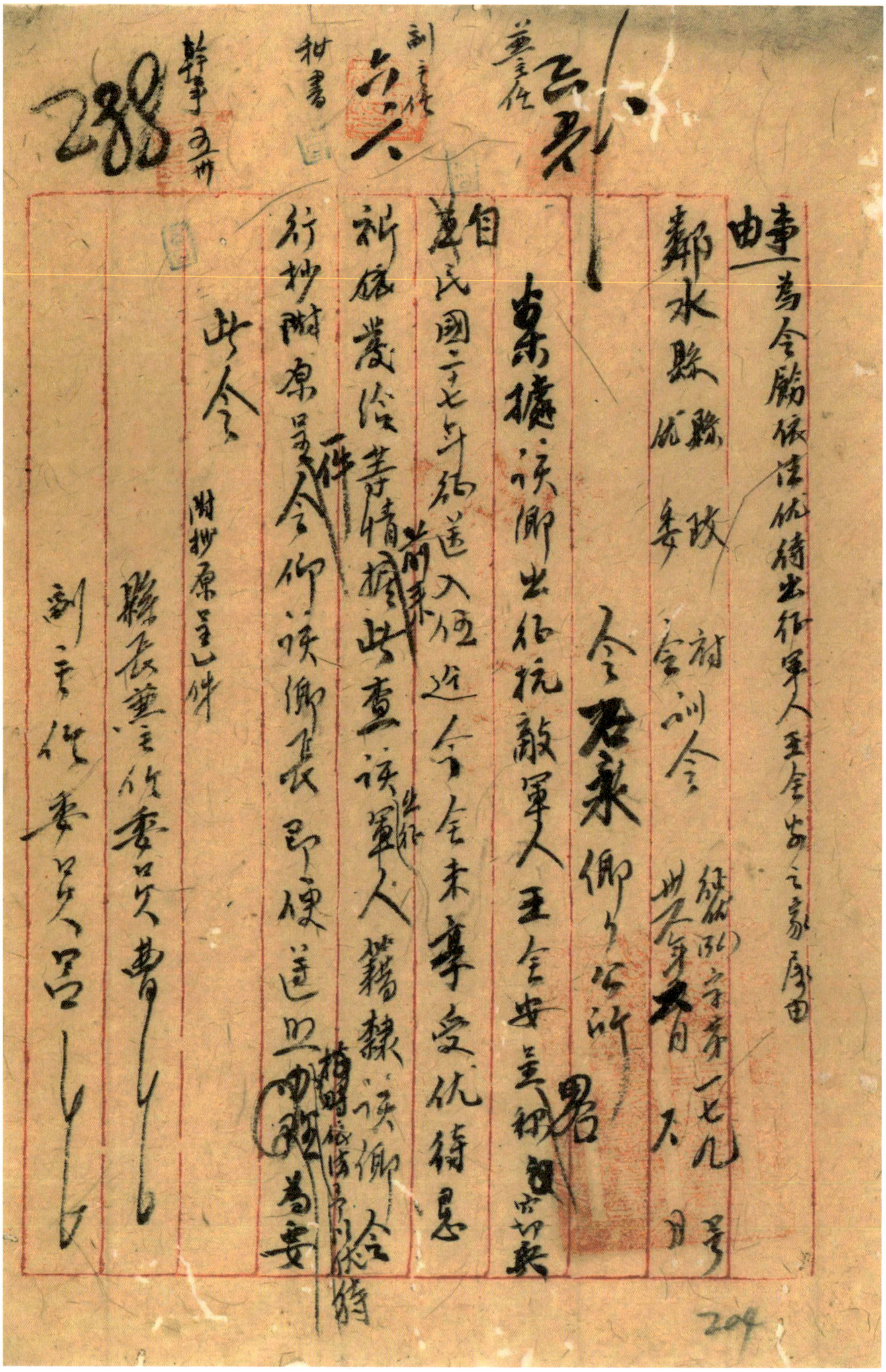

事由：為令飭依法優待出征軍人王全安之家屬由

鄰水縣縣政府
鄰水縣優待委員會訓令 總收字第一七九號 卅六年六月 日

令石永鄉鄉公所

案據該鄉出征抗敵軍人王全安呈稱：竊

自民國二十七年徵送入伍，迄今全未享受優待，懇

祈依發給，等情。據此，查該出征軍人籍隸該鄉，合

行抄附原呈，令仰該鄉長即便遵照辦理為要。

此令。

附抄原呈一件

縣長董××
優委會主任委員曹××
副主任委員呂××

附：抗战退伍军人王仝宫关于恳请依法优待致县出征抗敌军人家属优待委员会的报告（一九四七年六月一日）

報告

報告　於三十六年六月一日

竊兵於民二十七年被所轄石橋鄉公所征送入營服役至今抗战結束已由陸軍第七十二軍工兵營第一連退伍返家不料家庭人口失散歸來生活無着理合報請

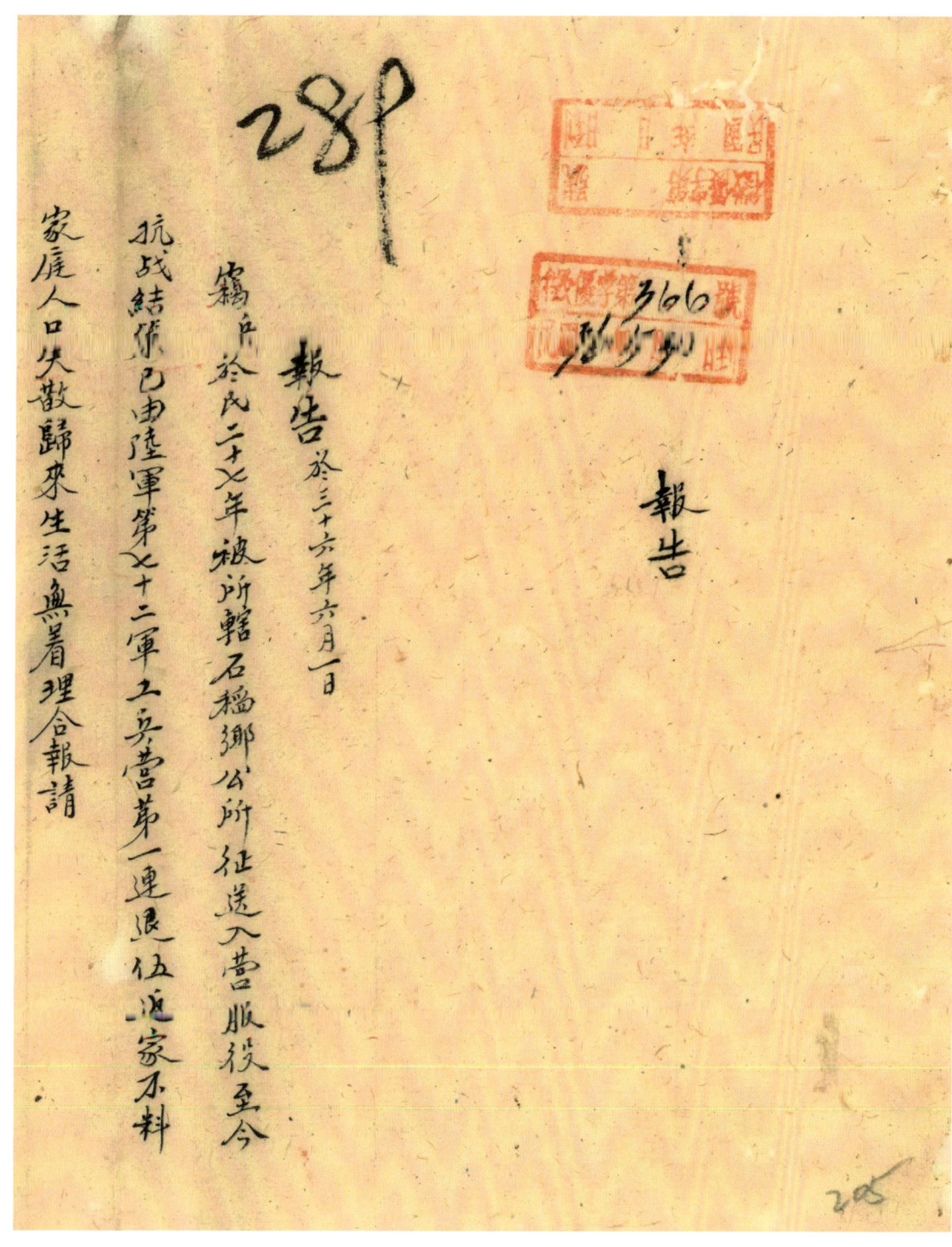

280

鈞會鑒核俯予登記并懇按照軍人退伍條例發給優待以資體恤

而維生計如蒙允准不勝沾感謹呈

呈悉。令飭石永鄉公所依法統籌。此批。五卅

鄰水縣優待委員會

公鑒

附呈直接參與作戰官兵証明書一份

兵王全安

中華民國三十六年六月　日

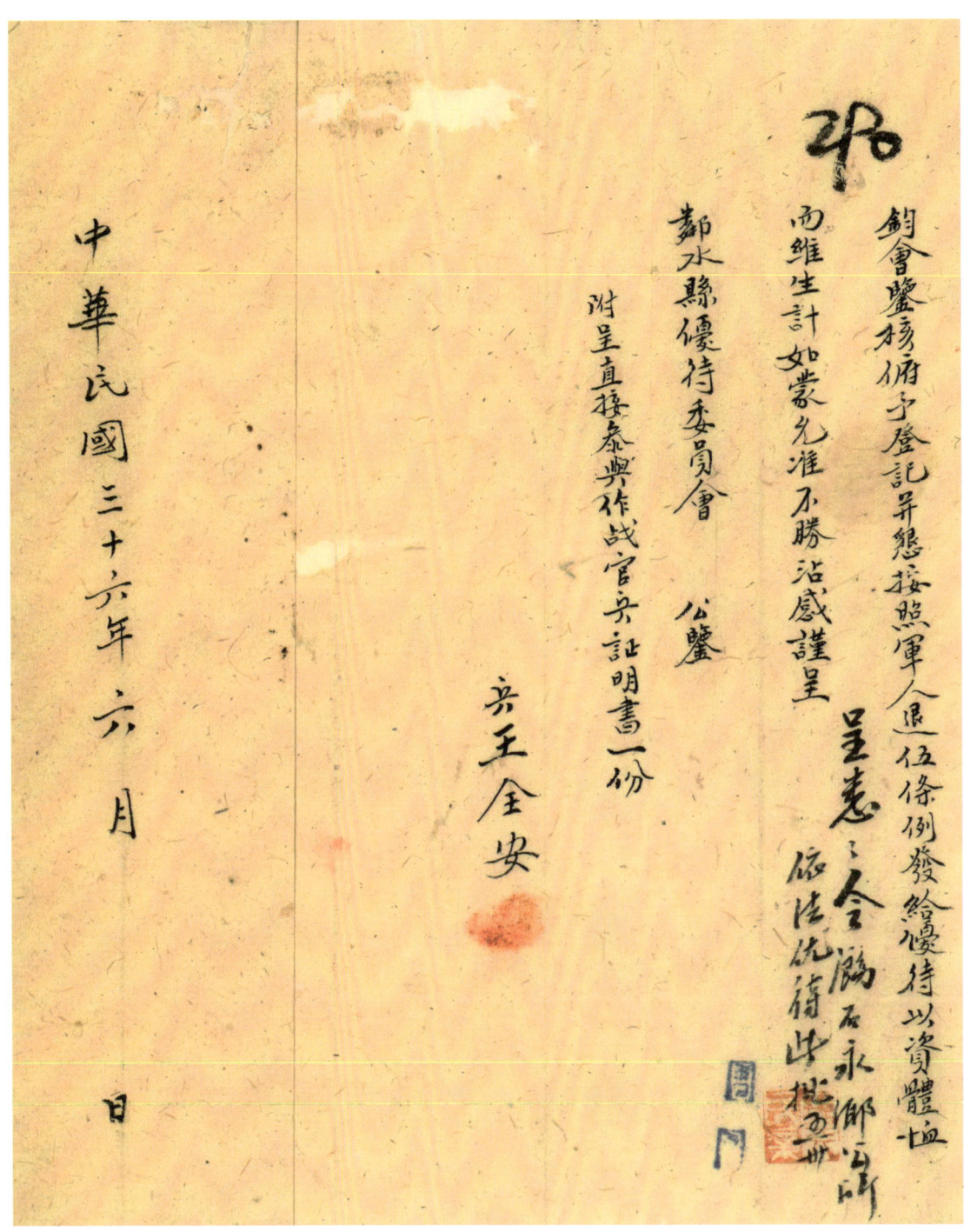

邻水县九龙乡刘致敬、县政府关于依法优待现役军官刘俊家属的一组文件
（一九四七年六月十二日至一九四八年一月十五日）

邻水县九龙乡第十八保刘致敬致县政府的呈（一九四七年六月十二日）

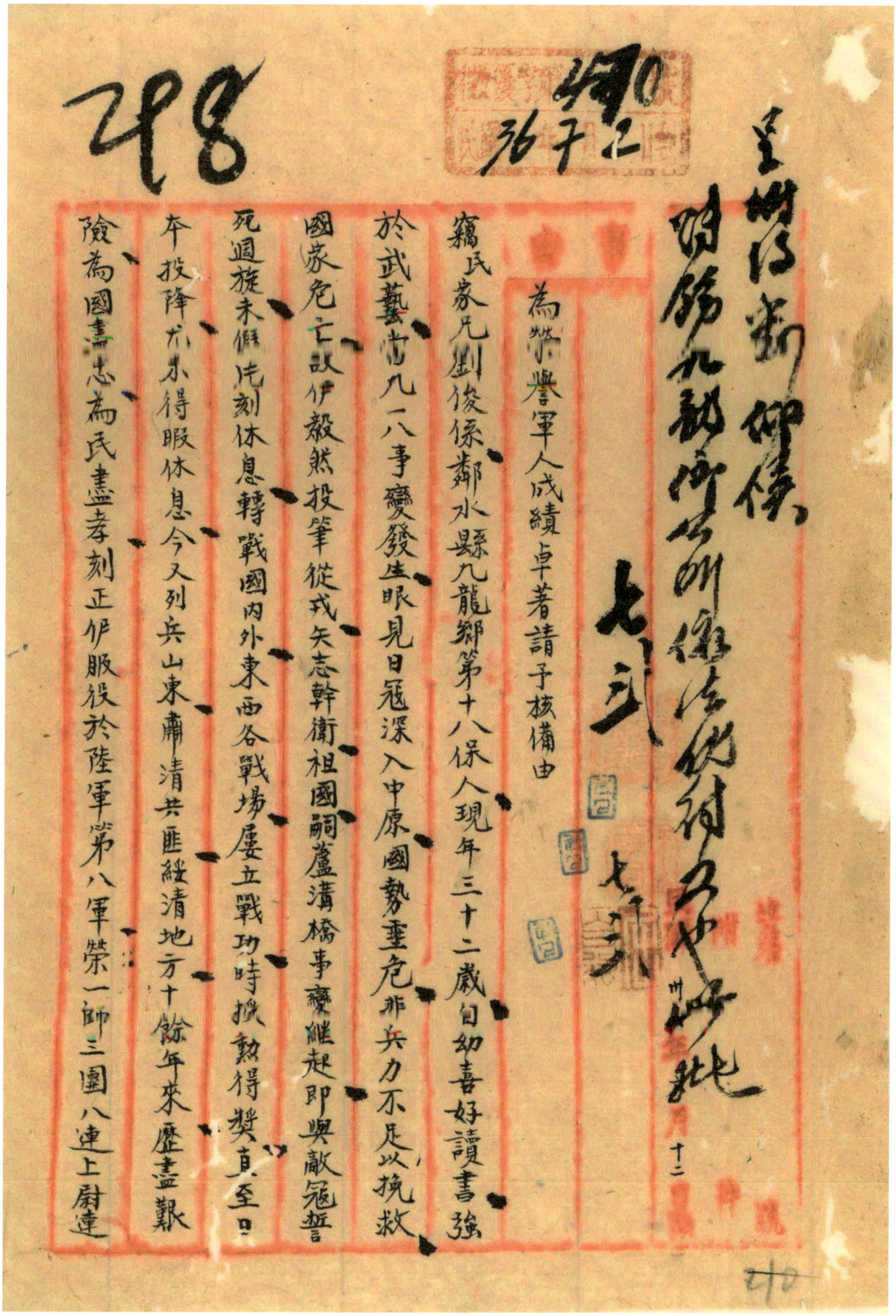

呈悉仰候
明飭九龍鄉公所依法優待可也此批

為榮譽軍人成績卓著請予核備由

竊民家兄劉俊係鄰水縣九龍鄉第十八保人，現年三十二歲，自幼喜好讀書，強於武藝。當九一八事變發生，眼見日寇深入中原，國勢垂危，非兵力不足以挽救國家危亡，故伊毅然投筆從戎，矢志幹衛祖國。嗣蘆溝橋事變繼起，即與敵寇誓死週旋，未假片刻休息，轉戰國內外東西各戰場，屢立戰功，時換勳得獎。直至日本投降，亦不得暇休息，今又列兵山東，肅清共匪，綏清地方。十餘年來歷盡艱險，為國盡忠，為民盡孝。刻正伊服役於陸軍第八軍榮一師三團八連上尉連

299

長在營中勤慎將事，盡忠職守，未敢一日懈責，因之成績卓著。為此具文連同

該員三十六年度軍官佐屬証明册乙份，賫請

鈞府鑒核存查，並祈批示指遵。

謹呈

縣長 曾

具呈人 劉致敬

年齡 二十五歲

職業 學

住址 九龍鄉第十八保

批示處 九龍鄉中心國民學校

附劉俊三十六年度現役軍官佐屬証明册乙份

邻水县政府、县出征抗敌军人家属优待委员会致九龙乡公所的训令（一九四八年一月十五日）

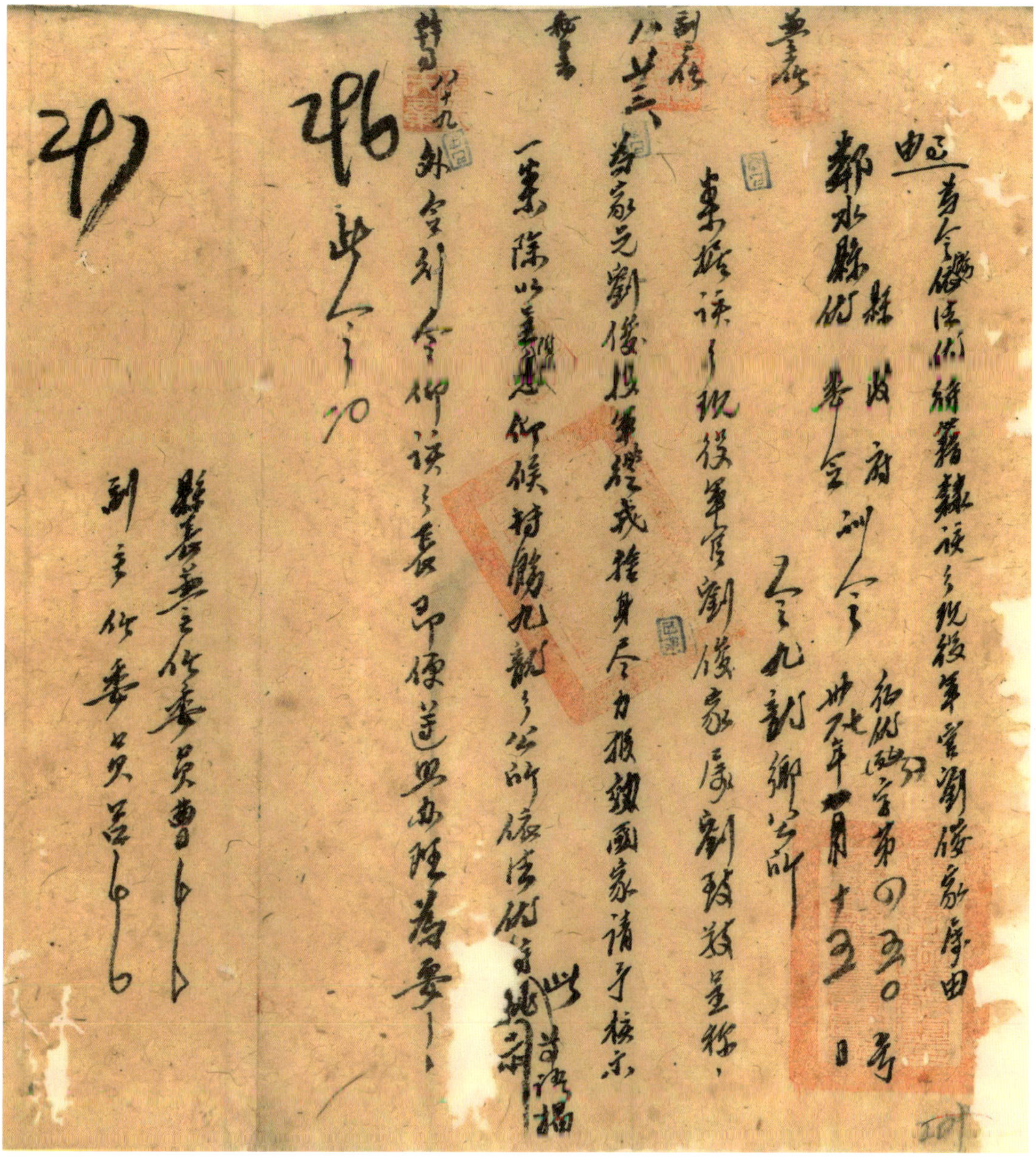
事由：为令饬依法优待该乡现役军官刘俊家属由

邻水县政府
邻水县优委会 训令 社优政字第〇三〇号
卅七年一月十五日

令九龙乡公所

案据该乡现役军官刘俊家属刘玫数呈称：“为家兄刘俊投笔从戎，挺身参加报效国家，请予核示”一案，除以美批示候转饬九龙乡公所依法优待外，合行令仰该乡长即便遵照办理为要！

此令

县长兼主任委员 曹[illegible]
副主任委员 吴[illegible]

邻水县政府、县出征抗敌军人家属优待委员会关于查明列册各乡一九四四年、一九四五年两年随粮征收积谷优待部分致县仓保管委员会的公函（一九四七年六月十六日）

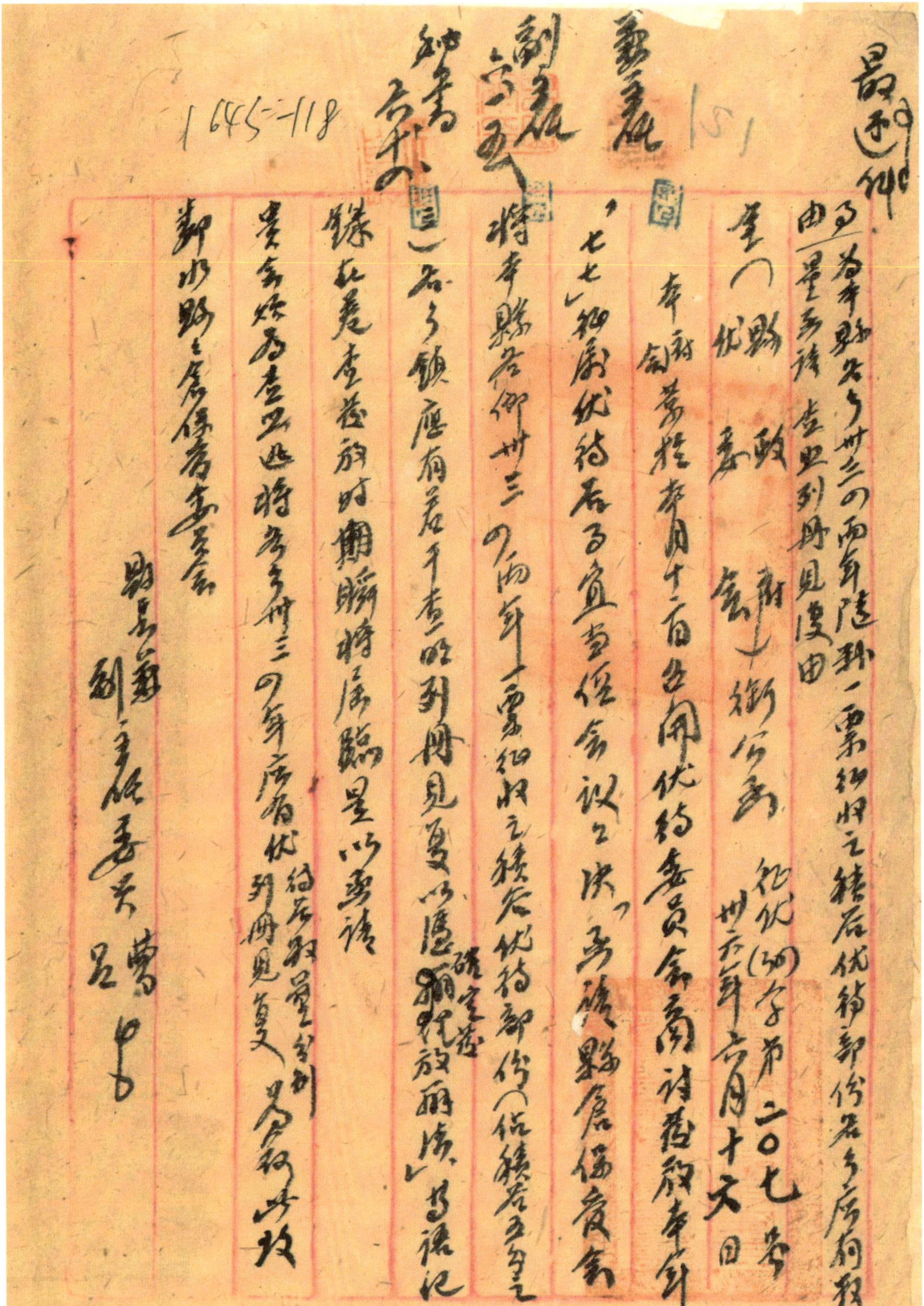

最速件

1645-118

151

事由：为本县各乡卅三、四两年随粮一案征收之积谷优待部份各乡应有数量函请查明列册见复由

邻水县政府
县出征抗敌军人家属优待委员会　衔　公函　征优（卅）字第二〇七号　卅六年六月十六日

本府会同县抗优会于本年六月十日召开优待委员会商讨接收本年"七七"抗属优待谷事宜，当经会议决："为接收县仓保管会将本县各乡卅三、四两年一案征收之积谷优待部份（征积谷五分之二）各乡镇应有若干，查明列册见复，以凭确实接收发放分配"等语记录在卷。查接收时期瞬将届临，相应函请贵会烦为查照，迅将各乡卅三、四两年应有优待谷数量分别列册见复，以便接收为荷。此致

邻水县仓保管委员会

县长蒋□
副主任委员吕□□

邻水籍抗战士兵、国防部参谋总长等关于补发抗战士兵汪崇山等优待谷的一组文件（一九四七年六月三十日至十一月）

邻水籍抗战士兵汪崇山、吴水章、萧忠荣、吴乾礼等关于申请补发历年优待谷致国防部参谋总长的呈

（一九四七年六月三十日）

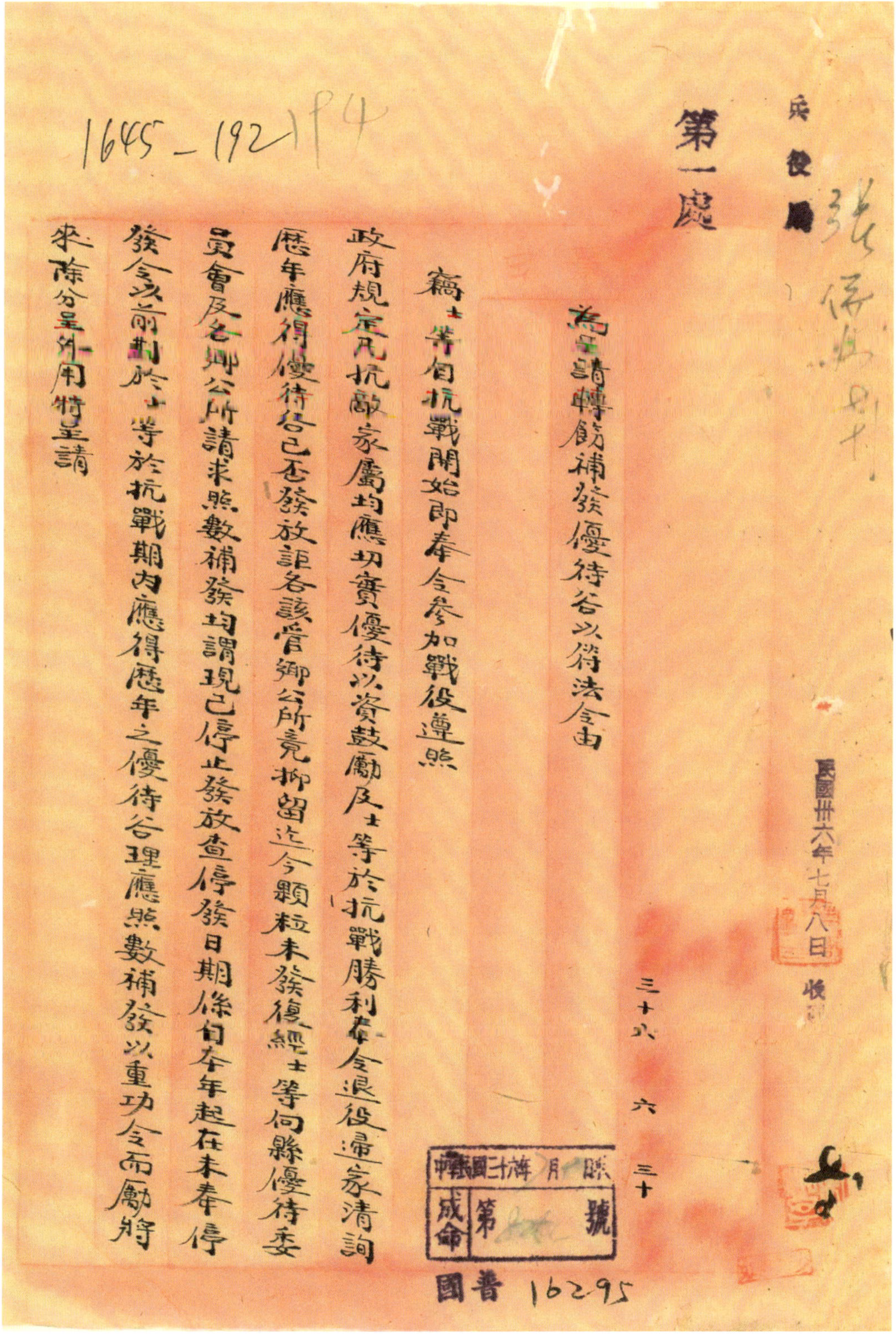

兵役局

第一處

為呈請轉飭補發優待谷以符法令由

竊士等自抗戰開始即奉令參加戰役遵照
政府規定凡抗敵家屬均應切實優待以資鼓勵及士等於抗戰勝利奉令退役返家清詢
歷年應得優待谷已否發放詎各該管鄉公所竟抑留迄今顆粒未發復經士等向縣優待委
員會及各鄉公所請求照數補發均謂現已停止發放查停發日期係自本年起在未奉停
發令以前對於士等於抗戰期內應得歷年之優待谷理應照數補發以重功令而勵將
來除分呈外用特呈請

三十六 六 三十

民國卅六年七月八日收到

中華民國三十六年 月 日 成都 第 號

國眷 16295

1645-1935

鈞部鑒核俯予嚴令鄰水縣出征抗敵軍人家屬優待委員會轉飭各鄉照數補發以符
法令而示優待。
謹呈。
參謀總長陳

國民政府主席武漢行轅青年訓導第一大隊部退役上等兵 汪崇山
聯合後勤總司令部第三被服庫退役上等兵 吳永章
一等兵 蕭忠榮
吳乾禮

回批請逕交四川鄰水縣南街陳樹雲收轉

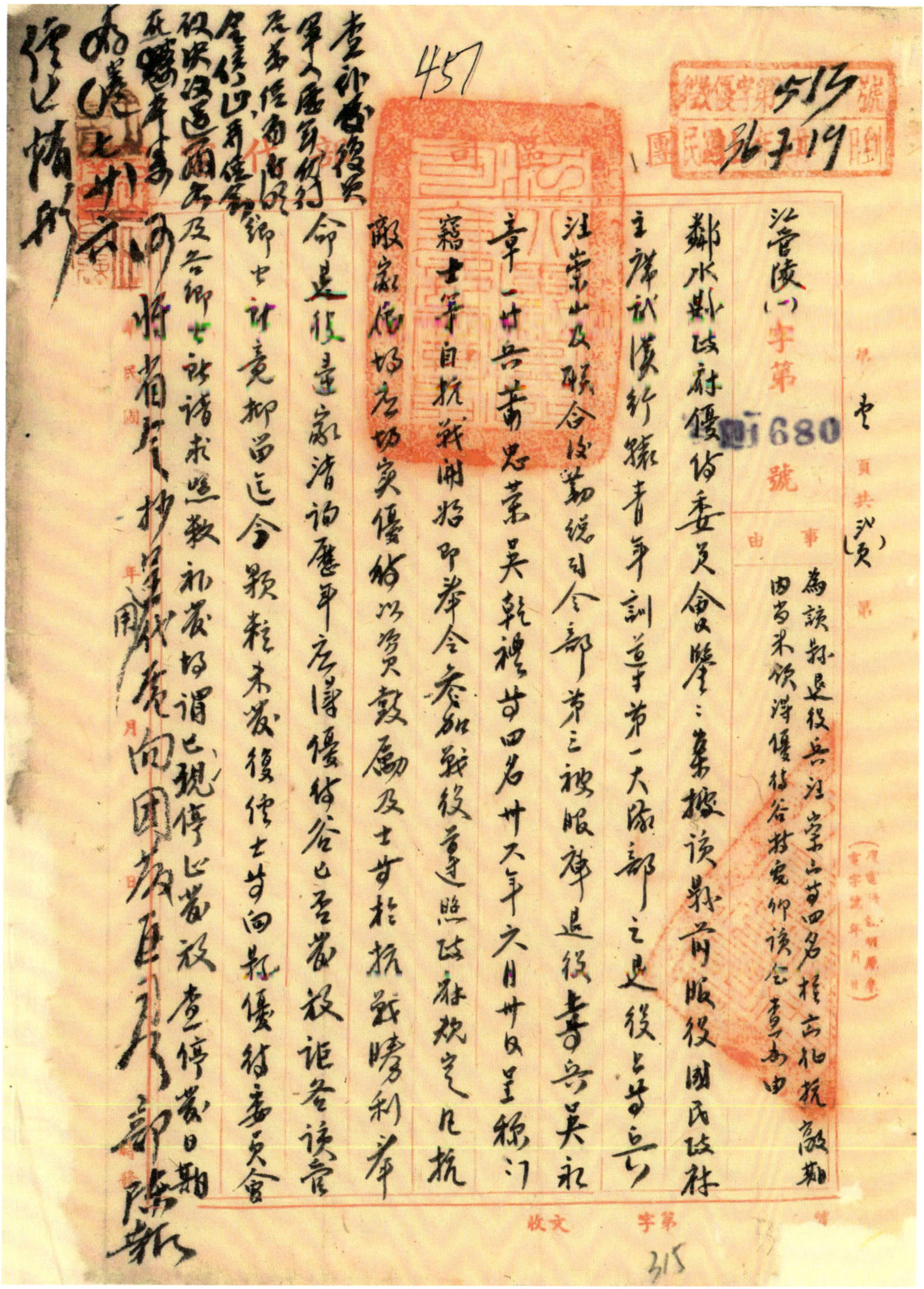

江北团管区司令部致邻水县政府、县出征抗敌军人家属优待委员会的代电（一九四七年七月十四日）

458

江北團管區司令部代電

字第 號

事由

仰自本年起凡未奉停發令以前對於士兵於抗戰期內應
得優待谷照數補發以重功令而勵將來除
分呈外如因特呈請飭部覈核俾予嚴令鄉鎮出征抗敵
軍人家屬優待委員會轉飭各鄉照數補發以符法令而示
優待」等情到部查該士兵吳安等六十四名均確於抗戰期
內出征服役仰即依照戰時出征抗敵軍人家屬優待條例規
定各條查明辦理予以優待除指復該送達向該會申請補
發外特電知照并轉飭該處遵照為要司令姚陵虞（卅八）
午寒 江管陵 印

中華民國卅八年七月十四日 時發

收文 第 字 號

216

第 頁 第

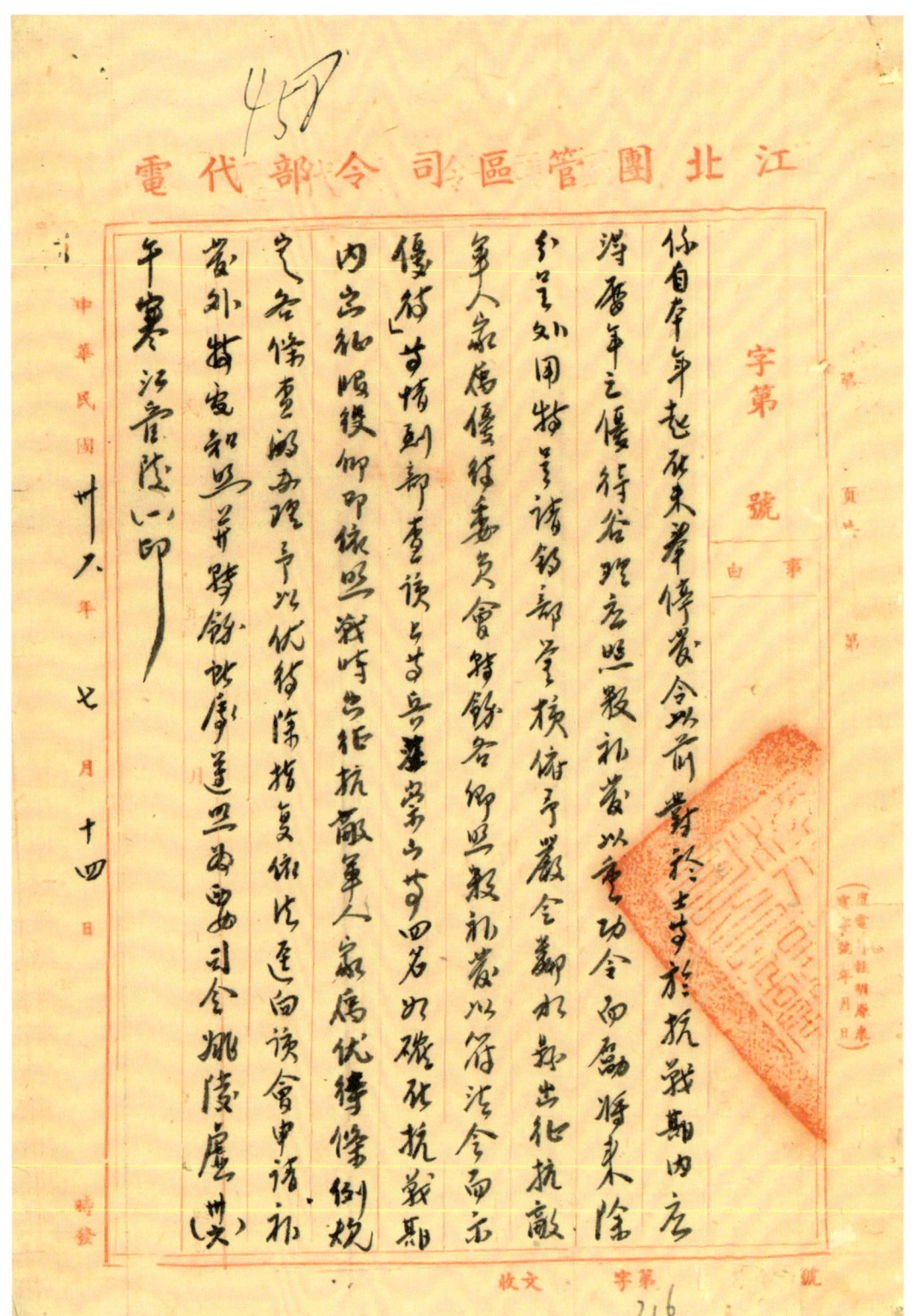

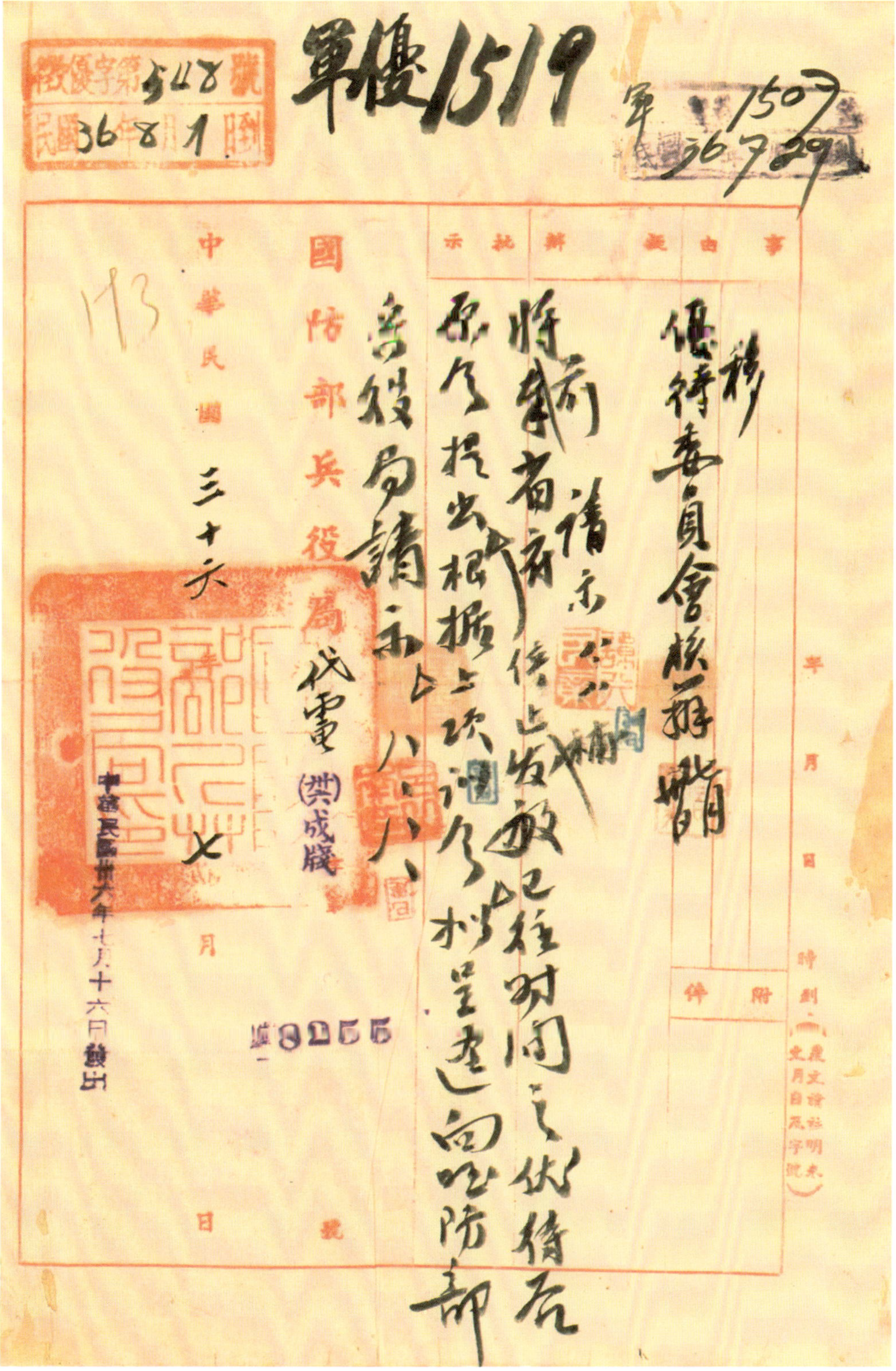

軍優1519

事由

批辦示

移 優待委員會核辦

附件

國防部兵役局代電（戌）

中華民國三十六年七月

中華民國卅六年七月十六日發出

国防部兵役局致邻水县政府的代电（一九四七年七月十六日）

1645-191

鄰水縣政府奉交下該縣退伍士兵汪崇山吳永章蕭患榮吳乾禮等呈一件略以

抗戰開始即被征入營但兵等家屬歷年應領優待穀粒未發懇請轉飭補發等情

除復知外特檢發原呈一件希即查明法辦具報國防部兵役局卅六成感（午）（銑）印

附檢原呈一件辦畢繳還

已送

校對尹峽棠

邻水县政府、县出征抗敌军人家属优待委员会致江北团管区司令部的代电（一九四七年八月）

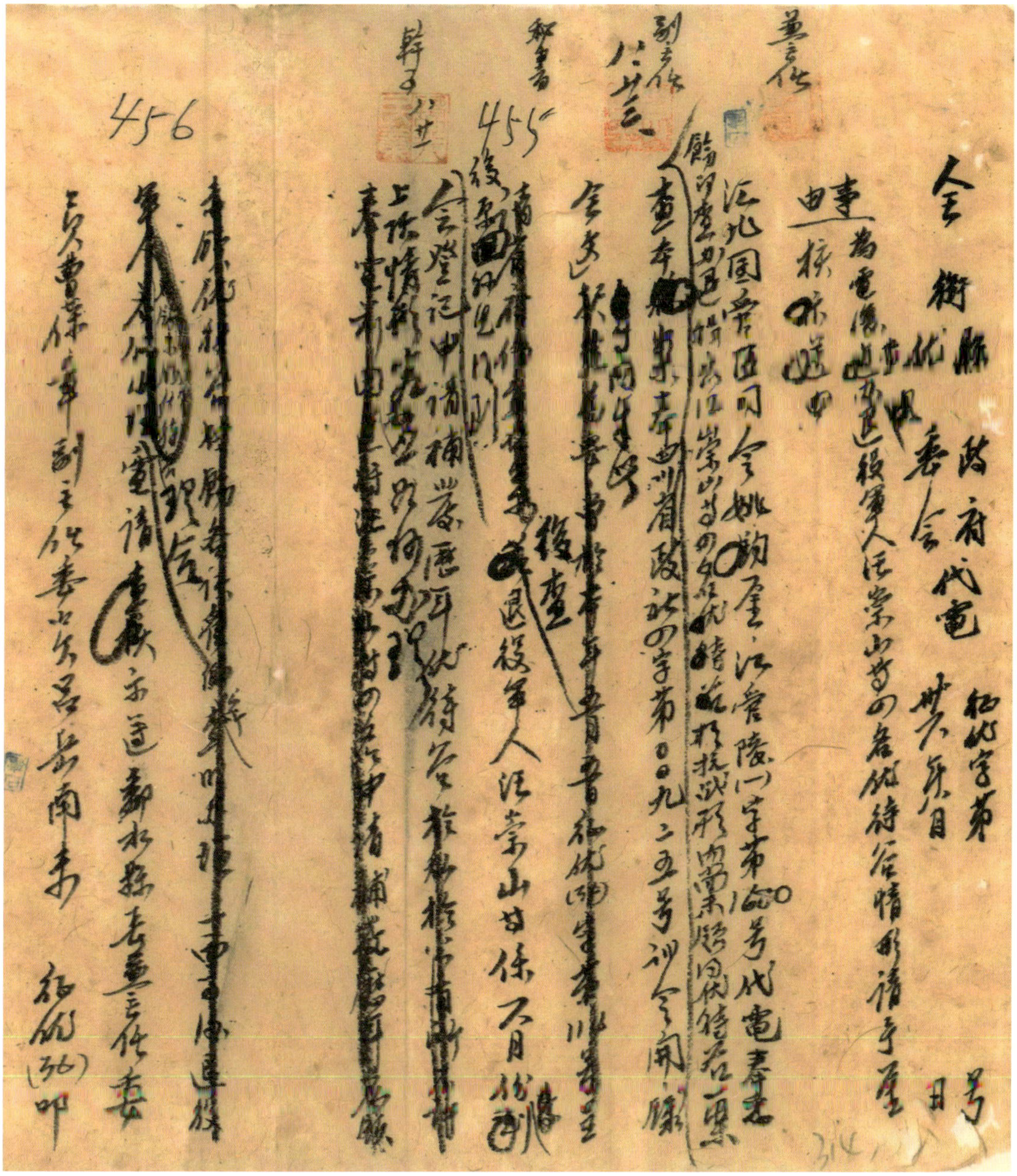

国防部兵役局致邻水县政府的代电（一九四七年九月二十五日）

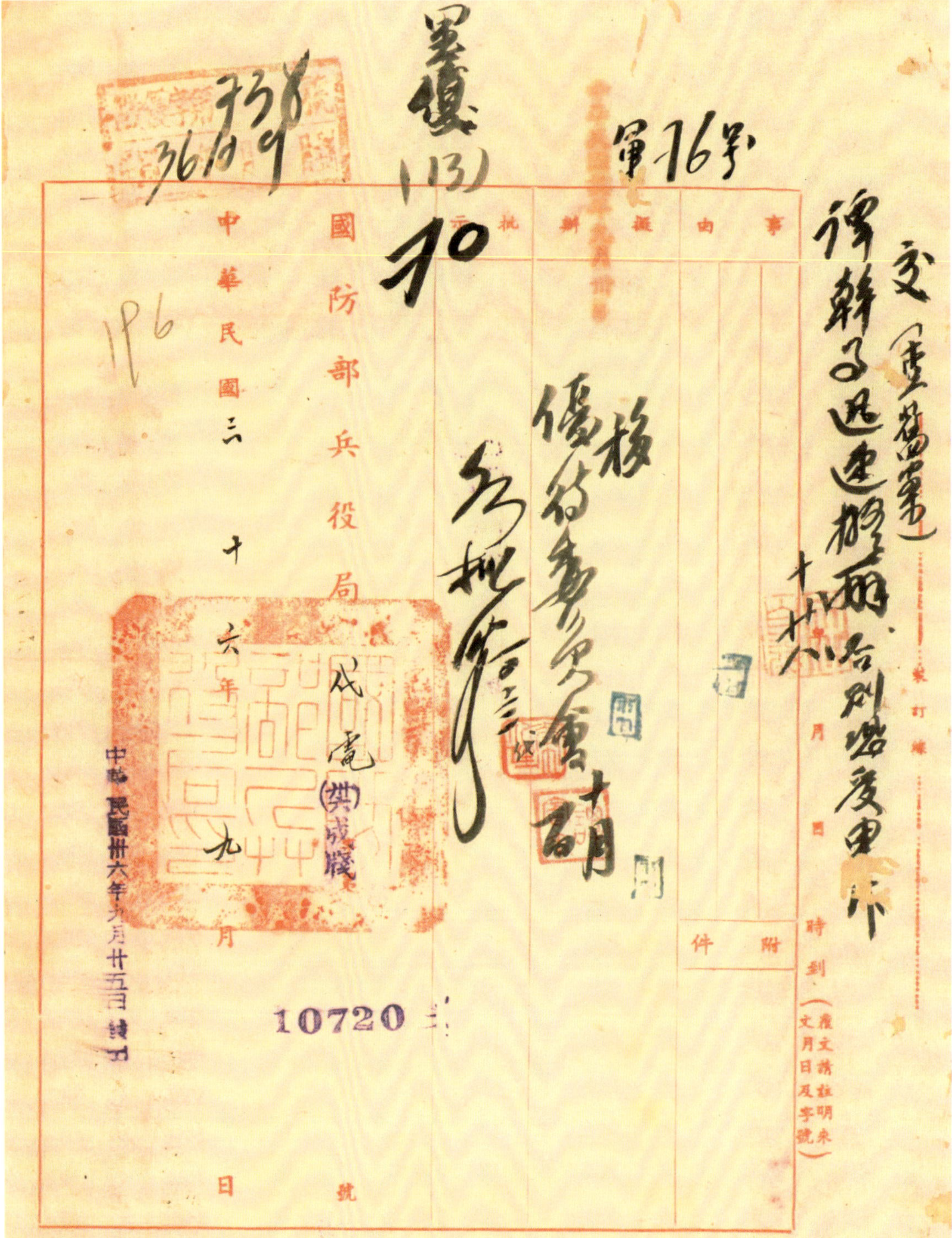

1645-194

鄰水縣政府公鑒：卅六年七月十六日戌戔字第八二五五號代電計達

迄未見覆，茲復奉交汪崇山等呈以「向本縣優待委員會依法申請

補發優待會擱置不理」等情，除復示外，即希迅予辦理具復為盼。

國防部兵役局（卅六）戌戔

申有

印

邻水县政府、县出征抗敌军人家属优待委员会致国防部兵役局的呈（一九四七年十一月）

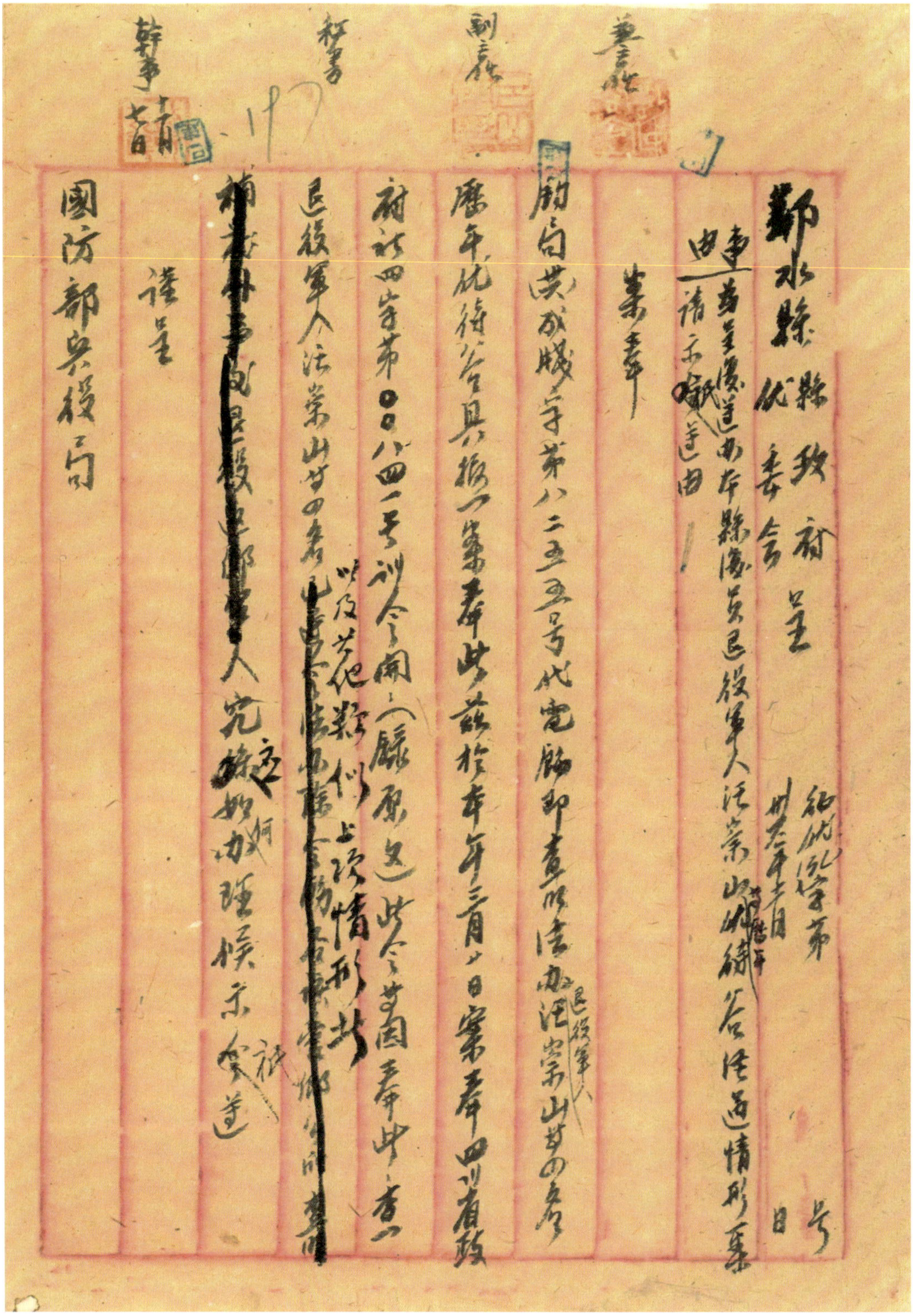
鄰水縣縣府優委會 致 呈
組優字第 號
卅六年十一月 日
事由：為呈復遵辦本縣優屬退役軍人汪崇山撫卹優待谷經過情形祈鑒核請示祇遵由
案奉
鈞局洪戍賤字第八二五五號代電飭即查明（退役軍人）汪崇山等四名
歷年優待谷具報一案。奉此，遵於本年二月六日案奉四川省政
府計四字第〇〇八四一號訓令開：（原文）此令。等因。奉此，查
退役軍人汪崇山等四名 [illegible]
[illegible] 人究應如何辦理，候示祇遵。
謹呈
國防部兵役局

縣長兼主任委員劉〇〇

副主任委員黃〇〇

邻水县双河乡公所关于转请补发出征军人卢水河历年未领优待谷致县出征抗敌军人家属优待委员会的呈（一九四七年六月）

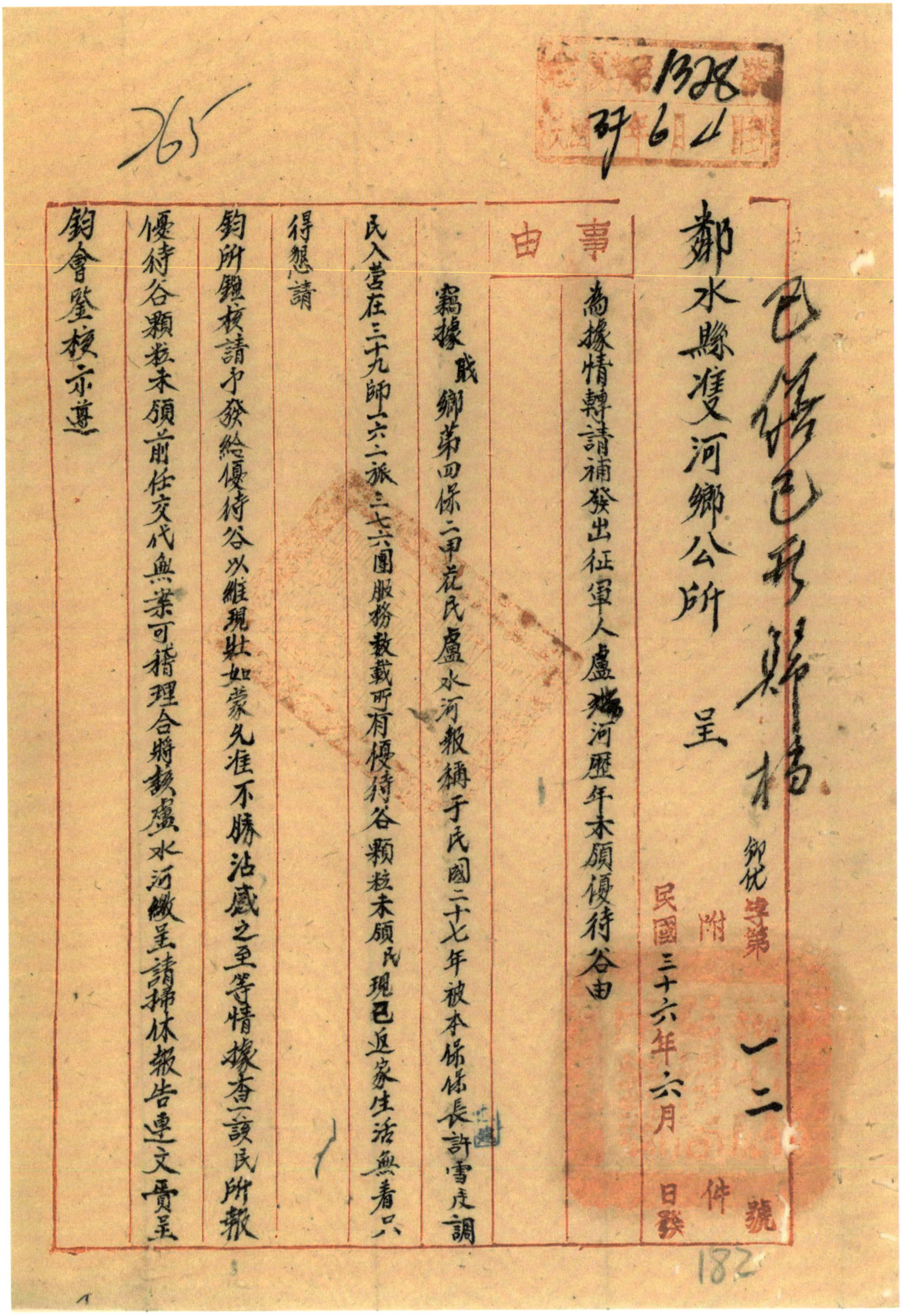
鄰水縣雙河鄉公所 呈

鄰優字第一二號

附件

民國三十六年六月 日發

事由：為據情轉請補發出征軍人盧水河歷年未領優待谷由

竊據戢鄉第四保二甲花民盧水河報稱：于民國二十七年被本保保長許雪庄調民入營，在三十九師一六二旅三七六團服務數載，所有優待谷顆粒未領，民現已返家，生活無着，只得懇請

鈞所鑒核，請予發給優待谷，以維現狀，如蒙允准，不勝沾感之至等情。據查該民所報優待谷顆粒未領，前任交代無案可稽，理合將該盧水河繳呈請掃体報告連文賫呈

鈞會鑒核示遵。

266

謹呈

優待委員會主任委員 呂

鄉長周拱言

附報告乙份　附件騐訖當即退還　六、七、

呈悉。據蕭瑞河面稱已領部分布疋款，正其餘未領之布應照每年奉布疋之規定如數補發，仰即遵照為要。此令。　六、七、

183

邻水县挹爽乡抗属李廖氏、县政府等关于依法优待的一组文件（一九四七年八月二十五日至九月二十七日）

邻水县挹爽乡抗属李廖氏致县出征抗敌军人家属优待委员会的呈（一九四七年八月二十五日）

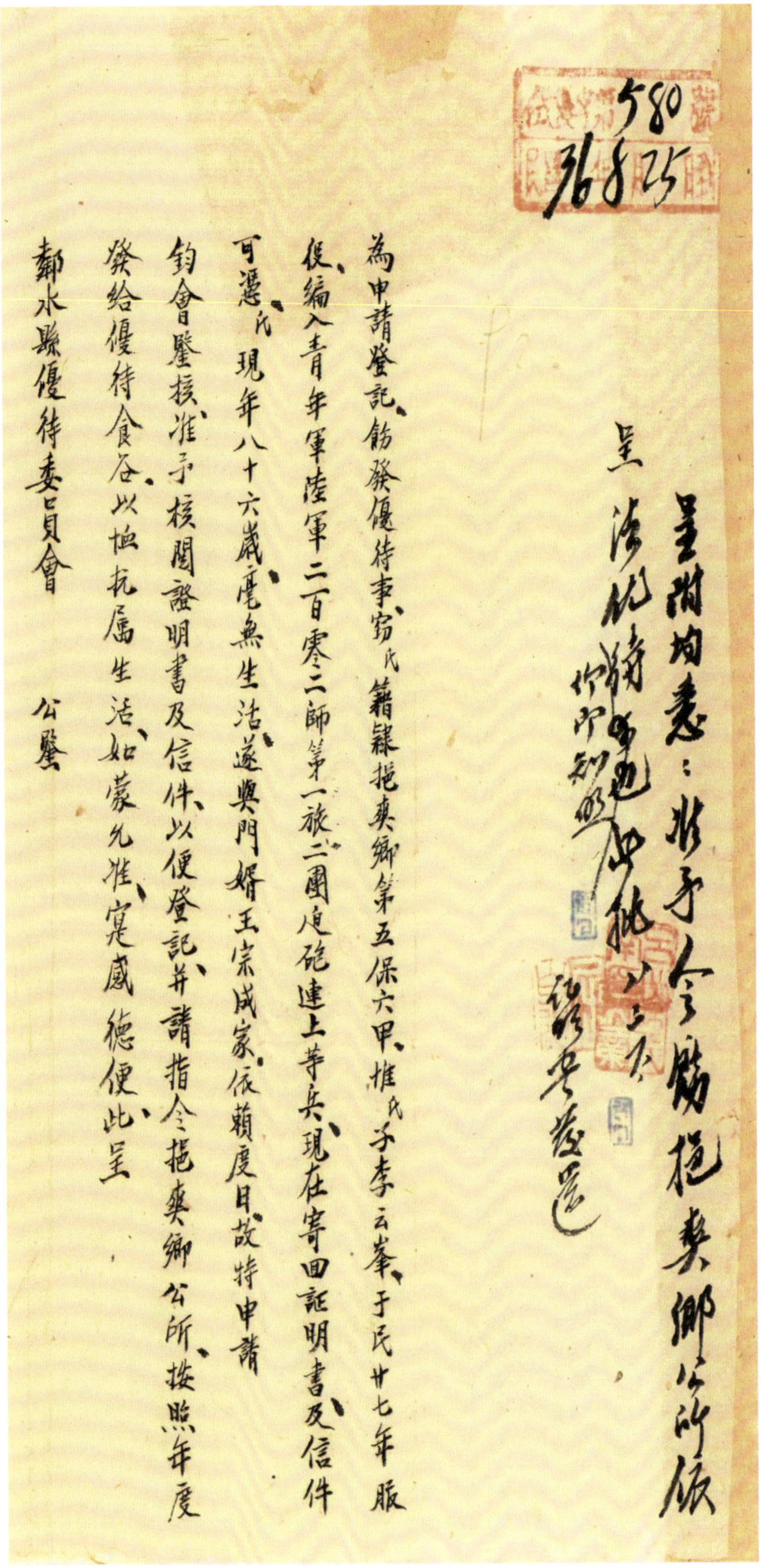

呈附均悉。准予令飭挹爽鄉公所依法優待，此批。八.二八

為申請登記飭發優待事。竊氏籍隸挹爽鄉第五保六甲，推氏子李云峯，于民廿七年服役，編入青年軍陸軍二百零二師第一旅二團迫砲連上等兵，現在寄回証明書及信件可憑。氏現年八十六歲，毫無生活，遂與門婿王宗成家依賴度日。故特申請

鈞會鑒核，准予核閱證明書及信件，以便登記，并請指令挹爽鄉公所按照年度發給優待食谷，以恤抗屬生活。如蒙允准，寔感德便。此呈

鄰水縣優待委員會

公鑒

1645-92

具申請人李廖氏十

民國三十六年八月　日

邻水县政府、县出征抗敌军人家属优待委员会致挹爽乡公所的训令（一九四七年九月二十七日）

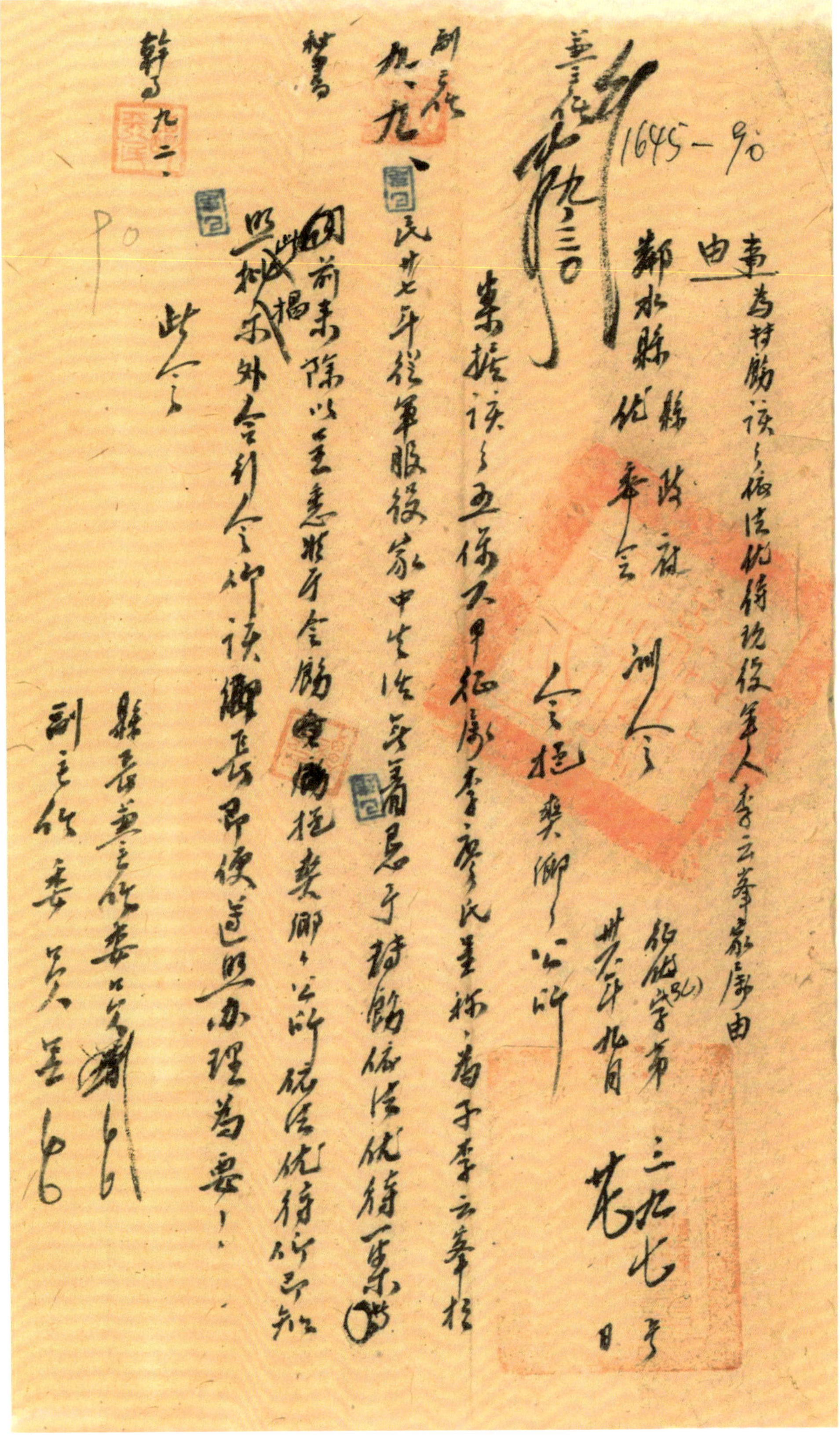
事由：为转饬该乡依法优待抗役军人李云峰家属由

邻水县政府
县优待委员会 训令 优秘字第(36)三九七号

令挹爽乡乡公所 卅六年九月 日

案据该乡五保六甲张家李廖氏呈称：为子李云峰于民廿七年从军服役，家中生活无着，恳予转饬依法优待一案。据前来，除以呈悉批示令饬挹爽乡乡公所依法优待外，即知照揭示外，合行令仰该乡长即便遵照办理为要！

此令。

邻水县袁市乡退伍兵蒋锡海关于请予补发应领优待谷致县出征抗敌军人家属优待委员会的呈（一九四七年八月二十一日）

呈為抗戰退來請予補發優待谷事。竊民無兄無弟，於民廿七年應征抗敵，於廿八年領有榮譽狀可攷，有信件可查。所有每年應領優待谷到現在只領得一二次。竊民現在國軍第一師充上士排副，往峽西華洲請假退來，家庭已成人財兩空，無家可還，可憐為抗戰取來勝利，但對民應領優待谷未能按年發給，為特懇請

鈞核，令飭補發優待谷，以勵出征，而資優待。謹呈

鄰水縣抗敵優待委員會

1645—196

呈悉。准予令饬袁市乡公所依法优待，仰即知照。此批。九五

十請

[illegible]

退伍兵袁市乡一九保蒋锡海十呈

箕斗左無右零

民國三十六年八月卅一日

通信處袁市街上十字口茶館蒋子泉轉

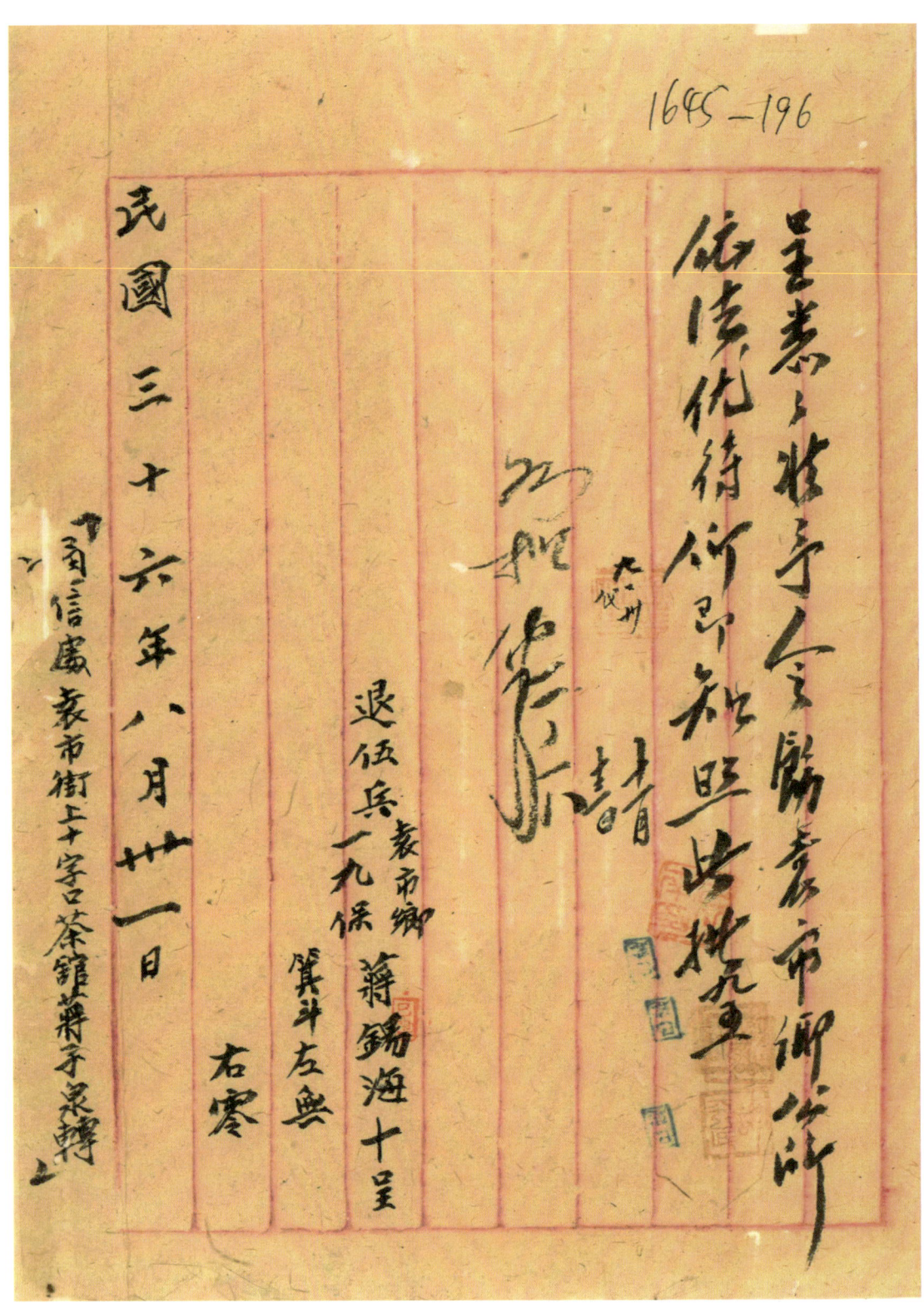

邻水县政府、县出征抗敌军人家属优待委员会关于查明发给现役军人家属谭显安优待谷致坛同乡公所的训令（一九四七年十一月八日）

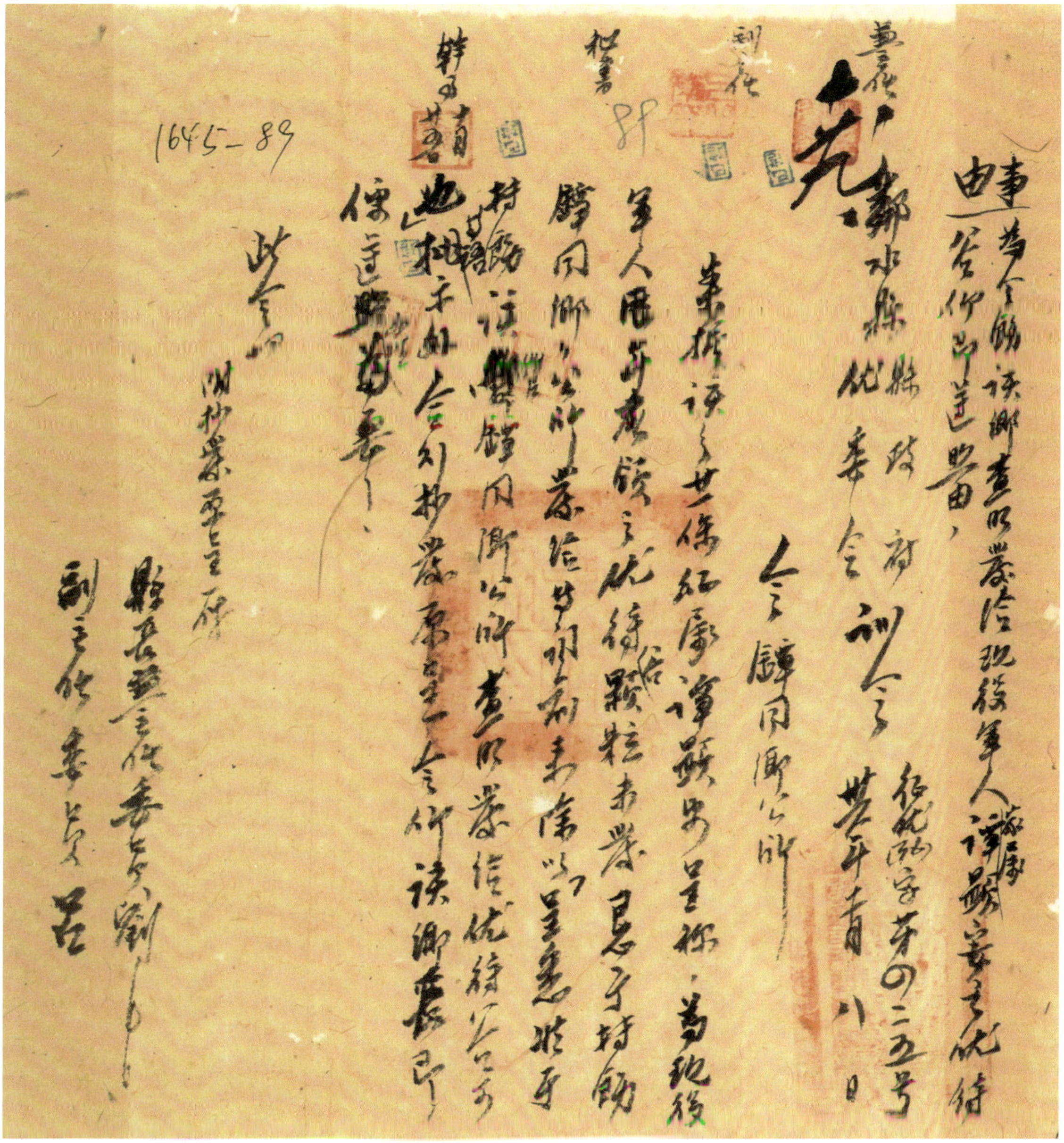
事由：为令饬该乡查明发给现役军人家属谭显安之优待谷，仰即遵照由。

邻水县政府、县优委会训令 优待字第〇二五号 卅六年十一月八日

令致坛同乡公所

案据该乡出征军人家属谭显安呈称：为现役军人应享之优待谷粒，未蒙发给，恳予转饬致坛同乡公所[illegible]以资生活[illegible]等情。据此，合行令仰该乡公所查明发给优待谷，[illegible]，俾资遵照为要。

此令。

附抄原呈

县长兼主任委员 刘[illegible]

副主任委员 吕[illegible]

附：邻水县坛同乡抗属谭显安关于请予补发优待谷致县优待委员会的呈（一九四七年六月）

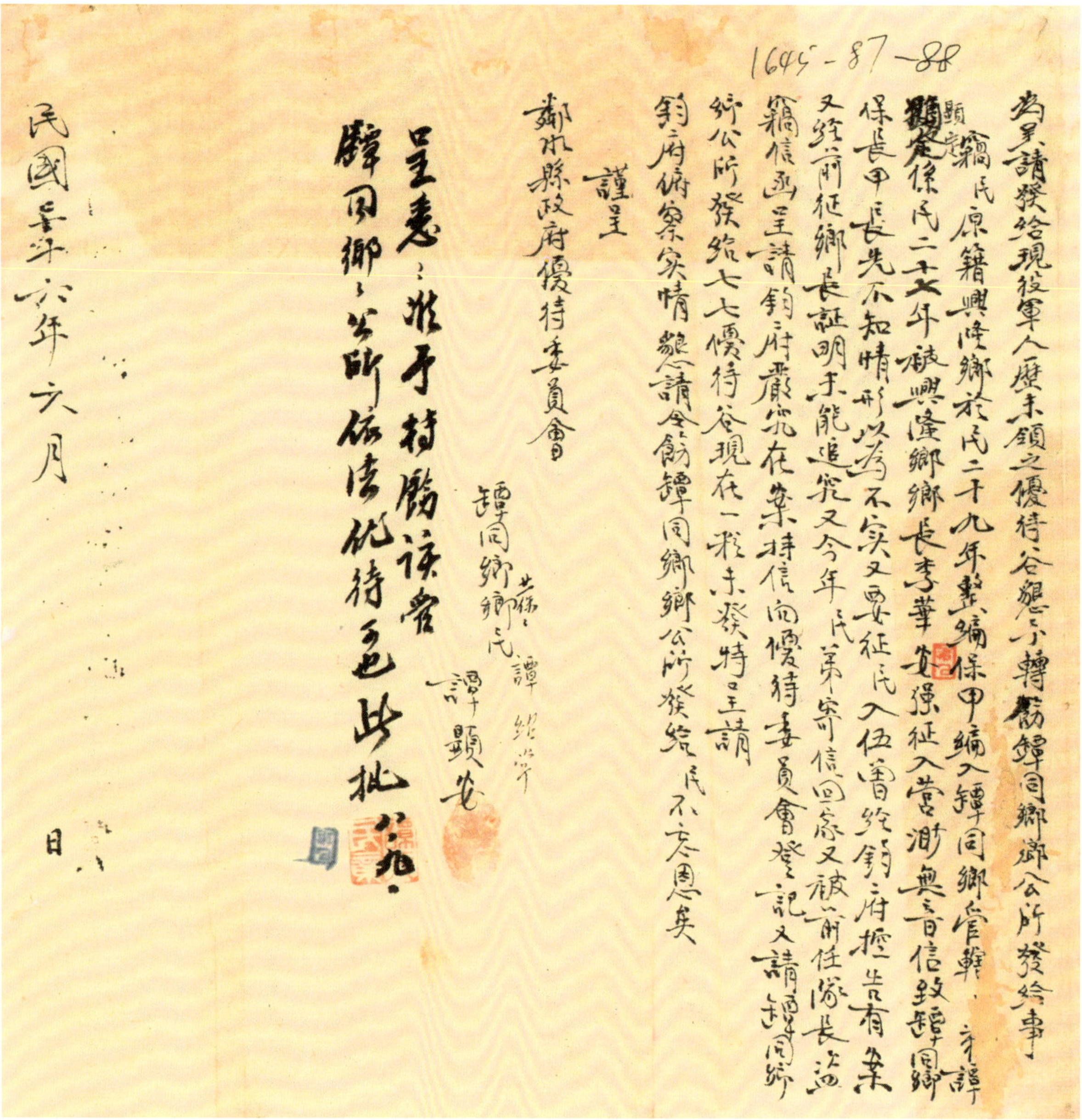

1645-87-88

為呈請發給現役軍人歷年未領之優待谷，懇予轉飭鐔同鄉鄉公所發給事。

竊民原籍興隆鄉，於民二十九年整編保甲編入鐔同鄉管轄。子譚顯安係民二十七年被興隆鄉鄉長李華安强征入營，渺無音信，致鐔同鄉保長甲長先不知情形，以為不實，又要征民入伍，曾經鈞府控告有案，又經前征鄉長証明，未能追究。又今年民弟寄信回家，又被前任鄉長溫竊信函，呈請鈞府嚴究在案。特信向優待委員會登記，又請鐔同鄉鄉公所發給七七優待谷，現在一粒未發，特呈請鈞府俯察實情，懇請令飭鐔同鄉鄉公所發給，民不忘恩矣。

謹呈

鄰水縣政府優待委員會

具呈人 鐔同鄉鄉民 譚縱 譚顯安

呈悉。准予轉飭該管鐔同鄉公所依法優待，此批。

民國三十六年六月　日

邻水县高兴乡退役军人屈宋、县政府等关于查明并补发历年应领未领优待谷的一组文件
（一九四七年十二月七日至一九四八年四月五日）

邻水县高兴乡退役军人屈宋致县政府的报告（一九四七年十二月七日）

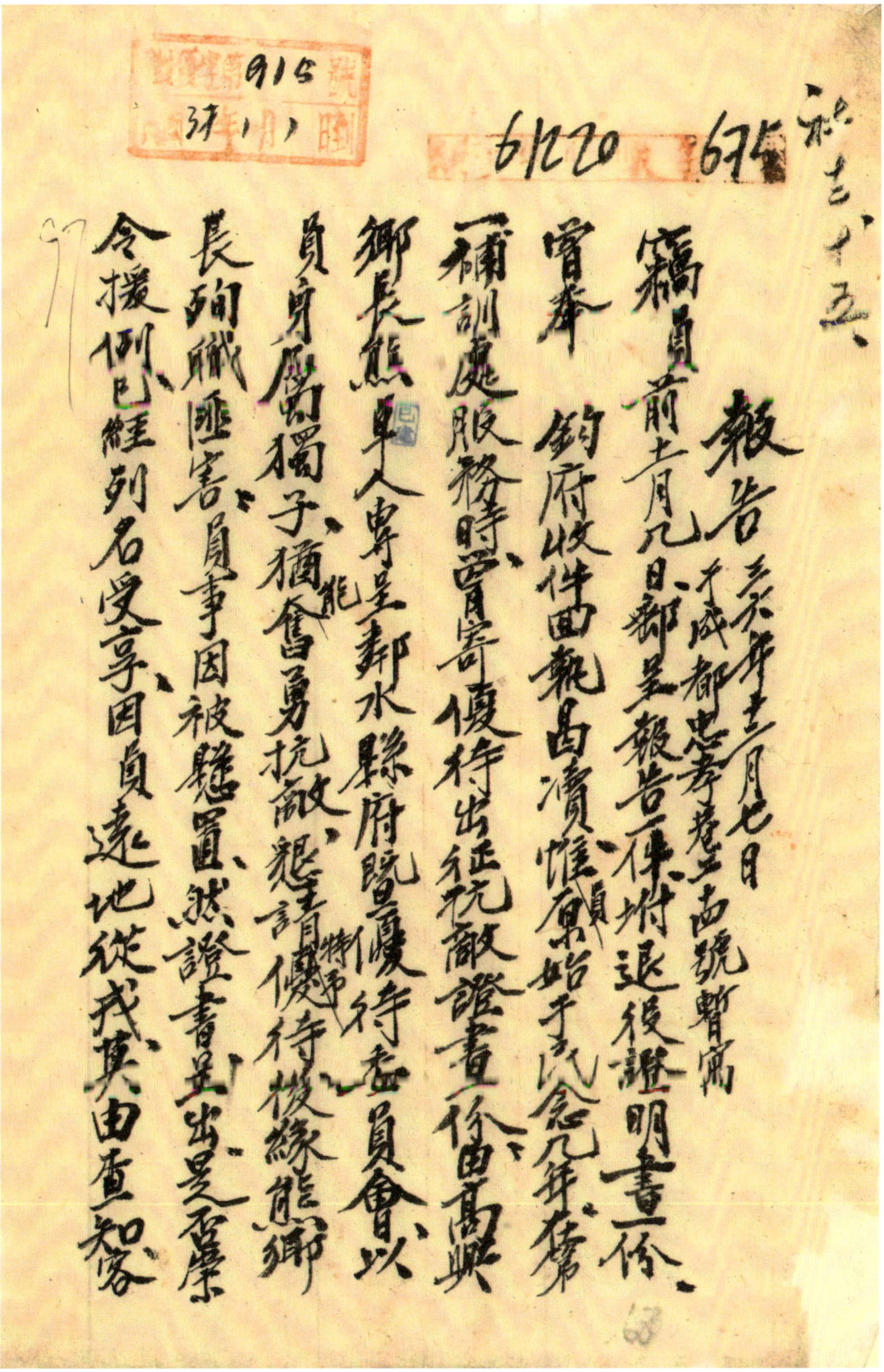

報告 三六年十二月七日 于成都忠孝巷十四號暫寓
竊員前十一月九日鄰呈報告一件，附退役證明書一份，
當奉 鈞府收件回執函憑，惟員始于民念九年蒙
一補訓處服務時，曾寄優待出征抗敵證書一份，由高興
鄉長熊卓人轉呈鄰水縣府賠呈優待委員會，以
員身居獨子，猶能奮勇抗敵，懇請特予優待，援緣熊鄉
長殉職，歷害員事因被擱置，然證書呈出是否屬
令援例已經列名受享，因員遠地從戎，其由查知容

98

職員因公便返鄉、始悉糧民輸粮折繳優穀絕少、欠缺尚良民如員個人李先春之子、為國捐軀、媳嫁孫死、尚未領獲優待、保甲鄉鎮適藉此堂皇美名、蝕飽貪囊、員遠之祇、之人代庖、鄉里被吞、當為意中事、惟近奉社會部勞動局、轉到國防部三十六年成賤字第一五二號通令規定、從三十年起、退役轉業軍人一律補發優待穀、每年四市石、同時并悉、成都市縣府屬同仁已先後領得是項優穀、遵奉前因、謹將付陳未領優穀緣由、懇予

99

俯賜補發優穀，併乞澈查高興鄉是否籍員名證冒領報餉，藉申懲處，是否之處，伏乞示遵，併懇驗查後退寄員退役證書，員現供職劍閣縣任社會部勞動局四川省劍閣縣國民義務勞動督導主任，賜示仍交成都五家塥街第九號張光照督導員轉。謹呈

鄰水縣長

批呈悉。壯丁轉飭高興鄉公所查明具

以補發歷年未領優待谷，仰即知照。此批

社會部勞動局四川省劍閣縣

國民義務勞動督導主任 屈宋

原籍：鄰水縣高興鄉第二保石頭院子

一七·

邻水县出征抗敌军人家属优待委员会致高兴乡公所的代电（一九四八年四月五日）

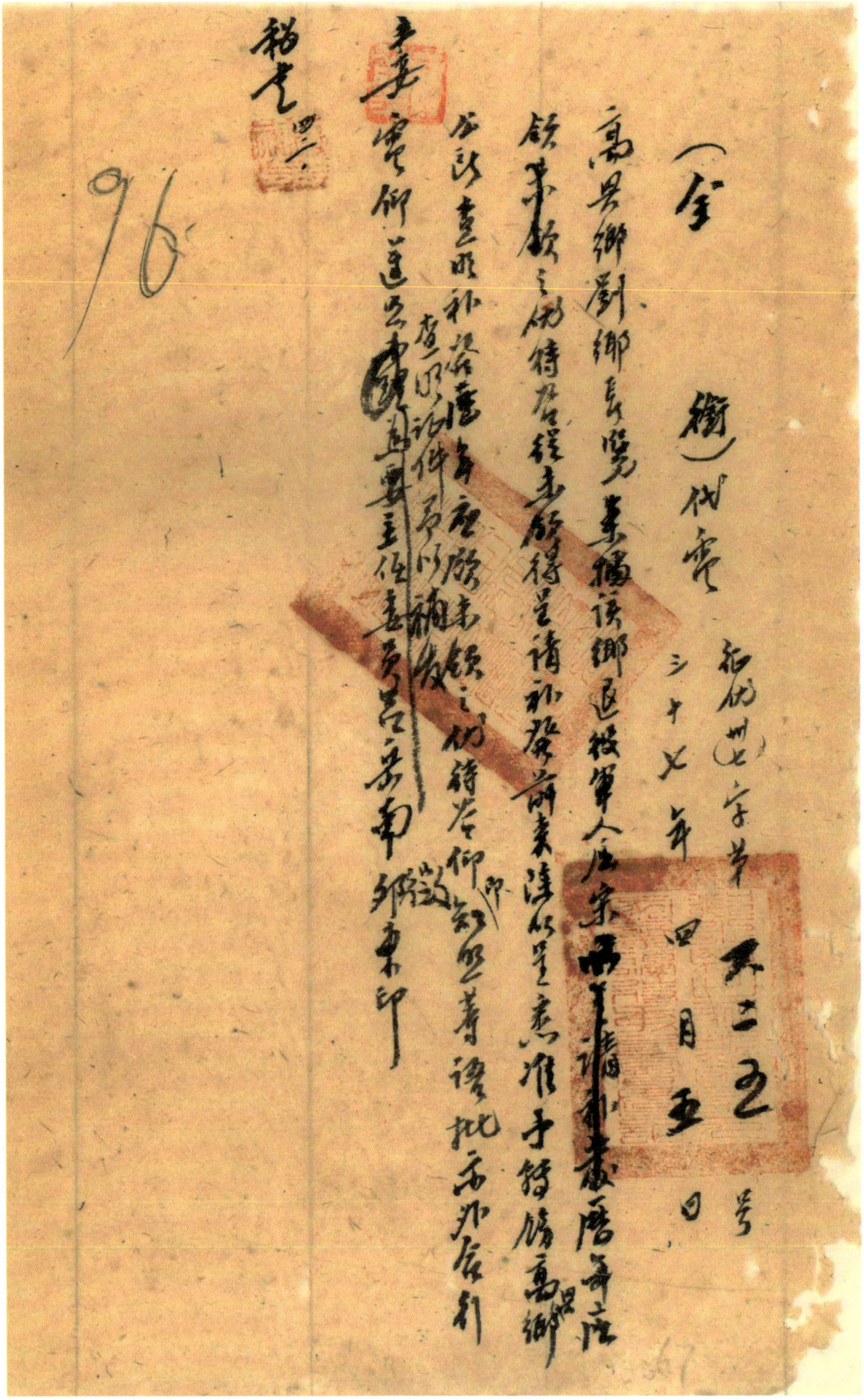
（全銜）代電

[illegible]卅七字第[illegible]二五號

三十七年四月五日

高興鄉劉鄉長覽：案據該鄉退役軍人家屬[illegible]請補發唐舜庭[illegible]未領之優待谷，經[illegible]核得，呈請補發前來，詳核屬實，准予轉飭高興鄉公所查照補發唐舜庭[illegible]未領之優待谷，仰即知照[illegible]批示辦理。

主委[illegible]

稿[illegible]

96

邻水县挹爽乡抗属胡李氏、县出征抗敌军人家属优待委员会等关于查明并补发历年应领优待谷的一组文件
（一九四七年十二月至一九四八年三月九日）

邻水县挹爽乡民胡李氏和其子胡朝炳致县出征抗敌军人家属委员会优待委员会的报告（一九四七年十二月）

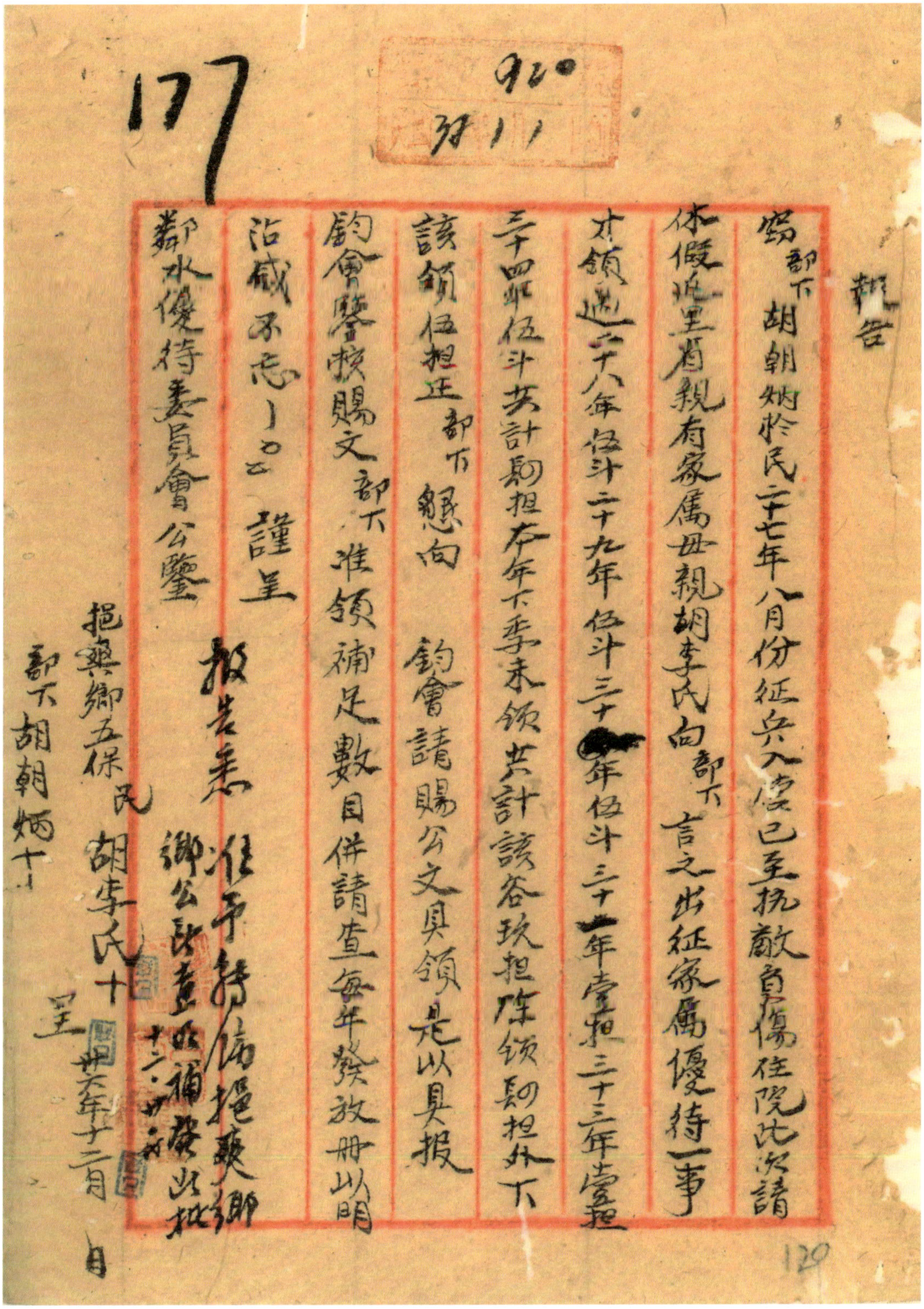

報告

竊 部下 胡朝炳於民二十七年八月份征兵入營，已至抗敵負傷住院，此次請休假返里省親，有家屬母親胡李氏向 部下 言之，出征家屬優待一事不領，過二十八年伍斗，二十九年伍斗，三十年伍斗，三十一年壹担，三十三年壹担，三十四年伍斗，共計貳担，本年下季未領，共計該谷玖担，除領貳担外，下該領伍担正，部下 懇向鈞會請賜公文具領，是以具報鈞會鑒核賜文，部下 准領補足數目，併請查每年發放冊以明，沾感不忘！謹呈

鄰水優待委員會公鑒

挹爽鄉五保民 胡李氏 十

部下 胡朝炳 十

呈

卅六年十二月 日

報告悉，准予飭倫挹爽鄉鄉公所查明補發。此批 十二.十九

邻水县政府、县出征抗敌军人家属优待委员会致挹爽乡公所的训令（一九四八年三月九日）

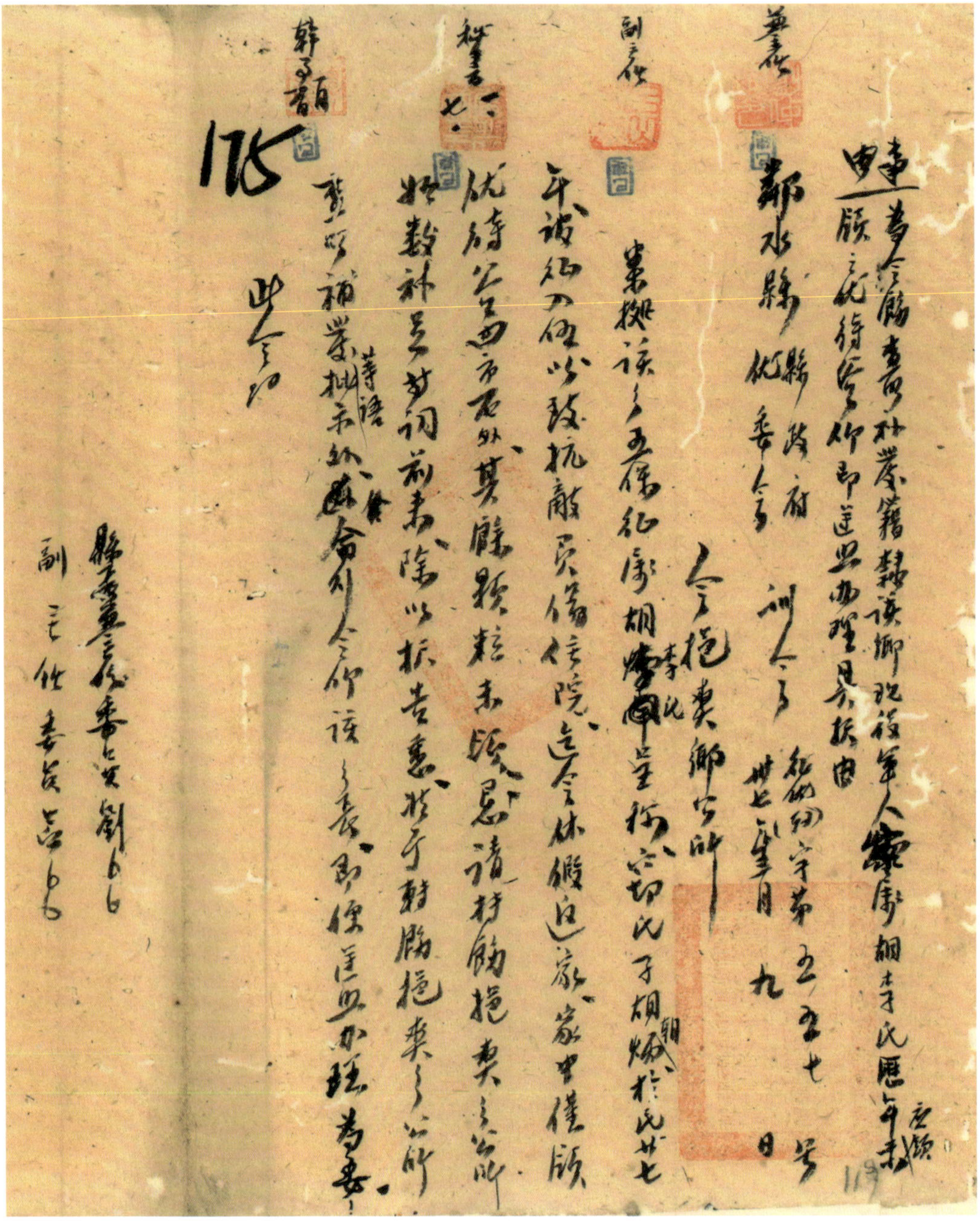

事由：奉令饬查[illegible]荣籍双谈乡抗战军人家属胡李氏历年未领应领之优待谷，仰即遵照办理具报由

邻水县政府、县优待委员会训令 征秘训字第五五七号 卅七年三月九日

令挹爽乡公所

案据该乡五保征属胡李氏呈称：窃氏子胡朝炳，于民廿七年被征入伍，以致抗敌负伤住院，迄今休假回家，家中仅领优待谷四市石外，其余历年粮未领，恳请转饬挹爽乡公所照数补足[illegible]前来。除以批示告悉，将予转饬挹爽乡公所查明补[illegible]等语批示外，合行令仰该乡长即便遵照办理为要！

此令。

县长兼主任委员 [illegible]

副主任委员 [illegible]

邻水县兴仁乡抗战军人包忠银、县出征抗敌军人家属优待委员会等关于补发其历年应领未领优待谷的一组文件（一九四八年一月五日至二十五日）

邻水县兴仁乡第七保抗战军人包忠银致县出征抗敌军人家属优待委员会的报告（一九四八年一月五日）

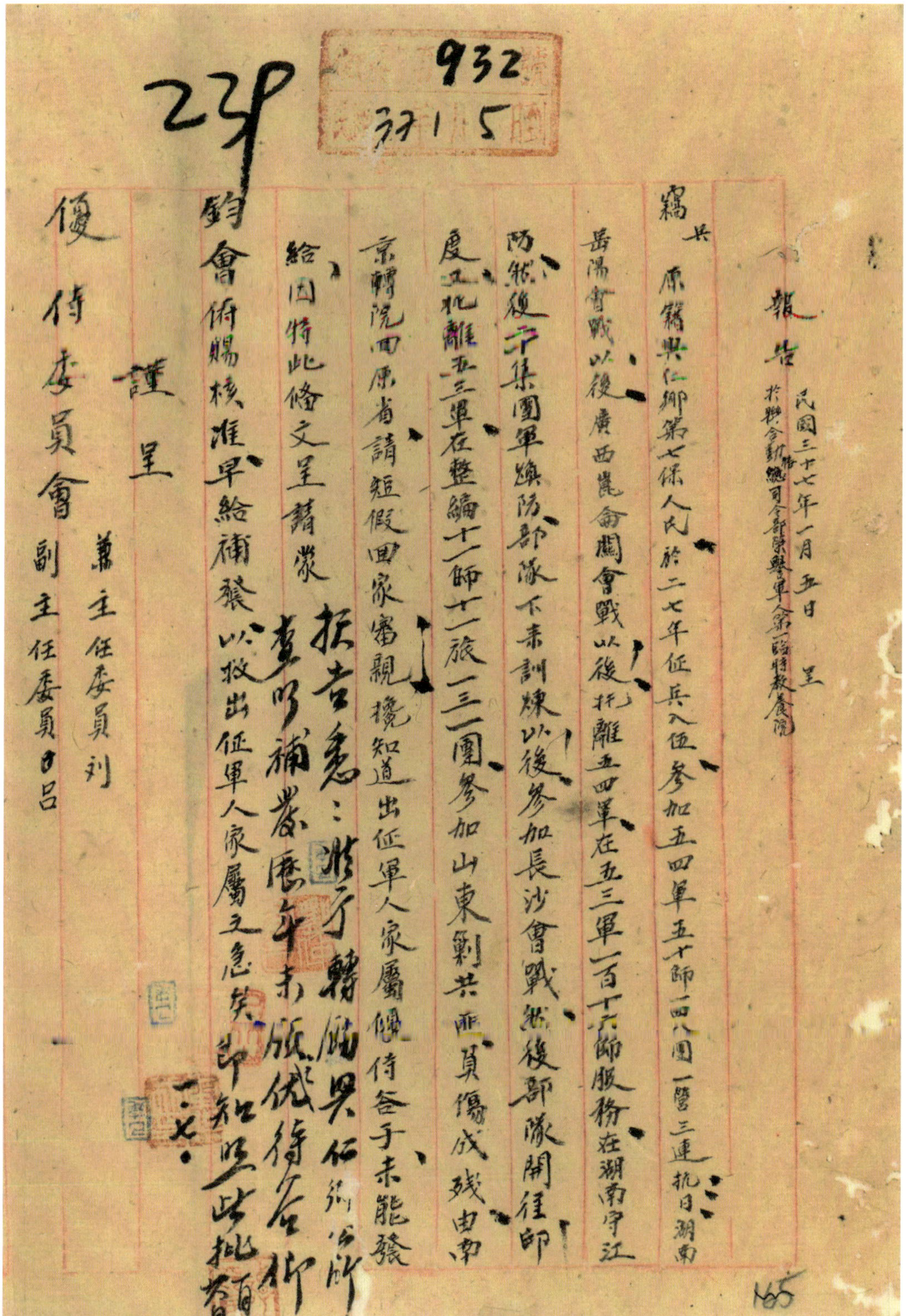
932
331 15
238

報告　民國三十七年一月五日　呈
於聯合勤務總司令部榮譽軍人第一臨時教養院

竊兵原籍興仁鄉第七保人氏，於二七年征兵入伍，參加五四軍五十師一四八團一營三連，抗日湖南岳陽會戰以後，廣西崑崙關會戰以後，折離五四軍，在五三軍一百十六師服務，在湖南守江防。然後，[illegible]集團軍換防部隊下來訓練以後，參加長沙會戰，然後部隊開往郎度，五九[illegible]離五三軍，在整編十一師十一旅一三一團參加山東剿共匪，負傷成殘，由南京轉院四川省，請短假回家審親，攬知道出征軍人家屬優待谷于未能發給，因特此備文呈請

鈞會俯賜核准，早給補發，以救出征軍人家屬之急矣。

謹呈

優待委員會

主任委員　劉

副主任委員　呂

據呈悉：准予轉飭興仁鄉公所查明補發歷年未領優待谷，仰即知照。此批。

一、七。

165

240

榮譽軍人　包忠銀　呈

通信處　吳仁鄉廿重福湖坪

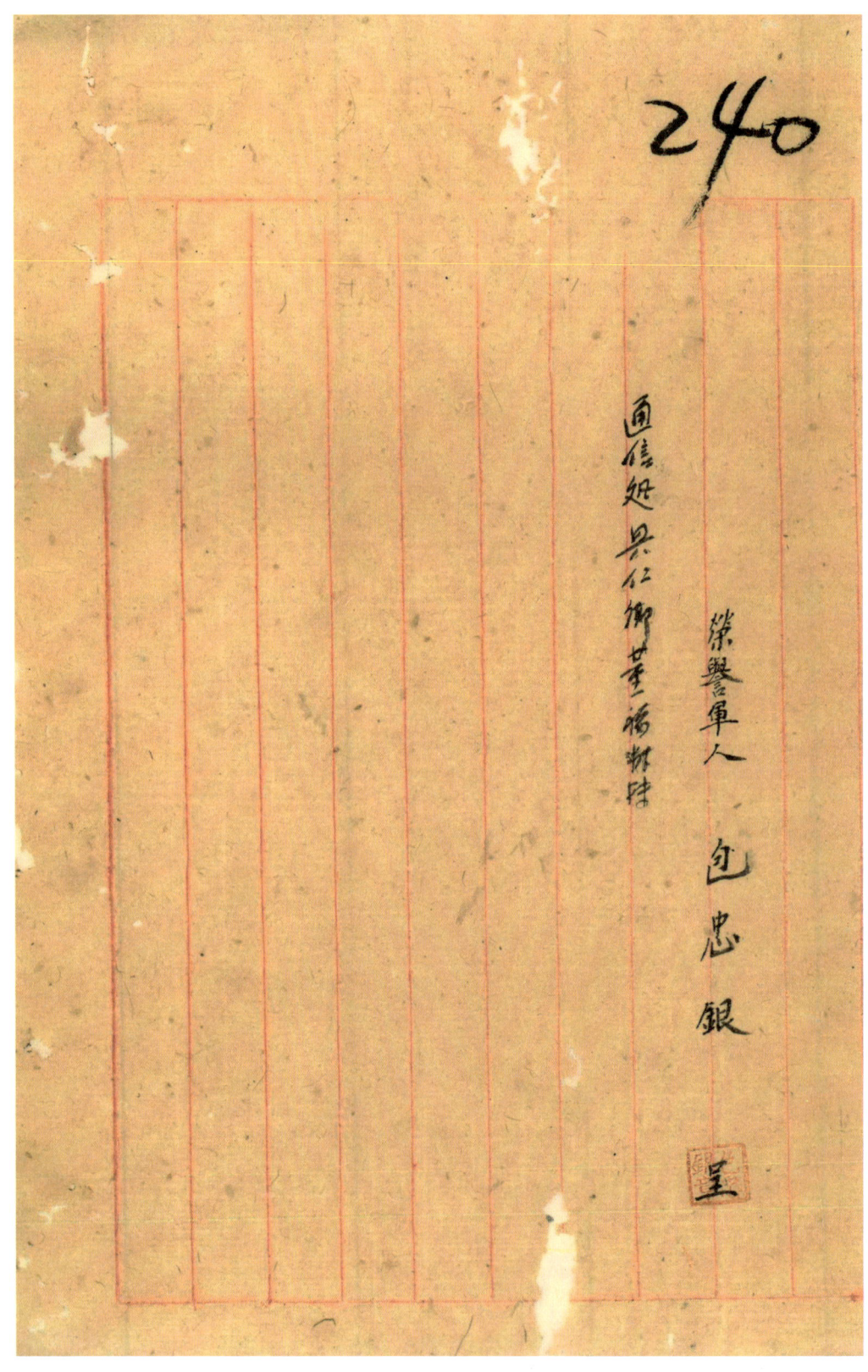

邻水县出征抗敌军人家属优待委员会致兴仁乡公所的训令（一九四八年一月二十五日）

238

（銜）訓令　優總（37）字第五二四號

卅七年一月廿五日

令興仁鄉公所

案據葉秀亮軍人家屬申歐報告稱「云云」等情。據此，除以報告

悉准予飭該興仁鄉公所查照補發應享應領未領之優待谷，仰即知

照，並轉據批示外，合行令仰該鄉長即便遵照補發，以維優待為要！

此令。

主任委員　劉〇〇

副主任委員　呂〇〇

秘書　一、二五

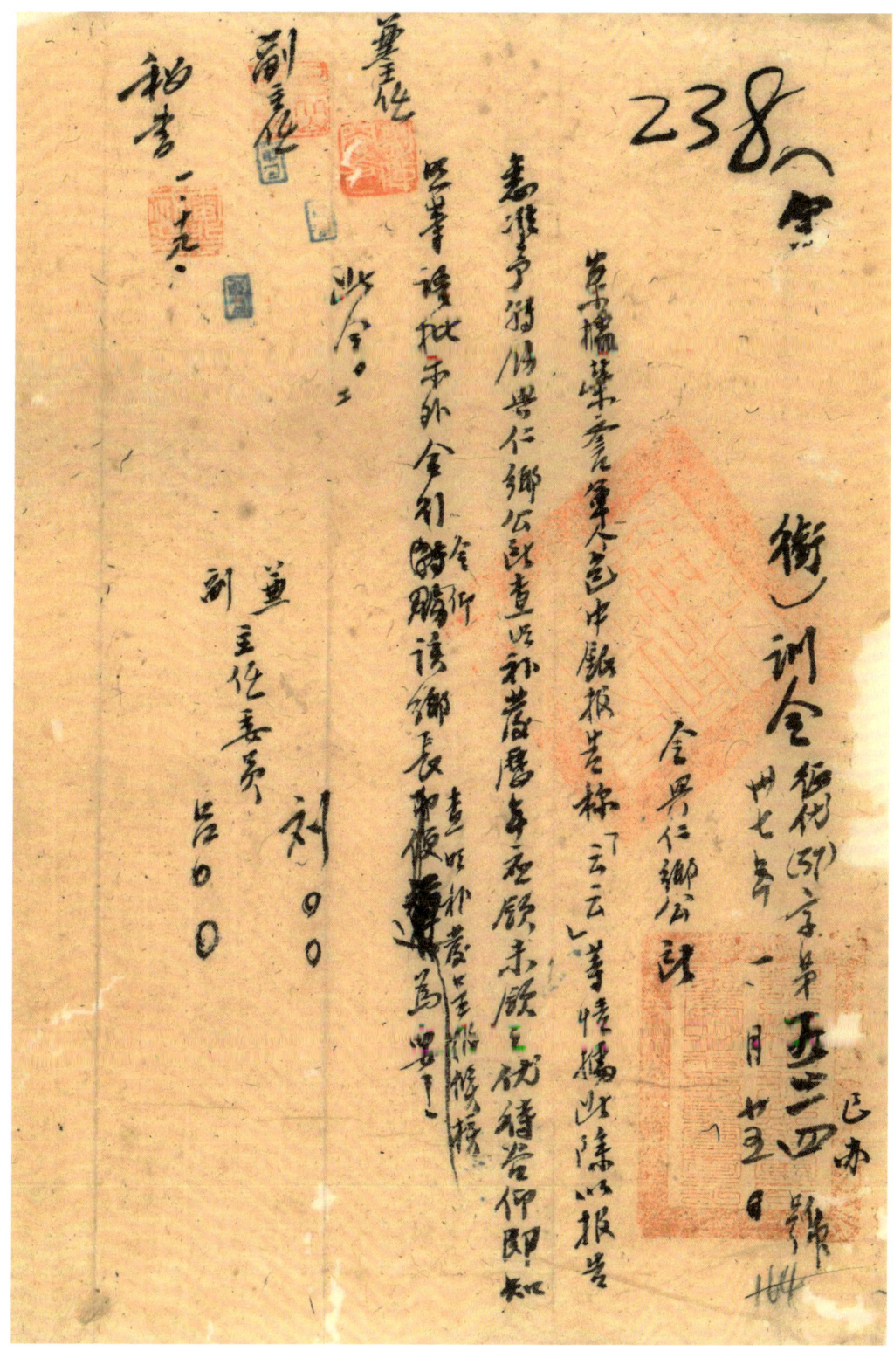

邻水县双龙乡抗属谢萧氏、县政府等关于补发优待谷并依法豁免劳役杂款的一组文件（一九四八年一月七日至二十五日）

邻水县双龙乡抗属谢萧氏致县出征抗敌军人家属优待委员会的呈（一九四八年一月七日）

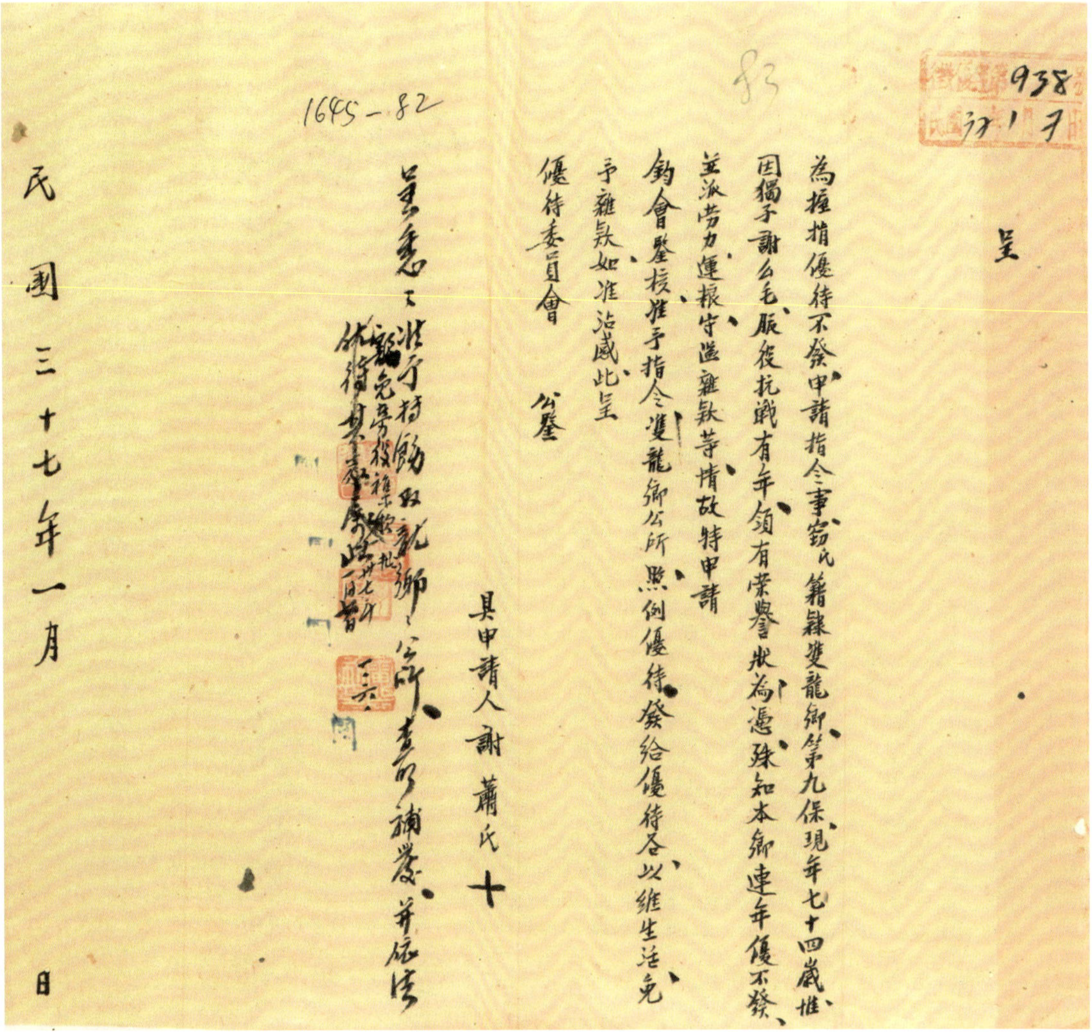

呈

為懇請優待不發申請指令事。窃氏籍隸雙龍鄉第九保，現年七十四歲，惟因獨子謝幺毛服役抗戰有年，領有榮譽狀為憑。殊知本鄉連年優待不發，並派劳力運粮守隘雜款等情，故特申請

鈞會鑒核，准予指令雙龍鄉公所照例優待，發給優待谷，以維生活，免予雜款，如准沾感。此呈

優待委員會

公鑒

具申請人 謝蕭氏 十

民國三十七年一月 日

邻水县政府、县出征抗敌军人家属优待委员会致双龙乡公所的训令（一九四八年一月二十五日）

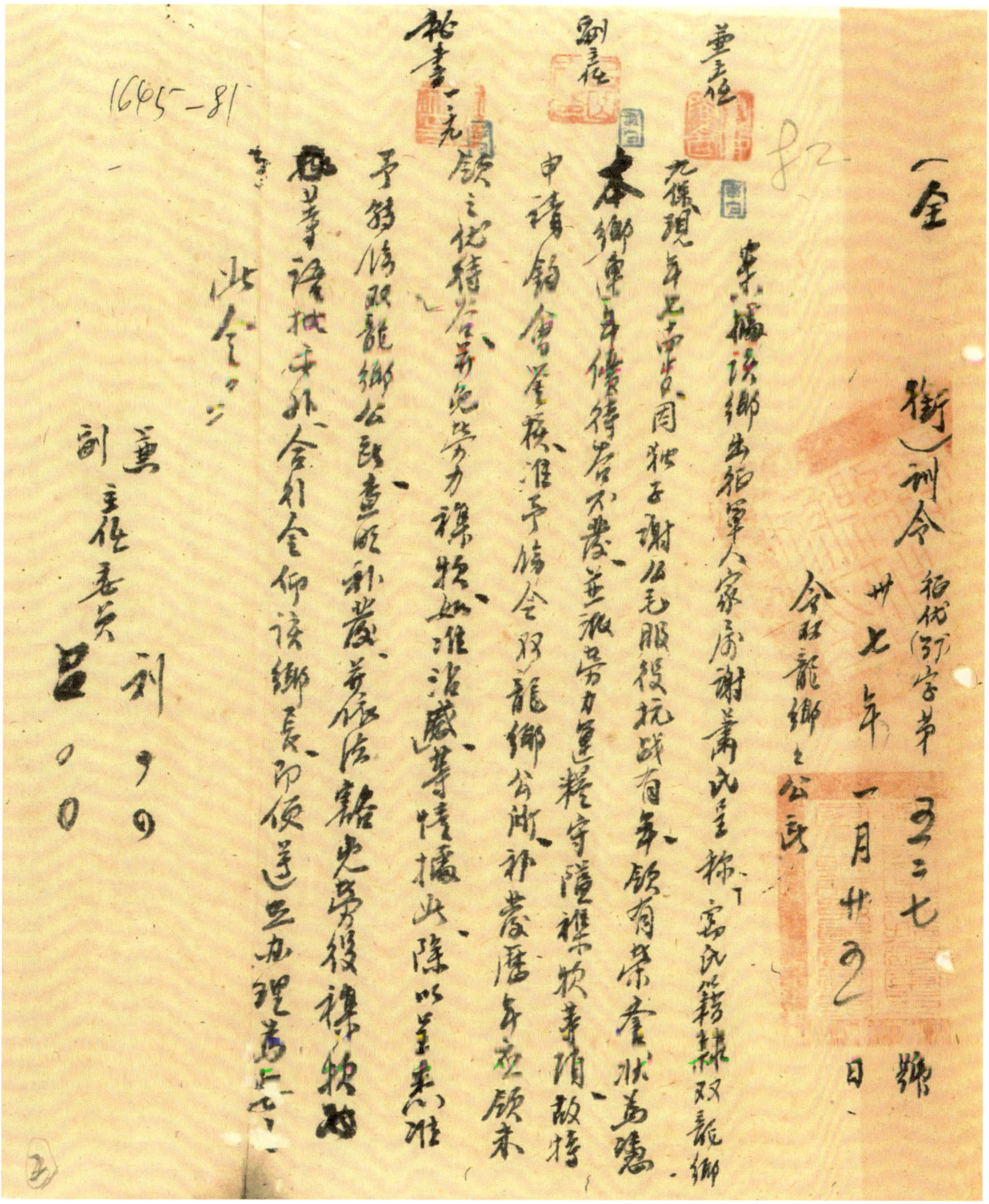

（全銜）訓令 征優(37)字第三二七號

卅七年一月廿五日

令双龍鄉公所

案據該鄉出征軍人家屬謝蕭氏呈稱：竊氏籍隸双龍鄉九保，現年五十四歲，因独子謝伯毛服役抗戰有年，領有榮譽狀為憑，本鄉連年優待谷不發，並派勞力差役，特守護稞粮，為特申請鈞會鑒核，准予飭令双龍鄉公所补發歷年應領未領之優待谷，并免除勞力稞粮，如准沾感等情。據此，除以呈悉，准予飭令双龍鄉公所查明补發，并依法豁免勞役稞粮等語批示外，合行令仰該鄉長即便遵照辦理為要。此令。

兼主任委員 吕〇〇

副主任委員 利〇〇

邻水县双龙乡抗属刘任氏、县政府等关于补发优待谷并依法豁免劳役杂款的一组文件（一九四八年一月七日至二十五日）

邻水县双龙乡抗属刘任氏致县出征抗敌军人家属优待委员会的呈（一九四八年一月七日）

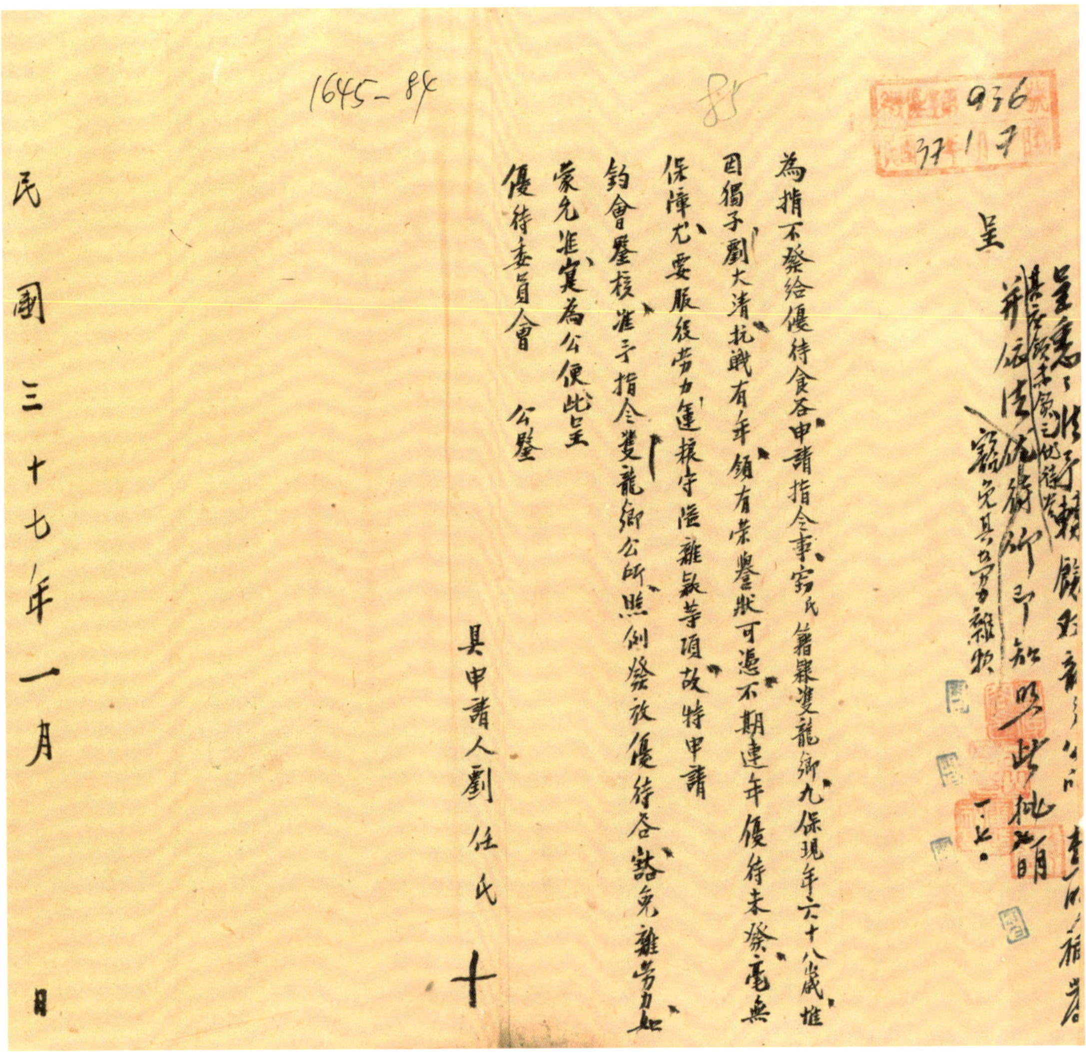
呈

为请补发给优待食谷申请指令事。窃氏籍县双龙乡九保，现年六十八岁，唯因独子刘大清抗战有年，领有崇誉状可凭，不期连年优待未发，毫无保障，尤要服役劳力，追报守隘杂款等项，故特申请钧会鉴核，准予指令双龙乡公所照例发放优待谷，豁免杂劳力，如蒙允准，实为公便。此呈

优待委员会 公鉴

县申请人刘任氏 十

民国三十七年一月

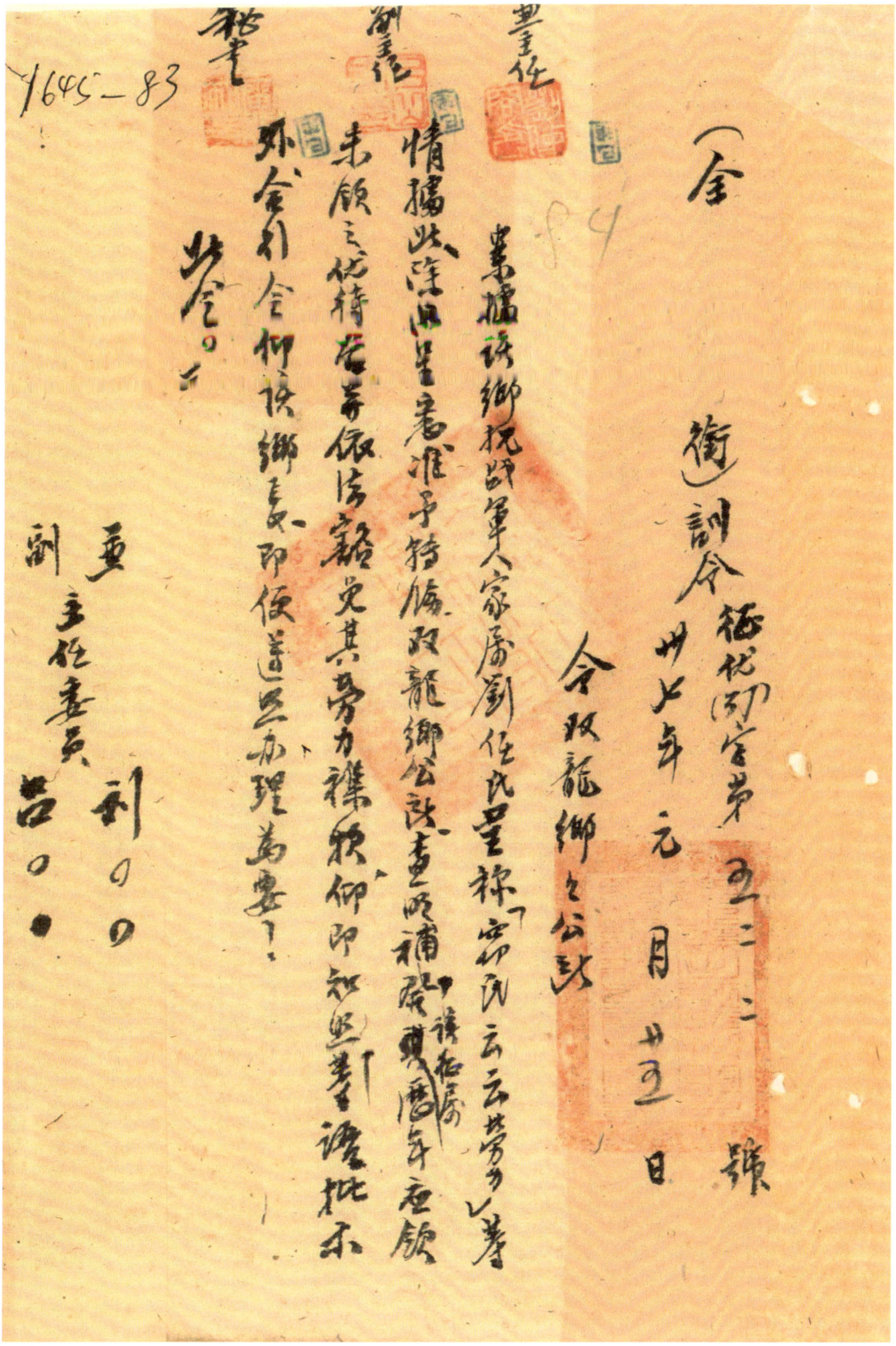

（全衔）訓令　　字第五二二號

卅七年元月廿五日

令双龍鄉公所

案據該鄉抗戰軍人家屬劉任氏呈稱：「竊氏云云」等情。

情據此，除批「呈悉，准予特備双龍鄉公所查明補發該屬本年應領

未領之優待谷，並免其勞力攤派，仰即知照」等語批示

外，合行令仰該鄉長即便遵照辦理為要！

此令。

主任委員 劉〇〇

副主任委員 呂〇〇

邻水县政府、县出征抗敌军人家属优待委员会致双龙乡公所的训令（一九四八年一月二十五日）

邻水县丰禾乡出征阵亡军人家属熊存章、县出征抗敌军人家属优待委员会等关于依法优待的一组文件（一九四八年一月十四日至二十八日）

邻水县丰禾乡出征阵亡军人家属熊存章致县出征抗敌军人家属优待委员会的呈（一九四八年一月十四日）

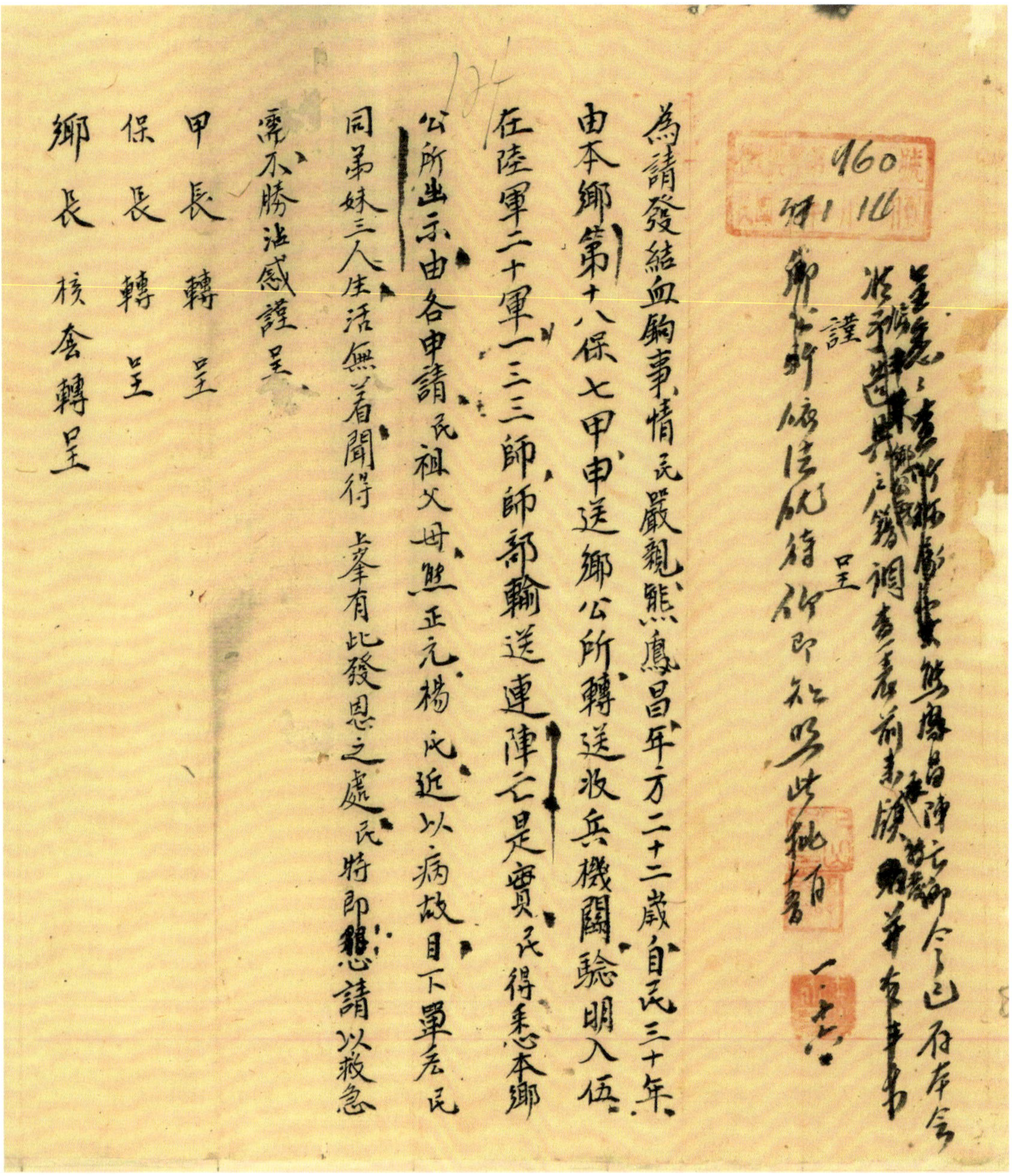

为请发结血恤事情民严亲熊凤昌年方二十二岁，自民三十年由本乡第十八保七甲申送乡公所转送兵役机关验明入伍在陆军二十军一三三师师部输送连阵亡是实。民得悉本乡公所出示由各申请。民祖父母熊正元、杨氏近以病故，目下单居民同弟妹三人生活无着，闻得上峰有此发恩之处，民特即恳请以救急济不胜泣感谨呈

甲长 转呈

保长 转呈

乡长 核签转呈

135

浠水縣撫恤委員會主任委員呂 公鑒

豐米鄉第十八保長熊存祥

七甲甲長熊洪昌十

鄉長甘在吉

申請書人熊存章十

民國三十六年古曆冬月 日

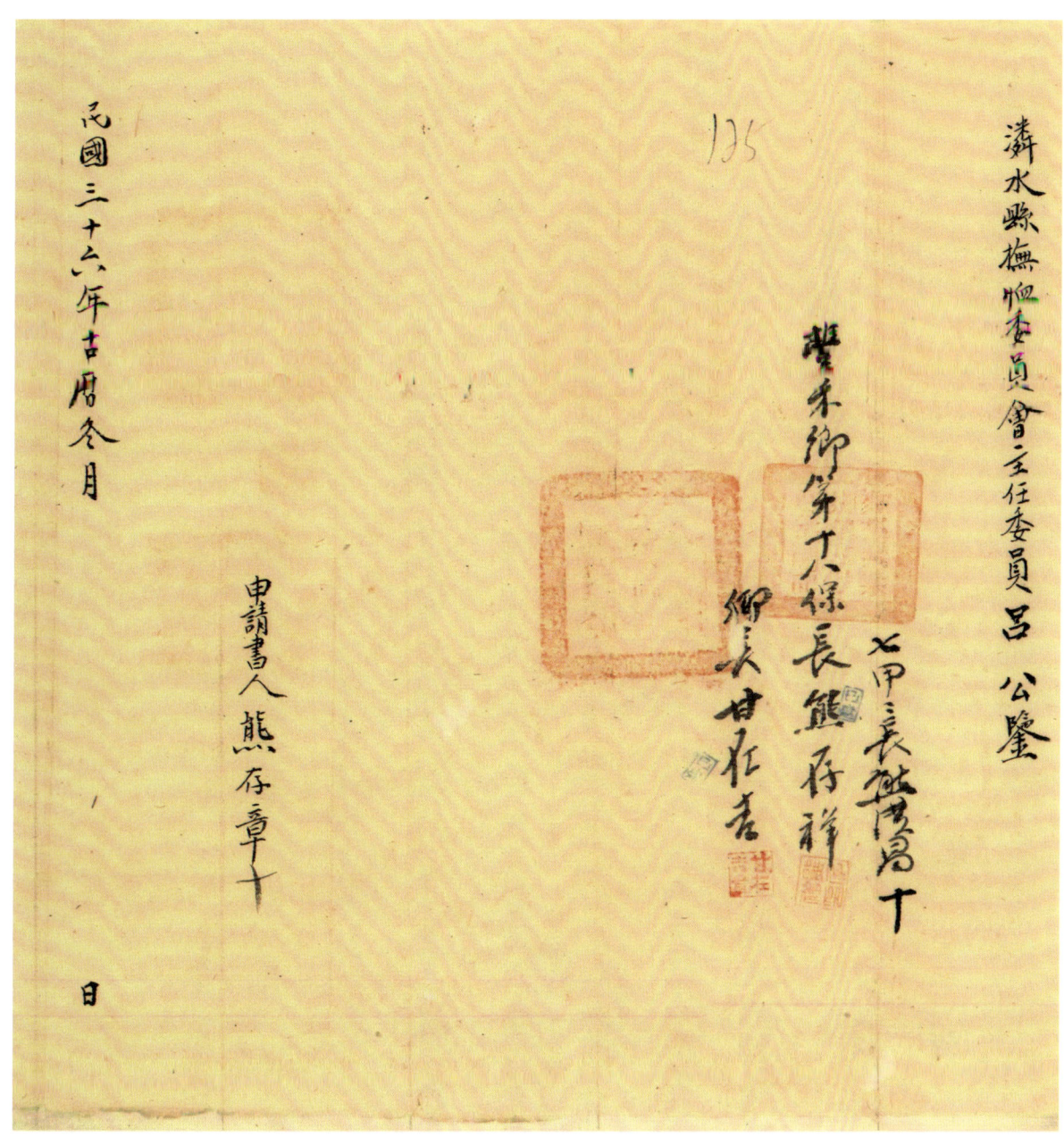

邻水县出征抗敌军人家属优待委员会致丰禾乡公所的训令（一九四八年一月二十八日）

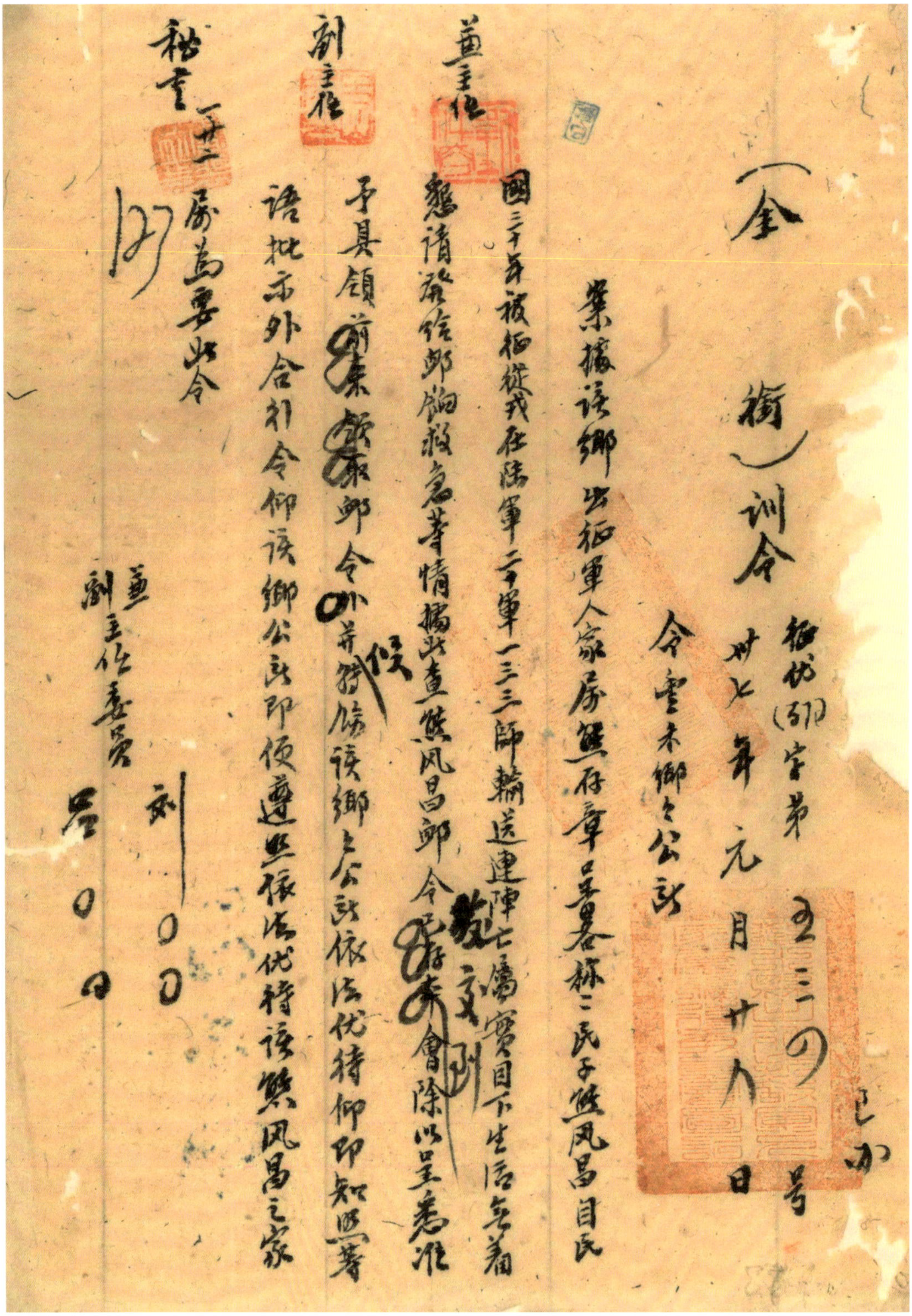
（全衔）训令　征优（卯）字第三二〇号

卅七年元月廿八日

已办

令丰禾乡乡公所

案据该乡出征军人家属熊存章呈称：“民子熊凤昌自民国三十年被征从戎，在陆军二十军一三三师输送连七属实，目下生活无着，恳请发给乡饷救急”等情。据此，查熊凤昌前令发慰劳会，除以呈悉准予具领前案款项等令外，并饬该乡乡公所依法优待，仰即知照等语批示外，合行令仰该乡公所即便遵照依法优待该熊凤昌之家属为要。此令。

主任委员　刘〇〇

副主任委员　萧〇〇

主任

副主任

秘书　一月廿二

127

邻水县合丰乡退役军人何超平、县出征抗敌军人家属优待委员会等关于按照优待条例补发黄谷的一组文件（一九四八年一月十七日至十九日）

合丰乡第十保保长吴麒关于出具何超平从军服务期间未领优待谷致县出征抗敌军人家属优待委员会的证明

（一九四八年一月十七日）

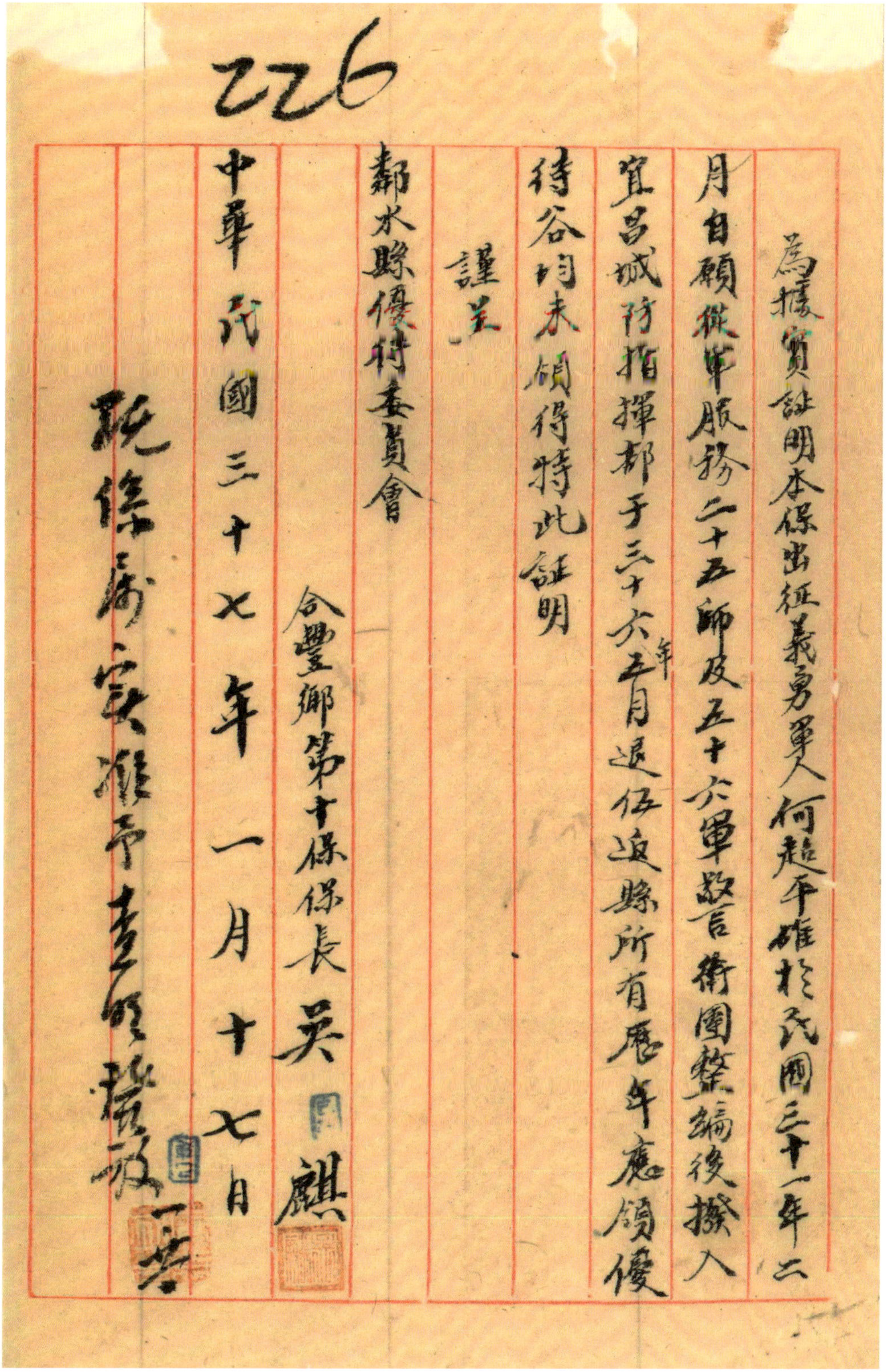

226

為據實證明本保出征義勇軍人何超平確於民國三十一年二月自願從軍服務二十五師及五十六軍警衛團整編後撥入宜昌城防指揮部于三十六年五月退伍返縣所有歷年應領優待谷均未領得特此證明

謹呈

鄰水縣優待委員會

合豐鄉第十保保長吴麒

中華民國三十七年一月十七日

既係實在准予查照發

邻水县合丰乡退役军人何超平致县出征抗敌军人家属优待委员会的报告（一九四八年一月十九日）

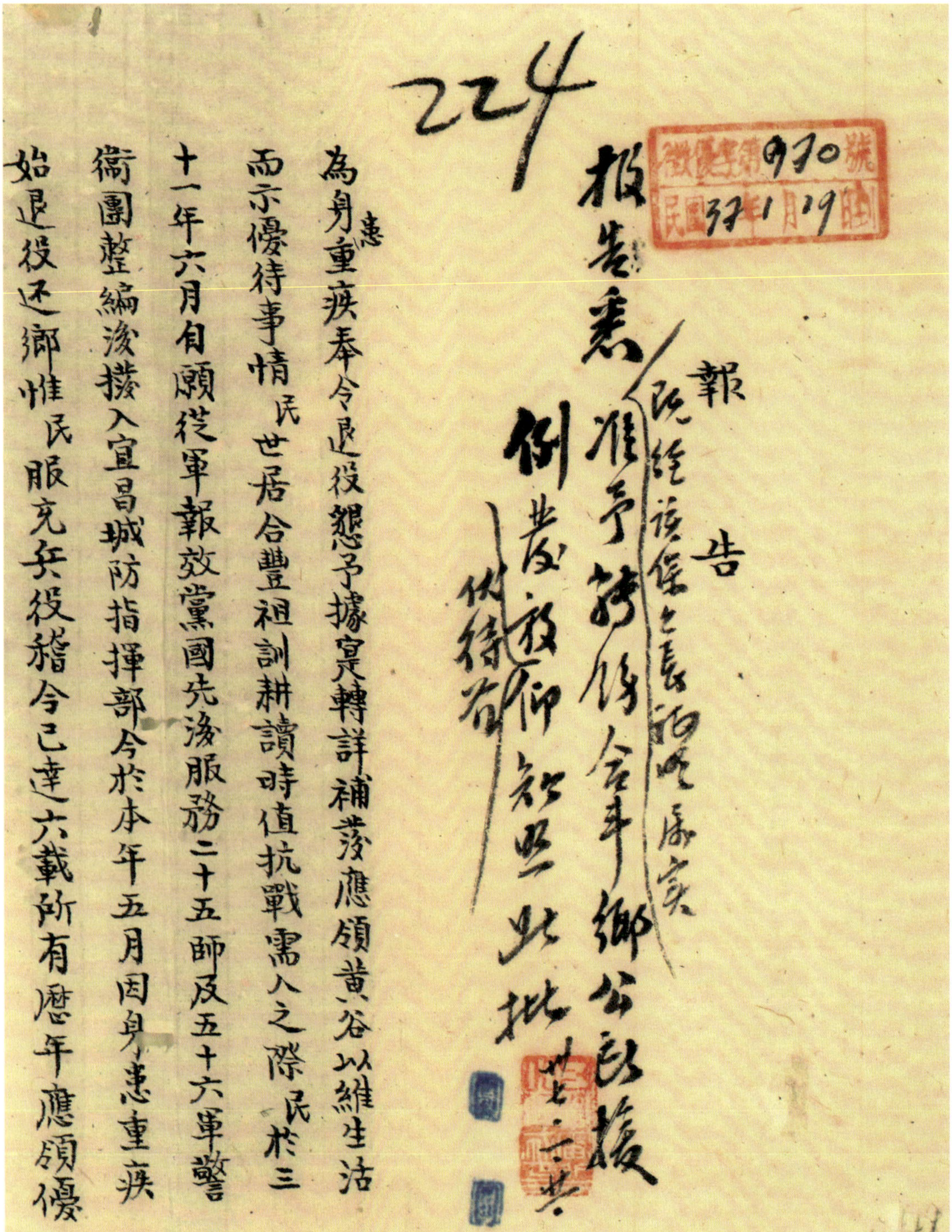
224
徵優字第930號
民國37年1月19日收
報告
既經該保之長證明屬實
報告悉。准予轉飭合丰鄉公所援例發穀，仰知照。此批
優待會
為身患重疾奉令退役懇予據實轉詳補發應領黃谷以維生活
而示優待事情。民世居合豐，祖訓耕讀，時值抗戰需人之際，民於三
十一年六月自願從軍報效黨國，先後服務二十五師及五十六軍警
衛團，整編後撥入宜昌城防指揮部，今於本年五月因身患重疾
始退役還鄉。惟民服充兵役，今已達六載，所有歷年應領優

225

待黃谷僅本年七七發放五市斗外餘數均未領得事實俱在不難証明尚有本保保長吳麒書有証明書可憑但民去後家中乏人負責以致生活困难惨痛達於極点老者行動維艱少者環繞啼哭言之傷心聞之疾首似此情形不得不據寔縷呈

鈞會鑒核准予援照優待條例如數補發並懇將復員軍人本期應發放之黃谷貳市石一併擲下如蒙允准實沾德便！

謹呈。

優待委員會　公鑒

具報人　何超平　十

中華民國三十七年一月　日

邻水县合丰乡抗属杨定田关于请求查明并补发优待谷致县出征抗敌军人家属优待委员会的报告（一九四八年一月二十一日收）

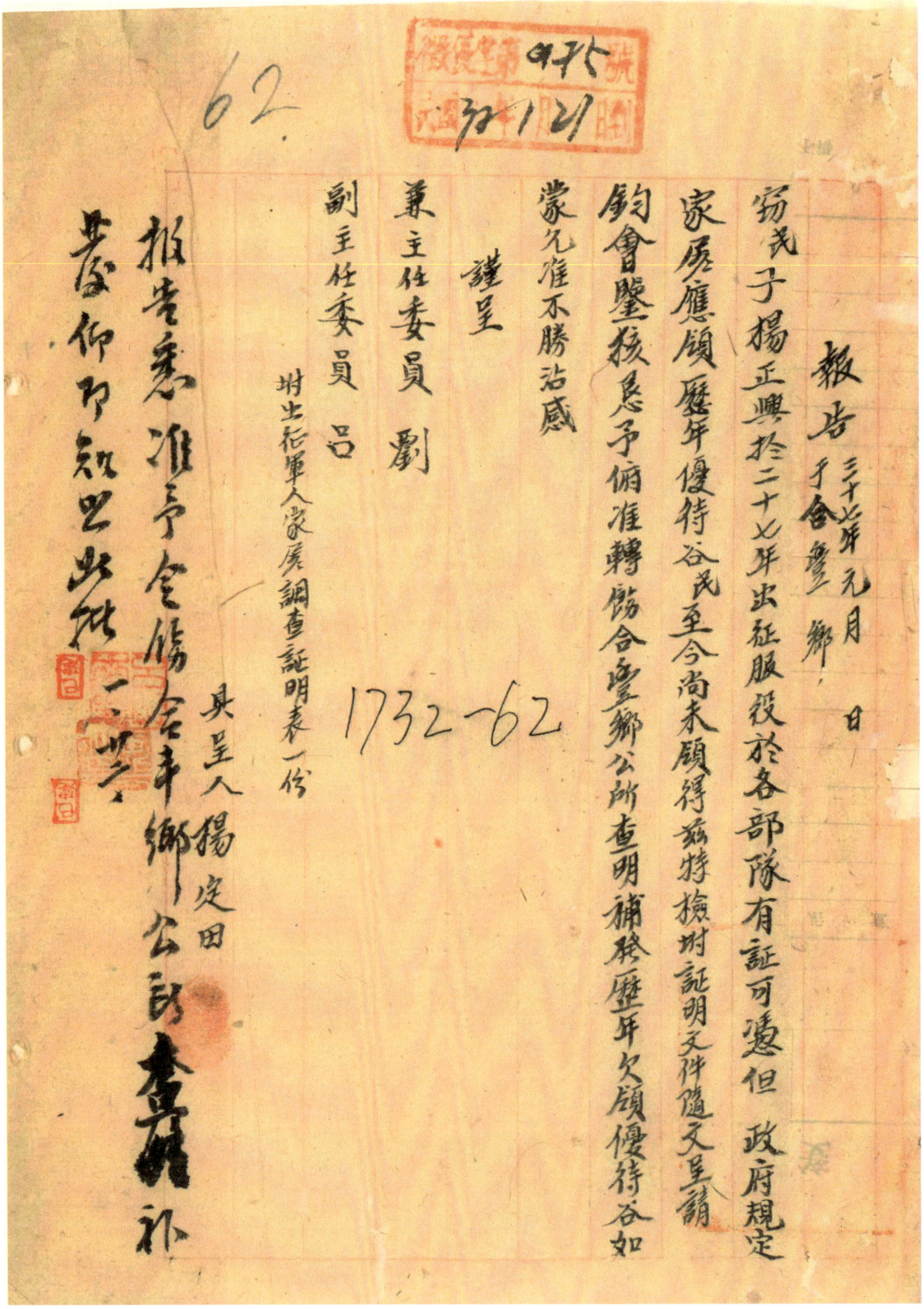
62.

9975

37/1/21

報告 三十七年元月 日 于合豐鄉

竊民子楊正興於二十七年出征服役於各部隊有証可憑但政府規定家屬應領歷年優待谷民至今尚未領得茲特檢附証明文件隨文呈請鈞會鑒核懇予俯准轉飭合豐鄉公所查明補發歷年欠領優待谷如蒙允准不勝沾感

謹呈

兼主任委員 劉

副主任委員 呂

附出征軍人家屬調查証明表一份

具呈人 楊定田

1732-62

報告悉准予令飭合豐鄉公所查明補發並仰知照此批 一·廿六

附：调查川军出征抗敌军人家属状况证明表（邻水籍军人杨正兴）（一九四一年七月十日）

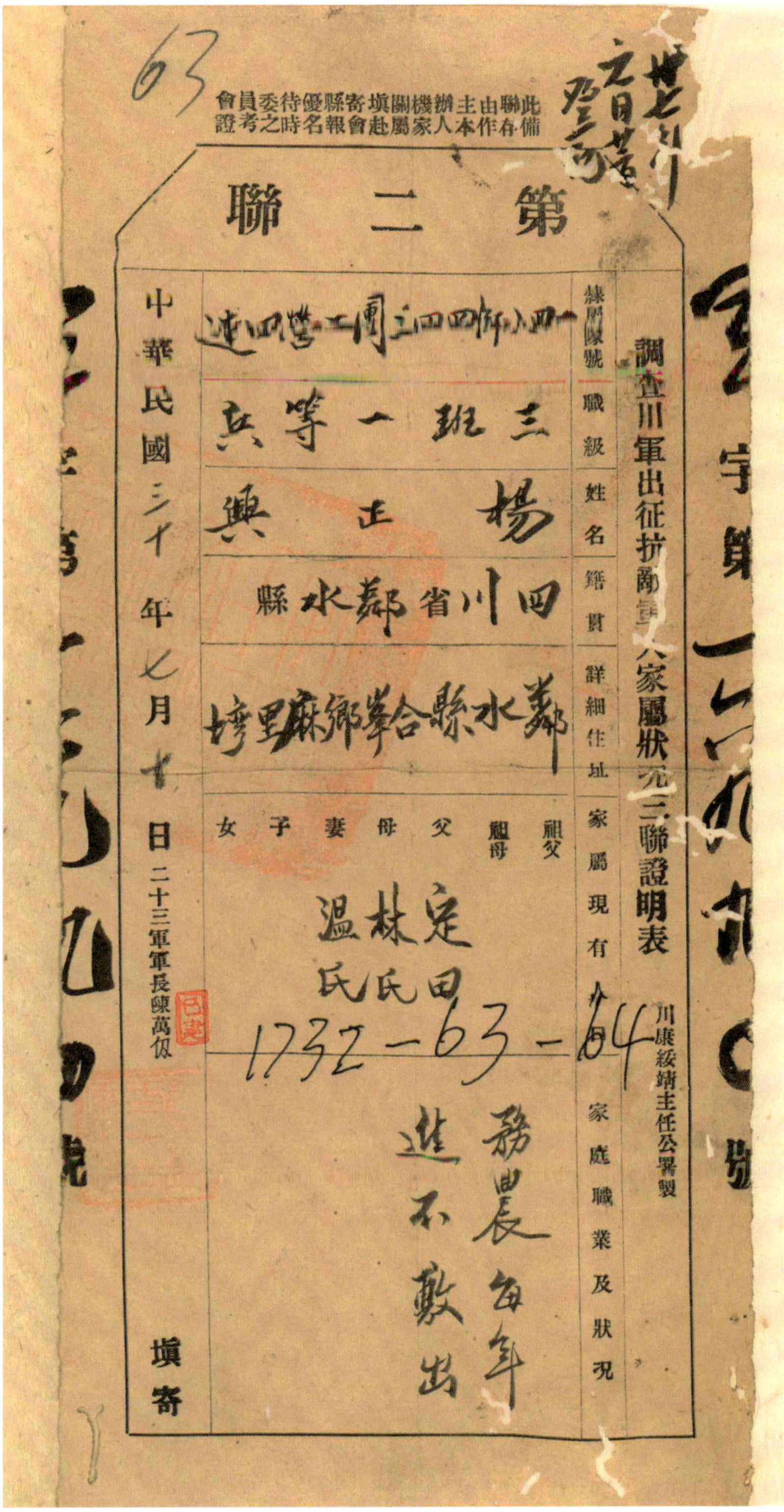

63

此聯由主辦機關填寄縣優待委員會備存作本人家屬赴會報名時之考證

第二聯

調查川軍出征抗敵軍人家屬狀況三聯證明表

川康綏靖主任公署製

隸屬隊號	一四八師四四二團二營四連
職級	三班一等兵
姓名	楊正興
籍貫	四川省鄰水縣
詳細住址	鄰水縣合華鄉麻里塆
家屬現有	祖父　祖母　父 定田　母 林氏　妻 温氏　子　女
家庭職業及狀況	務農每年進不敷出

1732-63-64

中華民國三十年七月十日

二十三軍軍長陳萬仞

填寄

邻水县延金乡退役军人张学成、县政府等关于查明并补发历年应领未领优待谷的一组文件（一九四八年一月三十日至二月五日）

邻水县延金乡退役军人张学成致县出征抗敌军人家属优待委员会的报告（一九四八年一月三十日）

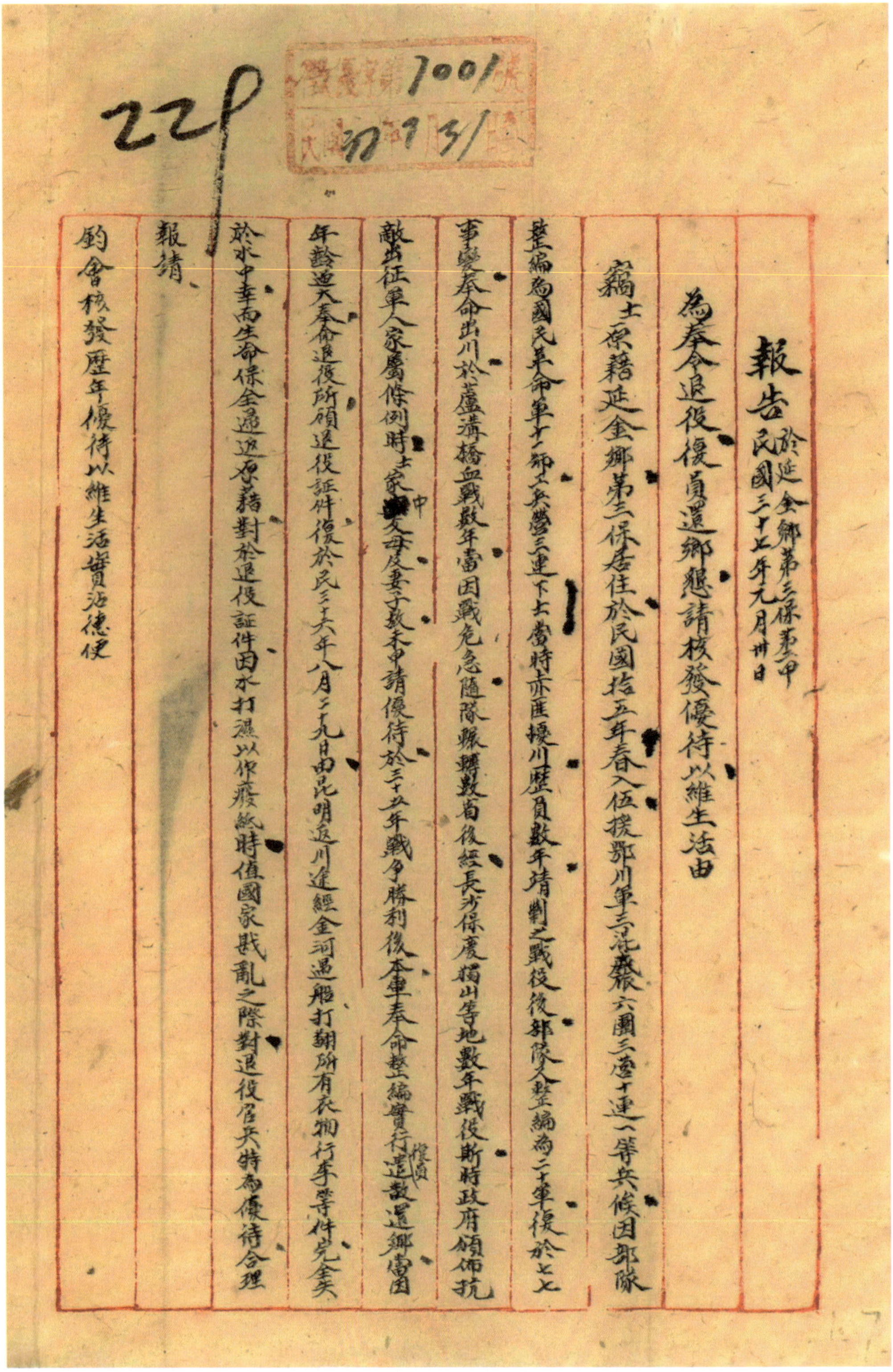

報告　於延金鄉第三保第三甲　民國三十七年元月卅日

為奉令退役復員還鄉懇請核發優待以維生活由

竊士原籍延金鄉第三保居住於民國廿五年春入伍撥鄂川第三混成旅六團三營十連一等兵候因部隊整編為國民革命軍十八師工兵營三連下士當時赤匪擾川歷員數年清剿之戰役後部隊又整編為二十軍復於七七事變奉命出川於蘆溝橋血戰數年當因戰危急隨隊輾轉數省後經長沙保慶獨山等地數年戰役斯時政府頒佈抗敵出征軍人家屬條例時士家中父母及妻子數未申請優待於三十五年戰爭勝利後本軍奉命整編實行遣散（復員）還鄉當因年齡過大奉命退役所頒退役証件復於民三十六年八月二十九日由昆明返川途經金河過船打翻所有衣物行李等件完全失於水中幸而生命保全逃返原籍對於退役証件因水打濕以作廢紙時值國家戡亂之際對退役官兵特為優待合理

報請

鈞會核發歷年優待以維生活實沾德便

230

謹呈

秉委員劉
副主席呂

附保甲証明書一份

士 張學成

呈悉。准予轉飭延壽鄉公所查明依法補發歷年應領未領優待穀，仰即知照。此批。

百日

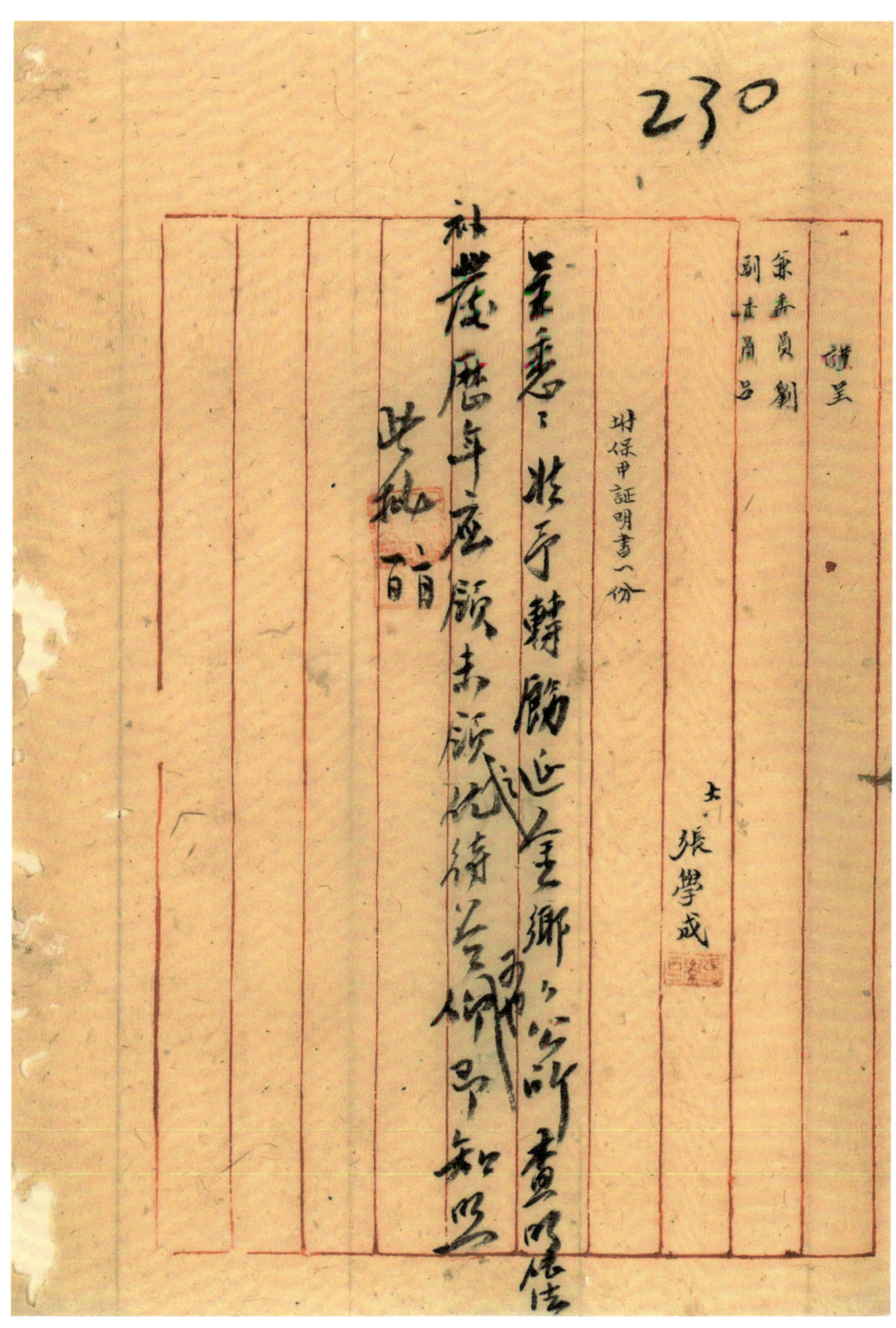

附：证明书一份

23

證明書

茲有本保第二甲張學成確係於民指伍年入伍撥鄧川單三混成旅六團一營十連服役後於卅六年九月由此明奉命退役返川還里屬實准予依法優待特此証明

鄰水縣延金鄉〃民代表張必揚

第三保〃長鄒大明

第二甲〃長黃代成

中華民國三十七年元月　日

158

邻水县政府、县出征抗敌军人家属优待委员会致延金乡公所的训令（一九四八年二月五日）

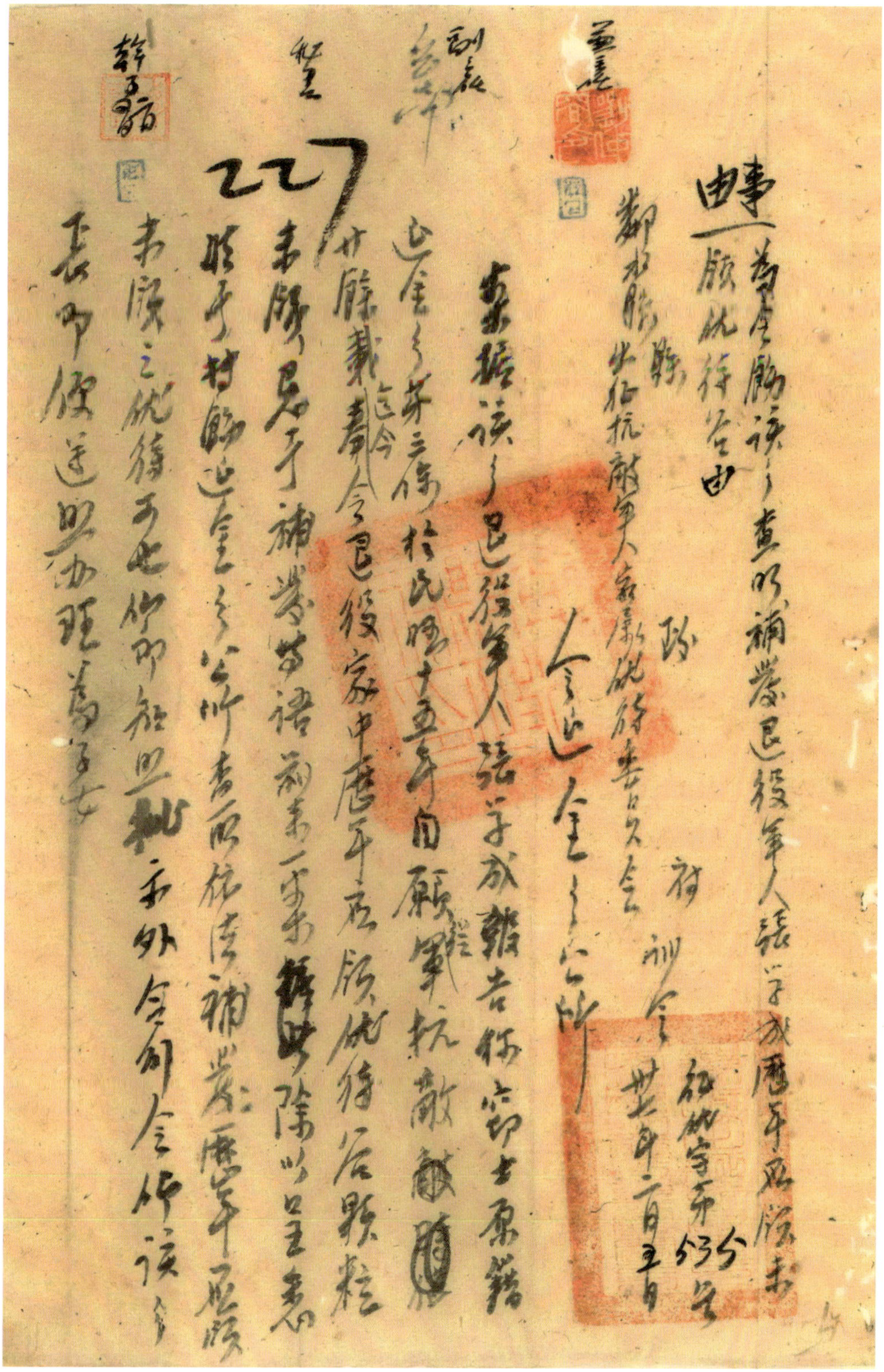
事由：為令仰該鄉查明補發退役軍人張[illegible]成歷年應領未領優待谷由

鄰水縣縣政府
出征抗敵軍人家屬優待委員會 訓令 社優字第653號 卅七年二月五日

令延金鄉公所

228

此令

兼主任委员 刘

副主任委员 张

邻水县鼎屏镇抗战家属殷万氏等四人、县出征抗敌军人家属优待委员会等关于查明并补发优待谷的一组文件（一九四八年一月二十日至三月九日）

邻水县鼎屏镇殷万氏等四名抗属致县出征抗敌军人家属优待委员会的呈（一九四八年一月三十日）

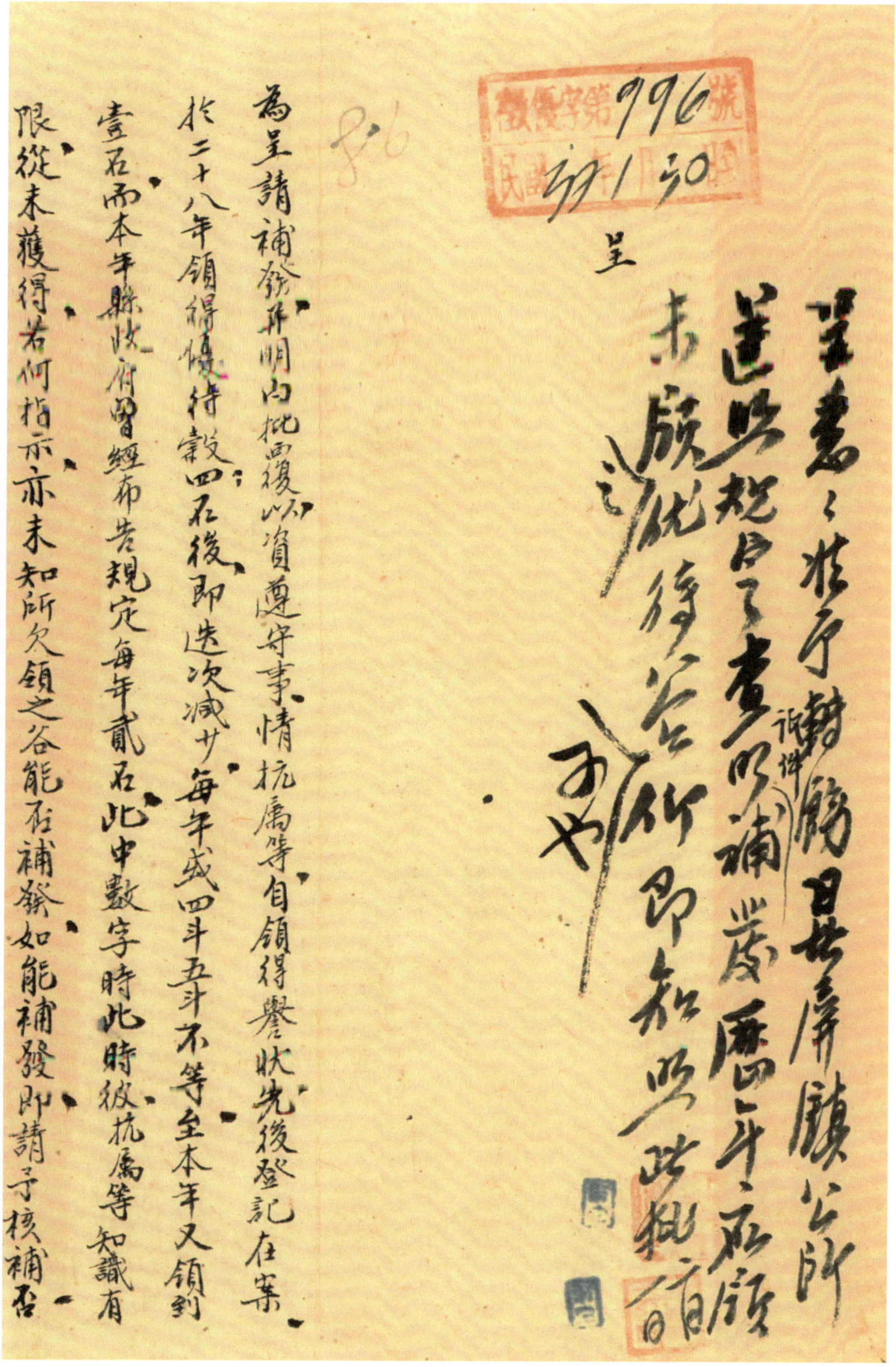

1645-85

則亦請明白批覆以資遵守實沾德便謹呈

鄰水縣抗屬優待委員會鈞鑒

具呈人　殷萬氏十

吳侯氏十

邱國士十　住本城四保

李唐氏十

中華民國三十七年一月　日

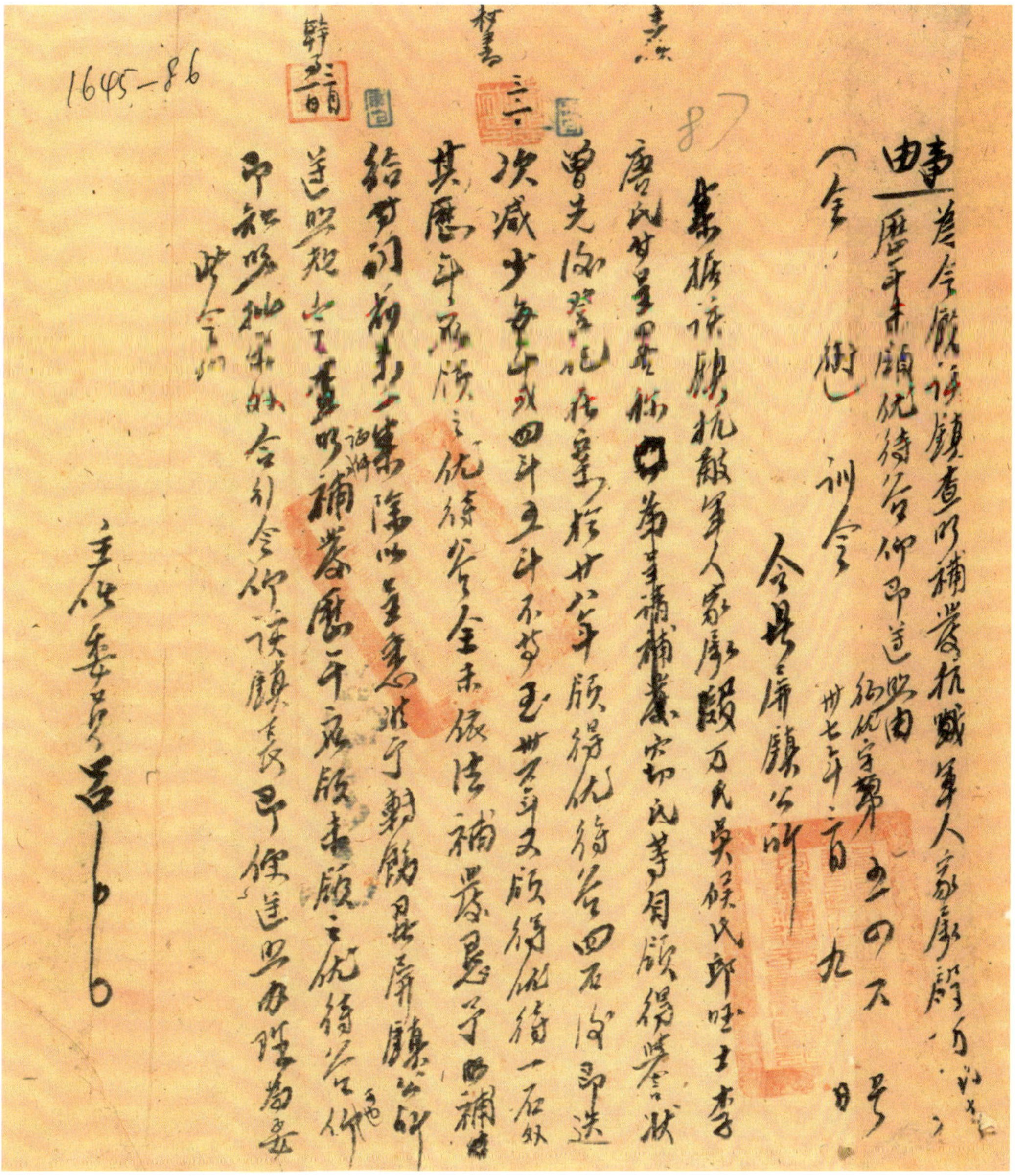

邻水县出征抗敌军人家属优待委员会致鼎屏镇公所的训令（一九四八年三月九日）

邻水县挹爽乡刘罗氏、县出征抗敌军人家属优待委员会等关于查明并补发历年应领未领优待谷的一组文件（一九四八年一月至四月五日）

邻水县挹爽乡十五保居民刘罗氏关致县出征抗敌军人家属优待委员会的呈（一九四八年一月）

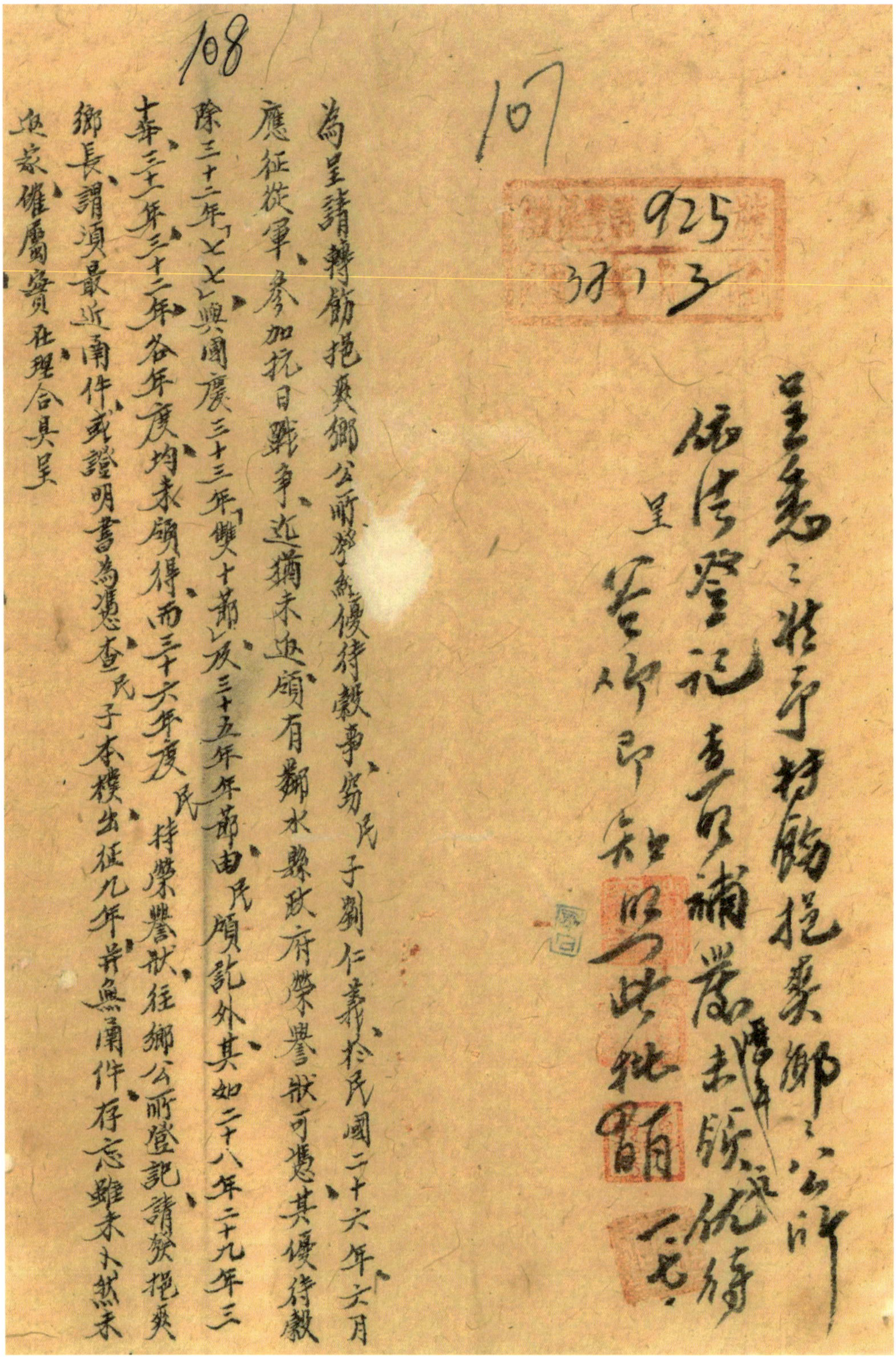
為呈請轉飭挹爽鄉公所發給優待穀事。窃民子劉仁義於民國二十六年六月應征從軍，參加抗日戰爭，迄猶未返，領有鄰水縣政府榮譽狀可憑。其優待穀除三十二年、七七與國慶、三十三年雙十節、及三十五年年節由民領訖外，其如二十八年、二十九年、三十年、三十一年、三十二年各年度均未領得，而三十六年度民持榮譽狀往鄉公所登記，請發，挹爽鄉長謂須最近函件或證明書為憑。惡查民子本樸出征九年，并無函件存忘，雖未大然未返家，催屬實在，理合具呈

鈞會鑒核懇祈轉飭挹爽鄉公所准予遞狀登記并發給本年度及補發以前應領未領各年

度優待穀用卹抗屬無任感禱

謹呈

鄰水縣優待委員會

具呈人

挹爽鄉十五保居民劉羅氏 ×

中華民國三十七年一月　日

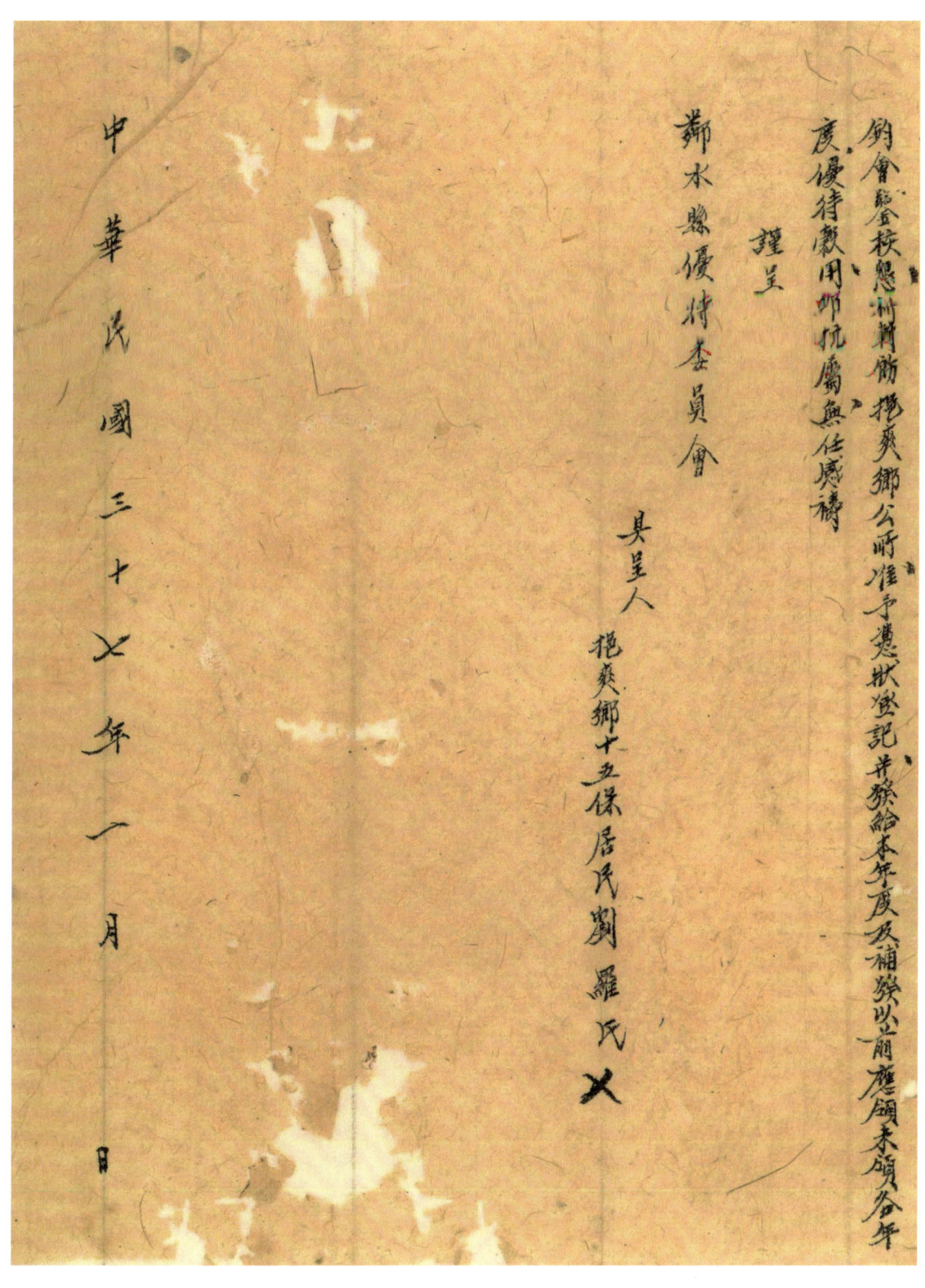

邻水县出征抗敌军人家属优待委员会致挹爽乡公所的代电（一九四八年四月五日）

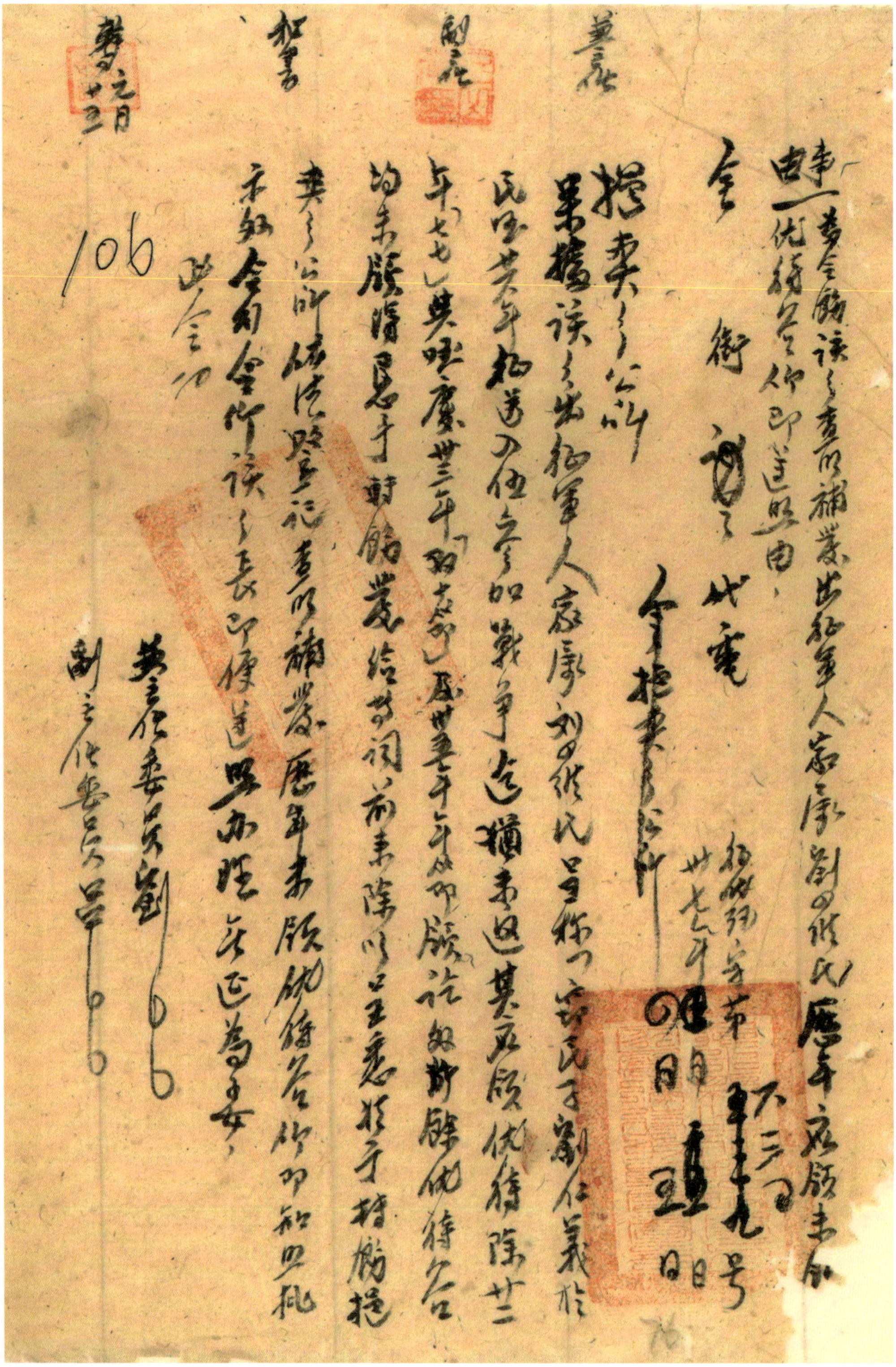

邻水县福星乡公所关于报送发放一九四七年度旧历年关及七七征属优待谷、过去未领谷、退役加给谷等清册资料致县出征抗敌军人家属优待委员会的呈（一九四八年二月十日）

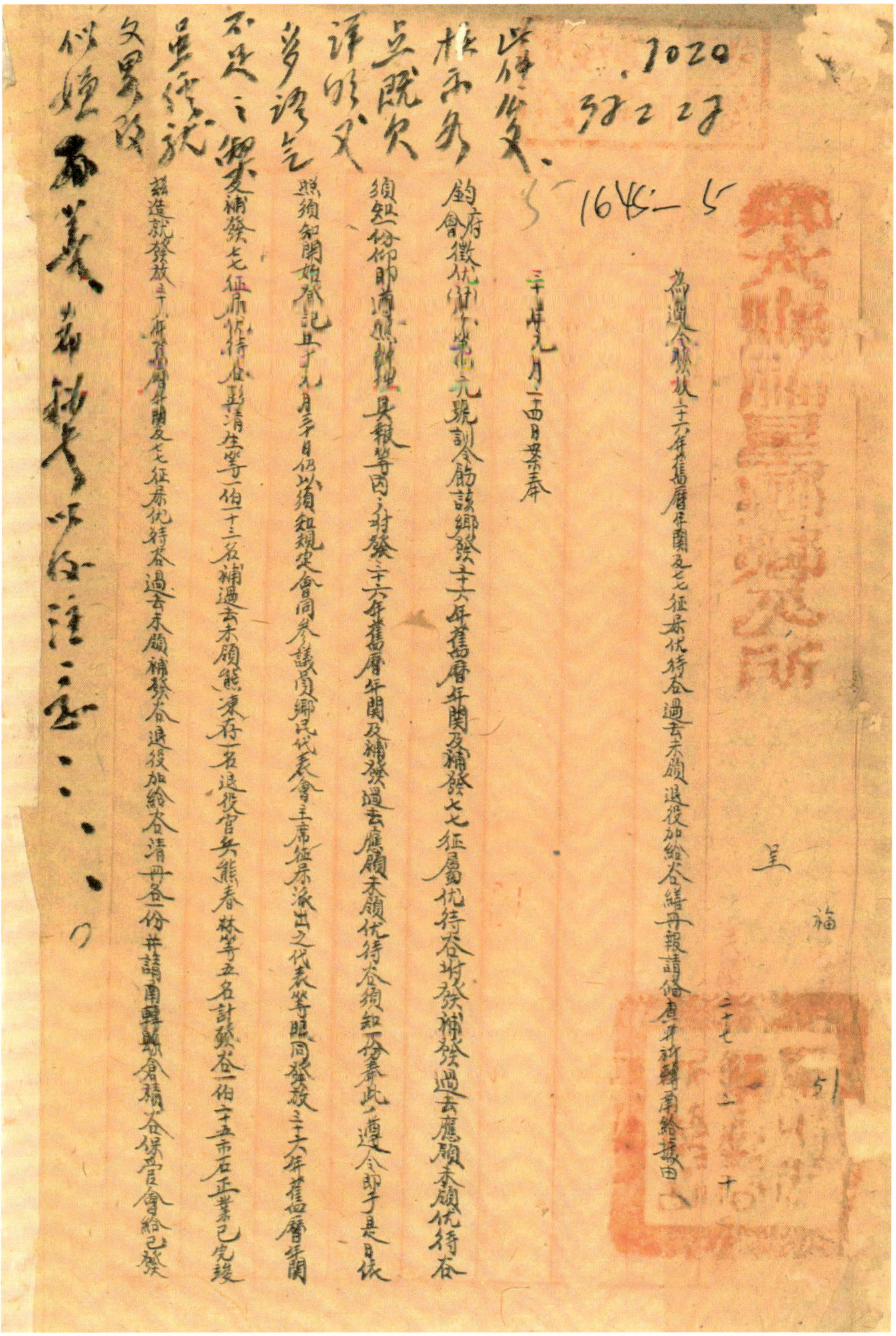

为遵令发放三十六年旧历年关及七七征属优待谷、过去未领、退役加给谷缮册报请备查并祈转[illegible]给据由

呈 福 三七 二 十

三十六年九月二十四日案奉
钧府会衔优[illegible]元号训令饬该乡发三十六年旧历年关及补发七七征属优待谷并发补发过去应领未领优待谷须知一份，仰即遵照办理具报等因，并附发三十六年旧历年关及补发过去应领未领优待谷须知一份。奉此，遵令即于是日依照须知开始登记，至[illegible]月三十日仍以须知规定会同参议员、乡民代表会主席、征属派出之代表等眼同发放三十六年旧历年关及补发七七征属优待谷彭清生等一伯一十三名，补过去未领熊秉存一名，退役官兵熊春林等五名，计发谷一伯二十五市石正，业已完竣。兹造就发放三十六年旧历年关及七七征属优待谷、过去未领补发谷、退役加给谷清册各一份，并请[illegible]会积谷保管会给已发

6 1645—6

卅三四年度積欠之出征抗屬除將萊興狀在案證明書及信函當時發給退役外檢附許長壽等二十九名保甲長代表等書面證明二十九件

奉因前令理合具文連同前項冊證一併報呈

鈞府鑒核備查并懇轉函給發以為公便！

謹呈〇二

縣長蕭、主任委員劉

副主任委員呂

附呈發放三十三年舊曆卅關及七七征屬優待谷過去未領谷退役加發谷清冊兩份保甲長書面證明二十九件

發稽字第二二三號

卅七年五月八日

鄉長 熊少璜

參議員 熊繼璜

鄉民代表會主席 熊澤湘 押

茲付財務處存

呈悉。以查本會規定補發優待谷清冊、加發優待谷清冊、閱七七優待谷清冊三種，務于發放完竣後，即飭造二份來會以憑查對上項清冊核印、鈐印，用鄉鎮公所、鄉民代表會主席印

案准該鄉僱各造送優待規定不符，希印補造，以便轉報（已）區發區在兵役規定本年度加發二市石，該冊內並有加發三市石，核與規定不符，另造（下）本會規定各項優待清冊須與本鄉軍官會對核代表及出征軍人家屬代表區域參議員、鄉民代表主席會章，本冊須將本鄉軍會代

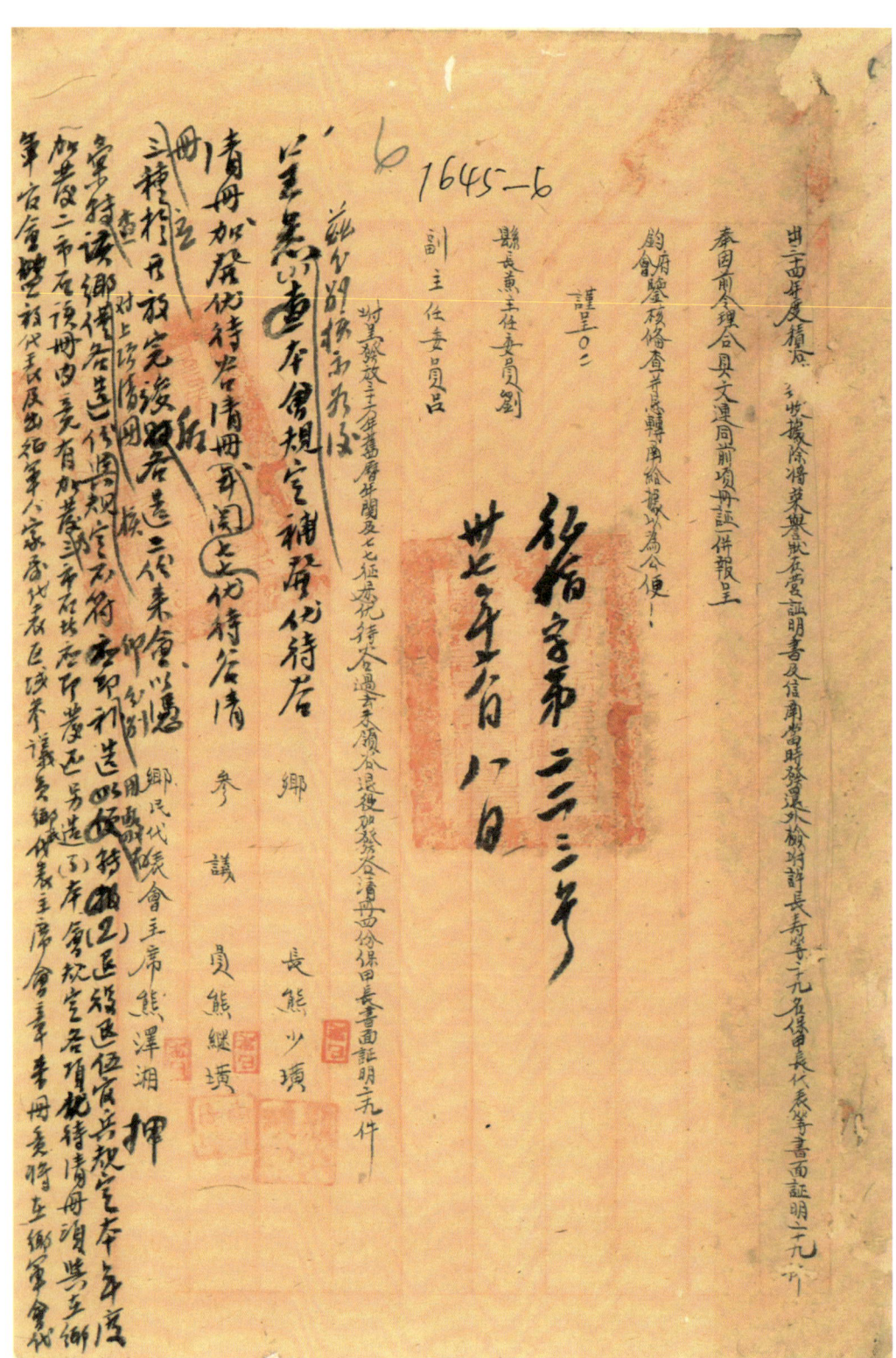

邻水县解愠乡抗属刘维清、县出征抗敌军人家属优待委员会等关于查明并补发历年应领未领优待谷的一组文件

（一九四八年二月至四月五日）

邻水县解愠乡第五保抗属刘维清致县出征抗敌军人家属优待委员会的呈（一九四八年二月）

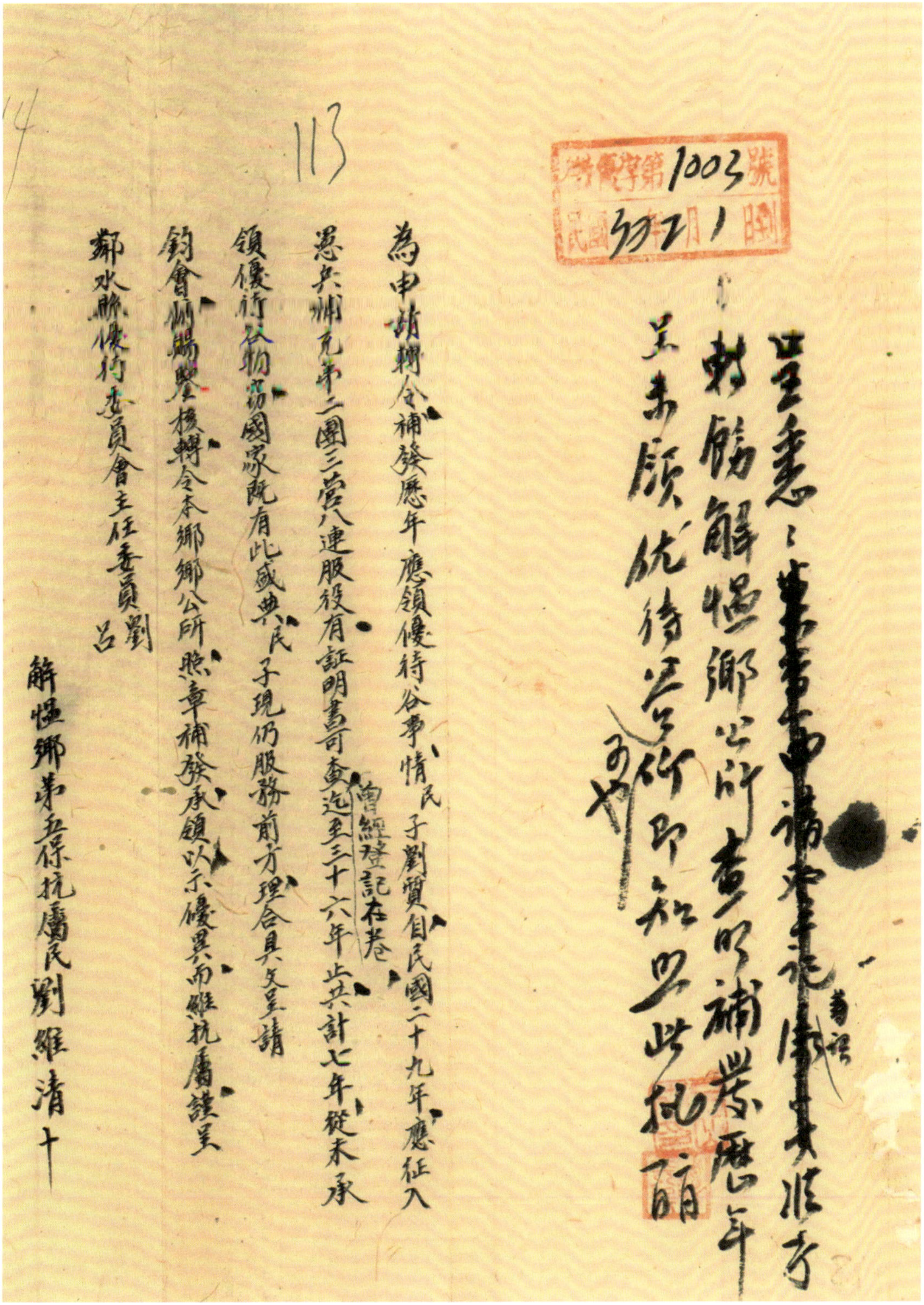

特優會第1003號
民國37年2月1日

呈悉。
飭解愠鄉公所查明補發歷年
未領優待穀，[illegible]即知照。此批。
可也

為申請轉令補發歷年應領優待谷事情。民子劉賀自民國二十九年應征入
憲兵補充第二團三營八連服役，有證明書可查（曾經登記在卷），迄至三十六年止，共計七年，從未承
領優待谷物。竊國家既有此盛典，民子現仍服務前方，理合具文呈請
鈞會俯賜鑒核，轉令本鄉鄉公所照章補發承領，以示優異而維抗屬。謹呈
鄰水縣優待委員會主任委員劉
呂

解愠鄉第五保抗屬民劉維清十

115

中華民國三十七年二月　日

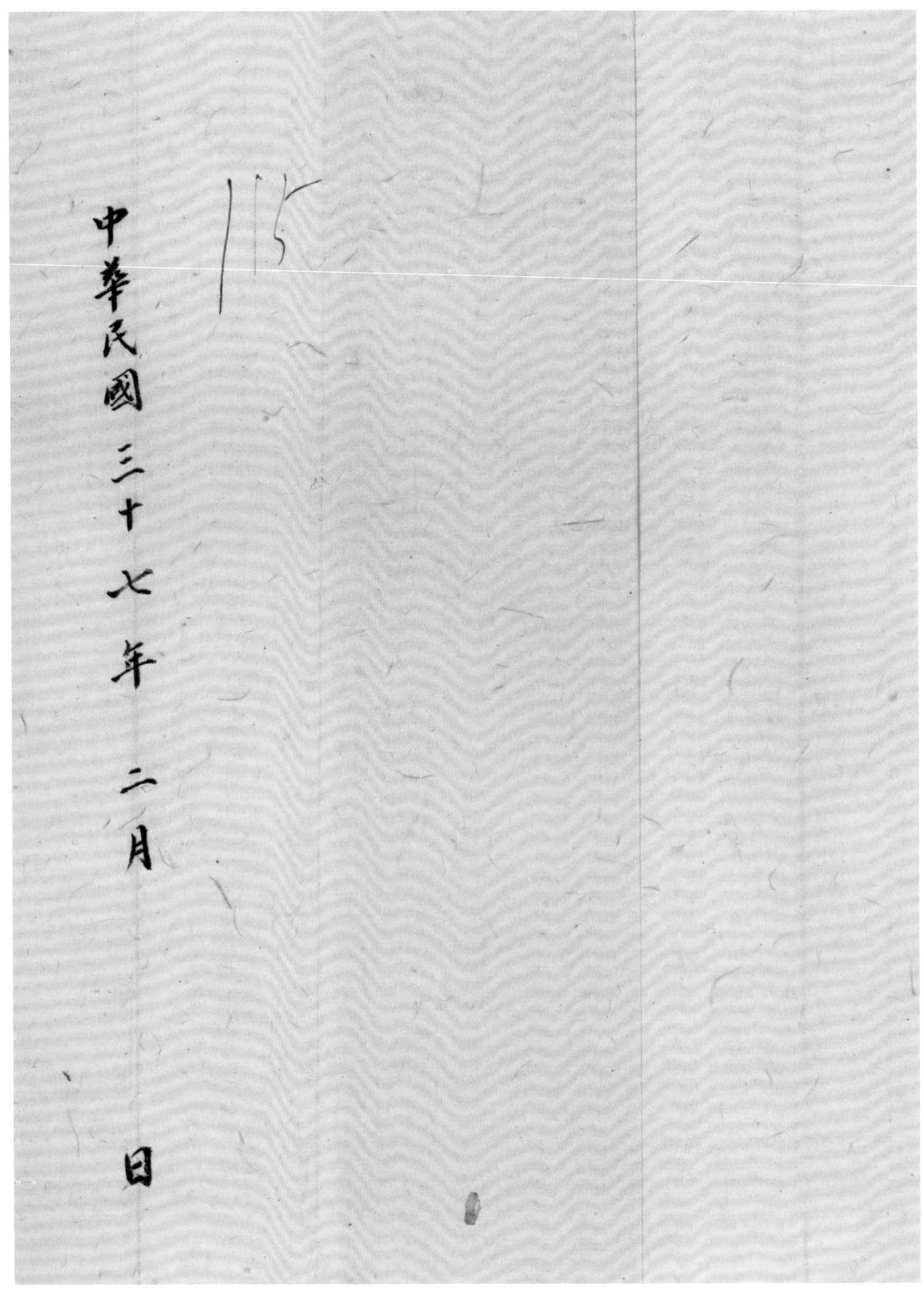

（全衔）优委 卅七年四月五日

稿优字第 号

解愠乡乡长览：案据该乡现役军人家属刘继清以申请饬令补发历年应领之优待谷等词前来，除以呈悉，准予转饬解愠乡公所查明补发历年应领未领之优待谷，仰即知照并候批示外，合行电仰该乡长即便遵照，查明如数补发为要。主任委员吕岳南 印

邻水县出征抗敌军人家属优待委员会致解愠乡公所的代电（一九四八年四月五日）

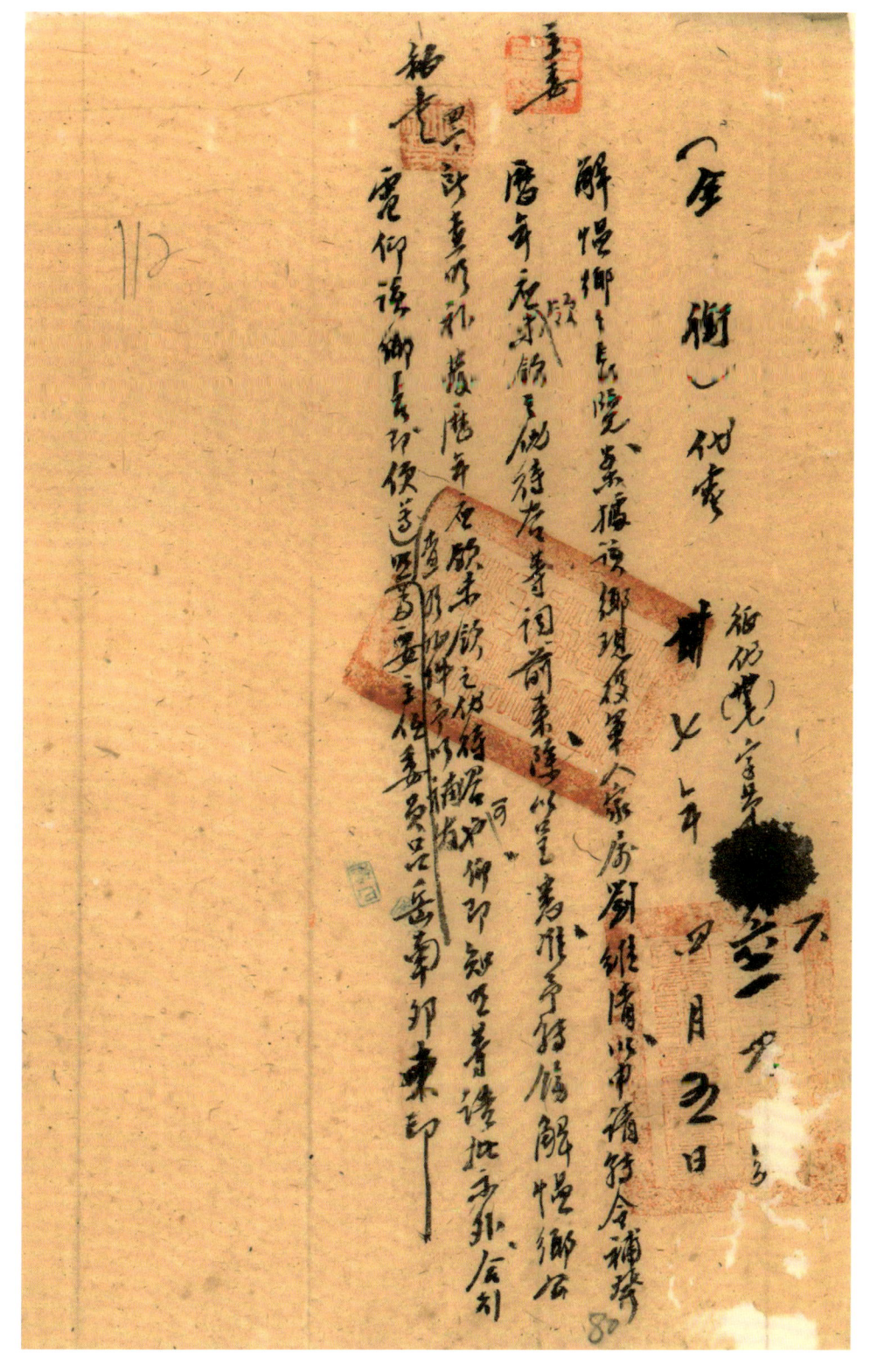

邻水县坛同乡抗战退伍军人陈百千、县出征抗敌军人家属优待委员会等关于发放优待谷的一组文件（一九四八年二月至四月五日）

邻水县坛同乡抗战退伍军人陈百千致县出征抗敌军人家属优待委员会的报告（一九四八年二月）

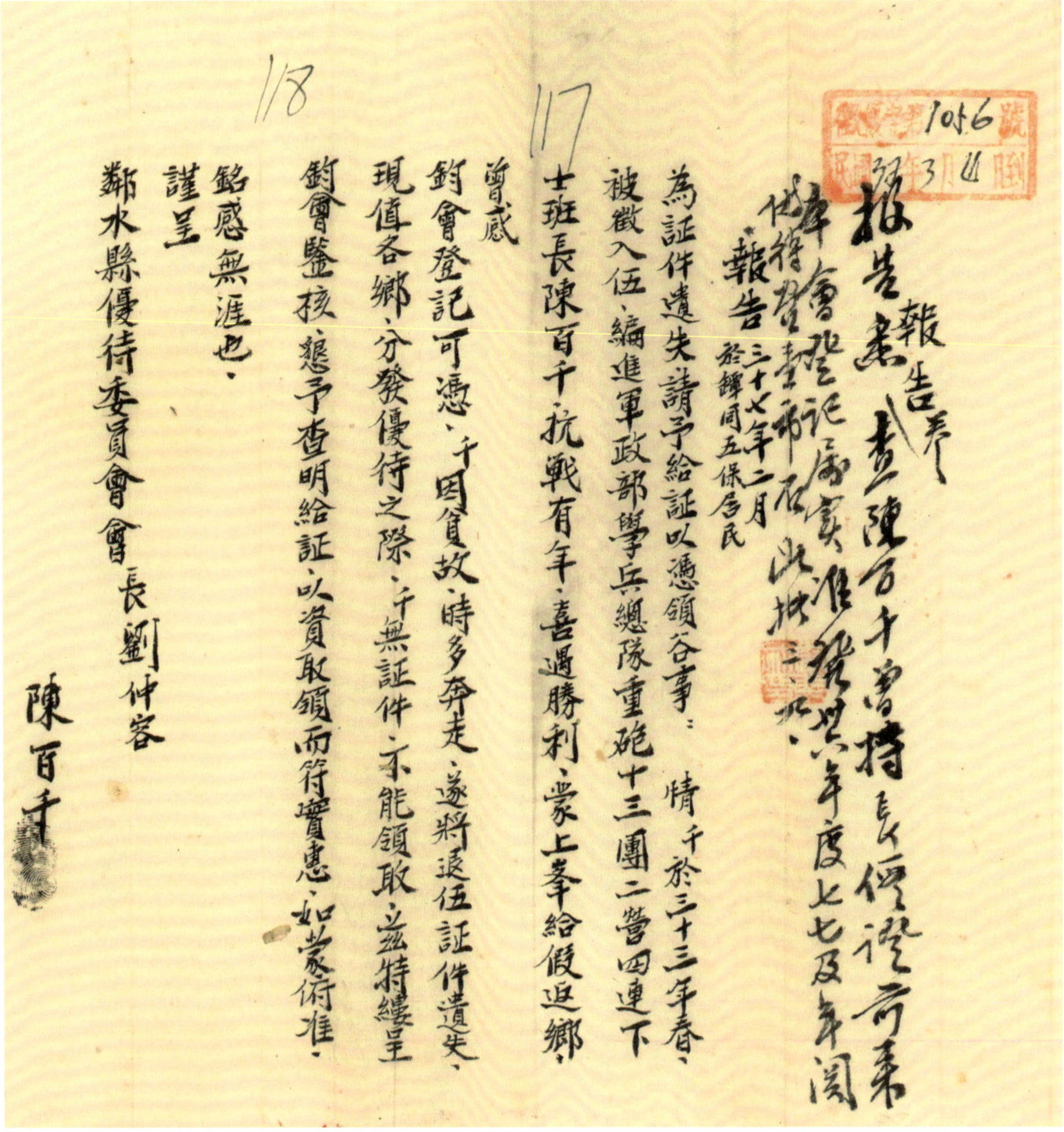

批：報告悉。查陳百千曾持長佰證前來本會登記，屬實，准發卅六年度七七及年關優待谷。此批 三、廿

報告 三十七年二月 於鐔同五保居民

為証件遺失請予給証以憑領谷事：竊千於三十三年春、被徵入伍、編進軍政部學兵總隊重砲十三團二營四連下士班長陳百千抗戰有年、喜遇勝利、蒙上峯給假返鄉、曾蒙

鈞會登記可憑、千因貧故、時多奔走、遂將退伍証件遺失、現值各鄉、分發優待之際、千無証件、不能領取、茲特繕呈

鈞會鑒核、懇予查明給証、以資取領而符實惠、如蒙俯准、銘感無涯也、

謹呈

鄰水縣優待委員會會長劉仲容

陳百千

邻水县出征抗敌军人家属优待委员会致坛同乡公所的代电（一九四八年四月五日）

主任

全衔 代电

征优邻字第六二八号
卅七年四月五日

坛同乡公所览：案据该乡退伍军人陈万千呈以证件遗失，
请予查案证明前来，除以报告悉，查陈万千系村长
保证人王五等语，批示外，合行电仰该乡公所遵照，发
给卅六年度七七及八年同优待谷壹市石为要。主任委员

叔秀 四六

释子 四八

116

召了 邵徵郎

邻水县合丰乡抗属吴谢氏、县出征抗敌军人家属优待委员会等关于补发优待谷的一组文件（一九四八年二月至四月五日）

邻水县合丰乡抗属吴谢氏致县出征抗战军人家属优待委员会的呈（一九四八年二月）

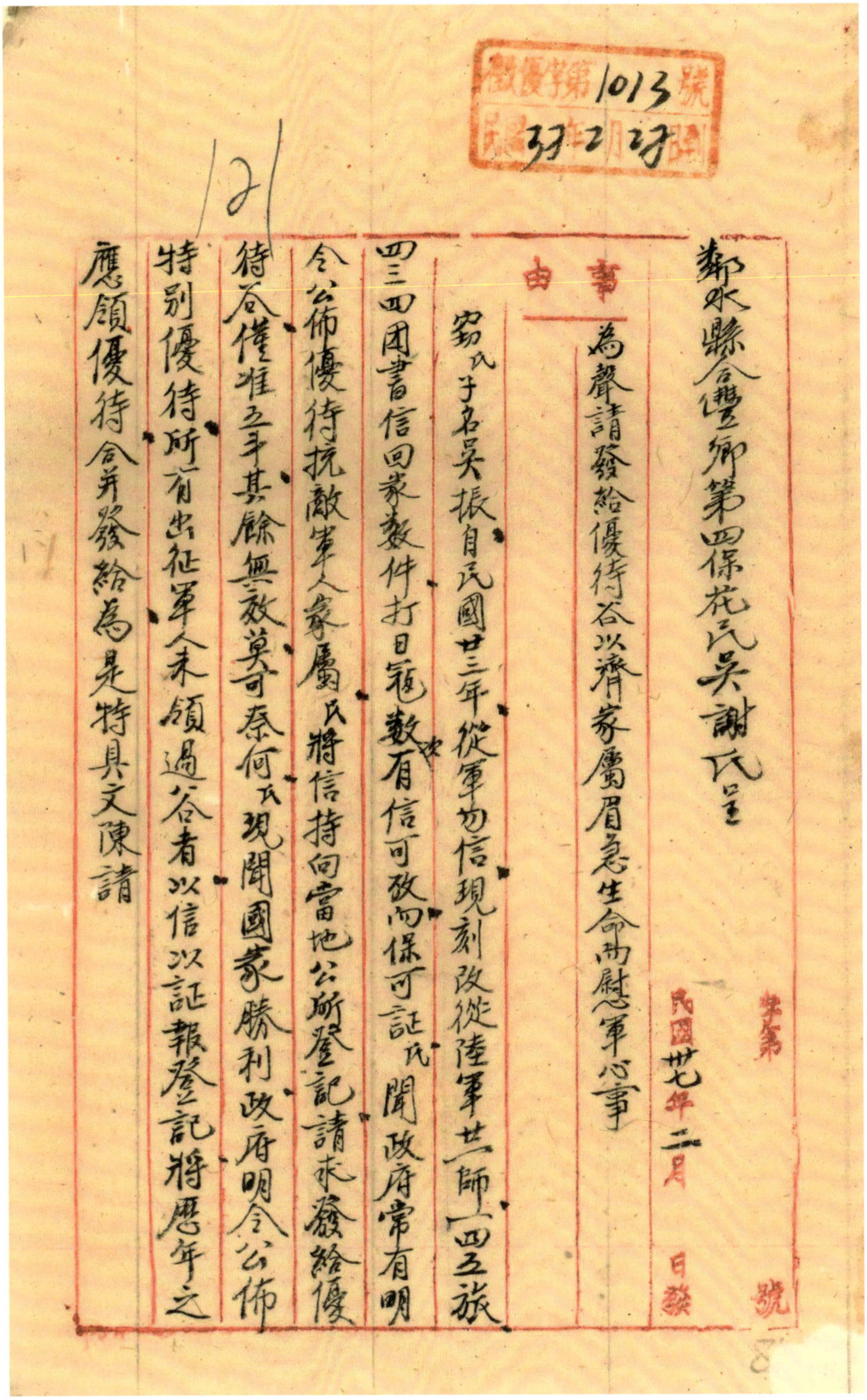
鄰水縣合豐鄉第四保花民吳謝氏呈

事由 為聲請發給優待谷以濟家屬眉急生命而慰軍心事

民國卅七年二月 日發 字第 號

竊氏子名吳振自民國卅三年從軍加信現刻改從陸軍廿一師一四五旅四三四團書信回家數件打日寇數次有信可證而保可証氏聞政府常有明令公佈優待抗敵軍人家屬氏將信持向當地公所登記請求發給優待谷僅准三年其餘無效莫可奈何氏現聞國家勝利政府明令公佈特别優待所有出征軍人未領過谷者以信以証報登記將歷年之應領優待谷并發給為是特具文陳請

122

鈞會鑒核俯予准行將吳振現在陸軍廿一師一四五旅四三團第一營二連現任台灣省台中縣自民國廿三年從軍已經十四年之應領優待谷懇

請令并計吳飭令發給以維抗敵家屬而慰軍心無任沾感

謹呈

麗水縣優待委員會

鈞鑒

具呈人吳謝氏 十

呈悉。查發放優待谷以在營證明書及出征證狀為准，本會為體念雖無以上兩項證件之實際出征軍人家屬，凡持有信函證明者，特准發給卅六年度上下半年兩期優待谷，容俟發放時再行布告，仰即知照。此批。

一．卅六

邻水县出征抗敌军人家属优待委员会致合丰乡公所的代电（一九四八年四月五日）

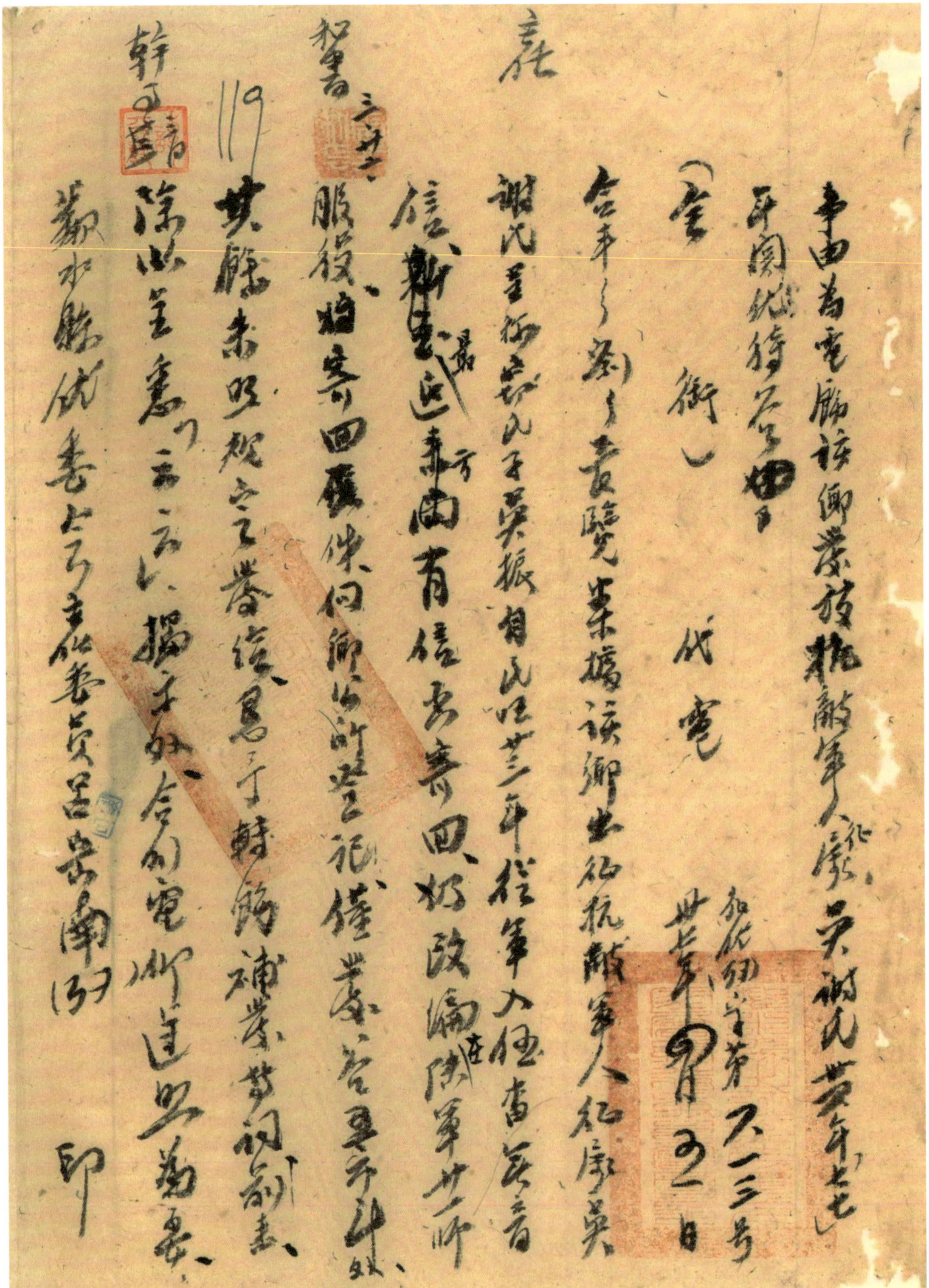

邻水县牟家乡征属胡李阳氏关于恳请依法发给优待谷致县出征抗敌军人家属优待委员会的呈（一九四八年三月六日）

呈

為頑揹不發呈請嚴飭計時發給以資优待而符法令事

竊氏子胡家裕于民三十二年農曆正月十二日應征入営抗敵家屬理應享受國家法定优待殊自出征迄今已五年餘計應承領优待稻谷伍市石餘去冬氏按政府規定請求保甲据実証明呈請鄉公所依法計時發給优待殊鄉所藉詞抵塞揹不發給氏迫無奈只得具文連同保甲証明書一併賫呈

鈞座恳予鑒核嚴令鄉公所依法計時發給以示优優待而符法

令

謹呈

鄰水縣出征抗敵軍人家屬優待委員會

附証明書一件

年家鄉第四保征屬胡李陽貞十

呈悉准予特飭年家鄉公所依照本會

廿六年度發放優待谷辦法辦理可也此批

四月九日

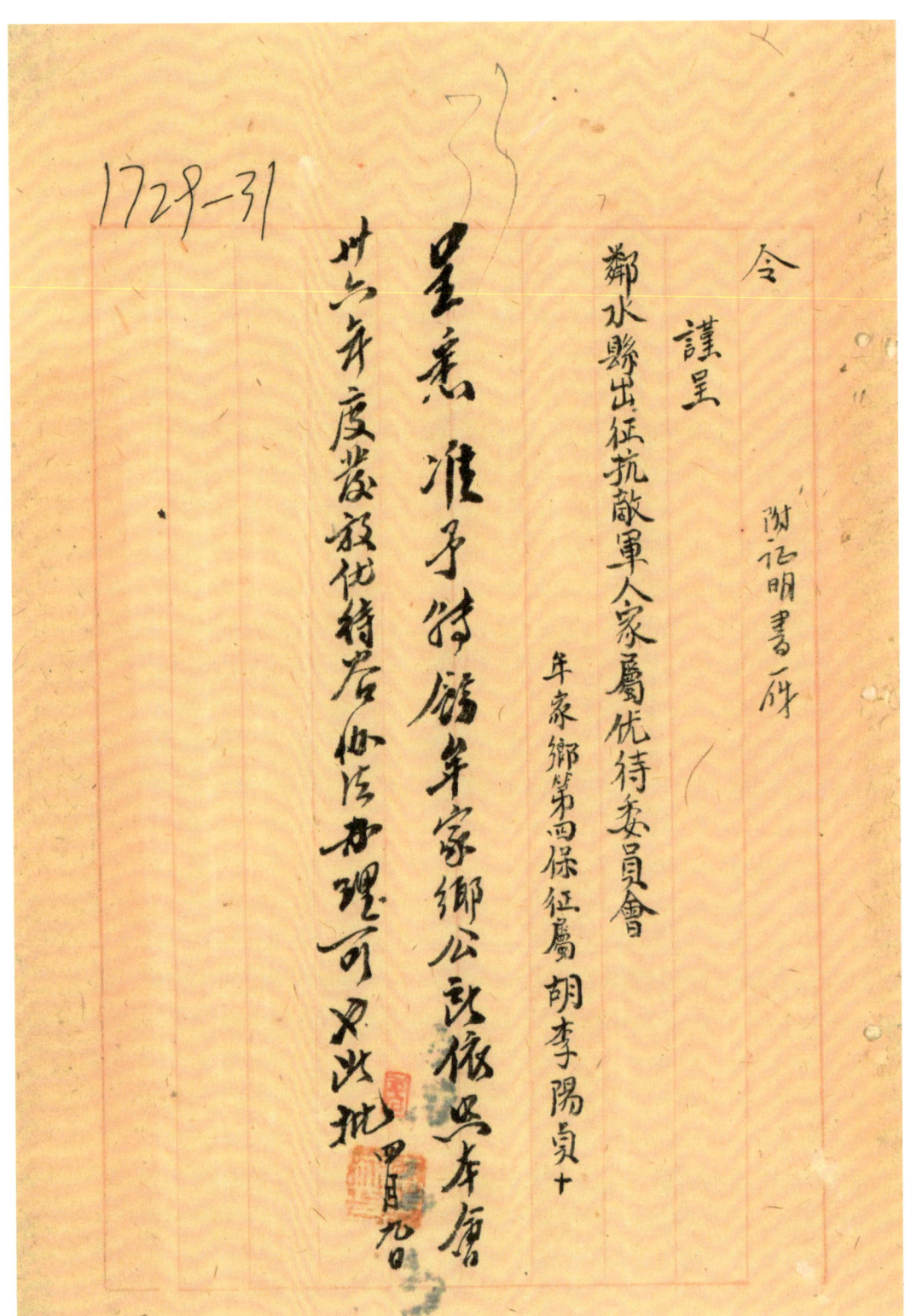

附：牟家乡第四保保甲长等关于胡家裕出征时间并未领优待谷的证明（一九四八年一月十八日）

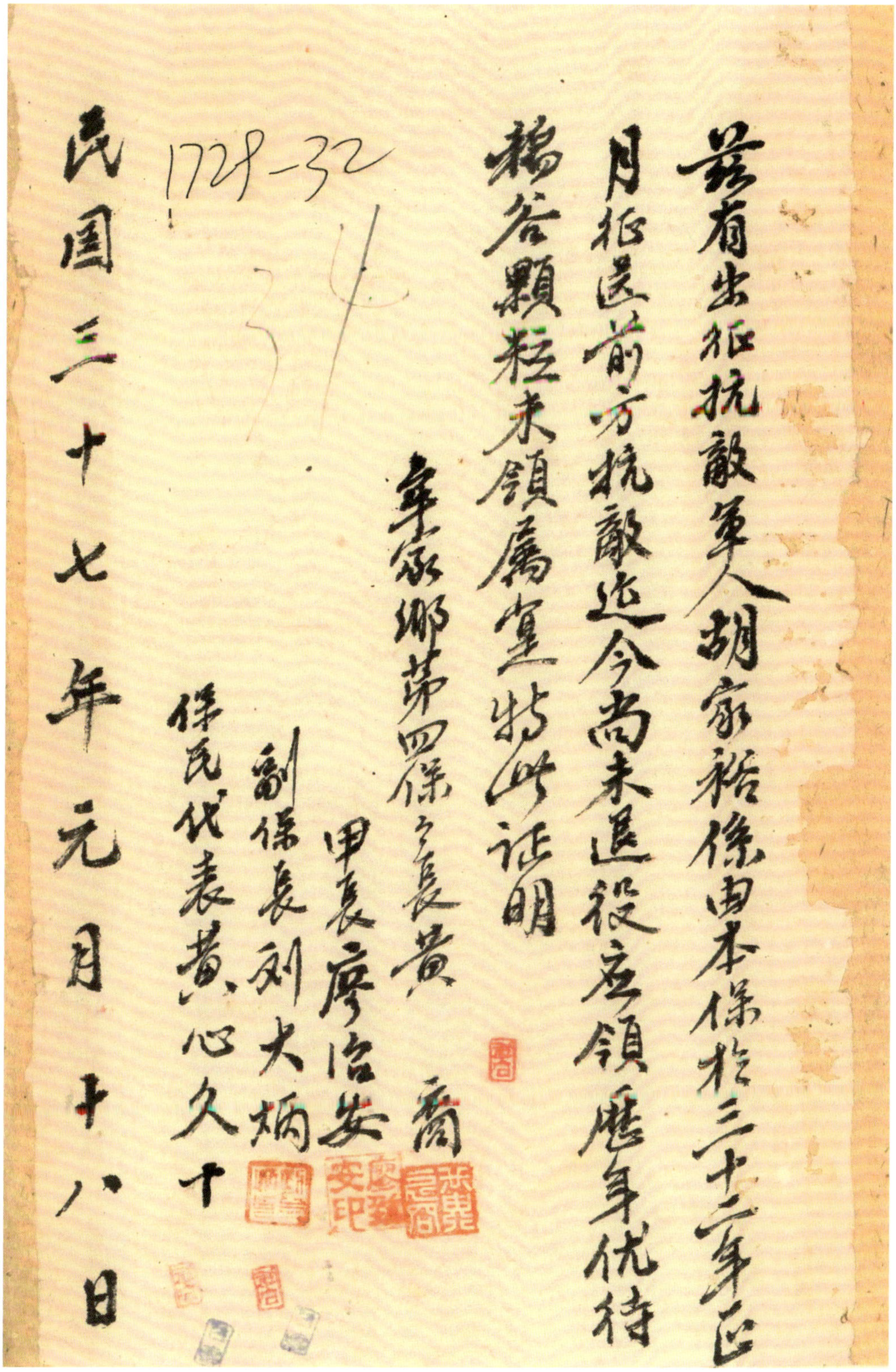

兹有出征抗敵軍人胡家裕係由本保於三十二年正月征送前方抗敵迄今尚未退役應領歷年優待稻谷顆粒未領屬實特此证明

牟家鄉第四保保長黄裔

甲長廖治安

副保長劉火炳

保民代表黄心久 十

民国三十七年元月十八日

邻水县出征抗敌军人家属优待委员会关于查明补发阵亡士兵贾荣良遗族贾颜氏历年应领未领优待谷致菁拱乡公所的训令（一九四八年三月九日）

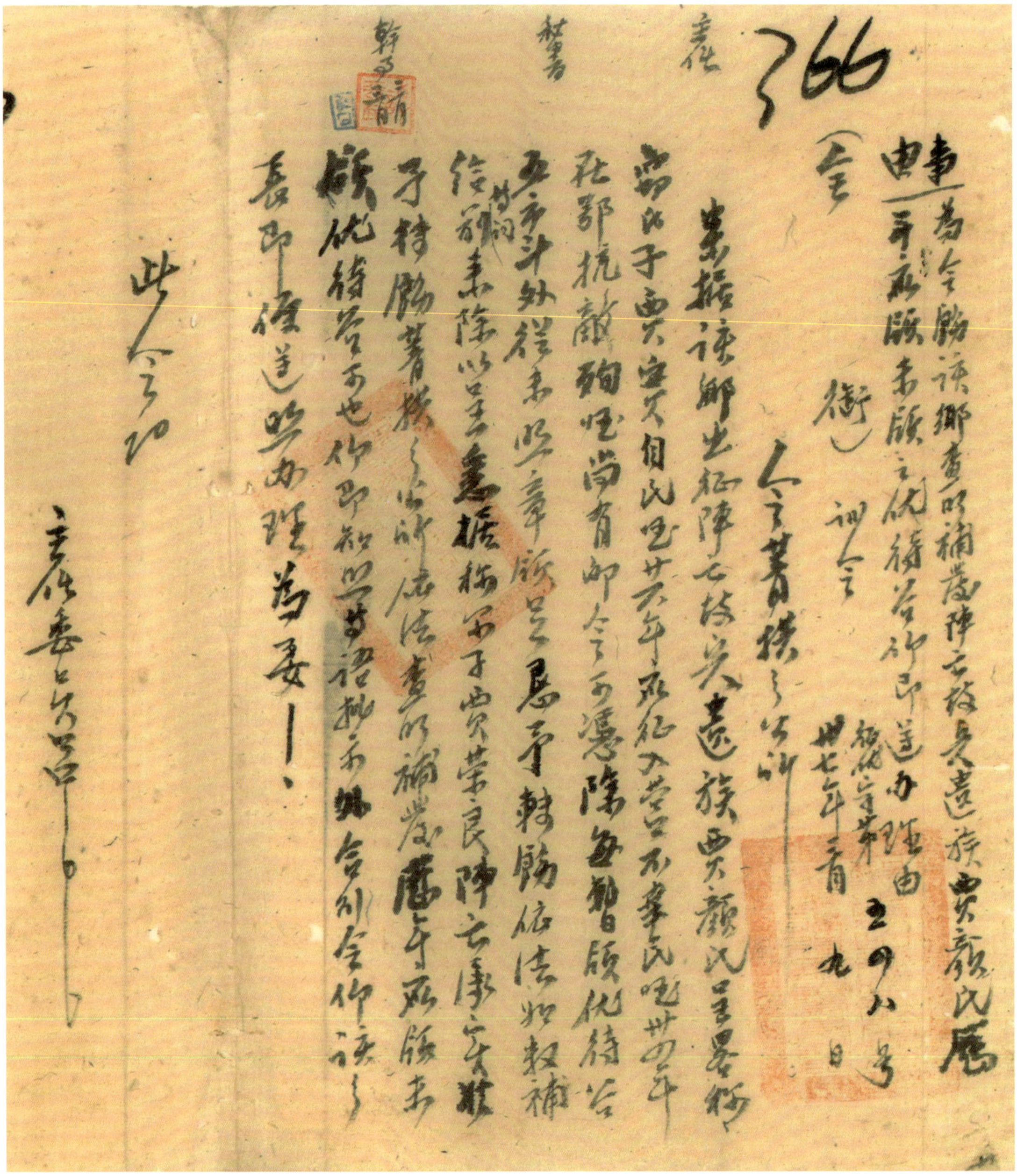
事由：为令饬该乡查明补发阵亡士兵遗族贾颜氏历年应领未领之优待谷即遵办理由

（全衔）训令 征优字第三○八号 卅七年三月九日

令菁拱乡公所

案据该乡出征阵亡士兵遗族贾颜氏呈略称："窃氏子贾荣良自民廿六年应征入营，至民卅四年在鄂抗敌殉国，尚有乡公所凭阵亡证明优待谷五市斗外，从未收过，恳予转饬依法如数补给……"等情。据此，查贾荣良阵亡属实，准予转饬菁拱乡公所依法查明补发历年应领未领之优待谷，以示优待。除批示外，合行令仰该乡长即便遵照办理为要！

此令

主任委员

邻水县双龙乡出征军人甘在田、刘治民、孔秉相关于恳予补发优待谷致县出征抗敌军人家属优待委员会的呈（一九四八年三月十日）

报告　卅七年三月十日

窃兵等因被征入伍至退役止所有应领优待谷计在田卅二年出征卅六年八月请准假返县共领优待谷四石除已领三石外下余三石未领，治民自廿七年七月出征卅三年请假回县应领优待谷六石除已领二石外实应补发四石正，秉相自廿六年十二月出征卅四三月返县共应领优待谷七石除已领叁市石外应请补四石正，以上情由理合具文呈请

钧会俯赐鉴核准予令饬双龙乡公所查明如数补发以示优待。谨呈

优待委员会　公鉴

双龙乡出征军人　甘在田

刘治民

孔秉相

呈悉，准予令饬双龙乡公所查明依法补发。此批

三、十二

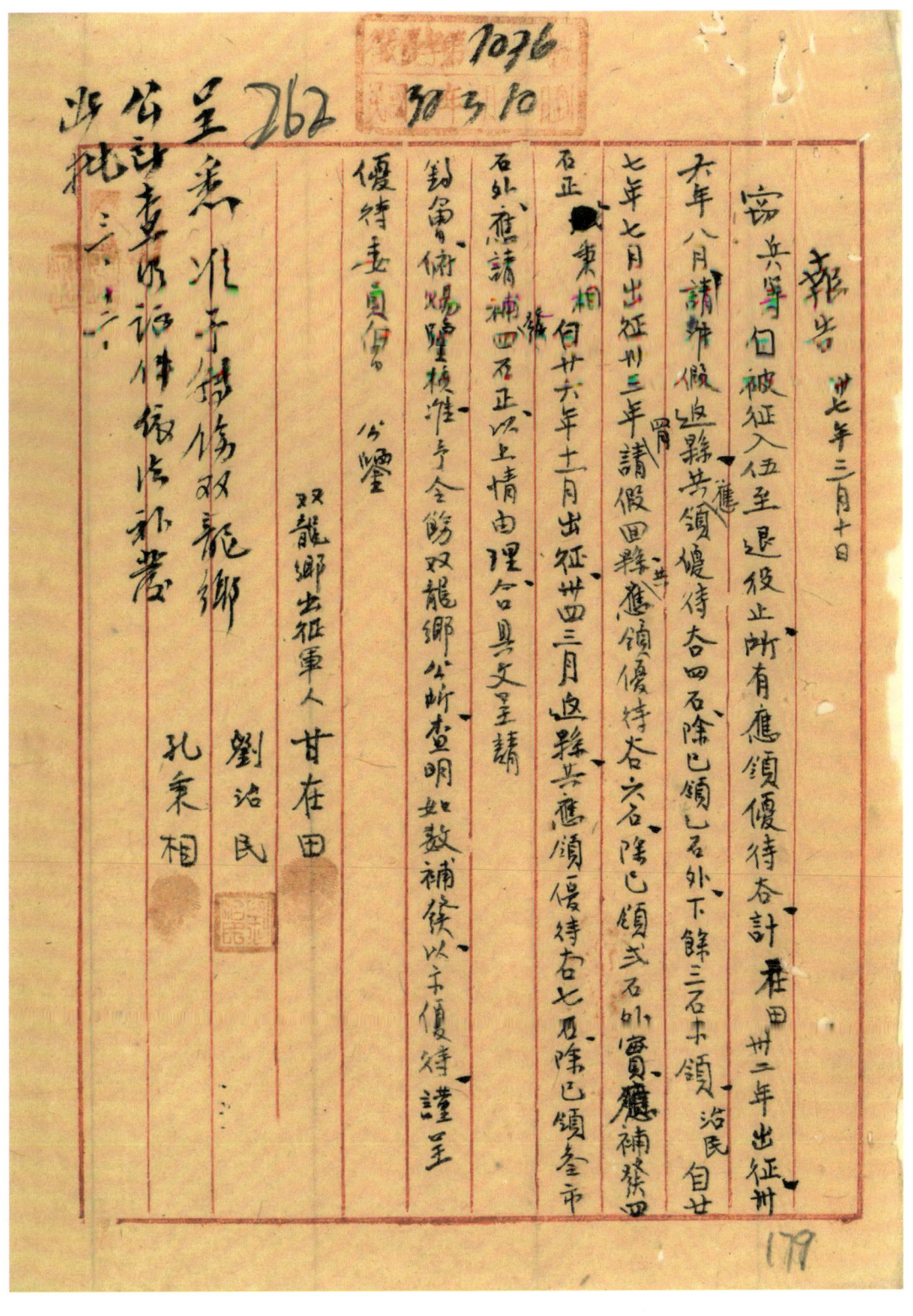

寄籍邻水县退役军人郑建华、邻水县出征抗敌军人家属优待委员会等关于查照并补发优待谷的一组文件

（一九四八年三月十一日至七月二十二日）

郑建华致邻水县出征抗敌军人家属优待委员会的呈（一九四八年三月十一日）

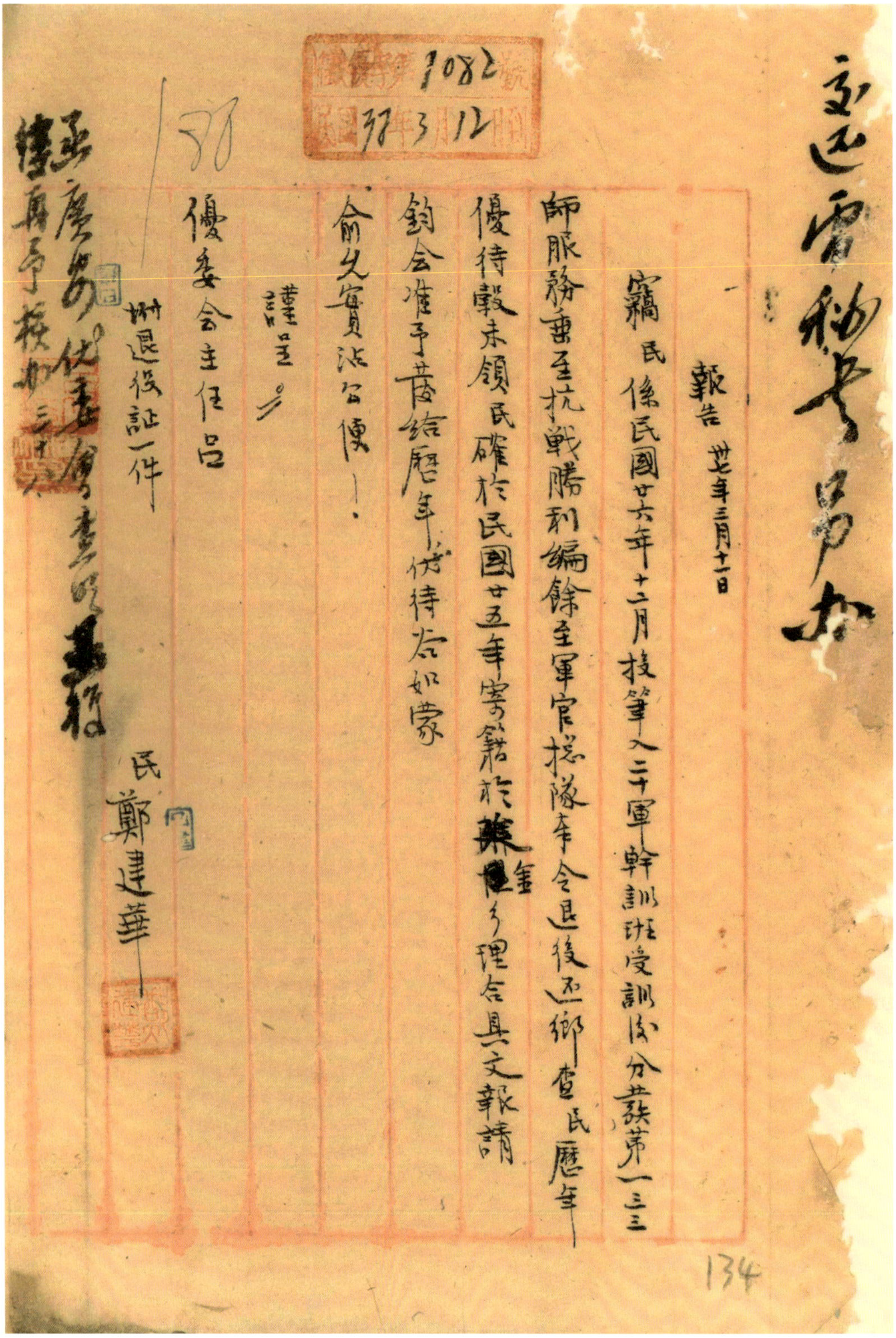

[illegible]

收文 1082 37 3 12

报告 卅七年三月十一日

窃民係民国廿六年十二月投笔入二十军干训班受训后分发第一三三师服务，嗣至抗战胜利编余，呈军官总队奉令退役还乡。查民历年优待谷未领，民确於民国廿五年寄籍於[illegible]，理合具文报请钧会准予发给历年优待谷，如蒙俞允，实沾公便！

谨呈

优委会主任吕

附退役证一件

民 郑建华

134

邻水县出征抗敌军人家属优待委员会致广安县出征抗敌军人家属优待委员会的公函（一九四八年四月五日）

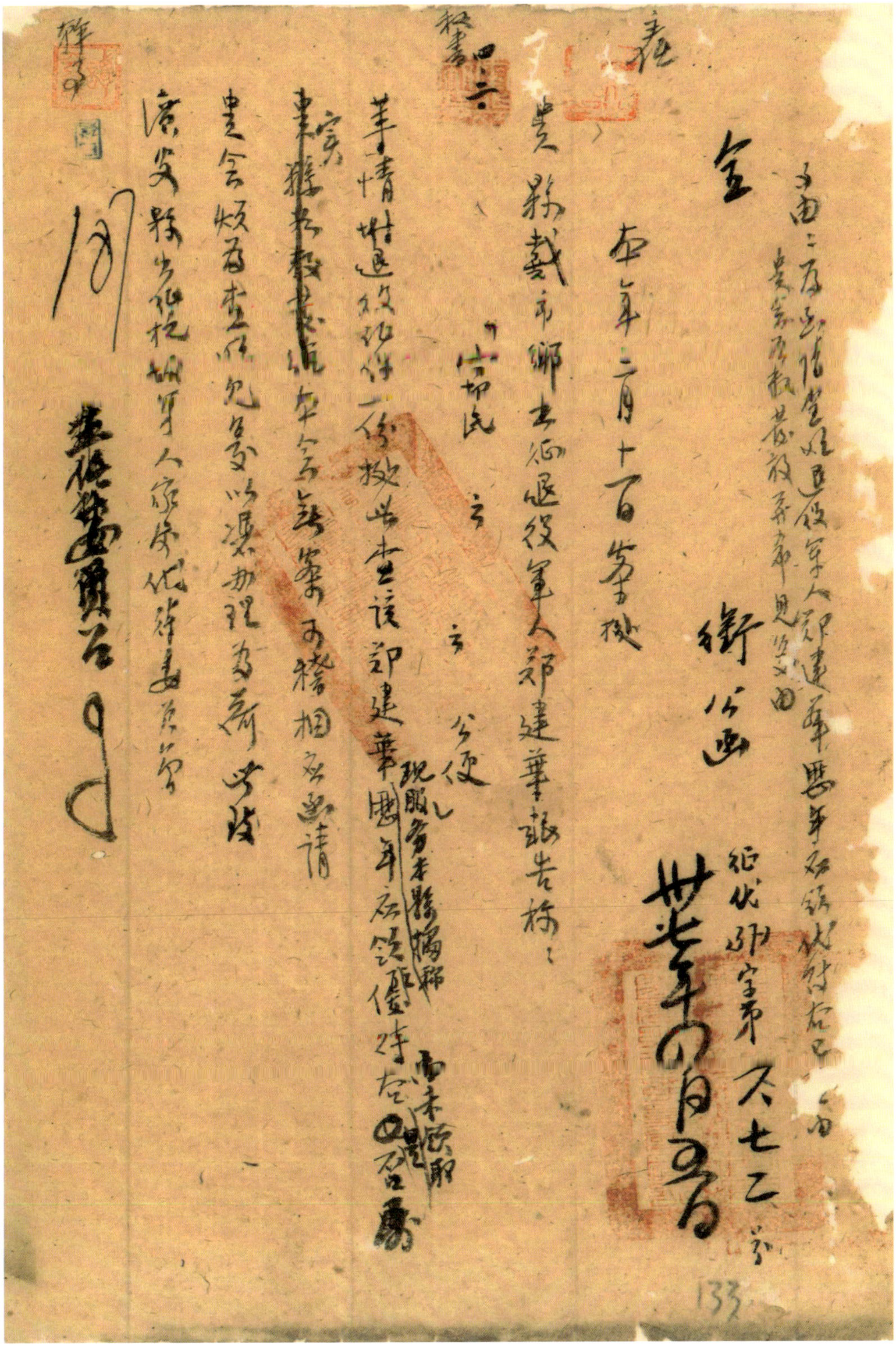

事由：[illegible]退役军人郑建华[illegible]年应领优待[illegible]由

全衔公函

卅七年四月五日

本年三月十日案据

贵县载[illegible]乡出征退役军人郑建华报告称：

"[illegible]"云云……云云……公便。

等情。据此，[illegible]查该郑建华现服务本县[illegible]乡，历年应领优待[illegible]

实[illegible]本会无案可稽，相应函请

贵会烦为查照，[illegible]办理为荷！此致

广安县出征抗敌军人家属优待委员会

主任委员 [illegible]

广安县政府致邻水县出征抗敌军人家属优待委员会的公函（一九四八年四月十六日）

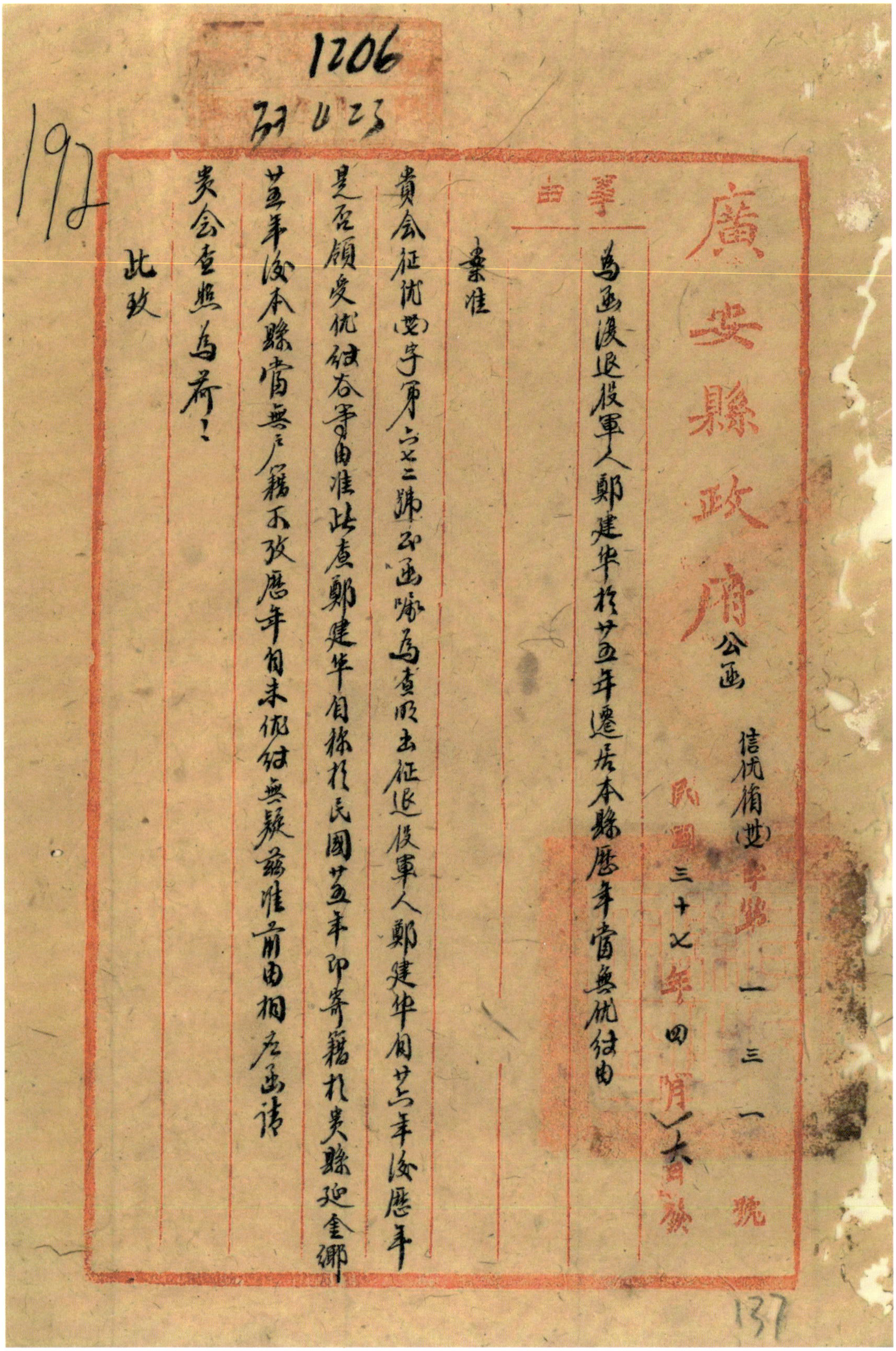

廣安縣政府公函　信優循(世)字第一三一號
民國三十七年四月十六日發

事由：為函復退役軍人鄭建華於廿五年遷居本縣歷年當無優待由

案准
貴会征優(叁)字第六七二號函囑為查明出征退役軍人鄭建華自廿六年後歷年是否領受優待各等由准此查鄭建華自稱於民國廿五年即寄籍於貴縣延壽鄉廿五年後本縣當無户籍不致歷年自未優待無疑兹准前由相應函請
貴会查照為荷！
此致

193

鄞縣出征抗敵軍人家屬優待委員會

轉飭修延金鄉公所查明鄭建華是否於二十五
年寄居該鄉以憑處（不）准予驗明證件核發歷
年應領未領之優待金 十一、十六

縣長兼主任委員 [illegible]

校對 彭祖年

138

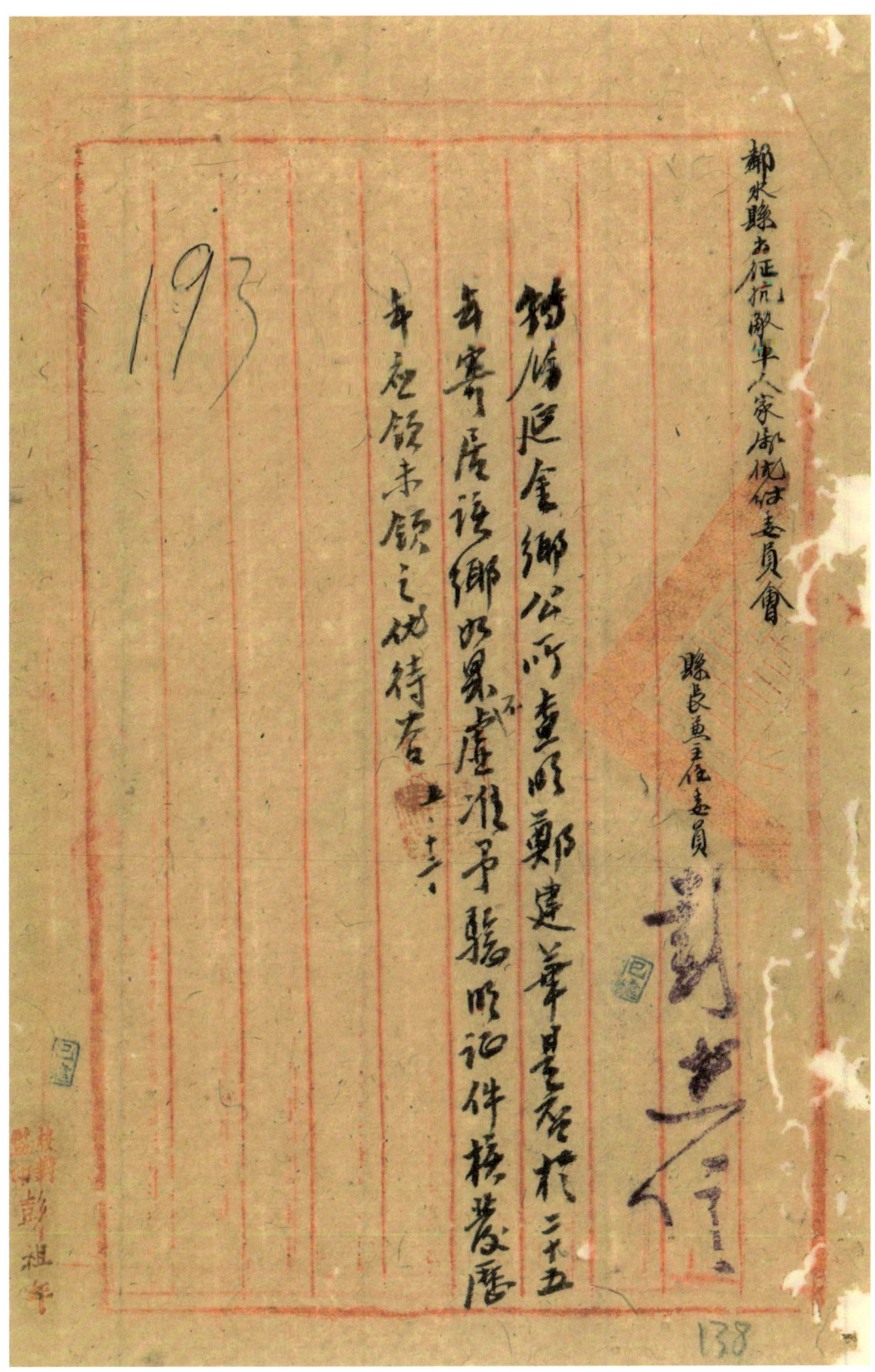

邻水县出征抗敌军人家属优待委员会致延金乡公所的训令（一九四八年五月二十七日）

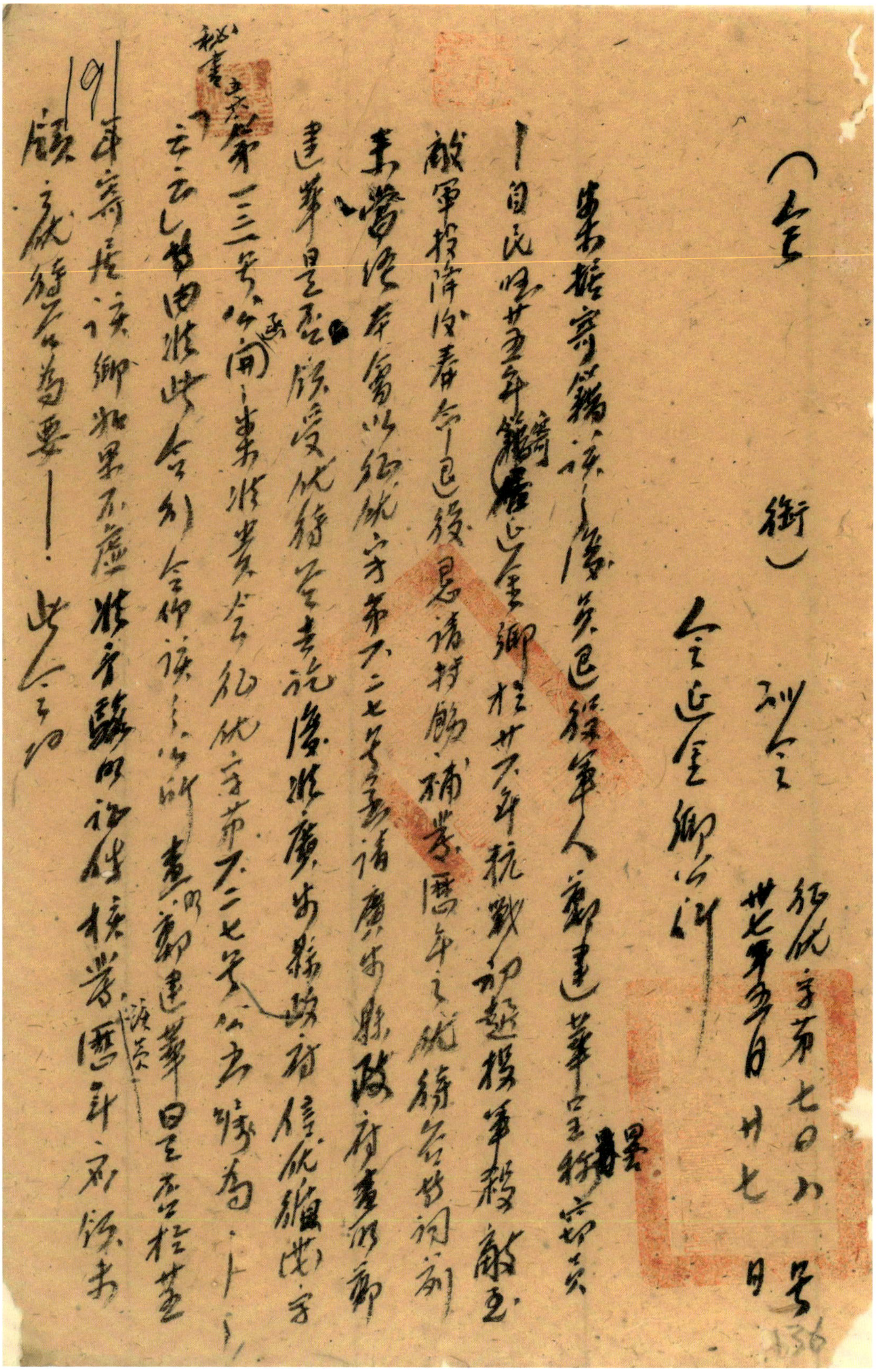

（全衔）训令　邻优字第七〇八号　卅七年五月廿七日

令延金乡公所

案据寄籍该乡荣誉退役军人邓建华呈称：窃华自民国廿五年寄籍居延金乡，於廿六年抗战初起投笔杀敌，至敌军投降后奉令退役，恳请特饬补发历年之优待谷物到来会。经本会以邻优字第六二七号函请广安县政府查明邓建华是否领受优待谷去讫。兹准广安县政府信优征字第一三五号公函：案准贵会邻优字第六二七号公函……云云。自应照办，令饬该乡公所查明邓建华自民廿五年寄居该乡，如果不虚，准予补发优待谷历年欠领未领之优待谷为要！

此令。

秘书　该员

郑建华致邻水县出征抗敌军人家属优待委员会的报告（一九四八年七月二日）

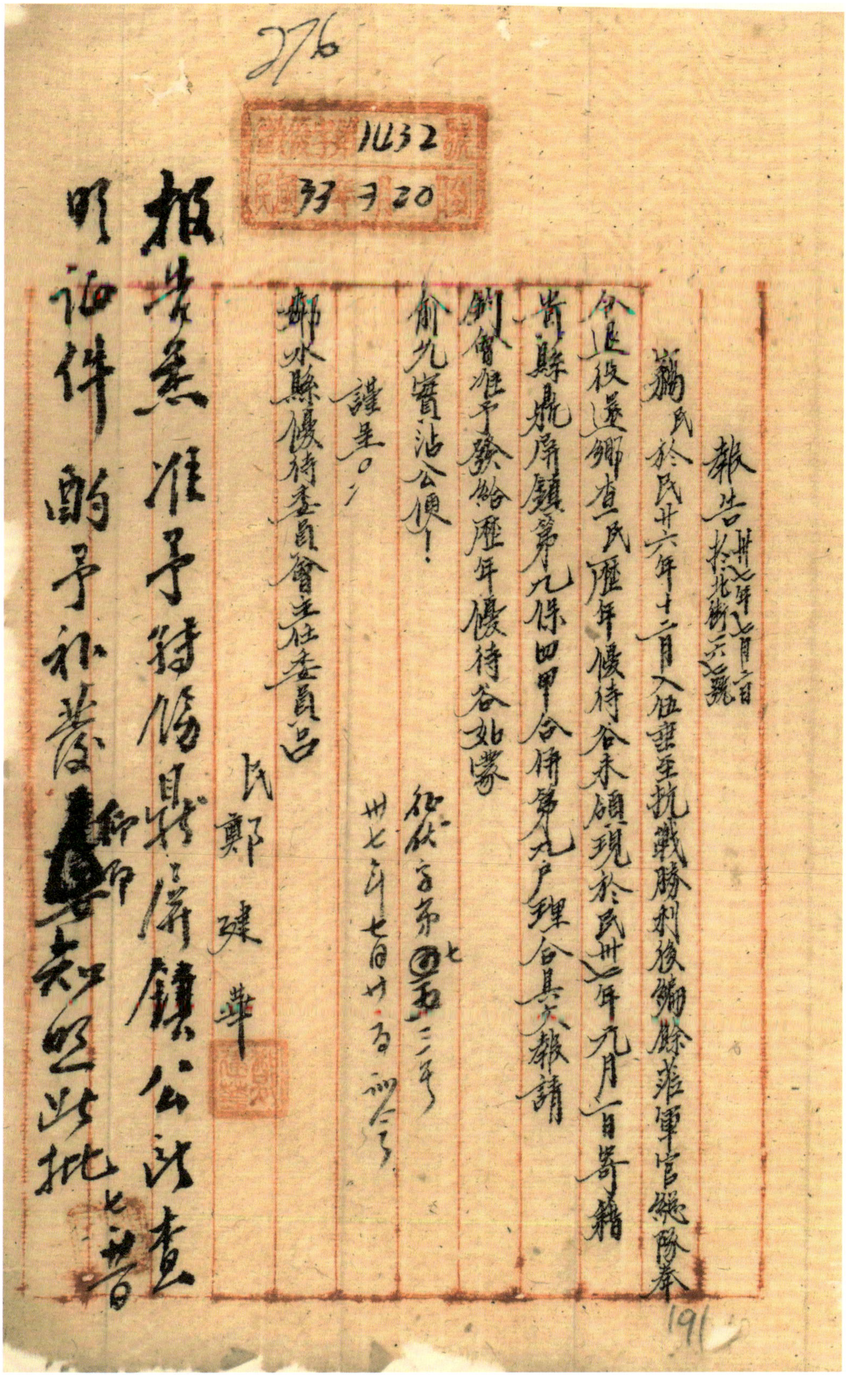

報告　卅七年七月二日於北街六號

竊民於民廿六年十二月入伍，至抗戰勝利後鄉縣准軍官總隊奉

令退役返鄉，查民歷年優待谷未領，現於民卅七年九月一日寄籍

貴縣鼎屏鎮第九保四甲合併第九戶，理合具文報請

鈞會准予發給歷年優待谷，以蒙

俞允，實沾公便！

謹呈○○

鄰水縣優待委員會主任委員呂

民　鄭建華

仰候簽第四五七二號　卅七年七月廿五日　[illegible]

報告悉。准予轉飭縣屬鼎屏鎮公所查明證件，酌予補發。[illegible]知照。此批。七.廿日

邻水县出征抗敌军人家属优待委员会致鼎屏镇公所的训令（一九四八年七月二十二日）

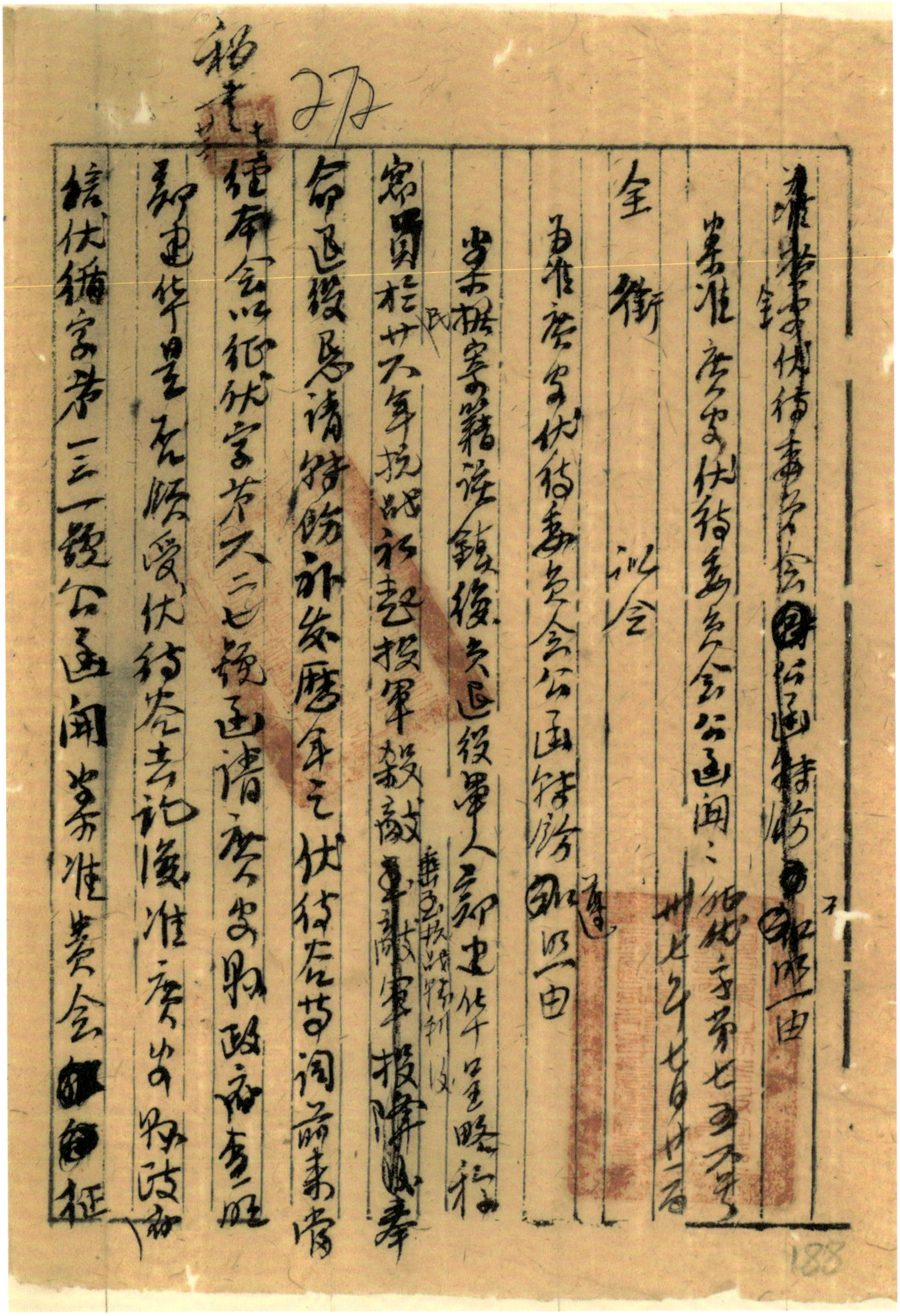

稿 272

邻水县出征军人优待委员会训令　特优字第　号

案准广安县出征军人优待委员会公函内开：征优字第七五六号　卅七年七月廿一日

全衔　训令

为准广安县出征军人优待委员会公函转饬知照一由

案据本会籍该镇后方退役军人郑建华呈略称：窃员于廿六年抗战初起投军杀敌，奉命退役，恳请转饬所属按历年之优待谷暨前来，当经本会以征优字第八二七号函请广安县政府查照郑建华是否领受优待谷去讫。后准广安县政府复以优字第一三一号公函开：案准贵会征

373

准字第六七二号公函略以为查明出征员役军人郑
建华自卅六年度历年是否领受优待名状等
由准此查郑建华历年（卅七年有当于办理优待证）[illegible]自未供职[illegible]已[illegible]
兹准前由相应函请查照为荷等由准此合行令仰
该镇公所即便遵照为要（此致 [illegible]）

中华民国 卅八年 月 日

主任秘书

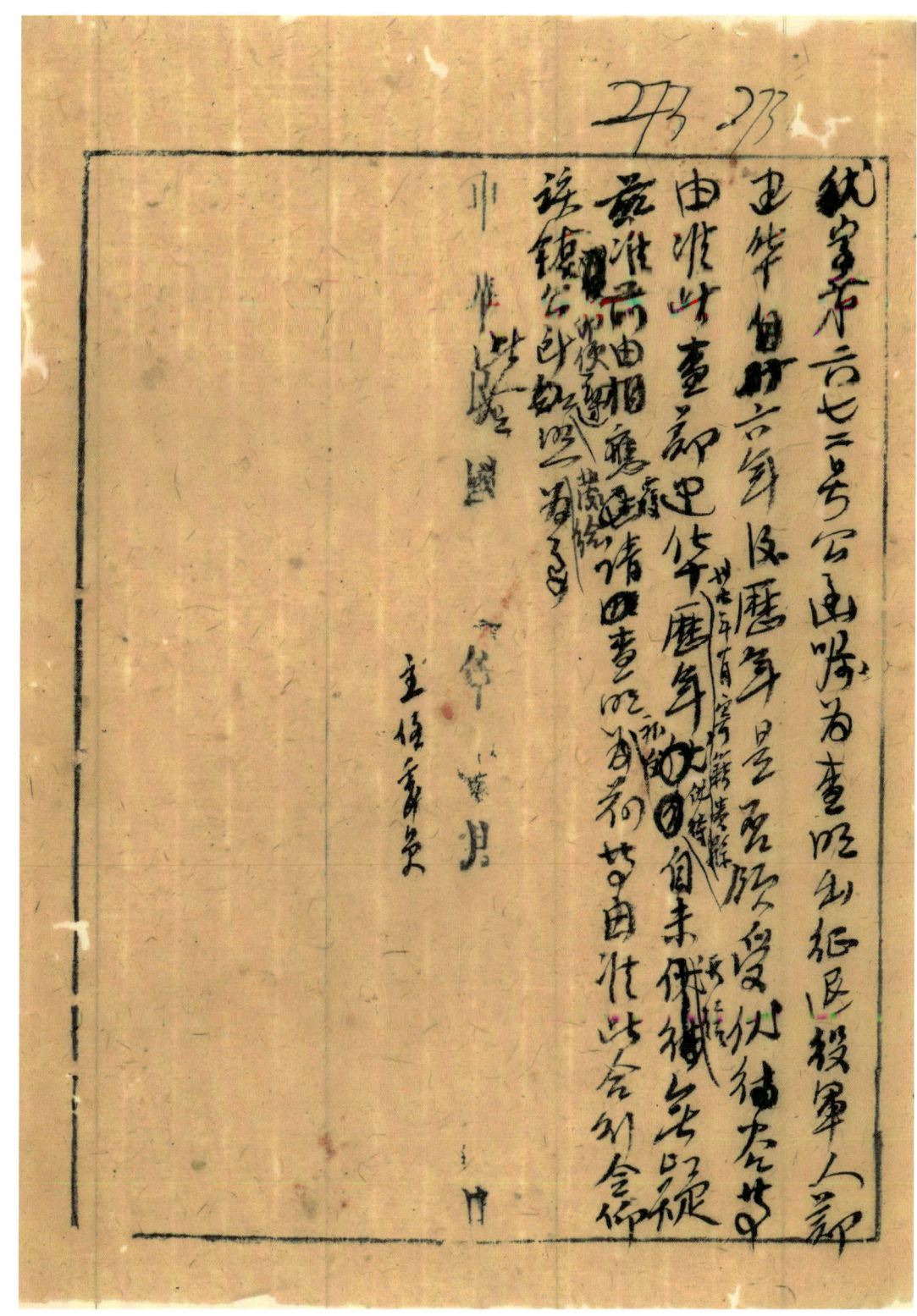

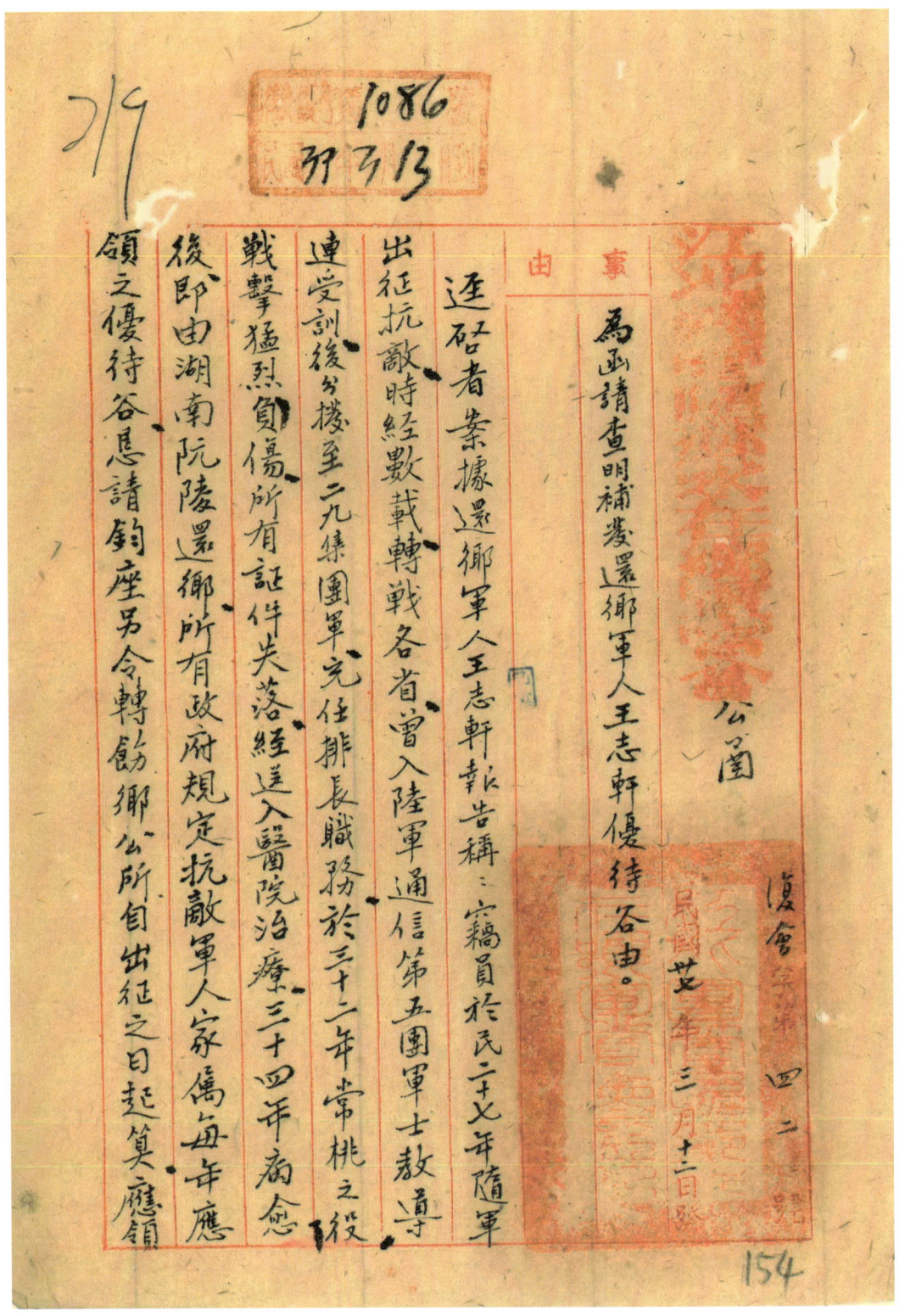

江北团管区邻水在乡军管会关于查明补发还乡军人王志轩优待谷致邻水县出征抗敌军人家属优待委员会的公函（一九四八年三月十二日）

公函

復會字第四二號

民國卅七年三月十二日

事由：為函請查明補發還鄉軍人王志軒優待谷由。

逕啟者：案據還鄉軍人王志軒呈稱：竊員於民二十七年隨軍出征抗敵，時經數載，轉戰各省，曾入陸軍通信第五團軍士教導連受訓，後分撥至二九集團軍充任排長職務，於三十二年常桃之役戰擊猛烈負傷，所有証件失落，經送入醫院治療，三十四年病愈後即由湖南沅陵還鄉，所有政府規定抗敵軍人家屬每年應領之優待谷，懇請鈞座另令轉飭鄉公所自出征之日起算應領

220

之優待谷如數補發，伏祈允准，實沾德便。謹呈。等情前來，相應函請

貴會煩為查照辦理是荷！

此致。 附証明書一份

優待委員會

兼會長劉仲容

副會長沈 剛

收文字第七三四號
卅七年四月廿二日到

轉飭柑子鄉公所查明辦理可也 四廿

157

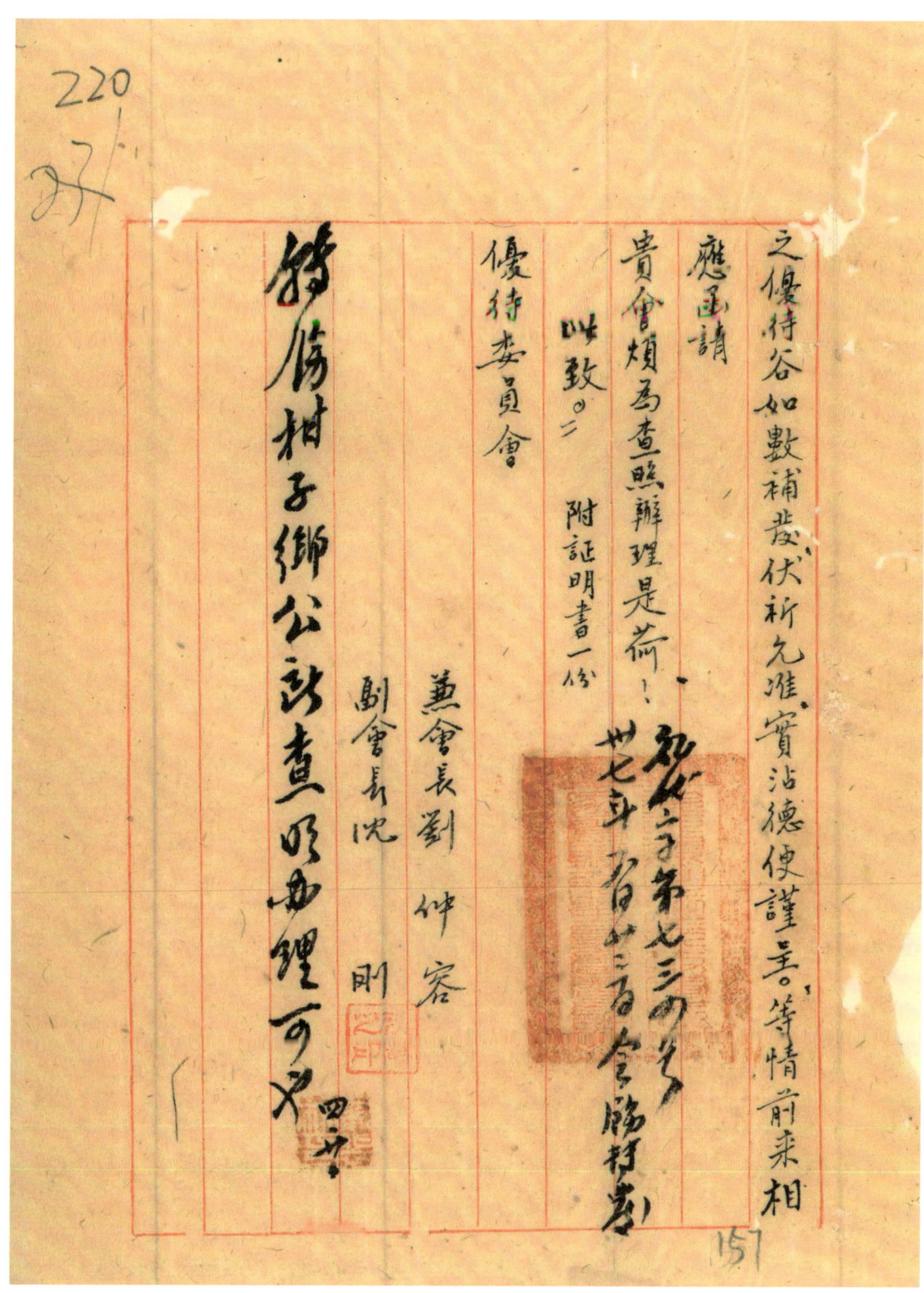

邻水县合丰乡抗战退役军人钟明辉关于恳予转饬合丰乡公所补发一年半优待谷致县出征抗敌军人家属优待委员会的签呈（一九四八年三月二十六日）

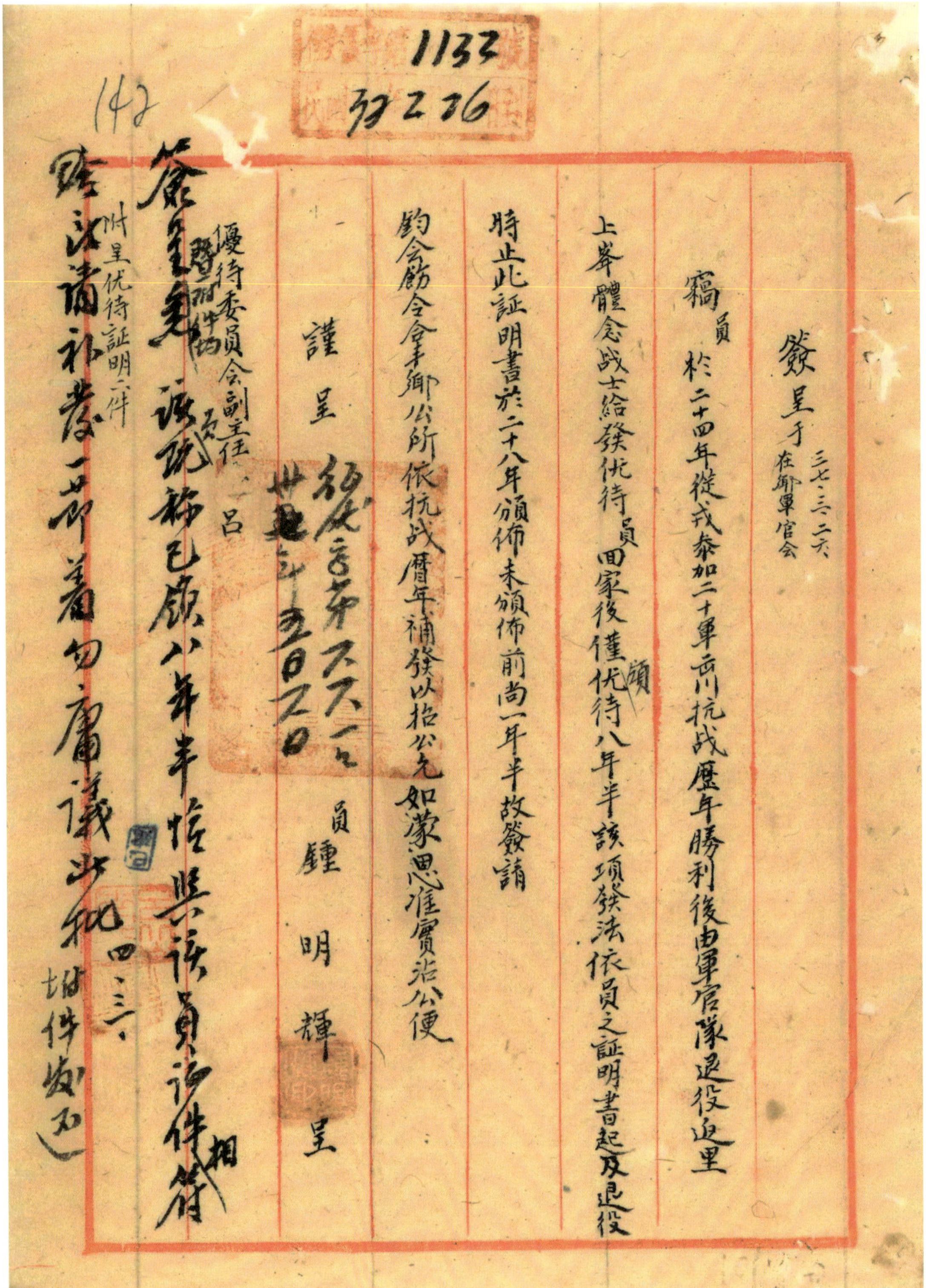
签呈 三七、三、二六 于在乡军官会

窃员于二十四年从戎参加二十军出川抗战历年胜利后由军官队退役返里

上峰体念战士给发优待员回家后仅领优待八年半该项发法依员之证明书起及退役

时止此证明书于二十八年领讫未领讫前尚一年半故签请

钧会饬令合丰乡公所依抗战历年补发以指公允如蒙恩准实沾公便

谨呈

优待委员会副主任委员 吕

员 钟明辉 呈

附呈优待证明一件

邻水县解愠乡抗属张定忠关于恳予查明补发复员军人张化银历年优待谷致县出征抗敌军人家属优待委员会的申请书（一九四八年三月）

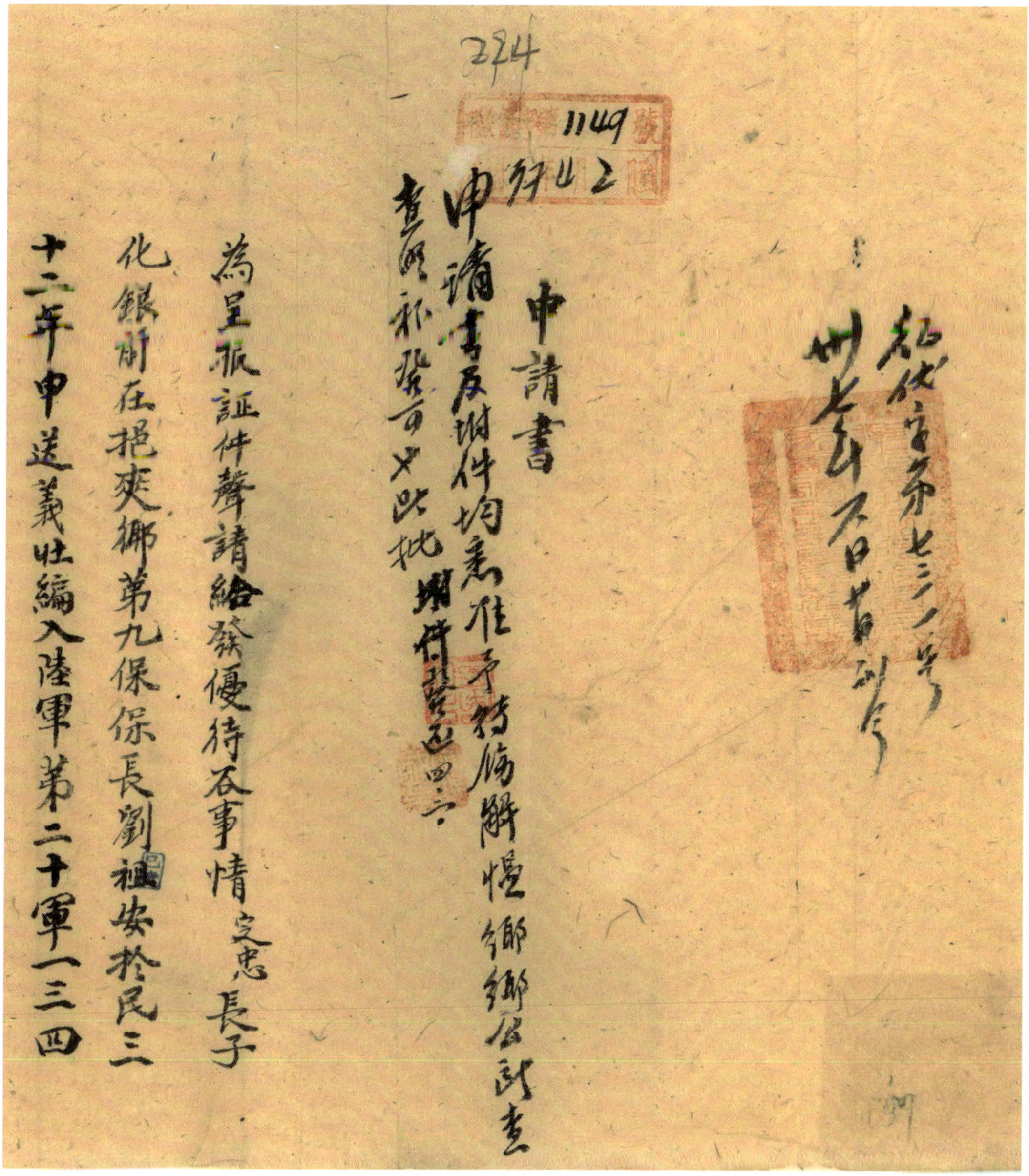

申請書

申請書及附件均悉准予轉飭解慍鄉鄉公所查明補發可也此批 附件存 四·六

為呈報証件聲請給發優待谷事情 定忠 長子

化銀前在揖爽鄉第九保保長劉祖安於民三

十二年申送義壯編入陸軍第二十軍一三四

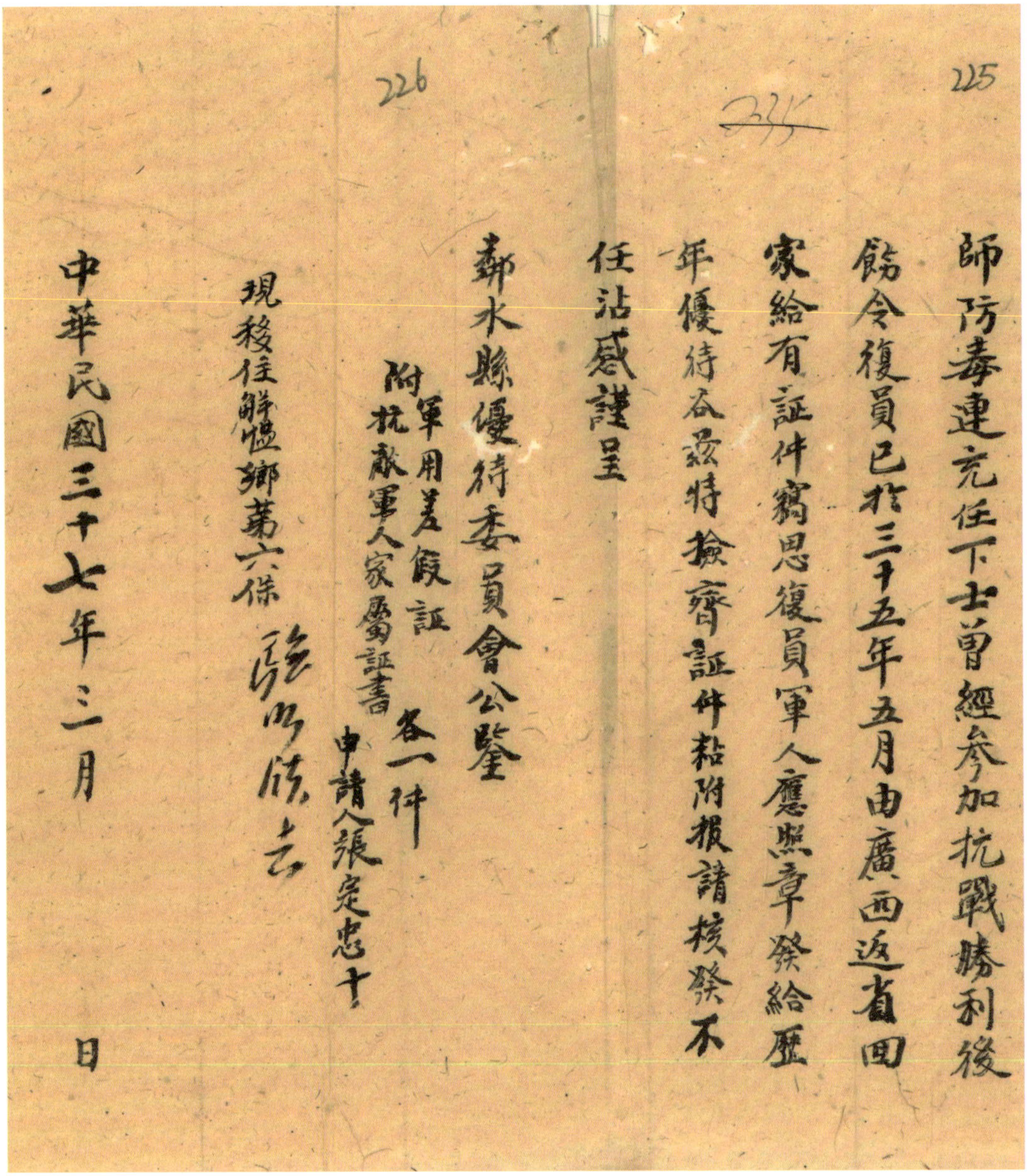

226　225

師防毒連充任下士曾經參加抗戰勝利後
飭令復員已於三十五年五月由廣西返省回
家給有証件竊思復員軍人應照章發給歷
年優待谷茲特檢齊証件粘附報請核發不
任沾感謹呈
鄰水縣優待委員會公鑒
附 軍用差假証
抗敵軍人家屬証書 各一件
申請人張定忠十
現移住鮮溢鄉第六保 張明倫去
中華民國三十七年三月　日

邻水县双河乡廖福清、吴锡章等八名关于抗敌征属请求补发优待谷致县出征抗敌军人家属优待委员会的呈（一九四八年二月）

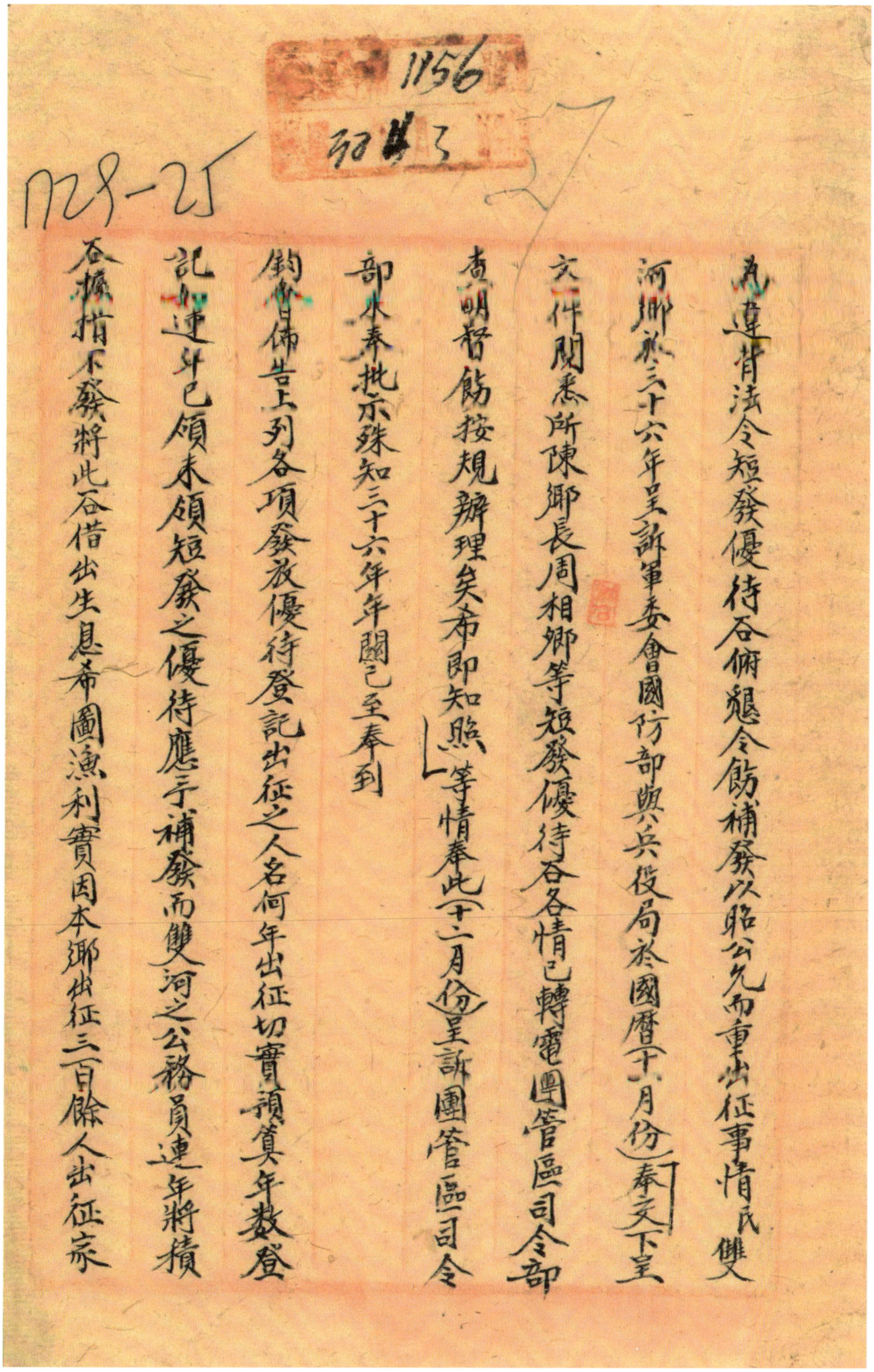

為違背法令短發優待谷俯懇令飭補發以昭公允而重出征事情民雙河鄉於三十六年呈訴軍委會國防部與兵役局於國曆（十一月份）奉文下呈文件閱悉所陳鄉長周相鄉等短發優待谷各情已轉電團管區司令部查明督飭按規辦理矣希即知照等情奉此（十二月份）呈訴團管區司令部亦奉批示殊知三十六年年關已至奉到

鈞會佈告上列各項發放優待登記出征之人名何年出征切實願算年數登記如違背已領未領短發之優待應予補發而雙河之公務員連年將積谷擴措不發將此谷借出生息希圖漁利實因本鄉出征三百餘人出征家

屬上有二老年邁下有妻室兒女朝日悲啼呼天時刻嚎啕震地告貸無門慘狀已極二老已成坐棹待斃妻室女兒鉛門叱丐險然慨見慘矣極矣因之

鈞會早有頒佈而出征家屬享受優待三十六年本年之公務員發年關之優待谷違令發放不照公允與公務員有關發給新量壹石與公務員無關發給新量伍斗民亦莫如何只得具特呈訴懇

鈞會鑒核俯予令飭雙河鄉補發連年短發之優待谷以照平允批示祇遵！

31

1729-29

謹呈

書記長呂

呈悉。准予轉飭政河鄉鄉公所查明領件，依法核發可也。此批。四、十四。

具呈人 廖福清十 謝仁祿十

吳錫章十 魯海廷十

胡公和十 周銀十

馮喬良十 李有壽十

中華民國三十七年三月 日

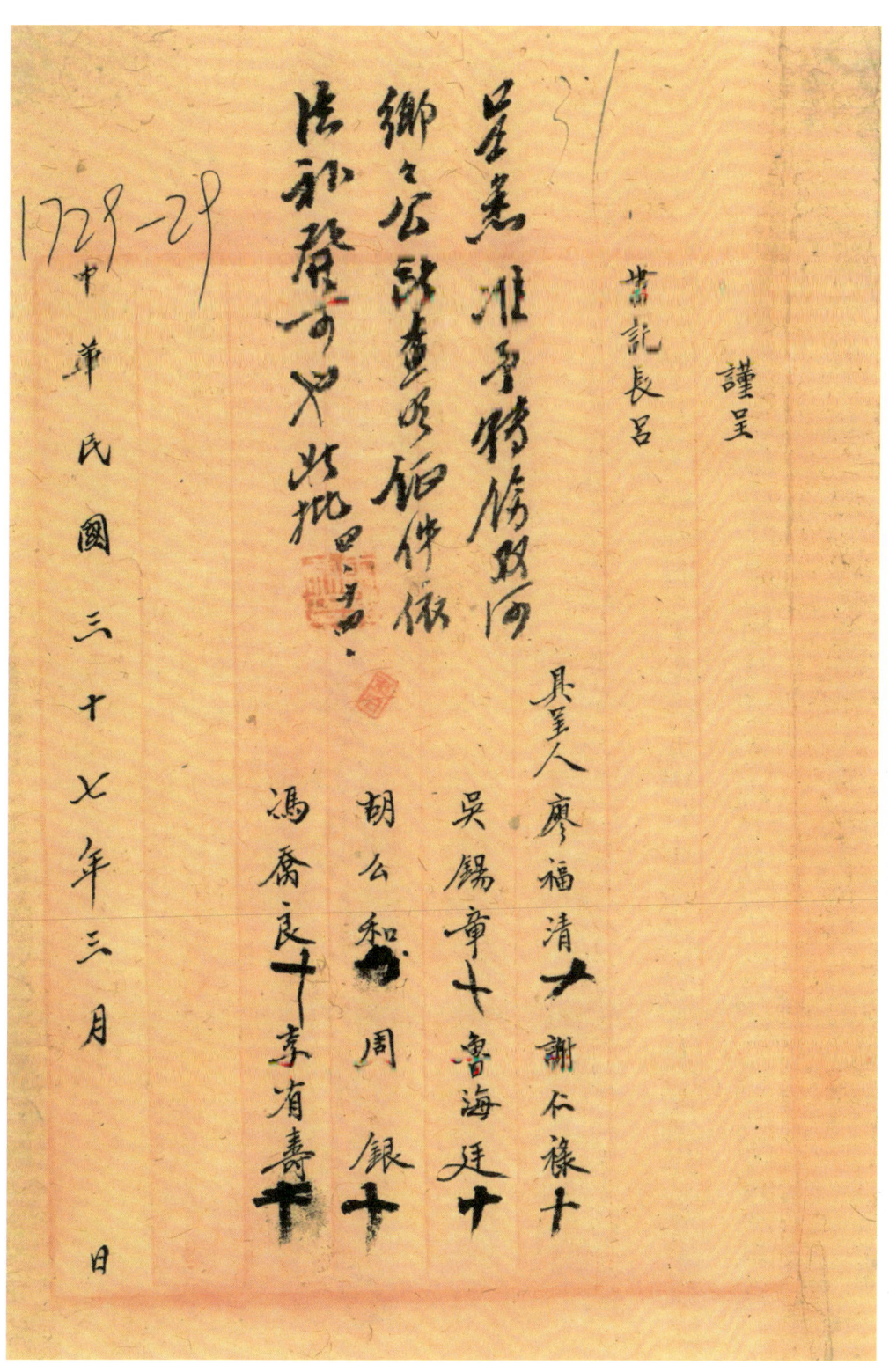

邻水县解愠乡退役士兵刘泽炳关于呈请退役登记以便领受优待致县出征抗敌军人家属优待委员会的报告（一九四八年四月二日）

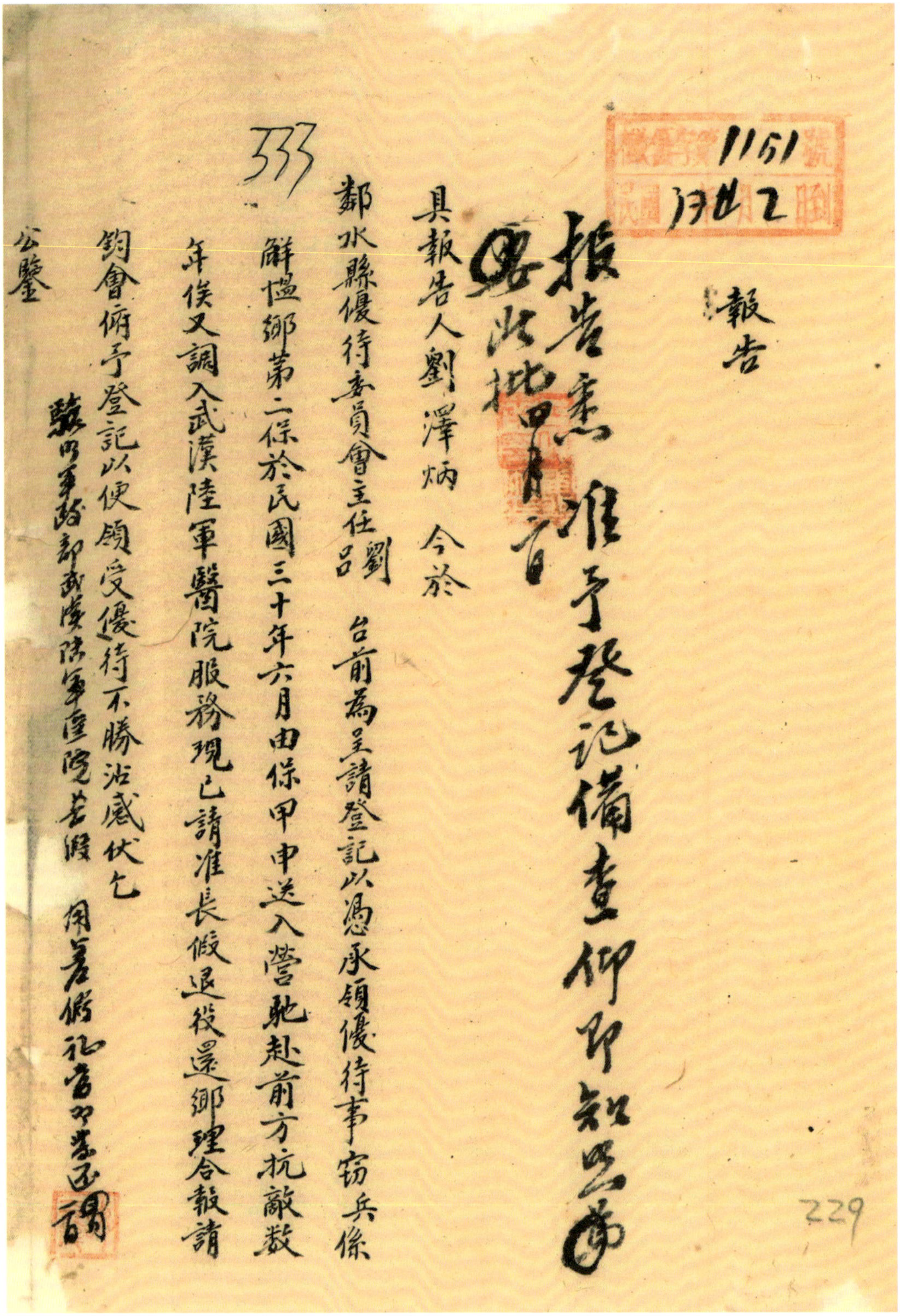

報告

報告悉准予登記備查仰即知照此批　吕　四月　日

具報告人劉澤炳　今於

鄰水縣優待委員會主任呂　劉

台前為呈請登記以憑承領優待事窃兵係

解慍鄉第二保於民國三十年六月由保甲申送入營馳赴前方抗敵數

年後又調入武漢陸軍醫院服務現已請准長假退役還鄉理合報請

鈞會俯予登記以便領受優待不勝沾感伏乞

公鑒

驗明軍政部武漢陸軍醫院長假　[illegible]

附抄呈差假証一件

具報告退役士兵劉澤炳十

中華民國三十七年四月　　日

邻水县出征抗敌军人家属优待委员会关于查明并补发抗战军人赖永发历年未领优待谷致捍爽乡公所的代电（一九四八年四月五日）

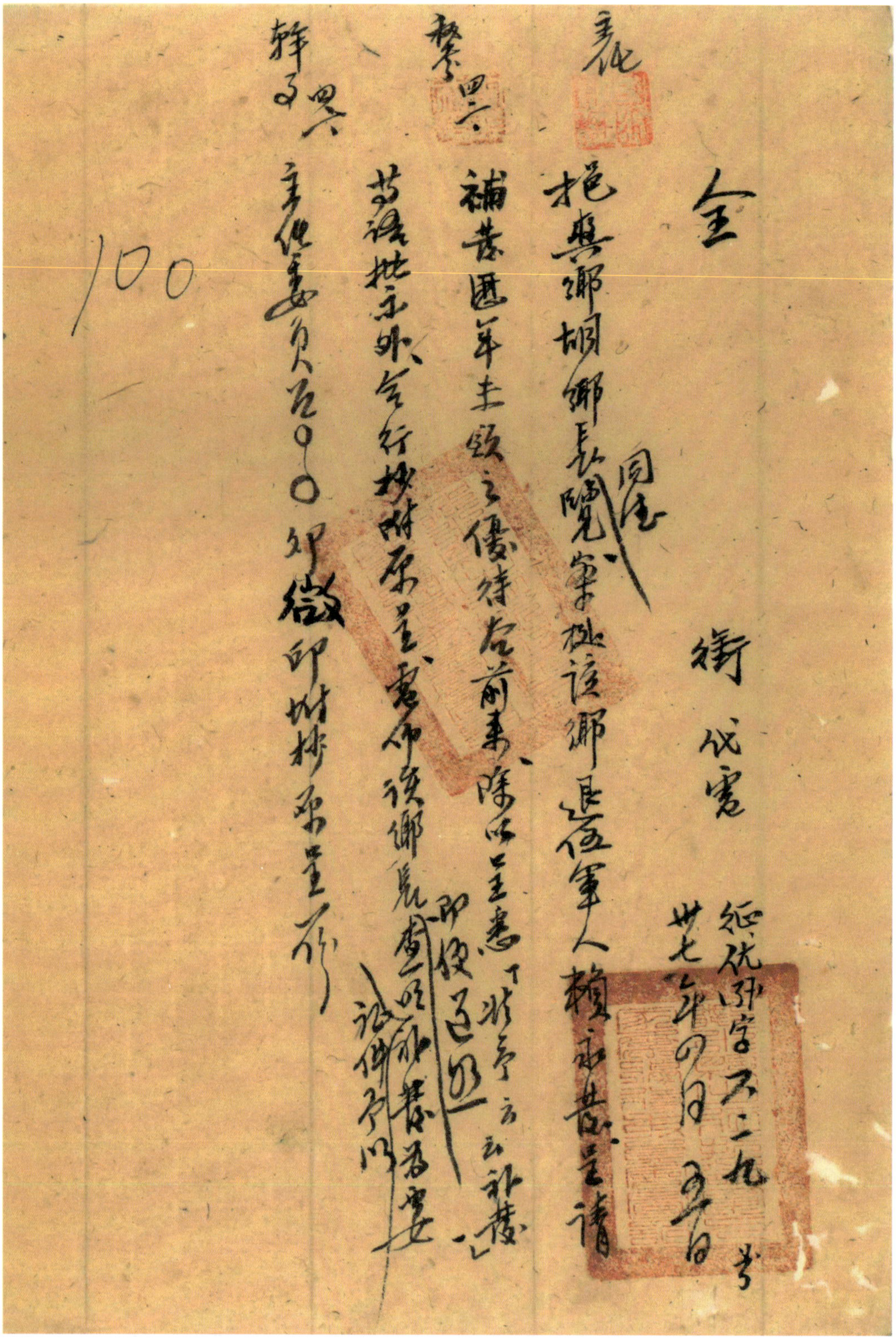

附一：邻水县挹爽乡第一保保办公处关于赖永发入伍时间的证明致县出征抗敌军人家属优待委员会的呈（一九四八年一月三十一日）

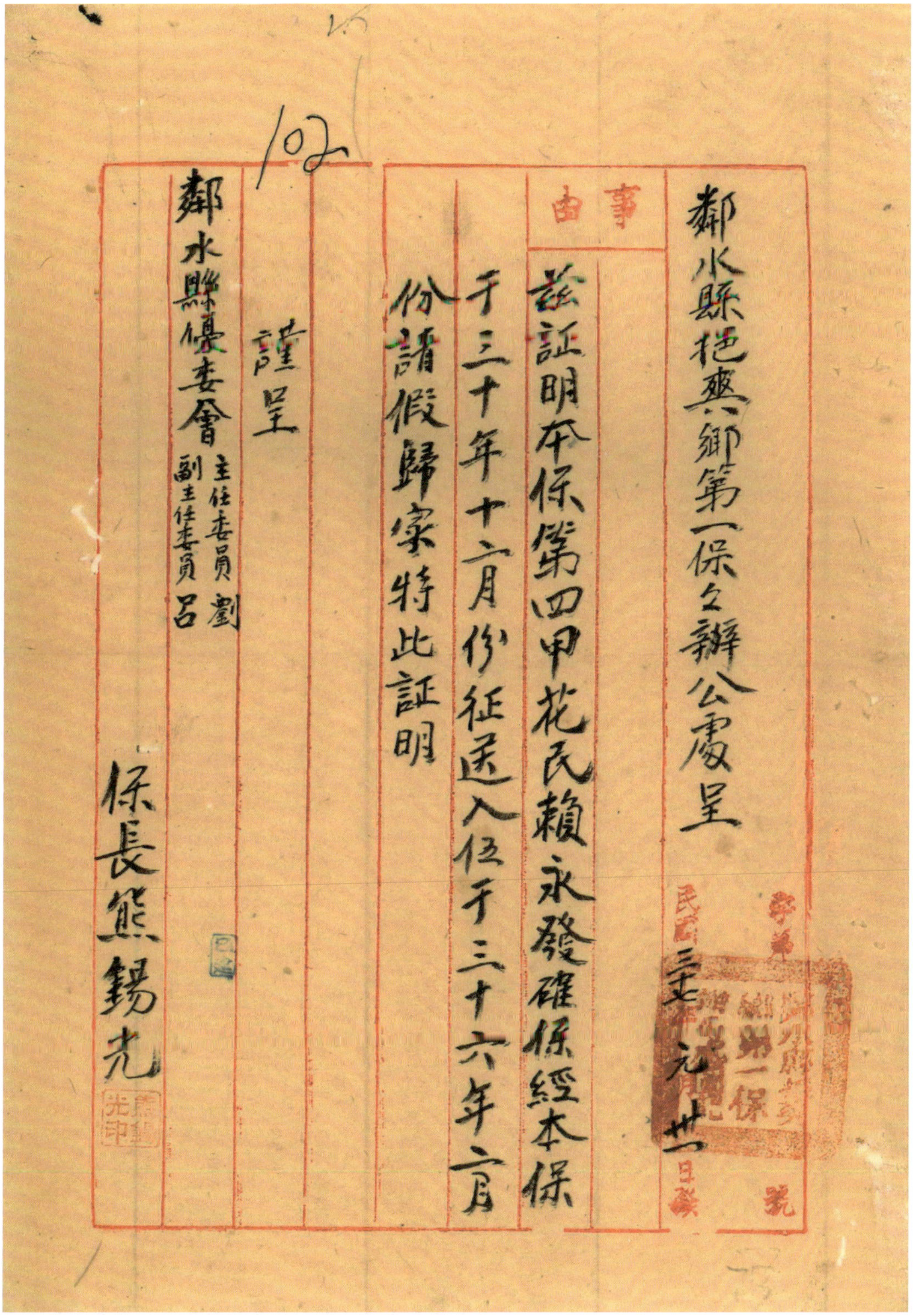
鄰水縣挹爽鄉第一保保辦公處呈

字第　號

民國三十七年元月卅一日

事由

茲證明本保第四甲花民賴永發確係經本保于三十年十二月份征送入伍于三十六年十二月份請假歸家特此證明

謹呈

鄰水縣優委會

主任委員 劉

副主任委員 呂

保長熊錫光

附二：邻水县挹爽乡抗战军人赖永发关于恳予补发历年未领优待谷致县出征抗敌军人家属优待委员会的呈（一九四八年三月）

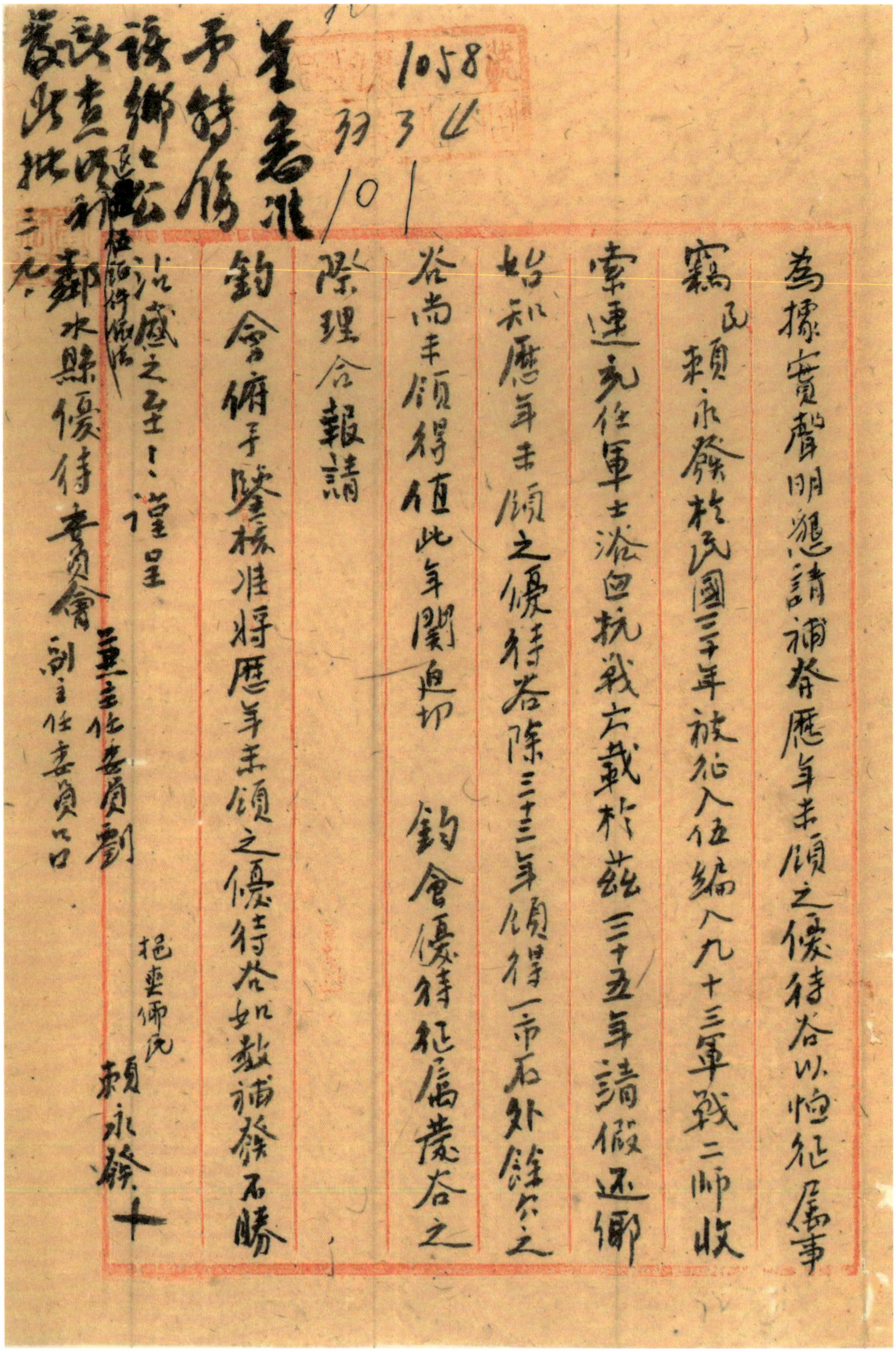
1058
37 3 4
10 1

呈悉。准予轉飭該鄉公所查明補發。此批。

為據實聲明懇請補發歷年未領之優待谷以恤征屬事

竊民賴永發於民國三十年被征入伍，編入九十三軍戰二師收索連充任軍士，滇西抗戰六載於茲。三十五年請假返鄉，始知歷年未領之優待谷除三十三年領得一市石外，餘六之谷尚未領得。值此年關迫切，鈞會優待征屬德之際，理合報請

鈞會俯予鑒核，准將歷年未領之優待谷如數補發，不勝沾感之至！！謹呈

鄰水縣優待委員會
主任委員劉
副主任委員□□

挹爽鄉民
賴永發十

邻水县出征抗敌军人家属优待委员会关于依法优待出征军人家属曾张氏致袁市乡公所的代电（一九四八年四月五日）

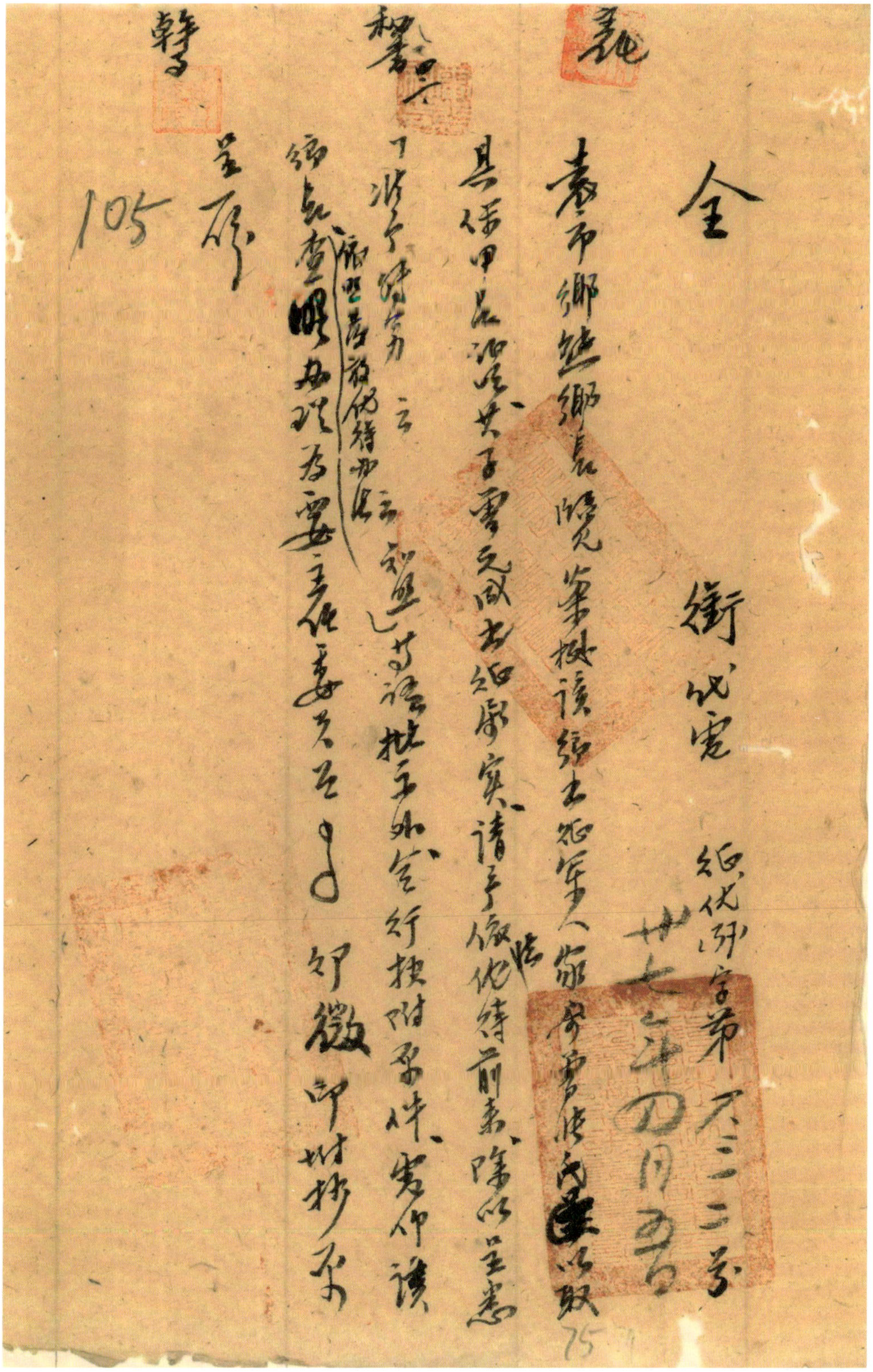

全衔代电

征优所字第[illegible]号

卅七年四月五日

袁市乡镇乡长勋鉴：案据该镇出征军人家属曾张氏呈以[illegible]县保甲长漠视其子曾光国出征家属实情，请予依法优待前来，除以呈悉[illegible]云云批示外，合行检附原件，电仰该镇长查照办理为要。主任委员[illegible]卯微印

附抄原[illegible]

附：邻水县袁市乡第十保抗属曾张氏关于前任保长蒋光裕抗拒拖延不给优待谷致县出征抗敌军人家属优待委员会的呈（一九四八年二月）

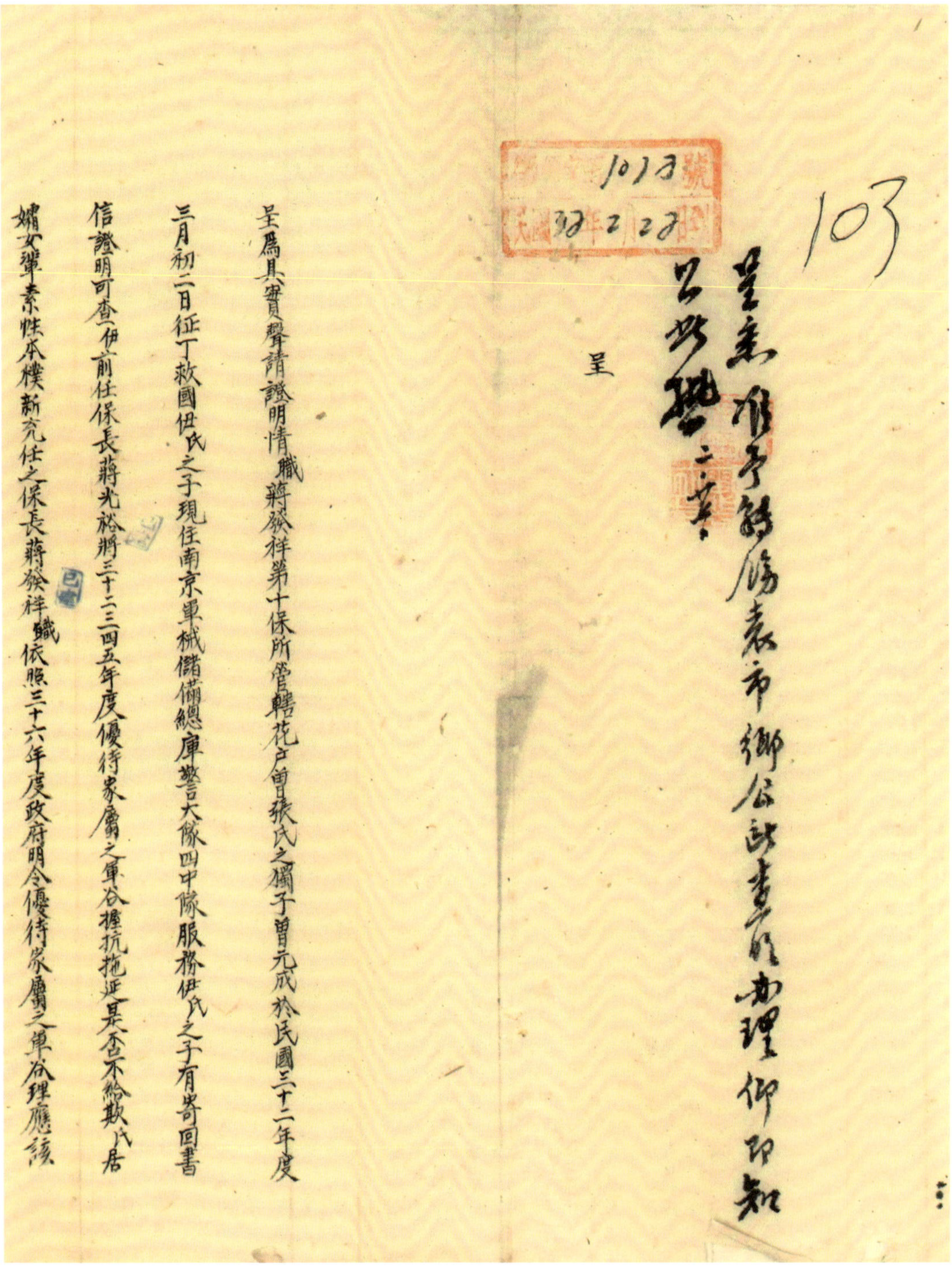

呈悉。准予轉飭袁市鄉公所查明辦理。仰即知照。此批。
二、
呈
呈為具實聲請證明情。職蔣發祥第十保所管轄花户曾張氏之獨子曾元成於民國三十二年度
三月初二日征丁救國伊氏之子現任南京軍械儲備總庫警衛大隊四中隊服務伊氏之子有寄回書
信證明可查伊前任保長蔣光裕將三十二三四五年度優待家屬之軍谷抗拖延甚至不給致氏居
孀女輩素性本樸新充任之保長蔣發祥職依照三十六年度政府明令優待家屬之軍谷理應該

104

緣清氏設想舊次之保長毫無不察氏獨子征丁何勤效尤氏懇祈新任保長證明政府優待委員

會鑒原作主俯賜鑒核中間不虛證明是實氏不勝沾感伏乞此呈

袁市鄉第十保 職 轉呈

鄰水縣優待委員會 鈞鑒

家屬 曾張氏

證明保長 蔣麟祥

證明甲長 蔣志祥 押

證明保代表 劉大祿

信 袁市鄉十保

鄰水縣袁市鄉第十保辦公處圖記

民國三十七年二月 日

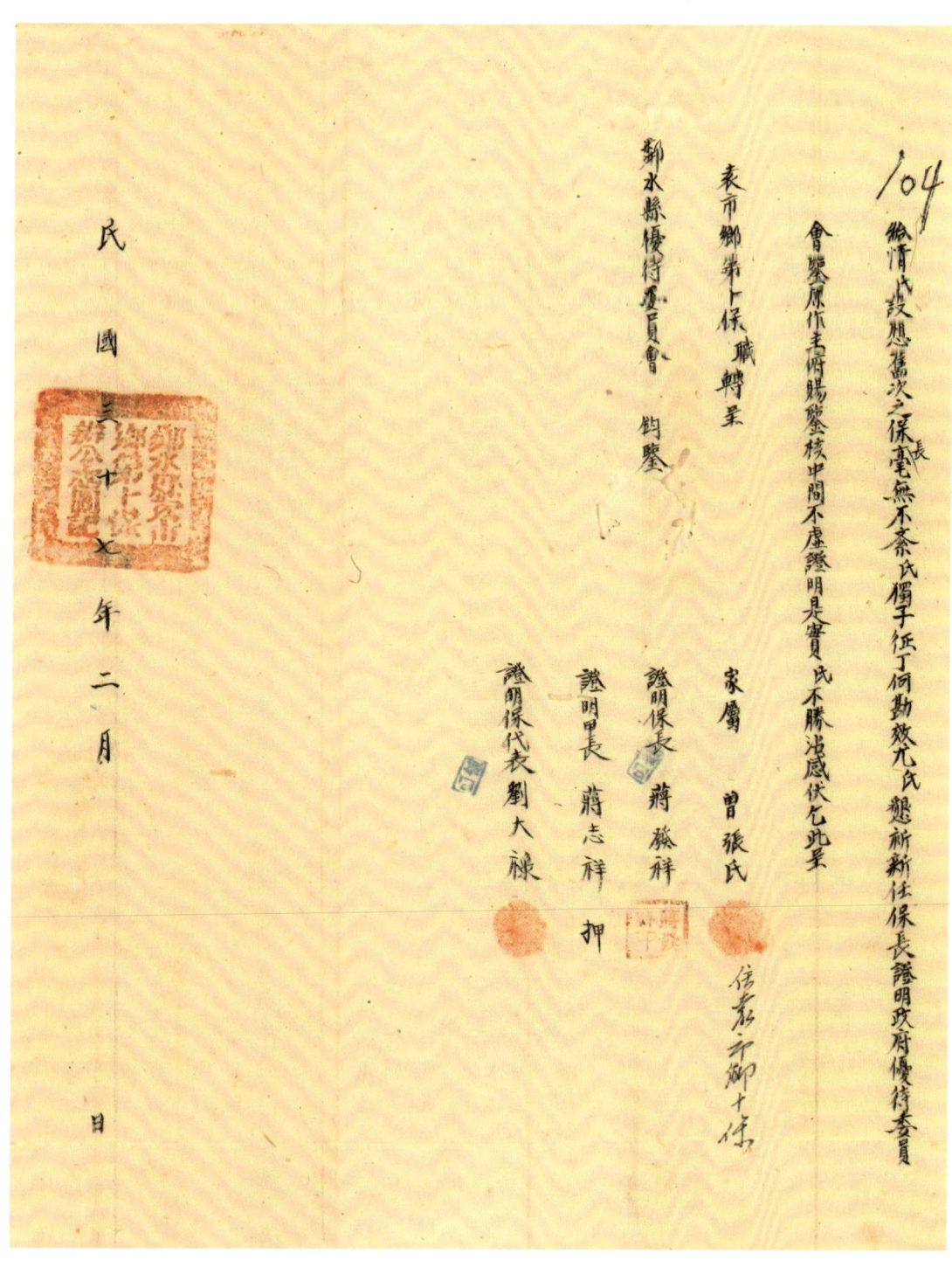

邻水县出征抗敌军人家属优待委员会关于查明陈小木出征证件并依法补发历年应领未领之优待谷致九峰乡公所的代电（一九四八年四月五日）

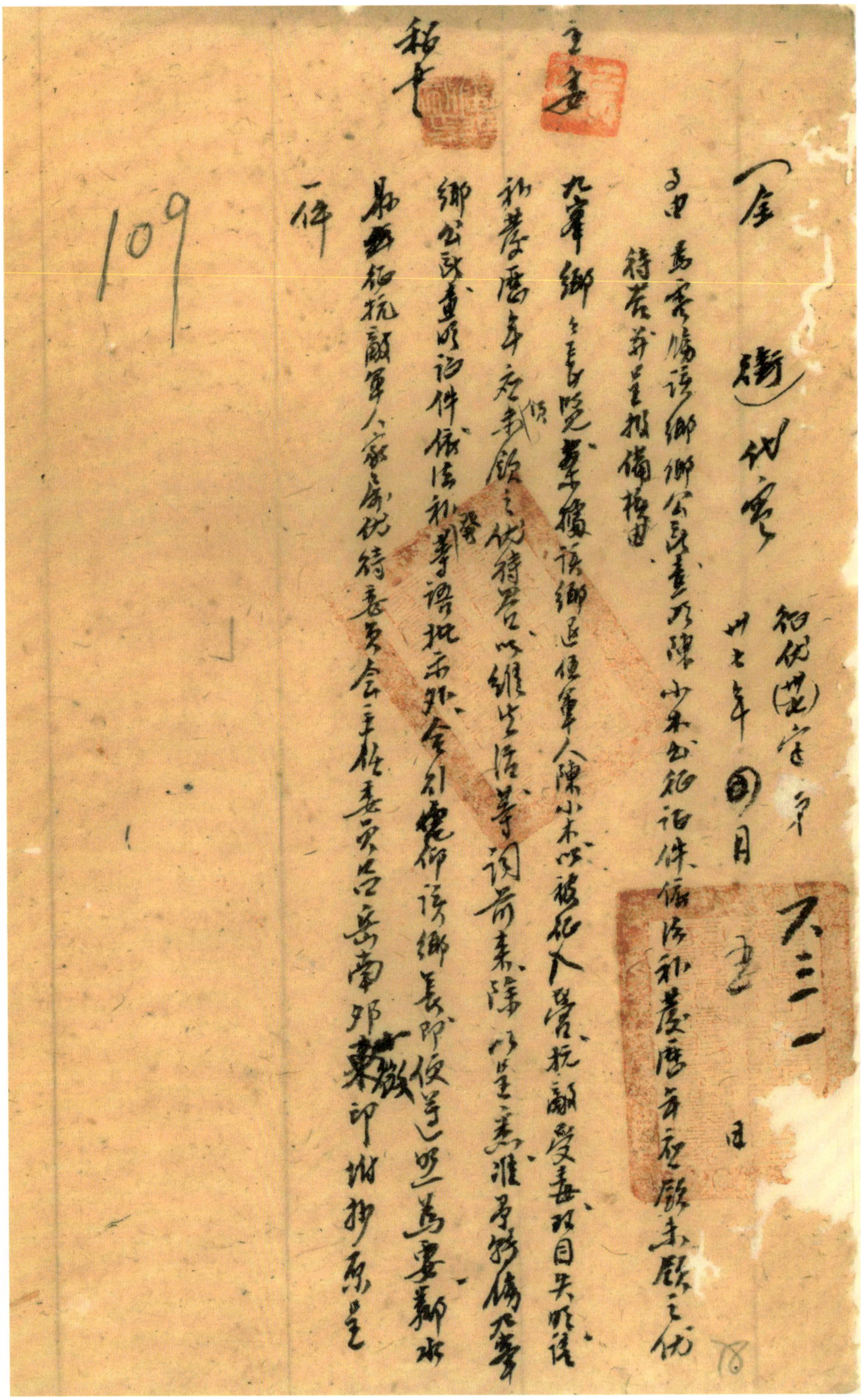

（全衔）代电　邻优（甚）字第　号　卅七年四月五日　不三一

事由　为令仰该乡乡公所查明陈小木出征证件，依法补发历年应领未领之优待谷，并呈报备核由

主委　秘书

九峰乡乡长览：案据该乡退伍军人陈小木呈称：被征入营，抗敌受伤，双目失明，请补发历年应领未领之优待谷，以维生活等情，前来。除呈悉，准予转饬九峰乡公所查明证件，依法补发，并将证件抄发外，合行电仰该乡长即便遵照为要。邻水县出征抗敌军人家属优待委员会主任委员岳常邓东印。附抄原呈一件

附：邻水县九峰乡退伍军人陈小木关于申请补发优待食谷致县出征抗敌军人家属优待委员会的呈（一九四八年 月）

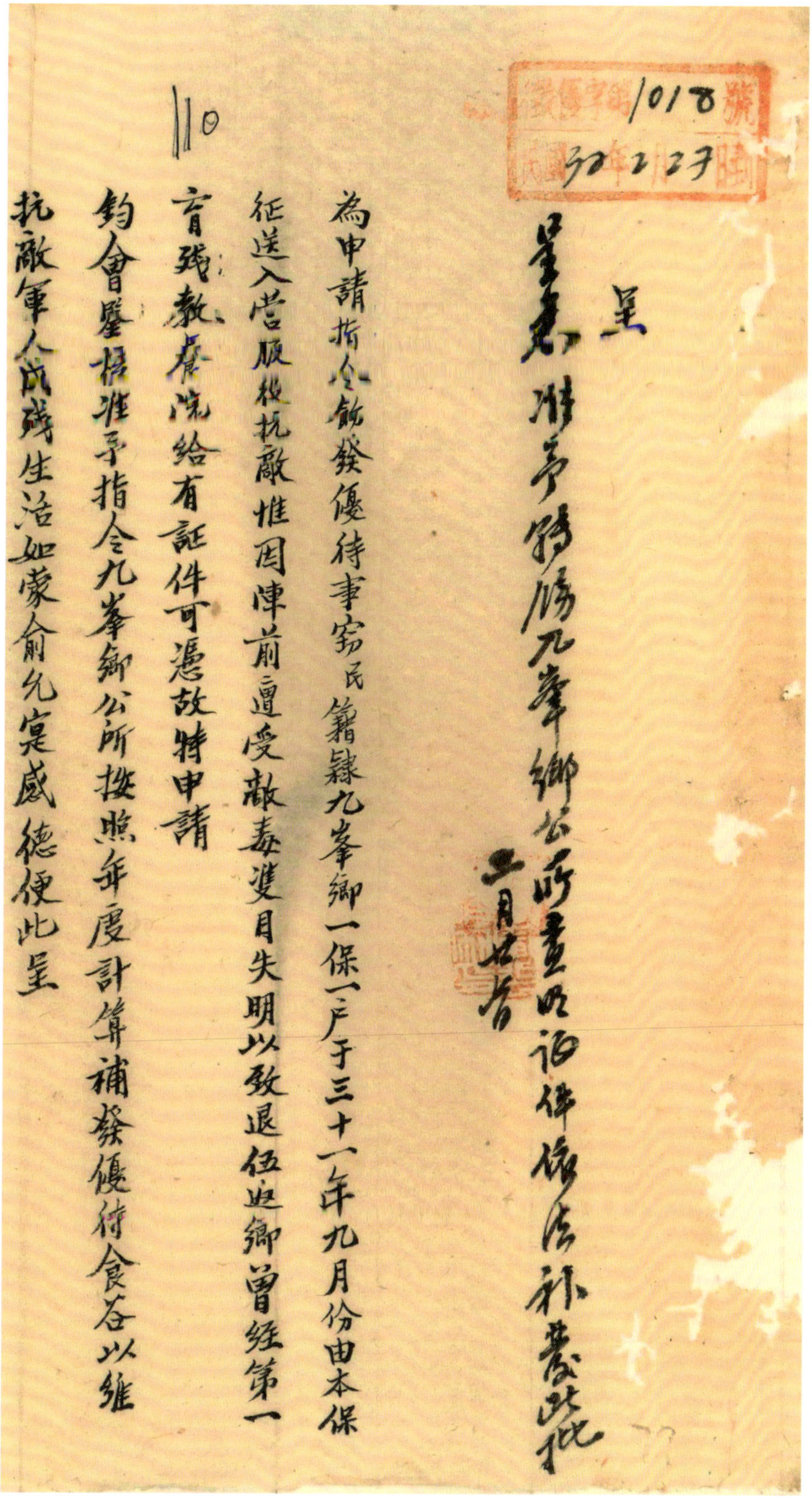

呈

呈悉。准予轉飭九峯鄉公所查明証件依法補發。此批

二月廿日

110

為申請指令飭發優待事。窃民籍隸九峯鄉一保一户，于三十一年九月份由本保征送入营服役抗敵，惟因陣前遭受敵毒，雙目失明，以致退伍返鄉。曾经第一盲残教養院給有証件可憑，故特申請

鈞會鑒核，准予指令九峯鄉公所按照年度計算補發優待食谷，以維抗敵軍人殘生活。如蒙俞允，寔感德便。此呈

鄰水縣優待委員會　公鑒

具申請人陳小木

民國三十七年二月　日

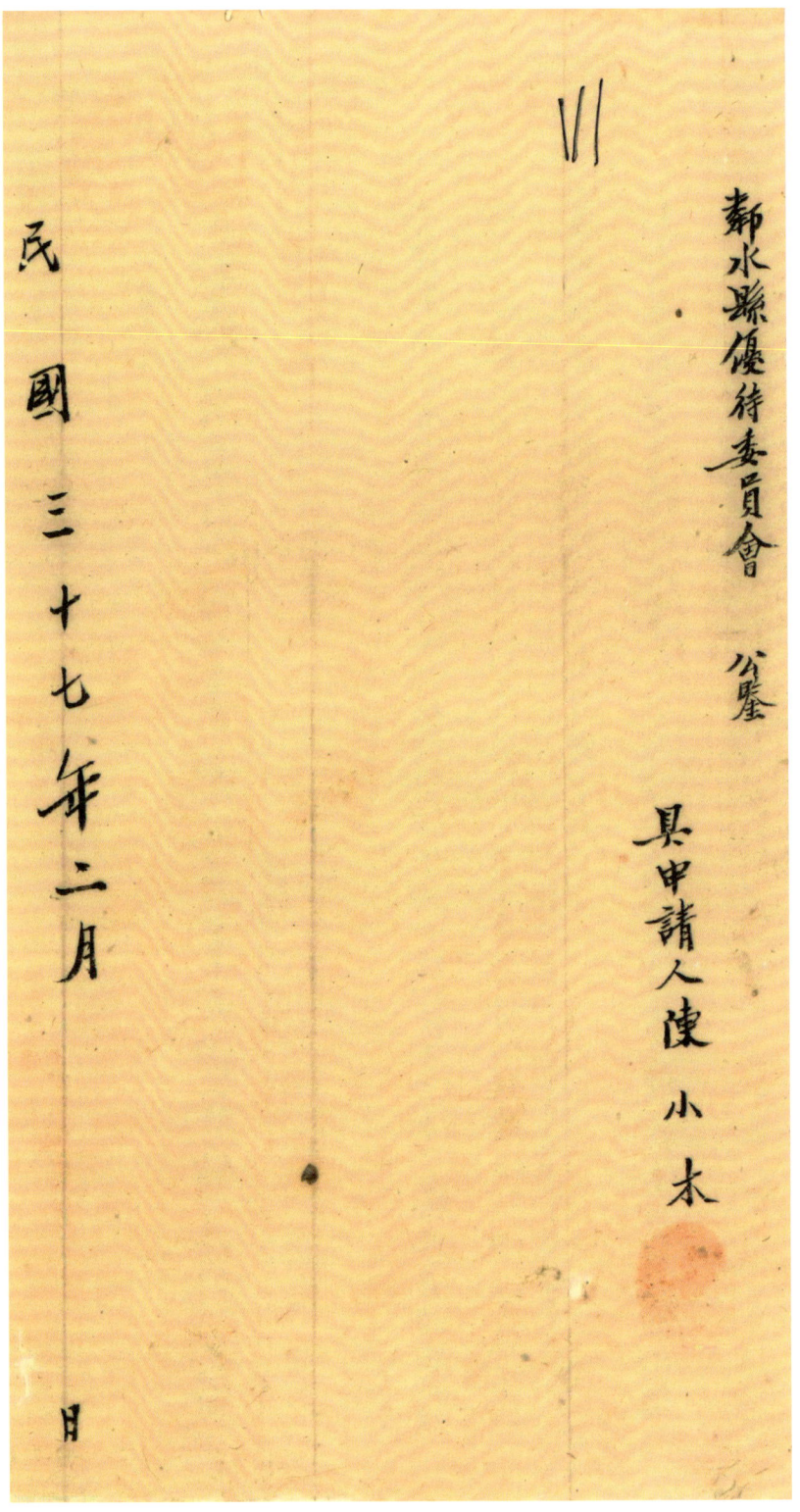

邻水县出征抗敌军人家属优待委员会关于依法补发出征军人家属廖冯氏优待谷致袁市乡公所的代电（一九四八年四月五日）

全衔代电

邻优研字又一九号 卅七年四月五日发

袁市乡鉴：乡长览。案据该乡出征军人家属廖冯氏呈以侵

義

吞优谷，抗不发给，每届应依法补发或借词日后处理

四三

案究追并请前来查。查优待谷系优待抗敌军人家属

须由出征军人直接回乡领取，除以口惠之空言之外并请批示

四六

外，合电仰该乡长依法补发为要。主任

阅

委员会邓江 即附抄原呈

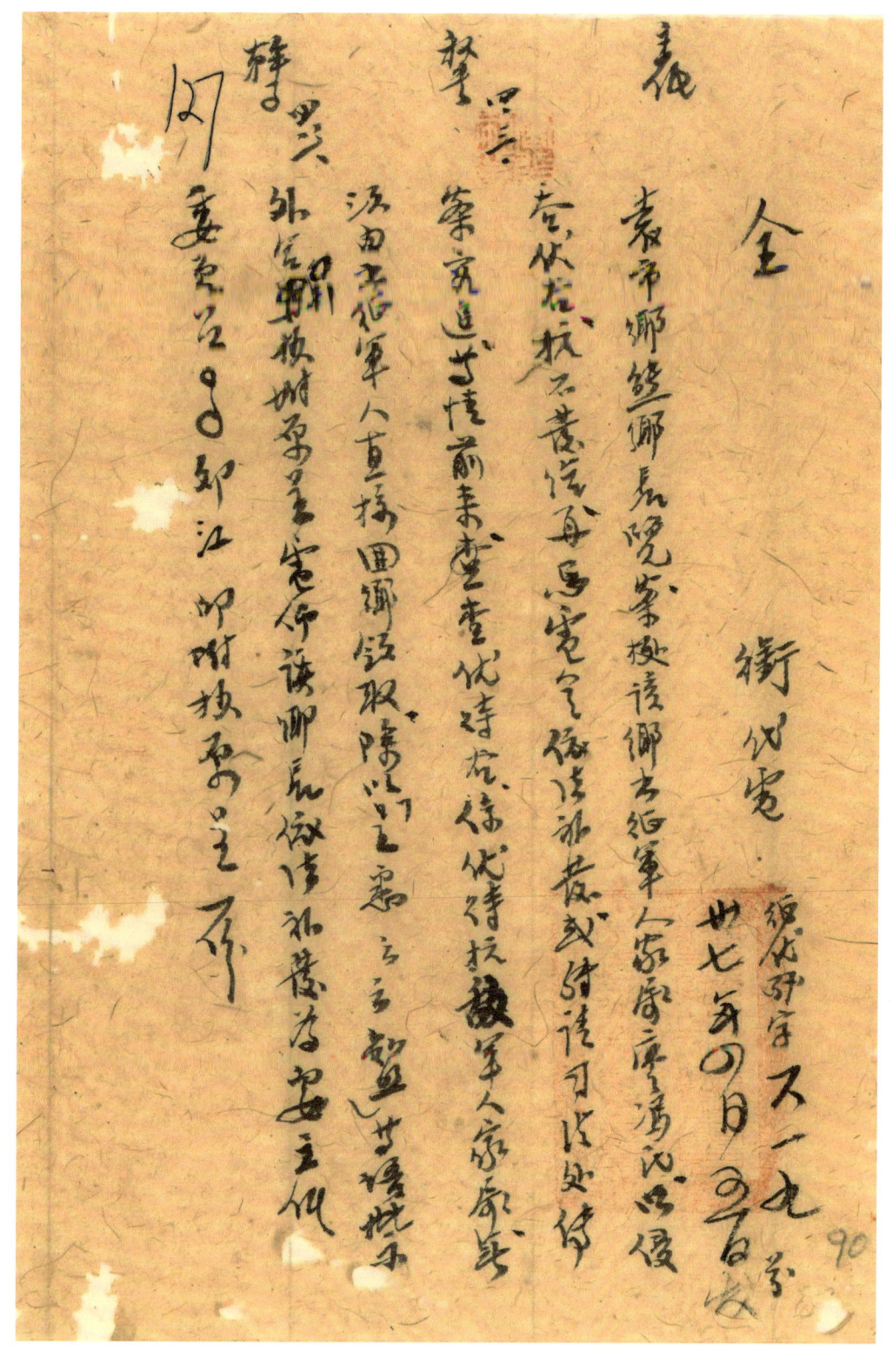

附：邻水县袁市乡抗属廖冯氏关于恳请依法补发优待谷致县出征抗敌军人家属优待委员会的报告（一九四八年四月）

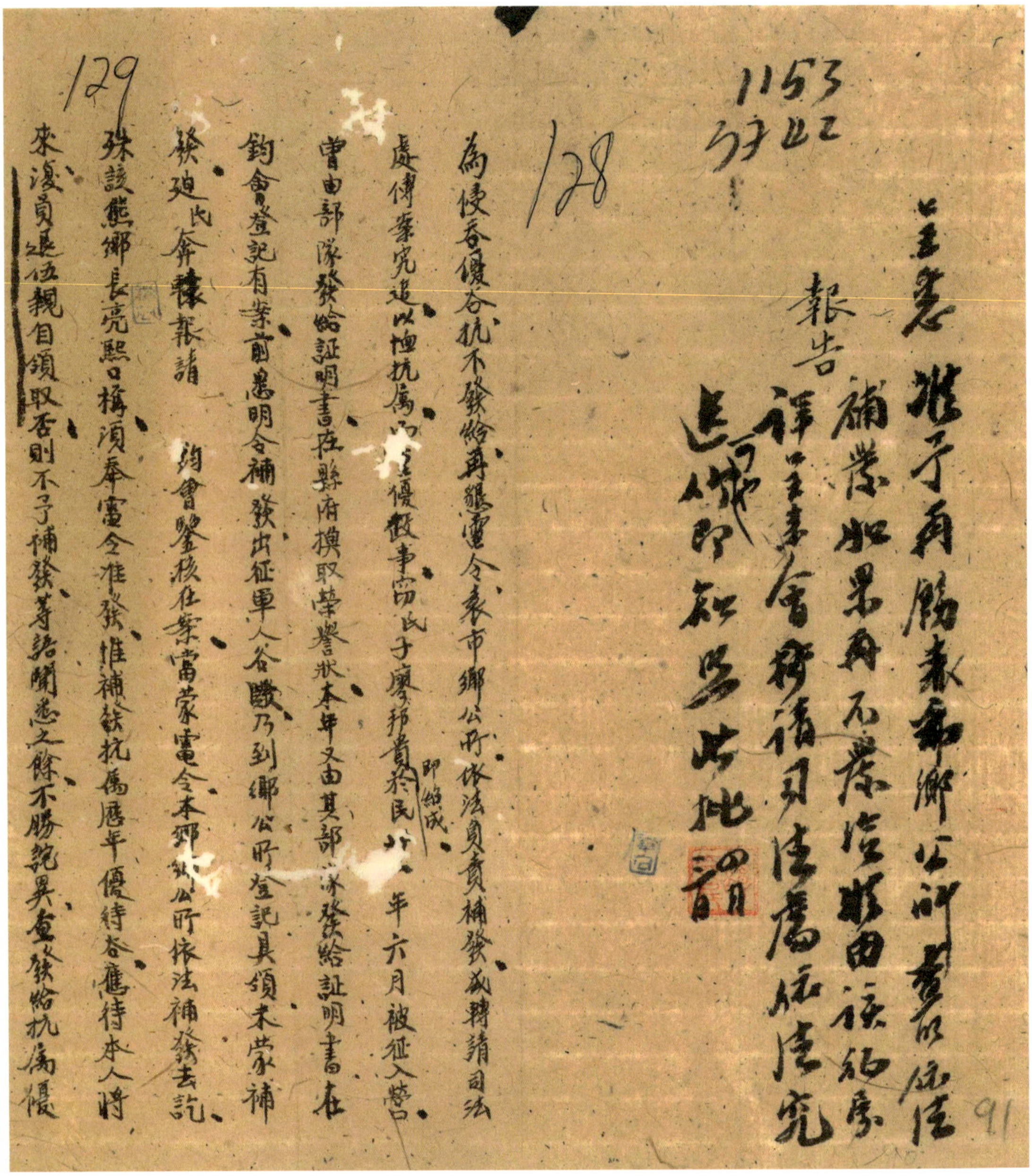

呈悉。准予再飭袁市鄉公所查明依法補發。如果再不發給，由該抗屬詳呈本會移請司法機關依法究追。仰即知照。此批。四月　日

報告

為侵吞優谷抗不發給，再懇電令袁市鄉公所依法負責補發，或轉請司法處傳案究追，以恤抗屬而重優政事。竊氏子廖邦貴（即紹成）於民卅　年六月被征入營，曾由部隊發給証明書，在縣府換取榮譽狀。本年又由其部隊發給証明書，在鈞會登記有案，實蒙明令補發出征軍人谷賑。乃到鄉公所登記，具領未蒙補發。廹氏奔縣報請鈞會鑒核在案。當蒙電令本鄉鄉公所依法補發，去訖。殊該熊鄉長亮熙口稱須奉電令准發，准補發抗屬歷年優待谷，應待本人將來退伍親自領取，否則不予補發等語。聞悉之餘，不勝詫異。查發給抗屬優

待谷欵顧名思義乃優待其家屬當勿須本人直接領取耶似此曲解法令希
圖倖吞優谷情實戕心用特縷陳詳情再懇
鈞會俯賜鑒核念氏年逾古稀無力生產惟有電令袁市鄉公所依法負
責補發戰精谷送法院傳案究追以恤抗屬而重優政迫切陳詞不勝待命之至

謹呈

優委會主任呂

袁市鄉抗屬 廖馮氏 十

中華民國卅七年四月 日

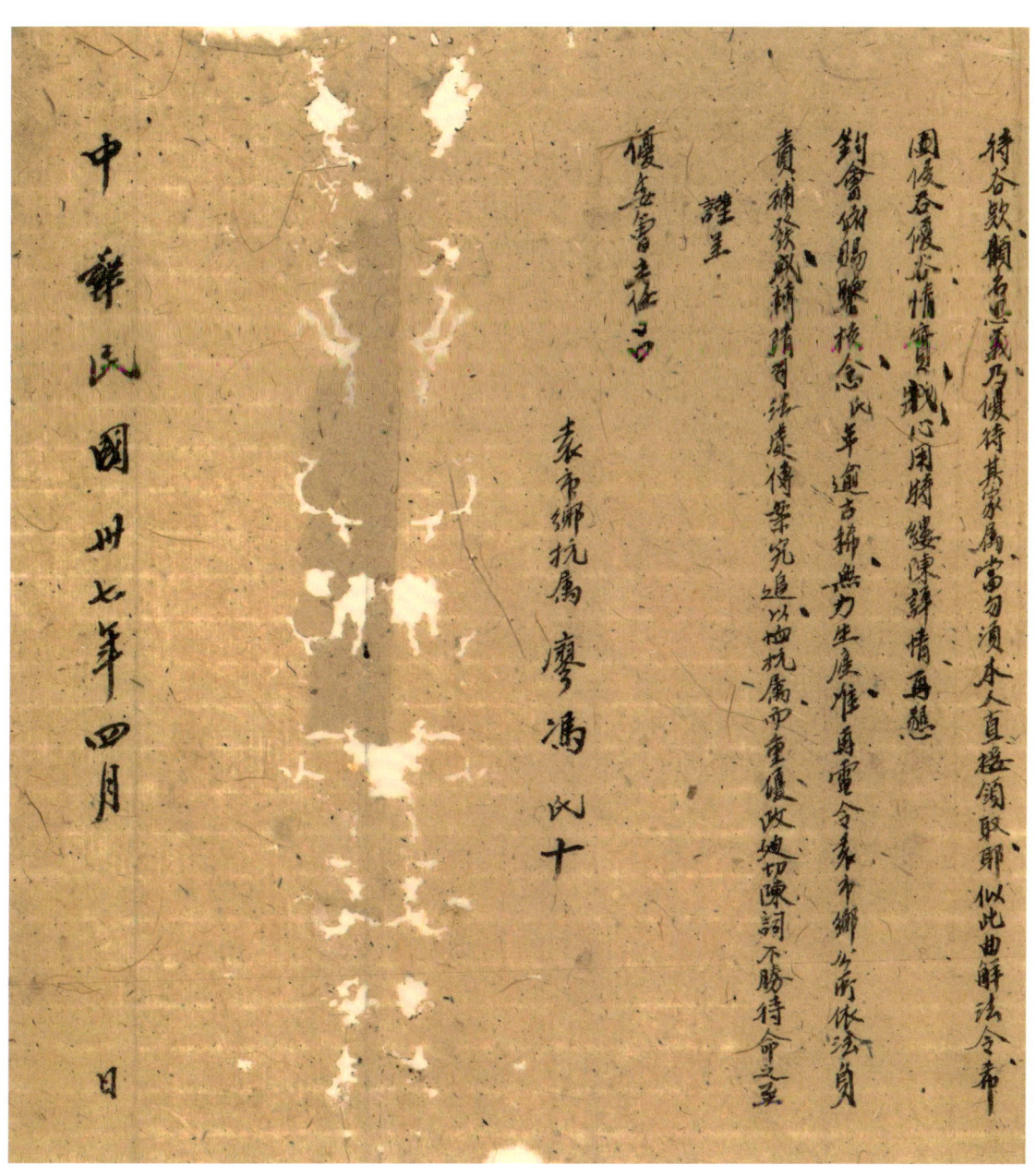

邻水县出征抗敌军人家属优待委员会关于依法补发出征军人家属倪昌太优待谷致袁市乡公所的代电（一九四八年四月五日）

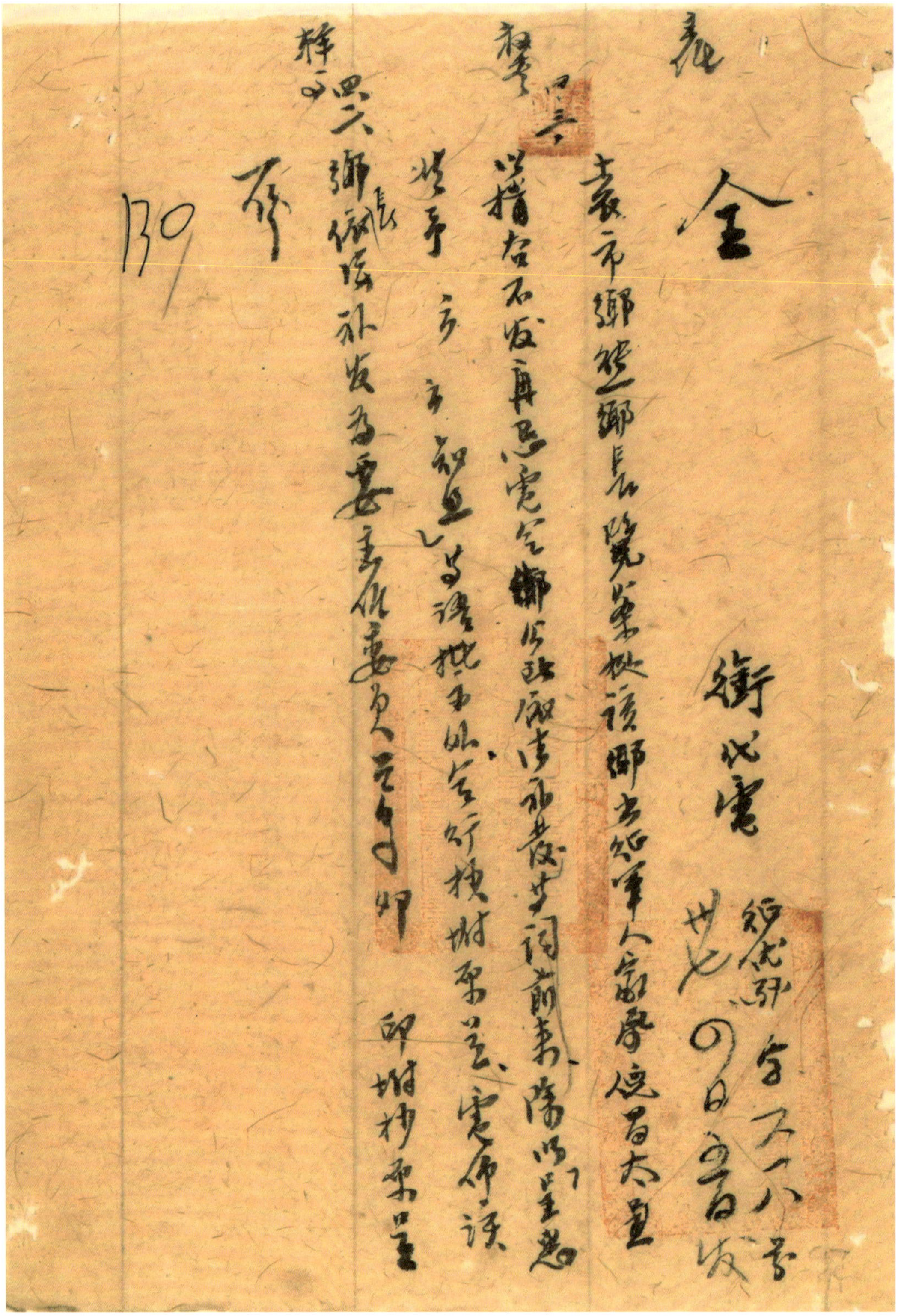

附：邻水县袁市乡征属倪昌太关于恳请依法补发出征军人家属优待谷致县出征抗敌军人家属优待委员会的报告（一九四八年四月）

收文11562
3322

138

報告

為措谷不發再懇電令鄉公所依法補發事情 民子倪長壽于民卅七年二月被征服役現仍作战前方持有榮狀及去年由前方寄回信件可憑前呈請電令袁市鄉公所依法補發殊詎鄉長竟称須本人將來退伍返縣後方能領取此係法令故意刁難希圖侵吞是須優谷是以再懇鈞會准予電令袁市鄉公所負責補發以恤征屬而重優政 謹呈

優委會主任 呂

袁市鄉征屬 倪昌太 十

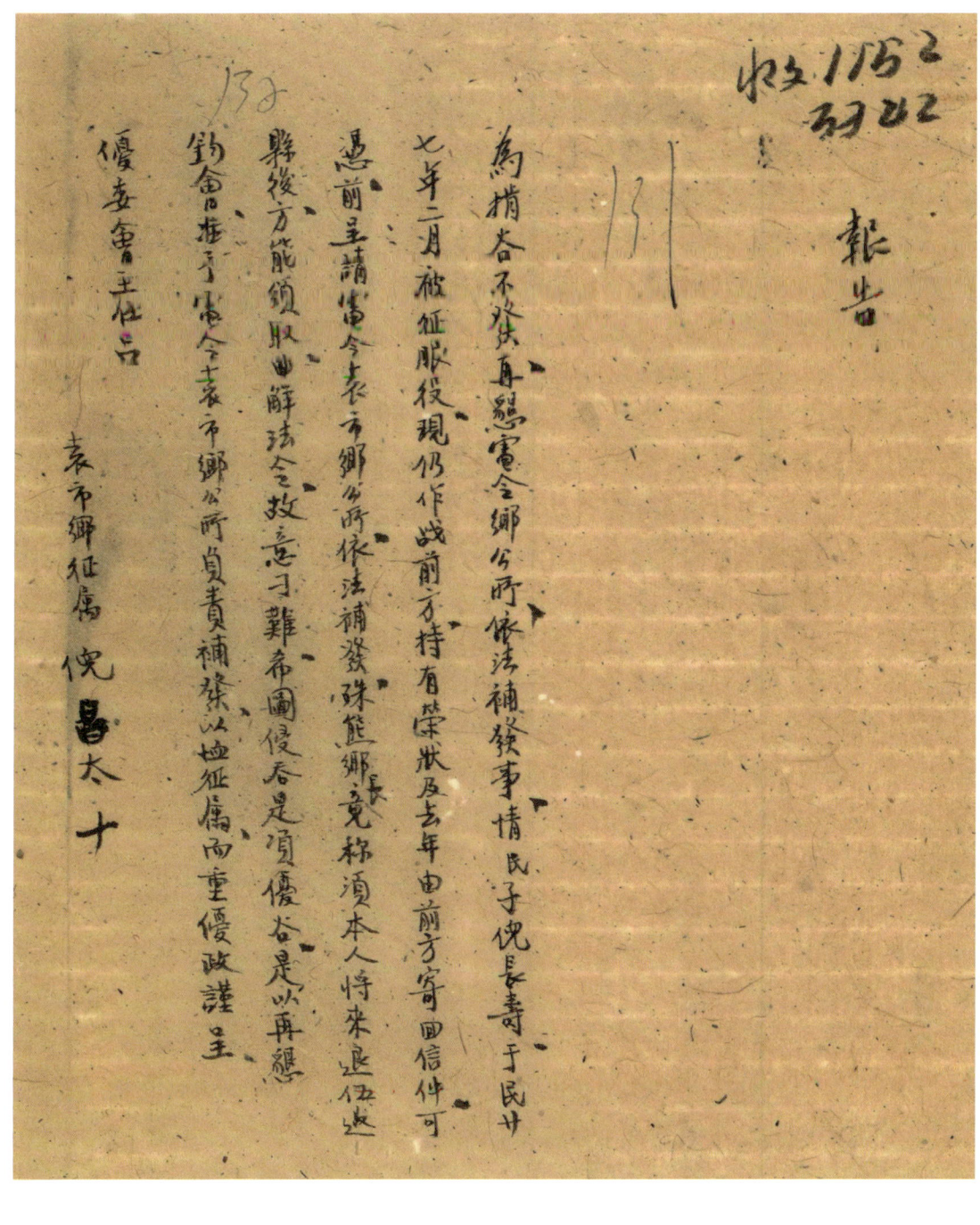

呈悉。准予再令袁市乡公所依法补
发。仰即知照。此批。四、三

中华民国廿七年四月　日

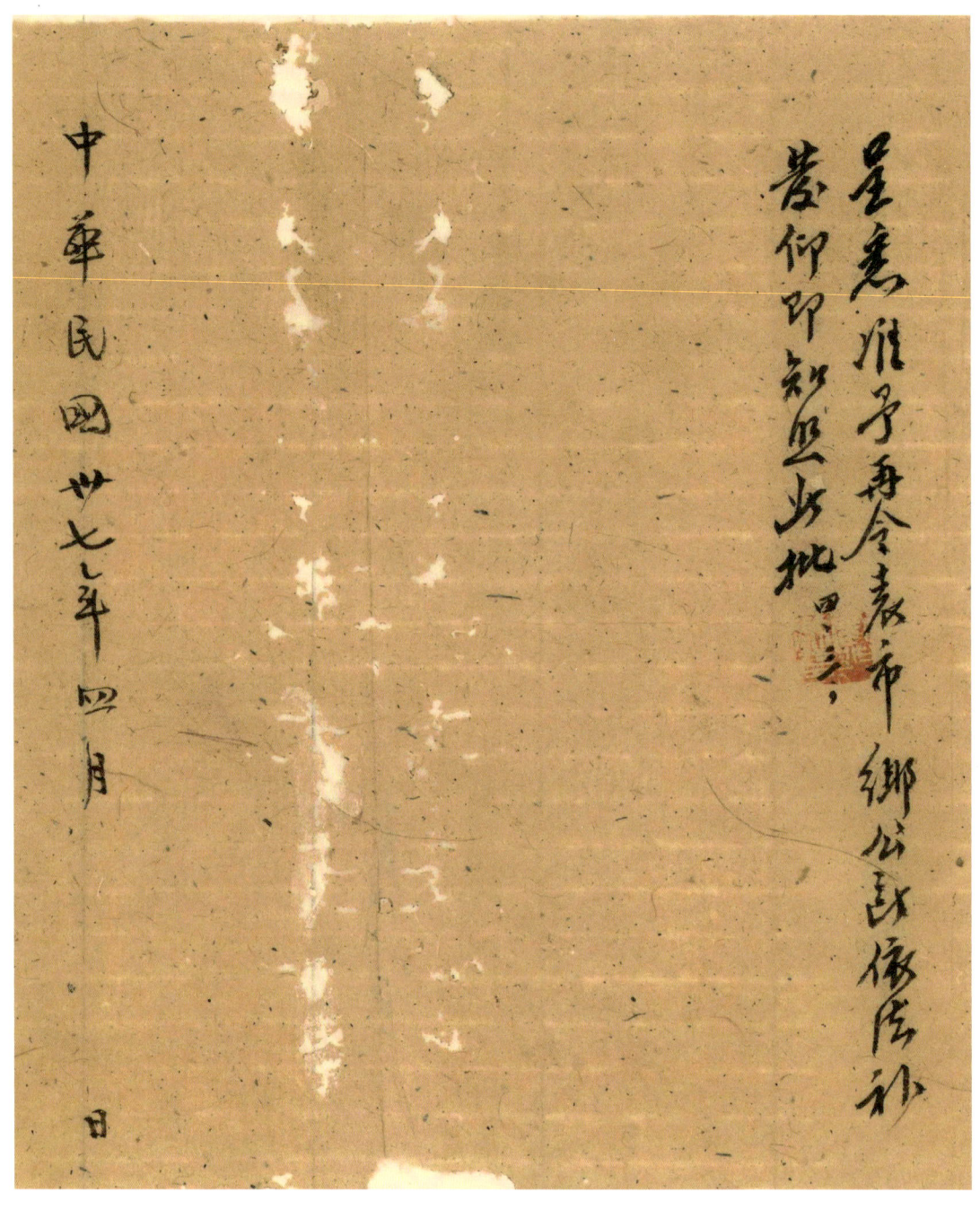

邻水县高兴乡第十一保办公处关于证明谭青云确属本保出征退役军人请依法优待致县出征抗敌军人家属优待委员会的呈（一九四八年四月五日）

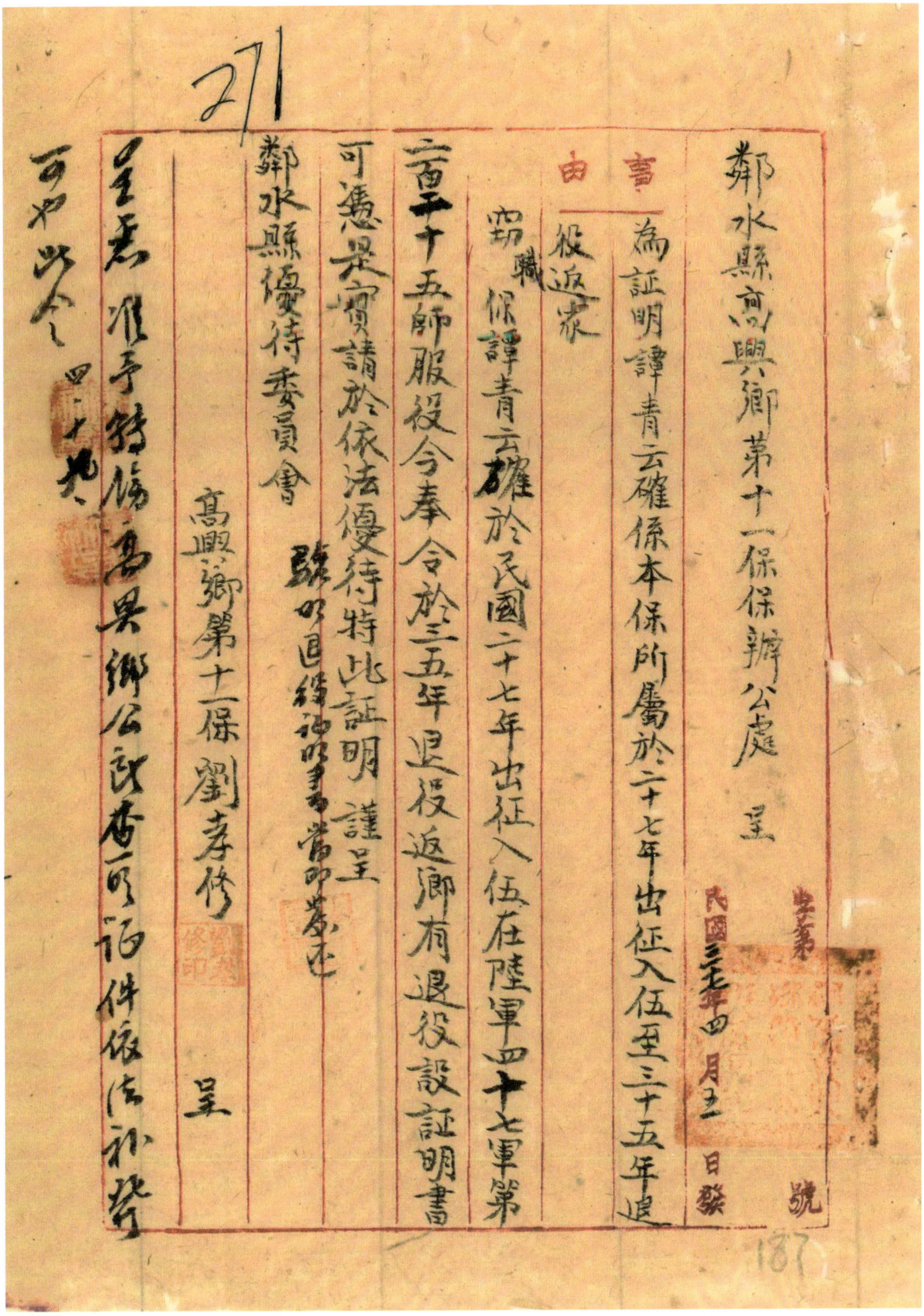

鄰水縣高興鄉第十一保保辦公處 呈

民國三十七年四月五日發

事由：為証明譚青云確係本保所屬於二十七年出征入伍至三十五年退役返家

竊職保譚青云確於民國二十七年出征入伍在陸軍四十七軍第一百二十五師服役今奉令於三五年退役返鄉有退役證明書可憑是實請於依法優待特此証明 謹呈

鄰水縣優待委員會

高興鄉第十一保 劉孝修 呈

呈悉。准予轉飭高興鄉公所查明證件依法補發可也。此令。

邻水县出征抗敌军人家属优待委员会关于查明补发退伍军人蓝章贵应领未领优待谷致九峰乡公所的代电
（一九四八年四月十二日）

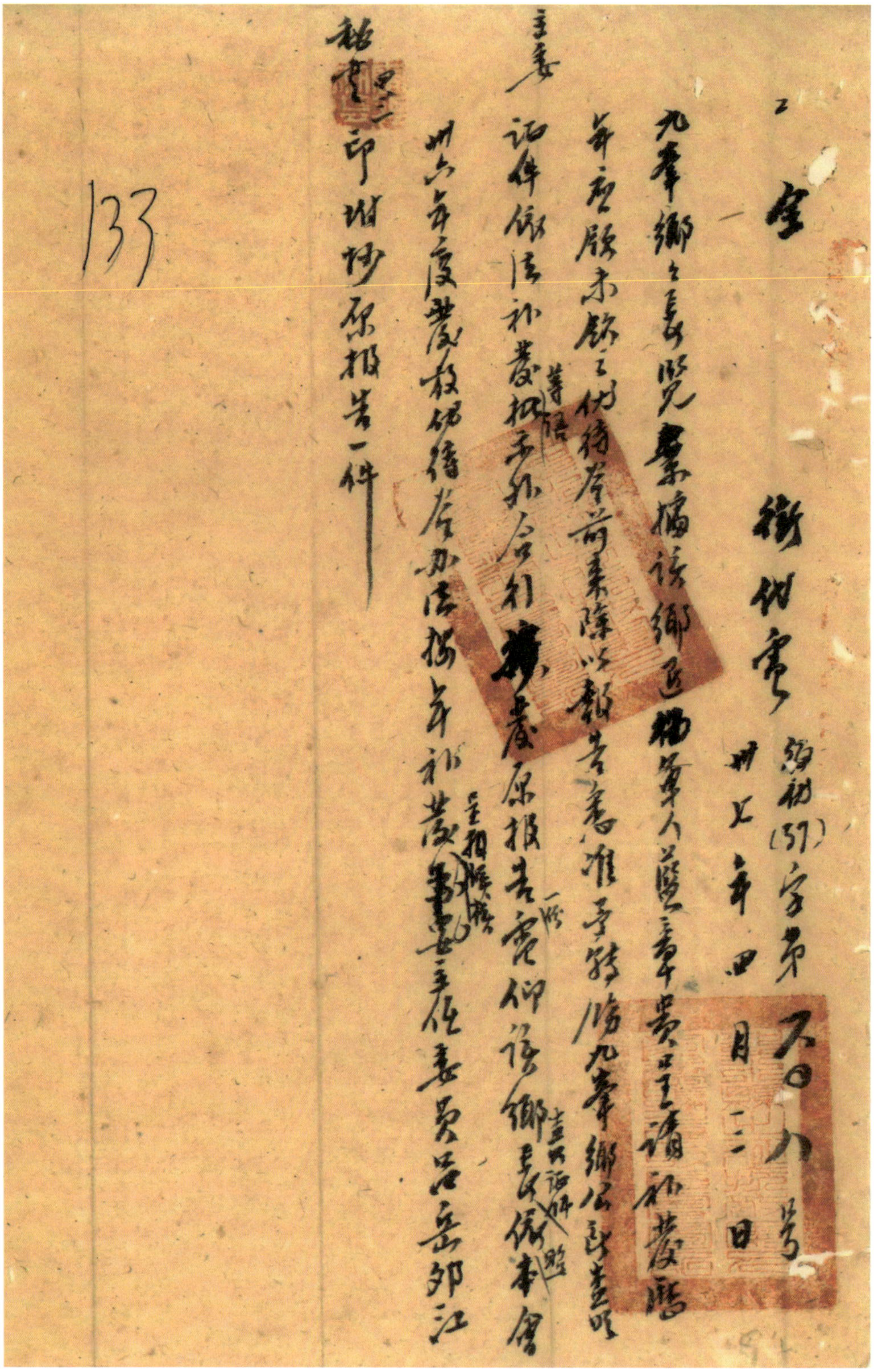
全衔代電　邻優（37）字第七〇八号　卅七年四月十二日
九峯鄉々長覽：案據該鄉退伍軍人藍章貴呈請補發應
年應領未領之優待谷前來，除以[…]准予轉飭九峯鄉公所查明
詳語件依法補發，[…]原報告一紙，仰該鄉長依本會
卅六年度發放優待谷辦法按年補發[…]主任委員呂岳郊　江
秘書[…]印　附抄原報告一件

附：邻水县九峰乡退伍军人蓝章贵关于恳予补发历年应领优待谷致县出征抗敌军人家属优待委员会的报告（一九四八年三月十日）

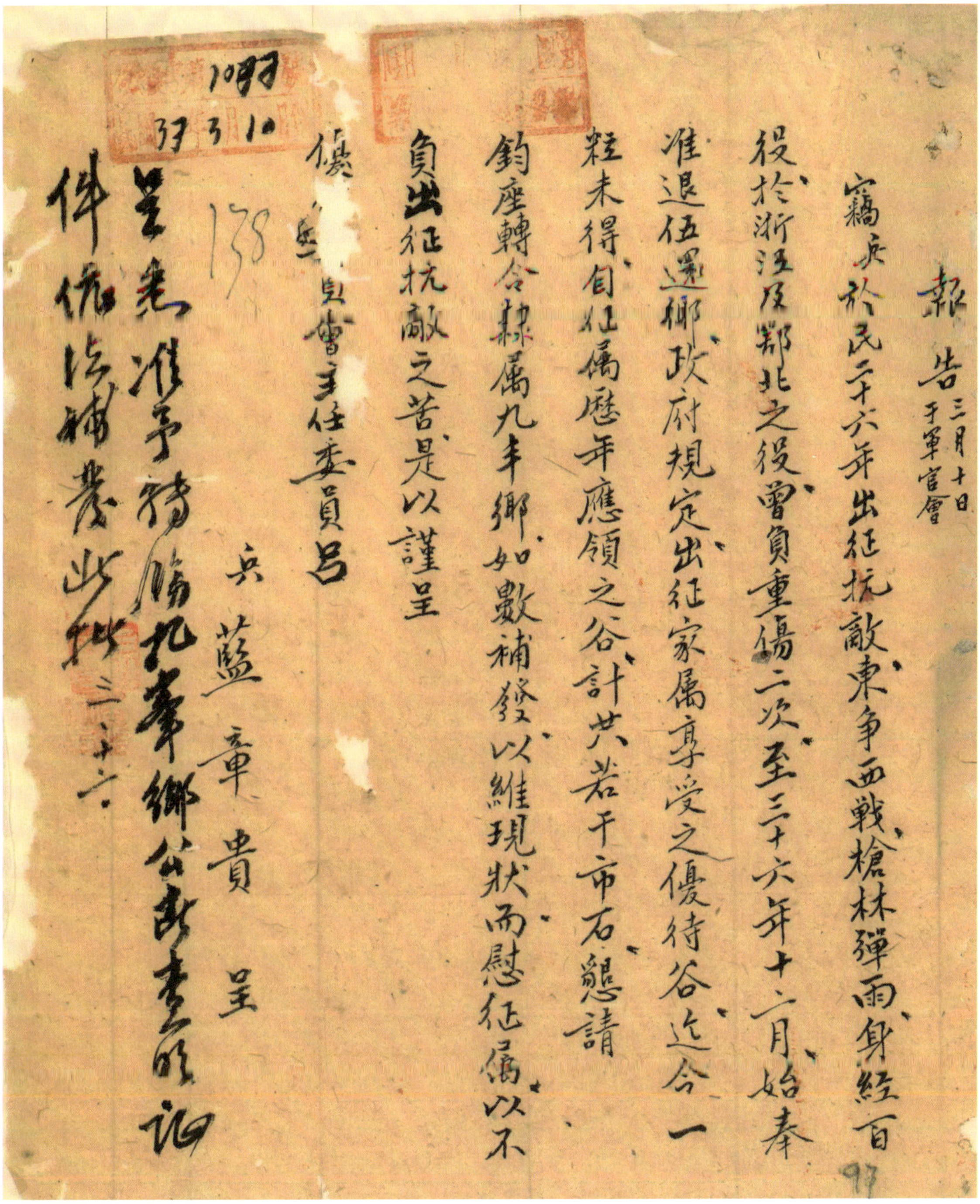
報告 三月十日 于軍官會

竊兵於民二十六年出征抗敵，東爭西戰，槍林彈雨，身經百役，於浙江及鄂北之役，曾負重傷二次，至三十六年十二月，始奉准退伍還鄉。政府規定出征家屬享受之優待谷，迄今一粒未得，自征屬歷年應領之谷，計共若干市石，懇請鈞座轉令隸屬九峰鄉，如數補發，以維現狀而慰征屬，以不負出征抗敵之苦。是以謹呈

優待委員會主任委員 呂

兵 藍章貴 呈

呈悉。准予轉飭九峰鄉公所查明詳報，併飭該鄉補發。此批 三、十六

邻水县政府关于列表报核各乡历年发放优待谷实数和存数致县出征抗敌军人家属优待委员会的训令

（一九四八年四月二十二日）

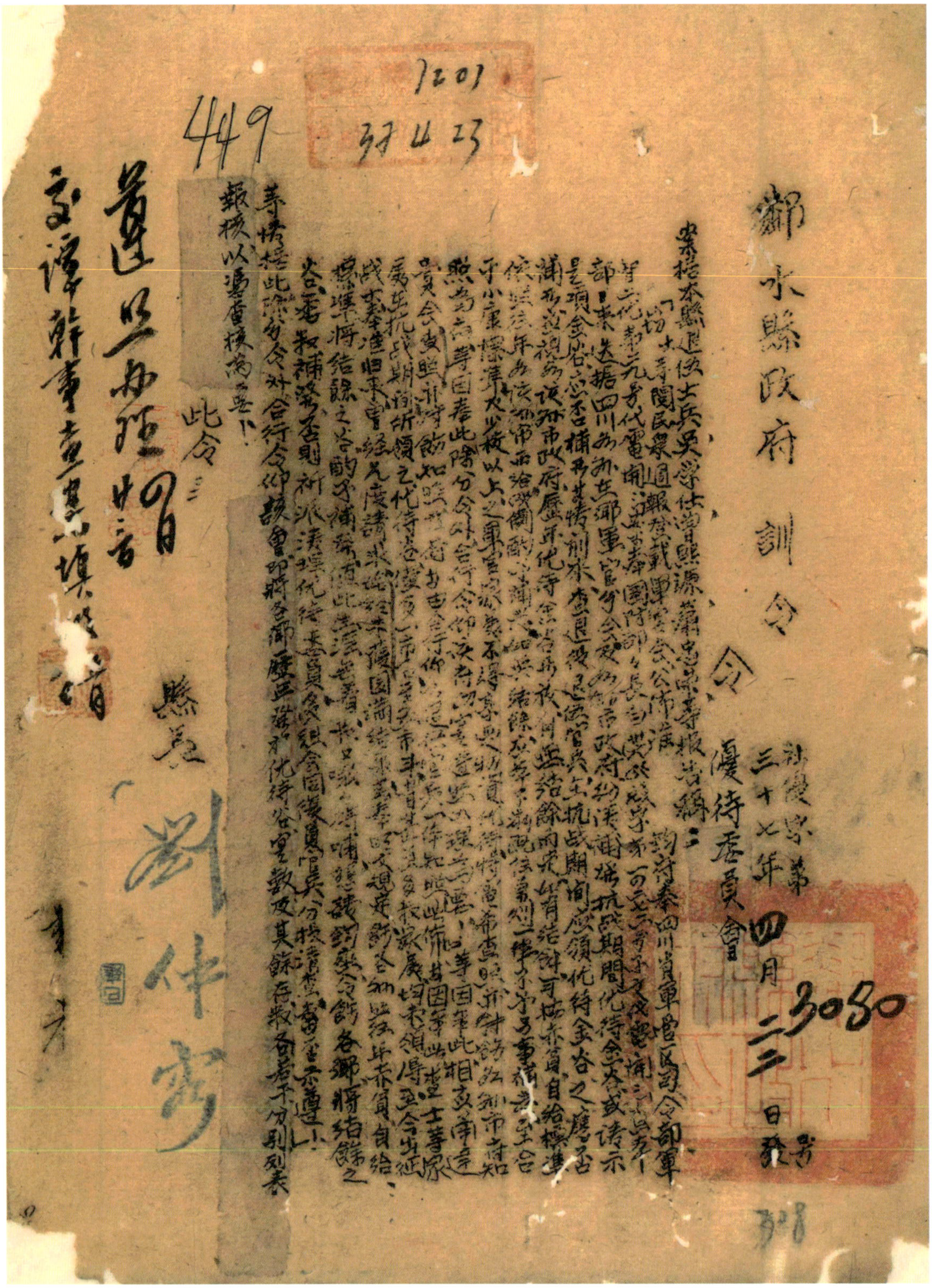

鄰水縣政府訓令

社優字第 號
三十七年四月二十二日發

令優待委員會

此令

縣長 劉仲宇

邻水县三古乡第五保保办公处关于具实证明恳予优待抗战回乡军人游宗武致县出征抗敌军人家属优待委员会的呈（一九四八年四月二十三日）

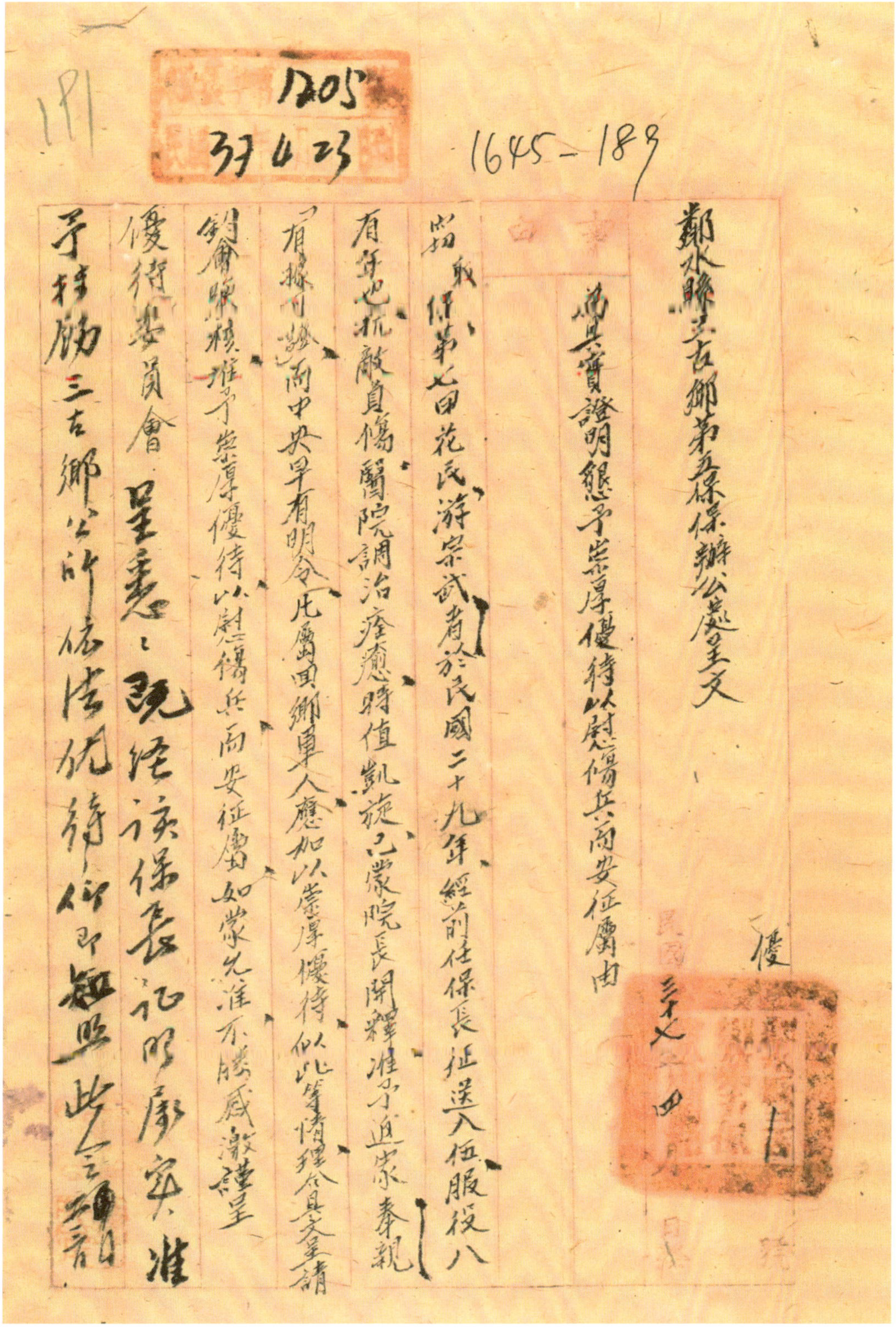

鄰水縣三古鄉第五保保辦公處呈文

為具實證明懇予崇厚優待以慰傷兵而安征屬由

竊查保第七甲花民游宗武前於民國二十九年經前任保長征送入伍服役八有年也抗敵負傷醫院調治痊癒時值凱旋已蒙院長開釋准予返家奉親有據可稽而中央早有明令凡屬出征軍人應加以崇厚優待似此等情理合具文呈請鈞會賜核准予崇厚優待以慰傷兵而安征屬如蒙允准不勝感激謹呈

優待委員會

呈悉。既經該保長證明屬實，准予轉飭三古鄉公所依法優待，仰即知照。此令。

1645－190

三古鄉第五保鄉民代表 袁清爽

保長 袁春芳

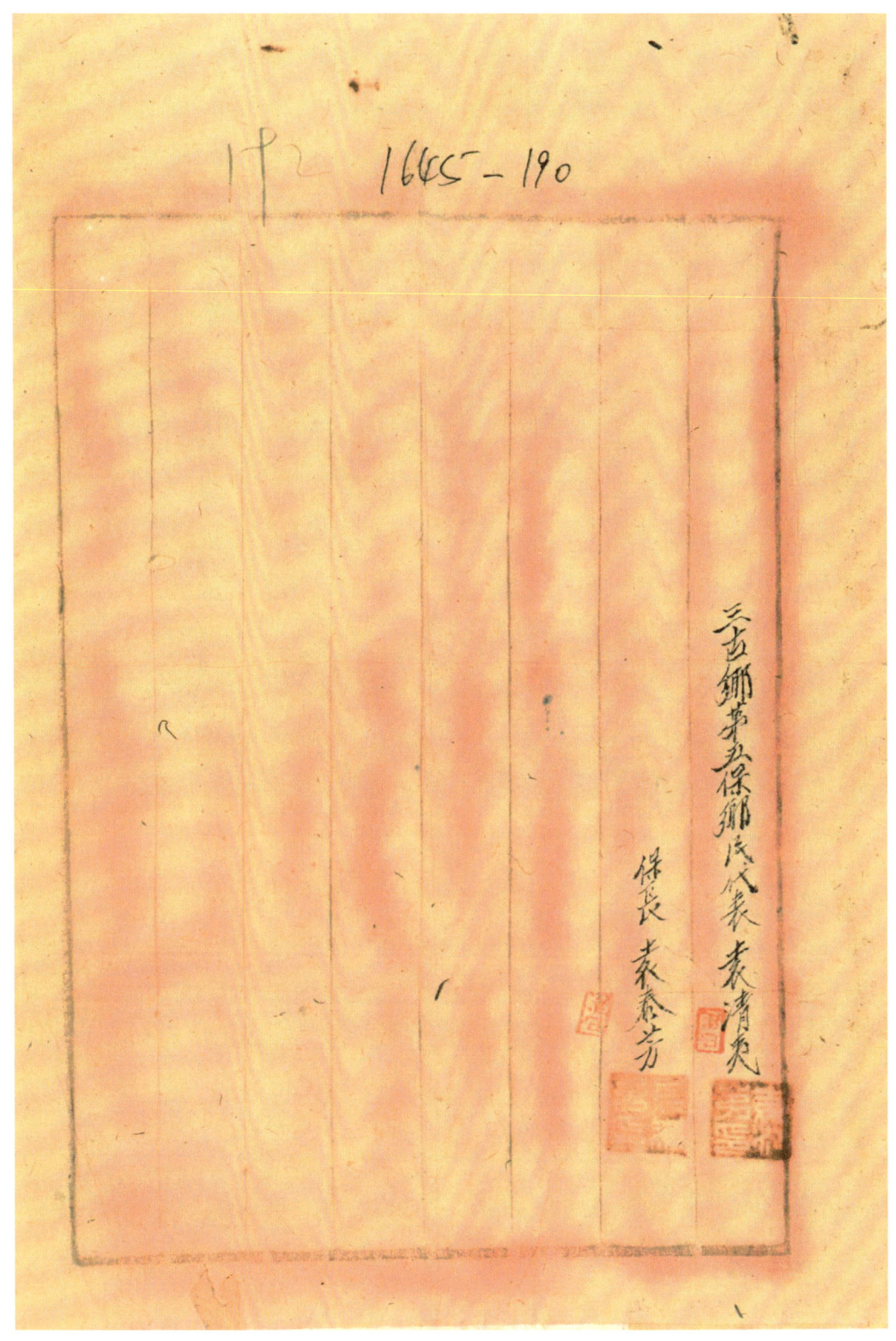

邻水县出征抗敌军人家属优待委员会关于查明补发退役伍军人月岁林优待谷致九峰乡公所的代电（一九四八年四月）

全銜代電

鄰優字第　號

卅七年卯月　日

九峰鄉公所覽：案據該鄉退役軍人月岁林呈請補發歷年應領未領優待谷，以維生活，而示優待等情前來。據此，查呈悉。准予照辦。知照。除批示外，合行抄附原呈，電仰該鄉公所查辦理具報，以憑補發為要。主任委員吳○○卯　印

附抄原呈一份

叔堯

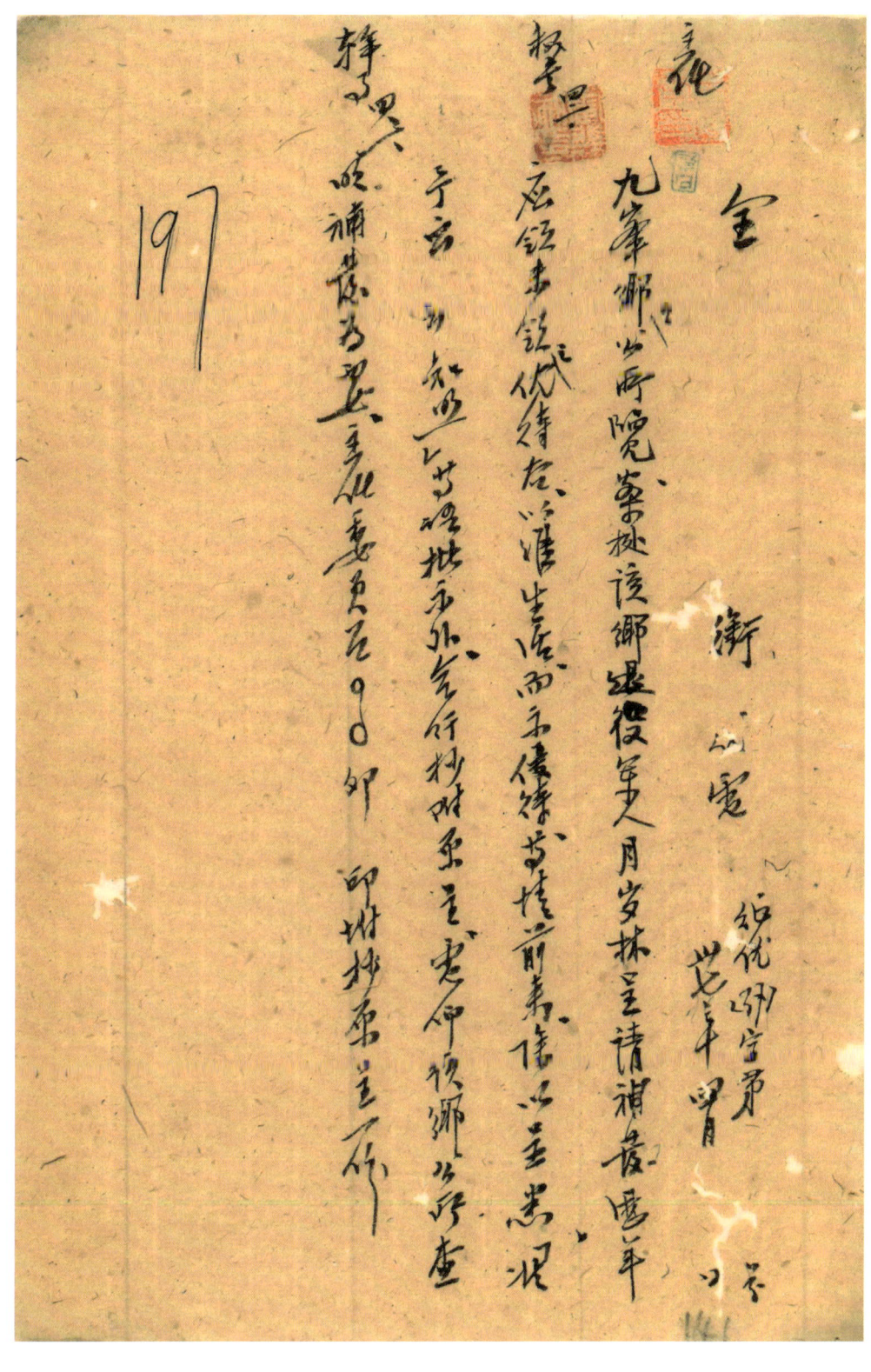

附：邻水县九峰乡退役军人月岁林关于申请补发优待谷致县出征抗敌军人家属优待委员会的报告（一九四八年三月十八日）

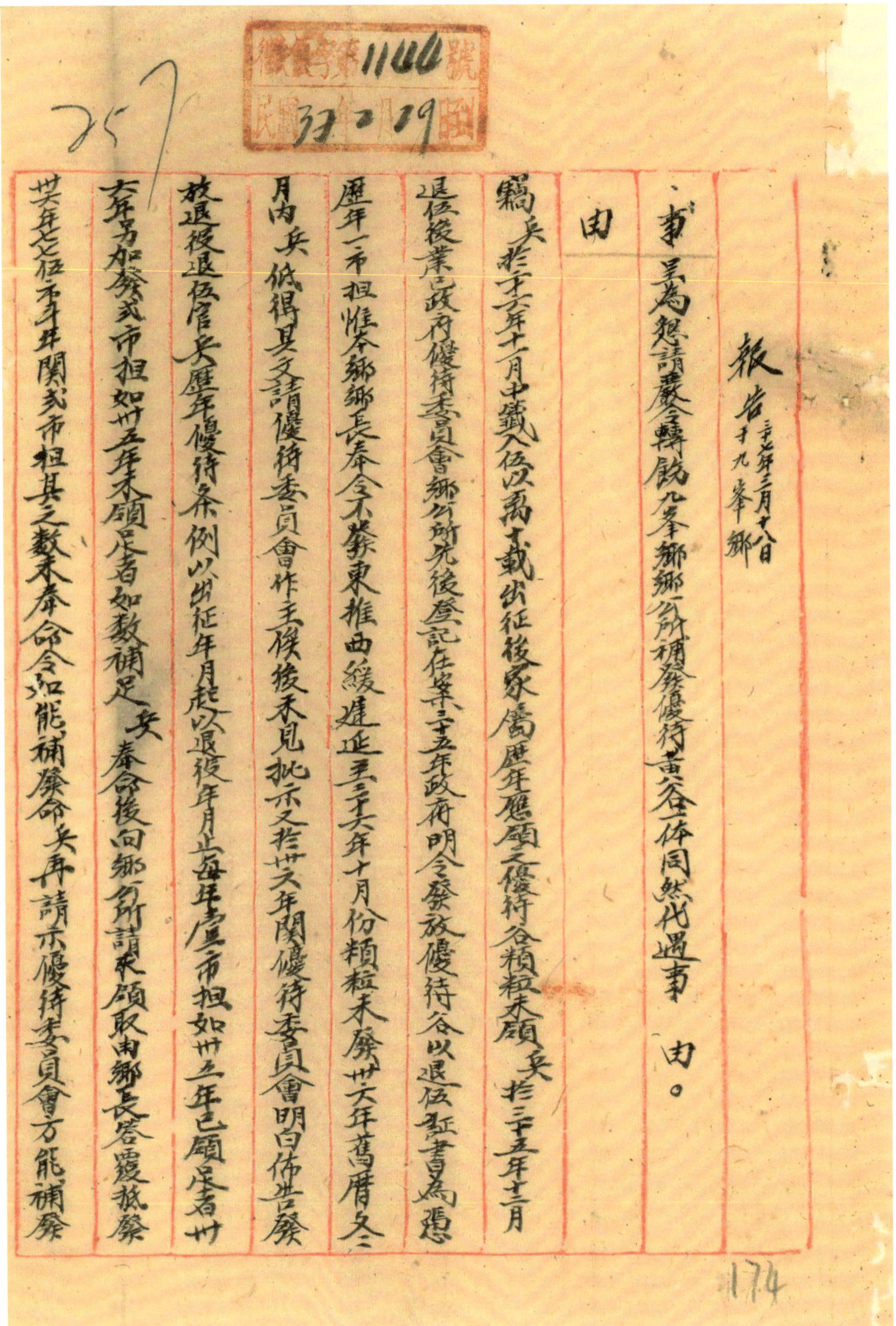

报告 三十七年三月十八日 于九峰乡

事由：呈为恳请严令转饬九峰乡乡公所补发优待黄谷一体同然代遇事由。

窃兵于二十六年十月中签入伍，以为十载出征，后家属历年应领之优待谷粮未领，兵于三十五年十二月退伍后，业已政府优待委员会乡公所先后登记在案。三十五年政府明令发放优待谷，以退伍证书为凭，历年一市担，惟本乡乡长奉令不发，东推西缓，迟延至三十六年十月份稻粮未发。卅六年旧历冬月内，兵低得县文请优待委员会作主，候后未见批示，又于卅六年闰优待委员会明白佈告发放退役退伍官兵历年优待条例，以出征年月起，以退役年月止，每年应发市担，如卅三年已领足者，卅六年另加发贰市担，如卅五年未领足者，如数补足。兵奉命后向乡公所请求领取，由乡长答覆只发卅年七征二年卅闰贰市担，其之数未奉命令，如能补发，命兵再请示优待委员会，方能补发

258

况兵本鄉復員兵劉體全同時要鄉西鄉長如數補足壹拾貳市担兵亦係復員軍鄉長何得兩般對付其原因何在又無處伸訴祗得具文檢同退伍証書報請

鈞會俯予嚴核嚴令轉飭鄉公所按照退伍証書為憑每年壹市担三十六年另加發貳市担已領貳担伍市斗外其餘之數如數補足如蒙允准以資體恤實沾德便　上告

謹呈

鄰水縣復員委員會主任　呂

（附退伍證書一件）

九峰鄉復員兵月歲林　呈

驗明退伍証明書當予發還　趙　証件另行

呈悉，准予轉飭高峰鄉公所查明補發可

七卅批　四、六

邻水县出征抗敌军人家属优待委员会关于查明补发退伍军人甘占奎历年优待谷致同石乡公所的代电（一九四八年四月）

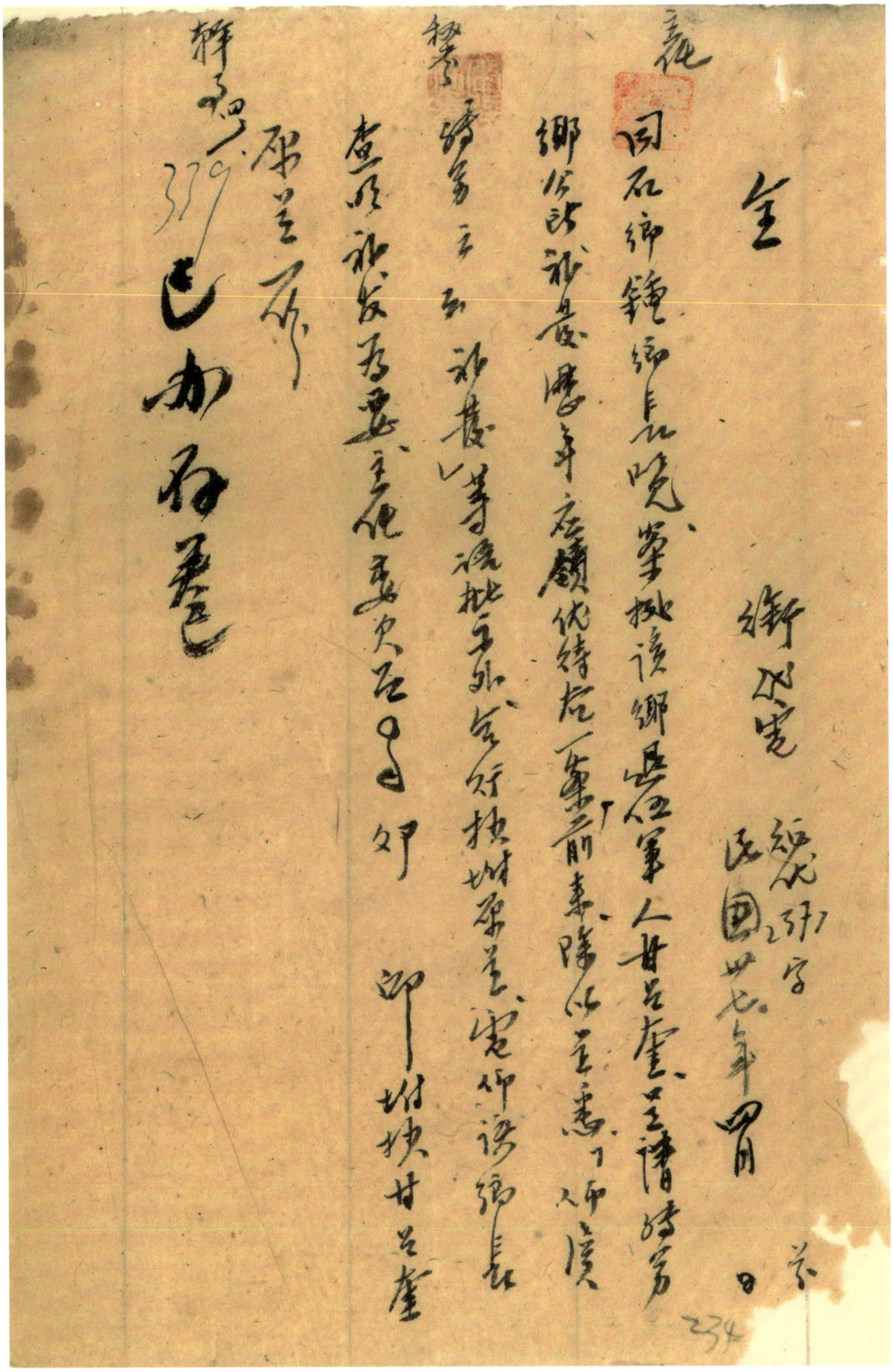

全衔代电　　绥优字　号
民国卅七年四月　日　发

同石乡钟乡长晓峯览：据该乡退伍军人甘占奎呈请将前乡公所社长历年应领优待谷一案前来，[illegible]
转饬主任社长[illegible]等情，据此，合行抄附原呈，电仰该乡长查明补发为要。主任委员[illegible]印
附抄甘占奎原呈
原呈存
已办存卷

附：同石乡退伍军人廿占奎关于申请补发优待谷致邻水县政府的行政诉讼状（一九四八年二月）

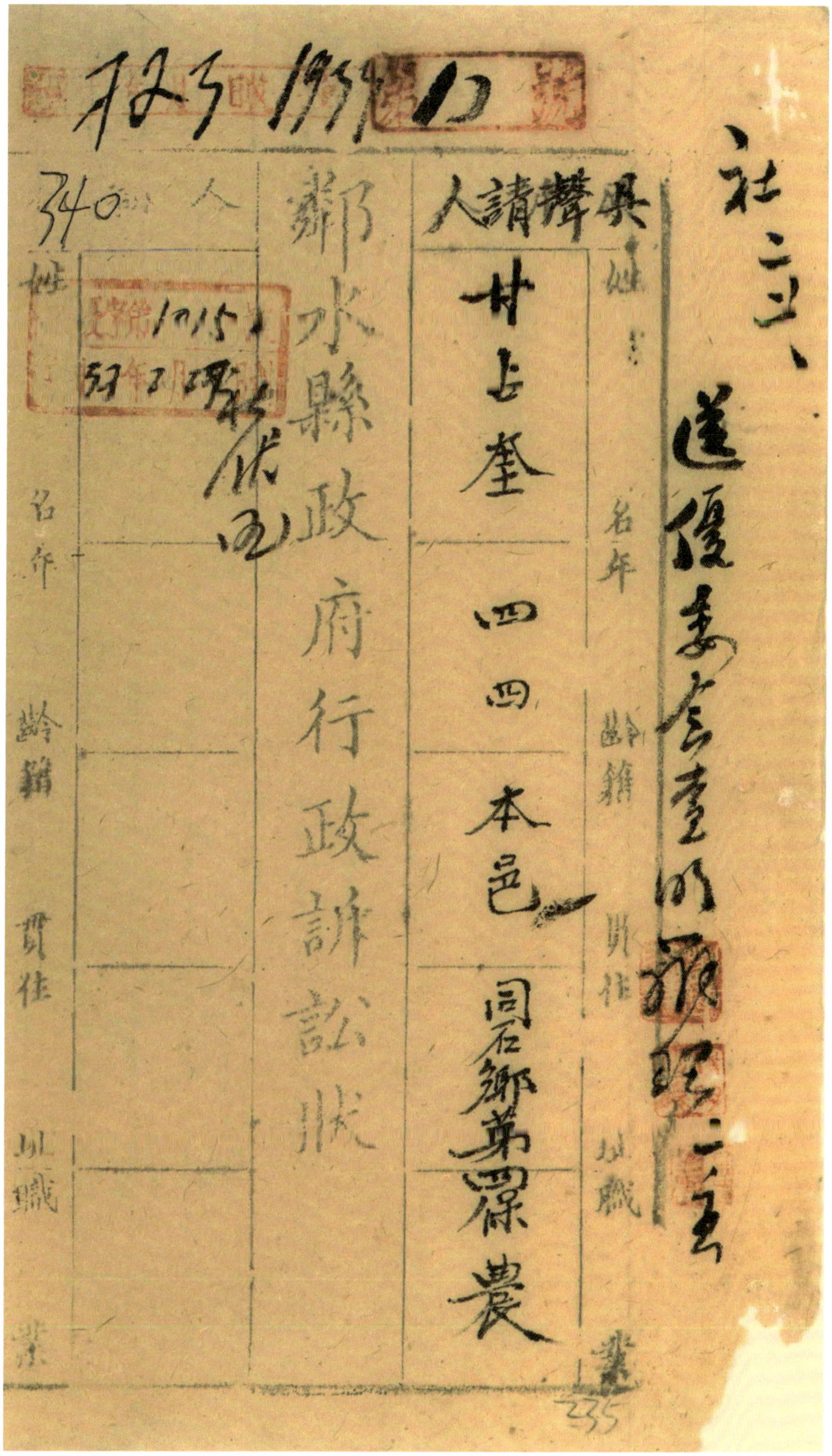

社二六、

遂復查明辦理

具狀人

廿占奎　四四　本邑　同石鄉第一保　農

鄰水縣政府行政訴訟狀

呈為具由聲請咨文鄉所發給優待以資抗敵而維負傷事竊民於民國二十六年自願
入伍從軍歷經二十餘載抗日勝利民負傷兩次均有證件民於民國三十五年九月內
請假回鄉登記清楚臨到本鄉鄉公所報名領取優待谷叁市石民至出征優
待連年谷米未得結清民亦有等候証料本年度上峯　明令補發優
待谷民到鄉公所領取殊鄉長鍾昭然分諭民到優委會與及
鈞座台前具由聲請咨文鄉所方能領谷是此民遵依鄉長分示持証來城具
由懇祈
鈞核咨文回石鄉体卹負傷帶殘之軍人也如允立咨公文則民生活有着
沾感大德無暨矣此呈
縣長劉

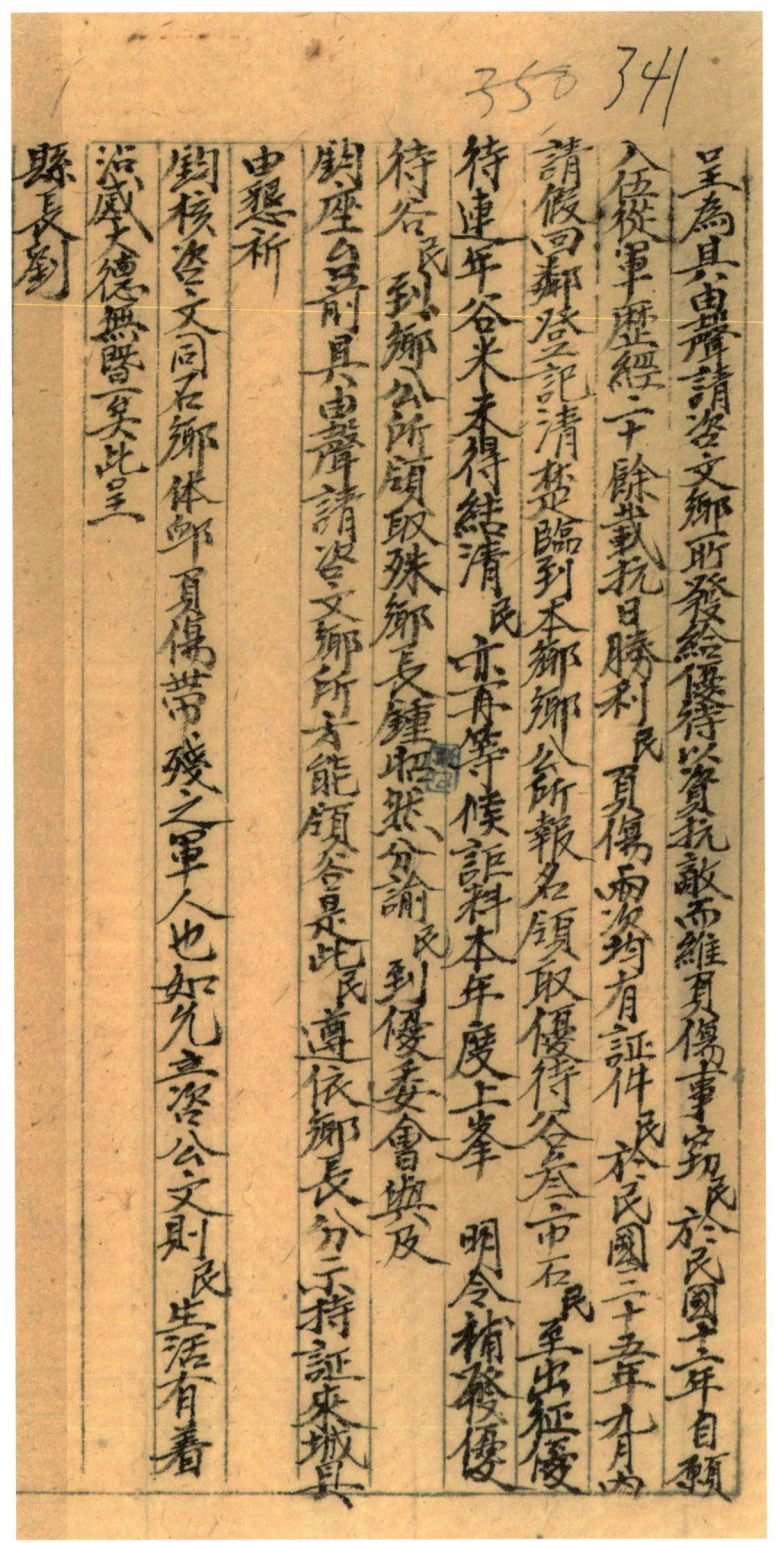

342

呈悉。仰候飭令同居鄉公所查明，秉公依法核奪。此批

二月廿二日

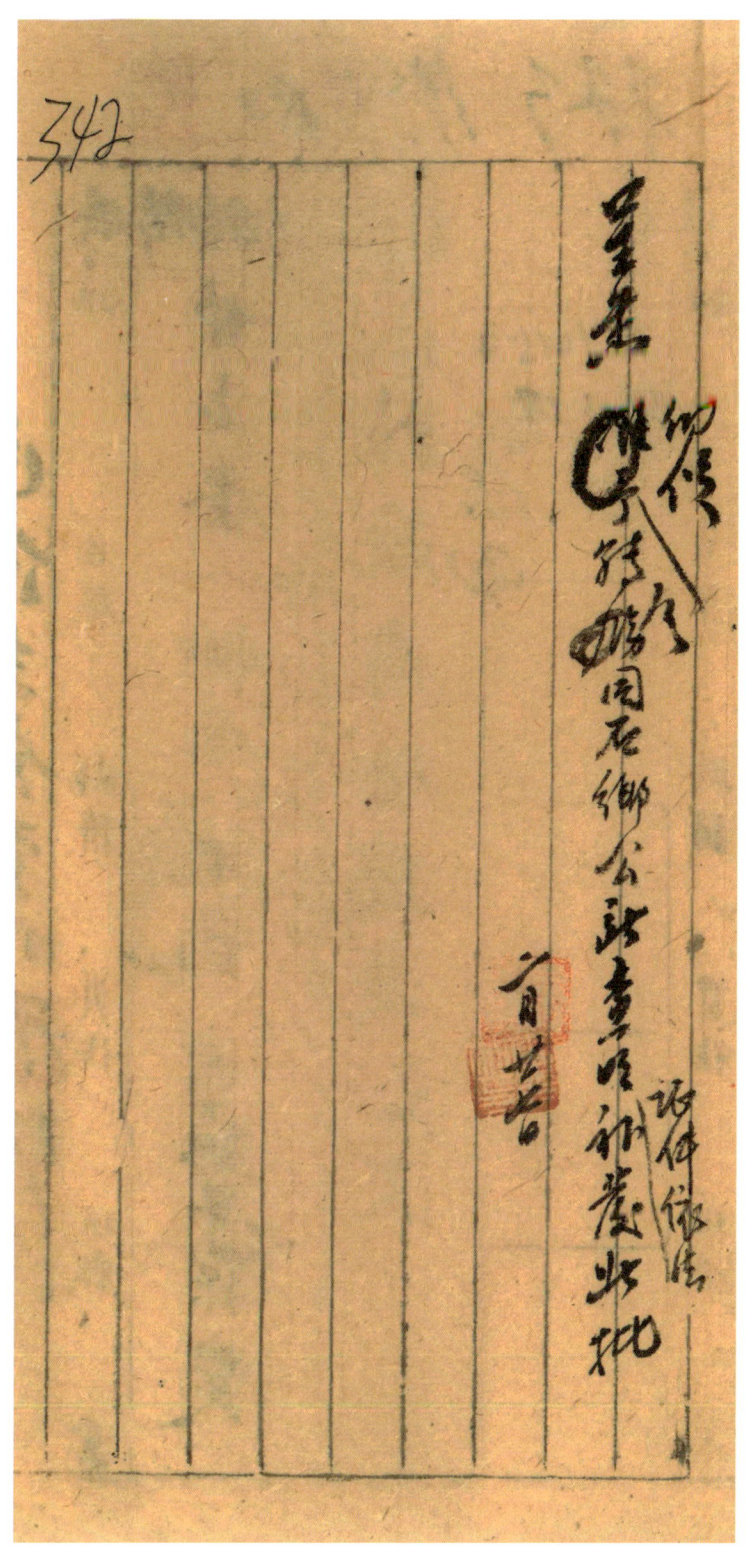

345

中華民國三十七年二月　日

具聲請人甘占奎十

店保人

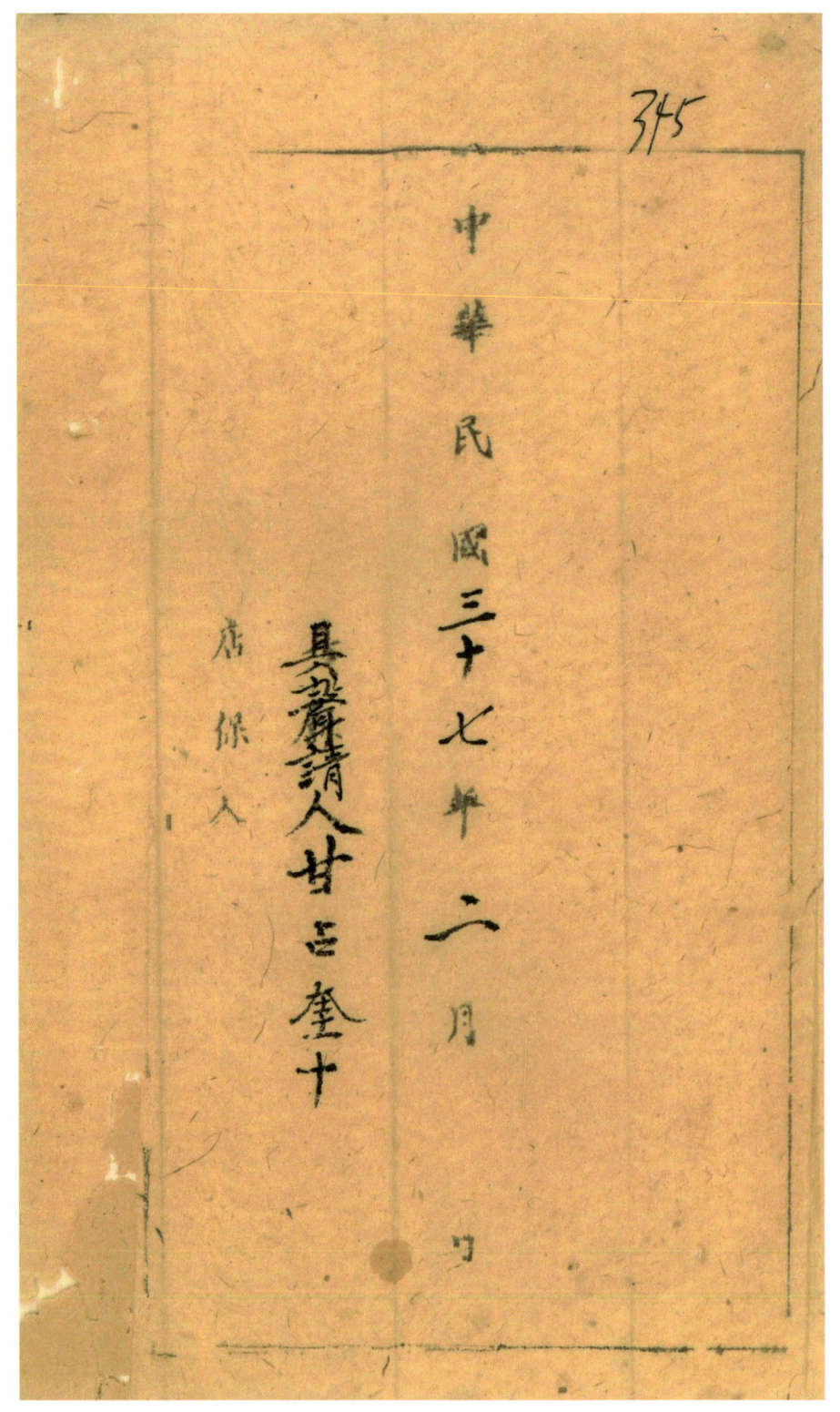

邻水县石永乡第十保何兆辉关于恳予补发抗战军人优待谷致县出征抗敌军人家属优待委员会的报告（一九四八年四月）

報告悉准予轉飭石永鄉公所查覆詳俟核後再行 此批 四月五日

1185

1170
4 10
33

報告 三十七年四月 日 于石永鄉十保

竊民於民念六年遭天災收穫無良家中金錢用盡不得已亡家蕩產兼室不時當時國勢日危蔓及全球殆武野蠻帝國東鄰日本更加南進佔我山河奪我財產慘殺我同胞姦淫我婦女轟炸我名都大邑離散我父子姊妹傷心慘目殆難忍言遂抱無敵有我之決心不惜犧牲生命自願從軍入伍拋妻子乖骨肉棄桑梓而遠適閩越萬縣撥補陸軍九師三十六團三營八連同民年邁四旬有餘體力衰弱兄當時參攻粤贛湘河南湘北防護日寇受剿匪之責為國家爭生存為民族爭自由為自己保守家鄉於荒煙蔓野冰天雪地之下槍林彈雨之中忍苦耐勞忍饑與餓爬山越嶺浴血鏖戰血肉橫飛至死不退不畏艱難不畏險阻不顧冷熱出生入死何等辛勞於民三十四年日軍投降我國之勝利年間各部整編當

132

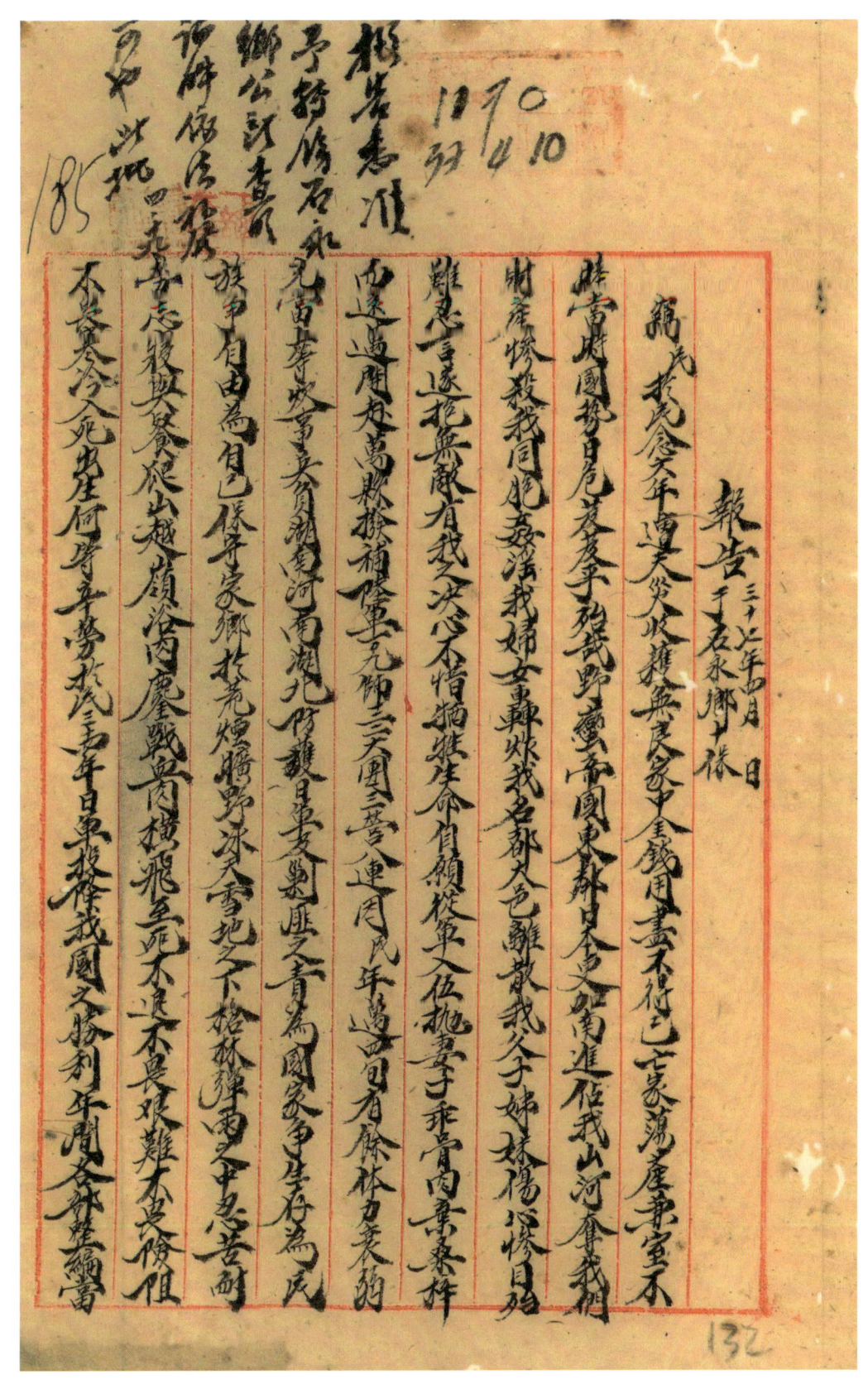

186

時綸民在陜西訓練團第三大隊九中隊，依舊修事，不堪服務，民想家無人，兼接堂叔來信云及無有弟胡玉賢妻改嫁，雙親早日亡故，又無弟兄成人，財兩空，民隨即報請退伍，得受隊長恩准予長假，於去歲十一月份抵家，沿途觀之，依然不錯，民無法只得在外傭工，詢問歷年優待共領谷貳市石，其餘應補，所鄉保長劣猾不發欺詐。民雖未流血而流汗，理合檢同長假證明書及部符號隨文報請鈞會作主，垂念下情，飭令鄉長補發請假歷年優待谷，待民生命復延，猶有効是大恩德，示遵

鑒核

謹呈

鄰水縣優待委員會主任呂

長住西驛所寺印
壽正

民何光輝（印：何光輝章）呈

（附呈請長假證書及部符號貳枚）

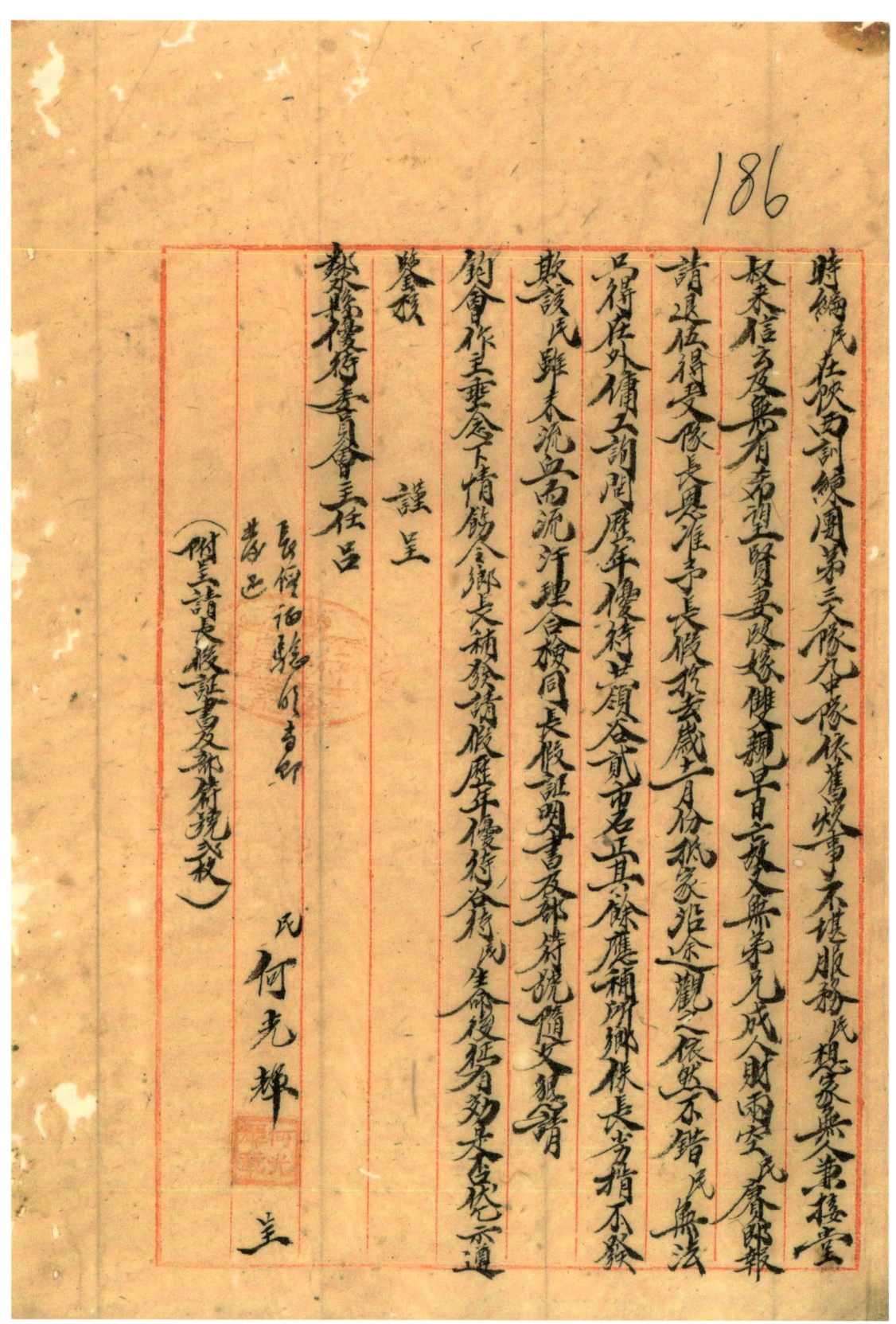

邻水县复盛乡征属冯汪氏关于恳予发给荣誉状并依法优待致县出征抗敌军人家属优待委员会的声请书（一九四八年四月）

聲請書

聲請者　查防國部規定凡現役軍人由各部隊發給現役證明書，用憑享受優待，該子東喬既為現役仁（軍人），逐向原部隊索取現役證明民可以請求發給榮譽狀一節

着勿庸議　四、十四

為聲請發給榮譽狀事情：氏子馮東喬于民二十九年被調出征，已達九年餘，並無音信，對家中人等均未享受優待。于去全月內由江蘇鎮江寄回信函一件，因氏子東喬抗敵身負重傷，有信件為憑，氏特具狀聲請

鈞會鑒核，准予發給榮譽狀，並照優待條例發給優待，如蒙允准，則氏闔家不忘之至矣。謹呈、以

鄰水縣優委會主任委員劉
副主任委員呂

具呈人復盛鄉馮汪氏 十 第九保

民國三十七年四月 日

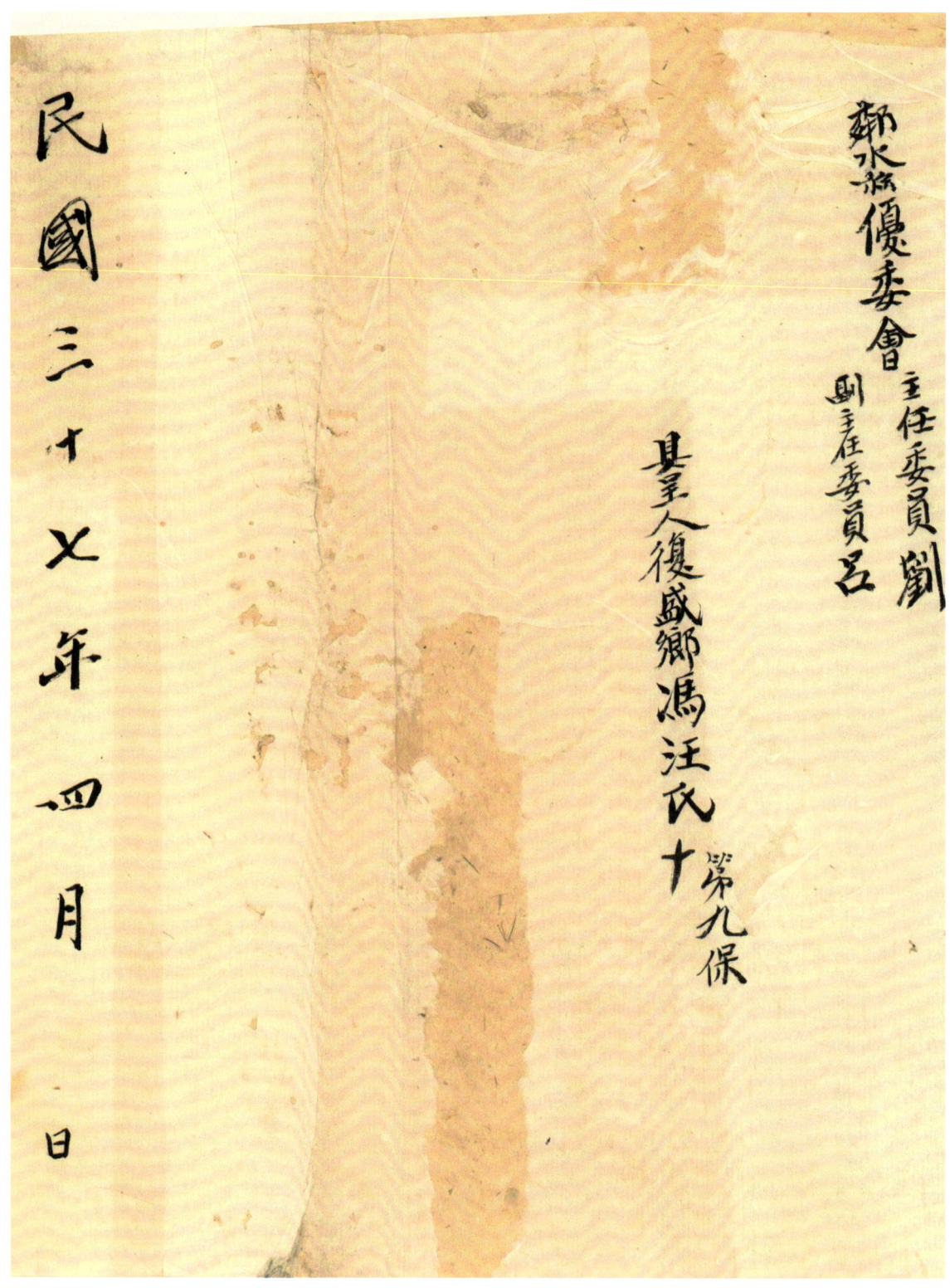

邻水县出征抗敌军人家属优待委员会关于查明补发抗属周游氏优待谷致三古乡公所的代电（一九四八年五月一日）

徵優外字六五八號

卅七年五月一日

全銜 代電

三古鄉公所鄉長覽：案據該鄉出征軍人家屬周游氏報告稱：為氏夫周玉堂被征入伍抗敵迄今已達四載，所有歷年應領未領優待谷，請予清教補發，以示優待等情前來。除以呈悉，准予云云，認保去所，等語批示外，合行抄附原件，電仰該鄉長查明補發為要。

委員蒋□卯

附抄原報告一份

卅七年五月 日發

邻水县出征抗敌军人家属优待委员会关于查明依法补发复员退伍军人邓步云历年应领未领之优待谷致高兴乡公所的代电（一九四八年五月六日）

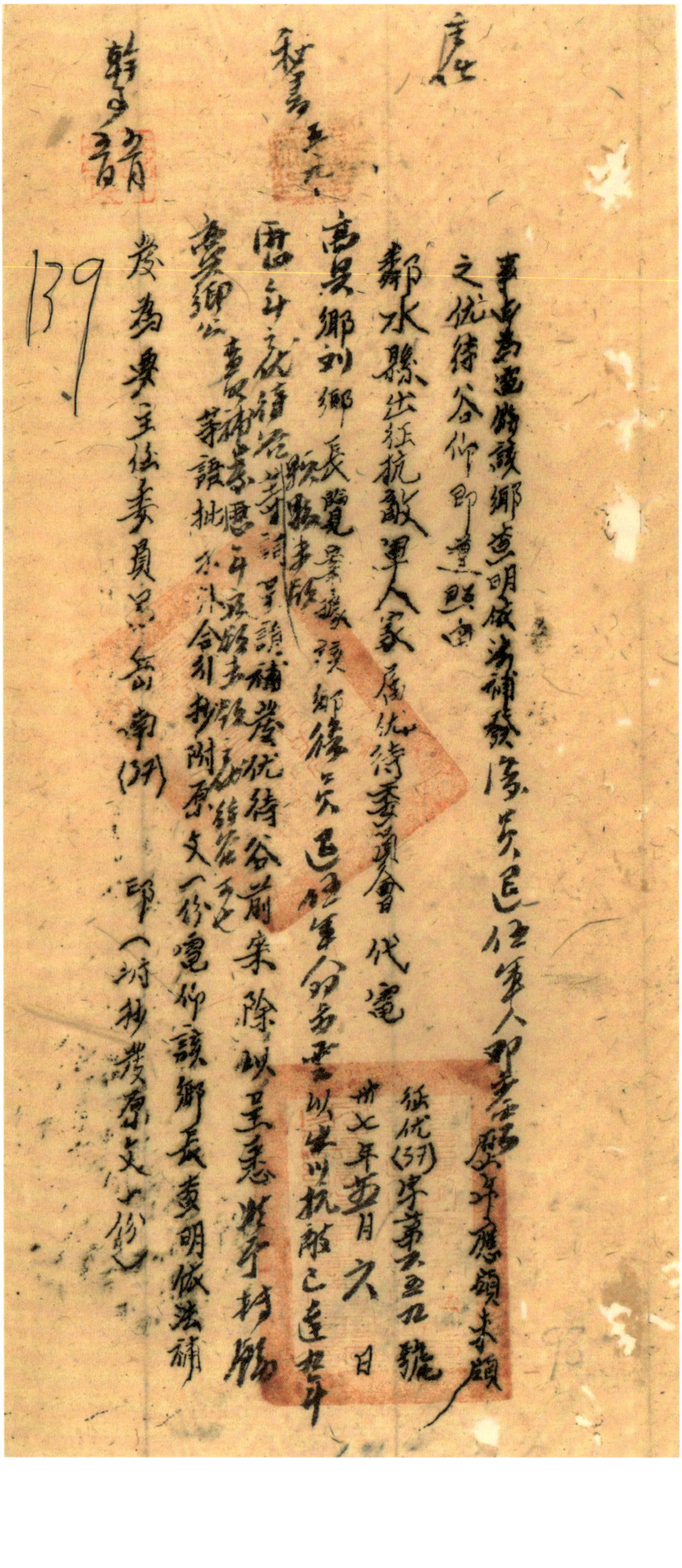

事由：為電飭該鄉查明依法補發復員退伍軍人鄧步雲歷年應領未領之優待谷仰即遵照由

鄰水縣出征抗敵軍人家屬優待委員會代電

征優（37）字第六五九號

卅七年五月六日

高興鄉劉鄉長覽：案據該鄉籍復員退伍軍人鄧步雲以抗敵已達十年，歷年應領優待谷未蒙發給，請予補發優待谷前來，除以呈悉准予轉飭高興鄉公所查明補發等語批示外，合行抄附原文一份，電仰該鄉長查明依法補發為要。

主任委員 吳□□ 印（附抄發原文一份）

附：邻水县高兴乡抗敌复员军人邓步云关于恳予补发优待谷致县出征抗敌军人家属优待委员会的呈（一九四八年五月）

鄰水縣高興鄉抗敵復員軍人鄧步雲呈　字第一號

民國卅七年五月　日發

事由：呈為復員呈遞鄉呈請令飭補發優待谷由

竊步雲係高興現編第二保人民，自民國二十八年出川抗敵，去后對於先後九年之優待谷顆粒未領，刻間復員呈遞鄉，向鄉所追索，又以未奉補發命令為辭，用特呈請

[illegible]

鈞會令飭鄉公所補發連年之優待谷，以維抗敵軍人生活，而示優待。

謹呈

鄰水優待委員會

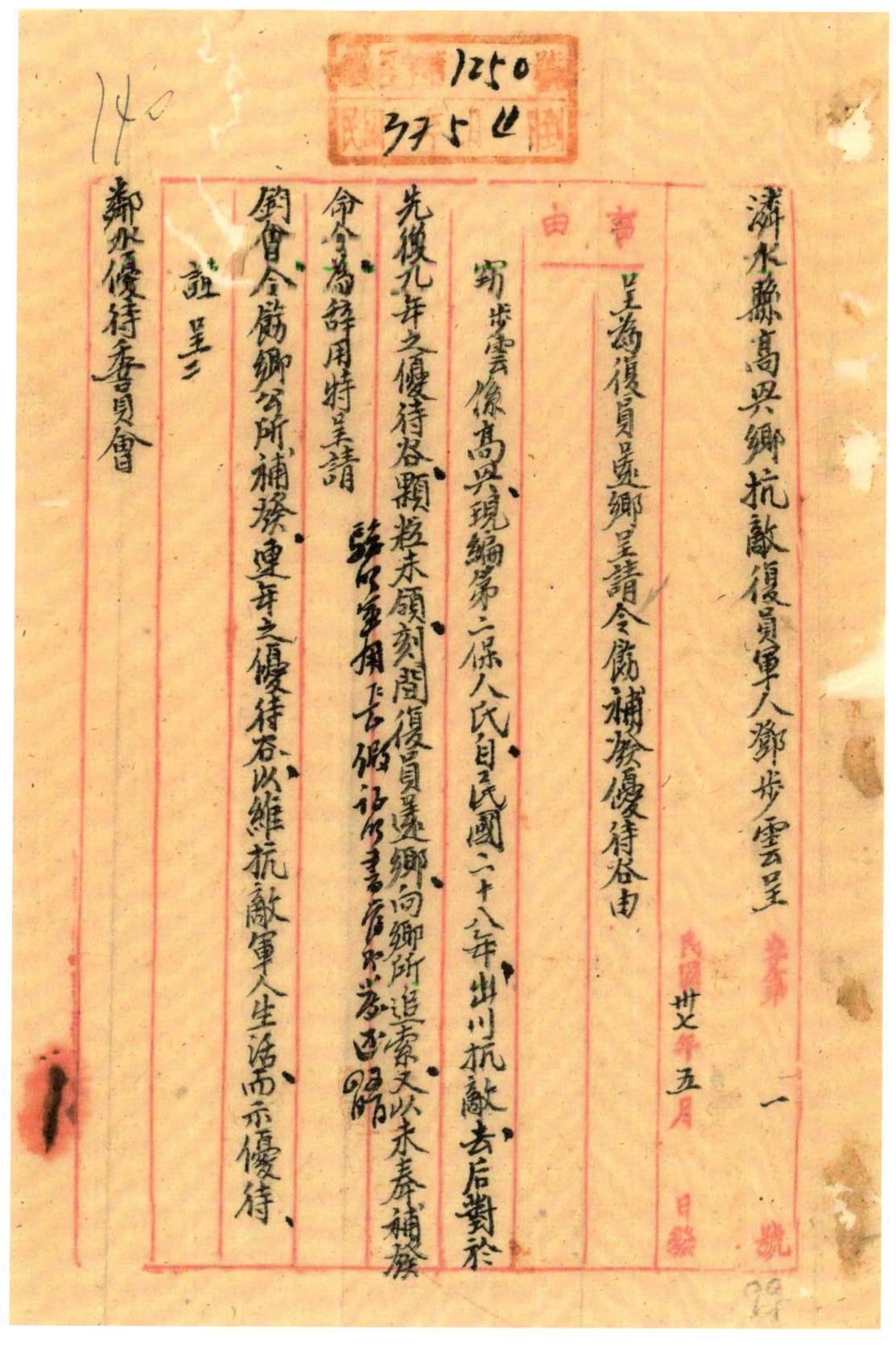

141

具呈人 鄧步雲 十 呈

呈悉准予轉飭高興鄉公所查明補

發歷年應領未領之優待谷可也 此批

三月廿日

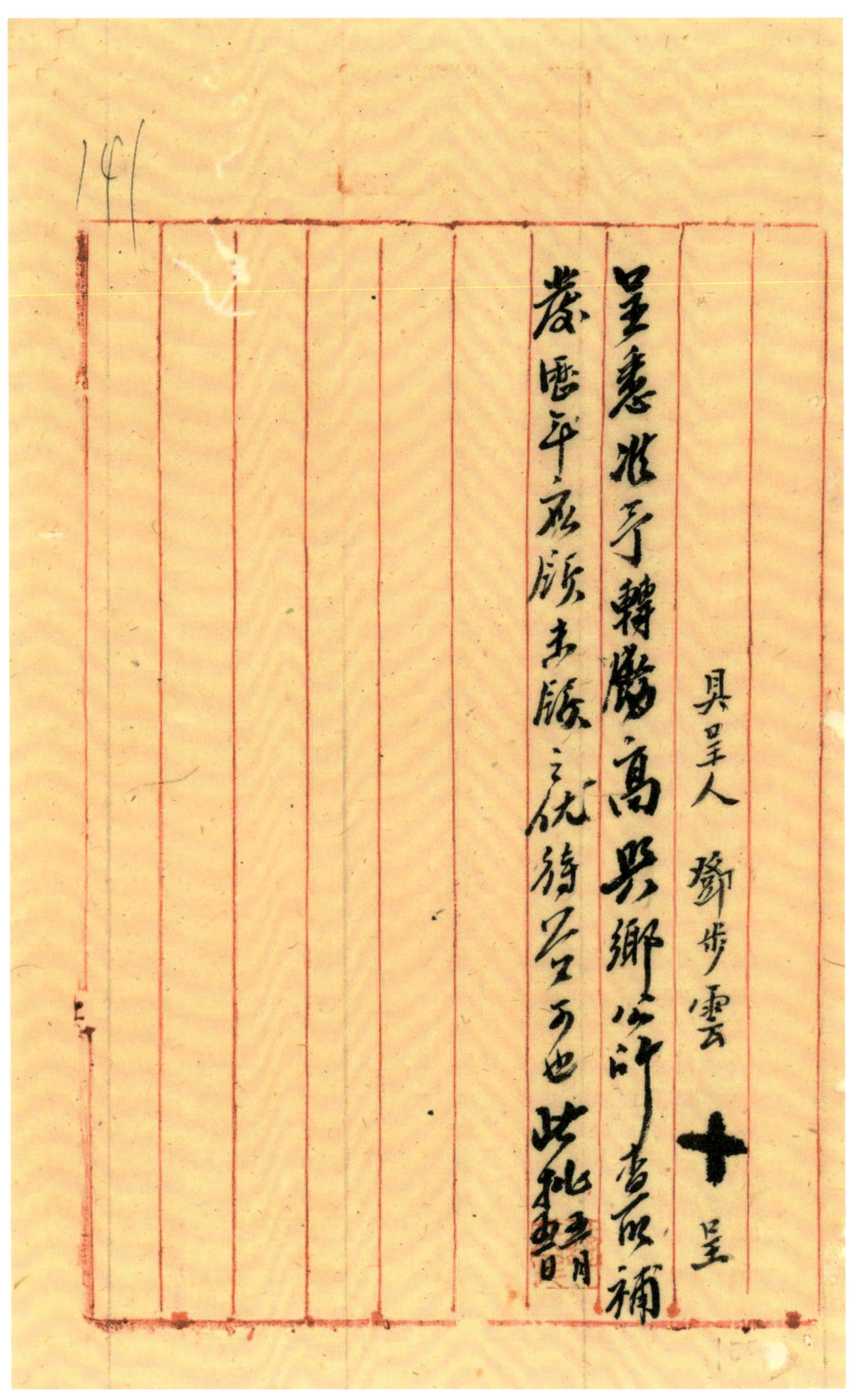

邻水县菁拱乡第十三保征属邱发生关于恳请依法补发出征阵亡士兵邱效才家属优待谷致县出征抗敌军人家属优待委员会的报告（一九四八年五月八日）

163

1257
37.5.8

依法第七八又
卅七年五月十日

報告

為呈請補發優待谷事。情民子邱效才於民卅三年被本保申送義壯，經編入陸軍第廿軍步槍組充當列兵，旋於卅五年八月因抗敵陣亡，往年應領優待，均經分別具領。惟去歲發放卅六年「七七」及「年關」優谷時，民即持証前往領取，殊發放人稱：該子既已陣亡，領有政府卹金，不能再領優待等語，致未領得去年優谷。茲思政府頒布優待條例，明白規定凡出征抗敵陣亡者，其家屬（即父母）應照常享受優待，直至父母死後為止。是以檢具証件，隨文賫呈

117

164

鈞會鑒核，准予令飭菁拱鄉公所依法補發卅六年七七及
年關優待谷共壹市石，以郵抗屬而維優政。謹呈
優委會主任吕
附証明書及榮狀各一份 騐明屬實，當即發還
菁拱十三保征屬 鄧發生 十

呈悉。准予轉飭菁拱鄉公所查明補發可也。此批。五·九

邻水县出征抗敌军人家属优待委员会关于查明并补发退伍军人刘金生历年应领未领优待谷致牟家乡公所的代电（一九四八年五月十日）

200

主任

秘書

全　銜代電　卅七年五月十日　鄰優□字□□八號

牟家鄉梅鄉長覽：案據該鄉退伍軍人劉金生呈請補發歷年應領未領優待谷前來，除以報告悉，准予三六優待谷等語批示外，茲抄附原件，電仰該鄉長查明該件自卅年起補發應領未領之優待谷為要。主任委員呂○○。鄰印

附抄附原報告存

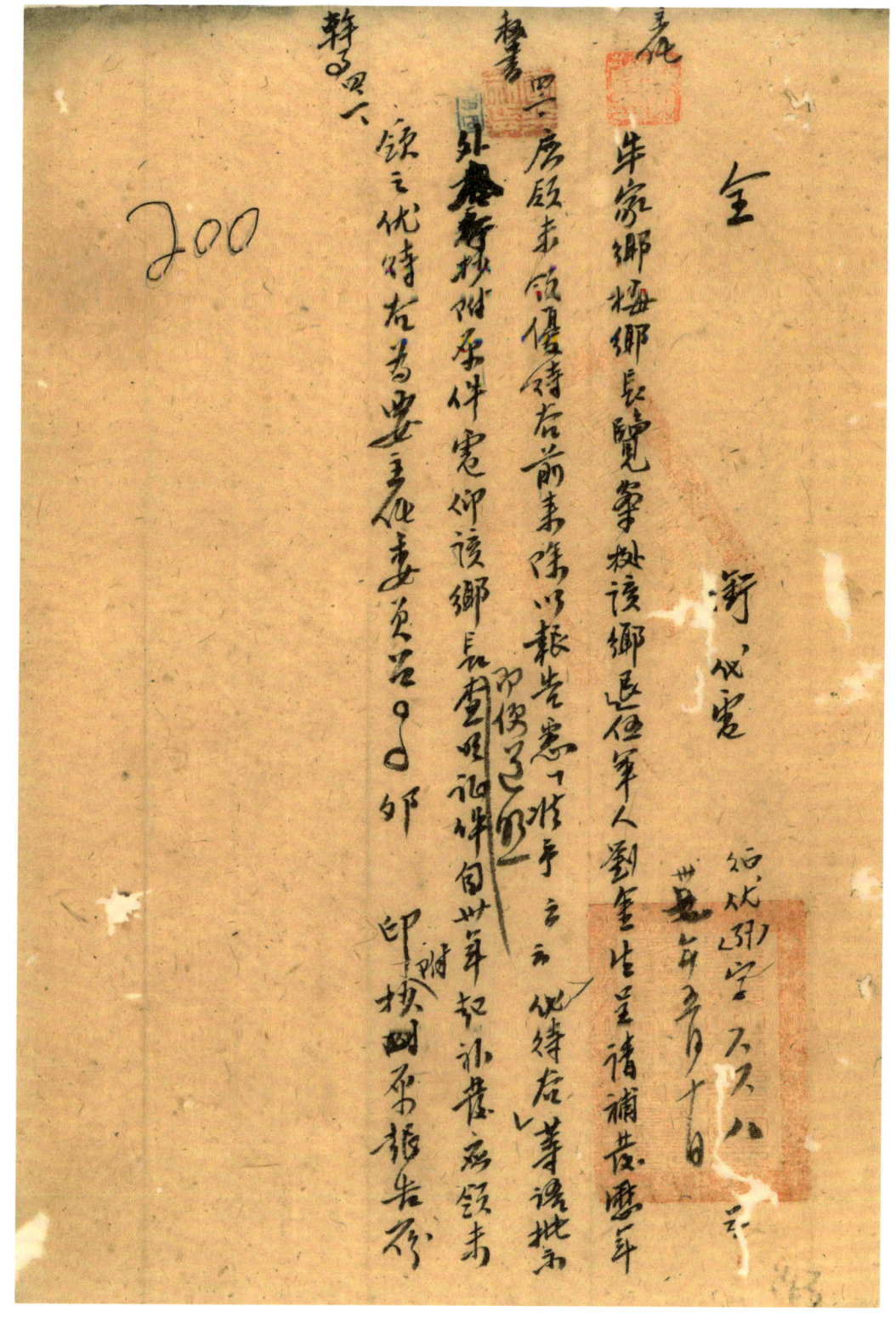

附：邻水县牟家乡退伍军人刘金生关于恳予依法补发优待谷致县政府的报告（一九四八年二月二十六日）

社二六六

交小組安保委會

報告

報告悉。准予待勝牟家鄉查明補件自卅年起補發歷欠未領之優待穀。三·九

為握措不發呈請嚴飭依法補發以資優待而符法令事情民於民國廿九年五月五日由鄉出征抗敵家庭優待毫粒未領今於卅六年十二月廿日奉令退伍行至湖北遠安縣境被共軍截獲將退伍証件及衣物等項概行搜毀經迭次哀懇始獲釋放於卅七年元月十八日抵家因退伍証件被共損毀乃持參與作戰証書赴各机関依法登記去冬本鄉奉令補發退伍官兵應領未領歷年優待稻谷民持保甲証明書及服

役証件向鄉公所承領优待而鄉長藉詞抵塞措不發給民廹無
奈用特具文連同証件，併賫呈
鈞座恳予鑒核計時補發以資优待而符法令
謹呈
縣長劉
陸軍整編六十六師一九九旅五九六团
搜索排下士
劉金生十 呈 住[illegible]鄉
203
附呈保甲証明書及服征証書各乙件
卅七年三月廿三日已將上項証件二份領去
204
民國三十七年二月廿六日

邻水县石永乡公所关于补发出征军人李远凤、甘国民历年优待谷致县出征抗敌军人家属优待委员会的呈（一九四八年五月十一日）

鄰水縣石永鄉公所 呈

征優字第二七二號

民國三十七年五月十一日

事由：為請轉函縣倉會令飭本鄉倉會補發出征軍人李遠鳳甘國民二人歷年優待谷由

本年四月二十四日案奉

鈞會征優（37）字第五九二號訓令後開：「……合行令仰該鄉遵照予以優待為要此令」

等因。奉此。正辦理間，復據退伍軍人甘國民來所請求登記並補發歷年應領優待谷

等語前來。查職鄉三十四年度以前積谷業已用清，三十六年度積谷尚未奉令接管與動支。該

李遠鳳自三十三年八月，甘國民自二十七年八月出征至還鄉時，每年每人照五市斗補發。李遠鳳應

歸貳市石，甘國民應歸伍市石伍斗，理合具文呈請

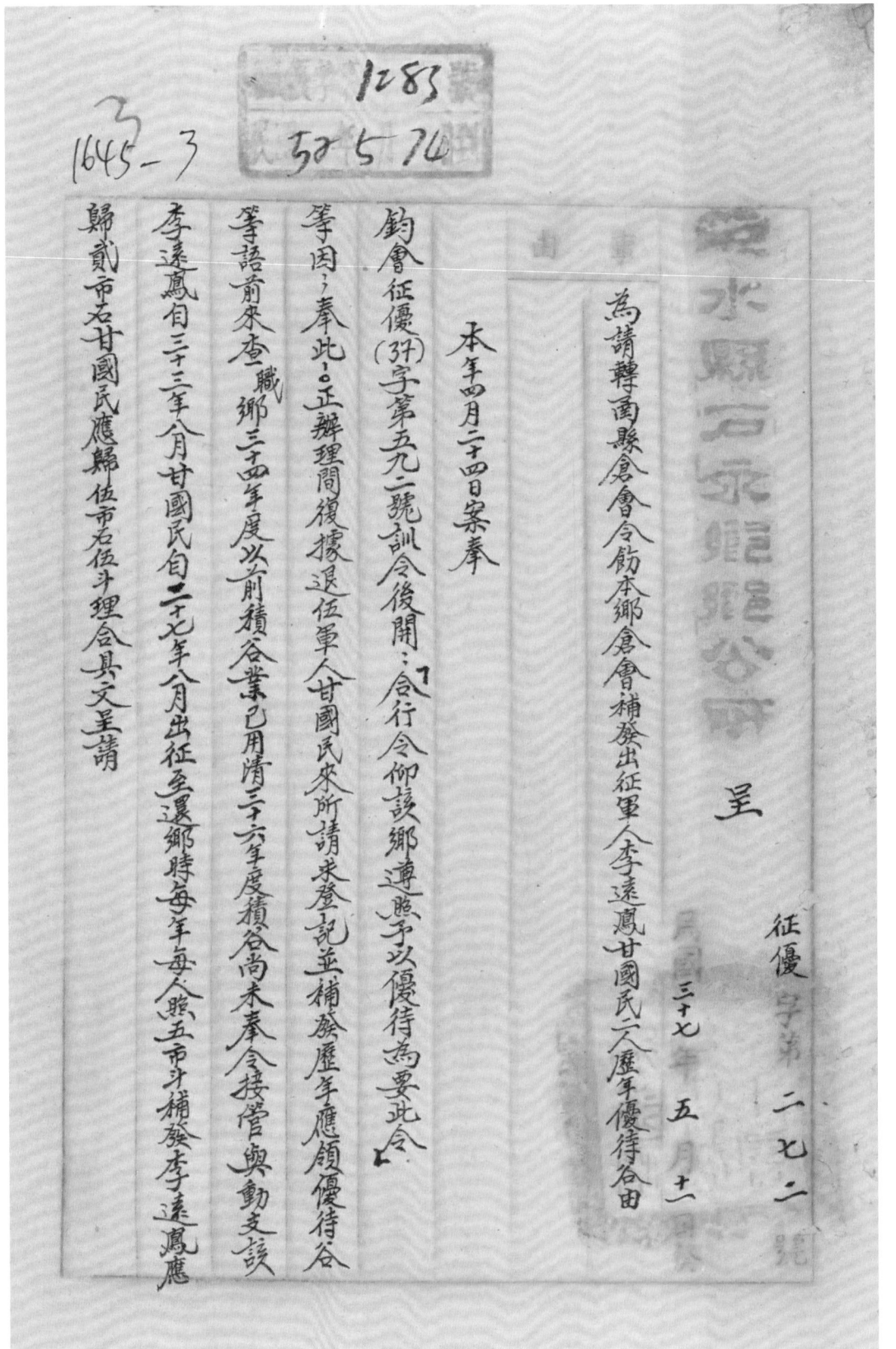

1645-4

飭會佈賜鑒核准予轉商縣倉會令飭本鄉倉會接發以資優待 一〇二

謹呈

主任委員呂

鄉長陳雲章

紹指字第二二五

卅七年六月八日

呈[illegible]均悉 業經飭據核示該鄉卅四年以前積谷 二度

該請補發甘國民等一之優待谷

既已用盡 仰候七七發放優待谷時一併補發可也 此令

若年

五.廿六

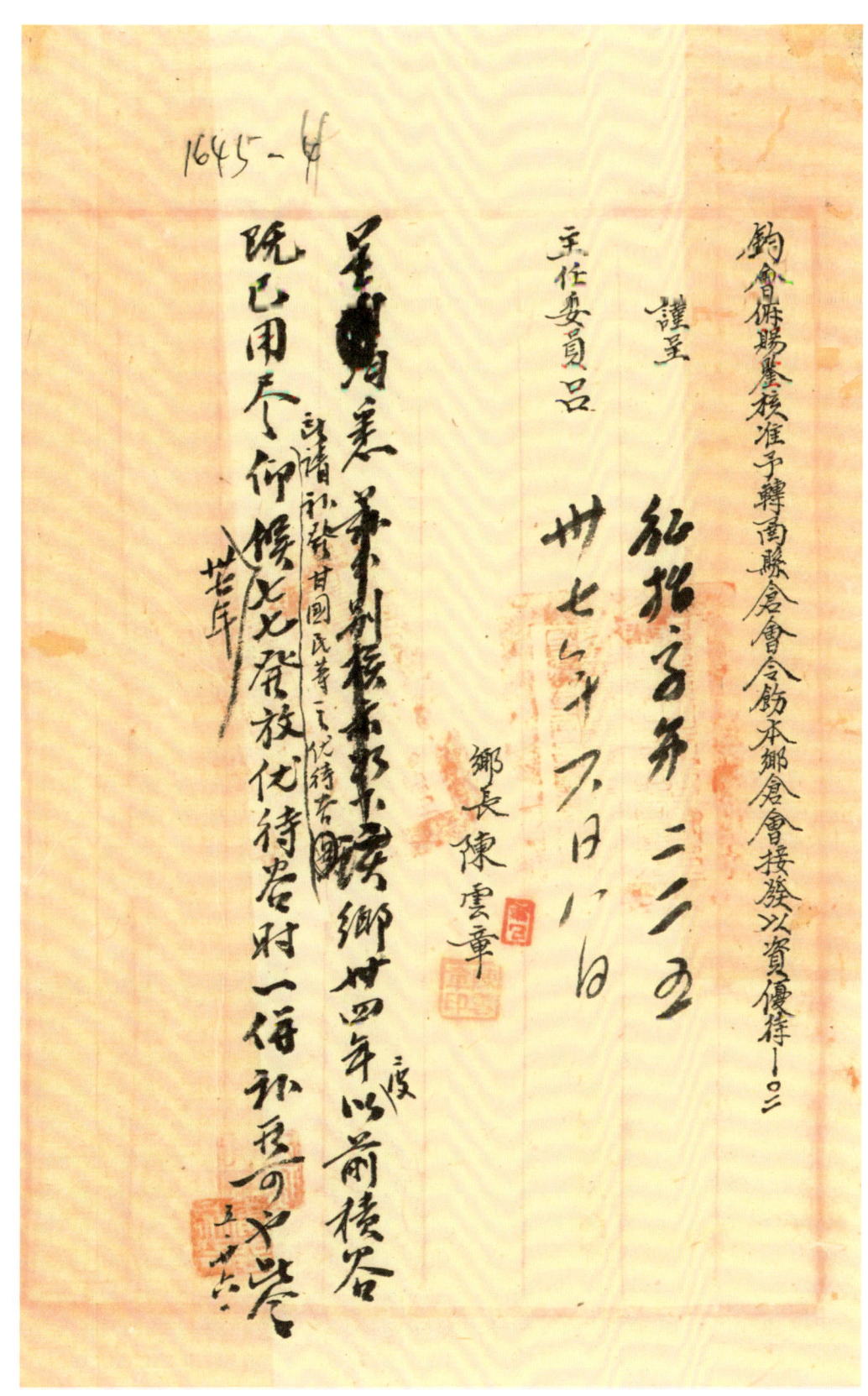

邻水县出征抗敌军人家属优待委员会关于核查退役军人陈小木安家费一事致九峰乡公所的代电

（一九四八年五月十二日）

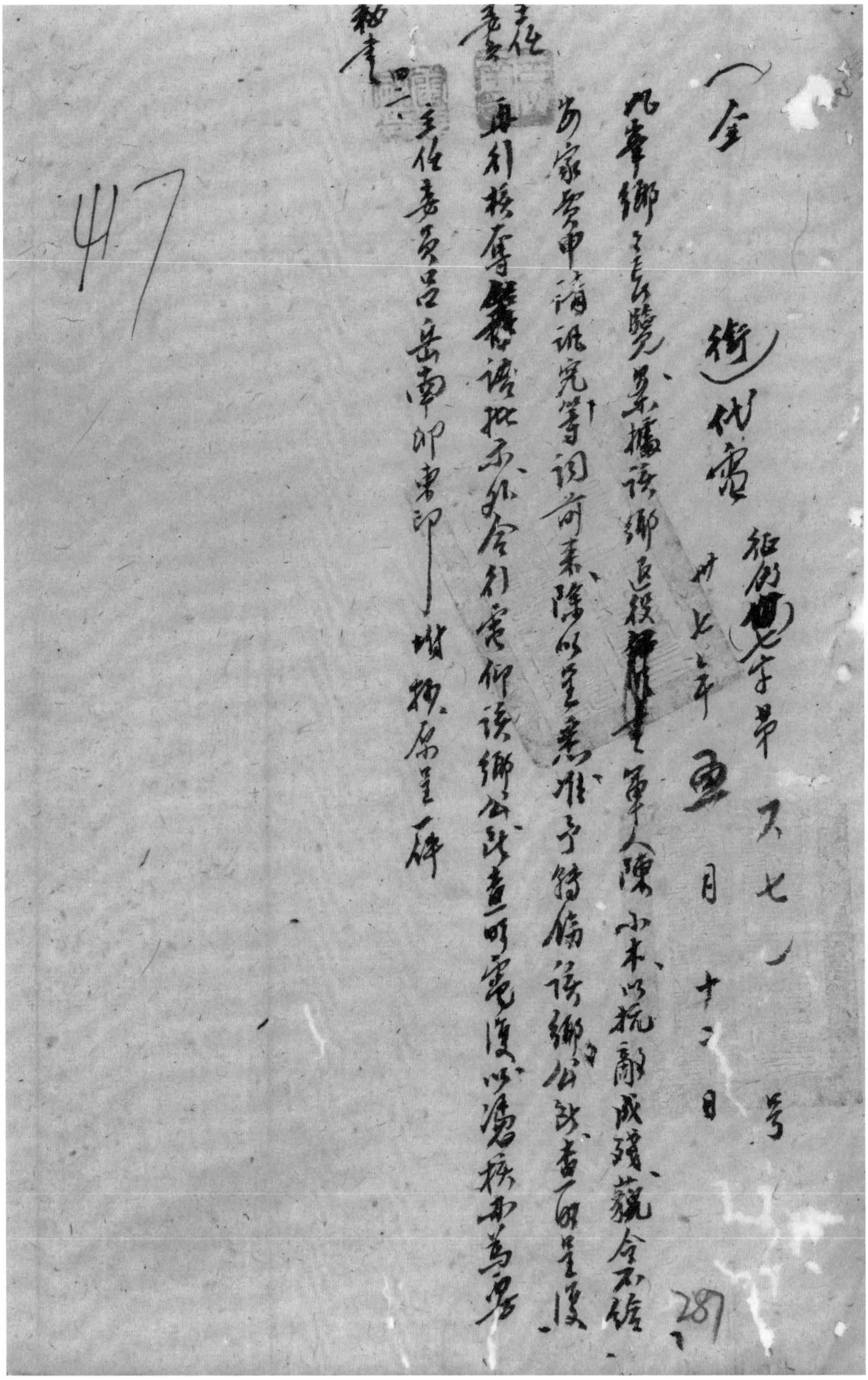

（全衔）代電　組優卅七字第八七號　卅七年五月十二日

九峯鄉公所覽：案據該鄉退役軍人陳小木以抗敵成殘、竊念不能安家費申請研究等詞前來。除以呈悉，准予轉飭該鄉公所查明呈復再行核奪等語批示外，合行電仰該鄉公所查明電復，以憑核辦為要。

主任委員呂岳東卯書印

附抄原呈一件

主任委員　秘書

附：邻水县九峰乡退役军人陈小木关于控告族兄陈银廷抗不给付安家费食谷致县政府的呈（一九四八年二月）

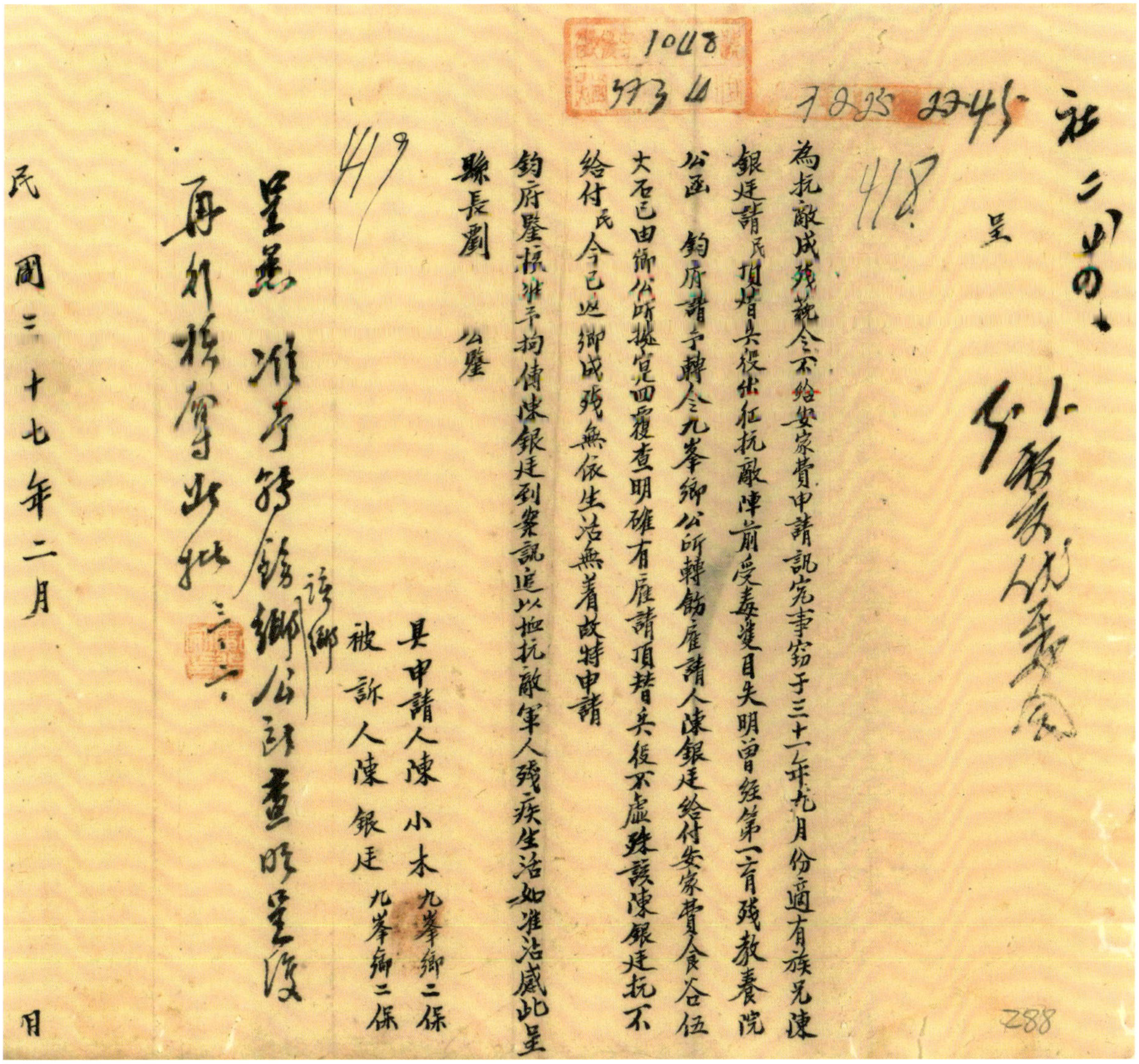

呈

為抗敵成殘就令不給安家費申請訊究事竊于三十一年九月份適有族兄陳銀廷請民頂替其役出征抗敵陣前受毒變目失明曾經第一肓残教養院公函鈞府請予轉令九峯鄉公所轉飭雇請人陳銀廷給付安家費食谷伍大石已由鄉公所擬定回覆查明確有雇請頂替其役不虛殊該陳銀廷抗不給付民今已返鄉成殘無依生活無着故特申請

鈞府鑒核准予拘傳陳銀廷到案訊追以恤抗敵軍人殘疾生活如准沾感此呈

縣長劉　公鑒

具申請人陳小木　九峯鄉二保

被訴人陳銀廷　九峯鄉二保

中華民國三十七年二月　日

呈悉　准予飭該鄉公所查明呈復再行核奪　此批

邻水县出征抗敌军人家属优待委员会关于依法优待复员军人胡明远致鼎屏镇高兴乡公所的代电（一九四八年五月十二日）

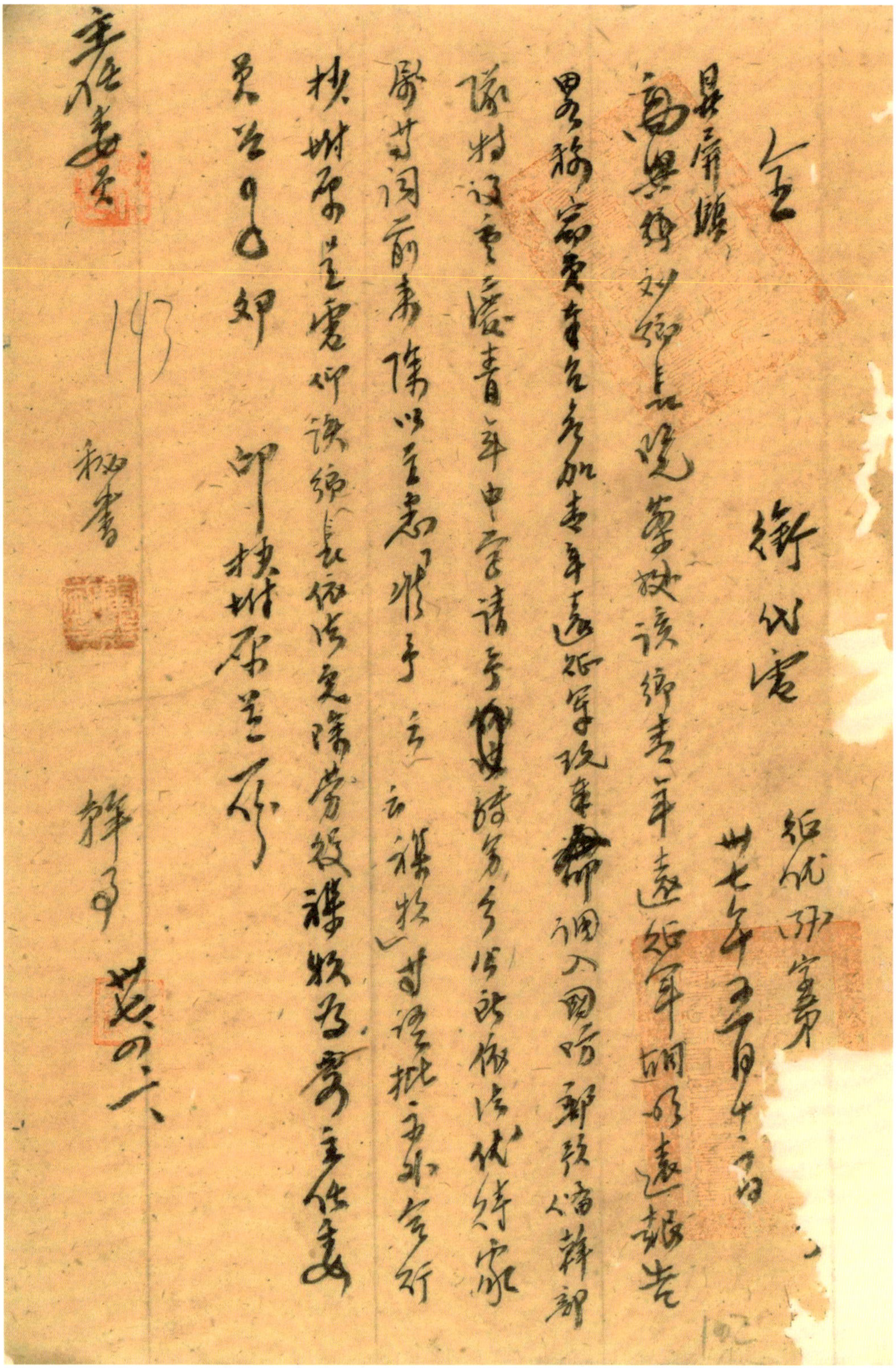

附：邻水县复员军人胡明远关于恳予转饬高兴乡公所依法优待家属的报告（一九四八年三月十五日）

報告 卅七年三月十五日

竊員在三十三年冬響應 蔣委員長號召參加智識青年從軍入青年遠征軍二〇二師六〇六團受訓以後復員於三十五年六月三日復請選西上抵新疆境奉命回調入國防部預備幹部局特設重慶青年中學受訓服役迄今不負祖國故特呈請

鈞會依法轉飭鄉公所依法優待家屬

謹呈

145

主任委員 呂

具報告人 胡明遠呈

住鼎屏鎮北街

呈悉。准予轉飭高興鄉公所依法免除勞役。禮頓此批 三、十八

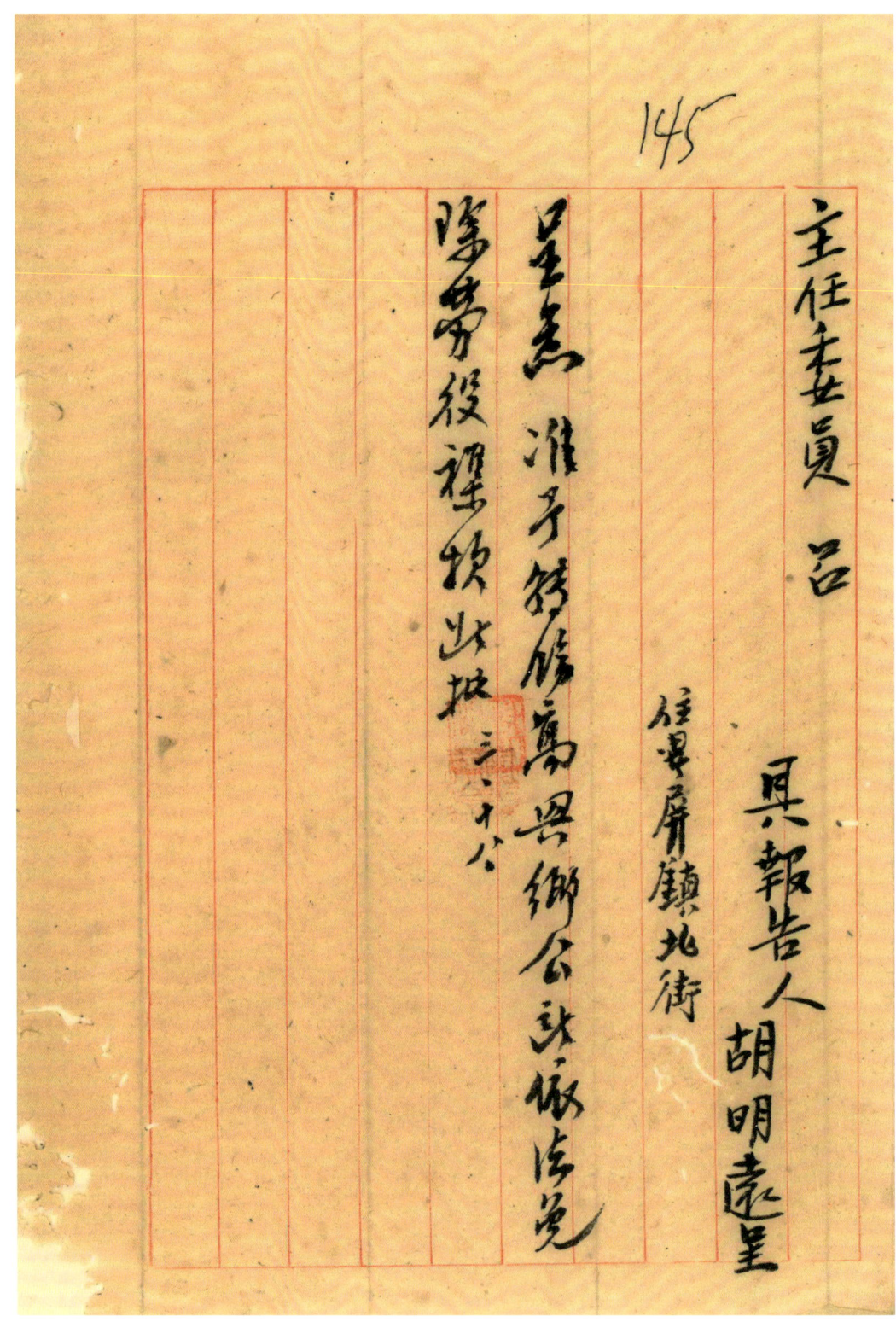

邻水县出征抗敌军人家属优待委员会关于查明依法补发复员退役军人廖树安历年应领未领之优待谷致高兴乡公所的训令（一九四八年五月十二日）

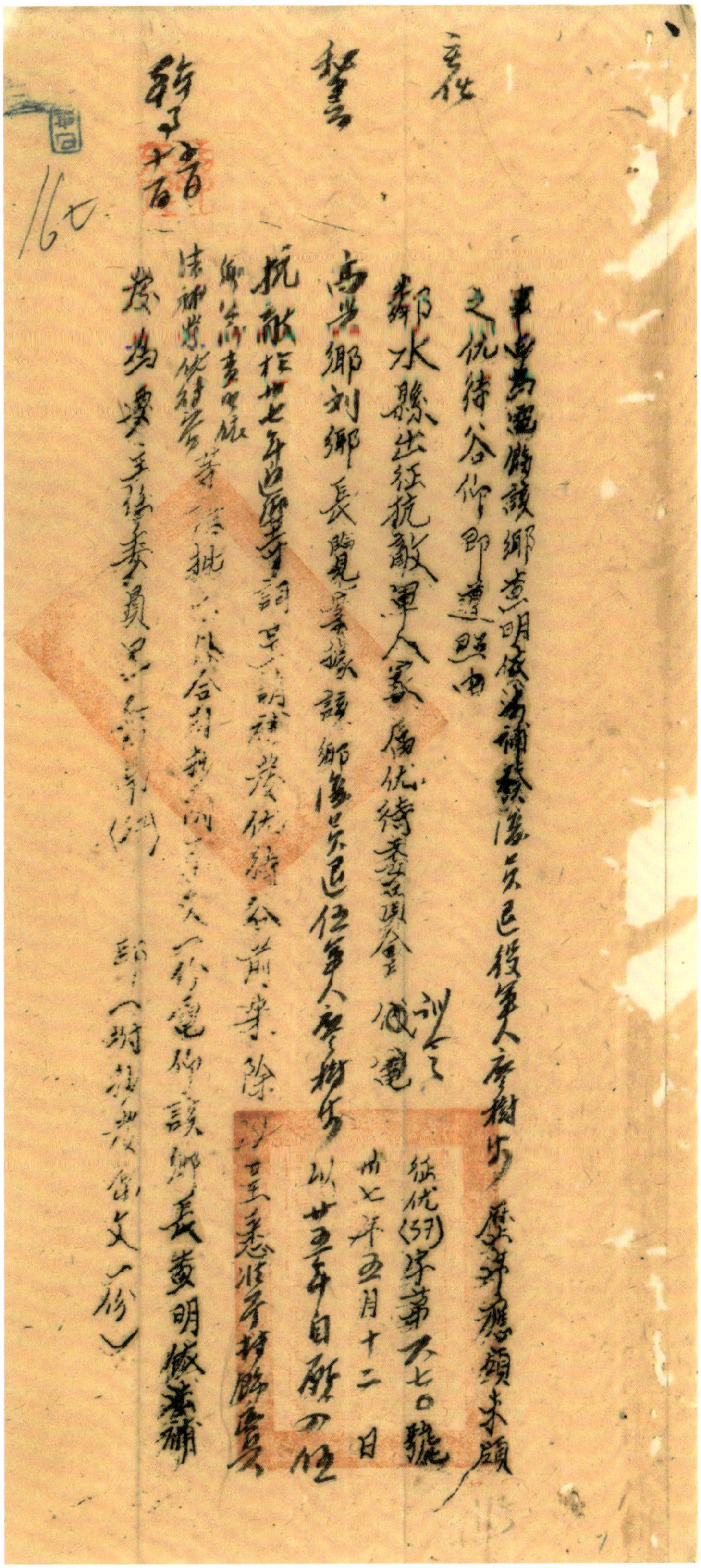

事由：為飭該鄉查明依法補發復員退役軍人廖樹安歷年應領未領之優待谷仰即遵照由

鄰水縣出征抗敵軍人家屬優待委員會訓令 征優（57）字第八七〇號 卅七年五月十二日

令高興鄉劉鄉長覽：案據該鄉復員退伍軍人廖樹安以卅五年自願入伍抗敵，於卅七年退伍，呈請補發優待谷前來。除以呈悉准予轉飭查明依法補發優待谷等語批示外，合行令仰該鄉長查明依法補發為要。此令。

附（抄發原文一份）

主任委員 [illegible]

附：邻水县高兴乡复员军人廖树安关于恳予补发优待谷致县出征抗敌军人家属优待委员会的申请书（一九四八年五月十一日）

呈悉。姑予轉飭高興鄉公所查明，如係依法補發歷年應發未發之優待谷可也。此批。

申請書

呈為申請補發優待，以資抗敵而維生活事。竊民旋民國二十五年八月入武高興鄉自願出征抗敵，民服務于二十四軍一旅旅部，由二十七年到陸軍二百零三師補充團服務，於民國三十七年因病請假回家，二月十六日來城登記外，特懇

鈞會俯賜仁慈，准予補發優待，如數照算，則民生活有着，不勝

頂祝之至。此呈

鄰水優委會主任鑒核

遞長假離職憑件，在本會登記。

具申請人廖樹安　年三十九　住高興鄉第六保

証明人余安國　年四十四　住本鄉第一保

民國三十七年五月十一日

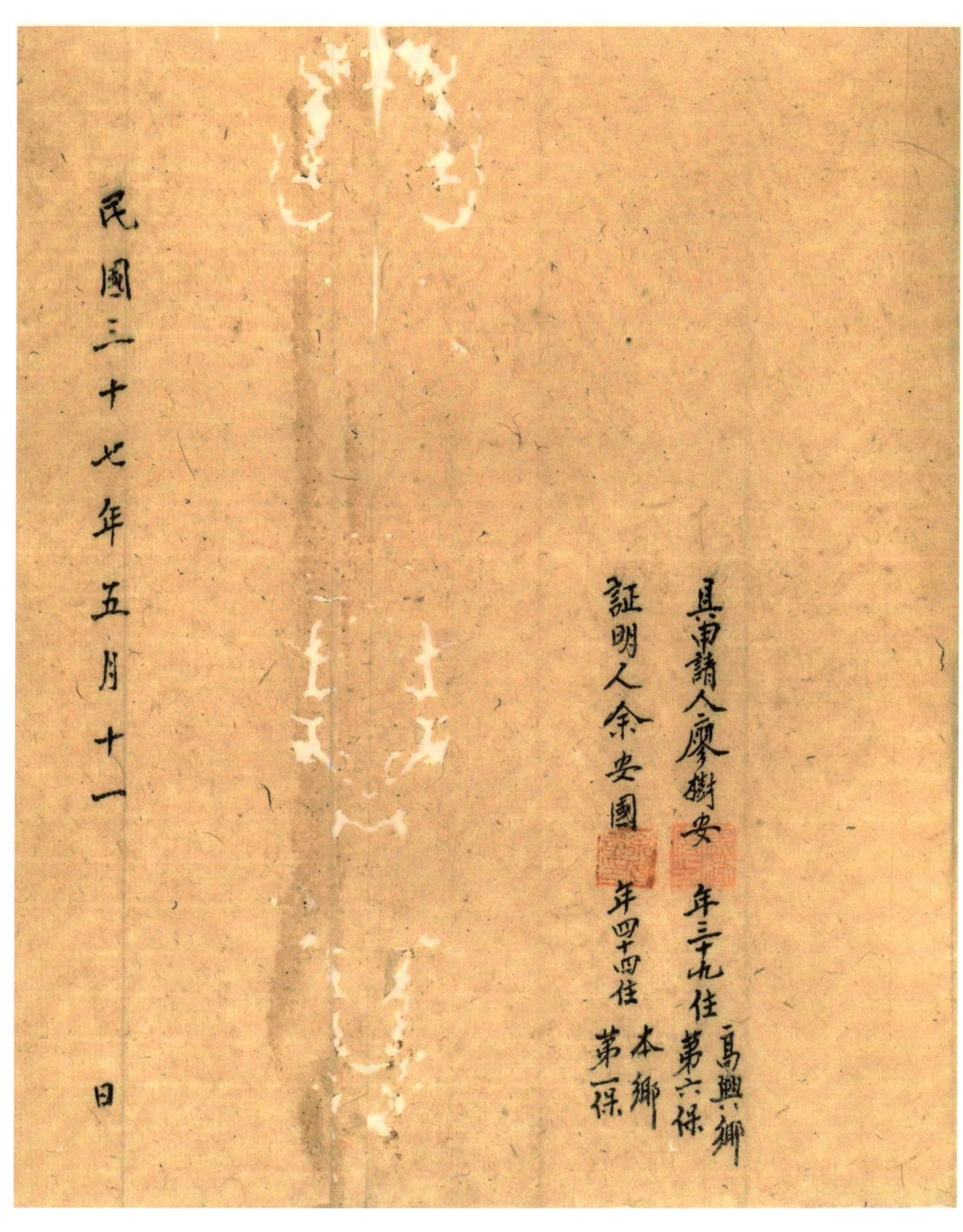

邻水县出征抗敌军人家属优待委员会关于查明依法补发退伍军人杜先堂、刘仁木优待谷致御临乡公所的代电（一九四八年五月十二日）

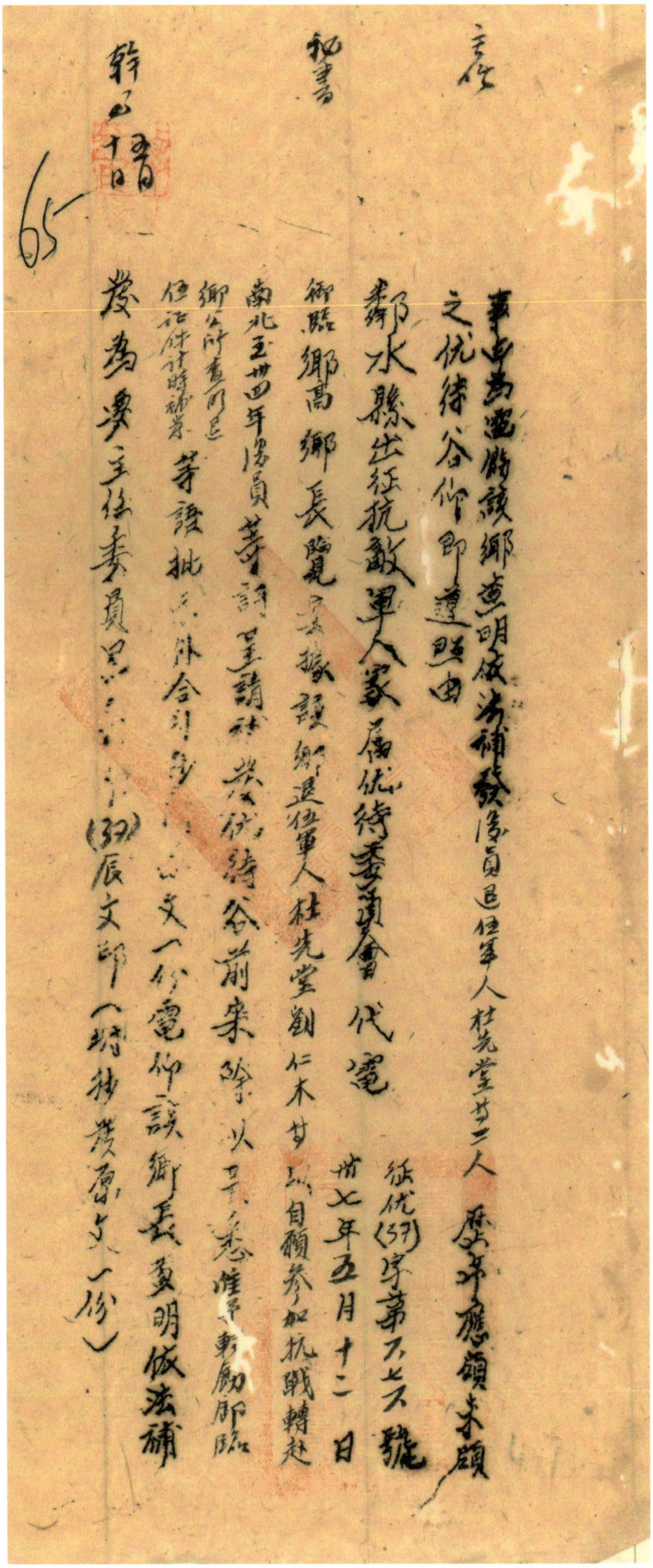
事由：為電飭該鄉查明依法補發傷員退伍軍人杜先堂等二人歷年應領未領之優待谷仰即遵照由

鄰水縣出征抗敵軍人家屬優待委員會代電　征優（37）字第[illegible]號

卅七年五月十二日

御臨鄉高鄉長覽：案據該鄉退伍軍人杜先堂、劉仁木[illegible]自願參加抗戰轉赴南北[illegible]卅四年傷員[illegible]等請呈請補發優待谷前來，除以[illegible]勵御臨鄉公所查明退伍[illegible]補發等語批[illegible]外合[illegible]文一份電仰該鄉長查明依法補發為要。主任委員[illegible]（37）辰文印（附抄發原文一份）

主任　秘書　[illegible]

65

邻水县合丰乡复员军人席海钦关于恳请依法补发所欠优待谷致县出征抗敌军人家属优待委员会的报告（一九四八年五月十二日）

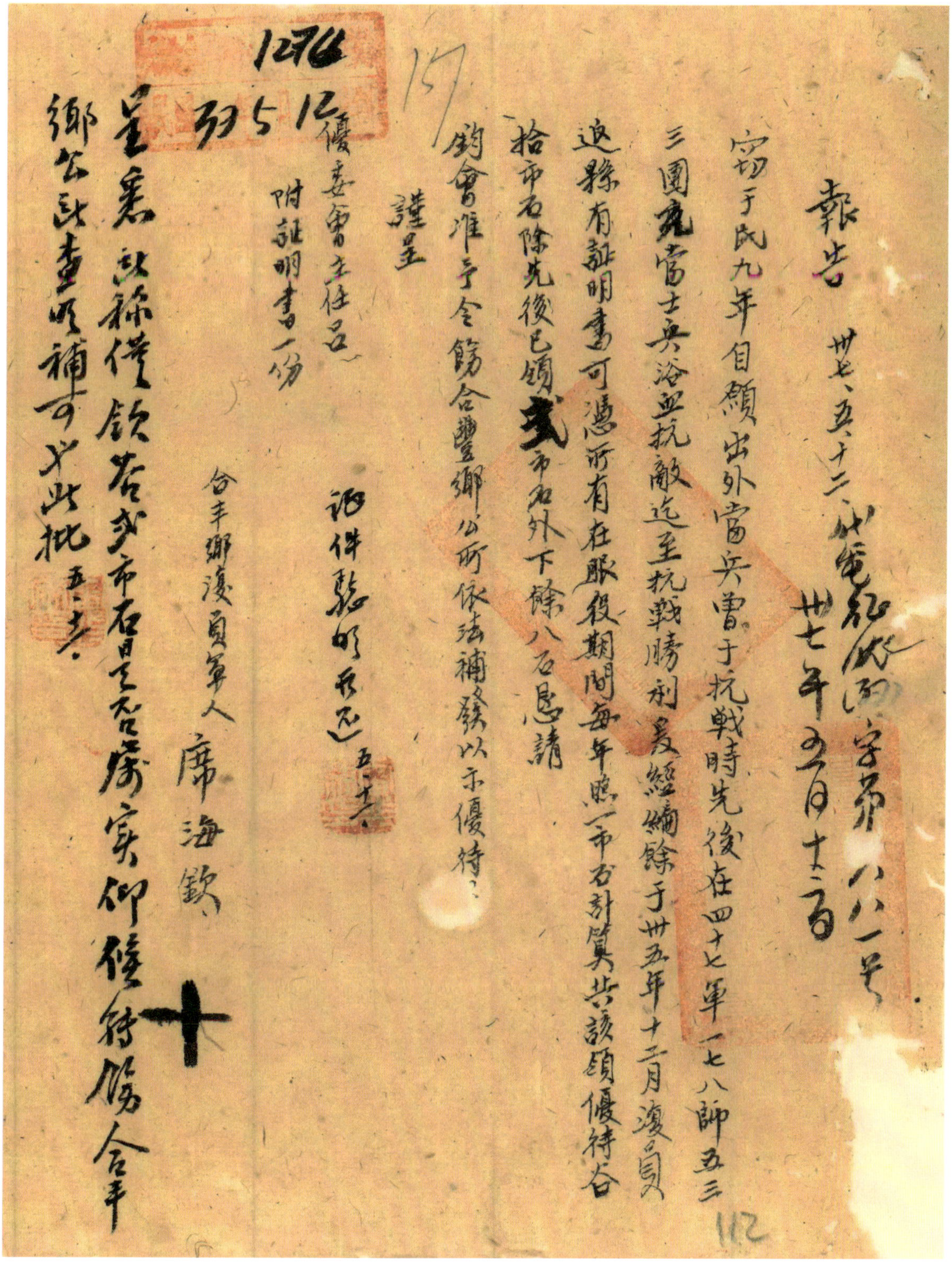

1276

335 12

157

報告　卅七、五、十二、於合豐鄉公所　字第八八一號　卅七年五月十二日

竊于民九年自願出外當兵，曾于抗戰時先後在四十七軍一七八師五三三團充當士兵，浴血抗敵，迄至抗戰勝利，复經編餘，于卅五年十二月復員返縣，有證明書可憑。所有在服役期間每年照一市石計算，共該領優待谷拾市石，除先後已領貳市石外，下餘八市石。懇請

鈞會准予令飭合豐鄉公所依法補發，以示優待。

謹呈

優委會主任委員

附證明書一份

合豐鄉復員軍人　席海欽　十

證件驗明存還　五、十六

呈悉。該席海欽是否欠發市石[illegible]實，仰優待股令合豐鄉公所查明補發。此批　五、十六

112

邻水县合丰乡出征军人吕通喜之父吕申松关于恳请依法补发优待谷致县出征抗敌军人家属优待委员会的报告

（一九四八年五月十二日）

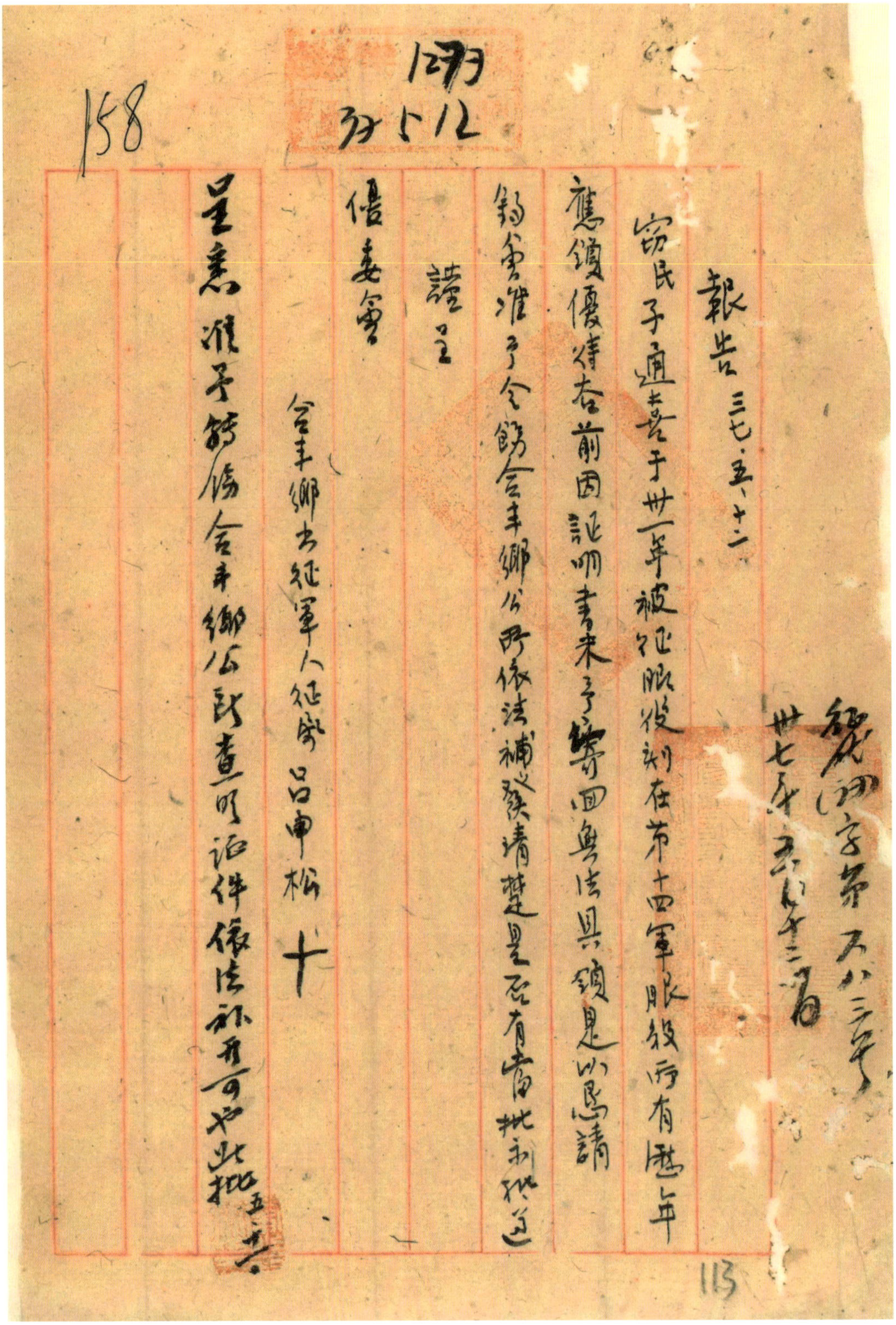

158

1233

37 5 12

報告 三七·五·十二

竊民子通喜于卅一年被征服役，刻在第十四軍服役，已有歷年應領優待谷，前因証明書未予繳回，無法具領，是以恳請

鈞會准予令飭合丰鄉公所依法補發，請楚是否有當，批示祗遵

謹呈

優委會

合丰鄉出征軍人征家屬 吕申松 十

呈悉。准予飭合丰鄉公所查明证件，依法补發可也。此批。五·十三

號 字第五八三號

卅七年五月十三日

113

159

即便逕照辦理爲要　鄞水縣優待委員會主任委員吉吾南(37)辰哿印

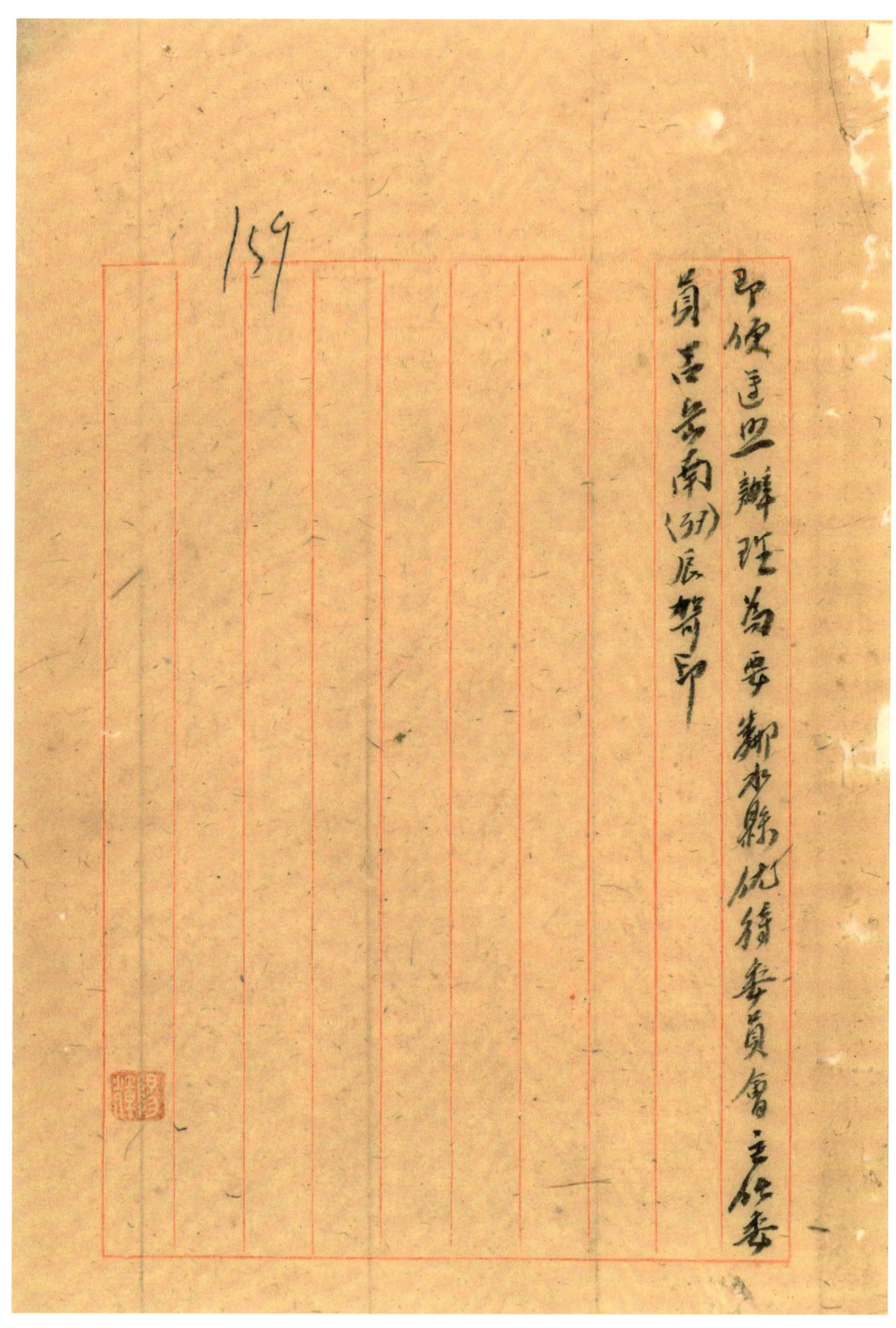

邻水县合丰乡退伍军人吕绍臣关于恳请依法补发优待谷致县出征抗敌军人家属优待委员会的报告（一九四八年五月十二日）

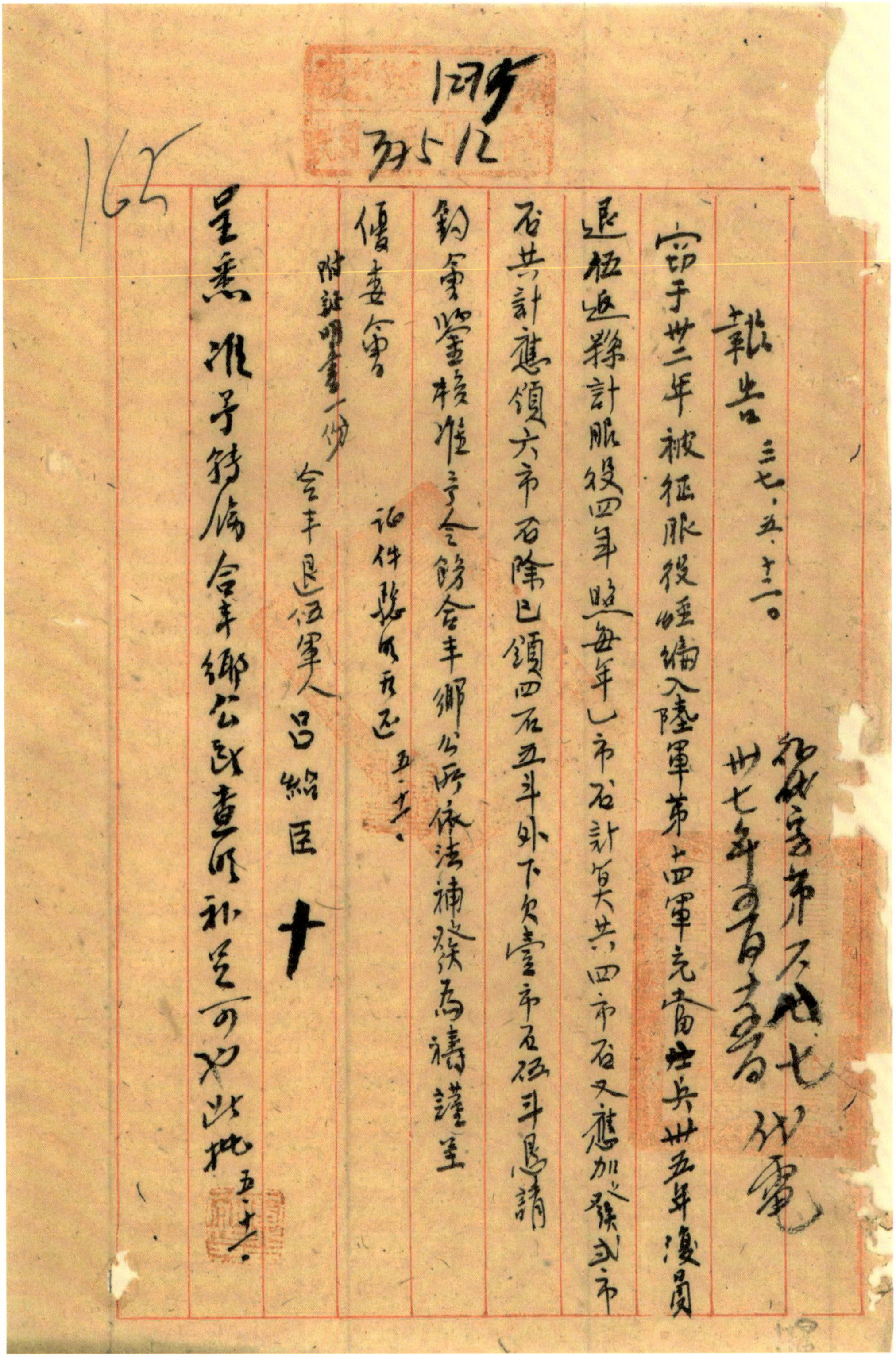
報告 三七.五.十二

竊于卅三年被征服役，經編入陸軍第七十四軍充當士兵，卅五年復員退伍返籍，計服役四年，照（每年）一市石計，算共四市石，又應加發貳市石，共計應領六市石，除已領四石五斗外，下欠壹市石伍斗，懇請鈞會鑒核，准予令飭合豐鄉公所依法補發為禱。謹呈

優委會

附證明書一份

合豐退伍軍人 吕紹臣 十

呈悉，准予轉飭合豐鄉公所查明补足可也。此批 五.十六

函件發出 五.十六

鄰優字第八七代電

卅七年五月十六日發

邻水县出征抗敌军人家属优待委员会关于查明依法补发复员军人黄晓初优待谷致鼎屏镇公所的代电
（一九四八年五月十一日）

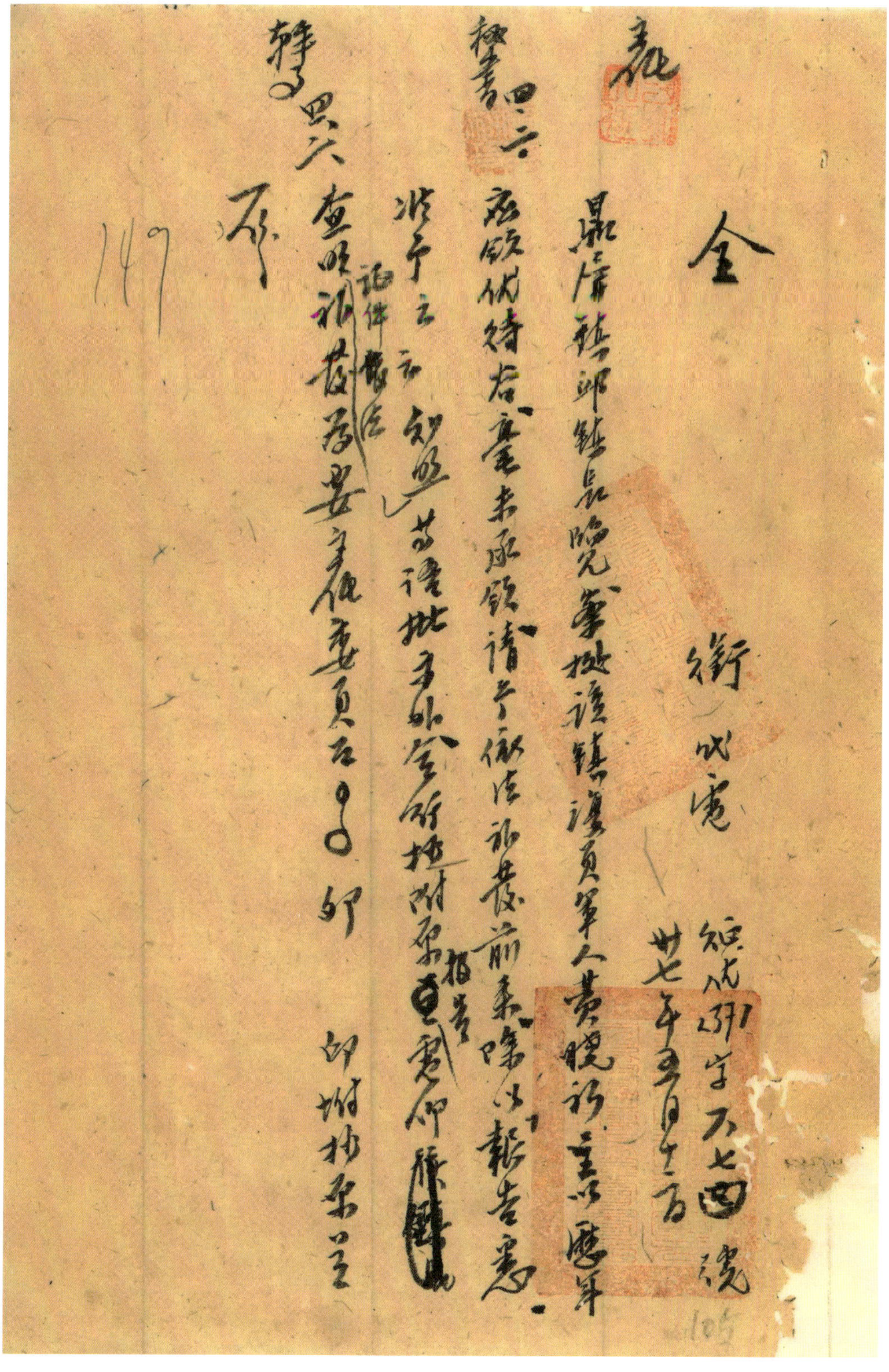

附：邻水县复员军人黄晓初关于恳予转饬鼎屏镇公所补发优待谷致县出征抗敌军人家属优待委员会的报告（一九四八年一月三十日）

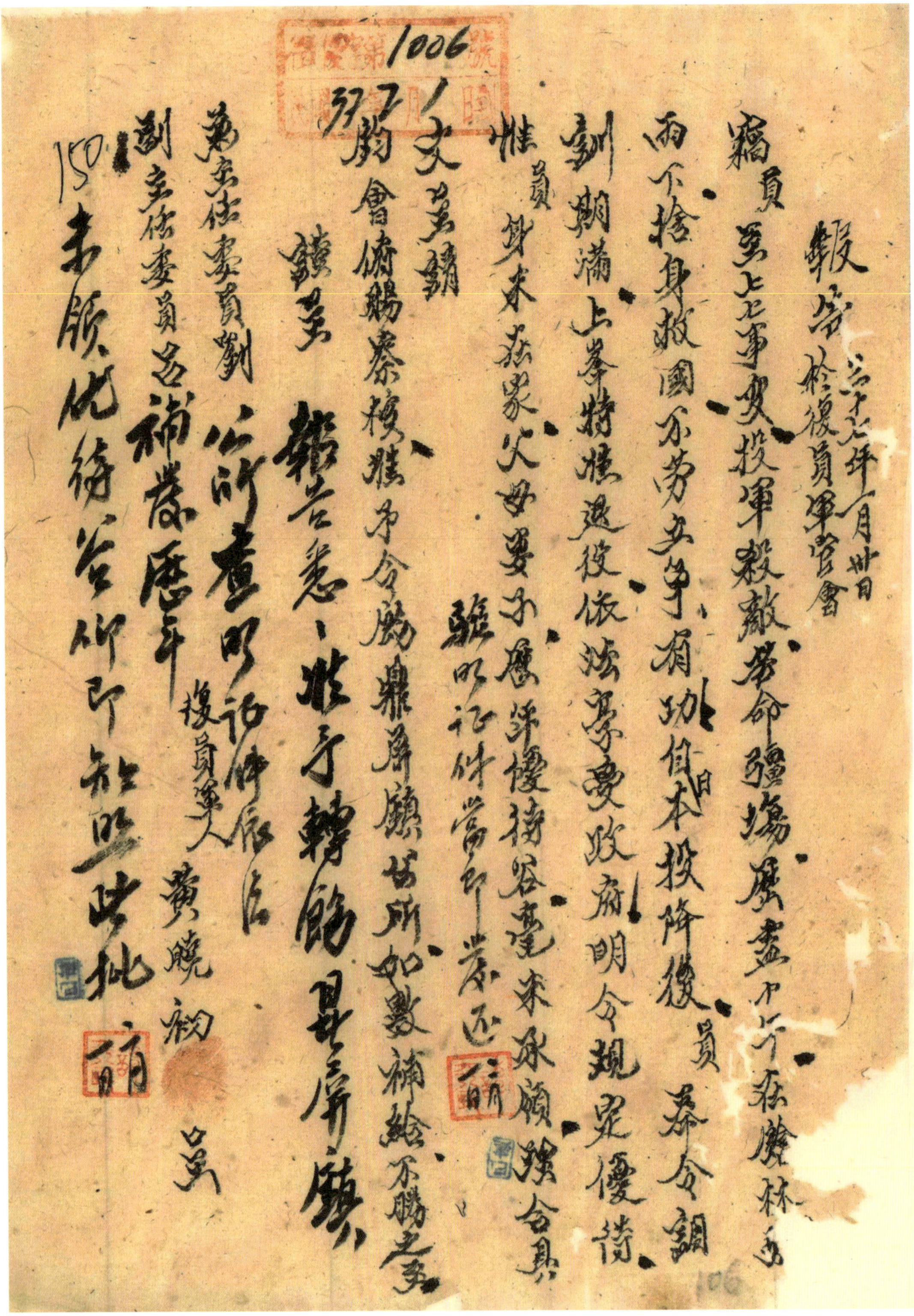

報告　三十七年一月卅日於復員軍官會

竊員自七七事變投軍殺敵，奉命疆場，屢盡[illegible]

而不捨身救國，不勞生手有功。值日本投降後，員奉令調

訓期滿，上峯特准退役，依法享受政府明令規定優待。

惟員身未在家，父母妻子歷得優待谷毫未承領，殊令員

驗明證件，當即發還。

文呈請

鈞會俯賜察核，准予令飭鼎屏鎮公所如數補給，不勝之至。

謹呈

萬安優待委員劉

劉主任委員

復員軍人　黃曉初　呈

報告悉，准予轉飭鼎屏鎮公所查明證件，依法補發歷年未領優待谷，仰即知照。此批。

邻水县出征抗敌军人家属优待委员会关于查明补发出征军人朱贤柱家属优待谷致鼎屏镇公所的代电（一九四八年五月十一日）

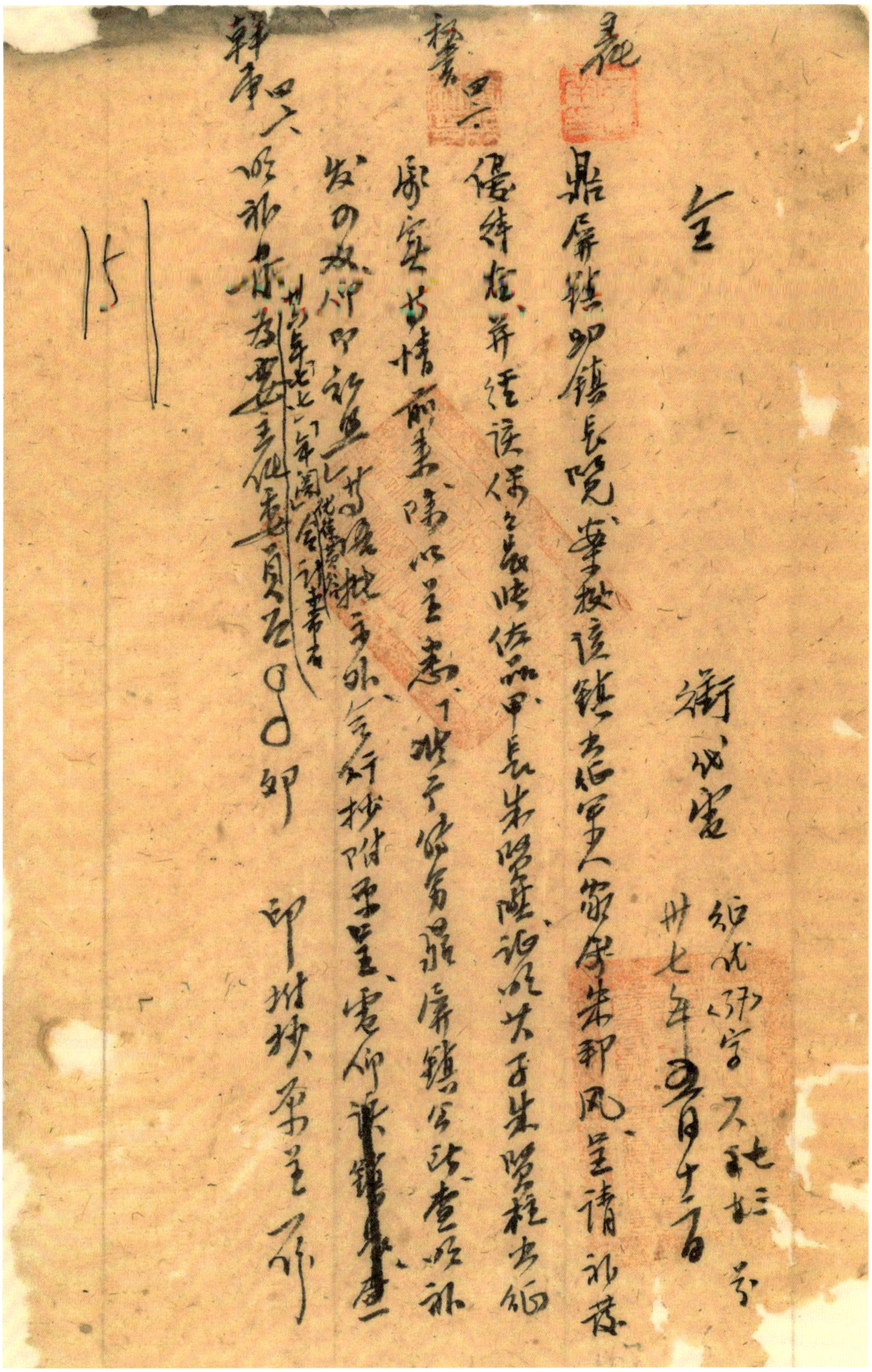

附：出征军人朱贤柱家属朱邦凤关于恳请依法优待致县出征抗敌军人家属优待委员会的报告

（一九四八年一月）

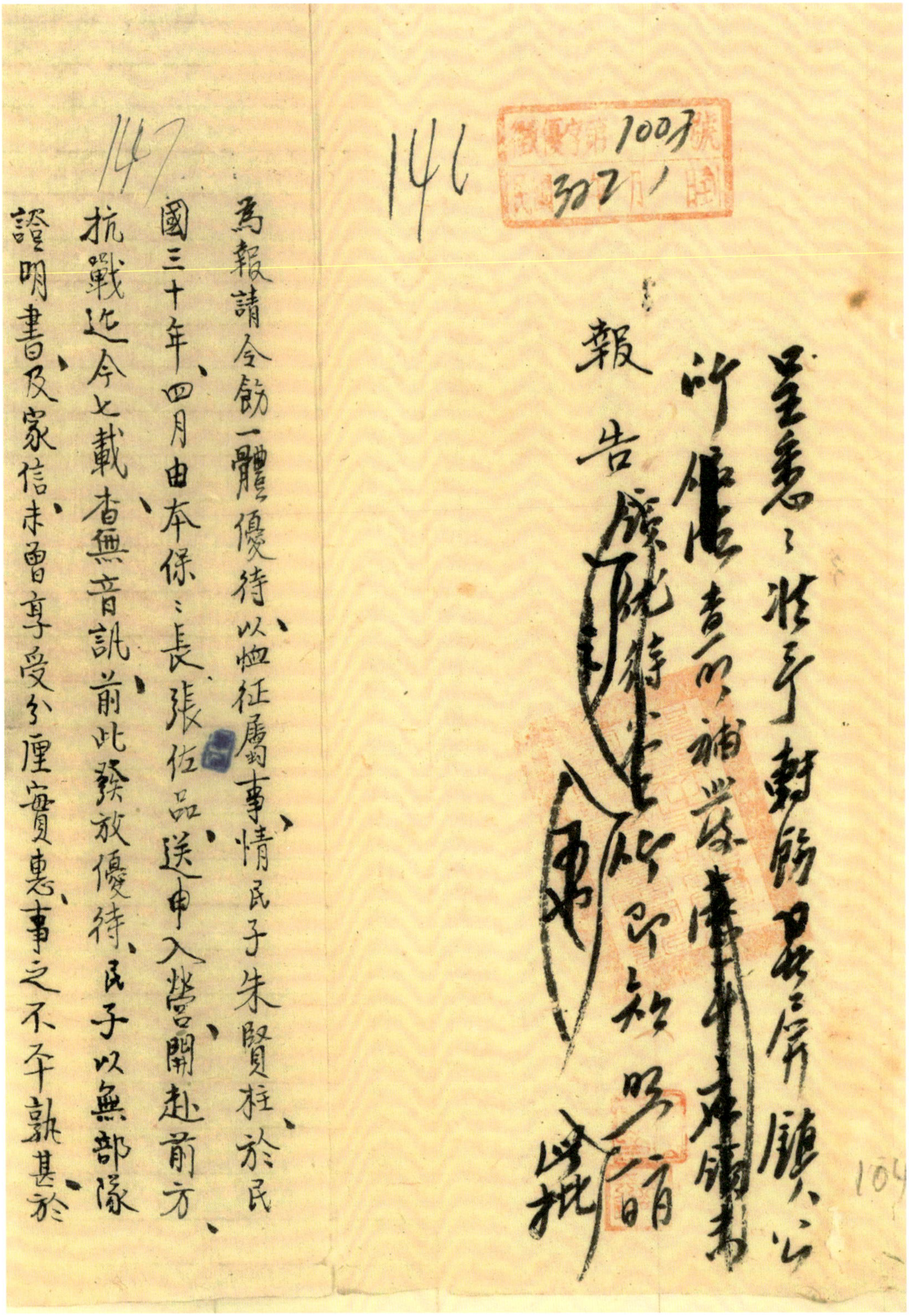

報告

呈悉。姑予轉飭[illegible]鄉鎮公所[illegible]補發[illegible]優待[illegible]，仰即知照。此批

為報請令飭一體優待以恤征屬事情民子朱賢柱於民國三十年四月由本保保長張佐品送申入營開赴前方抗戰迄今七載杳無音訊前此發放優待民子以無部隊證明書及家信未曾享受分厘實惠事之不平孰甚於

143

此故特具呈情形懇請

鈞會轉飭本管鄉公所照有營養狀及證明書征屬

一體待遇發給優待如沐允准感激不忘矣

謹呈

鄰水縣出征抗敵家屬優待委員會

縣府征佛處印發還諭

具呈人 鼎屏鎮第十二保 朱邦鳳 年七十三歲

朱龍氏 年七十三歲

證明人 鼎屏鎮第十二保 保長張佐品

甲長朱賢陞

中華民國三十七年一月　日

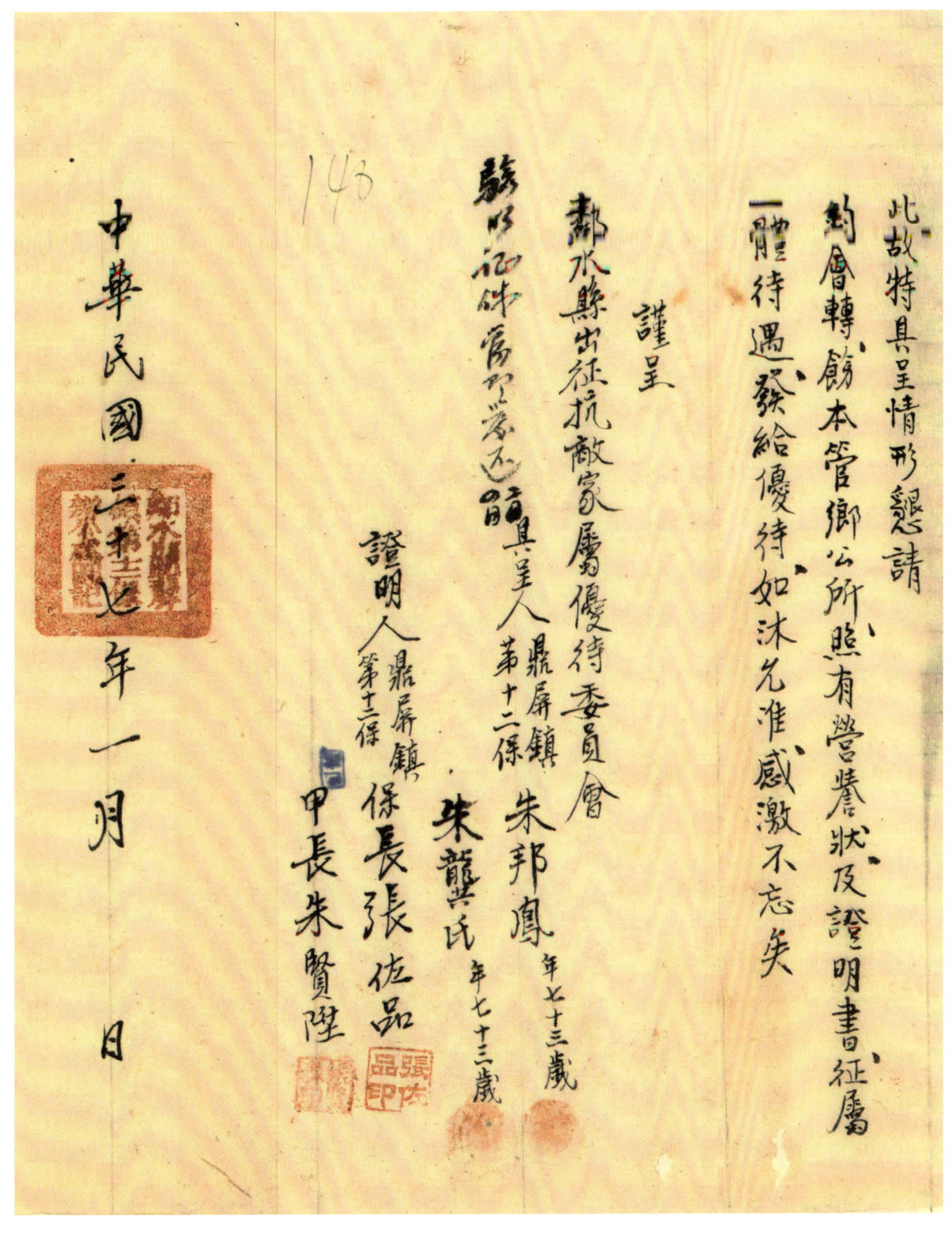

邻水县出征抗敌军人家属优待委员会关于查明并依法补发复员军人廖正德历年应领未领之优待谷致九峰乡公所的代电（一九四八年五月十三日）

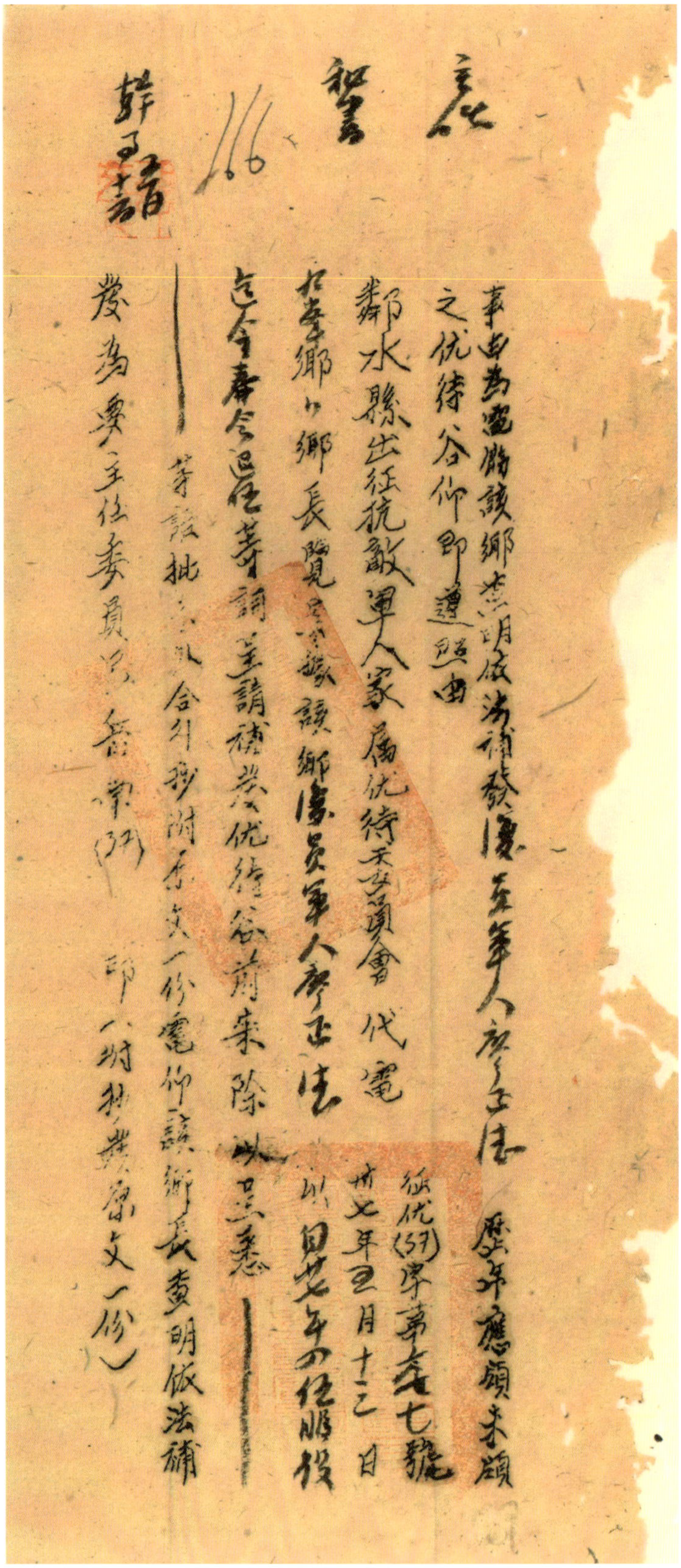

事由：為電飭該鄉查明依法補發復員軍人廖正德歷年應領未領之優待谷仰即遵照由

鄰水縣出征抗敵軍人家屬優待委員會代電

征優(37)字第二七七號

卅七年五月十二日

九峰鄉鄉長覽：案據該鄉復員軍人廖正德以自廿七年入伍服役迄今奉令退伍等詞，呈請補發優待谷前來。除以呈悉等語批示外，合行抄附原文一份，電仰該鄉長查明依法補發為要。主任委員[illegible]印（附抄發原文一份）

附：邻水县九峰乡复员军人廖正德关于恳请依法补发历年应领未领优待谷致县出征抗敌军人家属优待委员会的报告（一九四八年四月二十九日）

167

1252

335

報告　卅七年四月廿九日

竊員自廿七年十月一日奉征服役至抗戰勝利部隊整編請准長假復員返縣所有歷年應領未領優待谷懇予令飭九峯鄉鄉公所依法補發以維生活而重優政是否有當伏乞示遵！

謹呈

優委會主任呂

証書隨令繳銷

附証明書一份

九峯鄉復員軍人　廖正德　十

報告悉。准予令飭九峯鄉公所查照入伍退役時间依法補發可也。此批。五、六

邻水县出征抗敌军人家属优待委员会关于查明依法补发复员退役军人杨玉银优待谷致合丰乡公所的代电

（一九四八年五月十三日）

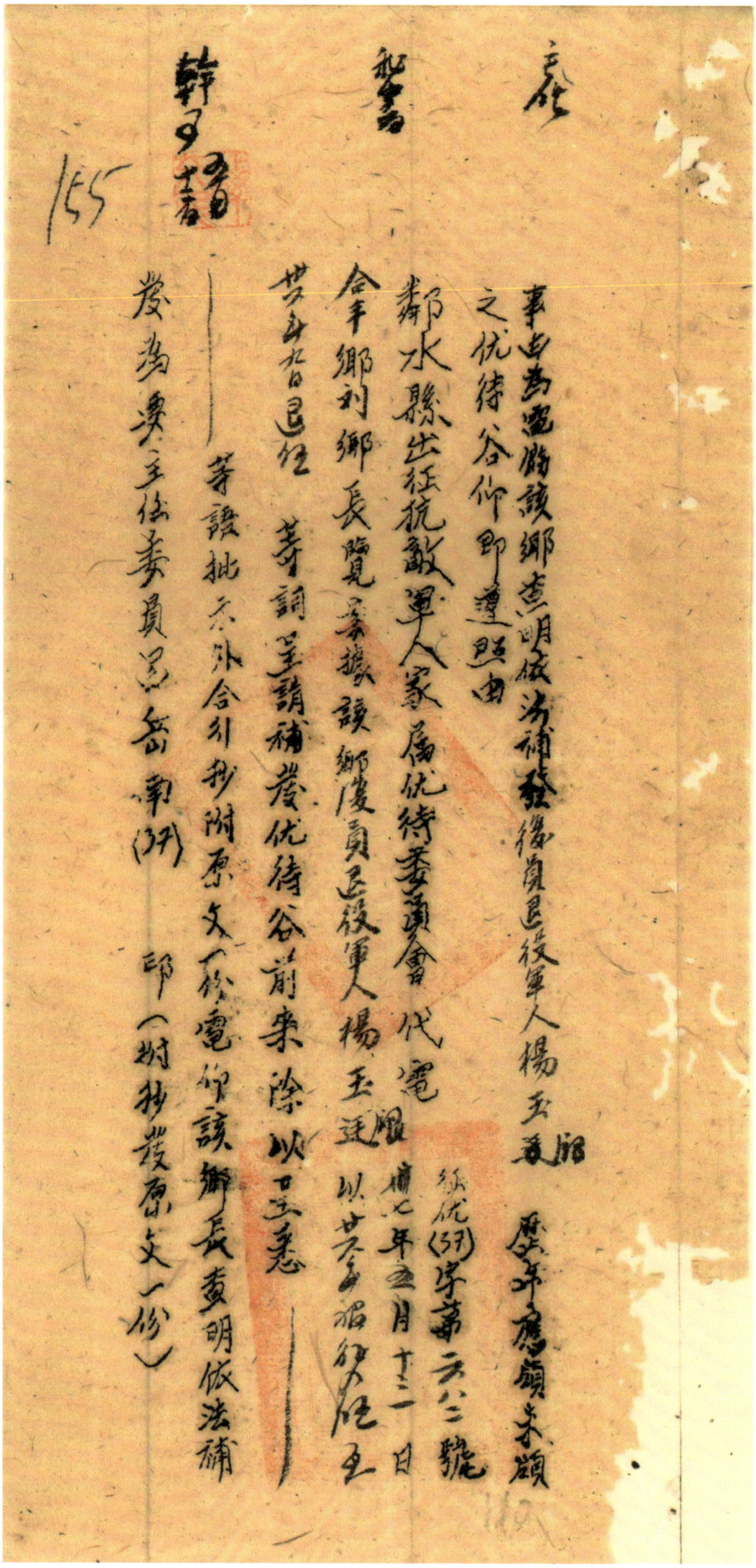
155

事由：為電飭該鄉查明依法補發復員退役軍人楊玉銀歷年應領未領之優待谷仰即遵照由

鄰水縣出征抗敵軍人家屬優待委員會代電 縣優（37）字第一六八二號

卅七年五月十二日

合豐鄉劉鄉長覽：案據該鄉復員退役軍人楊玉廷［銀］以[illegible]卅七年四月廿九日呈經 等詞呈請補發優待谷前來，除以呈悉 等語批示外，合行抄附原文（代電）仰該鄉長查明依法補發為要。主任委員[illegible]印（附抄發原文一份）

附：合丰乡退伍军人杨玉银关于恳请依法补发所欠优待谷致县出征抗敌军人家属优待委员会的报告（一九四八年五月十二日）

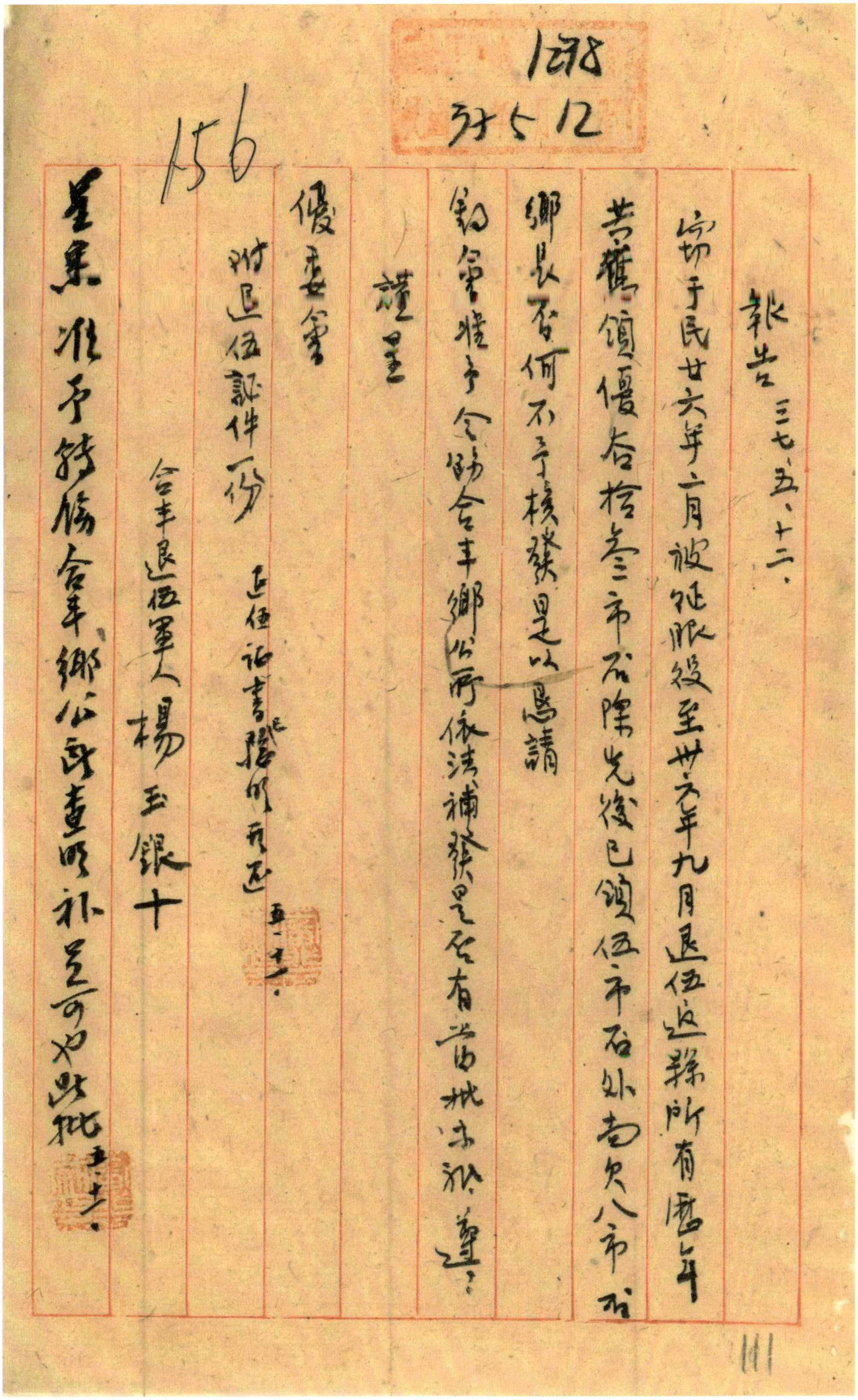

1238

37 5 12

156

报告 三七、五、十二

窃于民廿六年六月被征服役至卅六年九月退伍返县所有历年

节获领优待谷叁市石除先后已领伍市石外尚欠八市石

乡长不知何不予核发是以恳请

钧会准予令饬合丰乡公所依法补发是否有当批示祇遵

谨呈

优委会

附退伍证件一份

合丰退伍军人杨玉银十

退伍证书缴所存还 五、十二

呈悉。准予转饬合丰乡公所查明补足可也。此批 五、十二

111

邻水县出征抗敌军人家属优待委员会关于依法补发复员军人吴益福历年应领未领之优待谷致龙安乡公所的代电（一九四八年五月十三日）

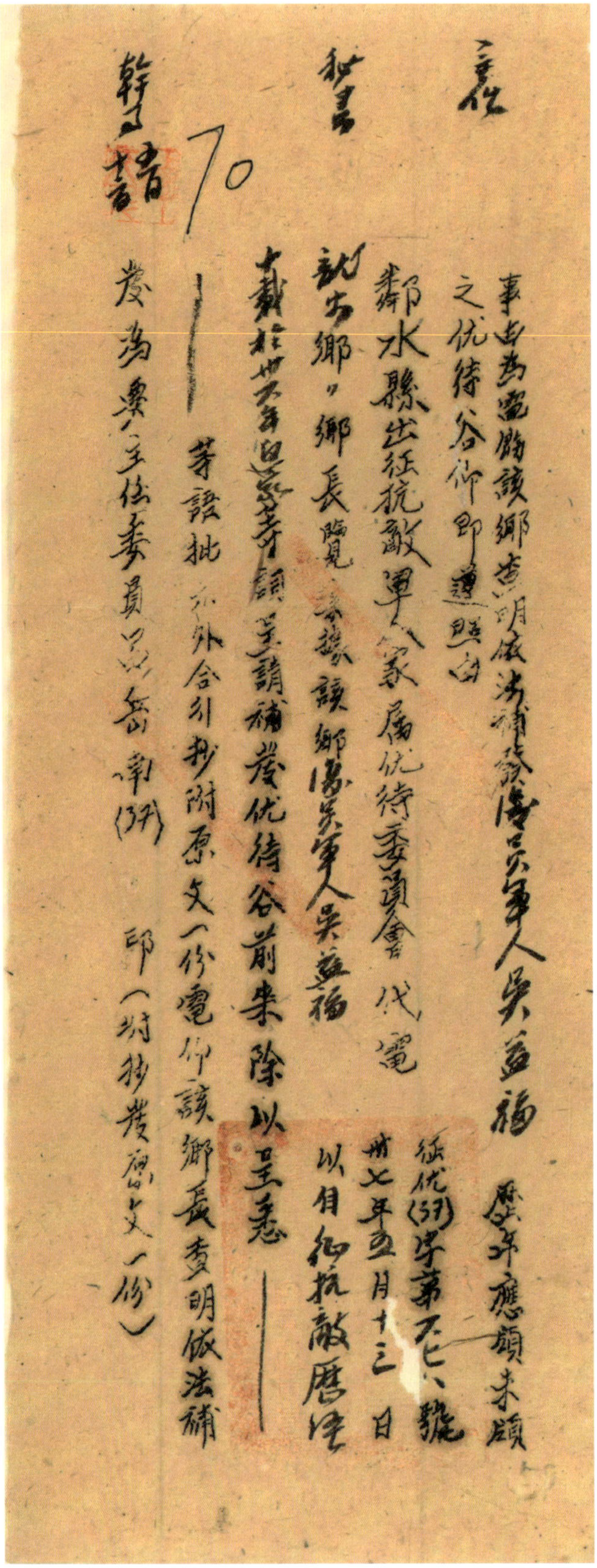

事由：為電飭該鄉查明依法補發復員軍人吳益福歷年應領未領之優待谷仰即遵照由

鄰水縣出征抗敵軍人家屬優待委員會代電　征優(37)字第三七六號　卅七年五月十三日

龍安鄉鄉長覽：案據該鄉復員軍人吳益福以自征抗敵歷經十載於卅六年回家等領呈請補發優待谷前來，除以呈悉等語批示外，合行抄附原文一份，電仰該鄉長查明依法補發為要。主任委員吳以嶽印（附抄發原文一份）

主任

秘書

幹事　請

70

邻水县普新乡退伍军人李孝关于核准退伍恳予依法优待致县出征抗敌军人家属优待委员会的呈（一九四八年五月一三日）

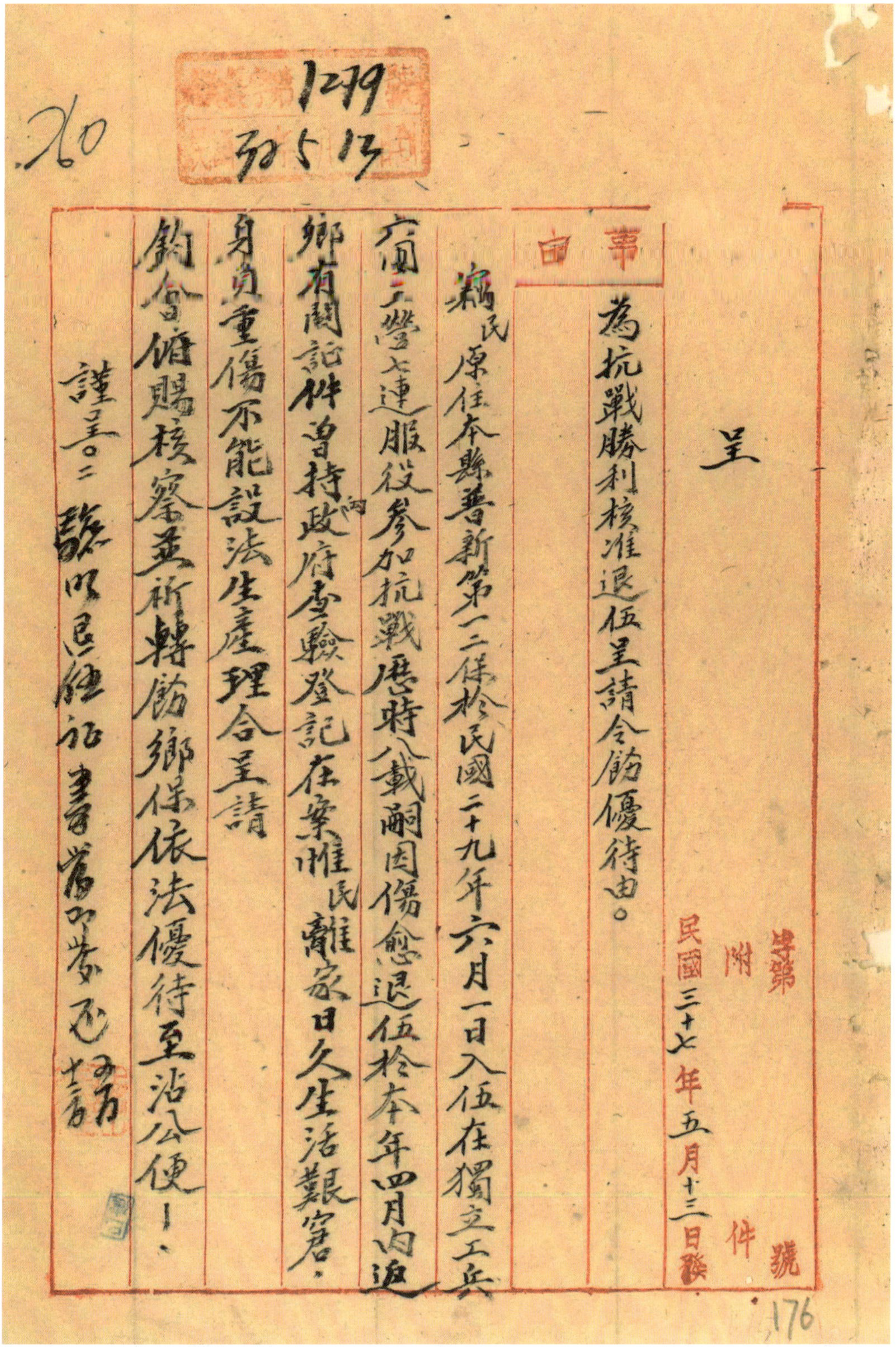
260

1279

325 13

呈

事由：為抗戰勝利核准退伍呈請令飭優待由。

字第　號　附　件　民國三十七年五月十三日發

竊民原住本縣普新第一二保，於民國二十九年六月一日入伍，在獨立工兵第一營七連服役，參加抗戰歷時八載，嗣因傷愈退伍，於本年四月內返鄉，有關証件曾持向政府查驗登記在案。惟民離家日久，生活艱窘，身負重傷，不能設法生產，理合呈請

鈞會俯賜核察，並祈轉飭鄉保依法優待，至沾公便！

謹呈

縣 附退伍証書[illegible]

176

261

鄰水出征抗敵家屬優待委員會 鈞鑒

具呈人 李孝（現住普新鄉第一二保）

呈悉。准予轉飭該鄉保依法優待，仰即知照。此批

五·十二·六

177

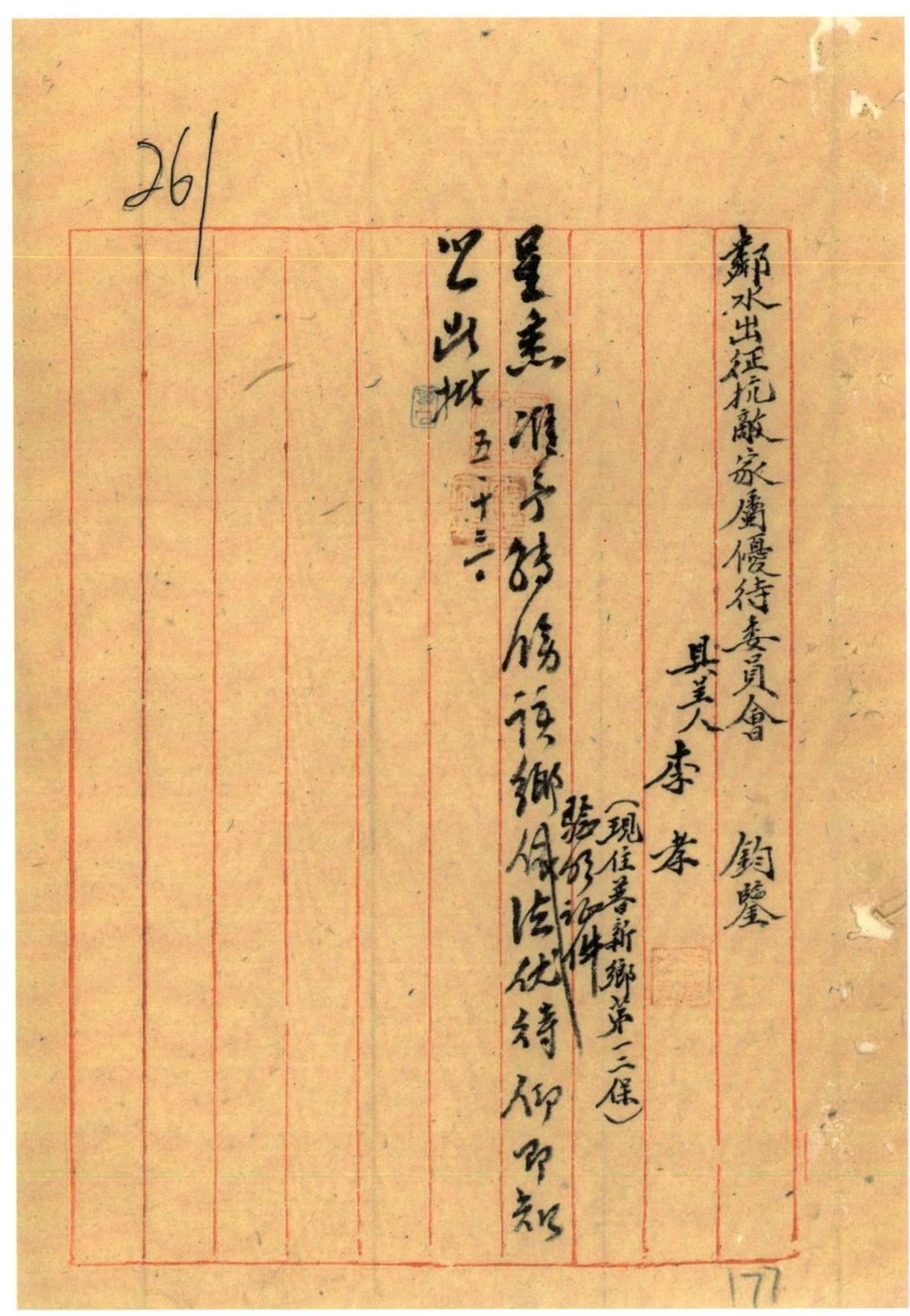

邻水县出征抗敌军人家属优待委员会关于查明补发复员军人邱明洪历年应领未领之优待谷致普新乡公所的代电（一九四八年五月十二日）

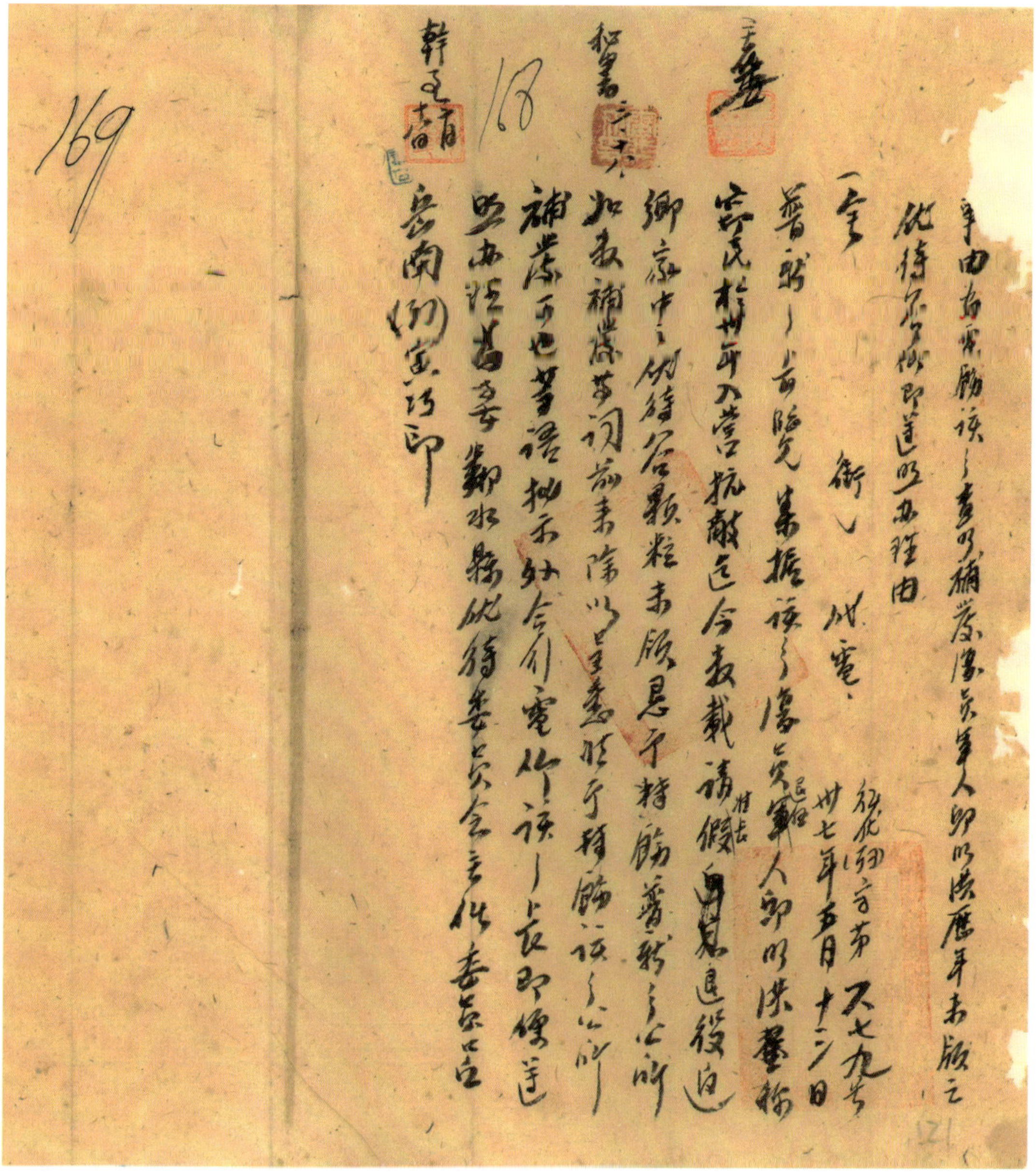

事由：为电饬该乡查明补发复员军人邱明洪历年未领之优待谷仰即遵照办理由

征优（卅）字第 五七九号
卅七年五月十二日

全衔 代电

普新乡公所览：案据该乡复员军人邱明洪签称：窃民于卅年入营抗敌，迄今数载，请假回籍退役回乡，应领之优待谷县粮未领，恳予转饬普新乡公所如数补发等词前来，除以呈悉，准予转饬该乡公所补发可也等语批示外，合行电仰该乡长即便遵照办理为要。邻水县优待委员会主任委员○○

辰文优印

附：邻水县普新乡复员军人邱明洪关于恳予补发历年应领未领优待谷致县出征抗敌军人家属优待委员会的申请（一九四八年三月五日）

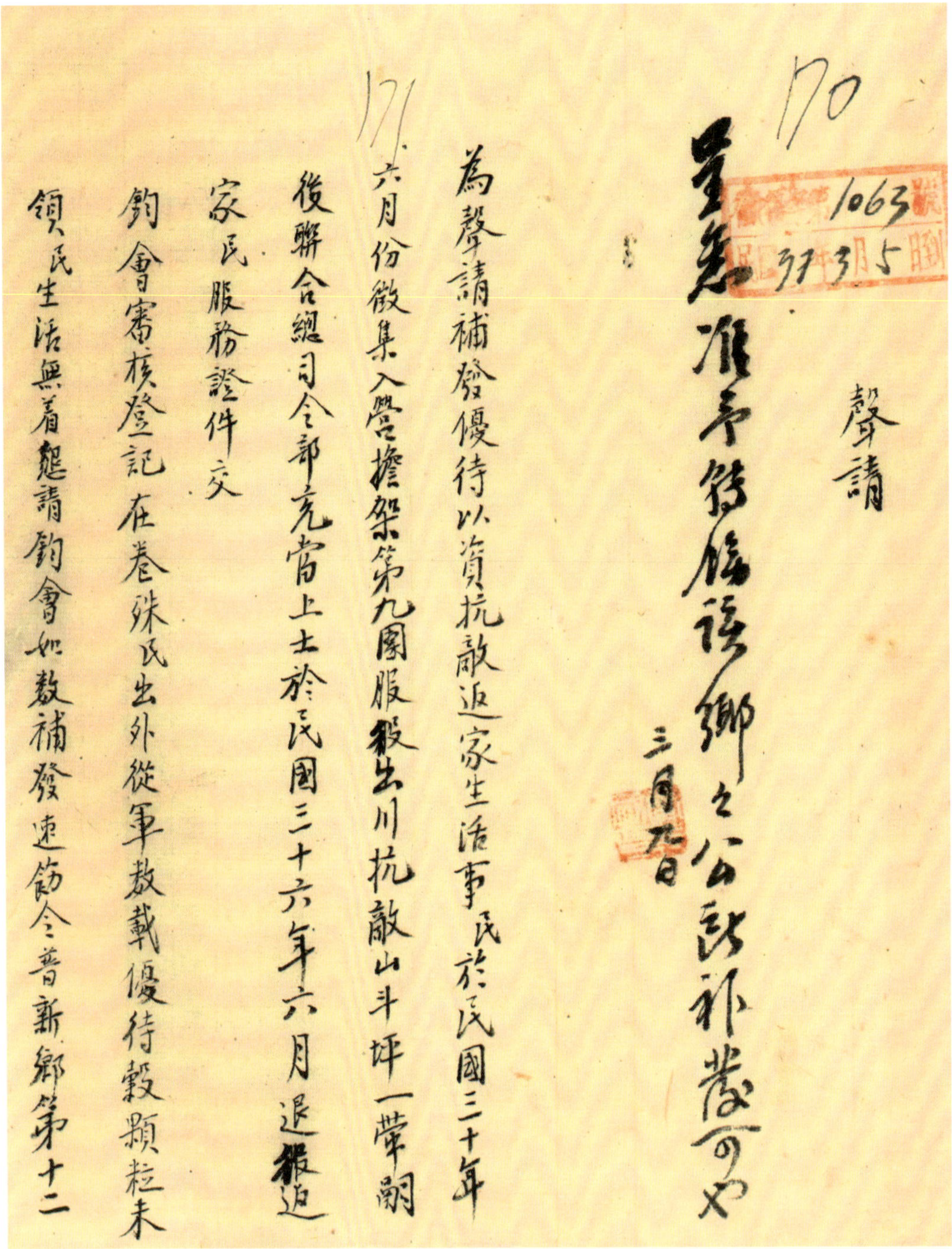

170

1063

37 3 5

聲請

呈悉。准予飭催該鄉公所補發可也。

三月五日

171

為聲請補發優待以資抗敵返家生活事。民於民國三十年六月份徵集入營擔架第九團服務，出川抗敵山斗坪一帶嗣後聯合總司令部充當上士，於民國三十六年六月退報返家，民服務證件交鈞會審核登記在卷。殊民出外從軍，數載優待穀顆粒未領，民生活無着，懇請鈞會如數補發，速飭令普新鄉第十二

准發給優待民照救領足以資生活不勝沾感

謹呈

驗明當周君假冒假記當明否還不[illegible]

鄰水縣優待委員會 鈞鑒

鄰水縣普新鄉第十二保聲請人鄧明洪

172

173

中華民國三十七年三月五日

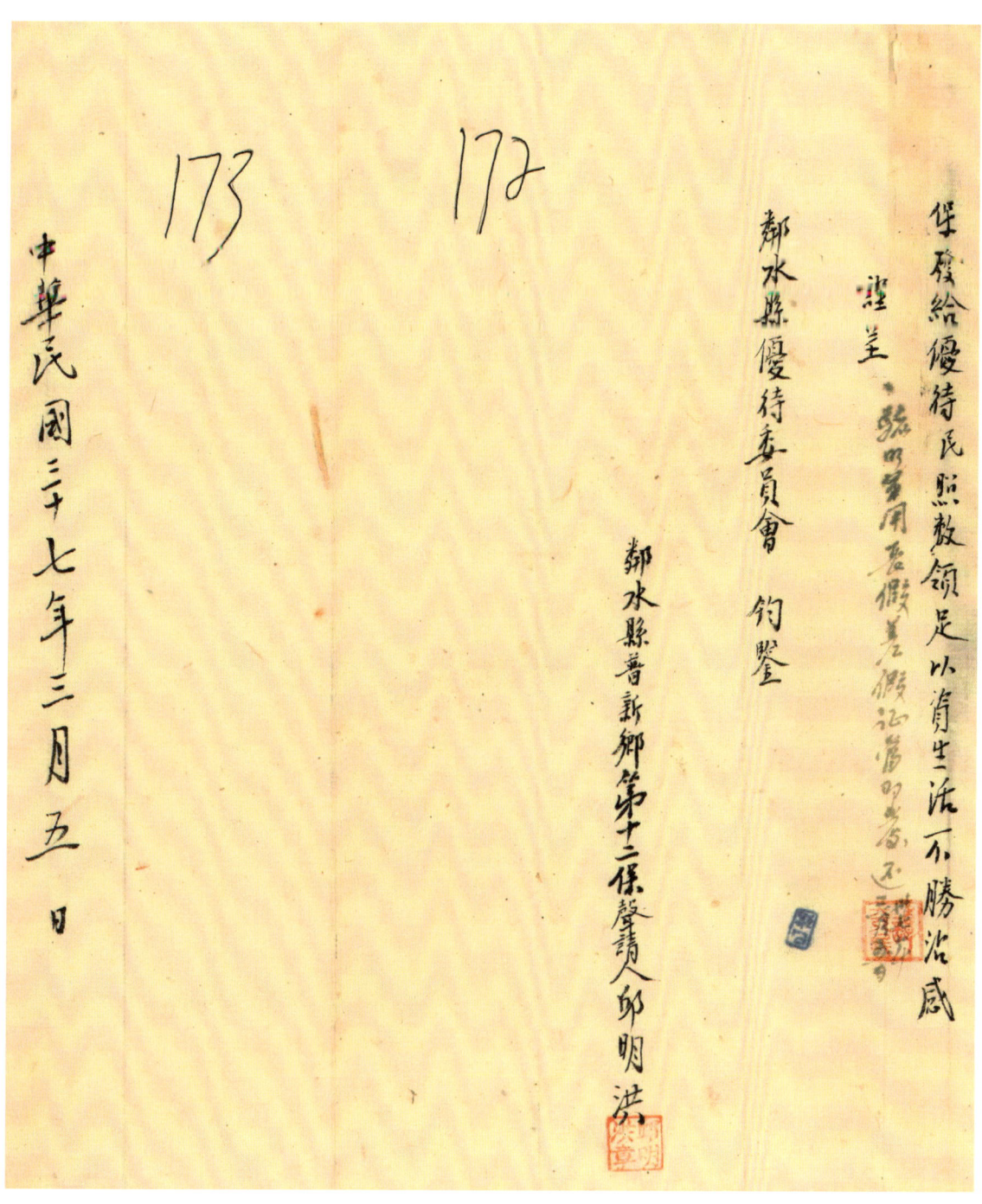

邻水县九龙乡第十八保王固华关于本乡抗敌军人蓝孝国长假返家恳请补发历年优待谷致县政府的证明书（一九四八年五月十七日）

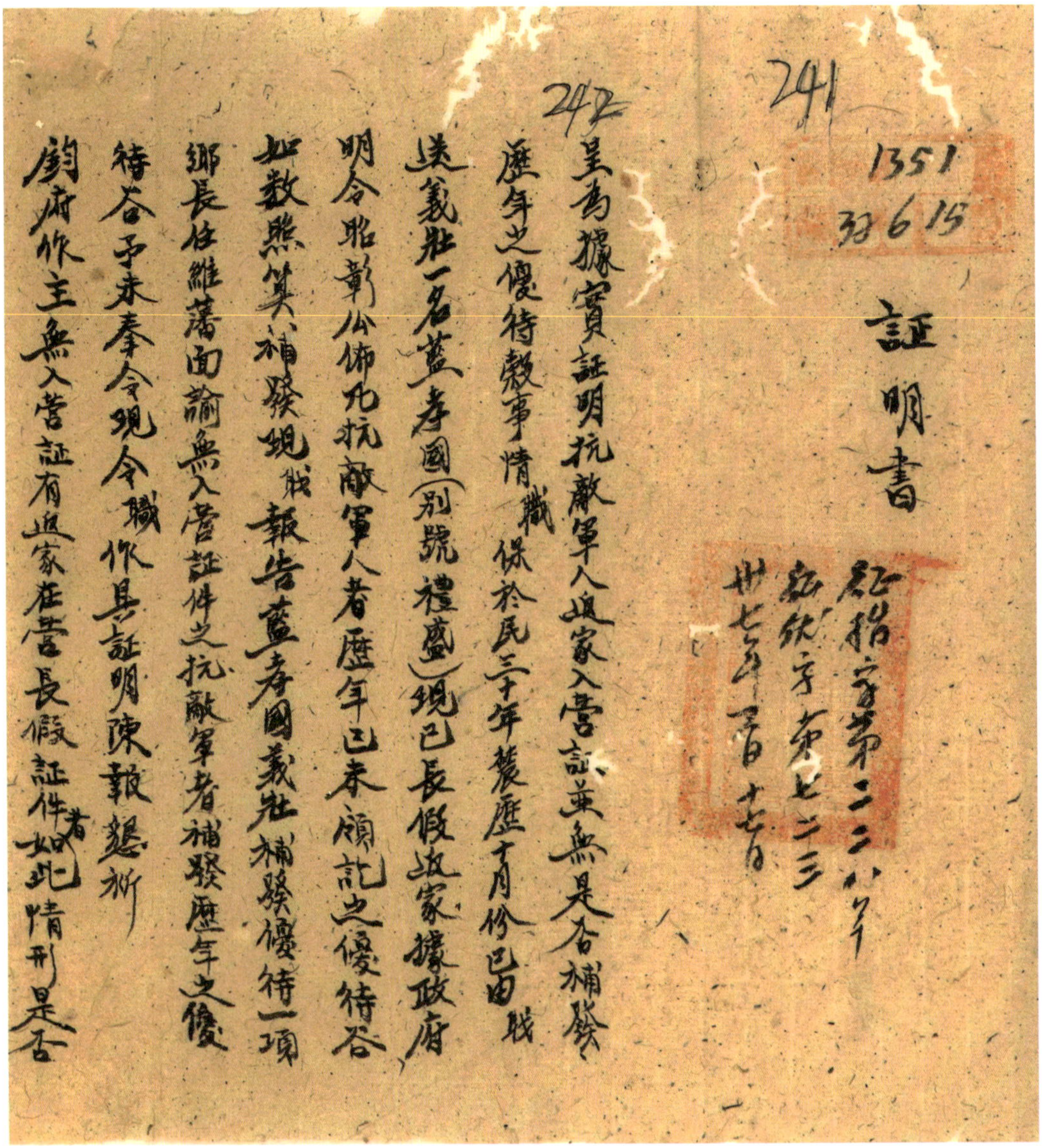

241

1351

33 6 15

證明書

社指字第二二八八號
發文字第七二三號
卅七年五月十七日

呈為據實證明抗敵軍人返家入營証並無是否補發歷年之優待穀事情。職保於民三十年裝歷十月份已由職送義壯一名藍孝國（別號禮盛），現已長假返家。據政府明令昭彰，凡抗敵軍人者歷年已未領訖之優待谷如數照算補發。現職報告藍孝國義壯補發優待一項，鄉長任維藩面諭無入營証件之抗敵軍者補發歷年之優待谷予未奉令。現令職作具証明陳報，懇祈鈞府作主。無入營証有返家在營長假證件者，如此情形是否

243

照補證前批藍孝國歷年之優待谷祈令鄉所轉諭亦遵此呈 [illegible]

縣長劉 鈞鑒

交優委會核辦 六、廿一

九龍鄉第十八保證明人保長王國華

被 証明 壯丁藍孝國

246

244

証明書 茲據該保長證明藍孝國已於卅年入營為

實壯丁等情九龍鄉公所據年計算已欠扣除未欠照補 另每年一市石

247

仰即知照並遵此令 六、十六。

民國三十七年農歷五月初九日

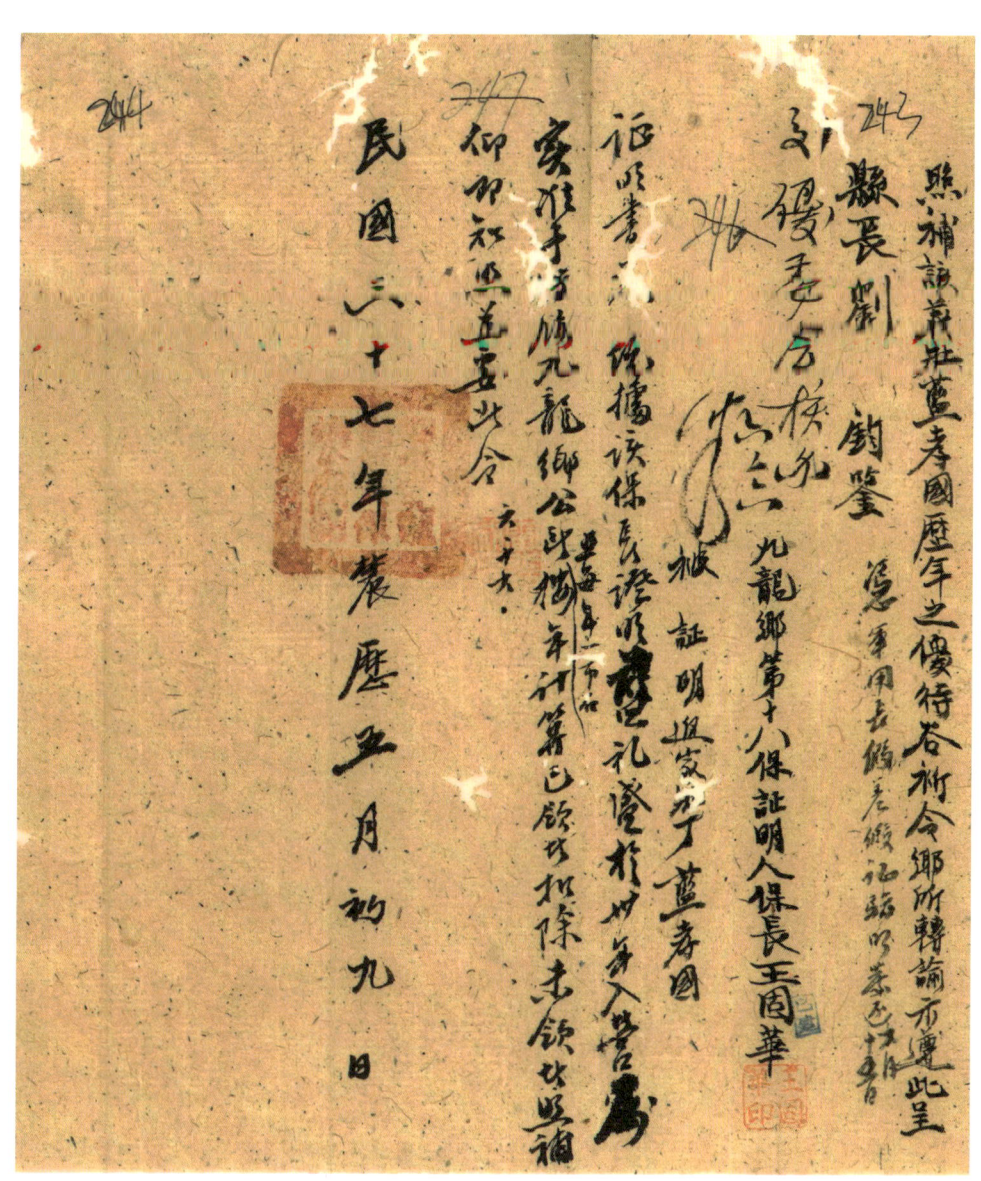

邻水县延金乡公所关于据实转请补发退伍军人刘贤荣历年应领未领优待谷致县出征抗敌军人家属优待委员会的呈（一九四八年五月十八日）

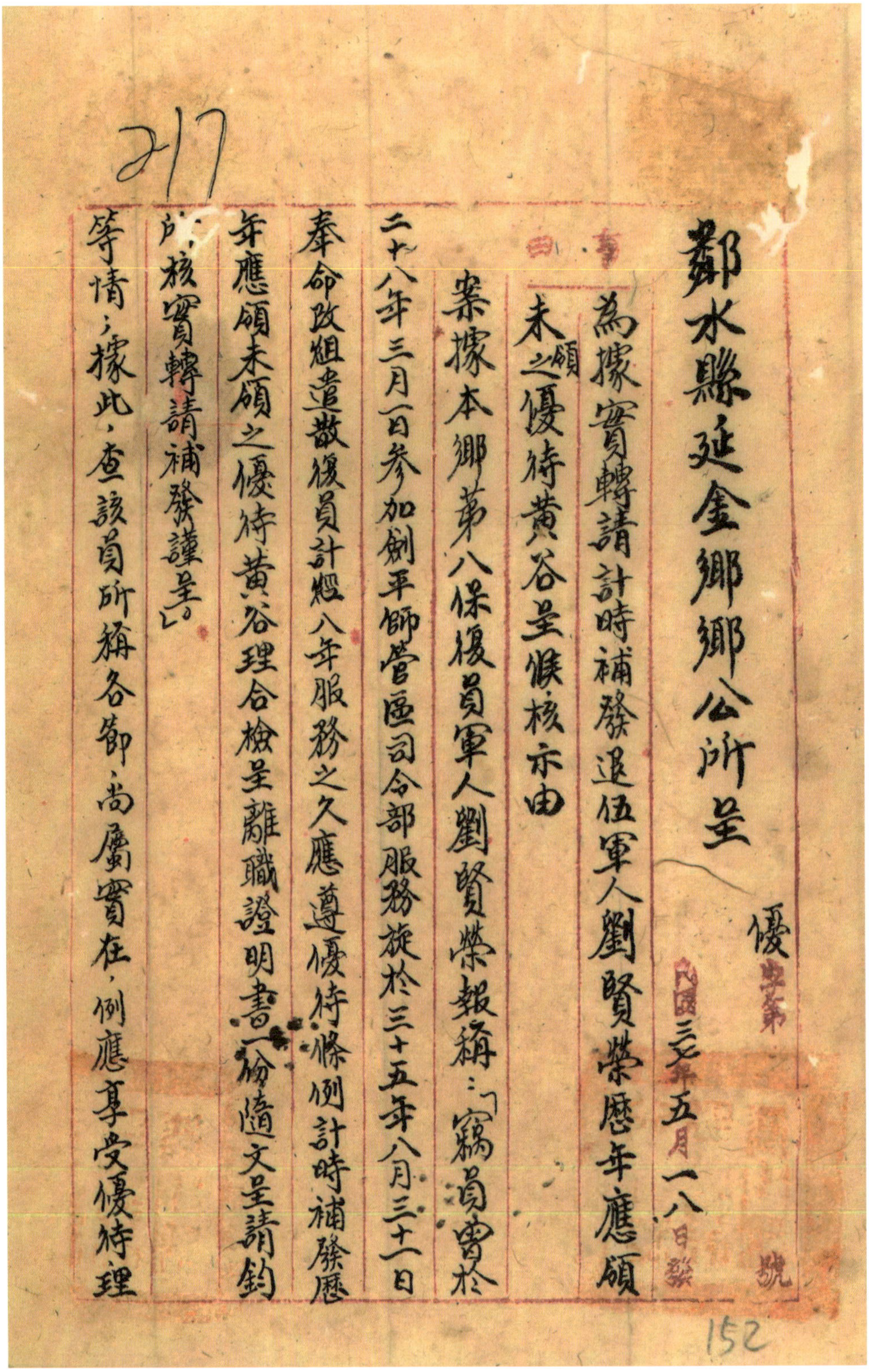

鄰水縣延金鄉鄉公所呈 優字第 號

民國三十七年五月十八日發

為據實轉請計時補發退伍軍人劉賢榮歷年應領未領之優待黃谷呈候核示由

案據本鄉第八保復員軍人劉賢榮報稱：「竊員曾於二十八年三月一日參加劍平師管區司令部服務，旋於三十五年八月三十一日奉命改組遣散復員，計經八年服務之久，應遵優待條例計時補發歷年應領未領之優待黃谷，理合檢呈離職證明書一份，隨文呈請鈞所核實轉請補發，謹呈。」等情。據此，查該員所稱各節，尚屬實在，例應享受優待理

218

合將原呈離職證明書一份隨文轉請
鈞會鑒核示遵！
謹呈。
鄰水縣出征抗敵軍人優待委員會
計附呈離職證明書一份。
鄉長 朱錫光

呈悉。
准予補[illegible]
[illegible]
准發退伍證書加發免役[illegible]仰即知照此令。附件發還
征優二字第七三六九號
卅七年五月廿日

153

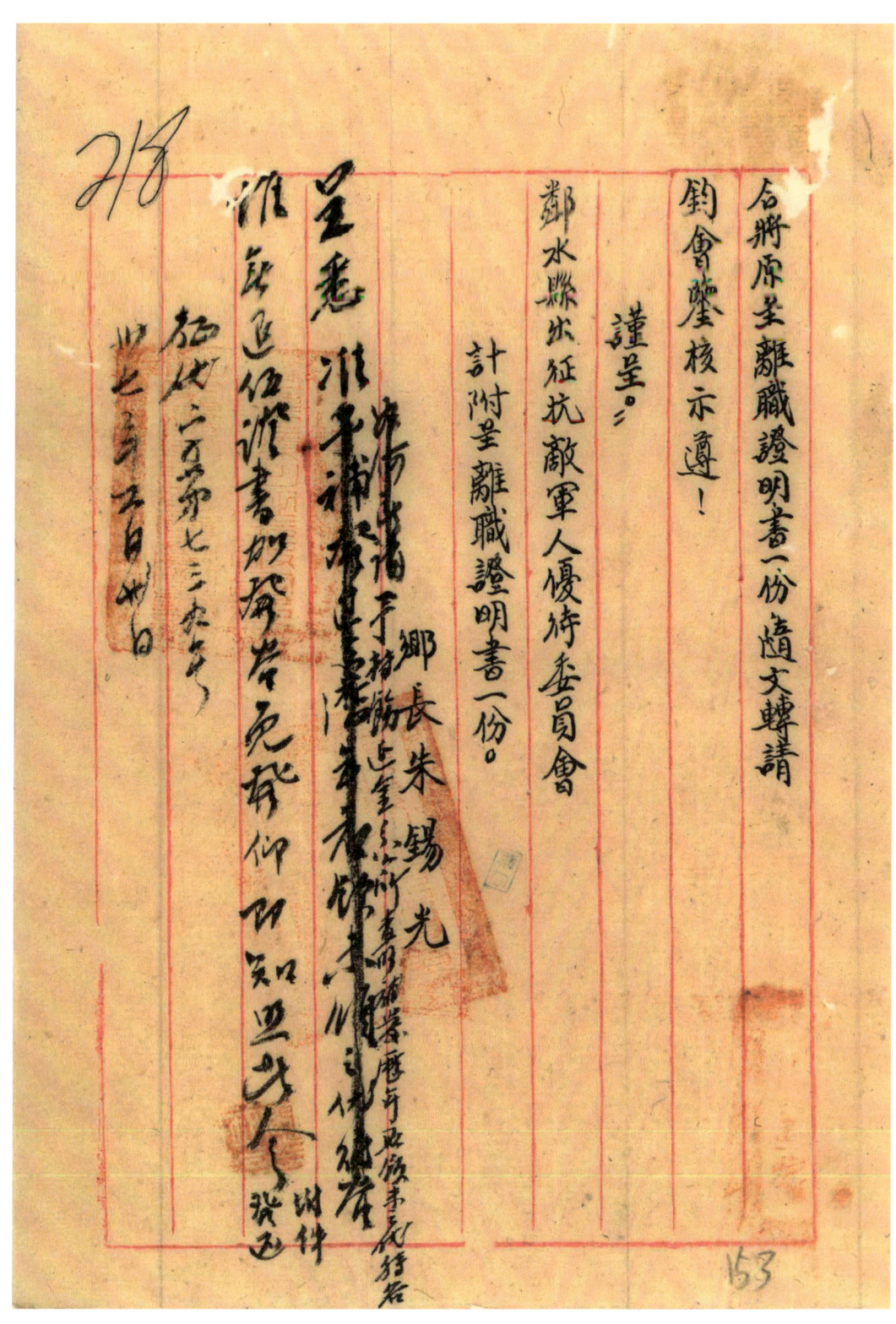

邻水县出征抗敌军人家属优待委员会关于查明依法补发复员军人吴学仕、曾熙源优待谷致解愠乡公所的代电（一九四八年五月二十日）

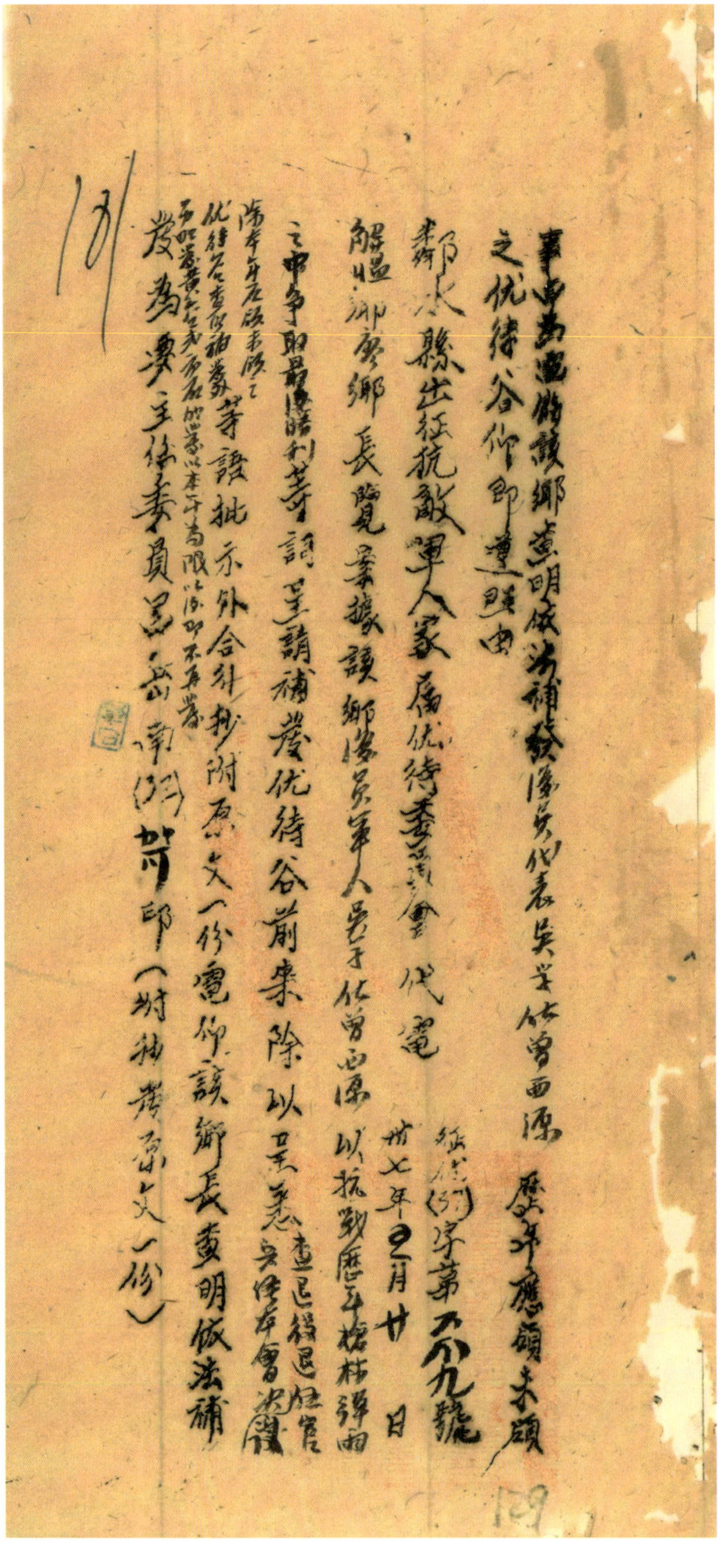
事由：為電仰該鄉查明依法補發復員代表吳學仕曾熙源歷年應領未領之優待谷仰即遵照由

鄰水縣出征抗敵軍人家屬優待委員會代電　[illegible]字第[illegible]九號　卅七年五月廿　日

解慍鄉鄉長覽：案據該鄉復員軍人吳學仕曾熙源以抗戰歷年[illegible]林彈雨之中爭取最後勝利等詞，呈請補發優待谷前來。除以呈悉，查退役退伍官兵[illegible]等語批示外，合行抄附原文一份，電仰該鄉長查明依法補發為要。主任委員[illegible]印（附抄發原文一份）

附：邻水县全体复员上兵代表吴学仕、曾熙源关于恳请补发抗敌军人家属优待谷致县出征抗敌军人家属优待委员会的报告（一九四八年一月四日）

188

報告　三十七年元月四日　于解協鄉

事由　呈為懇請補發歷年抗敵軍人家屬優待積谷事由

竊士兵等抗戰歷年槍林彈雨之中，爭取最後之勝利，為國家民族之生存，以保全領土。雖抗
戰受盡千辛，而政府亦設置優待委員會優待抗敵軍人家屬，以慰抗戰將士。在三十四將倭奴
肅清，國家理應復員，業軍士兵等因受傷成殘，或因年齡關係，國家令其退役回歸桑梓。無奈退
役之時，國家待遇有限，對於生活以成問題，理應清理家屬每年政府優待積谷，就近領入若干石數。
有領完市石者，有領五市斗者，亦有全數未領者。士兵等不知縣府辦理優待積谷每年每名是否若干石數。
無非士兵等在服役期中常聞主官所講，或政治部亦常常所講：汝等士兵在外安心抗戰，對於家屬毫
無問題，而政府發厚優待。至二十七年起至國戰停止止，每名每年各發優待積谷肆市石。又在退以前所聞
復員站所講，至三十年起至三十五年止，每名每年各發捌市石。在捌市石當中，士兵等未敢斷言，而

130

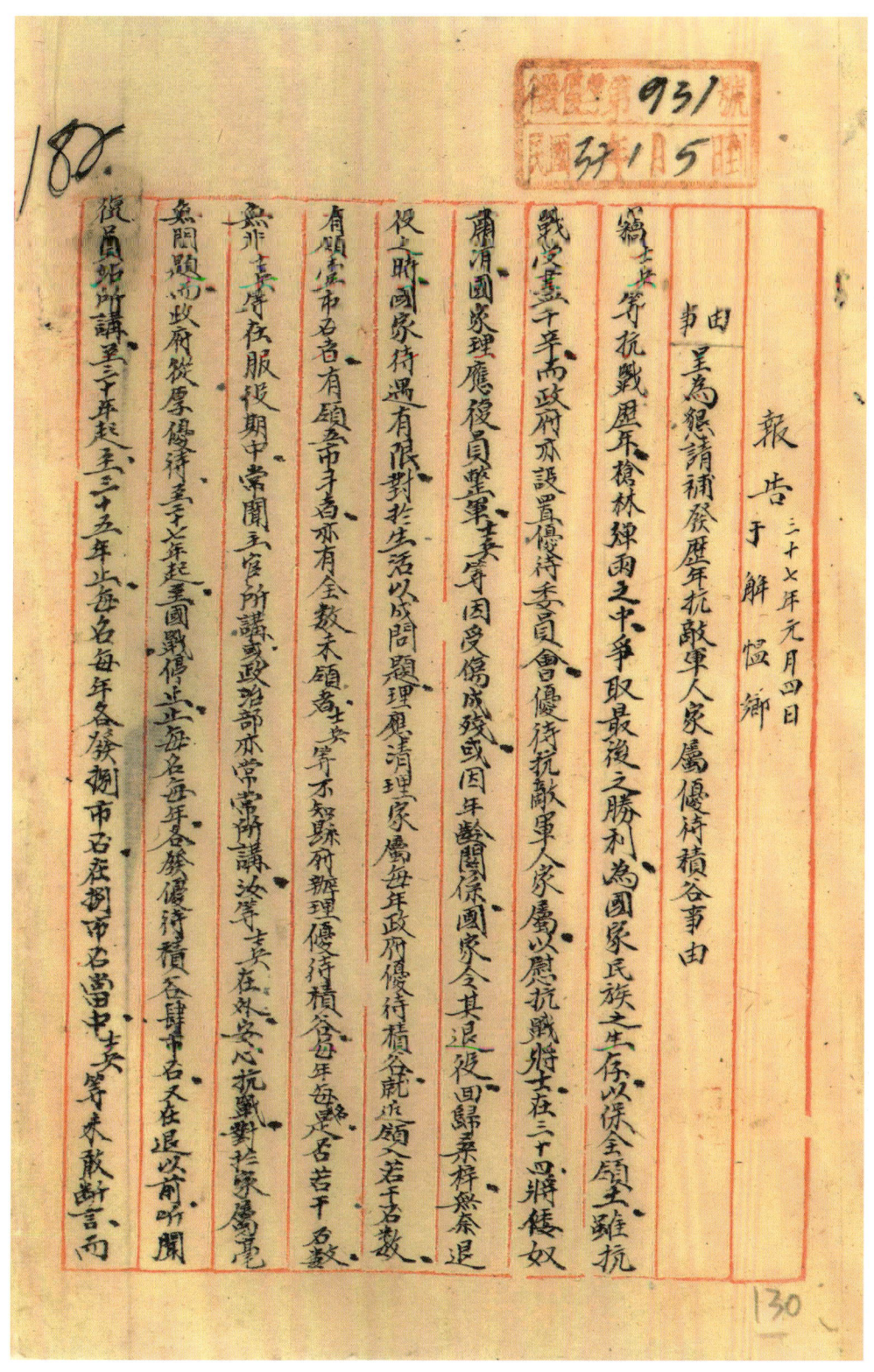

187

不知是否真假，而肆市名却係屬員士兵等還鄉後因生活緊迫，無處告借，不得已而向政府請求發放優待積谷。經前任王代縣長解決在案，因各鄉鎮三級調查冊未能辦理完竣，無從發放若干市石，只好以退伍證書為憑，每名每季暫發伍市斗，俟三十六年將三級調查冊清理完竣呈報省府，是否發放若干市石，再行補發。士兵等遵令辦理，有案可查。現置三十六年年關以過，如何發放，毫未所聞。現時百物高貴，各個復員士兵有斷炊之家，生活無着，起能坐以待斃？又無處伸訴，只得另具文懇請鈞座俯予鑒核，每名每年應否補發若干石數，以度殘冬。如蒙允准，實沾德便。另請明白示知，敬候指令示遵。

謹呈

在鄉軍官會轉

鄰水縣優待委員會主任劉 副主任呂

鄰水縣全体復員士兵代表 吳學仕 曾熙源 呈

呈悉。查退役退伍官兵經本會會議議決，除每年應領未領之優待費照補發外，另加發慰勞費若干元，惟以本年為限，以後即不再發，仰即知照。此批。

邻水县出征抗敌军人家属优待委员会关于查明补发该乡复员军人周拱言历年应领未领之优待谷致双河乡公所的代电（一九四八年五月二十日）

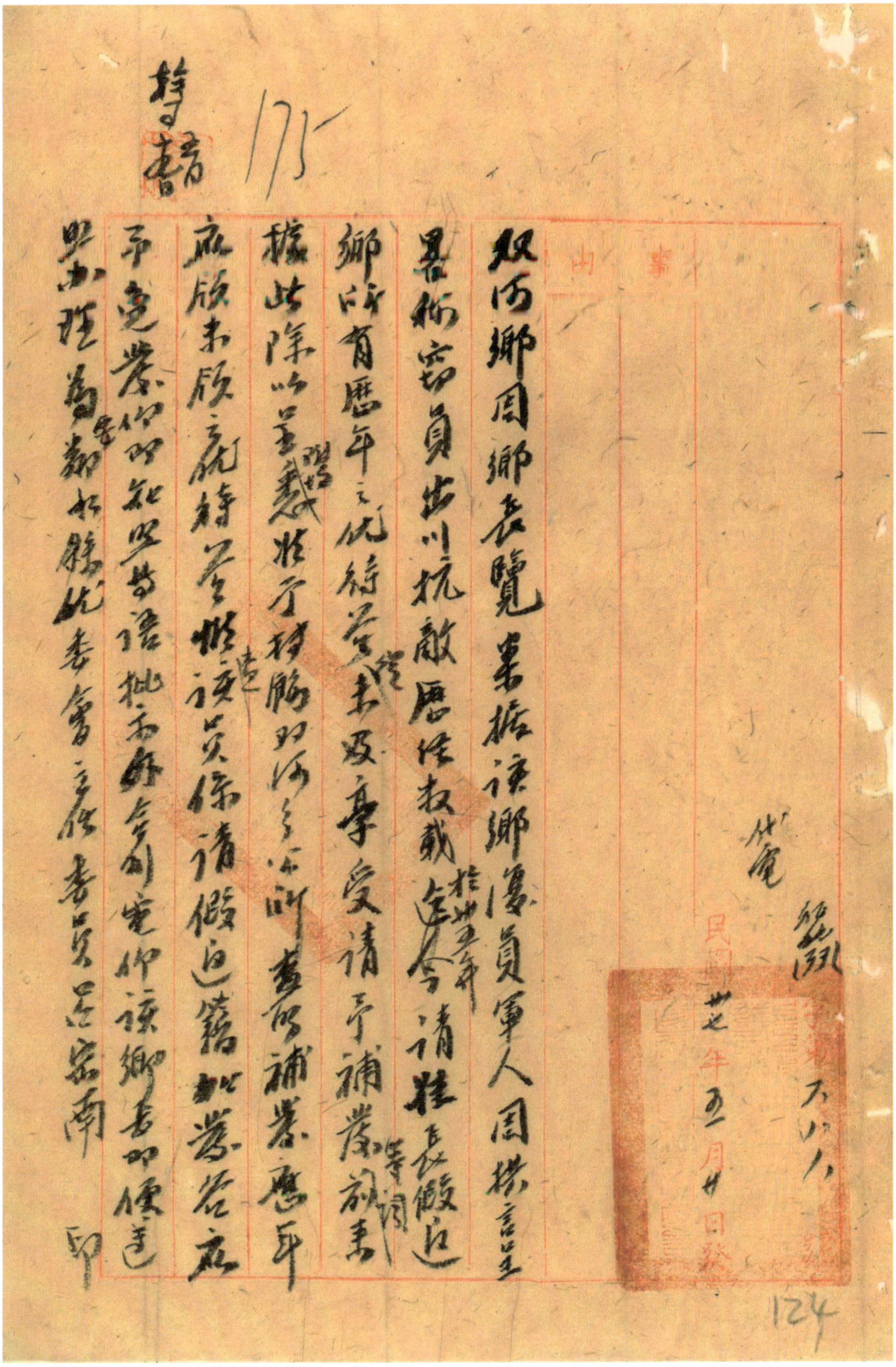

附：邻水县双河乡伤兵周拱言关于申请补发历年应领未领优待谷致县出征抗敌军人家属优待委员会的呈（一九四八年五月七日收）

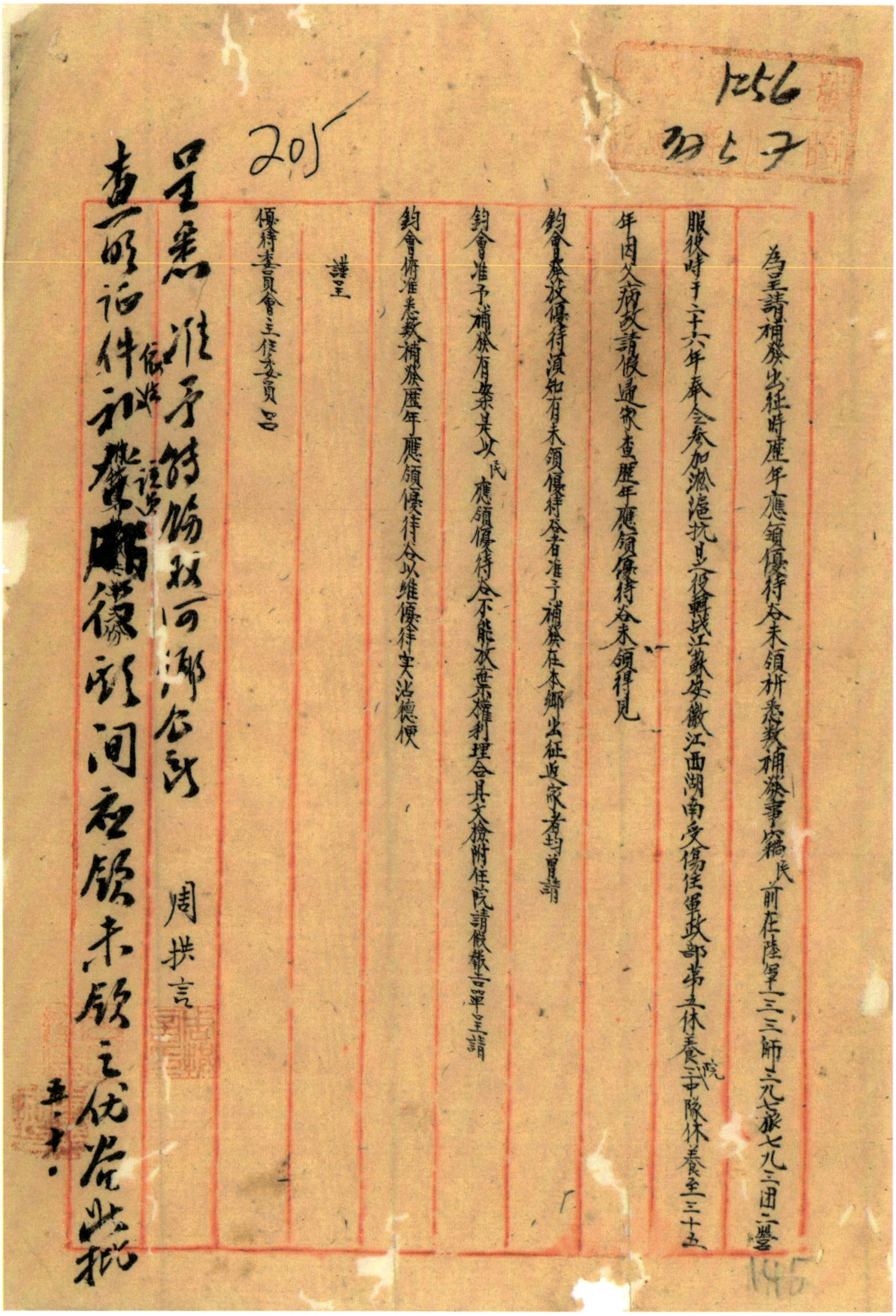

1256

3357

205

為呈請補發出征時歷年應領優待谷未領祈悉數補發事。竊民前在陸軍一三三師三九七旅七九三团二營服役時，于二十六年奉令參加淞滬抗戰，後轉战江蘇、安徽、江西、湖南，受傷住軍政部第五休養院三中隊休養至三十五年，因父病故請假返家。查歷年應領優待谷未領，得見

鈞會奉頒優待須知，有未領優待谷者准予補發。在本鄉出征返家者均曾請

鈞會准予補發有案，是以民應領優待谷不能放棄，求權利。理合具文檢附住院請假證各一單，呈請

鈞會俯准悉數補發歷年應領優待谷，以維優待，實沾德便。

謹呈

優待委員會主任委員 呂

周拱言

呈悉。准予轉飭双河鄉公所查明該件[illegible]間應領未領之優谷。此批。

五．十．

145

邻水县出征抗敌军人家属优待委员会关于补发抗属吕盛木历年优待谷致解愠乡公所的训令（一九四八年五月二十四日）

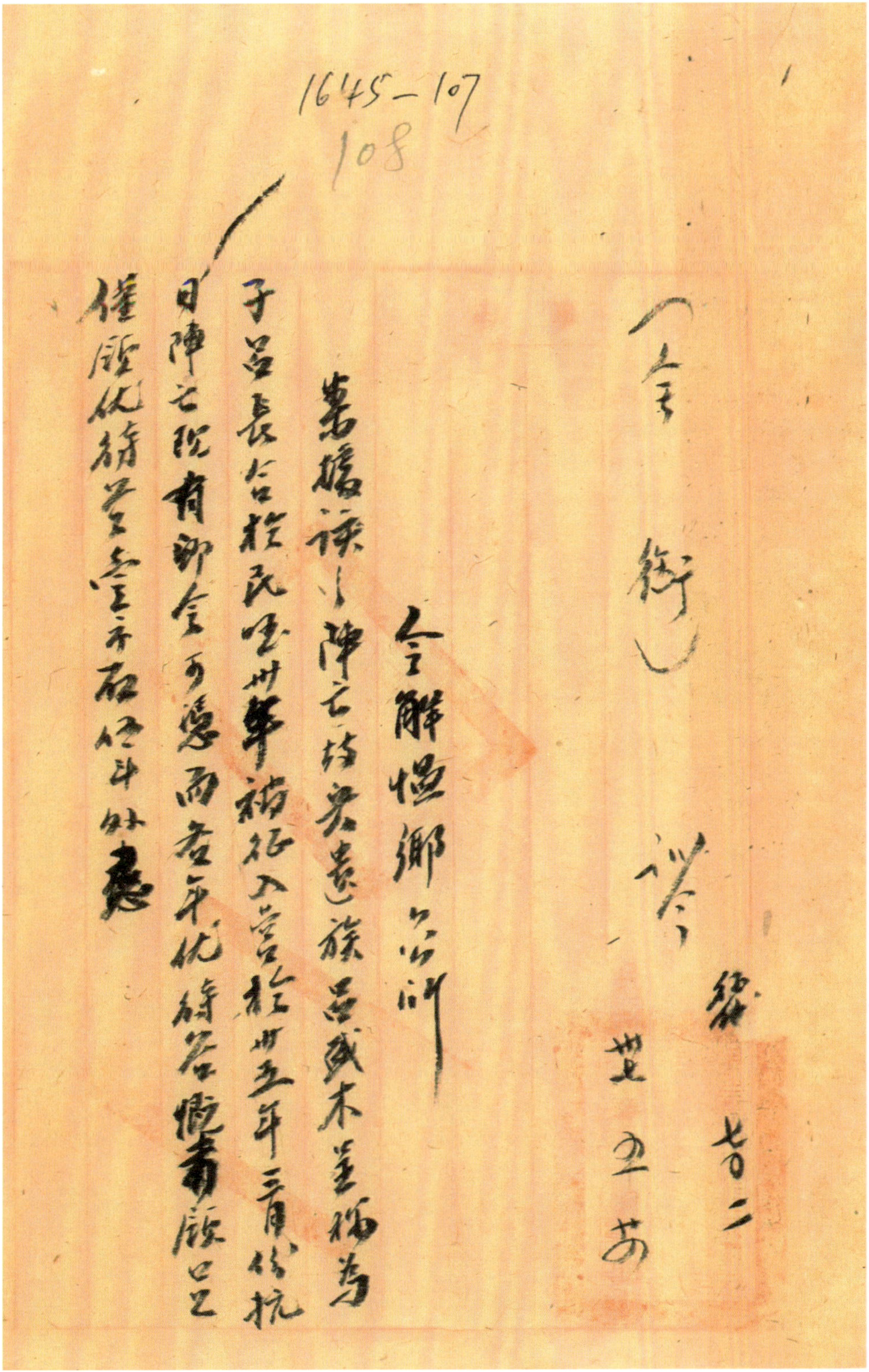

1645—107
108

（全銜）訓令

發 七二
卅七 五 廿四

令解愠鄉公所

案據該鄉陣亡將士家屬呂盛木呈稱為子呂長谷於民國卅年被征入營於卅五年三月於抗日陣亡經有鄉公所證明而各年優待谷概未領足僅經優待委員會[illegible]斗外懇

附：邻水县解愠乡抗属吕盛木关于恳予补发历年优待谷致县出征抗敌军人家属优待委员会的申请书
（一九四八年四月）

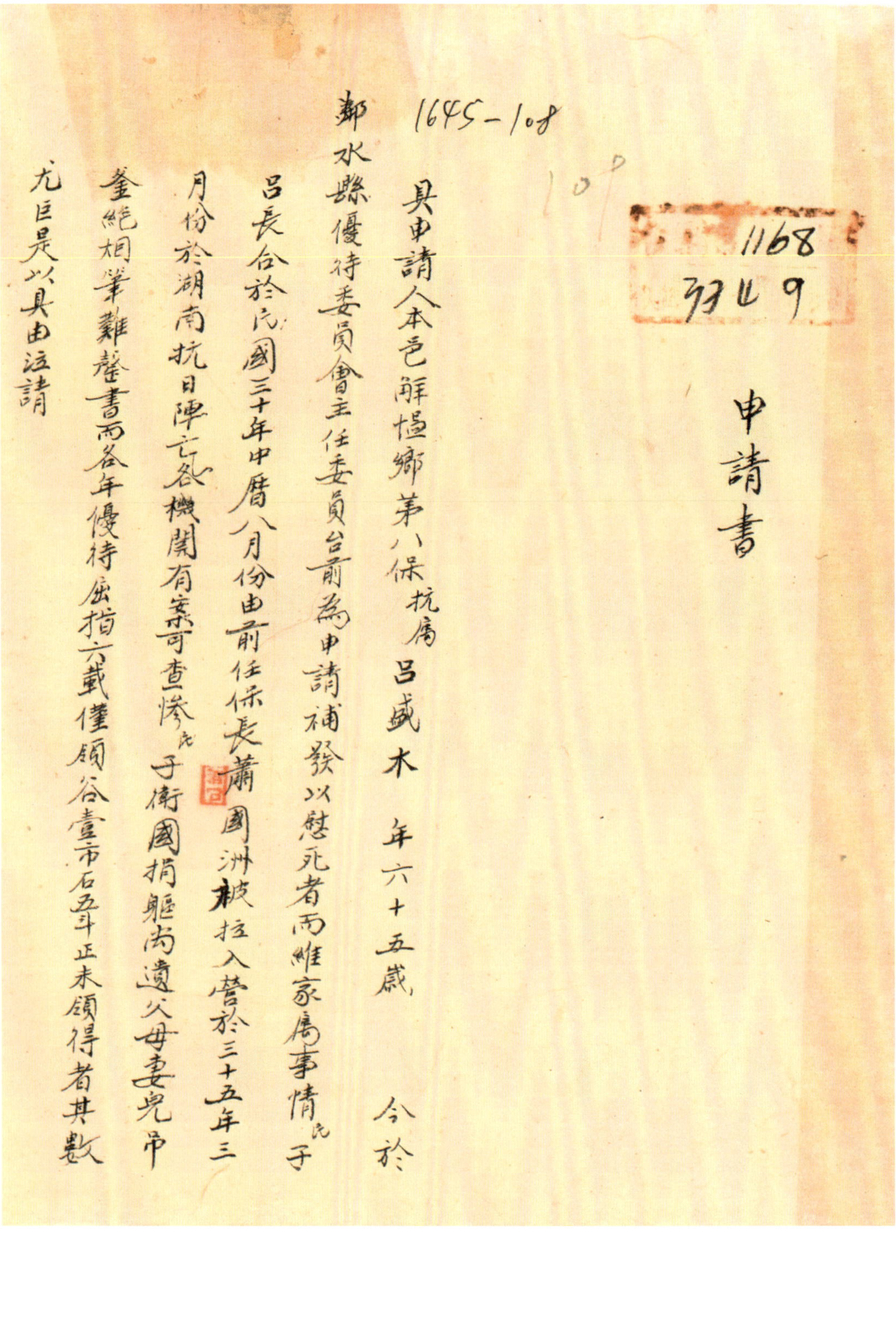
1168
33 Ⅱ 9
109
1645-108

申請書

具申請人本邑解慍鄉第八保抗屬 呂盛木 年六十五歲 今於
鄰水縣優待委員會主任委員台前為申請補發以慰死者而維家屬事情民子
呂長合於民國三十年中曆八月份由前任保長蕭國洲被拉入營於三十五年三
月份於湖南抗日陣亡各機關有案可查慘民子衛國捐軀尚遺父母妻兒市
釜絕炊筆難罄書而各年優待應指六載僅領谷壹市石五斗正未領得者其數
尤巨是以具由泣請

委員鑒核，俯予補發，如蒙俞准，生死沾感！

謹呈

主任委員呂 鈞鑒

具申請人 呂盛木（印）

申請書悉。仰候飭據該鄉公所查明核辦。

依法[illegible]休止[illegible]四九。（印）

45-109

中華民國三十七年四月 日

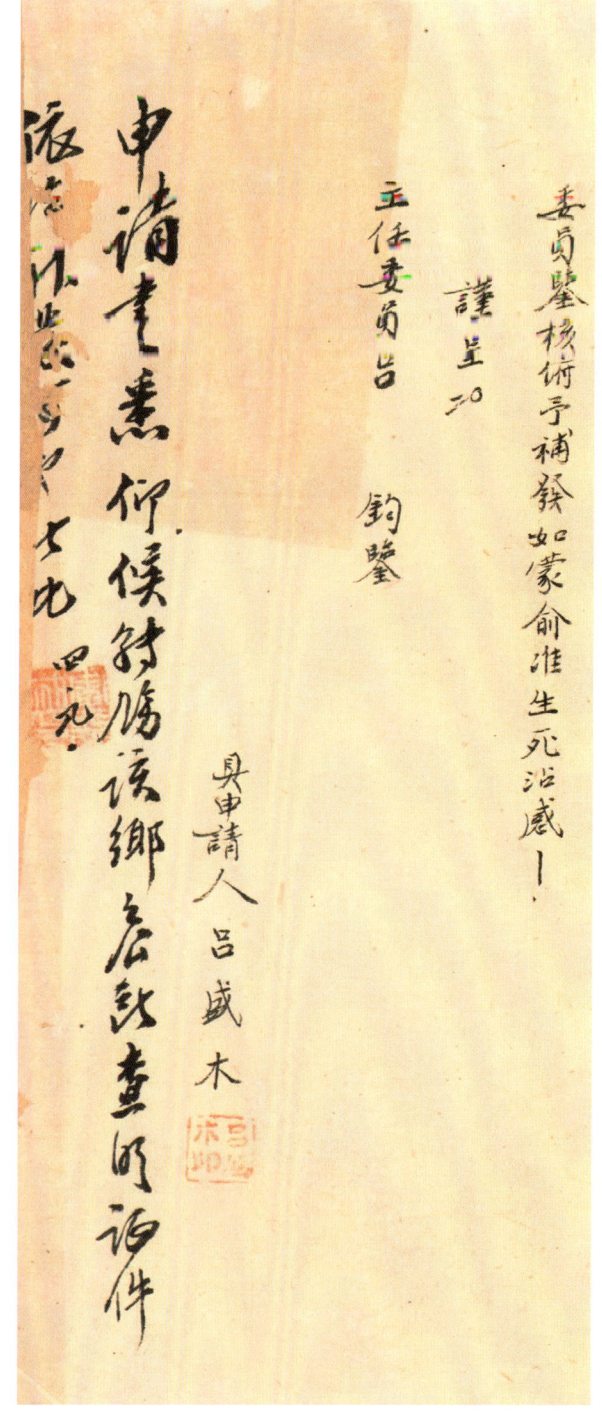

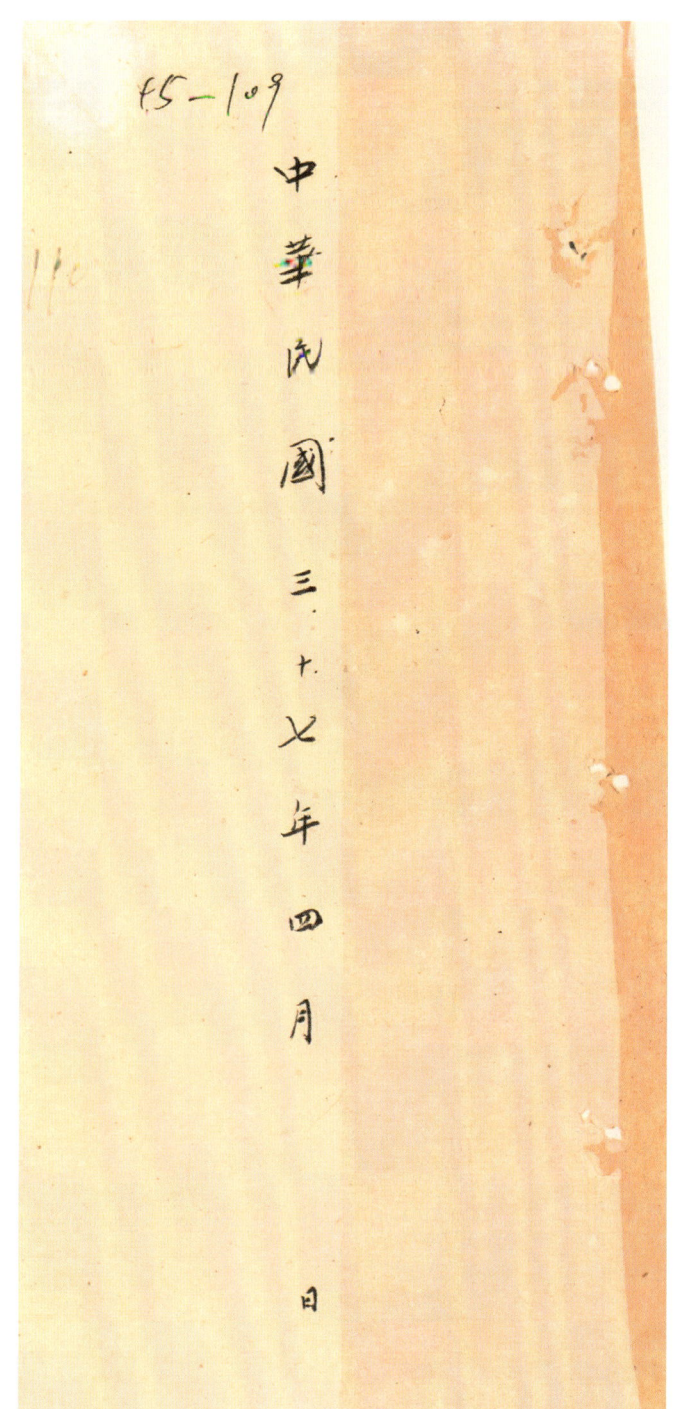

邻水县石永乡出征军人刘远山关于请求补发优待谷致县出征抗敌军人家属优待委员会的呈（一九四八年五月二十四日）

1292
37 5 22
180

呈為抗敵軍人劉遠山居住石永鄉第九保於民國二十七年一月初四日出征救國努力抗敵十載有餘家庭環境貧寒出征以久呈請假返家上峯允許回家請求縣府優待委員會核准每年應領優待照令補發飭令該鄉發給優待谷以濟家裏生活呈蒙鈞處賞准不勝沾感謹呈

鄰水縣優待委員會

石永鄉出征軍人 劉遠山 呈

民國三十七年五月二十四日

係長假証及據以証明書當局印發正 五廿四

呈悉 准予轉飭石永鄉公所依法補發可也 此批 五·廿六

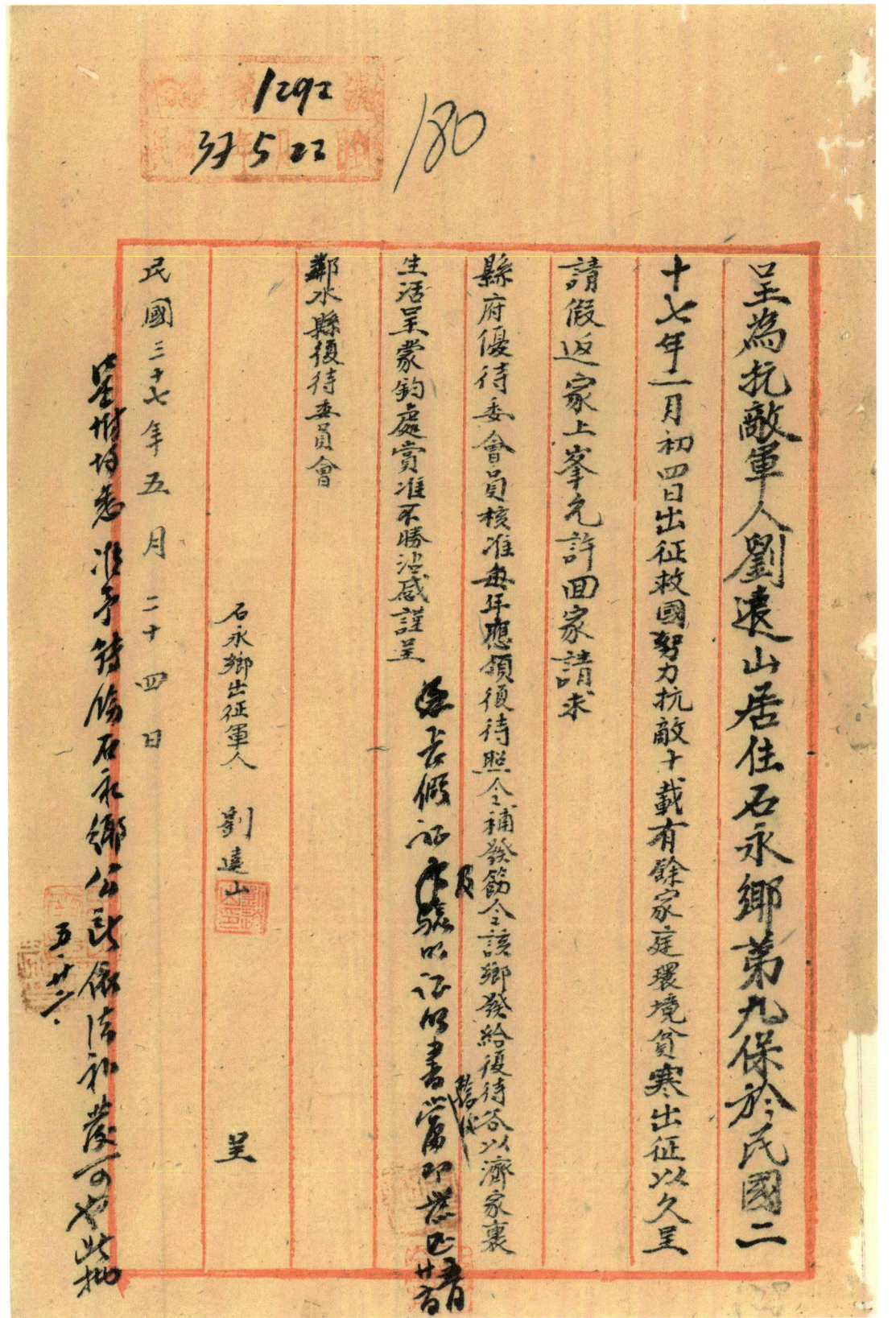

邻水县出征抗敌军人家属优待委员会关于查明并依法补发退伍军人甘国明优待谷致石永乡公所的训令（一九四八年五月二十四日）

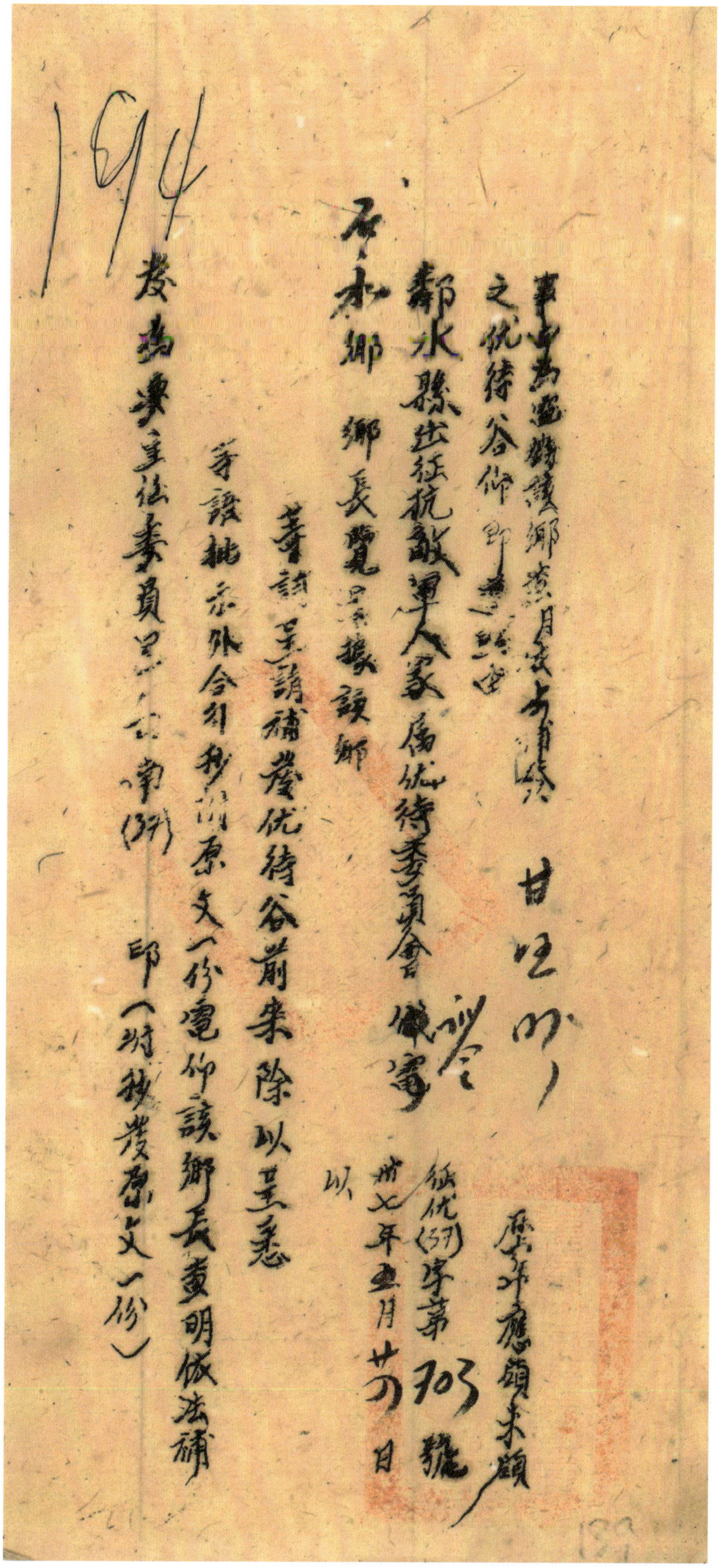

事由：為查明該鄉黃月表……甘國明之優待谷仰即查照由

鄰水縣出征抗敵軍人家屬優待委員會訓令

徵優(37)字第705號

卅七年五月廿四日

令石永鄉鄉長：據該鄉

……請補發優待谷前來，除以呈悉

……外，合行抄發原文一份，電仰該鄉長查明依法補

發為要。主任委員……

印（附抄發原文一份）

附：邻水县石永乡退伍军人甘国明关于恳予补发历年出征优待谷致县出征抗敌军人家属优待委员会的声请书（一九四八年五月）

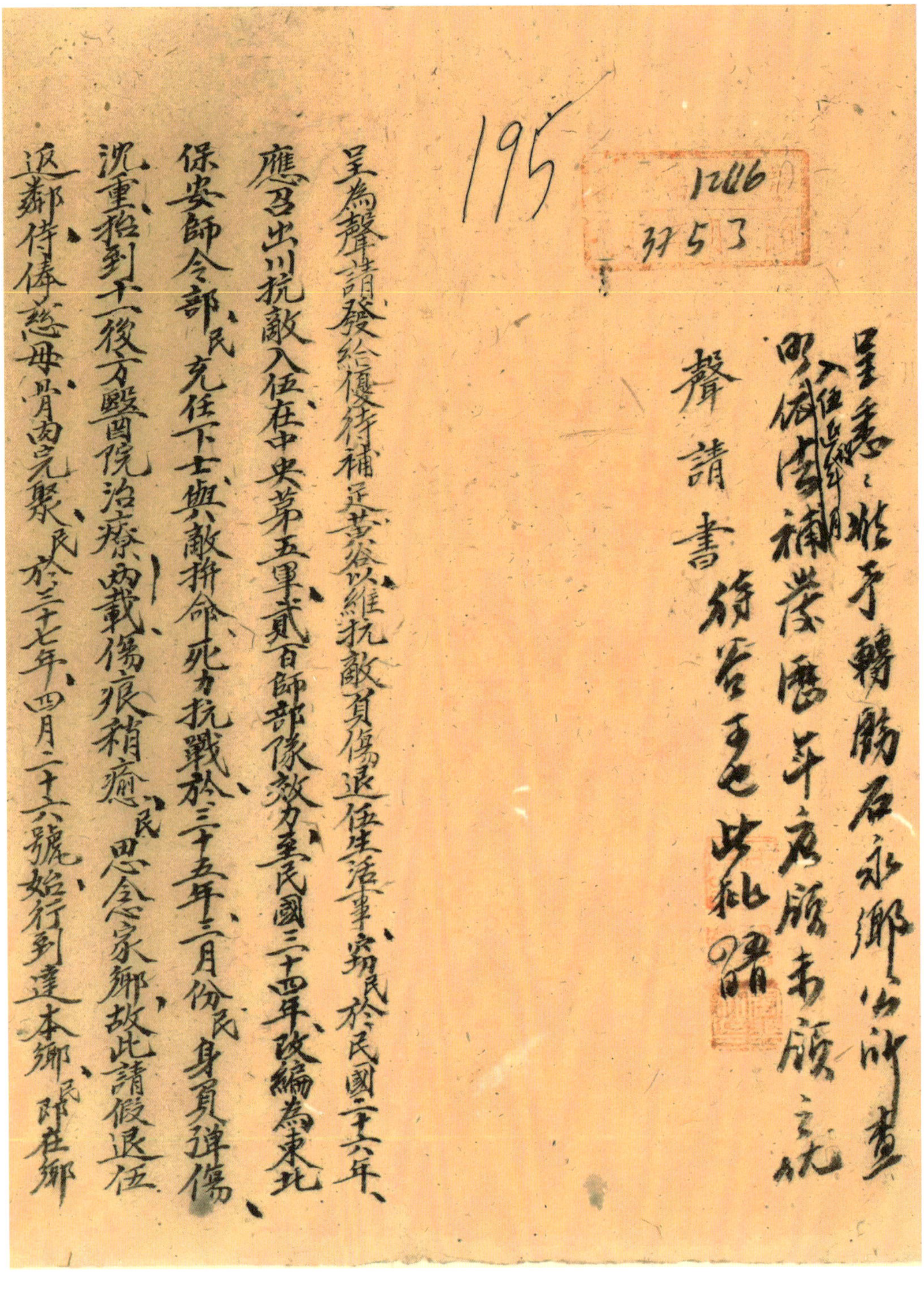

呈悉。准予轉飭石永鄉公所查明入伍年月依法補發歷年應發未發之
聲請書
此批
呈為聲請發給優待補足黃谷以維抗敵負傷退伍生活事。竊民於民國二十六年、
應召出川抗敵入伍，在中央第五軍貳百師部隊效力，至民國三十四年改編為東北
保安師令部，民充任下士，與敵拚命，死力抗戰，於三十五年二月份，民身負彈傷
沉重，抬到十一後方醫院治療，兩載傷痕稍癒，民思念家鄉，故此請假退伍
返鄉侍俸慈母，骨肉完聚，民於三十七年四月二十六號始行到達本鄉，民即在鄉

所登記驗明退伍證件，民清詢慈母歷年領得優待谷伍市斗，下餘應補之數字鄉所未能發給，民今退伍返家生活無着，民特到城中懇祈鈞會核准補發歷年出征優待谷算明交撥，民手以謀生活，則民全家感戴無涯矣。謹呈

驗明退役証明書者即發還

鄰水優委會主任 鑒核

196

具呈人甘國明 年三六 本邑石永鄉第一保甲

（證物證件登記閱覽）

店保林友茂 住南外街雲集棧通訊處 轉石永鄉

民國三十七年五月 日

邻水县石永乡退伍军人万湘荣关于申请查明补发历年优待谷致县出征抗敌军人家属优待委员会的报告（一九四八年五月二十五日）

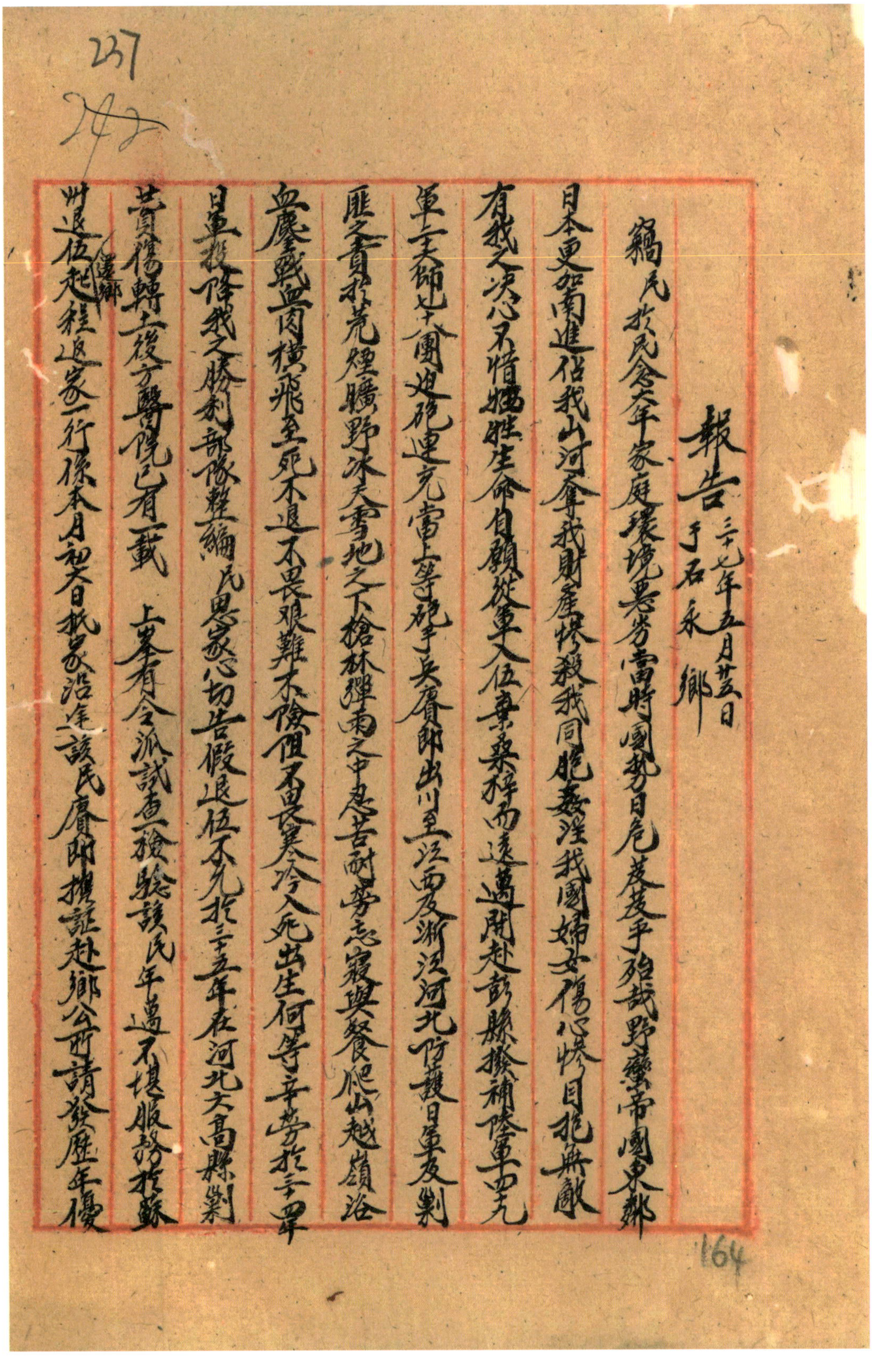
報告 三十七年五月廿五日 于石永鄉
竊民於民念六年家庭環境惡劣當時國勢日危岌岌乎殆哉野蠻帝國東鄰
日本更加南進佔我山河奪我財產慘殺我同胞姦淫我國婦女傷心慘目睹無敵
有我之決心不惜犧牲生命自願從軍入伍棄桑梓而遠適開赴彭縣撥補陸軍四九
軍十六師七十一團迨彼時運充當上等砲手兵隨即出川至江西及浙江河北防護日軍及剿
匪之責於荒煙曠野冰天雪地之下槍林彈雨之中忍苦耐勞忘寢與餐爬山越嶺浴
血鏖戰血肉橫飛至死不退不畏艱難不怕險阻不畏寒冷入死出生何等辛勞於三十四年
日軍投降我之勝利部隊整編民思家心切告假退伍不允於三十五年在河北大高縣剿
共負傷轉去後方醫院已有一載　上峯有令派試查一檢驗該民年邁不堪服務於蘇
州退伍起程返家一行係本月初六日抵家沿途該民隨即攜證赴鄉公所請發歷年優

238

343

將谷一律鄉長人給民屢即來城理合檢同退伍證書隨文報請
鈞會俯垂念下情飭令鄉長補發歷年優待谷以救民生俾征有效是否之處
理合具文呈請　當即驗明退伍證明書發還　五日　廿四
鈞會鑒核示遵
謹呈
桃源縣優待委員會主任呂
（附退伍證書一份）
民　萬湘榮　呈

紹仙二〇五七二五年
卅七年六月十七日　訓令

呈附均悉。准予轉飭石永鄉公所於本年七七發
發放優待谷附一併補發可也此批　五廿六

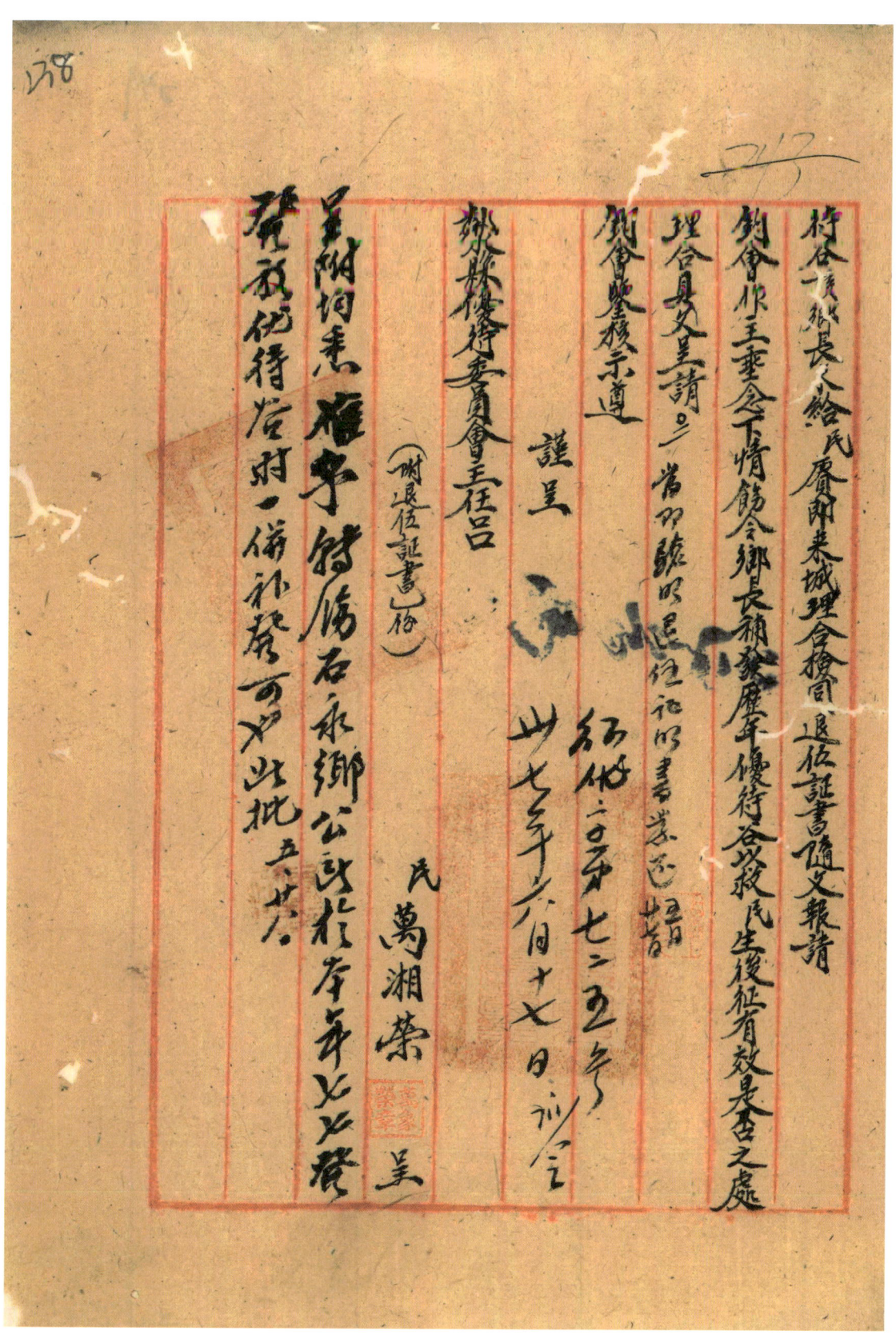

邻水县出征抗敌军人家属优待委员会关于查明办理彭焕竹等七十名军人家属优待谷事宜致龙安乡公所的代电（一九四八年五月二十七日）

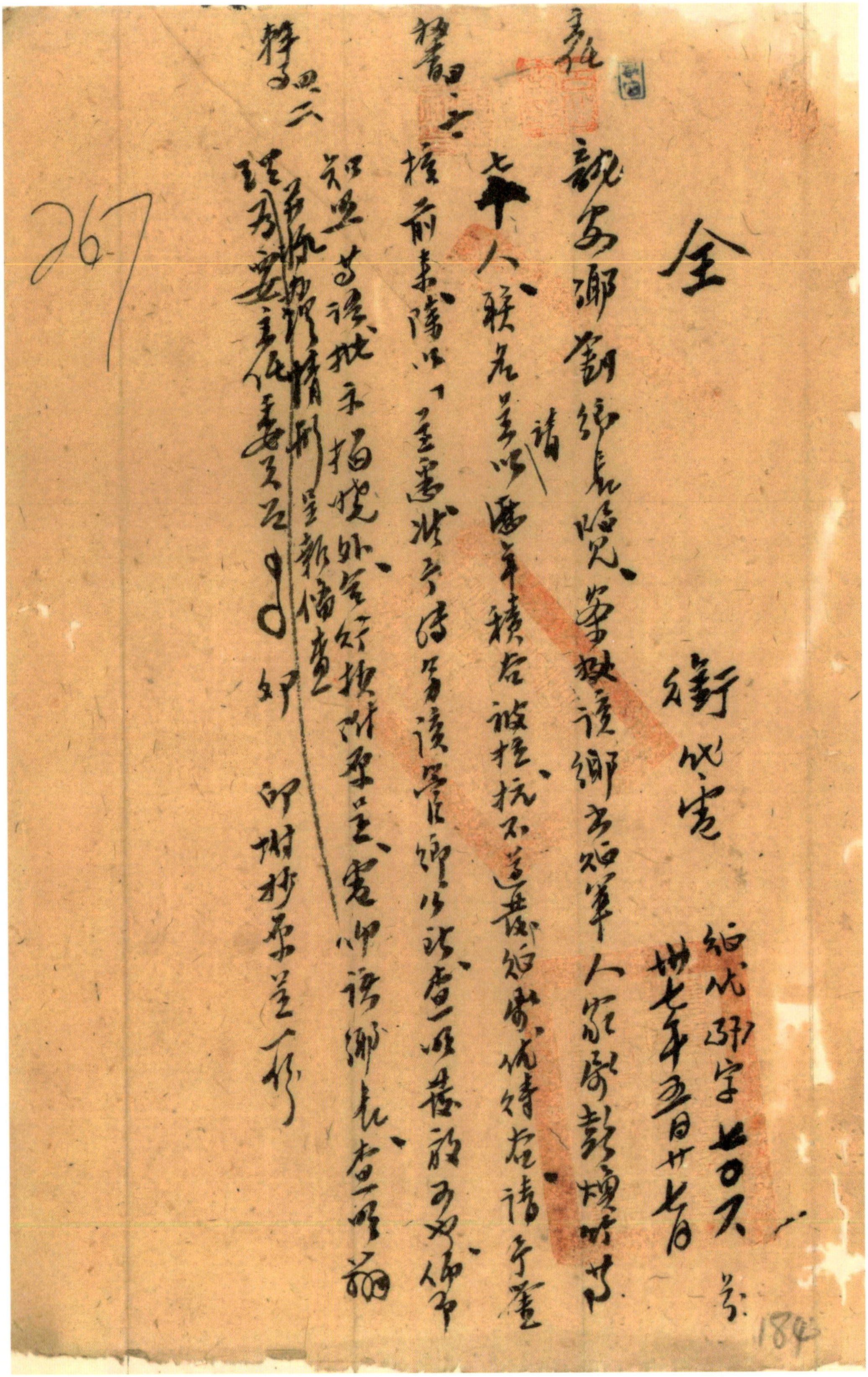

附：邻水县龙安乡征属关于申请补发出征军人家属优待谷致县出征抗敌军人家属优待委员会的呈（一九四八年五月）

為呈文乞國政優待一項現舉國烽火頓熄國土重光乃軍人之責也地方自治人員以勢虧挪歷年積谷抗不遵發征屬優待谷自抗戰至今大多數征屬已領四次每年關伍市斗窃查前任龍相收儲股長張和熙虧挪三十四年度積谷肆百餘担於去歲奉層峯各令撥發三十六年度年關優待谷每人壹市担退伍者另發貳市担并嚴飭補發歷年未領之優待谷而張和熙乘機逃掩在鄉得由伊之負責人王　政張傑之等拖給每人年關優待谷伍市斗尚有三十餘征屬未領入手餘數只祘很約來春再發遵令補給至今期屆全鄉征屬大望雲雨之際且劉鄉長昌治棄責不聞直之不理現一粒尚未支給而兼經人吳益福王　政等同不負責征屬等無奈得歸似此冤無述萬難痛心之際只得連名具文呈請鈞會　核示歸案嚴究令飭劉鄉長昌治及伊之負責人王　政等尅速遵章發給以濟民困火急實沾公便

謹呈

269

鄰水縣縣優待委員 兼会長 劉
副会長 呂

呈悉，准予转饬该乡乡長负责发放，仰即知照。此批

附全鄉征屬名列于后：

彭焕竹十 張金山十 王真堂十 刘丹成十 陈二开十 郭牛儿十 包季恺十

王云成十 吴齐林十 李万成十 甘左其十 范福山十 蒋利炳十 郭长云十

王炎作十 赵光安十 王金成十 王老中十 蒋成均十 李良成十 王德十

張開信十 邓南山十 甘大兴十 王金炳十 陈治福十 蒋春安十 王允炳十

吴万山十 王岩云十 吴立林十 陈安群十 范安群十 陈用玉十 王允恺十

廖明林十 甘三毛十 何富贵十 甘国花十 李维兴十 李秋杨十 吴芳阁十

吴太山十 周天松十 刘昌文十 谢寿才十 吴克福十 钟志化十 周竹仪十

吴志善十 萧月仕十 王中云十 贾振华十 吴焕禄十 杨家仕十 邱四毛十

劉绍安十 甘卅世十 陈寿堂十 刘丹云十 吴著政十 杨荣伸十 刘丹学十

林吉才十 陈神保十 刘丹手十 熊甫照十 刘昌乾十 蒋清安十 包中开十

[illegible]謹呈

邻水县出征抗敌军人家属优待委员会关于查明补发抗战阵亡故兵贾实家属贾颜氏优待谷致菁拱乡公所的代电（一九四八年五月二十八日）

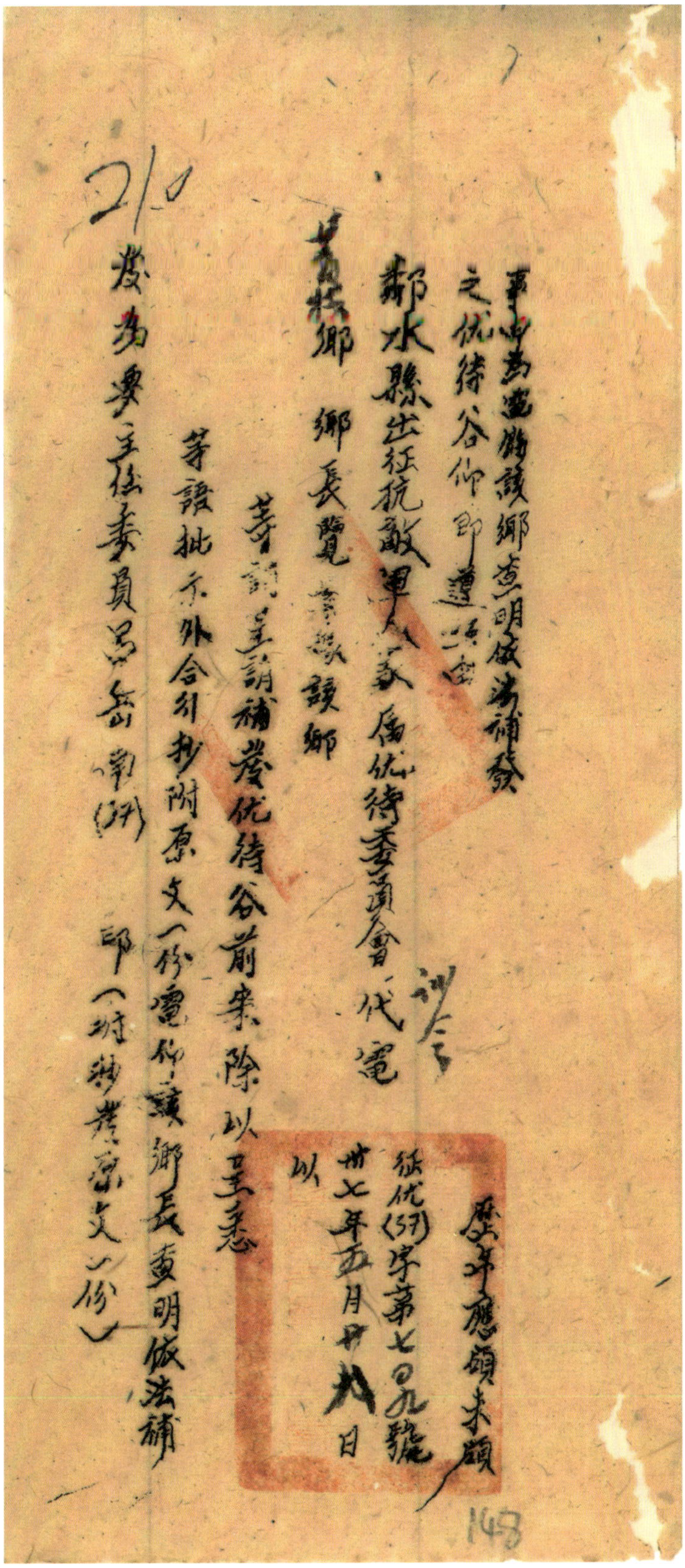
210

事由：為函請該鄉查明依法補發之優待谷仰即遵照由

鄰水縣出征抗敵軍人家屬優待委員會代電 訓令

菁拱鄉鄉長覽：案據該鄉

善賈顏氏請補發優待谷前來，除以呈悉

等語批示外，合行抄附原文一份電仰該鄉鄉長查明依法補

發為要。主任委員吳[illegible]印

附（抄附原文一份）

發文 應領未領

徵優（37）字第七四九號

卅七年五月廿八日

以

148

附：邻水县菁拱乡一保抗属贾颜氏关于恳予依法补发优待谷致县出征抗敌军人家属优待委员会的呈（一九四八年五月十七日）

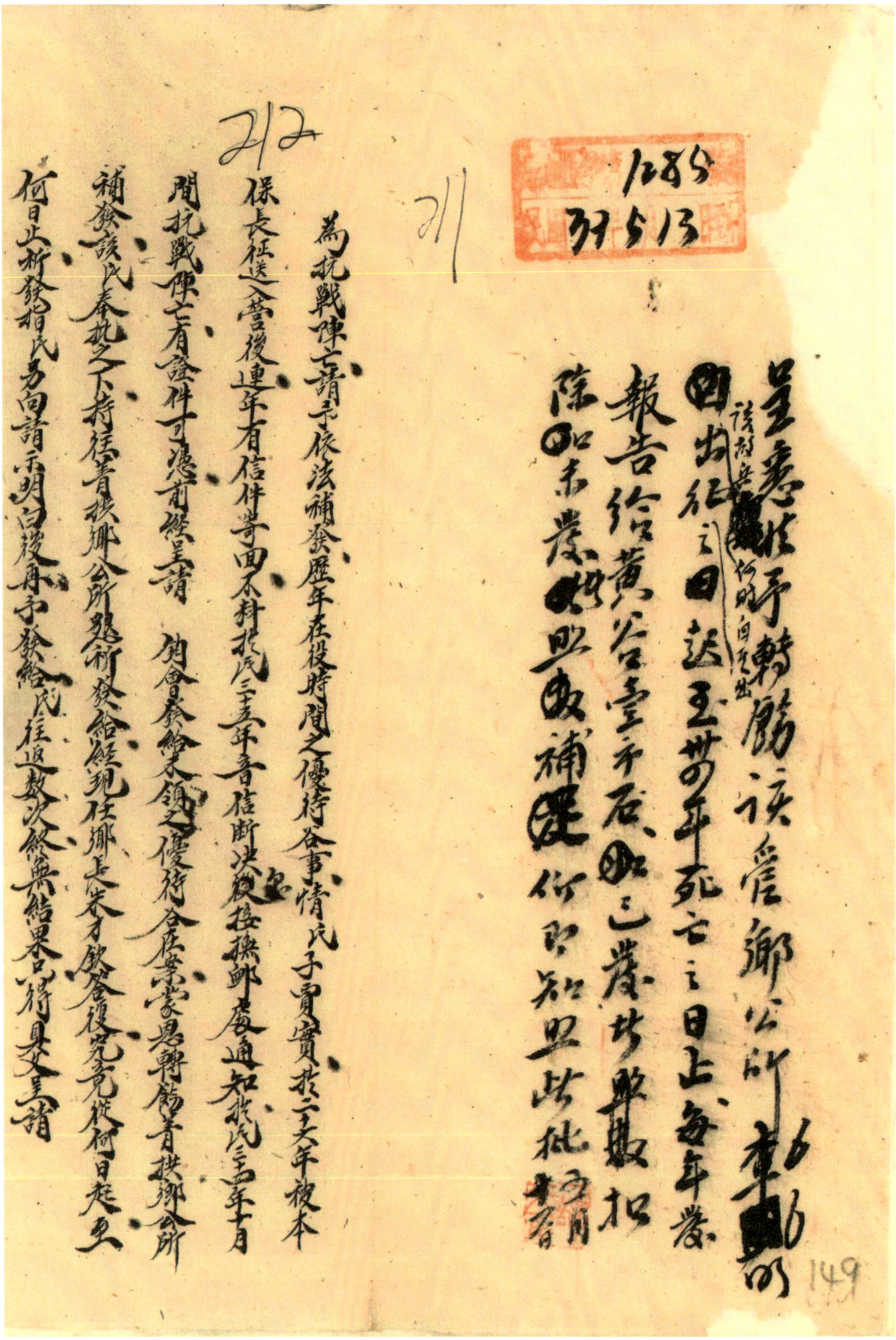
呈悉。准予轉飭該管鄉公所查明，因出征之日起至卅四年死亡之日止，每年發給黃谷壹市石，如已發者照數扣除，如未發者照數補發。仰即知照。此批。五月廿日

為抗戰陣亡請予依法補發歷年在役時間之優待谷事。情氏子賈實貫於二十六年被本保長征送入營，從軍連年有信件寄回，不料於民三十五年音信斷決，後接換郵局通知於民三十三年十月陣亡，有證件可憑，前經呈請鈞會發給未領之優待谷在案，蒙恩轉飭菁拱鄉公所補發。該氏奉批之下，持往菁拱鄉公所懇祈發給，經現任鄉長宋才欽答復：究竟從何日起支何日止，祈發指示方向，請示明白後再予發給。氏往返數次，終無結果，只得具文呈請

鈞會俯賜鑒核懇請准予依法補發未領之優待谷則氏不勝沾感之至

謹呈

兆本縣優待委員會主任呂

菁莪鄉一保民　賈顏氏　呈

中華民國三十七年五月十九日

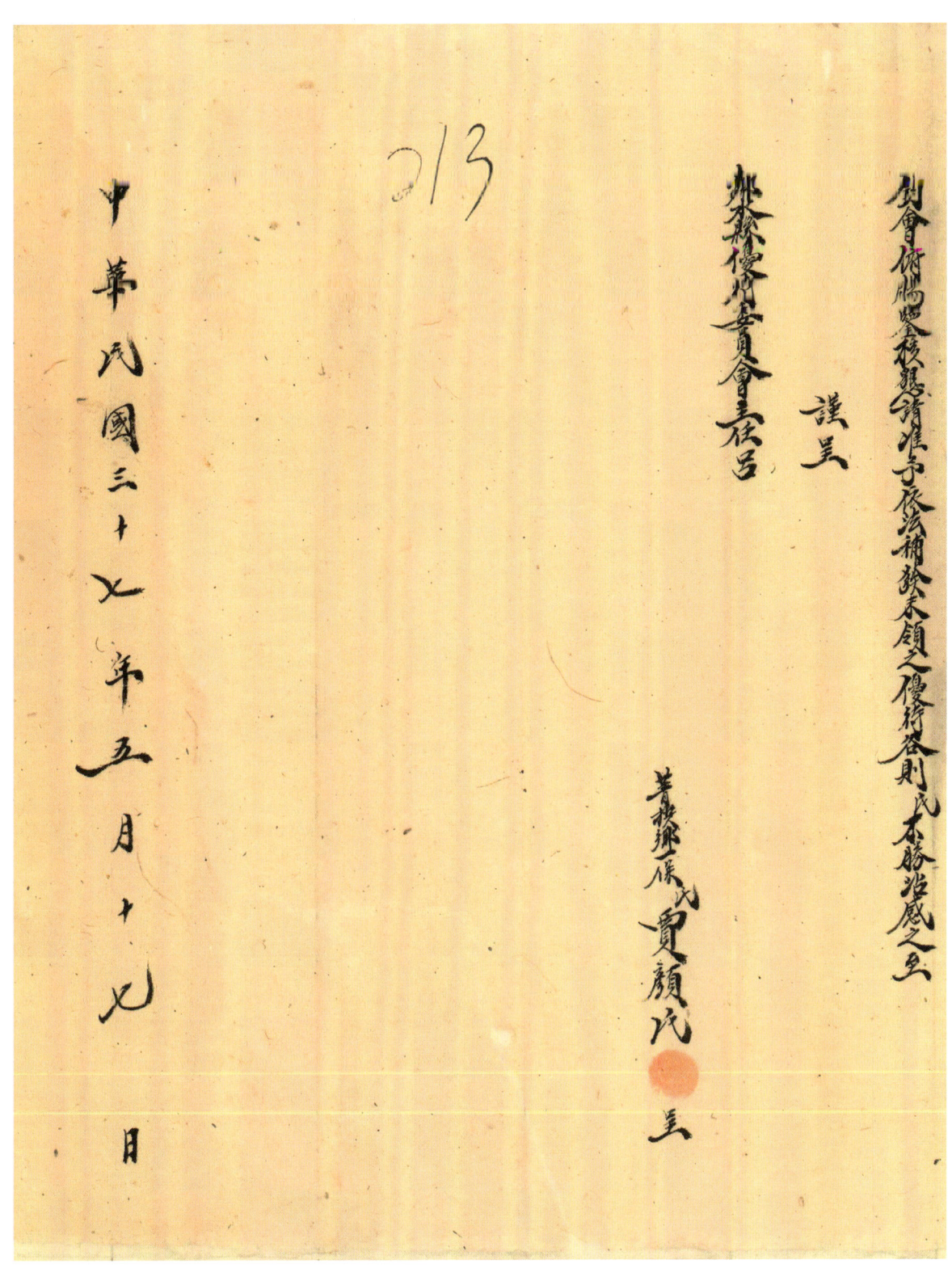

邻水县龙安乡公所关于补发退伍军人张神保应领优待谷致县政府的呈（一九四八年五月二十八日）

鄰水縣龍安鄉鄉公所呈文

呈字第五四號

民國卅七年五月二十八日發

事由：為呈請發給退伍軍人張神保應領之勝利及征屬優待谷由

竊查本鄉退伍軍人張神保於去歲退伍後前來本所請領勝利及征屬優待谷業已據情及其退伍證件呈報

鈞府核示在案（證件已呈驗發還）當奉

鈞府征指（羽）字第一七三號指令：飭即查明具報候核。等因；奉此，當即令飭該保保長賈福堂查明具報。頃據該保保長呈稱：「查該退伍軍人張神保於去歲退伍屬實，所呈退伍證件均屬不虛」等情前來，理合呈請

鈞府鑒核准予發給該退伍軍人張神保應領之勝利及征屬優待谷實為
公便謹呈
縣長劉
鄉長劉昌治
呈悉據該鄉征服張神保退役屬實准照其應得之優待谷一體發放仰即知照此令
縣長 劉
社指字第二三大號
卅七年六月 日

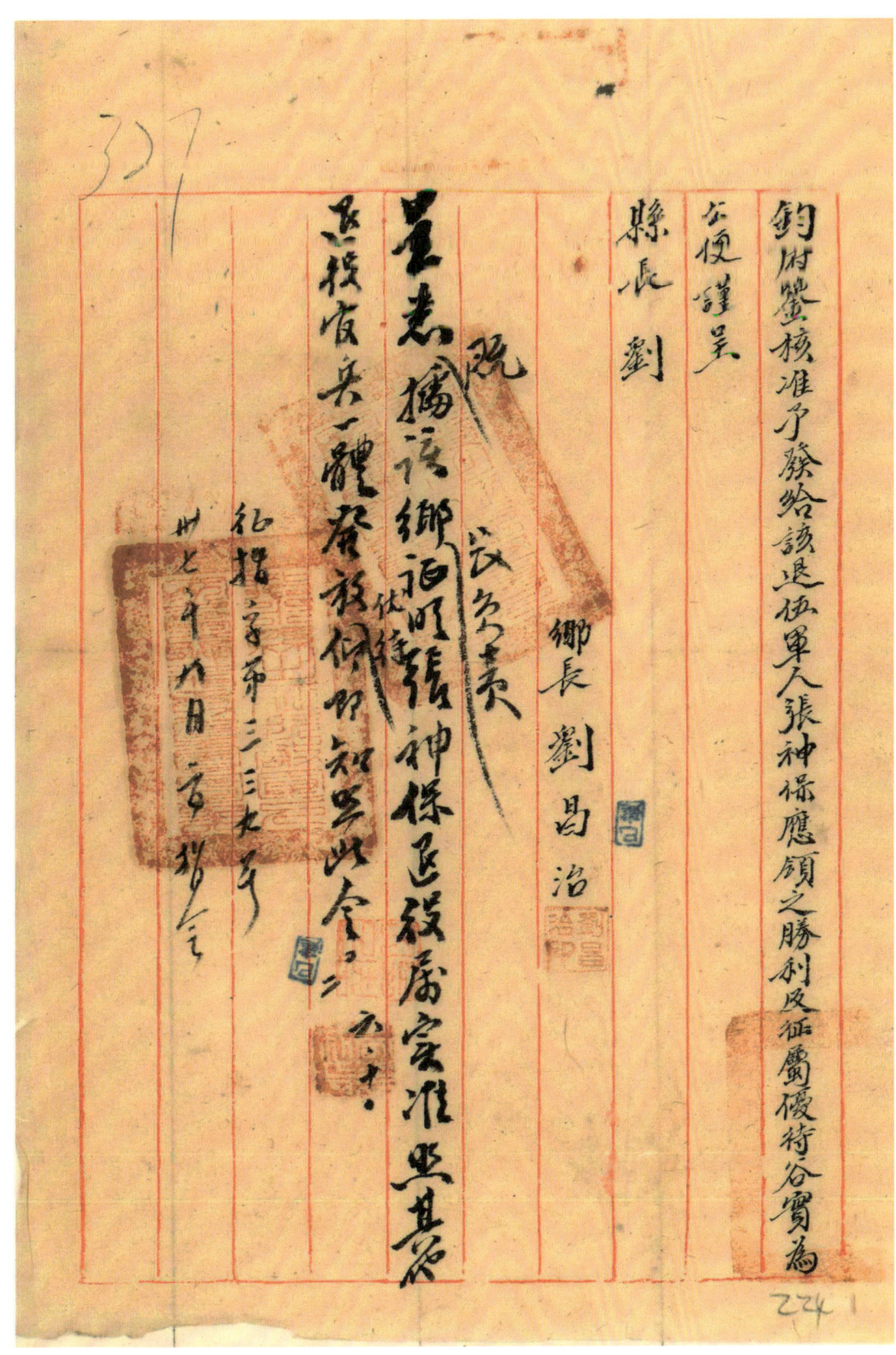

邻水县九峰乡复员士兵陈禄朝关于申请核实并补发历年应领未领优待谷致县出征抗敌军人家属优待委员会的报告（一九四八年五月三十日）

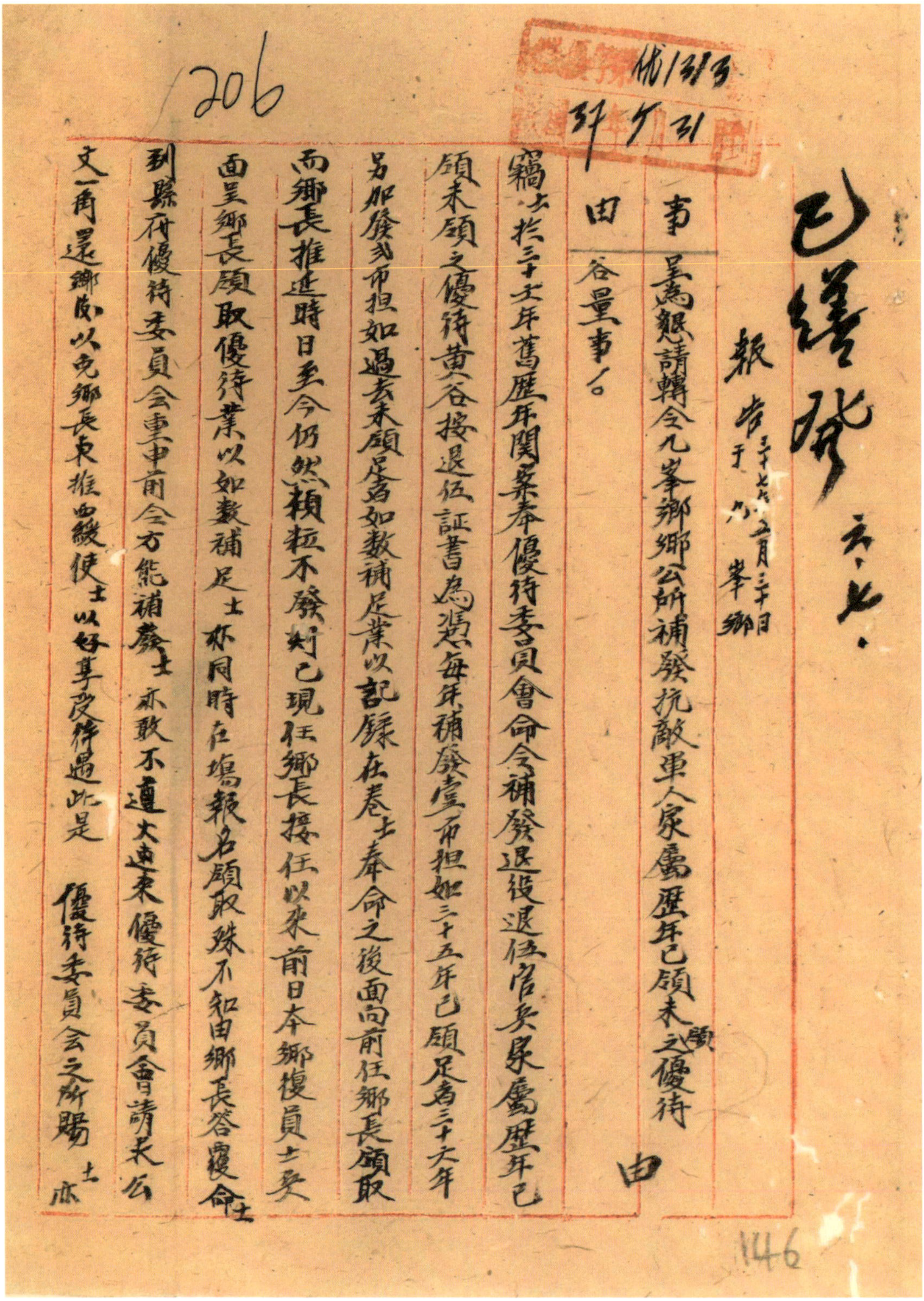
已繕發 六、六

報告 三十七年五月三十日 于九峰鄉

事由：呈為懇請轉令九峰鄉公所補發抗敵軍人家屬歷年已領未領之優待谷量事 由

竊士於三十五年舊歷年関案奉優待委員會命令補發退役退伍官兵家屬歷年已領未領之優待黄谷，按退伍証書為憑，每年補發壹市担，如三十五年已領足，為三十六年另加發貳市担，如過去未領足者如數補足，業以記録在卷。士奉命之後，面向前任鄉長領取，而鄉長推延時日，至今仍然顆粒不發。幸已現任鄉長接任以來，前日本鄉復員士兵面呈鄉長領取優待，業以如數補足，士亦同時在塲報名領取，殊不知由鄉長答覆命士到縣府優待委員会重申前令，方能補發。士亦敢不遵，大遵來優待委員會請求公文一角還鄉府，以免鄉長東推西讓，使士以好享受待遇，此是優待委員会之所賜。士 陳

207

感恩德理合呈文　懇請鈞會俯予鑒核外轉令鄉公所照前案規定如數補足以符前案而恤抗戰士艱理合謹呈 1/6

鄰水縣優待委員會主任　呂

鄰水縣九峰鄉復員士陳祿朝　呈

呈悉　准予轉飭九峰鄉公所依法核發可也　此批　六、一

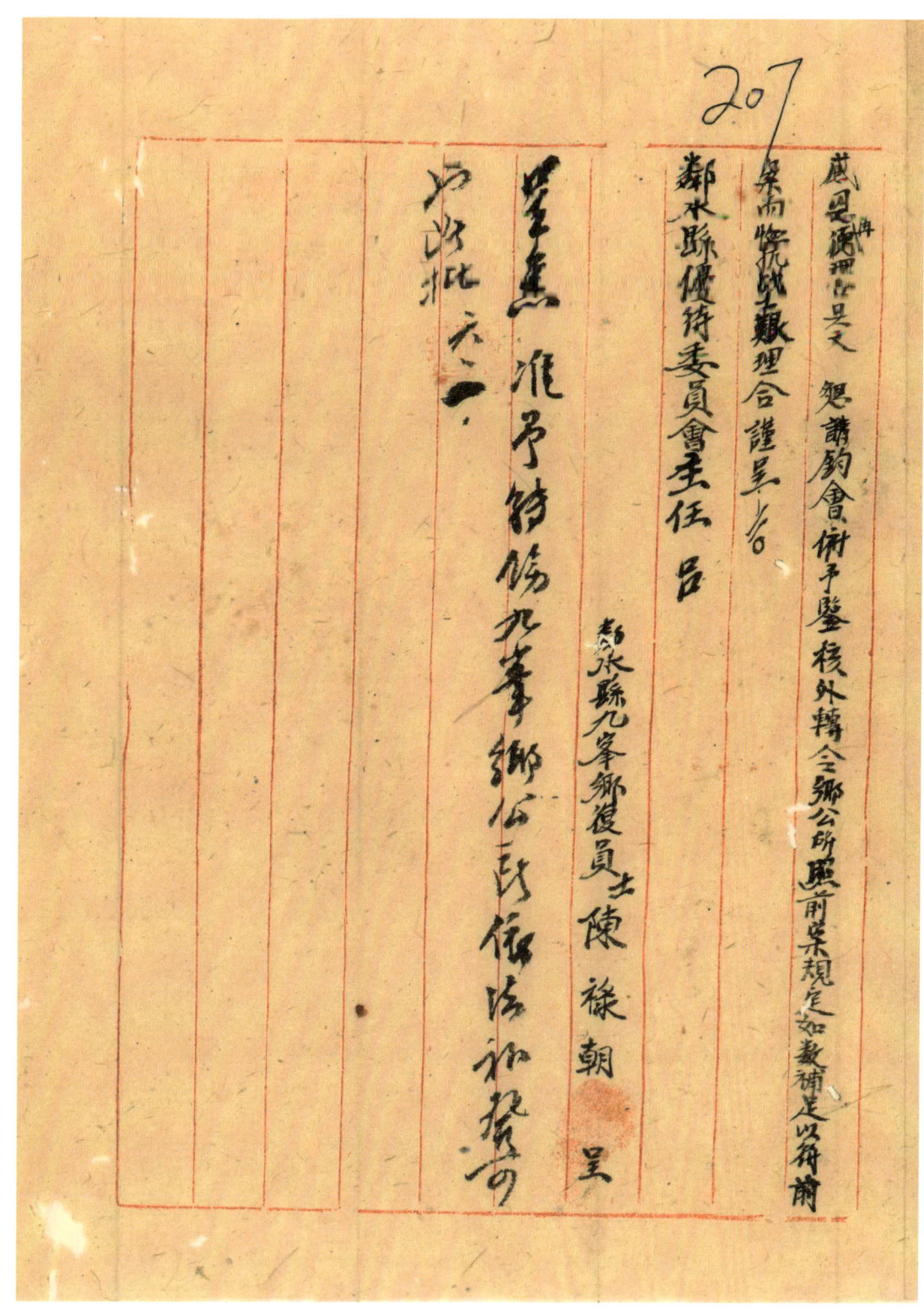

邻水县丰禾乡退伍军人甘登科关于申请补发历年应领未领优待谷致县出征抗敌军人家属优待委员会的呈

（一九四八年五月三十一日）

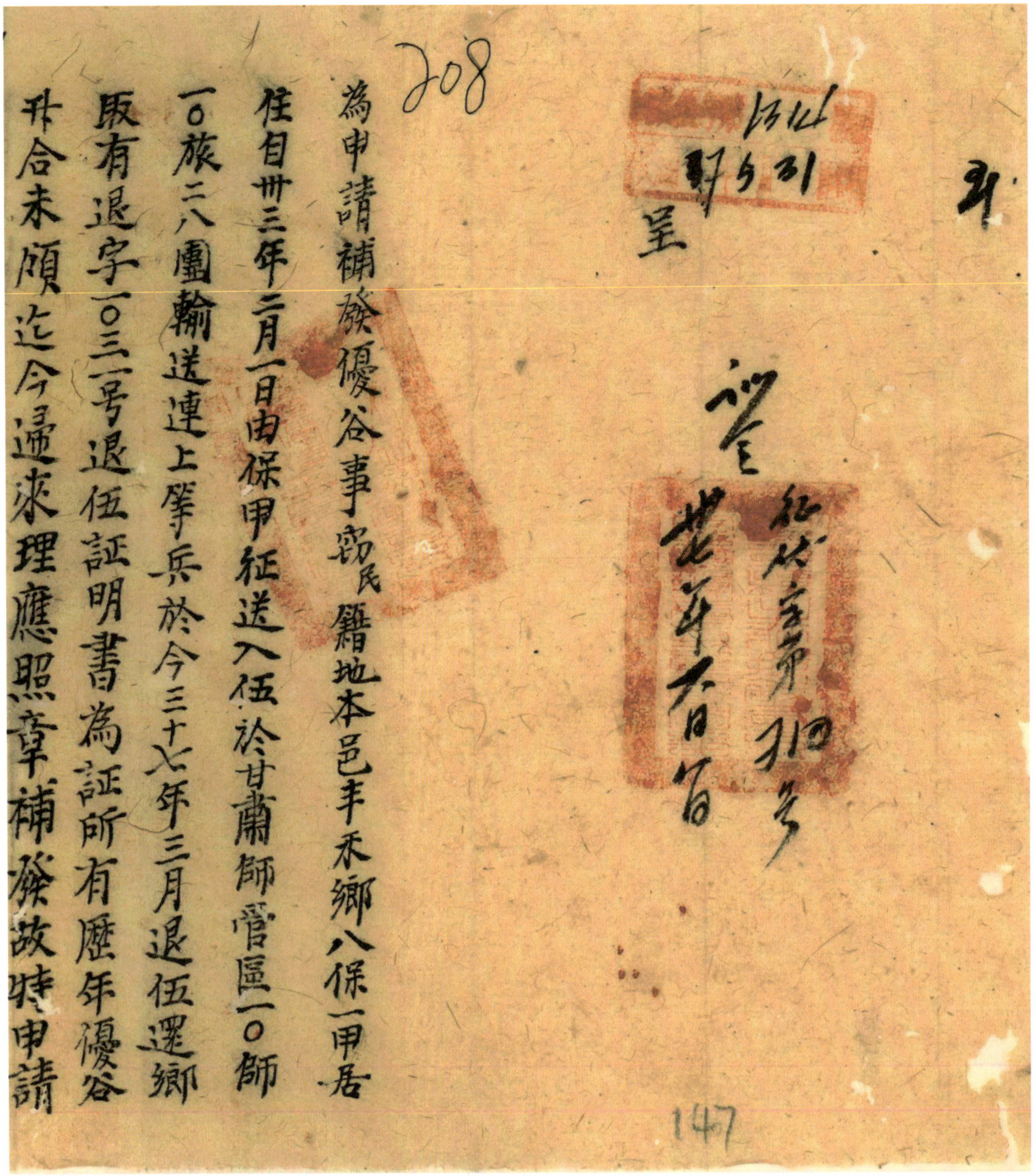

呈

為申請補發優谷事竊民籍地本邑丰禾鄉八保一甲居住自卅三年二月一日由保甲征送入伍於甘肅師管區一〇師一〇旅二八團輸送連上等兵於今三十七年三月退伍還鄉取有退字一〇三一号退伍証明書為証所有歷年優谷升合未領迄今返來理應照章補發故特申請

209

鈞會鑒核計算四年優谷依規給民承領以符
法制而恤出征實沾德便謹呈
鄰水縣優待委員會　公鑒

申請人甘登科　十

呈悉准予特飭本鄉公所依法補發可也此批　六二

民國三十七年五月三十一日

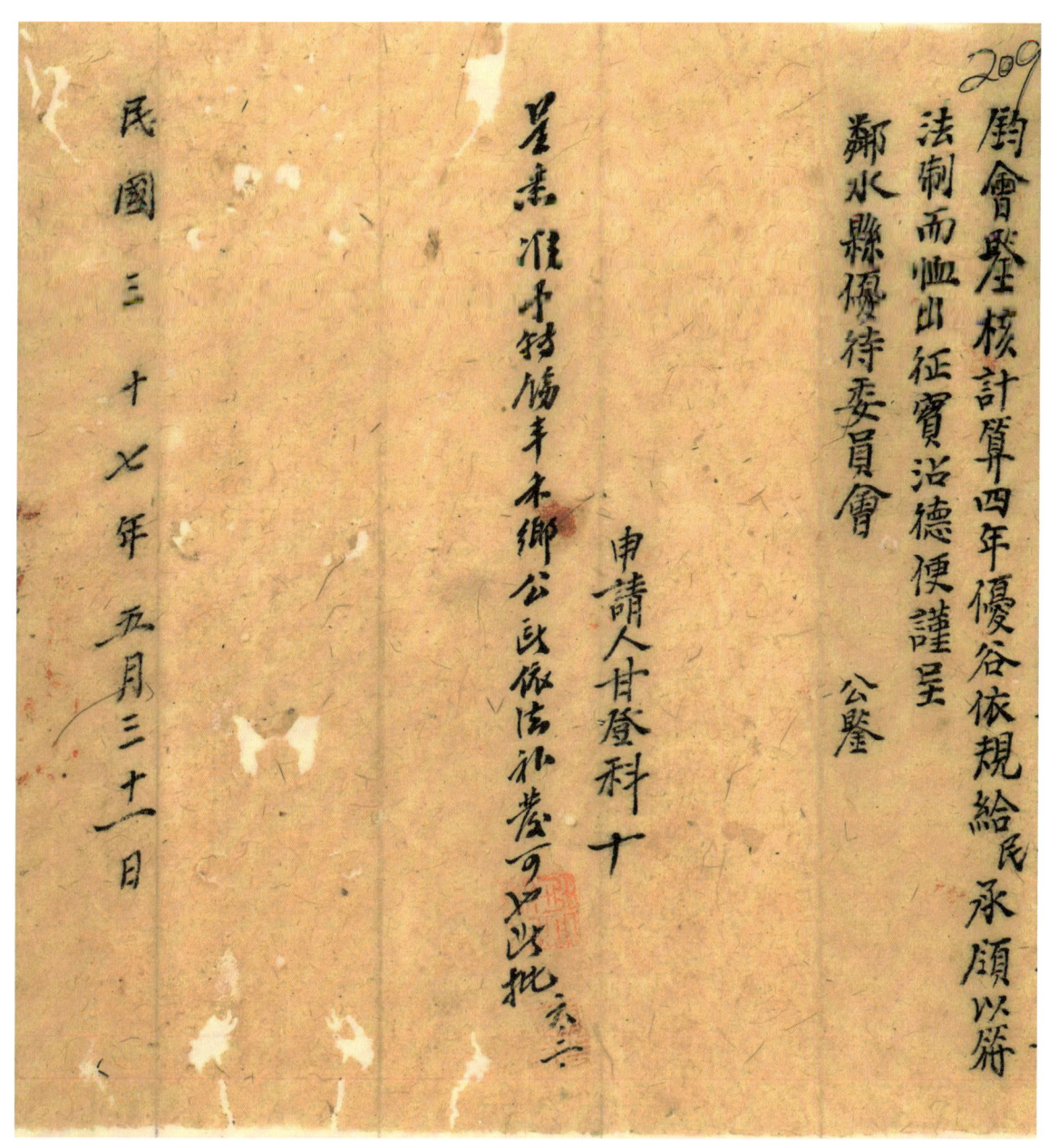

邻水县退役军人余琼如关于申请补发优待黄谷致县出征抗敌军人家属优待委员会的呈（一九四八年五月）

1301

37.5.25

呈

鄰優字第七二四號

卅七年五月廿日到

為呈請核發優待黃谷事竊瓊如於民國三十四年三月內應征入營服役遵照規定三十四年及三十五年每年應領優待黃谷一市石正除三十五年之應領谷已經領得外三十四年之應領谷尚未領得至三十六年應領谷一市石除已領一市石尚有一市石未領以上共計尚應領谷二市石瓊如茲於海

169

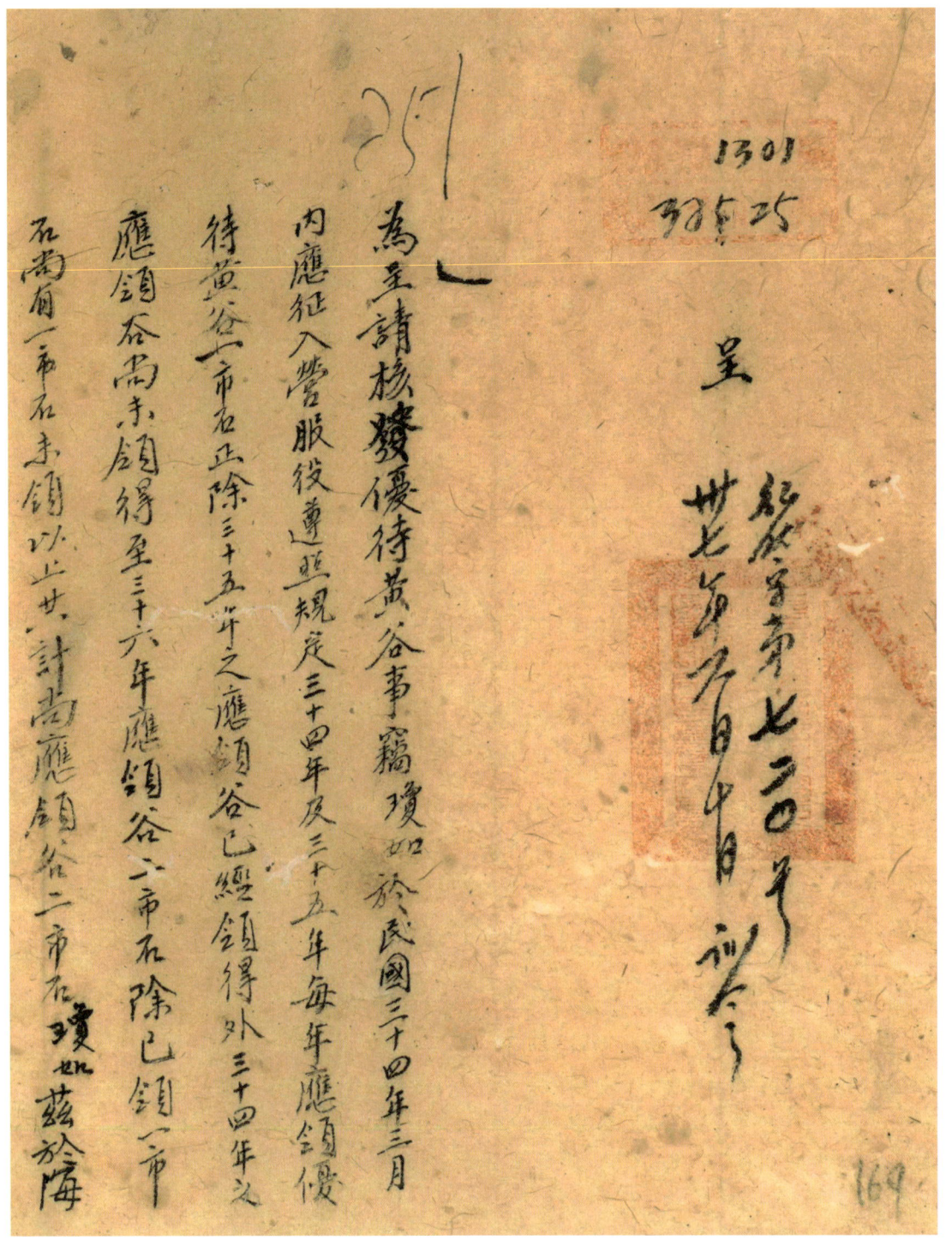

262

軍事學校第三新兵大隊請准長假退役理合呈請
鈞會鑒核懇予補發用彰優待而示體恤如蒙俯允
實沾德便
謹呈
鄞縣優待委員會主任委員劉
副主任委員呂

申請人余瓊如

呈悉准予轉飭解恒鄉據情補發可也批七、六、二

中華民國三十七年五月　日

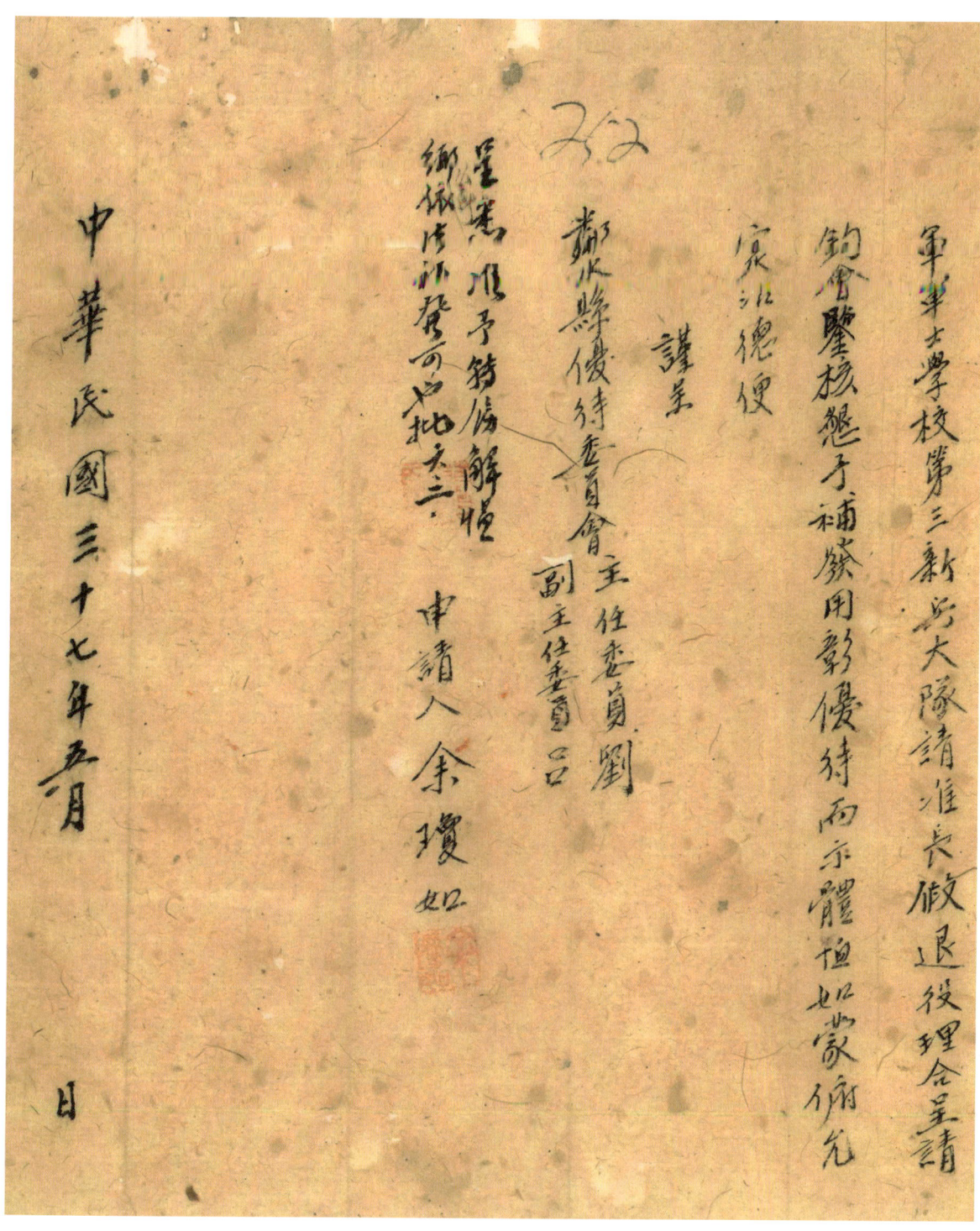

邻水县出征抗敌军人家属优待委员会关于补发阵亡故兵昌德超家属历年应领未领优待谷致九峰乡公所的训令

（一九四八年六月一日）

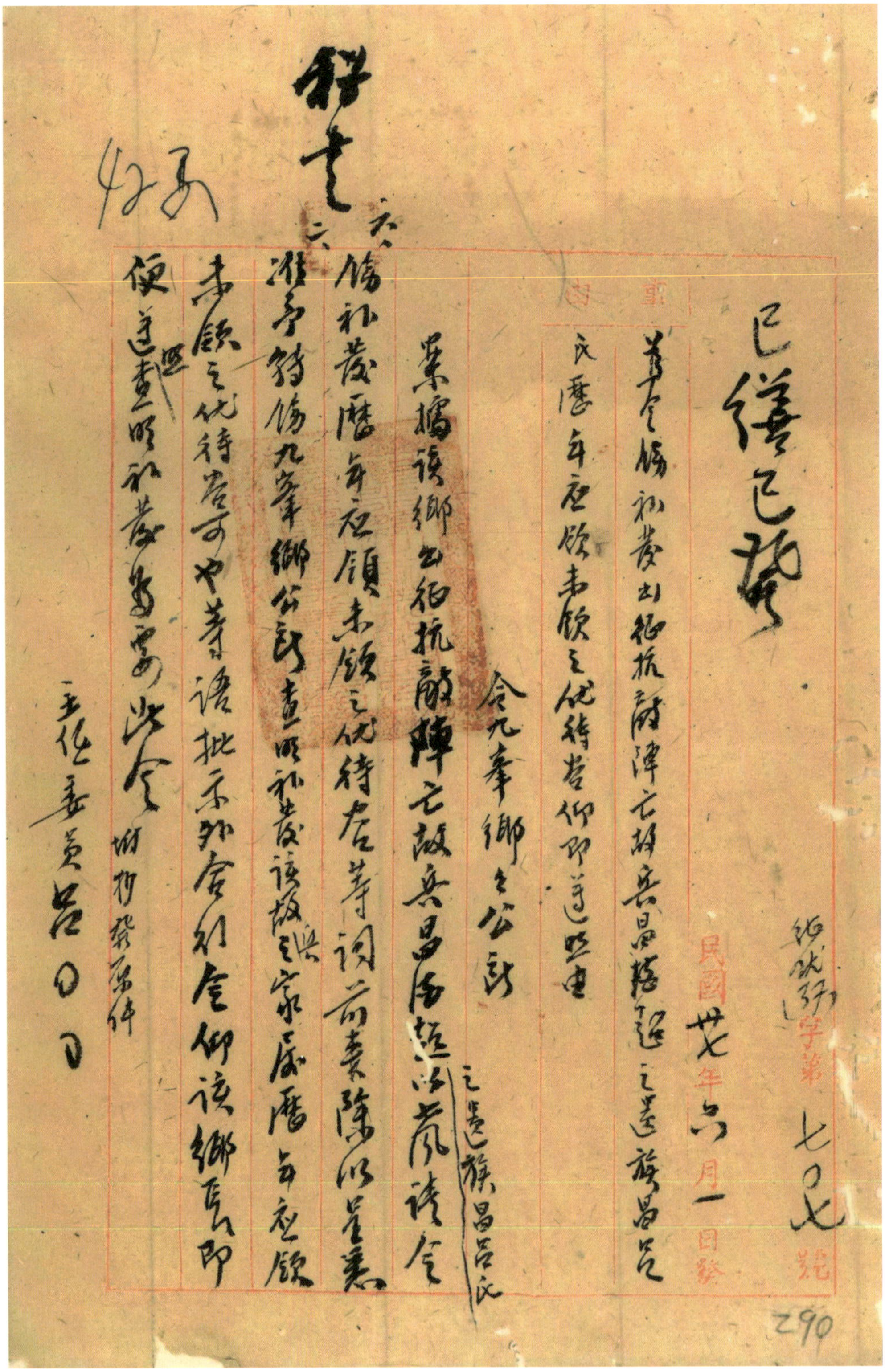

已缮已校

字第七〇七號

民國卅七年六月一日發

事由：為補發出征抗敵陣亡故兵昌德超之遺族昌呂氏歷年應領未領之優待谷仰即遵照由

令九峰鄉公所

案據該鄉出征抗敵陣亡故兵昌德超之遺族昌呂氏請令補發歷年應領未領之優待谷等詞前來，除以呈悉准予轉飭九峰鄉公所查明補發該故兵之家屬歷年應領未領之優待谷可也等語批示外，合行令仰該鄉長即便遵照查明補發為要！此令。

附抄發原件

主任委員 呂〇〇

附：抗属吕氏关于申请补发优待谷致县出征抗敌军人家属优待委员会的呈（一九四八年五月三十一日）

呈

為聲請令飭補發優待谷事竊氏長子昌德起于民國三十年被征
入伍第一三三師三九九團第二連服役至三十四年八月十六日在
廣西全縣抗戰陣亡經　國民政府軍事委員會頒給卹令及
榮哀狀可証惟氏子自出征以來所有歷年應給之優待谷僅三
十六年兩次發給優待谷乚市石餘未發給是以具實聲請
鈞會　鑒核令飭九峰鄉長按歷年應領之優待谷照數補發

421

不勝沾感

謹呈

鄰水縣優待委員會主任 呂

家屬 呂昌氏（印）

呈悉 准予轉飭九峯鄉公所查明新發該故兵家屬歷年應未領之優待谷可也此批 六、二

中華民國三十七年五月三十一日

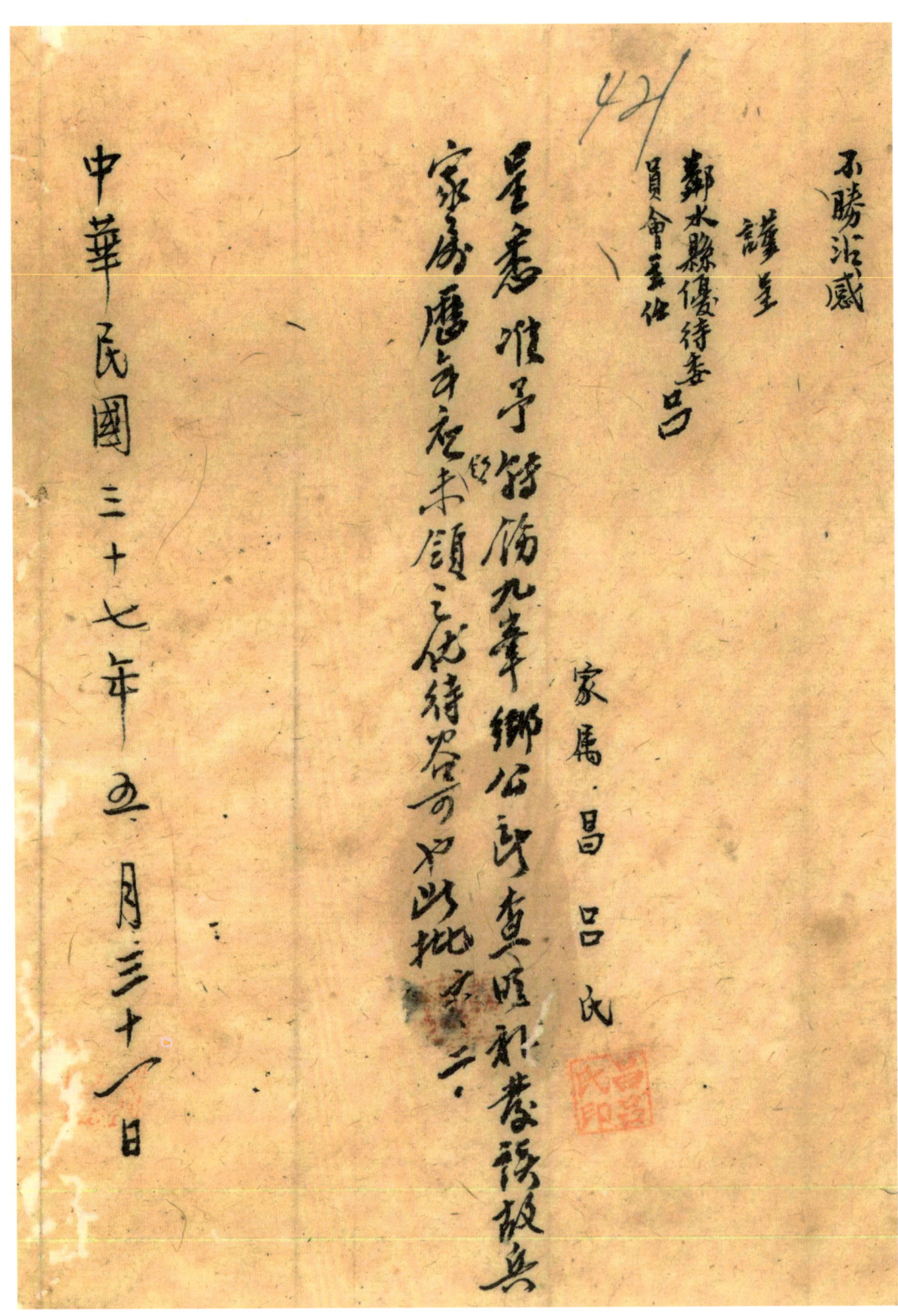

邻水县九龙乡十八保出征军人蓝礼盛关于申请补发历年优待谷致县出征抗敌军人家属优待委员会的呈（一九四八年六月五日）

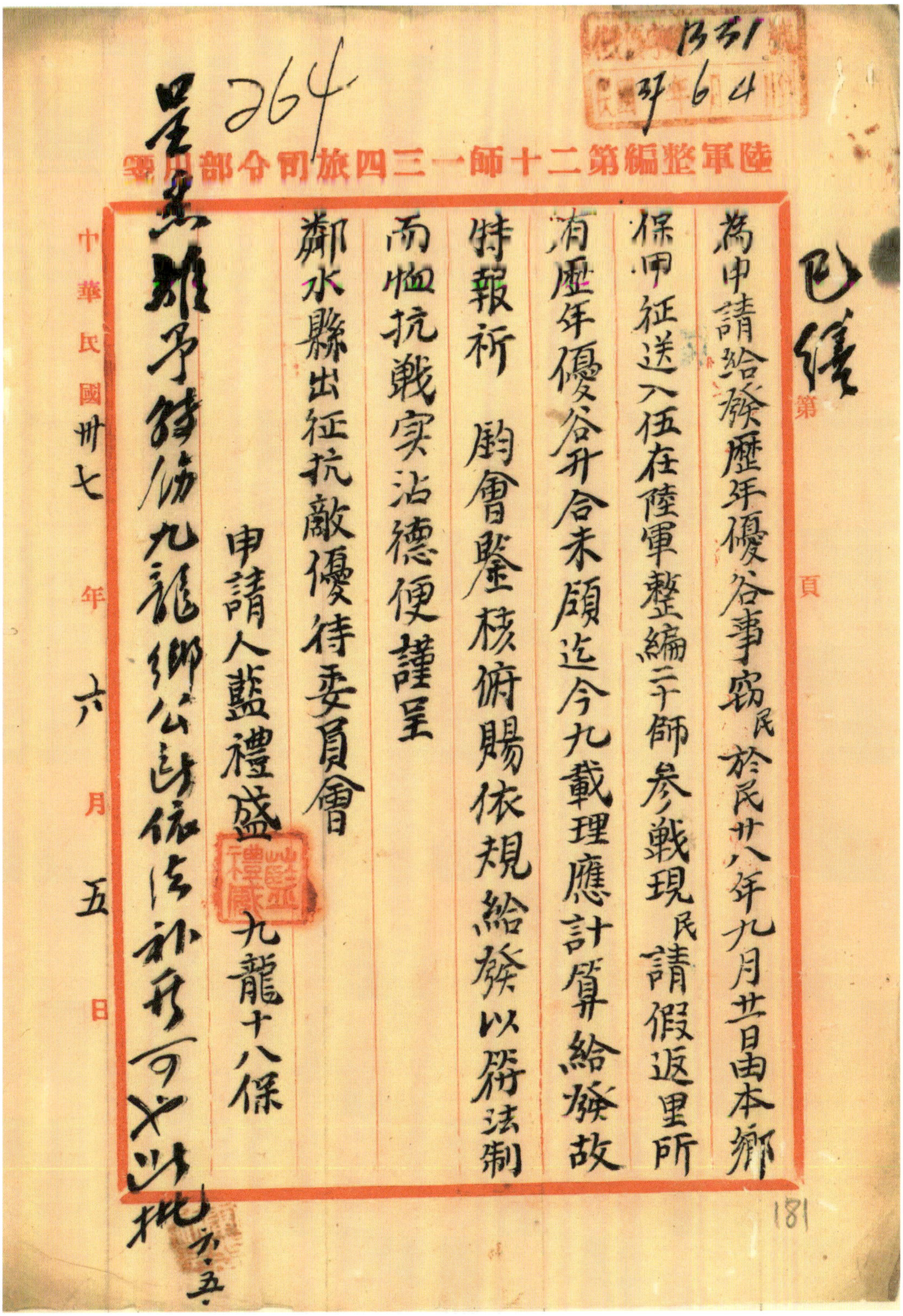
陸軍整編第二十一師一三四旅司令部用箋

264

已繕

為申請給發歷年優谷事竊民於民廿八年九月廿日由本鄉保甲征送入伍在陸軍整編二十一師參戰現民請假返里所有歷年優谷并合未領迄今九載理應計算給發故特報祈

鈞會鑒核俯賜依規給發以符法制而恤抗戰實沾德便謹呈

鄰水縣出征抗敵優待委員會

申請人藍禮盛　九龍十八保

中華民國卅七年六月五日

呈悉。准予轉飭九龍鄉公所依法補發可也。此批　六.五

邻水县出征抗敌军人家属优待委员会关于补发退伍军人徐志华历年应领未领优待谷致挹爽乡公所的训令

（一九四八年六月十日）

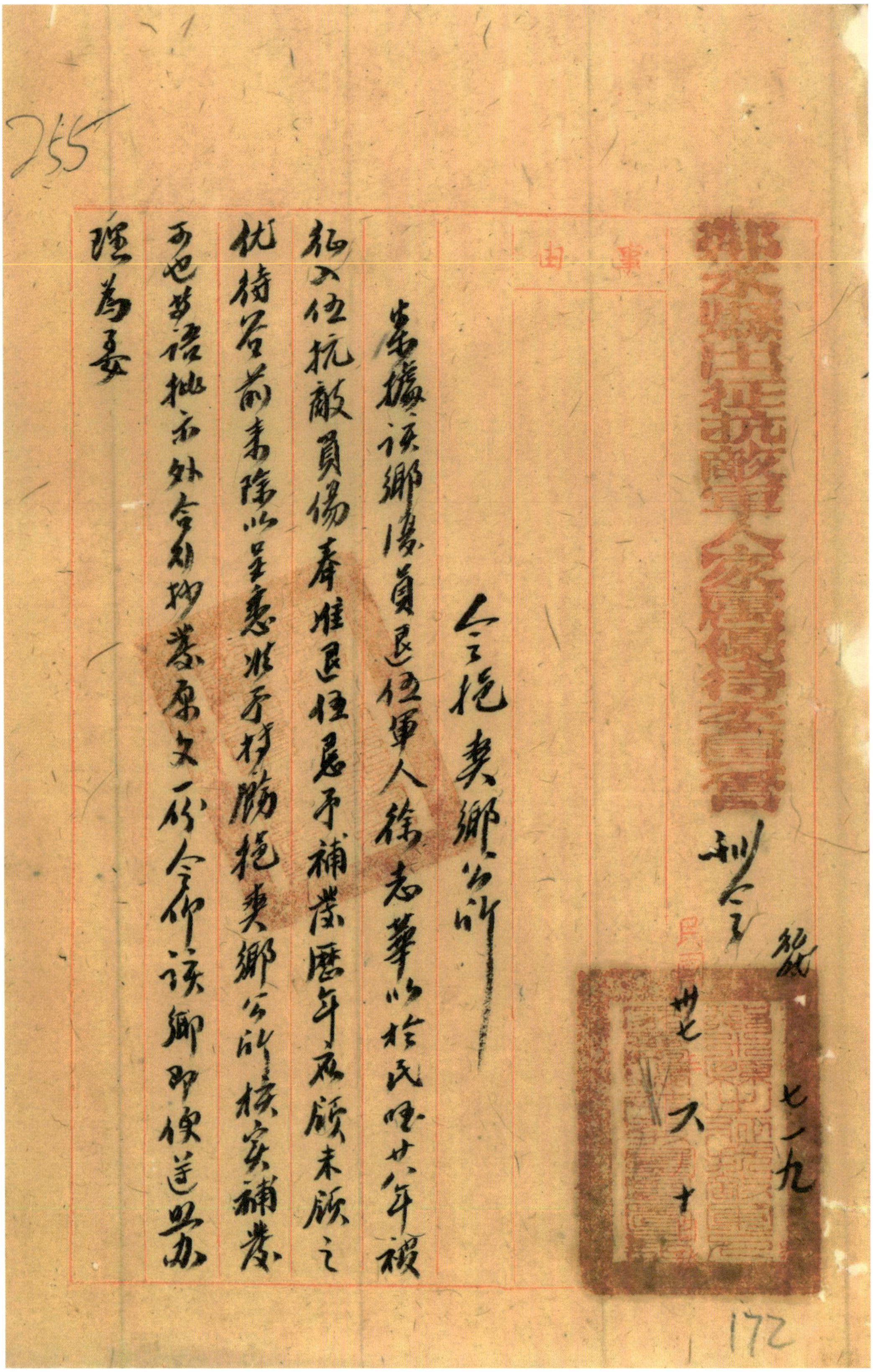

255

邻水县出征抗敌军人家属优待委员会训令

发 七一九

民国卅七 六 十

事由

令挹爽乡公所

案据该乡复员退伍军人徐志华以於民国廿六年被征入伍抗敌负伤奉准退伍恳予补发历年应领未领之优待谷前来除以呈悉准予转饬挹爽乡公所核实补发可也等语批示外合行抄发原文一份令仰该乡即便遵照办理为要

172

附：退伍军人徐志华关于申请补发优待谷致县出征抗敌军人家属优待委员会的呈（一九四八年六月）

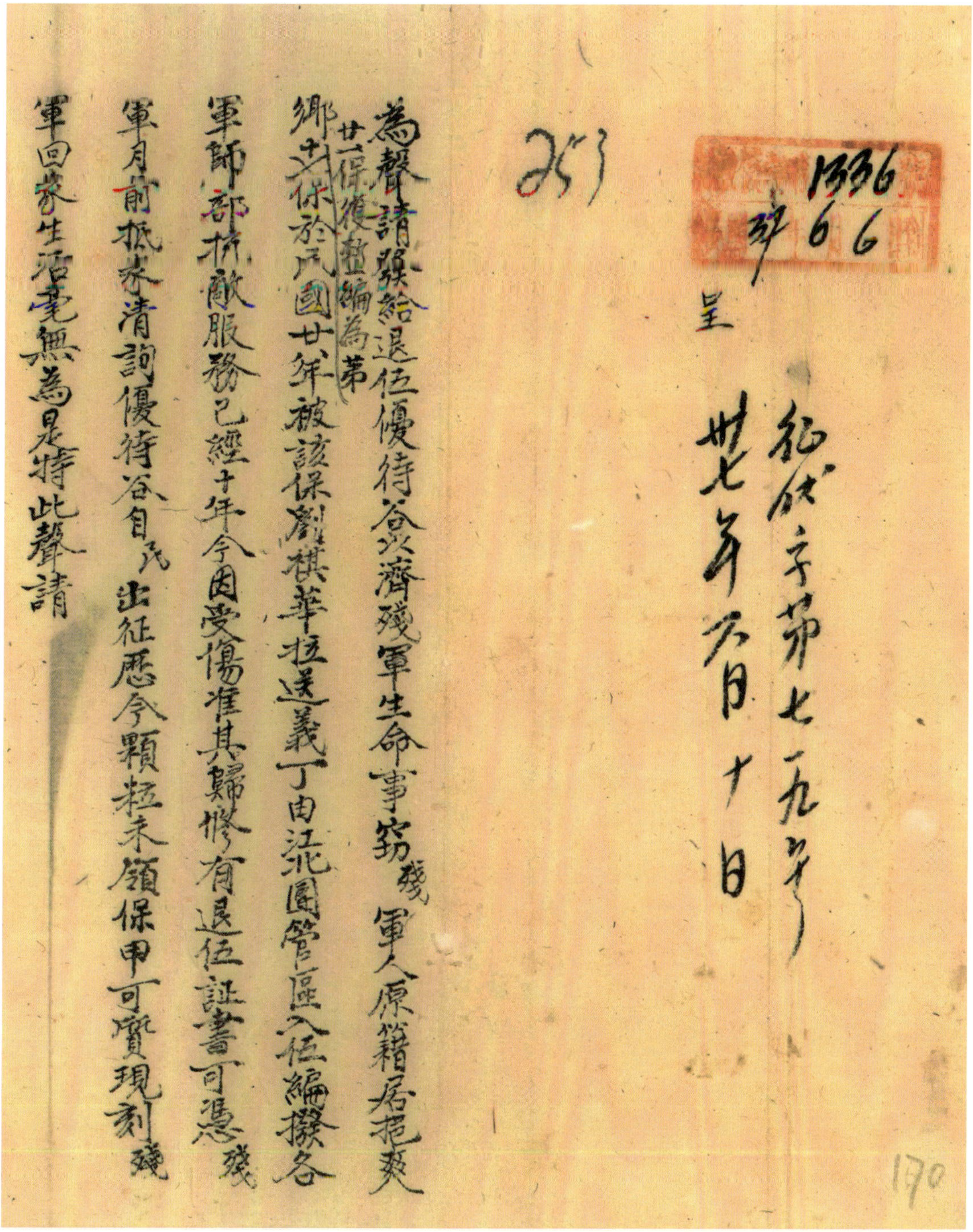

呈

征優字第七一九號

卅七年六月十日

為聲請發給退伍優待谷以濟殘軍生命事竊殘軍人原籍居杞爽

廿一保復整編為第

鄉十六保於民國廿八年被該保劉棋華拉送義丁由江北團管區入伍編撥各

軍師部抗敵服務已經十年今因受傷准其歸修有退伍証書可憑殘

軍月前抵家清詢優待谷自民 出征歷今顆粒未領保甲可實現刻殘

軍回家生活毫無為是特此聲請

254

鈞會鑒核俯懇速將殘軍人應領之優待品依照上峯條例規定一并發給以維殘軍生命則慰軍風如蒙允准沾感

謹呈

鄰水縣優待委員會正副主任劉呂公鑒

附抄貼退伍證書壹件

具聲請人徐志華 現務任原鄉十二保

呈悉，准予特優，據爽鄉公所核實補發可也。此批 六、七

已在證驗訖，當即發還 六、七

中華民國三十七年六月 日

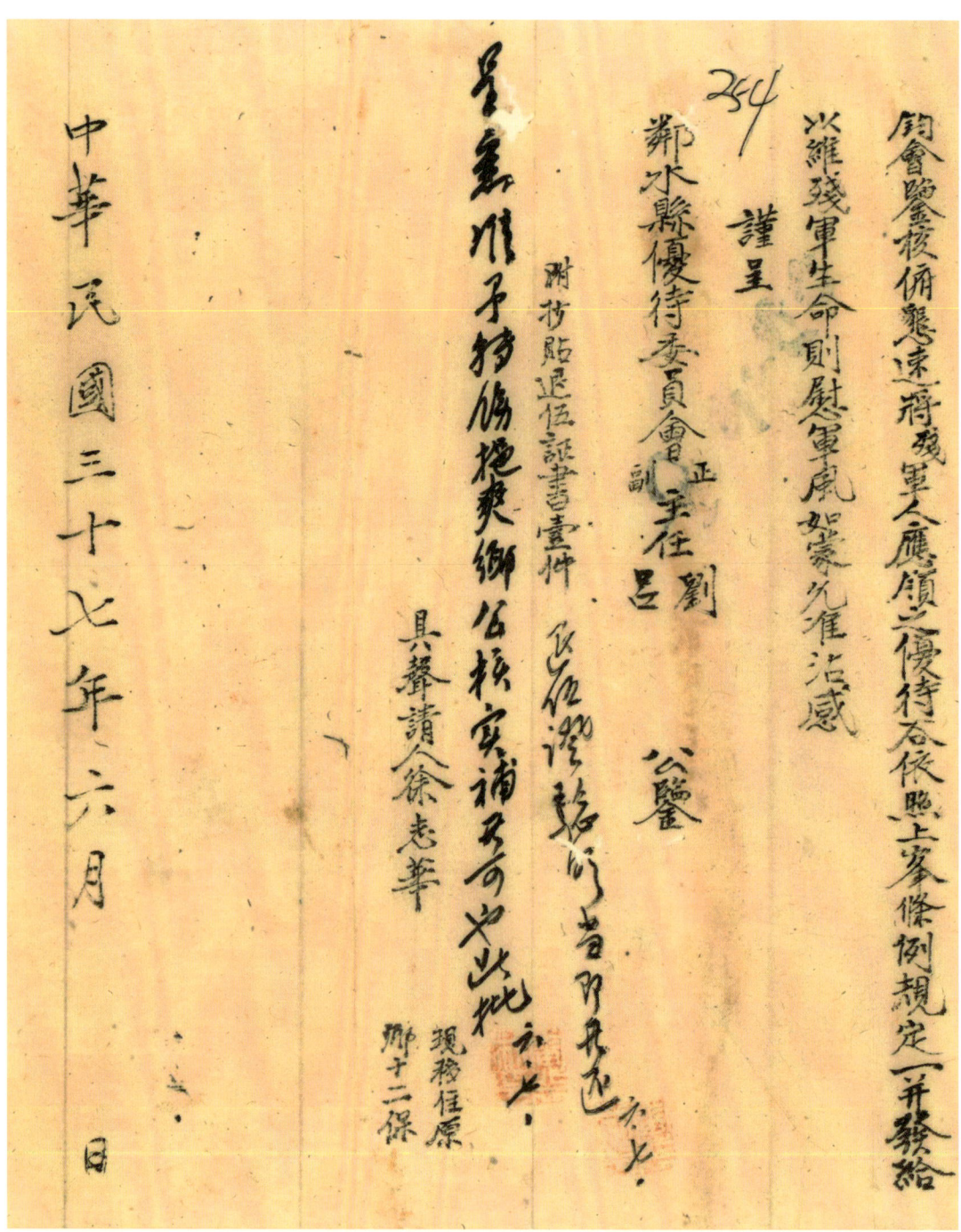

邻水县菁拱乡公所关于本乡出征军人张少荣现已回籍请予依法登记并补发历年优待谷致县出征抗敌军人家属优待委员会的呈（一九四八年六月十四日）

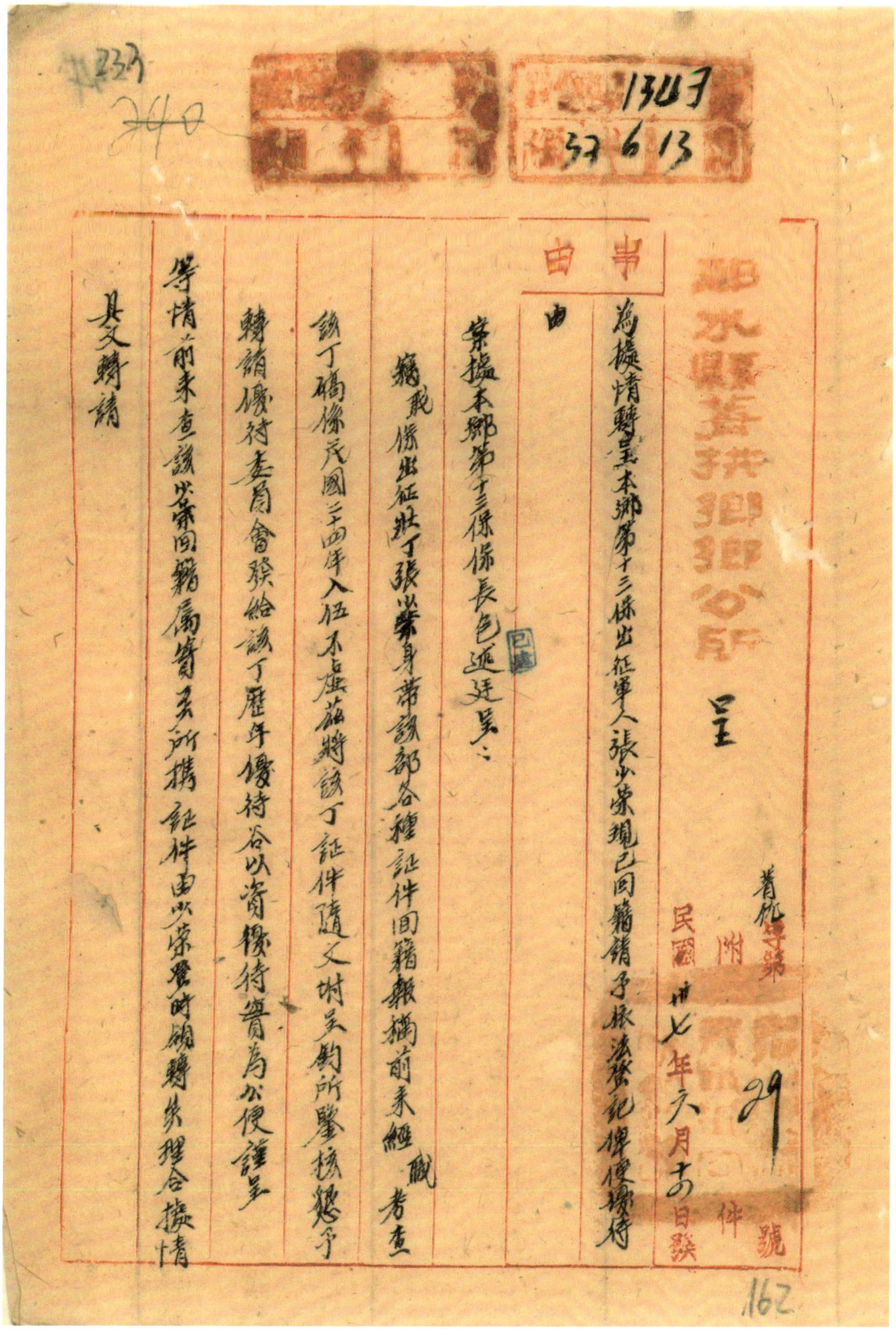
邻水县菁拱乡乡公所 呈

菁拱字第 29 号

附 件

民国卅七年六月十四日发

事由：为据情转呈本乡第十三保出征军人张少荣现已回籍请予依法登记俾便优待由

案据本乡第十三保保长包延廷呈：

窃职保出征壮丁张少荣身带该部各种证件回籍报称前来，经职考查，该丁确系民国三十四年入伍不虚，兹将该丁证件随文附呈钧所鉴核，恳予转请优待委员会发给该丁历年优待谷，以资优待，实为公便。谨呈

等情前来，查该少荣回籍属实，所携证件由少荣当时领转外，理合据情具文转请

162

鈞會鑒核，俯予依法登記，俾便優待，當否，示遵！

謹呈

鄰水縣優待委員會主任委員呂

鄉長朱子欽

呈悉。仰飭該丁持具職（民）身（住）證件前來本會登記可也。此令。

六、六、

征指字第二二七號

卅七年六月廿日

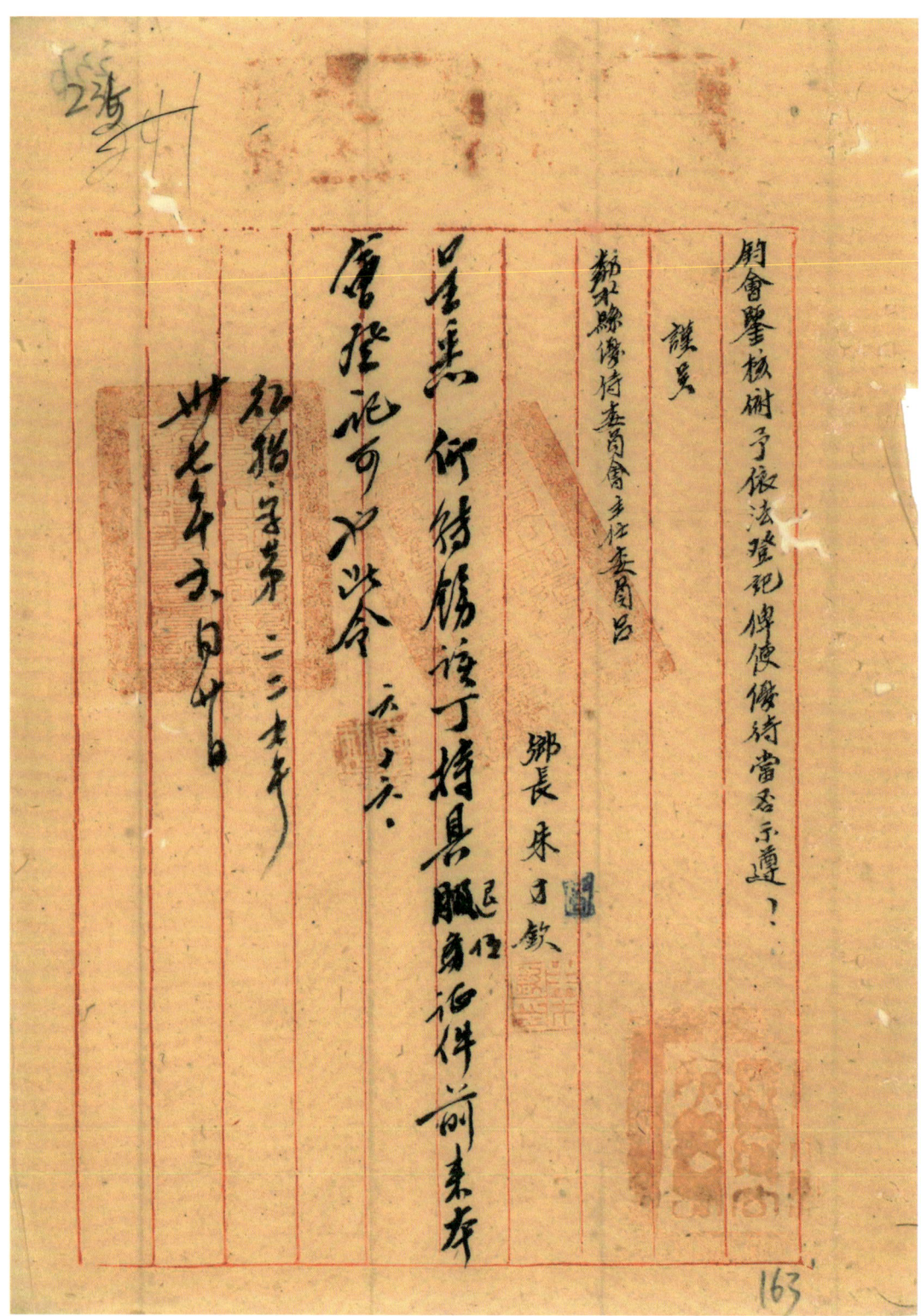

邻水县九峰乡第二保复员退役军人陈安明、县出征抗敌军人家属优待委员会关于申请补发历年应领优待谷的一组文件（一九四八年六月十四日至三十日）

邻水县九峰乡第二保复员退役军人陈安明致县出征抗敌军人家属优待委员会的呈（一九四八年六月十四日）

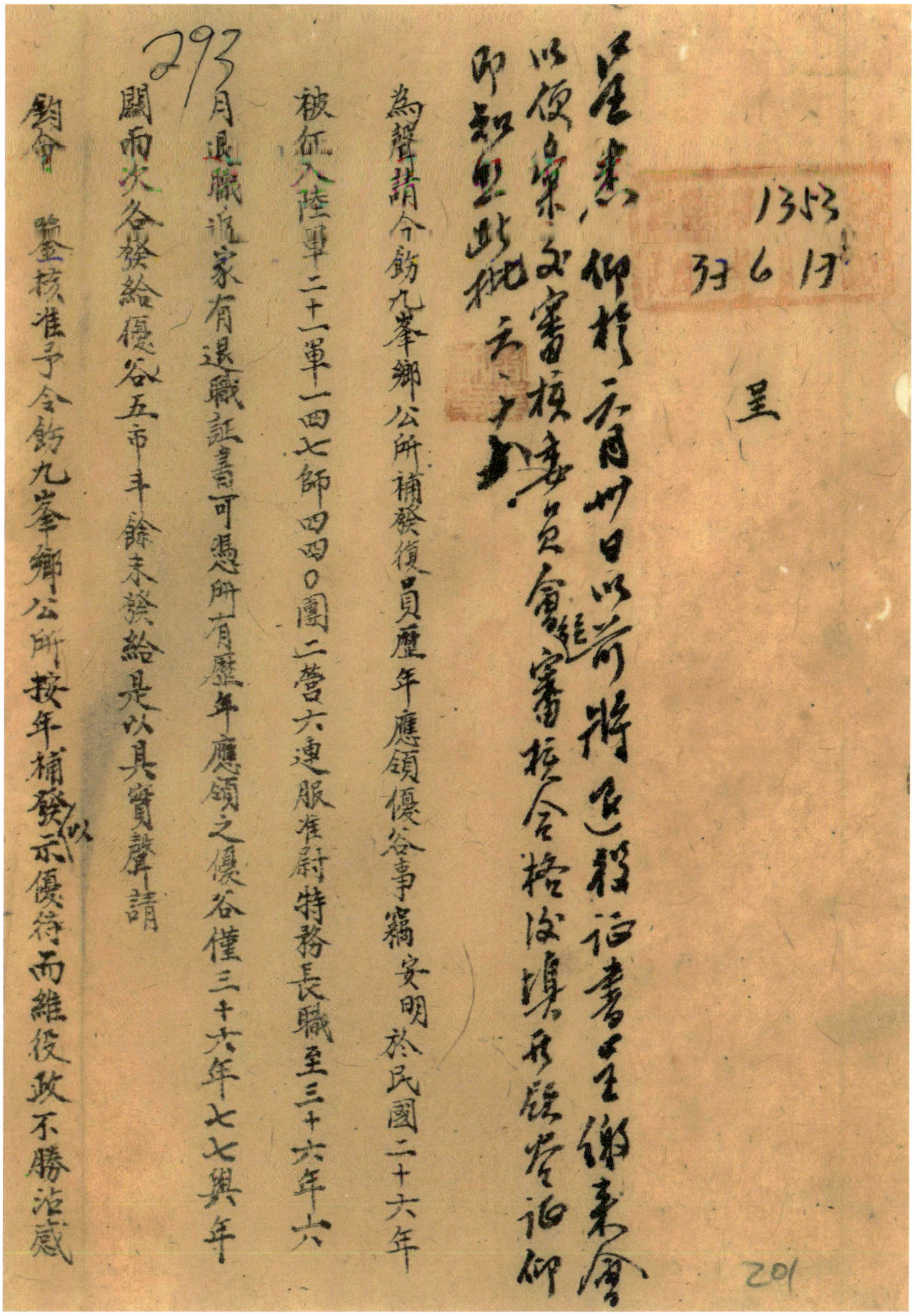
1353
37 6 15

呈

呈悉。仰於六月卅日以前將退役證書呈鄉來會，以便彙案交審核委員會總審核，合格後填發證書，仰即知照。此批。六、廿

293

為聲請令飭九峯鄉公所補發復員歷年應領優谷事。竊安明於民國二十六年被征入陸軍二十一軍一四七師四四〇團二營六連服准尉特務長職，至三十六年六月退職返家，有退職証書可憑。所有歷年應領之優谷僅三十六年七與年闕而次各發給優谷五市斗，餘未發給，是以具實聲請

鈞會鑒核，准予令飭九峯鄉公所按年補發，以示優待而維役政，不勝沾感

謹呈
鄰水縣優待委員會主任呂
九峯鄉第二保復員陳安明
臨時主任秘書曹□蔡正□韜

呈悉。准予轉飭九峯鄉公所保查明該伍財彭已欵其扣除未欵其照补御即知照此批 六十八

中華民國三十七年六月十四日

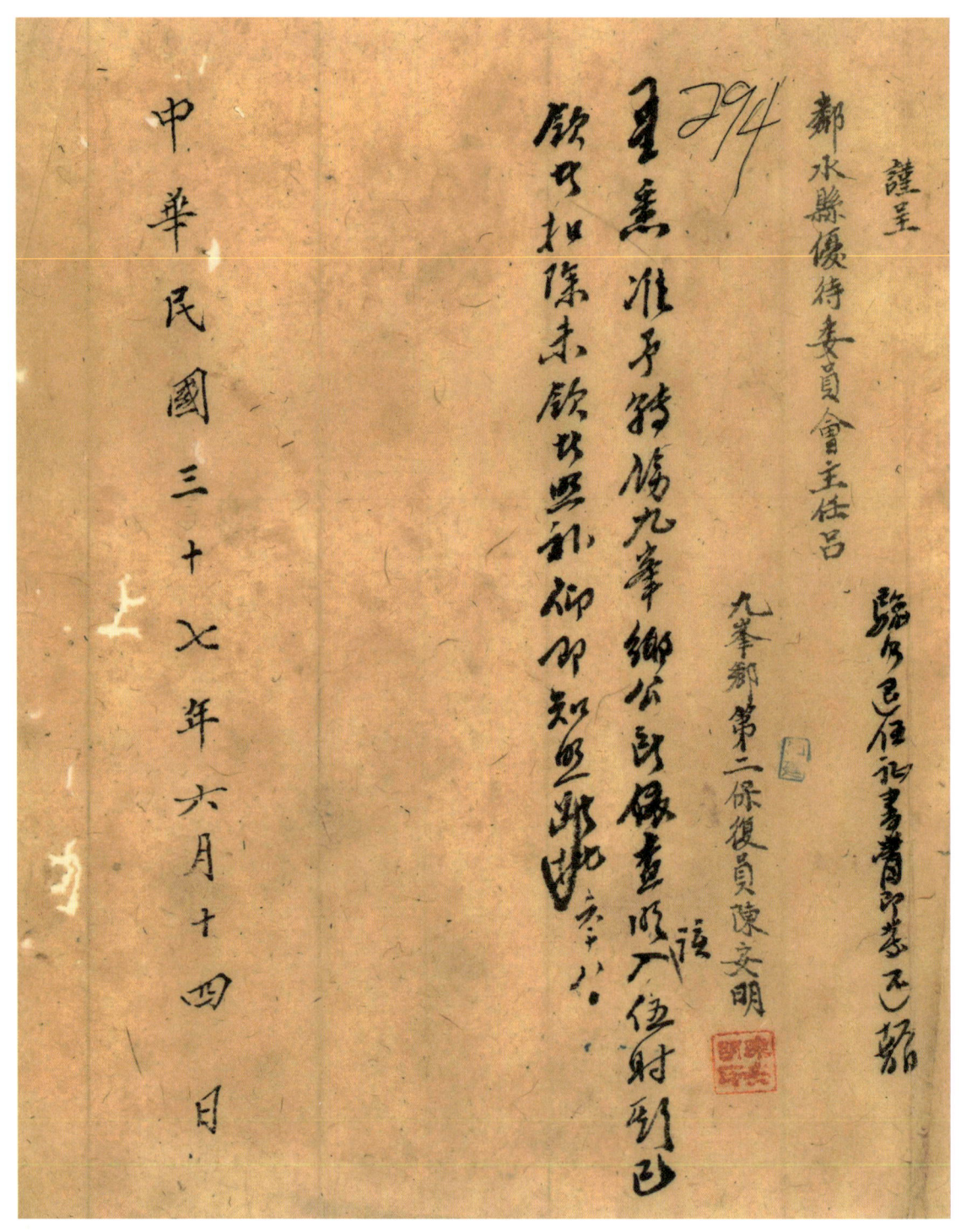

邻水县九峰乡第二保复员退役军人陈安明致县出征抗敌军人家属优待委员会的签呈（一九四八年六月三十日）

291

1600

33773

社發字第七〇八号
卅七年七月三日

簽呈　三十七年六月三十日　于九峰鄉第二保

竊員前以声請令飭九峰鄉公所補發歷年應領優谷，沐

批仰於六月三十日以前將退役證件呈繳本会，以便案交審核委員会

經審核合格，填發領谷証，仰即知照。理令檢同退職離隊證明書一

份，簽呈

鈞會鑒核，呈惠准予轉飭九峰鄉公所依法補發。

謹呈

鄰水縣出征抗敵軍人家屬優待委員会主任呂

附退職離隊証明書一份

九峰鄉第二保復員陳安明

200

邻水县九峰乡第四保复员退伍军人文汉成关于申请查明补发历年优待谷致县出征抗敌军人家属优待委员会的呈（一九四八年六月十五日）

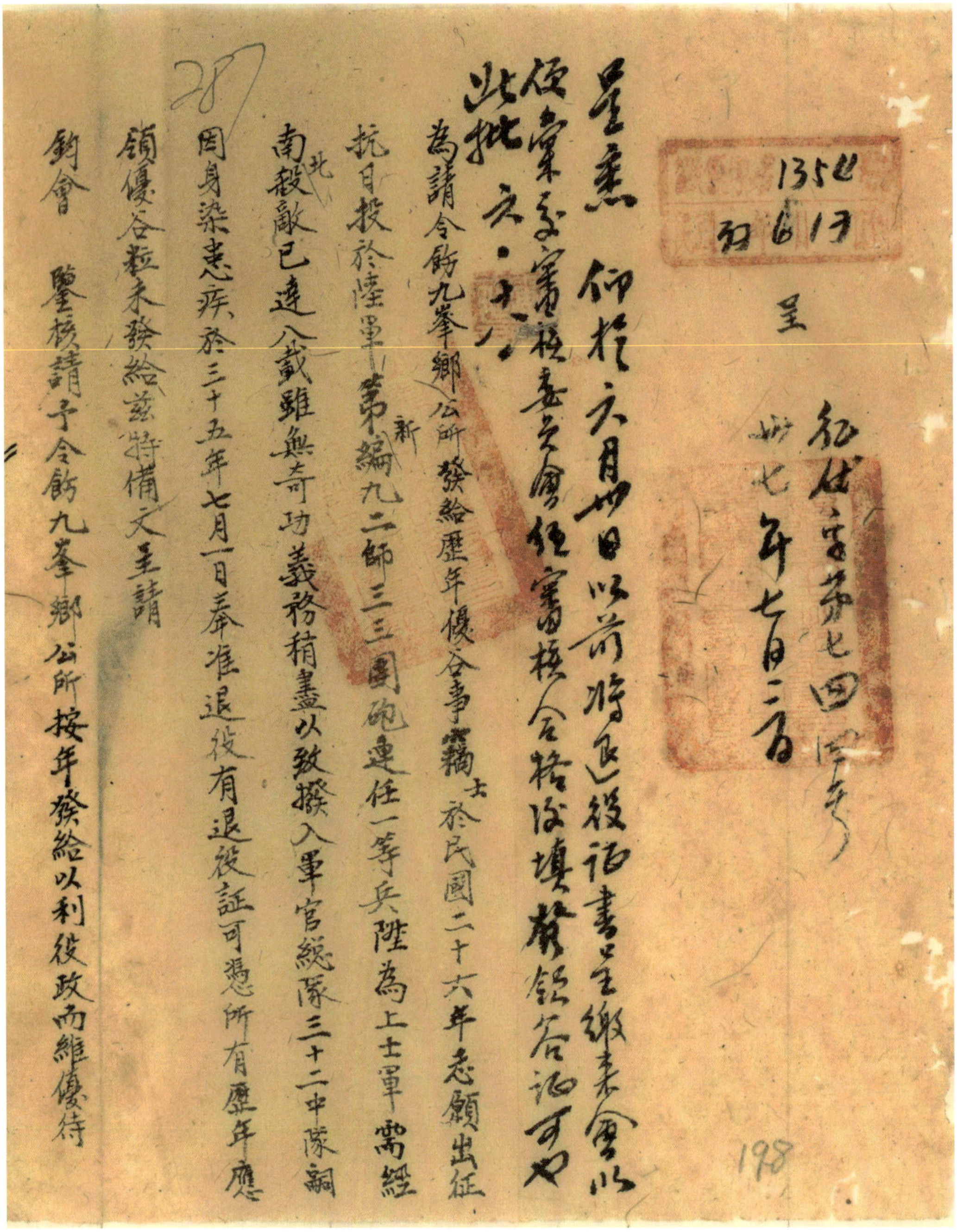

1354
37 6 13

呈

紀仕字第七四四號
卅七年七月二日

呈悉。仰於六月卅日以前將退役證書呈繳來會，以便審核。查本會經審核合格後填發領谷證可也。此批。六．十八

為請令飭九峯鄉公所發給歷年優待谷事：竊士於民國二十六年志願出征抗日，投於陸軍新編第九二師三三團砲連任一等兵，陞為上士軍需，經南北殺敵已達八載，雖無奇功，義務稍盡，以致撥入軍官總隊三十二中隊編，因身染患疾，於三十五年七月一日奉准退役，有退役證可憑。所有歷年應領優待谷粒未發給，茲特備文呈請

鈞會鑒核，請予令飭九峯鄉公所按年發給，以利役政而維優待

288

謹呈

鄰水縣優待委員會主任呂

懇明已發給証明書前來為感禱

九峯鄉第四保復員文漢成 十

呈為准予特飭九峯鄉公所依法補發四十九號 六二八

中華民國三十七年六月十五日

邻水县九峰乡第二保复员退伍军人文昌和关于申请查明补发历年优待谷致县出征抗敌军人家属优待委员会的呈

（一九四八年六月十五日）

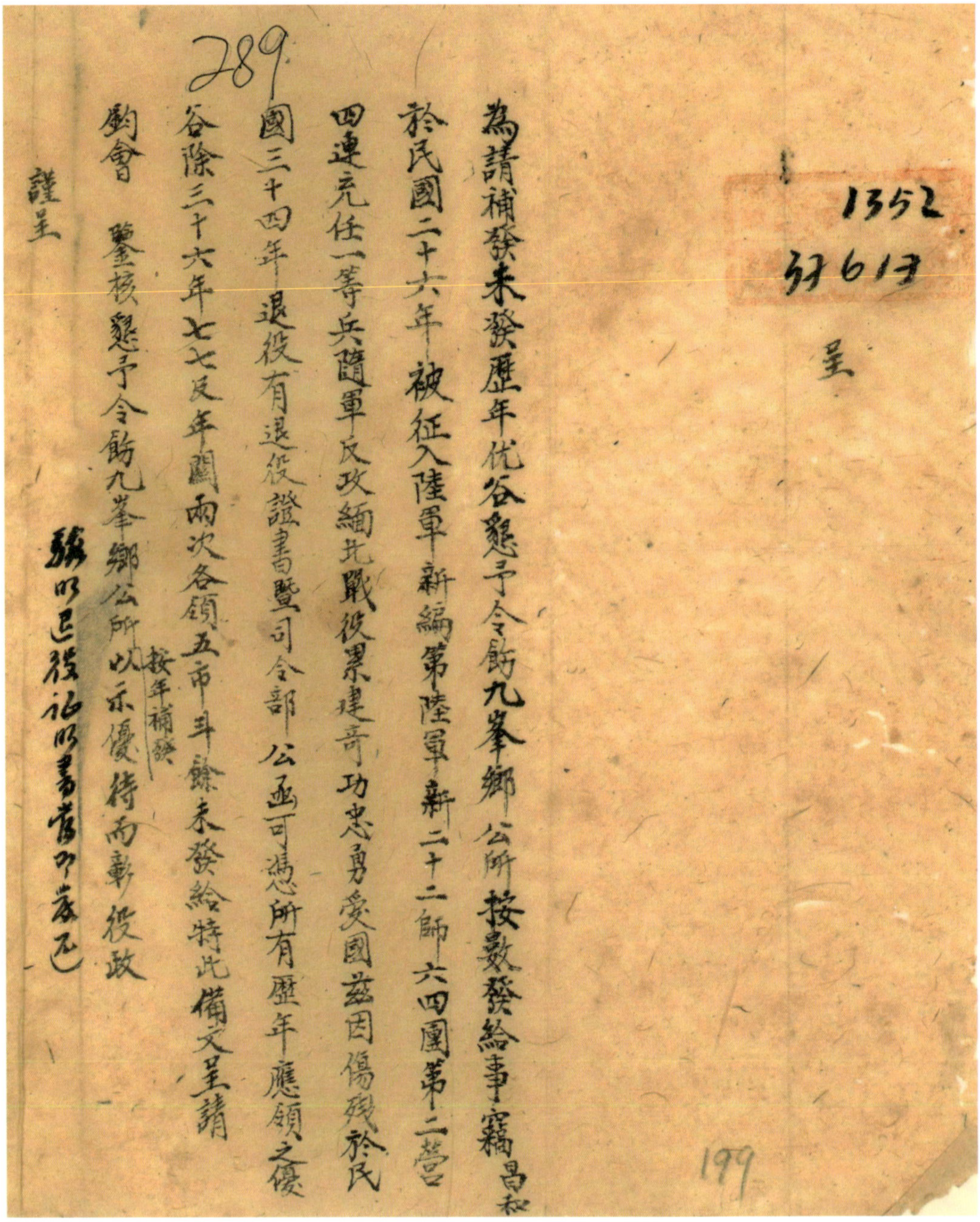
289

1352
33613

呈

為請補發未發歷年优谷懇予令飭九峯鄉公所按數發給事竊昌和
於民國二十六年被征入陸軍新編第陸軍新二十二師六四團第二營
四連充任一等兵隨軍反攻緬北戰役累建奇功忠勇愛國茲因傷殘於民
國三十四年退役有退役證書暨司令部公函可憑所有歷年應領之優
谷除三十六年七七及年關兩次各領五市斗餘未發給特此備文呈請
鈞會鑒核懇予令飭九峯鄉公所按年補發以示優待而彰役政

謹呈

驗明退役証明書當即發還

199

290

鄉收服復員委員會主任呂

九峯鄉第二保復員文昌和

呈悉。仰即將退伍証書呈繳來會，以便彙案審核奪。曾經審合格，候再填頒普証，仰即知照。此批。

中華民國三十七年六月十五日

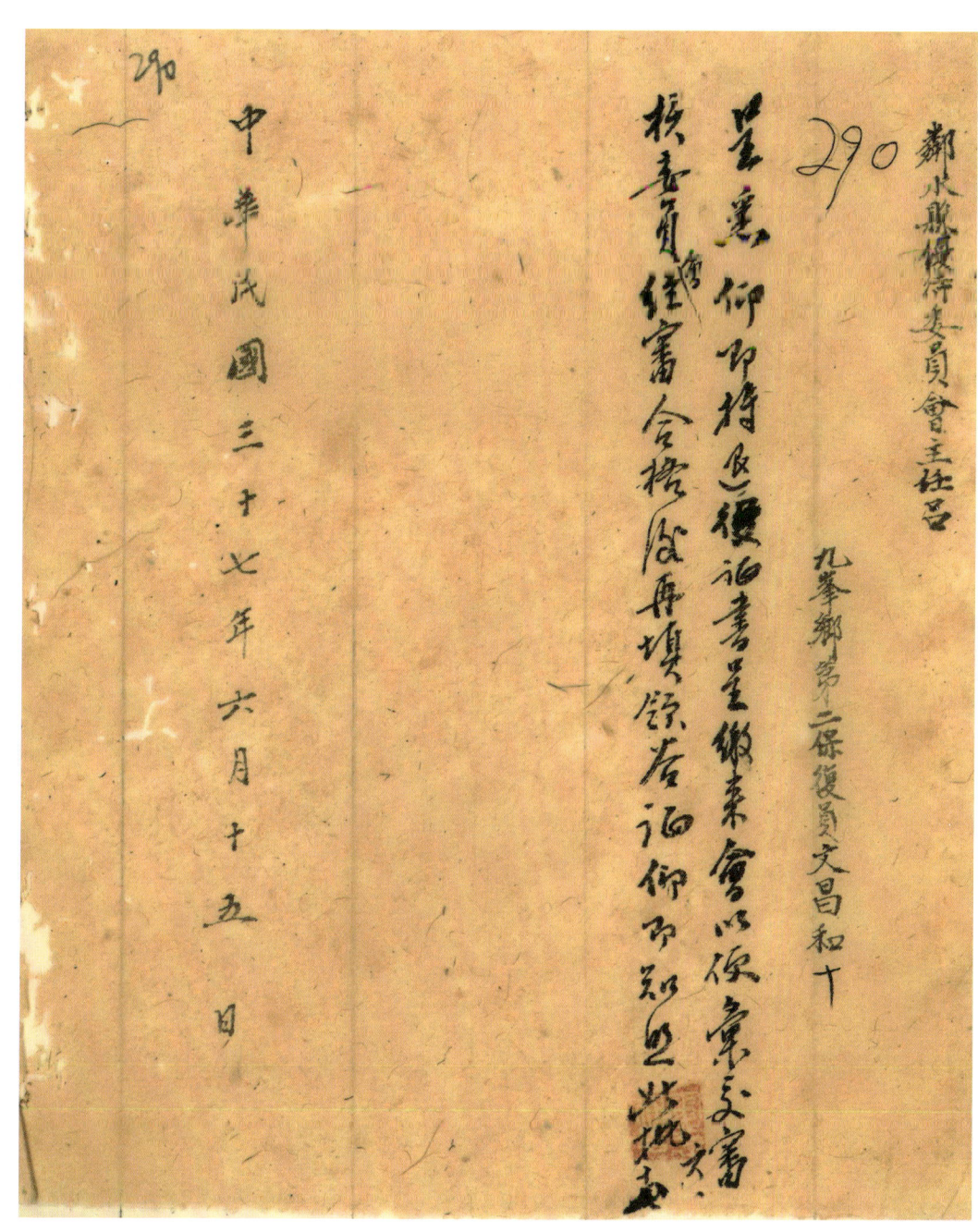

邻水县出征抗敌军人家属优待委员会关于补发抗属许林氏历年优待谷致解愠乡公所的代电

（一九四八年六月十七日）

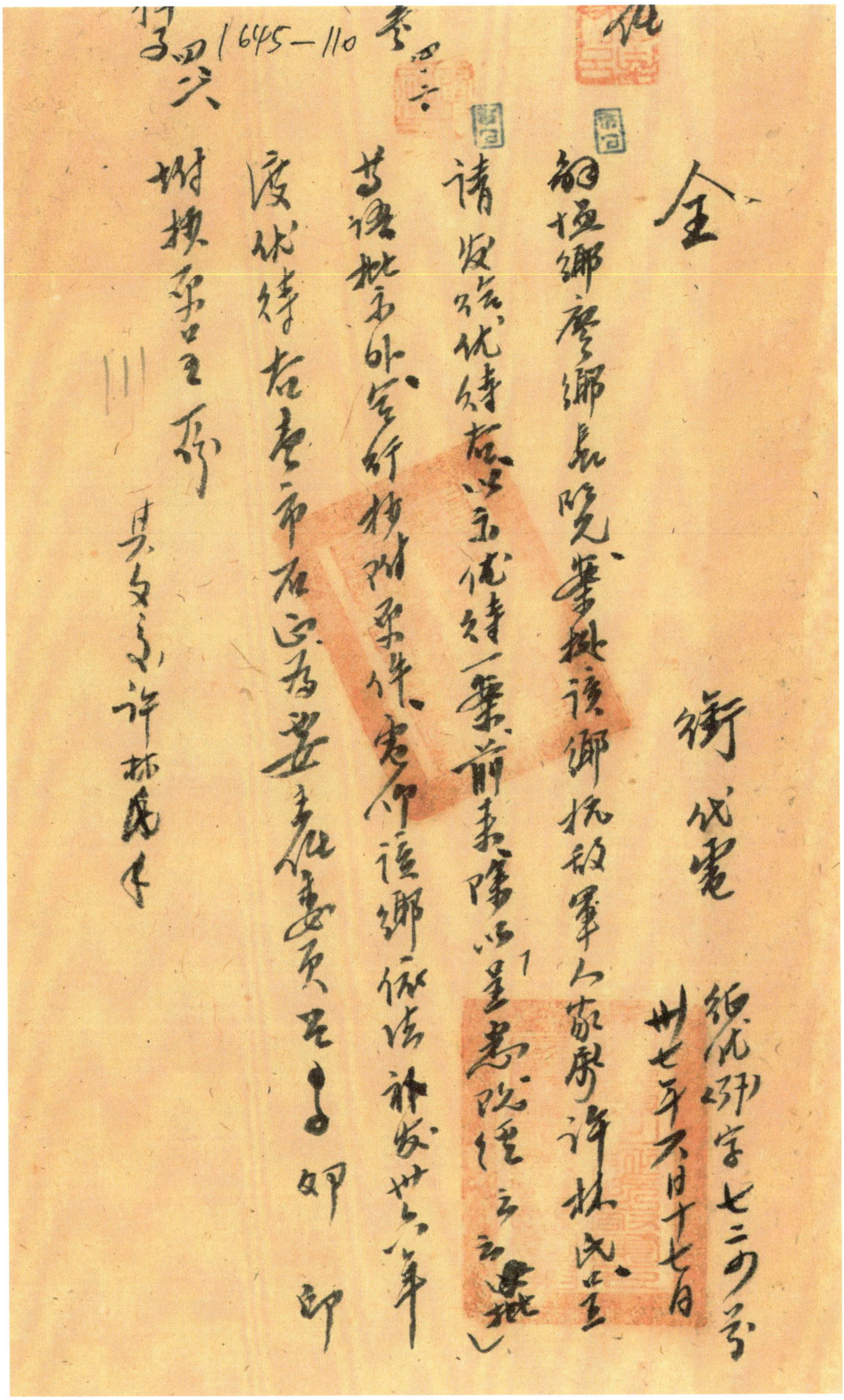

全衔 代電

邻優邵字七二〇号

卅七年六月十七日

解愠鄉鄉長覽：案據該鄉抗敵軍人家屬許林氏呈請發給優待谷以示優待一案，前來。除以"呈悉。既經……"云云批並語批示外，合行抄附原件，電仰該鄉依法補發廿六年度優待谷壹市石正為要。主任委員呂□□ 卯印

附抄原呈一件

具呈人許林氏 呈

附一：解愠乡第十九保保长吴维银、第二甲甲长吴儒义关于许二毛被征入伍的证明（一九四八年二月）

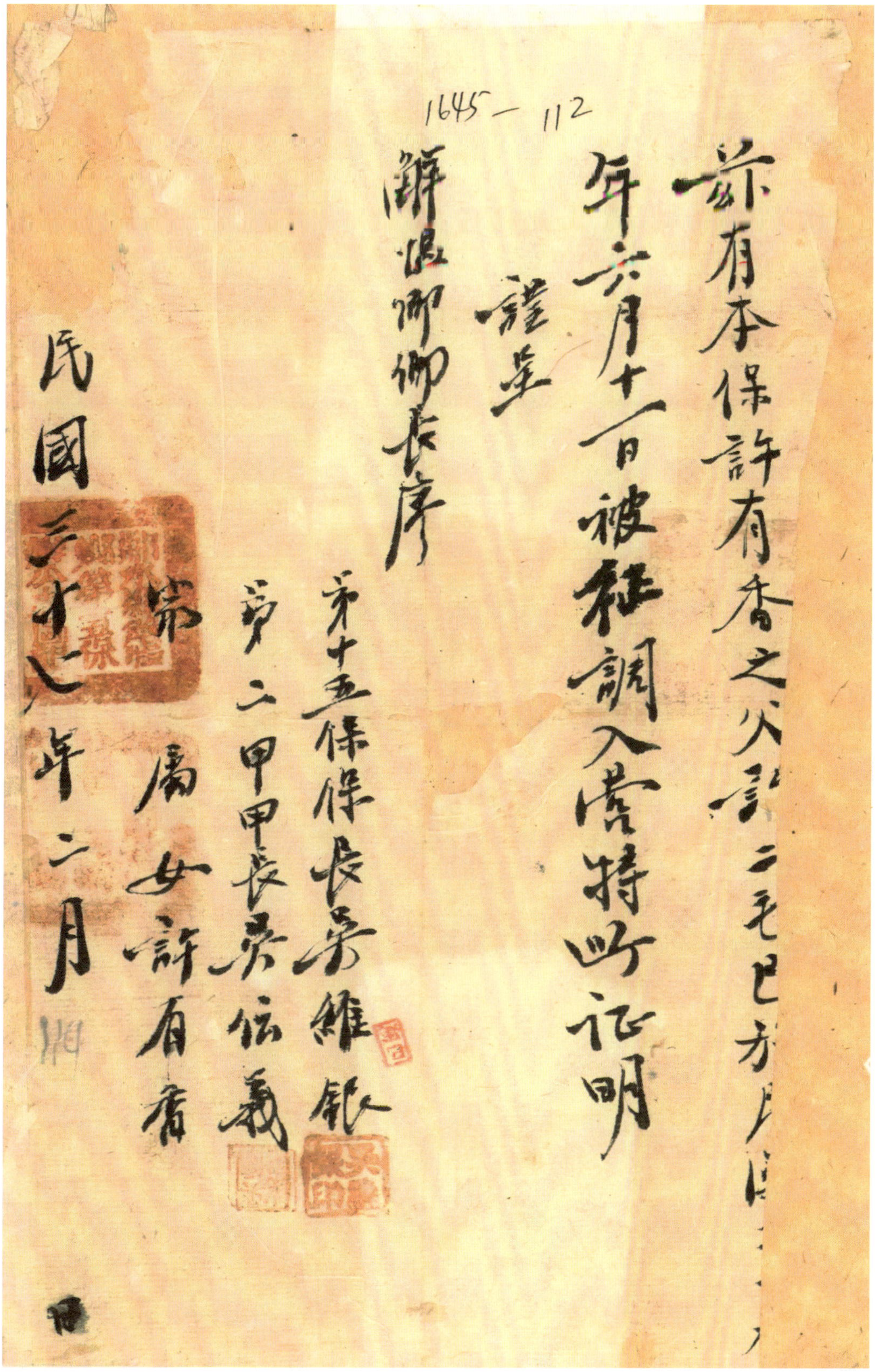
1645—112

茲有本保許有香之父許二毛已於[illegible]

年六月十一日被征調入營特此證明

謹呈

解塭鄉鄉長[illegible]

第十五保保長吳維銀

第二甲甲長吳儒義

第 屬 女許有香

民國三十八年二月 日

附二：邻水县解愠乡抗属许林氏关于申请补发历年优待谷致县出征抗敌军人家属优待委员会的呈（一九四八年三月）

呈

為呈懇發給優待穀以示優待抗敵家屬事情民國二十九年六月二十一日氏弟許二毛應征去訖遺有一女名有香年方十歲部隊番號係陸軍一百軍六十三師一八七團二營五連在江蘇泰洲等地駐紮寄有証明書還家已繳呈請轉請榮譽狀自弟從軍後只領得一年優待穀其餘年限未領一因証書未獲一因在發放期間氏離家中雖無榮譽狀常有函件寄回可以查核并本保保長吳維銀及甲長吳儒義亦可以証明奈弟二毛既已出征未歸仍在服役女有香隨氏撫養生計日窘負担益重有朝不保夕之虞是以具呈緣由懇求發給俾氏得以按年如數領遝以延生命而示優待如沐允准沾感謹呈

鄰水縣優待委員會

具呈人解慍鄉十五保抗屬許林氏十

証明人吳維銀

吳儒義

呈悉。既經保甲証明，准予轉飭該鄉鄉

長迅查照補發卅六年度優待谷票

給領。此批。

三月八日

中華民國三十七年三月　日

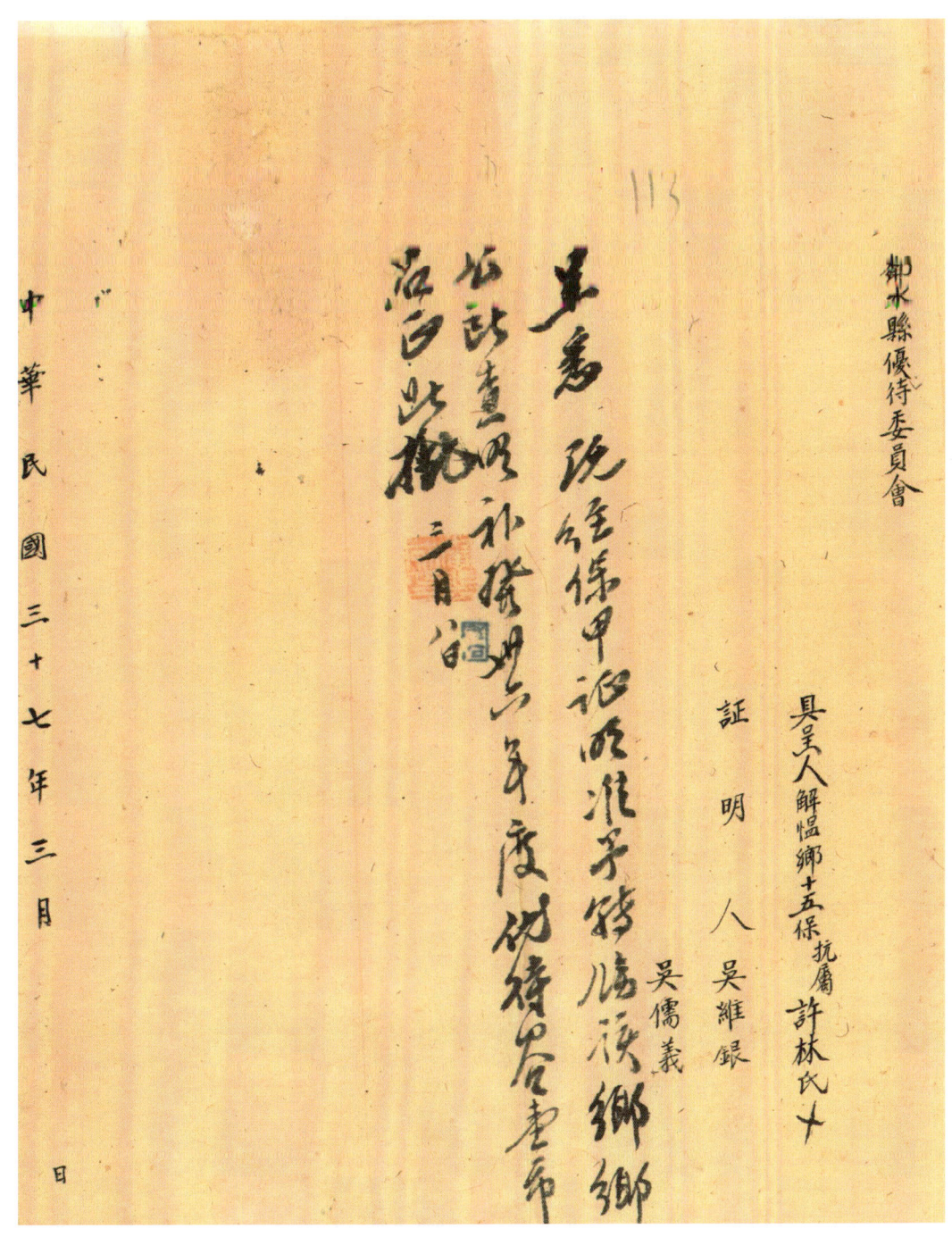

邻水县柳唐乡退伍军人陈有富关于申请补发历年应领未领优待谷致县出征抗敌军人家属优待委员会的呈
（一九四八年六月二十一日）

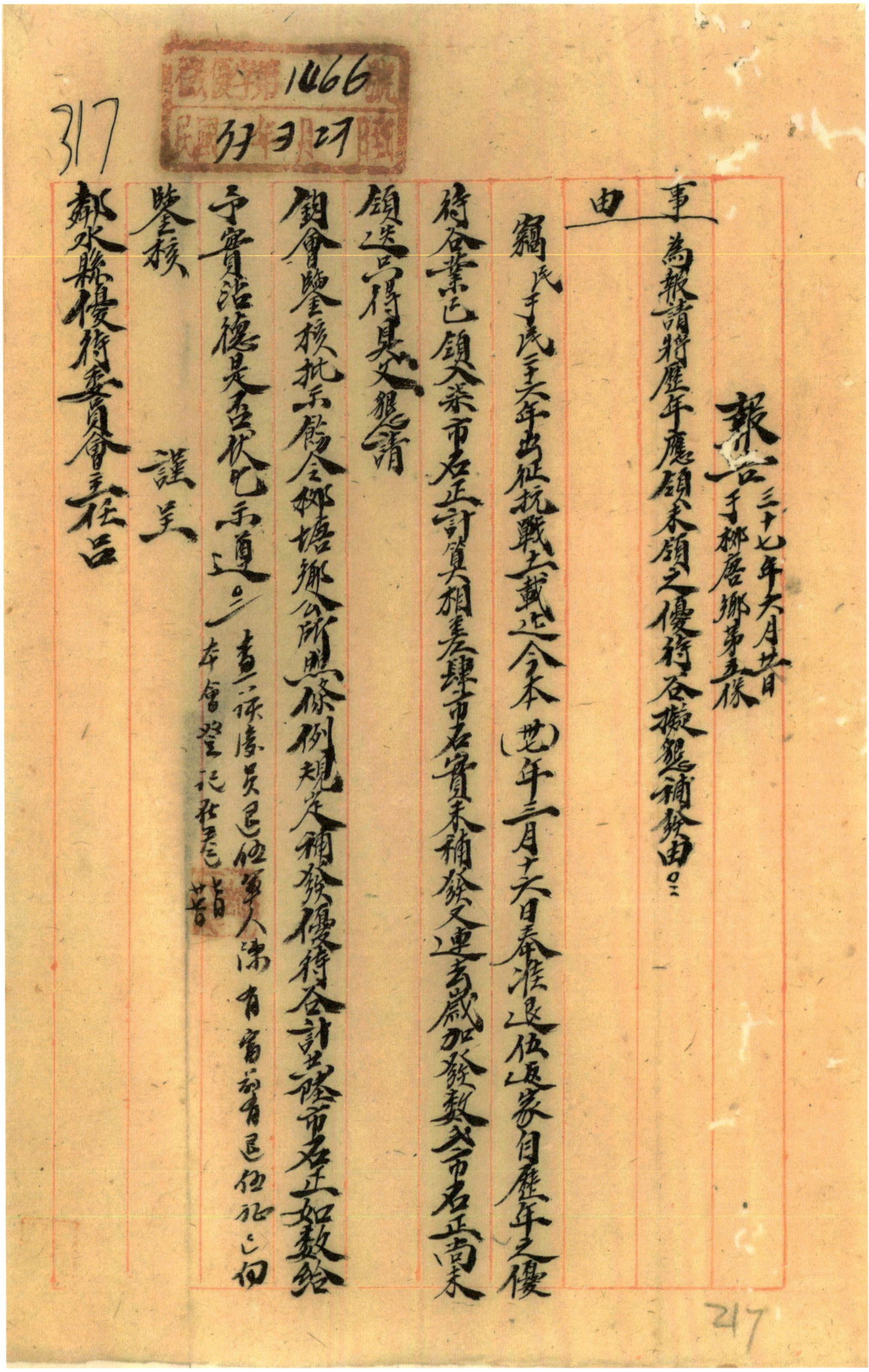

事由：為報請將歷年應領未領之優待谷擬懇補發由。

報告　三十七年六月廿一日　于柳唐鄉第五保

竊民于民二十六年出征抗戰十一載，迄今本（卅七）年三月十六日奉准退伍返家，自歷年之優待谷業已領入柒市石正，計算相差肆市石，實未補發。又連本歲加發數貳市石正，尚未領送。只得具文懇請

鈞會鑒核，批示飭令柳塘鄉公所照條例規定補發優待谷計陸市石正，如數給予，實沾德便。是否有當，伏乞示遵。

謹呈

鄰水縣優待委員會主任　呂

查三保陳員退伍軍人陳有富前有退伍証已向本會登記在案。

318

柳唐鄉退伍軍人陳有富 美

呈悉。查該生服役十年，已領穀七市石，據請叁市，再來如發穀弍市，共為伍市石，准予轉飭柳塘鄉公所查照補發可也。此批。八、二六

柳伏字第七八六八號

卅七年八月十三日

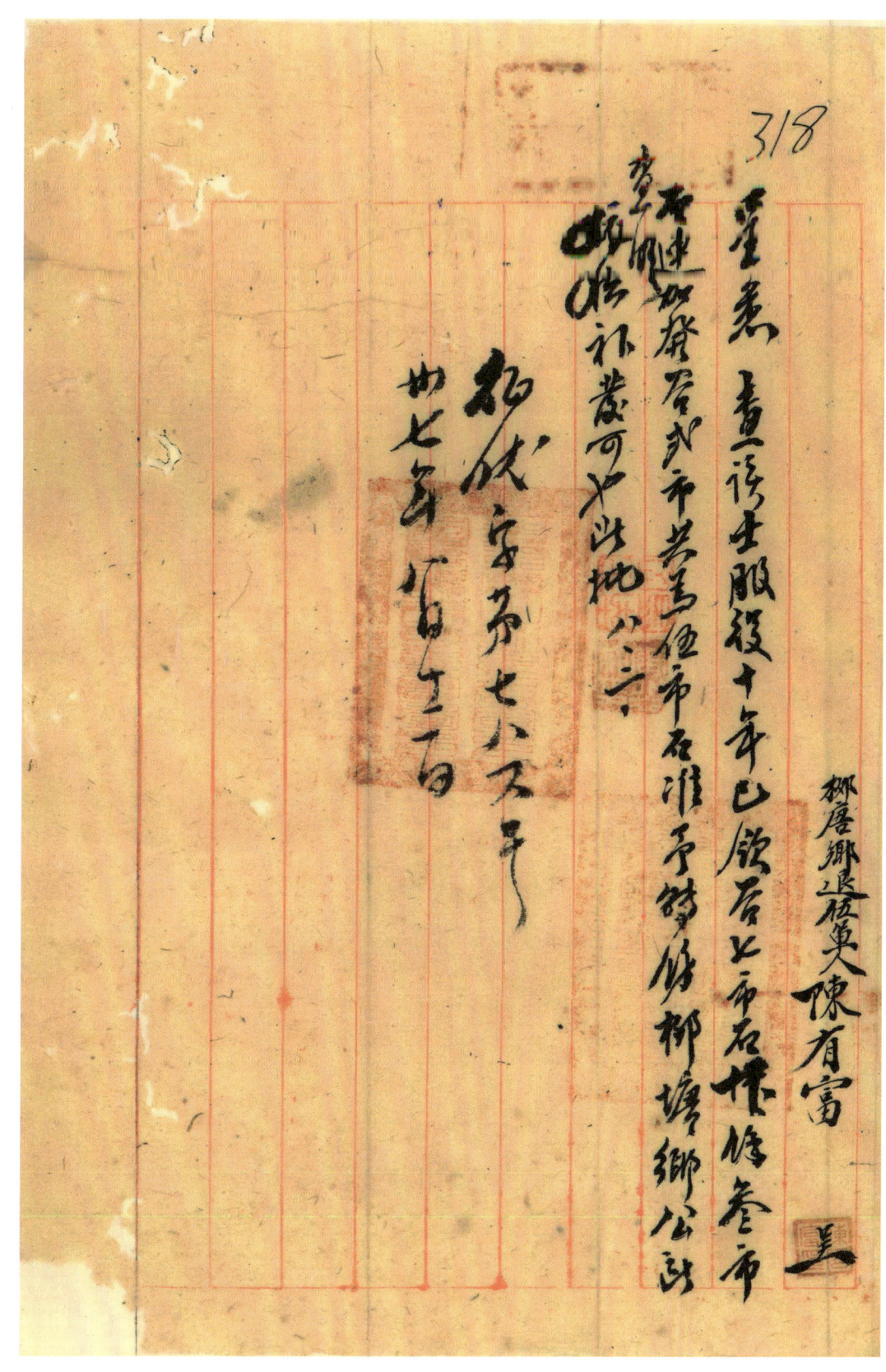

邻水县鼎屏镇十一保抗属黄世兴关于请求依法优待免除劳役杂款并补发优待谷致县出征抗敌军人家属优待委员会的报告（一九四八年六月二十二日）

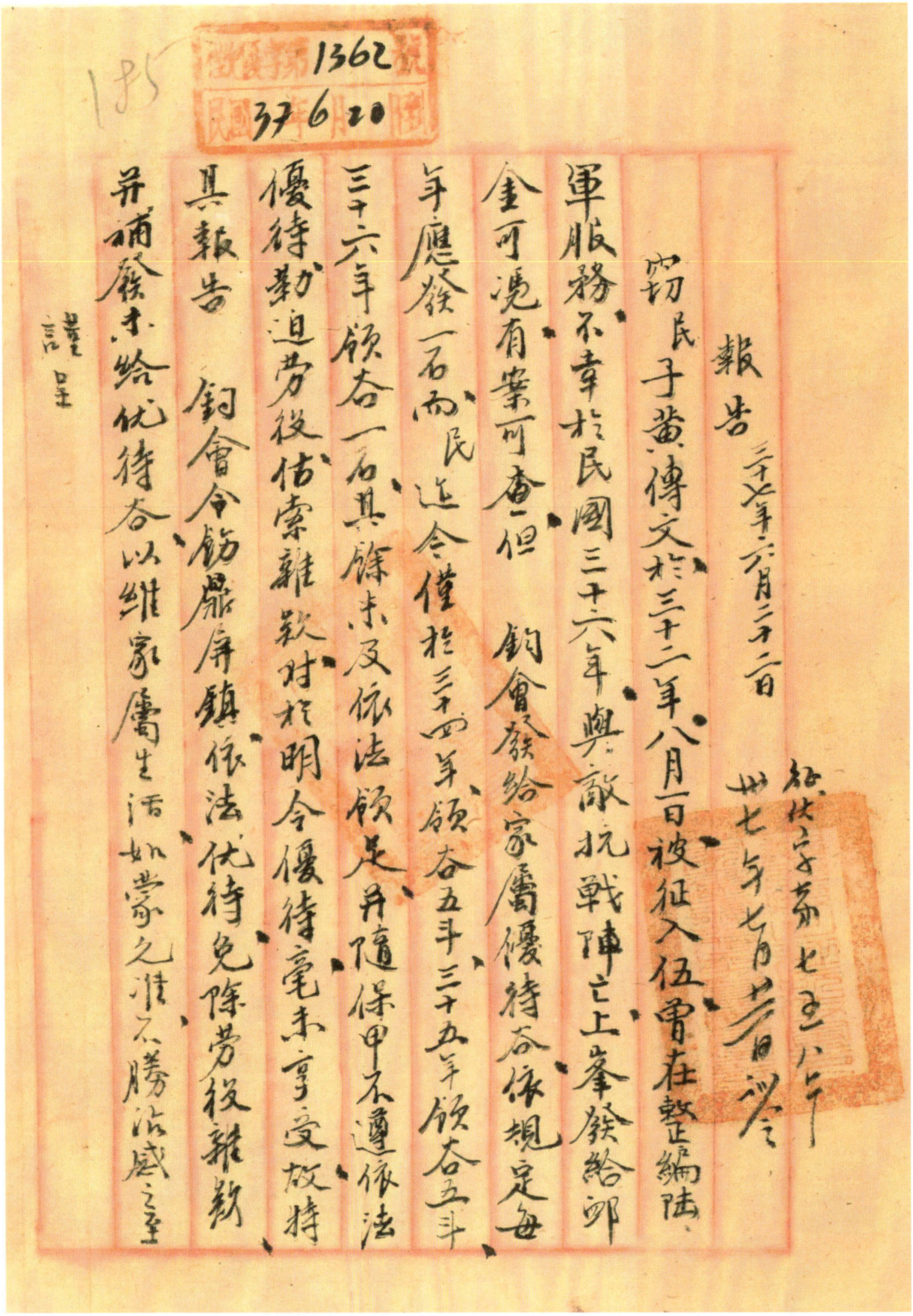

報告　三十七年六月二十二日

竊民子黃傳文於三十二年八月一日被征入伍，曾在整編陸軍服務，不幸於民國三十六年與敵抗戰陣亡，上峯發給卹金可憑，有案可查。但鈞會發給家屬優待谷，依規定每年應發一石，而民近今僅於三十四年領谷五斗，三十五年領谷五斗，三十六年領谷一石，其餘未及依法領足，并隨保甲不遵依法優待，勒迫勞役，估索雜款，對於明令優待毫未享受。故特具報告鈞會，令飭鼎屏鎮依法優待，免除勞役雜款，并補發未給優待谷，以維家屬生活。如蒙允准，不勝沾感之至。

謹呈

1645-183

優待委員會主席

羅屏鎮十一保六甲遺族

黃世興 呈

查悉 准予轉飭羅屏鎮公所依法優待并
免除勞役雜糧并補發歷年應領未領之優待
谷仰知照此批 六、一、廿四。

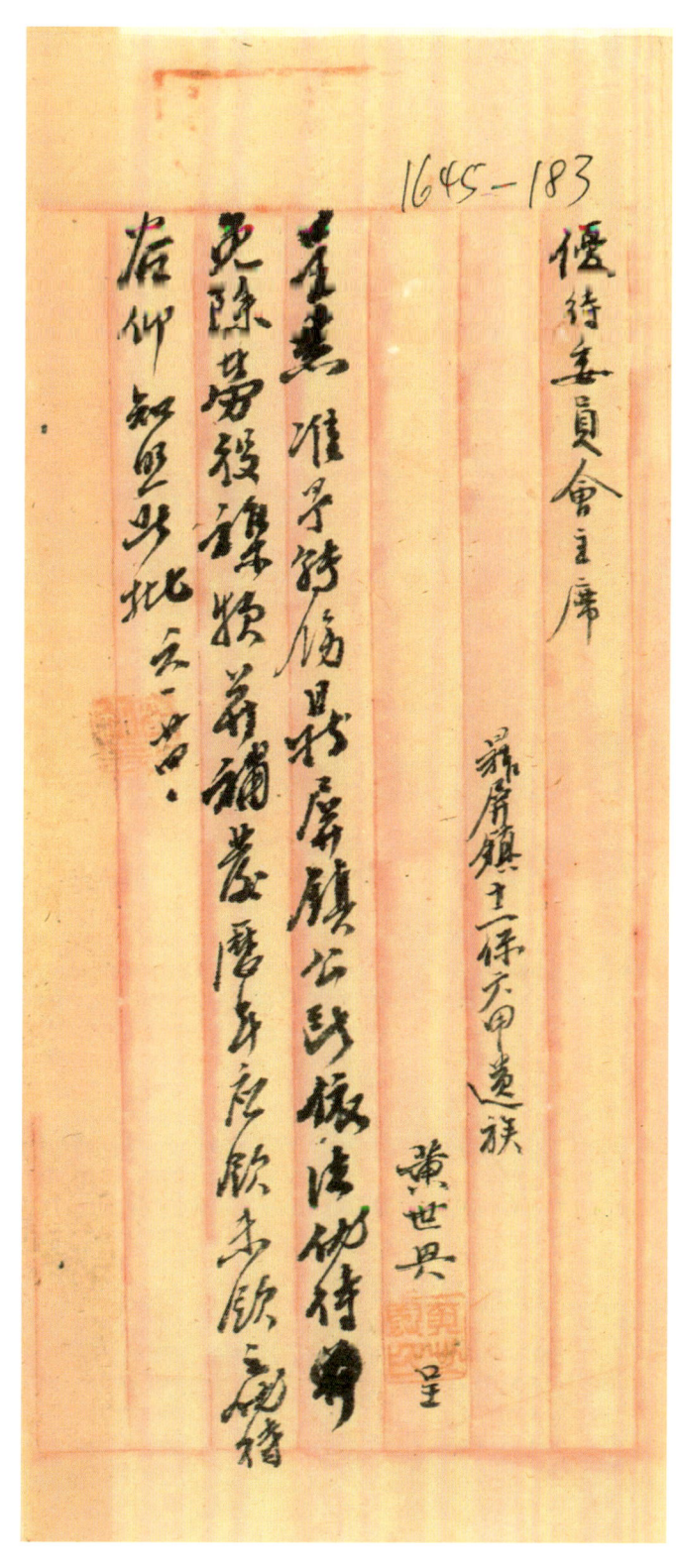

邻水县出征抗敌军人家属优待委员会关于查明补发复员军人廖碧如、廖国邦历年应领未领优待谷致梁板乡公所的训令（一九四八年六月二十三日）

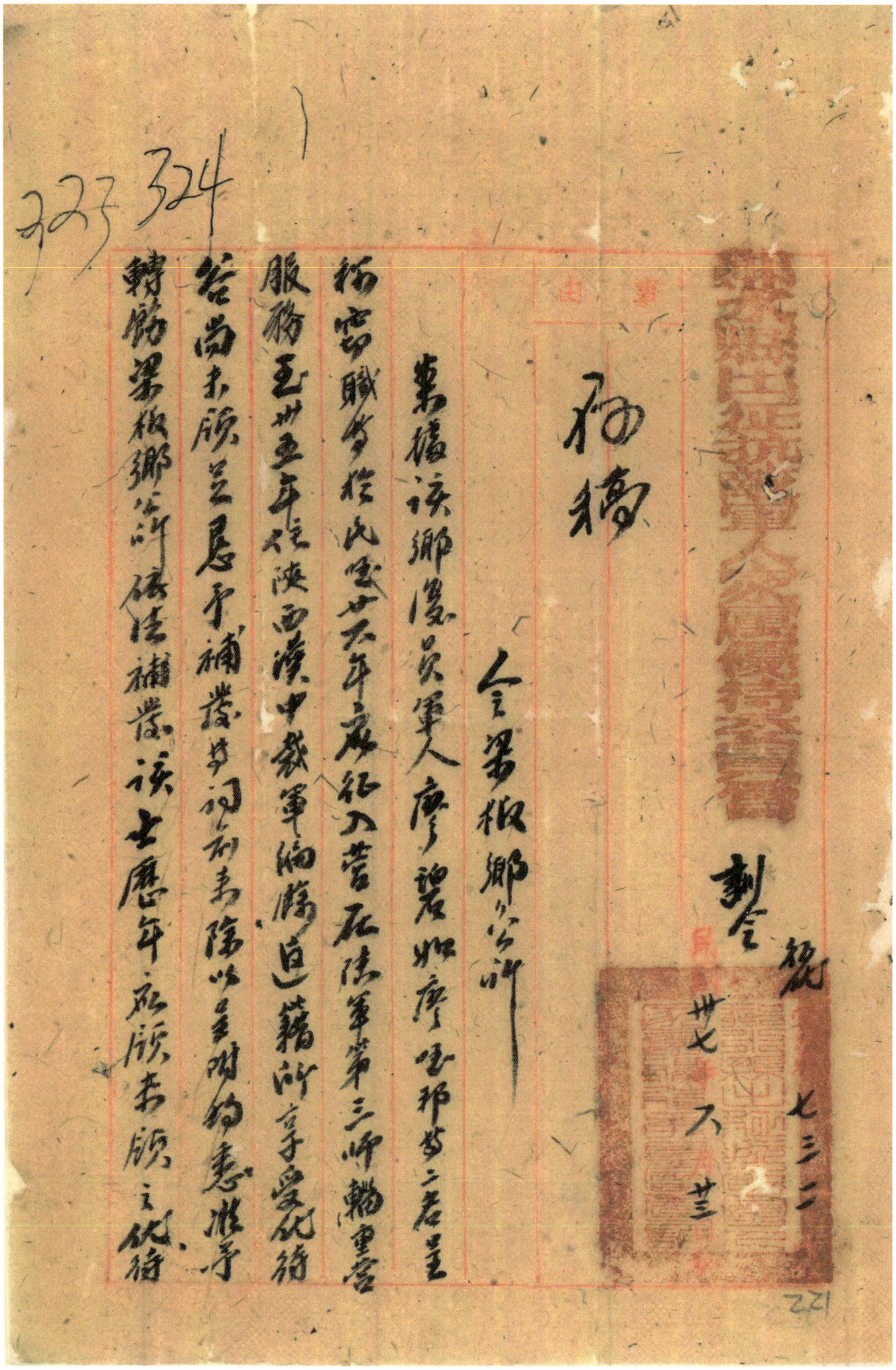

邻水县出征抗敌军人家属优待委员会

事由 核转

训令 优字第七三二号 卅七 六 廿三

令梁板鄉公所

案據該鄉復員軍人廖碧如、廖國邦等二名呈

稱：竊職等於民國廿六年應征入營，在陸軍第三師輜重營

服務，至卅五年在陝西漢中裁軍編餘退籍，所享受優待

穀尚未領，呈懇予補發等詞，列表[illegible]附[illegible]懇准予

轉飭梁板鄉公所依法補發該士歷年應領未領之優待

3225

咨據本區速繳速佃租收事加讚，並免繳當諭飭在外，合

行令仰該鄉長即便遵照辦理為要！

此令

主席委員 田崗南

222

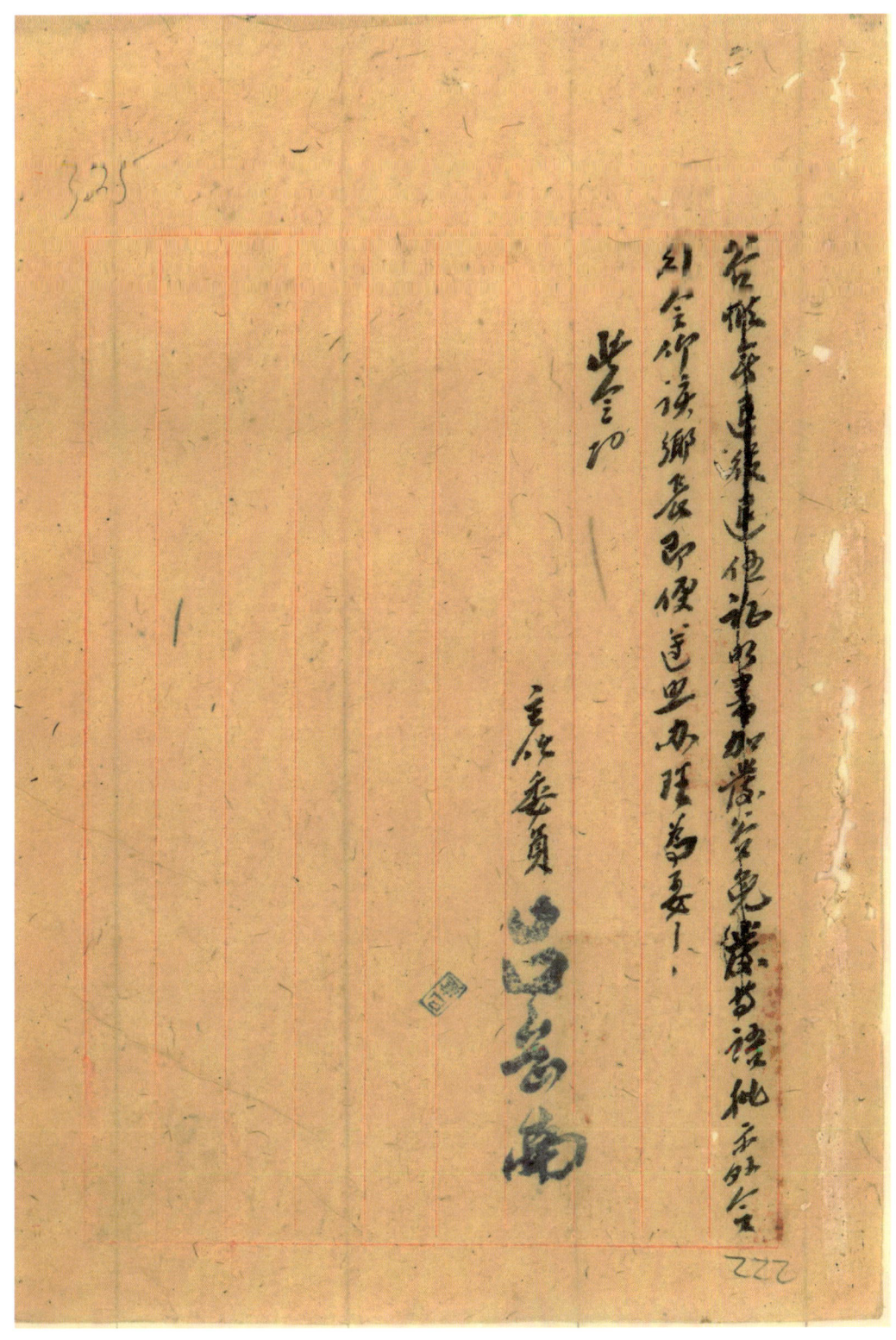

附：邻水县梁板乡退役军人廖碧如关于申请查明补发历年应领未领优待谷致县优待委员会的报告

（一九四八年六月二十二日）

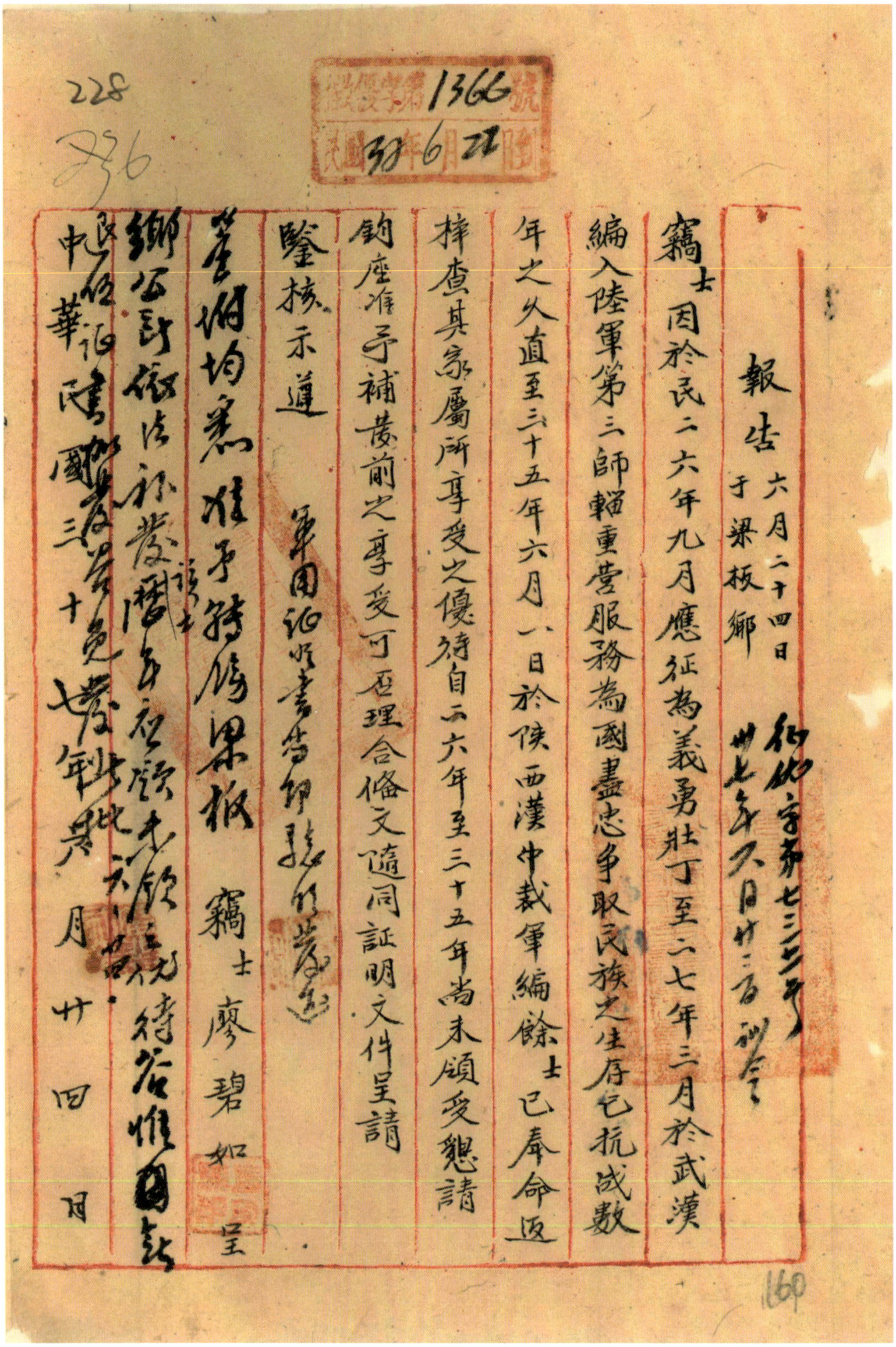

報告 六月二十四日 于梁板鄉

竊士因於民二六年九月應征為義勇壯丁至二七年三月於武漢編入陸軍第三師輜重營服務為國盡忠爭取民族之生存也抗戰數年之久直至三十五年六月一日於陝西漢中裁軍編餘士已奉命返梓查其家屬所享受之優待自二六年至三十五年尚未領受懇請鈞座准予補發前之享受可否理合備文隨同証明文件呈請鑒核示遵

軍用証明書當即發還

竊士廖碧如呈

呈件均悉 准予轉飭梁板鄉公所依法補發該士歷年應領未領之優待谷 此批

[illegible]

中華民國三十七年六月廿四日

230
338

1367
336 22

報告　六月二十四日
于梁板鄉

竊職因於民二六年八月應征為義勇壯丁至二七年三月於武漢編入陸軍第三師輜重營服務報効國家數年之久直至三十五年六月一日於陝西漢中裁軍編餘職已奉命返梓查其家屬所享受之優待自二十六年至三十五年尚未領受呈請

鈞座准予補發享受可否理合備文並將證明文件呈請

鑒核示遵　軍用証明書隨附當即發還

竊職廖國邦呈

中華民國三十七年六月二十四日

161

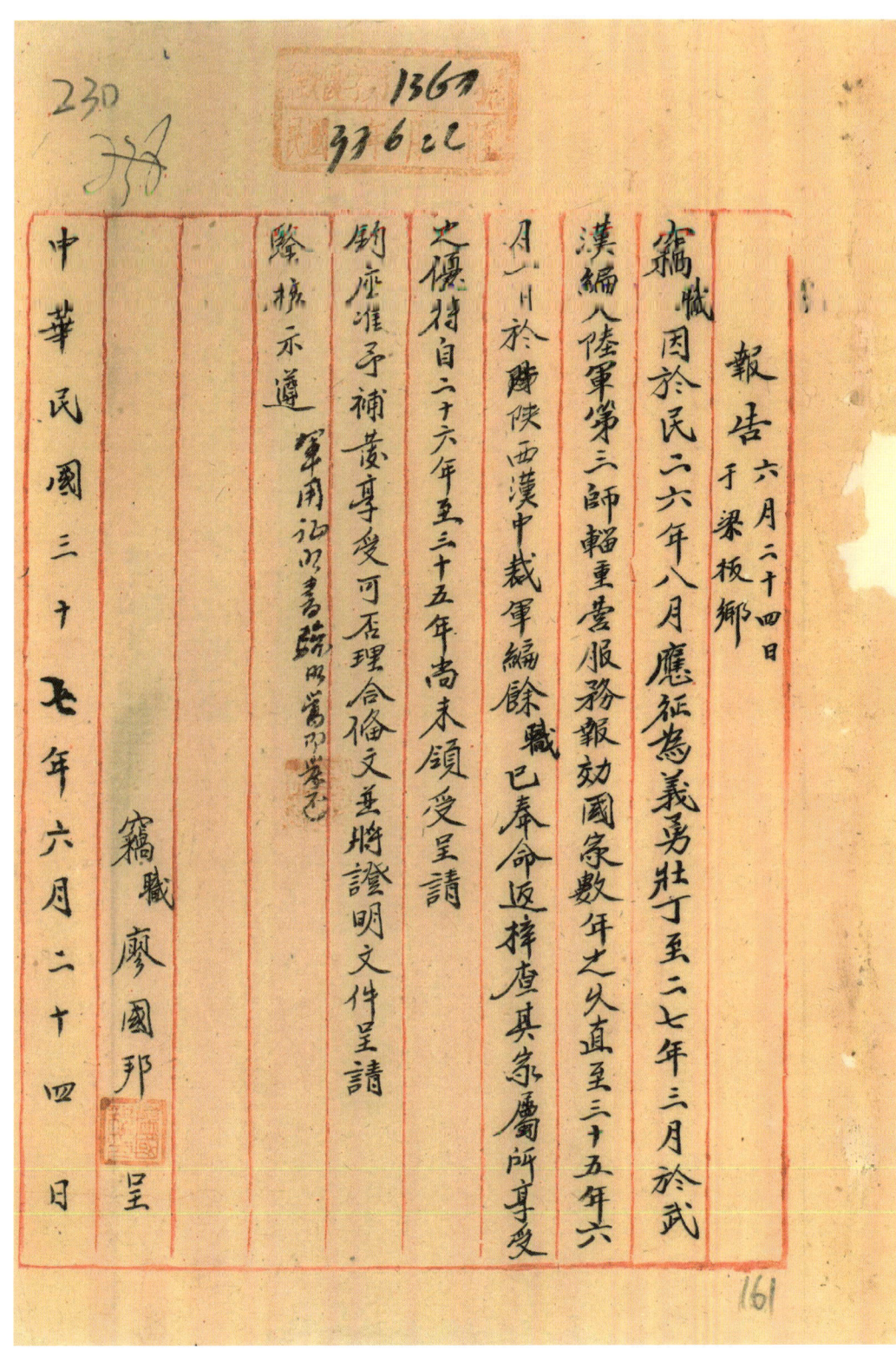

邻水县出征抗敌军人家属优待委员会工作报告（一九四八年六月二十八日）

1645—165

16P

鄰水縣出征抗敵軍人家屬優待委員會工作報告　卅七年六月二十八日编

一、本會主办業務　本會主办本縣出征抗敵軍人家屬優待及抗敵陣亡傷故員兵遺族撫卹事宜，代傳故員兵撫卹案件係聯合勤務總司令部撫卹處主办本處僅負承轉之責

二、本縣出征人數　查本縣出征壯丁自廿六年七七抗戰起截至本年三月份止（因四月份以征壯丁兵冊兵役科尚未造送過會）計共二万二千六百三五人經各鄉登報優待名冊有案者已有一萬五千六百七十六人（退役退伍官兵經本會登記有案者共四百三十五人）

三、關於撫卹案件　查歷年交來本會之撫卹令鄉籍明確者本會均印轉飭各鄉待發鄉籍不明者曾經本會通令各鄉查填計已查出征壯

共九十三人，即令業已交其家屬領卹。未查出者尚有貳百七十八人，即令仍
存本會，無法轉發。呈請鄉長續（卅六年以前陣亡者可由本會轉請核卹，
卅六年以後繞請附同陣亡者由其原部隊請卹，其部隊若干擬死亡者
之職級由擬卹處核定之，並發給卹令，由遺族填具卹金領據及印鑑
表呈寄撫卹處，經核准後即將卹狀直寄其遺族，設在收復區郵局
本年據到撫卹處信云省兵團通知共三十三件，鄉籍欠缺中業已轉出，鄉籍不明者亦將轉令各鄉查填）
五、本會卅七年度七七發放優待谷準備情形及發放辦法——本會為優待
征屬，計於卅七年五月廿五日召開優待委員會，並經會議決定，卅七年起
現役軍人仍發黃谷伍市斗，退役再加發貳市石，已印就其佈告及發放須知，正待封
發。各鄉時復據退役官兵曾省三等聯名呈請重開會議，從寬優待退役
官兵，據此復於六月五日召開第二次會議，經會議之決，現役軍人仍

照前例發放。區役官兵除三十六年秋發二市石外，此次再加發陸市石，以至（每户）八市石之數。業已另擬佈告及發放須知，封發各鄉查記。至於區役官兵不由鄉公所登記，由優待委員會登記，並將證件提付審查會審核（經審）合格者，由優委會填發領穀證，仍持回原籍鄉公所照數領穀。

六、確已出征而無證件之征屬，經保甲證明，亦能享受優待——確已出征而無證明文件及音信者，經保甲長證明出征屬實，經本會之議決，亦可發放。如有偽證冒領，即由證明人負賠償責任，並科以十倍以上之罪咎。此案亦已通飭各鄉照辦在卷。

七、本會工作計劃：前次大會業已書面報告，此次從略。

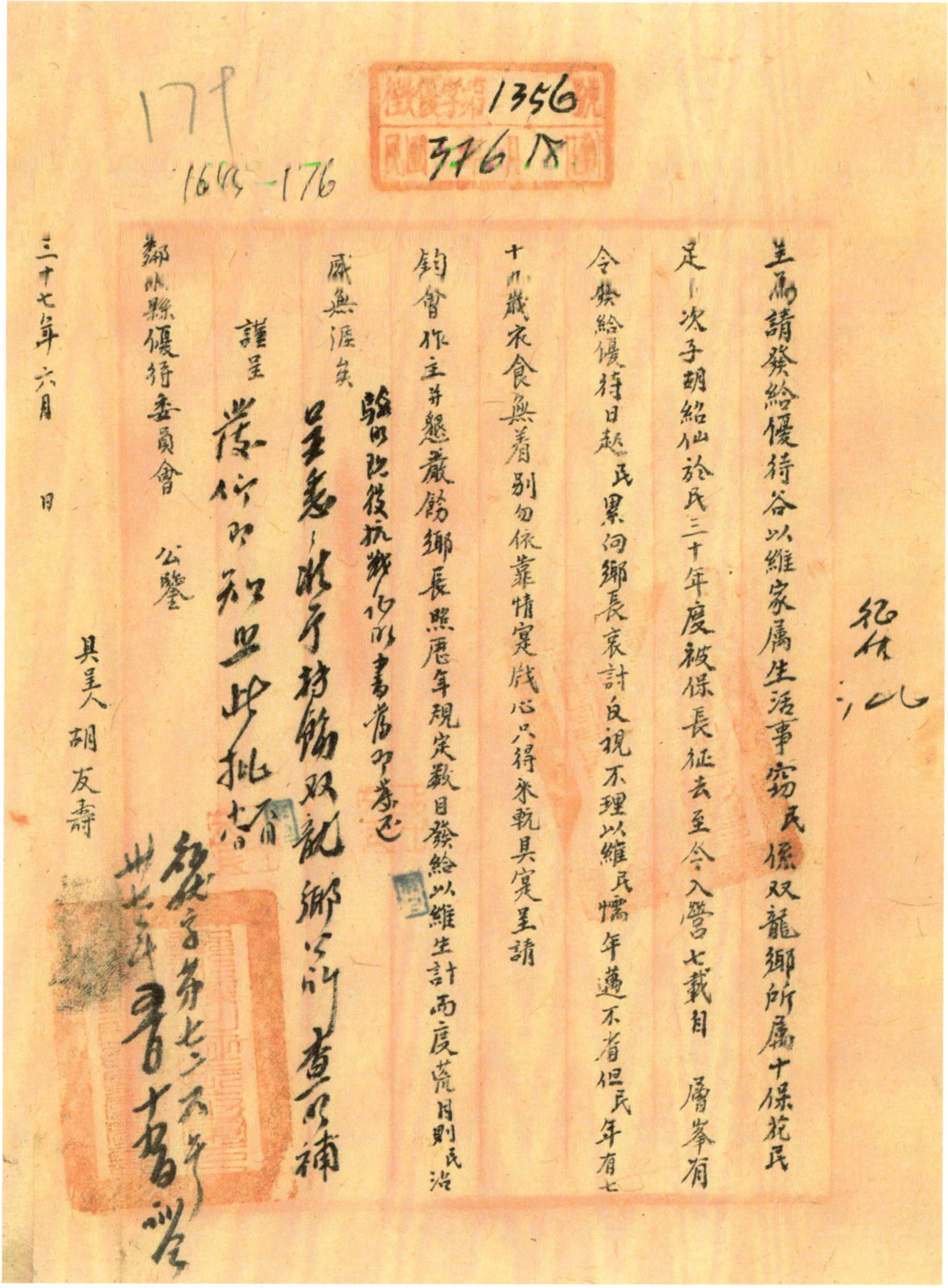

呈為請發給優待谷以維家屬生活事　竊民係双龍鄉所屬十保抗民足次子胡紹仙於民三十年度被保長征去至今入營七載自　層峯有令發給優待日起民累向鄉長哀討自視不理以維民憫年邁不省但民年有七十八歲衣食無着別無依靠情寔戚心只得來轅具寔呈請

鈞會作主并懇嚴飭鄉長照歷年規定數目發給以維生計而度荒月則民沾感無涯矣

謹呈

鄰水縣優待委員會　公鑒

具呈人　胡友壽

三十七年六月　日

邻水县双龙乡抗属胡友寿关于申请补发历年应发优待谷致县出征抗敌军人家属优待委员会的呈（一九四八年六月）

邻水县退役军官士兵代表范民强、吴学仕等关于申请补发优待谷致县出征抗敌军人家属优待委员会的报告（一九四八年六月）

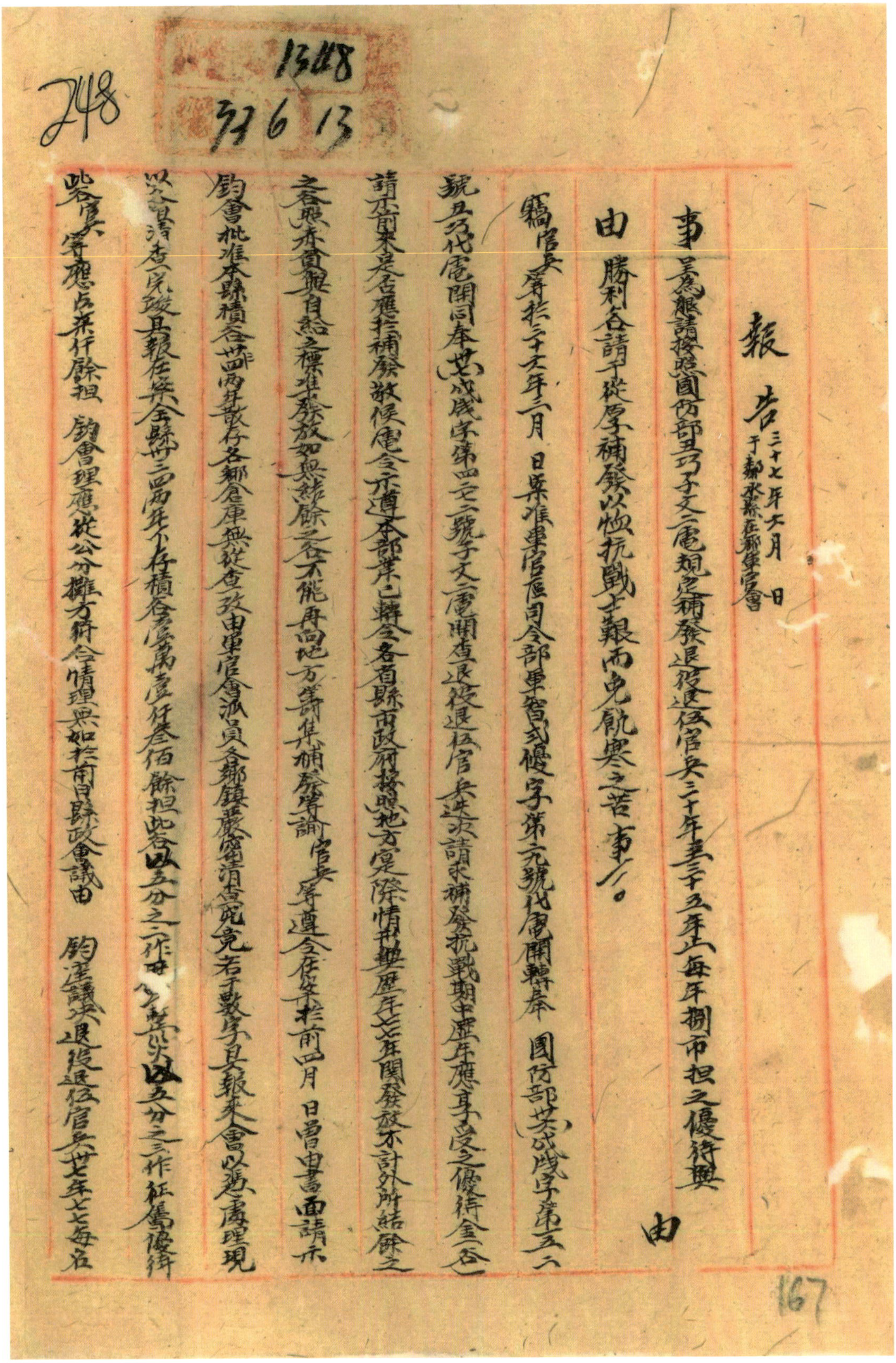
248
1348
336 13

報告 三十七年六月 日 于鄰水縣在鄉軍官會

事由 呈為懇請按照國防部卅五年子文二電規定補發退役退伍官兵三十年至三十五年止每年捌市担之優待與勝利谷請予從厚補發以恤抗戰士艱而免飢寒之苦 事由。

竊官兵等於三十六年三月 日案准軍官區司令部軍管戌優字第一六九號代電開轉奉 國防部卅六戌戌字第五二號丑巧代電開同奉卅六戌戌字第四七二號子文二電開查退役退伍官兵迭次請求補發抗戰期中歷年應享受之優待金（谷）請求前來，是否應予補發，敬候電令示遵。本部業已轉令各省縣市政府按照地方實際情形，對歷年七七年間發放不計外，所結餘之之谷照本實照自給之標准發放，如無結餘之谷，不能再向地方籌辦舉補發等諭。官兵等遵令在案，於前四月 日曾由書面請示鈞會批准本縣積谷卅三四兩年散存各鄉倉庫，無從查考，由軍官會派員各鄉鎮嚴密清查，究竟若干數字，具報來會，以憑處理。現以[illegible]具清查完竣，具報在案。全縣卅三四兩年下存積谷[illegible]萬壹仟叁佰餘担，此谷以五分之二作[illegible]，以五分之三作征屬優待，此谷官兵等應占柒仟餘担。鈞會理應從公分攤，方符合情理，與如於前日縣政會議由鈞座議決退役退伍官兵卅七年七七每名

167

249

發給公米糧役員官兵不過三百餘名祇發僅佰餘担下餘陸仟多担看發廿七年現役軍人家屬優待　鈞座如此主議於情理上未

妥協此谷乃三四兩年在抗戰期中所存並非廿七年之積谷如何發放廿七年在廿五六年之積谷糧稅之助　鈞座何不見議將廿五

六年之谷發放廿七年公私兩便否則仍將廿五六兩年積谷存放各鄉鎮由一般鄉保長與保房人每年每担行息仔谷已充私囊買田

制業肥家全邑知者道說我等之優待谷係由縣議會議決不知者返說　鈞座有莫大之權操縱把持方措不發利歸別

人無歸否也有何益哉況　鈞座平時對一般復員官兵愛厚憐恤而官兵等亦無所感只好來生效犬馬之勞已

國後報此之優待亦再四懇請　鈞座開方便之門再造來生之福幸念官兵等抗戰八載未國家爭生成未人民

謀幸福國家勝利奉命還鄉家產蕩盡妻離子散缺腳斷手老弱不堪現時百物高漲看看每日生活無着

有斷炊之虞不得以再懇從開會議代爲　鈞座轉請　縣長各機關法團全縣紳耆從厚補發造福無疆

如蒙允准官兵等來生來世感德萬代是爲理合具文懇請

鈞座俯予鑒核援照國防部規定從厚補發是否寔當敬候示遵

250

鄰水縣優待委員會主任 呂

謹呈

鄰水縣退役軍官代表蕭治國

范民強

游鈺光

士兵代表曾興源

吳學仕

張俊山

呈

征优字第七二一号

卅三年五月十四日批

呈悉。准予會同優待會議籌商分配辦法，並准該代表等列席旁聽。仰即知照。此批。六·十四

168

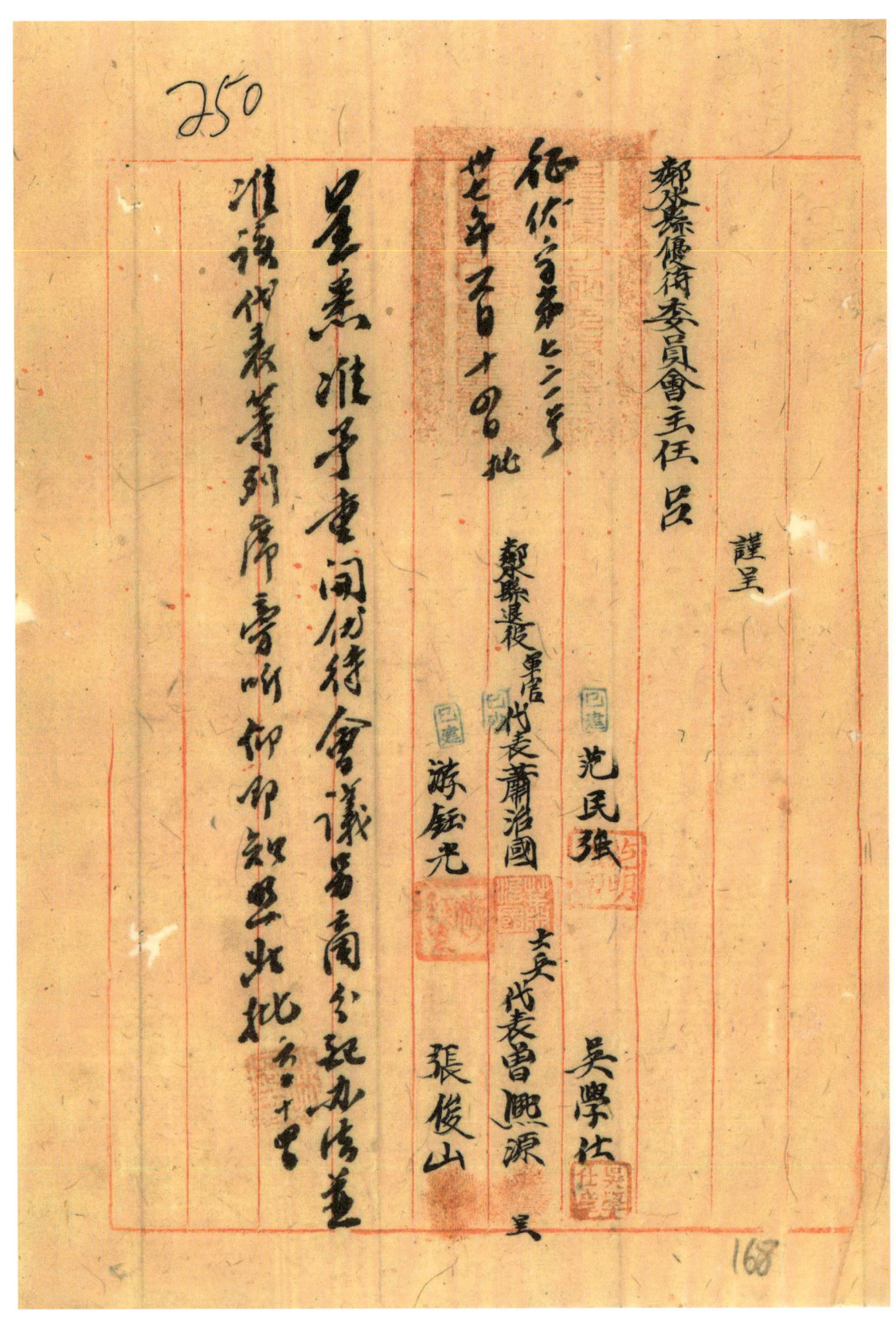

邻水县挹爽乡退伍士兵刘显庭关于申请补发优待谷致县出征抗敌军人家属优待委员会的呈（一九四八年六月）

1360
收 6 10

呈

縣優字第七四九號
卅七年七月九日發

呈悉。准予轉飭挹爽鄉公所依法補發。此批。六、十。

為聲請飭令鄉公所發給優待事。竊兵於民國二十六年六月一日入伍抗戰，國戰勝利停息後，于三十五年退伍返家。後三十五、六兩年共領優待谷壹市担外，其餘之數額概未領，虛懸無着。萬縣復員站發給報告書，呈繳挹爽鄉鄉長，不知否何未報來會。兵于民國三十七年五月二十五日特有退伍證登記可查。兵直向鄉公所胡鄉長清尋領受優待，該鄉長口稱未奉命令，尚未發給。是以故特報請

鈞會鑒核，俯予飭令挹爽鄉公所照數發給，以受優待。如蒙愈允，不勝沾感。

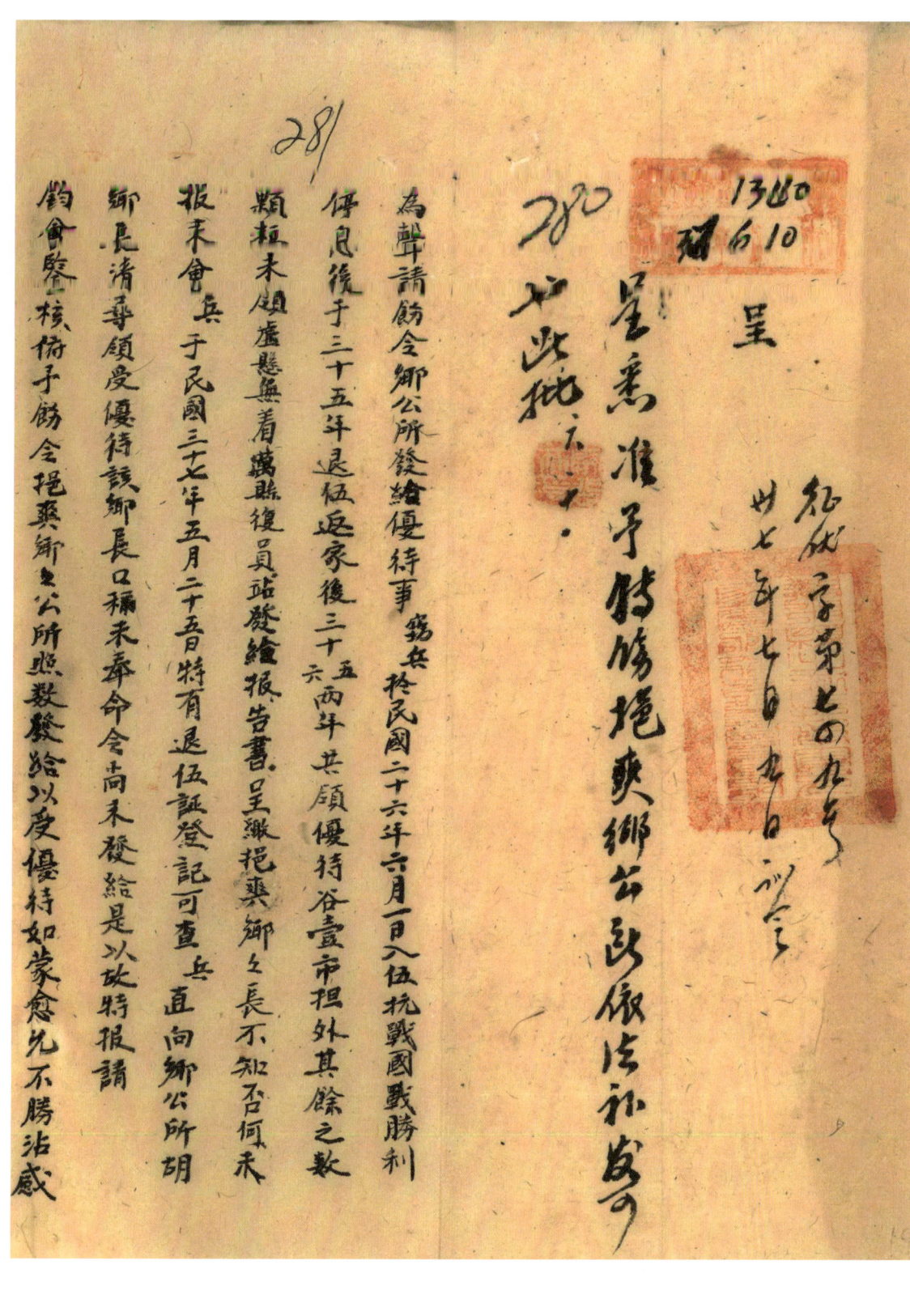

謹呈

鄰水縣優待委員會主任 劉 呂

具聲請人退伍士兵 劉顯庭現住祀興鄉第九保十甲

282

282/1

中華民國三十七年六月 日

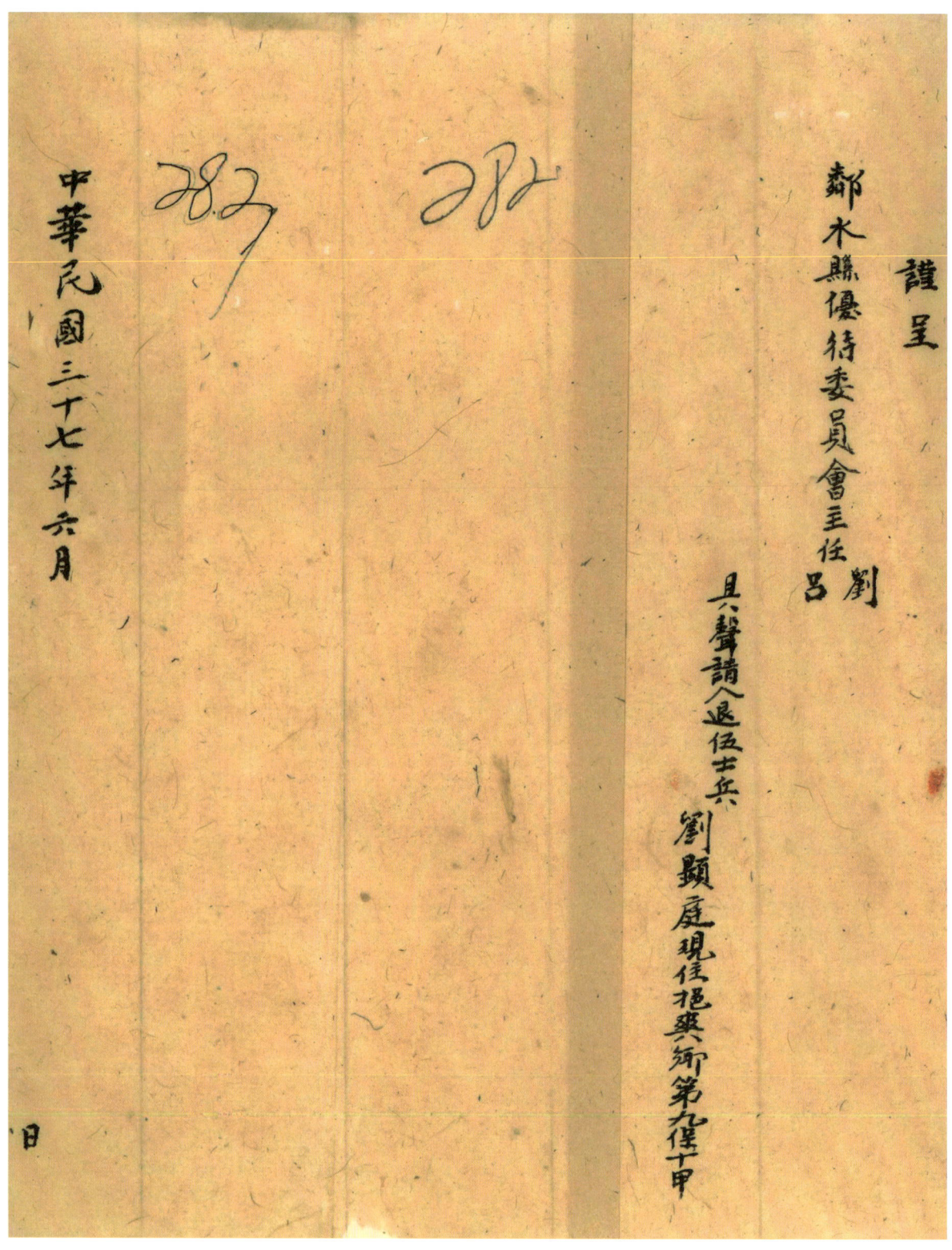

邻水县鼎屏镇抗属张大河关于申请补发优待谷致县出征抗敌军人家属优待委员会的呈（一九四八年六月）

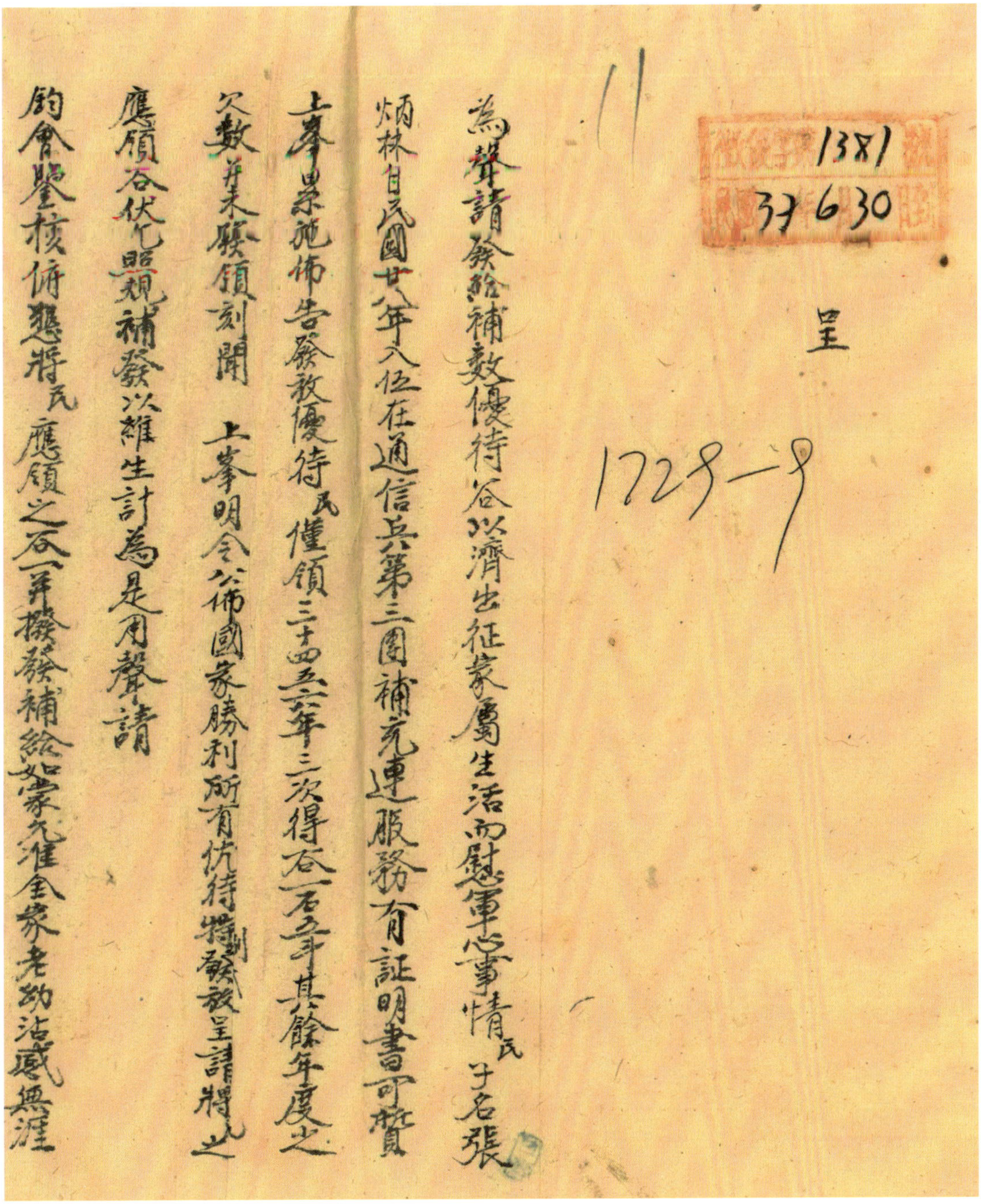

11

1381

37 6 30

呈

1229—9

為聲請發給補數優待谷以濟出征家屬生活而慰軍心事情民 子名張炳林自民國廿八年入伍在通信兵第三團補充連服務有証明書可質

上峯累施佈告發放優待民 僅領三十四五六年三次得谷一石五斗其餘年度之欠數并未發領刻閱

上峯明令公佈國家勝利所有優待特別發放呈請將民之應領谷伏乞照規補發以維生計為是用聲請

鈞會鑒核俯懇將民 應領之谷一并撥發補給如蒙允准全家老幼沾感無涯

謹呈

鄰水縣優待委員會正主任劉
副主任呂　鈞鑒

附抄貼証明書一紙

具聲請人張天河

住鼎屏鎮西外街

中華民國三十七年六月　日

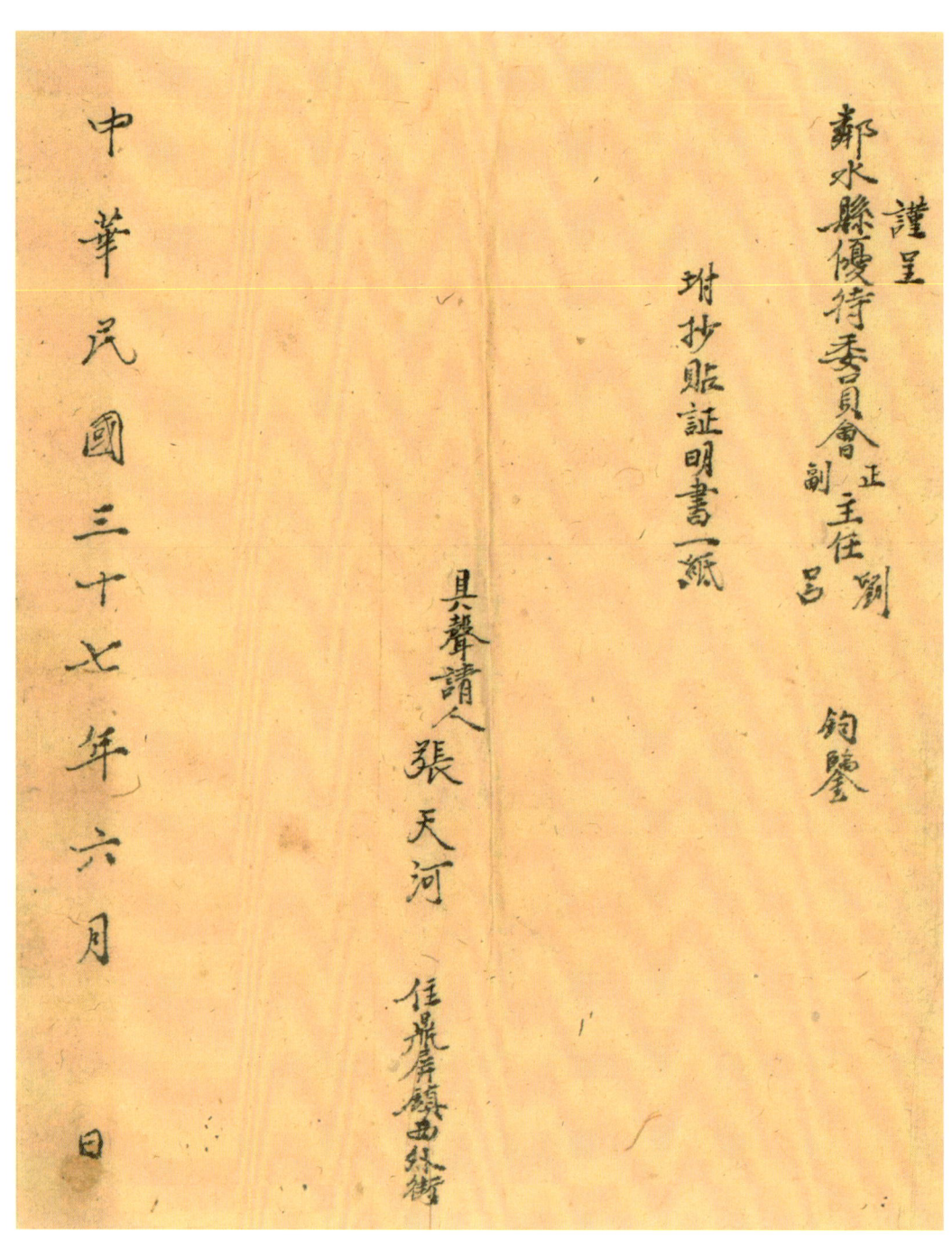

附：张炳林在营服役证明书（一九四〇年七月六日）

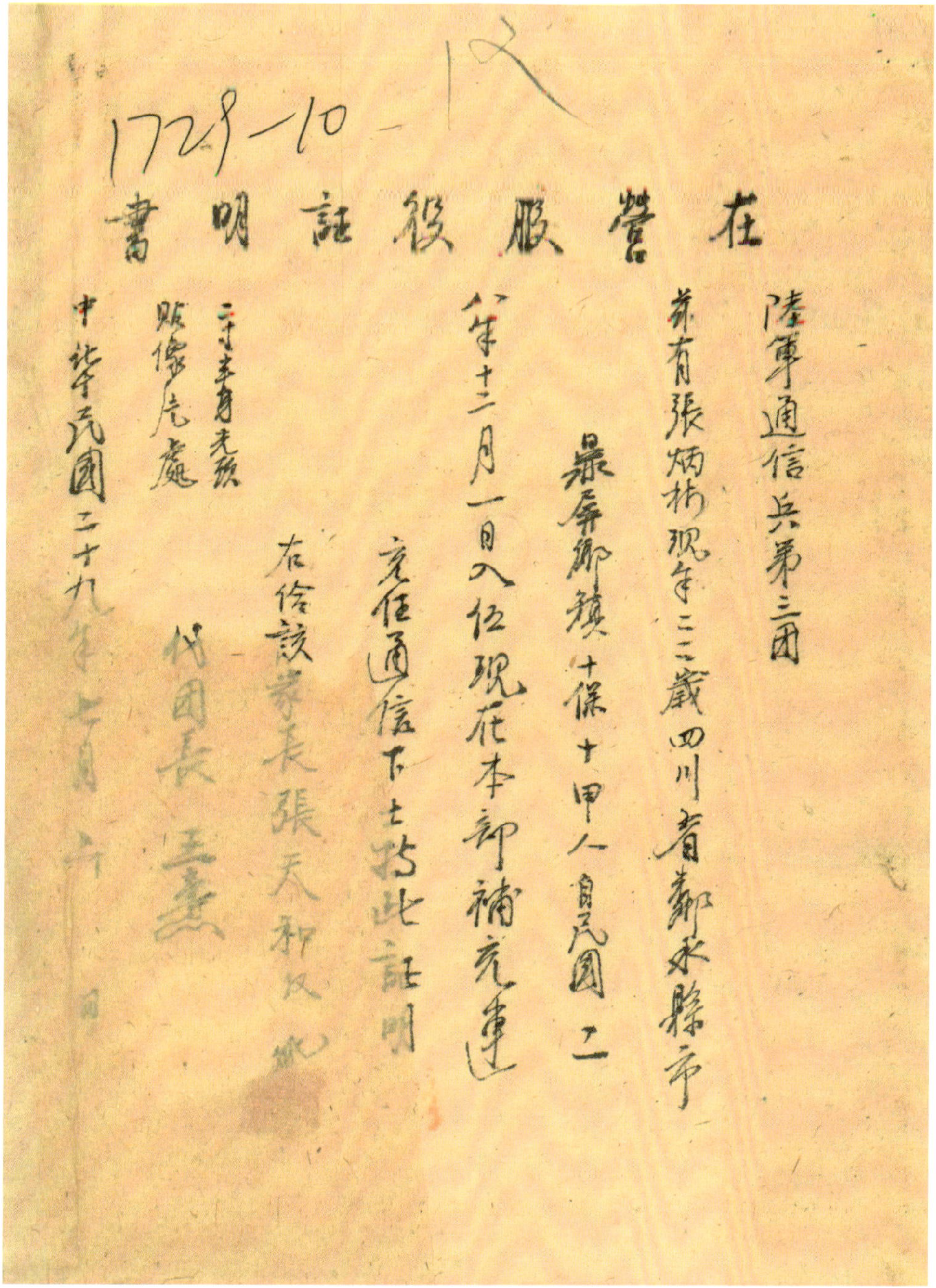

在營服役證明書

陸軍通信兵第三團

茲有張炳林現年二二歲四川省鄰水縣市
[illegible]鄉鎮十保十甲人自民國二
八年十二月一日入伍現在本部補充連
充任通信下士特此證明

右給該家長張天和收執

代團長 王[illegible]

二寸半身光頭
貼像處

中華民國二十九年七月六日

邻水县鼎屏镇抗属吴赖氏关于申请补发优待谷致县出征抗敌军人家属优待委员会的呈（一九四八年六月）

1728-7

為聲請發給補數優待谷以濟出征家屬生活而慰軍心事情。氏子名吴宗炳於民國二十九年出征在各軍師旅部服務，有榮譽狀可証。上峯累施佈告發放優待，氏僅領三十四五六年三次，得谷壹担五市斗，其餘年度之欠數并未發領。刻聞上峯明令公佈國家勝利，所有優待特別發放，呈請將氏應領之谷伏乞照規一并補發，以維生計。為是用特聲請

鈞會鑒核，俯懇將氏應領之谷合并撥發補給，如蒙允准，全家大小沾感無涯矣。

謹呈

鄰水縣優待委員會正副主任劉呂　鈞鑒

附抄粘榮譽狀一紙

具呈人　吳賴氏

住鼎屏鎮西外街十四号

中華民國三十七年六月　日

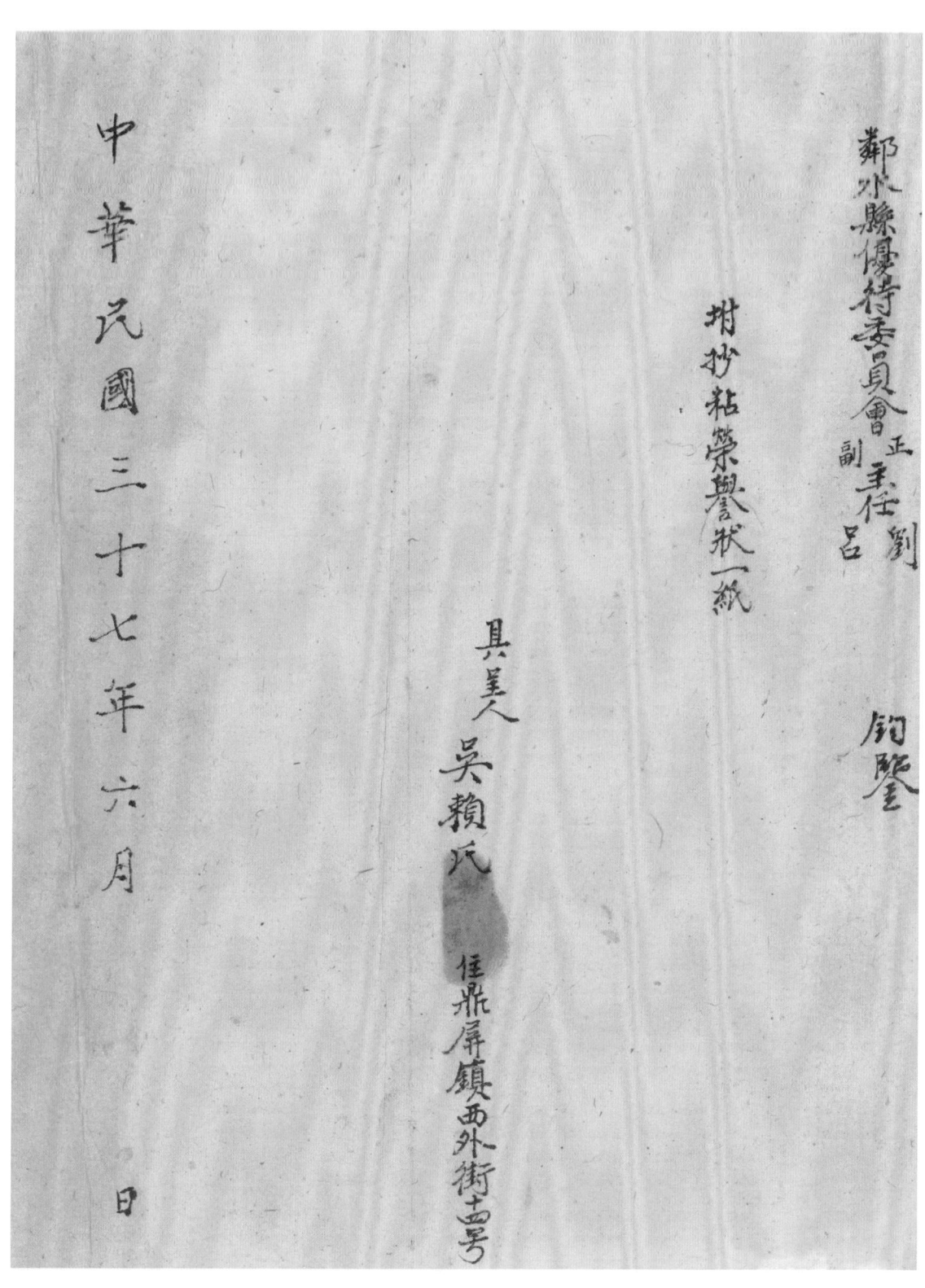

附：吴崇炳荣誉状（抄件）（一九四五年十月二十四日）

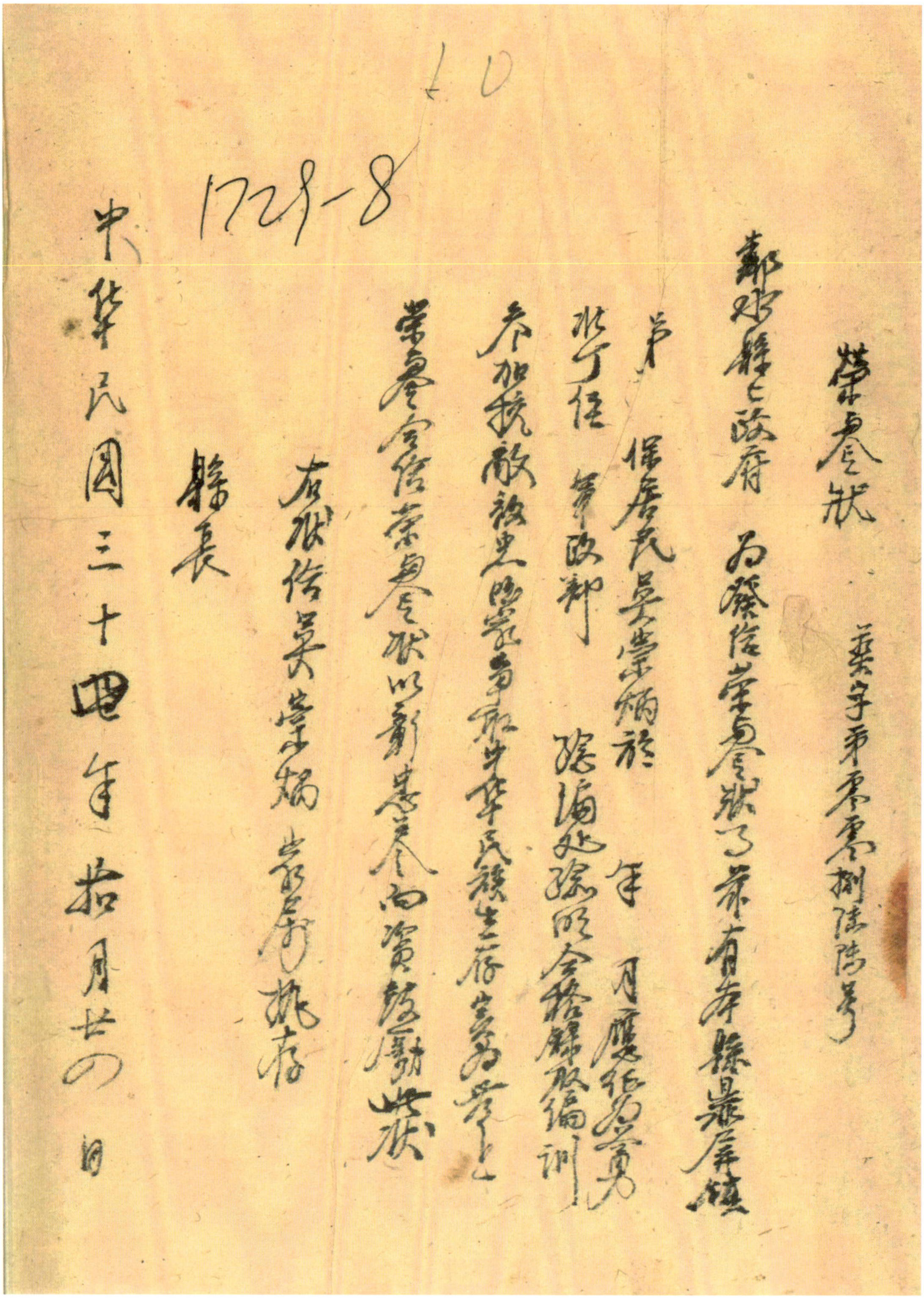
榮譽狀　業字第零零零捌陆陆號

鄰水縣政府　為發給榮譽狀事　茲有本縣鼎屏鎮
第　保居民吳崇炳於　年　月應征入營
撥往　軍政部　滇緬處撥交會指揮所編訓
參加抗敵救國忠勇可嘉為中華民族生存而奮鬥
特給榮譽狀以彰忠義而資鼓勵此狀
右狀給吳崇炳　家屬　執存
縣長
中華民國三十四年拾月廿四日

邻水县人大乡三保休假军人陈海廷关于申请补发历年应领未领优待谷致县优待委员会的报告（一九四八年七月一日）

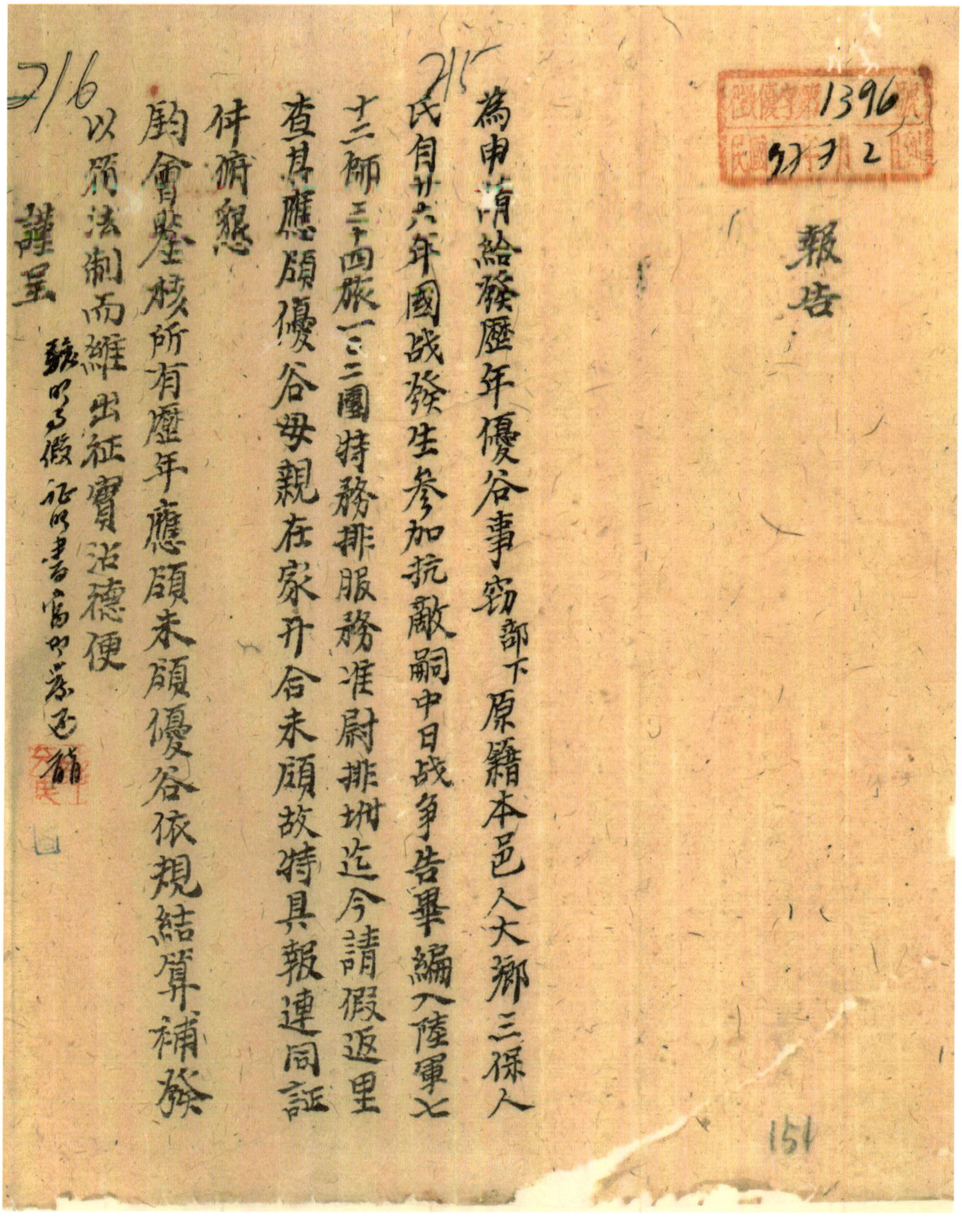

報告

為申請給發歷年優谷事竊部下原籍本邑人大鄉三保人氏自廿六年國戰發生參加抗敵嗣中日戰爭告畢編入陸軍七十三師三十四旅一○二團特務排服務准尉排附迄今請假返里查其應領優谷母親在家并合未領故特具報連同証件備懇

鈞會查核所有歷年應領未領優谷依規結算補發以預法制而維出征實沾德便

謹呈

[illegible]

鄰水縣出征軍人優待委員會

呈悉。准予轉飭人大鄉公所查明補發未領之優待

谷可也。此批。

谷頃

征秘字第七〇四號

卅七年七月五日

具報人陳海廷

人大鄉三保

民國三十七年七月　日

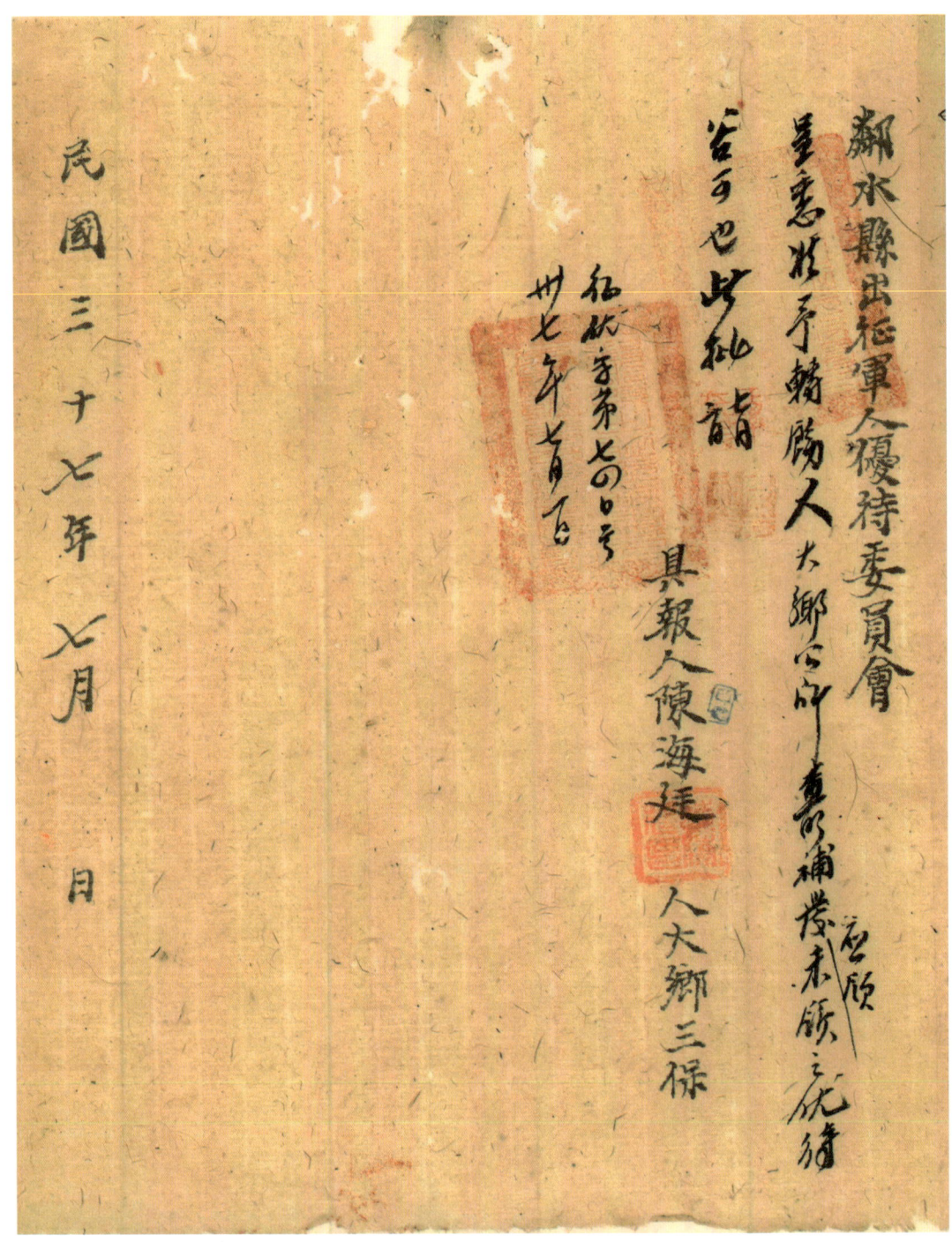

邻水县高兴乡退职军人邱树臣关于申请补发优待谷致县出征抗敌军人家属优待委员会的呈（一九四八年七月三日）

竊員樹臣於民二十八年二月被征入營，在陸軍廿一師服務，後任二十九軍官總隊，因編餘退職。但家員應領之優待谷一粒未獲，是以呈請

鈞會令飭高興鄉公所應以發給應領未領之優待谷，如蒙允准，實沾公便。

謹呈

主任委員呂

高興鄉退職軍人　邱樹臣　呈

1601號

民國37年7月3日

呈悉。准予令飭高興鄉公所查明入營退伍時期間證明文件，如果不虛，即予依法補發。仰即知照。此批。七、四。

286

知依字第七四二一

卅七年七月三日

197

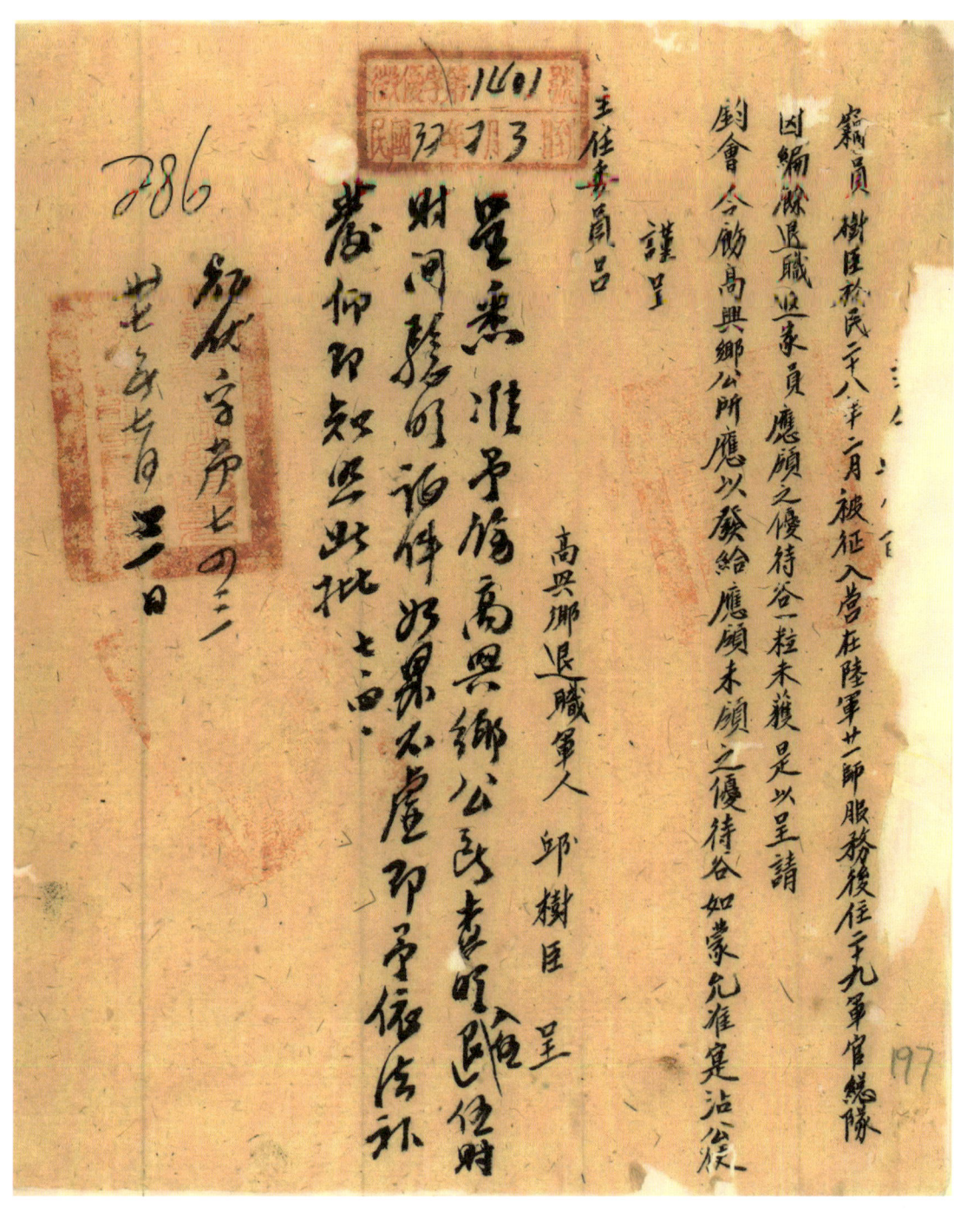

邻水县八耳乡复员官兵及征属代表甘福安、甘裕宗等关于起诉前任乡长侵吞贪污优待积谷致县出征抗敌军人家属优待委员会的呈（一九四八年七月五日）

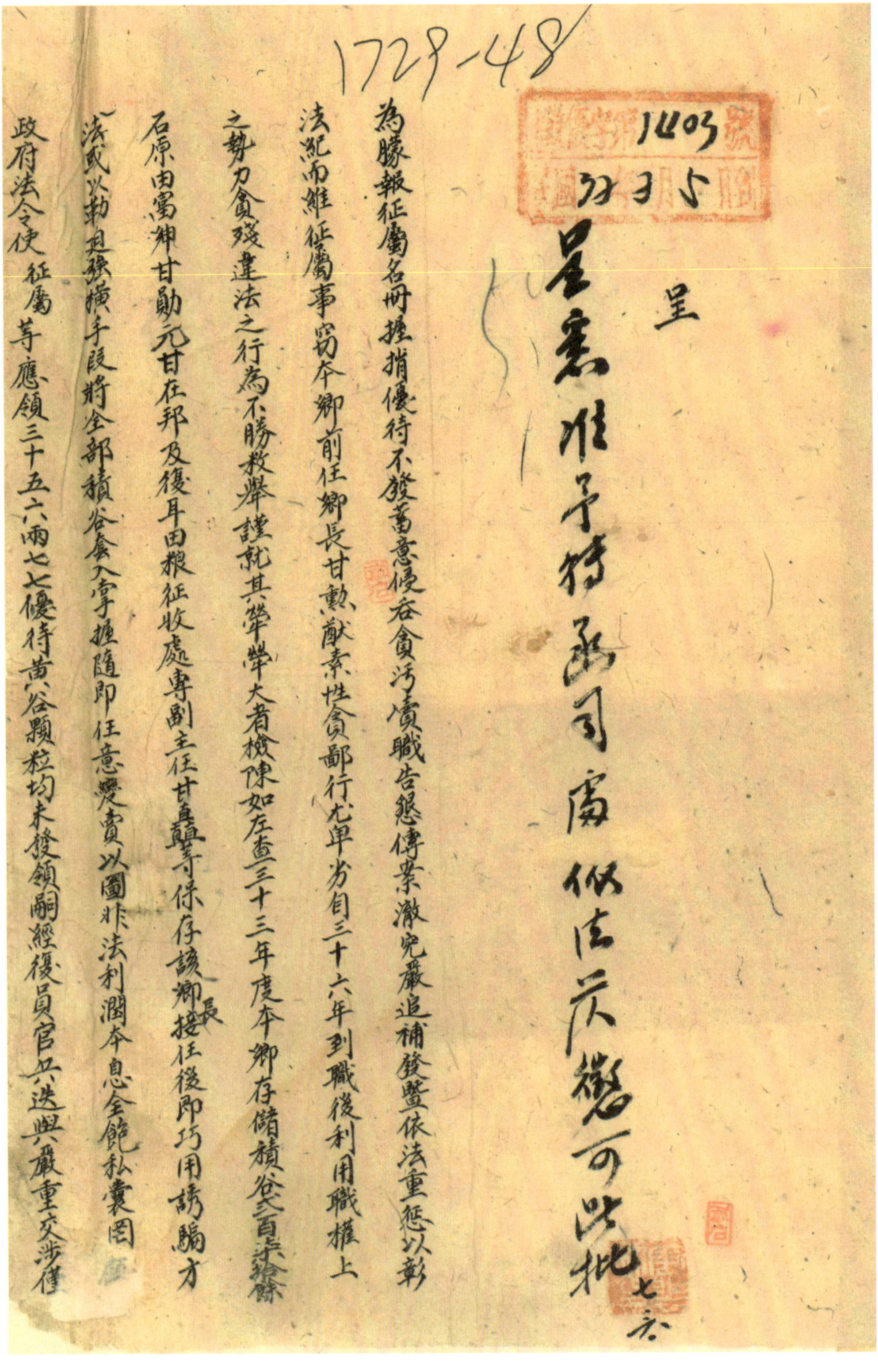
1729-48
1403
37 7 5
呈悉准予转函司法处依法严惩可也 批 七六

呈

為滕報征屬名册捏捐優待不發蓄意侵吞貪污瀆職告懇傳案澈究嚴追補發暨依法重懲以彰
法紀而維征屬事竊本鄉前任鄉長甘勳猷素性貪鄙行尤卑劣自三十六年到職後利用職權上
之勢力貪殘違法之行為不勝枚舉謹就其犖犖大者縷陳如左查三十三年度本鄉存儲積谷六百六十餘
石原由富紳甘勳元甘在邦及復耳田粮征收處專副主任甘真甘臺等保存該鄉長接任後即巧用誘騙方
法或以勒退強橫手段將全部積谷奪入掌握隨即任意變賣以圖非法利潤本息全飽私囊罔顧
政府法令使征屬等應領三十五六兩七七優待黄谷顆粒均未發領嗣經復員官兵迭與嚴重交涉僅

去六十□三□外而於征屬等一再請求乃□月置之不理該鄉長復以巧言鼓簧朦請本鄉參議員

甘漢羅鄉民代表主席陳月堂會同將應領優待[illegible]屬名冊呈報後允即補發乃該鄉長存

報後仍措置不理經甘參議員暨役員官兵等於

縣長巡迴復職時面報及呈述該鄉長握谷不發情形當蒙手令羅指導員來場督發復沐令飭

速辦亦敢頑抗不遵以上各情曾由役員官兵報請優委會核示奉令照發亦故置不理查該鄉長卸

職時於上項儲谷尚未交出而本年七七應發優待之期已屆該鄉長又潛踪別地莫知所向似此則征

屬等渴望承領之優待勢又將成畫餅殊失政府優待征屬之盛旣該鄉長貪婪違法罪何可逭

除呈請縣政府核奪外用特呈請

鈞會俯賜察核傳該卸任鄉長甘勛猷到案嚴追補發歷年應發優待黃谷如無法傳拘即

懇派員查封所有財產追賣以資抵償並乞依法懲究以彰法紀而維征屬不勝沾感謹呈

鄰水縣優待委員會主任委員呂

八耳鄉役員官兵代表甘福安

甘福才

甘在祥

征屬代表甘裕宗 押

邻水县复盛乡抗属袁彭氏关于申请补发历年应发优待谷致县出征抗敌军人家属优待委员会的呈（一九四八年七月六日）

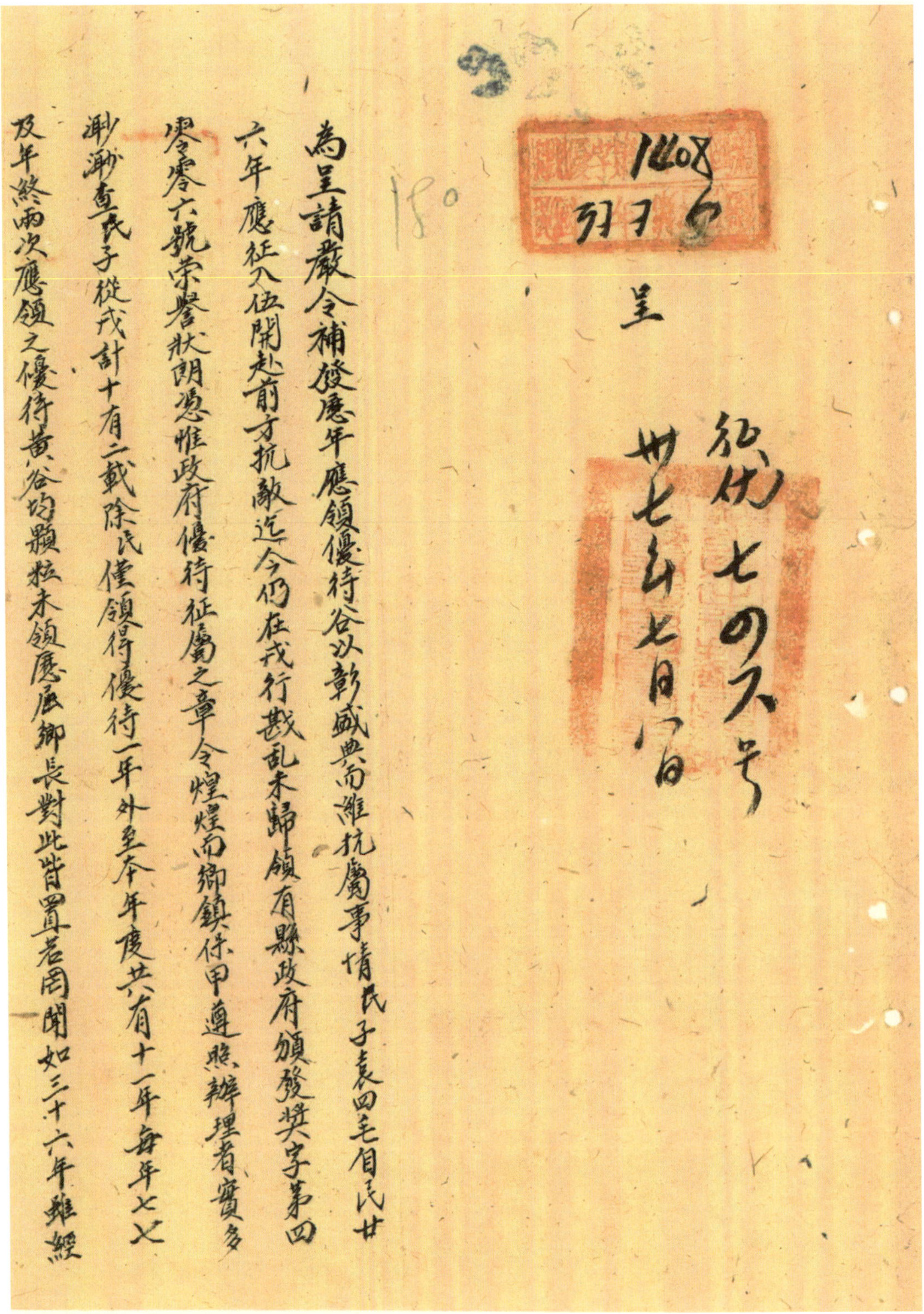

1408
7 7

180

呈

征优七〇八号
卅七年七月七日

為呈請嚴令補發歷年應領優待谷以彰盛典而維抗屬事情民子袁四毛自民廿六年應征入伍開赴前方抗敵迄今仍在戎行戡亂未歸領有縣政府頒發獎字第四零零六號榮譽狀朗憑惟政府優待征屬之章令煌煌而鄉鎮保甲遵照辦理者實多渺渺查民子從戎計十有二載除民僅領得優待一年外至本年度共有十一年每年七七及年終兩次應領之優待黃谷均顆粒未領歷屆鄉長對此皆置若罔聞如三十六年雖經

1645-177-178

辦理登記手續但仍未實發優待似此不特無以慰藉征屬抑且顯違政府章令用特

具文呈請

鈞會俯賜鑒核予以登記並懇尅日嚴令本鄉鄉公所照章補發歷年應領優待黃谷以符

章令而維征屬不勝沾感謹呈

鄰水縣抗屬優待委員會主任委員呂

復盛鄉第七保抗屬袁彭氏

呈悉准予轉函復盛鄉鄉公所查明證件依法補

發可也此批 七、八

邻水县出征抗敌军人家属优待委员会关于依法补发征属张甘氏、张兴才、张陈氏等历年未领优待谷致九峰乡公所的训令（一九四八年七月八日）

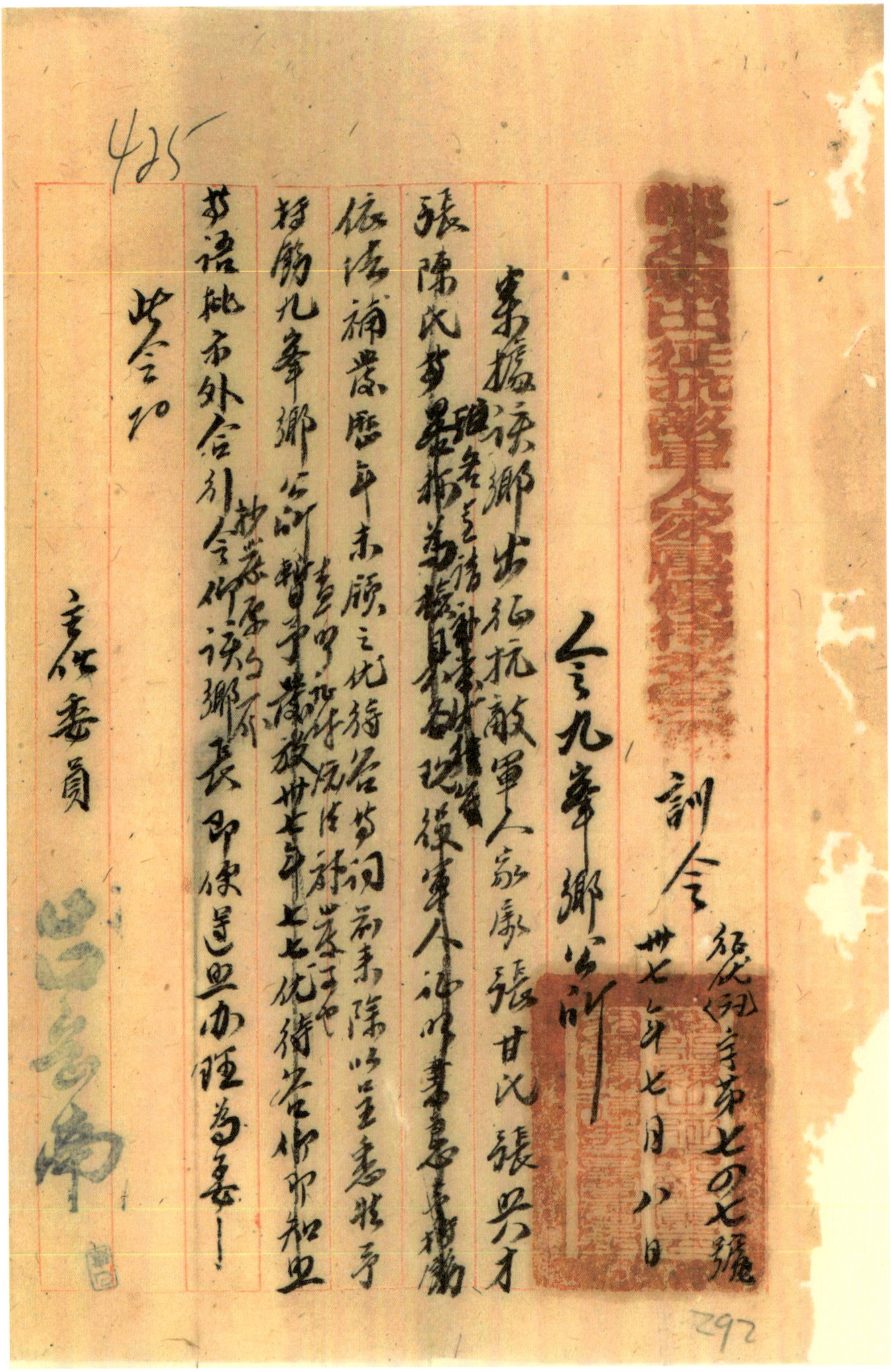
鄰水縣出征抗敵軍人家屬優待委員會 訓令 綜優字第七〇七號 卅七年七月八日

令九峰鄉公所

案據該鄉出征抗敵軍人家屬張甘氏、張興才、張陳氏等[illegible]呈稱[illegible]

依法補發歷年未領之優待谷等詞前來，除以呈悉准予

轉飭九峰鄉公所[illegible]發卅七年上七優待谷[illegible]

等語批示外，合行令仰該鄉長即便遵照辦理為要！

此令

主任委員 [illegible]

附：邻水县九峰乡复员军人张吉清、征属张甘氏和张陈氏申请补发优待谷致县出征抗敌军人家属优待委员会的呈（一九四八年六月）

呈

為請予轉飭補發歷年應領未領優待谷事民張吉清自廿九年出征抗戰受傷嗣由安徽救濟院於民三十七年四月十五日給有出院証及假条回家又民張陳氏次子張凱現仍在前方作戰未歸又民張甘氏次子張自平現在陸軍第三軍七師當兵有寄回在營証明書可查殊歷年應領優待谷遵地方人指勒不發民等每人除各先後領得優待谷乙市石五斗外下餘均未遵照國防部補發清楚為特

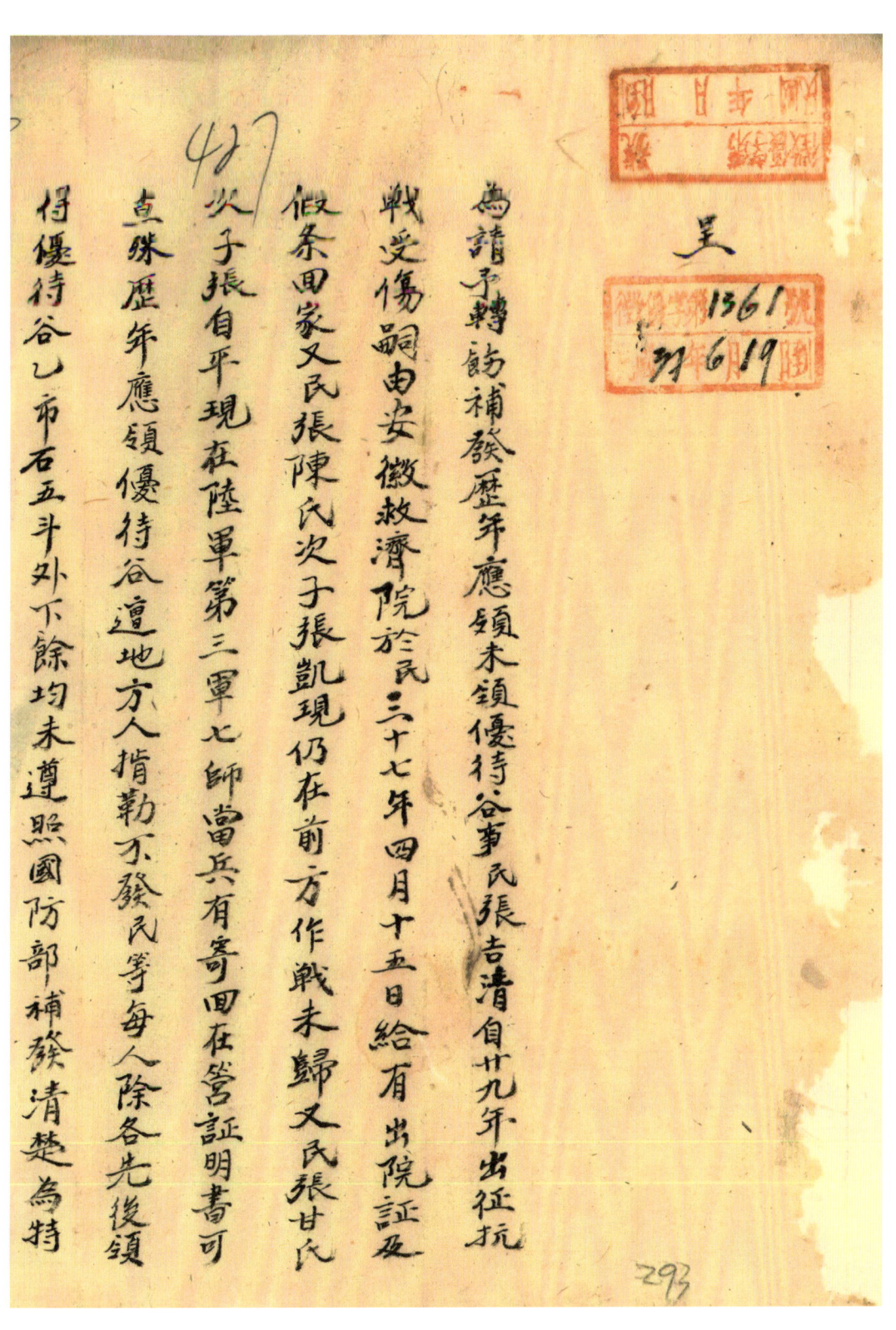

428

呈請鈞釜核延予令飭九峯鄉公所依法分别補發歷年應領未

領優待谷謹呈

驗明退役軍人證明書三件當即發還

鄰水縣優待委員會

呈悉。准予諭飭九峯鄉公所查明該件依法補發可也。此批 七、九。

九峯鄉復員軍人 張吉清 十 住九峯鄉第五保

九峯鄉征屬 張陳氏 十 同

九峯鄉征屬 張甘氏 十 同

中華民國三十七年六月

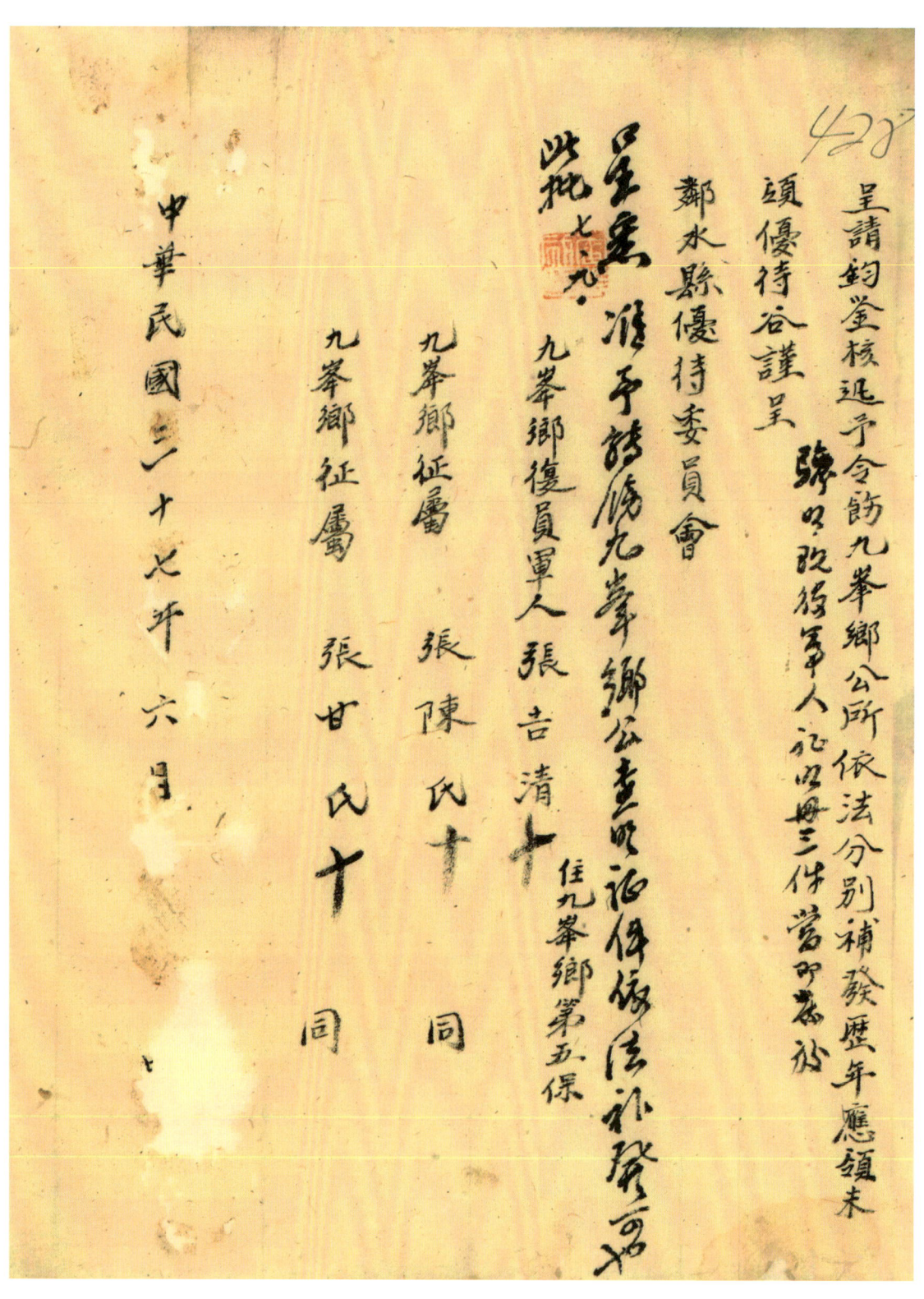

邻水县高兴乡退役军人邓步云、罗炳章、王廷顺关于申请补发优待谷致县出征抗敌军人家属优待委员会的报告（一九四八年七月十日）

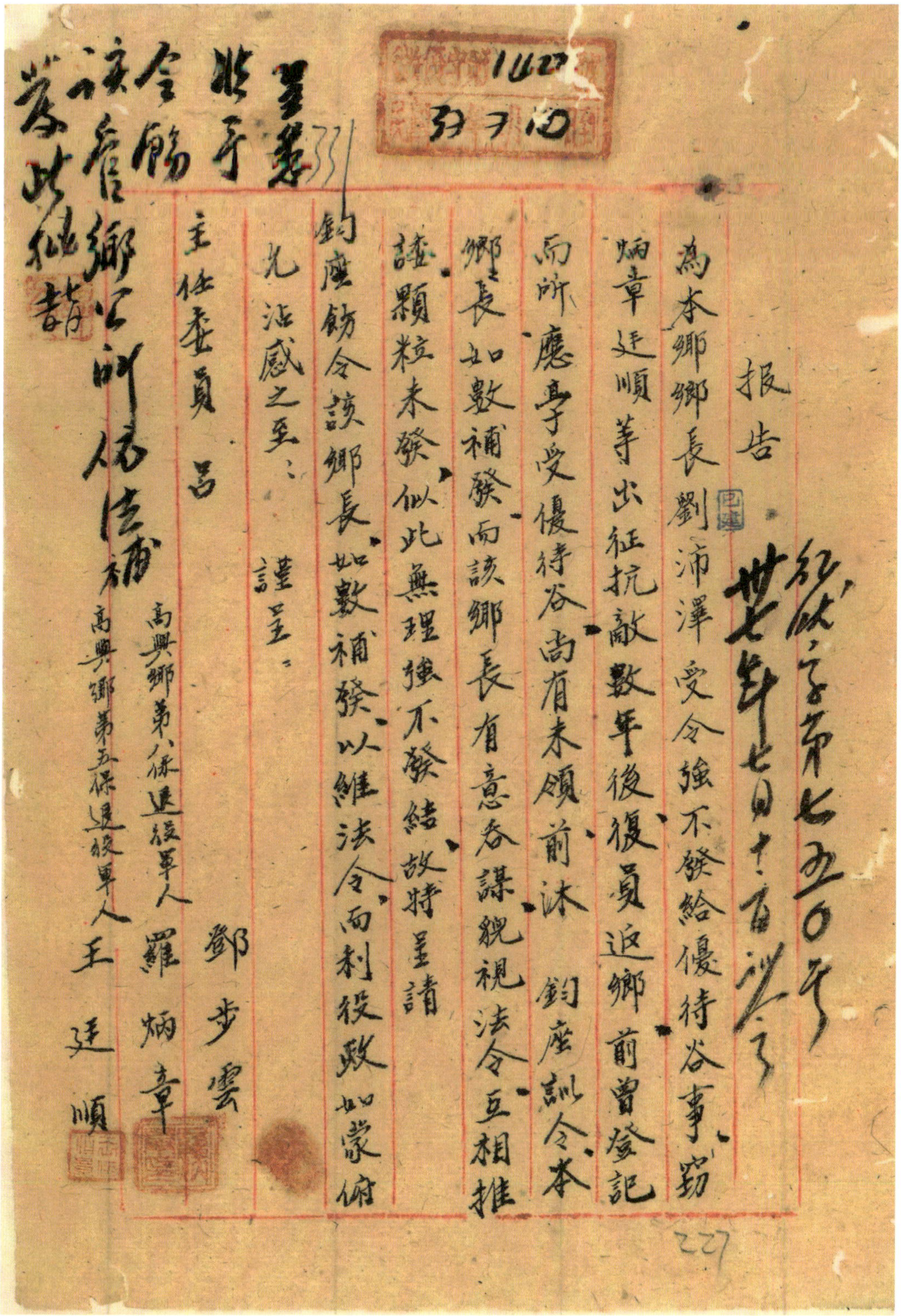
报告
為本鄉鄉長劉沛澤受令強不發給優待谷事。竊
炳章廷順等出征抗敵數年後復員返鄉，前曾登記
而所應享受優待谷尚有未領。前沐 鈞座訓令本
鄉長如數補發，而該鄉長有意吞謀，藐視法令，互相推
諉，顆粒未發。似此無理強不發結，故特呈請
鈞座飭令該鄉長如數補發，以維法令而利役政，如蒙俯
允，沾感之至。
謹呈
主任委員 呂
鄧步雲
高興鄉第八保退役軍人 羅炳章
高興鄉第五保退役軍人 王廷順

邻水县双龙乡退伍军人鲁远山关于申请补发历年优待谷致县出征抗敌军人家属优待委员会的呈（一九四八年七月十一日）

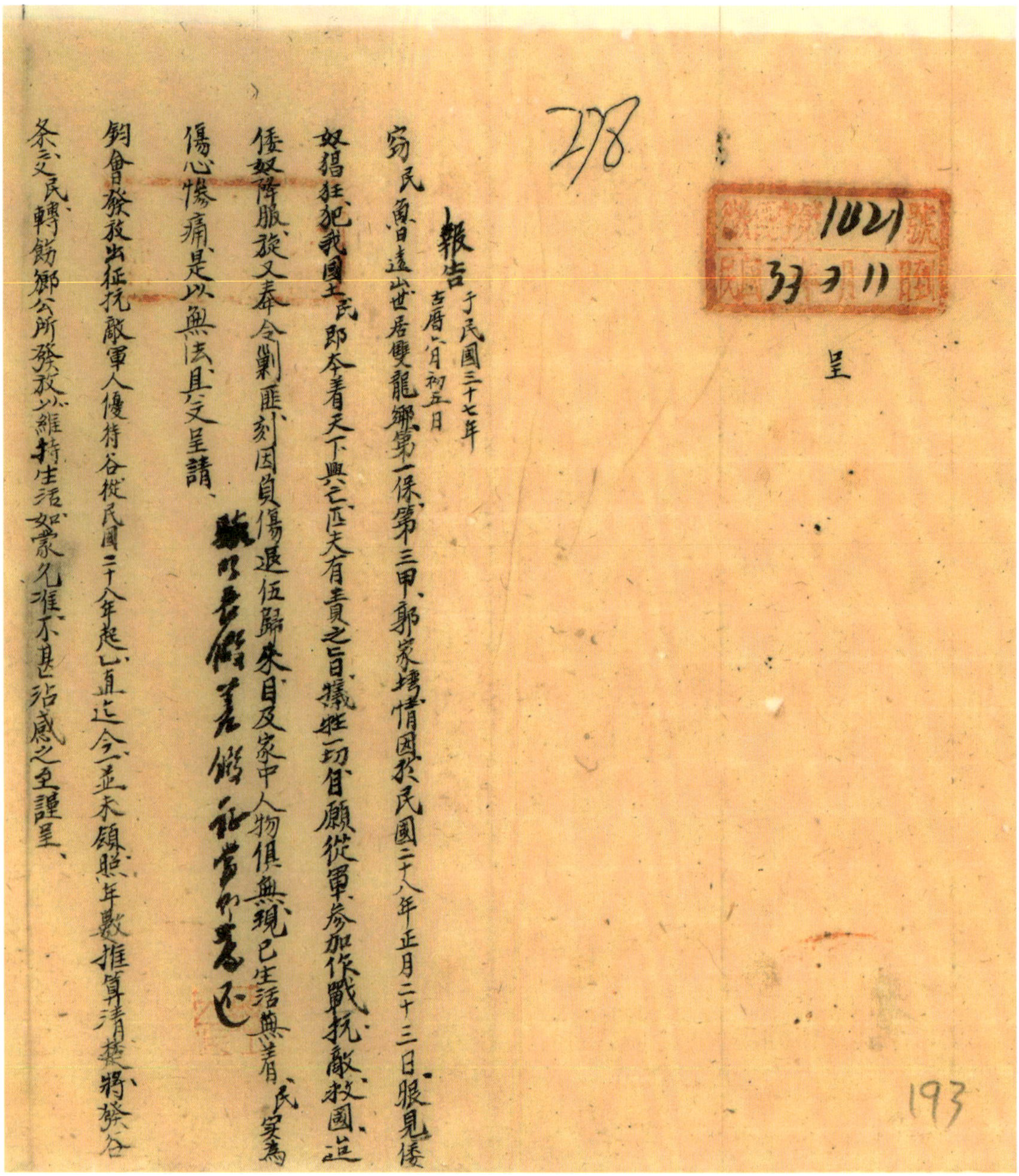

278

收文 第1021號
民國33 7 11 到

呈

報告 于民國三十七年古曆六月初五日

窃民魯遠山世居雙龍鄉第一保第三甲郭家塝，情因於民國二十八年正月二十三日眼見倭奴猖狂，犯我國土，民即本着天下興亡匹夫有責之旨，犧牲一切，自願從軍，參加作戰，抗敵救國。迨倭奴降服，旋又奉令剿匪，刻因負傷退伍歸來，目及家中人物俱無，現已生活無着，民實為傷心慘痛，是以無法，具文呈請

鈞會發放出征抗敵軍人優待谷，從民國二十八年起，直迄今，並未領，照年數推算清楚，將發谷条交民，轉飭鄉公所發放，以維持生活。如蒙允准，不甚沾感之至。謹呈

[illegible]

193

鄰水縣優待委員會

具呈退伍軍人魯遠山呈

279

呈悉。准予轉飭雙龍鄉公所查照卅六年度發放通知依法補發可也。此批。七、十六

卅七、七、十三發 經辦孫字七五二二號

民國三十七年六月初五日

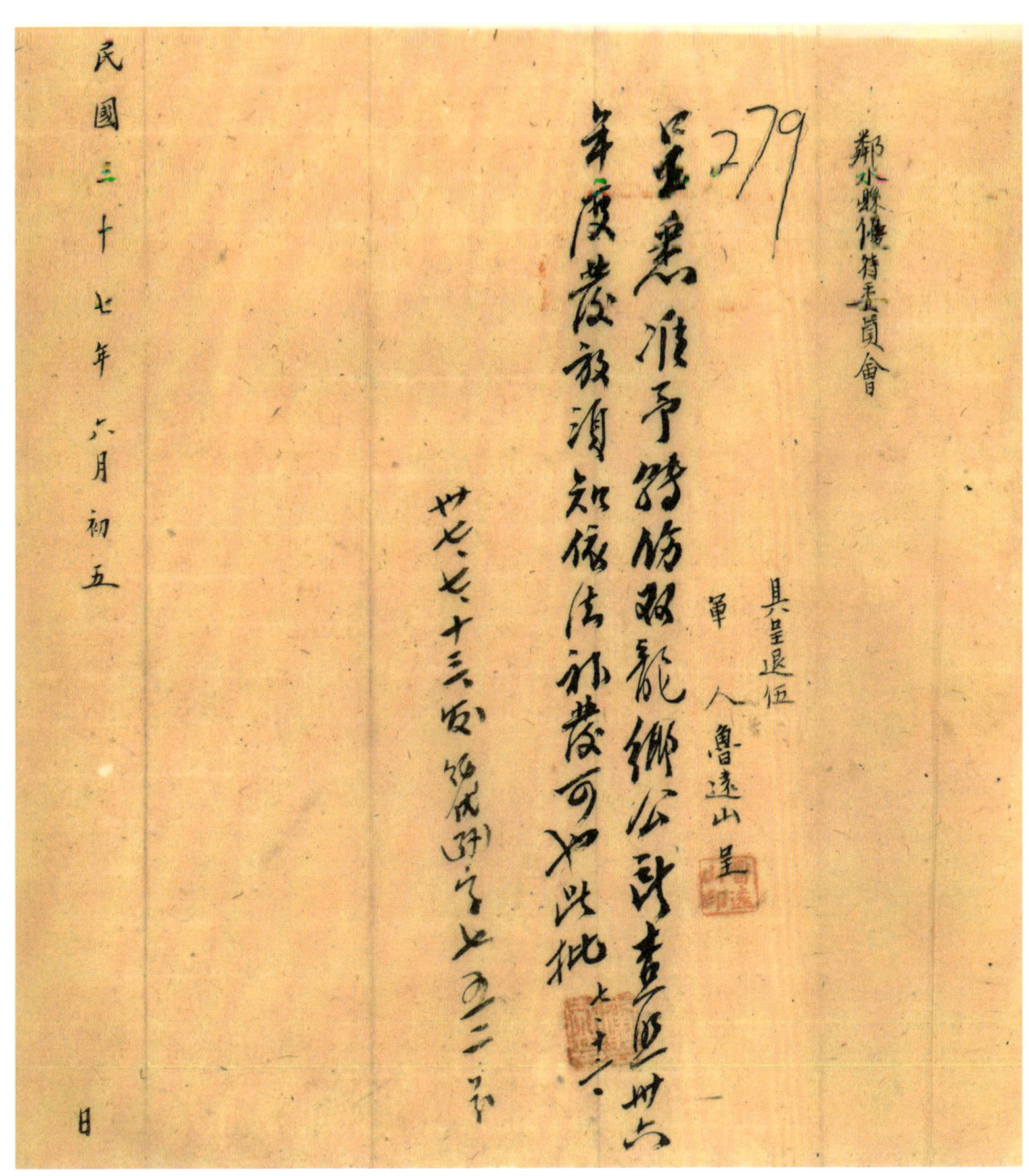

邻水县解愠乡征属吴廖氏关于申请查明并依法发给优待谷致县出征抗敌军人家属优待委员会的报告（一九四八年七月十二日）

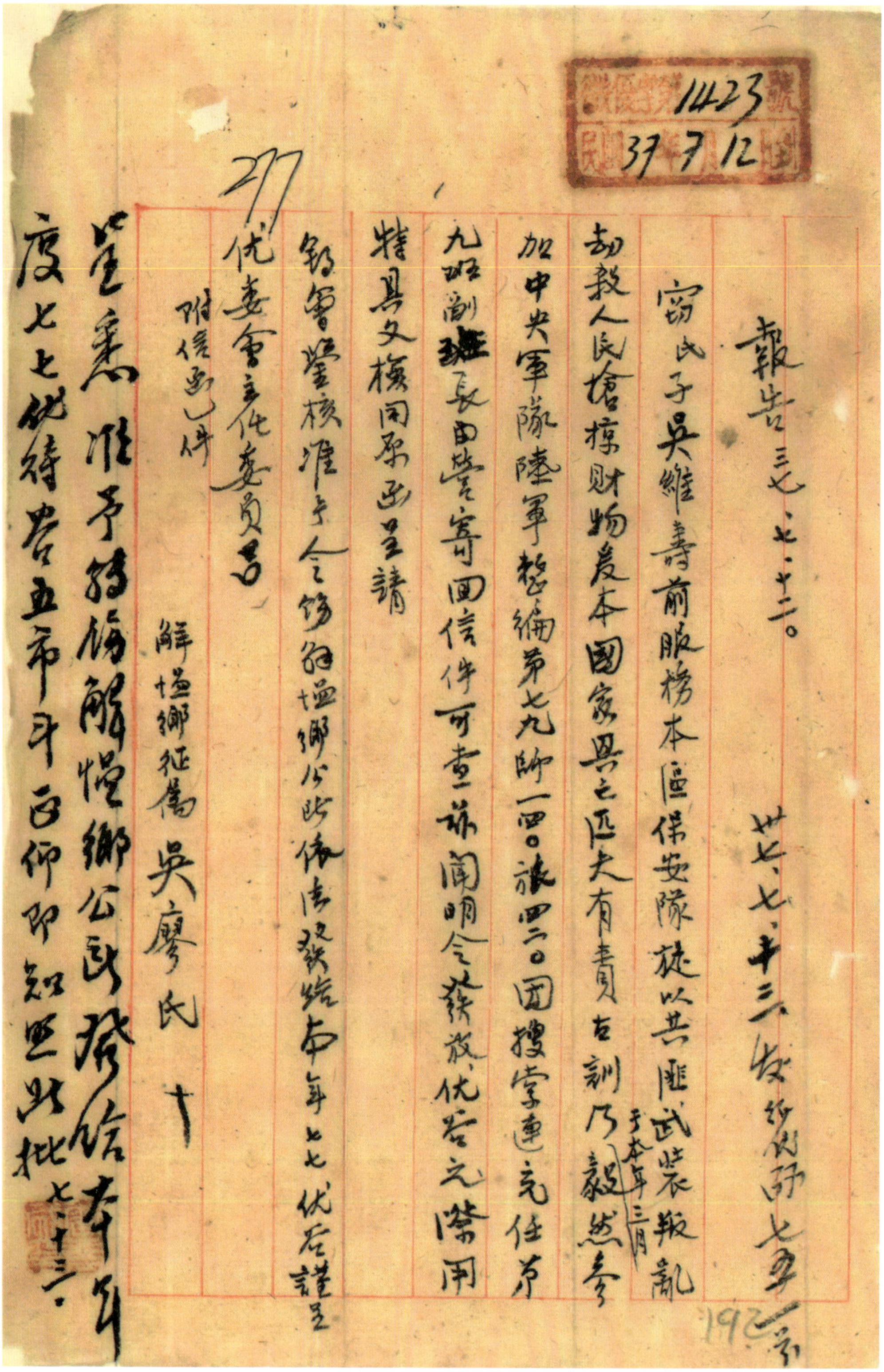
11423 37 7 12

277

报告 三七、七、十二。

窃氏子吴维寿前服务本区保安队，従以共匪武装叛乱劫杀人民，抢掠财物，危本国家，吴已匹夫有责，乃毅然于本年三月参加中央军队，陆军整编第七九师一四〇旅四二〇团搜索连充任第九班副班长，因曾寄回信件可查，兹闻明令发放优待之际，用特具文检同原函呈请

钧会鉴核，准予令饬解愠乡公所依法发给本年七七优待，谨呈

优委会主任委员吴

附信函一件

解愠乡征属吴廖氏 十

卅七、七、十三、发

192

呈悉。准予转饬解愠乡公所发给本年度七七优待谷五市斗，仰即知照。此批 七、十三。

邻水县牟家乡出征复员军人刘金声关于申请补发历年应领未领优待谷致县出征抗敌军人家属优待委员会的呈（一九四八年七月十八日）

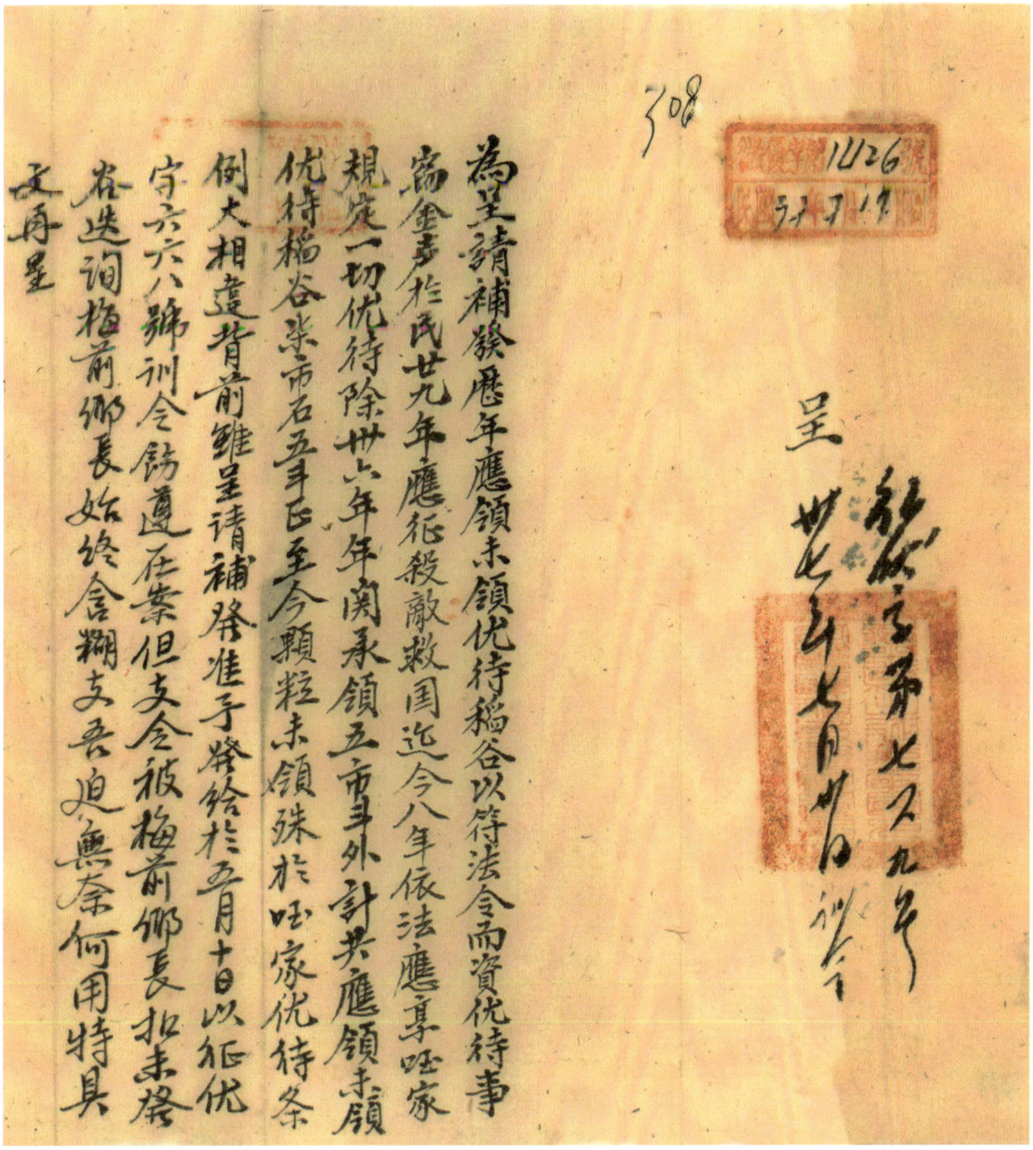

308

1126

呈

牟家鄉第七保九甲

卅七年七月廿日

為呈請補發歷年應領未領優待稻谷以符法令而資優待事

竊金声於民廿九年應征殺敵救国迄今八年依法應享征家

規定一切優待除卅六年年関承領五市斗外計共應領未領

優待稻谷柒市石五斗正至今顆粒未領殊於征家優待条

例大相違背前雖呈請補發准予發給於五月十日以征優

字六六八號訓令飭遵在案但支令被梅前鄉長扣未發

谷迭詢梅前鄉長始終含糊支吾迫無奈何用特具

文再呈

309

鈞會懇予鑒核另行發給支令飭令現任鄉長余萬祺按時如數補發現谷以資優待而符法令

謹呈

縣長兼主任委員劉

副主任委員吕

具呈人牟家鄉出征複員軍人刘金声

民國三十七年七月十八日

308

呈悉准予再令牟家鄉公所查明該件依法补發可也此批 七、廿六

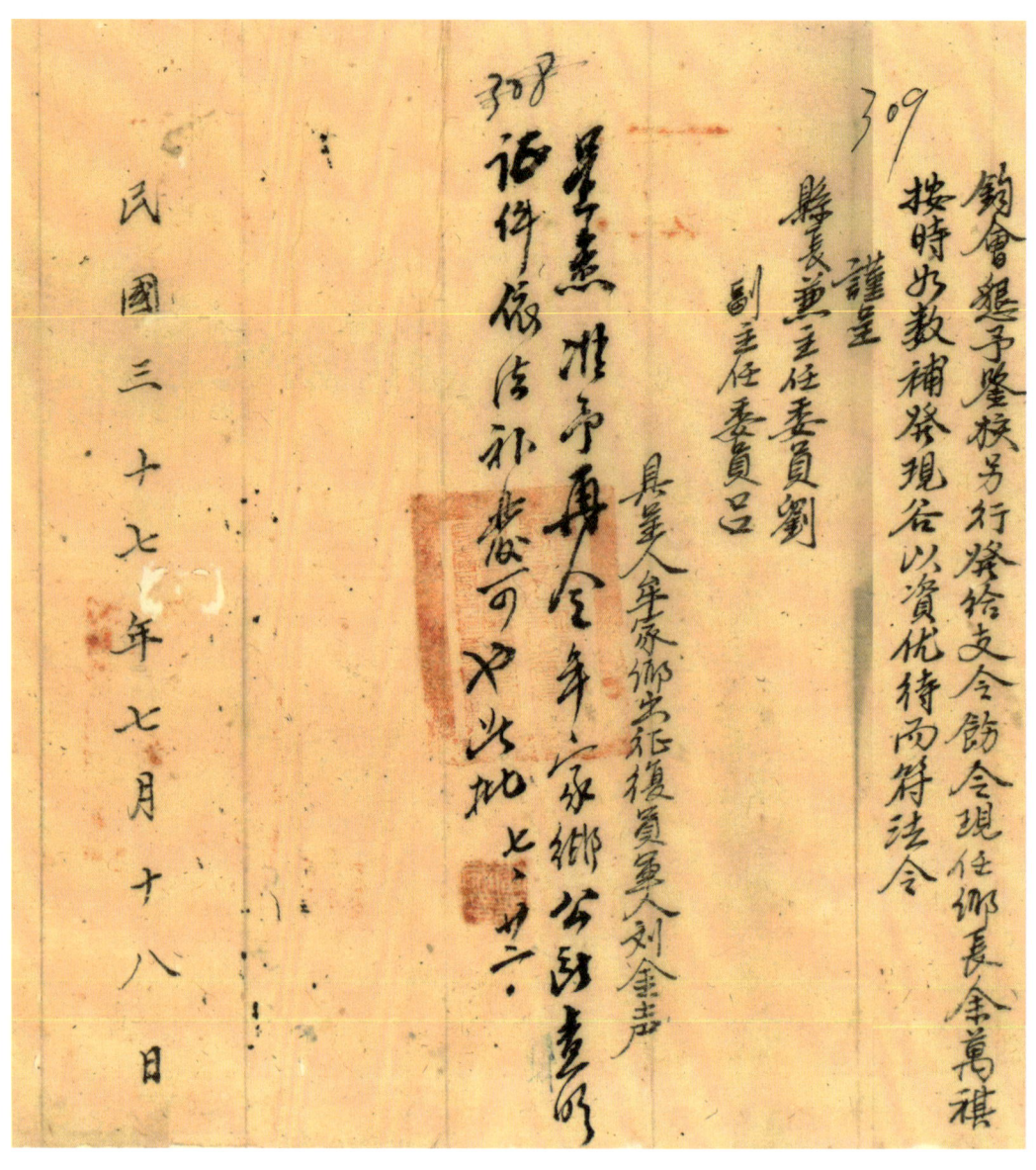

抗战士兵张志国关于申请补发历年应领优待金谷致邻水县兵役协会优待委员会的报告（一九四八年七月十九日）

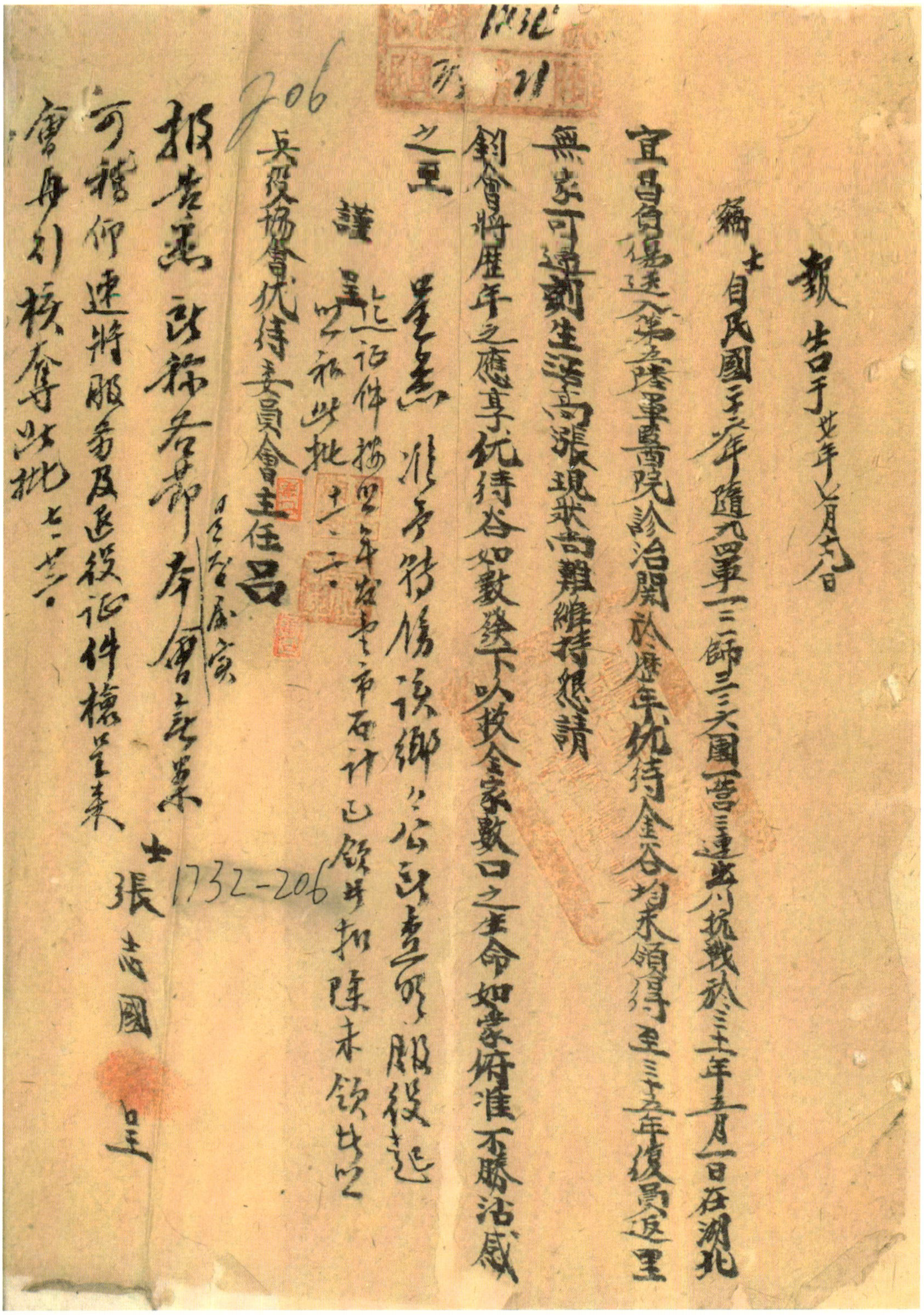
報告　于卅七年七月廿日
竊士自民國三十二年隨九四軍一二一師三六團一營三連出川抗戰於三十三年五月一日在湖北
宜昌負傷送入第五陸軍醫院診治關於歷年優待金谷均未領得至三十五年復員返里
無家可歸謀生活高漲現我尚難維持懇請
鈞會將歷年之應享優待谷如數發下以救全家數口之生命如蒙俯准不勝沾感
之至
謹呈
兵役協會優待委員會主任呂
士　張志國　呈

邻水县挹爽乡第二保抗属邹坤柱关于申请补发历年出征军人家属优待谷致县出征抗敌军人家属优待委员会的呈

（一九四八年七月二十三日）

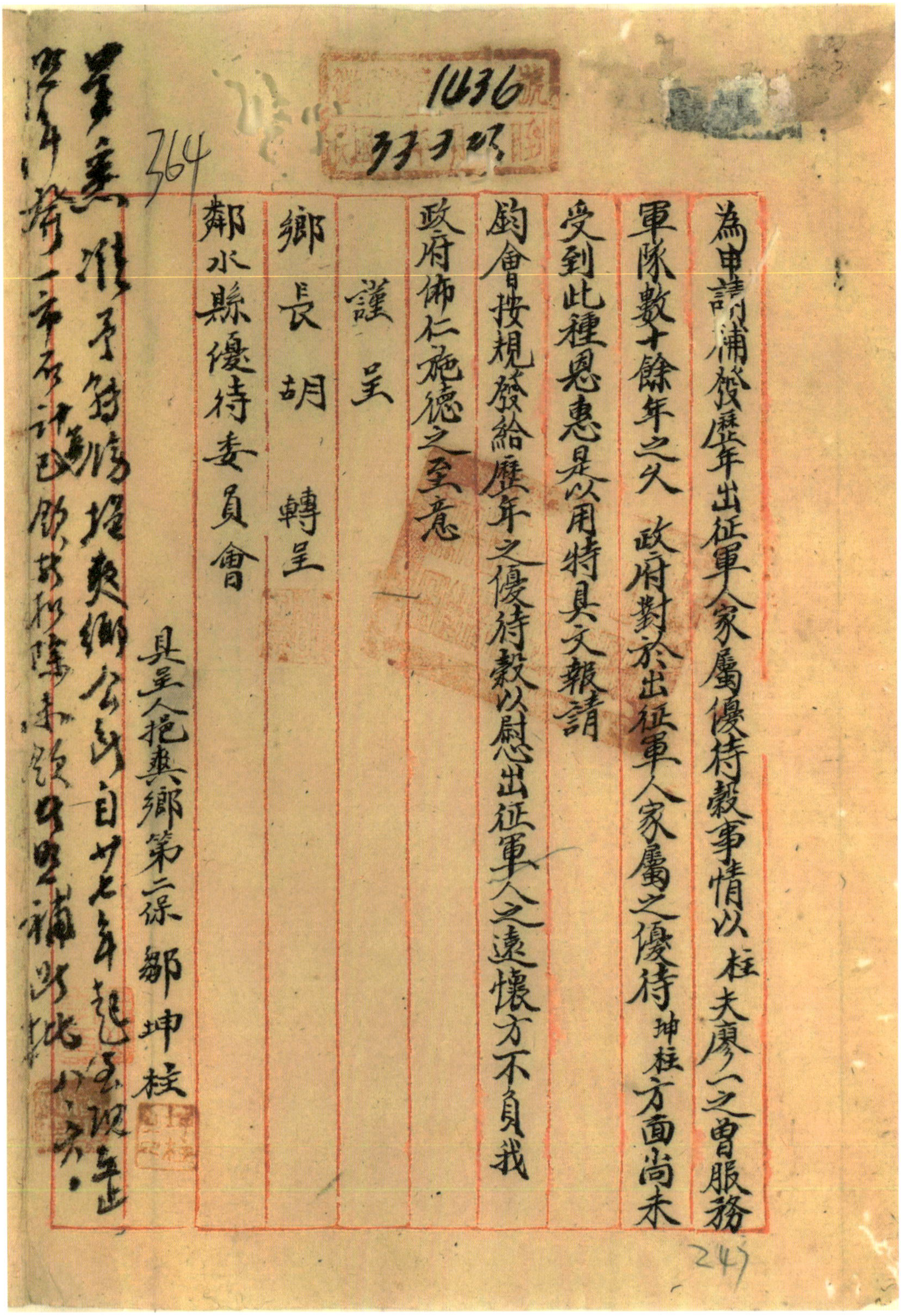

為申請補發歷年出征軍人家屬優待穀事情以 柱夫廖○之曾服務軍隊數十餘年之久 政府對於出征軍人家屬之優待坤柱方面尚未受到此種恩惠是以用特具文報請

鈞會按規發給歷年之優待穀以慰出征軍人之遠懷方不負我

政府佈仁施德之至意

謹呈

鄉長胡 轉呈

鄰水縣優待委員會

具呈人挹爽鄉第二保 鄒坤柱

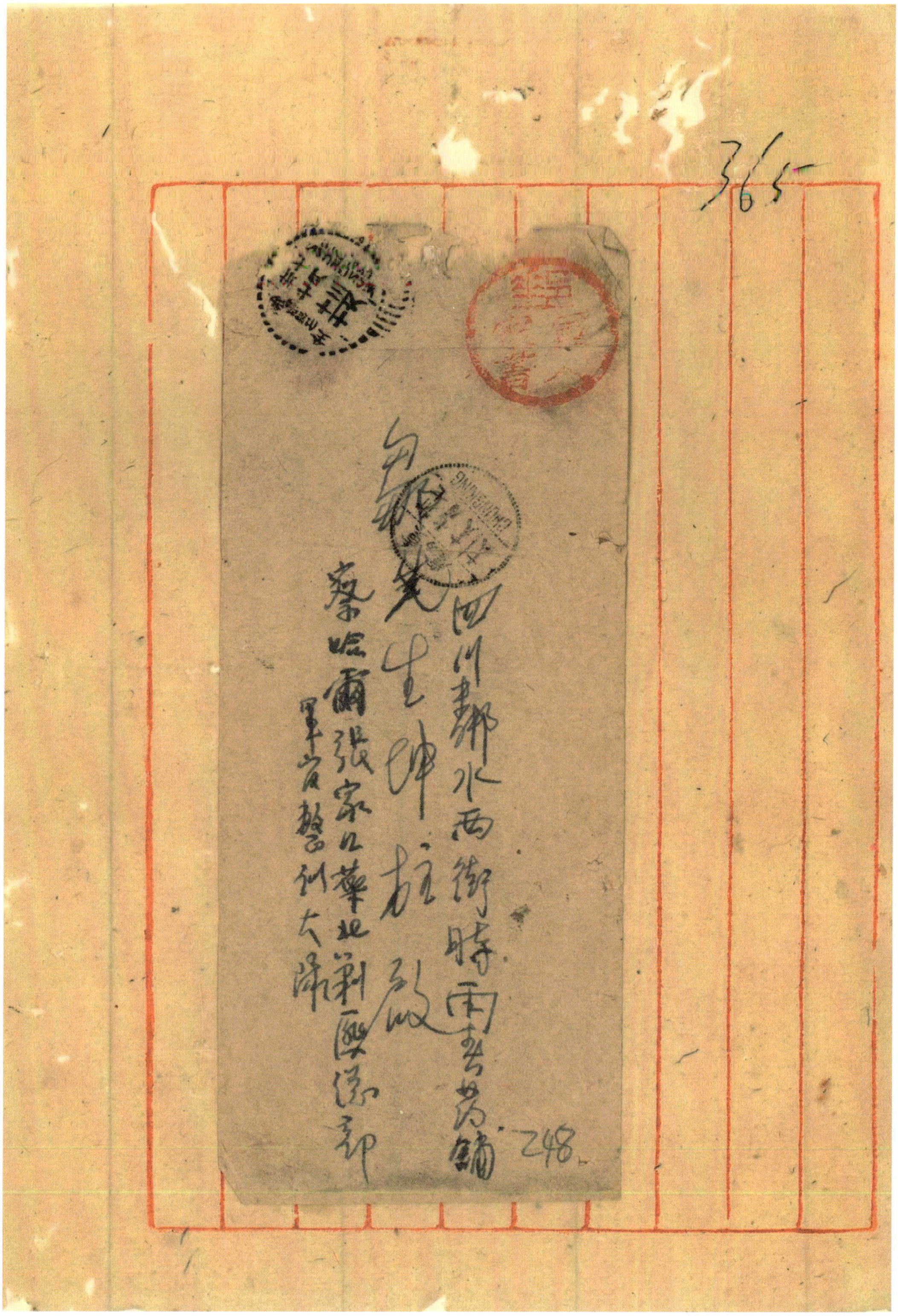

365

四川郫水西街時雨藥舖

白[illegible]先生坤植啟

察哈爾張家口華北剿匪總部

軍官暫訓大隊

248.

邻水县观音乡退伍军人刘昆关于申请补发历年应领未领优待谷致县出征抗敌军人家属优待委员会的报告（一九四八年七月二十五日）

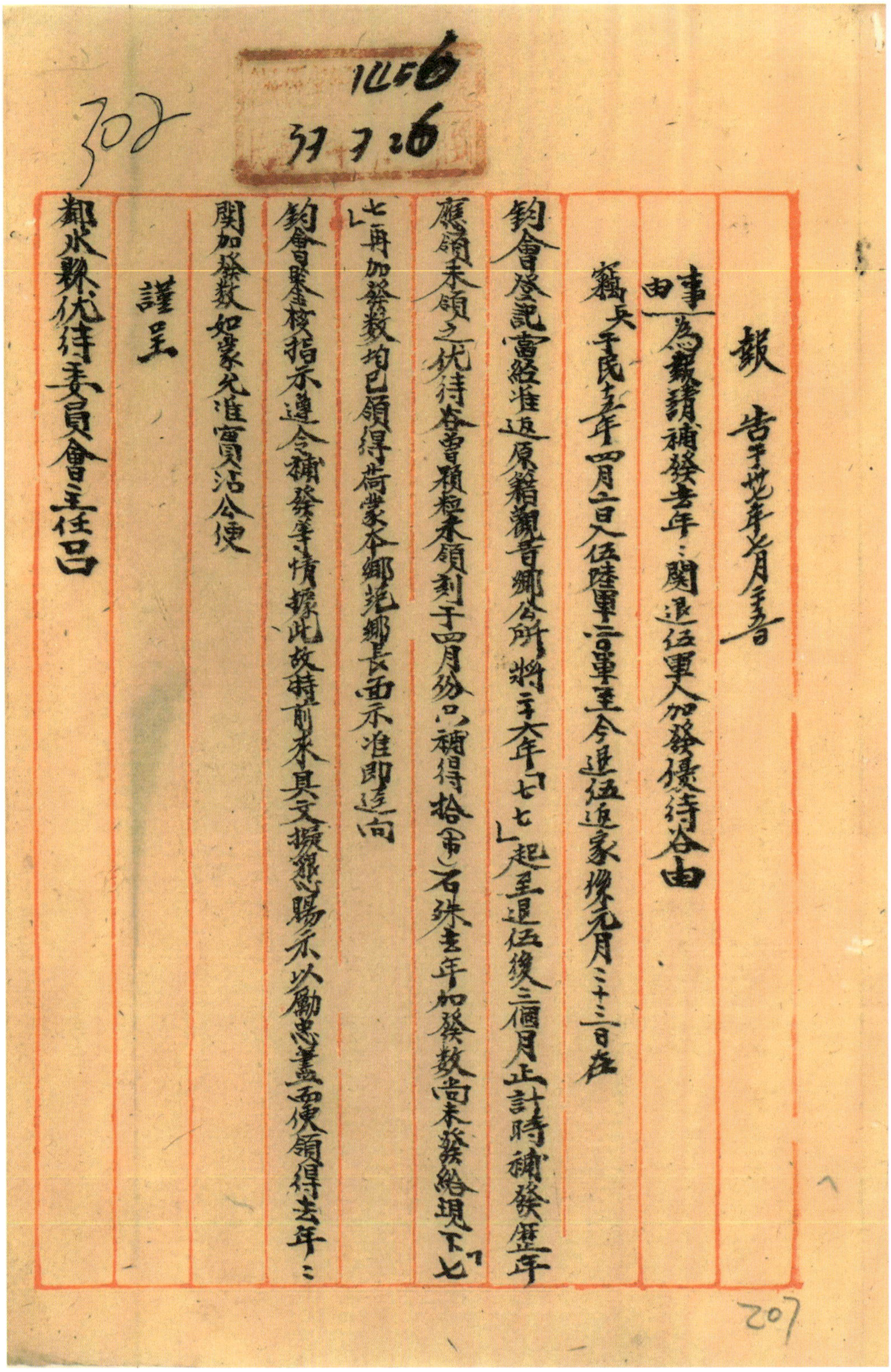

報　告　卅七年七月廿五日

事由：為懇請補發卅五年〻關退伍軍人加發優待谷由

竊兵于民廿五年四月二日入伍陸軍一三〇軍，至今退伍返家，於元月二十三日在

鈞會登記，當經准返原籍觀音鄉公所，將二十六年「七七」起至退伍後三個月止，計時補發歷年應領未領之優待谷，曾積極未領，到于四月份只補得拾（市）石，殊去年加發數尚未發給，現下「七七」再加發數均已領得，荷蒙本鄉范鄉長面示不准，即返向

鈞會暨委核指示適合補發等情，據此，故特前來具文，擬懇恩賜示，以勵忠盡而便領得去年〻關加發數，如蒙允准，實沾公便

謹呈

鄰水縣優待委員會主任呂

303

觀音鄉退伍軍人劉昆呈

呈悉。所稱卅六年度加發賞米未領，如果屬實，仰候轉飭該鄉鄉公所查明補發可也。此批

七、廿六

紀伏字第七六三號

卅七年七月廿六日

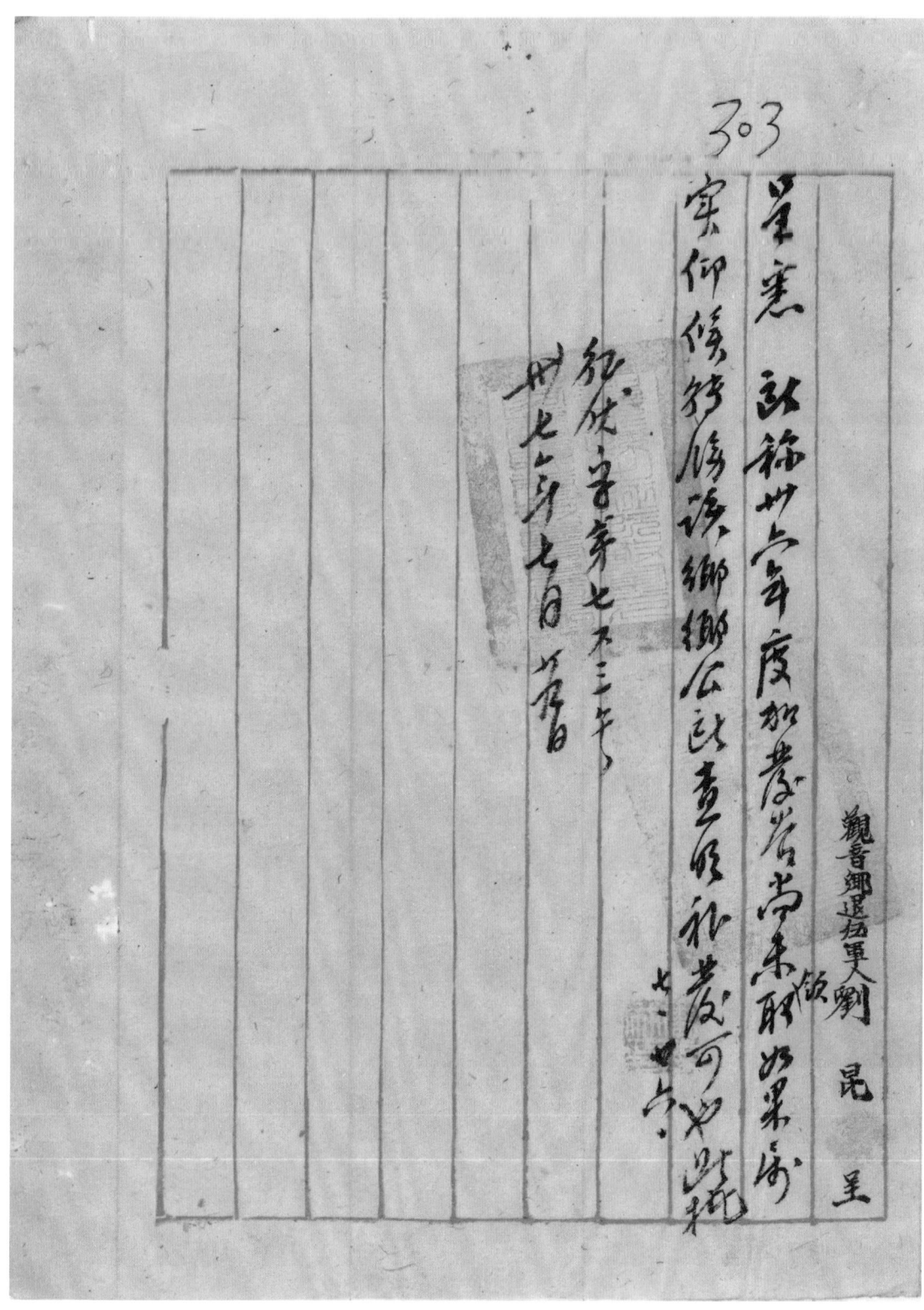

邻水县观音乡退伍军人杨志元关于申请补发应领未领优待谷致县出征抗敌军人家属优待委员会的报告

（一九四八年七月二十六日）

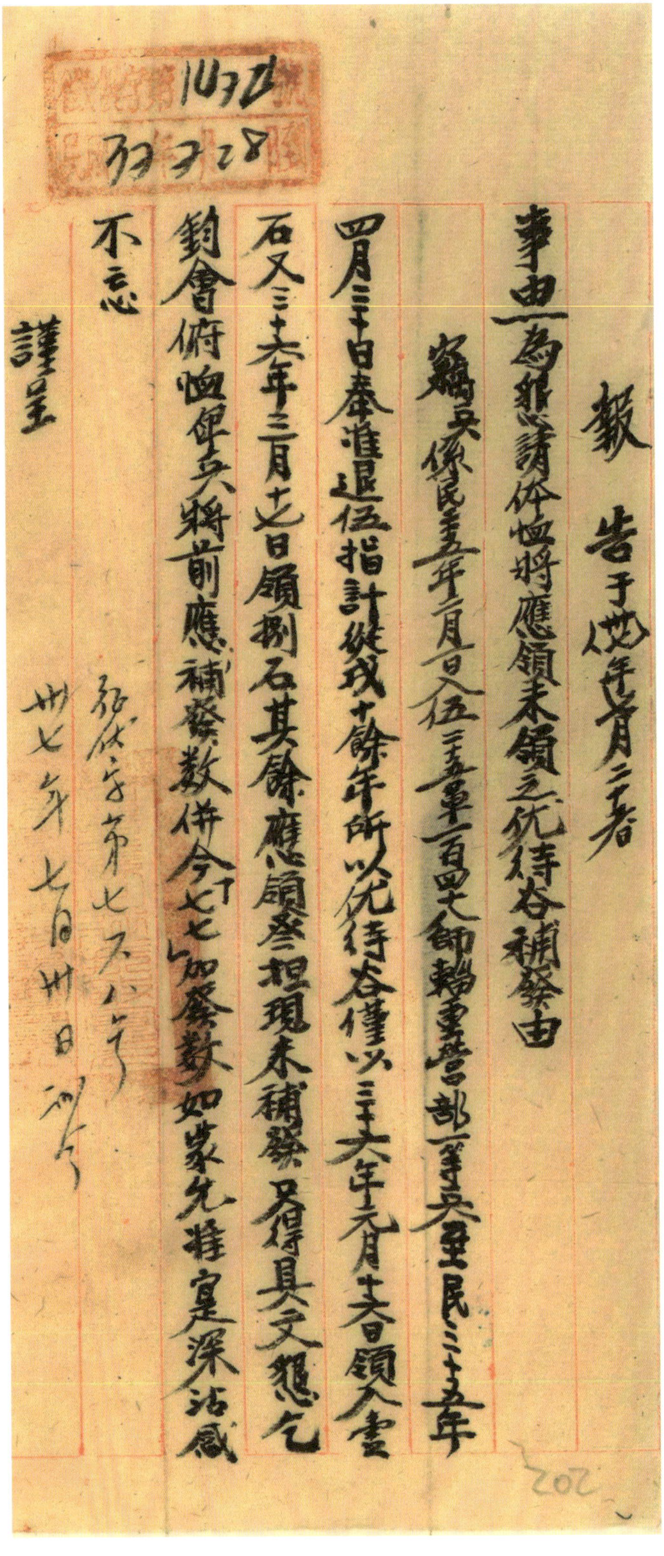

報告 于卅七年七月二十六日

事由：為懇請補恤將應領未領之優待谷補發由

竊兵係民國二十五年二月十八日入伍二十五軍一百四十七師輜重營部一等兵，至民國三十五年四月二十日奉准退伍，揩計從戎十餘年，所以優待谷僅以三十六年元月十六日領入壹石，又三十六年三月十七日領捌石，其餘應領叁担現未補發。只得具文懇乞鈞會俯恤兵將前應補發數併今丁[illegible]七七如發數，如蒙先准，寔深沾感不忘。

謹呈

邻优字第七六八号

卅七年七月卅日[illegible]

295

鄰水縣優待委員會主任呂

觀音鄉退伍兵楊志元 呈

報告悉。抗戰以前入伍，僅駐在滬，廿七年七七事變，該兵廿五年退役，計時九年，連加發谷二市石，共應領谷十一市石，連年既已領谷九石，下餘弍市石，准予飭係鄉公所查明補發可也。

此批 十一 卅八

邻水县出征抗敌军人家属优待委员会关于补发退伍军人谭青云优待谷致高兴乡公所的训令

（一九四八年七月二十六日）

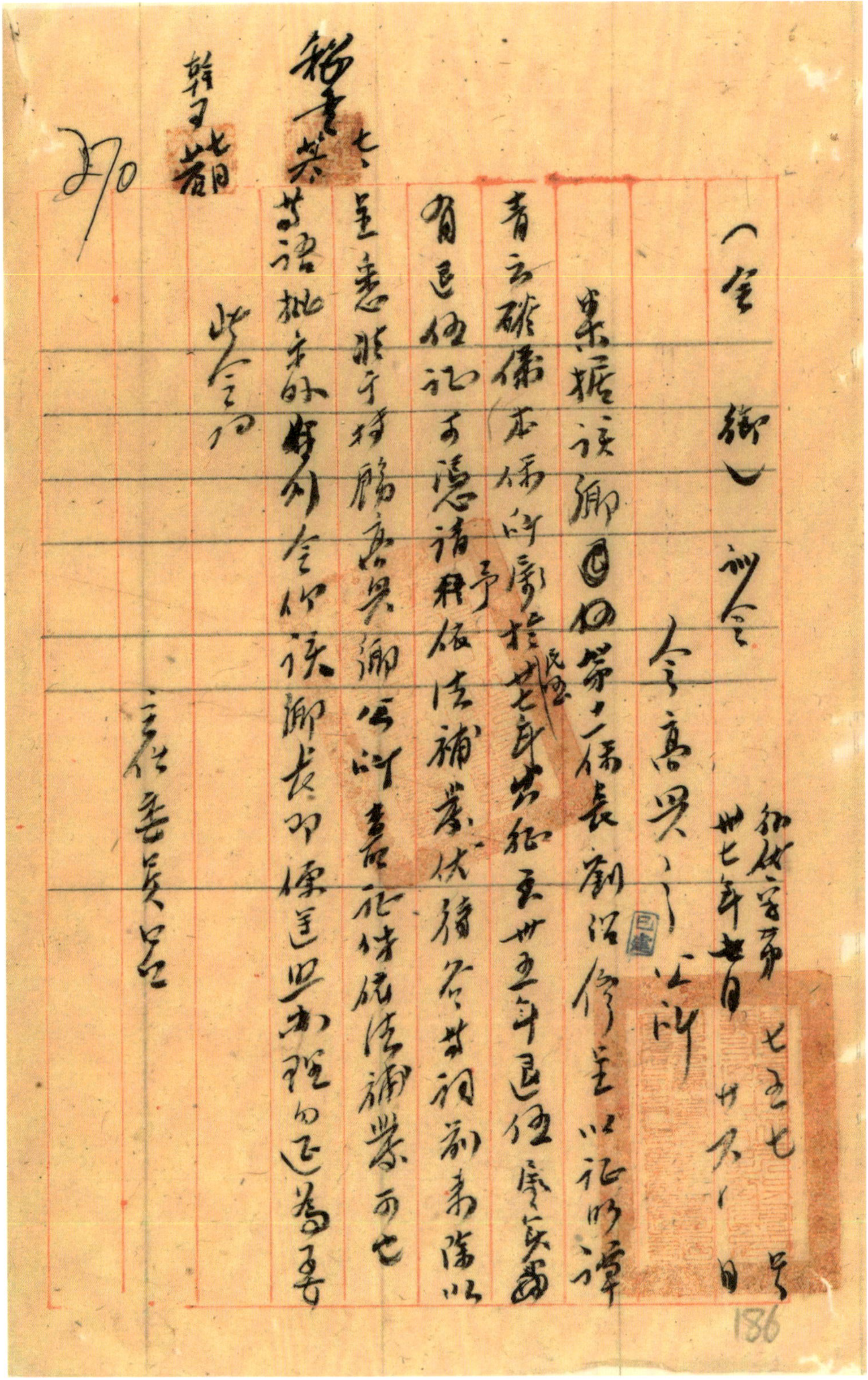

邻优字第七三七号

卅七年七月廿六日

令高兴乡公所

（全衔）训令

案据该乡四保第六保保长刘绍修呈以据谭青云确系本保所属，于民廿七年出征，至卅五年退伍，奉兵函有退伍证可凭，恳请予拜依法补发优待谷并祠前来，除以呈悉，准予转函高兴乡公所查明依法补发而七等语批示外，特令仰该乡长即便遵照办理具报为要。

此令。

主任委员 吴

邻水县复兴乡退伍军人林树堂关于申请补发历年应领未领优待谷致县出征抗敌军人家属优待委员会的报告（一九四八年七月二十六日）

報告　三十七年七月二十六日

事由：為報請將歷年應領未領之優待谷擬懇補發由

竊兵于民國三十一年三月十六日入伍，隸第廿六軍第四十四師輜重營運輸連二等兵，旋即于卅六年七月十日奉准退伍返家。所以出征應享之權利即優待谷，純領受三石整，其餘之谷尚未領得。理合具文報呈

鈞會大啟慈德，懇予賜示，俾兵到原籍復興鄉公所，將算歷年優待谷及卅三歲至今加發退伍官兵優待谷，如蒙允准，實沾德便。

謹呈

鄰水縣優待委員會主任呂

復興鄉退伍軍人林樹堂　呈

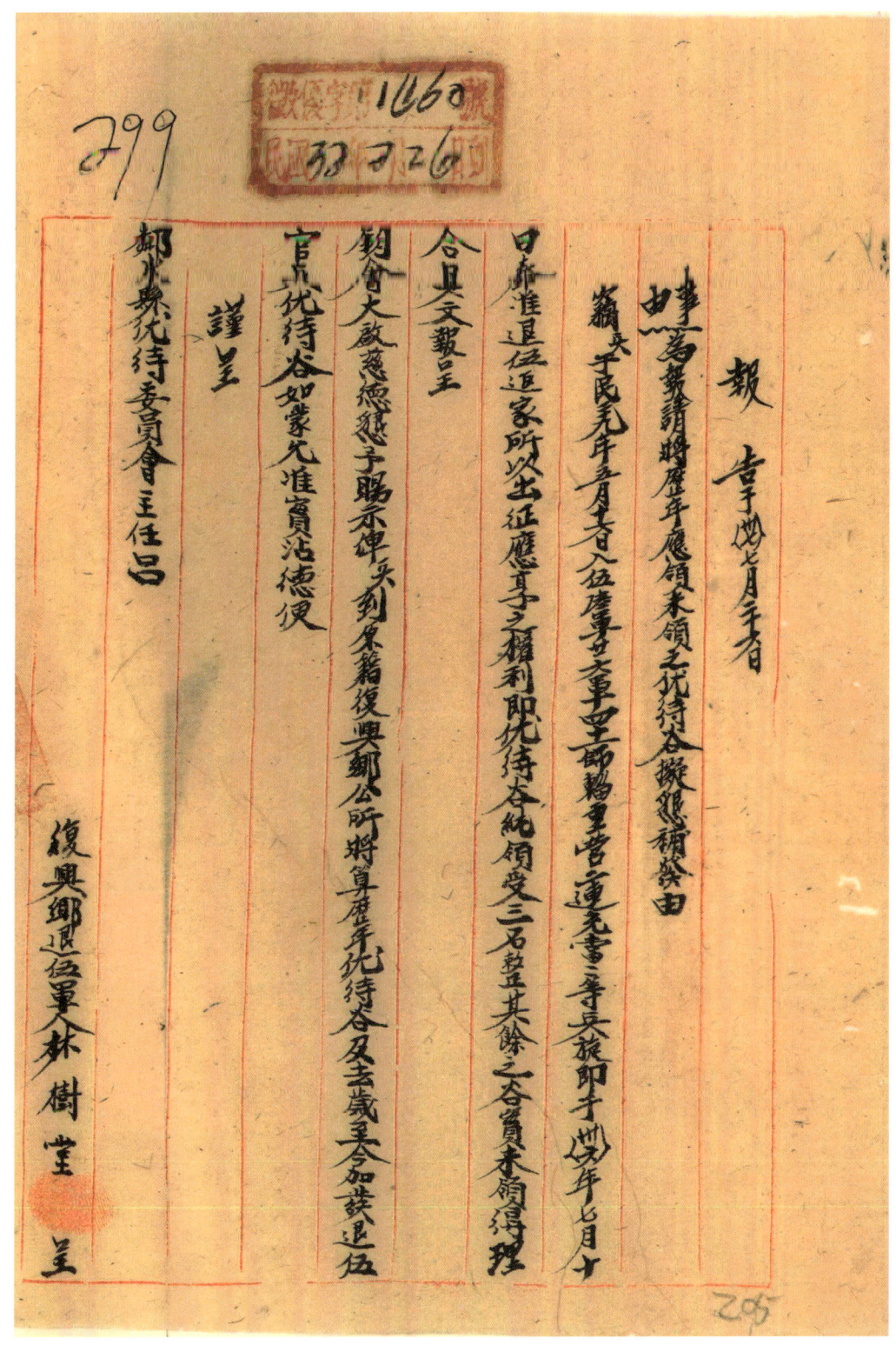

300

據呈悉。准予轉飭復興鄉公所查明入伍退伍經過，明詢已領若干，除未領者照補。此批。七·二六

邻秋字第七六五號

卅七年七月廿六日

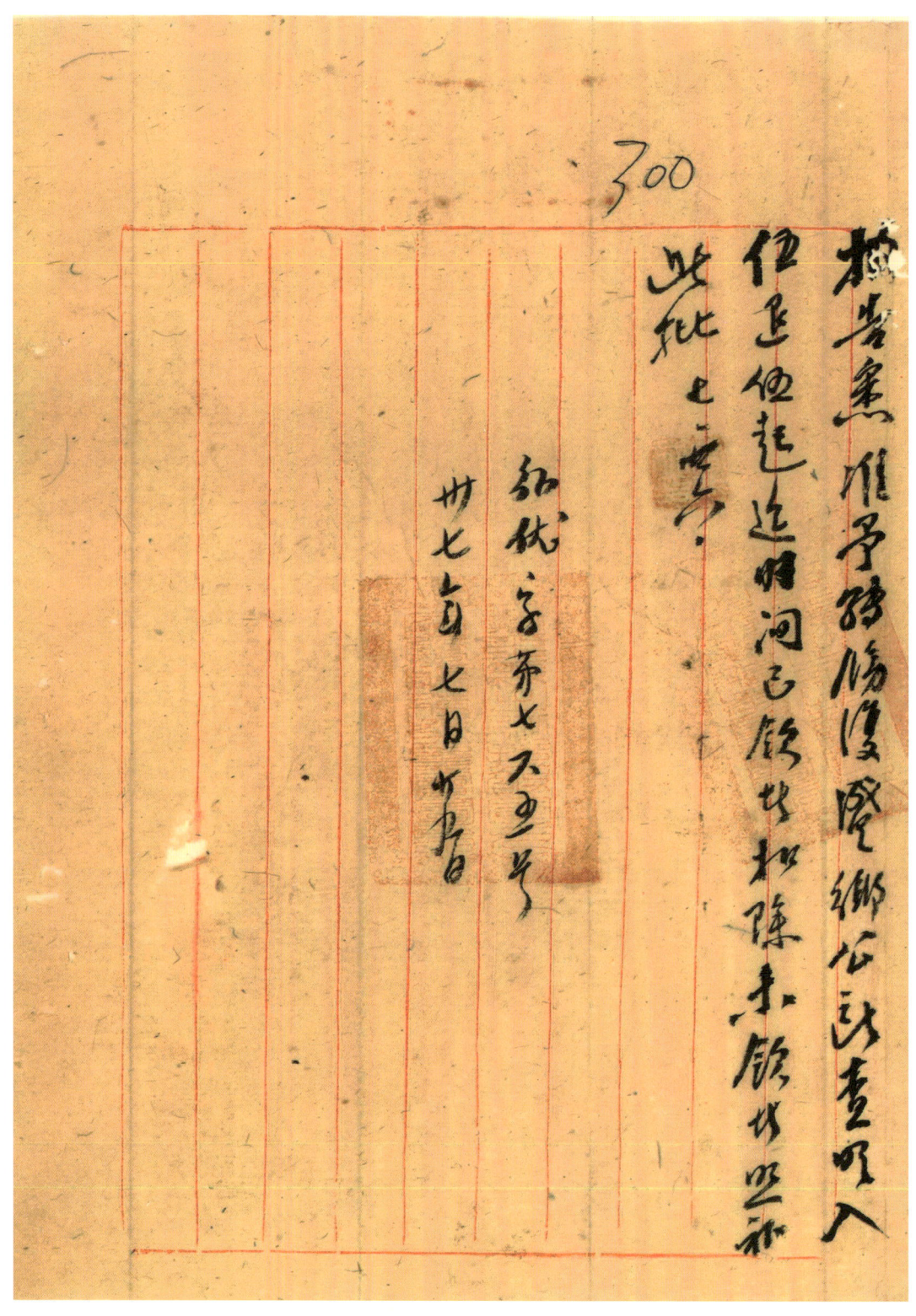

邻水县袁市乡退伍上士蔡清关于申请补发历年应领未领优待谷致县出征抗敌军人家属优待委员会的报告
（一九四八年七月二十七日）

310

報告　三十七年七月廿七日于袁市鄉

事由：為懇請補發出征抗戰軍人家屬歷年已領未領之優待會

事由

窃兵於廿六年強迫從軍一〇九師抗戰八載刻矣國戰方殷奉命還鄉兵自出征後家屬優待谷顆粒未領各後同志還鄉後如數發給兵於前日面呈鄉長懇請補發由鄉長答覆請　鈞會重申命令懇數補發　兵無法可設只得具文懇請　鈞座俯予鑒核轉令鄉公所按照入伍之年起至退伍之年止每年壹市担悉數補發如數允准實為沾便謹呈

鄰水縣優待委員會主任　呂

311

退伍上士蔡清呈

呈悉。准予转饬袁市乡乡公所查明入伍退役起迄时期，已领若干，除未领者照补。此批。

七、廿七

征优字第七三九号

卅七年七月廿七日

已缮发

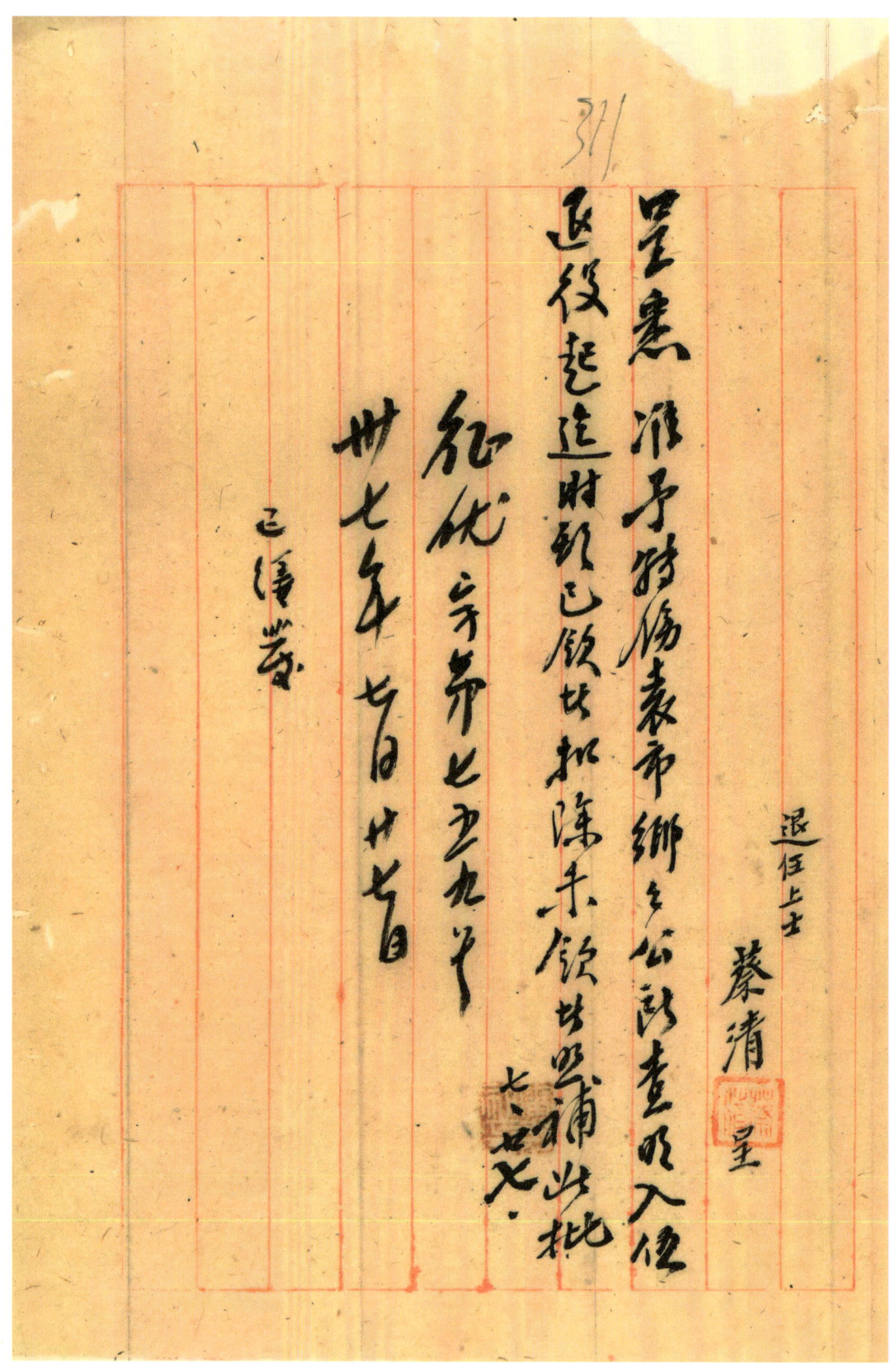

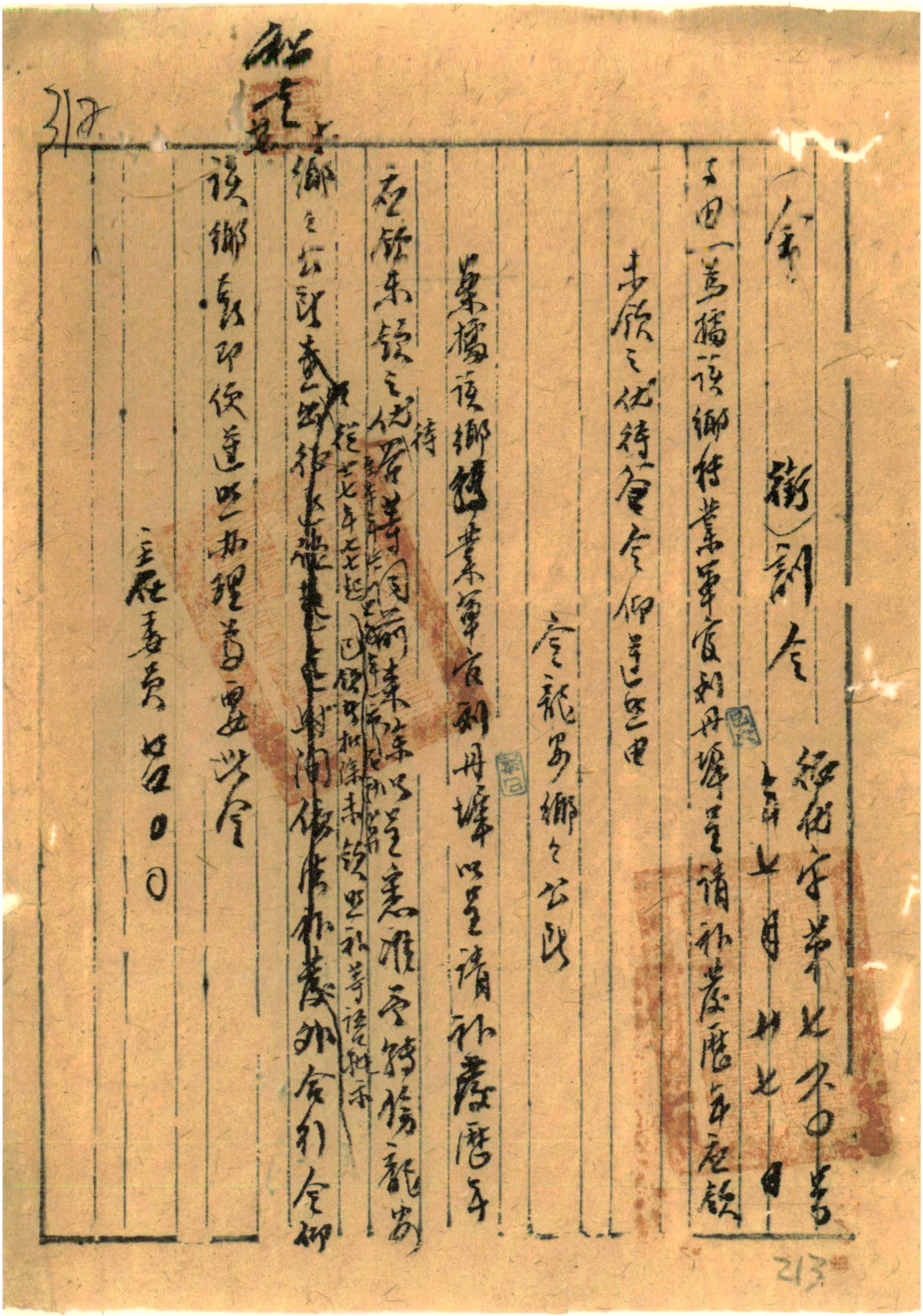

邻水县出征抗敌军人家属优待委员会关于补发转业军官刘丹墀历年应领未领优待谷致龙安乡公所的训令
（一九四八年七月二十七日）

附：邻水县龙安乡中校转业军官刘丹墀关于申请补发历年应领未领优待谷致县出征抗敌军人家属优待委员会的报告（一九四八年七月二十六日）

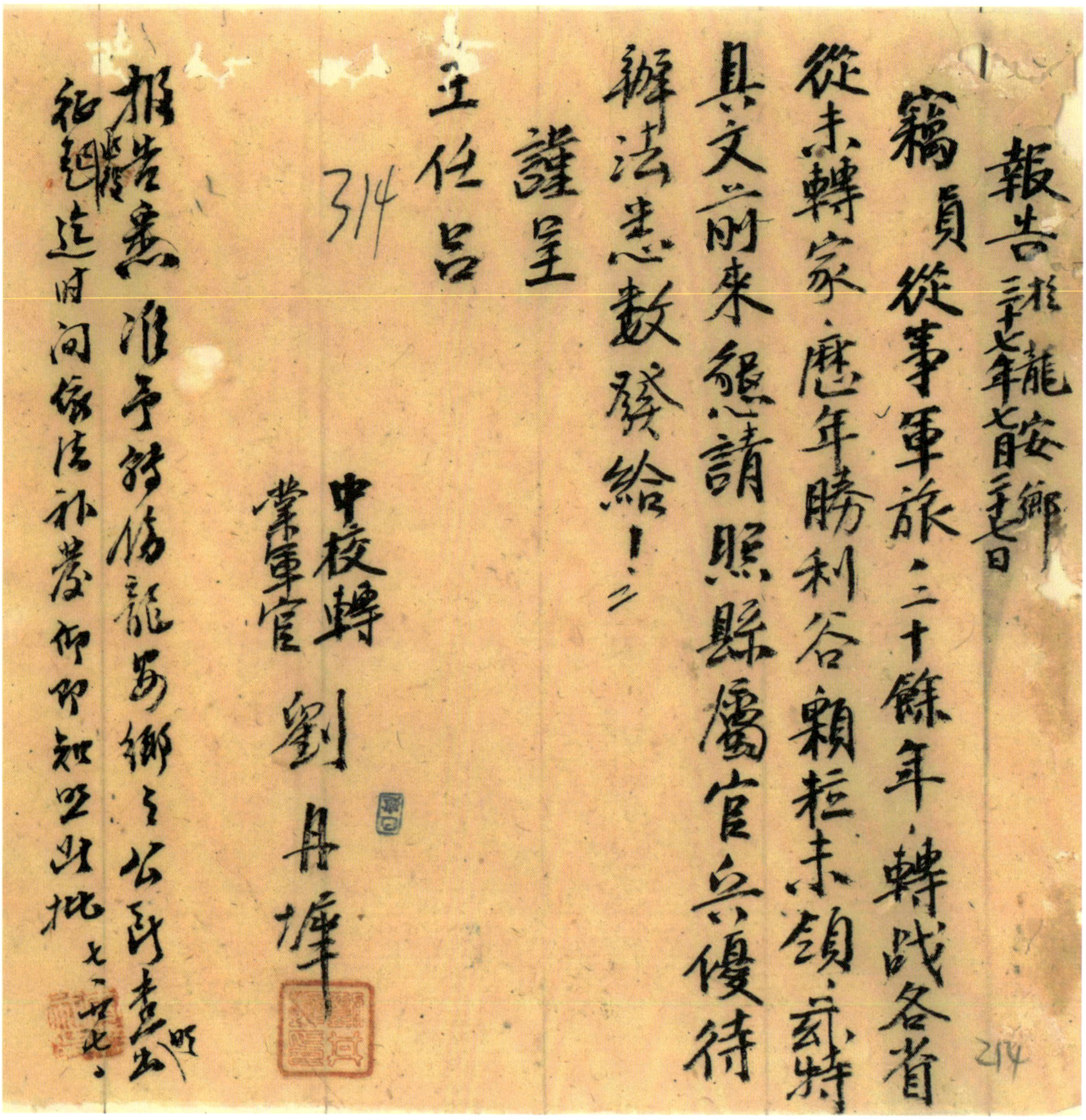
報告 卅七年七月廿六日於龍安鄉

竊員從事軍旅二十餘年，轉戰各省，從未轉家，歷年勝利谷顆粒未領，茲特具文前來，懇請照縣屬官兵優待辦法悉數發給！

謹呈

主任 呂

中校轉業軍官 劉丹墀

報告悉，准予轉飭龍安鄉公所查明征穀總額，造冊依法補發，仰即知照。此批 七、廿七

邻水县退役军人刘仁模关于申请补发历年应领未领优待谷致县出征抗敌军人家属优待委员会的报告（一九四八年七月二十九日）

298

報告　三七、七、廿九。

窃仁模在廿一軍服務參加抗戰八年，前年冬奉令復員，所有歷年應領優待谷除由高節鄉長發給貳市石外，應請令飭御臨鄉公所照規定每年一市石計補發清楚為禱。此呈

鄰水縣優委會

退役軍人　劉仁模（十）

收字第七又七号

卅七年七月卅日收

呈悉。准予飭御臨鄉公所查明入伍退役期間，按照每年壹市石計算，已領若干，除未領若干照補。此批。七、卅一

204

邻水县高兴乡第十五保七甲义丁李元合关于申请补发历年应领优待谷致县出征抗敌军人家属优待委员会的呈（一九四八年七月三十日）

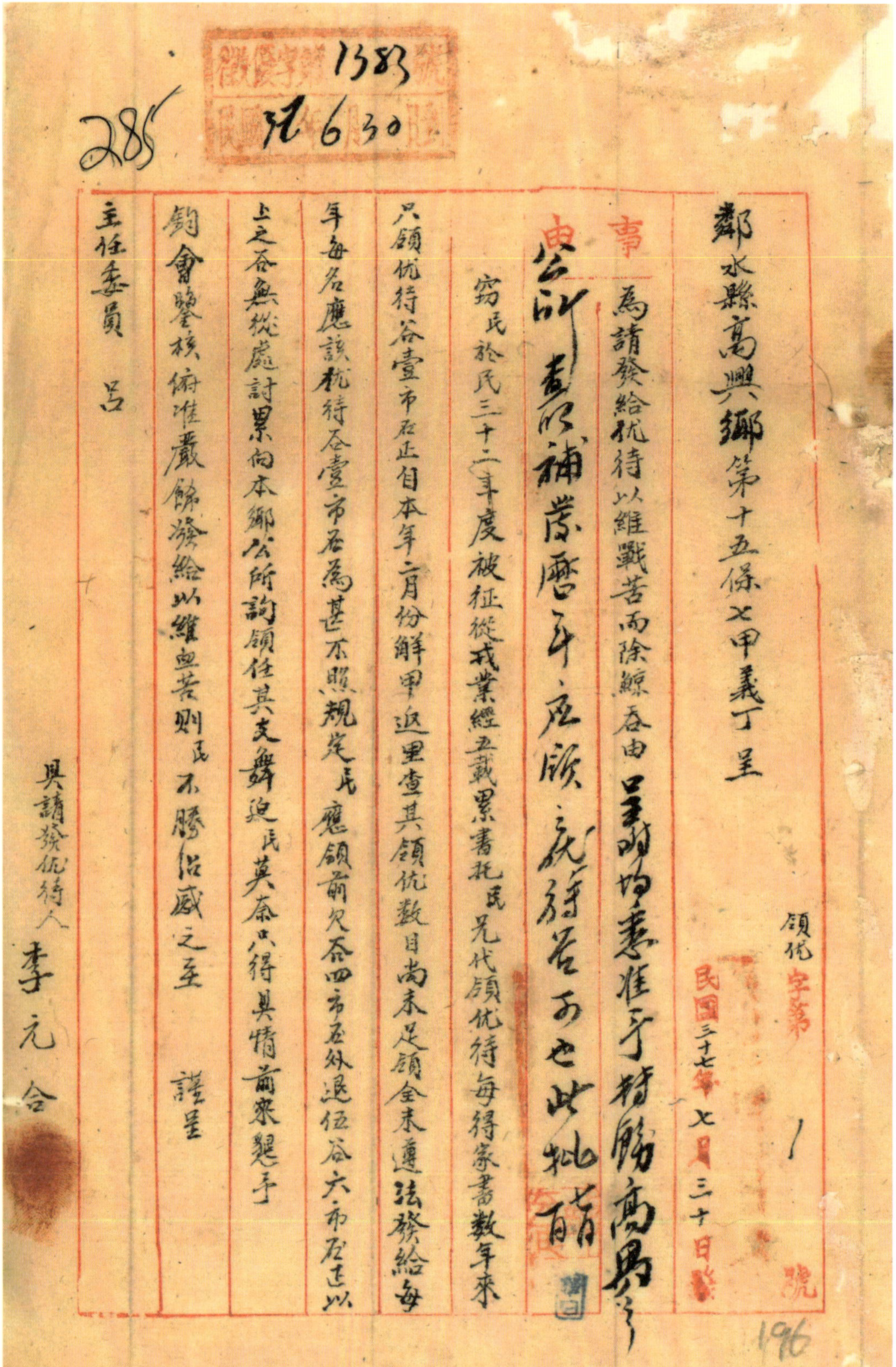

鄰水縣高興鄉第十五保七甲義丁 呈

領优字第 1 號

民國三十七年七月三十日

事由：為請發給优待以維戰苦而除鯨吞由

呈悉，准予轉飭高興鄉公所查明補發歷年應領優待谷可也。此批

窃民於民三十二年度被征從戎，業經五載，累書托民兄代領优待，每得家書，數年來只領优待谷壹市石正。自本年二月份解甲返里，查其領优數目尚未足額，全未遵法發給。每年每名應該优待谷壹市石，為甚不照規定？民應領前欠谷四市石外，退伍谷六市石正，以上之谷無從處討，累向本鄉公所詢領，任其支舞，迫民莫奈，只得具情前來，懇予鈞會鑒核，俯准嚴飭發給，以維血苦，則民不勝佔感之至。

謹呈

主任委員 呂

具請發优待人 李元合

邻水县王家乡退役军人范国忠关于申请补发历年应领未领优待谷致县出征抗敌军人家属优待委员会的报告
（一九四八年七月三十日）

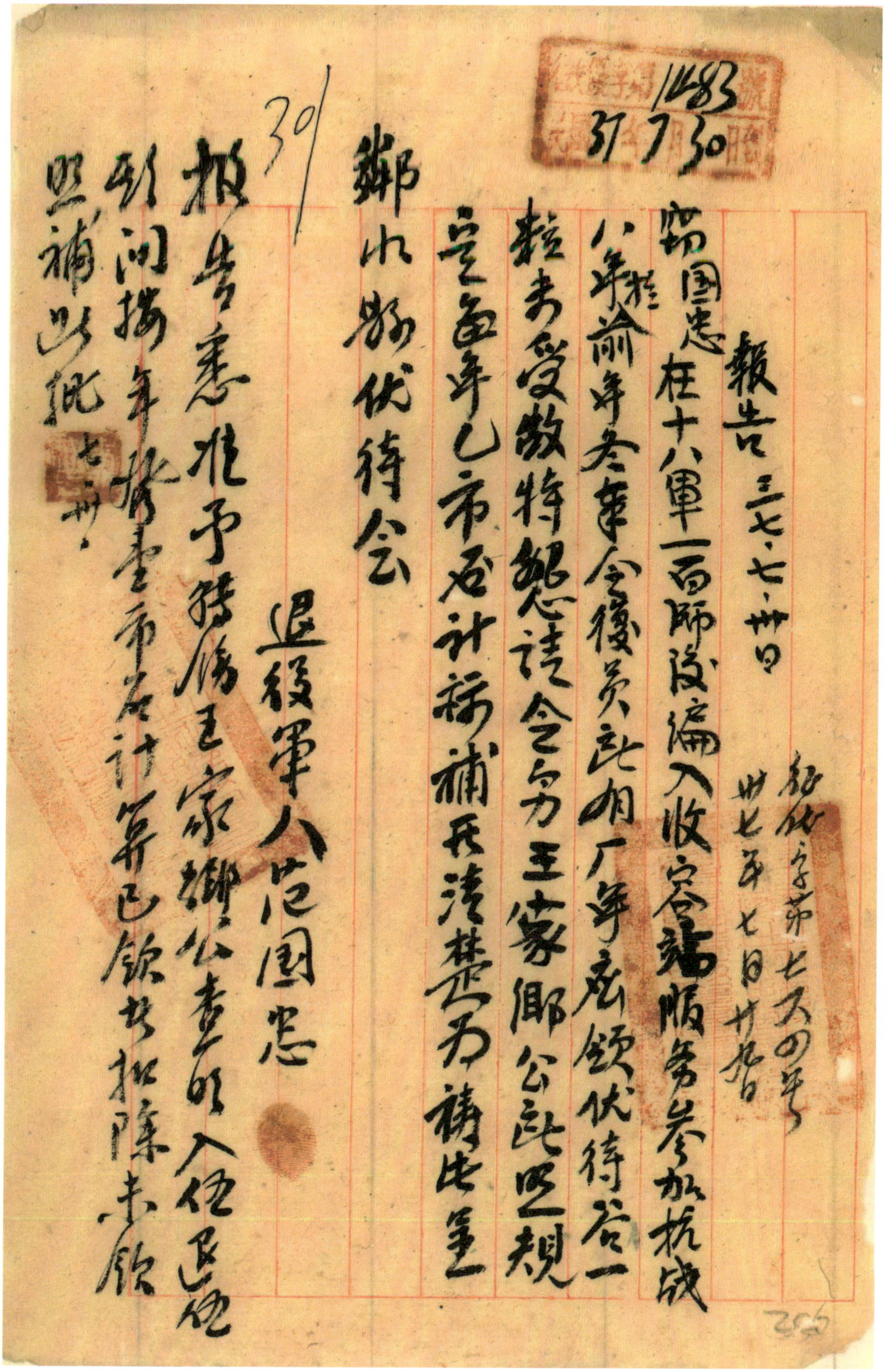

秘優字第七六四號
卅七年七月卅日

11683
37 7 30

報告 三七、七、卅日

竊國忠在十八軍一百師改編入收容編隊服務參加抗戰八年，於前年冬奉令復員，此後歷年應領優待谷一粒未受，敬將緣由請求鄉公所照規定每年乙市石計補發清楚，為禱。此呈

鄰水縣優待会

退役軍人 范國忠

報告悉，准予轉飭王家鄉公所查明入伍及復員年期，按每年壹市石計算，已領者扣除，未領照補。此批。七卅。

邻水县合丰乡复员军人颜海清关于申请补发历年应领优待谷致县出征抗敌军人家属优待委员会的报告

（一九四八年七月三十一日）

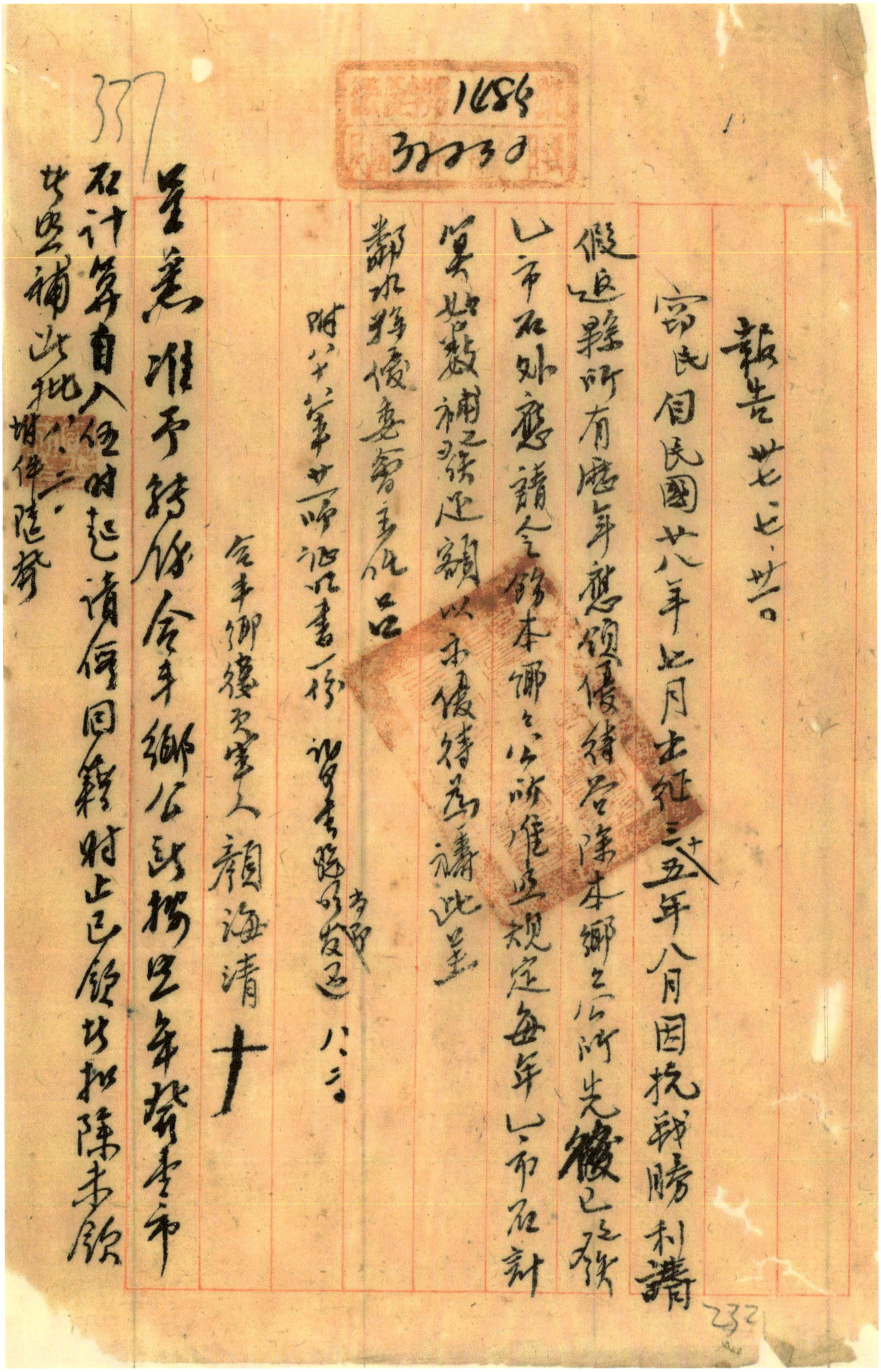

1684
32230
337

报告 卅七、七、卅日

窃民自民国廿八年七月出征，三十五年八月因抗战胜利，请假返县，所有历年应领优待谷，除本乡乡公所先后已发给八市石外，应请令饬本乡乡公所依照规定每年八市石计算，补发补足，以示优待为祷。此呈

邻水县优待委员会

合丰乡复员军人 颜海清 十

附八年第廿一号证书一件 证书存府发还 八、二

呈悉。准予转饬合丰乡公所按照每年八市石，自入伍时起，请假回籍时止，已领者扣除，未领者照补，此批。八、二 附件随发

232

邻水县石永乡抗战军人冯高乔关于申请发还证件以便登记而享优待致县出征抗敌军人家属优待委员会的呈（一九四八年七月）

徵優字第1419號
民國37年7月9日

呈悉准予自行補具來會
領取可也此批
七月九日

呈

為証件未遂登記掣肘聲請飭查遞還以便登記而享優益事情 部下從二十七年被征出外編入新六軍十四師教導四連充當上士效命七載與敵血戰身受重傷右眼遭損直待滅德破倭之後於三十四年九月一日在雲南芷江縣蒙上峯仁慈准部下長假發給差假証修業証與証明書得以返家後經辦理登記之時部下到城已向 鈞會聲請亦經註冊將差假証收去並未遞還部下以為不生障碍雖知現在發放優待谷令飭在鄉軍人先行登記始能發領但部下回家

185-182　184

之時原係重傷准假尚未開辦退伍公事而差假証又被收去未遂致使部下登記發
生掣肘尤幸証明書修業証尚存亦可為登記工具除向本鄉鄉所保甲呈明可結
外是以具由飭查前卷發還差假証與証明書修業証抑或批示准予登記以享優
待靜候示遵此呈
鄰水縣優委會主任委員 劉 呂

具呈人本邑石永鄉九保部下馮高喬

中華民國三十七年七月日

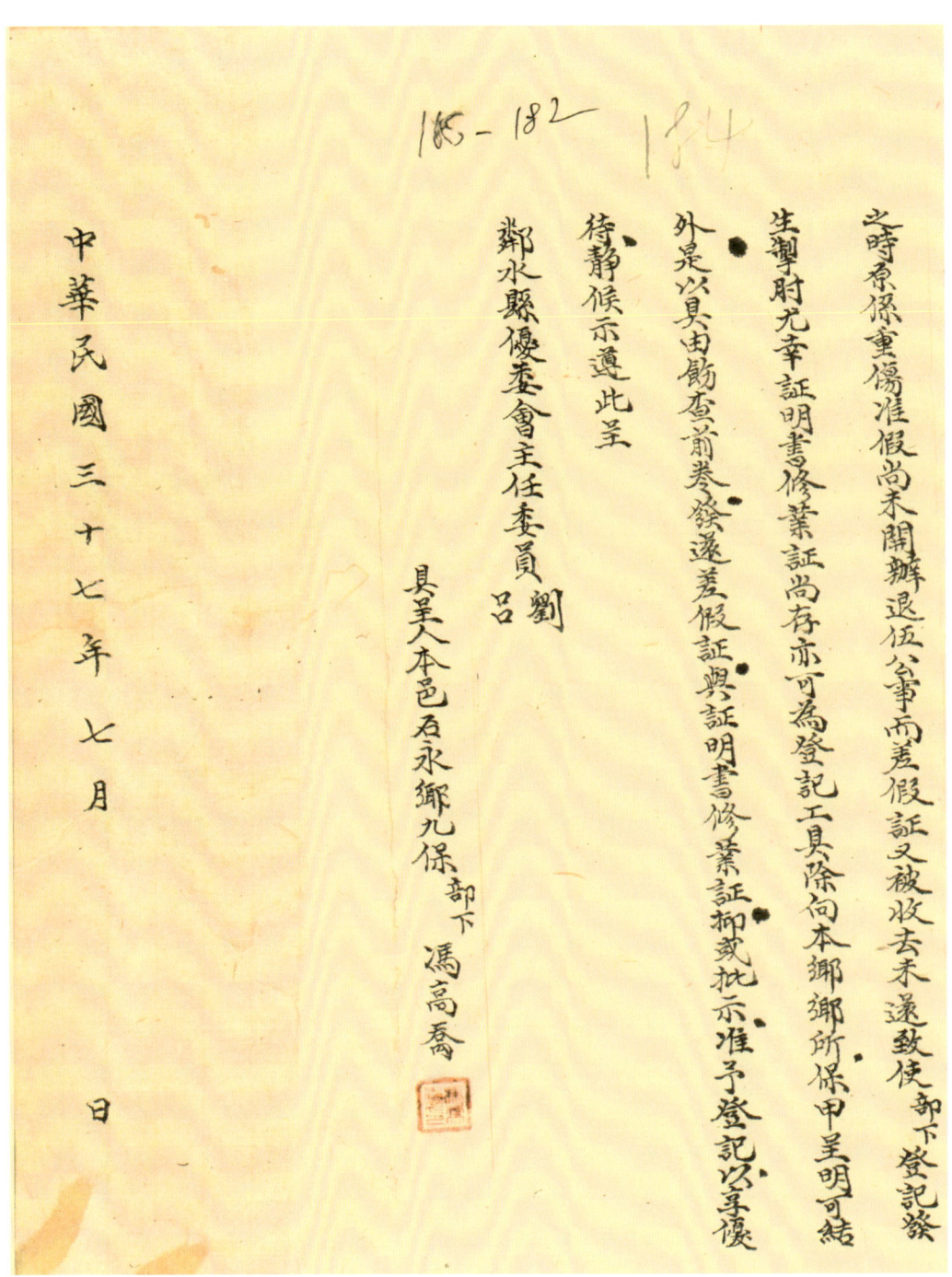

邻水县鼎屏镇第十保退伍军人陈占堂关于申请补发历年优待谷致县出征抗敌军人家属优待委员会的呈（一九四八年七月）

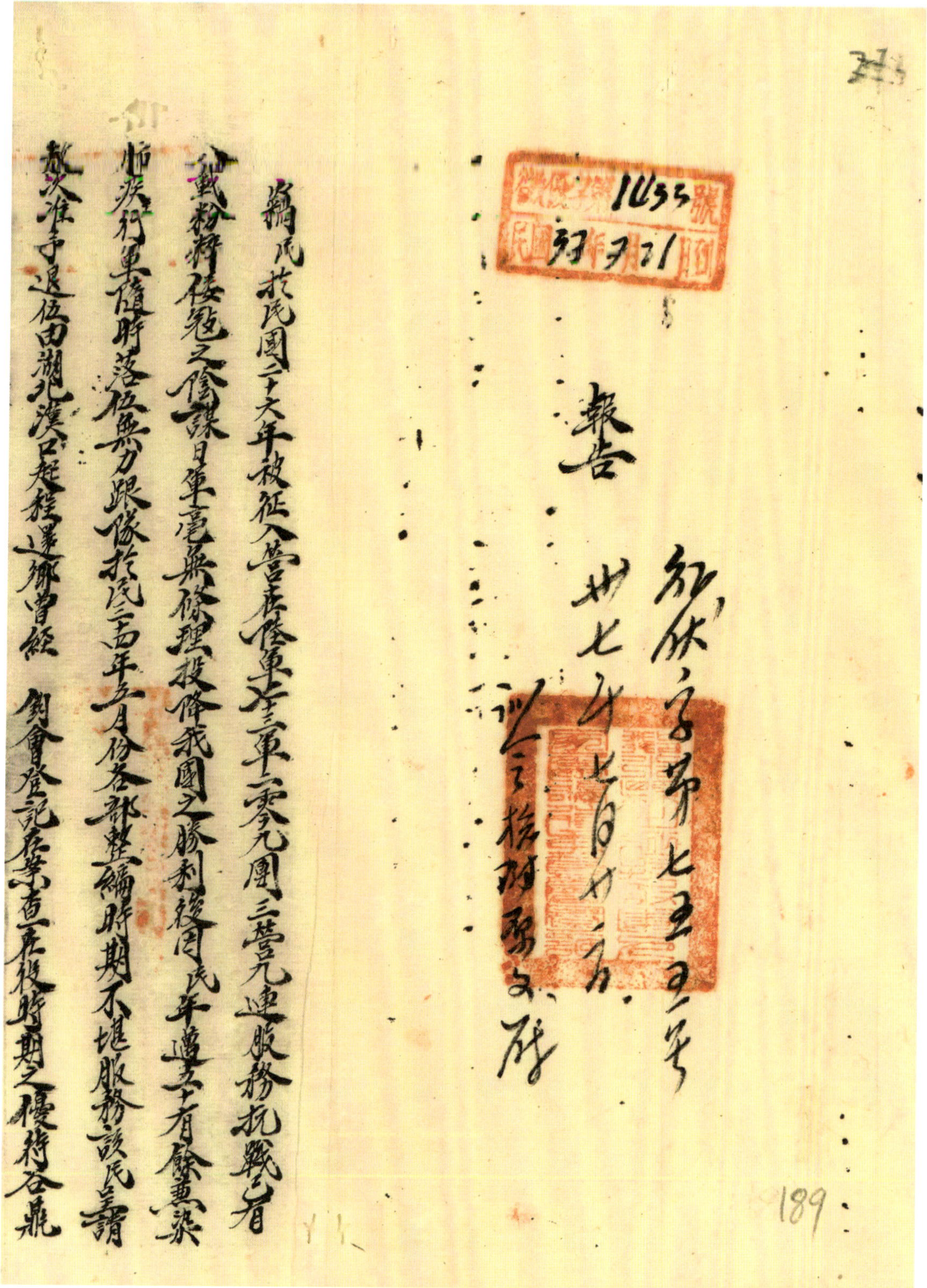
1035
37 7 21

報告

鄰作字第七五三號

卅七年七月廿六日

以上核辦原文件

竊民於民國二十六年被征入營，在陸軍第七十二軍一零九團三營九連服務，抗戰八有餘載，粉碎倭寇之陰謀，日軍毫無條理，投降我國之勝利。復因民年邁五十有餘，兼染腳疾，行軍隨時落伍，無力跟隊，於民三十五年五月份各部整編時期，不堪服務，該民呈請長官准予退伍，由湖北漢口起程還鄉，曾經

鈞會登記在案，查在役時期之優待谷鼎

274

屏鎮公所尚未補足，除民國二十一年起至二十六年止計共八碩谷肆拾伍市斗正，有縣發榮譽狀外可查。其餘類穀未領，致今呈請

鈞委員會作主垂念下情，體邺抗屬，予以轉令依法條例應補歷年優待谷拾叁担伍市斗正，則民不勝沾感，不忘待民全家生命之恩。是否，伏乞示遵！

謹呈

鄰水縣優待委員會主任呂

具屏鎮第十保 陳占堂（陳占堂印）呈

275

中華民國三十七年七月 日

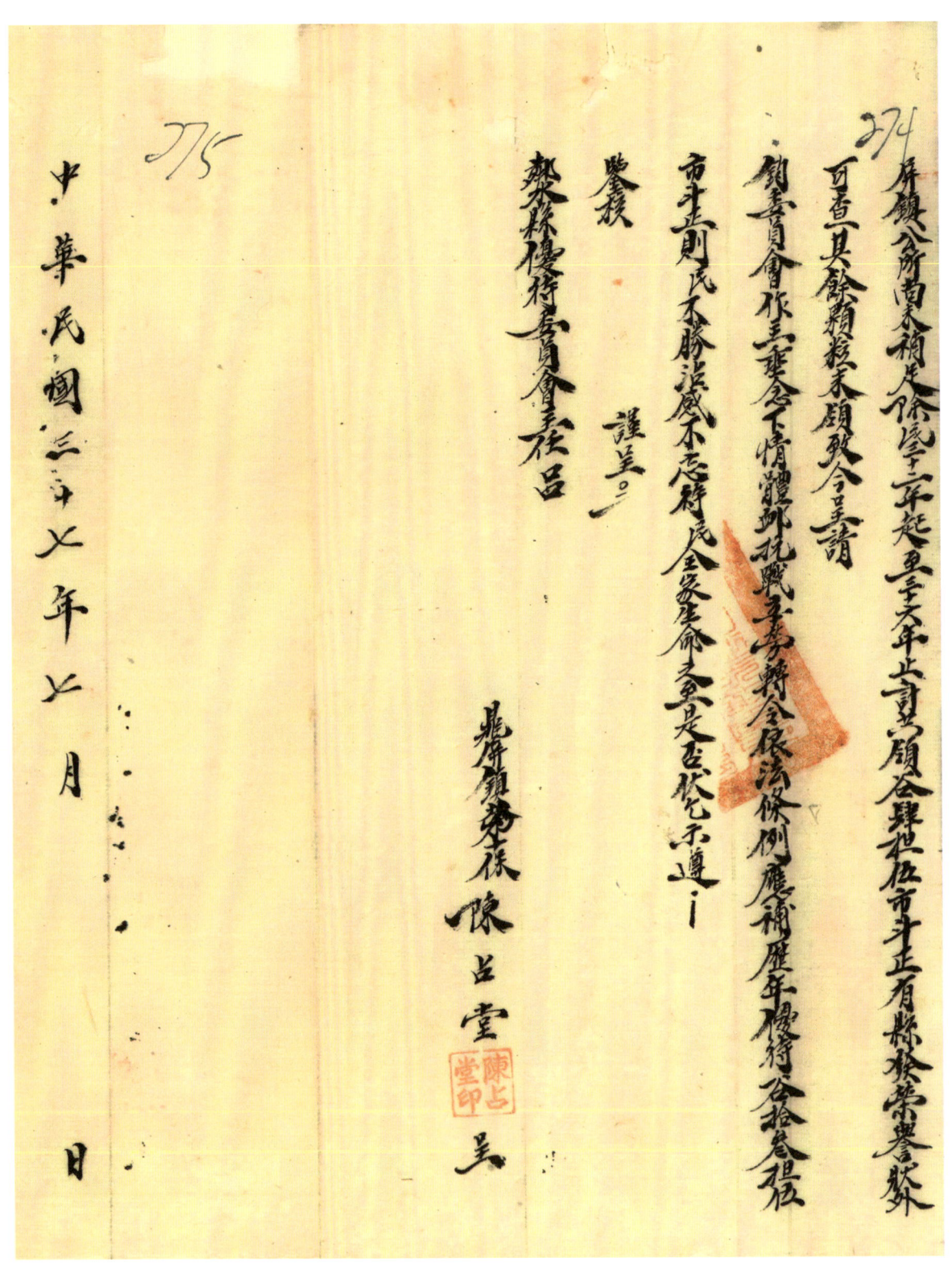

邻水县延金乡十八保退伍军人邱里仁关于恳请鼎屏镇公所依法补发历年应领未领优待谷致县出征抗敌军人家属优待委员会的报告（一九四八年七月）

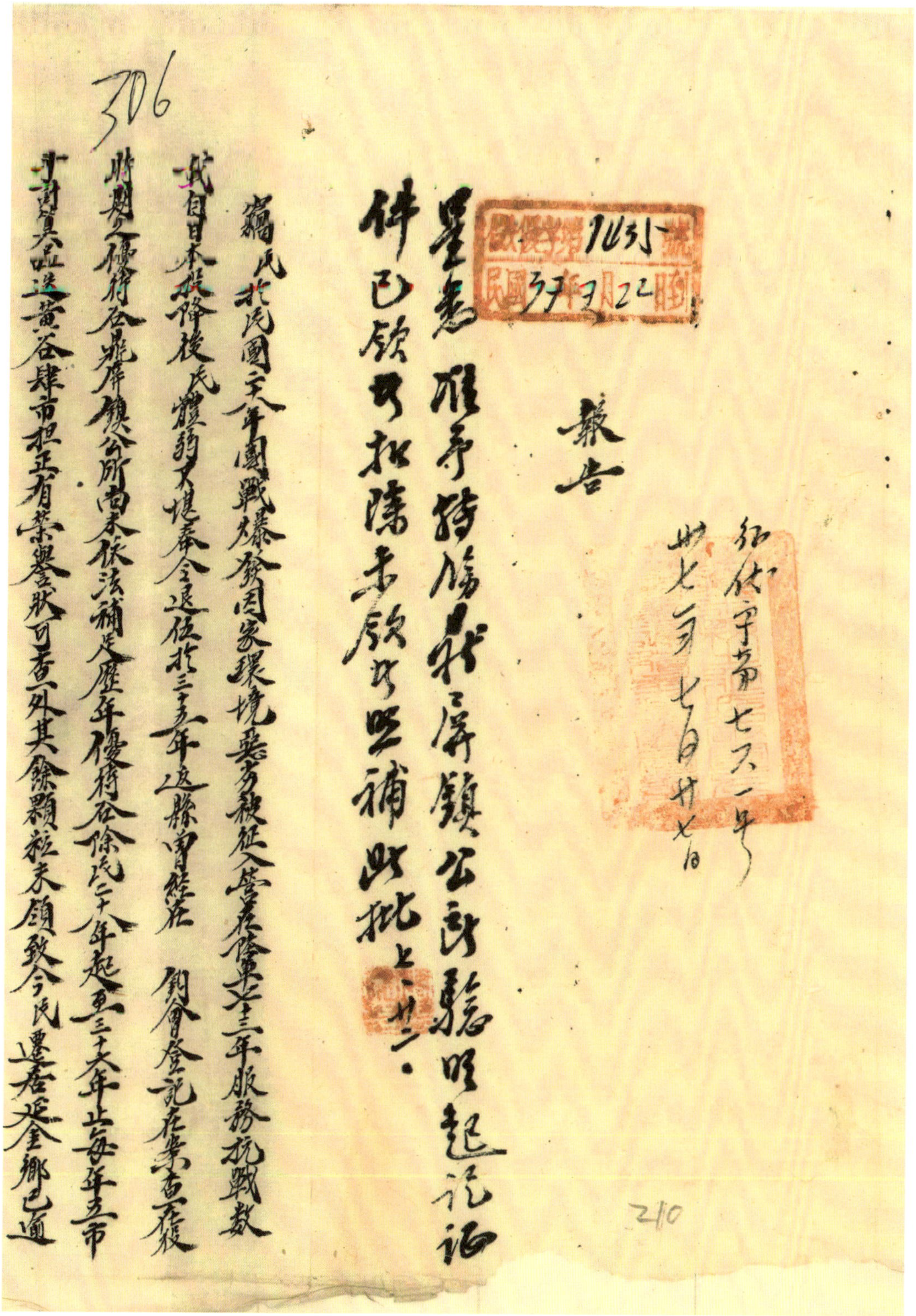
306

优待委员会 收字第1035号 民国37年7月22日 到

红代字第七六一号 卅七年七月廿七日

报告

呈悉。准予转饬鼎屏镇公所照追记证件，已领者扣除，未领者照补。此批。七、廿二。

窃民于民国廿八年国战爆发，国家环境异常，被征入营，至卅三年服务抗战数载，因日本投降，援民体弱不堪，奉令退伍，于卅五年返县，曾经在□会登记在案查获。时期之优待谷，鼎屏镇公所尚未依法补足历年优待谷，除民二十八年起至三十六年止每年五市斗计算共只送黄谷肆市担五有案娄然可查外，其余额谷未领，致今民还居延金乡已道半載未歷年發放，理合懇請轉令鄉保鎮公所依法補發歷年應領未領之優待谷斛，民不勝沾感待命之至。是否，伏乞指遵！

鑒核。

謹呈

鄰水縣優待委員會主任呂

延全鄉八保 鄧里仁 呈

307

中華民國三十七年七月　日

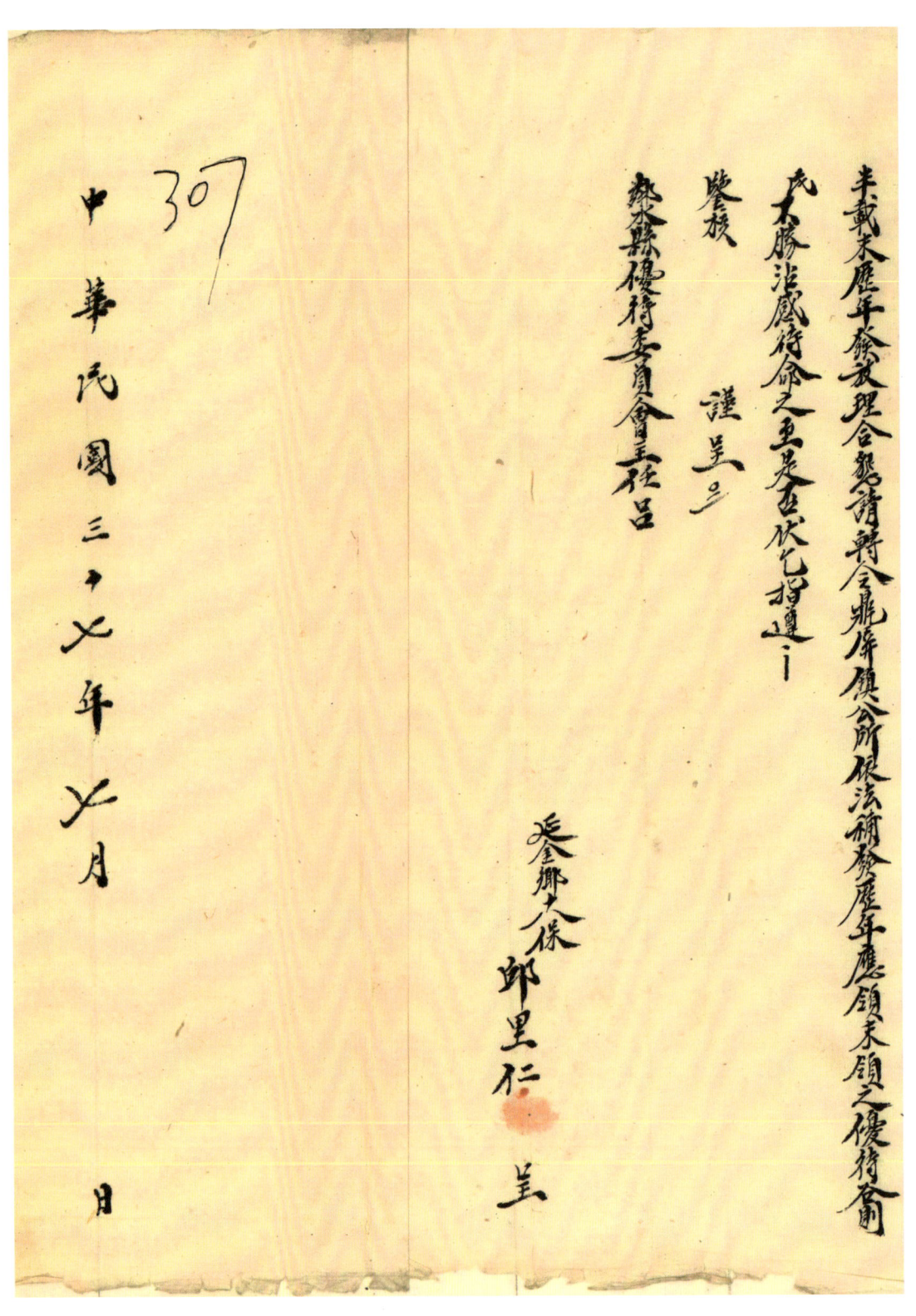

邻水县解愊乡第六保张怀中关于申请补发其父出征至阵亡期间应领未领优待谷致县出征抗敌军人家属优待委员会的报告（一九四八年七月）

報告

為出征陣亡懇予補發優待黄谷以維生活而慰抗屬事情民世居解愊六保務農為業先父畢清公於民二十六年抗戰初起奉征入營服務一四六師歷有年所忠職守報效党國不幸於三十四年七月奮勇殺敵陣亡前方惟先父入伍以来前後為時九載所有歷年優待黄谷除去年年關一次領足一市石外餘數概未發給致使日食難度無法維持生計闔家老幼幾成餓莩悽慘之情匪可言喻值此並發放優待之際理合具文報請

鈞會鑒核俯准援照優待條例按年計祘如數補發以示體恤而慰忠

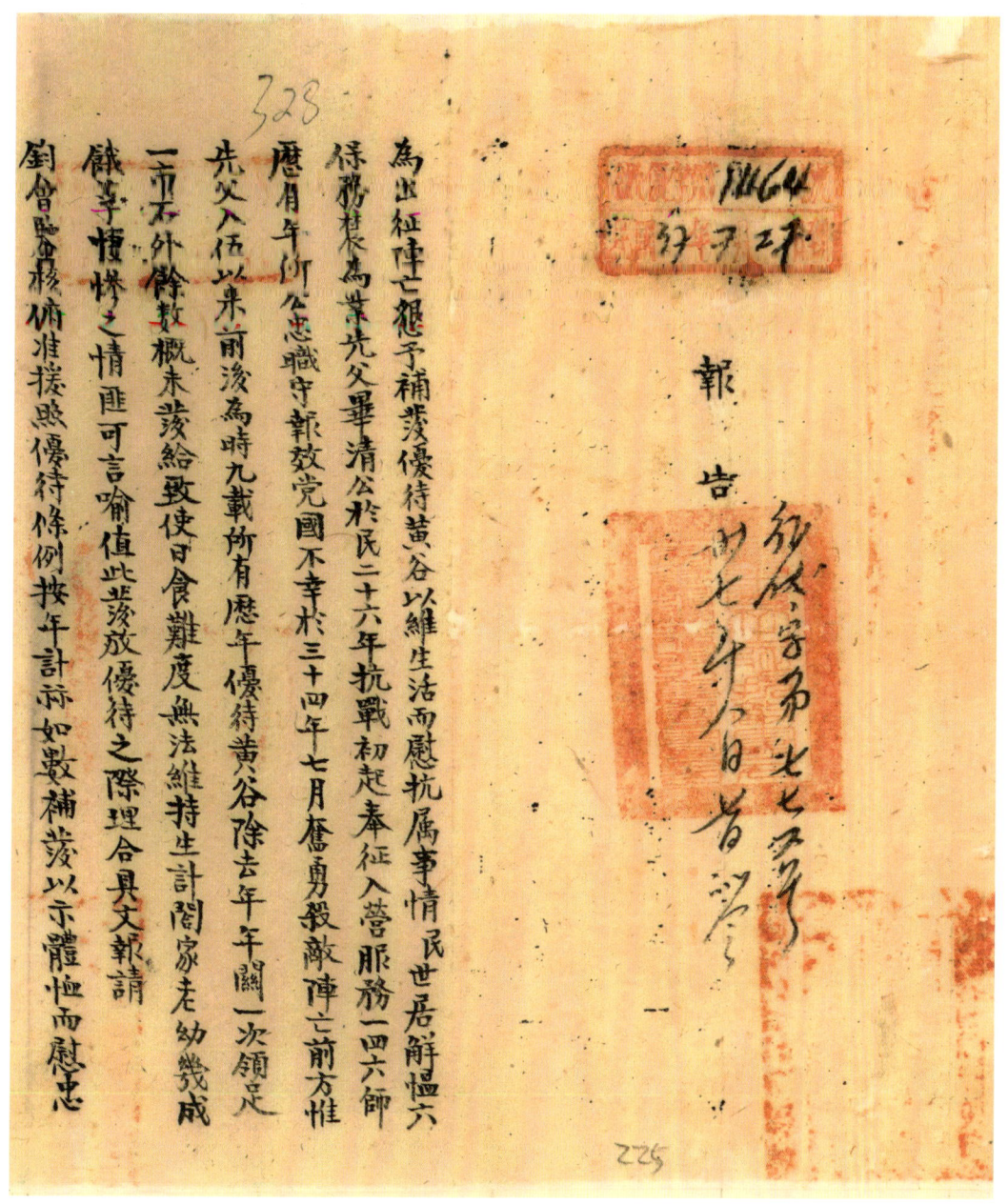

瑰如蒙允准實沾德便！

謹呈。

優待委員會 公鑒

具呈人 張懷中 住解愠鄉第六保

呈悉。准予轉飭解愠鄉鎮公所查明入伍及死亡時期，已否領卹，據報係未領照補。此批。七、六 英

中華民國三十七年七月 日

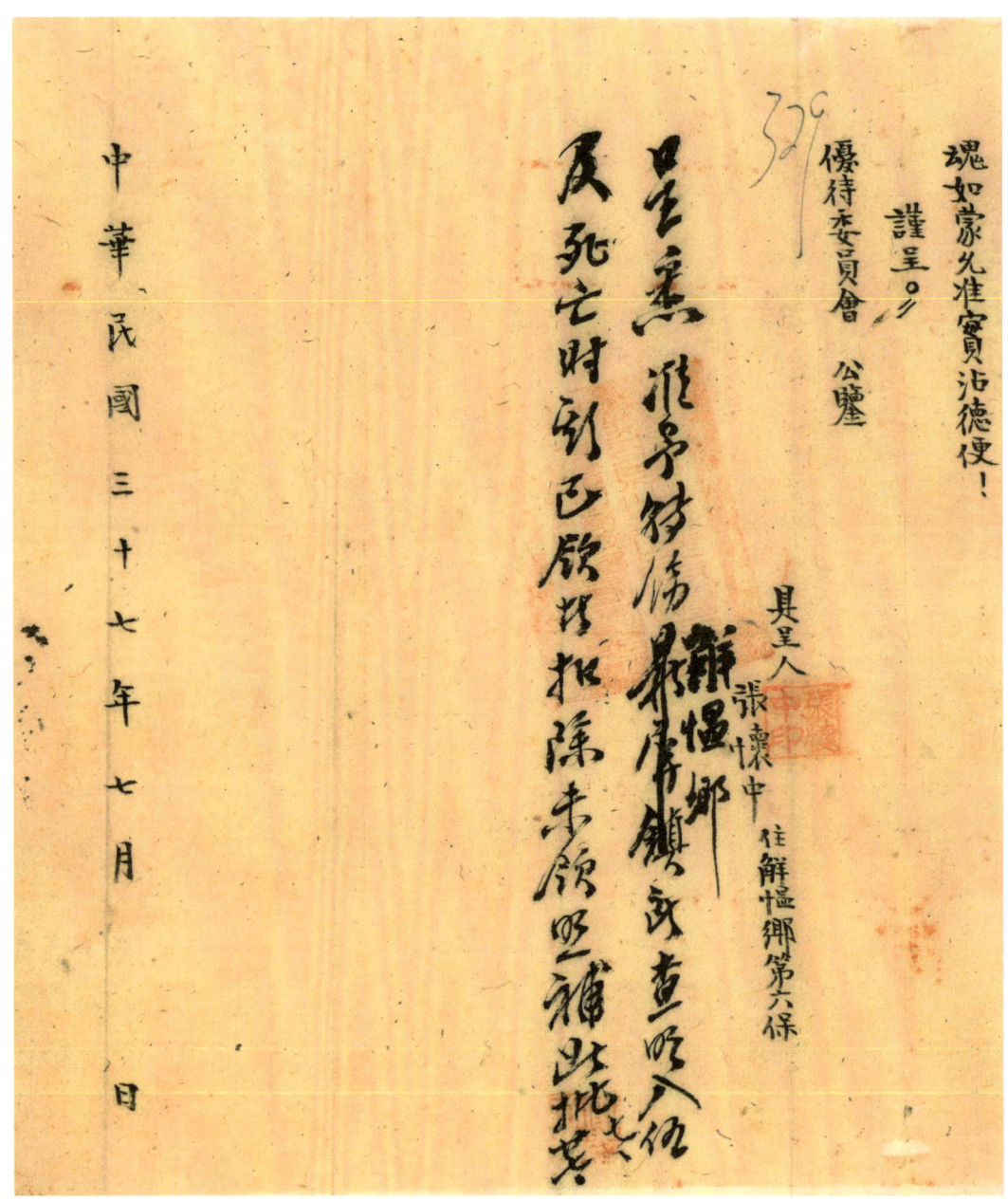

邻水县同石乡公所关于证明退伍军人孙全周退伍情况及补发应领未领优待谷事宜致县出征抗敌军人家属优待委员会的呈（一九四八年七月）

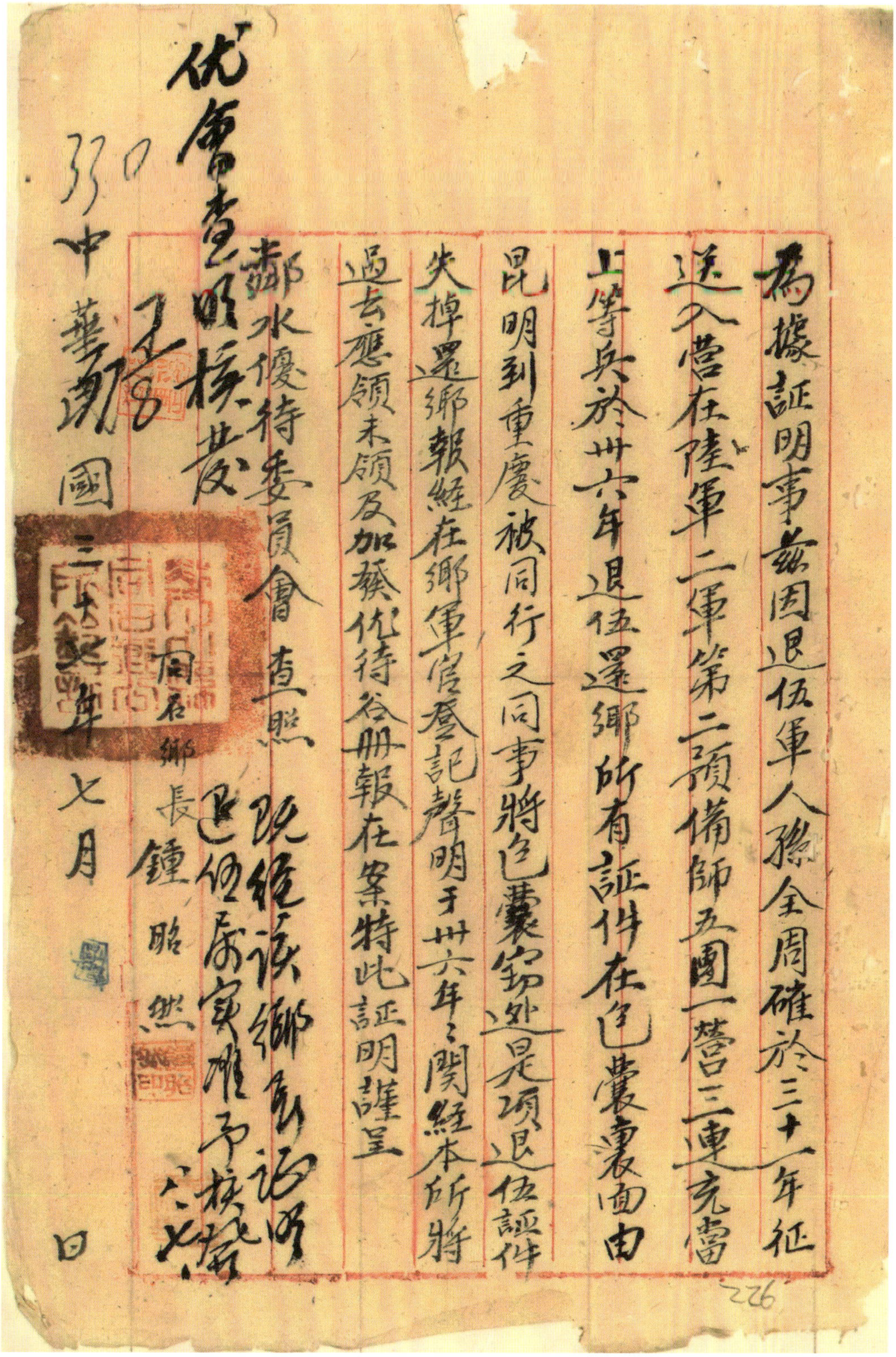

为据证明事兹因退伍军人孙全周确于三十一年征送入营在陆军第二军第二预备师五团一营三连充当上等兵於卅六年退伍还乡所有证件在包囊里面由昆明到重庆被同行之同事将包囊窃逃是项退伍证件失掉还乡报经在乡军官登记声明于卅六年关经本所将过去应领未领及加发优待谷册报在案特此证明谨呈

邻水优待委员会 查照

同石乡乡长 钟昭然

中华民国三十七年七月 日

优会查明核发

院经该乡长证明退伍属实准予核发

邻水县柑子乡二保喻从源关于申请发给历年应领优待谷致县出征抗敌军人家属优待委员会的呈（一九四八年七月）

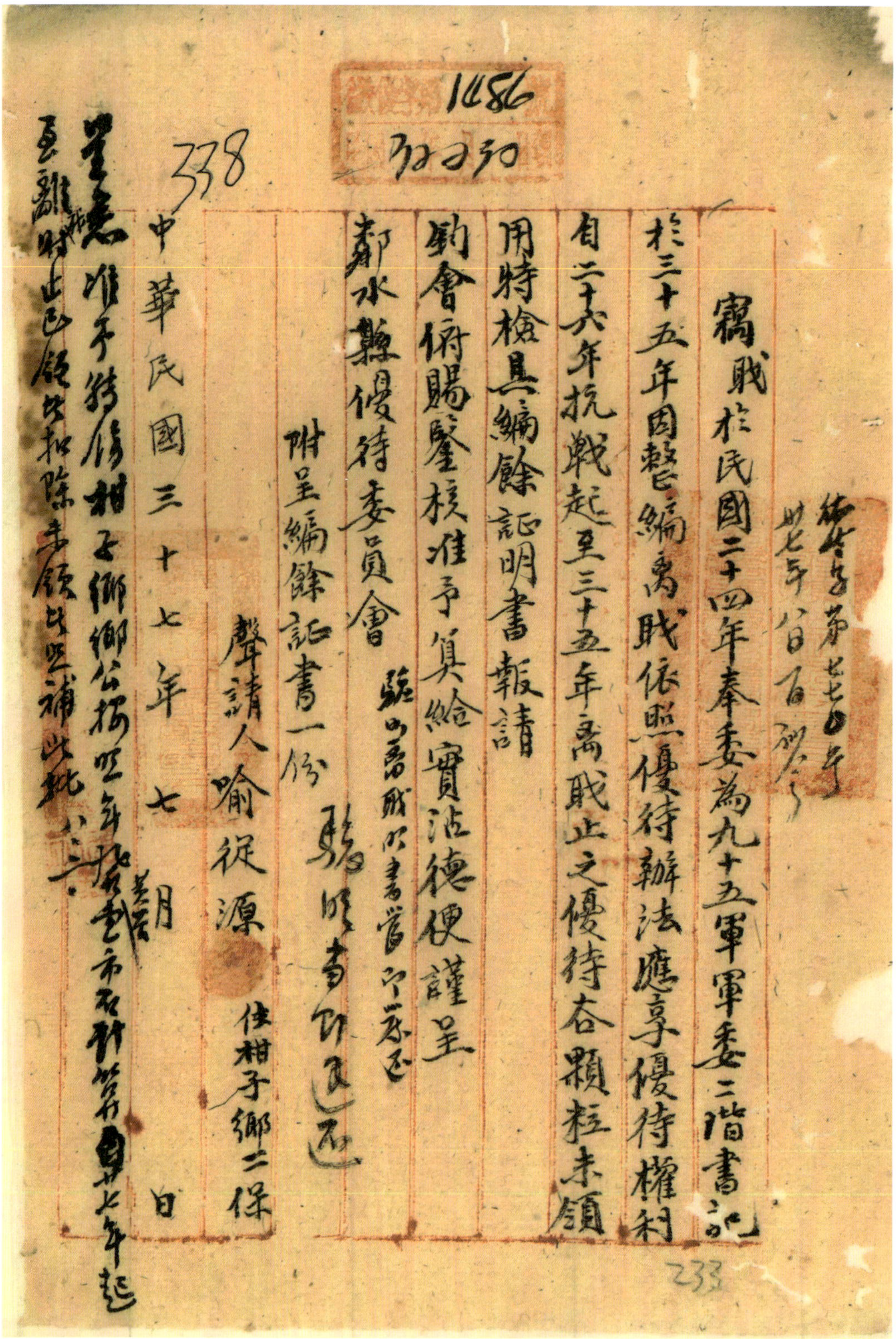
竊職於民國二十四年奉委為九十五軍軍委二階書記，於三十五年因整編離職，依照優待辦法應享優待權利。自二十六年抗戰起至三十五年離職止之優待谷顆粒未領，用特檢具編餘証明書報請

鈞會俯賜鑒核，准予照給，實沾德便。謹呈

鄰水縣優待委員會

附呈編餘証書一份

聲請人 喻從源 住柑子鄉二保

中華民國三十七年七月 日

呈悉。准予轉飭柑子鄉鄉公所按照年[illegible]

邻水县解愠乡出征军人杨道成、家属杨邱氏关于申请补发历年优待谷致县出征抗敌军人家属优待委员会的呈（一九四八年七月）

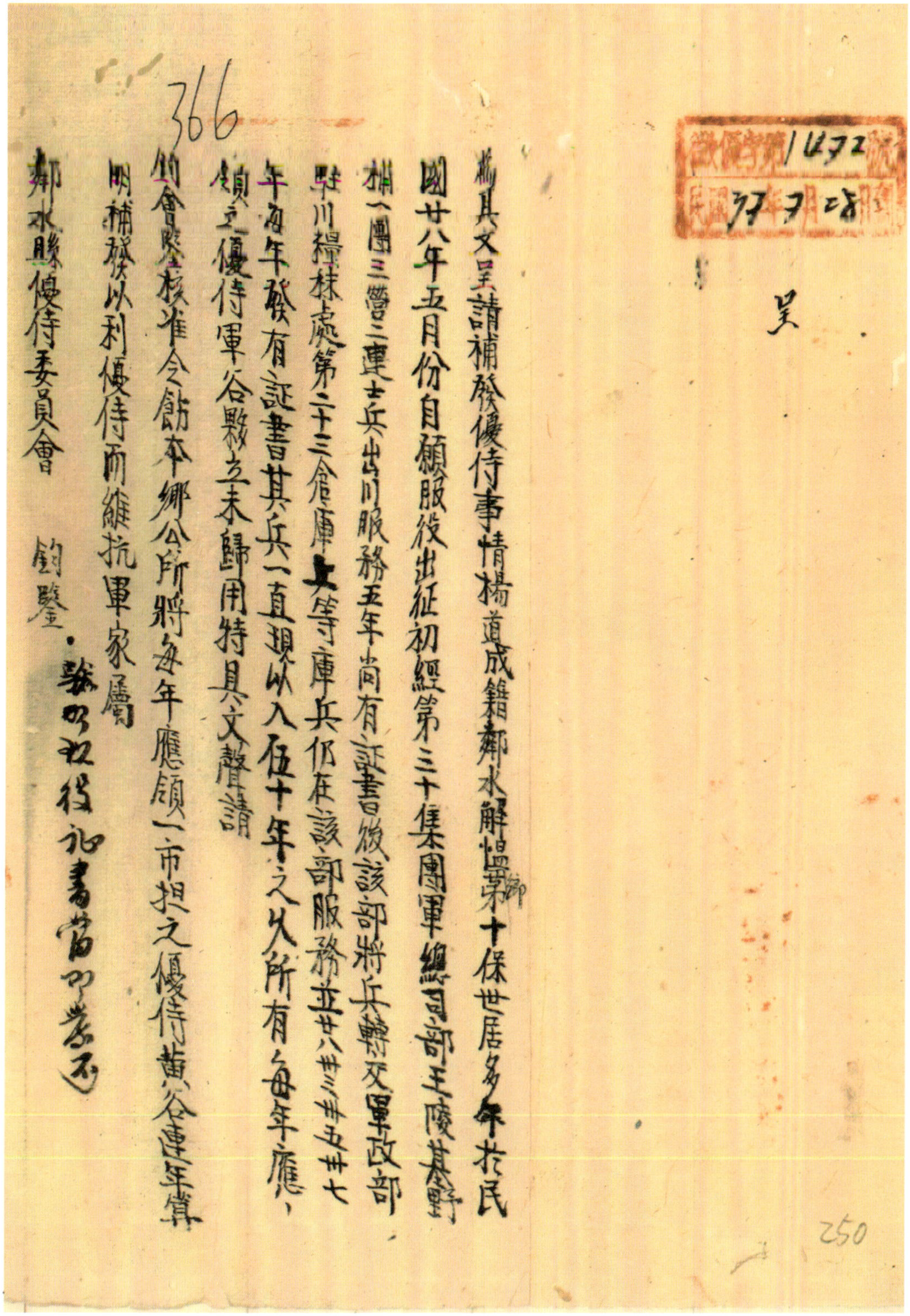

徵優字第1432號
民國37年7月16日

呈

為具文呈請補發優待事情楊道成籍鄰水解慍鄉第十保世居多年於民國廿八年五月份自願服役出征初經第三十集團軍總司令部王陵基野補一團三營二連士兵出川服務五年尚有證書嗣後該部將兵轉交軍政部駐川糧秣處第二十三倉庫上等庫兵仍在該部服務並廿八卅三卅五卅七年每年發有證書其兵一直現以入伍十年之久所有每年應領之優待軍谷概未歸用特具文聲請鈞會賜予核准令飭本鄉公所將每年應領一市担之優待黃谷連年算明補發以利優待而維抗軍家屬

鄰水縣優待委員會　鈞鑒

[illegible]叩呈

367

呈悉。准予轉飭解幌鄉公所查明入伍期間，核對證件如相符合，依法照補。此批。七、卅。

秘發字第七八三号

卅七年八月廿日

出征軍人 楊道成

家屬 楊邱氏

中華民國三十七年七月 日

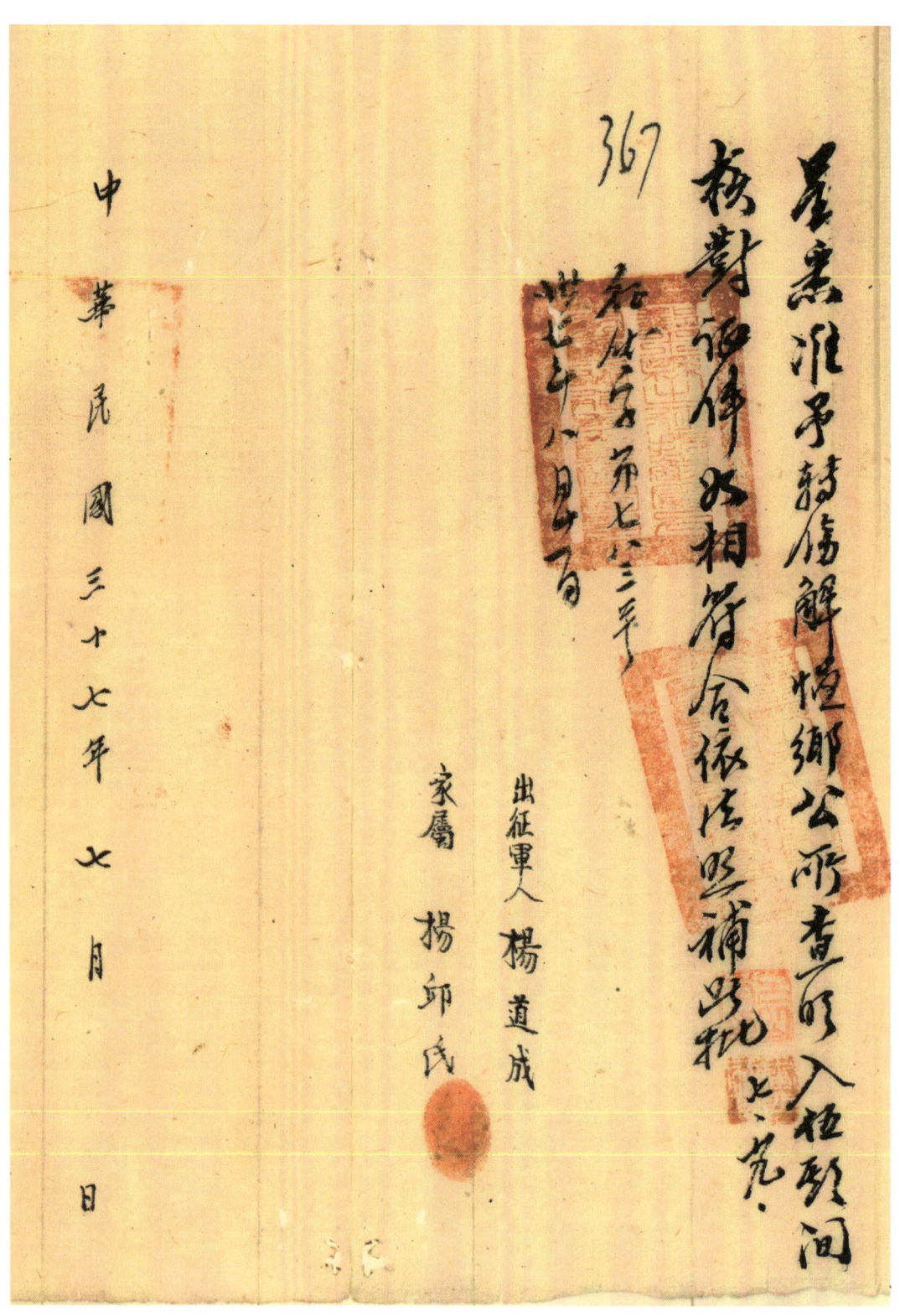

邻水县王家乡退伍军人游开银关于申请补发应领未领优待谷致县出征抗敌军人家属优待委员会的报告（一九四八年七月）

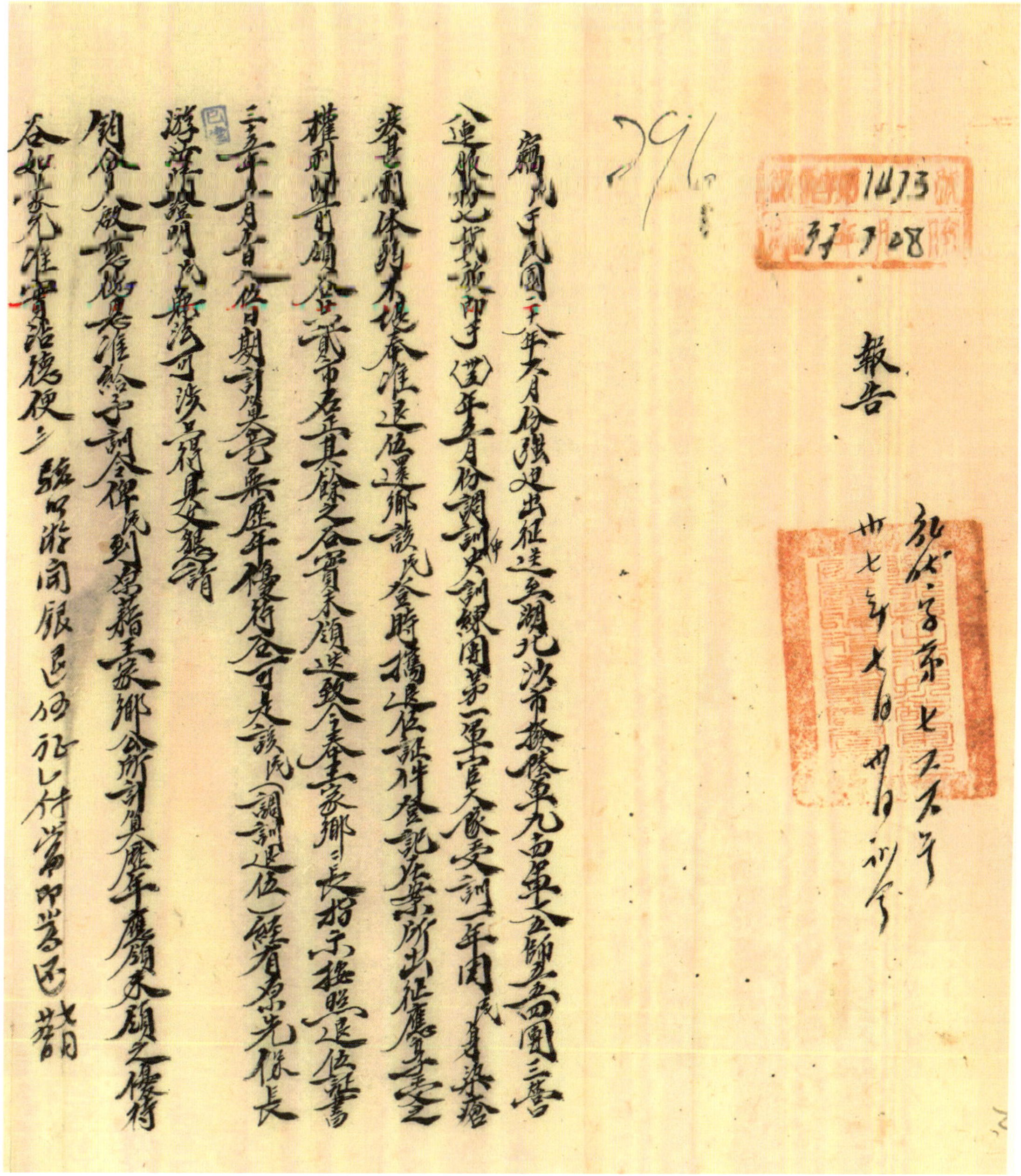

291

1473
37 7 28

報告

發文字第七一□號
卅七年七月廿日

竊民于民國二十八年六月份強迫出征，送至湖北沙市換撥第九十四軍五十五師三五四團三營八連服務，又于卅一年五月份調訓中央訓練團第一軍官大隊受訓一年，因民身染瘡疾，體弱不堪，奉准退伍返鄉。該民當時攜退伍證件登記在案，所出征應享之權利，照民所領谷貳市石五斗，其餘之谷實未領，近致今春王家鄉鄉長指示按照退伍證書三十五年十月廿八退伍日期計算，民無歷年優待谷，可是該民（調訓退伍）經有原先保長游德清證明，民無法可設，只得具文懇請

鈞會人欽惠俯允准給予訓令，俾民到原籍王家鄉公所討領歷年應領未領之優待谷，如蒙允准，實沾德便。

謹呈 [illegible]

七月 日

297

鑒核　謹呈

麗水縣優待委員會主任呂

（附呈退伍證書一件）

碧湖鄉退伍軍人游開銀 呈

呈悉。准予轉飭王家鄉公所查明入伍時間核對證件按年發放一市石計算，已發者扣除，未發者照補。此批。七.廿九.

中華民國三十七年七月　日

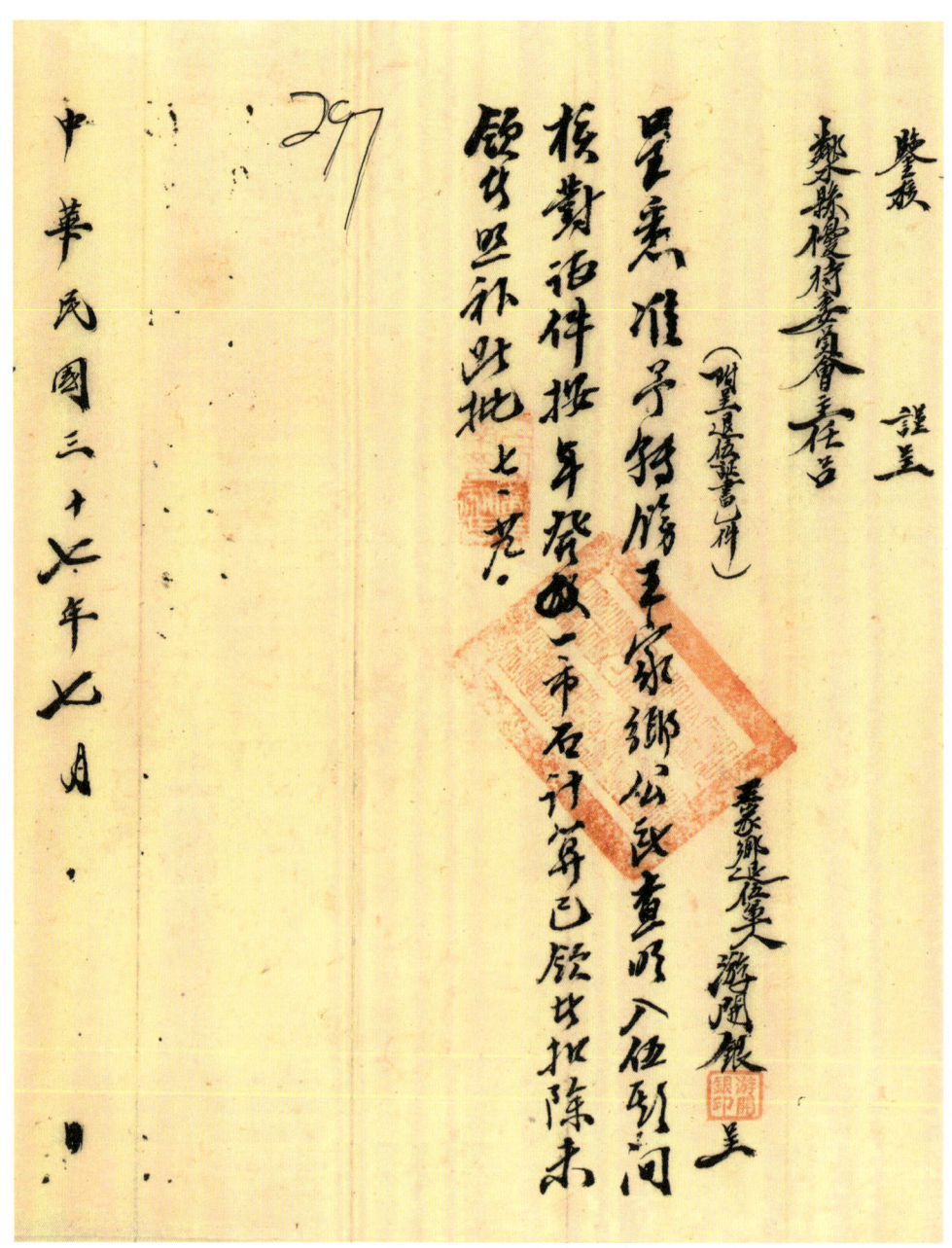

邻水县延金乡第十一保办公处关于补发征属周全弟优待谷致县出征抗敌军人家属优待委员会的呈
（一九四八年七月）

1016 78 26 1728-24

鄰水縣延金鄉第十一保辦公處 呈 三十七 七

為具實証明本保征屬周全弟應領歷年優待谷懇予補發由

為具實証明懇予鑒核補發歷年未領優待谷以恤征屬事。竊職保花民、周全曾係於民國三十二年被征入營服役，於三十三年改編補充重迫擊炮四團一營二連服務，當時寄有在營函件可資查考。茲值鈞會奉頒優待征屬明文，理合將該周全曾在營函件一份隨文賚請鈞會俯賜鑒核，准予補發方領優待谷，實沾德便！謹呈

縣長兼主任委員 劉

主任委員 呂

附周全曾在營函件一份

保長 王榮宗

呈悉。仰[illegible]查明該周全有無[illegible]鈞會俯[illegible]

[illegible]

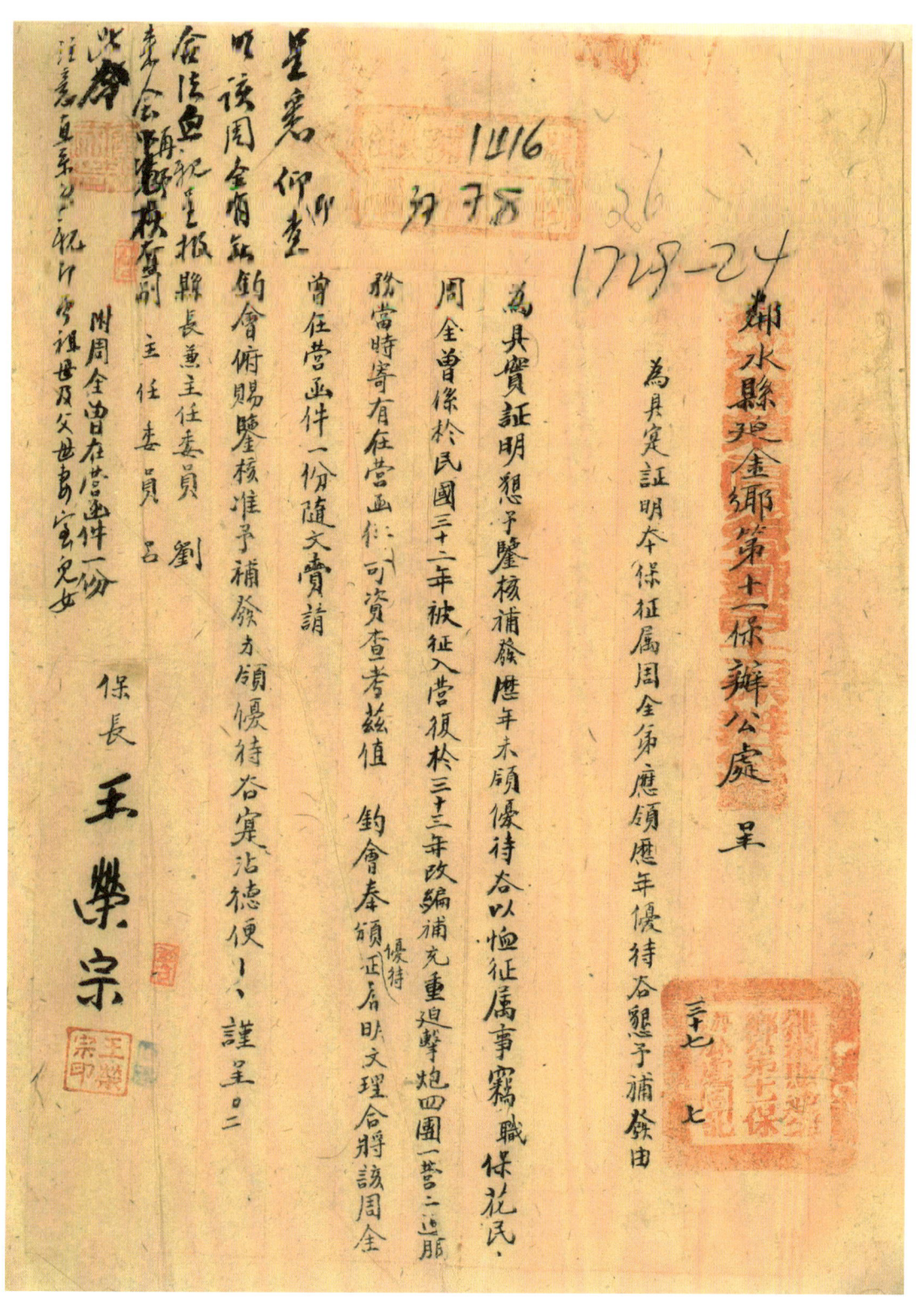

附：周全弟声请书（一九四八年七月）

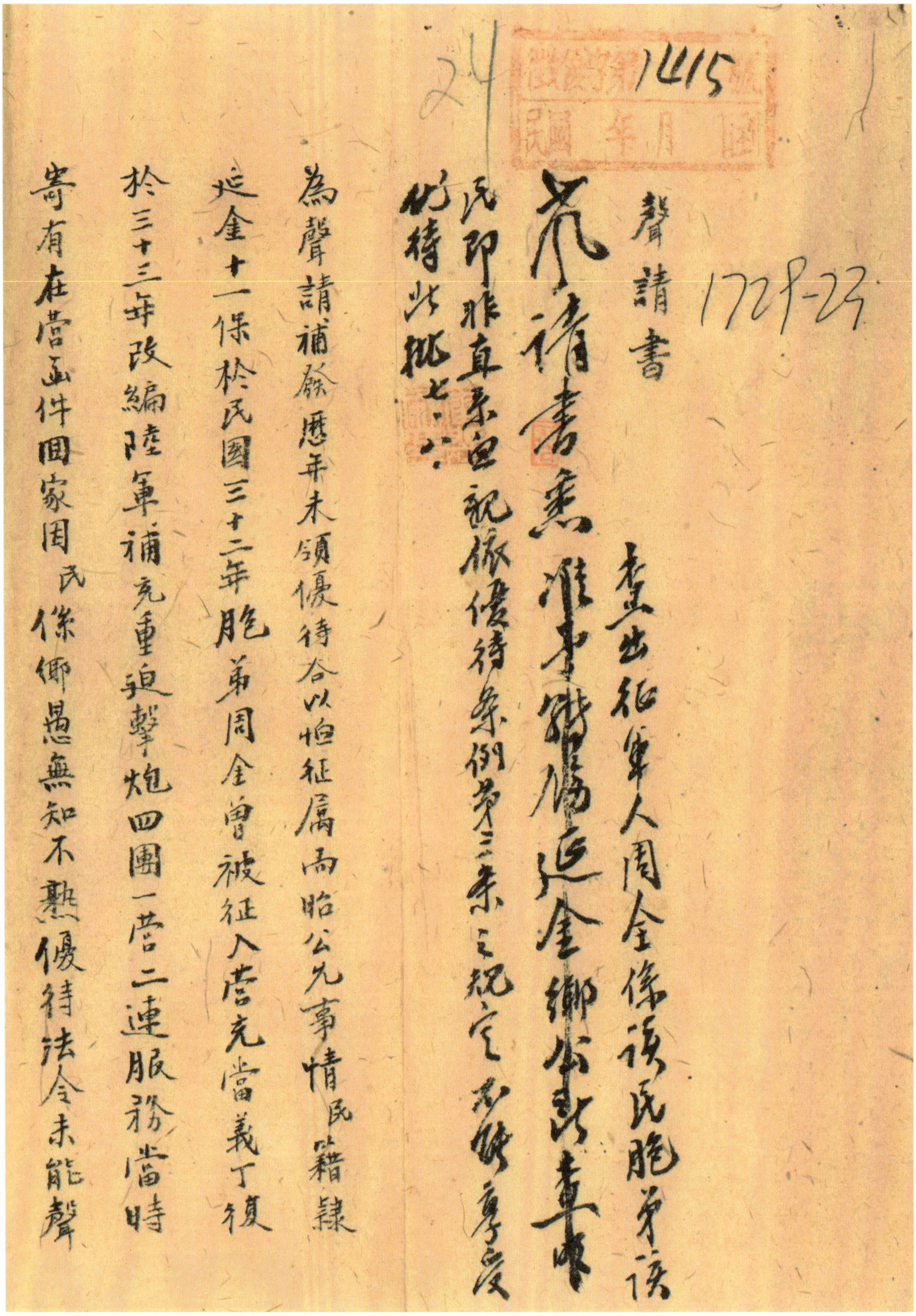

聲請書

查出征軍人周全係該民胞弟，該
民請書悉。准予轉飭延金鄉公所查明
該民即非直系血親，依優待條例第三條之規定，礙難享受
優待。此批。七、六

為聲請補發歷年未領優待谷以恤征屬而昭公允事情。民籍隸
延金十一保，於民國三十二年胞弟周全曾被征入營充當義丁，復
於三十三年改編陸軍補充重迫擊炮四團一營二連服務，當時
寄有在營函件回家，因民係鄉愚無知，不熟優待法令，未能聲

25

請登記現值 鈞會頒布優待征屬期得寔惠是特依法、
聲請
鈞會俯賜鑒核自三十二年起未領之優待谷懇予一律補發如蒙
允准沾感無涯矣〡、 謹呈○二 信士府蒙區
縣長兼主任委員 劉
副主任委員 呂
聲請人 周金第十
中華民國三十七年七月 日

邻水县九龙乡退伍军人黄开体关于申请补发历年优待谷致县出征抗敌军人家属优待委员会的签呈（一九四八年八月三日）

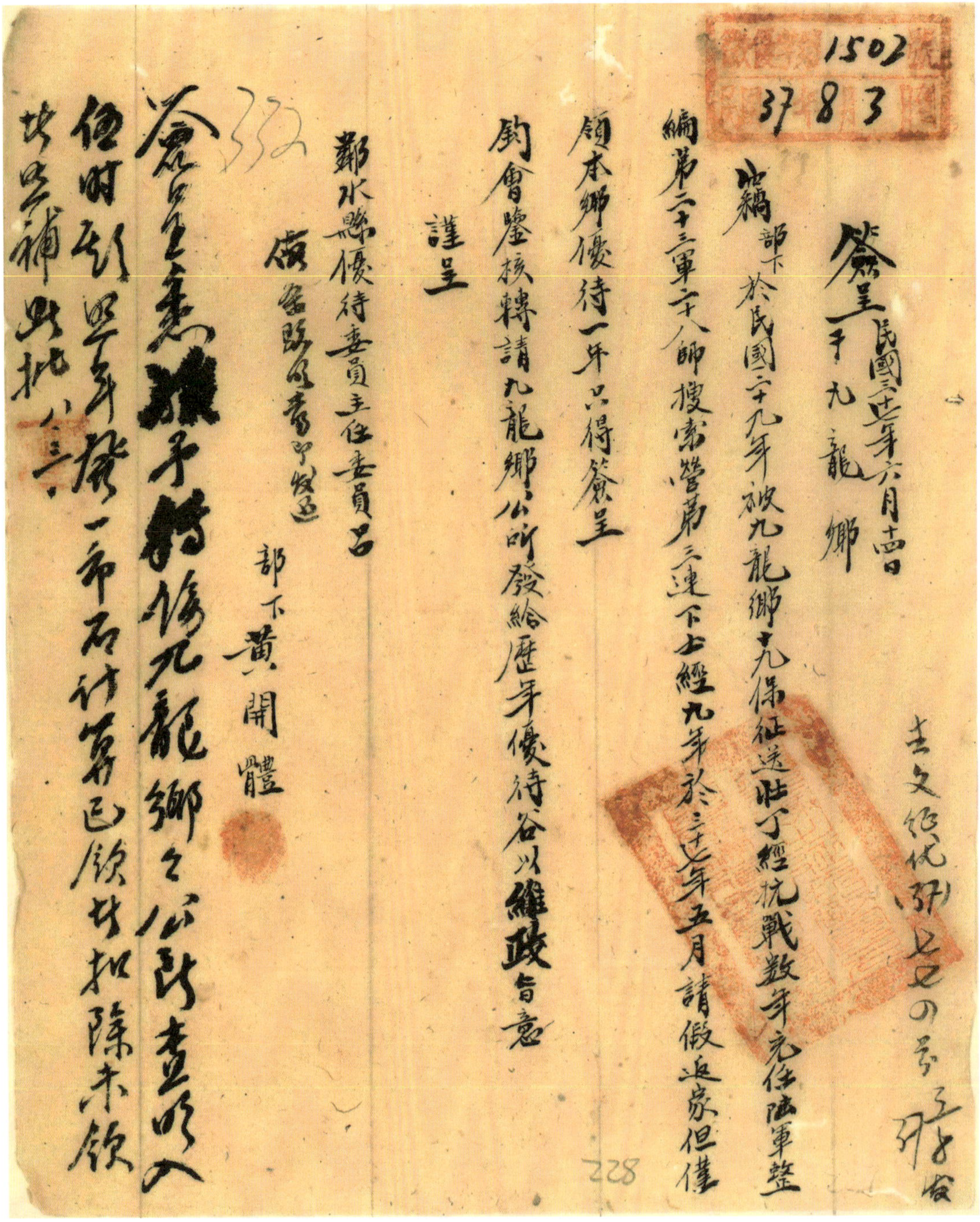

签呈 民国卅七年六月壹日 于九龙乡

窃部下于民国二十九年被九龙乡十九保征送壮丁，经抗战数年，充任陆军暂编第二十三军二十八师搜索营第三连下士，经九年，于三十七年五月请假返家，但仅领本乡优待一年，只得签呈钧会鉴核，转请九龙乡公所发给历年优待谷，以维政旨意。

谨呈

邻水县优待委员会主任委员吕

部下 黄开体

签呈悉。准予转饬九龙乡乡公所查明入伍时间，照年发一市石计算，已领者扣除，未领者照补。此批 八·三

邻水县常备自卫队第一中队退役军人邬海澄关于申请补发历年应领优待谷致县出征抗敌军人家属优待委员会的报告（一九四八年八月八日）

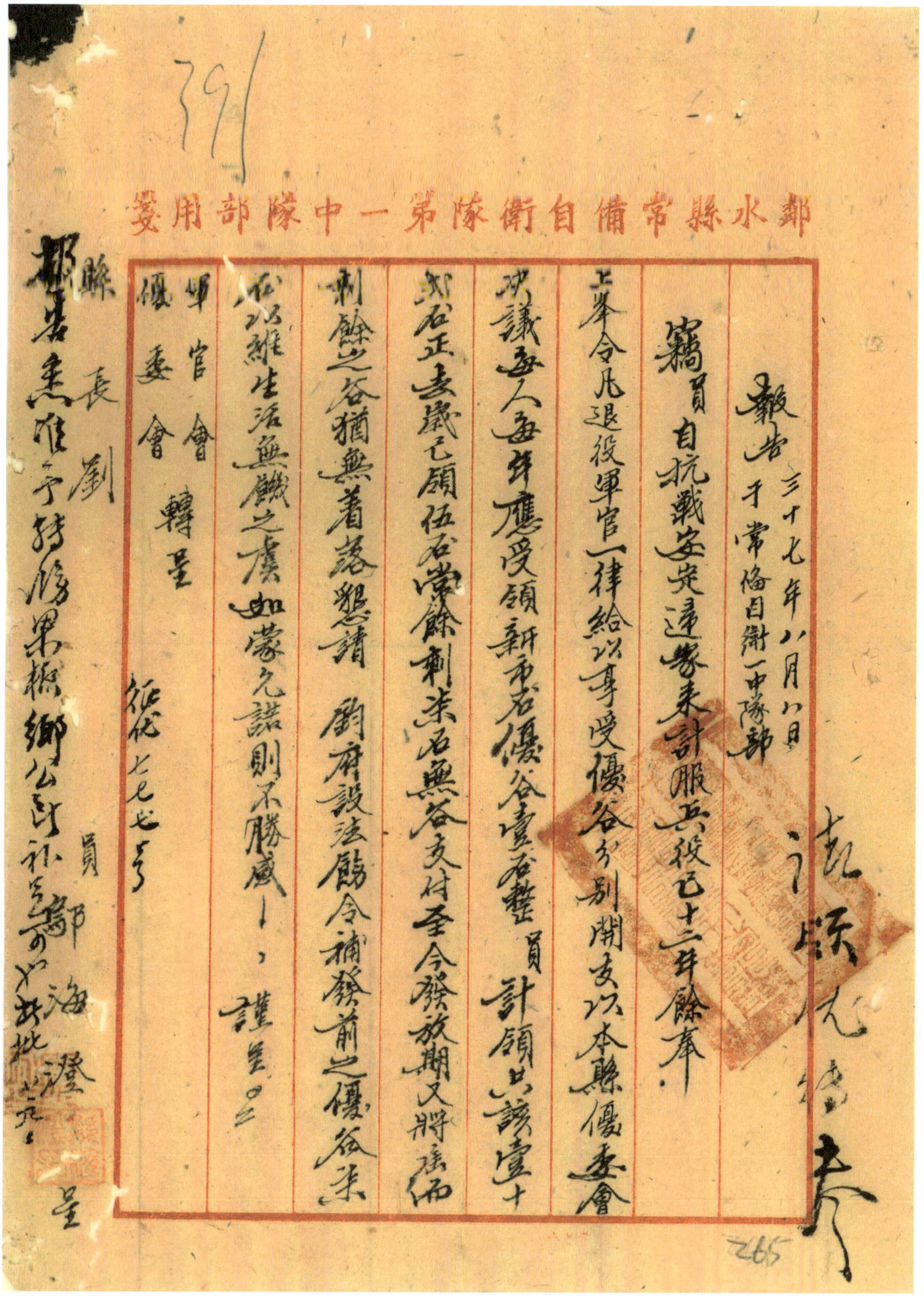
鄰水縣常備自衛隊第一中隊部用箋

報告　三十七年八月八日　於常備自衛一中隊部

竊員自抗戰安定迄豫來計服兵役已十二年餘奉
上峯令凡退役軍官一律給以享受優谷分別開支以本縣優委會
決議每人每年應受領新市石優谷壹石整　員計領共該壹十
八石正　去歲已領伍石　尚餘剩柒石無谷支付至今發放期又將屆而
剩餘之谷猶無着落　懇請
鈞府設法飭令補發前之優谷柒
石以維生活無饑之虞　如蒙允諾則不勝感！　謹呈
鄰縣　軍官會　優委會　轉呈
縣長　劉
報告人　員　鄒海澄　呈

邻水县出征抗敌军人家属优待委员会关于补发抗敌军人家属刘群芳优待谷致九龙乡公所的训令（一九四八年八月十日）

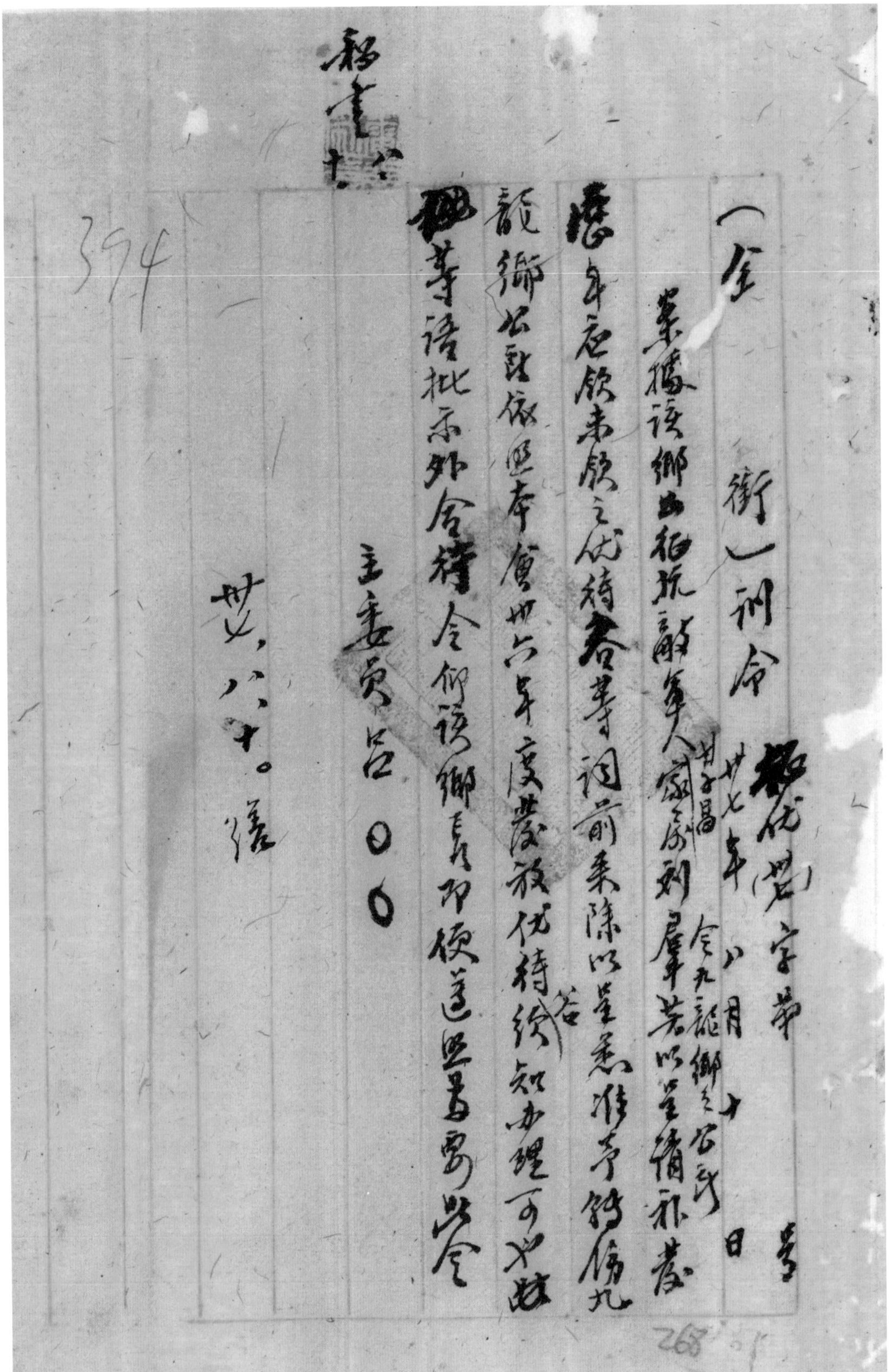
（全衔）训令　卅七优（总）字第　号
卅七年八月十日
令九龙乡公所
案据该乡出征抗敌军人家属刘群芳以呈请补发
历年应领未领之优待谷等词前来，除以呈悉，准予转饬九龙乡公所依照本会卅六年度发放优待谷须知办理可也。此答
等语批示外，合行令仰该乡长即便遵照为要。此令
主任委员 ○○
卅七、八、十。缮

附：邻水县九龙乡抗敌军人家属刘群芳关于恳请发给优待谷致县政府的报告（一九四八年五月十四日）

報告　九三七年　月　日
龍　鎮

一、竊氏昔年均係隨鄧逆虎未常遠離祇以戡乱方殷兵
書榜舞之際軍務移北故留於九龍鎮家下侍奉老母以盡孝
猶
二、昨接夫甘子昌械悉國防部通令各縣府三六年戍賤字第
一五二號丑巧代電規定凡直接參加作戰軍人由三十年度起
至三十六年度止按眷屬四人計算每年應得黄谷捌市石
三、查子昌此代從軍直至抗战勝利無猶不惜犧牲轉战千里
協平戡乱効忠黨國以盡軍人天職
四、國家頒佈優待條例如此現役現軍人當能享受特此

倘文呈報
鈞府懇請轉知優委會照例發給以勵軍戎
397
謹 呈 （附參戰証明書一份）
鄰水縣政府
民 劉羣芳 呈

呈悉。准予轉飭九龍鄉公所依照本會卅六年度發放優谷須知辦理可也。此批
鄭仲賢 五月九日

歸檔

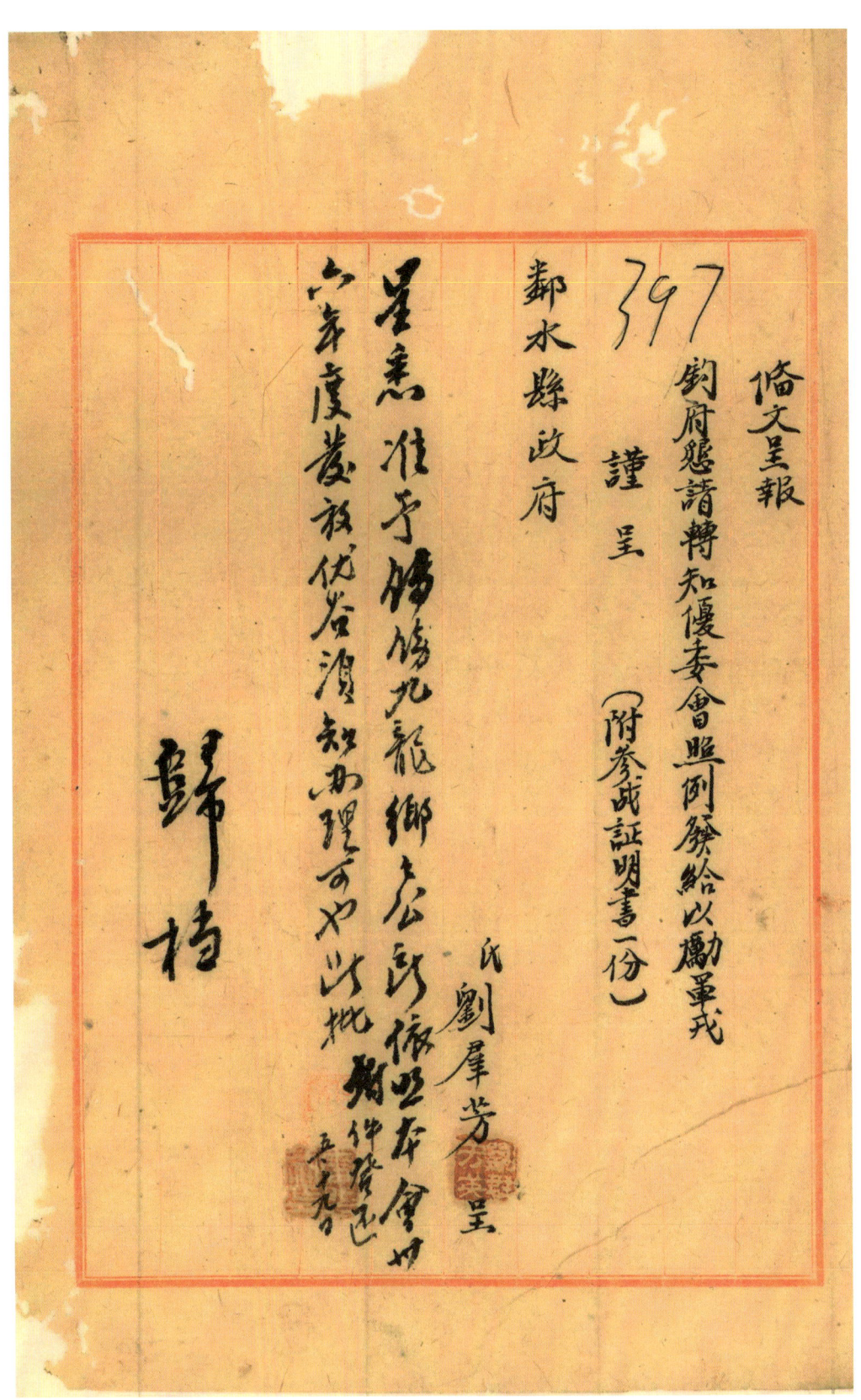

邻水县高兴乡第二保遗族王赖氏关于恳予发给优待谷致县出征抗敌军人家属优待委员会的呈（一九四八年八月十一日）

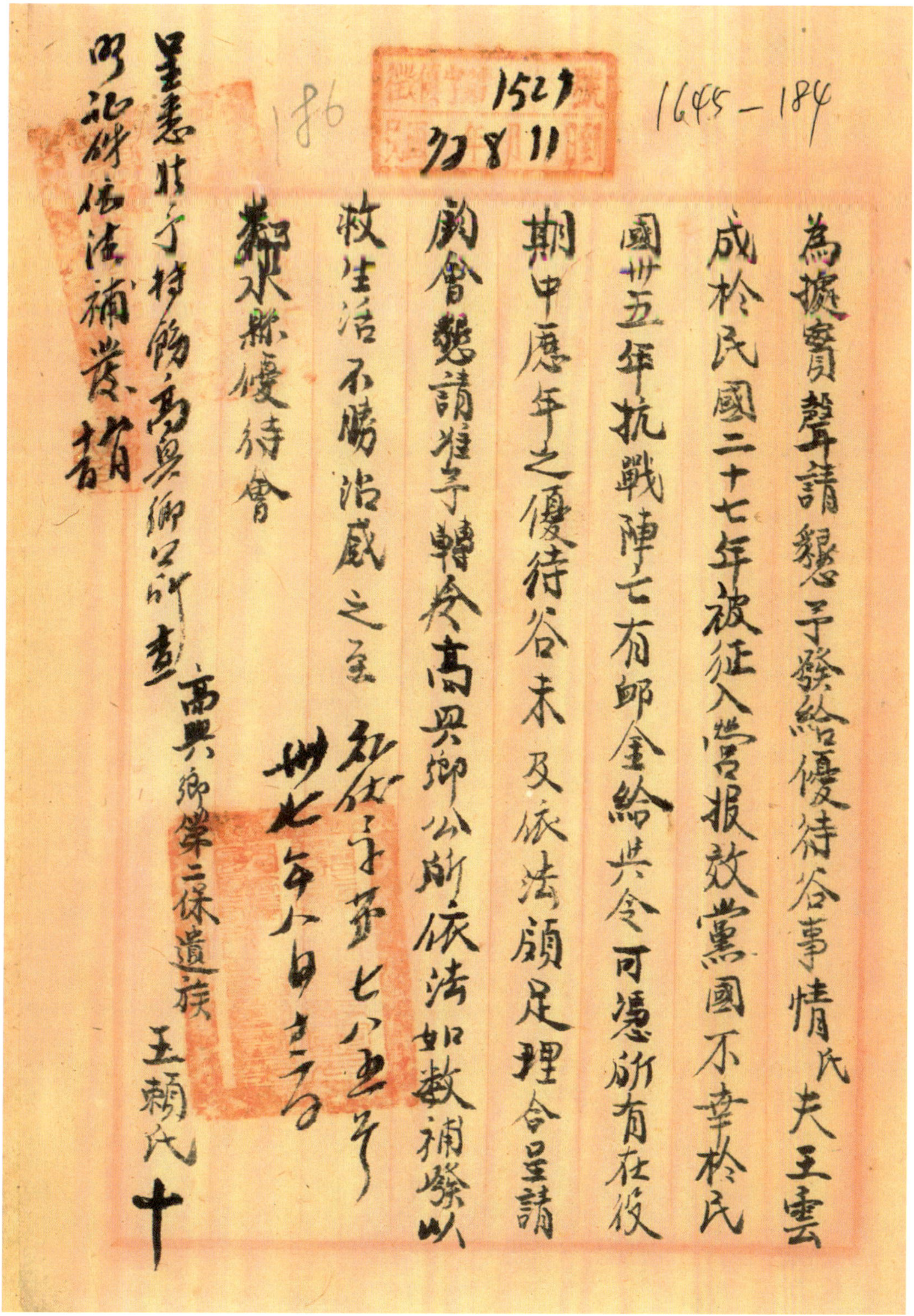
186

1521
37 8 11

1645－184

為據實聲請懇予發給優待谷事情氏夫王雲成於民國二十七年被征入營报效黨國不幸於民國卅五年抗戰陣亡有卹金給共令可憑所有在役期中應年之優待谷未及依法領足理合呈請鈞會鑒請准予轉飭高興鄉公所依法如數補發以救生活不勝治感之至

鄰水縣優待會

高興鄉第二保遺族 王賴氏 十

民國卅七年八月十一日

呈悉准予特飭高興鄉公所查明所欠依法補發此指

邻水县石永乡退役军官包青云关于申请补发历年优待黄谷致县出征抗敌军人家属优待委员的报告（一九四八年八月十四日）

1041

368

報告 三十七年八月十四日

為呈請照章補發歷年優待黃谷以示優待事情青云 自民國廿一年出外在廿一軍十八旅服務廿六年七七變起抗戰發生即轉入國軍第十師五六團充任中士班長轉戰晋魯各省積功擢升准尉卅年經中條山战役後撥入九四師二八一團迫擊炮排任職少尉排附嗣奉調到西北第八战區兵站總監部車二大隊八中隊任分隊長職迄至三十四年抗日獲勝兵站結束撥入甘肅軍管區司令部任少尉副員本年農曆三月初旬由甘退役回家不料行經該省所轄之九天峽突遇股匪劫掠將青云各職委狀派令退役等證件及行李旅費洗劫無餘幸沿途蒙同事舊友資助始於四月得返本縣返縣時曾將上情報告本鄉鄉公所証明在外從軍屬實呈請軍官會暨

鈞會登記外惟青云 自廿六年出川抗敵起自三十七年請退役返家止共十二年所有

251

每年應領優待谷從未承領用特具文呈請
鈞會俯賜鑒核補發青云歷年應領優待黄谷以彰國家盛典而示優待謹呈
鄰水縣優待委員會主任委員劉
呂
石永鄉退役軍官邑青云

報告悉。准予轉飭石永鄉公所查明入伍時間及退役時間，依照本會卅六年度發放須知辦理可也。此批。八、十四。

邻水县菁拱乡第十三保复员军人吴飞雄关于申请补发历年应领未领优待谷致县出征抗敌军人家属优待委员会的报告（一九四八年八月十六日）

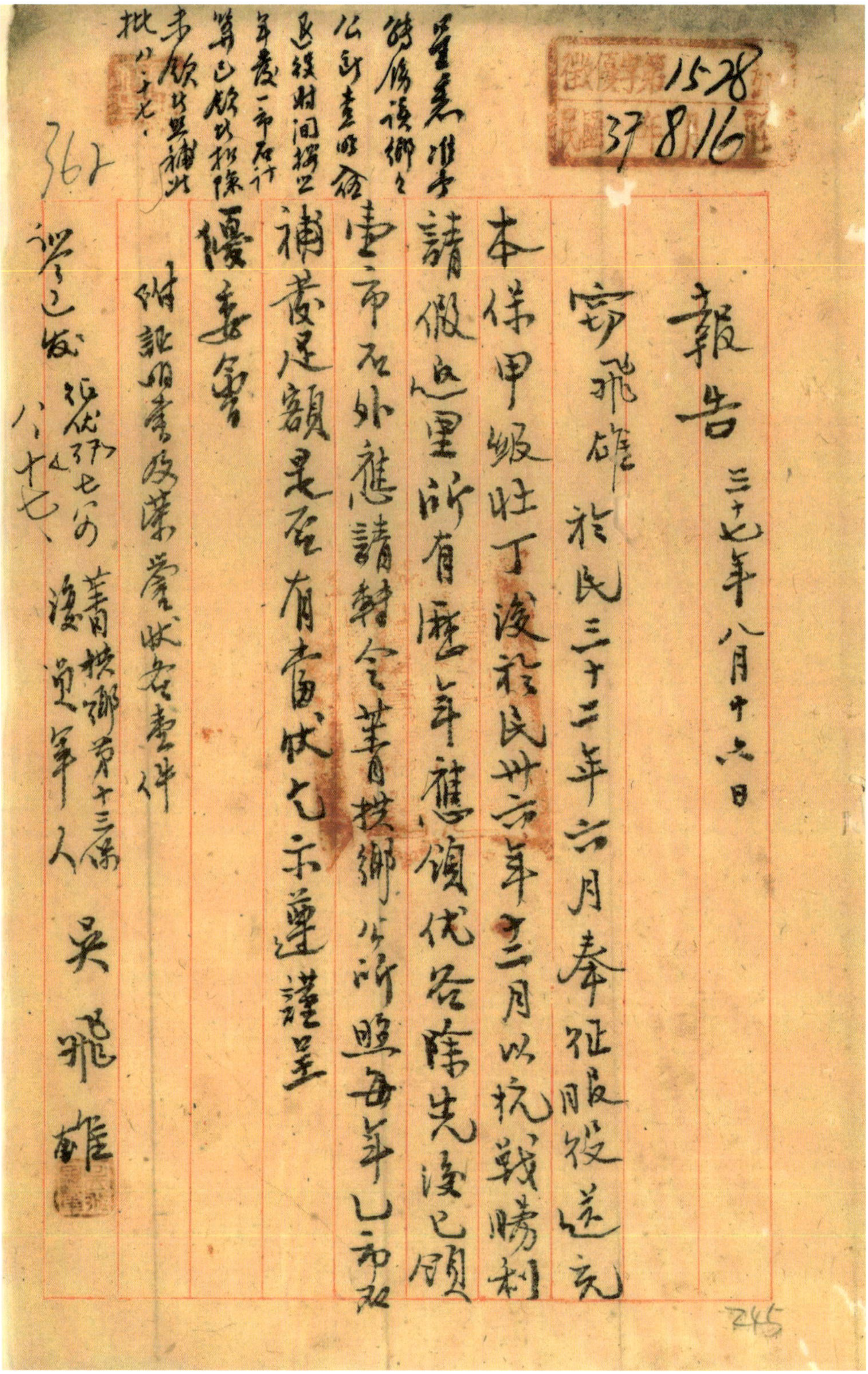
報告　三十七年八月十六日

窃飛雄於民三十二年六月奉征服役，迄本保甲級壯丁，後於民卅六年三月以抗戰勝利請假返里，所有歷年應領優待谷除先後已領壹市石外，應請轉令菁拱鄉公所照每年乙市石補發足額，是否有當，伏乞示遵。謹呈

優委會

附證明書及榮譽狀各壹件

菁拱鄉第十三保復員軍人　吳飛雄

附：邻水县普拱乡第十三保保长包树廷关于证明吴飞雄为复员军人及领取优待谷情况致县出征抗敌军人家属优待委员会的呈（一九四八年八月十六日）

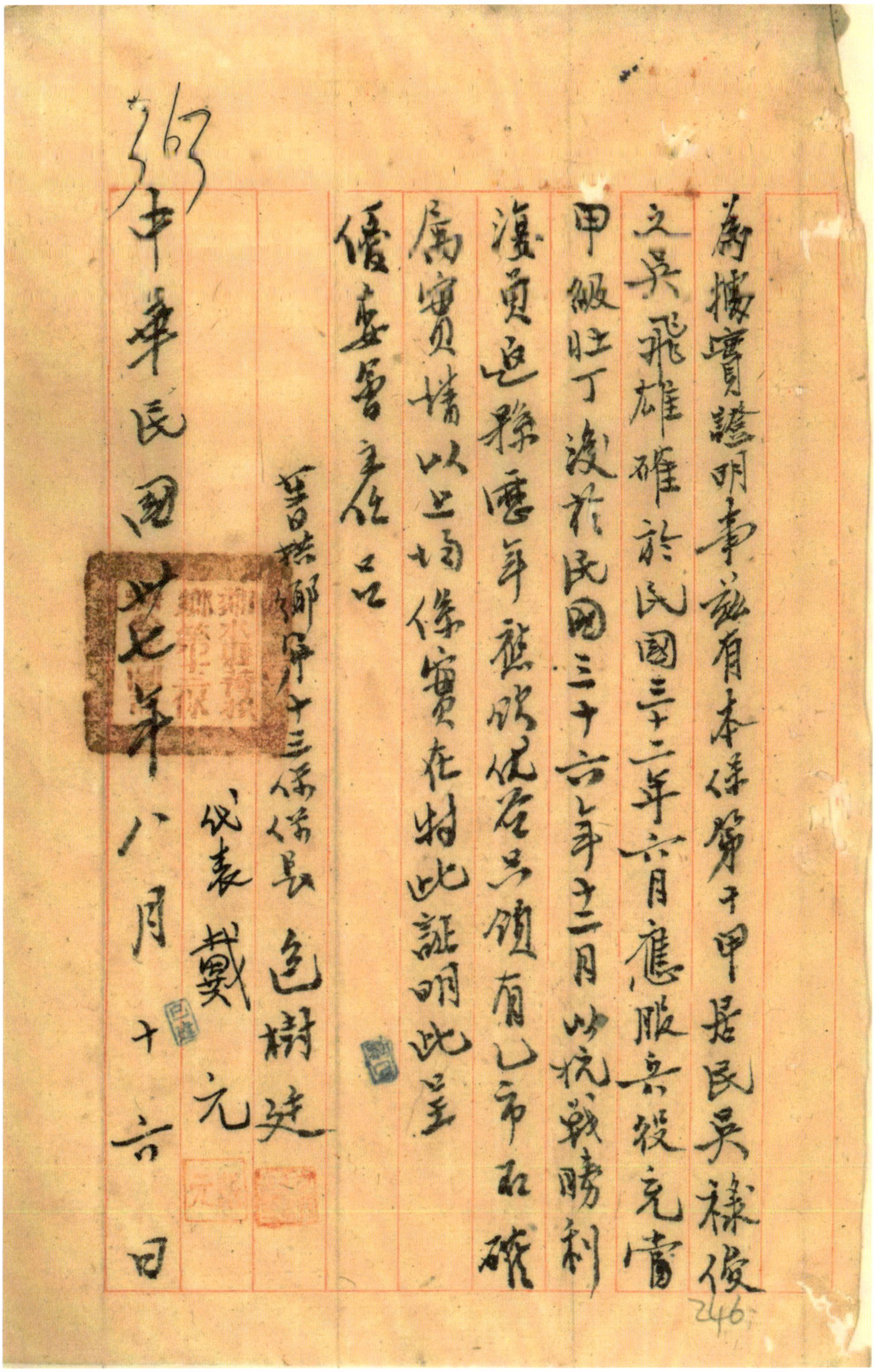
爲據實證明事茲有本保第十甲居民吳祿俊之吳飛雄於民國三十二年六月應服兵役充當甲級壯丁後於民國三十六年十二月以抗戰勝利復員返籍歷年雖所優待谷只領有乙市石確屬實情以上均係實在特此證明此呈

優委會主任呂

普拱鄉第十三保保長 包樹廷

代表 戴 元

中華民國卅七年八月十六日

重庆警备司令部关于优待现役官兵王泽家属致邻水县政府的公函（一九四八年八月十七日）

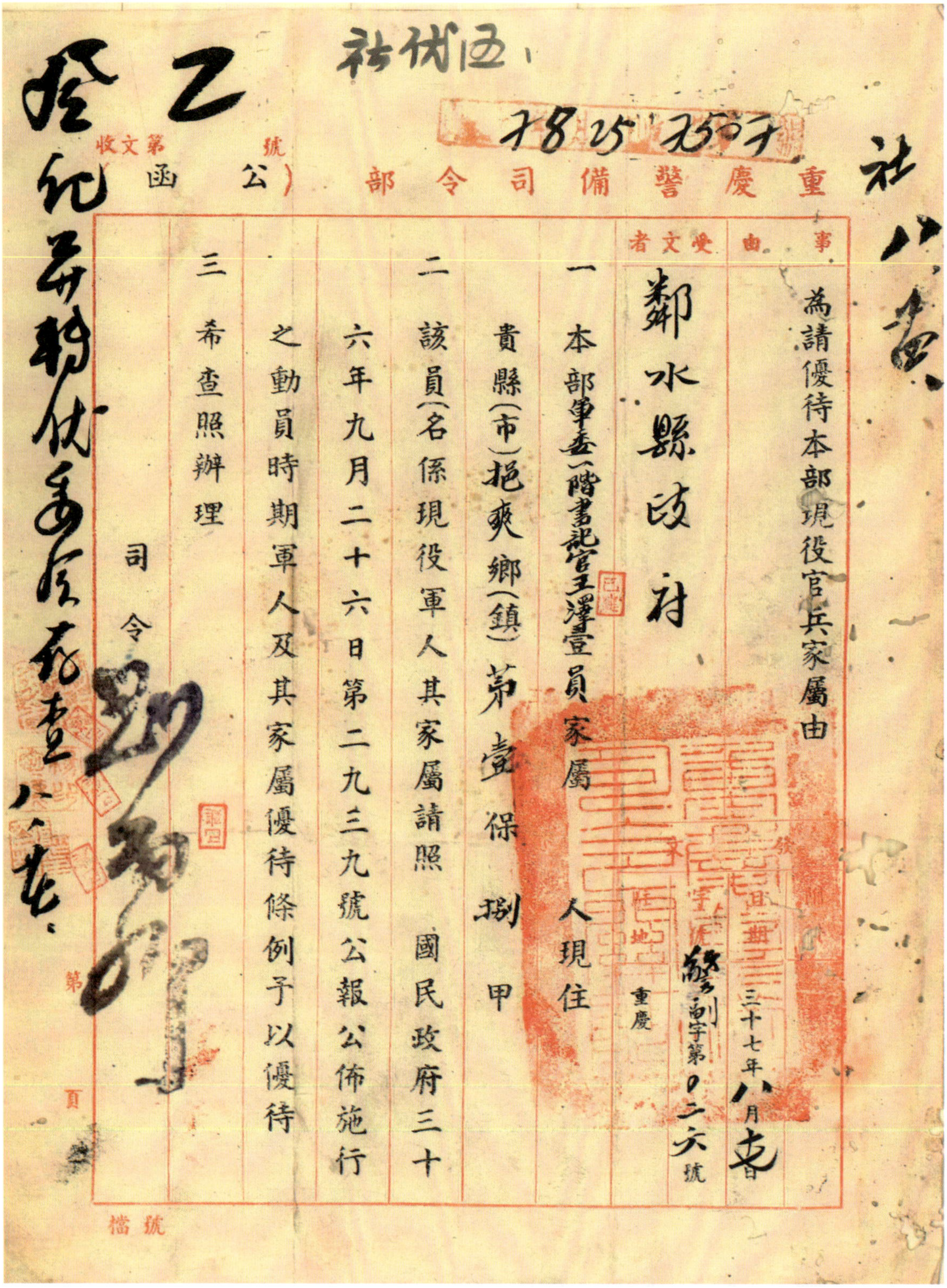

重慶警備司令部公函　收文第　號

事由：為請優待本部現役官兵家屬由

受文者：鄰水縣政府

三十七年八月十七日　警副字第〇二六號　重慶

一　本部軍法處一階書記官王澤壹員家屬人現住貴縣（市）抱爽鄉（鎮）第壹保捌甲

二　該員（名）係現役軍人其家屬請照國民政府三十六年九月二十六日第二九三九號公報公佈施行之動員時期軍人及其家屬優待條例予以優待

三　希查照辦理

司令

檔號

邻水县九峰乡第一保抗属陈九龙关于申请补发历年应领优待谷致县出征抗敌军人家属优待委员会的签呈（一九四八年八月十八日）

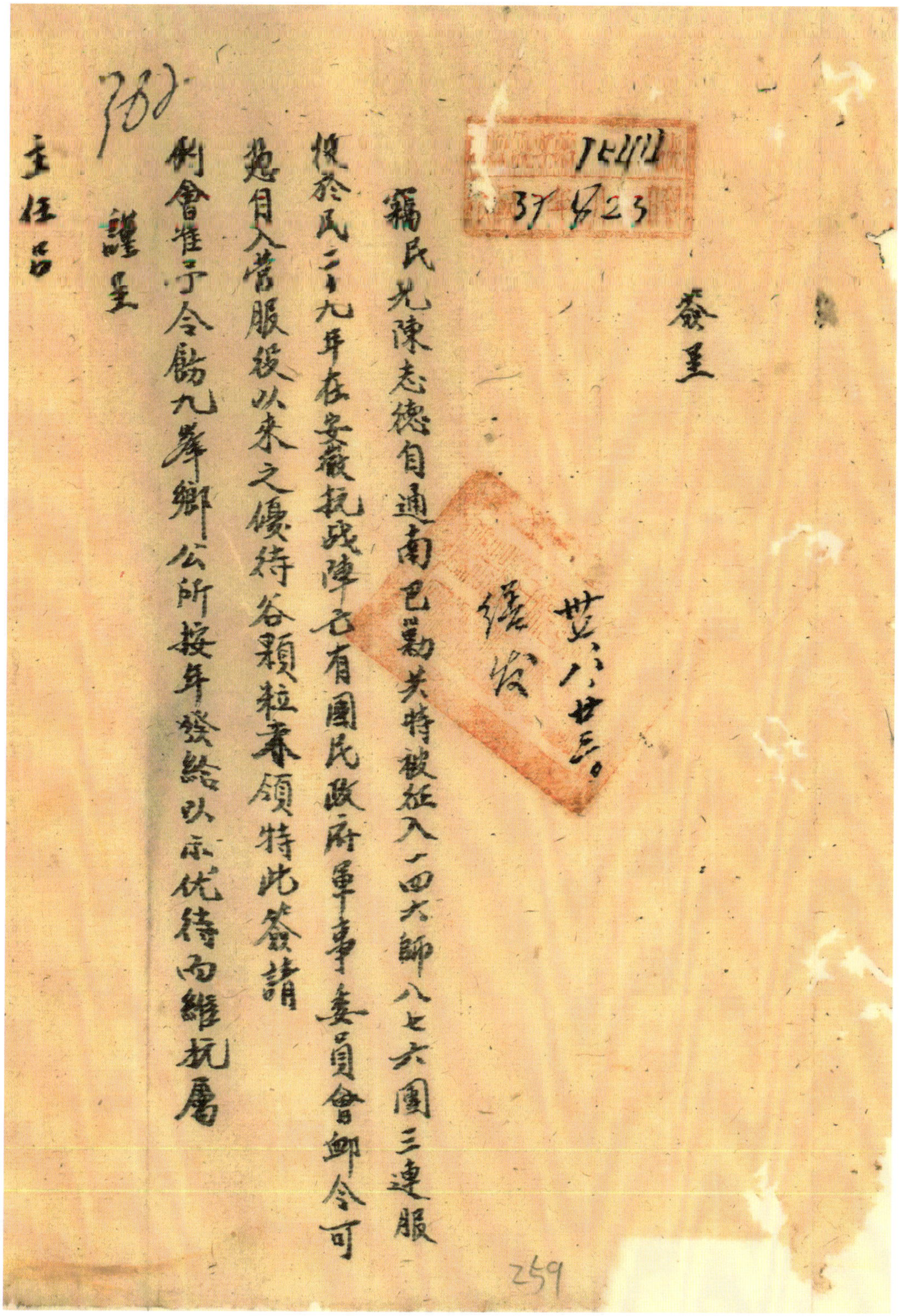

签呈

1841

37 8 23

缓发 卅八廿三

窃民兄陈志德自通南巴剿共特被征入一四六师八七六团三连服役于民二十九年在安徽抗战阵亡有国民政府军事委员会恤令可稽自入营服役以来之优待谷颗粒未领特此签请

钧会准予令饬九峰乡公所按年发给以示优待而维抗属

谨呈

主任吕

259

383

即令發還 八·廿三

九華第一保抗屬陳九龍

呈為准予轉飭九華鄉訪查明人伍財郎

候飭補發可也此批 八·廿三

中華民國三十七年八月十八日

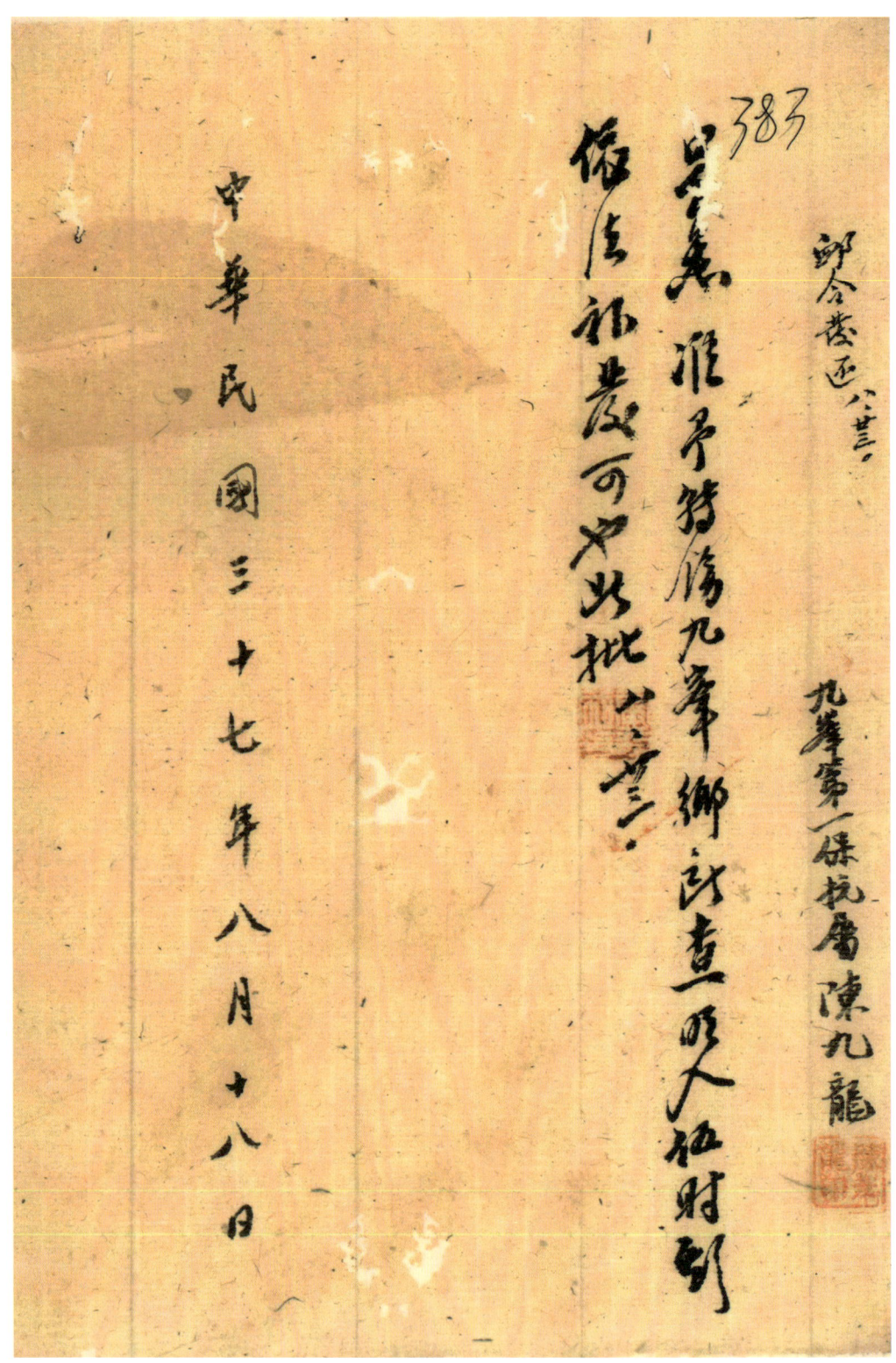

郐水县九峰乡第一保抗属杨四敦关于申请补发历年应领优待谷致县出征抗敌军人家属优待委员会的呈（一九四八年八月二十日）

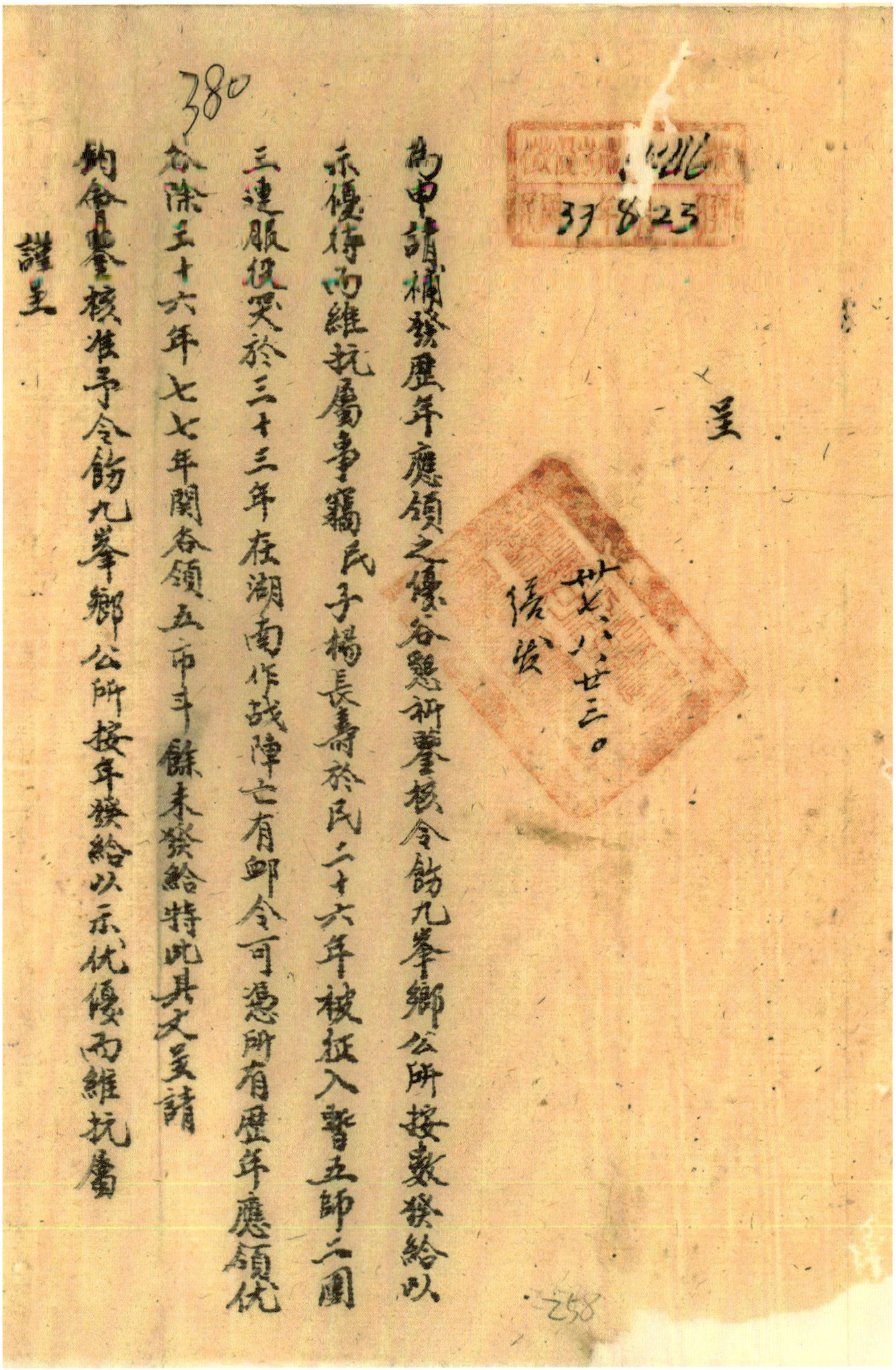
呈
為申請補發歷年應領之優待谷懇祈鑒核令飭九峯鄉公所按數發給以
示優待而維抗屬事竊民子楊長壽於民二十六年被征入暫五師二團
三連服役哭於三十三年在湖南作戰陣亡有卹令可憑所有歷年應領優
待谷除三十六年七七年閱各領五市斗餘未發給特此具文呈請
鈞會鑒核准予令飭九峯鄉公所按年發給以示優待而維抗屬
謹呈

主任吕

381

仰令发还　八、廿三。

九峯鄉第六保抗屬楊四敦

呈為難于領得九峯鄉公所[illegible]所欠優[illegible]到日

[illegible]據照有發[illegible]計算已領其按照

[illegible]繳其照補出批　八、廿三、

中華民國三十七年八月[illegible]十日

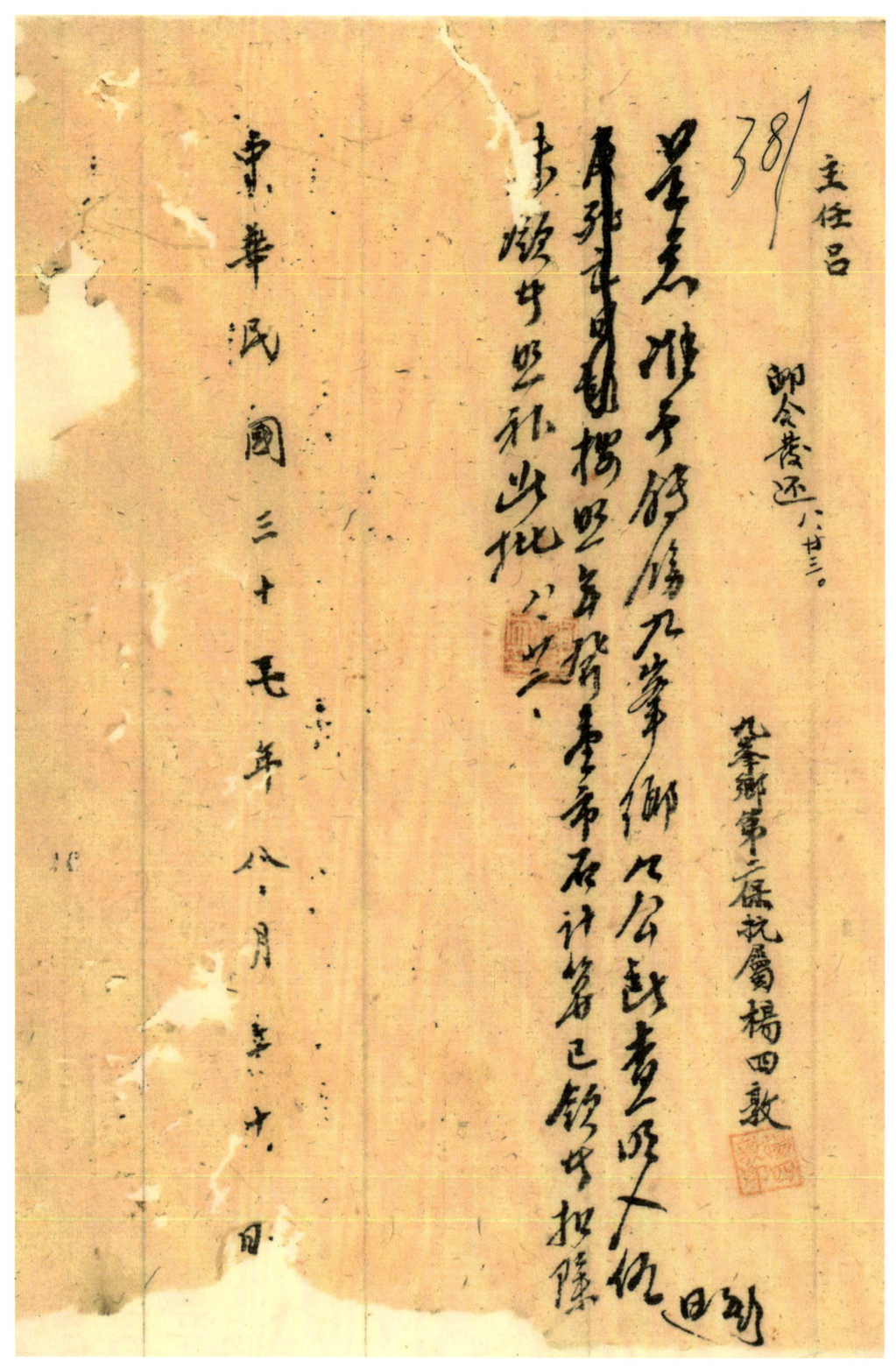

邻水县出征抗敌军人家属优待委员会关于补发军人欧树成历年应领优待谷致鼎屏镇公所的代电（一九四八年八月二十日）

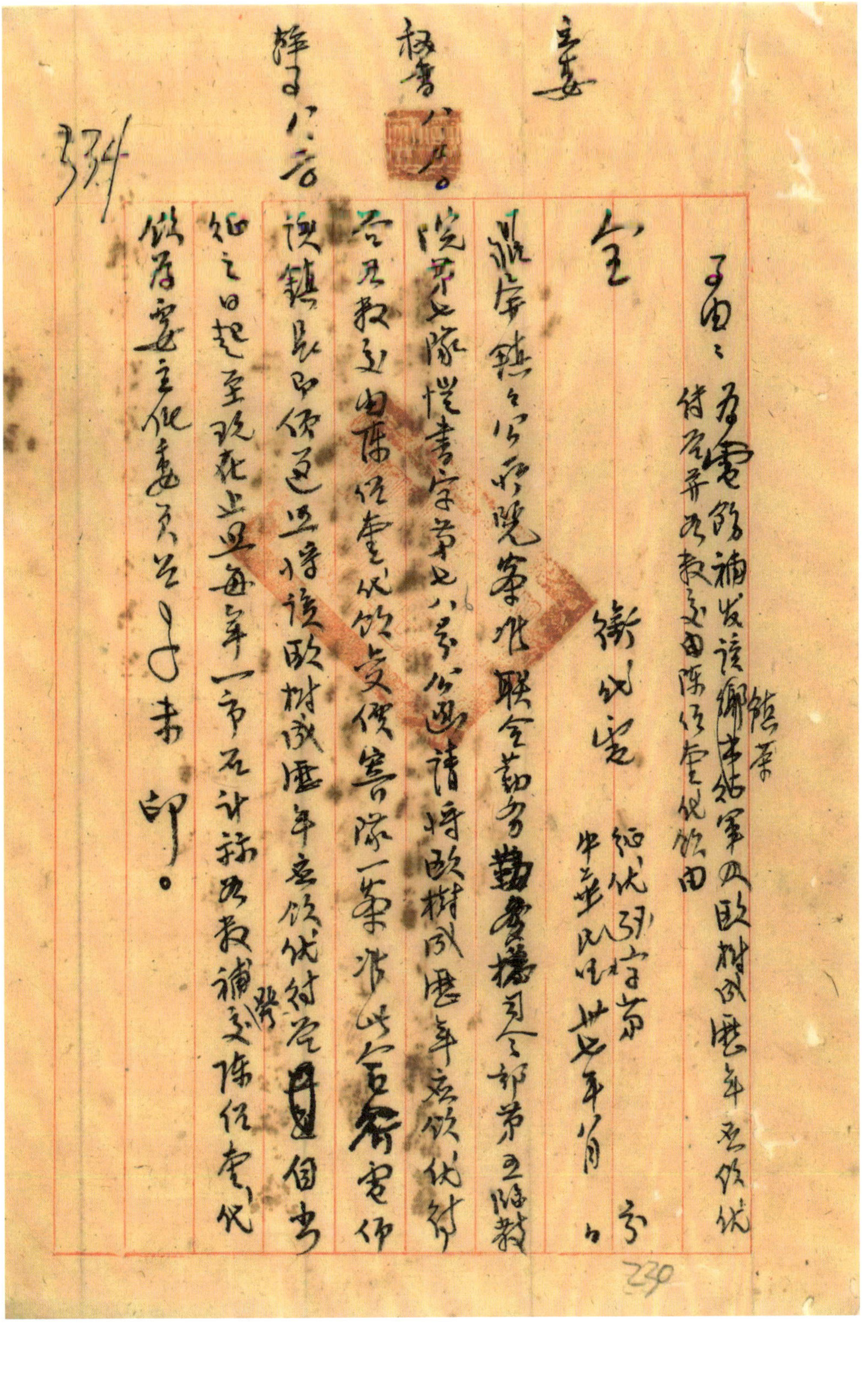
事由：为電飭補發該鄉出征軍人歐樹成歷年應領優待谷并將款交由陳保管代領由

全銜代電

紙優字第　　號
中華民國卅七年　月　日

鼎屏鎮公所覽案准聯合勤務總司令部第五補給區第七隊陳書字第七八六號公函請將歐樹成歷年應領優待谷米款交由陳保管代領交保管隊一案准此，除分電外，仰該鎮長即便遵照將該歐樹成歷年應領優待谷自出征之日起至現在止，照每年一市石計算將款補交陳保管代領具報為要。主任委員　　子未印。

主委
秘書
辦事員

附：联合勤务总司令部第五临教院第七队关于将荣军欧树成历年应领优待谷交由陈绍奎代领致邻水县政府的公函（一九四八年六月二十七日）

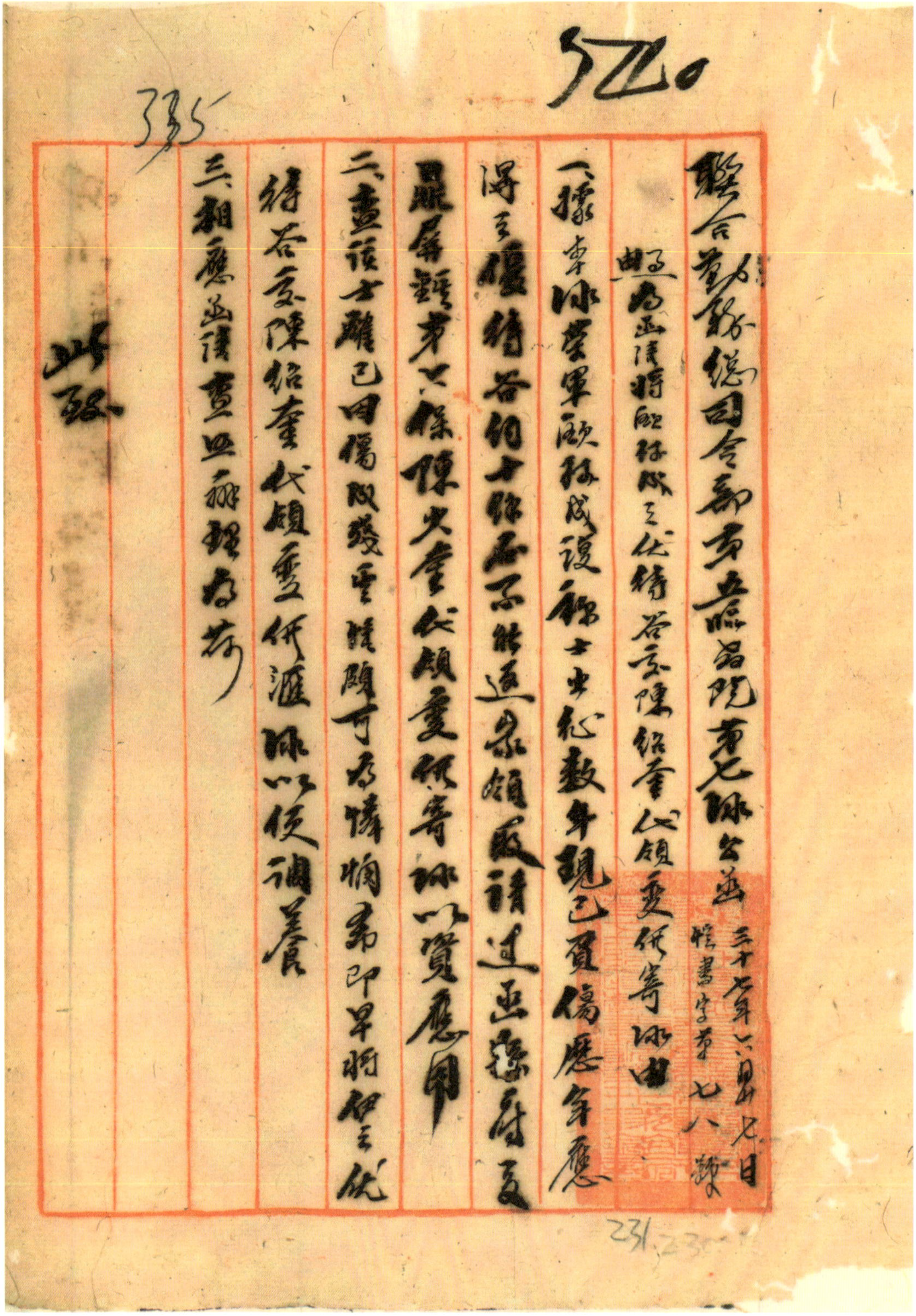
聯合勤務總司令部第五臨教院第七隊公函　三十七年六月廿七日　榮書字第七八號

事由：為函請將歐樹成之優待谷交陳紹奎代領變價寄隊由

一、據本隊榮軍歐樹成復稱：士出征數年，現已負傷，歷年應得之優待谷約十餘石，不能返家領取，請逕函縣府交鄰水縣府第六保陳紹奎代領變價寄隊，以資應用。

二、查該士確已因傷致殘，實屬可憐，懇請貴府即早將伊之優待谷交陳紹奎代領變價匯隊，以便調養。

三、相應函請查照辦理為荷。

此致

336

四川鄰水縣政府

陳壽言 惶

准函飭偏岩房鎮公所依法補陳少奎

代電可也 七、廿九

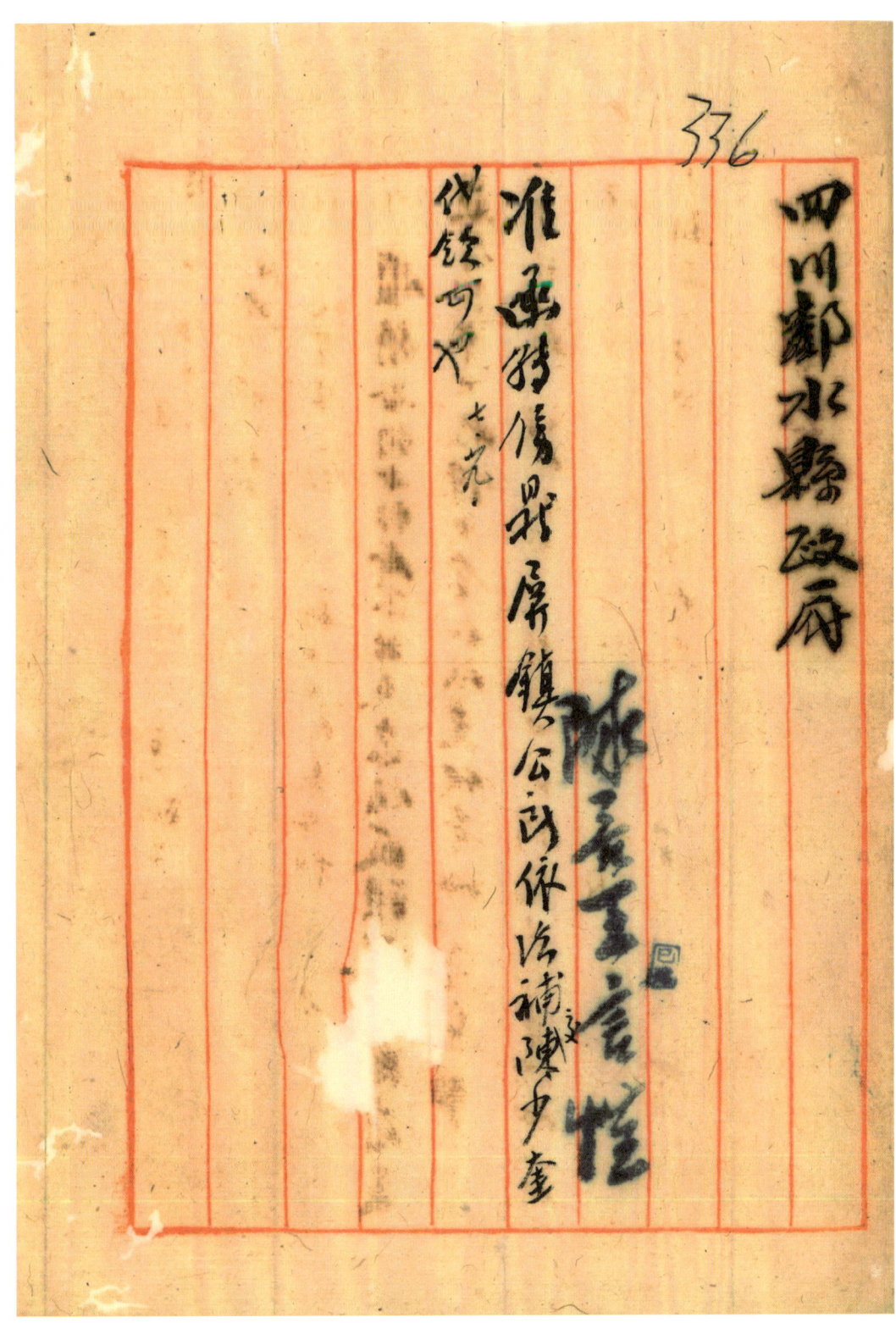

邻水县坛同乡返县荣军汪少余关于申请补发历年应领优待谷致县出征抗敌军人家属优待委员会的报告
（一九四八年八月二十三日）

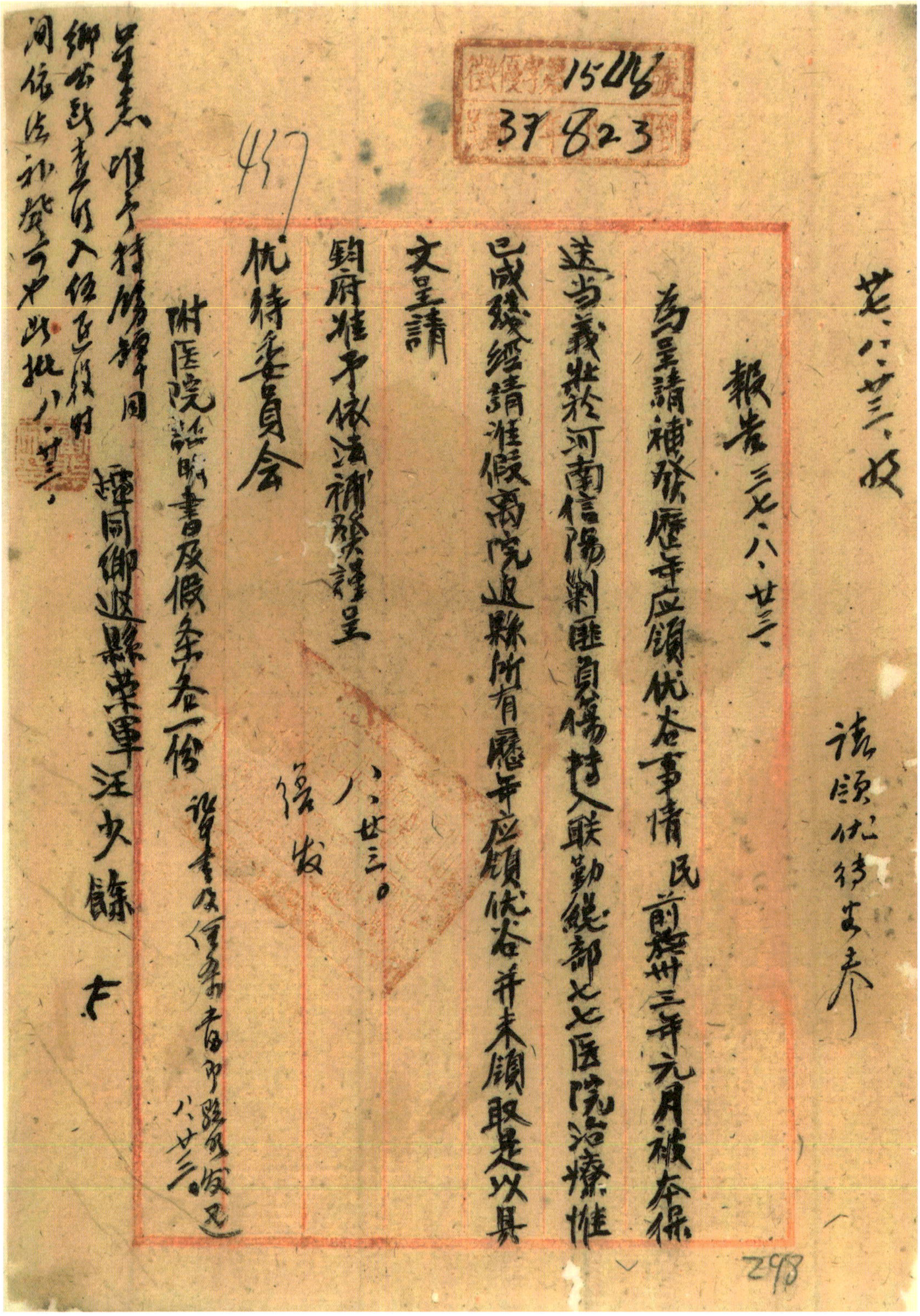
先、八、廿三、收

報告 三七、八、廿三

為呈請補發歷年应領优谷事情。民前於卅三年九月被本保送当義壯，於河南信陽剿匪負傷，送入联勤總部七七医院治療，惟已成殘，經請准假离院返縣，所有歷年应領优谷并未領取，是以具文呈請
鈞府准予依法補發。謹呈
优待委員会
附医院証明書及假条各一份
壇同鄉返縣榮軍 汪少餘

呈悉。准予特發。壇同鄉公所查明入伍正確時間，依法补發可也。此批。八、廿三

邻水县挹爽乡退伍军人邱华成关于申请补发历年应领未领优待谷致县出征抗敌军人家属优待委员会的呈（一九四八年八月）

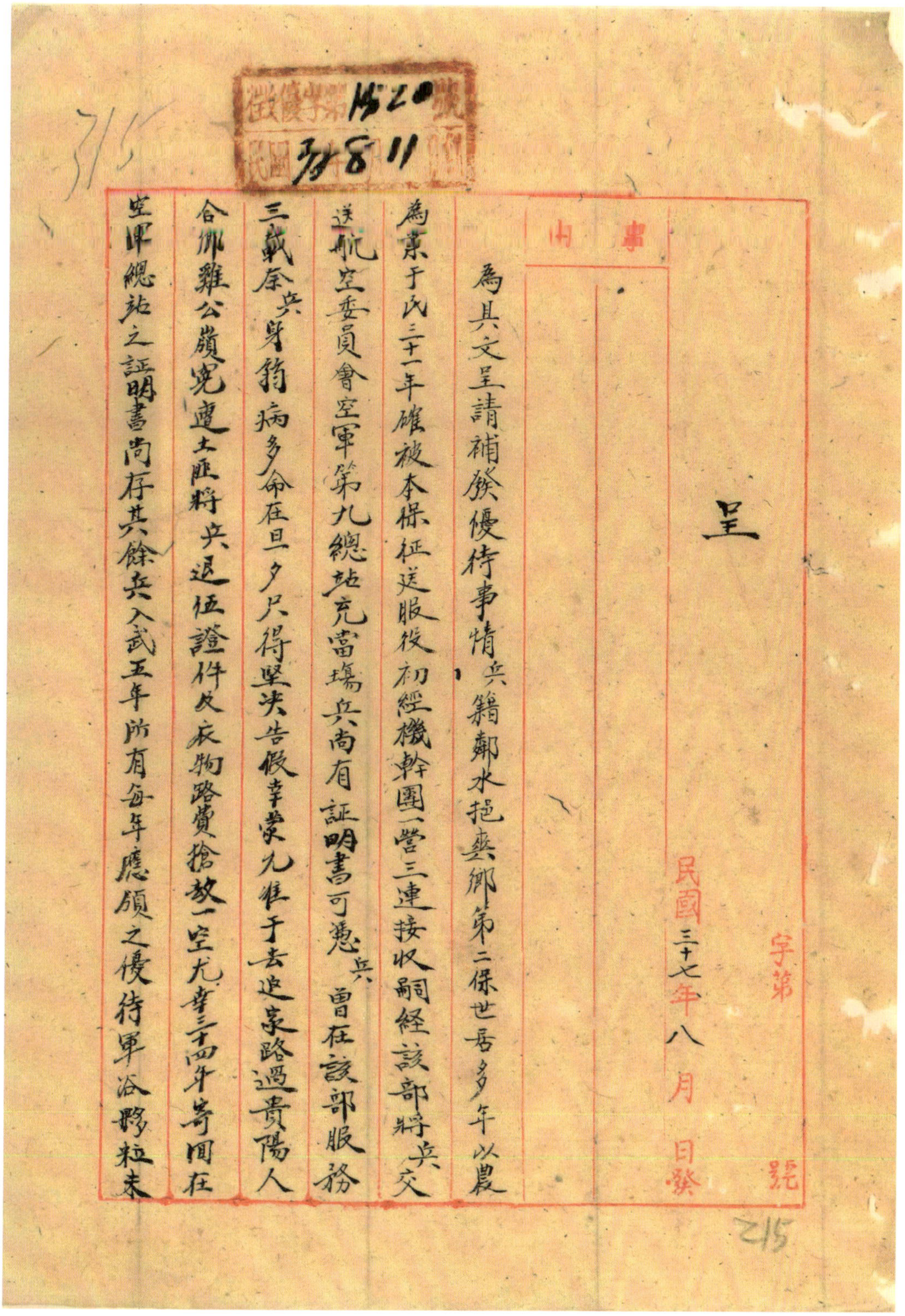

315

1520

38 8 11

呈

事由

為具文呈請補發優待事情兵籍鄰水挹爽鄉第二保世居多年以農為業于民三十一年確被本保征送服役初經機幹團一營三連接收嗣經該部將兵交送航空委員會空軍第九總站充當場兵尚有証明書可憑兵曾在該部服務三載原兵身弱病多命在旦夕只得堅決告假幸蒙允准于去返家路過貴陽人合鄉雜公嶺竟遭土匪將兵退伍證件及衣物路費搶劫一空尤幸三十四年寄回在空軍總站之証明書尚存其餘兵入伍五年所有每年應領之優待軍谷點粒未

民國三十七年八月　日發

字第　號

215

歸团特具狀声請

鈞會鑒核准予函令本管鄉公所將連年應領優待黃谷算明補發以利優待

而維抗軍謹呈

鄰水縣優待委員會

鈞鑒

邱華成 呈

口呈悉。准予轉飭龍爽鄉公所查明入伍送役時間照年發一市石計算，已飭由報除未領照補出。此批。八、十二。

加狀字第七八二号

廿七年八月十三日

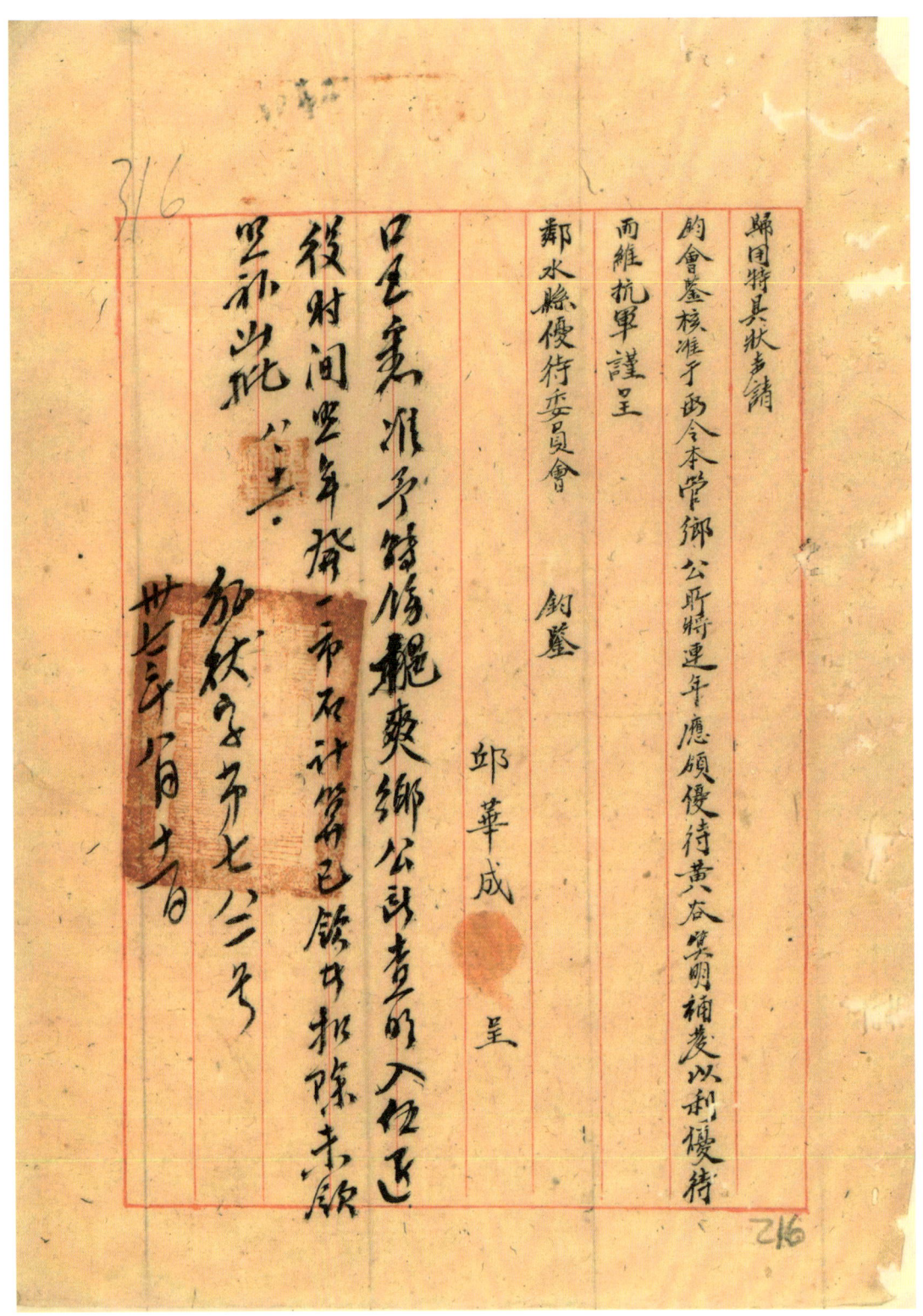

邻水县龙安乡公所关于办理转业军官刘丹墀历年优待谷情形致县出征抗敌军人家属优待委员会的呈

（一九四八年八月）

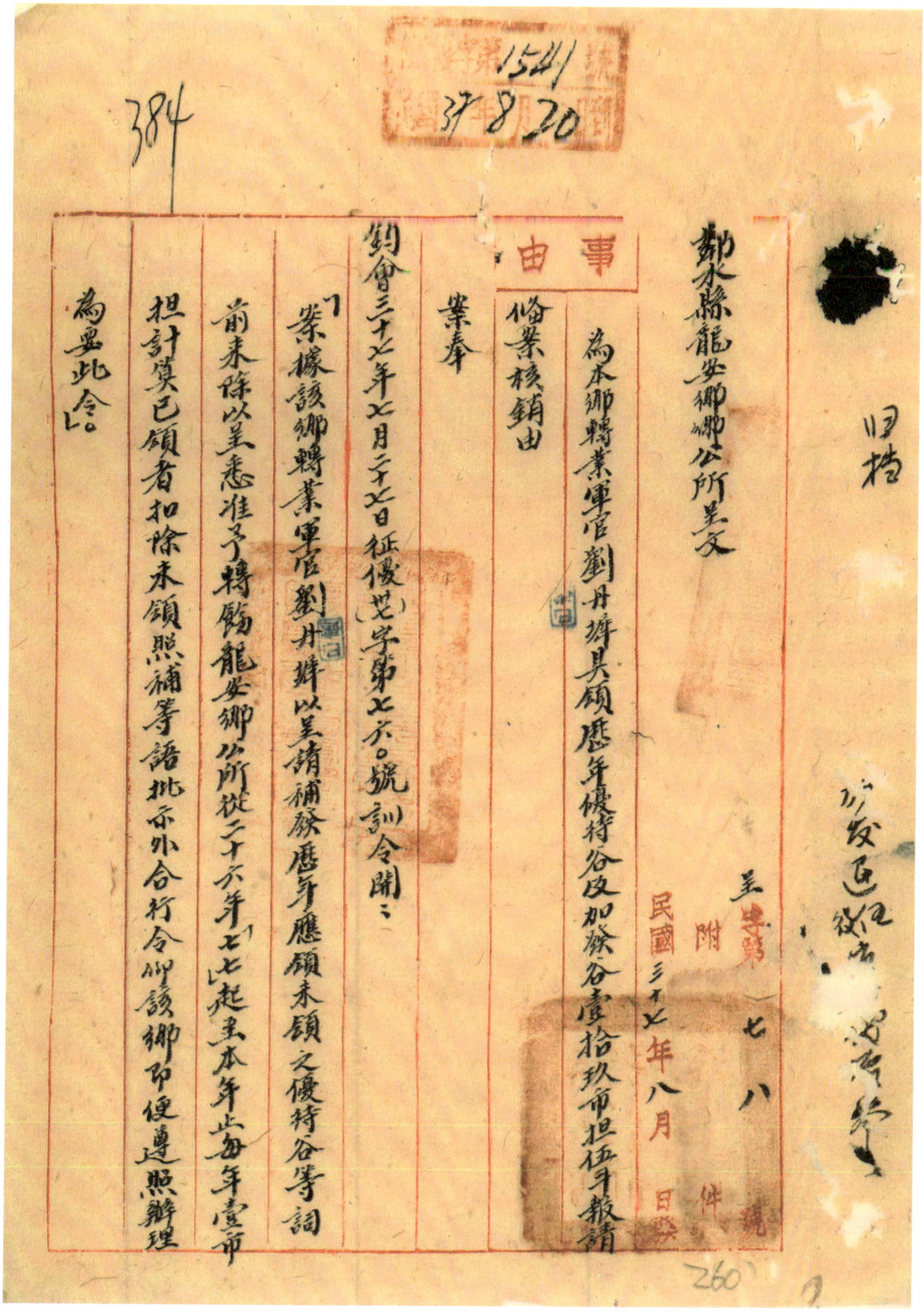

旧档

邻水县龙安乡乡公所呈文

呈字第七八号

附件

民国三十七年八月 日发

为本乡转业军官刘丹墀具领历年优待谷及加发谷壹拾玖市担伍斗报请

事由：备案核销由

案奉

钧会三十七年七月二十七日征优世（七）字第七六〇号训令开：

"案据该乡转业军官刘丹墀以呈请补发历年应领未领之优待谷等词前来，除以呈悉准予转饬龙安乡公所从二十六年七七起至本年止每年壹市担计算，已领者扣除，未领照补等语批示外，合行令仰该乡即便遵照办理为要。此令。"

等因，奉此。查该转业军官刘丹墀持奉

钧会训令来所具领，职即将三十二年度积谷转知张希贤之保人王政保尝数下动

支壹拾玖市担伍斗发给清楚，理合具文报请

钧会鉴核备查，核销，伏乞指令祇遵！

谨呈

主任 吕

乡长 刘昌治（刘昌治印）

指

七七、七八两呈悉。仰将此次补发退役官兵优待谷造

成册以凭转报。前领谷若单报一人又未照造

清册，未便转报。此批。八、廿。

廿八、廿、拟。令已发。纪核字339号

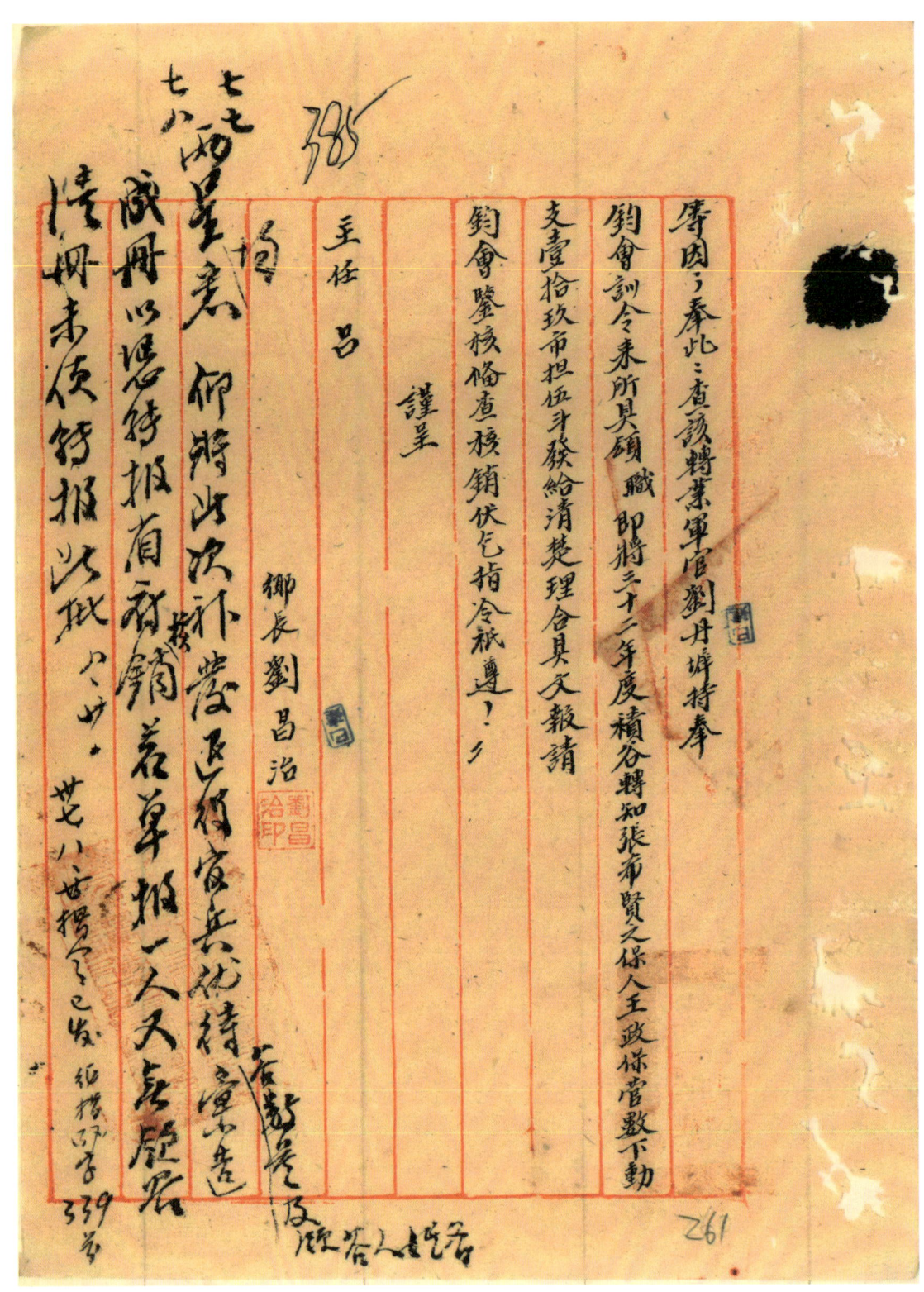

邻水县袁市乡抗战军人鄢长和关于申请补发历年应发优待谷致县出征抗敌军人家属优待委员会的呈（一九四八年十一月十五日）

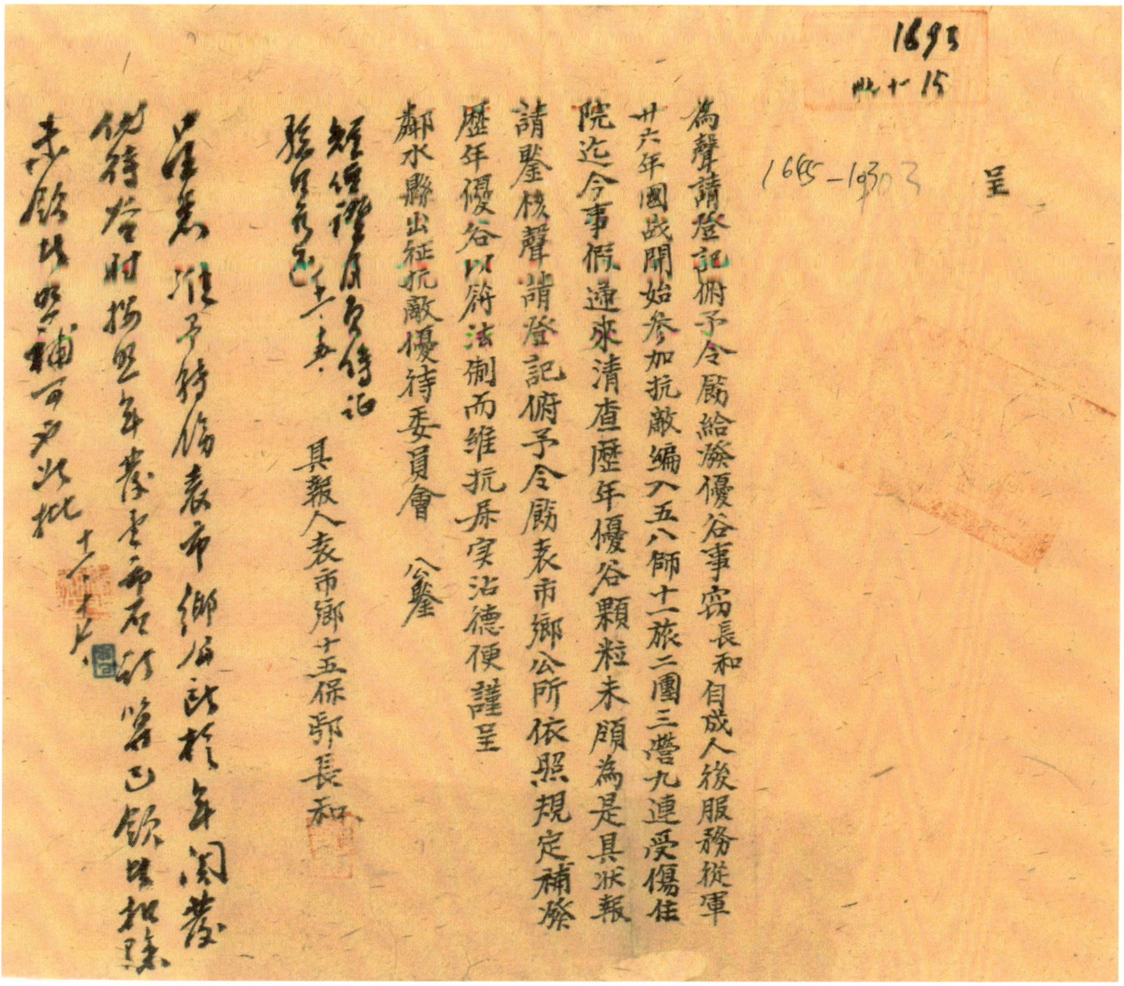

呈

為聲請登記俯予令飭給發優谷事竊長和自成人後服務從軍廿六年國戰開始參加抗敵編入五八師十一旅二團三營九連受傷住院迄今事假遠來清查歷年優谷顆粒未領為是具狀報

請鑒核聲請登記俯予令飭袁市鄉公所依照規定補發歷年優谷以符法制而維抗䘏實霑德便謹呈

鄰水縣出征抗敵優待委員會 公鑒

具報人袁市鄉十五保鄢長和

邻水县高兴乡抗属李维邦关于申请补发历年应领优待谷致县出征抗敌军人家属优待委员会的呈（一九四八年十一月十七日）

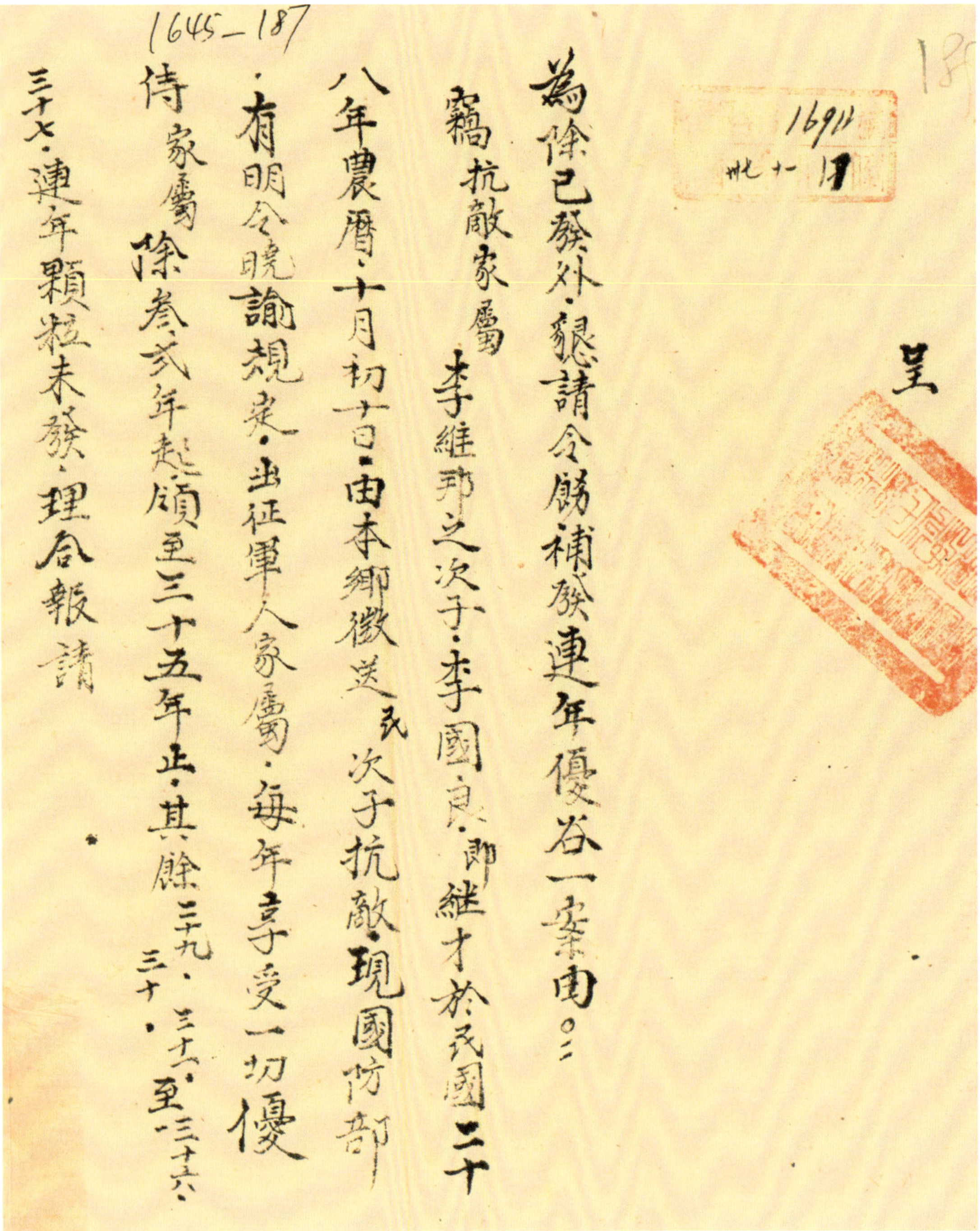

1645—187

16911

呈

為除已發外，懇請令飭補發連年優谷一案由：

竊抗敵家屬李維邦之次子，李國良，即繼才，於民國二十八年農曆十月初十日，由本鄉徵送民次子抗敵，現國防部有明令曉諭規定，出征軍人家屬，每年享受一切優待家屬，除叁貳年起領至三十五年止，其餘二十九、三十、三十一、至三十六、三十七、連年顆粒未發，理合報請

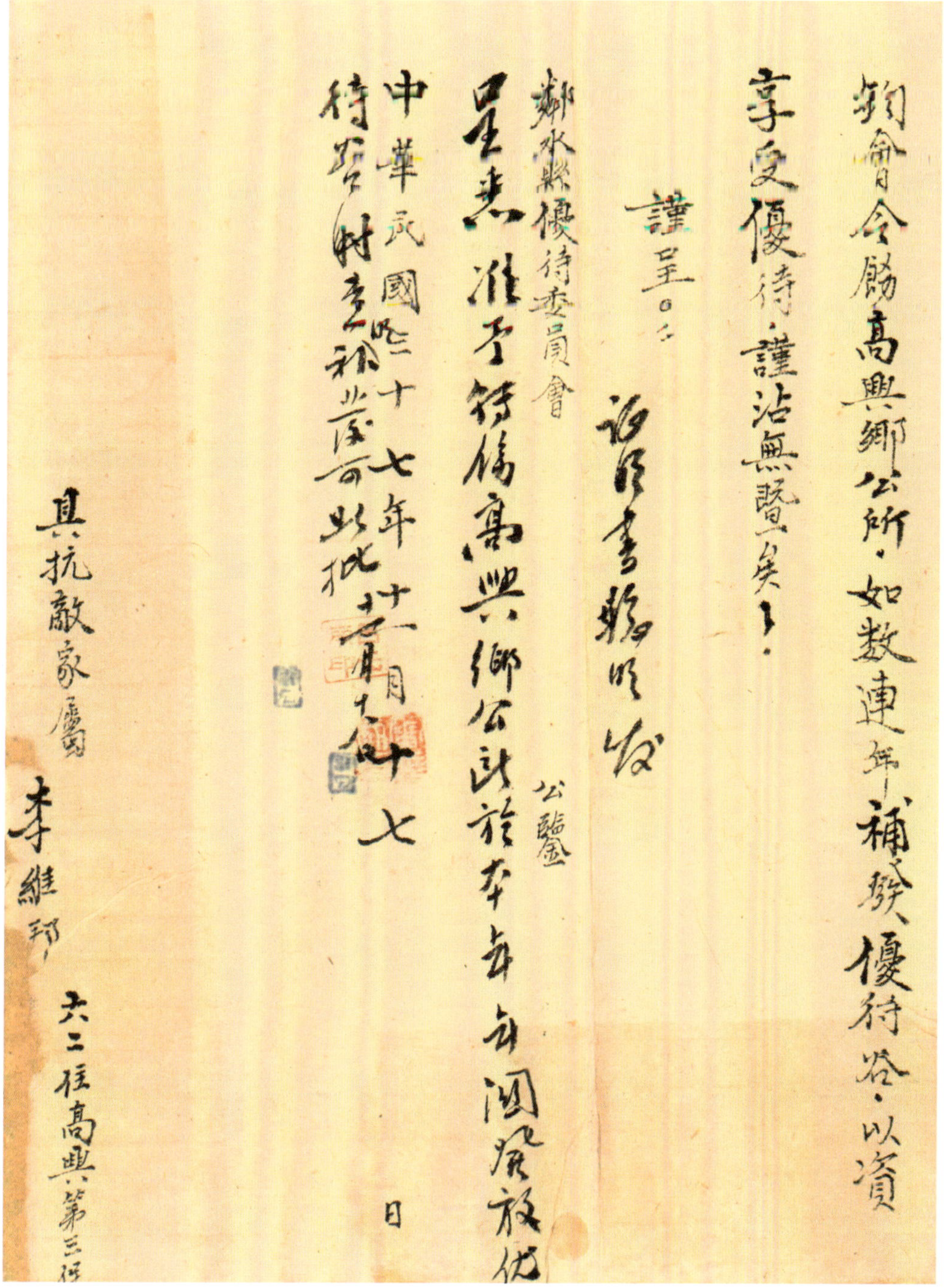

鈞會令飭高興鄉公所，如數連年補發優待谷，以資
享受優待，謹沾無暨矣。
謹呈
麗水縣優待委員會　公鑒
具抗敵家屬　李繼邦
六二　住高興第三保
中華民國二十七年十一月十七日
呈悉，准予轉飭高興鄉公所按本年本國發放優

邻水县高滩乡第五保抗战军人李树林关于申请补发优待谷致县出征抗敌军人家属优待委员会的呈

（一九四九年一月二日）

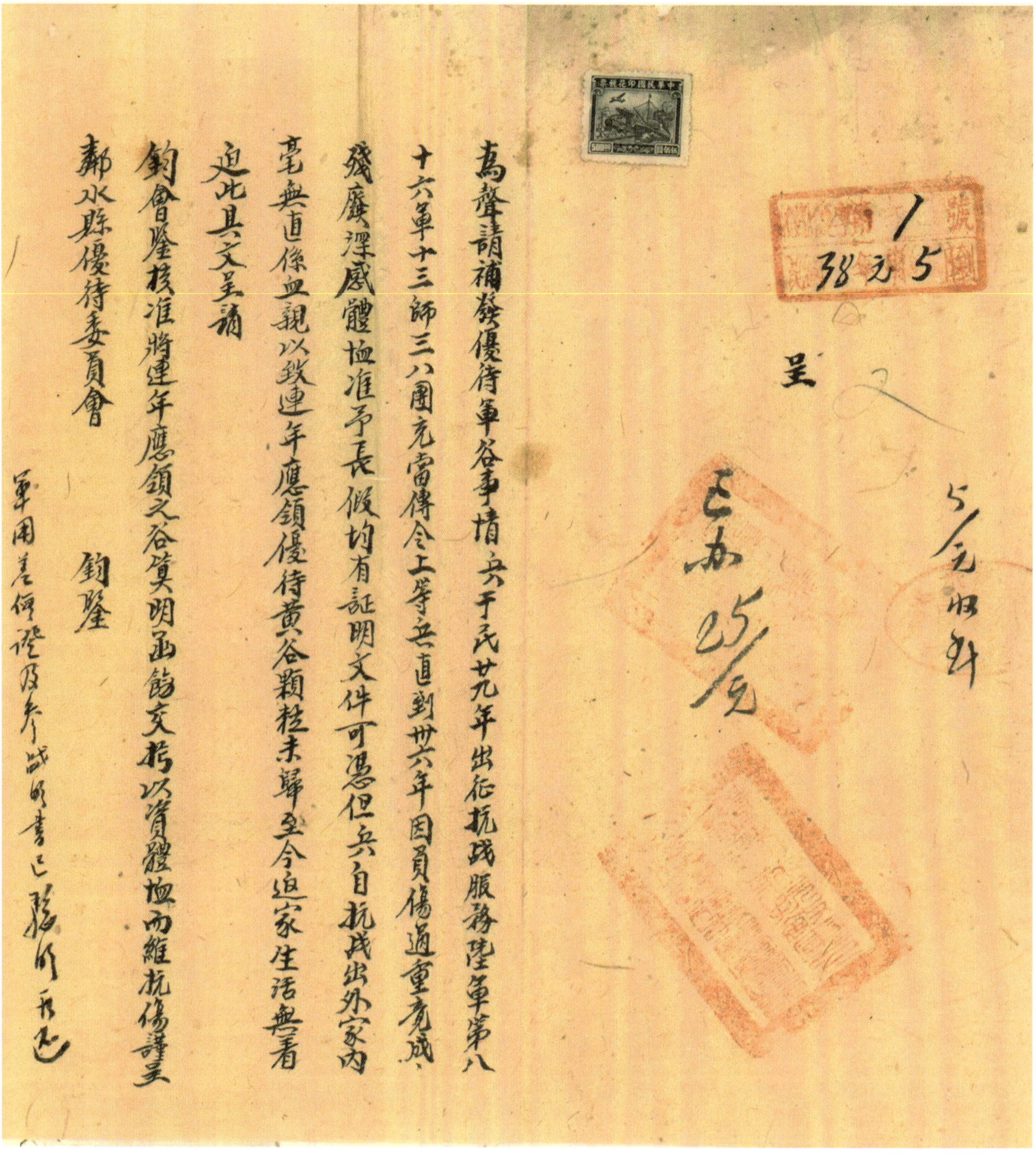
呈

為聲請補發優待軍谷事情兵于民廿九年出征抗戰服務陸軍第八
十六軍十三師三八團充當傳令上等兵直到卅六年因負傷過重變成
殘廢渥蒙體恤准予長假均有証明文件可憑但兵自抗戰出外家內
毫無直係血親以致連年應領優待黃谷顆粒未歸至今迫家生活無着
迫此具文呈請
鈞會鑒核准將連年應領之谷查明函飭交於以資體恤而維抗傷謹呈
鄰水縣優待委員會
鈞鑒

呈附均悉。查此案現經參議會議決以租難予豁免，該鄉公所所呈
服役起迄日期，併將出征部隊番號等項詳報，以憑核辦。此批 十一月四日

具呈人 李樹林 十 （住高唯鄉第五保）

1728-2

呈悉。仰候現役官兵家屬年關犒待費發放完
竣後，如有剩餘，再行補發可也。此批 九月廿六

中華民國三十八年一月 二日

四川省国民义务劳动督导团关于补发邻水县转业义劳人员冯腾辉等优待谷致县出征抗敌军人家属优待委员会的公函（一九四九年一月四日）

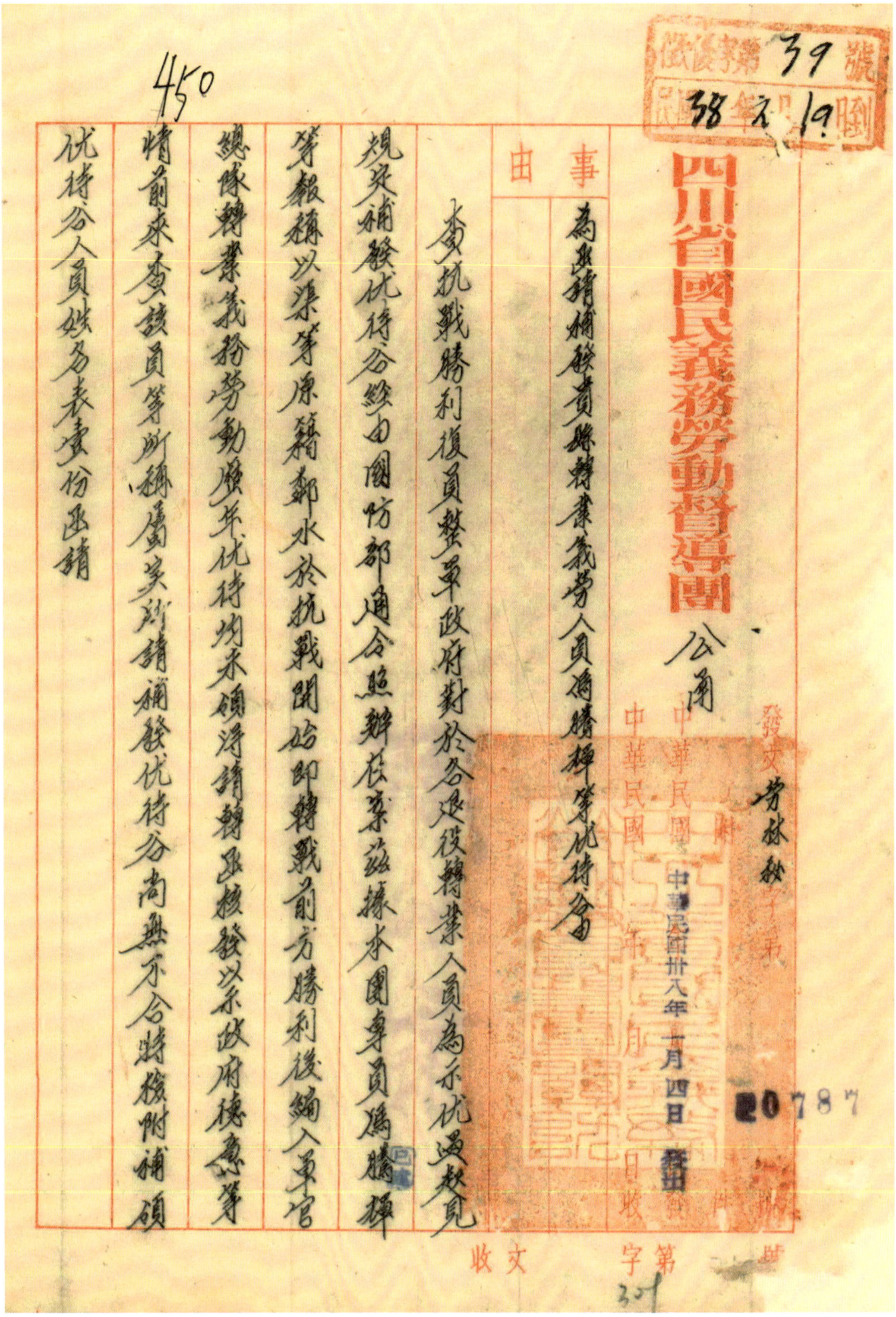

450

徵後事第39號

38年1月19日

四川省國民義務勞動督導團 公函

事由：為函請補發貴縣轉業義勞人員馮騰輝等優待谷由

查抗戰勝利復員整軍政府對於各退役轉業人員為示優遇起見規定補發優待谷經由國防部通令照辦在案茲據本團專員馮騰輝等報稱以渠等原籍鄰水於抗戰開始即轉戰前方勝利後編入軍官總隊轉業義務勞動服務優待均未領得請轉函核發以示政府優恤等情前來查該員等所稱屬實所請補發優待谷尚無不合特檢附補領優待谷人員姓名表壹份函請

發文 勞秋秋字第 號

中華民國卅八年一月四日 發出

20787

收文 字第 號

301

4451

貴會惠賜核發爲荷！

此致

鄞水縣優待委員會

附補領優待各人員姓名表一份

鄉長 周世寀

梅溪鄉鄉會議解決 二十七

310

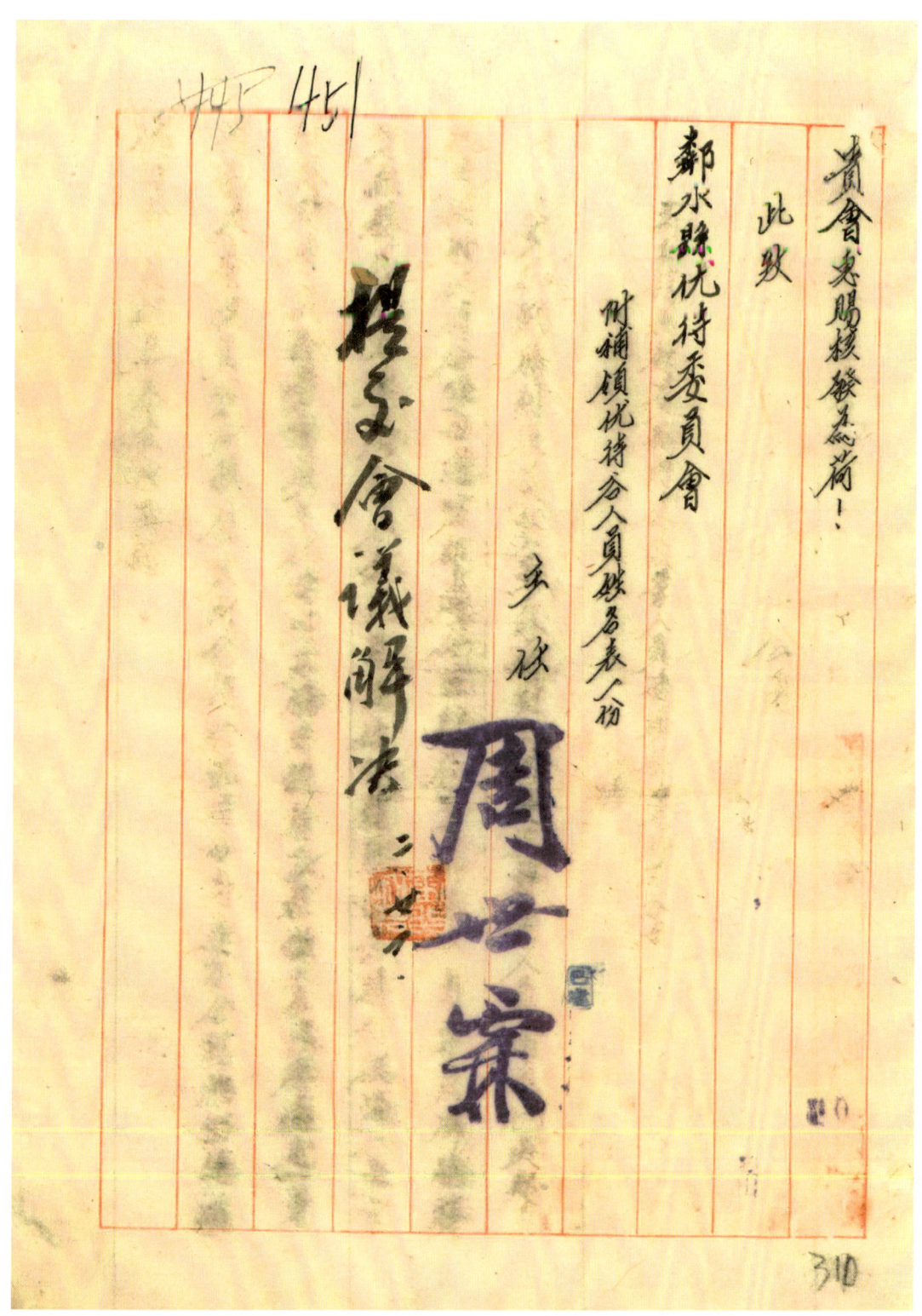

附：四川省国民义务劳动督导团邻水籍补领优待谷人员姓名表

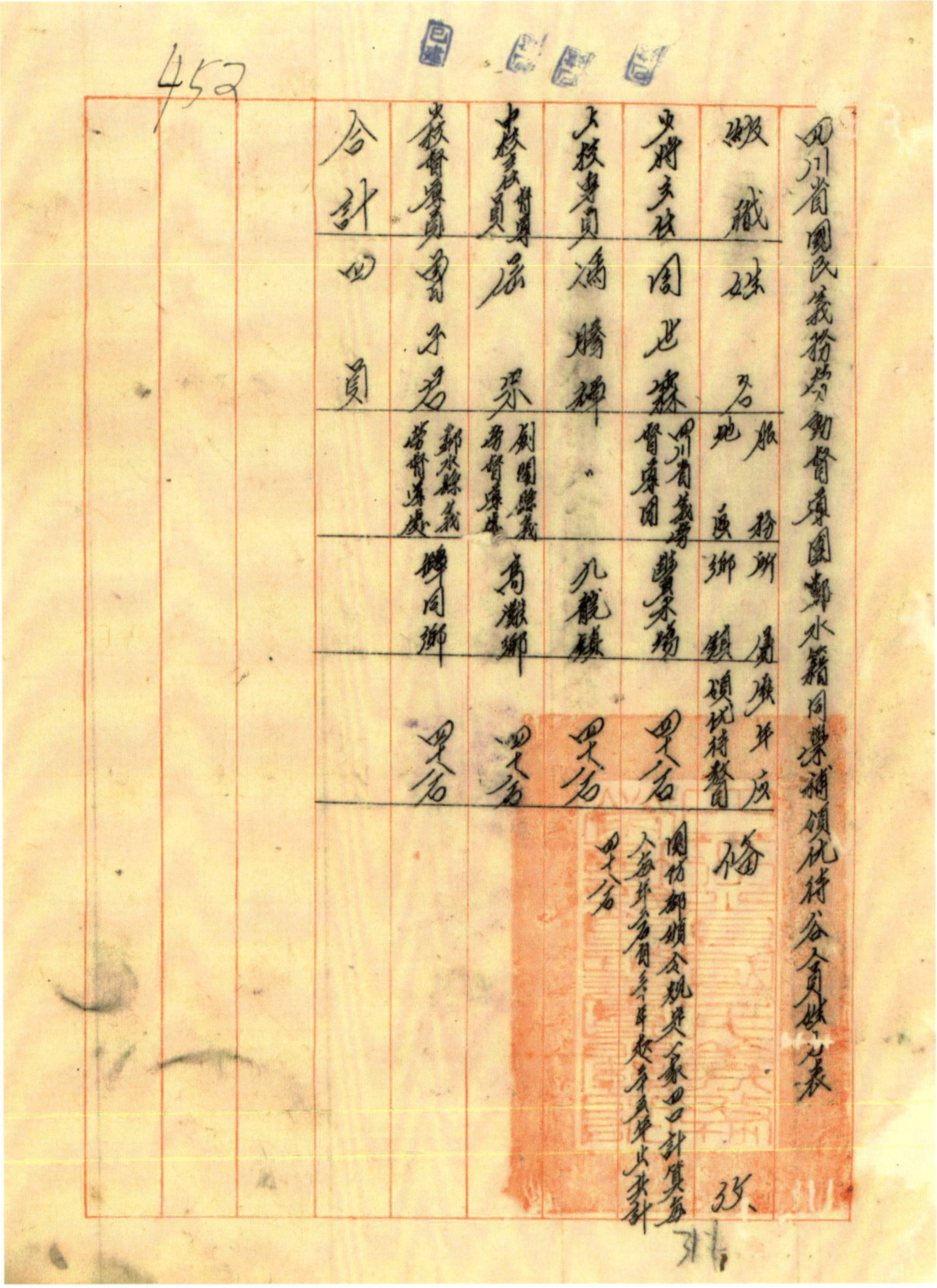

452

四川省國民義務勞動督導團鄰水籍同業補領優待谷人員姓名表

級職	姓名	服務所在地	原籍鄉鎮	卅六年度應補領優待谷	備考
少將主任	周世森	四川省義勞督導團	豐禾場	四市石	國防部頒令規定每人每家四口計算每人每年六石自三五年起至三六年六月底止共計 四市石
上校專員	馮騰輝	〃	九龍鎮	四市石	
少校督導專員	屈琛	[illegible]縣義勞督導處	高灘鄉	四市石	
少校督導員	曹子君	鄰水縣義勞督導處	[illegible]同鄉	四市石	
合計四員					

35、

邻水县荆坪乡退伍士兵王金和关于请求补发优待谷致县出征抗敌军人家属优待委员会的报告
（一九四九年三月十三日）

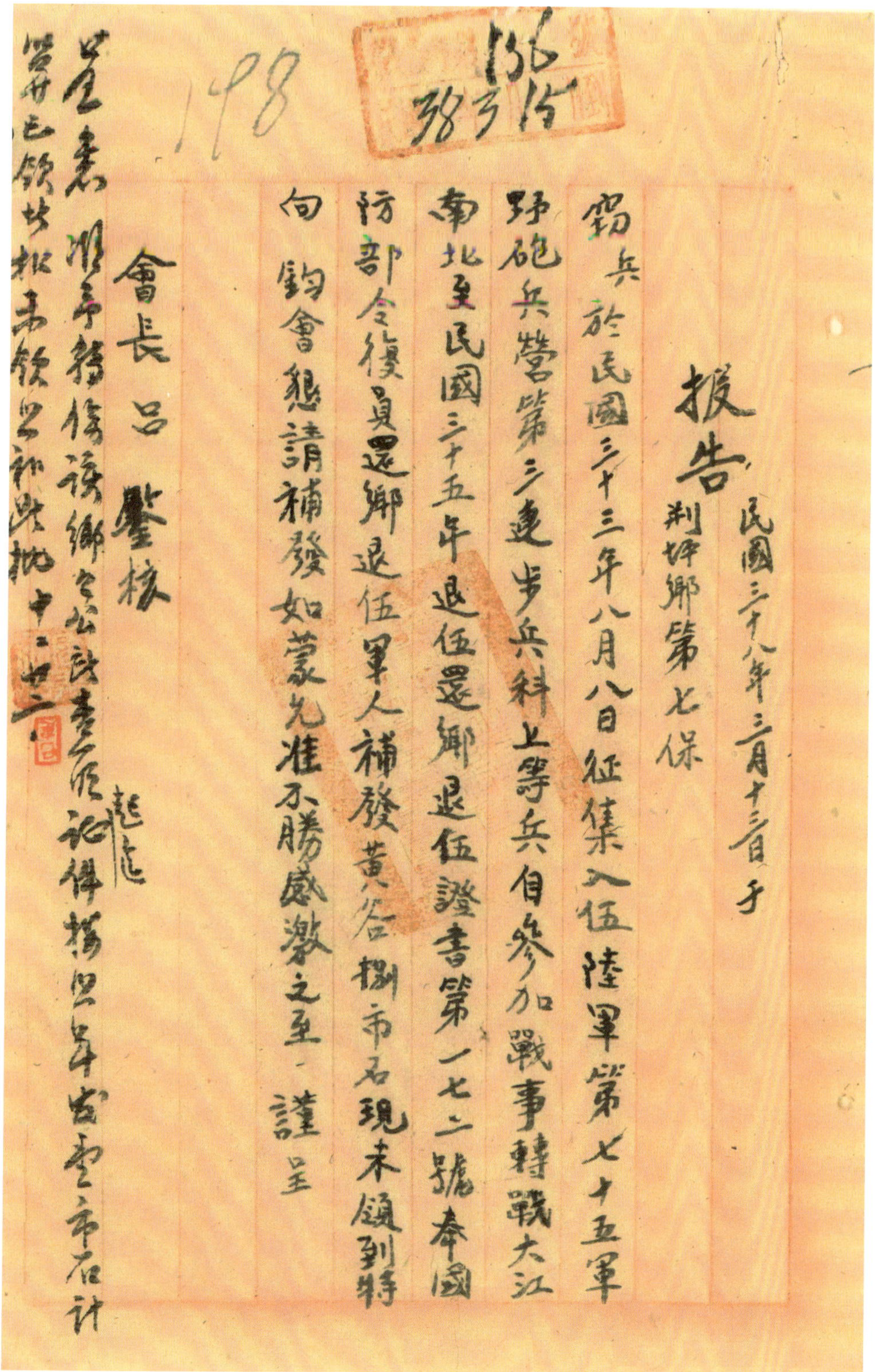

报告

民國三十八年三月十三日于

荆坪鄉第七保

竊兵於民國三十三年八月八日征集入伍陸軍第七十五軍野砲兵營第三連步兵科上等兵自參加戰事轉戰大江南北至民國三十五年退伍還鄉退伍證書第一七二號奉國防部令復員還鄉退伍軍人補發黄谷捌市石現未領到特向鈞會懇請補發如蒙允准不勝感激之至 謹呈

會長 呂 鑒核

199

1732-198-199

劉坪退伍士兵王金和呈

隨付退伍證弍件

請將驗明後還

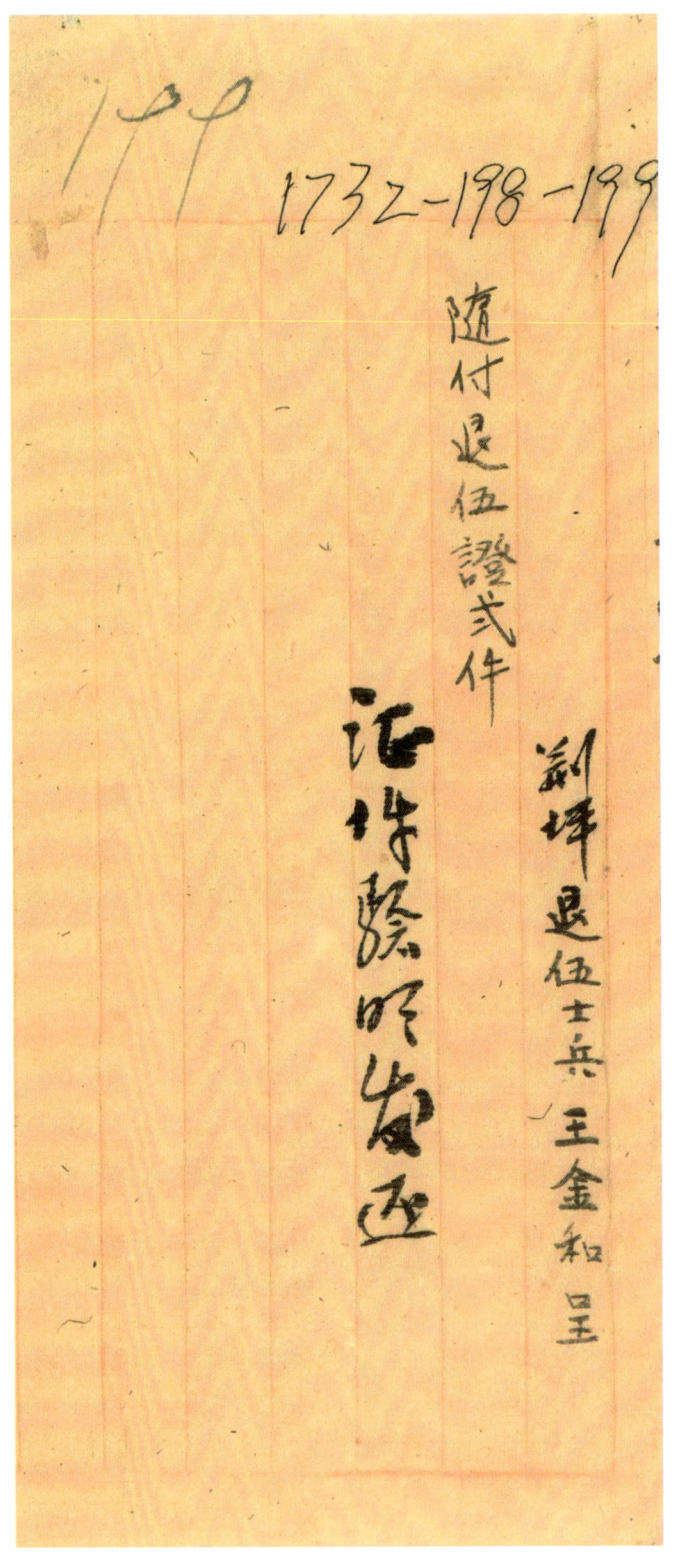

邻水县牟家乡退役士兵昌长清关于申请补发优待谷致县出征抗敌军人家属优待委员会的报告（一九四九年三月）

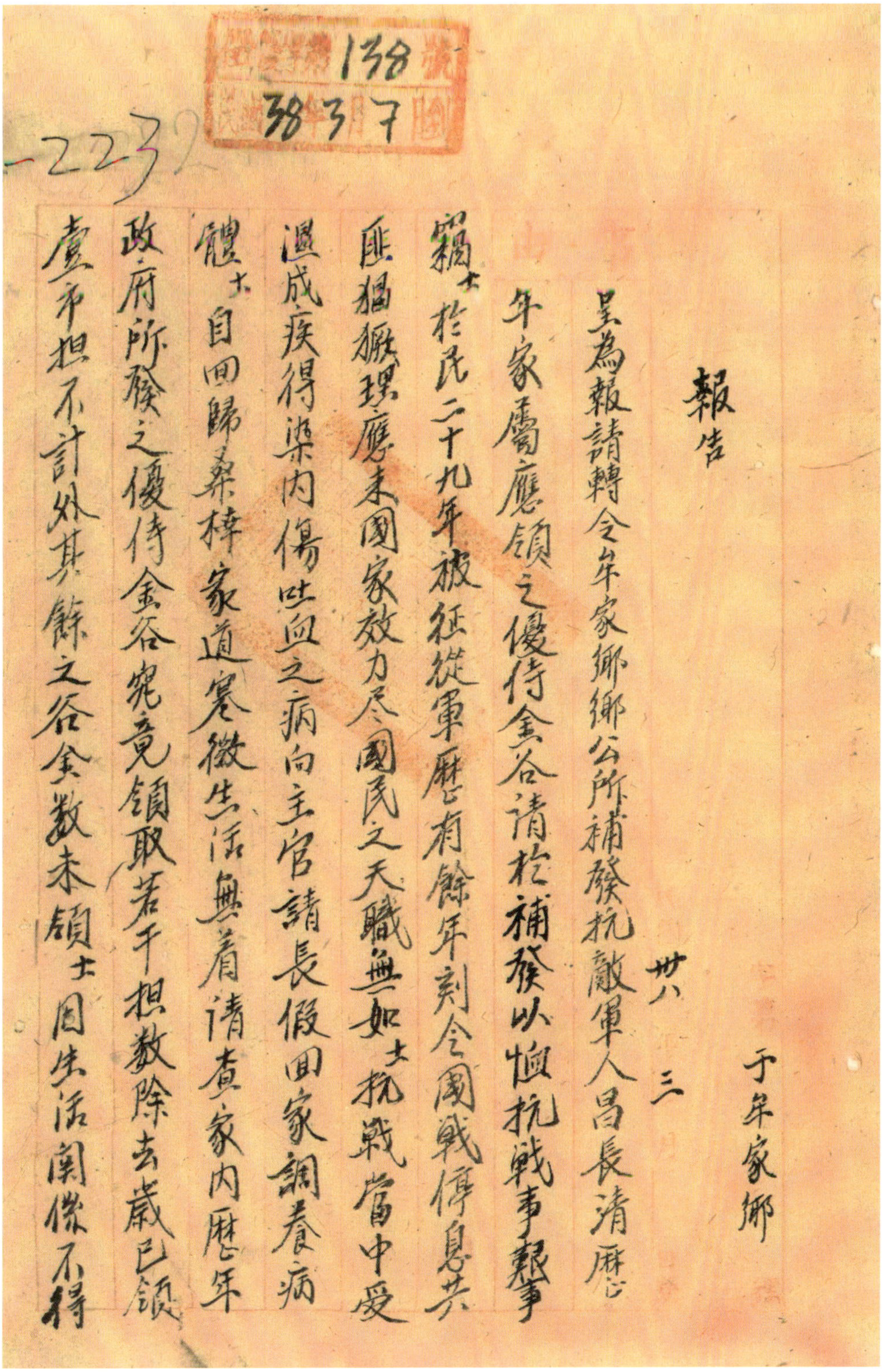

報告

呈為報請轉令牟家鄉鄉公所補發抗敵軍人昌長清歷
年家屬應領之優待金谷請於補發以恤抗戰事竊
士於民二十九年被征從軍歷有餘年刻令國戰停息共
匪猖獗璟應未國家效力盡國民之天職無如士抗戰當中受
過成疾得染內傷吐血之病向主官請長假回家調養病
體士自回歸桑梓家道寒微生活無着請查家內歷年
政府所發之優待金谷雖竟領取若干担數除去歲已領
壹市担不計外其餘之谷全數未領士因生活闲僚不得

卅八 三

于牟家鄉

已特懇請

鈞處俯予鑒核，轉令牟家鄉鄉公所按照政府規定每年若干担數如數補發。如蒙允准，實沾德便。理合謹呈

鄰水縣優待委員会主任 呂

牟家鄉退伍士兵 昌長清 呈

呈悉。候提交本會議會核議後再予核奪。此批 七、三、十八

呈悉。兹准卷查補發退伍軍人家屬歷年應領未領優待谷，現經本會議會議決仍准補發，應予飭令該鄉公所查明撥發起訖日期，按照年份標準計算外，已飭知照。此批除令飭外仰即知照此批 十、十六

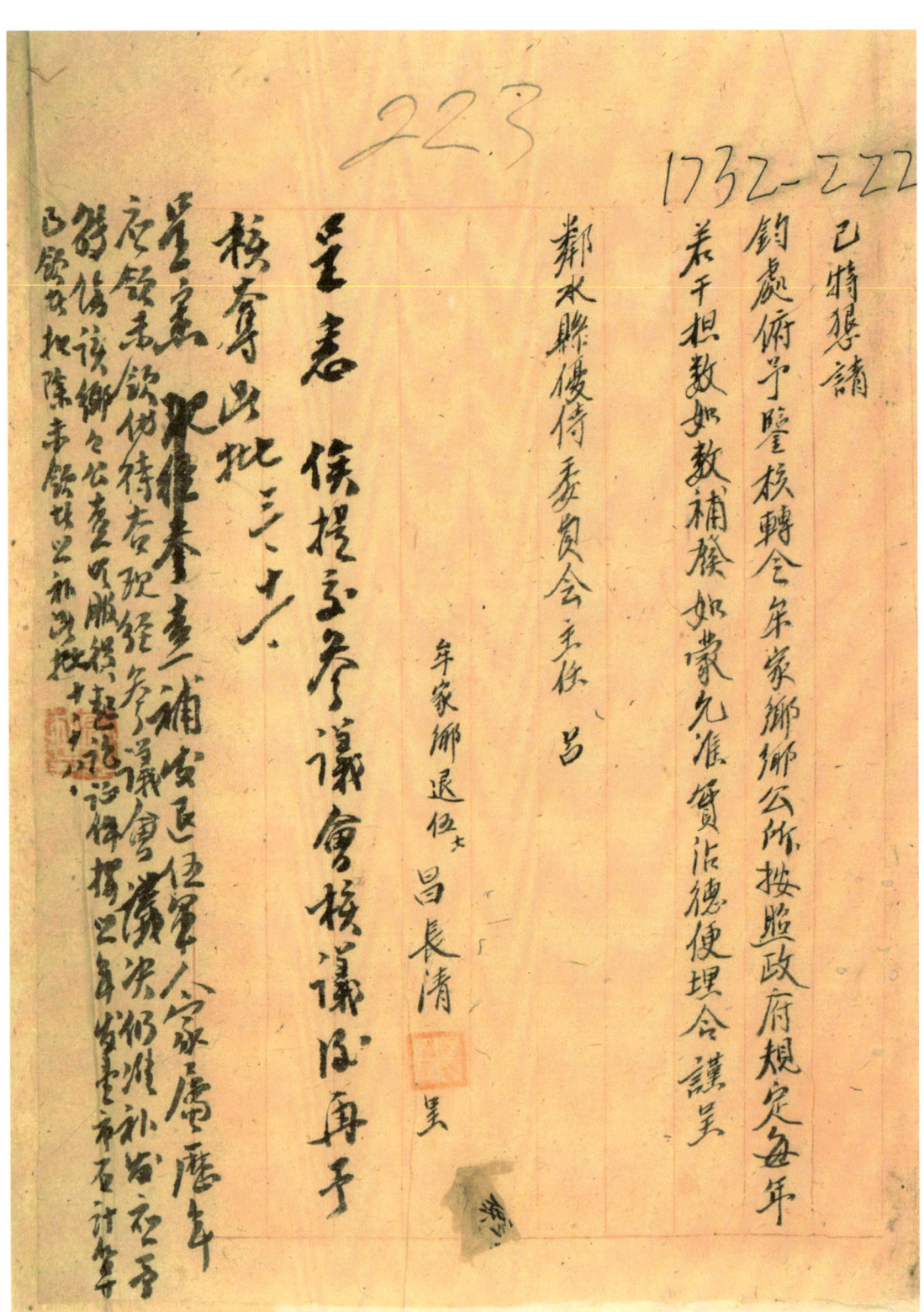

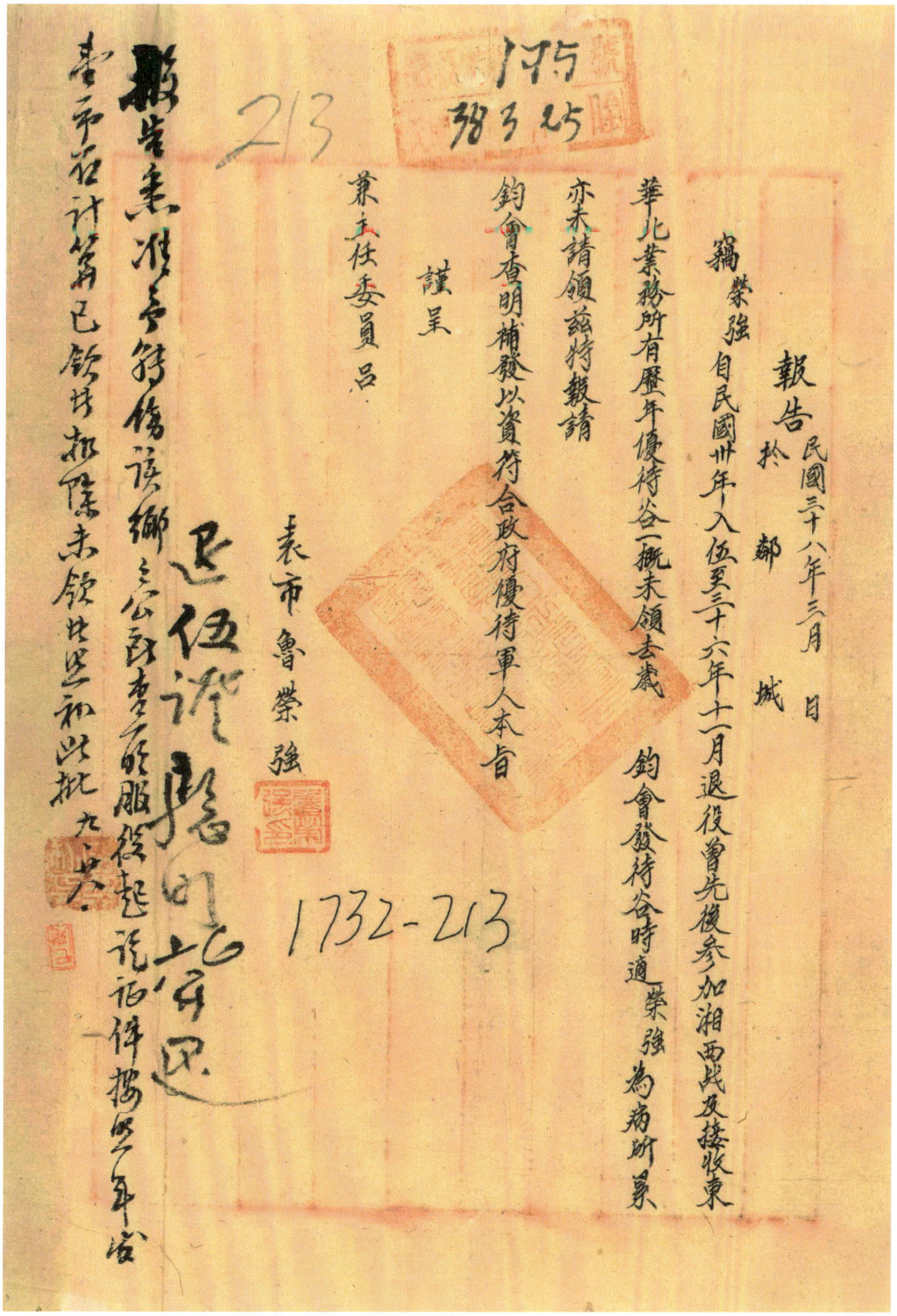

報告　民國三十八年三月　日
於　鄰　城

竊榮強自民國卅年入伍至三十六年十一月退役曾先後參加湘西戰及接收東華北業務所有歷年優待谷一概未領去歲鈞會發待谷時適榮強為病所累亦未請領茲特懇請鈞會查明補發以資符合政府優待軍人本旨

謹呈

兼主任委員呂

袁市　魯榮強

1732-213

邻水县福兴乡蒋长寿关于申请补发优待谷致县出征抗敌军人家属优待委员会的签呈（一九四九年四月）

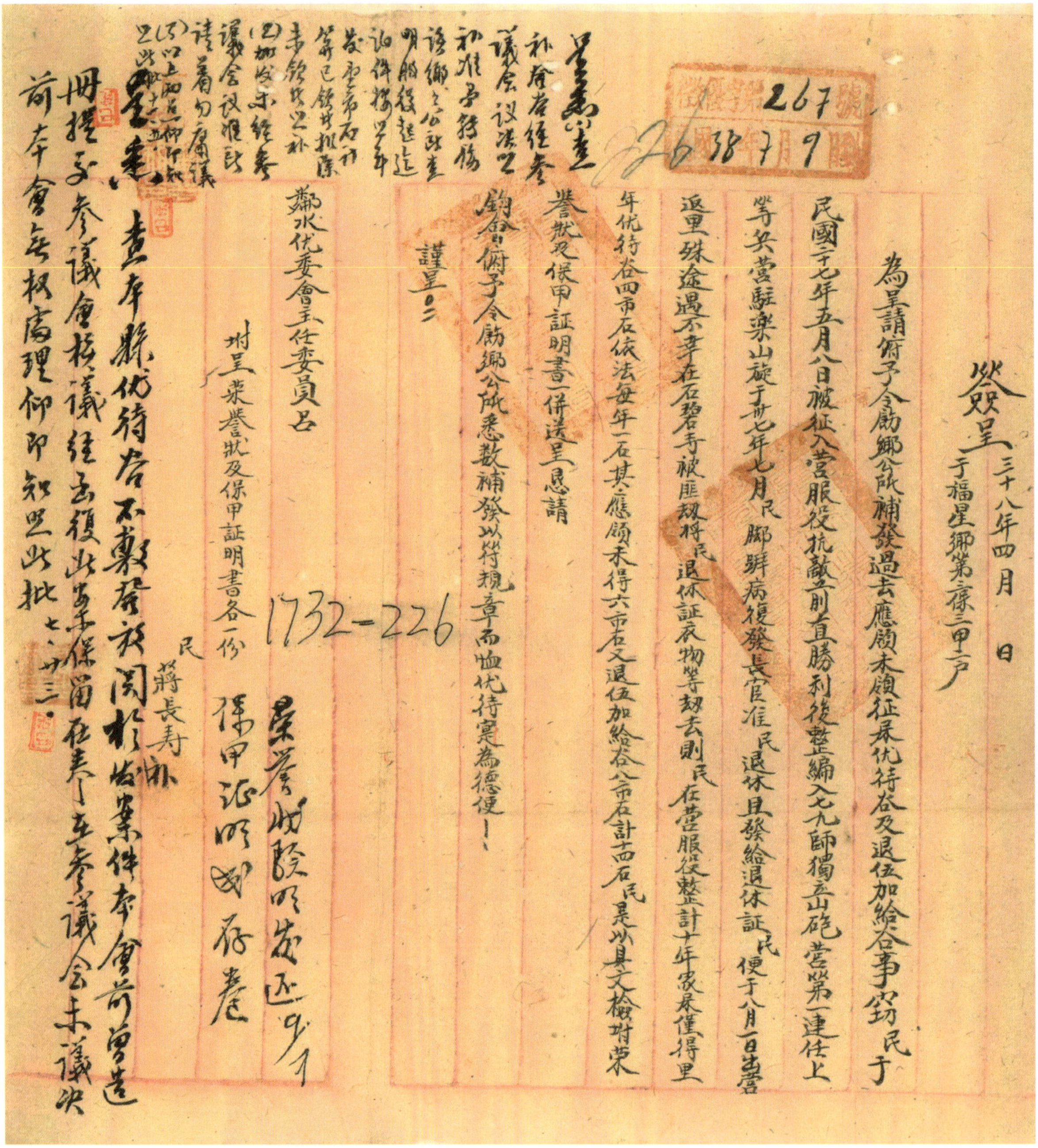
簽呈 三十八年四月 日
于福星鄉第三保三甲二户

為呈請俯予令飭鄉公所補發過去應領未領征屬優待谷及退伍加給谷事。竊民于民國二十七年五月八日被征入營服役抗敵，直前勝利後整編入七九師獨立山砲營第一連，任上等兵。營駐樂山，旋于卅七年七月，民腳患病復發，長官准民退休，且發給退休證，民便于八月一日出營返里，殊途遇不幸，在石碧寺被匪劫，將民退休證、衣物等劫去。則民在營服役整計十年，家屬僅得里年優待谷四市石，依法每年一石，其應領未得六市石，又退伍加給谷八市石，計十四市石。民是以具文檢附榮譽狀及保甲證明書一併送呈，懇請

鈞會俯予令飭鄉公所悉數補發，以符規章而恤優待，實為德便！

謹呈

鄰水優委會主任委員呂

附呈榮譽狀及保甲證明書各一份

民 蔣長寿

呈悉。查本縣優待谷不敷發放，關於此案件，本會前曾送提交參議會核議，經函復此案保留在案，未經參議會議決前，本會無權處理，仰即知照。此批。七、廿三。

附：邻水县福兴乡第三保甲证明书

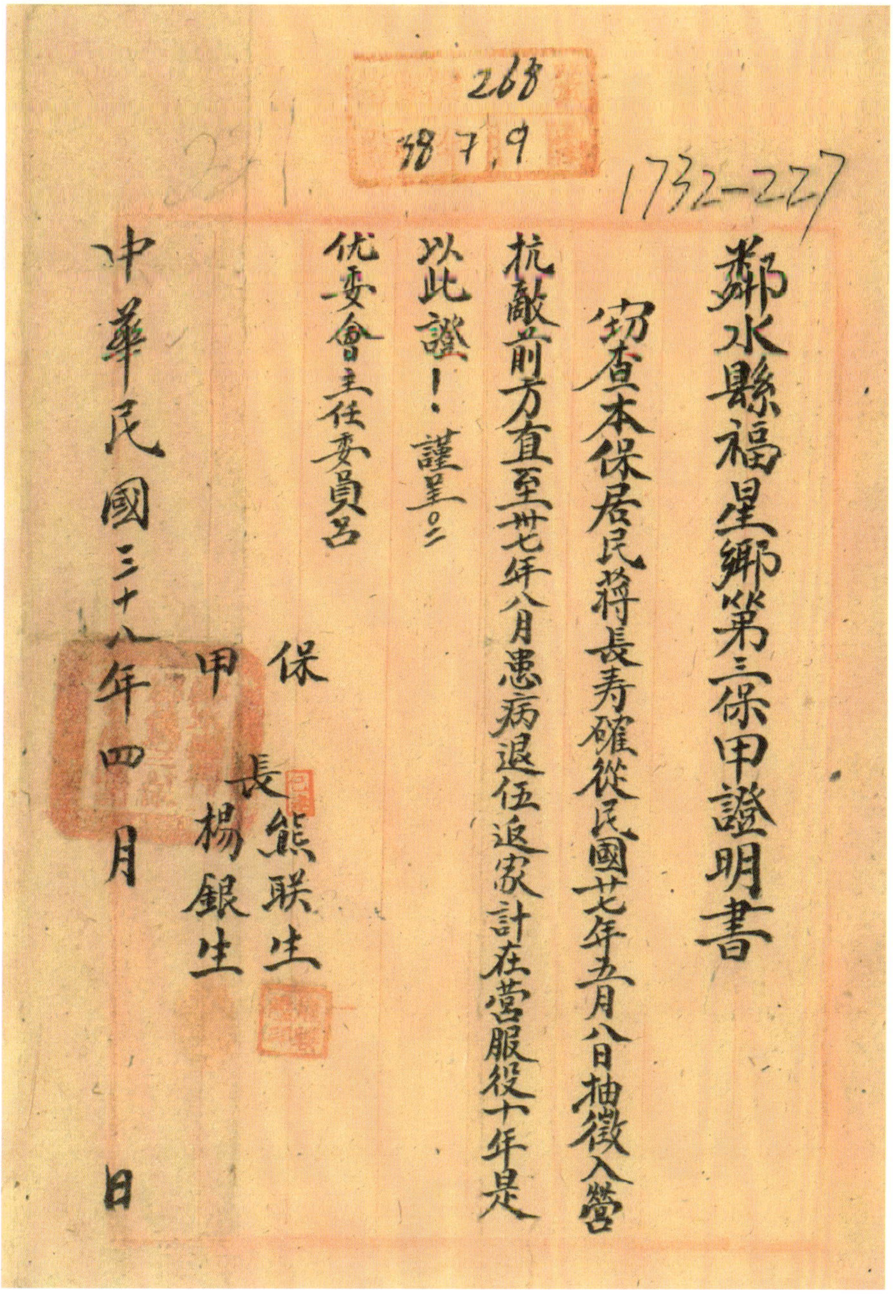

268
38.7.9
1732-227

鄰水縣福星鄉第三保甲證明書

竊查本保居民蔣長寿確從民國廿七年五月八日抽徵入營抗敵前方直至卅七年八月患病退伍返家計在營服役十年是以此證！　謹呈

優委會主任委員呂

保　長　熊联生

甲　長　楊銀生

中華民國三十八年四月　日

邻水县袁市乡返乡军人魏青云关于申请核补优待谷致县出征抗敌军人家属优待委员会的呈
（一九四九年五月二十二日）

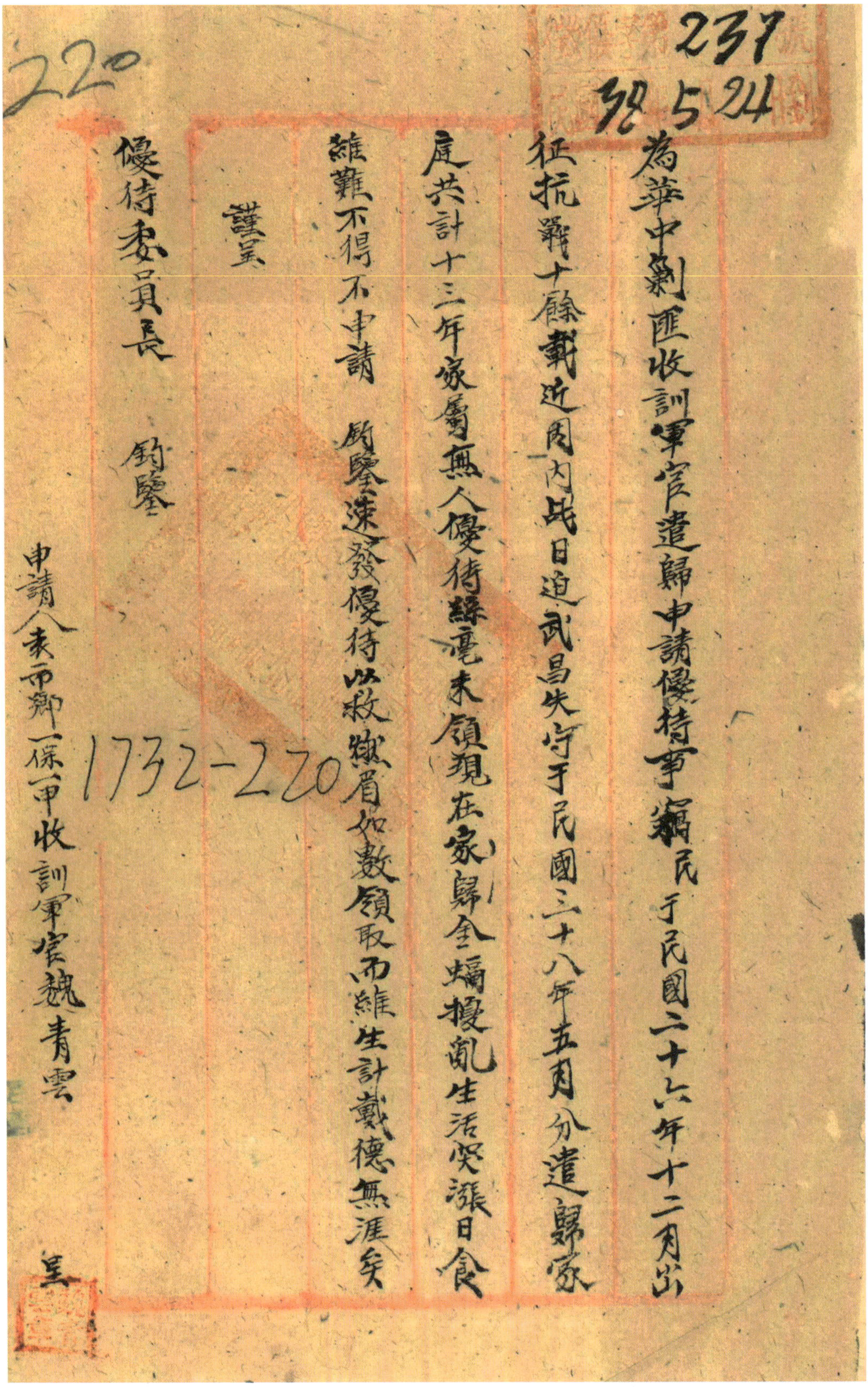

237
38 5 24

為華中剿匪收訓軍官遣歸申請優待事竊民于民國二十六年十二月出征抗戰十餘載近因内戰日迫武昌失守于民國三十八年五月分遣歸家庭共計十三年家屬無人優待縣毫未領現在家歸全蝠擾亂生活突漲日食維難不得不申請

鈞鑒速發優待以救燃眉如數領取而維生計戴德無涯矣

謹呈

優待委員長　鈞鑒

申請人袁市鄉一保一甲收訓軍官魏青雲　呈

220

1732-220

邻水县合丰乡返乡军人邱占清关于申请补发优待谷致县出征抗敌军人家属优待委员会的呈（一九四九年五月）

擬告表，准予轉飭合豐鄉公所查明辦理……

229

38 5 10

225

為聲請登記補發優待事。窃民籍隸合豐鄉十一保，于民三十二年服役抗敵，于三十六年參加安徽省通化縣綏靖之役，負傷成殘，現由榮譽軍人第二十五臨時教養院遣送返鄉，尚有証明書可憑，故特申請

鈞會鑒核，准予指令合豐鄉公所按照年度補發優待食谷，以恤抗敵成殘軍人生活。比呈

優待委員會主任呂

公鑒

擬告表：准予票請參議會議復後再飭鄉公所照辦可也。此批。五、十

具申請人邱占清

1732-225

民國三十八年五月　日

10/5

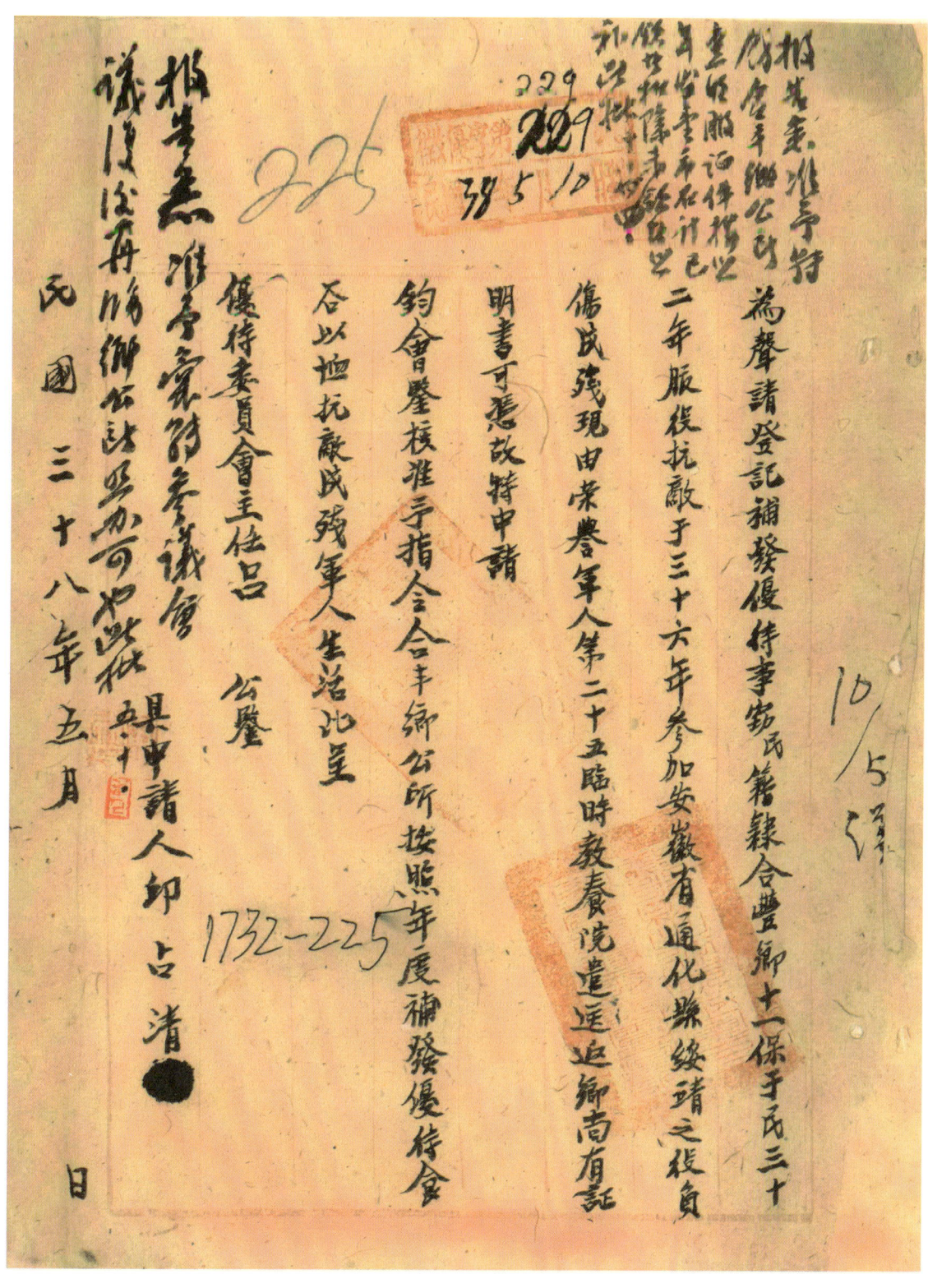

邻水县梁板乡返乡军人罗炳云关于恳予补发优待谷致县出征抗敌军人家属优待委员会的签呈

（一九四九年八月二十四日）

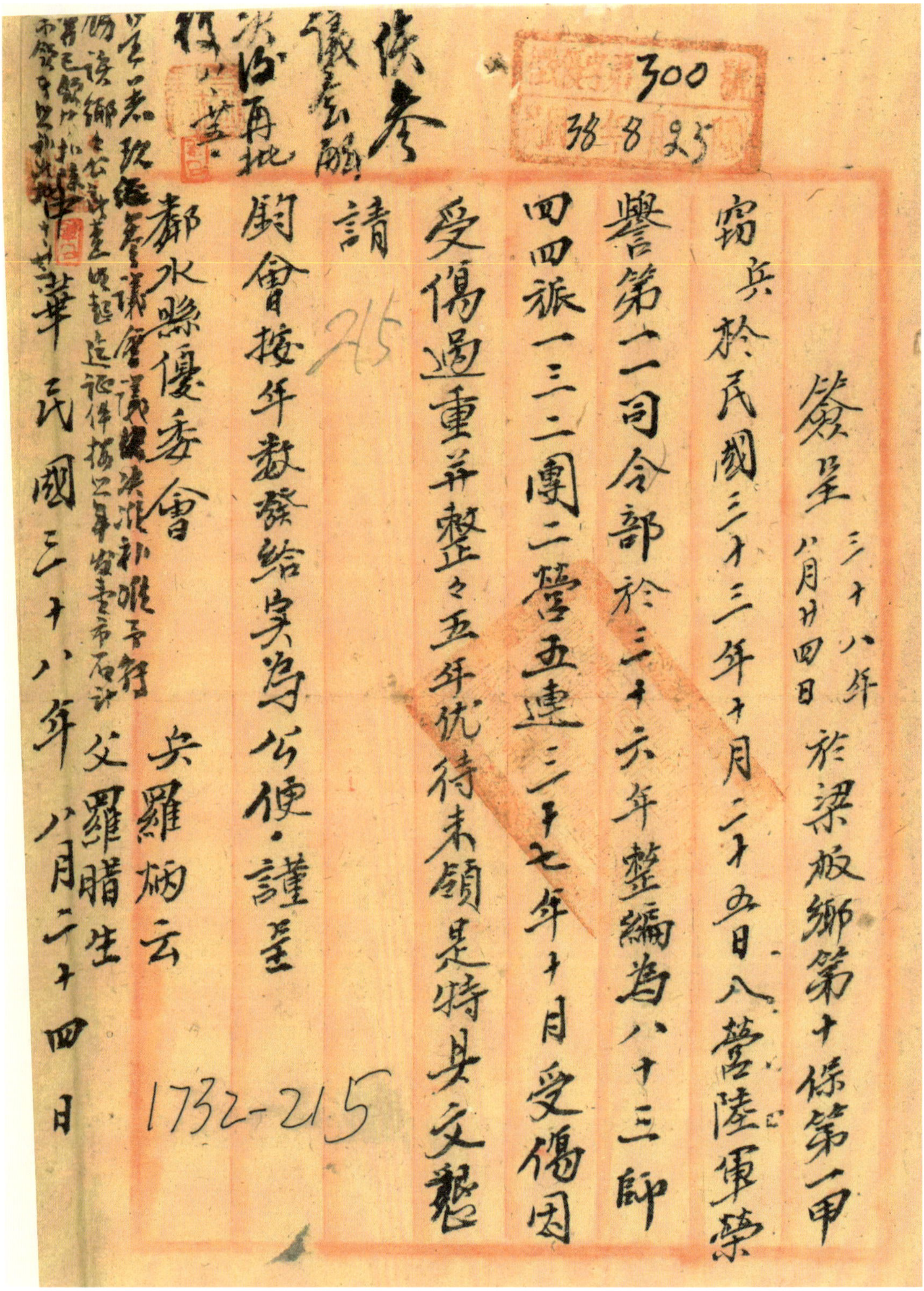

签呈 三十八年八月廿四日 於梁板乡第十保第一甲

窃兵於民国三十三年十月二十五日入营陆军荣誉第二司令部，於三十六年整编为八十三师四四旅一三二团二营五连，三十七年十月受伤，因受伤过重，并整々五年优待未领，是特具文恳请

钧会按年数发给，实为公便。谨呈

邻水县优委会

兵 罗炳云

父 罗腊生

中华民国三十八年八月二十四日

俟参议会议决后再批 八月廿五

邻水县袁市乡负伤军下士曹如荣关于请求核发优待谷致县出征抗敌军人家属优待委员会的呈（一九四九年九月三日）

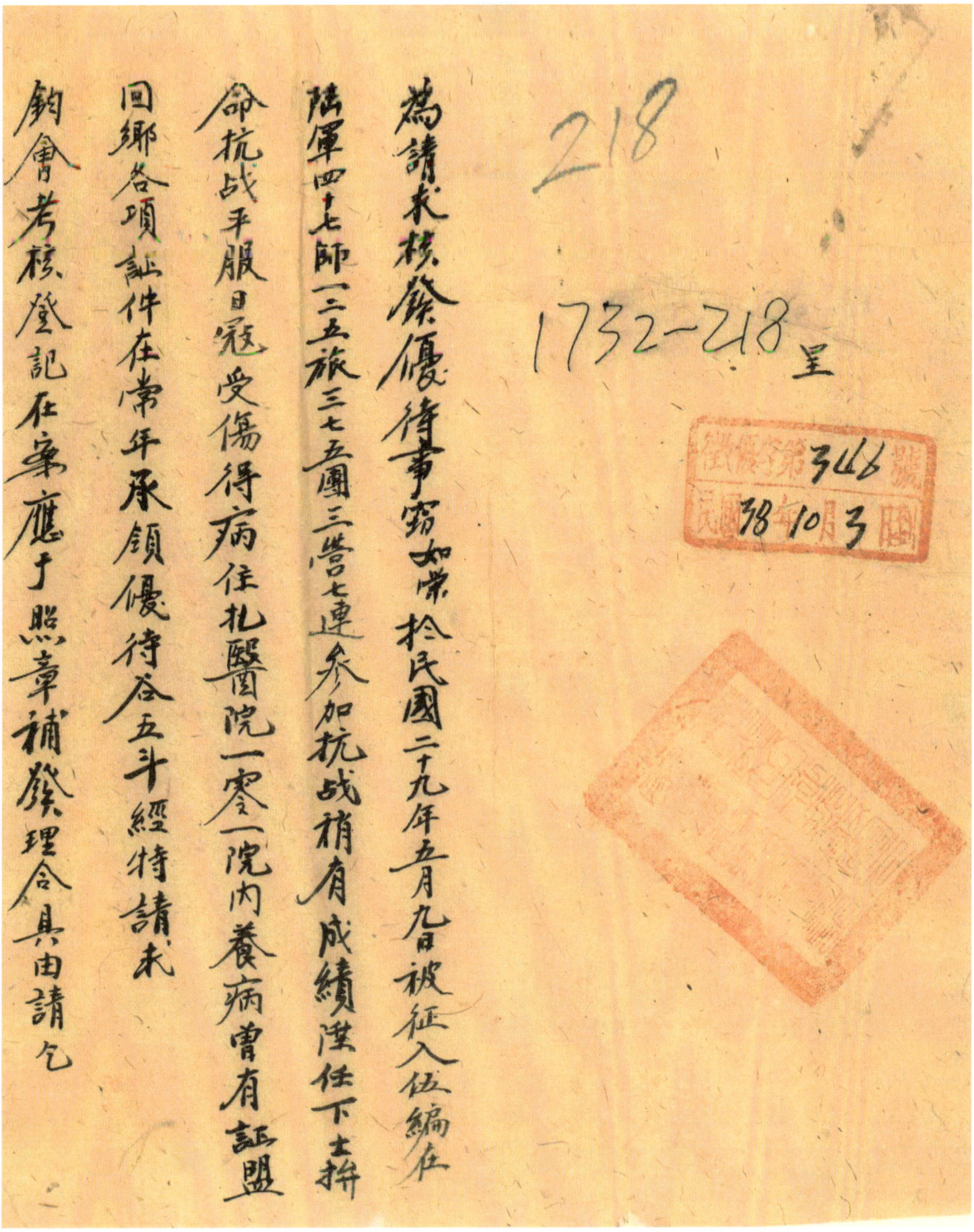

218

1732-218 呈

為請求核發優待事竊如常於民國二十九年五月九日被征入伍編在
陸軍四十七師一二五旅三七五團三營七連參加抗战稍有成績陞任下士拼
命抗战平服日寇受傷得病住扎醫院一零一院内養病曾有証盟
回鄉各項証件在常年承領優待谷五斗經特請求
鈞會考核登記在案應予照章補發理合具由請乞

鈞會鑒核，按照優待條例計算優待實物該領穀若干，尚希發給指令袁市鄉公所以憑照發而資實受。謹呈

鄰水縣抗戰家屬優待委員會

負傷軍下士 曾如榮 謹呈

中華民國三十八年九月三日

呈悉。准予轉飭該鄉公所[illegible]起[illegible]石計算，已飭[illegible]領具[illegible]此批。十[illegible]

1732-219

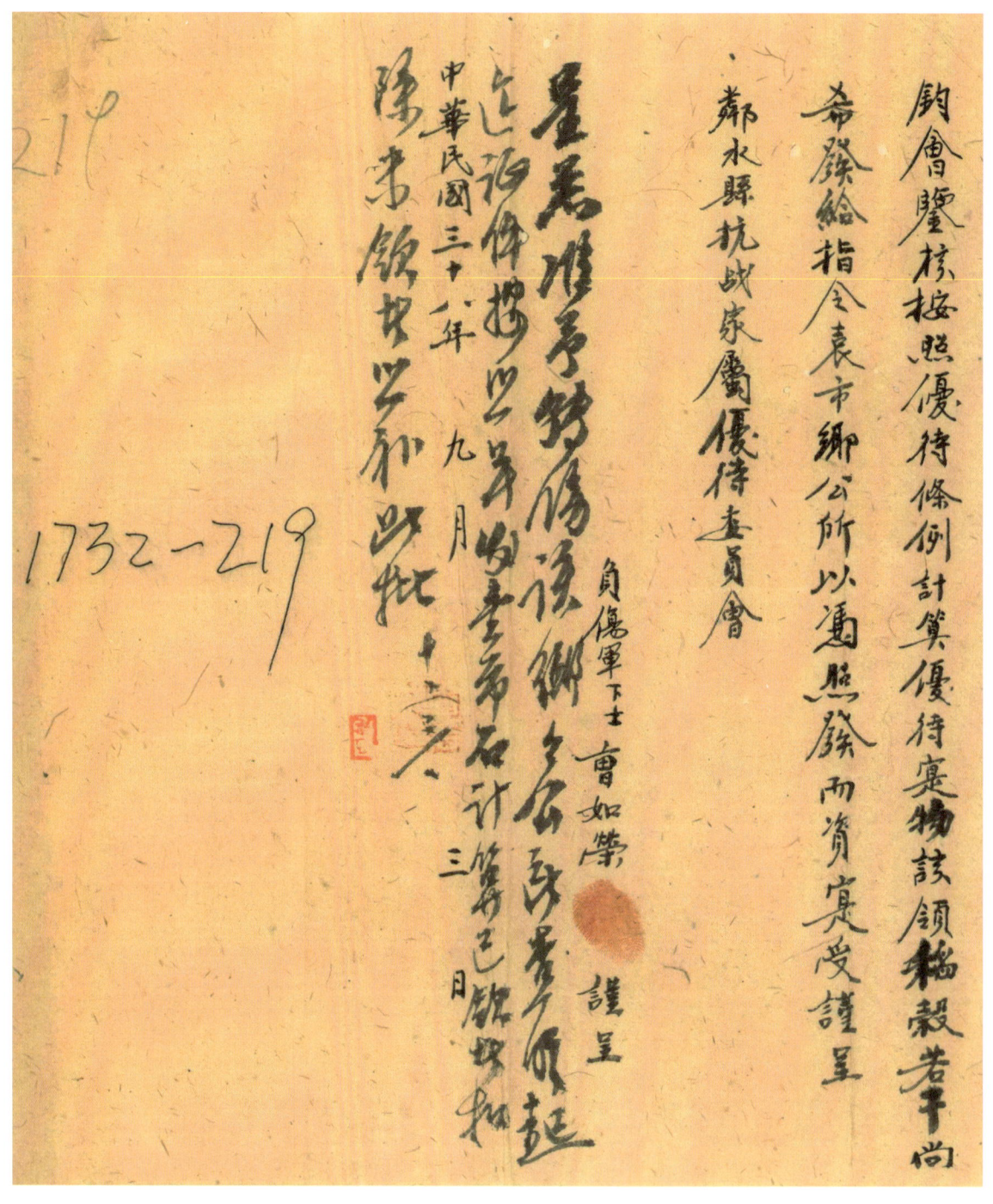

邻水县出征军人张云辉关于申请照例发给优待谷致县出征抗敌军人家属优待委员会的报告

（一九四九年九月二十四日）

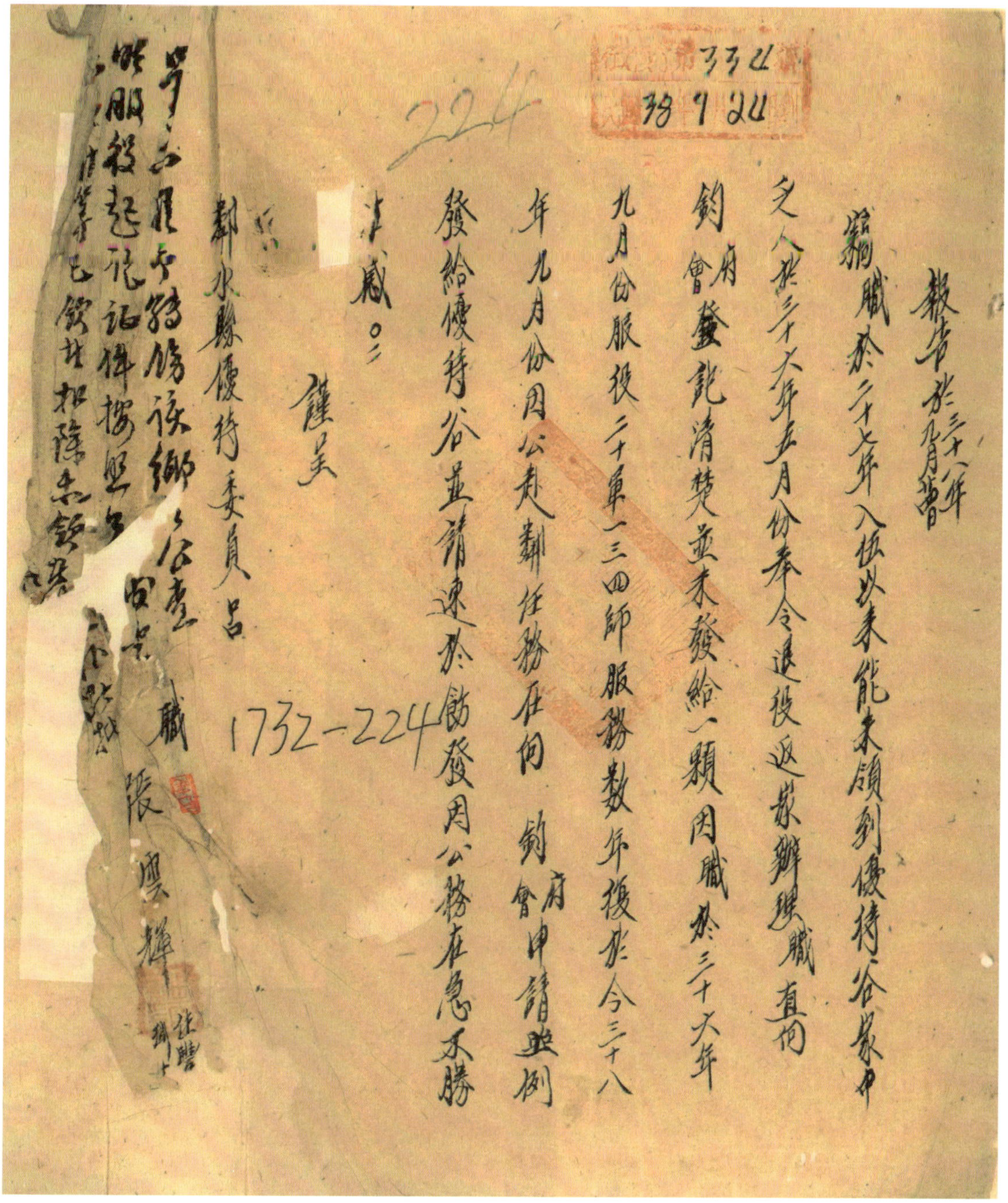
報告 於三十八年九月廿四日

竊職於二十七年入伍以來未能來領到優待谷，家中乏人，於三十六年五月份奉令退役返家，辦理職直向鈞府會登記清楚，並未發給一顆，因職於三十六年九月份服役二十軍一三四師服務數年，復於今三十八年九月份因公赴鄰任務，在向鈞府會申請照例發給優待谷，並請速於飭發，因公務在急，不勝待感。

謹呈

鄰水縣優待委員呂

職 張雲輝

邻水县袁市乡退役士兵鲁占如关于请求补发优待谷致县出征抗敌军人家属优待委员会的报告

（一九四九年九月二十七日）

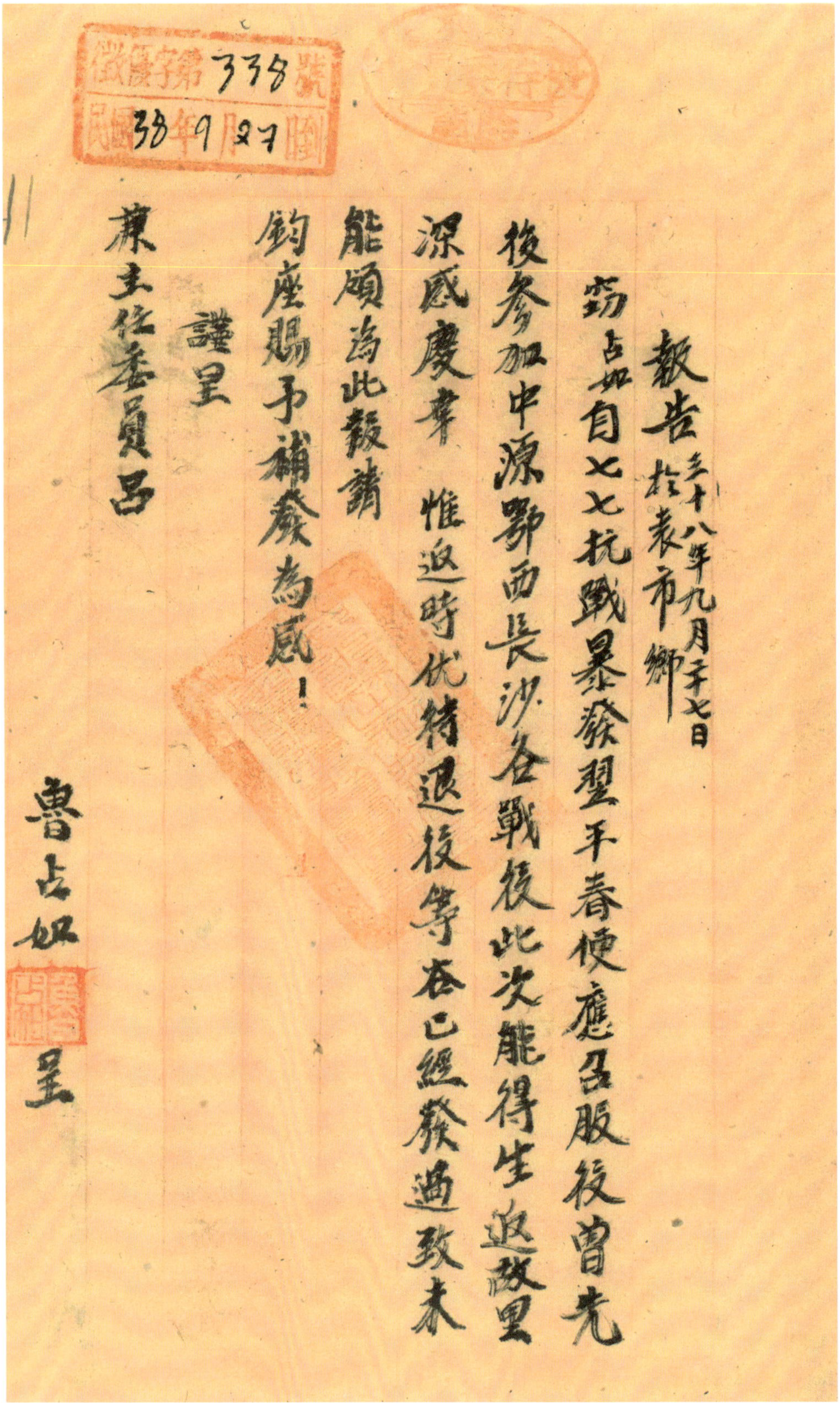

徵優字第338號
民國38年9月27日

報告　三十八年九月二十七日於袁市鄉

竊占如自七七抗戰暴發翌年春便應召服役曾先後參加中源鄂西長沙各戰役此次能得生返故里深感慶幸　惟返時優待退役等本已經發過致未能領為此報請

鈞座賜予補發為感！

謹呈

兼主任委員呂

魯占如　呈

212

長衡征驗明發還 23/9

據呈悉。准予轉請該鄉公所查明服役起訖證件，據此年報臺市府所籌已領者，據陳未領者照補。

此批。九、廿六。

1732-211-212

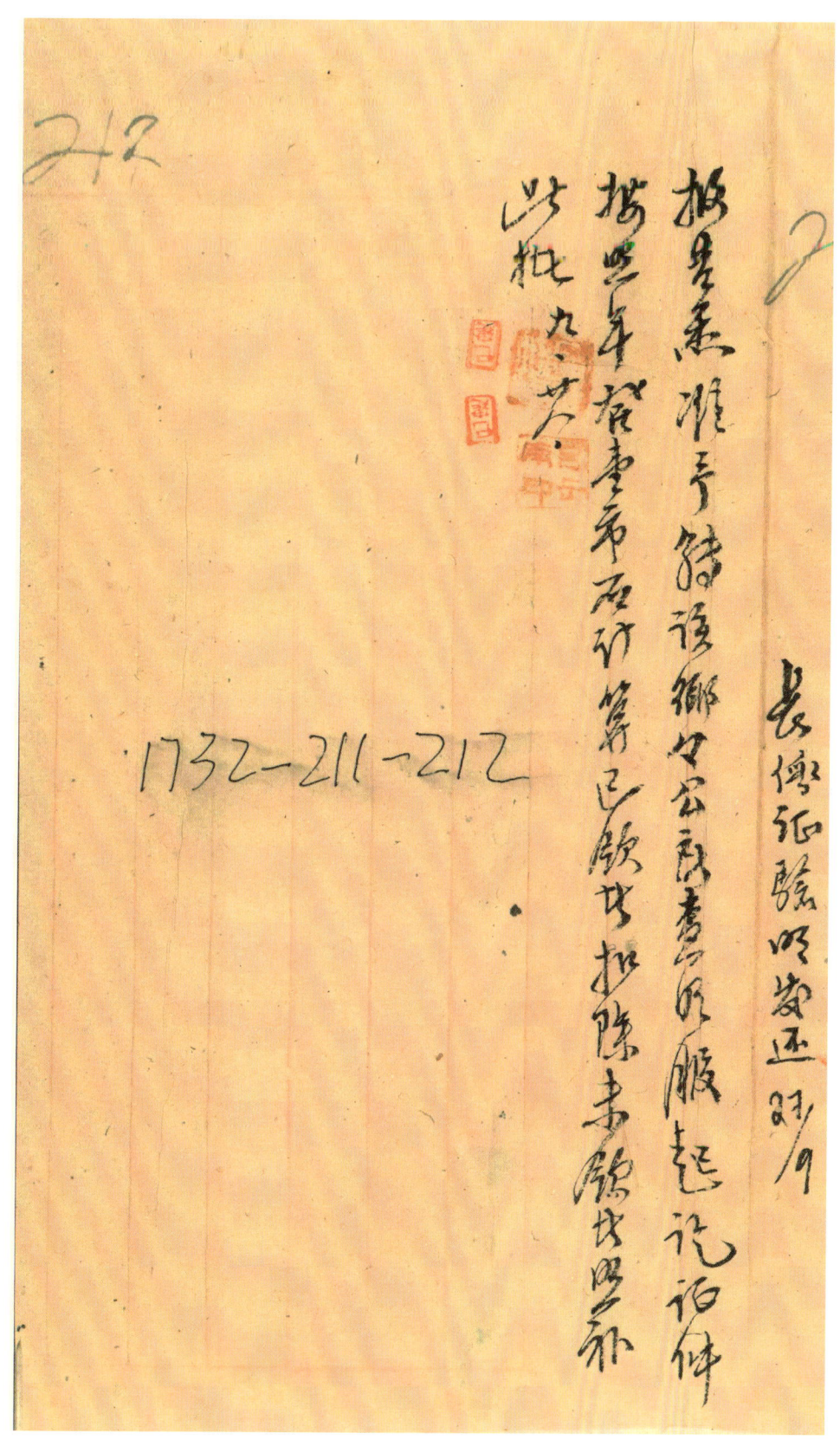

邻水县坛同乡出征军人谢照颜关于申请补发优待谷致县出征抗敌军人家属优待委员会的报告
（一九四九年十月八日）

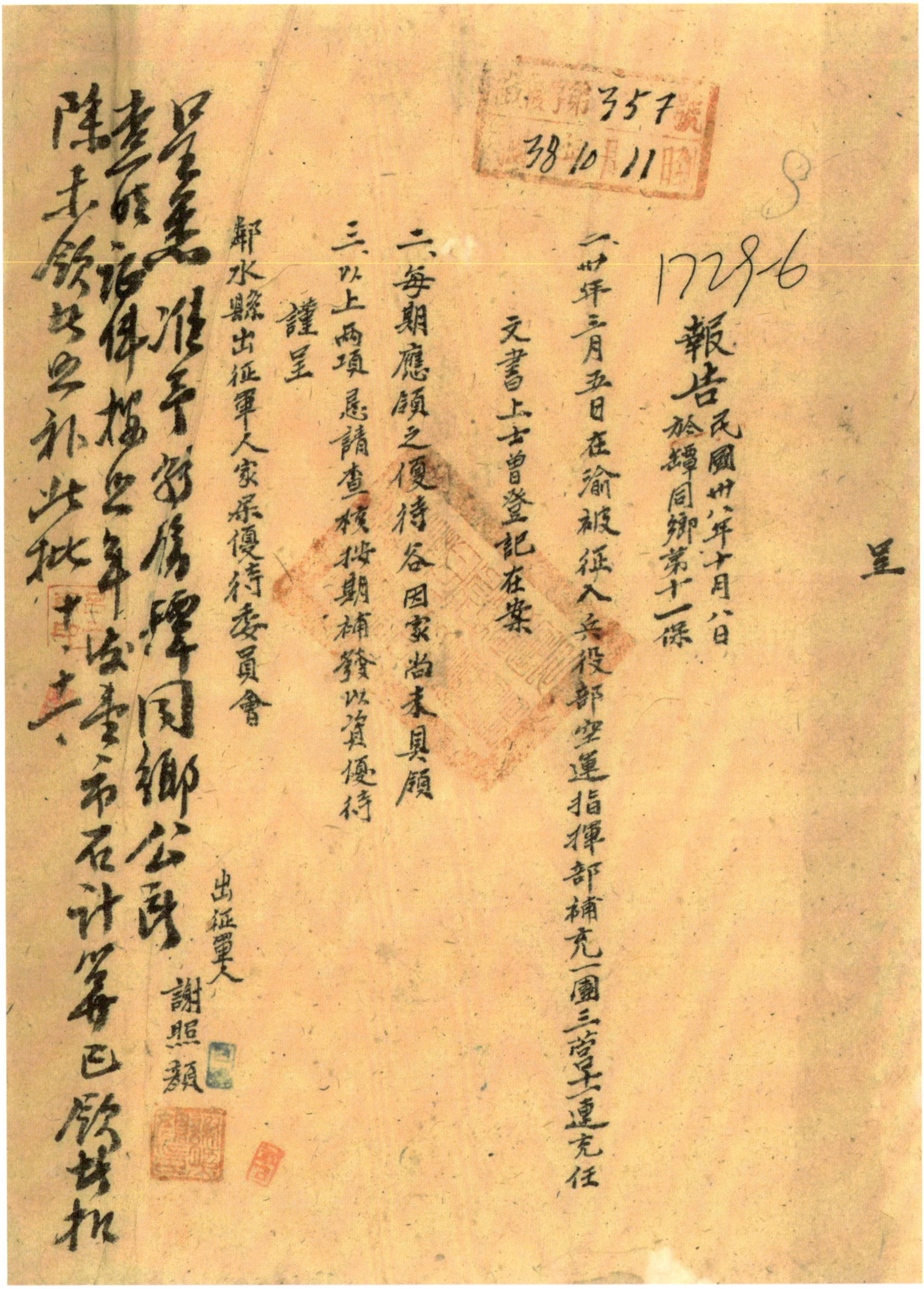
357
38 10 11

呈

報告 民國卅八年十月八日 於罈同鄉第十一保

一、卅年三月五日在渝被征入兵役部空運指揮部補充一團三營十一連充任文書上士曾登記在案

二、每期應領之優待谷因家尚未具領

三、以上兩項懇請查核按期補發以資優待

謹呈

鄰水縣出征軍人家屬優待委員會

出征軍人 謝照顏

呈悉。准予令飭罈同鄉公所查明該保按照每年給壹市石計算，已領者扣除，未領者照補。此批 十.十六

邻水县八耳乡出征军人甘治国关于请求补发优待谷致县出征抗敌军人家属优待委员会的签呈（一九四九年十月二十六日）

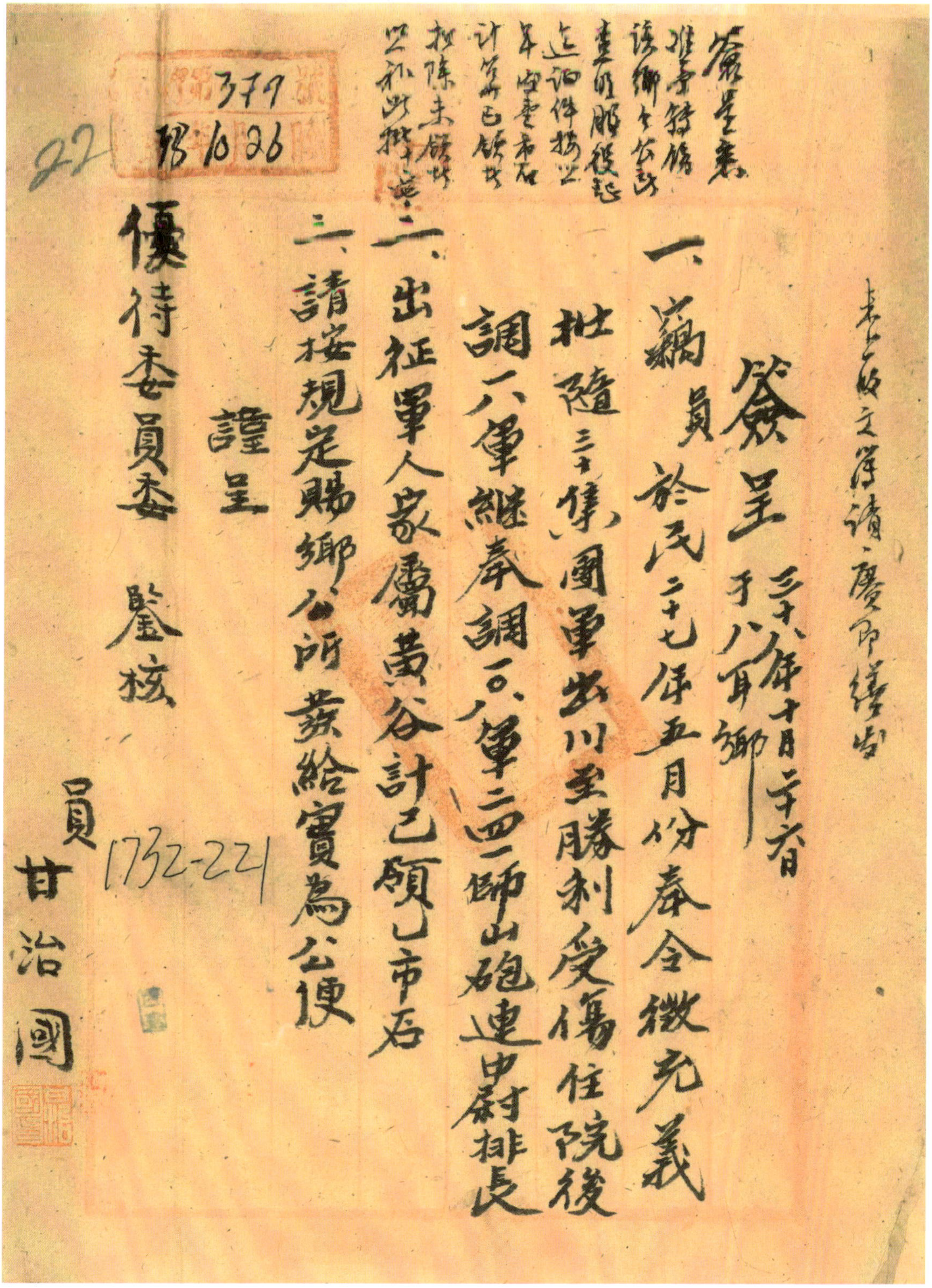

本府文牘請廖郎簽出

簽呈　三十八年十月二十六日　于八耳鄉

一、竊員於民二十七年五月份奉令徵充義壯隨三十集團軍出川至勝利受傷住院後調八軍繼奉調百〇三師山砲連中尉排長

二、出征軍人家屬黃谷計已領三市石

三、請按規定賜鄉公所發給實為公便

謹呈

優待委員會　鑒核

員　甘治國

邻水县高兴乡抗战军人邱福才关于申请补发优待谷致县出征抗敌军人家属优待委员会的呈（一九四九年十月二十七日）

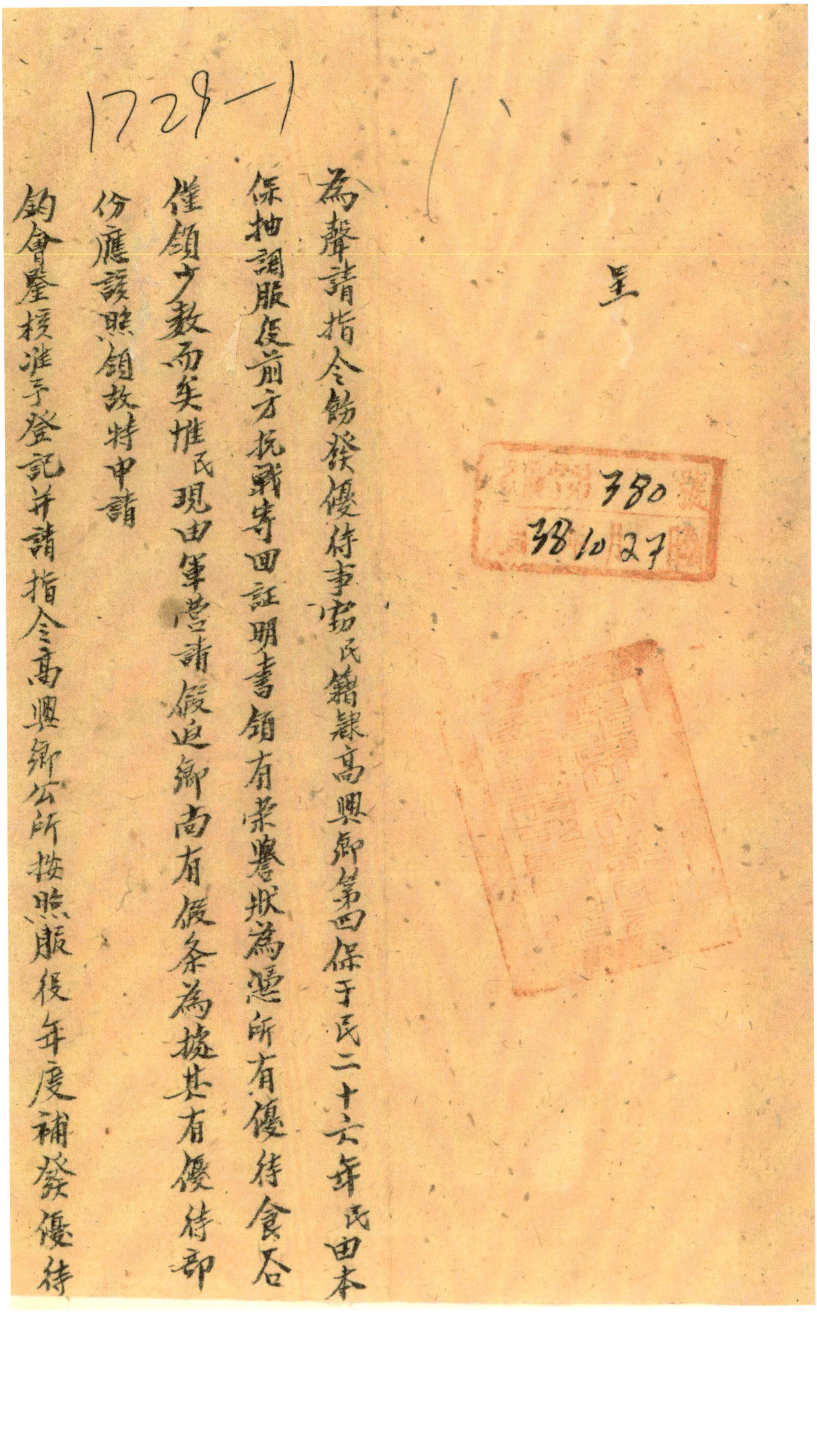
1728—1

呈

為聲請指令飭發優待事。竊民籍隸高興鄉第四保，于民二十六年民由本保抽調服役前方抗戰，奉回証明書領有榮譽狀為憑，所有優待食谷僅領少數而矣。惟民現由軍營請假返鄉，尚有優待條為據，其有優待部份應該照領，故特申請

鈞會鑒核准予登記，并請指令高興鄉公所按照服役年度補發優待

380
38 10 27

食谷以恤返鄉抗敵軍人生活如准沾感此呈

優待委員會主任呂　公鑒

具申請人邱福才　十

長鄉證驗明發還 23/10

呈悉。准予轉函該鄉公所查明服役證記

件換照年發費市不計數已領收扣除來

領收具補此批

文 23/10

中華民國三十八年十月　日

邻水县复盛乡退伍军人冯海舟关于请求补发优待谷致县出征抗敌军人家属优待委员会的报告（一九四九年十月二十九日）

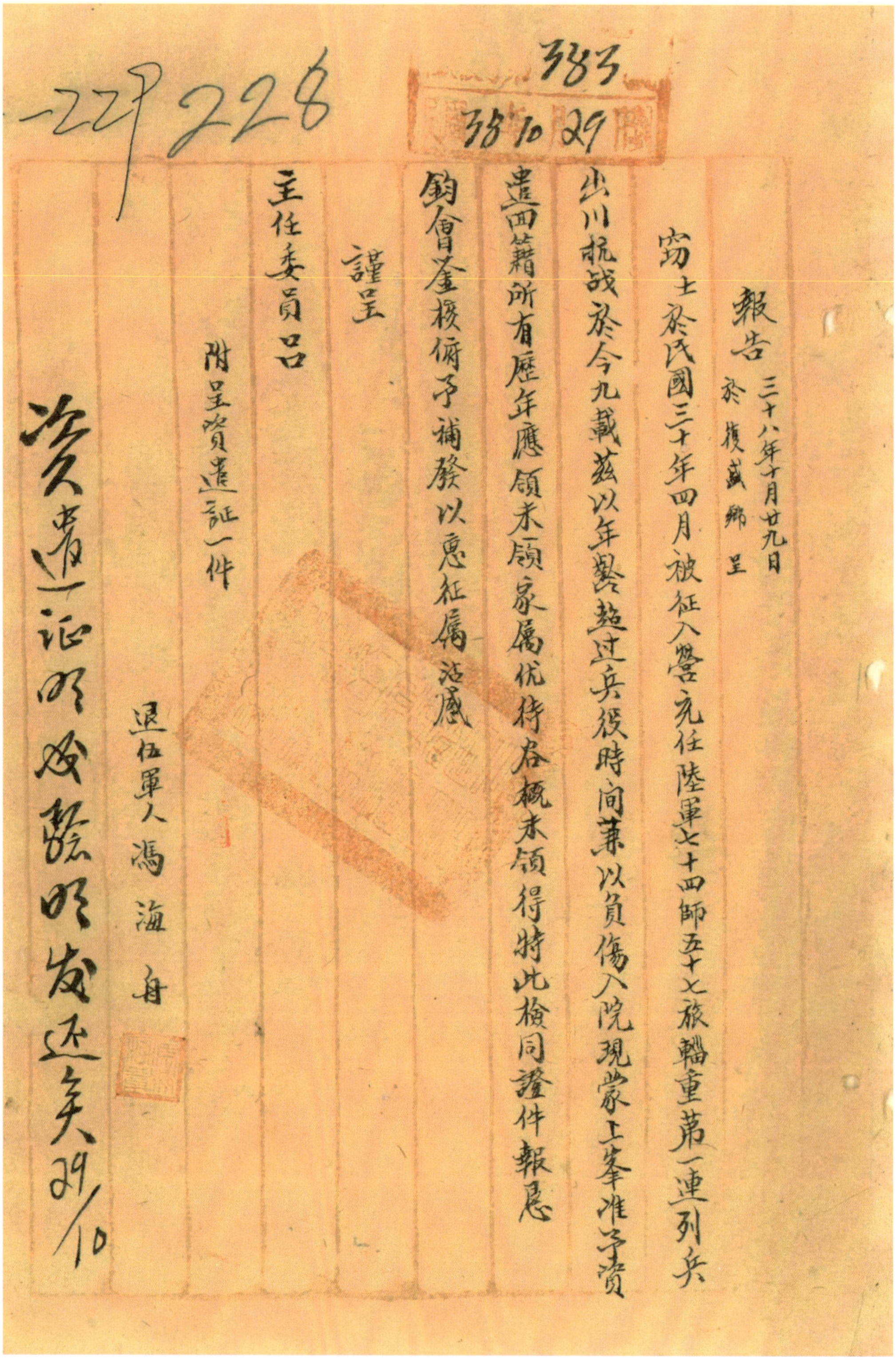
报告　三十八年十月廿九日　於复盛乡呈

窃士於民国三十年四月被征入营充任陆军七十四师五十七旅辎重第一连列兵出川抗战於今九载兹以年龄超过兵役时间兼以负伤入院现蒙上峰准予资遣回籍所有历年应领未领家属优待谷概未领得特此检同证件报恳

钧会查核俯予补发以恩征属沾感

谨呈

主任委员吕

附呈资遣证一件

退伍军人冯海舟

资遣证明收验明发还矣　29/10

229 1732—228

报告悉悉。准予转呈钧核。
呈政委员服役超过之件已叙。
核报候示叙，此不示，此批。石英

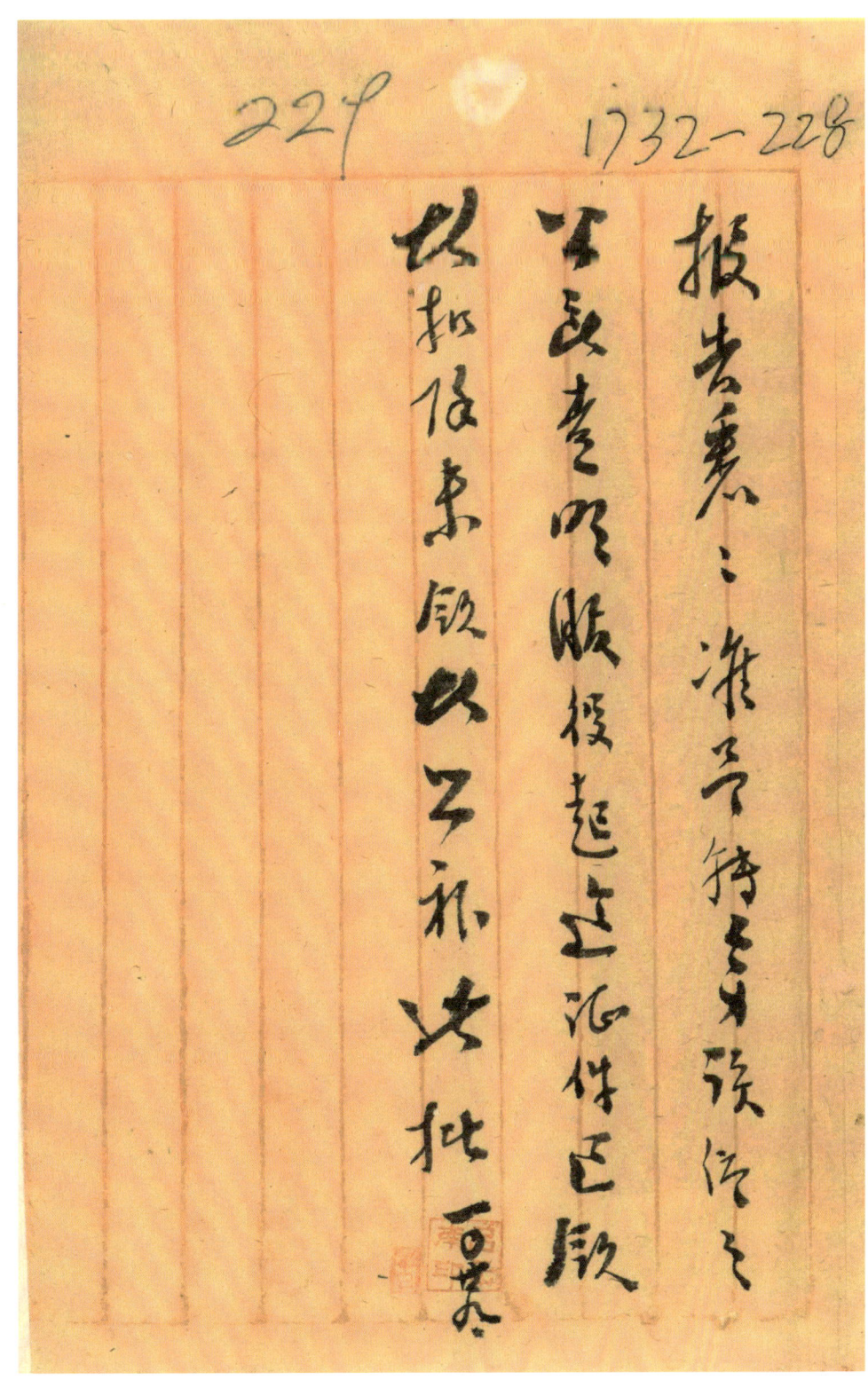

邻水县梁板乡退伍兵胡高伦关于申请补发历年应领优待谷致县政府的呈（一九四九年十月）

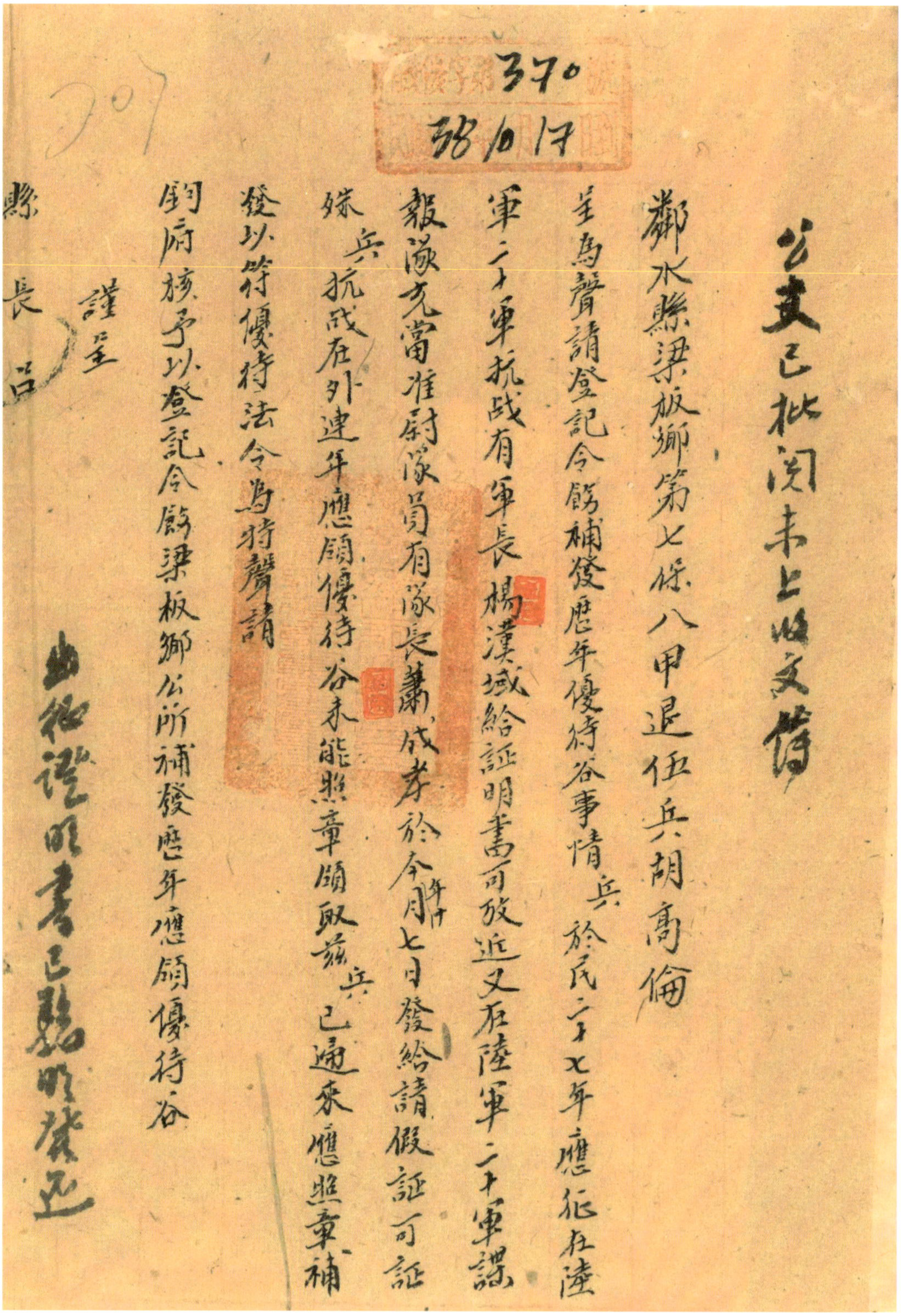

公文已批阅未上收文簿

370
38/10/17

鄰水縣梁板鄉第七保八甲退伍兵胡高倫
呈為聲請登記令飭補發歷年優待谷事情兵於民二十七年應征在陸軍二十軍抗戰有軍長楊漢域給証明書可放近又在陸軍二十軍諜報隊充當准尉隊員有隊長蕭戊孝於今卅八年七月發給請假証可証殊兵抗戰在外連年應領優待谷未能照章領取茲兵已退來應照章補發以符優待法令爲特聲請
鈞府核予以登記令飭梁板鄉公所補發歷年應領優待谷
謹呈
縣長呂

由鄉證明書已驗明發還

208

1732-207-208

退伍兵　胡高倫

冀　左△△△△

斗　右△△△△△

呈悉。准予特膳，該鄉々公所查明證件據此無安置者石計算區願救除未領者照，补此批。十二、十八。

中華民國三十八年十月　日

邻水县坛同乡抗战军人曾华关于申请补发优待谷致县出征抗敌军人家属优待委员会的函（一九四九年十一月十一日）

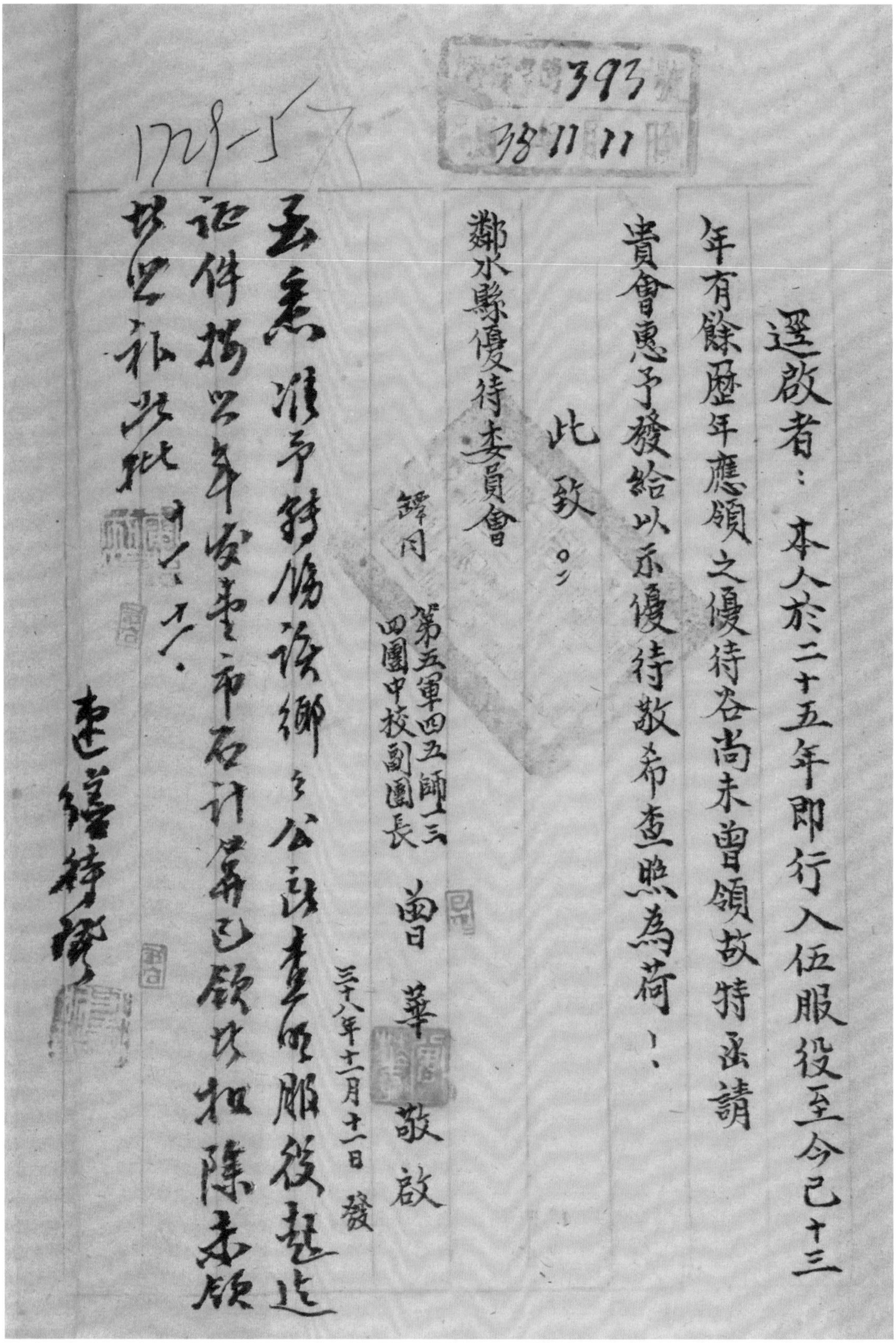

1728-5
393
38 11 11

逕啟者：本人於二十五年即行入伍服役至今已十三年有餘歷年應領之優待谷尚未曾領故特函請
貴會惠予發給以示優待敬希查照為荷！、
此致
鄰水縣優待委員會
[illegible]
第五軍四五師一三四團中校副團長　曾華　敬啟
三十八年十一月十一日　發

丟惠　准予轉請該鄉鄉公所查明服役起迄證件據呈年份查案計算已領者扣除未領者照章補發批　十一、十八、
速繕稿[illegible]

后记

本书编纂工作在《抗日战争档案汇编》编纂出版工作领导小组和编纂委员会的具体领导下进行，编者全部来自四川省郫水县档案馆。在编纂过程中，张玲文、颜亮灯同志参与了编纂服务工作，中华书局对本书的编纂出版工作给予了鼎力支持，谨向上述同志和单位致以诚挚的感谢！

编者